创刊20周年特辑

院刊

湖南博物院

HUNAN PROVINCIAL MUSEUM

第二十辑

岳麓书社

2025年·长沙

彩版一　湖南长沙九尾冲浏阳河小学战国楚墓发掘情况

1. M2 发掘情况（北—南）

2. M5 发掘情况（西—东）

3. M7 发掘情况（西—东）

彩版二　湖南长沙九尾冲浏阳河小学战国楚墓出土遗物

1. 铜剑（M2：7）

2. 陶鼎（M5：3）

3. 陶敦（M5：2）

4. 陶壶（M6：2）

5. 陶敦（M14：1）

彩版三　湖南长沙识字岭西汉墓发掘情况

1. M43 发掘情况

2. M47 发掘情况

1. 蟠螭纹铜镜（M15：1）

2. 连弧纹铜镜（M7：7）

3. 琉璃饰残片（M32：7）

4. 陶罐（M43：5）

5. 陶罐（M43：7）

彩版五　湖南保靖四方城洞庭汉墓出土遗物组合

1. M77 出土遗物组合

2. M79 出土遗物组合

彩版六　湖南保靖四方城洞庭汉墓 M66 出土陶器

1. 陶鼎（M66：7）

2. 陶盒（M66：3）

3. 陶壶（M66：13）

4. 陶钫（M66：9）

5. 陶甑、鍑（M66：6、15）

彩版七　湖南保靖四方城洞庭汉墓 M77 出土滑石器

1. 滑石魁（M77：13）

2. 滑石臼（M77：18）

3. 滑石案（M77：14）

4. 滑石鐎壶（M77：34）

5. 滑石灶（M77：31）

彩版八　湖南保靖四方城洞庭汉墓 M77 出土滑石印

1. 辰阳长印（M77：3）

2. 府行丞事印（M77：4）

3. 临沅长印（M77：5）

4. 镡成长印（M77：6）

彩版九　湖南保靖四方城洞庭汉墓 M77、M79 出土滑石印

1. 沅陵丞印（M77：7）

2. 索长之印（M77：8）

3. 零阳长印（M77：9）

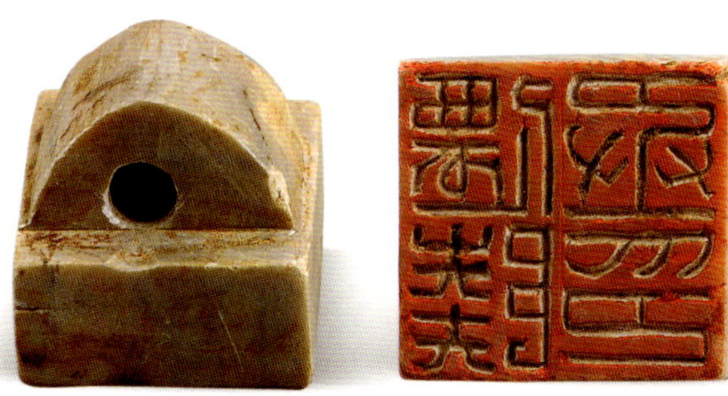

4. 迁陵丞印（M79：27）

彩版一〇　湖南保靖四方城洞庭汉墓 M79 出土陶器

1. 陶井、汲水罐（M79：18）

2. 陶灶（M79：20）

3. 陶囷（M79：22）

4. 陶屋（M79：23）

彩版一一　湖南怀化中方龙井汉墓 M134 出土遗物

1. M134 出土器物组合

2. 陶罐及肩部铭文（M134：11）

3. 陶罐（M134：26）

彩版一二　湖南怀化中方龙井汉墓 M134 出土遗物

1. 陶鐎壶（M134：27）

2. 陶灶（M134：33）

3. 铜镜（M134：32）

4. 滑石壶（M134：17）

5. 滑石钫（M134：14）

彩版一三　湖南怀化中方龙井汉墓 M134 出土遗物

2. 滑石盘（M134：7）

1. 滑石卮（M134：8）

3. 滑石璧（M134：1）

4. 滑石耳杯（M134：3）

5. 滑石猪（M134：21）

彩版一四　河南南阳尚庄汉墓 M5 出土遗物

1. 陶盒（M5：6）

2. 陶囷（M5：1）

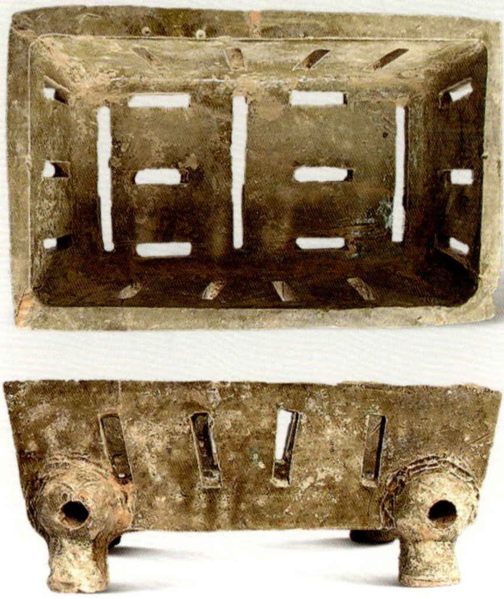

3. 陶炙炉（M5：11）

4. 陶灶（M5：7）

彩版一五　河南南阳尚庄汉墓 M5 出土遗物

1. 陶井（M5：12）

2. 陶磨（M5：10）

3. 陶碓（M5：9）

4. 陶猪圈及局部（M5：8）

彩版一六　湖南炎陵坪头岭东汉墓 M1 出土遗物

1. 陶罐（M1：1）

2. 双口陶坛（M1：5）

3. 陶壶（M1：2）

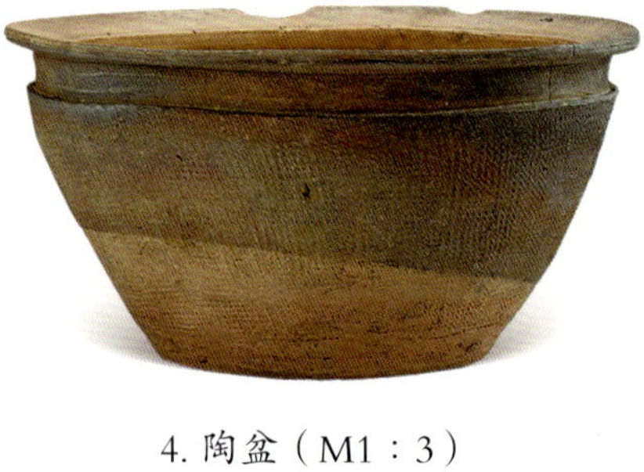

4. 陶盆（M1：3）

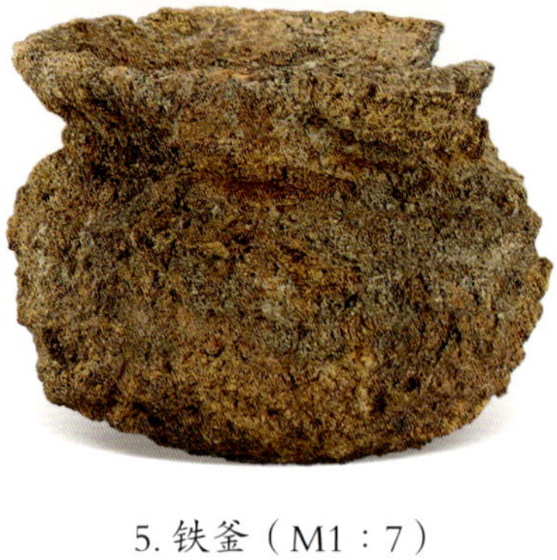

5. 铁釜（M1：7）

彩版一七　湖南炎陵坪头岭东汉墓 M2 出土遗物

1. 陶罐（M2：1）

2. 双耳陶罐（M2：4）

3. 陶井（M2：9）

4. 陶杈（M2：8）

5. 陶杈（M2：10）

彩版一八　湖南益阳桃江馆藏唐代长沙窑瓷器

1. 青瓷盘口瓶

2. 青瓷盘口瓶

5. 褐釉盘口壶

3. 青瓷四系盘口瓶

4. 青釉褐斑贴花瓷执壶

彩版一九　湖南益阳桃江馆藏唐代长沙窑瓷器

1. 褐釉弦纹五足炉

2. 白釉绿彩瓷枕

1.“真子飞霜”铜镜
（株洲馆藏 21 号）

2.“真子飞霜”铜镜
（株洲馆藏 358 号）

3.“真子飞霜”铜镜修复前
（株洲馆藏 34 号）

4.“真子飞霜”铜镜修复后
（株洲馆藏 34 号）

彩版二一　山东莱州西关金代墓 M264 出土遗物

1. 三彩侍女俑
（M264：1）

2. 陶模及其翻模制品（M264：6）

3. 陶模及其翻模制品（M264：7）

4. 陶模及其翻模制品（M264：9）

1. 遗址区与墓葬Ⅱ区航拍图

2. 墓葬Ⅰ区发掘现场

彩版二三　湖南芷江三眼桥宋至明清墓葬出土遗物

1. 单錾釉陶罐（Ⅰ M72：2）

2. 釉陶堆塑罐（Ⅱ M39：2）

3. 釉陶盖罐（Ⅱ M63：2）

4. 釉陶双联罐（Ⅱ M31：1）

5. 釉陶盏（Ⅱ M62：3）

彩版二四　安徽桐城明代胡清墓出土陶瓷器

1. 白釉螭耳衔环瓷瓶（一对）

2. 白釉螭耳衔环瓷瓶侧面

3. 青釉三系陶盖罐

4. 青釉三系陶盖罐

彩版二五　安徽桐城明代胡清墓出土瓷器

1. 青花草叶花卉纹碗

2. 青花草叶花卉纹碗

3. 青花草叶花卉纹碗

4. 青花草叶花卉纹碗

5. 青花料重笔处“铁锈斑”

彩版二六　安徽桐城明代胡清墓出土陶瓷器

1. 陶谷仓罐

2. 青釉悬足炉及底部

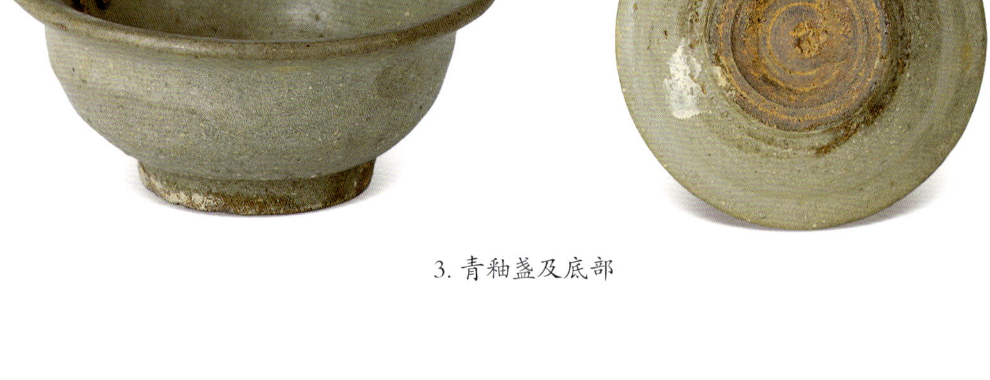

3. 青釉盏及底部

彩版二七　湖南永兴县平田清代冶铁遗址

1. 冶炼炉远视图

2. 冶炼炉正视图

3. 冶炼炉俯视图

彩版二八　湖南常德小西门窖藏出土清代金叶

1.“金陵宝兴楼”金叶

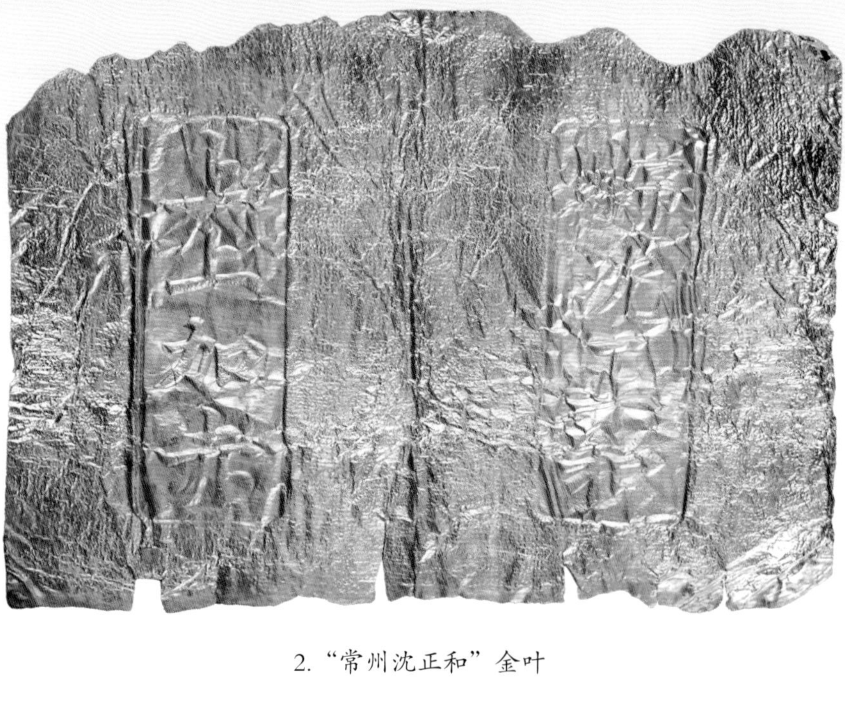

2.“常州沈正和”金叶

彩版二九　湖南博物院藏清代汪诒书致王之春信札

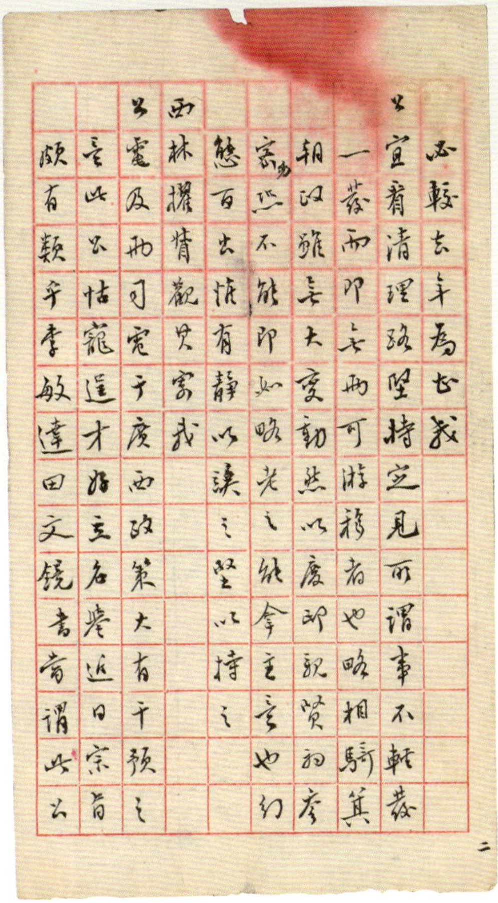
必較去年為甚哉
公宜看清理路堅持定見所謂事不輕發
一發而即去而可游移者也略相騎箕
相以雖生大變動然以度勢觀賢而參
密切些不能即如略老之能舍主意也約
態百出惟有靜以謀之堅以持之
西林擢贊觀其容我
公電及兩司電于廣西政策大有干預之
言此公怙寵進才好立名譽近日宗旨
頗有類乎李敏達田文鏡書尚謂此公
二

2. 汪诒书致王之春信札第二页

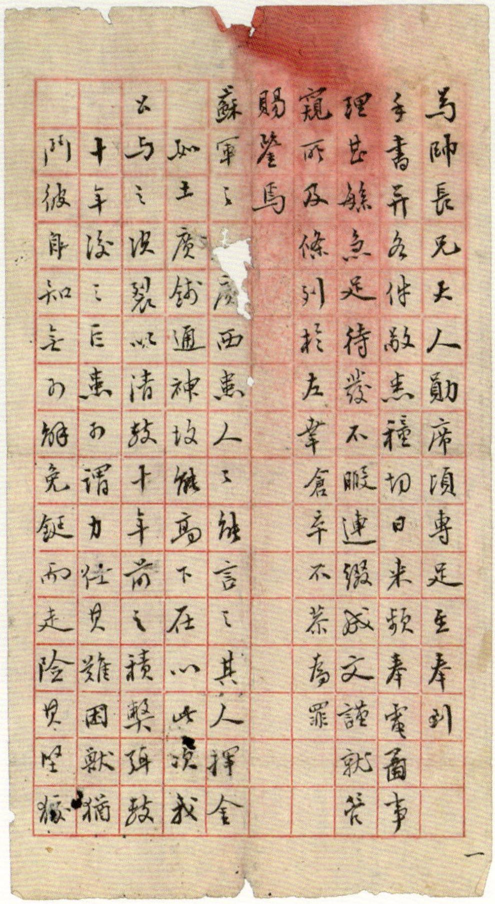
為師長兄大人勛席頃專足至奉到
手書並各件敬悉種切日來疊奉電函事
理甚繁急迫待發不暇連綴成文謹就管
窺所及條列於左草倉卒不恭尚祈
賜鑒焉
蘇軍之□廣西患人之能言之其人揮金
如土廣餉通神故能高下在心此誤我
公與之決裂以清數十年前之積弊除數
十年後之巨患可謂力任其難困猶
所彼自知無可解免鋌而走險其堅援
一

1. 汪诒书致王之春信札第一页

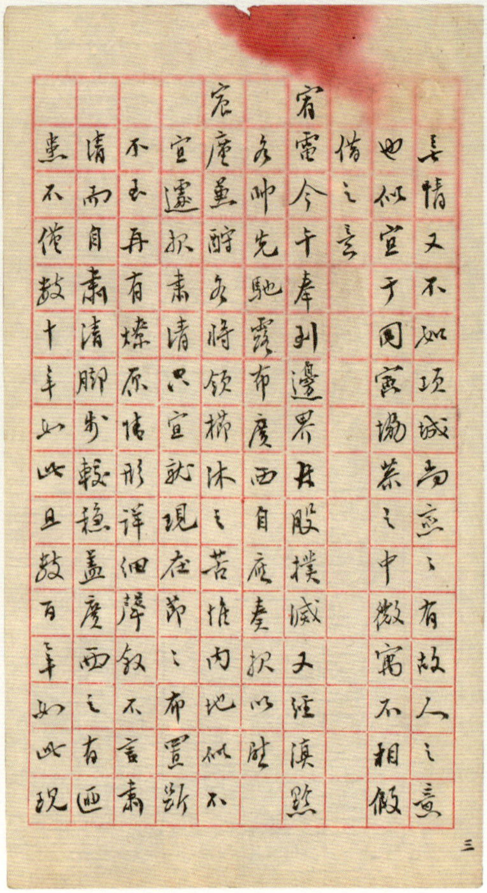

1. 汪诒书致王之春信札第三页

2. 汪诒书致王之春信札第四页

湖南博物院院刊

第二十辑

目录

马王堆汉墓研究

考古发现与研究

文物鉴赏与研究

历史文化研究

文物保护与研究

博物馆学研究

Contents

Research of Mawagndui Han Tombs

Archaeological Discovery and Study

Appreciation and Research of Cultural Relics

Research of History and Culture

Conservation of the Cultural Relics

Museology

马王堆汉墓竹书《合阴阳》释文新探

New Textual Interpretations of the Bamboo Slip Manuscript *Conjoining Yin and Yang* from the Han Tombs at Mawangdui

日本吉备国际大学　孙基然

SON Kizen, KIBI International University of Japan

内容提要：以马王堆汉墓竹书《合阴阳》表述体例为前提，结合古文字学及医学原理，重考该书所涉多个人体部位名称的所在位置。结果表明："灶纲"应指肩胛骨，"领乡"应指项部，"拯匡"应指眼眶，"周环"应指口唇，"缺盆"应指胸骨上窝部。这些与当下主流看法不尽相同的管见，可为还原《合阴阳》本义，提供新的思考契机。

关键词：马王堆汉墓　《合阴阳》　《天回医简》　人体部位名　腧穴名

Abstract: Based on the terminology of the bamboo slip manuscript *Conjoining Yin and Yang* from the Han tombs as Mawangdui, and in combination with paleography and pathological principles, this paper focuses on the location on the human body of terms used in the book. The result shows: "*zaogang*" refers to scapula, "*lingxiang*" refers to nape, "*zhengkuang*" refers to eye socket, "*zhouhuan*" refers to lips, and "*quepen*" refers to suprasternal fossa. These new interpretations that differ from current mainstream annotations can provide new references for restoring the original meaning of *Conjoining Yin and Yang*.

Keywords: Han tombs at Mawangdui; *Conjoining Yin and Yang*; *Medical Manuscripts on Bamboo Slip from Tianhui*; terms for different parts of the human body; names of acupoints

马王堆汉墓竹书《合阴阳》云："凡将合阴阳方，握手，出捾（腕）阳，揗（拊）房，抵夜（腋）旁，上灶纲，抵领乡，揗拯匡，覆周环，下缺盆，过醴津，陵勃海，上常山，入玄门，御交筋。……交筋者，玄门中交脉也……昏（昏）者，男之精。将旦者，女之精。责（积）吾精以养女精，莇（筋）、脉皆勭（动）。"[1] 由于这是一则描述房中术的珍贵文献，故中外学者对此多有探讨，尤以李零的研究最为深入而影响广泛。李零认为上述文献可理解为：手、腕背、肘尖、上臂近腋处、头和口、颈背、肩、乳、缺盆穴、乳沟、肚脐、阴阜、阴门、G点（阴门内）。并强调，这样理解，不但切合字面意义，循行路线也比较连贯。[2] 然而，这种理解，主要存在以下两个问题。第一，如果《合阴阳》中的“缺盆”果真是腧穴名称的话，就必须深究：缘何唯独“缺盆”以具有“点”的意义的腧穴名称出现，而与其他具有“面”的意义的部位名称截然不同的理由。[3]第二，在该说主张的循行路线中有以下两处，十分扭捏，并不连贯：其一，上臂近腋处之后，为何会跳跃颈背，先出现头和口？其二，乳之后，缘何舍近求远，先行缺盆穴，再反折乳沟呢？事实上，古人在论及一系列人体部位的时候，常常是或从上而下，或亦相反等，即多呈现出有序排列的格局（例见下文第一部分），这无疑是我们在思考《合阴阳》中所涉众多部位所在时，应该重视、恪守的一个极有价值的线索。以下将按照这个思路，试对此篇进行全面重考，并就部位“缺盆”转变为腧穴“缺盆”的关键环节，提出看法，不当之处，恳请指正。

一　考古及古文献所见描述多个人体部位体例举隅

笔者认为，睡虎地秦墓竹简《日书·封诊式》“尸检”报告中的“头、身、臂、手指、股、足”及张家山汉墓竹简《脉书》第1～16号竹简记载的60余种类疾患，皆为从身体的上部开始，以有序的形式向下排列。[4]黄龙祥指出，《天回医简》病症排列顺序有按《阴阳十一脉灸经》（以下简作“《阴阳经》”）作自上而下排列的，而经脉走行又有按《足臂十一脉灸经》（以下简作“《足臂经》”）作自下而上排列的。[5]详审《清华简·内卦位图》不仅是以易学中的乾、劳（坎）、艮、震四阳卦在先，巽、罗（离）、坤、兑四阴卦居后，而且四阳卦从上（首）及下（足），分配人体的外周部位，四阴卦从下（股）至上（口），分配人体的内里部位，两者构成了一个外阳内阴，阴阳衔接、相生，如环无端的循环体系。[6]《周易·咸卦》：“初六。咸其拇。……六二。咸其腓。……九三。咸其股，……九五。咸其脢。……上六。咸其辅颊舌。”这里按从下及上这一顺序进行排列之体例极为鲜明。[7]

二　马王堆汉墓竹书《合阴阳》所涉部位名称所在考

首先说明，学者们对手、腕、肘、腋的意见，相当一致，故本文亦省略之，从“灶纲”起始。

“上灶纲”的“灶纲”，周一谋、萧佐桃等以为是指部位，但具体所指不详，依上下文，应位于腋窝之上。[8]其后，周一谋提出是指“肩髃穴”。[9]马继兴以为“灶”假为“目”，“纲”假为“旁”，即指眼部外侧。[10]夏德安以为是指上胸部位，介于颈部和两乳之间。[11]李零以为应是头、口的隐喻。[12]日本学者大形徹认为是指锁骨。[13]其中由于对前项“腋旁”的理解一致，于是，大多数学者都以此为基点，做出了不同推测，但除了马继兴以外，诸说都对“灶纲”的“灶”，视而不见，似属疏漏或有意回避。从由下及上表述体例来看，眼外角及头、口之说，似可除外。笔者以为，从“灶纲”位于腋窝和项部（见后文“领乡”条）之间考虑的话，魏启鹏、胡翔骅的“纲”应读为“冈”，当喻肩梁，即指肩头至颈底如横梁者之说，[14]近是，但其论证似显无力。笔者以为，灶，读为造，义为并列。以下略加说明。

《周礼·春官·大祝》：“二曰造”，郑注：“故书‘造’作‘灶’，杜子春读灶为造次之造，书抑或为造，造祭于祖也。”[15]《史记·龟策列传》：“卜先以造灼钻。”集解：“造，音灶也。”[16]《释名·释宫室》：“灶，造也。造创物食也。”[17]《诗·大雅·大明》：“造舟为梁。”[18]《尔雅·释水》："天子造舟。"郭注："比船为桥。"[19]《后汉书·杜笃传》载李贤注引《尔雅》曰："造，并也，以舟相并而济也。"[20]《史记·苏秦列传》："骑不得比行。"[21]《广韵·脂部》："比，并也。"[22]《礼记·祭义》："行肩而不併。"[23]《礼记·礼运》："故圣人参于天地並（并）于鬼神以治政也。"郑注："并，並也。"[24]《说文解字·并部》："竝，併也。"[25]至此可明，"灶"，可读为"造"，有连比、并列的意义。

纲，本从冈声。《说文解字·山部》："冈，山骨也。"[26]《释名·释山》："山脊曰冈，冈，亢也，在上之言也。"[27]故"灶纲"，可理解为并列的高骨，这不仅与"上灶纲"的"上"契合，而且亦与下文"上常山"的"上"如出一辙（见后文"上常山"条）。准此，位于腋窝和项部（见后文"领乡"条）之间的人体背部中，犹如两座山脊的部分，恐非肩胛骨莫属。

"领乡"，除了马继兴以为，"领"假为"囟"，"乡"假为"旁"，即指囟会穴的两旁[28]以外，几乎都认为与颈部或颈背部有关。魏启鹏、胡翔骅又具体指出是衣领在颈项上所处位置[29]，虽证据匮乏，但指颈项这一结论可从。从《释名·释衣服》可知，"领"之所以有"衣领"之义，乃因衣领具有"总领衣体为端首也"[30]。另，《说文解字·页部》："领，项也。""项，头后也。"[31]张家山汉墓竹简《脉书》肩脉[32]及《天回医简》手大阳脉病候[33]中均有"领肿痛"，《足臂经》臂泰阳脉在经脉走行时载有"出项"[34]，即"领"刚好可以与"项"对读。《广雅·释亲》"领、颈，项也"[35]的"项"，《释名·释衣服》"领，颈也"[36]及《庄子·说剑》"上斩颈领，下决肝肺"[37]的"颈"，乃属浑言不分，而《急就篇》颜师古注："项，谓颈后头下也。"[38]《广韵·清部》："颈在前，项在后。"[39]则为析言有别。"乡"字，可训为所在、位置。《诗·小雅·采芑》："于此中乡。"毛传："乡，所也。"[40]《素问·阴阳应象大论》："各守其乡。"王冰注："乡，谓本经之气位。"[41]准此，"领乡"可理解为衣领所在，亦即与衣领相对应的项部。因前项的"灶纲"指背部肩胛骨，此"领乡"指项部，顺序井然。[42]

"拯匡"，学者或释为承光穴[43]，或承浆穴[44]，或骨盆[45]，或双肩[46]，但因证据不足，皆不可从。笔者以为"匡"应读"眶"。《正字通·目部》："眶，音匡，目眶，本作匡。"[47]《康熙字典·目部》举《史记·淮南王刘安传》"涕满匡而横流"和《张衡·西京赋》"隅目高眶"之用例，云："又通作匡。"[48]"拯匡"的"拯"，读为"丞"。《广雅·释诂》："丞，没也。"[49]眼窝呈凹陷状，正合此义，故此之"拯匡"，当训为眼眶，而指整个眼部。尚可提供两个助证：其一，因上文指项部，下文指口唇（见后文"周环"条），故此处的眼眶乃是承接背部、项部，顺势而上；其二，房中术重视眼部，即视觉的神力，[50]当在情理之中。整篇文献从手部开始，经过腕、肘、腋窝、肩胛部及至项部，此乃由下及上。然后调整体位，即从正面，再从上到下，选择有代表性的部位。

"覆周环"，学者或释为再环绕脖项一周[51]，马继兴以为，"周"假为"枕"，"环"假为"边"，"覆"读为"复"，义为返还。此句乃接续上文指沿着上述路线循按到头顶部承光穴后，即转向头部后下方的玉枕穴的边缘。也即循摩由下上行到达头顶之后开始折回，再由上向下继续循摩。[52]《长沙马王堆汉墓简帛集成》认为，"覆"读为"复"，训"返"，可从。但从上下文来看，"周环"当为人体部位。[53]笔者以为，本文除了起始的"握手"以外，其体例不仅均为

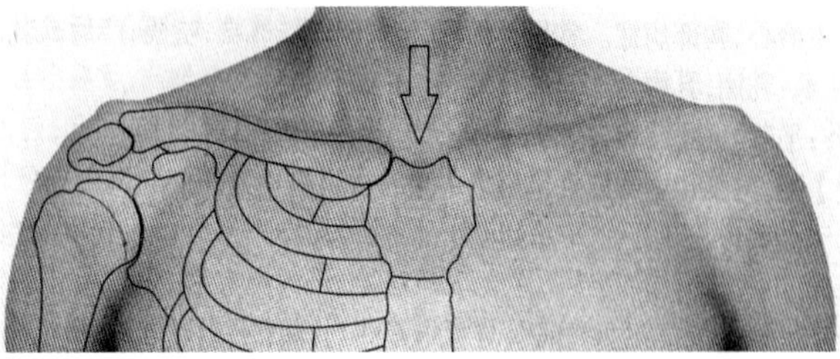

图一 胸骨上窝正面图

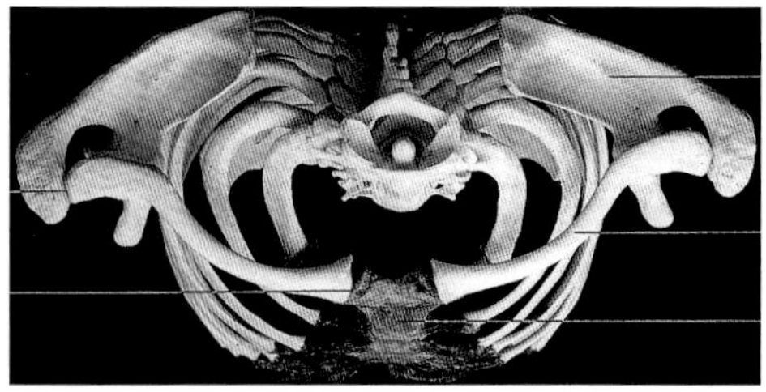

图二 胸廓上口正面俯视图

"单个汉字构成的动词＋两个汉字构成的部位名称"，而且"两个汉字构成的部位名称"的前一个汉字，对后一个汉字又似有限定作用，故"周环"二字，应作统一思考。[54]为行文简明，先检讨"环"字。"环"字本与玉有关，其特征是不仅外形及内孔均呈圆形，而且内孔的半径与外周的肉幅等宽。《说文解字・玉部》："环，璧也，肉好（孔）若一，谓之环。"段注："古者还人以环，亦瑞玉也。"[55]《说文解字・玉部》："璧，瑞玉，圜也。"[56]《尔雅・释器》："肉倍好（孔）谓之璧。"[57]后来泛化为凡是圆形中央有孔者，亦可称"环"，如"耳环"即是。从体例来看，在眼部和胸骨上窝（见后文"马王堆医书《阴阳经》所见'缺盆'之所在"）之间呈现圆形中央有孔特征的部位，恐非口唇莫属。尚可提供重要佐证的是，汉代医学文献《灵枢经》，在描述经脉通过口唇这一部位时，常常是"环唇"。[58]"周环"的"周"，如同前述"灶纲""领乡"及"拯匡"，即前一个汉字，对后一个汉字有限定作用为前提，似可缩小追踪"周"义的范围。据《广雅・释诂》："周，至也。"《诗・小雅・鹿鸣》："人之好我，示我周行。"毛传："周，至也。"孔疏："示我以先王至美之道也。"[59]可将"周环"释为至美的圆形口唇。《说文解字・网部》："覆，一曰盖也。"[60]准此，"覆周环"，乃以己方之口唇，覆盖彼方之口唇，即相当于今之接吻，这也与房中术中的"相呴相抱"的"相呴"及"舌溥而滑"[61]十分谐洽。

"缺盆"，几乎都被理解为今之"缺盆穴"。腧穴名称的"缺盆"，虽然出现得很早，但就本文体例而言，其他所涉名称，均为人体部位，只将"缺盆"作为腧穴名称看待，颇不合情理。依上为唇口，下为乳房（见后文"醴津"条），其前又有"领乡（项部）"来看，似指胸骨上窝（图一[62]、图二[63]）。事实上，将胸骨上窝称为"缺盆"者，不仅在汉代医书《黄帝内经》尚有诸多珍贵存留，而且同墓出土的《阴阳经》亦有一些蛛丝马迹可寻。为保持文体一致及叙述方便，将于后文"缺盆"补考中，集中讨论。

"醴津"，马继兴以为，"醴"假为"脐"，"津"训为"边缘"。此句系指按摩循经越过肚脐之旁，继续向下。[64]或以为是指肚脐，[65]或以为是指乳晕[66]，或乳沟[67]，或乳头[68]，或乳腺[69]，但诸说缺乏具体证据的支持，令人难以信从。从《玉篇・酉部》"醴，甜酒也"[70]可知，"醴"有"甘"义，"醴津"与《礼记・礼运》"故天降膏露，地出醴泉"[71]之"醴泉"表述酷似。《云笈七签》云："口中津液为玉液，一名醴泉，亦名玉浆。"[72]即人体中的津液亦可称为"醴泉"，而人体津液真正可称之为美味甘露者，恐非乳汁莫属，亦即《释名・释饮食》所谓"乳作汁所使人肥泽也"[73]。从"醴津"之前为胸骨上窝，其后为脐（见后文"勃海"条）来看，当如魏启鹏、胡翔骅猜测的那样，“醴津”应指乳房。[74]

“勃海”，马继兴以为，“勃”假为“气”，故“勃海”指今之“气海穴”。[75]或受此影响，或指胸窝或今之气海[76]，或指腹部[77]，或指脐下近外阴处[78]，皆不可从。李零认为是肚脐的隐喻[79]，尽管没有提出有力证据，但结论可从。笔者认为，“勃海”的“勃”，读为“脖”，乃指脐部，而“勃海”的“海”，与“醴津”的“津（乳汁）”呼应，有凸显脐带中丰满的气血在胎儿出生前，对维持其生命活动扮演重要角色。《康熙字典·肉部》云：“脖，音勃，胦脐。”[80]汉代医书《灵枢·九针十二原》云：“肓之原，出于脖胦，脖胦一。”[81]如果参照《素问·腹中论》所云“肓之原在脐下，故环脐而痛也”[82]的“环脐而痛”，便可确定“肓之原”的“脖胦”，就在“脐中”。《广韵·没部》：“脖，胦脐。”[83]《类篇·肉部》：“脖，脖胦，齐也。”[84]《集韵·阳部》：“胦，脖胦，脐也。”[85]《集韵·没部》：“脖，脖胦，齐也。”[86]《六书故·人五》：“脐又谓之脖胦……脖胦，齐也。”[87]《本草纲目·人部》：“胎在母腹，脐连于胞胎……故脐者人之命蒂也。”[88]《素问·阴阳应象大论》云“肠胃为海”[89]，而脐部不仅刚好与肠胃交接点等高[90]，而且，在秦汉时期又被古人理解为是，犹如债券，被一剪两断后遗留在人体中的肠管部分的印痕。[91]《医心方·孔穴主治法》：“气海穴，一名脖胦。”注曰：“胦，齐也。”（图三）[92]《黄帝内经太素·诸原所生》杨上善注曰：“脖，𬛸（蒱）忽反，胦，于桒反，谓胦齐也。”[93]诸如此类，不仅皆可见古人将脐部称海之辙迹，而且，脐带血气（勃海，即血气之海）与甘美的乳汁（醴津），分别在胎儿出生前后，在维持胎儿生命活动这一视角，得到了有力彰显，同时也与房中思想吻合。

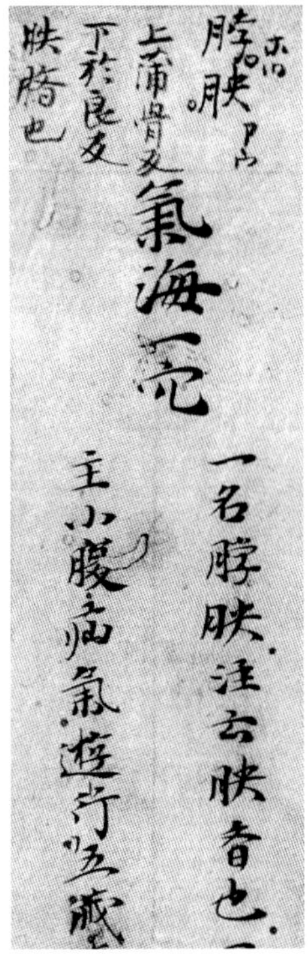

图三 《医心方》书影

“上常山”的“常山”或疑指今之曲骨与横骨部位[94]，或指曲骨穴附近[95]。虽不无道理，但不甚明晰。夏德安[96]、李零[97]认为是指女性的阴阜，当是。笔者以为，“常山”的“常”，本作“恒”，因避“刘恒”讳，改为“常”。“恒”的古音属蒸部匣组，“横”属阳部匣组，蒸阳旁转，匣组双声，可通假。“横”，指“横骨”，即今之耻骨。“横山”指阴阜，不仅部位准确，形象亦逼真，且与“上常山”的“上”，语义通畅。[98]

“御交筋”的“御”，马继兴训为进或接，并云：与女子交合亦曰御，整句指房事而言。[99]可是，“御交筋”之前有“入玄门”，故“御”字不大可能是进或接义。或以同篇所载“交筋，玄门中交脉”为据，认为“交筋”可能指阴蒂。[100]李零以为，此说不可从，因为原文讲得很清楚，“交筋”是在“玄门之中”，即阴门内。[101]笔者以为，诸说尽管方向可取，但将本指男子性器的“交筋”，理解为与女子性器有关，是其致命缺陷。“交筋”的“交”，本有交合之义。《礼记·月令》“虎始交”，郑注：“交，犹合也。”[102]“御交筋”之前有“入玄门”，而“入玄门”应指男子的动作，故“交筋”不大可能是指女子性器，应指男性性器。汉代医学文献《灵枢·五音五味》：“宦者去其宗（交）筋，伤其冲脉，血泻不复，皮肤内结，唇口不营，故须不生。”[103]《素问·厥论》：“前阴者，宗筋之所聚。”唐王冰注：“宗筋侠齐，下合于阴器，故云前阴者，宗筋之所聚也。”[104]是其证。

“御交筋”的“御”正是强调男子要控制好自己的“交筋”，达到房事圆满，与房中术所言甚合。前引《合阴阳》所云“交筋者，玄门中交脉也”，当是对“交筋”作用的解释，将此文与前引同篇“昬（昏）者，男之精。将旦者，女之精。责（积）吾精以养女精，茾（筋）、脉皆勭（动）”比较的话，显然，“茾（筋）”应与男性、“脉”应与女性对应。以此例彼，《合阴阳》中的“交筋”，可理解为是指在阴道中与女子的“脉”相交的“筋”。即，男子性器虽可以“交筋”称谓，但女子却无法再以“筋”命名，故以当时流行的，具有传送人体营养物质功能的生理组织“脉”与“筋”相对。换言之，在古人看来，怀孕，乃是女子通过“玄门”中的“脉”，吸纳了由男子交筋射出的精液所致。准此，“入玄门”“御交筋”的意思则为，插入“玄门”之后，要控制好人根性器。

三 “缺盆”补考

（一）马王堆医书《阴阳经》所见“缺盆”之所在

“缺盆痛”在《阴阳经》甲本[105]、乙本[106]中，属“臂厥”[107]“是动病”主症之一而被排在心痛之后，“缺盆痛”之后，又有“甚则交两手而战”，加之，本脉（臂巨阴）走行是由下及上，以“入心中”收尾。由于“交两手”，并不是两侧前臂交叉，而是两手重叠，故“交两手”这一动作，不仅与位于两侧锁骨上大窝凹陷部的“缺盆穴”无关，而且恰恰相反，表示心与“缺盆”皆应位于人体正中线。即“交两手而战”是针对“心痛”和“缺盆痛”而言，其所指部位不仅极为有限，当位于人体正中线，而且“缺盆”又应位于“心”的附近。那么，“缺盆”位于何处呢？

《灵枢·本输》：“缺盆之中，任脉也。名曰天突。”[108]其中“缺盆”本指人体部位，而非穴名。理由很简单，“缺盆之中”之后的“名曰天突”才是表述穴名的通例，即“部位名 + 之中 + 名曰 + 穴名”或“穴名 + 在 + 部位名 + 之中（或中央，或陷者中等）”。如《针灸甲乙经》：“天突，一名玉户，在颈结喉下五寸，中央宛宛中。”[109]两相比较，“在颈结喉下五寸，中央宛宛中”刚好是对“缺盆之中”的绝佳注释，可谓明证。从“任脉”位于人体正中线，古今未有任何变更来看，这里的“缺盆”亦提示位于人体正中线。《灵枢·营气》：“其支别者，上额循巅下项中，循脊入骶，是督脉也。络阴器，上过毛中，入脐中，上循腹里，入缺盆。”[110]这里“入缺盆”之前的“巅、项、脊、骶、督脉、阴器、脐”，不仅均位于人体正中线，而且都是人体部位名，故“缺盆”亦应作同样理解。《灵枢·骨度》：“伯高曰：头之大骨围二尺六寸，胸围四尺五寸，腰围四尺二寸。发所覆者颅至项（长）尺二寸，发以下至颐长一尺，君子终（参）折。结喉以下至缺盆中长四寸，缺盆以下至䯏骭长九寸，……䯏骭以下至天枢长八寸，……天枢以下至横骨长六寸半。”[111]本段的表述体例是，先述“头之大骨”“胸围”“腰围”，后以人体正中线为底，分述“发所覆者颅至项……发以下至颐……结喉（颐）以下至缺盆中……缺盆以下至髑骬……髑骬以下至天枢……天枢以下至横骨”。这里的“缺盆”，无疑也保留了“缺盆”这一部位位于人体正中线的痕迹。笔者曾指出，本篇所涉人体部位当重订如次：“发所覆者颅至项……发以下至颐（下颚）……结喉……缺盆（胸骨上窝）中……髑骬（整个胸骨）……脐（天枢）……横骨（耻骨）。”[112]《灵枢·师传》云：“五脏六腑，心为之主，缺盆为之道，骺骨有余，以候髑骬。”[113]“骺骨”，应该是对通心之道“缺盆”的描述。“骺”，《说文解字·骨部》作“䯏”“骨耑也”[114]。故王洪图主张，“骺骨”应指“胸骨上方锁骨内侧端”[115]，即胸骨上窝的意见，当为最优解。

原来“缺盆”是指胸骨上窝，“缺盆痛”这一症状，现代人常以胸骨后疼痛，或胸骨上窝不适，有滞塞、紧榨感，或嗓子眼疼痛堵得慌等来描述。古人可能以为这些现象，乃因通心之道缺盆过于窄小所致，故而强调，通过观察胸骨的大小高下，可以测知通心之道“骺骨（缺盆）”，亦即胸骨上窝的宽度及心脏之大小坚脆。当然，胸痛甚者，患者常以两手交叉紧紧捂住前胸（“甚则交两手”，引征见后文），在古人看来，这些现象都与心关系密切，而心病又常常能致人以死地。古人将胸骨上窝的“缺盆”与心相联结的另一个原因，可能是“臂厥”发病时，常有“益（咽）干，渴欲饮（水）”这一症状，而胸骨上窝的“缺盆”，正相当于“咽喉”的根部，这与《素问·骨空论》所云“其上气有音（喑）者治其喉中央，在缺盆中者”[116]完全吻合。

仍需补充的是，《足臂经》足少阳脉虽亦载有“缺盆痛”，但根据该书“其病”描述体例，即病状（或病名）与经脉走行部位对应，或为误植。具体情况是，与该脉

图四 《天回医简》左右“夬（缺）盆”二字图版

走行，即“其直者贯腋，出于项、耳，出脽（枕）”相关联的“其病”为：“产马，缺盆痛，瘻（瘘），聋，脽（枕）痛。”[117]其中，“产马”与“腋”[118]，“瘻（瘘）”与“项”[119]，“耳”与“聋”，“脽（枕）”与“脽（枕）痛”，一一匹配，唯独“缺盆痛”例外，无法吻合。[120]

（二）从《天回医简》看由部位“缺盆”转变为腧穴“缺盆”的证据

关于臂太阴脉的内容，马王堆帛书作“心滂滂如痛，缺盆痛，甚则交两手而战（乙本作‘单’）”[121]，《天回医简》作“心滂滂痛，诈沃（肩）痛，匈（胸）痛，瘕、肘痛，心烦，肘（疛），夬（缺）盆痛，四枝（肢）痛，甚则交两手而战”[122]。两相比较，后者已经看不出前者的那种“心、缺盆、交两手”三者紧密联系的痕迹。这提示，《天回医简》作者已不晓得：位于人体正中线上胸骨上窝的“夬（缺）盆”所在。尚可提出有力佐证的是，在马王堆甲、乙本足阳明脉中，尚无有关描述“缺盆”之踪影，但《天回医简》不仅在足阳明脉及间别迎脉中列出了“夬（缺）盆”，而且还有清晰的铭文可证“”（图四）[123]就在锁骨两侧对称处，甚至，这里的“夬（缺）盆”与“心”俞等并列（图五）[124]，显然具有腧穴的意义。笔者以为，这是部位“缺盆”转变为腧穴“缺盆”的决定性证据。《素问·气府论》虽将“缺盆穴”归为足少阳脉气所发，

图五 《天回医简》脏俞名图版

但唐代王冰注仍认为是足阳明脉气所发，[125]知《素问·气府论》或受前述《足臂经》传本影响，王冰本于某种《明堂经》，而该《明堂经》则又与《天回医简》体系相同。

（三）从“交两手而战”“交两手而瞀”看“缺盆”所在

天回、马王堆医书中“缺盆痛”之后的“交两手而战”，传世文献《灵枢》[126]与《甲乙经》[127]均作“交两手而瞀”。笔者认为，准确界定两者表述的真意，亦可进一步佐证部位“缺盆”之所在。张如青认为，战，指战栗、颤抖。原来经文是说，缺盆中痛，病者以两手臂交叉，手掌按压缺盆止痛，痛得剧烈时，交叉的两手因加强压力而颤抖。“战（单）”与“瞀”义不相关，延误两千年的讹字及由此而产生的误解与纷争，因简帛医书的重光于世，一朝迎刃而解。[128]说不可从。前述及，由于“交两手”，并非两侧前臂交叉，而是两手重叠，此其一也。“战（单）”与“瞀”二字，不仅古音相距甚远，而且字形亦不类，又没有提出其他讹变的原因。即这个看法，至少从诠释学来看，证据贫乏，此其二也。

谢明宏虽认同张如青“瞀”是讹字的观点，但两者的解释并不相同。谢明宏据《千金要方》：“寒厥交两手而骛。”《针灸资生经》：“寒厥交两手而鹜。”《普济方》：“寒厥交两手而惊。”认为由“瞀”讹为“骛”“鹜”“惊”的可能性，不如由“骛”“鹜”“惊”讹为“瞀”的可能性大。并进一步推测《灵枢》《甲乙经》中的“瞀”均为“惊”的讹字，其先由“惊”讹作“骛”“鹜”，再转作“瞀”。若《灵枢》《甲乙经》本作“交两手而惊”，那么马王堆帛书的“单”“战”以及《天回医简》中的“战”，似都应读若“惮”。“战”与“惮”可通。《灵枢》《甲乙经》的“交两手而惊”与《天回医简》的“交两手而战”、马王堆帛书的“交两手而战（单）”，是同一种病征的相近表达。“惊”字与“惮”字，此处属于“同义换用”。“交两手而惊”和“交两手而战（惮）”，当不是张如青所认为的颤抖，“病者以两臂交叉，手掌按压缺盆以止痛，痛得剧烈时，交叉的两手因加强压力而颤抖”。而应遵其常训，径取恐惧、害怕的意思。“交两手而惊”和“交两手而战（惮）”是形容心脏不适时，患者紧握两手，感到恐惧害怕甚至产生濒死感，“惊”与“惮”正是描述心慌恐惧的字。[129]

这种“惊”讹作“骛”“鹜”，再转作“瞀”的推理，并不符合证据的时序性。即在其列举的证据中，“瞀”是最先出现，随后才有“惊”“骛”“鹜”，此其一也。鸟（鹜）、马（惊、骛）与目（瞀）的字形相距甚远，此其二也。笔者认为，“瞀”应是对“战”的具体转译，两者乃是从不同角度对病人自觉心慌胸闷、疼痛，有濒死感的进一步具体描述。

在《灵枢·经脉》小字注文中写有：“瞀，音务。”[130]《庄子·让王》：“汤又因瞀光而谋。"《释文》:"瞀,本或作务。"[131]《荀子·哀公篇》:"古之王者,有务而拘领者矣。"杨倞注:"务,读为冒。"郝懿行曰:"古读冒、务,音同。"《尚书大传》曰:"古之人,衣上有冒而句领者。"郑康成注云:"冒,覆项也。"[132]《说文解字·冃部》:"冒,蒙而前也,从冃从目。""冃,小儿蛮夷头衣也。"[133]即冒本作"冃",今言帽子是也,[134]作为动词则有覆盖之义。当人有濒死感的时候,一定会万分惊恐,于是就会出现,面色苍白,冷汗淋漓,以摇头为主的全身震颤这一不自觉的动作呈现。另一方面,这种濒死感乃主要源自胸骨后疼痛,或胸骨上窝不适,有滞塞、紧榨感,或嗓子眼疼痛堵得慌,用手覆盖捂住胸口,以减轻心慌胸闷、疼痛。故震颤和用两手交叉重叠捂住胸口,乃是从不同的侧面描述同一个病的发病特征。就时序性而言,先有"交两手而战(或单)",后来《内经》的作者,透过临床实践的观察,为了更加突显心绞痛发作患者的最典型特征,即用手捂住胸口以自救,于是就在"交两手"之后用了一个"瞀(冒)"字。这种情形,在汉代临床巨著《伤寒论》中还留有珍贵的记载:"发汗过多,其人叉手自冒心,心下悸,欲得按者,桂枝甘草汤主之。"[135]这里描述的是,对因"发汗过多"导致脱水、离子紊乱,而出现的"心下悸"时,用"叉手自冒心"来自救,"欲得按"三字,正是对"叉手自冒心"的极为简明生动的绝佳注脚。心悸心慌如此,心脏疼痛,濒死感[136]时更应如此。可见,"瞀",即"冒",乃是对"交两手"的进一步具体描述,"瞀"之后出现的"惊""骛""鹜",尽管也有可能是对"战"的解释,但仍需做进一步研究。这已超出本文范围,容另文。

如果在医院的急诊室,看过心绞痛、心肌梗死病人来诊的场景的话,上述的这些现象完全可以得到明确确认。如此看来,整理医学文献,古文字学虽是不可或缺的,但仅仅依赖古文字学,而不从疾病演化的学术史及现代医学的角度进行思考的话,也很难得出正确的客观结论。[137]

部位名"缺盆",不仅见于马王堆医书,而且这个位于胸骨上窝部位的"缺盆",又与《素问·骨空论》《灵枢·骨度·本输·营气·师传》所载部位"缺盆"一致。《天回医简》、传世本《素问·气府论》及《明堂经》等,皆见位于两侧锁骨上大窝凹陷中对称腧穴名称"缺盆"。即上述作者将由锁骨、斜方肌及侧颈部构成的凹陷部视为"盆"状(现代医学将此凹陷称之为"锁骨上大窝",其界限由锁骨外侧缘,胸锁乳突肌外侧缘,肩胛舌骨肌下腹下缘构成,图七[138]),将锁骨上缘略呈弧形凹陷部分,视为"盆"的"缺陷"状态。此理解,虽与有"缺口"的"盆"状这一典型特征[139],未至若合符契之程度,但因尚可以广义的"缺陷"而自圆其说。至于古代文献中除了上述提及的,即胸骨上窝、锁骨上大窝凹陷部位为"缺盆"以外,还见有将今日之"骨盆"称"缺盆"者,笔者已有论及[140],不赘。

"缺盆"一名,有时指人体部位,有时指腧穴名称,其辨识方法主要有二。其一,表述腧穴的特殊体例。如前文所及"部位名+之中+名曰+穴名"或"穴名+在+部位名+之中(或中央,或陷者中等)"即是。此类文献多见腧穴专书(如《黄帝明堂经》)或专篇(如《素问·气府论》)。其二,文章的整体脉络、氛围。如通篇几乎都是论及人体部位的话,那么有些虽然与今日腧穴名称同名,亦应慎重。[141]因为,有些腧穴名称实乃来自人体部位名称,切忌诸如一见"缺盆",便萌生只有腧穴"缺盆"的性急判断。本文提出,《天回医简》是将原本

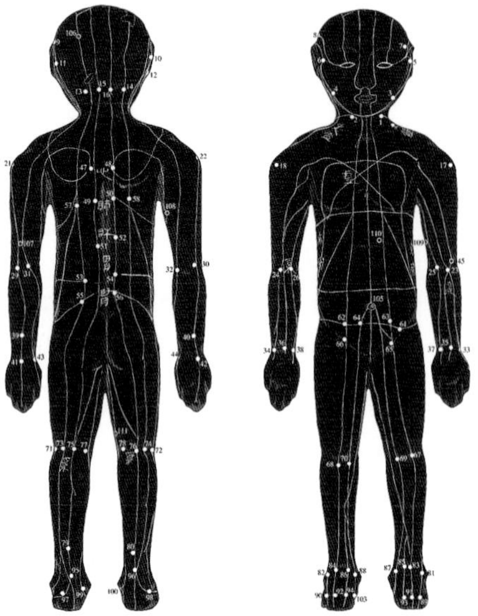

图六 髹漆针灸木人像前后示意图

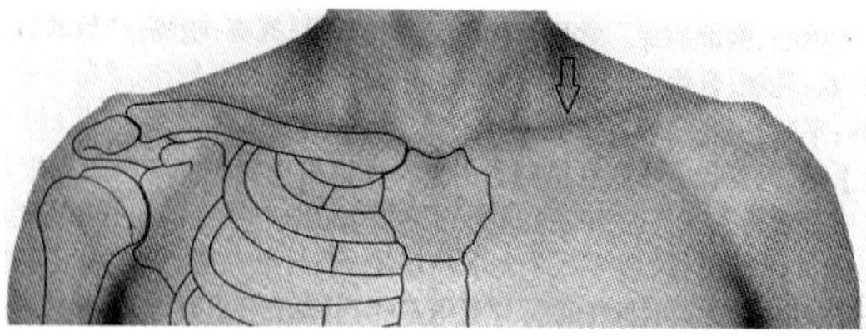

图七 锁骨上大窝正面图

位于胸骨上窝的部位“缺盆”，理解为是指锁骨上大窝之后，又将锁骨上大窝凹陷中认定为腧穴“缺盆”的分水岭，这种理念上的质的变化，与《刺数》和《犮理》在针刺处方表述体例上所呈现出的殊异，互为表里，极为珍贵。

通过本章的论证可知，在马王堆出土的有关经脉文本资料中，不仅未见有相当于今日所谓具有“点”的意义的腧穴概念，而且只存在将胸骨上窝这一部位称为“缺盆”的记载，这一记载，在传世本《黄帝内经》中尚可见诸多薪火相传，未有中断的宝贵存留，再结合《合阴阳》中的“缺盆”位于口唇（周环）和乳房（醴津）之间来看，该“缺盆”乃指胸骨上窝这一部位，当无疑问。

四 结语

综上所述，界定古人在论及一系列人体部位所在之时，本文提出：一方面，要以锁定排列诸多人体部位的体例为前提；[142] 另一方面，要着实以此体例为底，再据比较明确的前后文脉关系，从而咬定难以辨析的人体部位名称之所在。如本文据由下及上这一体例，将“灶纲”锁定在位于腋窝及项部之间的双侧肩胛骨，将“领乡”释为项部；据由上及下这一排序，将“拯匡”训为眼眶。据“单个汉字构成的动词＋两个汉字构成的部位名称”，“两个汉字构成的部位名称”的前一个汉字，对后一个汉字又有限定作用这一体例，将“周环”二字释为至美的圆形口唇即是。此解题方式，不仅能够缩小搜寻、查阅范围，而且得以快捷的方式提出比较客观合理的假说，收到事半功倍之效。对古代医学文献所涉病名具体含义的解释，在上述“‘缺盆’补考”中已引笔者自身观点：一方面，应以古文字学解读为基础；另一方面，更要以追索疾病演化的过程及现代医学的角度综合考量。本文在此基础上，对考古及文献所见“臂厥”这一病名中出现的“交两手而战”和“交两手而瞀”的内在联系，以及透过这种内在联系的钩沉，又对在确认部位“缺盆”所在时发挥的作用等相关问题，提出了尝试性的粗浅看法的同时，也对相关误释，予以驳论。概言之，不持固有成见，挖掘文本体例，并斟酌文脉前后位置关系，是准确认定诸多人体部位所在的前提；古文献中，时有人体部位名称与腧穴同名的情形，本文提出既要注意鉴识特别是表述腧穴的体例，又要细心体味文章的整体语境两个要点；对病名的内涵及外延的破译，应以解读与疾病相关的学术史为中心，从古文字学及中西医两种途径切入，[143] 综合思考为宜。

｛附记：拙文与注 [124] 及与“缺盆”有关的一部分内容，曾于“马王堆汉墓考古发掘50周年国际学术研讨会”（2024年8月18日·长沙）上宣读。承蒙匿名评审者惠赐卓见，使拙文得以补苴订谬，编辑部杨慧婷女士细心校核，获益良多，辽宁中医药大学朱鹏举先生于资料收集，给予多方帮助，一并谨申谢忱。｝

注释：

[1] 裘锡圭主编，湖南省博物馆、复旦大学出土文献与古文字研究中心编纂：《长沙马王堆汉墓简帛集成·陆》，中华书局，2014年，第153、156页。

[2] 李零：《中国方术考》，东方出版社，2001年，第412页。

[3] 事实上，出土医学文献中，除了本文涉及的《天回医简》以外，首先明确记载腧穴名称的要数甘肃省武威市旱滩坡东汉墓出土的一批医学简牍。如简20～21云：“次刾膝下五寸分间荣深三分，留箴如炊一升米顷，出箴，名曰三里。次刾项从上下十一椎侠椎两刾荣深四分，留箴百廿息，乃出箴，名曰肺输。”见甘肃省博物馆、武威县文化馆：《武威汉代医简》，文物出版社，1975年，第4～5页。这里一般腧穴与脏俞名称同时出现，与《天回医简》如出一辙。见本文“‘缺盆’补考”。

[4] 孙基然：《古醫書における簒の字義及びそれに関連する諸問題》，《日本伝統鍼灸學會雜誌》2022年第1期。

[5] 黄龙祥：《老官山出土汉简脉书简解读》，《中国针灸》2018年第1期。

[6] 孙基然：《早期卦气思想溯源》，《中国文化研究所学报》第69期，香港中文大学出版社，2019年，第23～24页。详审《清华简·内卦位图》可知，兑卦配口（还应包括鼻部），不可视为是人体内里的部位，若谓胸、腹尚可通，但口明显于外部可见，与配劳卦的耳部，均属官窍类部位，并无内外之别，故笔者将相关内容特作如下修订：四阳卦从上及下，分配人体的最上部（头顶）和左右两侧（耳、手、足），四阴卦从下至上，分配位于人体正中线上的部位（股间阴部、腹、胸、口鼻），两者构成了一个阴阳衔接而相生的循环体系。

[7] 引文呈现从下及上这一体例，古今学者已有指出。a. 见潘雨廷点校：《周易集解纂疏》清人十三经注疏本，中华书局，1994年，第316～319页；b. 李镜池：《周易通义》，中华书局，1981年，第63～64页；c. 郑吉雄：《周易玄义诠解》，中华书局、台北“中央研究院”中国文哲研究所，2012年，第101～104页。

[8] 周一谋、萧佐桃：《马王堆医书考注》，天津科学技术出版社，1989年，第399页。

[9] 周一谋等：《马王堆医学文化》，文汇出版社，1994年，第238页。

[10] 马继兴：《马王堆古医书考释》，湖南科学技术出版社，1992年，第979页。

[11] Donald J. Harper. *Early Chinese Medical Literature: The Mawangdui Madical Manuscripts*, London: Routledge, 1997, p413.

[12] 同 [2]，第412页。

[13] [日] 大形徹：《马王堆出土文献译注丛书》，东方书店，2015年，第236页。

[14] 魏启鹏、胡翔骅：《马王堆汉墓医书校释（一）》，成都出版社，1992年，第131页。

[15] [唐] 贾公彦：《周礼注疏》四部备要本，中华书局，1989年，第246页。

[16] [汉] 司马迁：《史记·龟策列传》四部备要本，中华书局，1989年，第1160页。

[17] [汉] 刘熙：《释名》，大化书局，1988年，第872页。

[18] [唐] 孔颖达：《毛诗正义》十三经注疏整理本，北京大学出版社，2000年，第1137页。

[19] [宋] 邢昺：《尔雅注疏》十三经注疏整理本，北京大学出版社，2000年，第249页。

[20] [南朝宋] 范晔：《后汉书·杜笃传》四部备要本，中华书局，1989年，第989页。

[21] [汉] 司马迁：《史记·苏秦列传》，第789页。

[22] [宋] 陈彭年：《广韵·脂部》四部备要本，中华书局，1989年，第12页。

[23] [唐] 孔颖达：《礼记注疏》四部备要本，中华书局，1989年，第527页。

[24] 同 [23]，第271页。

[25] [汉] 许慎：《说文解字》影印陈昌治本，中华书局，2013年，第216页。

[26] 同 [25]，第188页。

[27] 同 [17]，第842页。

[28] 同 [10]，第979页。

[29] 同 [14]，第131页。

[30] 同 [17]，第868页。

[31] 同 [25]，第179页。

[32] 张家山二四七号汉墓竹简整理小组编：《张家山汉墓竹简〔二四七号墓〕》，文物出版社，2001年，

第 240 页。

[33] 天回医简整理组:《天回医简》(下),文物出版社,2022 年,第 45 页。

[34] 裘锡圭主编,湖南省博物馆、复旦大学出土文献与古文字研究中心编纂:《长沙马王堆汉墓简帛集成·伍》,中华书局,2014 年,第 193 页。

[35] [清] 王念孙:《广雅疏证》影印嘉庆年间王氏家刻本,中华书局,1983 年,第 203 页。

[36] 同 [17],第 868 页。

[37] [周] 庄子:《庄子》四部备要本,中华书局,第 122 页。

[38] [汉] 史游:《急就篇》丛书集成新编本,1976 年,台北新文丰出版公司,第 449 页。

[39] 同 [22],第 48 页。

[40] 同 [18],第 752 页。

[41] [唐] 王冰注:《黄帝内经素问》,人民卫生出版社,1963 年,第 48 页。

[42] 从“出腕阳”的“阳”(阳部喻母)、“循肘房”的“房”(阳部并母)、“抵腋旁”的“旁”(鱼部帮母)、“上灶纲”的“纲”(耕部见母)、“抵领乡”的“乡”(阳部晓母)、“循搋匡”的“匡”(鱼部见母)之古音来看,“阳”“房”“旁”“乡”“纲”,似亦有为押韵之考量。

[43] a. 同 [10],第 979 页;b. 同 [8],第 400 页。

[44] 同 [14],第 131 页。

[45] 同 [11],第 413 页。

[46] 同 [2],第 412 页。

[47] [明] 张自烈:《正字通》影印清康熙九年序弘文书院刊本,中国工人出版社,1996 年,第 734 页。

[48] [清] 张玉书:《康熙字典》,上海书店出版社,1996 年,第 894 页。

[49] 同 [35],第 32 页。

[50] 房中术的建构,是以通过男女之事的交流而获得合宜的满足快感为目的。人体性欲反应的出现,固然以生殖机能成熟为前提,但美貌等更是激惹性欲兴奋的主要外在条件,而这些所谓的外在条件,又主要是通过目视活动来认知的。《孟子·告子上》:“目之于色也,有同美焉。”(见 [汉] 赵岐注,[宋] 孙奭疏:《孟子注疏》十三经注疏整理本,北京大学出版社,2000 年,第 357 页)在孟子看来,色彩不仅是通过目视认知,而且也是引起人们共同的审美愉悦的、敏感的形式要素。《荀子·王霸》中曾提及,眼睛喜欢看美色,而极其繁复的彩色花纹和美女没有比王者看到的更多的了。(“目好色而文章致繁妇女莫众焉。”见 [清] 王先谦:《荀子集解》,中华书局,1988 年,第 217 页)即在各种情欲之中,尤以女色较为特殊而与众不同,于是,“色”有时也专指女色。《尚书·五子之歌》:“内作色荒,外作禽荒。”孔安国《传》:“色,女色。”孔颖达《正义》:“女有美色,男子悦之,经传通谓女人为‘色’。”(见 [唐] 孔颖达:《尚书正义》十三经注疏整理本,北京大学出版社,2000 年,第 213 页)《郭店楚简·性自命出》曰:“逆性者,悦也。”“快于己者之谓悦。”(见李零:《郭店楚简校读记》,北京大学出版社,2002 年,第 106 页)黄德宽、徐在国认为,此“逆性”之“悦”,即《韩诗外传》:“见色而悦谓之逆。”(见黄德宽、徐在国:《郭店楚简文字续考》,《江汉考古》1999 年第 2 期)值得注意的是,“色”作为女色及《说文解字·色部》所谓“颜气也”(同 [25],第 185 页)之用法,恐已属引申。汤余惠指出:从形、音、义三方面探讨,色之本义似当于尸部屆字求之。《说文解字·尸部》:“屆,从后相臿也。从尸,从臿。”(同 [25],第 172 页)“色”字本形从人在卪(跪人)后,正前后相次之形。从音读看,屆音楚洽切,古音在初纽、缉部;色音所力切,古音在生纽,职部,并属正齿入声,显然很接近。因此,色、屆二字之义理应相同,均就两性关系言之,今语所说的好色,可能正是使用色字的本义,而非女色。(见汤余惠:《包山楚简读后记》,《考古与文物》1993 年第 2 期)以下文例,似还保留了色的这个意义。《孟子·告子上》:“食、色,性也。”(见赵岐注,孙奭疏:《孟子注疏》,第 349 页)《礼记·礼运》:“饮食、男女,人之大欲存焉。”(同 [23],第 271 页)《郭店楚简·语丛一》:“食邪色邪,疾。”(见李零:《郭店楚简校读记》,第 161 页)显然,《孟子·告子上》《郭店楚简·语丛一》的“食、色”,可以与《礼记·礼运》“饮食、男女”对读,“色”,即男女之事。《郭店楚简·语丛一》的“疾”字表明,“食”和“色”都是很紧急的事。(见刘钊:《郭店楚简校释》,福建人民出版社,2003 年,第 196 页)笔者认为,从马王堆帛本《五行》记载“‘窈窕淑女,寤寐求之’,思色也。‘求之弗得,寤寐思伏’,言其急也。‘悠哉悠哉,辗转反侧’,言其甚急也”(见裘锡圭主编,湖南省博物馆、复旦大学出土文献与古文字研究中心编纂:《长沙马王堆汉墓简帛集成(四)》,中华书局,2014 年,第 92~93 页)来看,对男女之事的描述程度可分为以下三个层次。第一个层次的具体状态是,醒来或睡梦中都在想念(“寤寐求之”)男女之事(“思色也”)。第二个层次的具体状态是,求之不得的话,就睡也想、醒也想,想得一直趴在床上(“求之弗得,寤寐思伏”),其想念的程度比第一个层次的仅仅是“思色也”相对急切(“言其急也”)。第三个层次的具体状态是,不仅是长期思念,而且是不断地翻身(“悠哉悠哉,辗转反侧”),处于寤而无寐的状态,其渴望的程度比第

二个层次更是有过之而无不及（“言其甚急也”）。北周甄鸾《笑道论》曰：“男女交接之道，四目两舌正对，行道在于丹田，有行者度厄延年。”（见［唐］释道宣：《广弘明集》四部备要本，中华书局，1989年，第80页）这里的“四目”“正对”，笔者理解，就是对视觉神力重视的体现，与《郭店楚简·语丛一》记载“凡有血气者……其体有容，有色有声……容色，目司也”（见李零：《郭店楚简校读记》，第160页）一脉相承。或有疑问：房中术既然重视视觉的神力，缘何无论是传世文献，抑或是考古资料所见，均很少论及呢？笔者认为，古代房中术的重点是描述行房技巧，而“四目”“正对”，如同《合阴阳》中的“循拯匡”（抚摸眼球），则属于行房前的爱抚，从而激惹性欲高涨行为使然，而《合阴阳》则记录了包括行房前的十分具体细腻的操作步骤，为全面揭示中国古代房中文化，提供了极为珍贵、鲜活的资料。

[51] 同[8]，第400页。

[52] 同[10]，第979～980页。

[53] 同[1]，第154页。

[54] 无论是出于通篇以“单个汉字构成的动词+两个汉字构成的部位名称”这一体例，还是出于与“阳”“房”“旁”“乡”“纲”押韵来思考，皆应在“握手”之后，加一个字，这显然不是无意之举。笔者推测：此与“握手”的“握”字有关。即“握”与其他诸如“出、循、抵、上、覆、下、过、陵、入”等移动动词不同，而是静态的动词。“握手”一定是指包括手心和手背的整个手部。即，在“握手”之后，无法也不需要再增加任何汉字来限定说明使然。

[55]［清］段玉裁：《说文解字注》影印经韵楼藏版，上海古籍出版社，1981年，第12页。

[56] 同[25]，第5页。

[57] 同[19]，第166页。

[58]［宋］史崧校正：《黄帝内经灵枢》影印日本国立公文书馆内阁文库所藏明版，オリエント出版社，第88、99页。

[59] 同[18]，第650～651页。

[60] 同[25]，第155页。

[61] 同[1]，第153页。

[62] 图一，见黄龙祥、黄幼民：《针灸腧穴通考》，人民卫生出版社，2011年，第1344页。

[63] 图二，见 Johannes W.Rohen，横地千仞，Elke Lutjen-Drecoll：《解剖学カラーアトラス》，医学书院，2016年，第381页。

[64] 同[10]，第980页。

[65] 同[11]，第414页。

[66] 同[8]，第400页。

[67] 同[2]，第412页。

[68] 同[13]，第236页。

[69] 同[11]，第414页。

[70]［南朝梁］顾野王：《宋本玉篇》影印张氏泽存堂本，中国书店，1983年，第531页。

[71] 同[23]，第277页。

[72] 李永晟点校：《云笈七签》，中华书局，2015年，第202页。

[73] 同[17]，第863页。

[74] 同[14]。

[75] 同[10]，第980～981页。

[76] 同[8]，第400页。

[77] 同[14]，第131页。

[78] 同[11]，第414。

[79] 同[2]，第412页。

[80] 同[48]，第1094页。

[81] 同[58]，第22页。

[82] 同[41]，第225页。

[83] 同[22]，第123页。

[84]［宋］司马光：《类篇》影印姚刊三韵本，中华书局，1984年，第154页。

[85]［宋］丁度：《宋刻集韵》影印北京图书馆藏宋刻本，中华书局，1989年，第64页。

[86] 同[85]，第195页。

[87]［宋］戴侗：《六书故》影印温州市图书馆藏永嘉黄氏敬乡楼旧藏明影抄元刻本，上海社会科学院出版社，2006年，第295页。

[88] 刘衡如、刘山永校注：《本草纲目》，华夏出版社，2012年，第1939页。

[89] 同[41]，第45页。

[90]《灵枢》云：“髑骬以下至天枢长八寸，过则胃大，不及则胃小，天枢以下至横骨长六寸半，过则回肠广长，不满则狭短。”（同[58]，第131页）即“天枢”（脐）以上与胃，脐以下与肠相对应。关于“天枢”本指脐部的详考，见孙基然：《“缺盆”及相关诸问题》，《中华医史杂志》2023年第5期。

[91]“脐，剂也，肠端之所限剂也。”同[17]，第850页。

[92] 图三，见丹波康赖：《医心方》第1册影印日本半井家藏版，オリエント出版社，1991年，第198页。汉代医书《明堂经》将气海穴锁定在“脐下一寸五分”（见黄龙祥辑校：《黄帝明堂经辑校》，中国医药科技出版社，1988年，第108页），应该是受到《素问·腹中论》“肓之原在脐下”（同[41]，第225页）的影响，但似属误解。理由是，《素问·腹中论》既然是“环脐而痛”，那么，这里的“肓之原在脐下”

的“脐下”，就应以病者仰卧位为前提，《明堂经》主治“绕脐痛”者，正是“脐中”穴。（见黄龙祥辑校：《黄帝明堂经辑校》，中国医药科技出版社，1987 年，第 106 页）

[93] [唐] 杨上善：《黄帝内经太素》（中册），东洋医学研究会，1981 年，第 405 页。从《医心方》顶格与腧穴名称之间的小字注文：“脖胦，上蒲骨反，下于良反，胦，脐也。”（见图三）与《玉篇·肉部》（同 [70]，第 144 页）同看，“𦛗（葡）”字，或“蒲”之讹变，或俗字。

[94] 同 [8]，第 400 页。笔者注：“横骨”乃“曲骨”之异名，故“曲骨与横骨”，或应作“曲骨（即）横骨”。

[95] 同 [10]，第 981 页。

[96] 同 [11]，第 414 页。

[97] 同 [2]，第 412 页。

[98] 笔者认为，这里的“出、循、抵、上、覆、下、过、陵、入”，均为移动动词，故在确认前后文脉所示部位关系的基础上，再结合移动动词的方向，也是检验释文是否客观合理的一个侧面。这里若按由上及下体例来看的话，似应作“下常山”为是，但必须注意的是，由于是呈“山”形，故无论从哪个方向开始攀登，都属于向上的方向，故“常山”与“灶纲”（并列的山脊）之前都用“上”字，与呈凹陷形的“缺盆”之前用“下”字，形成鲜明呼应。

[99] 同 [10]，第 981 页。

[100] a. 同 [8]，第 400 页；b. 同 [13]，第 237 页。

[101] 同 [2]，第 412 页。

[102] 同 [23]，第 125 页。

[103] 同 [58]，第 313 页。

[104] 同 [41]，第 250 页。为了能更准确理解男性前阴与“筋”的关系，笔者认为，有必要从古典医学的角度，对诸如“表”“肌”“肉”“筋”及“腱、笏、臘”进行爬梳。“表”或“皮”相当于今日解剖学由表皮至真皮的部分，而所谓“肌”，本指“皮”下和“肉”上之间，相当于解剖学的皮下组织。即“白为肌，赤为肉”。（见 [明] 宁一玉：《析骨分经》，收入 [清] 陶宗仪等编《说郛三种》本第 10 册，上海古籍出版社，1988 年，第 1432 页）“肉”上有膜，乃“肌”与“肉”的分界，古人或称为“肉肓”（同 [58]，第 201 页），或称为“筋膜”（同 [41]，第 246 页）等。汉代以后，一般文献及《内经》的某些篇章中，出现有将“肌”与“肉”等同泛化现象，或“肌肉”连称。现代医学所谓肌肉的全长包括“肌腹”与“肌腱”两个部分，古人对现今所谓肌腹与肌腱的区分，或因食肉时的硬度不同，或缘于触摸（如腓肠肌与跟腱）而来。不过，肌腹与肌腱毕竟是一个整体，古人既然将肌腱以“筋头”“筋之本（见本节后文）”名之，显然也暗喻“筋头”之外的部分为“筋尾”，而“筋”与“肉”同义（相当于现代医学的所谓“肌肉”），皆属统言，包括“筋头”（相当于现代医学的“肌腱”）和“筋尾”（相当于现代医学的“肌腹”）两个部分。《灵枢·九针论》所云“心主脉，肺主皮，肝主筋，脾主肌，肾主骨。”（同 [58]，第 382 页）及《灵枢》“经筋”篇的“筋”即是此意。“宗筋”的“宗”，应与该书诸如“宗气”“宗脉”“宗精”等做同样理解。这里仅以“宗气”为例说明。五味篇云：“营卫之道，其大气之抟而不行者，积于胸中，命曰气海，出于肺，循喉咽，故呼则出，吸则入。”（同 [58]，第 272 页）这里的“大气”，也就是邪客篇所载之“宗气”，其文云：“故宗气积于胸中，出于喉咙，以贯心脉而行呼吸焉。”（同 [58]，第 328 页）《广雅·释诂》“宗，本也。”（同 [35]，第 97 页）《礼记·檀弓上》“夫明王不兴，而天下其孰能宗予？郑注：“宗，尊也。”（同 [23]，第 80 页）杨上善曰：“人之生也，以气为宗……肠胃宗气，生身最贵，故名宝也。”“宗，尊也。此之大络，一身之中血气所尊，故曰宗气。”（a.[唐] 杨上善：《黄帝内经太素》（上册），东洋医学研究会，1981 年，第 493 ~ 494 页；b.[唐] 杨上善：《黄帝内经太素》（中册），东洋医学研究会，1981 年，第 185 页）显然，“宗气”之所以被视为最主要的至尊之大气，因其源自水谷，积于胸中，主呼吸，人不呼吸就意味着死亡。“前阴者，宗筋之所聚。”王逸曰：“宗，众也。补曰：宗，尊也。”（见 [汉] 王逸注：《楚辞》四部备要本，中华书局，1989 年，第 93 页）杨上善曰：“人身大筋揔聚以为前阴也。”（[唐] 杨上善：《黄帝内经太素》（下册），东洋医学研究会，1981 年，第 148 页）故“宗”，即“主”“尊”，训为“大”。此与五味篇将“宗气”理解为“大气”，行径相同。“宗”，有“主、尊、大”义，当源自中国古代“宗法”制度。即，始祖的嫡长子，嫡嫡相传，代代为大宗，大宗的庶子则有四小宗（见周飞舟：《差序格局和伦理本位——从丧服制度看中国社会结构的基本原则》，《社会》2015 年第 1 期）。《灵枢·经筋》足厥阴、足少阴之筋“结于阴器”的“结”，足太阴和足阳明之筋“聚于阴器”的“聚”，虽大致相当于现代医学描述肌肉的附着点，但还应包括肌肉最坚硬的部分，也就是腱。必须注意的是，男性前阴（包括阴茎、阴囊和睾丸）并不附着于骨骼，而是处于一种较为特殊的游离状态。《说文解字·肉部》“笏，筋之本也。”“腱、笏，或从肉建。”（同 [25]，第 85 页）《楚辞·招魂》：“肥牛之腱。”王逸注：“腱，筋头也。”（见王逸注：《楚辞》，第 93 页）《广韵·元部》：“腱，筋头。”（同 [22]，第 28 页）《广

韵·养部》:“膉,筋头。”(同 [22],第 78 页)男性“前阴”的特殊之处在于:用于房事,只有达到一定的硬度时才有可能实现交合,并繁衍后代,但房事过后,则又与一般的“筋尾”之肉别无异样,与“筋”有括辖肌腹(柔软)与肌腱(坚硬)两个部分的意义暗合,故以“交筋”命名处于游离状态的男性前阴,合情合理。前引“宦者去其宗筋”的“宦者”,因其睾丸或被敲碎(见蒲坚:《“宫刑”小议》,《法学研究》1994 年第 2 期),或被切除(见张之杰:《宫刑宫在哪里?》,《科学月刊》2009 年第 5 期),导致“须不生”,并非把整个“宗筋”全部切除,故“宦者去其宗筋”的“宗筋”实乃男性性器“交筋”之讹,且具指睾丸,亦即相当于《五十二病方》中的“肾(外肾,睾丸)”。

[105] 同 [34],第 203 页。

[106] 同 [1],第 12 页。

[107]“臂厥”相当于今日之冠心病。参见黄龙祥:《黄龙祥看针灸》,人民卫生出版社,2008 年,第 33～34 页。

[108] 同 [58],第 30 页。

[109] 张灿玾:《针灸甲乙经校注》,人民卫生出版社,1996 年,第 557 页。

[110] 同 [58],第 137 页。

[111] 同 [58],第 131～132 页。

[112] 孙基然:《“缺盆”及相关诸问题》,《中华医史杂志》2023 年第 5 期。

[113] 同 [58],第 188 页。

[114] 同 [25],第 81 页。

[115] 王洪图:《黄帝内经灵枢白话解》,人民卫生出版社,2004 年,第 249 页。

[116] 同 [41],第 321 页。

[117] 同 [34],第 189 页。

[118]“(病)在夜(腋)下,为马。”(同 [32],第 235 页)。

[119]“(病)在颈,为瘘。”(同 [32],第 235 页);“瘘,颈肿也。”(同 [25],第 151 页)。

[120] 朱鹏举、孙基然:《马王堆、天回出土医书所见“缺盆”及相关诸问题》,《马王堆汉墓考古发掘 50 周年国际学术研讨会·汉代医学研究论文集及提要汇编》,2024 年,第 92～101 页。笔者认为,此乃《足臂经》将《阴阳经》臂太阴脉中的“缺盆”误植于此所致。关于《足臂经》乃在《阴阳经》基础上编辑成书一事,容另文。

[121] 同 [1],第 12 页。

[122] 同 [33],第 46 页。

[123] 图四,同 [33],第 181 页。考虑视觉效果,正文中的“夬(缺)盆”二字,使用经红外线扫描影像的简 229 图片。

[124] 图五,同 [33],第 181 页。关于五脏之俞皆无“俞”或“输”字,何以断定是五脏之俞,而不是五脏之名的考证,见黄龙祥《老官山出土西汉针灸木人考》(《中华医史杂志》2017 年第 3 期)。事实上,详审天回西汉髹漆针灸木人像(图六,同 [33],第 169 页)所刻铭文,除了内脏类名称以外,“谷、奚(溪)、渊、盆”(见图六)等字皆具有凹陷的意义,而“虚”(见图六右)镌刻在胸前,或提示具有空腔的特征,又由于原文“二谷”(从图片看,似镌刻在股关节附近的凹陷处,现代人常称“侧臀凹陷”)四奚(两肘,即肘关节,两膕,即膝关节)”,一一对应,故“二虚”当指胸腔和腹腔,只是腹部的“虚”字,或为回避遮掩经脉线而省略。另,天回西汉髹漆针灸木人像,不仅有三条横线分割胸腹背腰部,而且在整个躯干部还有一个大的倒 U 形,将三条横线和“虚”字括辖其内,甚至这个倒 U 形的开口与三条横线的下横线相互连接,宛如一个大的囊袋(见图六右),其暗喻整个胸腹腔的用意十分明显,故铭文“虚”字,当包括腹部。不仅如此,暗喻整个胸腹腔的图式形成了上、中、下三个区间,根据三条横线中的上横线在背部终于“肺”俞,中横线终于“胃”俞,下横线终于“肾”俞(见图六左),故上、中、下三个区间应分别为肺心、胃肝脾和肾之分野。承此,“虚”字还应有另一个特殊用意,即提醒针工,针刺胸腹部是非常危险的,因为重要的内脏就在这个“虚空”的囊袋之中。在这个基础上,当我们重睹《黄帝内经》“脏腑之在胸胁腹里之内也,若匣匮之藏禁器也”(同 [58],第 198 页)、“凡刺胸腹者,必避五脏。中心者环死……此刺之道也”(同 [41],第 94 页)这段话的时候,就会有恍然大悟的感觉,堪称是对《天回医简》镌刻在胸前的“虚”字和腰背部内脏名的绝佳注释。综上,腹腔前的“虚”字被简省,应无疑问,属举一反三的笔法。概言之,在古人看来,凹陷形或虚空的部位,犹如空穴来风,它既是邪气容易侵袭之所,也是真气所过之处。笔者认为,这是该作者提出的认定腧穴的新原则,后世各种《明堂》类文献中的,即“腧穴名 + 在 + 部位名 + 陷者中”的“陷者中”,当即源于斯。有趣的是,与《天回医简》相近的《灵枢·邪客》忠实地再现了这个思想(见《灵枢·邪客》,同 [58],第 328～335 页)。尚有重要佐证:①对观《天回医简》的“谷、奚(溪)”(见图六)、“分肉”及“人有九窍、五脏、十二节,皆朝于气”(同 [33],第 80、5 页)与《素问·气穴论》“肉(《太素》作“分肉”)之大会为谷,肉之小会为溪,肉分之间,溪谷之会,以行荣卫,以会大气”(同 [41],第 302 页)可知,不仅两者的学术主张、关键

词的使用极为吻合，而且后者当以前者为模本，甚至《天回医简》还提示了这种气思想的构建过程：源于对“九窍”的观察（如口鼻可以呼吸，而其他的孔窍组织亦有其特殊功能），进而又将气思想联系“五脏”（如通过孔窍的鼻部及气管、支气管而与肺联系），原文所谓“五脏气得，九窍通利”（同[33]，第70页），再将九窍扩大至具有凹陷特征的部位（即铭文“谷、奚、渊、盆”等）；②天回西汉髹漆针灸木人像上，不仅镌刻有基本分布在经脉线上的111个小圆点，而且这些小圆点又主要分布在四肢关节（即铭文所谓“谷、溪、渊”等）、腹部（即铭文所谓“虚”），甚至背部夹脊右侧经脉线上有五个小圆点与位于背部正中线上的五个内脏名对应，此即后世所谓背俞穴（原文作“北俞”，同[33]，第69页）之渊薮；③从《刺数》中几乎皆为刺当时已经流行的脉口处，其处方表述体例为“病状+部位名+刺（多数无）+部位名（或无）+三阴三阳名+刺激量”，而《犮理》的处方表述体例则主要是：“犮+夹脊脏输”（原文说“所谓输者，脊之输也”。同[33]，第71页），或犮+与“夬盆”并列的“夹（亦？）渊”（同[33]，第70页）等，而从不作“病状+犮+部位名+三阴三阳名”（原文虽有两处，即简39和42，分别作“蹶阴不盛，犮其俞”和“少阴不盛，犮其俞”，但简20云：“逆阳明不盛，择其北（背）俞盛者。”（同[33]，第69页）三者不仅表述体例完全一致，而且简20虽是阳明脉病，却明确强调要首先在背俞进行治疗，故简39和42的“犮其俞”，绝非“犮其蹶阴、少阴俞”，乃“犮其北（背）俞”之简省，当无疑问来看，《犮理》乃在于与《刺数》相区别，将具有“面”或“线”的意义的脉口，转化为具有“点”的意义的腧穴；④从《天回医简》“出夬盆，奏迎。夬盆痛”（同[33]，第50页）看，“夬盆痛”不应该是具有“点”的意义的腧穴位置感到针扎式的疼痛，“夬盆”当为部位名，但铭文“夬盆”不仅暗示已经具有与《素问·气穴论》同样的“点”的腧穴名称的意义，而且“夬盆”与夹脊脏俞（原文称有“六输”，从图五看，即包括五脏+脾，详考容另文）及“夹（亦？）渊”是该作者命名的第一批八个腧穴名称，当视为后世各种《明堂》之渊薮。尚可提供思考的是，马王堆医书中仅见灸疗，尚未见有针刺的记载，但《天回医简》则完全不同。换言之，灸法是以“面”为单位，“针”则是以“点”为前提，为了解释这种针刺“点”治疗效果的机理，不得不由“面”转向“点”，最终以“气穴”定型。“犮理”的字面意义虽可与“刺数”互训，但将“犮”与“刺”的不同，视为与特定的病症、时期、地域及编者特定的语言习惯等不同有关（见黄龙祥：《老关山汉墓出土针方简解读》，《中华医史杂志》2018年第2期），恐不当，而是《天回医简》白线作者为了突显自己所认定的具有“点”的意义的腧穴与《刺数》中出现的那些以“部位名+三阴三阳名”的脉口穴性质不同而特设的一个字。《刺数》内容，或是《天回医简》作者有意将当时流行的与针刺脉口经脉穴有关的内容汇编而成，而《犮理》则是该作者的独到的新的学术主张。“犮”，即《黄帝内经》中习见“发针”的“发”，当由针始于先秦五兵（“夫大于针者，惟五兵者焉。……夫治民者，亦唯针焉。”同[58]，第282页）的“弓矢”和《说文解字·弓部》“发，射发也”（同[25]，第270页）引申而来。格外有趣的是，天回汉墓M3出土两件朱书“弓”字的漆器，有学者考证，“弓”字应为墓主的姓氏，起源于鲁国。见刘祥宇、谢涛：《略论成都老官山三号墓及绵阳双包山二号墓墓主》，《江汉考古》2016年第4期。不过，如果把前文提及的“犮”字与漆器上的“弓”字联系起来思考的话，便是“犮弓”，“弓”又刚好是“五兵”之一，《天回医简》是迄今最早明确记载针刺治疗的医书，这到底是巧合，还是墓主及家族一为彰显其针刺技术（““犮”），二为暗示“医针”乃缘于“五兵”之一远程兵器的“弓矢”这一学术主张而特设的两个字，值得深究。日本学者猪饲祥夫提出，“犮”字所从之“丿”视为刀形，又据《天回医简·刺数》中用“箴”“葴”等字，从而提出“刺数”的“刺”，暗喻是非金属针，强调针刺部位和针刺方法，而“犮理”的“犮”则属于金属针治疗（见猪饲祥夫：《天回医简的犮法》，《马王堆汉墓考古发掘50周年国际学术研讨会·汉代医学研究论文集及提要汇编》，2024年，第81～84页），说不可从。首先，刀字从甲骨文（）直至《说文解字》（），皆呈现出同一趋势，似从无作“丿”形。其次，《天回医简·刺数》简1中，做衣服用的“箴”被称为“缘葴”，做鞋用的“箴”被称为“履葴”，很难想象，该类工具不用金属，而是用竹子等来制作。再次，“犮”，亦涉及针刺部位和针刺方法，非独见于“刺数”也。复次，这种理解不能合理解释本注中提及的，即《刺数》与《犮理》两者处方表述体例互不混淆而迥异的现象。

[125] 同[41]，第306页。

[126] 同[58]，第86页。

[127] 同[109]，第273页。

[128] 张如青：《论出土简帛医书对澄清后世医学误解的作用》，《中医文献杂志》2019年第4期。

[129] 谢明宏：《〈天回医简〉读札（二十八）》，简帛网，2023年5月25日。

[130] 同[58]，第107页。

[131] [清]郭庆藩：《庄子集释》，中华书局，1961

年，第985～986页。

[132][清]王先谦:《荀子集解》，中华书局，1988年，第542页。

[133]同[25]，第153～154页。

[134]林义光:《文源》，中西书局，2012年，第81～82页。

[135][汉]张仲景:《伤寒杂病论》，日本东洋学术出版社，2000年，第56页。

[136]《灵枢》云:“真心痛，手足清至节，心痛甚，旦发夕死，夕发旦死。”(同[58]，第168～169页。)需要申论的有二。其一，《灵枢》经脉篇中的“缺盆中痛，交两手而瞀，是谓臂厥”，虽源于马王堆“缺盆痛，甚则交两手而战，是谓臂厥”，但前者已被归属肺经，而后者则只与心关联。其二，“缺盆”在经脉篇均被理解为锁骨上大窝，与马王堆的胸骨上窝，已属貌合神离。这种“同名异位”现象，特别是在古典医学文献中，尤应警惕。

[137]笔者不仅曾经指出：朱德熙、裘锡圭两位先生以他们深厚的学养对望山楚简中的“癮”字，提出可能是与阴器有关的疾病(见朱德熙、裘锡圭:《望山一、二号墓竹简释文与考释》，湖北省文物考古研究所《江陵望山沙冢楚墓》，文物出版社，1996年，第262～263页)，而且从“厥阴”病演化的学术史及现代医学的角度给出了具体的证据(见a.孙基然:《〈五十二病方〉“穨(積)”、隋(朘)”考论》，《中华医史杂志》2014年第4期；b.孙基然:《〈黄帝内经〉六经排序及相关诸问题》，《台大中文学报》第82期，台湾大学中国文学系印行，2023年，第33～34页)，从而有力证明了朱德熙、裘锡圭两位先生谨慎的推测结论是可信的。

[138]图七，同图一。

[139]关于对部位“缺盆”特征的考论，同[112]。

[140]同[112]。

[141]特别需要注意的是，在早期描述经脉走行中的那些与后来被认定为腧穴名称同名的名称(如“缺盆、合谷、京骨”等，不胜枚举)，都应视为部位或骨骼名，而不是腧穴名。经脉起源于早期的诊脉动(有一定区间的脉口)的脉诊活动，不仅经脉走行类文本就是将这些多个脉口连接而成，而且这些位于腕踝部的脉动点或区间也是第一批经脉穴(关于经脉起源的讨论，参见黄龙祥:《中国针灸学术史大纲》，人民卫生出版社，2001年，第181～706页)，与注[124]提及的《天回医简·友理》中呈现出的具有“点”的意义的腧穴并不完全不同，此其一也。早期脉书类文本大多包括相关病候，无论是与内脏有关的病候，抑或各种知觉异常(痛、麻、寒热等)，大多是以“面”，而不是以“点”的形式出现，故在病候中出现的与腧穴名同名的名称多为人体部位名，此其二也。

[142]本文虽提出古书在描述多个人体部位时一般存在一定的顺序，但实际上有时又颇为复杂。如前文提及，张家山汉墓竹简《脉书》第1～16号竹简记载的60余种类疾患，皆为从身体的上部开始，以有序的形式向下排列，但细绎其文脉可以发现，《脉书》中记载60余种类疾患的体例是“在+人体部位名+具体病状+病名”。据此体例，不仅可以很容易判断《脉书》“在口中，靡(縻)，为篡”的“篡”为病名，相当于当代医学的口腔溃疡，而且也可以合理解释睡虎地秦墓竹简的“尽视其身、头发中及篡”的“篡”为口腔，刚好与其前的“舌不出”的“舌”呼应，甚至还可认定《脉书》“在篡，痈如枣，为牡痔”、《五十二病方》“痔者，……以羽熏纂(纂)”的“篡”“纂(纂)”为部位名肛门，而《针灸甲乙经》中的“丈夫癞疝，阴跳痛引篡中不得溺”的“篡”，与“不得溺”的“溺”关联，则又是指外生殖器前阴部。此等之“篡”“纂(纂)”，皆可追溯至“穿”，训为“穴”，从而颠覆了诸多固有成说(同[4])。

[143]广濑薰雄认为，《天回医简》与厥阴脉走行的“佩”，乃因彼时的佩玉位置相当于脐下小腹部，并为迎合《天回医简》“夹佩”之后的“系脐”，将《阴阳经》中“渍”“资”，均释为“脐”，将《脉书》中的“绋”，视为相当于《天回医简》中的“夹佩以上，系脐”(见广濑薰雄:《马王堆汉墓帛书〈阴阳十一脉灸经〉厥阴脉的循行与相关问题析论》，《马王堆汉墓考古发掘50周年国际学术研讨会·汉代医学研究论文集及提要汇编》，第251～258页)。然而，第一，在经脉走行的文献中似未曾出现过，以某物指代人体部位的先例，除非这个某物已经成为人体部位名称之后(“缨”由系在脖子上的帽带，后移用于表示颈部，如“缨脉”即是，但佩玉的位置，因时及种类而异，故未见指代人体部位的用法)。第二，与“渍”“资”对应的字，《足臂经》作“脞”，其病为“脞瘦”，从医学知识看，肚脐变瘦，显然不合情理。第三，厥阴脉“是动病”的病名是“颓”，“颓”最早出现在《五十二病方》，以阴囊肿大、少腹部挛缩疼痛等为主要特征。《足臂经》此脉名作“帣阴脉”，不仅《说文解字》“帣，囊也”与“颓”病位契合，而且“帣”“绋”“佩”皆从“巾”，均为前阴外生殖器隐语。出处同[137]a、b。

马王堆汉墓帛书《黄帝四经》的“无为”与“化”

"Inaction" and "Change" in the Silk Manuscript *Four Classics of the Yellow Emperor* from Han Tombs at Mawangdui

湖南博物院（湖南省文物鉴定中心）　陈华丽

Chen Huali, Hunan Museum (Hunan Provincial Cultural Relics Authentication Center)

内容提要：“化”是中国哲学的重要概念，《黄帝四经》中有十余处“化”，包含了各种各样的意义，本文试图把它归结于“无为”这一“道”的基本特性之下，并与老子的“化”进行对比研读，从而提出：《黄帝四经》的“天下化之”的政治理想与“精气论”有关，“天道”与气相类，虚空而创生万物，并不断周迁变化，地上的万物“以气相感”，化生万千，发展变化皆与“天道”相符。此为“应化”。同时，由于黄老学说重视“以天占人”的史官传统，执道者必得“审名察刑”，了解人间事物对应天道运行中的阶段与状态，并由此制定呼应天道的人间秩序：定刑名，立天子，置三公，不需要刻意的礼乐教化，百姓以气相感，便会应而从之。这便为黄老“无为”思想构建了逻辑支撑。

关键词：黄帝四经　无为　化道　自然

Abstract: As an important concept of Chinese philosophy, "change" is mentioned more than ten times in *Four Classics of the Yellow Emperor* and covers a wide range of meanings. This paper attempts to attribute it to the basic property of the *Dao* – "inaction" and compares it with the idea of "change" in *Laozi*. It believes: the political ideal of "he transformation of the world" in *Four Classics of the Yellow Emperor* is related to "the theory of essence"; after "the one who controls the *Dao*" has created the names, established the son of heaven and arranged the three dukes, there is no need for the cultivation of rites and music, and the people will follow it with the sense of *Qi*. This is the same as "inaction of the monarch" and "self-transformation of the people" in *Laozi*. The difference lies in that it can be deduced from *Four Classics of the Yellow Emperor*: under the rule of the "*Dao*", all "actions" of the monarch within the scope allowed by the "*Dao*" can be regarded as "not doing anything in vain" and "inaction". This leaves theoretical space for the monarch to make decrees within the "degree" of the "*Dao*".

Keywords: *Four Classics of the Yellow Emperors*; inaction; change; the *Dao*; nature

“化”是先秦思想文化中的重要概念，学者对其多有论述，累积了不少的研究成果。但目前所见论文、论著除了从“文化”“教化”的角度解释“化”的含义之外，多集中于老子的“自化”，对于马王堆帛书《黄帝四经》的“化”缺乏专门的研讨。事实上，《黄帝四经》的“化”及“应化”是构成黄老“无为”的重要逻辑环节，足堪作为黄老思想的一个重要概念来展开研究。

一

春秋时期“化”的使用较少，《易经》《诗经》《论语》和《仪礼》均无“化”字，《尚书》出现 2 次，《左传》出现 2 次，《老子》出现 1 次。[1]战国时期，“化”字的使用大幅增加，《易传》出现 27 次，《礼记》出现 22 次，《庄子》出现 91 次，王中江说：“在《庄子》一书中，‘化’这个词的使用，数量相当多（有数十次），已成为他整个形上学中的关键词之一。”[2]《荀子》使用“化”字 74 次，《管子》出现 75 次，《吕氏春秋》出现 66 次。[3]《鹖冠子》的“化”字有 26 例，《文子》中“化”高达 90 例等。[4]由此可知，在战国晚期至汉初的黄老著作中，“化”逐渐成为核心词汇。

在战国至汉初的学术经学化过程中，“化”的含义日益丰富，且发生了词义的迁移。先秦文献中，“化”常与“变”连用，称“变化”，如《周易·乾卦·彖传》曰：“乾道变化，各正性命。”[5]《周易·系辞上》又云：“圣人设卦观象，系辞焉而明吉凶，刚柔相推而生变化。”[6]“乾道”指“天道”，天道变化不已，万事万物也随之不断变化，弄清天道变化的规律，便可厘清事物的性质，此为“正”其性命。《周易·系辞上》则揭示了变化的根源在于事物内在的矛盾性，是刚与柔相推而产生的。并且还阐述了事物进退、辟阖、穷通的变化法则，认为：“变化者，进退之象也。”[7]同时，“变”与“化”之间还有着极微妙有趣的差异。《周易·乾卦》其疏云：“变，谓后来改前，以渐移改，谓之变也。化，谓一有一无，忽然而改。”[8]可见，变化虽然都代表着改换，但“变”指的是后先相继，是“渐变”；“化”则指从无到有或者从有到无的“大变”，或“突变”。《礼记·中庸》说：“动则变，变则化，唯天下至诚为能化。”孔颖达疏：“初渐谓之变，变时新旧两体俱有，变尽旧体而有新体谓之为化。”[9]这些观点，强调了“化”的质变效果。

到《说文解字》成书之时，“化”更倾向于“教化”之意。许慎谓“化”从人声，“匕”字，释其意为：“变也。从到（倒）人。”段玉裁注：“变者，更也。凡变化当作匕，教化当作化，许氏之字指也。今变字尽作化，化行而匕废矣。”[10]《说文解字》又曰：“化，教行也。从匕，从人，匕亦声。”段玉裁注：“教行于上，则化成于下。贾生曰：‘此五学者，既成于上，则百姓黎民化辑于下矣。’老子曰：‘我无为而民自化。’”[11]从段玉裁的注中我们可以得知，“匕”指变化，“化”是指与人类文明相关的教育活动。正如《周易》所云：“刚柔交错，天文也；文明以止，人文也。观乎天文，以察时变；观乎人文，以化成天下。”[12]很显然“化”在这里用来形容与“天文”相对应的“人文”之变动轨迹，也就是人类社会的变动状态。不教而化，则是老子的“自化”，更是一种理想的、自行符合天道的社会发展状态。

马叙伦指出，“教行”并非“化”的本义，而是其引申义：“此盖以匕为变化义而作之字。从人。匕声。说解教行也非本训。教行盖引申义。”[13]王中江说：“从甲骨文的构形上看，一种解释说，它像人一正一倒之形，但其会义不明。按照对金文形体的一种解释，它是一指事字，左右两个‘人’字，以对称而置，说明人的变化，也就是从人死的样子中，表示‘变化’的意义。由此而言，‘化’的本义，是指活人倒下死去而发生的这一变化。”[14] 尤其在老庄及黄老学派的著作中，“化”释为“教化”是不合适的，它代表的是一种可能会使物体的性质发生改变的、重大的发展变化，譬如从无到有，从有到无；又或者从生到死。这一变化过程始终与“道”息息相关。

二

《黄帝四经》约有15处“化”，均为“人一正一倒”之“化”，非“匕”字形，试取数处释之：

1. 廱（应）化之道，平衡而止。轻重不称，是胃（谓）失道。(《经法·道法》)[15]

2. 不处（处）外内之立（位），不廱（应）動（动）静（静）之化，则事宭（窘）于内而举宭（窘）于【外】。【八】正皆失，□【□□】□。……【处（处）】外【内之位，应动静（静）之化，则事】得于内而｛得｝举得于外。八正不失，则与天地总矣。(《经法·论》)[16]

3.· 毋籍（藉）贼兵，毋裹盗量（粮）。籍（藉）贼兵，裹盗量（粮），短者长，弱者强；赢绌变化，后将反㐌（施）。· 弗同而同，举而为同；弗异而异，举而为异；弗为而自成，因而建事。(《称》)[17]

4. 六枋（柄）：一曰观，二曰论，三曰僮（动），四曰槫（专），五曰变，六曰化。观则知死生之国，论则知存亡兴坏之所在，动则能破强兴弱，槫（专）则不失讳（是）非之【□】，变则伐死养生，化则能明德徐（除）害。六枋（柄）备则王矣。(《经法·论》)[18]

5. 夫天有［恒］干，地有恒常。合□□常，是以有晦有明，有阴有阳。夫地有山有泽，有黑有白，有美有亚［恶］。地俗（育）德以静（静），而天正名以作。静（静）作相养，德虐（虐）相成。两若有名，相与则成。阴阳备物，化变乃生。(《十六经·果童》)[19]

6. 故［观治以知乱］，萈（观）前□以知反，故【□】□萈（观）今之曲直，审亓（其）名，以称断之。积者积而居，胥时而用。萈（观）主树以知与治，合积化以知时【□□□】正贵□存亡。(《称》)[20]

7. 道者，神明（明）之原也。神明（明）者，处（处）于度之内而见于度之外者也。处（处）于度之【内】者，不言而信。见于度之外者，言而不可易也。处（处）于度之内者，静（静）而不可移也。见于度之外者，動（动）而○不可化也。｛動而｝静（静）而不移，動（动）而不化，故曰神＝（神。神）明（明）者，见知之稽（稽）也。(《名理》)[21]

8. 一者亓（其）号也，虚亓（其）舍也，无为亓（其）素也，和其用也。是故上道高而不可察也，深而不可则（测）也。显明（明）弗能为名，广大弗能为刑（刑—形），独立不偶，万物莫之能令。天地阴阳，【四】时日月，星辰云气，规（蚑）行侥（蛲）重（动），戴根之徒，皆取生，道弗为益少；皆反焉，道弗为益多。坚强而不撌，柔弱而不可化。精微之所不能至，稽极之所不能过。(《道原》)[22]

9. 夫为一而不化。得道之本，握少以知多；得事之要，操正以政（正）畸（奇）。前知大（太）古，后（后）□精明（明）。抱道执度，天下可一也。观之大（太）古，周亓（其）所以。索之未无，得之所以。(《道原》)[23]

10. 一者，道其本也，胡为而无长？□□所失，莫能守一。一之解，察于天地；一之理，施于四海。何以知［一］之至，远

近之稽？夫唯一不失，一以騶化，少以知多。(《十六经·成法》)[24]

第1、2条的“应化”“应动静之化”指的是顺应“道”而变化，找准动与静的平衡，否则便会轻重不分。此处的“动静”为“天动地静”。《黄帝四经》的天地是时刻运行的，“天道环周”，故此，掌握天动地静的平衡便极为重要，唯有如此方能“与天地总矣”。

第3条《称》中说“赢绌变化，后将反㐌（施）”，意思是不能扶植邪恶势力，强行介入，改变力量的消长变化，会带来反噬。因顺时势，方能成事。但“变”与“化”的层次还不一样，这在第4条对于六枋的解释中体现得更加明显。《经法·论》中，“化”是与“观”“论”“动”“专”“变”并称的一种治国手段。陈鼓应对此解释说，“变”指应变，“化”指交替改变，在此指赏罚威惠交替变化使用。[25]恰如刑德像四季更替的一样的交替呈现，这里面有“道”的展现，所以才能“明德除害”。

第5条《十六经·果童》中的“阴阳备物，化变乃生”更为明确地说明了“化”与阴阳的关系，“化”不是普通的改变与转变，它是万物内部含有如同阴阳一样相辅相生的特质，然后这两种特质交替呈现，展现出不同的外在面目或不同的事态。可见，与“变”比较起来，“化”更像是基于物体内部的一种运动、发展的驱动力。同时，阴阳备物，说的就是天地孕育万物。《周易·系辞下》说：“天地氤氲，万物化醇；男女构精，万物化生。”[26]可见“化”字与天地孕育万物有关，天阳地阴，生养万物。《荀子·天论》也说：“四时代御，阴阳大化，风雨博施。”[27]《礼记·乐记》则云：“鼓之以雷霆，奋之以风雨，动之以四时，煖之以日月，而百化兴焉。”[28]万物的生成有赖于天地自然的产生与滋养，这种天地自然与万物互动的过程，即为“化”。

第6条的“化”与“积”同出，应为“积”的反义“散”。陈鼓应把“化”释为“货”，并解释说：“合积化以知时”，是取譬的手法。当囤、当售而不囤、不售，不当囤、不当售而妄囤、妄售，都是不合时宜的；以此取喻人的动静进退应顺应天时、把握捕捉时机。[29]而从上下文来看，此处的“化”释为“积”的反义“散”更为合适。《称》先说“为国者”如何，“善为国者，大（太）上无荆，其[次]□□，[其]下斗果讼果，大（太）上不斗不讼有（又）不果。□大（太）上争于□，其次争于明，其下救患祸。……”[30]再说“故[观治以知乱]，观前□以知反。故□□观今之曲直，审其名，以称断之”，又说“积者积而居，胥时而用”。“积而居”的“积者”或许更像对于道的运行规律及治国经验的积累与总结，把它简单地训为货物的囤售，显得有点突兀，也偏离了此段治国的主题。

第7条与第8、9条都讨论“不化”。“动而不可化也”“柔弱而不可化”“为一而不化”都指向“道”恒定的规律性。道可动可静，不管是度之内还是度之外，事物动、静不同，但道的神妙作用不变：“静而不移，动而不化，故曰神。”这也就是《管子·内业》所说的：“是故圣人与时变而不化，从物而不移，能正能静，然后能定。”[31]“度”是人的标尺，是人类可以揣摩的永恒不变的规律性，故而“静而不移”，“不言而信”；天道的标尺是“神明”，“处于度之内而见于度之外”，说明“道”在人类忖度之外发挥作用，显现于“天道”则如日月星辰的运行，虽不能目见，但可以感知天体运行都依照着固定的轨迹，此乃“动而不化”。《管子》认为，得道的君子在于“化”而“不化”：“化不易气，变不易智，惟执一之君子能为此乎！执一不失，能君万物。君子使物，不为物使，得一之理，治心在于中，治言出于口，治事加于人，然则天下治矣。”[32] 即使外在形迹变化了，内在的“气”与“智”却是始终如一的。可见，“不化”并非一成不变，“化”也并非面目全非、脱胎换骨，“执一之君子”能够以不变应万变，且万变不离其宗——核心的“道”，此谓“执一”。故而说，“化”与“不化”，都是“道”的性质。

第 10 条的“一以驺化”即“一以趋化”，亦即天道驱使万物发展变化。“道”以“一”为本，“一”来自天地运行法则的总结：“察于天地”；又能在宇宙万物的运行、发展、变化中得到印证：“施于四海”。可见“一”即“天道”。由《成法》这段论述我们可知，“道”是至高无上的一种概念，通过“天道”等事物才能显现出来，而“天道”则通过“化”在人间发挥作用。高木智见在其著作《先秦社会与思想：试论中国文化的核心》中指出：“天道是通过观察和归纳天文、自然现象以及人间世界的各种现象总结出来的。毫无疑问，史官关注的是太阳的循环运动、月亮的圆缺、季节的交代、包括人在内的动物以及植物（当时植物与人间类比认识）的生死等最根源的现象。”“史官从记录和观察历史中总结出来的最大的智慧是‘配天’的处世哲学。”[33] 老子继承和发展了商周以降的史官传统对于天人关系的思考，非常重视“天道”或“天之道”，通过对天地运行原理或法则的体悟，以天道导出人事之理，从而为人的行动找到合理的依据，有着明确的政治倾向和实践性质。如“天之道，不争而善胜，不言而善应，不召而自来，繟然而善谋”（通行本《老子》第七十三章）[34]，“天之道，其犹张弓与。高者抑之，下者举之。有余者损之，不足者补之。天之道，损有余而补不足”（通行本《老子》第七十七章）[35]。其“天之道”：一方面具有绝对性、公正性、恒常性、权威性，是人需要追随、取法的榜样；另一方面，又可以被人切身感知、认识、乃至直接效仿。这是老子能够把“道”与“天道”区分开来，并提炼出一个纯概念化、具有“纯粹理念”的“道”的逻辑基础。《黄帝四经》在老子思想的基础上进一步指出，“化”是“天道”发挥作用造就的改换与变迁，它具有“天道”的“周迁运行”的特质，也分有了最高概念“道”的性质。

三

与此同时，《黄帝四经》又提出“应化”一词来对应“教行于上，则化成于下”的“教化”与“观乎人文，以化成天下”的“文化”。“应化”首要在于“平衡”：“应化之道，平衡而止。”（《经法・道法》）[36] 按照天体运行的规律，“平衡而止”并非平衡之后便如如不动，而是指在天体的相互牵引之下进入新的运行周期。简单地表述便是“动静之化”，亦即动静之间的相互转换，也是事物的产生、发展、衰亡的过程。“不顺 [四时之度] 而民疾。不処（处）外内之立（位），不應（应）動（动）靜（静）之化，则事窘（窘）于内而举窘（窘）于【外】。【八】正皆失，□【□□】□。……【処（处）】外【内之位，应动静（静）之化，则事】得于内而｛得｝举得于外。八正不失，则与天地总矣。”（《经法・论》）[37] 此处的“八正”指的是“四时”加“外内”“动静”皆处于合适的位置与状态，此时便可“与天地总矣”。由此可见，“化”是动静之间的平衡之境，是顺时而出，是内外分明。

《黄帝四经》由天体动静平衡、四时有度、终而复始的道理，推知人类社会的逆顺、死生、存亡、兴坏也都是相辅相生、周而复始。而且，取法天道需厘定“荆名”，也就是找到事物运动轨迹及当下所处的位置，就能准确命名它的状态，此为“刑名相符”。“审其刑名”为“刑名相符”的第一步。

故执道者之观于天下也，必审观事之所始起，审亓（其）刑＝名＝（形＝名＝—形名。形名）巳（已）定，逆顺有立（位），死生有分，存亡兴坏有处（处）。然后参之于天地之恒道，乃定祸福死生存亡兴坏之所在。是故万举不失理，论天下而无遗策。故能立天子，置三公，而天下化之＝（之，之）胃（谓）有道。（《经法·论约》）[38]

从这段文字看，“天下化之”是黄老学者的政治理想。“天下化之”是指在“刑名巳（已）定，逆顺有立（位），死生有分，存亡兴坏有处（处）”的秩序之下，百姓不需教习而自化自为。“执道者”定形名，立分位，参天地之道，厘清祸福死生存亡兴坏的原因，不需要特意采取手段，百姓自然便会向善、向好。这便是君主的“有为”与“无为”。而百姓的“化”在此处更类似于“感化”，与《道法》《论》等篇的“应化”“应动静之化”遥相呼应。黄老学派有“精气之论”，由于“气”在天、地、人之间运行、交感，构成人与天地的气是同质的，所以在“执道者”定形名、立天子、置三公之后，不需要礼乐教化，百姓以气相感，便会应而从之。这是黄老学派的“化”中隐藏的“气论”逻辑。

在黄老学派看来，气是万物的共同本质，具有“本原之气”与“形质之气”的双重含义。当气与生命相关联时，“本原之气”与形上之“道”相联系，是生命产生的根源，是指生命未形成之前的一种混沌不分的状态。“精气”属于“本原之气”的一种，也是生命最精微、最纯粹的根源之气。“形质之气”即生命构成要素之气，是与生命体相关的作为生命质料的气，或为“血气”维持形体，或为“志气”（又称“气志”）与精神沟通。由此构成了黄老学说中气、形、神三位一体的生命构成论。精气作为精微洁净之气，是一种物质实体，不仅对于养生、治身有重大的意义，其本身亦具有某些神妙的作用。鬼神及其作用都是精气的产物，人的思维活动和对外界的认识也是精气参与的结果。《管子·内业》曰：“凡物之精，此则为生。下生五谷，上为列星。流于天地之间，谓之鬼神，藏于胸中，谓之圣人。”[39]又曰：“抟气如神，万物备存。能抟乎？能一乎？能无卜筮而知吉凶乎？能止乎？能已乎？能勿求诸人而之己乎？思之，思之，又重思之。思之而不通，鬼神将通之。非鬼神之力也，精气之极也。”[40]卜筮是古人和鬼神进行沟通的一种方式，“无卜筮而知吉凶”指不求助于鬼神而能对事物发展趋势的准确预测，这是修道者以“精气”与天、地相互交流的结果，也就是所谓“精气之极也”。换言之，人体内的精气与地上的五谷、天上的列星等万物是同质的存在，人对外物的认识过程，也就是外界事物的精气和人体内部的精气之间的相互交流、感通。人的精神活动，也就是人体内细微的精气的运动变化，这种精气之间的交流、感通达到极致就可以“无卜筮而知吉凶”了。

《称》有云：“道无始而有应。”[41]又云：“时若可行，亟应勿言。”[42]可见《黄帝四经》的“应”并非普通的“回应”“应对”，只有符合于“道”并依“时”行事，才能看作“应化”。既然道（气）是宇宙万物和人体的共同本原，天地万物生于道，并都由无形之气产生与构成，所以天人之间存在着同构的关系，自然现象与人体具有相似之处。同时，万物有着共同的物质基础，所以人类才能感知并利用天体及万事万物的变化，故能“应化”“应动静之化”。

四

《老子》中论到“无为”的共有十二处[43]，并常与“道”“自化”同出：“道常无为，而无不为，侯王若能守之，万物将自化。化而欲作，吾将镇之以无名之朴。”（通行本第三十七章）[44]“故圣人云，我无为而民自化，我好静而民自正，我无事而民自富，我无欲而民自朴。”（通行本第五十七章）[45]在老子的思想中，道的无为特性实已隐含在道、物关系之中。首先，道生万物，但万物之生乃自然而然之过程，并非道的“有为”之结果。其次，道为万物之生成者，但道对于万物只提供其生存发展之质料，并不干涉万物的具体生存发展过程。此即“故道生之，德畜之：长之、育之、亭之、毒之、养之、覆之。生而不有，为而不恃，长而不宰”（通行本第五十一章）[46]，在“道”的视角下，“自化”就是每一物作为独立的主体在不同的活动场域中主动的变化过程，是对万物在自主运动、变化过程中所具有的各种具体的存在状态的概括、归结。[47]老子的“无为”是“圣人”之行，通行本第二十九章云：“天下神器，不可为也。为者败之，执者失之。……是以圣人去甚，去奢，去泰。”王弼注：“万物以自然为性，故可因而不可为也，可通而不可执也。”[48]通行本第六十四章又云：“为者败之，执者失之。是以圣人无为，故无败；无执，故无失。”[49]我们可以看出，既然万物以自然为性，那就不能以人力“有为”地去改变其规律。“执道者”或“圣人”必须得顺“道”而行，任万物“自然”“自为”，万物“自然”才是圣人“无为”的重要表征。统治者只有“无为而治”，百姓才能“自化”“自为”，由此社会秩序才能符合“道”的运作规律。于是，老子的“无为”体现出“上（君主、大臣）无为而下（小吏、百姓）有为”的特点。

老子的无为思想已经具备了一个贯通形上与形下的理论体系的雏形，这个体系便是：“人法地，地法天，天法道，道法自然。”（通行本第二十五章）[50]“道法自然”并非说明存在一个高于道、值得道效法的自然，道所法之自然也并非存在于道之外，此处的“法”说的是依据、因循，万物循其本性，即道的自然，自然便是道之无为在具象的万物中的表现。于是，在政治领域与此相应的无为亦具有尊崇自然人性的意蕴。由此可知，“无为”并非无所建树，它指低调地遵循自然规律做事，尽量减少人为干预：“损之又损，以至于无为，无为而无不为。”（通行本第四十八章）[51]由于“法自然”，遵循了规律，虽然看起来“无为”，也能获得成效，故而等同于“无不为”，此谓“道恒无为，而无不为”。也正如王庆节所说：“老子‘无为’概念中的哲学真谛更在于：这是一种存在论上更基本的要求。它要求我对于作为我的行为之对象的‘受者’的他人或他物的存在与独特性，给予一种基本的承认和尊重，并因此反对任何这种‘他者性’的承认和尊重的外来强制和侵犯。”[52]

《黄帝四经》继承了老庄“道”的哲学概念，其“无为”亦需遵循“自然”，讲求“天性”。《称》曰：“[夫]天有明而不忧民之晦也，[百]姓辟其户墉而各取昭焉，天无事焉。地有[财]而不忧民之贫也，百姓斩木刈（刈）新（薪）而各取富焉，地亦无事焉。”[53]天地不必对事物之处境过多忧心与干预，概因事物皆可以自身之规律和需求而自为之。君主也应按照天地之道，以无为应对万事万物，不将自己的意愿强加于百姓之上，也不能为了有所为而强行作为。自然界为人类提供了丰富的物质资源，人们的生产生活都是循本性而动，从自然界各取所需，统治者不必强加干扰。这种“天地无事，百姓自为”的主张便是黄老“无为而治”思想的重要逻辑环节。同时，由于“刑名”的引入，《黄帝四经》的“无为”比老子“无为”更具有可操作性。“刑名”与动静的平衡、时机的把握息息相关，“化”从而变得具象化。

《黄帝四经》中“无为”有3处：

1. 故执道者之观于天下殹（也），无执殹（也），无处也，无为殹（也），无私殹（也）。是故天下有事，无不自为刑（刑—形）名、声号矣。《经法·道法》[54]

2. 一者亓（其）号也，虚亓（其）舍也，无为亓（其）素也，和其用也。是故上道高而不可察也，深而不可则（测）也。（《道原》）[55]

3. 欲知得失请（情），必审名察刑 =（刑—形。刑—形）恒自定，是我俞（愈）静。○事恒自包（施），是我无为。《十六经·名刑》[56]

1. 在《黄帝四经》中，“无为”是“执道者”的一种重要表征，唯有“执道者”才能“无执”“无处”“无为”“无私”。同时，《经法·道法》指出了“执道者”“无为”与“刑名”的关系：“无为”便是天下万物“自为刑名”。

2.《道原》说：“一者其号也，虚其舍也，无为其素也，和其用也。”在黄老学者看来，“一”是“道”的名号，虚无是“道”的处所，无为是“道”的根本，和合是“道”的作用。“道”生天地、阴阳，又生阴阳和合之气，阴阳和合而生万物，此谓“和其用也”。这里面有一对体用关系：“无为”为体（素），“和”为用。而阴阳和合表征于外即为“化”。因为有了体用之别，这里的“无为”需要具备化生出“和”与“化”的能力。换而言之，其最终是为了完成“道”的功用，这个功用可能是“和”，也可以用“化”来表述。

3. 这段话与《经法·论约》中对“天下化之”的论述非常类似：“故执道者之观于天下也，必审观事之所始起，审亓（其）刑 = 名 =（形 = 名 =—形名。形名）巳（已）定，逆顺有立（位），死生有分，存亡兴坏有处（处）。然后参之于天地之恒道，乃定祸福死生存亡兴坏之所在。是故万举不失理，论天下而无遗筴。故能立天子，置三公，而天下化之 =（之，之）胃（谓）有道。”[57]《黄帝四经》的“刑名”并非简单的“名实相符”，它涵盖了事物运行规律、在被观察时的形态及其所处的地位等诸多性质。引入天道的观念我们就更能明白，天体运行的规律、状态、所处位置等确定了日月星辰的性质，而“刑名”就是用来指称地上事物与天道相符的种种表征的。《经法·道法》中说：“天下有事，无不自为刑名。”《十六经·名刑》更进一步指出：“刑恒自定，是我俞（愈）静。○事恒自包（施），是我无为。”[58]正因为事物可依照恒定的“刑名”自行发展变化，“我”（个体）作为观察者，任天道施为即可。在政治层面上，执道者“审名察刑”，是为了参照天地之恒道，弄明白祸福死生存亡兴坏之所在，并依照“刑名”以人事“配天”，“立天子，置三公”，便可达到“天下化之”的目的。可见，遵从“天道”“以人配天”的“审名察刑”是“无为”的基础，做不到“审其刑名”，便无法了解“应化之道”，也就无法真正“无为”。

结　语

总而言之，较之《老子》的“自化”，《黄帝四经》的“化”内涵及外延更加丰富，更加清晰地描绘了“化”与“天道”及“阴阳”的关系，如“唯一不失，一以驺化”“阴阳备物，化变乃生”。明确地指出“化”并非普通的变化，而是“道”驱动之下、阴阳互感才产生的万物的运行与变迁。这使得“化”的内涵更为深刻，且成为黄老哲学的核心词汇之一。不仅如此，“化”这个词还用来表达黄老学派的政治理想：“故能立天子，置三公，而天下化之。之胃（谓）有道。”“天下化之”是在天子已立、三公已定的前提下形成的秩序感，也就是万物各得其位，表现为“刑名以定，逆顺有立（位），死生有分，存亡兴坏有处”。这需要“执道者”参天地之道、厘定祸福死生存亡兴坏才能达到，“参之于天地之恒道，乃定祸福死生存亡兴坏之所在。是故万举不失理，论天下无遗策”。可见，《黄帝四经》的“化”虽然呈现出林林总总各种面目，但离不开“天道”的反映。“天道”落实在社会治理层面便是“审名察刑”，依照“刑名”来“定祸福死生存亡兴坏之所在”。“刑名”意味着万物的性质，并囊括其发展规律及运行轨迹。审察“刑名”不仅意味着名形相符，更代表着掌握事物变化发展的方向，并任其按照自身的规律行事，由是，“化”与“无为”便经由“刑名”联系在一起。与《老子》所云“君主无为”而“百姓自化”相比，《黄帝四经》的“无为”从而更具有丰富的层次，也更具备了可操作性。

注释：

* 凡例说明：本文所引《黄帝四经》释文主要来自裘锡圭主编，湖南博物院、复旦大学出土文献与古文字研究中心编纂，中华书局 2024 年出版的《长沙马王堆汉墓简帛集成·肆》（修订本），部分来自陈鼓应先生注译的《黄帝四经今注今译》，同时也参照了余明光先生所著的《黄帝四经与黄老思想》、帛书整理小组佚书本和经法本进行选取。释文中通假字、异体字、错字后接（ ）符号，（ ）中标出现今通用字形或正确字形；残字、缺字、不识之字用□号表示。[ ] 号表示所补字，{ } 号代表多余的衍文。

[1] 郭店竹简《老子》和马王堆帛书《老子》甲本中，“侯王若能守之，万物将自化。化而欲作，吾将镇之以无名之朴。”“化”为“上为下心”字形；帛书《老子》乙本开始用“化”字。除此之外，《老子》中的“化”字只出现 1 次。

[2] 王中江：《道家学说的观念史研究》，中华书局，2015 年，第 190 页。

[3] 刘峻杉、张敏、武枫智：《先秦“化”的思想之于当代“文化”的教育意涵》，《教育研究》2021 年第 10 期。

[4] 宋德刚、孙功进：《〈老子〉的万物“自化”观念探微》，《南昌大学学报（人文社会科学版）》2017 年第 2 期。

[5] [魏] 王弼注，[唐] 孔颖达疏：《周易正义》，北京大学出版社，2000 年，第 8 页。

[6] 同 [5]，第 306 ~ 307 页。

[7] 同 [5]，第 308 页。

[8] 同 [5]，第 9 页。

[9] [汉] 郑玄注，[唐] 孔颖达疏：《礼记正义》，北京大学出版社，2000 年，第 1692 页。

[10] [汉] 许慎撰，[清] 段玉裁注：《说文解字注》，上海古籍出版社，1988 年，第 384 页。

[11] 同 [10]，第 384 页。

[12] 同 [5]，第 124 页。

[13] 转引自注释 [4]。

[14] 王中江：《道家学说的观念史研究》，中华书局，2015 年，第 188 页。

[15] 裘锡圭主编，湖南博物院、复旦大学出土文献与古文字研究中心编纂：《长沙马王堆汉墓简帛集成·肆》（修订本），中华书局，2024 年，第 127 页。

[16] 同 [15]，第 164 页。

[17] 同 [15]，2024 年，第 203 页。

[18] 同 [15]，第 164 页。

[19] 同 [15]，2024 年，第 184 页。。

[20] 同 [15]，第 203 页。

[21] 同 [15]，第 171 页。

[22] 同 [15]，第 219 页。

[23] 同 [15]，第 219 页。

[24] 同 [15]，第 191 页。

[25] 陈鼓应译注：《黄帝四经今注今译》，商务印书馆，2016 年，第 139 页。

[26] 同 [5]，第 365 页。

[27] 安小兰译注：《荀子》，中华书局，2007 年，第 111 页。

[28] 同 [9]，第 1277 页。

[29] 同 [25]，第 391 ~ 392 页。

[30] 同 [15]，第 203 页。

[31] 黎翔凤撰，梁运华整理：《管子校注》，中华

书局，2004 年，第 937 页。

[32] 同 [31]，第 937 页。

[33] 高木智见：《先秦社会与思想：试论中国文化的核心》，上海古籍出版社，2011 年，第 261、262 页。

[34] [魏] 王弼注，楼宇烈校释：《老子道德经注校释》，中华书局，2008 年，第 181～182 页。

[35] 同 [34]，第 186 页。

[36] 同 [15]，第 151 页。

[37] 同 [15]，第 164 页。

[38] 同 [15]，第 170 页。

[39] 同 [31]，第 931 页。

[40] 同 [31]，第 943 页。

[41] 同 [15]，第 203 页。

[42] 同 [15]，第 203 页。

[43] [美] 安乐哲著，滕复译：《主术——中国古代政治艺术之研究》，北京大学出版社，1995 年，第 37 页。

[44] 同 [34]，第 90～91 页。

[45] 同 [34]，第 150 页。

[46] 同 [34]，第 137 页。

[47] 同 [4]。

[48] 同 [34]，第 76 页。

[49] 同 [34]，第 165～166 页。

[50] 同 [34]，第 64 页。

[51] 同 [34]，第 128 页。

[52] 王庆节：《解释学、海德格尔与儒道今释》，中国人民大学出版社，2004 年，第 154 页。

[53] 同 [15]，第 203 页。

[54] 同 [15]，第 151 页。

[55] 同 [15]，第 219 页。

[56] 同 [15]，第 198 页。

[57] 同 [15]，第 170 页。

[58] 同 [15]，第 198 页。

汉初儒家圣人观探源
——以马王堆汉墓帛书《五行》为中心

Exploring the Origin of the Confucian Outlook on Sages in the Early Han Dynasty
—Centered around the Silk Manuscript *Wuxing* from the Han Tomb at Mawangdui

独立学者　张　懿
Zhang Yi, Independent Scholar

内容提要：西汉初年以黄老之学为官方意识形态，而儒家则作为民间的学问而流传。在经历了秦朝的“焚书坑儒”和秦末农民起义带来的浩劫之后，儒家在找寻并继承历史断层前的思想的同时，也在积极重构自身的思想。马王堆汉墓帛书《五行》的现世，为对当时儒家圣人观的发展和理论溯源，提供了丰富的史料。本文通过对帛书《五行》书中涉及的关于圣人观内容，尤其是诸如天道、人道、五行、心体等书中概念蕴含的圣人观进行考察的基础上，对一些具有互文性的文献，包括郭店楚简《五行》《史记》和一些诸子著作进行了比较与分析，试图以此还原汉初儒家圣人观，为研究汉初儒学提供新的内容和思路。

关键词：圣人观　马王堆　《五行》　汉初　儒家

Abstract: In the early Western Han Dynasty, the teachings of Emperor Huang and Lao Tzu formed the official ideology, while Confucianism was spread as folk knowledge. After experiencing the catastrophe brought about by the "burning books and burying Confucianist" of the Qin Dynasty and the peasant uprising at the end of the Qin Dynasty, Confucianism actively reconstructed its own ideas while seeking and inheriting the thoughts before the historical abruption. The emergence of the silk manuscript *Wuxing* from the Han Tombs at Mawangdui provides rich historical materials for studying the development and theoretical source of the Confucian outlook on sages at that time. Based on the examination of the outlook on sages contained in the silk manuscript *Wuxing*, particularly the outlook on sages contained in such concepts in the book as *Tiandao*, Humanity, Five Elements, and Mind-Body, this article compares and analyzes some intertextual literature, including Guodian Chu bamboo slip manuscript *Wuxing*, *Records of the Grand Historian* and some works of various scholars, in an attempt to restore the Confucian concept of sage in the early Han Dynasty and provide new content and ideas for the study of Confucianism in the early Han Dynasty.

Keywords: outlook on sages; Mawangdui; *Wuxing*; early Han Dynasty; Confucianism

关于圣人的观念可谓是由来已久，中国历史上的历代贤哲对此皆有论述。汉初的儒家在经历了秦朝官方的压制和秦末农民起义的兵燹后，加上汉初以黄老之学为治国理念，在意识形态上处于在野的地位。在这样的历史背景之下，儒家在整理总结流传下来的文献及其思想的同时，选择博采众长、因时而变的策略，为后来董仲舒的儒学理论的诞生奠定基础。

圣人观一直都是儒家思想的重要构成部分之一，但今人关于汉初儒家圣人观论述的研究出现了缺失。而马王堆汉墓帛书《五行》（后文简称帛书《五行》）中的内容恰好涉及了当时儒家圣人观，以其为中心的考察将会有效地厘清汉初儒家圣人观的思想来源与内涵。

目前学者多认为帛书《五行》是思孟后学的作品。[1] 关于帛书《五行》文本的成熟时间，学界存在不同观点：一种观点认为它是战国末期形成的新文本，而另一种观点则认为其作者为汉初的儒者。[2] 然而，这些观点往往忽略了《五行》融合了多种学派思想的特点，这表明其形成过程可能历时较长。因此，本文采纳了浅野裕一关于帛书《五行》长期整合形成抄本的观点，以及西信康将其视为集大成的抄本的看法，倾向于将帛书《五行》视为西汉初年成熟的文本。[3] 一种独到的见解提出，帛书《五行》的文本内容，包括“经”与“说”两部分，实际上构成了一个系统化的认识论体系。该认知体系结合“毛诗传统”，为文本提供了一种系统性的解读方式——这对传统观点，即中国学术被认为“学问零碎而无系统”提出了挑战。[4] 基于此点，本文将对帛书《五行》中圣人观的表述进行详尽的分析和探讨。

一　帛书《五行》中的圣人观

帛书《五行》的开篇，和“心”有关：

【仁】刑（形）【于内】胃（谓）之德之行，不刑（形）于内【胃（谓）】之行。知（智）刑（形）于内胃（谓）之德之行，不刑（形）于内胃（谓）【之行。义刑（形）】于内【胃（谓）】之德之行，【不刑（形）于内胃（谓）之】行。礼刑（形）于内胃（谓）之德之行不刑（形）于内胃（谓）之行。圣刑（形）于内【胃（谓）之德之行，不刑（形）于内胃（谓）】之行。（第一章）[5]

此处的“心”与孟子儒学中的“端”相似，指的是人的内在道德潜能或善的起点。而文中的“形于内”，有两种主要的解释：一种观点认为它指的是德行在个人内心的内化过程，另一种则认为它描述的是德行从内心向外自然流露的过程。[6] 无论采取哪种解释，帛书《五行》的开篇都为文本设定了一个核心议题，即探讨伦理主体的实践理性，特别是“人心”（即个人的道德修养）与“德行”（即个人的道德行为）之间的联系。此外，此处明确区分了“天道”（德）与“人道”（善）两个概念。

在道德形而上学的框架下，帛书《五行》对一系列道德概念进行了深入探讨，这构成了建立圣人观念的理论基础。其中，“天道”（德）被视为自然且先天的，而“人道”（善）则被认为是人为且后天的：

善弗为无近，得（德）弗之不成，知弗思不得。（第四章）

金声而玉振之，有德者也。金声，善也。王（玉）言（音），圣也。善，人道也。德，而〈天〉道也。唯有德者，然笱（后）能金声而玉振之。（第八章）[7]

如果以伦理主体的实践理性角度来看，

“天道”（德）和“人道”（善）分别代表着显现或构成主体的德性（亦可以理解为某种道德状态）和主体的道德实践。并且，二者之间的内涵不同：

德之行五，和胃（谓）之德。四行，和胃（谓）之善。善，人道也。德，天道也。（第一章）[8]

也就是说，“天道”（德）和“人道”（善）的内涵分别是“五行”和“四行”，后者相对而言缺少了“圣”：

圣人知而〈天〉道。知而行之，圣〈义〉也。（第十七章）[9]

在探讨“圣”的含义时，帛书《五行》提出了区分“圣”与“仁、义、礼、智”的依据，即前文提到的“形于内胃（谓）之德之行”和“不刑（形）于内胃（谓）之行”。换言之，这些道德范畴中，只有“圣”与内在德行的表现有关，而其他则不涉及内在德行的体现。因此，“圣”与道德实践的内在性相关联。

在“物质美德”和“五行—身体五官”关联的语境下，帛书《五行》虽不存在相生相胜，但与道德范畴有内在联系。[10]具体来说，“圣”与“土”相对应，“仁”与“金”相对应，“义”与“火”相对应，“礼”与“水”相对应，“智”与“木”相对应。在五行的哲学中，“土”代表着“吐生、报本与厚德”。[11]这些特质赋予了“圣”以根源性的意义，象征着高尚和智慧的源泉，这与“圣”作为自然且先天存在的属性相一致。因此，“圣”不仅是区分“天道”（德）和“人道”（善）的道德范畴，还是流溢高尚和智慧之存在。

此外，帛书《五行》还涉及一个道德形而上学的概念，即“合时的和”的君子道。[12]对于“天道”（德）和“人道”（善）而言，君子道可以理解为沟通二者的桥梁——这也展现了帛书《五行》体现的儒家时态逻辑对二者的辩证：

五行皆刑（形）于阙（欮）内，时行之，胃（谓）之君子。（第三章）[13]

那么，作为认识论和伦理学上范畴的“圣”又是如何与圣人之间存在联系？答案即前文提到的“圣人知而〈天〉道”。如此一来，对帛书《五行》圣人观的探讨需要澄清“圣”一词的具体含义。西信康已指出，“圣”的伦理学含义是“不为己而美”的感化力卓越表现状态。[14]然而，“圣”的认识论含义尚需进一步阐释。帛书《五行》提供了两条线索：

不圣，思不能轻（第五章）

圣之思也巠（轻），巠（轻）则刑（形），刑（形）则不忘，不忘则匆（聪）。（第六章）[15]

池田知久将这里的“巠（轻）”解释为直接通达，而“刑（形）”则涉及“天道”（德）和“人道”（善）的实现。[16]基于此，“圣”可以被理解为一种能够直接通达事物本质及其规律的洞察力。进一步地，帛书《五行》表明了“圣”不仅仅是知识层面的认知，而是一种更深层次的领悟力：

闻而知之，圣也……壑壑（赫赫），圣。“明明（明明）在下，壑壑（赫赫）在上”，此之胃（谓）也。（第十六章）[17]

参考荀子对《诗经》中“明明在下，赫赫在上”的解读“上明而下化”[18]，我们可以将“圣”的含义理解为对天道和人道有着超常领悟力的先验状态，这种领悟力使得君子能够超越常人，深刻理解并实践道德规范。

又考虑到前文提及的帛书《五行》中的“玉音，圣也”和“金声”代表“人道”（善），它们在“金声而玉振之也”的框架下相互作用。这表明“圣”不仅是道德实践的推动者，也是将“人道”（善）提升至“天道”（德）的关键力量。综上所述，“圣”的认识论含义应该被阐释为一种先验和超常的领受力，特别体现在个体对事物本质的洞察过程中。

在帛书《五行》中，圣人的形象不仅仅局限于单一的“圣”德，而是兼具“五行”。它所强调的，是这“五行”或五种德性相互协调的理念：

闻君子道，匆（聪）也。闻而知之，圣也……行【之而时，德也。见贤人，明（明）也。】见而知之，知（智）也。知而安之，仁也。安而敬之，礼也。【仁义，礼乐之所繇（由）生也，五行之所和】也。【和】则乐，乐则有德，有德则国家与（举）。文王【之见也如】此。《诗》曰：“文【王在】上，于昭于天”，此【之谓（胃）也。】（第十七章）[19]

换言之，仁（人文性的爱）、义（理性的行为规范）、礼（对行的必然规定）、知（对事物的认知）和圣（超常的领悟力）五者在和谐中进入“乐”，进而入“有德”的境界。在《五行》中，调和上述这些德性的关键概念是“慎独”，它不仅是“君子慎独”这样的伦理含义，还是一种内心状态（专注专一）。[20] 也就是说，《五行》中的“慎独”是内心对主体中的身体性和物质性，尤其是感官体验和物质欲望的排斥——与此相对的，是对心所属主体的主体性的高扬，即独立自主的选择中肯定了自我判断和决定的正确性，从而避免因孤独而被外界干扰，以此防范因自我规范放松而产生的放纵和堕落。因此，圣人所具备的“五行”既是认识和道德上的范畴，也是个体在德性方面的不同面向。它们在“慎独”中不断推动着自身的发展，并使其能够融贯起来。

通过先前对帛书《五行》中对圣人观有关章节的解读，可以概括出以下几个特点：

第一，强调圣人应该拥有“圣”的能力，“圣”被解读为先验且超常的能力，这种能力使得圣人能够直接领悟事物的本质和规律，其也是使人通达天道的能力——这也暗藏了正在走向成熟的“天人合一”思想，即圣人能使人事和天道结合起来。

第二，圣人不仅应拥有高尚的德行和内在修养，而且这些德行应源自“心”的自然流露。圣人所应该拥有的不再仅仅是“五行”这样的“德目”或者说道德的面向，还有在“慎独”这种心理状态下得到“五行”之间的融合，并在此基础上至臻完美。

第三，将圣人的道德视为一种实践理性。帛书《五行》通过“五行”的双重性质，重新审视了认识论与伦理学之间的联系。因此，圣人不仅理解还践行道德准则，更具备对道德的深刻洞察力，能够在道德框架内做出明智的判断和决策。

第四，圣人被赋予了具有其自身主体性的特质，不再是先前某些抽象的形象，而是一个具体的人或个体——该概念的出现意味着圣人获得了主动性，不再是单纯的“法天象地”或“制礼作乐”者，而是有着自我目的的存在。

第五，有关圣人的描述局限于“内圣”（认识论、伦理学和形而上学）方面，没有涉及“外王”（历史学、政治学和社会学）方面的探讨。

由此可知，帛书《五行》中圣人观具有很强的时代特性。譬如其强调“内圣”方面，可以被理解为儒家在意识形态领域争取主导地位的一种策略——为了争取君主的支持而去除自身对君权的束缚。[21] 同时，它继承并发展了先秦儒家的某些传统思想，如荀子关于“天道”与“人道”的区分（对“习”的肯定），并对庄子的天宗德本思想有所吸收。

二　先秦至汉初的圣人观发展脉络

所有文明对所谓人生境界都有追求，

这些追求源于内心深处对自我超越的渴望。早在《尚书》中就有所谓“睿作圣”[22]、“惟狂克念”[23]的记载，而在《诗经》中则有关于商汤“圣敬日跻”[24]的评价。由此可见，中国很早便产生了圣人观，并且其在思想世界中非常重要。

关于“圣人”，历来有不同的理解。先秦时期有关论述最多的便是《老子》，其中提到“圣”字竟有三十余处。在老子看来，圣人能“抱一为天下式”，处于“不自见、不自是、不自伐、不自矜”的状态中。[25]此外，圣人能“处无为之事，行不言之教，万物作焉而不辞，生而不有，为而不恃，功成而弗居”[26]，如此一来，达到了“圣人终不为大，故能成其大”[27]的境界。

而老子所认为的“圣人之道”，其实就是“为而不争”。[28]之所以要“天道无亲，常与善人”[29]，是因为“或利或害，天之所恶，孰知其故”[30]？因此，应该采取“以辅万物之自然，而不敢为”[31]的态度。故而真正的圣人，应该是“去彼取此”[32]的，强调所谓“后其身而身先，外其身而身存”[33]，以一种“袭明”[34]的方式存之于世。

但老子所说的“圣人”其实不仅仅是拥有着诸如“去甚，去奢，去泰”[35]德性的至高道德境界者，还有圣明统治者的含义，譬如“我无为而民自化，我好静而民自正，我无事而民自富，我无欲而民自朴”[36]和“是以圣人欲上民，必以言下之”[37]。

自老子之后，先秦诸子相关学说大致分为三个向度：一个是认识层面上的至高境界，即《关尹子》认为圣人应该“心一”“物一”和“道一”，并将“三者又合为一”。[38]一个是纯粹的理想道德人格，即《列子》所认为的“非仁则义”，即使其是“无全能”的。[39]还有一个是纯粹的理想统治者，即《管子》所定义的“善分民”。[40]这种分野直到后来的庄子时期才隐约出现了综合的趋势。在《庄子》中，“圣”这个字眼也几乎贯穿全书。庄子将秉持“原天地之美而达万物之理”[41]和“以天为宗，以德为本”[42]者称为圣人，并认为他们其实是“无名”[43]且以“内圣外王”[44]的形式而存在。

上述仅仅是先秦时期儒家之外的圣人观，而儒家关于圣人的着墨则更为突出。孔子在为《易》作传的时候系统阐述了自己的圣人观。他认为圣人的任务便是“作而万物睹”[45]，能“久于其道，而天下化成”[46]和“观其所恒，而天地万物之情可见矣”[47]的存在。随后在孔门弟子中，圣人观却发生了分异。在《孟子》中，子贡将“仁且智”[48]称为圣人，并在“德位一致”中将圣人与道联系起来，这也就意味着历史上圣人参与政治的不同形态必然具有某种内在一致性。[49]而在子游及其门人的《礼运》中，圣人是以天道人情为本来“作则”[50]之人。而在随后的战国儒学当中，两位具有代表性的儒家学者，即孟子和荀子，则提出了自己的圣人观。孟子将圣人定义为“人伦之至”[51]者，而荀子则认为是“尽伦尽制”[52]的圣王形象。除了这些传世文献，现有的出土文献对此有论述。郭店楚简将圣人的“性”，视为圣人“正身”与“正世”的基础。[53]至此，战国儒学已经被重构为一种具有浓厚现实改造色彩的道德和政治上的双重理想主义。而儒家对超凡即圣的渴求，更是使得圣人观成为儒家不可或缺的学问领域。以宫浩然为代表的学者认为，先秦儒学的发展趋势大致有二：一是愈加凡俗化、具象化，并以此实现“超越—现实”和“内圣—外王”的圆融贯通；二是存有现实化和政治化的外在权威趋向。[54]

先前学界对汉初儒学的研究，大多是集中于陆贾和贾谊二人的儒学。即使有更为广泛的考察，依然是局限在和中央朝廷以及背后皇权有关的儒学，譬如叔孙通构建汉初朝廷仪礼。若是集中于汉初圣人观的研究上，除却陆贾儒学中的圣人观研究之外，仅有一些趋势的总结。譬如丁原明认为，汉初儒家思想的流变方向便是从“外王”转向到“内圣”的关注。[55]陆贾的圣人观可谓宏大，他将圣人称为“仁义之所治”，并从历史的角度将之前的圣人分为“王道乃生”的“先圣”与“设辟雍庠序之教”的“中圣”和“定五经，明六艺”的“后圣”——它们之间存在传承的关系，被称为“义”。[56]但无论是哪个时期的圣人，都应该“以仁义为巢”和“以圣贤为杖”，背负着“防乱以经艺，工正曲以准绳”的历史使命。[57]陆贾将“义”作为成为圣人的唯一标准，即“自人君至于庶人，未有不法圣道而为贤者也”。[58]但有关圣人的描述却多集中于“人君”，之所以如此，是因为拥有最高权力者往往有着“言德行而其下”的引领作用，为此人君需要拥有“不贵寡”的品质。[59]在政策上能做到“稀力役而省贡献”，并且能够做到“察物，无所遗失”和“同一治而明一统”。[60]虽然贾谊的圣人观和陆贾二者都有通过圣人实现政通人和的理想，但在具体细节上都有不同。贾谊所认为的圣人，是兼具“知道”和“行道”的“贤知之师”，能做到“力不劳而身大盛”。[61]这一点和陆贾类似，即圣人“乘天威，合天气，承天功，象天容”而制礼作乐的举动，是为了“因变而立功，由异而致太平”。[62]这样一来，“天下安而万理得矣”。[63]在关于统治者的论述当中，二者其实也保持着一致，即统治者应当是理想的圣人，即“圣王”。贾谊认为圣王拥有道、文、恭敬、忠信四种品质，能在戒所谓“狂与惑”的情况下做到“在身而自错不肖，思得贤佐”。[64]除了君王之外，贾谊还认为大臣应该也要由圣人来担任，只要能够“厉廉耻、行礼义”，就能对圣王有道、辅、拂和承四种作用。[65]

一方面，儒家对圣人的理想化描述，以及提出的“希圣”与“求圣”的实践方案，有效地解决了人的精神追求问题，为人们的精神需求提供了一种超越性的目标。无论是在认知、伦理还是其他独特层面，这种自我超越的追求都旨在引导人们向更高的人生层次努力，为追求“诗意栖居”[66]的人生提供了方向。

另一方面，儒家的圣人观念作为儒家思想的核心，通过强调圣人的行为标准和倡导模仿圣人的榜样，对社会秩序的构建和政治行为规范的形成起到了关键性的塑造作用。这与汉初社会在百废待兴中寻求稳定与发展的需求不谋而合。圣人作为道德的典范，其形象也被儒家学者用作政治舞台上的说服工具，如陆贾劝刘邦效仿孔子的事例。[67]

从先秦到汉初，儒家圣人观的发展轨迹清晰可见：最初，它主要回应了人的精神境界问题，属于人生哲学的讨论。到了“原儒”时代，如《尚书》中的观点，仍然局限于这一范畴。经历战国时期的多元思想碰撞和自我革新，儒家圣人观经历了“孔子—孔子后人—孟子—荀子”四个阶段的流变。到了汉初，在社会重构的过程中，儒家圣人观逐渐成熟，不仅继承了先秦的传统，还吸收了其他学派，尤其是道家的精华，形成了一个综合性的系统学说。

三　以帛书《五行》为中心还原汉初儒家圣人观

对帛书《五行》中圣人观的挖掘和阐释，借用李学勤的话说，会改写对中国学术史的评价。[68]将帛书《五行》作为研究核心，并对照其他相关文献，有望更准确地复原汉初儒家的圣人观。这项研究很可能会对学界关于汉初儒家圣人观的现有理解带来变革。从互文性的角度分析，郭店楚简《五行》作为帛书《五行》的另一版本，与之有着密切的联系。郭店楚简《五行》源自战国时期，通过比较两者内容的差异，可以更清晰地揭示汉初时期的哲学思想特色。文本的抄写反映了儒家学说分化后，后儒对前辈学说的误解和不满，因此帛书《五行》具有“五行并重而崇圣，说文则偏颇仁义”的不同。[69]

从郭店楚简《五行》的逻辑出发，可以认为“圣”的概念源自君子对“道”的深思熟虑，激发了对天道的领悟和内心的喜悦，进而达到一种安宁的状态，即所谓的“德”所表达的和谐境界。[70] 这里的区别在于，郭店楚简《五行》侧重于通过思考和追求“道”获得的精神快乐和安宁，强调了认知层面上的自我超越和更新；而帛书《五行》则在此基础上，更强调圣人的道德品质和崇高地位，通过理解和实践“仁义”来实现道德层面的自我超越和提升。从追求“道”到追求“仁义”的转变，反映了汉初儒家圣人观狭隘的一面——从开放性的“道”的理解转向了更为封闭和儒家特有的“仁义”概念。这种转变也展现了汉初儒家圣人观的包容性，其中“五行”的并重体现了宇宙和谐的理念，这一理念受到了道家和阴阳家思想的影响。此外，汉初儒家的圣人观还强调了圣人所需的道德修养和作为榜样的作用，巧妙地将《大学》中提倡的“修齐治平”的新兴士君子伦理与古典德行规范结合起来。这种转向更注重实践，意味着人生境界的提升不仅依靠认知层次的提高，还需要通过实践来实现，这为后来“知行合一”的理念奠定了基础。

考察与帛书《五行》同期或相关的其他文献记载，可以为我们提供对汉初儒家圣人观的补充和验证，有助于全面还原这一时期儒家圣人观的系统性特征。具体如下。

第一，便是对帛书《五行》中圣人观的印证。《韩诗外传》中的“是笃厚君子，未及圣人”和“夫圣人之于贤者之后”不仅印证了“圣人”的存在，也说明了“圣人”将被汉初儒家圣人观视为最高的生命境界。[71] 而《前汉纪》和《汉书》中关于圣人“通神明，立人伦，正性情，节万事者也”[72] 和“统天地之心，著善恶之归，明吉凶之分，通人道之正，使不悖于其本性者也”[73] 则验证了“圣”的存在和“圣”为人事天道融为一体的能力。

第二，便是对帛书《五行》中圣人观的进一步理解和发展。《新书》中的“六术”和“六行”证明了汉初伦理范畴的更新，即使二者并不能和“五行”等同。总的来说，汉初儒家圣人观的基本框架是基本上遵行帛书《五行》的。一些典籍对“圣”这个概念的论述可以做一些补充，比如“圣”在汉初儒家的语境中应该是“圣者，通也，道也，声也”[74]，可以理解为“闻其末而达其本者”[75]，即庄子所说的“达于情而遂于命者”[76]。值得一提的是，汉初儒家所主张的“仁义”，便是围绕着“情”而构建的——韩婴将构建的路径总结为“爱由情出谓之仁，节爱理宜谓之义”[77]。再比如《韩诗外传》中关于“仁道”的论述对“圣”的范围进行了扩大。其将“圣仁”解读为“上知天能用其时，下知地能用其财，中知人能安乐之”[78]，使得“圣”所带来的“知”不再仅仅是“天道”，还有“地财”和“人能安乐”，这也是对汉初儒家圣人观的一大补充。值得注意的便是关于“圣”和“慎独”之间关系的补充，其充分说明了“圣”为何是圣人“慎独”状态的必然条件——之所以“圣人”能在“为穷而不困，忧而志不衰”的境遇及其带来的孤独下依然坚持自我，是因“圣”发挥着作用——正因“圣”能使圣人“先知祸福之终始，而心无惑焉”[79]。

第三，特别需要指出的，便是有关“外王”的补充。帛书《五行》中关于圣人的描绘局限于“内圣”，但这并非意味着汉初儒家圣人观仅有“内圣”这一方面——这恰恰是之前提及的先秦至汉初的圣人观发展脉络所揭示的。而且，在实际上，关于“外王”的论述，汉初的文献多有探讨。对于“外王”，儒家关于理想的最高统治者即“圣王”着墨甚多。“圣王”被解读为“表德章义，所以率俗历化”[80]的实行王道者。这种思想甚至影响了官方的意识形态，从当时官方文件中的“古使少者得成其长，老者得安其处，世世平乐”[81]和“改作更始，使老者得息，幼者得长，各保其首领而终其天年”[82]中就可以看出。但“外王”的对象范围并不局限于“圣王”，还有整个统治阶级。汉初儒家主张“利施后世，名称圣明”[83]的观念，认为朝廷之士应该能做到“圣人养一性而御失气，持一命而节滋味，奄治天下，不遗其小，存其精神，以补其中”[84]，在面对出入世的问题上能做到“通移有常”[85]，这样就能做到“天下咸获永宁，蝖飞蠕动，各乐其性”[86]的功绩。之所以汉初的儒家仍然关注“外王”，是因为其和权力是密切相关的。掌握了“仁义”的话语便能做出“中之者谓之君子，弗中者谓之小人”[87]这样的区分。考虑到前文所提及的先秦至汉初的圣人观发展脉络，这种思想可能来源于先秦医家的圣人观，即《史记》中记载的：

病名多相类，不可知，故古圣人为之脉法，以起度量，立规矩，县权衡，案绳墨，调阴阳，别人之脉各名之，与天地相应，参合于人，故乃别百病以异之，有数者皆异之，无数者同之。[88]

汉初时期，儒家圣人观经历了一个逐渐成熟的发展阶段。这一时期和平稳定的社会环境为儒家学者提供了整理前人著作和思想、进行深入反思的机会。在此基础上，儒家学者还积极吸收其他学派的理论，形成了一套成熟、完整且详尽的圣人观念体系。帛书《五行》的发现和解读，为我们完整地理解这一时期的圣人观提供了可能。对于思想史的研究而言，汉初儒学圣人观的一定程度的还原，不仅填补了以往研究的空白，而且为我们提供了对先秦至两汉时期圣人观演变的连续性认识。此外，这也意味着介于战国儒学和董仲舒儒学之间的汉初儒学，能够重新受到关注，摆脱目前所处的“失语”状态。

注释：

[1] 晓菡：《长沙马王堆汉墓帛书概述》，《文物》1974 年第 9 期。

[2] a.[日] 池田知久著，曹峰译：《郭店楚简〈五行〉研究》，《池田知久简帛研究论集》，中华书局，2006 年，第 56 页；b. 赵光贤：《新五行说商榷》，《文史》第 14 辑，中华书局，1982 年，第 341 ~ 346 页。

[3] a.[日] 浅野裕一：《〈五行篇〉的成文过程：郭店写本与马王堆写本的比较》，《中国出土资料研究》第 7 辑，中国出土资料学会，2003 年，第 1 ~ 24 页；而将帛书《五行》视为集大成的《五行》抄本之观点，参见 b.[日] 西信康：《〈孟子・万章下〉“金声而玉振之”考：以马王堆汉墓帛书〈五行〉为线索》，《北海道大学文学研究科研究论集》第 6 辑，北海道大学文学研究科，2006 年，第 55 ~ 71 页。

[4] 相关学说参见 a. 张正明：《楚文化史》，上海人民出版社，1995 年，第 176 页；b. 庞朴：《马王堆帛书解开了思孟五行说之谜：帛书〈老子〉甲本卷后古佚书之一的初步研究》，《文物》1977 年第 10 期。关于“毛诗传统”，参见 c.[美] 马丁・科恩：《挖掘出的手稿及其苏格拉底式的乐趣：在阅读“国风”时新发现的挑战》，《亚洲研究》2007 年第 3 期。而文中提到的传统观点，出自 d. 胡怀琛：《怎样读古书》，中华书局，2012 年，第 61 页。

[5] 裘锡圭主编，湖南省博物馆、复旦大学出土文献与古文字研究中心编纂：《长沙马王堆汉墓简帛集成・肆》，中华书局，2014 年，第 58 页。

[6] 陈来:《竹帛〈五行〉与简帛研究》，生活·读书·新知三联书店，2009 年，第 120～121 页。

[7] 同 [5]，第 58、59 页。

[8] 同 [5]，第 58 页。

[9] 同 [5]，第 59 页。

[10]“五行”的西方哲学诠释，参见 a. 魏启鹏:《思孟五行说的再思考》,《四川大学学报（哲学社会科学版）》1988 年第 4 期。“物质美德”的概念，参见 b.[美] 马克·齐克森特米哈伊:《导言》,《物质德性：早期中国的伦理与身体》，荷兰博睿学术出版社，2004 年，第 1～6 页。而关于身体五官的关联性理解，参见 c. 李景林:《帛书〈五行〉慎独说小议》,《人文杂志》2003 年第 6 期。关于不存在相生相克，有关考证认为邹衍之前并无此说，参见 d. 殷文超:《简单推测从洪范五行到阴阳五行的演变》,《出土文献与中国经学、古史研究国际学术研讨会论文集》，台湾高文出版社，2019 年，第 476～482 页。

[11] a. 李学勤:《帛书〈五行〉与〈尚书·洪范〉》,《学术月刊》1986 年第 11 期；b.《简帛佚籍与学术史》，江西教育出版社，2001 年，第 283 页；c. 杨儒宾:《五行原论：先秦思想的太初存有论》，上海古籍出版社，2020 年，第 43 页。

[12] [日] 岛森哲男:《马王堆出土儒家古佚书考》,《东方学》(第 56 辑)，东方学会，1978 年，第 17～36 页。

[13] 同 [5]，第 58 页。

[14] 同 [3]b。

[15] 同 [5]，第 58 页。

[16] [日] 池田知久著，王启发译:《马王堆汉墓帛书五行研究》，线装书局、中国社会科学出版社，2005 年，第 159 页。

[17] 同 [5]，第 59 页。

[18] [战国] 荀况:《荀子》第十五卷，钦定四库全书本，浙江大学图书馆藏，1778 年，第 16b 页。

[19] 同 [5]，第 59 页。

[20] a. 参见任蜜林:《论竹简〈五行〉的君子思想》,《中国儒学》(第十辑)，中国社会科学出版社，2015 年，第 436～447 页；b. 罗久:《先秦儒家“慎独”观念的思想史探析》,《聊城大学学报（社会科学版）》2011 年第 1 期。

[21] 陈吉祥、陈鹏:《君权牺牲品：汉初儒家内圣外王思想的变异》,《北华航天工业学院学报》2019 年第 3 期。

[22] [唐] 陆德明释文:《尚书》第七卷，商务印书馆，1924 年，第 2a 页。

[23] 同 [22]，第 9 卷，第 19b 页。

[24] [唐] 陆德明释文:《毛诗》第二十卷，商务印书馆，1924 年，第 14a 页。

[25] [汉] 河上公注:《老子道德经》第二卷，商务印书馆，1924 年，第 11b 页。

[26] 同 [25]，第一卷，第 1a～1b 页。

[27] 同 [25]，第二卷，第 17a 页。

[28] 同 [25]，第四卷，第 21b 页。

[29] 同 [25]，第四卷，第 20b 页。

[30] 同 [25]，第四卷，第 17a 页。

[31] 同 [25]，第四卷，第 14b 页。

[32] 同 [25]，第一卷，第 6b 页。

[33] 同 [25]，第一卷，第 4b 页。

[34] 同 [25]，第二卷，第 14b 页。

[35] 同 [25]，第二卷，第 15b 页。

[36] 同 [25]，第三卷，第 10b 页。

[37] 同 [25]，第四卷，第 15b 页。

[38] [汉] 刘向校:《文始真经》(上)，商务印书馆，1924 年，第 2a 页。

[39] [汉] 张湛注:《冲虚至德真经》第一卷，商务印书馆，1924 年，第 2a、2b 页。

[40] [唐] 房玄龄注:《管子》第一卷，商务印书馆，1924 年，第 18a 页。

[41] [战国] 庄子:《南华真经》第七卷，涵芬楼藏本，1920 年，第 26b 页。

[42] 同 [41]，第十卷，15b 页。

[43] 同 [41]，第一卷，第 6b 页。

[44] 同 [41]，第十卷，第 16b 页。

[45] [三国] 王弼等注:《周易》第一卷，商务印书馆，1924 年，第 3a 页。

[46] 同 [39]，第四卷，第 2a 页。

[47] 同 [39]，第四卷，第 2a 页。

[48] [三国] 何晏集解:《孟子》第四卷，商务印书馆，1924 年，第 10a 页。

[49] 马卓文:《道统意识下孟子“德位”观之再阐释》,《管子学刊》2024 年第 1 期。

[50] [汉] 戴圣:《礼记》第七卷，武英殿藏本，1783 年，第 12b 页。

[51] 同 [48]，第七卷，第 3b 页。

[52] [战国] 荀子:《荀子》第十五卷，直隶书局影印本，1924 年，第 12a 页。

[53] 刘亚琼:《郭店楚简的圣人观：正身与正世——兼与孔、孟的圣人观比较》,《管子学刊》2016 年第 2 期。

[54] 参见 a. 宫浩然:《从“圣吾不见”到“涂人为禹”——荀子、孔子圣人观比较》,《开封文化艺术职业学院学报》2022 年第 6 期；b. 宫浩然、郑治文:

《尽伦尽制，由圣入王——荀子对孔子圣人观的继承与改造》，《中国文化论衡》2023年第1期。

[55] 丁原明：《汉初儒家对原始儒学的综合与拓展》，《孔子研究》1999年第2期。

[56] a.[汉]陆贾：《新语》(上)，钦定四库全书本，浙江大学图书馆藏，1778年，第4b、2b～3b、5a页。关于“义”的描述，有更为详细的描述于《新语》佚文中，即“义者，德之经，履之者圣也”，参见b.应吉甫：《晋武帝华林园集诗》，李善注《昭明文选》第二十卷，钦定四库全书本，浙江大学图书馆藏，第23a页。

[57] 同[56]a，第8b、4a页。

[58] [汉]陆贾：《新语》(下)，钦定四库全书本，浙江大学图书馆藏，1778年，第15b页。

[59] 同[57]，第17b、6b页。

[60] 同[57]，第10b、11b、6a页。

[61] [西汉]贾谊：《新书》第八、九、六卷，钦定四库全书本，浙江大学图书馆藏，1778年，第7b、6a、9a页。

[62] 同[57]，第9b、14b页。

[63] 同[52]，第六卷，第4b～4a页。

[64] 同[52]，第九卷，第6a、2a页；第5卷，第14a页。

[65] 同[52]，第一卷，第10b页；第五卷，第6b～6a页。

[66] “诗意栖居”这个概念出自荷尔德林的诗歌，意为需要人们对生活的深度理解和审美把握，从而体悟和感受人性的善意，追求和创造由万物而启发的至美——这也是海德格尔所理解的人生哲学或者说生命哲学思考的一个出发点。

[67] [汉]陆贾：《陆子新语》，潮阳郑氏拓本，1917年，第1a页。

[68] 李学勤：《从简帛佚籍〈五行〉谈到〈大学〉》，载《重写学术史》，河北教育出版社，2002年，第108～116页。

[69] 有关这些学术观点，参见a.黄效：《从出土〈五行〉版本差异看子思著作与道家的关系——兼论先秦儒家学派争鸣初始阶段的特点》，《重庆理工大学学报(社会科学)》2016年第10期；b.陈丽桂：《从郭店楚简检视帛书〈五行〉说文对经文的依违情况》，《哲学与文化》1999年第5期。

[70] 贾淑杰：《战国楚简〈五行〉校注》，东北师范大学硕士学位论文，2002年，第11页。

[71] [汉]韩婴：《韩诗外传》第三、七卷，上海崇文书局，1877年，第2b、6a页。

[72] [汉]荀悦：《前汉纪》第五卷，钦定四库全书本，浙江大学图书馆藏，1778年，第9b页。

[73] [汉]班固：《前汉书》第八十一卷，钦定四库全书本，浙江大学图书馆藏，1778年，第12b页。

[74] [汉]班固撰：《白虎通德论》第六卷，涵芬楼，第5a页。

[75] 同[71]，第五卷，第4b页。

[76] 同[41]，第五卷，第27a～28b页。

[77] 同[71]，第四卷，第7a页。

[78] 同[71]，第一卷，第6b页。

[79] 同[71]，第七卷，第3b页。

[80] [汉]司马迁：《史记》第一百一十二卷，摛藻堂四库全书荟要，浙江大学图书馆藏，1778年，第17b页。

[81] 同[80]，第一百一十卷，第16a页。

[82] 同[73]，第九十四卷上，第10b页。

[83] [宋]司马光：《资治通鉴》第十五卷，钦定四库全书本，浙江大学图书馆藏，1778年，第8b页。

[84] 同[71]，第五卷，第8a页。

[85] 同[71]，第五卷，第8a页。

[86] 同[71]，第七卷，第8b页。

[87] [汉]刘安：《淮南鸿烈解》第二十卷，商务印书馆，1924年，第12b页。

[88] 同[80]，第一百三十卷，第26a页。

浅析马王堆三号墓T形帛画底部巨人身份

On the Identity of the Giant at the Bottom of the T-shaped Painting on Silk from Tomb 3 at Mawangdui

长沙市文物考古研究所 金 银

Jin Yin, Changsha Municipal Institute of Cultural Relics and Archaeology

内容提要：对马王堆T形帛画底部的人物身份的推测，学界一直以来众说纷纭。众多学者都选择从《山海经》等神话故事中寻找依据，考据其身份为神人。结合文献记载仔细考证三号墓底部敲击人物的发髻、衣着，其形象可能是异族人，而巨人极有可能是该异族的神明形象。

关键词：陶乐器 敲击者 托举巨人 椎髻

Abstract: In academia, there have been a multitude of views on the identity of the figure at the bottom of the T-shaped Painting on silk from the Han tombs at Mawangdui. Many scholars choose to find clues from mythical tales such as *The Classic of Mountains and Seas* and determine it as a divine figure. In combination with historical records and by carefully examining the hair bun and dress of the strikers at the bottom of Tomb 3, this paper proposes that the they might be aliens and the giant is very likely a deity of this alien race.

Keywords: ceramic musical instrument; striker; the giant that holds up the slate; mallet-shaped hair bun

关于托举巨人的身份自帛画出土以来，说法不一。商志䜌先生的“禺彊”说，《山海经·大荒北经》将禺疆描绘为“人面鸟身，珥两青蛇，践两赤蛇”。[1]但是，首先帛画中的禺彊为人形，《山海经》中记载的禺彊为鸟身；其次三号墓T形帛画中的巨人耳部是没有蛇或蛇形物的，且脚部有赤蛇的托举巨人只见于一号墓T形帛画，故此“禺彊”说是存在问题的。

马雍先生的“鲧”说，其认为两龟之间的裸体巨人应当是鲧，帛画下段的全部题材都是象征水府的图形。[2]马雍先生的论证逻辑是先把整个托举巨人所在的部分认作为水府，然后再确定托举巨人的身份是合理的。但是也存在问题。托举巨人的穿着、发饰问题，从武梁祠画像中关于古代帝王衣冠的演变进程来看，黄帝“制衣裳”之后的都是着衣的[3]，对鲧椎髻且赤裸上身存疑。

顾铁符先生认为其身份可能为“侏儒”，

《淮南子·主术》记载“短者以为朱儒枅栌”，注“朱儒，梁上戴蹲跪人也”，为建筑上的侏儒柱，在帛画中侏儒是用以填空和装饰的。[4] 但是从画像来看，托举者似乎不是侏儒，为巨人的可能性更大。

郭学仁先生认为其为东海之神句芒，其所蹲立的鱼为龙鱼，根据鱼的身份确定托举巨人的身份。[5] 李建毛先生认为巨人可能是传说中的朴父，且反驳了禺彊、祝融、地祇、鲧等说法，其“朴父”说从地域、时间、相貌、性格、作用等方面进行论证。[6] 此两说都具有一定的说服力。前人研究成果丰硕，但是并未对托举人本身的形象进行细致的分析，笔者拟在前人研究的基础上，浅析马王堆T形帛画底部巨人身份。

一　T形帛画底敲击人物身份分析

在三号墓帛画底部存在一组两人敲击器物图，由于其所占篇幅较小且帛画本身不清楚便造成了识别难题，对此进行的关注和研究相对较少。

陈煌先生认为早期公布的这部分图像在拼接上未必尽符原画面貌，尽管2004年出版的报告中称，这里“双鱼”尾端没有一号墓水府帛画的羊形怪兽，但似有手执木枹、作敲击状的两人图像，细审报告发表之线图，并不能看到这部分图像，如此则上述两人“敲瓮叩缶”的结论便不能成立。[7] 笔者对湖南博物院展出的两幅帛画进行过仔细观察，三号墓T形帛画双鱼的鱼尾部确实有两人敲击壶形器，仔细放大《马王堆汉墓文物》中的三号墓T形帛画也能较为清楚地看见这一场景（图一）。[8]

李建毛先生撰文引《王嘉拾遗记》，以为盛器应是壶，也即传说中的“三壶”神山之一；或者是作为打击乐器的坛或瓮，与“双鱼”尾处作敲击状的两人，共同构成一组打击乐图。而绘制此图之意旨，被解释

图一　马王堆三号墓帛画底部
（采自《马王堆汉墓文物》，第23页）

为：“敲瓮扣缶，大概是给感到单调枯燥的大力神、怪神提供乐趣，消磨时光。”[9]

发掘报告中认为画的最下端中部绘一白色壶，用墨线勾壶形，腹部和颈部绘云纹，壶的两侧各有一手执鼓槌的人，作击壶状。我国古代，尤其是战国至秦汉时期，有不少关于蓬莱仙岛的故事，传说中的蓬莱仙岛外形似壶，故又称三壶。晋人干宝记述汉、魏的传说就有“三壶者，海中之三山也，一曰方壶，二曰蓬壶，三曰瀛壶，山形似壶，故曰壶也”，如果这一推测不错的话，这壶可能就是海中之山，因山形似壶，故画成壶形。[10]

郑曙斌先生认为大鱼正中有一个大缶，左右两侧各有一个头戴爵弁的人执槌作俯身击缶状。[11]

仔细观察三号墓帛画底部内容，可以看到该器物通体为白色，有盖，肩部饰卷云纹，肩腹转折处饰两周弦纹，器形特征为小口、短颈、广肩，整个器物不完整，器腹和器底不详。从上述讨论以及结合图像来看，该器物可能为一件精美的带纹饰的陶打击乐器（图二）。

该器物的两侧有两个敲击者手持黑色的木槌敲击陶器的肩部鼓出部位，敲击者手持敲击的器物应该为漆木槌，此器物也

图二 三号墓帛画底部打击乐器（采自《马王堆汉墓文物》，第 23 页）

图三 曾侯乙墓出土的漆磬槌
[采自《中国音乐文物大系（湖北卷）》，第 260 页，图 3·8·14]

图四 三号墓 T 形帛画底部右侧敲击者
（采自《马王堆汉墓文物》，第 23 页）

用于钟磬等乐器，曾侯乙墓出土了两件漆木质磬槌（图三）。[12]

根据众多文献记载，陶器是可以作为乐器的。《史记·廉颇蔺相如列传》中记载："秦御史前书曰：'某年月日，秦王与赵王会饮，令赵王鼓瑟。'蔺相如前曰：'赵王窃闻秦王善为秦声，请奏盆缶秦王，以相娱乐。'《风俗通义》曰：'缶者，瓦器，所以盛酒浆，秦人鼓之以节歌也'。"[13]《史记·李斯列传》记载："夫击瓮叩缶弹筝搏髀，而歌呼呜呜快耳者，真秦之声也。"《说文解字》云："瓮，汲缾也。于贡反。缶，瓦器也，秦人鼓之以节乐。"[14]《汉书·公孙刘田王杨蔡陈郑传》记载："奴婢歌者数人，酒后耳热，仰天拊缶而呼乌乌。"应劭曰："缶，瓦器也。秦人击之以节歌。"师古曰："李斯上书云：'击瓮叩缶，弹筝搏髀，而呼乌乌快耳者，真秦声也。'是关中旧有此曲也。"[15]从《史记》的记载来看，瓮、缶等瓦器在战国后期主要流行于秦国，既是一种盛酒浆的陶器，也是秦人的一种特有乐器。孙机先生仔细考证过瓮、缶、罂、瓶之类的器物[16]，瓮、缶应该是相接近的一类器物，其特征为小口、广肩、鼓腹。根据文献记载，三号墓帛画底部的这件陶乐器类似文献记载中的缶、瓮等陶乐器。

既然敲击的器物为一件陶乐器，那么敲击者为何人？

先看三号墓 T 形帛画底部，画面中左侧的敲击者不甚清晰，仅能看清有一个模糊的手持木槌，右侧敲击者画面较为清晰，根据 T 形帛画对称的构图原则，壶形器两侧的构图应该是相似的，两侧敲击者形象应该是比较接近的（图四）。

首先观察敲击者的发髻，其发髻从图像来看是简易的椎形髻，《汉书》记载："高祖使贾赐佗印为南越王。贾至，尉佗魋结箕踞见贾。"[17]服虔曰："魋音椎，今兵士椎头髻也。"师古曰："结读曰髻。椎髻者。一撮之髻，其形如椎。箕踞，谓伸其两脚而坐。亦曰箕踞其形似箕。""于是佗乃蹶然起坐，谢贾曰：'居蛮夷中久，殊失礼义'。"[18]"椎髻者，一撮之髻，其形如椎口"，椎髻的梳法就是将头发盘结于头顶或脑后成椎形。[19]"魋结"即椎髻，"魋结""箕踞"两种行为是属于蛮夷的特有行为，不符合汉代礼法。

《后汉书·张法滕冯度杨列传》记载：

"时抗徐与尚俱为名将，数有功。徐字伯徐，丹阳人，乡邦称其胆智。初试守宣城长，悉移深林远薮椎髻鸟语之人置于县下，由是境内无复盗贼。"[20] 椎，独髻也，鸟语谓语声似鸟也，椎髻是一个梳于脑部的独髻，且"深林远薮椎髻鸟语"者应该不是汉人，极有可能为当时游荡山野的异族人。椎髻也是一种适用于男女的通用发髻，《后汉书·逸民传》记载了东汉名士梁鸿与其妻子孟光的故事，其妻子成婚后"乃更为椎髻，着布衣，操作而前"[21]，同时适用于男女的发髻，也表明该人物等级身份是比较低的。战国以来"被发""左衽"加上"椎髻""文身"等少数语汇，愈来愈像一种加贴在非华夏民族身上，既方便又笼统的定型标签。[22] 从《汉书》《后汉书》等历史文献记载来看，椎髻应该是当时蛮夷的一种发髻，是不符合当时礼仪的，使用者的身份比较低，由此可以确定敲击人物极有可能为异族人。

其次观察敲击者的衣饰，敲击者上身裸露，侧身蹲立身体前屈，手拿木槌前伸敲击陶乐器肩部；下身都着裈，是不缝出裤管仅以一幅布缠于腰股之间的犊鼻裈[23]。其手脚皆裸露，与整个T形帛画的人物以及同时期出土的木（陶）俑形态特征截然不同。

再者以半裸体为饰是南方异族人文化形象的一个典型特征，上身赤裸的人形形象大量见于南方器物，在诸如提梁筒上的羽人船纹[24]、人首匕首、人首柱形器[25]等典型的异族青铜器上多见此类形象。

最后关于敲击的陶乐器，越国的一些大中型墓往往不用青铜礼乐器随葬，而代之以原始瓷或硬陶的仿制品，以陶瓷乐器代替青铜乐器随葬似乎是贵族越墓一大特点。[26] 浙江长兴鼻子山越国贵族墓外设置了陪葬器物坑，坑内出土了大量仿青铜的硬陶乐器，发掘简报认为，越国大墓常以原始瓷或硬陶的乐器取代青铜乐器用来随葬。[27]

综上所述，T形帛画底部敲击者的人物形象以异族人为模本进行绘制的可能性很大。

二 T形帛画底部巨人身份分析

敲击者与帛画底部巨人形象关系密切。双手向上托举平台的巨人椎髻，袒胸露腹，上身赤露，腹部凸如鼓形，呈半蹲正面像。两者下身都着裈，其手脚皆裸露，从两者相似的服饰以及同处于同一画面空间来看，说明敲击者与巨人的关系密切。三者皆椎髻、半裸体为饰、下身都着裈，且三者都不是当时汉人的装扮。

再观察巨人的姿势——关于托举向上的姿势，比T形帛画时间更晚的同类型的画像主要为力士图，为解决托举巨人的身份，或许要先了解负重力士的相关图像发展脉络。汉画像中的负重力士大都双手扶膝，呈深蹲或端坐状，深目高鼻梁，多毛，与胡人特征相似。《汉书·西域传》记载："自宛以西至安息国……其人皆深目，多须髯。"[28] 仔细观察两幅帛画的巨人，其腋下、腿部、手部刻画仔细，也符合多毛这一特征（图一）。山东济宁、枣庄和江苏徐州等地均发现胡人力士负重的形象，这些负重力士多位于汉阙之上的主阙和副阙四角处以及墓室中的石柱上。[29] 以外族人充当负重力士是否在胡人力士出现之前就早有渊源？或许以外族人充当负重力士是汉代时期特有的文化传统，只是在汉武帝通西域之后，高鼻深目的胡人所承载的多重复杂身份使命[30]，使得异族人常以胡人形象在汉代墓葬艺术中固定下来。那么三号墓T形帛画底部的三个人有没有可能是胡人流行之前的另一类少见于文字记载而存

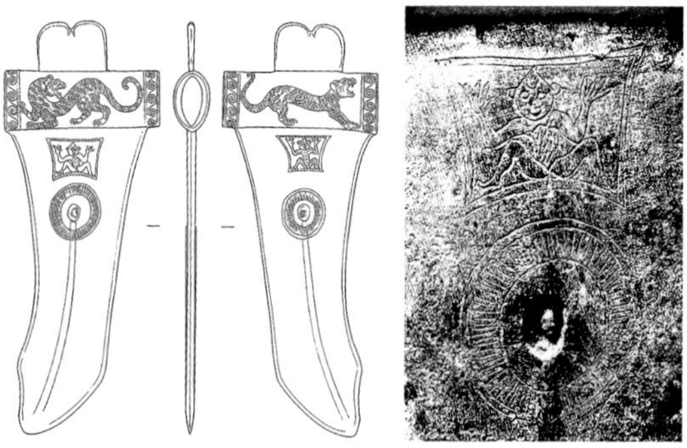

1　　2

图五　晋宁石寨山 M71 出土錾刻蹲踞式人形图像铜戈（图片来源：1. 采自《晋宁石寨山——第五次发掘报告》，图二一；2. 采自《西南夷青铜兵器上的蹲踞式人形图像初探》，图一）

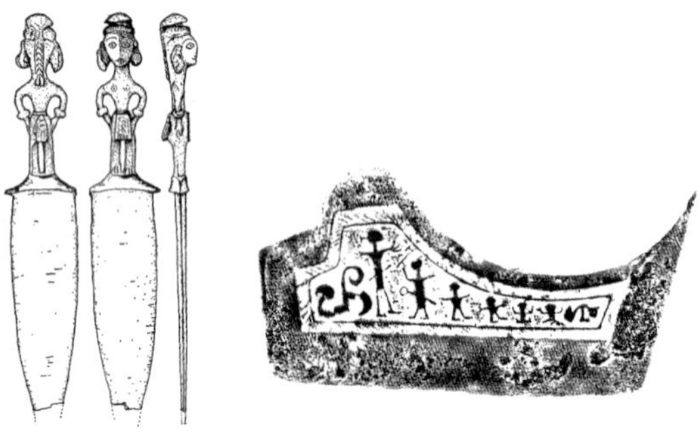

1　　2

图六　越人形象
（图片来源：1. 采自《长沙树木岭战国墓阿弥岭西汉墓》，图四；2. 采自《人物纹铜钺纹饰解构——以湖南省博物馆藏铜钺为例》，图三）

于图像记载的异族人?

关于蹲踞式人形图像，在中国西南夷地区战国秦汉时期常见该类形象，国际学界通称为“蹲踞式人形”[31]，蹲踞式人形图像可上溯至新石器时代，图像载体见于大量的岩画、青铜器以及玉器、彩陶器等，在中国主要分布于广西、云南、广东以及福建地区[32]，蹲踞式人形图像主要见于西南夷以及越文化区。

晋宁石寨山大型墓 M71 出土的一件铜戈上有单个蹲踞式人像[33]（图五），该人物为半蹲正面像，头部为尖状，似乎没有刻画具体衣饰，铜戈两侧人物略有区别，一侧手脚赤露，上身刻点纹，另一侧人物全身都刻点纹，与 T 形帛画上人物整体姿势极为相似，该墓葬的年代为西汉文帝五年（前 175）至武帝元狩五年（前 118）之间，与马王堆汉墓的时间极为接近，该铜戈属于云南的滇文化，是墓葬中的一件丧葬礼仪用器物。

其一，马王堆汉墓的两幅帛画所包含的丧葬文化传统，其根源应该是在战国或战国之前，这可以从《人物龙凤图》和《人物御龙图》两幅楚帛画可以看到，其源流应该在汉之前。其二，匈奴人物的形象最早见于霍去病墓[34]，所以帛画中的托举巨人不是胡人，只能是胡人形象流行之前的异族人。其三，椎髻以及赤露上身及脚部是异族人的重要特征。1974 年出土于长沙树木岭 M1 的越式人形铜匕首，人物为女性，上身赤露，两足并立，脚趾分开（图六，1）。[35] 长沙地区的异族人形象还见于湖南博物院所藏人物纹铜钺，其中一件蛇纹铜钺上的五人中有三人为椎髻且赤脚，年代为战国晚期偏晚阶段（图六，2）[36]，椎髻、赤露身体这两种特征与长沙同时期的楚人形象差异巨大，所以帛画底部巨人有可能是当地的异族人形象。换句话说至少可以证明 T 形帛画底部的巨人极有可能也是以异族人的形象为参照范本进行绘制的。

马王堆三号墓 T 形帛画底部的敲击者的身份从侧面也证明了底部的巨人形象是以异族人形象绘制的，底部两侧的敲击者与托举巨人关系密切，极有可能属于同一民族，而托举巨人所处的特殊位置以及其姿势，证明其极有可能是该异族的神明形象。

值得注意的是，丧葬文化是所有文化因素中较为固定的，何以一个异族人形象可以进入其丧葬文化的核心，且在马王堆 T 形帛画中占据一席之地?

关于帛画的空间构成，一直以来是学

界讨论的一个热点，众多前辈学者均对马王堆两幅T形帛画的空间划分进行过深入讨论[37]，关于底部巨人所处的空间，有“地下场景”[38]、“黄泉”[39]等不同说法，与帛画的其他空间众说纷纭的情况不同，学界普遍赞同底部巨人所处空间为地下世界。

汉代墓葬始终表现两种相互矛盾的丧葬主题：一是升仙，即进入天界；一是去往地下世界，即所谓永恒的家。这两种相互矛盾的丧葬主题说明古人对死后归宿并没有明确的认识。[40]故此把各种可供解决的途径全部放入墓葬中去。[41]而关于地下世界的场景，根据文献相关记载描摹的同时，时人以想象为蓝本进行绘制的可能性很大。

代表地下世界的人物形象肯定是非当时的正常人物，至少不是以当时日常生活中常见的人物形象进行绘制，这也是T形帛画底部巨人形象异于同时期的正常人物形象的原因。那么底部帛画中的巨人形象极有可能是借鉴了战国西汉时期周边地区越人、滇人、楚人等文化因素杂糅而成的怪异人物形象，其中异族人的文化因素占据很大的比重。

注释：

[1] 商志譚：《马王堆一号汉墓“非衣”试释》，《文物》1972年第9期。

[2] 马雍：《论长沙马王堆一号汉墓出土帛画的名称和作用》，《考古》1973年第2期。

[3] 巫鸿：《武梁祠——中国古代画像艺术的思想性》，生活·读书·新知三联书店，2015年，第175～176页。

[4] 顾铁符、唐兰、俞伟超等：《关于帛画》，《文物》1972年第9期。

[5] 郭学仁：《马王堆一号汉墓帛画内容新探》，《美术研究》1993年第2期。

[6] 李建毛：《马王堆一号汉墓帛画新解》，《南方文物》1992年第3期。

[7] 陈锽：《超越生命——中国古代帛画综论》（下），中国美术学院出版社，2012年，第658页。

[8] 傅举有、陈松长：《马王堆汉墓文物》，湖南出版社，1992年，第23页。

[9] 李建毛：《马王堆汉墓帛画两幅T形帛画之比较研究》，《美术史论》1993年第4期。

[10] 湖南省博物馆：《长沙马王堆二、三号汉墓》第一卷《田野考古发掘报告》，文物出版社，2004年，第108页。

[11] 郑曙斌：《马王堆汉墓帛画研究》，中华书局，2021年，第117页。

[12] 中国音乐文物大系总编辑部：《中国音乐文物大系（湖北卷）》，大象出版社，1999年，第260页。

[13] [汉]司马迁：《史记》卷八十一《廉颇蔺相如列传》，中华书局，1959年，第2442～2443页。

[14] [汉]司马迁：《史记》卷八十七《李斯列传》，中华书局，1959年，第2543～2545页。

[15] [汉]班固：《汉书》卷六十六《公孙刘田王杨蔡陈郑传》，中华书局，1962年，第2895～2896页。

[16] 孙机：《汉代物质文化资料图说（增订本）》，上海古籍出版社，2008年，第376～383页。

[17] [汉]班固：《汉书》卷四十三《郦陆朱刘叔孙传》，中华书局，1962年，第2111页。

[18] 同[17]，第2112页。

[19] 刘柳：《战国秦汉发饰初探》，南京大学硕士学位论文，2015年，第15页。

[20] [南朝宋]范晔：《后汉书》卷三十八《张法滕冯度杨列传》，中华书局，1965年，第1286页。

[21] [南朝宋]范晔：《后汉书》卷八十三《逸民列传》，中华书局，1965年，第2766页。

[22] 邢义田：《画为心声：画像石、画像砖与壁画》，中华书局，2011年，第204～205页。

[23] 同[16]，第273～274页。

[24] a. 广州市文物管理委员会等：《西汉南越王墓》，文物出版社，1991年，第54页；b. 广西壮族自治区文物工作队：《广西西林县普驮铜鼓墓葬》，《文物》1978年第9期。

[25] 何淑琼：《岭南地区周代青铜柱形器研究》，吉林大学硕士学位论文，2019年。

[26] a. 浙江省文物考古研究所、海盐县博物馆：《浙江海盐出土原始瓷乐器》，《文物》1985年第8期；b. 南京博物院考古研究所、无锡市锡山区文物管理委员会：《无锡鸿山越国贵族墓发掘简报》，《文物》2006年第1期。

[27] 浙江省文物考古研究所、长兴县博物馆：《浙江长兴鼻子山越国贵族墓》，《文物》2007年第1期。

[28] [汉]班固：《汉书》卷九十六上《西域传上》，中华书局，1962年，第3896页。

[29] 巩家楠：《山东及徐海区汉画像力士形象探析》，《唐山师范学院学报》2018 年第 5 期。

[30] 郑岩：《汉代艺术中的胡人形象》，《逝者的面具：汉唐墓葬艺术研究》，北京大学出版社，2013 年，第 126～145 页。

[31] a. 赵德云、杨建华：《西南夷青铜兵器上蹲踞式人形图像初探》，《文物》2020 年第 5 期；b. 汤惠生：《原始艺术中的"蹲踞式人形"研究》，《中国历史博物馆馆刊》1996 年第 1 期。

[32] 黄亚琪、王永军：《华南地区蹲踞式人形岩画探析》，《广西民族师范学院学报》2017 年第 4 期。

[33] a. 云南省博物馆：《云南晋宁石寨山古墓群发掘报告》，文物出版社，1959 年，第 29 页；b. 云南省文物考古研究所等：《晋宁石寨山——第五次发掘报告》，文物出版社，2009 年，第 44 页，图二一。

[34] 转引自孙作云：《长沙马王堆一号汉墓出土画幡考释》，《考古》1973 年第 1 期。

[35] a. 高至喜：《湖南发现的几件越族风格的文物》，《文物》1980 年第 12 期；b. 湖南省博物馆：《长沙树木岭战国墓阿弥岭西汉墓》，《考古》1984 年第 9 期，图四。

[36] 袁鑫：《人物纹铜钺纹饰解构——以湖南省博物馆藏铜钺为例》，《中国民族博览》2021 年第 20 期，图三。

[37] a. 湖南省博物馆、中国科学院考古研究所：《长沙马王堆一号汉墓》（上集），文物出版社，1973 年，第 39～42 页；b. 彭景元：《马王堆一号汉墓帛画新释》，《江汉考古》1987 年第 1 期；c. 巫鸿著，郑岩等编译：《马王堆再思》，《礼仪中的美术——巫鸿中国古代美术史文编》，生活 · 读书 · 新知三联书店，2005 年，第 101～122 页；d. 王传明：《浅谈马王堆汉墓 T 形帛画的构图与场景表现》，《故宫博物院院刊》2019 年第 4 期；e. 郑曙斌：《马王堆汉墓帛画研究》，中华书局，2021 年，第 80～117 页。

[38] 罗琨：《关于马王堆汉墓帛画的商讨》，《文物》1972 年第 9 期。

[39] 同 [37]d。

[40] 李虹：《死与重生：汉代的墓葬及其信仰》，四川人民出版社，2020 年，第 40 页。

[41] 同 [37]c，第 117 页。

现代科学技术视野下的马王堆汉墓出土纺织品研究

Study of Textiles Unearthed from the Mawangdui Han Tombs from the Perspective of Modern Scientific Techniques

刘　琦[1、2]　王　帅[1、2]　李青会[3]

1.湖南博物院马王堆汉墓及藏品研究展示中心　2.科技考古与文物保护利用湖南省重点实验室　3.中国科学院上海光学精密机械研究所科技考古中心

Liu Qi[1、2], Wang Shuai[1、2], Li Qinghui[3]

1. The Research and Exhibition Center of Mawangdui Han Tombs, Hunan Museum

2. Hunan Key Laboratory of Archaeometry and Conservation Science

3. Center of Sci-Tech Archaeology, Shanghai Institute of Optics and Fine Mechanics, Chinese Academy of Sciences

内容提要：马王堆汉墓出土纺织品展现了汉代精湛的工艺和丰富的装饰技术。通过科学手段分析纺织品的原料、颜料和染料，揭示了材料的复杂性。然而，染料褪色、纤维断裂和机械强度下降等劣化现象表明，墓葬微环境对文物保存具有重要影响。研究还发现纺织品中存在次生结晶析出等微观病害，增加了保护难度。科学考古方法为纺织品研究提供了新视角，现代仪器显著提高了研究精确度。未来的研究将重点优化无损检测技术，建立全谱数据库，并利用虚拟现实技术实现数据可视化与公众展示，推动纺织品文化遗产的保护与利用，为“让文物活起来”提供科技支持。

关键词：马王堆汉墓　纺织品文物　现代科学技术　无损检测技术

Abstract: The textiles from the Mawangdui Han tomb showcase the Han Dynasty's advanced craftsmanship and intricate decorative techniques. Scientific analysis of materials, pigments, and dyes reveals their complexity, while degradation such as dye fading, fiber breakage, and weakened strength highlights the tomb's microenvironment's impact on preservation. The presence of secondary crystallization and other micro-damages further complicates conservation. Modern scientific methods have enhanced research accuracy. Future efforts will focus on optimizing non-destructive testing, creating a comprehensive database, and using virtual reality for data visualization and public engagement, supporting the protection and utilization of textile heritage and the goal of "bringing cultural relics to life."

Keywords: the Mawangdui Han Tombs; textiles artifacts; modern scientific techniques; non-invasive detection

一 前言

出土纺织品是中国传统艺术和手工艺技术的结晶，也是中国最具代表性的重要物质文化遗产之一，蕴含了古代经济、社会、手工业、文化等丰富内涵，具有极高的考古学、美学、科学技术史学等价值。对桑蚕、皮革、鸟羽以及各类植物纤维等材料的认识、采集加工，并灵活使用矿物、植物材料对纺织品进行深加工处理、印染等行为，从多个角度体现了古代中国人民的审美取向、技术背景和文化环境，充分地反映了古人对自然资源的认知积累以及科学技术发展水平。发掘于1972—1974年的马王堆汉墓出土了大量汉代纺织品实物，这批珍贵文物保存完好、材质复杂多样、工艺高超、制作加工精美，时至今日仍是认识和了解中国早期纺织技术和装饰工艺的重要材料。诸多学者曾从不同专业领域，使用不同科学方法对这批纺织品进行研究，取得了相当深入的认识，并形成了一批具有代表性的成果。[1]进入21世纪以来，随着现代大型科学设备的普及，新的技术和方法被大量运用到古代纺织品的分析和保护工作中，在新时期新技术视野下的古代纺织品研究利用更是一项涉及多领域、多层次和多学科的系统性工程。

二 新技术、新方法在马王堆汉墓出土纺织品研究中的运用

目前，我们主要从形貌特征的观察分析与鉴别、光谱和质谱谱学分析、次生产物及劣化产物的识别分析等方面对马王堆汉墓出土的各类纺织品进行多角度和多方法的研究探索。研究中我们主要使用了多个型号的超景深立体显微镜、VIS-NIR相机、多光谱－高光谱成像设备、扫描电子显微镜－能谱仪联用系统（SEM-EDS）、扫描电子显微镜－微区拉曼光谱仪联用系统（SEM-μRaman）、傅里叶变换红外光谱仪（FTIR）、激光共聚焦拉曼光谱仪（LRM）、X射线晶体衍射仪（XRD）、便携式能量散射型X射线荧光光谱仪（pXRF）、X射线荧光光谱成像仪（XRF-mapping）、微计算机断层扫描仪（micro-CT）、高效薄层色谱和液相色谱－四极杆飞行时间－串联质谱分析仪（HPLC-PDA-MS）以及氨基酸快速分析仪等设备，现将所取得的初步结果作简要汇报。

（一）出土纺织品的宏观及微观形貌特征

使用肉眼和不同设备对文物进行宏观和微观形貌观察是研究的基础工作，目的是了解文物的整体特征和观察特殊细节。研究中我们对出土于马王堆一号和三号汉墓纺织品的目前状态进行了肉眼观察和光学数码相机拍照记录，为保证成像效果，所使用设备像素不低于4000万像素，使用焦距为50毫米、60毫米和180毫米的定焦镜头进行拍摄。

除少数典型文物外，马王堆汉墓出土纺织品大多残破，但整体结构基本有序，表面受各类劣化作用，出现深浅和颜色不均的斑渍、污染。在一些样品上观察到了颜料和染料褪色、变色现象。研究中我们使用微区褪色仪以及色度仪对各区域色块进行分析记录，并留存相关数据作为纺织品老化褪色、变色的参考。

出土纺织品宏观上表现出稍加外力即可能导致粉化破损的现象。为探究其原因，选取部分纺织品或纤维残片，使用二极溅射设备对样品进行喷金处理，使其表面导电后，通过扫描电子显微镜（SEM）观察。结果显示，样品的经纬纱线出现大量断裂和分叉，导致其机械强度显著降低。而由于机械外力、污染物和后期次生产物的影响，纺织品经纬线之间和绣线纤维束内部

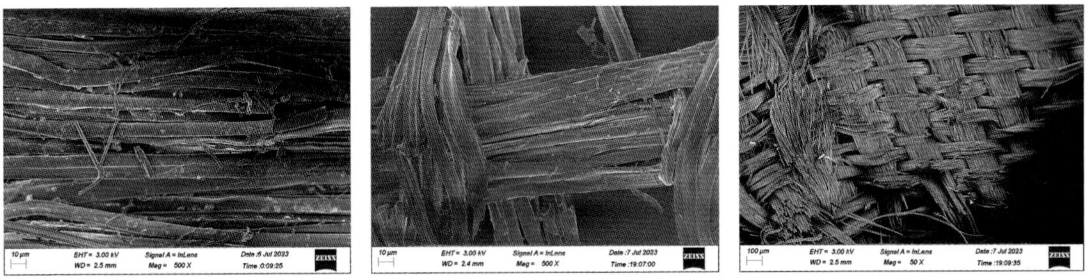

1　　2　　3

图一　出土纺织品蚕丝纤维 SEM 图像中的劣化现象
1. 断裂现象　2. 位移现象　3. 膨胀现象

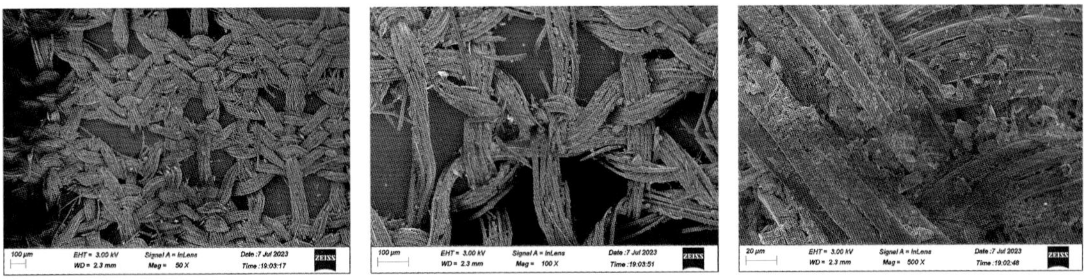

1　　2　　3

图二　出土纺织品的 SEM 图像
1、2. 红色菱形纹罗 SEM 图像显示的织造工艺及劣化现象　3. 朱红色纺织品纤维之间聚集的硫化汞颗粒

等大多出现微观尺度上的位移、膨胀或压缩聚集等现象（图一）。

结合宏观观察和微观细节分析测量，我们对特殊纹样的组织结构和编织、刺绣方法均有了更深入的了解，进一步厘清并总结了罗、绣、起绒锦等丝织物的结构特征，丝线纤维结构、微观尺度乃至染料附着情况（图二，1、2）。朱红色的纺织品多以研磨极细的朱砂以石染工艺染制而成，颜料颗粒呈现角砾状，并在丝纤维之间紧密附着（图二，3）；印花敷彩纱等印花类纺织品的纹饰区域大多施涂以 20～80 微米的矿物颜料层呈色，这些矿物颜料颗粒直径最细仅 2 微米左右，显示了高超的颜料制作工艺。某些具有特殊纹饰甚至织有文字的“绮”类纺织品并未经过染色处理（图三）。其图案的呈现方式是通过复杂的织造工艺，利用蚕丝纤维的独特光学特性实现的。[2] 具体而言，通过织造技术将蚕丝纤

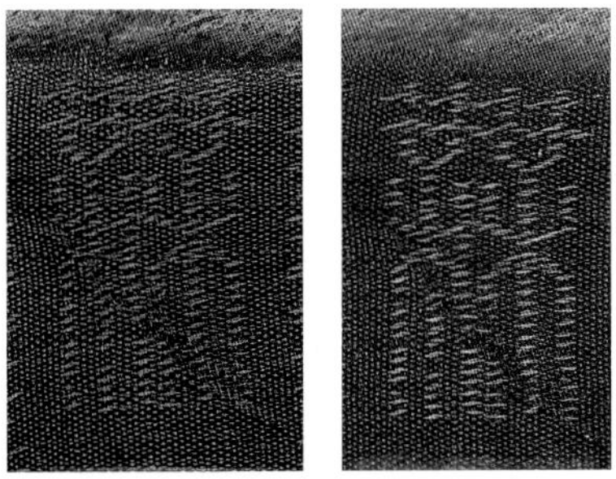

1　　2

3

图三　利用蚕丝纤维的特殊光学特性使用特殊组织结构方式织造呈现的文字图案
1. 近红外光源成像　2. 偏振光成像
3. 绮类织物纹样呈现

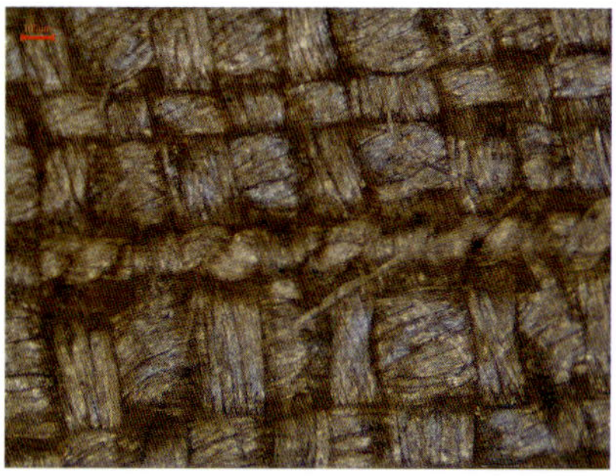

1

2

图四　麻类织物的超景深立体显微镜图像
1. 显示单根麻线之间以扭绳方式连接，且麻线直径不均匀
2. 显微镜下观察到的轧光工艺，麻线表面均被压实成扁平状

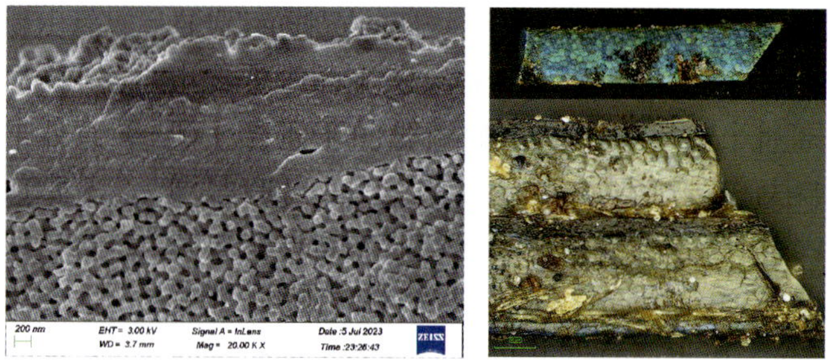

1　　2

图五　羽毛贴花绢上贴附鸟羽的显微图像
1. SEM 图像下鸟羽断面中由角蛋白构成的表皮层以及其下的海绵状光子晶体结构清晰可见　2. 超景深立体显微镜下保存完好的鸟羽以及严重劣化失色后的鸟羽

1　　2　　3

图六　绛紫绢地蚕纹绣
1. 可见光波段下的 RGB 图像　2. 760nm 红外光源下的图像
3. 细节处放大观察到有明显的盖印底稿

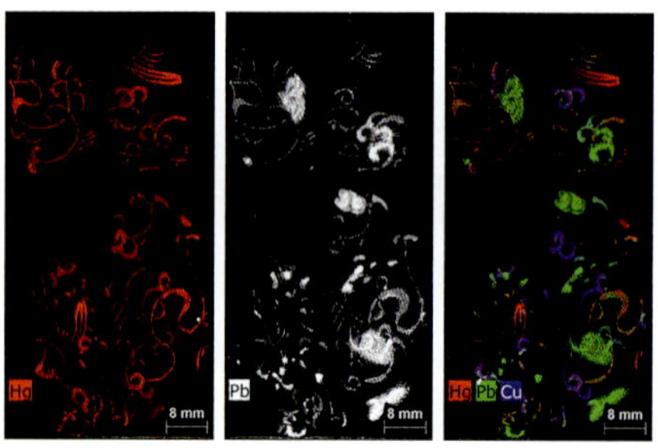

1　　2　　3

图七　印花敷彩纱的 XRF 成像
1. Hg 在纺织品表面的分布
2. Pb 在纺织品表面的分布
3. Hg、Pb 和 Cu 的叠加分布图

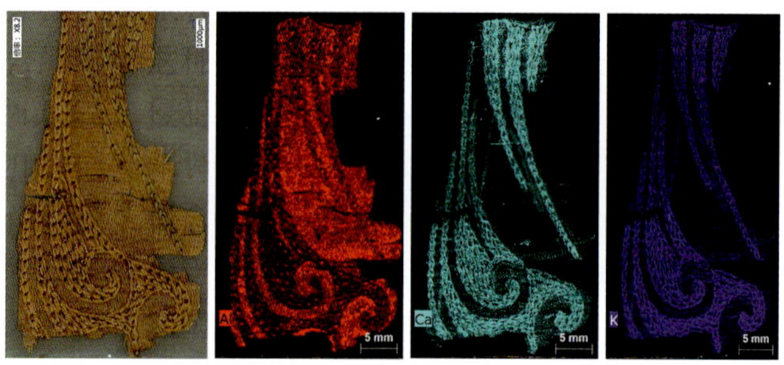

1　　2　　3　　4

图八　长寿绣残片的 XRF 成像
1. 可见光波段下的超景深显微镜成像　2. Al 在纺织品表面的分布
3. Ca 在纺织品表面的分布　4. K 在纺织品表面的分布

维以不同曲率进行折叠和排列，使特定区域的蚕丝纤维在光线折射和散射上产生差异，从而形成独特的视觉效果。此外麻类织物的经纬纤维密度、单根纤维组接方法和直径变化等方面也有一些新的发现（图四，1），从微观尺度上观察到部分麻类织物经轧光处理（图四，2）。使用超景深立体显微镜和扫描电子显微镜对羽毛贴花绢上的鸟

类羽毛进行精细观察，发现这些羽毛在纳米尺度上具有“光子晶体”结构，从而呈现亮蓝色或蓝紫色的结构色（图五，1）。[3] 随着劣化，这种结构色逐渐消失（图五，2）。根据羽毛的微观生物结构特征判断，羽毛贴花绢并非采用翠鸟羽毛作为原材料。

通过使用 VIS-NIR 相机及多光谱、高光谱成像设备对纺织品进行拍摄分析，在全波段光或近红外波段（760nm ~ 850nm）LED 激发光源下，部分纺织品上可观察到使用特定颜料勾勒或印制的底稿（图六）。该发现表明，除了已知的印花敷彩纱和“金银”色印花纱之外[4]，马王堆汉墓出土纺织品中还存在大量采用阳模模板印制纹饰（或底稿）的文物。结合能量色散型 X 射线光谱仪分析，发现这些阳模印制的纹饰所用颜料可能包括有机碳型（黑色），含铜、铅、汞型（褐红色—深灰色）以及硫化汞型（红色）等。

（二）出土纺织品及其有关材料物质的定性、定量分析

马王堆汉墓出土的纺织品主要以加工过的桑蚕丝为材料，部分也使用了苘麻、苎麻和竹纤维等植物材料。利用扫描范围 4000 ~ 400cm^{-1}、分辨率 4cm^{-1} 的傅里叶变换红外光谱仪（FTIR），分别搭载全反射附件（ATR）和上反射附件（UpIR）对纺织品材料进行分析。结果显示，被测样品中的蚕丝蛋白大分子肽链发生了一定程度的水解，产生了较多的游离羧基和氨基。在保存状况不同的丝织品样品中，酰胺吸收峰出现了轻微偏移和减弱，可能是由于肽链上部分氢键破坏导致基团不稳定性增加，这些特征表明纺织品经历了不同程度的劣化。

对马王堆一号墓出土的麻类织物进行检测分析后，推测其原材料为经过脱胶处理的苎麻纤维。被测样品在 1620cm^{-1} 和 1320cm^{-1} 附近的特征峰强度减弱，表明纤维中的脂蜡质、水溶物、果胶和半纤维素明显降解。这种脱胶过程可能发生在苎麻纤维的制备过程中，即传统的“沤麻”工序，也可能在墓葬埋藏过程中因劣化而加剧。[5]

马王堆汉墓出土的纺织品多经过矿物或有机颜料、染料的着色与装饰，主要色调包括黑、灰、白、亮蓝、深红、朱红和暗绿等，色彩和纹饰灵活组合，形成了精美多变的装饰体系。早期的研究者曾使用 X 射线晶体衍射法和色谱法分析印花敷彩纱等织物的颜料和染料[6]，但其研究成果已不足以全面反映汉代纺织品的颜料与染料加工技术、使用情况及劣化变色现象。在我们的研究中，利用拉曼光谱法和质谱法等技术，对不同染料进行了更精细的检测和分析，并取得了一些新的认识：

通过搭载不同波长光源的激光共聚焦拉曼光谱仪、电子显微镜 - 能谱仪联用以及 X 射线荧光光谱成像仪等设备，确认印花敷彩纱、红色菱纹罗等织物上的红色颜料为朱砂（HgS），成分纯净，石英、方解石、重晶石和云母等矿物杂质罕见，故这种纯净的朱砂颜料很可能是人工升炼的“银朱”制成，但该推论需进一步通过 Hg、S 同位素分析及其他方法加以验证。[7] 灰黑色颜料可细分为灰绿色、蓝灰色和浅灰色三种，通过 X 射线荧光光谱成像检测发现，这些颜料主要由铅、汞、铜等元素组成（图七），浅灰色颜料可能是白云母粉与深色颜料混合而成。

“金银”色印花纱的“金、银”颜料检测中未发现 Au 和 Ag 元素，可能是由含铁和铜的硫化矿物制成，建议根据最新研究成果修正该织物的命名。使用 633nm 波长光源的激光共聚焦拉曼光谱仪对部分“长寿绣”和“信期绣”上的蓝色绣线分析，发现其为靛蓝类色素染制而成。手持式荧光光谱仪检测麻、素绢等织物表面的灰色和蓝

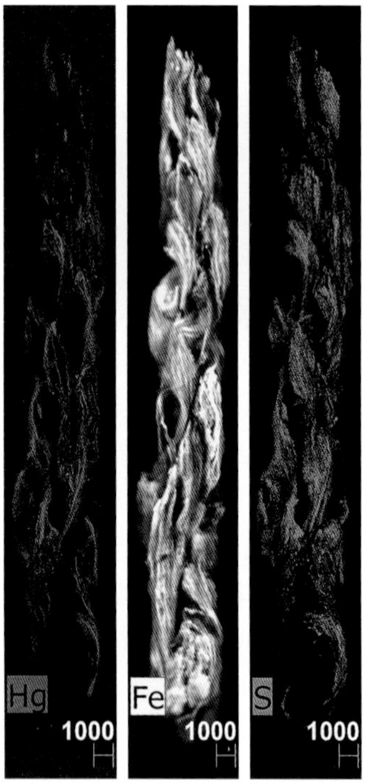

1　　2　　3

图九　红色麻绳的 XRF 成像（5349）
1. Hg 在麻绳上的分布
2. Fe 在麻绳上的分布
3. S 在麻绳上的分布

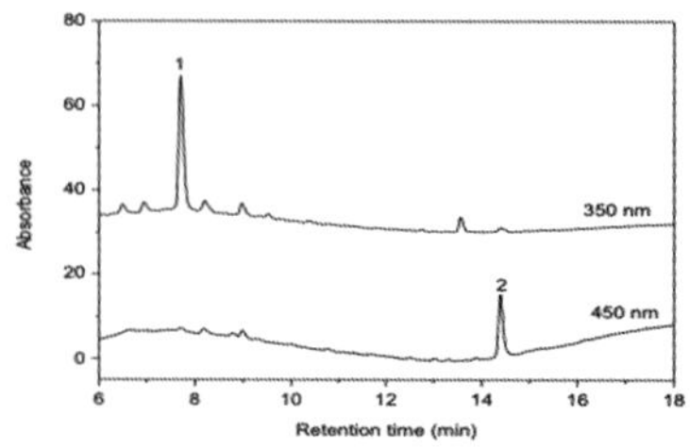

1

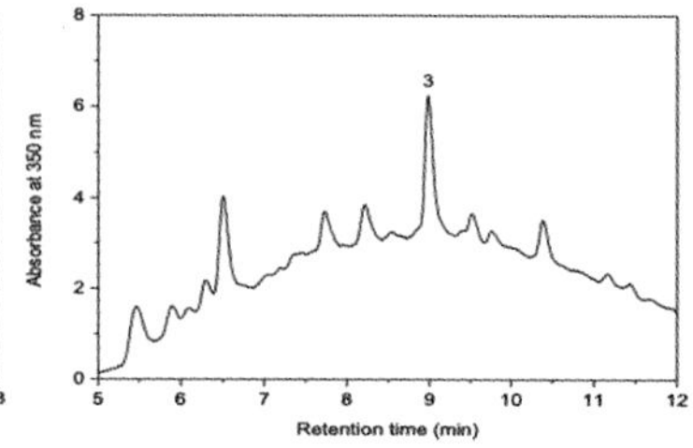

2

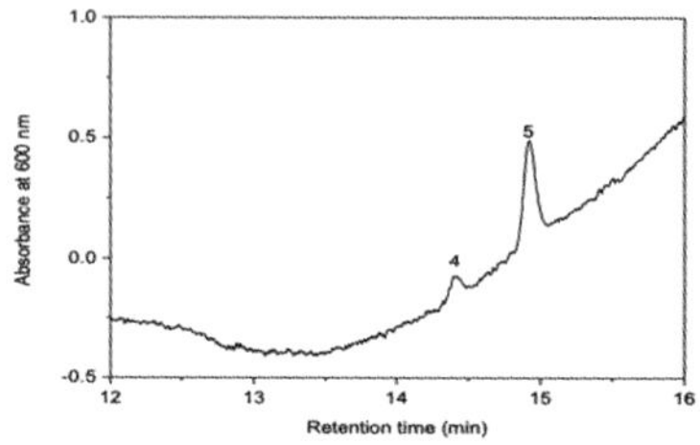

3

图十　三个代表性样品的高效液相色谱图
1. 发现鞣花酸（1）和茜紫素（2），说明染料来源于单宁和东南茜草　2. 发现小檗碱（3），说明由川黄檗染色　3. 发现小檗碱、靛蓝（4）和靛玉红（5）

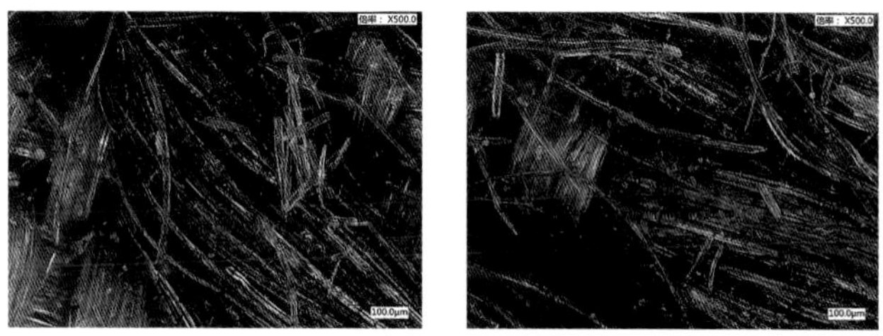

1　　2

图十一　超景深立体显微镜下观察到的蓝色绣线劣化状态
1. 表层的蓝色绣线褪色情况
2. 细节处观察到大量蓝紫色片状物分散在丝线之间

色斑块，确认其为含铜、汞类颜料或由器物蚀变污染所致。

使用微米级的 X 射线荧光光谱成像设备扫描显示，大部分植物染料染色的丝织品区域明显富集 Al 和 Ca 元素（图八），推测为铝盐络合物媒染剂残留或埋藏后生成的次生产物残留。对马王堆一号墓出土竹笥上捆绑的麻绳进行分析，使用 X 射线荧光光谱成像和激光共聚焦拉曼光谱等手段，发现这些麻绳经过铁红（Fe_2O_3）和朱砂（HgS）矿物颜料复染处理（图九）。[8]

通过与兄弟单位合作，利用高效薄层色谱和液相色谱－四极杆飞行时间－串联质谱分析仪（HPLC-PDA-MS）对马王堆汉墓出土纺织品的染料进行分析，确认其红色植物性染料为东南茜草（*Rubia argyi*）；黄色染料为川黄檗（*Phellodendron chinense*）；黑色染料为单宁类物质，如麻栎（*Quercus acutissima*）的壳斗；蓝色染料来自含靛植物，如蓼蓝（*Polygonum tinctorium*）（图十）。进一步分析有机染料可以获得更丰富的信息，有助于对汉代色彩价值的认知及纺织品色彩保护。此外，绣线绣品中的媒染、套染及后期变色等问题尚需深入研究。

（三）出土纺织品的劣化特征、次生产物及埋藏状态研究

使用超景深立体显微镜对灰蓝色绣线观察，我们发现丝线表面附着有大量微米级别的深蓝色、蓝紫色薄层状碎片，通过使用激光共聚焦拉曼技术确定其为靛蓝类染料残留物，初步认为使用铝盐媒染的靛蓝类染料

1　　　　　　2　　　　　　3

图十二　白色结晶物在出土纺织品内的附着情况

1. 出土纺织品表面观察到大量的白色结晶附着于纤维之间

2、3. 白色结晶物穿插附着于纺织品结构之间，对纺织品造成机械破坏

图十三　麻绳纤维之间的蓝色磷酸亚铁附着物对麻绳结构产生破坏

并未与蚕丝表面形成紧密结构，而更类似以附着、膜状包裹的“环染”显色（图十一，1），在劣化后其“膜”状结构可能发生解离和脱落，从而造成丝线褪色（图十一，2）。

通过肉眼和超景深立体显微镜观察，我们在马王堆一号墓内棺出土的丝织品结构中发现了大量白色针状晶体（图十二，1），而在外棺边厢保存的纺织品中则很少见到此类晶体。这表明在同一墓葬中，不同的微环境和微条件会导致丝织品劣化行为的差异显著。利用激光共聚焦拉曼光谱仪、X 射线晶体衍射仪和傅里叶变换红外光谱仪检测后发现，这些白色晶体为丝胶蛋白降解后析出的络氨酸。该结晶物质穿插于纺织品的不同层次中，并充填在纤维之间，对纺织品造成一定的机械破坏（图十二，2、3）。清洗和移除这些次生产物可能对已脆化的纺织品产生进一步损伤，特别是此类氨基酸结晶的生成可能仍在持续。对此类病害的防治和处理已成为文物保护领域急需解决的关键课题。

除了氨基酸结晶以外，目前还发现有碳酸盐、磷酸亚铁等矿物析出并附着于纺织品表面的现象，其中碳酸盐结晶在其他墓葬出土纺织品中也有出现[9]，这类矿物的形成与高有机物含量环境中微生物活动诱导的碳酸盐成矿有关；而磷酸亚铁等矿物的形成也与微生物活动密切相关，并且是环境中富铁、贫硫条件的指示物（图十三）。[10] 另外各类颜料在墓葬环境中产生的化学变化也不容忽视，如出土于马王堆一号墓内棺上的菱形羽毛贴花绢上，可能使用以碱式碳酸铜为主要成分的绿色颜料进行涂绘染色，但可能暴露在高浓度硫化氢微环境中已转变成硫化铜并变色发黑，生成薄层状金属硫化物膜形成次生的靛彩，干扰了我们对这类纺织品原始色彩的认识；使用靛蓝进行染色的纺织品绣线在光老化和其他劣化作用下，造成绣线褪色、变色。[11] 菱形羽毛贴花绢上覆盖的鸟羽保存状况不一，有些区域的鸟羽保存良好，细胞中的海绵状光子晶体结构完整，清晰可见（图十四，1），但有一些区域的鸟羽结构内的光子晶体遭到严重破坏，从外表看角蛋白构成的表皮下的细胞大多塌陷使得鸟羽失色，但通过扫描电子显微镜观察可见严重劣化和保存良好的鸟羽内部的黑色素体大多保存完好（图十四，2），说明在不同的保存条件下鸟羽中的黑色素体对埋藏环

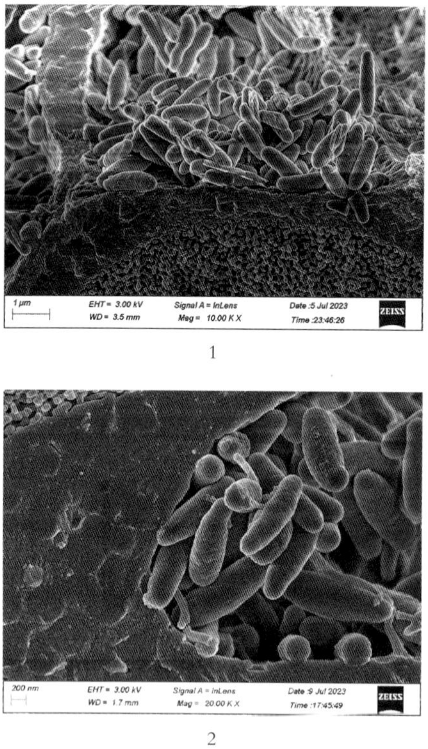

图十四　不同保存状态的鸟羽内黑色素体
1. 保存较好颜色呈亮蓝色的鸟羽横截面
2. 保存较差的鸟羽横截面，显示黑色素体的状态并无太大变化，失色主要由于外层光子晶体压缩塌陷所致

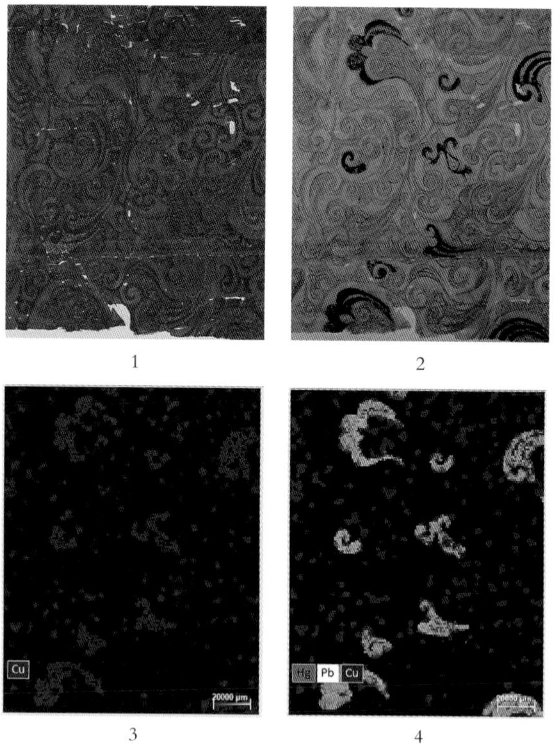

图十五　出土纺织品的全谱数据库建设实例
（对同一样品的同一区域进行采集）
1. 可见光下的 RGB 图像　2.760nm 近红外光成像
3. Cu 元素分布的 XRF 成像
4. Hg、Pb 和 Cu 的 XRF 叠加成像

境中的负面因素抵抗性较高。

三　马王堆汉墓出土纺织品科技研究的展望

总的来说，马王堆汉墓出土的纺织品使用材料多样，制作工艺复杂，但大多数已发生不同程度的劣化，其劣化成因和机制多种多样，文物保护工作面临严峻挑战。这些纺织品所用颜料和染料成分复杂，常见颜料混合、复染和套染现象，甚至有颜料修改和涂抹的痕迹，且颜料层下潜藏有不少信息。墓葬封闭后的次生作用可能导致色彩显著改变，而出土后也存在褪色和进一步劣化的风险。

科技考古借助现代大型科学仪器与分析技术，已突破了传统自然科学在考古中的应用范畴，逐渐形成结合器物类型学、考古地层学和古代文献分析的人文科学研究方法，成为考古学的重要分支。自马王堆汉墓发掘 50 年以来，持续的研究工作已部分揭示了古代纺织品的许多问题，并为文物保护提供了宝贵的基础资料。随着科技的进步，研究视角愈加多元，多学科的交叉合作展现出强大活力。矿物学、光谱学、质谱学、地球化学、地层古生物学和埋藏学等学科手段的加入，极大拓展了我们对古代纺织品及其工艺、劣化行为以及保存情况的认知。

随着研究深入，古代纺织品的探索尺度日益精细，通过现代大型设备，我们对古代纺织品的观察已从米级、厘米级深入至微米级甚至纳米级，更多科学方法和技术将进一步融入研究。例如：更高效的质谱和光谱技术可助力染料鉴定；拉曼光谱成像法、高精度 X 射线荧光光谱成像法和 X 射线光电子能谱法（XPS）能从成分、化学态、表面吸附态等角度更深入地研究纺织品的基体和附着物；高光谱、多光谱、紫外 - 可见分光光度法（UV-VIS）和荧光成像则为纺织品的绘染和印制信息提取提供了更广视野。此外，锶同位素法在古代纺织品溯源研究中的有效性也已得到证明。

需要指出的是，目前科技考古手段在马王堆汉墓纺织品研究中的应用仍相对有限，已系统分析的文物数量较少，表明这项工作的潜力巨大，且对文物保护具有迫切性和必要性。对马王堆汉墓出土文物的系统研究将为古生物学、矿物学、材料学等相关学科的发展提供助力。

古代纺织品是不可再生的珍贵遗产，研究过程中必须优先采用极微损或无损手段。未来的工作应推动多光谱谱学方法的综合应用，以可见光——近红外波段、拉曼光谱、X 射线荧光光谱成像等手段为基础，建立马王堆汉墓纺织品的全谱数据库（图十五）。同时，注重文物研究与保护的结合，在提取深层信息的同时，开发适用于展示和保存的保护新技术，通过数字化展示、虚拟现实和增强现实等手段向公众传播古代文明知识，以实现文化遗产的活化与利用，为"让文物活起来"的理念注入科技动力。

展望未来，在现代科学技术视野和研究手段的参与下，马王堆汉墓出土纺织品这一中国古代文化和技术的结晶，更将在新时代中焕发出熠熠光辉。

[附记：本文系 2020 年度湖南省哲学社会科学基金重大项目（"学术湖南"精品培育项目，项目编号 20ZDAJ008）"马王堆汉墓纺织品整理与研究"课题阶段性成果。]

注释：

[1] a. 上海市纺织科学研究院、上海市丝绸工业公司文物研究组：《长沙马王堆一号汉墓出土纺织品研究》，文物出版社，1980 年，第 22 ~ 55 页；b. 王守道：《马王堆一号汉墓印花敷彩纱（N-5）颜料的 X 射线物相分析》，《化学通报》1975 年第 4 期；c. 董鲜艳：《马王堆汉墓出土丝质物褪、变色诱因初探》，《湖南省博物馆馆刊》第三期，岳麓书社，2006 年，第 10 ~ 18 页；d. 董鲜艳、蔺朝颖：《西汉绛紫绢地"长寿绣"丝绵袍制作工艺考析》，《文博》2022 年第 1 期。

[2] 邹婧、喻燕姣、刘琦、彭诗琦、赵江南：《马王堆汉墓出土"安乐如意长寿无极"文字绮价值探讨》，《丝绸》2024 年第 11 期。

[3] *Prum, Richard O., Eric R. Dufresne, Tim Quinn, and Karla Waters."Development of Colour-Producing β-Keratin Nanostructures in Avian Feather Barbs". Journal of the Royal Society Interface 6, suppl.* 2(2009): S253 - S265.

[4] 王抒：《马王堆汉墓的丝织物印花》，《考古》1979 年第 5 期。

[5] 黎征帆：《苎麻半纤维素组分研究》，东华大学博士学位论文，2015 年，第 78 ~ 103 页。

[6] 同 [1]b。

[7] *Gliozzo, Elisabetta."Pigments—Mercury-Based Red (Cinnabar-Vermilion) and White (Calomel) and Their Degradation Products". Archaeological and Anthropological Sciences 13, no.* 11 (2021): 210.

[8] 李明洁、刘琦、蔺朝颖：《马王堆一号汉墓竹笥上红色麻绳研究及科技分析》，《湖南博物院院刊》第十八辑，岳麓书社，2023 年，第 43 ~ 57 页。

[9] 魏彦飞、兀宁香、徐津津等：《荆州望山桥一号楚墓出土丝织品矿化现象研究》，《南方文物》2019 年第 5 期。

[10] *M. Rothe, A. Kleeberg, M. Hupfer. "The Occurrence, Identification and Environmental Relevance of Vivianite in Waterlogged Soils and Aquatic Sediments". Earth-Science Reviews*, 158(2016): 51–64.

[11] 张殿波、赵丰、周旸、刘剑、张敬、曹晓晔、吴子婴、彭志勤、胡智文：《不同照明条件下靛蓝染色真丝织物的光老化速度及褪色机制分析》，《蚕业科学》2011 年第 1 期。

长沙市九尾冲浏阳河小学楚墓发掘简报

Brief Report on the Excavation of Chu Tombs at Jiuweichong Liuyanghe Primary School in Changsha City

长沙市文物考古研究所

Changsha Institute of Cultural Relics and Archaeology

内容提要： 九尾冲浏阳河小学楚墓位于长沙市北郊浏阳河南岸，该区域为长沙北郊一处重要的楚墓分布区。本次发掘小型楚墓7座，出土随葬品20余件，其中陶器均为仿铜陶礼器，组合为鼎、敦、壶，铜器则为铜镜及铜剑各一。这批楚墓的时代集中在战国中晚期，墓主身份为平民，该墓地可能为一处家族墓地。

关键词： 楚墓　战国　平民

Abstract: The Chu tombs of Jiuweichong Liuyanghe Primary School are located on the south bank of the Liuyang River in the northern suburbs of Changsha City. This place is an important distribution area for Chu tombs in the northern suburbs of Changsha. Seven small Chu tombs were excavated this time, and more than 20 burial items were unearthed. Among them, the pottery vessels are all ceremonial vessels modelled after bronzes, consisting of *ding*, *dun*, and *hu*, while the bronzes include one bronze mirror and one bronze sword. These Chu tombs mainly date back to the middle and late Warring States Period, and the tomb occupants are commoners. This cemetery may be a family burial ground.

Keywords: Chu tombs; Warring States Period; commoners

一　工地概况

浏阳河小学位于长沙市开福区九尾冲三一大道和陡岭路交会的东北角，其南为三一大道，西临陡岭路，其北约500米为浏阳河。此处原为长沙纺织厂职工宿舍，后改建为浏阳河小学（图一）。本次红线范围呈东西向长方形，东西长约100米，南北宽约50米，面积约5000平方米。从基坑呈现的断面来看，该区域南高北低呈缓坡状，为浏阳河南岸一处低山丘陵。

为配合浏阳河小学操场及教学楼改建工程，我所对项目红线范围内区域开展了考古调勘工作，发现各时期墓葬15座，其中战国墓8座（图二），东汉墓6座，东晋墓1座。经国家文物局批准，我所对这批墓葬进行了抢救性考古发掘工作。出土铜、陶、瓷、木等各类遗物100余件。下文对M2等7座战国墓（彩版一，1～3）的考古发掘进行介绍。

二 墓葬及出土遗物介绍

本报告介绍的战国墓编号为2015长九浏M2、M4～M8及M14（下文省略前缀），均为长方形土坑竖穴墓，根据其有无头龛或侧厢可分三型。

A型 无头龛或侧厢的土坑墓。5座，编号M2、M5、M6、M7、M8。其中M8破坏严重，仅余部分墓圹，其余4座墓保存相对较好。

M2 长方形竖穴土坑墓，方向180°。原始开口被破坏，向下打破生土。墓圹长250厘米，宽130厘米，口略大于底，墓壁及底较为平整，墓壁有横向枕木沟，墓圹深90厘米。墓葬填土为红褐色夹黄白斑土，土质较为疏松，人骨不存，葬具仅余一小块木板，未髹漆。

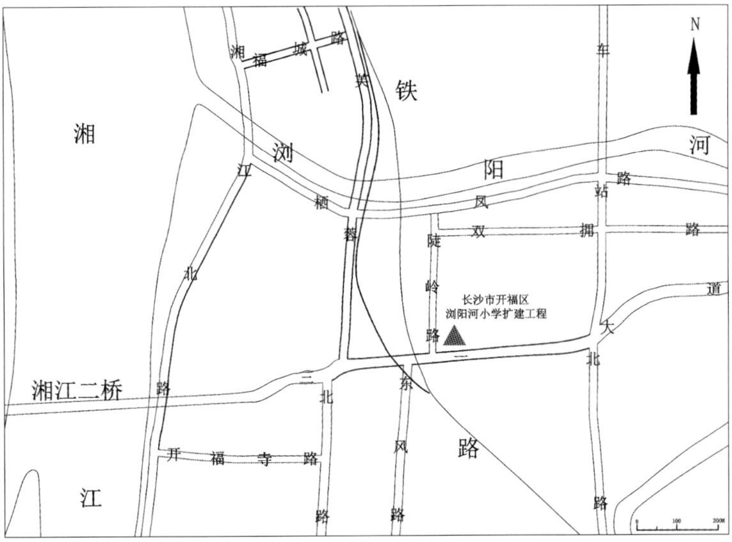

图一 浏阳河小学项目位置示意图

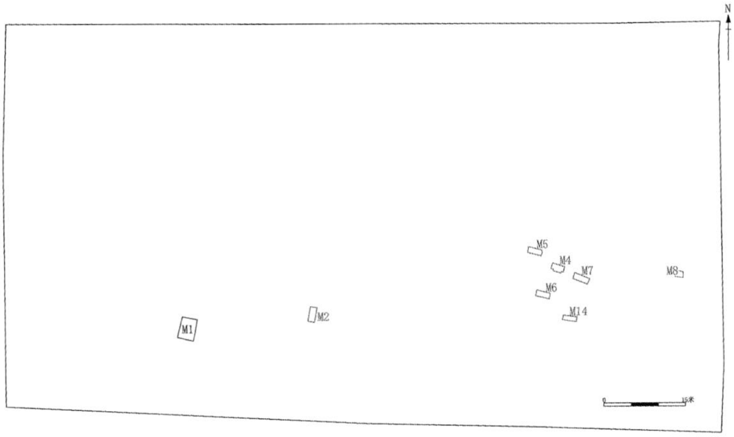

图二 浏阳河小学项目战国墓分布位置图

M2陶器位于墓圹南端，即头部位置，组合为鼎2、敦2、壶2，均为火候较低的泥质灰陶仿铜陶礼器；另在墓主身体左侧（墓圹西侧）放置铜剑1把（图三）。

陶鼎 2件，修复者1件，标本M2：1。敛口，口呈子母状，方耳直立，深腹，中腹部有凸棱一周，近平底，蹄足较高。口径15厘米，通高20.2厘米（图四，1）。

陶敦 2件，均仅剩一半。标本M2：5，半圆形，“S”形角较短小，口径14厘米，残高10.7厘米（图四，2）。标本M2：6，半圆形，角残缺不齐，口径15厘米，残高10.3厘米（图四，3）。

陶壶 2件。标本M2：2，盖顶略隆起，上有3个三角形捉手。侈口，束颈较高，溜肩、鼓腹，下腹内收，平底，喇叭形圈足外撇。口径10.3厘米，底径12.5厘米，通高33.4厘米（图四，4）。标本M2：4，无盖，侈口，束颈较高，溜肩，鼓腹，下腹内收，平底，喇叭形圈足已残。口径10厘米，残高31.8厘米（图四，5）。

铜剑 1把。标本M2：7，实茎，无箍，广格，圆首内凹，隆脊无从。通长55.1厘米，身长45.6厘米，身宽4.8厘米，

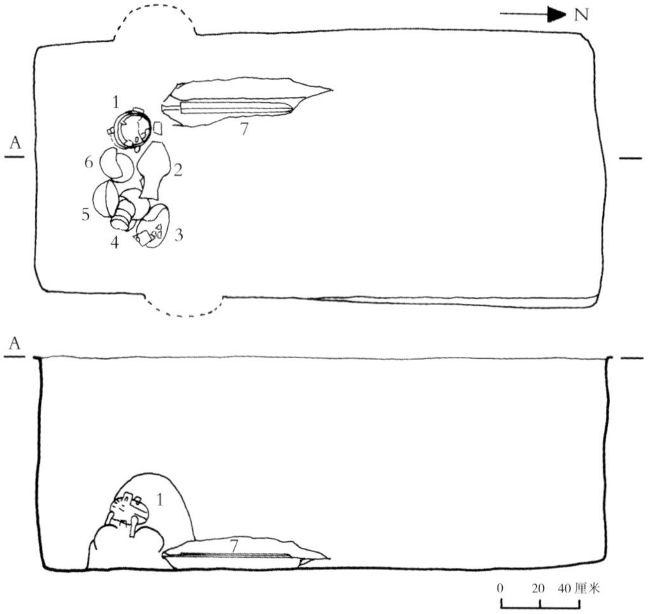

图三　M2 平、剖面图
1、3. 陶鼎　2、4. 陶壶　5、6. 陶敦　7. 铜剑

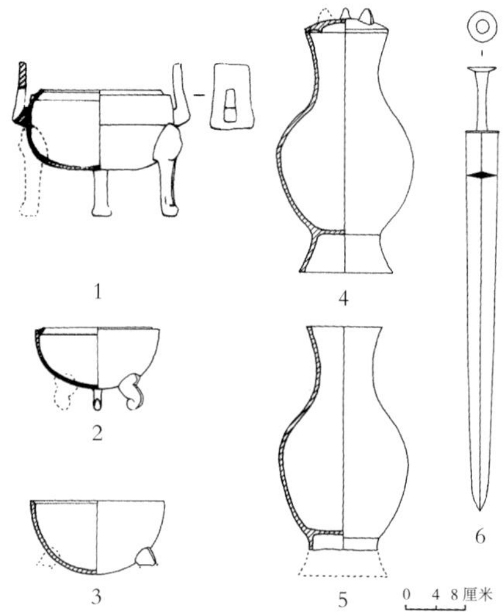

图四　M2 出土器物
1. 陶鼎（M2 ∶ 1）
2、3. 陶敦（M2 ∶ 5、6）
4、5. 陶壶（M2 ∶ 2、4）
6. 铜剑（M2 ∶ 7）

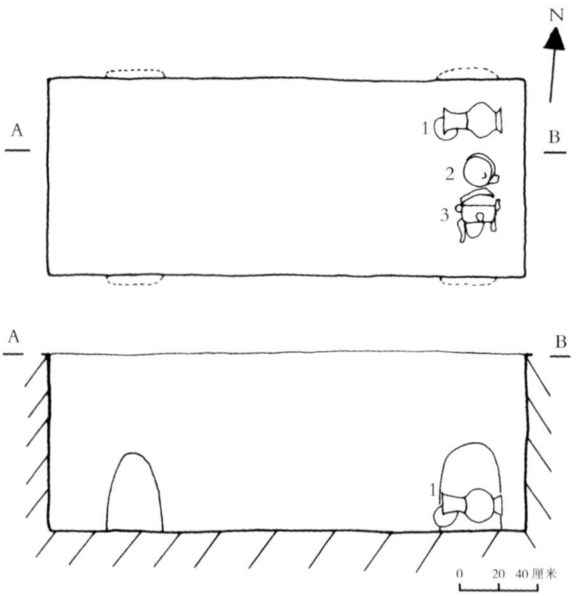

图五　M5 平、剖面图
1. 陶壶　2. 陶敦　3. 陶鼎

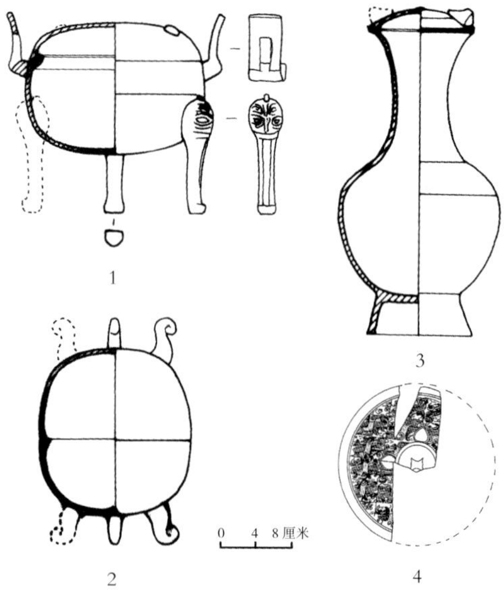

图六　M5 出土器物
1. 陶鼎（M5 ∶ 3）2. 陶敦（M5 ∶ 2）
3. 陶壶（M5 ∶ 1）4. 铜镜（M5 ∶ 4）

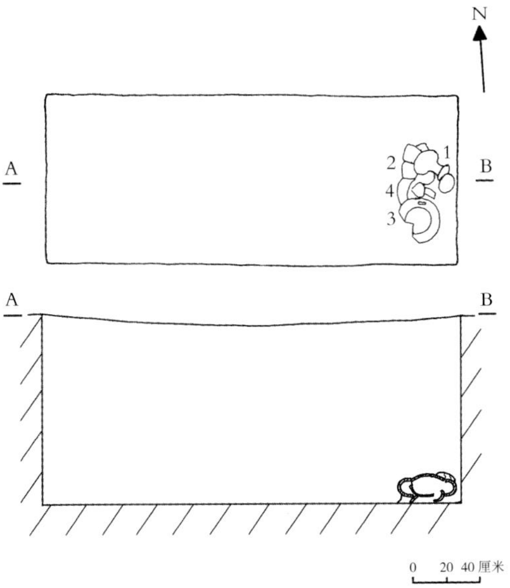

图七 M6 平、剖面图
1、2. 陶壶 3. 陶鼎 4、5. 陶敦

格宽 5 厘米，茎长 9 厘米，首径 4.4 厘米（图四，6；彩版二，1）。

M5 长方形竖穴土坑墓，方向 87°。原始开口被破坏，向下打破生土。墓圹长 250 厘米，宽 100 厘米，口底同大，墓壁及底经过人工修整，但仍凹凸不平，深 90 厘米。墓葬填土为红褐色夹黄白斑土，土质较为疏松，葬具及人骨不存。

M5 随葬品位于墓圹东端，组合为鼎 1、敦 1、壶 1。室内清理鼎内填土时发现半面残碎的铜镜（图五）。

陶鼎 1 件。标本 M5：3，盖隆起，捉手已残，口微敛，直立方耳外撇，深鼓腹，中腹部有凸棱一周，兽面蹄足较高。口径 17 厘米，通高 22 厘米（图六，1；彩版二，2）。

陶敦 1 件。标本 M5：2，由两个半球组成，截面呈椭圆形，“S” 形角较高。口径 15.1 厘米，通高 22 厘米（图六，2；彩版二，3）。

陶壶 1 件。标本 M5：1，盖隆起，边缘有 3 个三角形捉手。侈口，束颈高瘦，圆肩，上腹饰弦纹两周，球形腹，平底，

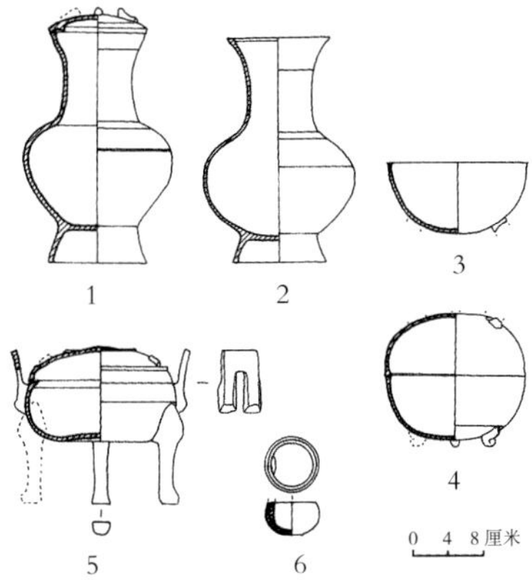

图八 M6 出土陶器
1、2. 壶（M6：1、M6：2）
3、4. 敦（M6：4、M6：5）
5. 鼎（M6：3） 6. 勺（M6：6）

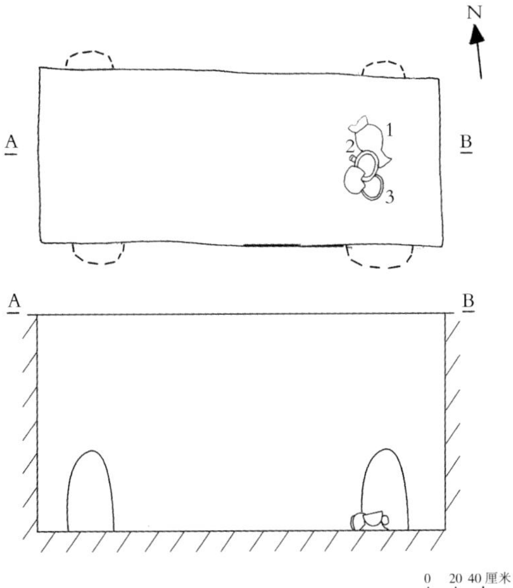

图九 M7 平、剖面图
1. 壶 2. 鼎 3. 敦

喇叭形圈足。口径 11.8 厘米，底径 11.3 厘米，通高 35.8 厘米（图六，3）。

铜镜 1 件，出土时位于鼎内，仅余部分。标本 M5：4，圆形镜，小圆纽，中心为对称的 4 个桃心，底纹为蟠螭纹。直径 11.8 厘米，厚 1.5 厘米（图六，4）。

M6 长方形竖穴土坑墓，方向 93°。原始开口被破坏，向下打破生土。墓圹长 250 厘米，宽 100 厘米，口底同大，墓壁及底经

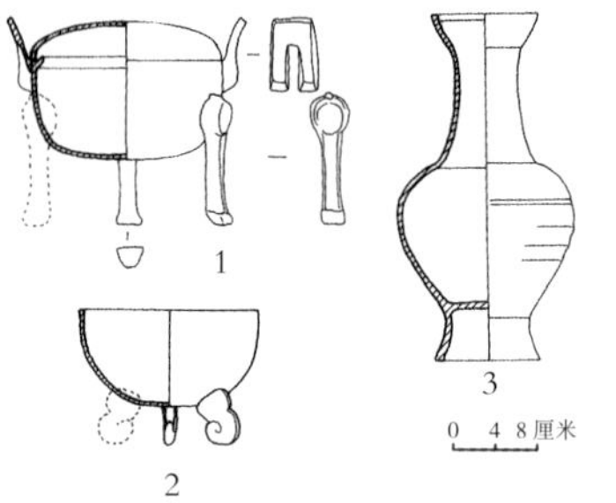

图十　M7 出土陶器
1. 鼎（M7 ：2） 2. 敦（M7 ：3）
3. 壶（M7 ：1）

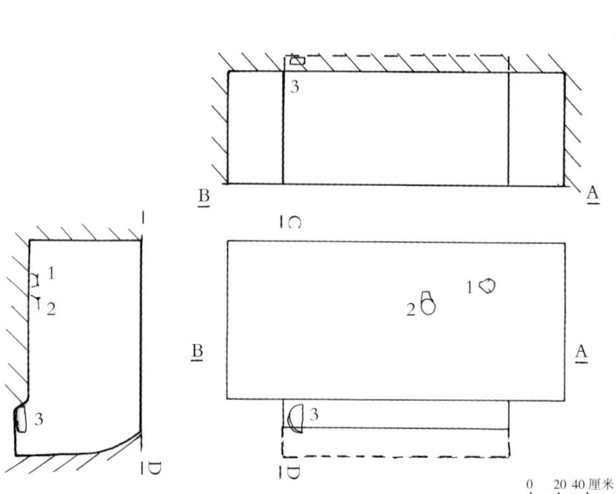

图十一　M4 平、剖面图
1～3. 残陶器

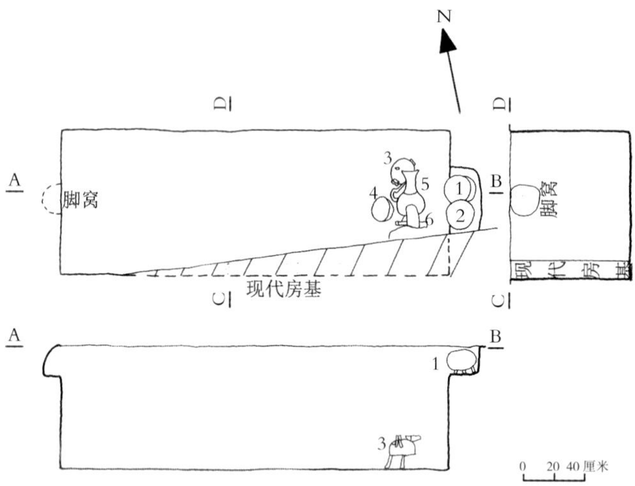

图十二　M14 平、剖面图
1、2. 敦　3、4. 鼎　5、6. 壶

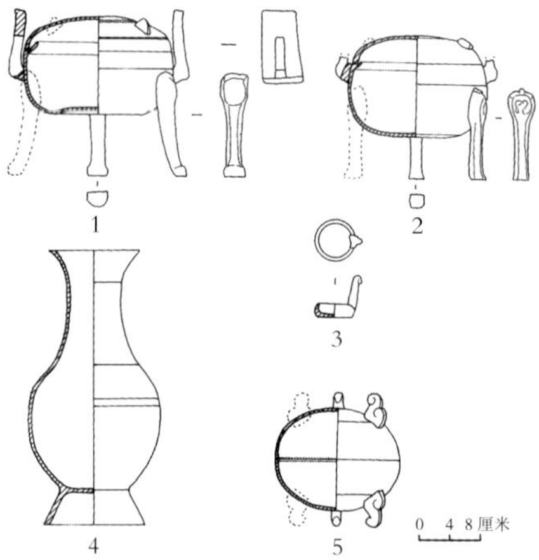

图十三　M14 出土部分陶器
1、2. 鼎（M14 ：3、M14 ：4）
3. 勺（M14 ：7） 4. 壶（M14 ：5）
5. 敦（M14 ：1）

过人工修整，墓底有南北向枕木沟 2 条，枕木沟长 100 厘米，宽 20 厘米，深 10～15 厘米，墓圹深 110 厘米。墓葬填土为红褐色夹黄白斑土，土质较为疏松，葬具及人骨不存。

M6 随葬品位于墓圹东端，组合为鼎 1、敦 2、壶 2（图七）。

陶鼎　1 件。标本 M6：3，盖隆起，顶有圆形凸棱一周，盖边缘捉手已残。口微敛，方形立耳外撇，浅腹，平底，蹄足较高。口径 16.3 厘米，通高 23.6 厘米（图八，5）。

陶敦　2 件。标本 M6：4，仅余一半，半球形，角残，口径 16.5 厘米，残高 8.9 厘米（图八，3）。标本 M6：5，截面呈圆形，“S”形角矮小，口径 16.5 厘米，通高 14.9 厘米（图八，4）。

陶壶　2 件。标本 M6：1，盖隆起，上有 3 个三角形捉手。侈口，束颈，圆肩，颈、肩部饰以弦纹，下腹疾内收，平底，喇叭形圈足。口径 11.4 厘米，底径 11.6 厘米，通高 29.2 厘米（图八，1）。标本 M6：2，侈口，束颈，圆肩，颈、肩部饰以弦纹，下腹疾内收，平底，喇叭形圈足。口径 12.1 厘米，底径 11 厘米，通高 28.3 厘米（图八，2；彩版二，4）。

陶勺　1 件。标本 M6：6，柄已残，敛口，弧腹，平底。口径 4.3 厘米，底径 1.9 厘米，残高 4 厘米（图八，6）。

M7　长方形竖穴土坑墓，方向 94°。原始开口被破坏，向下打破生土。墓圹长 280 厘米，宽 120 厘米，口底同大，墓壁及底经过人工修整，墓底有南北向枕木沟 2 条，枕木沟长 140 厘米，宽 20 厘米，深 15～25 厘米，墓圹深 190 厘米。墓葬填土为红褐色夹黄白斑土，土质较为疏松，夹杂少量风化岩残片，葬具及人骨不存。

M7 随葬品位于墓圹东端，组合为鼎 1、敦 1、壶 1（图九）。

陶鼎　1 件。标本 M7：2，盖隆起，口微敛，方形立耳外撇，深腹，圜底，蹄足较高。口径 14.6 厘米，通高 18.4 厘米（图十，1）。

陶敦　1 件。标本 M7：3，仅余一半。半球形，“S”形角较高。口径 15.7 厘米，残高 12.4 厘米（图十，2）。

陶壶　1 件。标本 M7：1，深侈口略呈盘口，束颈高瘦，圆肩，肩下有弦纹数道，鼓腹，下腹疾内收，平底略内凹，喇叭形圈足外撇。口径 10.3 厘米，底径 10.7 厘米，高 32.1 厘米（图十，3）。

B 型　带侧厢的土坑墓，1 座，编号 M4。

M4　长方形竖穴土坑墓，方向 90°。原始开口被破坏，向下打破生土。墓圹长 280 厘米，宽 110 厘米，墓圹南侧有侧龛，长 160 厘米，宽 30 厘米，深 120 厘米，墓壁及底经过人工修整，墓圹深 110 厘米。墓葬填土为红褐色夹黄白斑土，土质较为疏松，包含少量泥质灰软陶，葬具与人骨不存。

M4 可能早年间被盗扰，未见完整随葬品，仅在墓底及侧龛底部采集到少量泥质软灰陶残片（图十一）。

C 型　带头龛的土坑墓，1 座，编号 M14。

M14　长方形竖穴土坑墓，方向 94°。原始开口被破坏，向下打破生土。墓圹长 260 厘米，宽 90 厘米，墓圹南侧被现代房基打破，墓壁及底经过人工修整。墓圹东端有长方形头龛 1 处，头龛长 36 厘米，宽 20 厘米，深 18 厘米。西端有脚窝 1 个，直径 18 厘米，进深 12 厘米，墓圹深 80 厘米。墓葬填土为红褐色夹黄白斑土，土质较为疏松，颗粒分明，葬具及人骨不存。

M14 随葬品位于墓圹东端及头龛中，组合为鼎 2、敦 2、壶 2（图十二）。

陶鼎　2 件。标本 M14：3，盖隆起，边缘有三角形捉手。敛口，方形立耳，深腹，中腹部有凸棱一周，平底内凹，高蹄足外撇。口径 16.3 厘米，通高 21.6 厘米（图十三，1）。标本 M14：4，盖隆起，三角形捉手残。敛口，耳残，深腹，平底，蹄足较高。口径 15.6 厘米，残高 18.8 厘米（图十三，2）。

陶勺　1 件。标本 M14：7，出土于 M14：3 腹部的填土内，与 M14：3 当为一套组合。浅腹，钩形把。口径 3.7 厘米，底径 4 厘米，高 4.9 厘米（图十三，3）。

陶壶　2 件，修复者 1 件。标本 M14：5，无盖，侈口，束颈高瘦，溜肩，鼓腹，平底，喇叭形圈足外撇。口径 10.3 厘米，底径 12.5 厘米，高 32.4 厘米（图十三，4）。

陶敦　2件，修复者1件。标本M14∶1，半球形，截面呈横向椭圆形，“S”形角较矮。口径14.7厘米，通高16.8厘米（图十三，5；彩版二，5）。

三　墓葬时代及性质

本次发掘的7座战国墓陶器组合基本一致，均为鼎、敦、壶，但形制却存在一定差异。如M2与M6所出陶鼎，浅腹平底，与长沙楚墓M1195的D型Ⅵ式鼎[1]形制相同，而M5、M7所出陶鼎，深腹圜底，与长沙楚墓M1125的D型Ⅶa式鼎[2]形制相同，这两类鼎又同时出土于M14，说明两者其实存在共时性；又如M14所出陶敦，呈扁圆状，“S”形角较矮，与长沙楚墓M953的A型Ⅱ式敦[3]形制相同，而其余墓葬中所出陶敦，多为圆状或椭圆状，“S”形角较高，整体器形较高，与长沙楚墓M1125的B型Ⅺb式敦[4]形制相同；壶的形态最为多样，如M2所出陶壶腹部较深，与长沙楚墓M1195的A型Ⅹ式壶[5]形制相同，又如M6所出陶壶腹部较圆，与长沙楚墓M1274的A型Ⅺ式壶[6]形制相同，M5、M14所出陶壶颈部细长，与长沙楚墓M1125的A型Ⅻ式壶[7]形制相同，M7所出陶壶与M5、M14类似，但口部略呈盘口，腹部最大径向上移动，与长沙楚墓M1124的A型XⅣc式壶[8]形制相同，似有年代早晚之分。

这批楚墓均为小型土坑墓，随葬品均为仿铜陶礼器，组合为鼎、敦、壶。M2、M6、M14随葬两套，M5、M7随葬一套，铜器仅M5出土铜镜一面，M2出土铜剑一把。从墓葬形制、规格及随葬品组合来看，这批墓葬的墓主身份较为一致，均为平民。

综上所述，这批墓葬的时代以M2时代稍早，M4～M7及M14时代相去不远，均为战国晚期墓葬。M4～M7及M14这五座墓葬头向基本一致，彼此间隔不过2～3米，成排分布，可能为家族墓。

四　结语

这批战国平民墓位于战国长沙市北郊、浏阳河南岸，周边的伍家岭、四方坪等区域均发现过大量楚墓，是长沙北郊重要的楚墓分布区。回顾过往的发掘情况，长沙近郊浏阳河沿岸的楚墓均分布于浏阳河南岸的低山丘陵，浏阳河北岸未见楚墓分布，说明浏阳河可能为长沙东、北近郊楚墓分布区的一条分界线。

战国长沙城位于今五一广场一带，九尾冲战国墓北距长沙城约6公里，推测这批墓主的居址可能不在城内，而在城外。这批楚墓的发掘也为研究长沙近郊楚墓的分区、城址郭与野的关系提供了新的材料。

[附记：本次考古发掘领队为何旭红，发掘执照号为考执字（2015）第590号。现场负责人为张大可，参与发掘的工作人员有李成果、胡湘国等，遗迹图由张大可及曾心鑫绘制，器物图由杨雅静及梅郁绘制，测绘为李强。]

执笔：张大可

注释：

[1] 湖南省博物馆、湖南省文物考古研究所、长沙市博物馆、长沙市文物考古研究所：《长沙楚墓》（上），文物出版社，2000年，第458页。

[2] 同[1]，第459页。

[3] 同[1]，第475页。

[4] 同[1]，第459页。

[5] 同[1]，第458页。

[6] 同[1]，第459页。

[7] 同[1]，第459页。

[8] 同[1]，第460页。

湖南长沙县梅树冲遗址战国遗存发掘简报

Brief Report on the Excavation of the Warring States Period Relics at the Meishuchong Site in Changsha County, Hunan Province

湖南省文物考古研究院　长沙市文物考古研究所

长沙县文物保护与传承中心　科技考古与文物保护利用湖南省重点实验室

Hunan Provincial Institute of Cultural Relics and Archaeology

Changsha Institute of Cultural Relics and Archaeology

Changsha County Cultural Relics Protection and Inheritance Center

Hunan Provincial Key Laboratory of Archaeology and Conservation Science

内容提要：2020 年 5 月—2021 年 6 月，为配合长沙机场改扩建项目建设，湖南省文物考古研究院等单位联合对项目用地内的 22 处文物点进行了抢救性发掘。其中 2020 年 7 月—10 月发掘的长沙县梅树冲遗址发现有战国时期楚文化遗存，遗迹有水井、灰坑、墓葬各 1 处，出土器物有鬲、盆、罐、豆等，是此次发掘的重要收获之一，为认识长沙地区战国时期楚人普通聚落遗址的文化面貌提供了新的资料。

关键词：长沙县　梅树冲遗址　战国时期　楚文化

Abstract: From May, 2020 to June, 2021, in order to cooperate with the renovation and expansion project of the Changsha Airport, the Hunan Provincial Institute of Cultural Relics and Archaeology and other institutions jointly carried out rescue excavations at 22 cultural relics sites at the project site. Among them, the Meishuchong site in Changsha County, which was excavated from July to October in 2020, revealed the remains of Chu culture of the Warring States Period. The site has 1 water well, 1 ash pit, and 1 tomb. The unearthed vessels include tripods, bowls, pots, stemmed plates, etc. It is one of the important gains of this excavation, which provides new information for understanding the cultural features of the ordinary settlement sites of the Chu people during the Warring States period in the Changsha area.

Keywords: Changsha County; Meishuchong site; Warring States Period; Chu culture

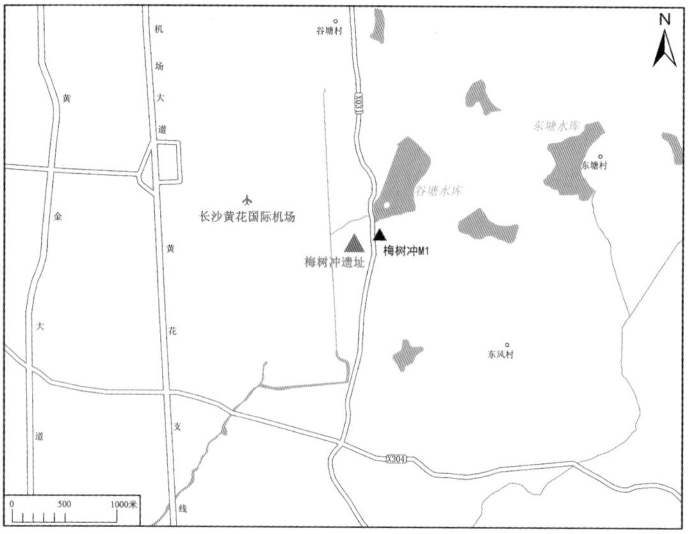

图一　梅树冲遗址及墓葬位置示意图

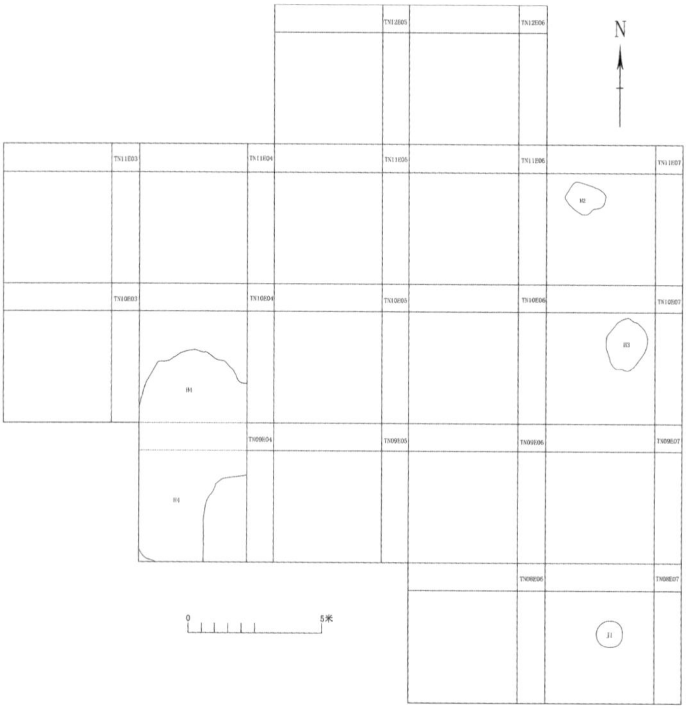

图二　梅树冲遗址发掘区遗迹总平面图

长沙机场改扩建项目位于长沙县黄花镇，黄兴会展经济区片区内。2020年5月—2021年6月，湖南省文物考古研究院联合长沙市文物考古研究所、长沙县文物保护与传承中心等单位对项目用地内的古代遗存进行了详细的调查、勘探、发掘工作，共发掘净瓶寺遗址、梅树冲遗址、杨林塘墓葬、官塘冲墓葬等22处文物点，其中2020年7月—10月发掘的梅树冲遗址发现有战国时期楚文化遗存，是此次发掘的重要收获之一。

梅树冲遗址位于长沙县黄花镇谷塘村梅树冲组西侧一台地上，中心位置东距县道X031约250米，东北距谷塘水库约380米，西邻黄花机场第二跑道（图一）。发掘区域共布设5米×5米探方18个，实际发掘面积292平方米，遗址保存情况较差，共清理水井、灰坑、墓葬等遗迹5处（图二）。发掘所获遗存年代跨战国至明清时期，现将该遗址战国时期遗存的资料简报如下。

一　地层堆积

梅树冲遗址的地层堆积比较简单，发掘区内地层堆积基本一致，自上而下分别为耕土层、明清文化层、唐宋文化层、汉代文化层，编号为第①～⑤层。以TN09E04～TN10E04东壁剖面为例（图三）。

第①层，现代耕土层。灰褐色黏土，土质较疏松，厚48～50厘米，出土有少量砖瓦残片及青花瓷片，包含大量植物根茎。

第②层，明清文化层。黄红色黏土，土质较致密，厚18～23厘米，出土有少量陶片、青花瓷片。

第③层，明清文化层。黄色黏土，土

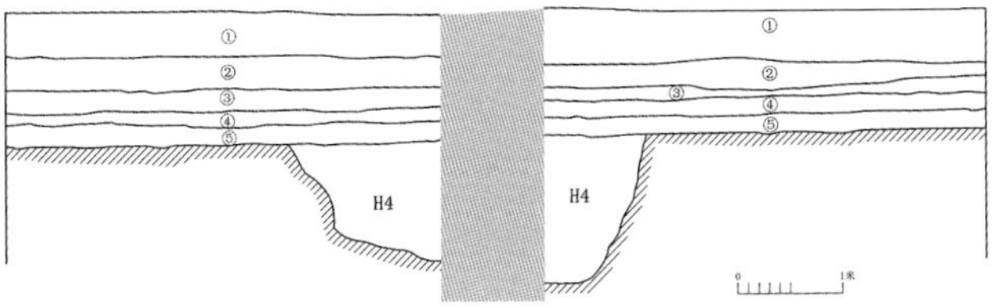

图三　TN09E04～TN10E04 东壁剖面图

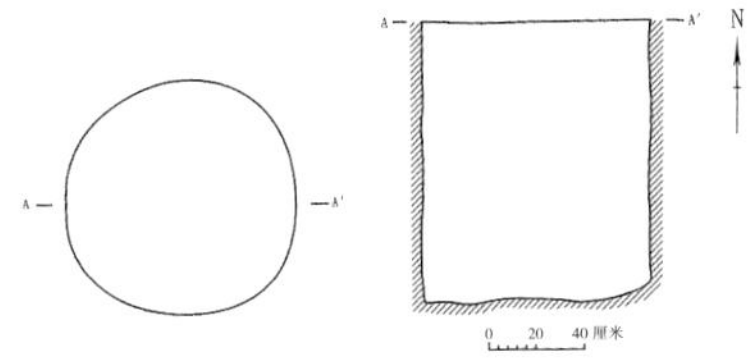

图四　J1 平、剖面图

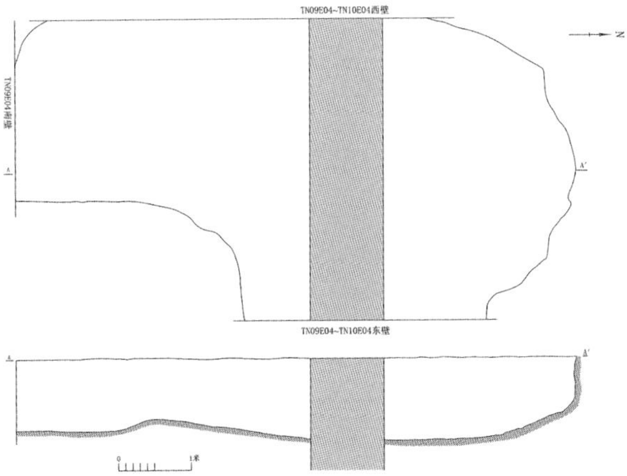

图五　H4 平、剖面图

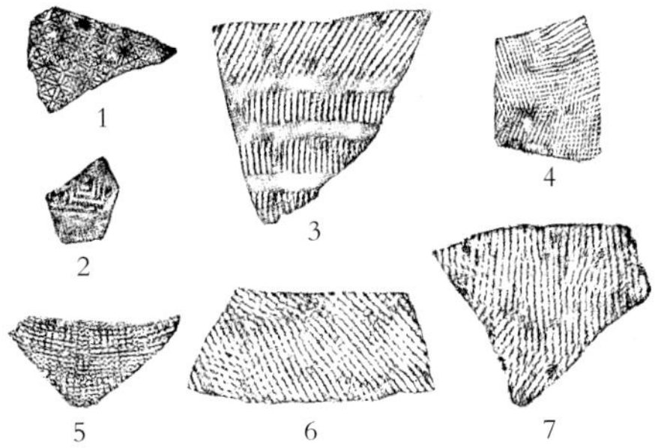

图六　H4 出土陶器纹饰拓片
1. 米字纹　2. 云雷纹
3、4、6、7. 绳纹　5. 方格纹

质较致密，厚 16～19 厘米，出土有少量陶片、青花瓷片。

第④层，唐宋文化层。浅黄色黏土，土质较致密，厚 14～18 厘米，夹杂大量铁锰结核块状颗粒，出土有少量陶片、青瓷片。

第⑤层，汉代文化层。深灰色黏土，土质较疏松，厚 12～23 厘米，出土有少量绳纹陶片。开口于该层下的遗迹有 H4。

第⑤层下为生土。

二　遗迹和遗物

梅树冲遗址战国时期遗存包括水井 1 口（J1，原编号 H1）、灰坑 1 个（H4）、墓葬 1 座（M1）。

（一）水井

J1　位于 TN08E07 内，开口于第⑤层下，打破生土层。井口平面呈圆形，直壁，底部明显，底面较平整。直径 0.95 米，深 1.1～1.15 米。填土为青灰色黏土，土质较致密，无出土遗物（图四）。

（二）灰坑

H4　位于 TN09E04、TN10E04 内，向西、向南延伸至发掘区外，开口于第⑤层下，打破生土层。坑口平面呈不规则形，弧壁，底部不明显，底面不平整。已发掘区域最长 7.6 米，最宽 4 米，深 0.74～1.1 米。填土为青灰色土，土质松软，包含较多陶片、炭屑以及少量木材，遗物多出土于灰坑底部，从灰坑形状、出土遗物来看，H4 应该是自然形成的（图五）。

H4 出土遗物均为陶器，可辨别器形的标本共 112 件，均为残片，器类有盆、罐、鬲、甑、豆。以泥质灰陶为主，见有少量夹砂陶；纹饰以绳纹为主，另有米字纹、方格纹、云雷纹等（图六）。

陶盆　31 件。形制基本一致。微敛口、平折沿、短直颈，颈肩相接处有一道凸棱，沿面多见有数道凹弦纹。

标本 H4：1，泥质灰陶。方唇，器表

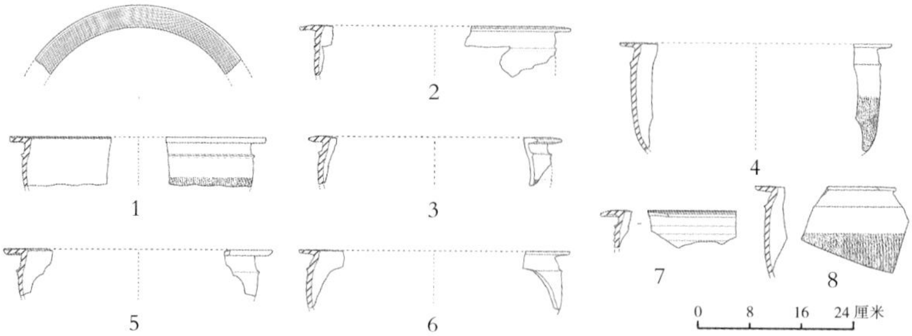

图七 H4 出土器物
1～8. 盆（H4：4、H4：1、H4：10、H4：8、H4：2、H4：5、H4：6、H4：14）

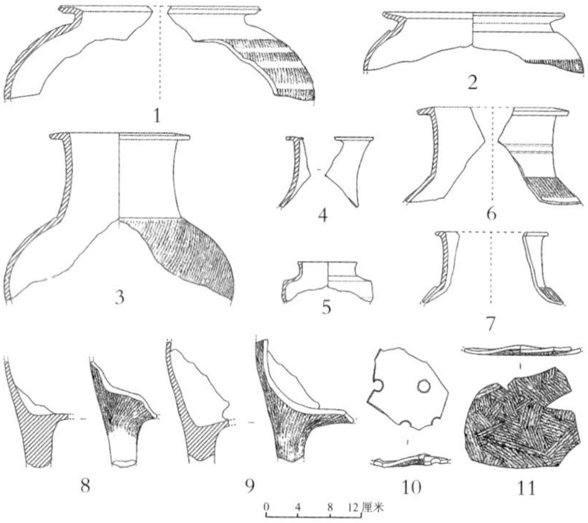

图八 H4 出土器物
1～2. 鬲（H4：7、H4：9）
3～7、11. 罐（H4：12、H4：3、H4：19、H4：13、H4：11、H4：17）
8～9. 鬲足（H4：16、H4：15） 10. 甑（H4：18）

素面。口径 45 厘米，残高 8.2 厘米（图七，2）。标本 H4：2，泥质深灰陶。斜方唇，器表素面。口径 44 厘米，残高 7.4 厘米（图七，5）。标本 H4：4，泥质灰陶。方唇，下腹部饰绳纹。口径 47.4 厘米，残高 9 厘米（图七，1）。标本 H4：5，泥质灰陶。方唇，器表素面。口径 46 厘米，残高 9.7 厘米（图七，6）。标本 H4：6，泥质深灰陶。圆唇，肩部饰三道凸弦纹。残高 5.6 厘米（图七，7）。标本 H4：8，泥质灰陶。圆唇，深腹，下腹部饰竖向绳纹，近底部饰横向绳纹。口径 41.8 厘米，残高 16.3 厘米（图七，4）。标本 H4：10，泥质深灰陶。方唇，下腹部饰绳纹。口径 39 厘米，残高 7.3 厘米（图七，3）。标本 H4：14，泥质深灰陶。方唇，下腹部饰绳纹。残高 13 厘米（图七，8）。

陶罐　27 件。据领部形态可分为两型。

A 型　高领。26 件。形制基本一致，微敞口、折沿、领略弧，领部和肩部相接处有一道凹弦纹。

标本 H4：3，泥质灰陶。方唇。颈部素面。残高 8.6 厘米（图八，4）。标本 H4：11，泥质深灰陶。圆唇、溜肩。肩部饰竖向绳纹。口径 14 厘米，残高 8.8 厘米（图八，7）。标本 H4：12，泥质深灰陶。方唇、溜肩、鼓腹。肩部、腹部饰斜向绳纹。口径 19 厘米，残高 11.8 厘米（图八，3）。标本 H4：13，泥质深灰陶。方唇、溜肩。颈部有两道凹弦纹，肩部饰竖向绳纹。口径 17.6 厘米，腹径 29 厘米，残高 20.6 厘米（图八，6）。标本 H4：17，底部残片，泥质灰陶。凹底，底部饰交错绳纹。残宽 12.6 厘米，残高 1.2 厘米（图八，11）。

B 型　矮领。1 件。

标本 H4：19，泥质深灰陶。直口，方唇，折肩，折腹。领部和肩部相接处有一道凹弦纹。素面。口径 7.4 厘米，腹径 11.4 厘米，残高 4.8 厘米（图八，5）。

陶鬲　2 件。标本 H4：7，夹砂红陶。侈口、折沿，沿面微隆起，斜方唇，唇面有一道浅凹槽，矮直颈、鼓肩。腹部饰绳纹间以抹痕。口径 25.6 厘米，腹径 39

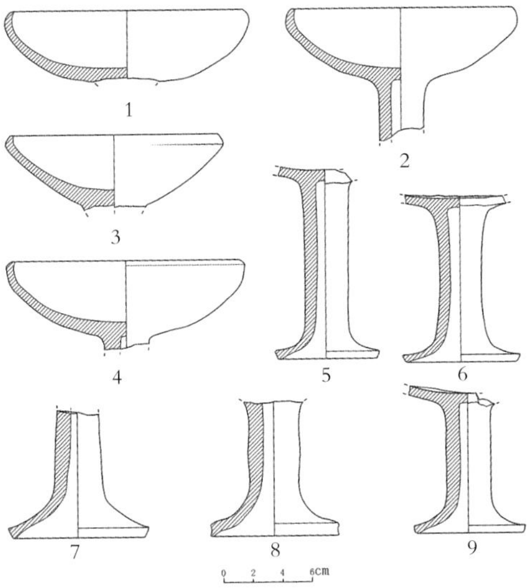

图九 H4出土陶器

1～9. 豆（H4：23、H4：28、H4：25、H4：24、H4：20、H4：21、H4：22、H4：26、H4：27）

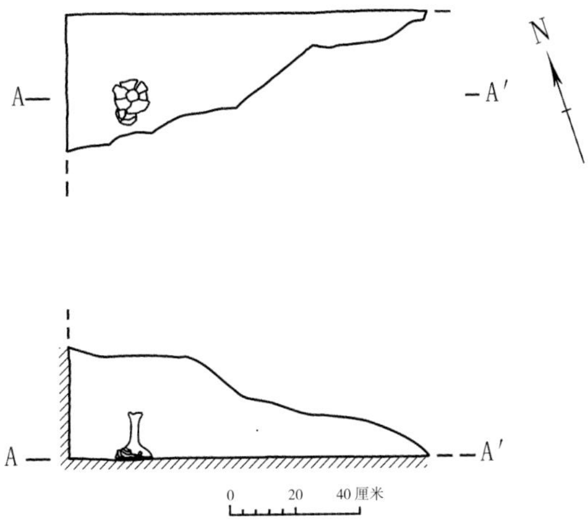

图十 M1平面、剖面图

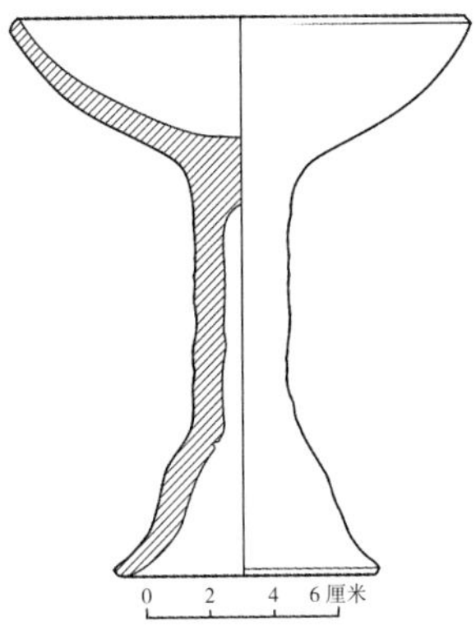

图十一 M1出土陶豆（M1：1）

厘米，残高11.4厘米（图八，1）。标本H4：9，夹砂灰陶。侈口、仰折沿、斜方唇、矮斜颈，颈肩相接处起折棱。腹部饰绳纹。口径22.8厘米，残高7.3厘米（图八，2）。

鬲足 4件。标本H4：15，夹砂灰陶。圆柱状足，足窝较浅，器表饰绳纹。残高15厘米（图八，9）。标本H4：16，夹砂灰陶。圆柱状足，足窝较浅，足跟上部饰绳纹，下部素面。残高13厘米（图八，8）。

陶甑 4件。底部残片。标本H4：18，泥质灰陶。凹底，残存四个圆孔，底饰交错绳纹。残长10.2厘米，残宽10厘米，残高1.6厘米（图八，10）。

陶豆 44件。形制大体相近，盘部口微敛，尖唇，浅盘，弧腹或斜腹，柄部细高，柄壁较厚，孔较小，喇叭形座。素面无纹饰，器身多见有轮制修整和泥条盘筑痕迹。

标本H4：20，泥质深灰陶。底座直径7厘米，残高12.6厘米（图九，5）。标本H4：21，泥质深灰陶。底座直径7.9厘米，残高11厘米（图九，6）。标本H4：22，泥质深灰陶。底座直径9.4厘米，残高8.4厘米（图九，7）。标本H4：23，泥质深灰陶。口径15.5厘米，残高4.7厘米（图九，1）。标本H4：24，泥质深灰陶。口径15.4厘米，残高5.8厘米（图九，4）。标本H4：25，泥质灰陶。口径14厘米，残高5厘米（图九，3）。标本H4：26，泥质深灰陶。底座直径8.5厘米，残高8.8厘米（图九，8）。标本H4：27，泥质深灰陶。底座直径7.4厘米，残高9.8厘米（图九，9）。标本H4：28，泥质深灰陶。口径14.9厘米，残高8.8厘米（图九，2）。

（三）墓葬

M1 位于梅树冲遗址东部的山岗顶部，墓葬在施工中被破坏，发现时仅剩墓底一角。从残存部分来看，该墓为长方形竖穴土坑墓，直壁，平底，方向 235°。残长 0.62 米，残宽 0.26 米，残深 0.12～0.34 米，墓内填土较纯净，土质疏松，土色为深灰褐色。墓内葬具、人骨腐朽无存。在墓底西北角残存陶豆 1 件（图十）。

豆　1 件。M1：1，泥质灰陶，敞口、斜方唇、浅盘、弧腹，柄部细高，柄壁较厚，孔较小，喇叭形座隆起，素面。口径 14.4 厘米，底座直径 8.2 厘米，高 17 厘米（图十一）。

三　结语

梅树冲遗址出土陶器以鬲、盆、罐、豆等为主，属楚文化的典型日用陶器。比较而言，H4 出土的鬲（H4：9）与黄泥湖楚墓 M275：4 形制较为接近[1]，高领罐（H4：12）与沅陵窑头 91H2：10 形制较为接近[2]，盆（H4：4）与宜城郭家岗 H153 上：10[3]、纪南城松柏区 5 鱼 J1：1 形制较为接近[4]，豆（H4：23）与长沙楚墓 M1125：19 的形制较为接近[5]，M1 出土的豆（M1：1）与九店 M170：4 形制较为接近[6]，上述单位的年代均集中在战国中晚期，梅树冲遗址战国遗存的年代应与其相当。

自长沙楚墓发掘以来，湖南地区发掘的东周楚墓已达数千座，积累了丰富的材料，相比之下，同时期的遗址数量发现很少，资料公布亦不多。梅树冲遗址作为一处战国中晚期楚文化人群的小型聚落，尽管遭破坏比较严重，发掘所获遗存不多，但对于认识长沙地区战国时期楚人普通聚落遗址的文化面貌仍提供了一批新的资料。

领　　队：柴焕波
执行领队：陈　斌
发　　掘：陈　斌　雷永利　曹德清　周保冬　何洪远　周银望　周　劲　李航宇　崔志祥　刘先铣　李　权　尤　斌
绘　　图：尤　斌　李　权　郑　容　向树青
拓　　片：李　权
执　　笔：韦星星　曾　莹

注释：

[1] 湖南省文物考古研究所：《益阳黄泥湖楚墓》（中），文物出版社，2017 年，第 493～494 页。

[2] 湖南省文物考古研究所：《湖南沅陵窑头古城遗址发掘简报》，《湖南考古辑刊》第 11 集，科学出版社，2015 年，第 110～126 页。

[3] 武汉大学历史系考古教研室、湖北省宜城市博物馆：《湖北宜城郭家岗遗址发掘》，《考古学报》1997 年第 4 期。

[4] 湖北省文物考古研究所：《1988 年楚都纪南城松柏区的勘查与发掘》，《江汉考古》1991 年第 4 期。

[5] 湖南省博物馆、湖南省文物考古研究所、长沙市博物馆、长沙市文物考古研究所：《长沙楚墓》（上），文物出版社，2000 年，第 132～133 页。

[6] 湖北省文物考古研究所：《江陵九店东周墓》，科学出版社，1995 年，第 195～197 页。

2021 年长沙市识字岭战国至汉代墓葬发掘简报

Brief Report on the Excavation of Tombs from the Warring States Period to the Han Dynasty at Shiziling in Changsha in 2021

长沙市文物考古研究所

Changsha Municipal Institute of Cultural Relics and Archaeology

内容提要： 2021 年 5 月至 7 月，为配合长沙市区基本项目建设，长沙市文物考古研究所对长沙识字岭墓群进行抢救性发掘，发现了战国至汉代墓葬 14 座，出土遗物丰富，对于研究战国至汉代长沙地区的葬俗及长沙古城的变迁具有重要意义。

关键词： 长沙　识字岭　战国至汉代　墓葬

Abstract: From May to July of 2021, in collaboration with the infrastructure construction project of the Changsha City, the Changsha Institute of Cultural Relics and Archaeology conducted rescue excavation of tombs at Shiziling in Changsha, discovered 14 tombs from the Warring States Period to the Han Dynasty and unearthed rich relics, which are of important significance to the study of funeral customs of the Changsha area from the Warring States Period to the Han Dynasty and the changes of the ancient city of Changsha.

Keywords: Changsha; Shiziling; from the Warring States Period to the Han Dynasty; tombs

识字岭墓群位于长沙市雨花区人民中路识字岭路段（图一），该区域西北为长沙古城，原为低矮丘陵地带，埋葬有大量墓葬，此次发掘的墓葬位于湖南省地质中学内，该处原始地貌为山岗，属于长沙市公布的第 19 号文物埋藏区（麻园湾文物埋藏区）。2021 年 5 月至 7 月，为配合湖南省地质中学第一教学楼拆除重建项目工程，抢救性发掘了一批战国至宋代墓葬，唐宋墓葬已另外行文进行详述，现将战国两汉墓葬（彩版三，1、2）情况简述如下。

一　战国墓

（一）墓葬形制

共 2 座，编号为 M15、M36，均为竖穴土坑墓，墓葬均遭到破坏，开口层位不详，均打破生土层，为长方形土坑墓，平面呈长方形，尸骨和葬具均无存。墓葬由于破坏严重，器物基本无存，仅发现器物 2 件以及不可修复的少许残损陶片，以 M36 为例，介绍如下：

M36 为平面呈长方形的竖穴土坑墓，

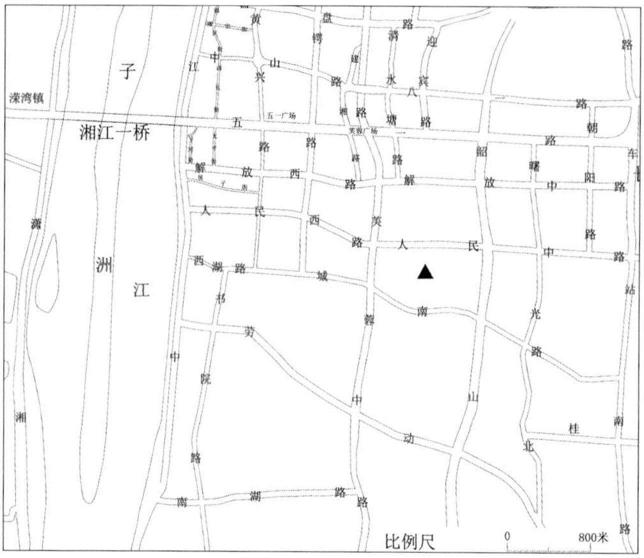

图一　发掘位置示意图

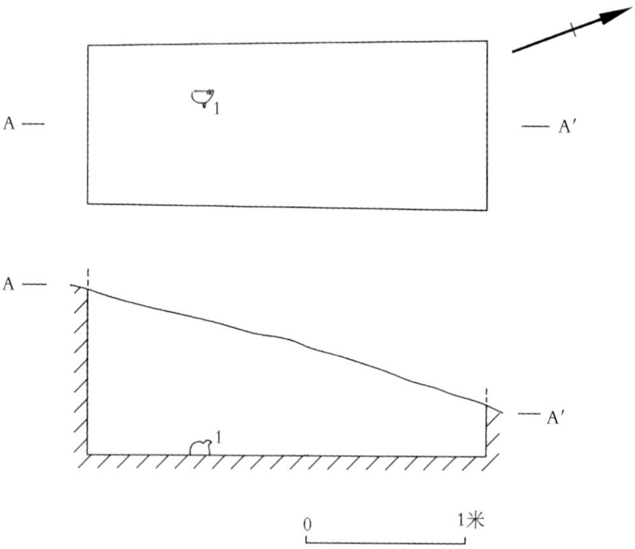

图二　M36 平、剖面图
1. 陶壶

方向 20°，现存开口于生土层，开口距墓底深 0.3～1 米，长 2.5 米，宽 0.96～1.04 米（图二）。

（二）出土器物

M15 陶片无存，仅发现铜镜 1 件（M15：1），为蟠螭镜，圆形，三弦纽，圆纽座，外围一周凹面环形带，纹饰由地纹和主纹组合而成。地纹为菱形格内圆涡纹

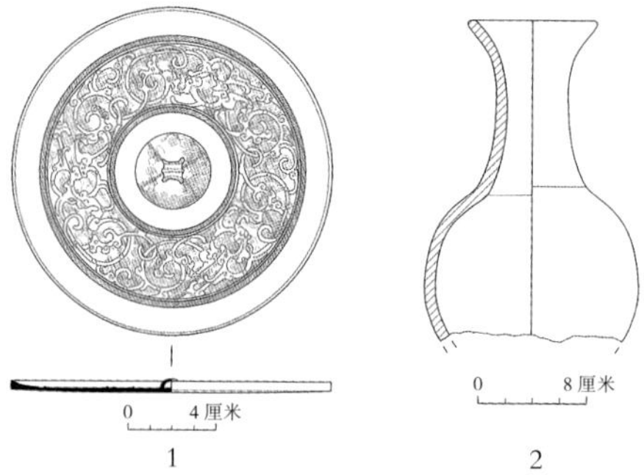

图三　战国墓出土器物
1. 铜镜（M15：1）　2. 陶壶（M36：1）

和碎点纹，主纹为三蟠螭纹，蟠螭头靠纽座外圈，张嘴，顶后伸出一长角，角端下卷，螭的身躯由四个卷云纹连接而成，线条交接处及螭的腹部关节上有涡状阴线，螭足较短，上有利爪，宽素缘，直径 14.6 厘米（图三，1；彩版四，1）。

M36 出土陶壶 1 件（M36：1），泥质灰陶，侈口，圆唇，长束颈，圆鼓腹，底部无法修复，口径 9.5 厘米，最大腹径 15.7 厘米，残高 22.9 厘米（图三，2）。另在陶片中发现鼎残片以及“S”形敦纽，均为细碎残片，无法修复。

二　西汉墓

共 10 座，编号为 M6、M7、M8、M11、M13、M32、M42、M43、M47、M51，均为土坑墓。墓葬上部均遭到后代破坏，开口层位不详，现存开口层位为生土层。以 M32、M43、M47 为例，介绍如下：

（一）墓葬形制

M32 为平面呈长方形的竖穴土坑墓，方向 198°，墓室长 2.5 米，宽 1.64～1.66 米，残深 1.86～2 米，出土器物位于墓室东北侧（图四）。

M43 为竖穴土坑墓，平面呈长方形，方

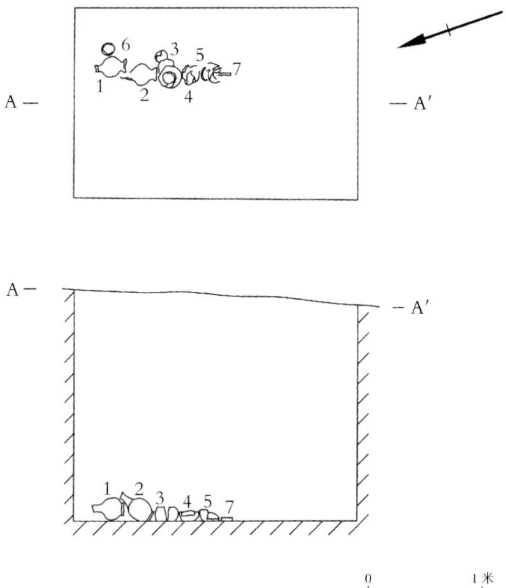

图四　M32平、剖面图
1、2. 陶壶　3、4. 陶盒　5. 陶鼎
6. 陶钵　7. 玉饰件

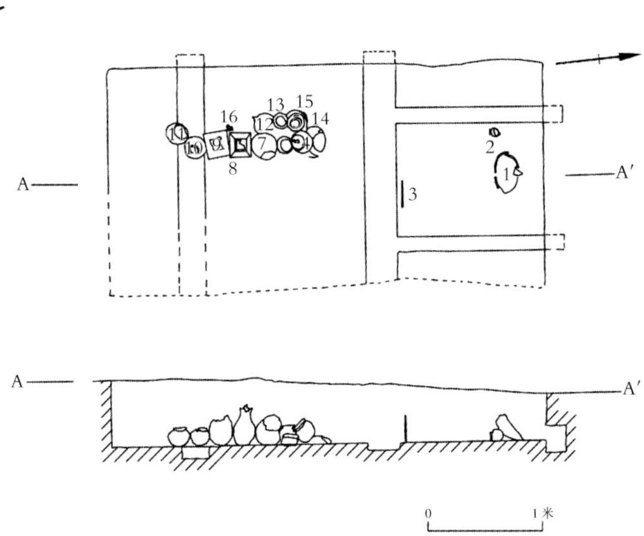

图五　M43平、剖面图
1、14. 陶盒　2. 陶熏　3. 滑石璧
4～7、11. 陶罐 8～9. 陶钫　10. 陶壶　12、15. 陶鼎
13. 陶钵　16. 泥钱

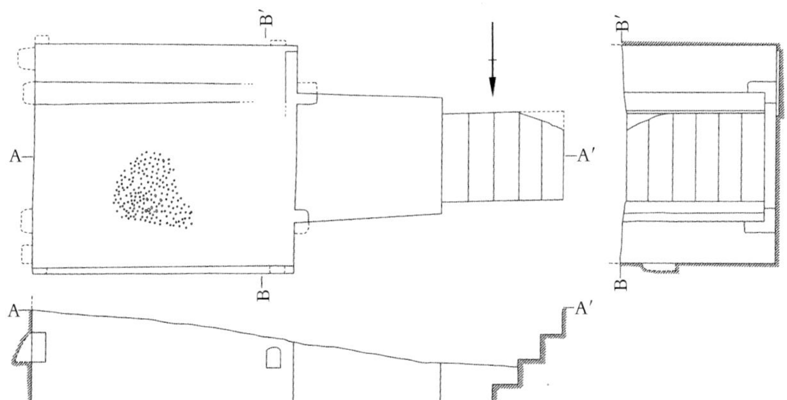

图六　M47平、剖面图

向196°，墓葬长1.22～3.61米，宽0.72～1.82米，残深0.38～0.52米，墓室内东北端有2条较窄的横向枕墓沟，中部和南部有竖向枕墓沟各1条（图五）。

M47为带台阶墓道、甬道、墓室的土坑墓，方向270°，墓道东北部被施工取土破坏，墓道残长2.1米，宽1.48米，墓道由五级台阶构成，台阶宽度0.38～0.46米，高度0.4～0.42米；甬道长2.53米，宽1.96～2.18米，残深2.5米；墓室四壁有壁龛，四壁较规整，墓底有两条枕木沟，南侧枕木沟痕迹较明显，墓葬总残长9.2米，

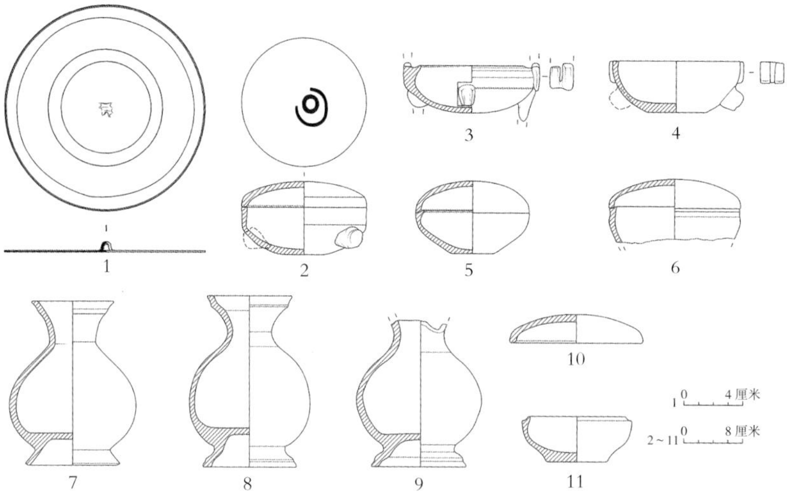

图七　M6 出土器物

1. 铜镜（M6 ： 1）　2～4. 陶鼎（M6 ： 4、2、3）

5、6、11. 陶盒（M6 ： 11、12、6）

7～9. 陶壶（M6 ： 8、10、9）　10. 陶盒盖（M6 ： 5）

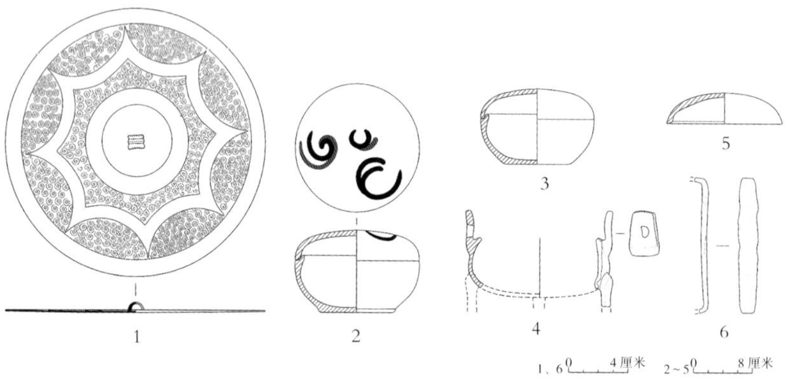

图八　M7 出土器物

1. 铜镜（M7 ： 7）　2、3. 陶盒（M7 ： 4、1）　4. 陶鼎（M7 ： 2）

5. 陶盒盖（M7 ： 5）　6. 棺钉（M7 ： 8）

墓室长 4.56 米，宽 2.7～3.79 米，残深 2.75 米，仅在墓室中部发现大量泥钱以及少量泥金饼（图六）。其中 M51 开口以及墓室虽破坏严重，但从方向及残存的形制来看均与 M47 一致，且距离仅 12 米，推测两者为夫妻异穴合葬。

（二）出土器物

西汉墓共计出土遗物 92 件（组），大部分为陶器，另有铜镜 3 件，滑石器 3 件（组），玉器 1 件。陶器多为泥质灰陶，胎普遍夹细沙，火候较低，质地较软，另有硬陶罐，质地较硬，火候较高。

1. M6

M6 共出土器物 12 件，有铜镜 1 件，陶鼎 3 件，陶壶 3 件，陶盒 4 件，陶盒盖 1 件，其中 2 件陶鼎、1 件陶壶、2 件陶盒无法修复。

铜镜　1 件（M6∶1），为素面镜，圆形，三弦纽，圆纽座，纽座外及边缘有两周凹面形带，形成重轮形，镜面较小，制作粗糙，直径 13.67 厘米（图七，1）。

陶鼎　3 件，残损严重。M6∶2，泥质灰陶，残，鼎足残损，无盖，器身子口，敛口，圆唇，微鼓腹，弧底，口径 18.6 厘米，残高 11.5 厘米（图七，3）。M6∶3，泥质灰陶，残，鼎足已无存，盖身平口扣合，鼎身方唇，直口，弧腹，平底，口径 17.2 厘米，残高 9.7 厘米（图七，4）。M6∶4，泥质灰陶，残，鼎足已无存，盖身平口扣合，弧形盖，鼎身方唇，直口，弧腹，平底，盖上残留黑色弧形纹饰，盖上局部残留极少量红色纹饰痕迹，口径 17.2 厘米，残高 9.7 厘米（图七，2）。

陶盒盖　1 件（M6∶5），泥质灰陶，弧形器盖，盖径 18 厘米，器盖高 3.8 厘米（图七，10）。

陶盒　3件。M6：6，无盖，敛口，圆唇，微鼓腹，平底，口径13.3厘米，底径8.5厘米，高6厘米（图七，11）。M6：11，泥质灰陶，由器盖和器身组成，弧形盖，器身子口，斜弧腹，平底，素面，盖径15.3厘米，盖高3.8厘米；器身口径15.5厘米，底径6.2厘米，通高9.6厘米（图七，5）。M6：12，泥质灰陶，底残，由器盖和器身组成，弧形盖，器身子口，斜弧腹，素面，盖径17.5厘米，盖高3.6厘米；器身口径17.7厘米，残损严重（图七，6）。

陶壶　3件。M6：8，侈口，方唇，短束颈，鼓腹，最大腹径偏下，喇叭口圈足，口径11.2厘米，腹径16.6厘米，底径12.9厘米，足高2厘米，通高21.8厘米（图七，7）。M6：9，无法修复，口残，短束颈，鼓腹，最大腹径偏下，圈足，圈足处有一周弦纹，足部微外撇，腹径17厘米，底径12.7厘米，残高19.4厘米（图七，9）。M6：10，侈口，方唇，短束颈，鼓腹。最大腹径偏下，圈足，圈足处有一周弦纹，足部微外撇，口径11.6厘米，腹径16.7厘米，高22.8厘米（图七，8）。

2. M7

M7共出土器物8件，铜镜1件，陶鼎2件，陶盒4件（陶盒盖1件），铁棺钉1件，其中陶鼎2件、陶盒2件均无法修复。

铜镜　1件（M7：7），残，圆形，三弦纽，外围凹面带一周，纹饰由地纹和主纹组合而成，地纹为云纹（亦称涡纹），主纹为凹面宽带组成的八个连弧圈，连弧之交角到达镜之边缘，素卷边，直径17.8厘米（图八，1；彩版四，2）。

陶鼎　2件，均无法修复。标本M7：2，陶鼎残片，无法修复，根据残片进行复原，泥质灰陶，无盖，敛口，深弧腹，腹部略鼓，器身子口，足部残，附双耳，圜底，复原口径16厘米，残高12.4厘米，鼎耳宽

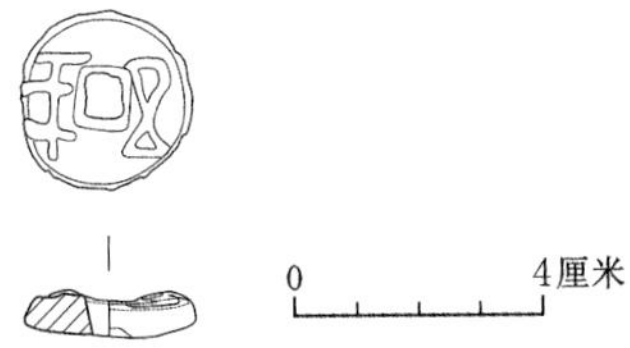

图九　M8出土泥钱

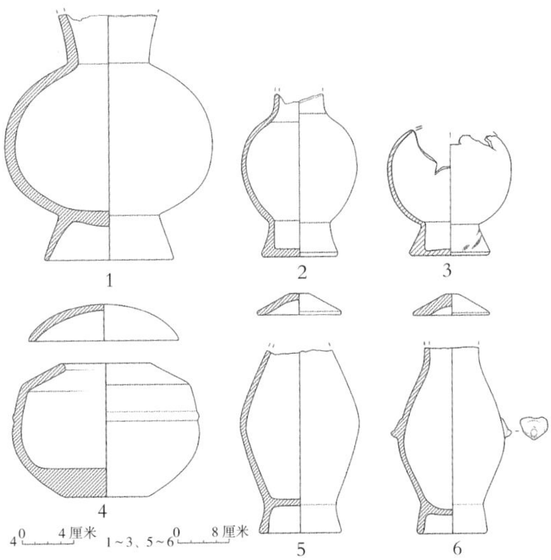

图十　M11出土陶器

1～3. 陶壶（M11：1、3、4）

4. 陶鍑（M11：2）　5、6. 陶钫（M11：5、6）

4厘米，高6厘米（图八，4）。

陶盒（盖）　4件，均为泥质灰陶，形制相似。标本M7：1，由器盖和器身组成，弧形盖，器身子口，弧腹，平底，素面。盖径15.6厘米，盖高3.7厘米；器身口径14厘米，底径8.6厘米，通高10.5厘米（图八，3）。标本M7：4，由器盖和器身组成，弧形盖，器身子口，弧腹，平底，彩绘破损严重，仅器盖局部有纹饰，为红、黑色组成的卷曲纹，盖径15.2厘米，盖高3.8厘米；器身口径13.7厘米，底径10厘米，通高9.6厘米（图八，2）。标本M7：5，陶盒盖1件，泥质灰陶，仅残存器盖，弧形盖，器盖母口，器盖口径15.7厘米，高4.1厘米（图八，5）。

3. M8

M8墓室破坏严重，仅在填土中出土

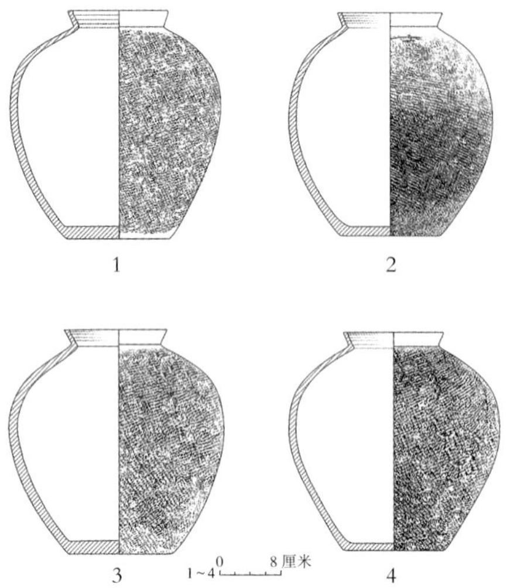

图十一　M11 出土第一类陶罐
1.（M11 ： 8） 2.（M11 ： 9）
3.（M11 ： 10） 4.（M11 ： 11）

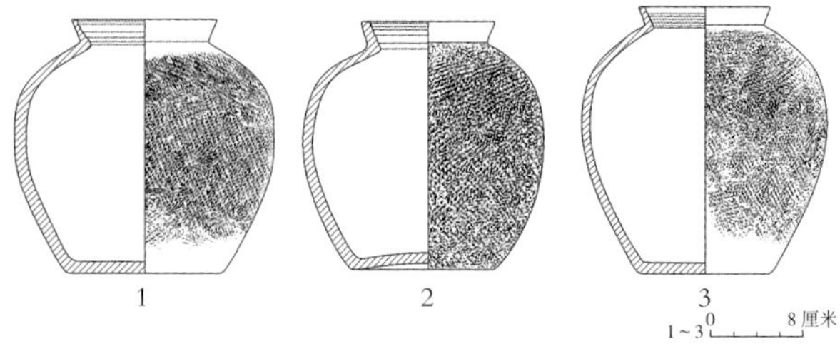

图十二　M11 出土第二类陶罐
1.（M11 ： 12） 2.（M11 ： 13） 3.（M11 ： 22）

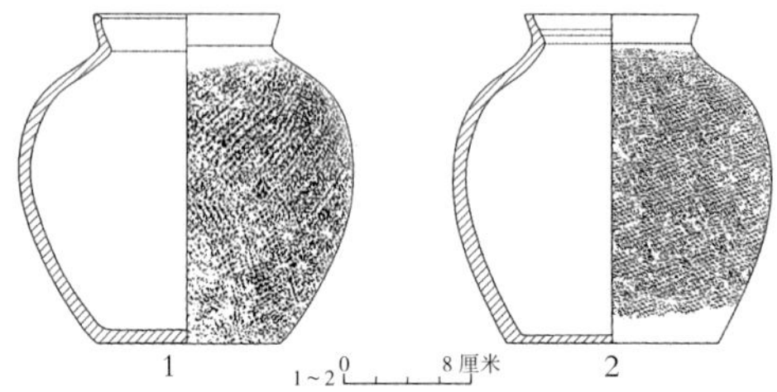

图十三　M11 出土第三类陶罐
1.（M11 ： 14） 2.（M11 ： 17）

数十枚泥五铢钱，烧成火候较低，多已变形，其形制大体一致，“五铢”字体不完整，“铢”为右半部分，部分泥钱穿上下似有横廓，钱径 2.8 厘米，孔径 0.7～1 厘米，厚 0.7 厘米（图九）。

4. M11

M11 共出土器物 30 件，陶壶 3 件，陶钫 2 件，陶鍑 1 件，泥金饼 1 件，印纹硬陶罐 13 件，软陶罐 3 件，陶灶 1 件，熏炉器盖 1 件，陶盆 2 件，陶钵 1 件，陶碗 1 件，铁剑 1 件，其中以印纹硬陶罐保存较好，陶壶、陶钫、软陶罐、熏炉器盖、陶盆、铁剑等无法修复。

陶壶　3 件，均为泥质灰陶，残损严重，口部均无法修复。M11：1，泥质灰陶，口部残缺，束颈，圆鼓腹，平底，喇叭形圈足，圈足较高，最大腹径 32.5 厘米，底径 20.2 厘米，残高 37.7 厘米（图十，1）。M11：3，口部残，束颈，微鼓腹，平底假圈足，腹径 18.3 厘米，底径 11.5 厘米，残高 25 厘米（图十，2）。M11：4，泥质陶，口部残，圆鼓腹，平底假圈足，腹径 19 厘米，底径 14 厘米，残高 19 厘米（图十，3）。

陶鍑　1 件（M11：2），敛口，折肩，鼓腹，腹部有凸棱一周，下腹部内收，平底，底部较厚，口径 6.9 厘米，底径 6.4 厘米，高 10.3 厘米。盖为弧形，口径 11.2 厘米，盖高 2.8 厘米。通高 11.6 厘米（图十，4）。

陶钫　2 件，M11：5，泥质灰陶，质地较软，由器盖和器身组成，器盖呈覆斗形，口部残，鼓腹，平底，方圈足，盖径 13.3 厘米，高 3.3 厘米；器身腹径 18.9 厘米，底径 13 厘米，残高 27.8 厘米（图十，5）；M11：6，泥质灰陶，质地较软，由器盖和器身组成，器盖呈覆斗形，口部残，腹部饰有两个对称铺首，铺首残损严重，无法确定具体纹饰。鼓腹，平底，方圈足，盖径 12.3 厘米，高 3.3 厘米；底径 13 厘米，残高 28.6 厘米（图十，6）。

M11 出土陶罐共计 16 件，其中印纹硬陶罐 13 件，软陶罐 3 件，可修复印纹硬陶罐 12 件，不可修复者 1 件（M11：21），软

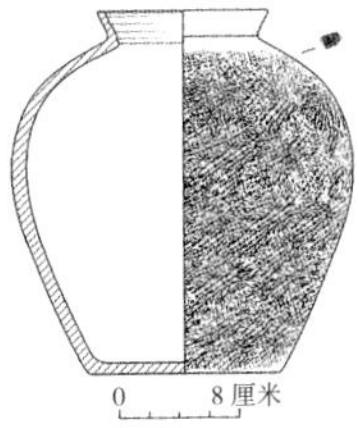

图十四 M11 出土第四类陶罐（M11 ∶ 23）

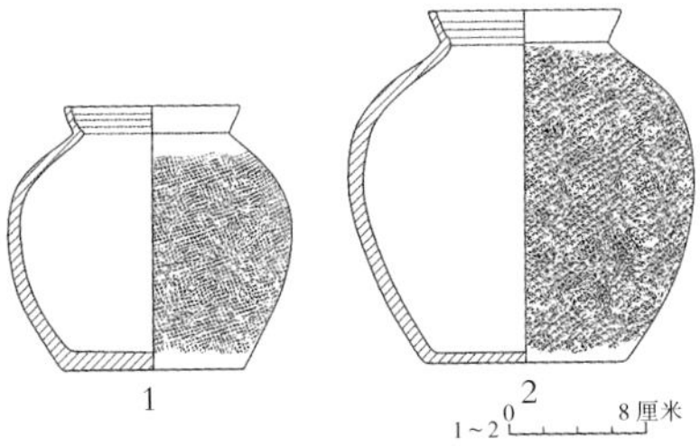

图十五 M11 出土第五类陶罐
1.（M11 ∶ 15） 2.（M11 ∶ 16）

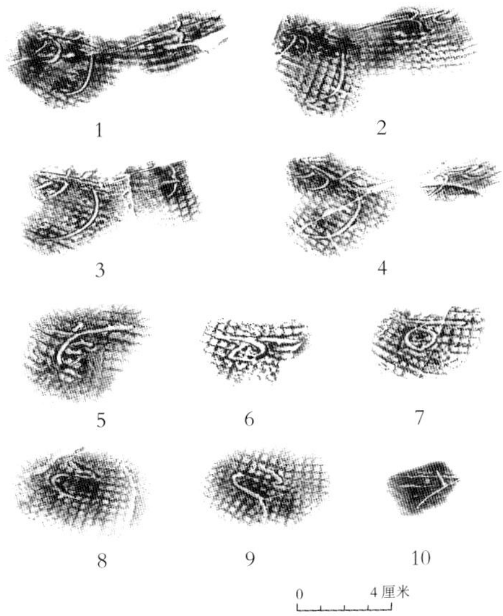

图十六 M11 出土陶罐肩部刻字（符号）拓片
1～4. 第一类铭文（M11 ∶ 8～11）
5～7. 第二类铭文（M11 ∶ 12、13、22）
8、9. 第三类铭文（M11 ∶ 14、17）
10. 第四类铭文（M11 ∶ 23）

陶罐均不可修复（M11：18、25、26）。

印纹硬陶罐根据是否刻字（符号）、刻字（符号）的不同可以分为五大类。

第一类 4 件，陶罐大小、肩部刻字基本一致，为“□”（图十六，1～4）。M11：8，侈口，方唇，矮领，溜肩，鼓腹，下腹内收，平底，罐口内侧饰数周弦纹，罐身饰方格纹，口径 13.1 厘米，最大径位于腹上部，腹径 27.8 厘米，底径 13.2 厘米，高 29.2 厘米，肩颈部刻字（图十一，1）。M11：9，侈口，方唇，矮领，溜肩，鼓腹，下腹内收，平底，罐口内侧饰数周弦纹，罐身饰方格纹，口径 13.7 厘米，腹径 26.8 厘米，底径 13 厘米，高 28.5 厘米，肩颈部刻字（图十一，2）。M11：10，侈口，方唇，矮领，溜肩，鼓腹，下腹内收，平底，罐口内侧饰数周弦纹，罐身饰方格纹，口径 13.4 厘米，最大径位于腹上部，腹径 28.4 厘米，底径 13.6 厘米，高 28.7 厘米，肩颈部刻字（图十一，3）。M11：11，侈口，微尖唇，矮领，溜肩，鼓腹，下腹内收，平底，罐身饰方格纹，口径 13.1 厘米，腹径 27.8 厘米，底径 14.1 厘米，高 27.9 厘米，肩部刻字（图十一，4）。

第二类 3 件，陶罐肩部刻字基本一致，均刻“百”字（图十六，5～7）。M11：12，侈口，方唇，矮领，溜肩，鼓腹，下腹内收，平底，罐口内侧饰数周弦纹，罐身饰方格纹，口径 12.4 厘米，腹径 22.3 厘米，底径 14 厘米，高 21.4 厘米，肩颈部刻字（图十二，1）。M11：13，侈口，方唇，矮领，溜肩，鼓腹，下腹内收，平底，罐口内侧饰数周弦纹，罐身饰方格纹，口径 11.4 厘米，腹径 20.9 厘米，底径 13.7 厘米，高 20.6 厘米，肩颈部刻字（图十二，2）。M11：22，底部残，侈口，方唇，矮领，溜肩，鼓腹，下腹内收，平底，罐口内侧饰数周弦纹，罐身饰方格纹，口径 11.2 厘米，腹径 21.1 厘米，底径 11.2 厘米，高 22.4 厘米，肩部刻字（图十二，3）。

第三类 2 件，陶罐大小、肩部刻字基本一致，均刻“乙”字（图十六，8、9）。M11：14，侈口，尖唇，矮领，溜肩，鼓腹，下腹内收，平底，罐身饰方格纹，口径 11.7 厘米，腹径 21 厘米，底径 12.4 厘米，高 19.9 厘米，肩颈部刻字（图十三，1）。M11：17，侈口，方唇，矮领，溜肩，鼓腹，下腹内收，平底，罐身饰方格纹，

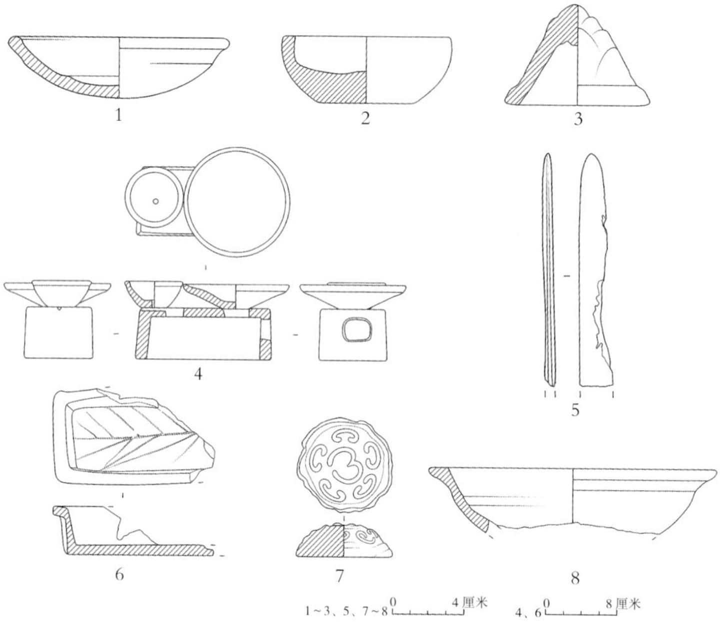

图十七　M11出土器物

1. 陶钵（M11 ：19） 2. 陶碗（M11 ：20） 3. 熏炉器盖（M11 ：28） 4. 陶灶（M11 ：24） 5. 铁剑（M11 ：30） 6、8. 陶盆（M11 ：27、29） 7. 泥金饼（M11 ：7）

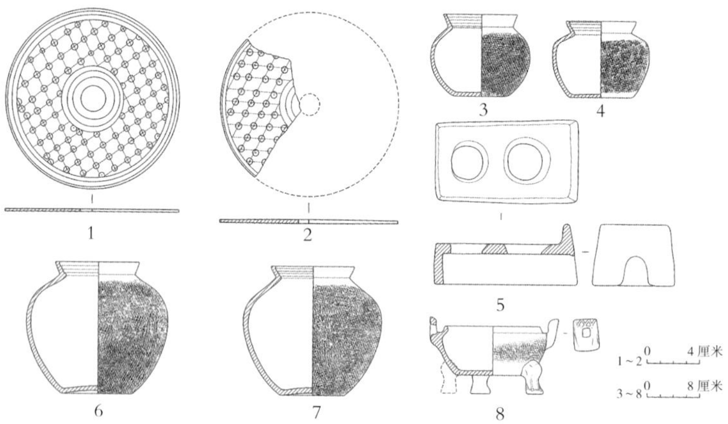

图十八　M13出土器物

1、2. 滑石璧（M13 ：1） 3、4、6、7. 陶罐（M13 ：6、7、2、3） 5. 陶灶（M13 ：4） 8. 陶鼎（M13 ：5）

口径10.9厘米，腹径20厘米，底径13.3厘米，高20.3厘米，肩颈部刻字（图十三，2）。

第四类　1件，刻字与前三者明显不同，似乎属于刻划符号（图十六，10）。M11：23，侈口，方唇，矮领，溜肩、鼓腹，下腹内收，平底，罐口内侧饰数周弦纹，罐身饰斜细绳纹，口径11.4厘米，腹径22.3厘米，底径13.6厘米，高23.6厘米，肩颈部刻有不规则符号（图十四）。

第五类　2件，陶罐形制相似，大小略有区别，不刻划文字或者符号。M11：15，侈口，方唇，矮领，溜肩，鼓腹，下腹内收，平底，罐身饰方格纹，口径10.3厘米，腹径16.7厘米，底径10.5厘米，高15.2厘米（图十五，1）。M11：16，侈口，方唇，矮领，溜肩，鼓腹，下腹内收，平底，罐身饰方格纹，口径11.3厘米，腹径20.2厘米，底径11.9厘米，高20厘米（图十五，2）。

泥金饼　1件（M11：7），似圆饼，表面拱起，饰卷云纹，凸弦纹，直径5.2厘米，厚1.7厘米（图十七，7）。

陶钵　1件（M11：19），泥质灰陶，侈口，圆唇，弧腹，弧底，口径12.4厘米，高3.4厘米（图十七，1）。

陶碗　1件（M11：20），泥质灰陶，直口，方唇，弧腹，平底，底部较厚，口径9.3厘米，底径5.3厘米，高3.6厘米（图十七，2）。

陶灶　1件（M11：24），泥质灰陶，为方形陶灶，方形灶门，灶面两个釜洞，上放置大、小陶甑各1件。陶灶长15.1厘米，高 8.6 厘米，灶门宽 7.5 厘米，高 5.6 厘米（图十七，4）。

陶盆　2 件。M11：27，泥质灰陶，残损，长方形，微侈口，圆唇，平底，底部刻有凹弦纹单株树纹。残长 18.2 厘米，残宽 10.3 厘米，残高 5.3 厘米（图十七，6）。M11：29，残损严重，仅剩下口沿部分，泥质灰陶，侈口，方唇，弧腹，器外口沿下有两周弦纹，器内壁可见模糊的细弦纹，口径 15.88 厘米（图十七，8）。

熏炉器盖　1 件（M11：28），残，泥质灰陶，博山形器盖，底径 8.1 厘米，通高 5.5 厘米（图十七，3）。

铁剑　1 件（M11：30），残损严重，无法复原，残长 12.6 厘米（图十七，5）。

5. M13

M13 共出土器物 10 件，滑石璧一组 2 件，陶鼎 2 件，陶壶 2 件，硬陶罐 4 件，陶灶 1 件，其中 2 件泥质灰陶壶无法修复，均出土于墓室东南部，其中 1 件陶鼎无法修复。

滑石璧　一组 2 件（M13：1），2 件形制相似，均残损，其中 1 件残损严重，无法修复。网结式菱格圈点纹，穿外有重圈纹，外缘刻画三周细弦纹，圈点纹位于菱形格相交处，修复完整者直径 13.4 厘米，孔径 1.9 厘米，厚 0.2 厘米（图十八，1～2）。

陶鼎　2 件（M13：5、11），灰陶红胎。标本 M13：5，敛口，鼎耳折收向上，腹下部斜收，平底，蹄足较矮，鼎腹饰方格纹，鼎耳、鼎足饰几何纹，口径 14.6 厘米，高 10.1 厘米（图十八，8）。

陶罐　4 件，均为麻布纹硬陶罐，可分为两类。

第一类形制相似，大小略有不同，侈口，方唇，矮领，溜肩，微鼓腹，下腹内收，底微内凹，罐口内侧饰数周弦纹，罐身饰方格纹，罐身上腹部施青绿釉，釉层较薄。标本 M13：2，口径 12.9 厘米，腹径 21.8 厘米，底径 11.6 厘米，高 21.8 厘米，肩颈部刻划符号“”（图十八，6）；标本 M13：3，口径 12.9 厘米，腹径 21.4 厘米，底径 10.3 厘米，高 19.3 厘米，肩颈部刻划符号与前者类似（图十八，7）。

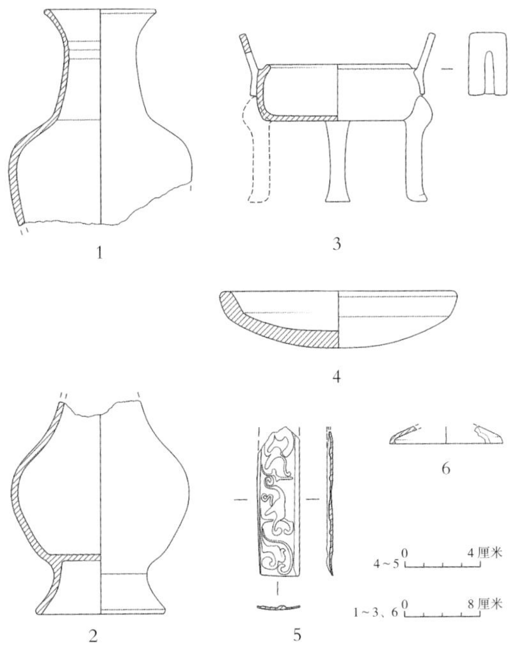

图十九　M32 出土器物
1、2. 陶壶（M32：1、2）3. 陶鼎（M32：5）
4. 陶钵（M32：6）5. 琉璃饰残件（M32：7）
6. 陶盒盖（M32：3）

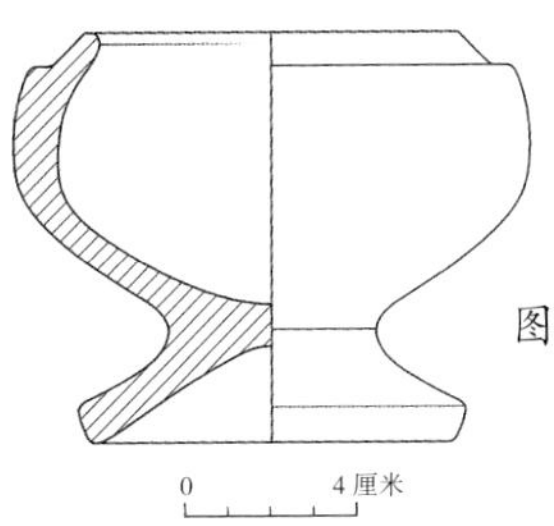

图二十　M42 出土陶熏炉（M42：1）

第二类形制相似，大小略有不同，侈口，方唇，束颈，溜肩，微鼓腹，下腹内收，平底，罐口内侧饰数周弦纹，罐身饰方格纹。标本 M13：6，口径 11.2 厘米，最

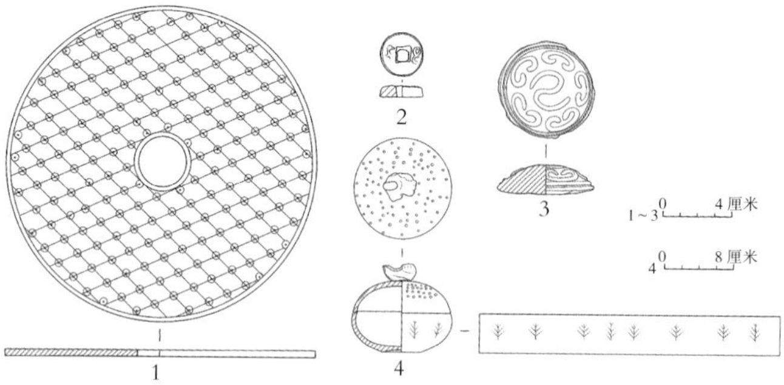

图二十一　M43出土器物
1. 滑石璧（M43 ： 3） 2. 泥五铢钱（M43 ： 16） 3. 泥金饼（M43 ： 17） 4. 陶熏（M43 ： 2）

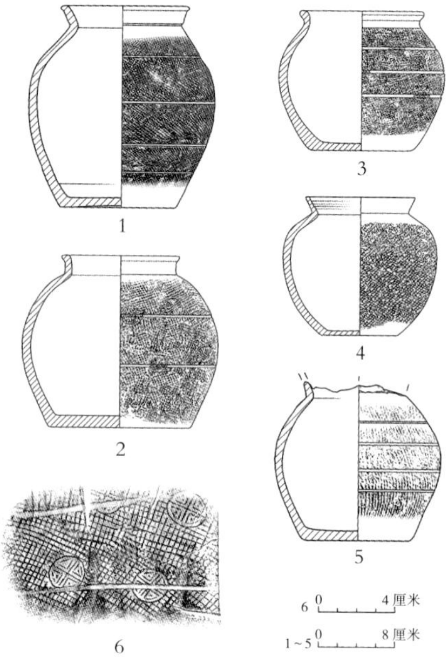

图二十二　M43出土陶罐及陶罐肩部纹饰
1～5. 陶罐（M43 ： 4、5、7、13、6）
6. 陶罐肩部纹饰（M43 ： 5）

大径位于腹上部，底径9.5厘米，高12.3厘米（图十八，3）；标本M13：7，口径10.8厘米，最大径位于腹上部，底径10.3厘米，高11.4厘米（图十八，4）。

陶灶　1件（M13：4），泥质陶，前端设有挡烟板，面上有两个釜洞，灶前部有拱形落地灶门，器体矮长，素面，长21.8厘米，宽11.5厘米，高9.1厘米，灶门壁高5.9厘米（图十八，5）。

6. M32

M32出土器物7件，陶壶2件，陶盒2件，陶鼎1件，陶钵1件，玉饰残片1件，2件陶壶、陶盒均无法修复。器物位于墓室内东部，位于一条直线上（图四）。

陶壶　2件。M32：1，泥质灰陶，质地较软，侈口，长束颈，溜肩，壶颈内部有四条细弦纹，下腹部及底部残，口径11.8厘米（图十九，1）。M32：2，泥质灰陶，质地较软，口、颈部残，微鼓腹，喇叭口圈足，圈足较高，最大腹径18.6厘米，底径13.5厘米（图十九，2）。

陶鼎　1件（M32：5），泥质黑衣灰陶，素面，质地较软，敛口，鼎耳外撇，方形耳，中部内凹，腹较浅，平底，蹄足较高，口径16.6厘米，腹径18.8厘米，鼎耳高6.2厘米，鼎足8.3厘米，通高19.2厘米（图十九，3）。

陶钵　1件（M32：6），泥质灰陶，素面，侈口，圆唇，弧腹圜底，浅底，腹中部有一圈凸棱，口径12.6厘米，高2.9厘米（图十九，4）。

琉璃饰残片　1件（M32：7），制作较粗糙，较脆易断，残，为长方形，一面饰浮雕纹，另一面素面，纹饰不清，似乎为卷云纹与动物纹组合而成，残长7.2厘米，宽2.2厘米，厚0.2厘米（图十九，5；彩版四，3）。

7. M42

M42出土器物3件，墓室破坏严重，发现陶鼎残片1件，无法修复；陶罐残片1件，无法修复；陶熏炉1件。

陶熏炉　1件（M42：1），泥质灰陶，鼓腹盘，喇叭形座，器身子口承盖，无盖，敛口，短柄，口径6.3厘米，底径6.5厘米，高7厘米（图二十）。

8. M43

M43出土器物17件，滑石璧1件，陶

盆 1 件，陶熏 1 件，陶罐 6 件，陶钫 2 件，陶壶 1 件，陶鼎 2 件，陶盒盖 1 件，泥钱 8 枚，泥金饼 1 枚；其中 1 件陶盆、1 件陶鼎、2 件陶罐、1 件陶壶、1 件陶钫无法修复。M43 陶盆、陶熏位于墓室北部，滑石璧位于墓室北部，出土时竖立，猜测原位置可能镶嵌于棺椁头端外侧，其余器物均位于墓室西部，同类器物放置一处（图五）。

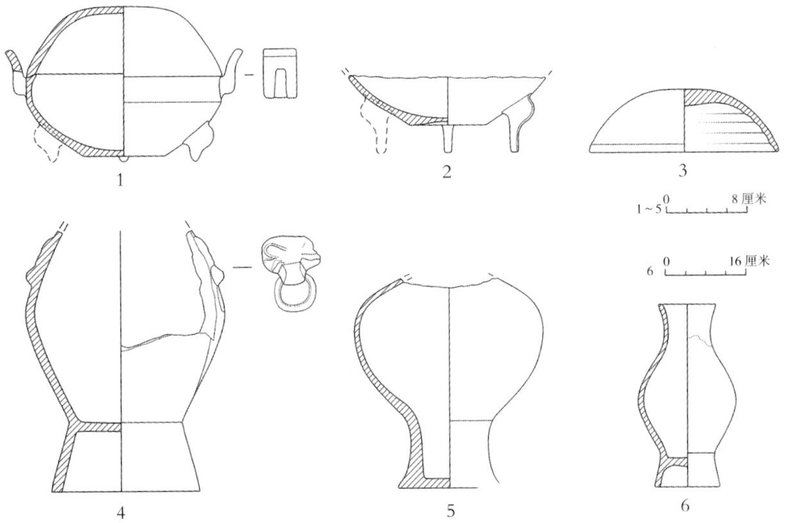

图二十三 M43 出土器物
1、2. 陶鼎（M43 ∶ 15、12） 3. 陶盒盖（M43 ∶ 14） 4、6. 陶钫（M43 ∶ 9、8） 5. 陶壶（M43 ∶ 10）

滑石璧 1 件（M43：3），出土时位于棺椁头挡位置，网结式菱格圈点纹，双面边缘和内孔处各刻有两周细弦纹，弦纹间饰菱形格圈点纹，方格由横竖各 16 条直线构成，交叉点上饰圈点纹，直径 18 厘米，孔径 2.8 厘米，厚 0.4 厘米（图二十一，1）。

陶熏 1 件（M43：2）残，底座及柄部不存，由器身和器盖组合而成，弧形盖，鸟形器盖纽，器盖上、中部有四周大小不一的孔洞，器身中部装饰一周树叶纹，口径 11.6 厘米，底径 4.3 厘米，残高 8.12 厘米（图二十一，4）。

泥五铢钱 8 枚（M43：16），大多泥钱钱文无法识别，能识别者皆为五铢钱，其形制大体一致，“五铢”字体不完整，“铢”为右半部分，部分泥钱穿上下似有横廓，直径 2.5 厘米，内口径 0.8 厘米不等，不规整，多数变形，烧制温度不高（图二十一，2）。

泥金饼 1 件（M43：17），位于 M43：8 陶钫内部，似圆饼，表面拱起，饰卷云纹，下部饰凸弦纹，直径 5.6 厘米，高 1.7 厘米（图二十一，3）。

陶罐 5 件，形制各异，纹饰主要有方格纹与圆形印纹的组合纹、方格纹以及绳纹。M43：4，印纹硬陶罐，侈口，圆唇，溜肩，微鼓腹，罐身饰方格纹以及戳印圆形印纹，戳印的圆形印纹较模糊，圆形印纹被方格纹覆盖，口径 13.2 厘米，腹径 19.2 厘米，高 20.5 厘米（图二十二，1）。M43：5，印纹硬陶罐，侈口，方唇，矮领，溜肩，微鼓腹，平底，腹部有两周凸棱纹，罐身饰方格纹以及戳印圆形印纹，圆的平面分成四格，格内填以点纹，整个图案中心用“十”字线把圆圈分成四格，格内填以实心三角形点纹（图二十二，6），口径 12.2 厘米，腹径 20.4 厘米，底径 14.6 厘米，高 17.5 厘米（图二十二，2；彩版四，4）。M43：6，印纹硬陶罐，口部残，溜肩，微鼓腹，下腹内收，平底，腹部有四周凸棱纹，罐身饰绳纹，腹径 17.7 厘米，底径 11 厘米，残高 16.1～17.7 厘米（图二十二，5）。M43：7，印纹硬陶罐，侈口，圆唇，矮领，溜肩，微鼓腹，下腹内收，平

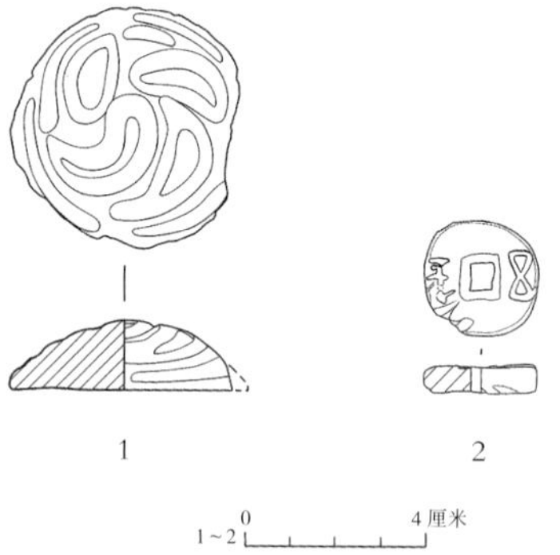

图二十四　M47 出土泥钱币
1. 泥金饼（M47 ： 1）
2. 泥五铢钱（M47 ： 2）

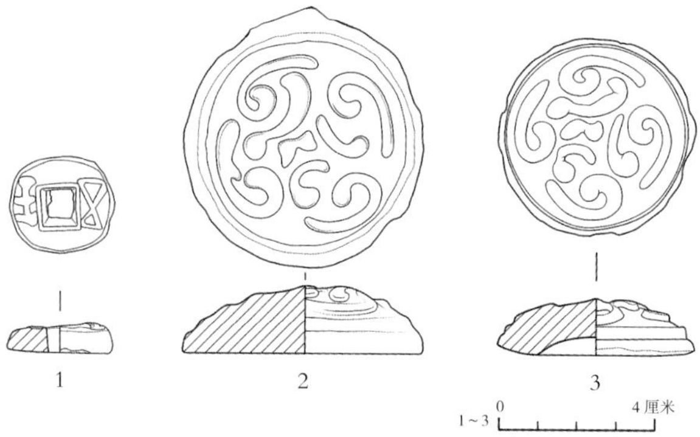

图二十五　M51 出土泥钱币
1. 泥五铢钱（M51 ： 2）　2、3. 泥金饼（M51 ： 1）

底，腹部有三周凸棱纹，罐身饰方格纹以及戳印圆形印纹，戳印的圆形纹较模糊，圆形印纹被方格纹覆盖，圆形印纹戳印没有规律，有部分圆形印纹位于罐身凸棱处，口径 13 厘米，腹径 17.3 厘米，底径 11.7 厘米，高 14.2 厘米（图二十二，3；彩版四，5）。M43：13，印纹陶罐，侈口，方唇，矮领，溜肩，微鼓腹，下腹内收，平底，罐口内侧饰数周弦纹，罐身饰方格纹，口径 11.4 厘米，腹径 16.2 厘米，底径 8 厘米，高 14.1 厘米（图二十二，4）。

陶钫　2 件，均为泥质灰陶，质地较软。M43：8，侈口，方唇，束颈，微鼓腹，平底，方圈足，无盖，器身腹径 19.3 厘米，底径 12.8 厘米，高 34.9 厘米（图二十三，6）。M43：9，无法修复，口部残，微鼓腹，平底，方圈足，上腹部对称装饰动物铺首衔环，其中铺首纹饰无法识别。腹径 19.4 厘米，足径 14.4 厘米，残高 25 厘米，残宽 5.6 厘米（图二十三，4）。

陶鼎　2 件，形制一致，大小略有不同。M43：12，残损严重，无法修复，弧腹，底微内凹，足部较短（图二十三，2）。M43：15，由器盖和器身组成，器盖母口，弧形盖，平顶，器身子口，敛口，圆唇，方形鼎耳，斜弧腹，下部斜收，平底，足部短小，口径 18.9 厘米，通高 14.7 厘米，鼎耳长 4.6 厘米，宽 3.4 厘米（图二十三，1）。

陶盒盖　1 件（M43：14），残，圆唇，平底，腹内侧有数周凸棱，口径 18.7 厘米，高 6 厘米（图二十三，3）。

陶壶　1 件（M43：10），口部、颈部残，鼓腹，最大腹径在上部，假圈足，足部较高，底径 10 厘米，残高 20 厘米（图二十三，5）。

9. M47

M47 出土器物 2 件（组）均为泥钱，墓葬遭到扰动，其他器物已无存，仅在墓底部散落大量的泥金饼及泥五铢钱（图六）。

泥金饼　数十枚（M47：1），似圆饼，表面拱起，饰卷云纹，直径 5.4 厘米、厚 1.5 厘米（图二十四，1）。

泥五铢钱　数百枚（M47：2），钱文不清晰，似乎为五铢，“五”字较为清楚，“铢”字不清晰（图二十四，2）。

10. M51

M51 出土器物 2 件（组）均为泥钱，因墓葬遭到扰动，其他器物已无存，仅在墓底部散落大量的泥五铢钱及泥金饼。

泥金饼　5 枚（M51：1），似圆饼，表面拱起，饰卷云纹，最大者直径 6.1 厘米，

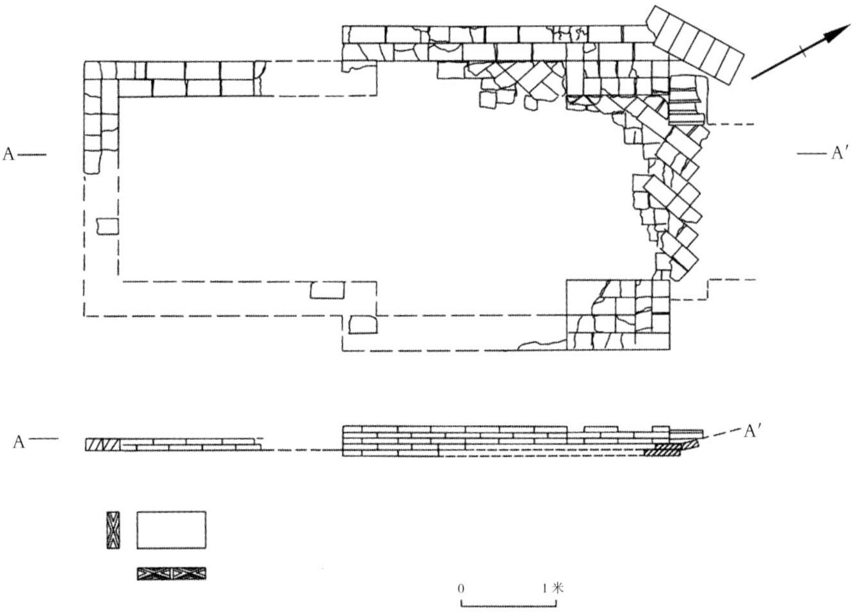

图二十六　M12 平、剖面图

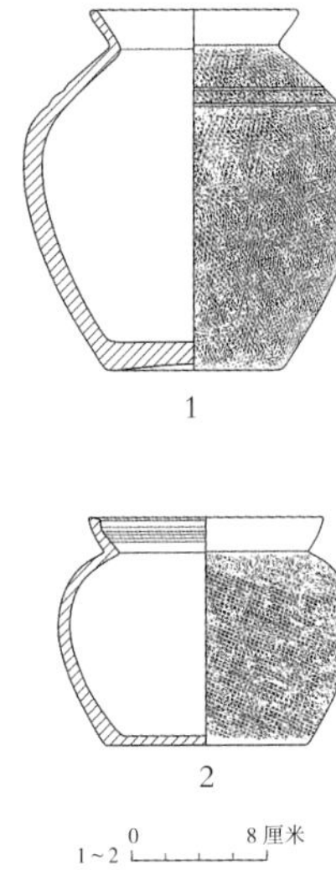

图二十七　M41 出土陶罐
1.（M41 ： 1）
2.（M41 ： 2）

高 1.7 厘米。最小者直径 5 厘米，高 1.47 厘米（图二十五，2、3）。

泥五铢钱　数百枚（M51 ： 2），大多泥钱钱文无法识别，能识别者皆为五铢钱，其形制大体一致，“五铢”字体不完整，“铢”为右半部分，类似“王”字，部分泥钱穿上下似有横廓，钱径 2.5 ~ 2.7 厘米，孔径 0.7 ~ 1.1 厘米，厚 0.6 厘米（图二十五，1）。

三　东汉墓

共 2 座，编号为 M12、M41，均为砖室墓，墓葬上部均遭到后代破坏，开口层位不详，打破生土层。

（一）M12

M12　方向 28°，由墓道、封门、甬道、前室、后室组成。葬具和人骨均已朽，墓内填土为红褐色，包含大量砂石颗粒、残砖碎块，较少石块，墓葬整体保存极差，现存开口于生土层，残存墓室底部以及少量墓室砖墙结构（图二十六）。

墓道位于北部，被破坏，形制不清，宽约 1.6 米，斜坡状底。

封门位于墓道南，残存封门砖 4 块，纵向单排斜向，推测为单排纵向“人”字形垒砌封堵。

甬道位于封门南，残存砖结构，残存 3 ~ 5 层，内残高约 0.18 米，平面呈长方形，宽 1.9 米，进深 1.06 米，两侧砖墙 4 排错缝平砌，较规整，底部铺青砖，斜向并排双层铺设，双层之间方向相交错，残存西北部。

前室位于甬道南，残存砖墙结构，残存 3 ~ 5 层，内残高约 0.18 米，对称分布，平面呈长方形，宽 2.64 米，进深 2.36 米，侧砖墙双排砖错缝平砌，残存西墙，较规整，底铺青砖，斜向双层铺设，双层之间相交错缝，残存西北部。

后室位于前室南部，残存砖墙结构，残存 0 ~ 2 层，内残高约 0.12 米，平面呈长方形，宽约 1.9 米，进深 2.74 米，残存西、南砖墙，双排砖错缝平砌，较规整，残高

0.12 米，铺底砖被破坏不存。

M12 墓内整体被扰动，墓砖规格为 36 厘米 ×18 厘米 ×6 厘米，大部分饰绳纹，侧面、纵面饰菱形纹，出土绿釉瓷鼎足残片。

（二）M41

M41 为单砖室墓，墓室上部破坏严重，扰乱严重，出土 2 件印纹硬陶罐。

陶罐 2 件。M41：1，质地坚硬，侈口，圆唇，束颈，溜肩，鼓腹，下腹内收，底微内凹，罐肩颈部饰两周弦纹，罐身饰方格纹，口径 11.4 厘米，腹径 18.6 厘米，底径 9.6 厘米，高 19.1 厘米（图二十七，1）。M41：2，质地坚硬，侈口，方唇，束颈，溜肩，鼓腹，下腹内收，平底，罐口内侧饰数周弦纹，罐身饰方格纹，口径 12.9 厘米，腹径 16.3 厘米，底径 11.1 厘米，高 12.1 厘米（图二十七，2）。

四　结语

M15 出土的蟠螭纹铜镜大量见于长沙楚墓中，诸如长沙楚墓 M1064：1、M1062：1、M494：1、M697：7，此类墓葬为乙类，年代处于第四期[1]，长沙楚墓出此类铜镜的墓葬年代为战国晚期，推测 M15 的年代为战国晚期。M36 出土的陶壶也见于长沙战国晚期楚墓中，如长沙楚墓 M1125：4、M1090：6、M1132：3[2]，推测 M36 墓葬年代为战国晚期。

西汉墓陶器组合见有鼎、壶、盒，鼎、钫、壶、盒，壶、钫、罐，以及鼎、盒，均为湖南地区西汉中小型汉墓常见器物。

M6 出土的 3 件陶鼎鼎盖、腹为盒形，鼎足均为矮形足，其中陶鼎（M6：3）与 1988 年溆浦茅坪坳 M6：3[3] 陶鼎形制相似，溆浦茅坪坳 M6 的墓葬年代为西汉中晚期，故此推测 M6 的墓葬年代为西汉中晚期。

M7 出土的陶盒（M7：1）与长沙桐梓坡 M42：4[4] 陶盒形制相似，后者墓葬年代为文景之际—武帝元狩五年（前 118）以前，M7 的墓葬年代为西汉早期。根据宋少华先生对长沙中小型汉墓的分期研究，长沙地区汉墓中出土泥五铢多见于西汉中晚期[5]，故此推测 M8 墓葬年代为西汉中晚期。

M11 出土的硬陶罐肩部刻字或者刻符号的现象也见于长沙时代倾城 M1[6]、长沙识字岭 M3[7]，后两者的墓葬年代均为西汉晚期，M11 出土的第二类刻“百”字的陶罐见于长沙沙湖桥西汉墓 MA14、MA45[8]，还见于《长沙发掘报告》西汉后期墓中的印纹硬陶罐[9]。故推测 M11 的墓葬年代为西汉晚期。

M13 出土的陶鼎（M13：5）与资兴西汉墓Ⅴ式陶鼎形制相似，腹壁斜直，大平底，短方耳，蹄足矮曲，此类鼎多见于西汉中晚期[10]，推测 M13 的墓葬年代为西汉晚期。

M32 出土的陶壶（M32：1）与《长沙发掘报告》M223：5 陶壶形制相似[11]，M32 出土的平底高足陶鼎与《长沙发掘报告》M351[12] 形制相似，《长沙发掘报告》M223、M351 分别为战国以及西汉前期墓葬，推测 M32 墓葬年代上限可至战国，故此推测 M32 墓葬年代为战国晚期至西汉前期。

M42 出土陶豆形熏炉（M42：1）在广州汉墓 M2012 也出土一件陶质熏炉（M2012：12）[13]，两者器身较接近，后者墓葬年代为西汉中期，推测 M42 墓葬年代为西汉中晚期。

M43 出土的陶鼎（M43：15）与湖南怀化 M8：10 陶鼎鼎身形制相似，后者的墓葬年代为西汉中晚期[14]，M43 出土的泥金饼与湖南长沙窑矿山 M5：14[15] 泥金饼相似，后者年代为西汉中后期，推测 M43 墓葬年代为西汉晚期。

M47与M51均为带台阶墓道、甬道、墓室的中型竖穴土坑墓，此类墓葬还见于《长沙发掘报告》M212[16]，后者墓葬年代为西汉后期；且M47、M51同出大量的泥五铢钱，湖南地区的出土泥五铢的墓葬年代集中在西汉中晚期及新莽时期[17]，M47、M51出土的泥金饼，与湖南长沙窑圹山M5：14[18]泥金饼相似，后者年代为西汉中后期，推测M47、M51两者墓葬年代为西汉中晚期。

M41为单室砖墓，该墓出土的小陶罐多见于东汉墓，同类器物还见于湖南安仁苗竹山M5[19]，后者墓葬年代为东汉早期，由于M41墓室破坏严重，且只出土了2件陶罐，硬陶罐流行使用时间较长，故此M41墓葬年代判定为东汉时期。

[附记：本次发掘的领队为张景尧，发掘人员有金银、李成果、周婷婷等，田野测绘由李强完成，器物修复由莫泽、方浙跃完成，器物线图由曾令兵、向雨等完成，拓片由曹伯亨、李凯琪完成，器物照片由杨浩一、向雨拍摄。本次考古发掘得到了长沙市文物考古研究所何佳、雷永利的帮助与指导；发掘简报写作得到了长沙市文物考古研究所曹栋洋、夏笑容、郑广、张大可的指导，在此对以上各位老师表示真挚的感谢。]

执笔人：金　银

注释：

[1] 湖南省博物馆、湖南省文物考古研究所、长沙市博物馆、长沙市文物考古研究所：《长沙楚墓》(上)，文物出版社，2000年，第250～252页。

[2] 同[1]，第114～116页。

[3] 怀化市文物事业管理处：《湖南溆浦县茅坪坳战国西汉墓》，《考古》1999年第8期。

[4] 长沙市文物工作队：《长沙西郊桐梓坡汉墓》，《考古学报》1986年第1期。

[5] 宋少华：《试论长沙西汉中小型墓葬的分期》，《湖南考古辑刊》第2集，岳麓书社，1984年，第191～197页。

[6] 长沙市文物考古研究所：《湖南望城时代倾城一号汉墓发掘简报》，《湖南省博物馆馆刊》第十七辑，岳麓书社，2021年，第76～91页。

[7] 长沙市文物考古研究所：《湖南长沙识字岭西汉墓（M3）发掘简报》，《文物》2015年第10期。

[8] 湖南省文物管理委员会：《长沙沙湖桥一带古墓发掘报告》，《考古学报》1957年第4期。

[9] 中国科学院考古研究所：《长沙发掘报告》，科学出版社，1957年，第107页。

[10] 湖南省博物馆、湖南省文物考古研究所：《湖南资兴西汉墓》，《考古学报》1995年第4期。

[11] 同[9]，第31～32页。

[12] 同[9]，第76页。

[13] 中国社会科学院考古研究所、广州市文物管理委员会、广州市博物馆编：《广州汉墓》(上)，文物出版社，1981年，第221页。

[14] 怀化地区文物工作队：《湖南怀化西汉墓》，《文物》1988年第10期。

[15] 长沙市文物考古研究所：《湖南长沙窑圹山汉墓发掘简报》，《湖南考古辑刊》第9集，岳麓书社，2011年，第79～99页。

[16] 同[9]，第87页。

[17] 杨柳：《战国秦汉时期湖南地区泥冥币的考古学研究》，四川大学硕士学位论文，2021年，第41页。

[18] 长沙市文物考古研究所：《湖南长沙窑圹山汉墓发掘简报》，《湖南考古辑刊》第9集，岳麓书社，2011年，第79～99页。

[19] 湖南省文物考古研究院、安仁县博物馆、科技考古与文物保护利用湖南省重点实验室：《湖南安仁苗竹山东汉墓发掘简报》，《中国国家博物馆馆刊》2024年第4期。

从田野考古发掘再谈秦汉畤文化遗存属性及相关问题

Rediscussing the Property of Qin and Han Altars and Related Issues Based on Site Archaeological Excavations

宝鸡市凤翔区博物馆　孙宗贤　王重博

宝鸡先秦陵园博物馆　翁利娜

Sun Zongxian, Wang Chongbo, Fengxiang District Museum of Baoji City

Weng Lina, Baoji Qin Tombs Museum

内容提要： 本文依据考古发掘资料，从最早被认为是秦汉时期西畤的甘肃礼县鸾亭山遗址，到近年来陆续考古发掘的凤翔雍山血池、宝鸡吴山、陈仓下站以及新发现的天水平南、凤翔灵山之南蔡阳山祭祀遗址，对秦汉畤文化遗存进行了较为系统的分析梳理。经分析论证，认为礼县鸾亭山、宝鸡吴山祭祀遗址并非畤文化遗存。所谓“雍山血池秦汉祭祀遗址”属性笼统，同处于雍山之南的血池与北斗坊祭祀区应分别是属性不同的两个畤文化遗存，不存在“秦上畤上建北畤”和“雍五畤汉代整合一起在雍山祭祀”的问题。血池祭祀区属于纯粹的西汉北畤所在，而雍山北斗坊祭祀区属吴阳上畤，灵山之南的蔡阳山属吴阳下畤之所。

关键词： 秦汉　畤文化　属性　问题

Abstract: Based on archaeological excavation materials, this paper makes a relatively systematic analysis and organization of Qin and Han altar culture sites, from the Luantingshan site in Li County of Gansu Province – originally believed to be the west altar of the Qin and Han dynasties, to the recently archaeologically excavated sites such as Xuechi in the Yongshan Mountain in Fengyang, Wushan in Baoji and Xiazhan in Chencang and the newly discovered sacrificial sites like the one at Pingnan in Tianshui and the Caiyangshan site south of the Lingshan Mountain in Fengxiang. The analysis believes that the Luantingshan site in Li County and the sacrificial site at Wushan in Baoji are not altar cultural sites. The so-called “Xuechi Qin and Han Sacrificial Site in the Yongshan Mountain” is too general in the sense that Xuechi and Beidoufang sacrificial areas that both lie south of the Yongshan Mountain are two altar cultural sites with different properties and there does not exist the issues of “the north altar is built above the upper Qin altar” and “the five altars in the Yongshan Mountain were integrated into one altar in the Han dynasty”. The Xuechi sacrificial area is in fact the north altar in the Western Han dynasty while the Beidoufang sacrificial area in the Yongshan Mountain is the Wuyang Upper Altar and the Caiyangshan site south of the Lingshan Mountain is the Wuyang Lower Altar.

Keywords: Qin and Han dynasties; altar culture; property; issues

畤是秦汉时期用来祭祀五帝的重要场所，畤祭成为诸公帝王亲自参与指挥下的政治礼制活动之一，它是研究秦汉时期历史文化面貌不可或缺的重要资料。秦人不断吸收和继承周人的文化传统，从公元前770年秦襄公在陇西一带设立西畤开始，进入关中以后逐步建立雍四畤，到西汉高祖刘邦增设北畤形成雍五畤系统。从春秋早期到西汉末期，秦汉畤祭文化延续长达700多年。近年来，学界聚焦秦汉国家政治礼制层面的畤文化研究，开展了大量艰苦细致的田野考古调查工作，在多方共同参与努力下取得了丰硕成果，结合文献及考古勘探发现了一批畤文化遗存，不仅对秦汉国家畤祭文化面貌和布局特征有了初步的认识，而且对祭祀规程、用牲制度、瘗埋器物等文化内涵有比较深入的研究，进一步印证了传统文献资料的可靠性和真实性。

一　发掘收获及存在问题

目前，从已经开展科学发掘的礼县鸾亭山、凤翔雍山血池、宝鸡吴山、陈仓下站祭祀遗址，还有资料公布新发现的天水平南、灵山（蔡阳山）祭祀遗址，综合来看，自2004年鸾亭山遗址发现以来，在没有真正畤文化面世的情况下，经历了开创性和摸索性的研究阶段，不仅点燃了畤文化研究的热潮，而且取得了不少研究成果。随着2008年雍山血池建筑遗址的调查发现，畤文化研究取得了新的突破。之后多家文博考古单位联合开展田野调查，从2016年开始陆续发掘了一批祭祀遗存，2020年以后系统考古发掘资料的刊布，对于从宏观和微观两个层面整体把握和探讨畤文化创造了条件，开拓了秦汉畤文化研究的视野空间。

2004年早期秦文化联合考古队对礼县鸾亭山祭祀遗址进行了考古发掘，认为其应属汉武帝时期两次祭祀活动的遗存，而且属于汉代畤文化范畴。[1]有发掘者认为是在秦襄公于公元前770年设立西畤的基础上发展演变而来，或山顶祭祀遗址应是历史上“西畤”的一部分。[2]

从2016年至2018年，由陕西省考古研究院主持，多家单位联合对雍山血池秦汉祭祀遗址开展了持续三年的发掘工作，发掘面积5000多平方米。发掘者认为：一是该处早期在战国时期即为秦上畤设立之处，汉代继续在原上畤基址上建北畤；二是汉代为了简化雍五畤繁琐的重复内容，遂将原秦四畤一并整合，即在雍山上设立西汉时期的雍五畤。[3]

2018年由国家博物馆主持，多家单位联合对吴山祭祀遗址进行考古发掘，发掘车马祭祀坑8座。通过对吴山遗址文化遗存的考古学分析，初步判断吴山遗址为秦汉时期的畤文化遗存。而且发掘者根据每个祭祀坑伴出的一件铁锸，认为应是祭祀炎帝的吴阳下畤所在。[4]

2020年由国家博物馆主持，多家单位联合对下站遗址进行首次考古发掘，发掘面积800平方米。从出土遗物判断，遗址的年代下限不晚于西汉时期。下站遗址位于渭河以南、秦岭北麓的山前台塬之上，地点与文献记载高度吻合，遗址出土的“密”字陶文更进一步明确了下站遗址是密畤。[5]

以上几处考古发掘的祭祀遗址都有新的发现和收获，包括发掘者等专家学者做了深入研究，取得了丰硕成果。但笔者认为秦汉畤祭中的一些问题仍有待进一步探讨。诸如鸾亭山、吴山是否属于畤文化范畴；发掘者认为的血池遗址是一个整体，还是属于不同性质的两个祭祀区；雍山血池是“在秦上畤上建北畤”或“雍五畤整合说”是否成立；吴山祭祀坑伴出铁锸与

图一　礼县鸾亭山祭祀遗址出土玉器组合

祭祀炎帝的吴阳下畤究竟有无直接关系等问题。下面，依据考古发掘资料结合文献，作者不揣浅陋，就秦汉畤文化属性及相关问题再做一些分析梳理，不妥之处敬请方家斧正。

二　问题梳理及属性辨识

（一）鸾亭山遗址

近年文博工作者结合早年天水博物馆征集到的平南遗址玉人及地理环境，新发现了天水平南遗址，并判断平南遗址作为西畤的可能性更大。[6] 如果平南遗址属性确定或同时出现汉代祭祀坑的话，秦襄公得以封侯之后的秦都又在天水那一带，礼县鸾亭山祭祀遗址是否为畤文化遗存，还有待进一步甄别。

如果把鸾亭山祭祀遗址和新近发掘的雍畤对比研究，就不难发现诸多问题。首先两者地理位置不同，前者在山顶，后者在山腰，突出了山环水抱的堪舆法则和理念；其次两者祭祀坑形制不同，前者以南北向小长方形和不规则形祭祀坑为主，后者则以西汉具有代表性的东西向长方形竖穴坑为主；再次两者祭牲不同，前者为牛羊猪鹿狗，后者基本为车马或木偶车马；最后两者祭祀频次不同，前者仅有两次祭祀，后者的祭祀持续不断，祭祀坑数量多寡无法相提并论。这些均与西汉时期的畤祭规制无法衔接，反映出的祭祀文化特征具有偶然性。虽然“西畤畦畤，上不亲往”与雍畤礼制有明显区别，但倘若是西畤，必有太祝常驻，以及长期举行奉祭活动的遗迹。正如祝中熹先生论述所说：“西畤这种性质的祭址，延续使用了五六百年，如后来未经历毁灭性变故，有幸被当世考古发现的话，必将呈现相当可观的文化蕴藏，而非鸾亭山、西山坪这类遗存所能当之。”[7] 平南遗址的新发现，必将对早期秦都及秦公诸器等相关问题的研究带来新一轮冲击。因此，笔者认为鸾亭山祭祀遗址更趋向于为帝王间或出巡或其他地域性祭天活动之处。

鸾亭山属于天子亲临等级最高的国家祭祀遗址，从出土玉器来看，玉璧代表祭天，玉圭代表天子祭祖配享。周礼规定，天子祀天，要以先祖配享，是谓“禘天”。《礼记·大传》：“礼，不王不禘。王者禘其祖之所自出，以其祖配之。”[8] 鸾亭山禘天之礼，促进了天神与祖神的有机合一、王权与神权的交相辉映。《周礼正义》谓：“四圭有邸以祀天、旅上帝。两圭有邸以祀地、旅四望。裸圭有瓒以肆先王。”[9] 在天、地、人合一的宇宙观的基础上，逐步升华成敬天地、祀先祖、崇王权的礼制文化（图一）[10]。

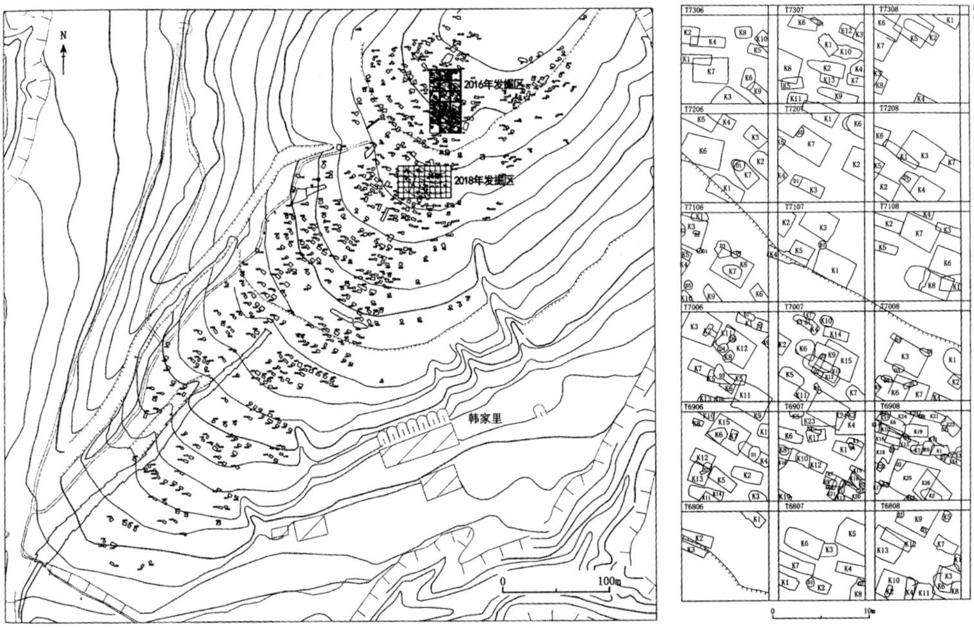

图二　雍山血池祭祀遗址勘探遗迹分布与 2016 年考古发掘平面图

（二）雍山血池遗址

2016 年发掘的雍山血池遗址，发掘结果与作者通过地面调查获得的结论是完全一致的。笔者早先提出应是汉刘邦建立的北畤，得到了考古发掘实物资料佐证。[11]从出土器物方面来讲，2016 年血池遗址东西向长方形祭祀坑 T7107K1 分别出土了“上畤”“上”；2017 年北斗坊遗址 T0151 ②分别出土了“下畤、下祠”“下祠□”。结合出土的 T7207K2：6“竹宫”，这些陶文均是比较成熟的汉隶书体。分析“下祠□”残字应是下祠明器的“明”字，据《礼记·檀弓下》:“其曰明器，神明之也。”虽然雍山血池出土有“上畤”、雍山北斗坊出土有“下畤”陶文，但这些陶文并不能确定畤遗存属性。祭祀牢熟具在祭祀活动中移用的例子，在考古发现中屡见不鲜。同时从血池出土的建筑材料中瓦面以粗绳纹为主，瓦沟为素面或布纹，时代集中指向西汉时期。血池祭祀坑虽有少量战国时期的“来谷”瓦当残片出土，但这正好反映了“秦宫汉葺”的历史过程。

从 2016 年发掘的雍山血池祭祀坑形制上来分析，祭祀坑分为 A 型、B 型、C 型和 D 型四种形式，明确说明 C、B 型坑晚于 A 型，部分 C 型坑晚于 B 型。换言之，就是说 A 型坑属于血池遗址最早的单元，同时从出土的铁锸、汉半两、五铢来看，也把血池遗址最早时代卡在了西汉时期。因此，通过上述分析，血池遗址作为战国时期秦上畤设立之处的可能性是不存在的，唯一的解释只能是西汉北畤之所（图二）。[12]

结合下站祭祀遗址发现的西汉时期房址、灰坑，雍山血池单纯为汉代祭祀遗存。雍山北斗坊出现的大量西汉时期的祭祀坑以及公布的新发现灵山之南蔡阳山祭祀遗址勘探资料表明，汉代仍在这几处持续祭祀。另就“上畤、下畤、下祠、来谷、竹宫、棫阳”陶文及瓦当，涉及蕲年宫宫殿群、雍城南郊宫殿群，从一个侧面折射出雍城郊畤活动中，各宫殿与诸畤之间的互动关系。辛怡华先生认为，雍五畤各有其主，应各自有其具体位置及范围，新增的北畤不可能占用其他四畤之一或在其他四畤之上继续沿用。汉代皇帝每次来雍，都必须祭祀五畤，说明除北畤外，其他四畤还是继续沿用的。[13] 因此，汉代为化繁为简遂将原秦四畤一并整合在雍山设立雍五畤，这种解释也是缺乏科学依据的。

血池发掘区叠压打破的现象特别严重，一个重要原因就是由于地形台原正面扇面狭窄、不够宽泛。第一波次祭祀结束后，第二波次紧随其后。与灵山之南的蔡阳山台原扇面比较相似。相比而言，北斗坊台原扇面尤为广阔，早中晚三个区域基本清晰，并以自然沟壑为界，或以栽植树木标明边缘，叠压打破多以边缘式侵入为主，打破相对较少。

（三）雍山北斗坊及蔡阳山遗址

从 2017 年发掘的雍山北斗坊遗址布局特征和地形区块结构方面分析，基本可以将其划分为中间、西侧、东侧三个区域，按照一定规划规律性分布，而且反映出自东而西、自上而下向四周扩散，当时除自然沟壑外，可能还存在以栽植树木或其他，标示早晚祭祀坑边界范围的方式。从布局结构上呈现出基本清晰的时代特征，中间区域以南北向长条形祭祀坑为主，与简报中碳十四检测的 T0153K3 数据基本一致，应属于战国时期，也与秦灵公置吴阳上下畤的时段完全吻合。同时，中间区域（以南北向长条形马坑为主）经过一个阶段的祭祀后戛然而止，进入迅速向两侧大规模扩散的局势。这些也正好符合进入西汉以后，“汉承秦制”皇家推崇和延续秦祭畤文化传统，开展新一轮大规模、多波次祭祀活动的历史过程。北斗坊发掘区总体而言为战国时期遗存，虽然这一区域有少量的晚期坑打破早期坑的现象，但总体反映出的特征属于边缘式入侵，并未杂乱无章地进入中心区域。

中间区域祭祀坑形制结构基本为 A、B、C、D 型，即 C 型为南北向窄长方形，祭牲为一牛一羊；B 型为南北向微宽长方形，祭牲以八匹马为主；A 型则为南北向长条形坑，长达 80 多米，祭牲全部以马匹为主。而且 A 型坑占据绝对优势，呈向南扩散趋势，这类坑就是上述所说的检测为战国时期的祭祀坑。这里需要提及的是 B、C 型坑，从其分布规律及处于最上部边缘来看，与 A 型坑时代上似有一定的关联性，这种南北向长方形形制应源于春秋时期马家庄秦宗庙牛羊祭祀坑，而且笔者认为长条形坑是这类坑演变发展的结果。秦灵公设立的吴阳上下畤晚于密畤 250 年之久，存在逐步恢复祭祀礼仪的过程，在祭祀程式上首先借鉴了秦宗庙祭祀形式，起初采用了南北向长方形的祭祀坑形制。但 C 型坑在不存在叠压打破关系的情况下，T0353K3 一坑一牛一羊，碳十四检测到了牛骨时代为西汉，羊骨时代为战国。还有 B 型坑，从考古资料上显示，T0352K3 与南部长条形 A 型坑 K7，上下存在打破关系，但简报未说明。经过详细询问发掘现场负责人确认“下面的长条形坑打破了上面的 8 马坑”。经检测，T0353K1 的马骨为西汉时期，而长条形 K3 为战国时期。[14] 问题是虽属于同一类坑，显然在时代上却出现了相互矛盾之处。这里笔者依据叠压打破关系采信战国时期，和上节分析结果是一致的（图三）[15]。

北斗坊遗址也在 T0151 ②层出土“下畤、下祠□”，还有前述血池遗址出土“上畤”等陶文残片，虽不能完全确认是上、下畤，但提供了进一步厘清吴阳上、下畤基本脉络的信息。关于吴阳上、下畤的具体地望问题，作者采纳基于《汉书·地理志》“汧，吴山在西，古文以为汧山”提出

图三　雍山北斗坊祭祀遗址勘探遗迹分布与2017年考古发掘平面图

的汧山余脉灵山、雍山亦即吴山的论断，提出吴阳上、下畤应在雍旁汧山余脉——灵山附近的观点。从目前考古获得的资料来看，祭祀遗址集中分布在汧山余脉雍山、灵山一带，说明前期调查研究是充分扎实的，分析论证的方法和路径是完全正确的。[16]2019年考古队根据笔者早年发表的拙文观点“吴阳上畤应在依附于灵山之南的蔡阳山”，经过考古勘探即取得了祭祀遗址的新发现。虽然考古勘探与实际发掘结果存在些许差异，但最上部分布的南北向长方形和长条形祭祀坑，仍可从形制上判断应属于战国时期，下部依次大量出现的东西向长方形祭祀坑，多为西汉时期。

关于雍山血池遗址属性问题，笔者认为血池和北斗坊应分别是两个属性不同的祭祀区。按照时代先后分为北斗坊和血池两处祭祀遗址，在大的地理位置上同属雍山之南余脉，但一东一西距离达2～3公里。发掘者统称为雍山血池祭祀遗址，认为东山梁北斗坊应与中山梁血池为一个整体。因此，血池年代尤其是血池遗址东山梁年代可能较早，结合血池出土的“上畤”陶文，血池遗址可能为秦人所立“畤”在汉代的沿用。血池遗址规模较大，秦人的上畤不应该有这么大的规模。对此，我们提出了“五畤整合说”这一观点。[17]理应属性比较清晰的两处遗址，捆绑一起形成了含混不清的结果。

（四）吴山祭祀遗址

吴山自古为西镇名山，固然历史地位不可小觑。涉及秦汉畤祭问题时，不少专家学者理所当然地认为吴阳上、下畤一定在吴山附近，但笔者一直不认可这种认识和判断。下面，结合吴山祭祀遗址2018年考古发掘资料再作一番分析考量。

在古文献中，吴山很明确被视为“华山以西名山之一”的西镇之山，祭祀传统由来已久，绝不会出现把吴阳上下畤与吴山山川祭祀规划在一起，造成多种活动交织和混乱不堪的局面。2016年陈仓区博物馆配合千河流域早期秦文化考古队，对位于宝鸡市区西北约50公里的陈仓区新街镇吴山出土玉人和车马器的区域，进行了考古调查和考古勘探，发现祭祀坑93处。[18]吴山与下站、雍山血池、北斗坊、蔡阳山几

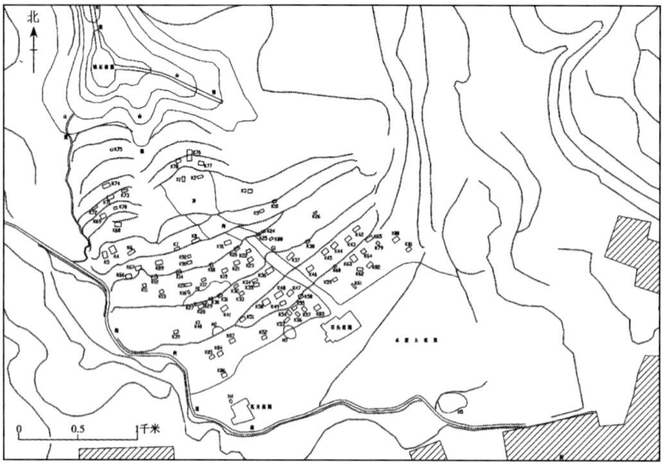

图四　2018 年宝鸡吴山祭祀遗址勘探遗迹分布图

舆内放置玉人、玉琮、铜镞，车旁放置铁锸。”[20]笔者认为瘗埋男女玉人、玉琮祭祀意义浓郁，对于把铁锸作为遗址属性指向标识物的判断并不认同。理由一是铁锸出土位置与祭祀玉器有别，二是铁锸更趋于为随车携带的施救工具。根据发掘报告显示，代表祭祀程式的男、女玉人及玉琮，均集中出土于车舆前端，而唯独铁锸出土于车舆两侧及周边，这呈现出此两者用途截然不同，而且在以往考古实践中有这样的实例。进一步说如果铁锸是用于祭祀，也应该像由人牲演变而来的玉人那样，进行一些抽象化或仪式感的改造，而非拿实用工具直接用来祭祀。因此，将铁锸的出现视为吴阳下畤为祭祀炎帝神农场地的依据，尚显不足。

处从祭祀规模、祭祀波次、叠压打破现象突出等畤文化遗存的诸多特征相比较，都无法比拟。吴山祭祀遗址虽与血池祭祀遗址 A 型车马祭祀坑有所相似之处，同样都是东西向长方形车马祭祀坑，但血池遗址祭祀天帝更显隆重，车马坑壁大多增加了木制外椁，而且动辄出现上千个祭祀坑的情况在吴山是没有的（图四）[19]。结合发掘者反馈的观点，笔者认为应把吴山祭祀遗址对比血池“上畤”陶文认作吴阳下畤，首先从地理位置方面讲，吴阳上畤在雍旁，而吴阳下畤在吴山，上、下不搭，显然关系上本末倒置。吴山作为吴阳下畤，既违背了吴阳武畤位于“雍旁”雍郊的原则，又不符合大队人马跋山涉水、鞍马劳顿的出行条件。同时，从吴山祭祀坑布局特征来分析，整体 93 个祭祀坑集中分布在山脚地带，而且呈现出下部祭祀坑规划规模较大、整齐划一（2018 年发掘区），偏上部祭祀坑布局较为凌乱、形制多样的特点。总体反映出下大上小、下早上晚，祭祀坑瘗埋过程逐渐由下而上、由繁而简的时空趋势，与雍山血池等祭祀坑由上及下、上早下晚的祭祀坑瘗埋过程完全相悖。

从出土器物方面看，发掘报告称：“车

从吴山祭祀遗址考古发掘出土玉器来看，笔者认为应把玉琮作为遗址属性判断的标识物。据《周礼·春官·大宗伯》载：“以玉作六器，以礼天地四方，以苍璧礼天，以黄琮礼地，以青圭礼东方，以赤璋礼南方，以白琥礼西方，以玄璜礼北方。”[21]西周初期制定的礼玉制度到东周时期遭受严重打击。有关玉器的记录，最早见于先秦典籍《尚书·尧典》和《周礼·春官》，《周礼》成书时间一直不明，自汉代此书才得以被发现和问世，王莽篡政时把《周官》改名为《周礼》。从西汉司马迁所著《史记》中，透露出秦汉时期才真正实行礼玉制度的过程。因此，吴山出土玉琮仍属于祭地用具。李零先生认为“山川代表‘天下’”[22]，“天下”亦即大地。这种含义与祭祀山川别无二致。《周礼》中虽有各种礼玉祭祀的礼仪，但目前尚缺乏出土实物资料的印证，而恰恰从血池、吴山、鸾亭山等祭祀遗址所出土玉器文物来看，集中地反映出秦汉时期祭祀礼玉的规制。

从祭祀坑形制及时代方面辨析，发掘报告认为“吴山遗址8个车马祭祀坑均为长方形竖穴土坑，形制与出土遗物同血池遗址A类坑非常类似”。[23]而且吴山早于血池（2016年发掘地点），时间要到战国晚期至秦，这正好反映出“汉承秦制”。汉初刘邦初创北畤，从血池祭祀开始采用了长方形车马坑祭祀这一祭祀形式，与之前的春秋战国时期牛马羊三牲祭祀坑形成较大的区别。西汉王朝建立后，不仅继承秦代的政治制度，也沿袭秦的祭祀礼仪并略有增益。[24]据《史记·封禅书》记载:“畤驹四匹，木禺龙栾车一驷，木禺车马一驷，各如其帝色。”[25]这是秦代以后祭祀用牲基本情况，与春秋以来“其牲用骝驹黄牛羝羊各一坛，三牲郊焉”存在明显的不同。发掘报告称:“从祭祀坑形制与出土遗物判断，吴山遗址祭祀坑整体年代相差不远，与血池遗址A类祭祀坑的年代相当，其中K3和K5的年代略早。”[26]笔者认为从K2出土的仅有一枚的秦半两，以及吴山遗址出土男女玉人制作粗糙、玉琮厚重等方面分析，时代上应早于血池遗址。综上吴山祭祀遗址应属秦汉帝王祭祀名山大川之所，这种传统一直延续到宋元明清，显然吴山遗址作为畤文化遗存是不成立的。

（五）陈仓下站遗址

发掘者认为秦宣公所置密畤，无论从雍地所处“渭南”，即渭河以南地理单元，还是出土的带“密”字陶片上，密畤性质基本可以确定。[27]虽然下站遗址出土器物时代基本在汉代，没有能够反映到春秋中期秦宣公时段，但就从打破关系中时代最早的A型坑，与2017年雍山北斗坊A型南北向长条形祭祀坑来看，显然在形制大小、祭牲演变等方面存在传承关系。雍山北斗坊南北向长条形祭祀坑经碳十四测年为战国时期，结合春秋中期马家庄秦宗庙遗址祭祀坑祭牲以牛羊为主的特征，基本推测下站遗址A型南北向长条形祭祀坑应属于春秋时期。下站长条形祭祀坑分布于砖瓦堆积区东侧，南北向平行分布，分布范围约7万平方米，宽窄相间，宽则1米，窄则0.6米，长度一般约120米。下站遗址考古勘探图虽尚未公布，但从上述分布规模、形制结构分析，长条形祭祀坑仍为祭祀中心区块庞大的祭祀遗存，不仅分布具有一定规律，且早期以牛羊为主要祭牲，反映出春秋中期以来的祭祀文化面貌。同时由春秋战国南北向长条形祭祀坑，长达80～120米的形制及祭牲数量来看，可以相信《史记·秦本纪》“德公元年，初居雍城大郑宫，以牺三百牢祠鄜畤”中记载的“三百牢”，不是人们简单认为的传讹，而是真实存在的祭牲史实（图五）。[28]

图五　宝鸡陈仓下站祭祀遗址2020年发掘区域

三　属性识别及问题认知

由于地缘关系，笔者长期关注和研究畤文化遗址。2008年5月获得出土文物线索后，在半坡村支书王武堂、血池小组长陪同下，一起开展田野调查时发现血池汉代建筑遗址。“对于血池遗址的考古调查初期曾得到了当地文物工作者参与。”[29] 随后分别带领国家博物馆梁云、游富祥及雍城考古队田亚岐、赵富康等做过多次现场调查。北畤的发现研究不仅为其他诸畤研究提供了借鉴，而且在秦汉畤文化研究上具有里程碑的意义。雍山血池是一处结构完整、面貌清晰、功能趋于完善的皇家畤文化祭祀遗址。[30] 随着田野考古调查发掘的持续开展，有必要厘清畤文化属性及相关问题，为进一步深入研究畤文化提供积极帮助。

（一）礼县鸾亭山、宝鸡吴山

这两处祭祀遗址并非畤文化遗存，却都存在祭祀天地或山川的属性。礼县鸾亭山遗址表现出的祭祀活动具有偶然性的特征，地理位置、祭坑形制、祭牲类别、祭祀频次等均不符合西汉时期畤祭程式，更趋向于为帝王出巡或其他地域性祭天活动的场所。2017 年祝中熹先生说：“鸾亭山遗址应为秦襄公创建西畤前，嬴姓方国的原始性祭天场所。”[31] 宝鸡吴山遗址虽与血池较为相似，但从地理位置、布局规模、祭祀频次等诸多特征无法比拟，出土铁锸与遗址属性的判定没有直接关系。

（二）雍山血池祭祀遗址的属性

笔者认为同处于雍山之南的血池与北斗坊应是属性不同的两个祭祀区。北斗坊发掘区时代属于战国时期。遗存检测结果与叠压打破关系之间多处相互抵牾，进而导致了“在秦上畤上建北畤”等比较笼统的认识，及产生“秦上畤不应该有这么大的规模”的自我反思。需要特别强调的是，雍山血池发掘结果显示，其为单纯的西汉时期遗存，已经卡死在西汉阶段，雍山血池祭祀区属于纯粹的西汉北畤。

（三）吴阳上下畤

依然遵循文献“吴阳上下畤是在雍旁吴阳武畤基础上设立”，笔者坚持以往分析论证的途径和方法，在雍旁汧山，亦即吴山余脉——（北）雍山、（南）灵山一带的结论。同时，经进一步分析认为“一山不容二虎”，雍山北斗坊遗址应是吴阳上畤，灵山之南的蔡阳山应为吴阳下畤所在。

（四）雍五畤整合说

这种解释是一种假设，缺乏可靠的科学依据。这一点违背了五方五色上帝祭祀的建构原则，无论从下站西汉时期遗存，还是雍山北斗坊、灵山之南蔡阳山大量涌现的汉代祭祀坑分析，这种可能性是不存在的。正如游富祥先生所言：“它们之间的共性说明了雍五畤祭天的这个共同属性；不同则显示了五帝分别祭祀的不同特征。”[32]

（五）畤文化独特面貌

首选是符合堪舆法则和理念要求，地形地貌呈山环水抱、背有依靠、相对封闭的大地理格局。祭祀经统一规划布局，具有一定程式和规律的实施过程，由上及下，由里及外，呈逐渐扩散辐射的局势。血池发掘区显示叠压打破现象特别严重，一个重要原因就是由于地形台原正面扇面狭窄、不够宽广。相比而言北斗坊台原扇面尤为广阔，早、中、晚三个区域基本清晰，并以自然沟壑为界，或其他方式标明边缘，多以边缘式侵入为主，打破相对较少。畤文化遗存普遍表现为地形独特、规模宏大、祭祀频繁的特点，反映出“唯雍四畤，上帝为尊”的历史真实面貌。

（六）祭祀坑形制演变

考古发掘情况反映出春秋中期至西汉末期祭祀坑的演变发展规律，即春秋中期普遍以南北向窄浅的长条形牛羊祭祀坑为主，战国早中期以南北向宽深的长条形马坑为主，到战国中晚期则以方形四牛四马四羊祭祀坑为主；秦汉以来则一反常态，涌现出大量的东西向长方形路车车马祭祀坑，至西汉中晚期演变为东西向窄长方形、长方形洞室以木偶车马祭祀坑为主，这种祭祀形式一直延续到西汉末期。其中春秋中期到战国早中期南北向长条形祭祀坑存在明显的传承关系；从北斗坊与下站发现的四羊坑及打破关系等判断，四牛、四马、四羊坑应是出现于战国中晚期的一种祭祀方式；西汉初期采用的东西向长方形车马祭祀坑，则主要沿袭了战国末期至秦代的祭祀方式。

注释：

[1] 早期秦文化联合考古队：《2004 年甘肃礼县鸾亭山遗址发掘主要收获》，《中国历史文物》2005 年第 5 期。

[2] a. 王志友、刘春华、赵丛苍：《西畤的发现及相关问题》，《秦俑博物馆开馆三十周年国际学术研讨会暨秦俑学第七届年会论文集》，三秦出版社，2010 年，第 236～249 页；b. 梁云：《对鸾亭山祭祀遗址的初步认识》，《中国历史文物》2005 年第 5 期。

[3] 陕西省考古研究院、中国国家博物馆、宝鸡市考古研究所等：《陕西凤翔雍山血池秦汉祭祀遗址考古调查与发掘简报》，《考古与文物》2020 年第 6 期。

[4] 董卫剑：《宝鸡吴山遗址考古发现的一些认识》，秦始皇帝陵博物院编：《国际视野下的秦始皇帝陵及秦俑学研究学术研讨会论》，西安地图出版社，2021 年，第 143 页。

[5] 中国国家博物馆、陕西省考古研究院、宝鸡市考古研究院、陈仓区博物馆：《五畤祭天秦汉祀典——陕西宝鸡陈仓下站秦汉祭祀遗址》，http://weibo.com/ttarticle/p/show?id=2309404623366370754773，2021 年 4 月 12 日。

[6] 同 [4]，第 147 页。

[7] 祝中熹：《秦国西畤地望研究述评之鸾亭山篇》，《天水师范学院学报》2017 年第 1 期。

[8] 杨天宇：《礼记译注》（下），上海古籍出版社，2004 年，第 427 页。

[9] [清] 孙诒让撰，王文锦、陈玉霞点校：《周礼正义》，中华书局，1987 年，第 1584～1588 页。

[10] 梁云：《西垂有声——〈史记 · 秦本纪〉的考古学解读》，生活 · 读书 · 新知三联书店，2020 年，第 88 页。

[11] 孙宗贤、黄克智：《秦汉五畤原及五畤地望的考古学观察》，《湖南省博物馆馆刊》第十四辑，岳麓书社，2018 年，第 31 页。

[12] 同 [3]。

[13] 辛怡华：《血池遗址与雍地五畤及相关问题》，《湖南省博物馆馆刊》第十四辑，岳麓书社，2018 年，第 24 页。

[14] 文少卿、俞雪儿、孙畅等：《凤翔雍山血池遗址北斗坊 7 号坑马骨的古 DNA 研究》，《考古与文物》2020 年第 6 期。

[15] 同 [3]。

[16] 同 [11]，第 30 页。

[17] 同 [3]。

[18] 同 [4]，第 142 页。

[19] 中国国家博物馆、陕西省考古研究院、宝鸡市考古研究所等：《陕西省宝鸡市陈仓区吴山祭祀遗址 2016—2018 年考古调查与发掘简报》，《中国国家博物馆馆刊》2022 年第 7 期。

[20] 同 [19]。

[21] 同 [9]，第 1389～1390 页。

[22] 李零：《古人的山川》，《华夏地理》2010 年 1 月号。

[23] 同 [19]。

[24] 张煜珧：《虔敬朕祀——秦祭祀文化遗存的初步认识》，《考古与文物》2019 年第 3 期。

[25] [汉] 司马迁：《史记》，中华书局，1963 年，第 1376 页。

[26] 同 [19]。

[27] 同 [5]。

[28] 同 [5]。

[29] 同 [5]。

[30] 孙宗贤：《雍山——皇家祭祀文化圣地》，《辉煌雍城——全国秦文化学术研讨会论文集》，三秦出版社，2017 年，第 40 页。

[31] 同 [7]。

[32] 同 [5]。

湖南省保靖县四方城洞庭 M66、M77、M79 发掘简报

Brief Report on the Excavation of Dongting Tombs 66,77 and 79 at Sifangcheng of Baojing County in Hunan Province

湖南省文物考古研究院
科技考古与文物保护利用湖南省重点实验室
Hunan Provincial Institute of Cultural Relics and Archaeology
Hunan Key Laboratory of Archaeometry and Conservation Science

内容提要：为配合地方建设，2019 年 5—9 月，湖南省文物考古研究院对保靖县四方城遗址洞庭墓群进行考古发掘，清理出西汉、东汉墓葬 30 座。本简报对其中的 M66、M77、M79 发掘情况进行介绍。M66 为土坑墓，年代在西汉中期前段。M77 为土坑墓，年代在西汉晚期至东汉初年。M79 为砖室墓，年代在东汉早期。

关键词：武陵山区　四方城遗址　汉代　滑石器　印章　武陵郡

Abstract: In order to cooperate with local construction project, the Hunan Provincial Institute of Cultural Relics and Archaeology conducted archaeological excavation of the Dongting burial ground at the Sifangcheng site in Baojing County from May to September in 2019 and cleared 30 Western and Eastern Han tombs. This brief report focuses on the excavation of Tombs 66, 77 and 79. Tomb 66 is an earth-pit tomb that dates back to the early phase of the mid-Western Han Dynasty. Tomb 77 is an earth-pit one that dates back to between the late Western Han Dynasty and early Eastern Han Dynasty. Tomb 79 is a brick-chamber one that dates back to the early Eastern Han Dynasty.

Keywords: the Wuling Mountains; Sifangcheng site; Han Dynasty; talc vessels; seals; Wuling Prefecture

四方城遗址位于湖南省西北的湘西自治州保靖县迁陵镇，是战国、秦汉至唐宋时期的一处典型的山区遗址。遗址地处武陵山区腹心地带，南临酉水，北依神枯列山，2013 年被公布为第七批全国重点文物保护单位（图一）。为配合地方建设，经国家文物局批准，2019 年 5—9 月，湖南省文物考古研究院组织湘西州考古研究和文物保护中心、保靖县文化旅游广电局等单位业务人员，对酉水南岸的洞庭墓群展开考

古发掘，清理出西汉、东汉墓葬30座（编号M50～M79）。本简报对其中的M66、M77、M79发掘情况进行介绍（图二；附图，1；彩版五，1、2）。

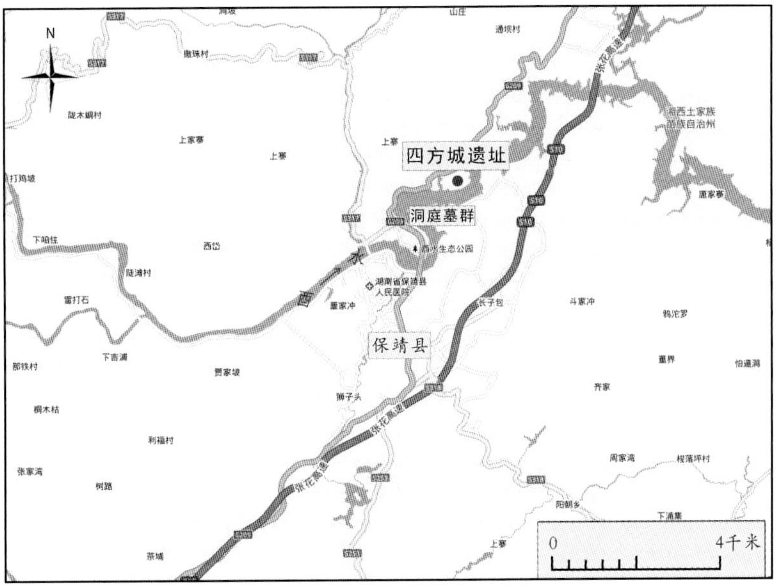

图一　保靖县四方城洞庭墓群位置示意图

一　洞庭M66

M66，竖穴土坑墓，墓壁向内斜收，长4.4米，宽3米，深2.6米，方向66°。近墓底四周有夹杂砂石粒的夯筑土台，内为椁室范围，长3.1米，宽1.92米。墓底为白色粗砂岩层，上残留有墓主骨骼，其头骨外侧放置滑石璧一面，随葬器物多位于椁室内头厢位置。出土器物共计17件，为滑石璧1件，陶鼎、陶盒、陶壶、陶钫各2件，陶鍑、陶甑各1件，陶罐3件，铜钫、铜带钩各1件，铁环首刀1件（图三）。

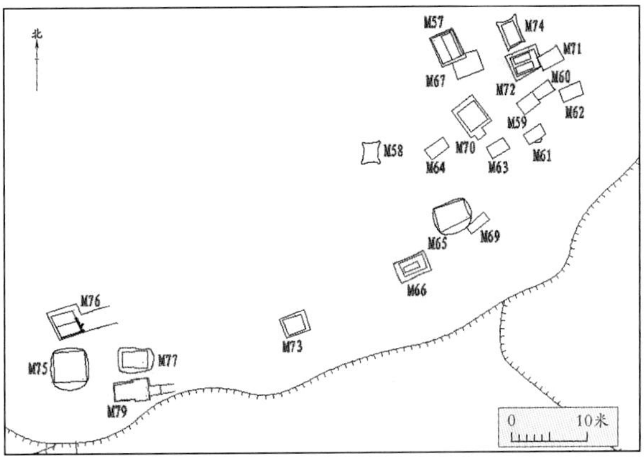

图二　洞庭墓群两汉墓葬分布示意图

出土器物分为滑石器、陶器、铜器、铁器四类。

（一）滑石器

1件，为璧。

璧　1件。标本M66：1，肉的正面阴刻斜菱格纹，在斜菱格的交点饰规范而整齐的重圈纹。肉、好均有缘，通径17.6厘米，好径1.4厘米，肉厚0.5～0.6厘米（图四，1）。

（二）陶器

13件，为鼎、盒、壶、钫、鍑、甑、罐。

鼎　2件。夹砂黄陶，有黑衣。子母口承盖。

标本M66：7，弧形盖稍扁，盖上三立纽，纽中部有穿孔。鼎口内敛，腹壁略折，深腹圜底，三矮蹄足，口沿外有对称直立附耳，耳顶端略外弧，鼎腹中部有一道折棱。盖径19厘米，鼎口径16.6厘米，腹径22厘米，足高5.2厘米，通高18厘米（图四，2；彩版六，1）。

标本M66：8，弧形盖较扁，盖上三立纽，纽中部有穿孔。鼎口内敛，深弧腹圜底，三矮蹄足，口沿外有对称直立附耳，耳顶端略外折，鼎腹上部有一道折棱。盖径 18.8 厘米，鼎口径 16.8 厘米，腹径 21.2 厘米，足高 5.3 厘米，通高 17.9 厘米（图四，3；附图，2）。

盒　2 件。夹砂黄陶，局部有黑衣。子母口承盖，盒盖、盒身高度不同，盖顶、盒底有矮圈足状捉手。

标本 M66：3，盒盖稍扁，盒身敛口，深弧腹，平底。盖径 9.6 厘米，盒口径 19 厘米，腹径 22 厘米，底径 11.7 厘米，通高 19.1 厘米（图四，5；彩版六，2）。

标本 M66：4，盒盖较扁，盒身敛口，深腹，平底。盖径 9.8 厘米，盒口径 18.8 厘米，腹径 21.6 厘米，底径 11.5 厘米，通高 19 厘米（图四，6；附图，3）。

壶　2 件。夹砂黄陶，局部有黑衣。外斜沿，尖唇，沿外有凸棱。侈口，粗颈，鼓腹位于中部，平底假圈足，器底稍内凹，器身上饰有数周弦纹。

标本 M66：11，颈部略短，最大径约

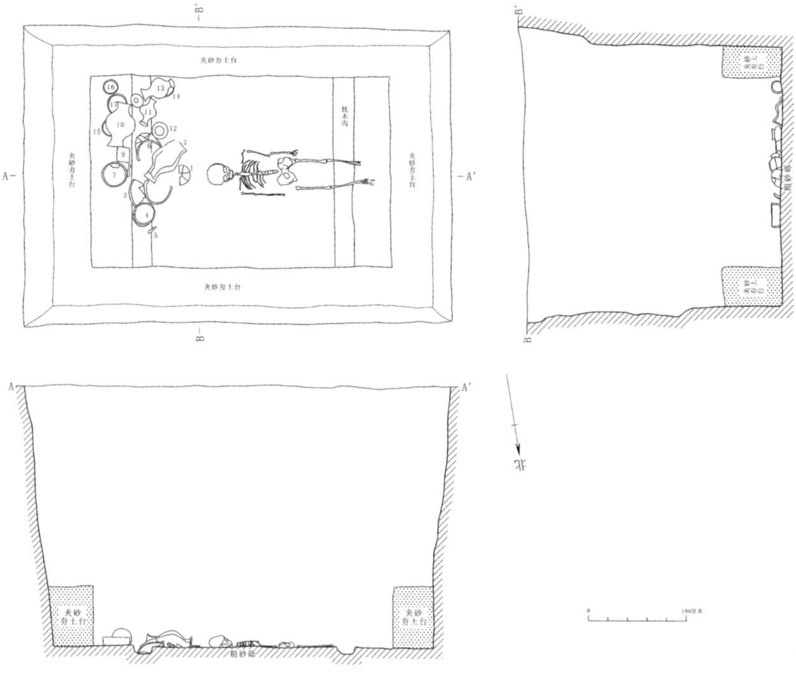

图三　M66 平、剖面图

1. 滑石璧　2、9. 陶钫　3、4. 陶盒　5. 铜带钩　6. 陶甑　7、8. 陶鼎　10. 铜钫　11、13. 陶壶　12、16、17. 陶罐　14. 铁环首刀　15. 陶鍑

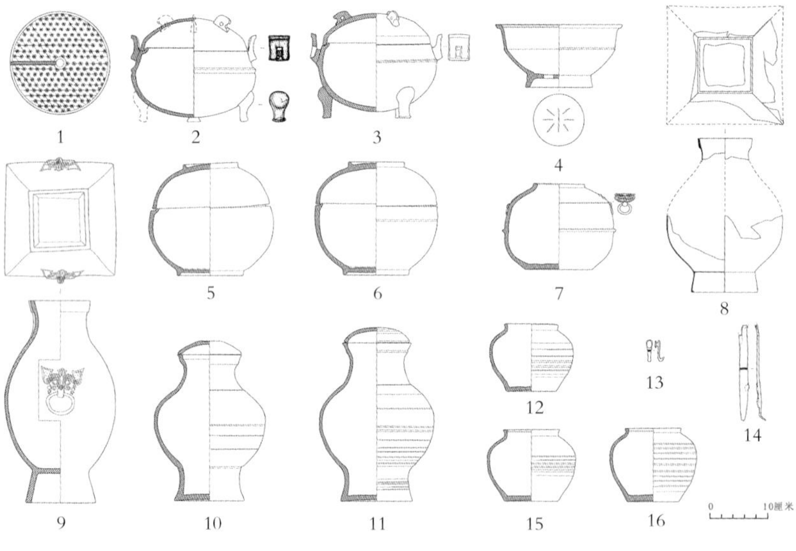

图四　M66 出土器物

1. 滑石璧（M66：1）　2、3. 陶鼎（M66：7、8）　4. 陶甑（M66：6）　5、6. 陶盒（M66：3、4）　7. 陶鍑（M66：15）　8. 铜钫（M66：10）　9. 陶钫（M66：2、9）　10、11. 陶壶（M66：11、13）　12、15、16. 陶罐（M66：12、17、16）　13. 铜带钩（M66：5）　14. 铁环首刀（M66：14）

位于器身肩部。口径11.3厘米，腹径19.6厘米，底径12.4厘米，高24.6厘米，通高（含盖）26.9厘米（图四，10；附图，4）。

标本M66：13，颈部变长，最大径位于器腹中部。口径12.1厘米，腹径20.3厘米，底径12.6厘米，高26.6厘米，通高29.2厘米（图四，11；彩版六，3）。

钫　2件，相同。标本M66：2、9，夹砂黄陶，无盖，平沿，尖唇，沿外有一周宽带。束颈，方腹略外鼓，平底，高方足略外撇，上腹部饰对称模印兽面衔环铺首。口径10.4厘米，腹径19.2厘米，底径12.1厘米，高34厘米（图四，9；彩版六，4）。

甑　1件。标本M66：6，夹砂黄陶，有黑衣。宽外斜沿，尖唇，敞口，折腹，平底，矮圈足，底面上有8个条形箅眼。口径22.1厘米，腹径19.2厘米，圈足径11.7厘米，高10.5厘米（图四，4）。

鍑　1件。标本M66：15，夹砂黄陶，有黑衣。圆唇，短领，溜肩，斜腹，平底稍内凹。肩上有一周扉棱，上饰对称衔环铺首，腹中部有一道折棱。口径8.8厘米，腹径19.8厘米，底径11.7厘米，高14.6厘米（图四，7）。陶甑、陶鍑上下正相合，可组为一套器物（彩版六，5）。

罐　3件。夹砂黄陶，局部有黑衣。平沿，圆唇，矮领，圆肩，鼓腹，平底稍内凹，器身上有数周弦纹。

标本M66：12，口径9.4厘米，腹径14.5厘米，底径8.7厘米，高11.5厘米（图四，12；附图，5）。

标本M66：17，口径9.7厘米，腹径15.4厘米，底径9.4厘米，高12.1厘米（图四，15；附图，6）。

标本M66：16，口径9.7厘米，腹径15厘米，底径9厘米，高12.4厘米（图四，16）。

（三）铜器

2件，为钫、带钩。

铜钫　1件。标本M66：10，器身残。无盖，平沿，尖唇，沿外有一周宽带。束颈，方腹外鼓，平底，方足略外撇。钫口径9.4厘米，腹径约20～20.2厘米，底径11.4厘米，口部残高3.6厘米，器身残高13厘米（图四，8）。

铜带钩　1件。标本M66：5，体较短，钩体琵琶形，钩尾圆弧状，断面扁圆，圆柱状帽形纽位于钩背。长3.6厘米，宽0.45～1.1厘米（图四，13）。

（四）铁器

1件，为环首刀。

铁环首刀　1件。标本M66：14，长条状，环首残，平脊，单面刃。残长16.1厘米，宽1.4厘米，厚0.3厘米（图四，14）。

M66为宽坑竖穴墓，单人葬，葬具应使用棺椁，随葬陶礼器为两套鼎、盒、壶、钫的器物组合，说明墓主应具有一定的身份和等级。从出土器物时代特征看，约可分为两组。第一组以鼎（M66：7）、盒（M66：3）、壶（M66：11）、罐（M66：12、17）为代表，器身为弧腹或折腹，器腹略浅，其陶鼎形态与沅水下游汉墓中J型Ⅱ式鼎（M2190：20）[1]接近，时间在西汉早期后段，约为武帝前期。第二组以鼎（M66：8）、盒（M66：4）、壶（M66：13）、罐（M66：16）为代表，器身为弧腹，器腹变深，其陶鼎形态与沅水下游汉墓中J型Ⅲ式鼎（D3M27：35）[2]接近，时间在西汉中期前段，约为武帝后期。随葬滑石璧（M66：1）为单线斜菱格纹，在斜菱格的交点处饰规范而整齐的重圈纹，好径较大，与洞庭墓群出土的汉代滑石璧相比较，其时代亦偏早，约在西汉早中期。故综合判定M66年代在西汉中期前段。

二　洞庭M77

M77，竖穴土坑墓，墓室壁较直，墓

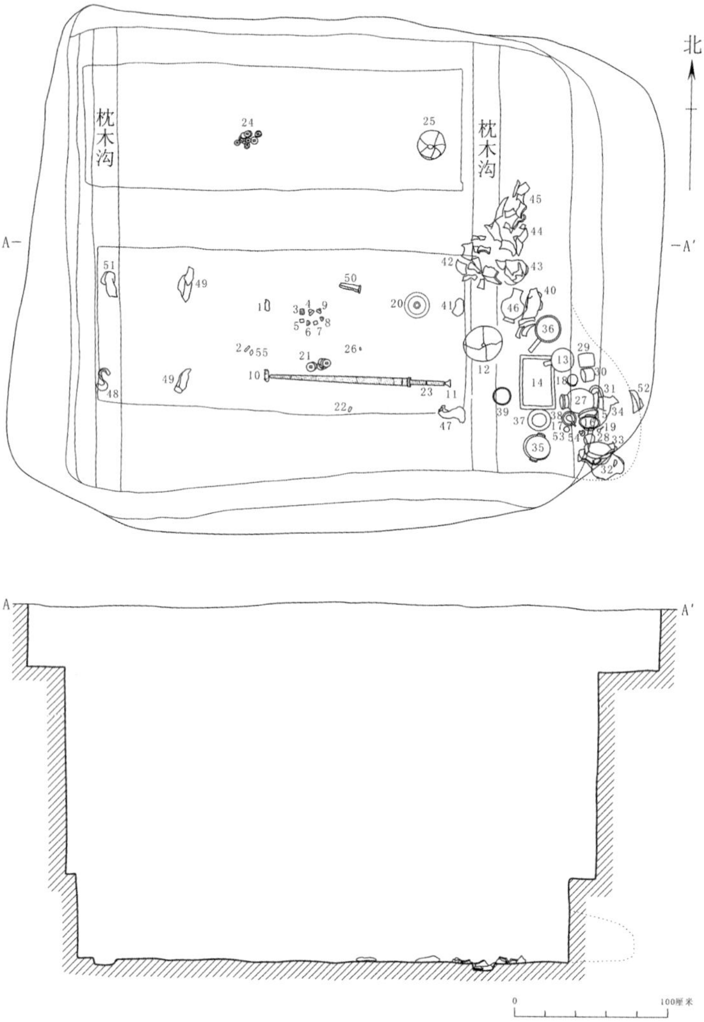

图五　M77 平、剖面图

1、10. 滑石猪　2、26. 滑石塞　3～9. 滑石印章　11. 滑石剑首　12、25. 滑石璧　13. 滑石魁　14. 滑石方案　15、16. 滑石耳杯　17、53. 滑石勺　18. 滑石臼　19、54. 滑石小勺　20. 铜镜　21、24. 铜钱　22. 滑石匕首　23. 铁剑　27. 滑石壶　28. 滑石鼎　29、30. 滑石卮　31. 滑石灶　32、33. 滑石钫　34. 滑石鐎壶　35. 铜鼎　36. 铜熨斗　37、42～45. 陶罐　38. 滑石盘　39. 铜盘　40. 铜钫　41. 铁器　46. 铜壶　47～51. 铁钩　52. 尖状石器　55. 滑石饰片

坑不太规整，长约 4.1 米，宽约 3.2 米，深 2.25 米，方向 89°。墓葬下挖约 0.4 米后四壁即向内收缩，出现一个长约 3.45 米，宽约 2.8 米的墓室平面，垂直下挖 1.85 米后到达墓底。从墓底残留的灰痕推测，墓内原应存有两具棺木。墓内随葬品摆放有序，墓主头向朝东。出土器物共计 55 件，为滑石璧 2 件、滑石鼎 1 件、滑石壶 1 件、滑石钫 2 件、滑石卮 2 件、滑石魁 1 件、滑石鐎壶 1 件、滑石灶 1 件、滑石臼 1 件、滑石方案 1 件、滑石耳杯 2 件、滑石盘 1 件、滑石勺 2 件、滑石小勺 2 件、滑石猪 2 件、滑石塞 2 件、滑石饰片 1 件、滑石印章 7 枚、滑石剑首 1 件、滑石匕首 1 件、陶罐 5 件、铜镜 1 件、铜鼎 1 件、铜壶 1 件、铜钫 1 件、铜盘 1 件、铜熨斗 1 件、铜钱 2 件、铁剑 1 把、铁器 1 件、铁钩 5 件、尖状石器 1 件。从器物出土位置来看，该墓应为夫妻同穴合葬，北侧墓主为女性，南侧为男性（图五）。

出土器物共分为滑石器、陶器、铜器、铁器、石器五类。

（一）滑石器

共 34 件，为璧、鼎、壶、钫、卮、魁、鐎壶、灶、臼、方案、耳杯、盘、勺、小勺、猪、塞、饰片、印章、剑首、匕首。

璧　2 件。

标本 M77：12，肉的正面阴刻较浅较稀疏的单线斜菱格纹，在斜菱格的交叉点处饰较规范的近三角或近圆形纹饰，肉的外缘有一周较浅较细的弦纹。通径 22.2～22.3 厘米，好径 0.6 厘米，厚 0.45 厘米（图六，1）。

标本 M77：25，肉的正面阴刻较浅更

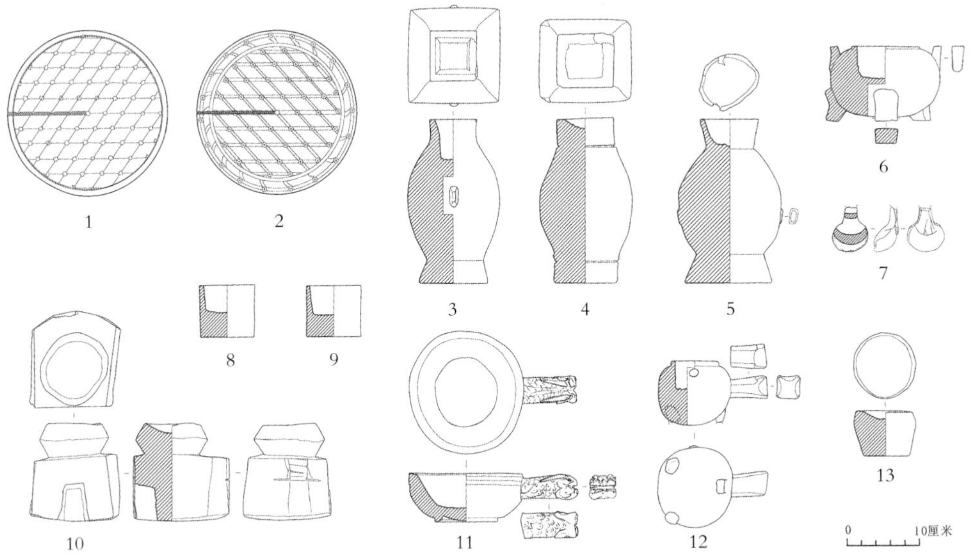

图六　M77 出土滑石器

1、2. 滑石璧（M77 ： 12、25） 3、4. 滑石钫（M77 ： 32、33） 5. 滑石壶（M77 ： 27）
6. 滑石鼎（M77 ： 28） 7. 滑石小勺（M77 ： 54） 8、9. 滑石卮（M77 ： 29、30）
10. 滑石灶（M77 ： 31） 11. 滑石魁（M77 ： 13） 12. 滑石鐎壶（M77 ： 34） 13. 滑石臼（M77 ： 18）

为稀疏的双线斜菱格纹，在斜菱格的交叉点处饰规范而整齐的重圈纹。肉的外缘更宽，分为内外两圈，内圈饰以整齐的短弧线纹，外圈为双线弦纹内均匀分布重圈纹。通径 22 厘米，好径 0.6 厘米，肉厚 0.3 厘米（图六，2）。

鼎　1 件。标本 M77 : 28，无盖，鼎口微敛，短领，圆肩，扁鼓腹，圜底，三矮蹄足，肩上有对称直立附耳。鼎口部向内有掏挖。口径 9.4 厘米，腹径 15.2 厘米，高 10 厘米（图六，6）。

壶　1 件。标本 M77 : 27，平沿，侈口，斜直颈，溜肩，鼓腹，高圈足外撇，腹下部有对称环形耳。壶口部向内有掏挖。口径 8 厘米，腹径 13.9 厘米，底径 12 厘米，高 21.8 厘米（图六，5）。

钫　2 件。无盖。

标本 M77 : 32，口微外侈，束颈，溜肩，鼓腹，方足外撇，腹部有对称双耳。钫口部向内有掏挖。口宽 6.5 厘米，腹宽 12.6 厘米，底宽 9.4 厘米，高 21.9 厘米（图六，3）。

标本 M77 : 33，直口，直颈，溜肩，鼓腹，方足矮直，颈下、圈足上部各有一周凹弦纹。钫口部略向内略掏挖。口宽 7.2～7.8 厘米，腹宽 11.2～12.5 厘米，底宽 7.8～8.6 厘米，高 22 厘米（图六，4）。

卮　2 件。直筒形，中空，平底。

标本 M77 : 29，口径 7.6 厘米，底径 7.4 厘米，高 7 厘米（图六，8）。

标本 M77 : 30，口径 7.5 厘米，底径 7.5 厘米，高 6.8 厘米（图六，9）。

魁　1 件。标本 M77 : 13，为整块滑石制作而成，器身碗形带一直柄。器身敞口，弧腹，平底，底下有矮圈足。口沿外有宽带，上饰多道弦纹。直柄断面近方形，远端浮雕出龙首，有龙角、龙耳、龙齿，柄上刻有龙鳞。口径 15.6 厘米，高 6.5 厘米，柄长 7.4 厘米，通长 23 厘米（图六，11；彩版七，1）。

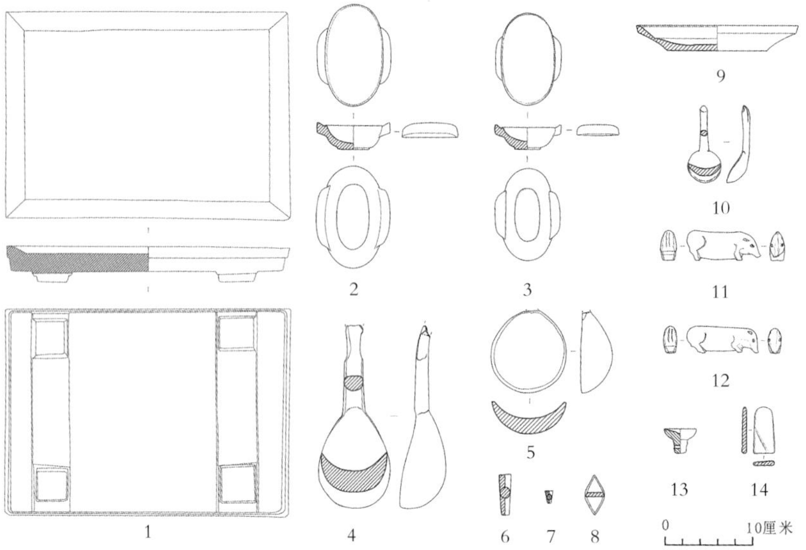

图七　M77 出土滑石器
1. 滑石方案（M77 ：14） 2、3. 滑石耳杯（M77 ：16、15）
4、5. 滑石勺（M77 ：17、53） 6、7. 滑石塞（M77 ：2、26）
8. 滑石饰片（M77 ：55） 9. 滑石盘（M77 ：38） 10. 滑石小勺（M77 ：19）
11、12. 滑石猪（M77 ：1、10） 13. 滑石剑首（M77 ：11）
14. 滑石匕首（M77 ：22）

臼　1 件。标本 M77：18，制作较粗糙，臼身上有削痕。敞口、宽沿，沿面内凹，弧肩，直腹内收，平底，最大径在肩部。口径 7.8～8.2 厘米，底径 6.3 厘米，高 6 厘米（图六，13；彩版七，2）。

鐎壶　1 件。标本 M77：34，直口，短领，圆肩，圆鼓腹，圜底，底下三矮足，肩上有一圆形短流。直柄断面近方形，位于上腹部。口径 6.4 厘米，腹径 10 厘米，通高 8.6 厘米（图六，12；彩版七，4）。

灶　1 件。标本 M77：31，制作较粗糙，灶身上有削痕。为单孔灶，上置一釜。灶面近方形，一侧有梯形火门，火门向内挖空。另一侧灶身高处有方形缺口，亦向内有掏挖，似代表烟孔。釜敞口、折腹，未见器底，釜口向下略掏挖。釜口径 7.4 厘米，灶面长 12.9 厘米，宽 11.4 厘米，通高 13.1 厘米（图六，10；彩版七，5）。

方案　1 件。标本 M77：14，案面长方形，斜沿，浅盘，案下左右两边各附有一条形浅边，其下四角有对称方形矮足。长 32.6 厘米，宽 22.9 厘米，高 4 厘米（图七，1；彩版七，3）。

耳杯　2 件。椭圆形，敞口，圆唇，窄附耳与口部连成一体并上翘，平底有矮圈足。

标本 M77：15，长 10.2、通耳宽 7.5 厘米，通高 2.7 厘米（图七，3）。

标本 M77：16，长 11.2 厘米；通耳宽 8.5 厘米，通高 3 厘米（图七，2）。

盘　1 件。标本 M77：38，敞口，平沿，斜腹，平底。口径 18.4 厘米，底径 11.4 厘米，高 2.8 厘米（图七，9）。

勺　2 件。勺身较宽，近椭圆形，圜底。

标本 M77：17，斜长柄，柄端有残缺。通长 20.2 厘米，柄长 9.5 厘米，勺宽 8.2 厘米（图七，4）。

标本 M77：53，柄缺，勺身残长 9 厘米，宽 8.6 厘米（图七，5）。

小勺　2 件。勺身近圆形，浅腹，圜底。

标本 M77：19，细长柄，柄断面圆形。通长 8.4 厘米，柄长 5 厘米，勺宽 3.8 厘米（图七，10）。

标本 M77：54，柄缺，勺身残长 9 厘米，宽 8.6 厘米（图六，7）。

猪　2 件。站立状，前腿略前伸，后腿蹬立，刻画出眼、耳，用刀较简略。

标本 M77：1，体较肥，猪鼻前伸，长 8.4

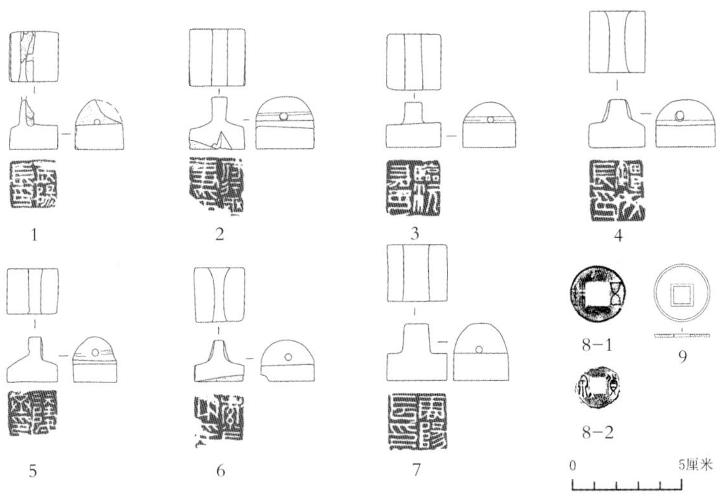

图八 M77出土滑石印章、铜钱
1.“辰阳长印”（M77 ：3） 2.“府行丞事印”（M77 ：4）
3.“临沅长印”（M77 ：5） 4.“镡成长印”（M77 ：6）
5.“沅陵丞印”（M77 ：7） 6.“索长之印”（M77 ：8）
7.“零阳长印”（M77 ：9） 8、9. 铜钱（M77 ：24、21）

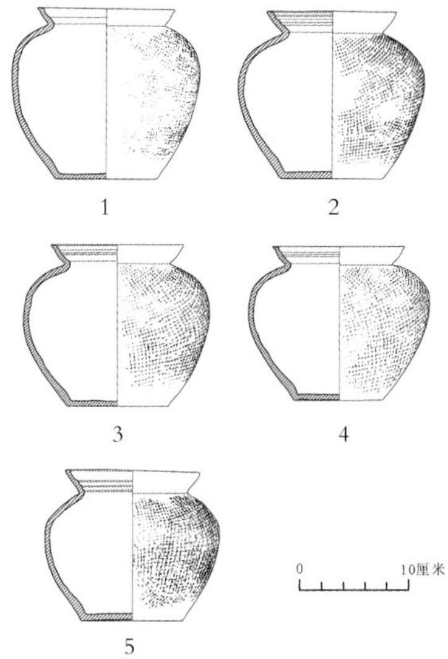

图九 M77出土陶器
1.A 型陶罐（M77 ：37）
2～5.B 型陶罐（M77 ：45、43、44、42）

厘米，高 3.3 厘米，厚 1.6 厘米（图七，11）。

标本 M77：10，体略瘦，猪鼻拱地，长 8.1 厘米，高 3.0 厘米，厚 1.5 厘米（图七，12）。

塞 2 件。圆柱状，一端粗，另一端较细。

标本 M77：2，长 4.5 厘米，径 0.9～1.4 厘米（图七，6）。

标本 M77：26，长 1.4 厘米，径 0.4～0.9 厘米（图七，7）。

饰片 1 件。标本 M77：55，菱形，上面略小，下面稍大。长 4.3 厘米，宽 2.2 厘米，厚 0.5 厘米（图七，8）。

印章 7 枚。集中出土于南侧墓主腰部位置。印面近方形，底面阴刻铭文，铭文无界格，桥形纽，纽上有穿孔。

标本 M77：3，纽有残缺，印面阴刻篆书“辰阳长印”，长 2.2 厘米，宽 2.2 厘米，通高 2.2 厘米（图八，1；彩版八，1）。

标本 M77：4，印面有残损，阴刻篆书“府行丞事印”，长 2.6 厘米，宽 2.5 厘米，通高 2.3 厘米（图八，2；彩版八，2）。

标本 M77：5，印面阴刻篆书“临沅长印”，长 2.5 厘米，宽 2.4 厘米，通高 2 厘米（图八，3；彩版八，3）。

标本 M77：6，印面阴刻篆书“镡成长印”，长 2.7 厘米，宽 2.5 厘米，通高 2.1 厘米（图八，4；彩版八，4）。

标本 M77：7，印面阴刻篆书“沅陵丞印”，长 2.3 厘米，宽 2 厘米，通高 2 厘米（图八，5；彩版九，1）。

标本 M77：8，印面略有残损，阴刻篆书“索长之印”，长 2.4 厘米，宽 2.25 厘米，通高 1.8 厘米（图八，6；彩版九，2）。

标本 M77：9，印面阴刻篆书“零阳长印”，长 2.7 厘米，宽 2.5 厘米，通高 2.5 厘米（图八，7；彩版九，3）。

剑首 1 件。标本 M77：11，喇叭形，短柱上有供钉附的穿孔。底径 3.6 厘米，高 2.8 厘米（图七，13）。

匕首 1 件。标本 M77：22，长条形，前端圆弧。长 5.2 厘米，宽 2.4 厘米，厚 0.45 厘米（图七，14）。

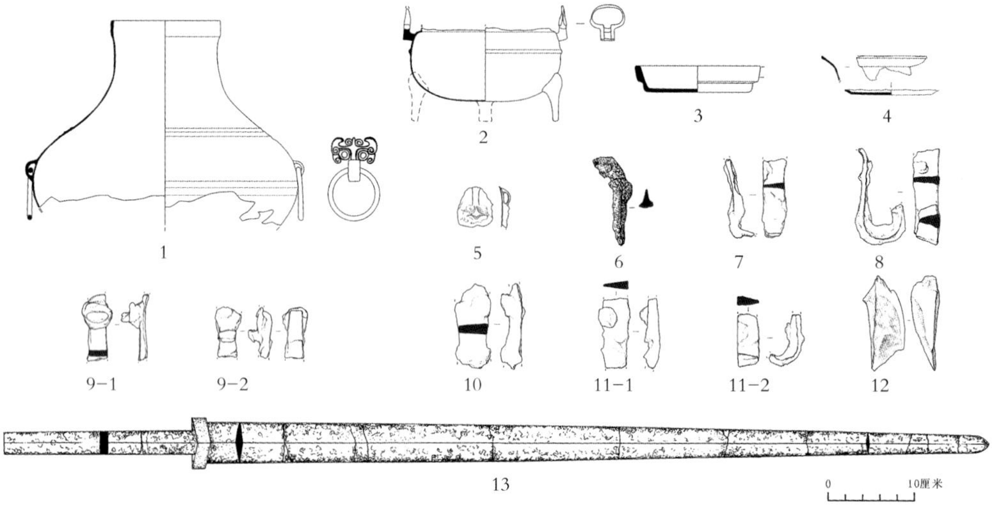

图十　M77 出土铜器、铁器、石器
1. 铜壶（M77 ： 46） 2. 铜鼎（M77 ： 35） 3. 铜熨斗（M77 ： 36） 4. 铜盘（M77 ： 39）
5. 铜钫残片（M77 ： 40） 6. 铁器（M77 ： 41） 7～11. 铁钩（M77 ： 47、48、49、50、51）
12. 石器（M77 ： 52） 13. 铁剑（M77 ： 23）

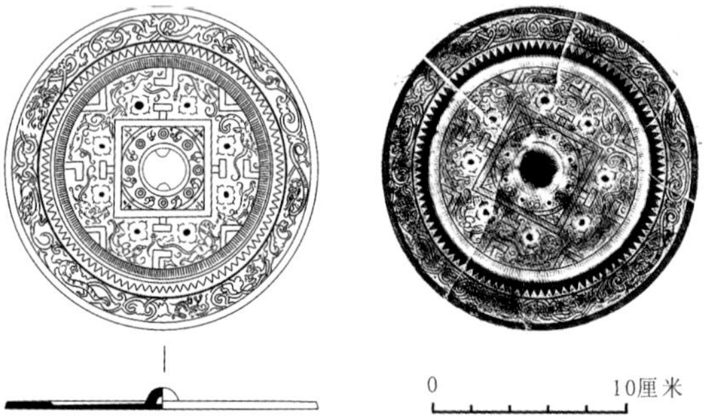

图十一　M77 出土铜镜

（二）陶器

共 5 件，均为陶罐。

罐　5 件。依器体宽高比的不同分为两型。

A 型　1 件，标本 M77：37，器体瘦高。敞口，侈沿，圆肩，深弧腹，平底，器身遍布斜方格纹。夹砂黄陶，口径 12.4 厘米，腹径 17 厘米，底径 9.2 厘米，高 15 厘米（图九，1）。

B 型　4 件，器体宽方。敞口，侈沿，弧肩，弧腹，平底，器身遍布斜方格纹。

标本 M77：42，夹砂黄陶，口径 12.2 厘米，腹径 15.7 厘米，底径 9.5 厘米，高 13.2 厘米（图九，5）。

标本 M77：43，夹砂黄陶，口径 12 厘米，腹径 16.2 厘米，底径 8.2 厘米，高 13.4 厘米（图九，3）。

标本 M77：44，夹砂红陶，口径 12 厘米，腹径 16.8 厘米，底径 9.3 厘米，高 14.1 厘米（图九，4）。

标本 M77：45，夹砂灰陶，黄胎，口径 11.8 厘米，腹径 16.8 厘米，底径 9.6 厘米，高 14.6 厘米（图九，2）。

（三）铜器

共 8 件，为鼎、壶、钫、盘、熨斗、铜镜、铜钱。

鼎　1 件。标本 M77：35，盖缺，子母口内敛，扁圆腹，大圜底，三足略高，腹上部有一周凸棱，肩上有对称环形直立附耳。腹径 17.6 厘米，残高 13 厘米（图十，2）。

壶　1 件。标本 M77：46，直口，平沿，束颈，溜肩，鼓腹，腹以下残。沿外有一道折棱，肩上、腹部各有三道折棱。肩部饰有对称铺首衔环。口径 12.4 厘米，腹径 30.8 厘米，残高 23 厘米（图十，1）。

钫　1件。标本M77：40，出土时可辨认出器形为钫。器残，仅余钫肩上兽面铺首残片，上附有器耳。残长4.5厘米，宽4.1厘米，厚1.2厘米（图十，5）。

盘　1件。标本M77：39，残，敞口，斜折沿，斜腹，平底。底径9.6厘米，口径、高度不明（图十，4）。

熨斗　1件。标本M77：36，敞口，浅斜腹，平底，沿外有一周宽带，把手残。口径14.4厘米，底径12厘米，高3厘米（图十，3）。

镜　1件，四神四兽规矩纹铜镜。标本M77：20，镜中心为圆纽，纽外为八枚带座乳钉纹间云气纹组成的环形纽座。其外为博局纹，由四组规矩纹组成，间饰八枚带柿蒂纹座乳钉，八乳钉旁有四神兽配青龙、白虎、朱雀、玄武四神。规矩纹外依次为栉齿纹、锯齿波折纹。宽外缘，缘上饰龙、虎等神兽和卷云纹。直径16.2厘米，镜身厚度0.2～0.4厘米，中心处圆纽高约0.8厘米（图十一）。

铜钱　2件。编号为M77：21和M77：24，共约33枚。出于墓内南、北两侧，分属两位墓主。

标本M77：21，位于墓内南侧，约19枚，铜钱成串，锈蚀严重，钱文无法识别。钱径2.6厘米，厚0.15厘米（图八，9）。

标本M77：24，位于墓内北侧，共14枚，可识别出有五铢和货泉。其中五铢钱1枚，字体挺拔，“五”字交笔弯曲，上下横画超出交笔末端外，“铢”字的“金”头呈等腰三角形低于“朱”字，“朱”字上下方折，中间一竖超出字头。此钱外郭较宽，钱文严整，字体略狭长。从钱文特征看应为西汉宣帝五铢。钱径2.5厘米，厚0.15厘米（图八，8-1）。货泉13枚，均为剪轮钱，钱体轻薄。钱残径约1.9厘米，厚0.1厘米（图八，8-2）。

（四）铁器

共7件，为剑、钩、铁器等。

剑　1件。标本M77：23，长方形剑茎，茎上靠近剑首位置有一圆孔，凹形剑格，剑身修长，中脊起棱，剑身断面呈菱形。剑茎长约22厘米，宽2.5厘米，厚0.8厘米，剑格长5.8厘米，宽1.5厘米，剑身长约81厘米，宽0～4.7厘米，厚0.1～0.8厘米（图十，13）。

钩　5件。为铁钩及钩上铁条，分布于南侧棺木四周，作用不明，或为下葬时使用。

标本M77：47，残长8.8厘米，宽2.7厘米，厚0.2～0.7厘米（图十，7）。

标本M77：48，钩形，残长10.7厘米，宽度2.9厘米，钩体总宽5.8厘米（图十，8）。

标本M77：49，断为两段。一段残长7.4厘米，宽3.5厘米（图十，9-1）；另一段残长5.6厘米，宽3厘米（图十，9-2）。

标本M77：50，残长9.3厘米，宽4.2厘米（图十，10）。

标本M77：51，断为两段。上段残长7.8厘米，宽3.4厘米（图十，11-1）；下段残长5.8厘米，宽2.5厘米（图十，11-2）。

铁器　1件。锈蚀严重，尖锥形，功用不明。标本M77：41，残长10厘米，宽0.8～1.2厘米（图十，6）。

（五）石器

共1件，为尖状器。

尖状器　1件。原料为河流砾石，磨圆度较好。石坯两侧打击剥片，形成尖端，背面为自然砾面。标本M77：52，长10.7厘米，宽4.9厘米（图十，12）。

M77为竖穴土坑墓，夫妻同穴合葬。北侧墓主处出土有滑石璧、西汉宣帝五铢钱和剪轮货泉。所出滑石璧（M77：25）正面为稀疏的双线斜菱格纹，斜菱格的交叉点处饰以规范的重圈纹，宽外缘上以短弧线纹和重圈纹装饰。通径 22 厘米，好径 0.6 厘米，肉厚 0.3 厘米。比较洞庭墓群所出汉代滑石璧，西汉时期滑石璧上多为单线斜菱格纹，此双线斜菱格纹约自新莽时期开始流行，东汉沿用。所出剪轮货泉已说明其年代上限为新莽时期，然未见东汉早期流行的建武五铢。故综合判定北侧墓主年代约在新莽至东汉初年。

南侧墓主处出有滑石璧、鼎、壶、钫、灶、臼、印章等。滑石璧（M77：12）正面为较稀疏的单线斜菱格纹，在斜菱格的交叉点处饰较规范的近三角或近圆形纹饰，肉的外缘较窄。通径 22.2～22.3 厘米，好径 0.6、厚 0.45 厘米。此滑石璧仍为单线斜菱格纹，但分布已较稀疏，好径变小，说明其时代至少已到西汉中晚期。滑石鼎（M77：28）为圆肩、扁鼓腹、圜底、三矮蹄足，其形态与沅水下游汉墓中的 B 型滑石鼎（D9M4：23）[3] 一致，D9M4 年代在西汉晚期，亦为夫妻合葬墓。所出陶罐多器体宽方，弧肩或圆肩、弧腹、平底，为西汉晚期到新莽时期器物特征。故综合判定南侧墓主年代约在西汉晚期至新莽。

南侧墓主腰部位置出有七枚滑石印章。其中的六枚印章涉及辰阳、临沅、镡成、沅陵、索、零阳六县，墓主或任县长、县丞职。《汉书·地理志》载："武陵郡，高帝置。莽曰建平。属荆州。县十三：索，孱陵，临沅，沅陵，镡成，无阳，迁陵，辰阳，酉阳，义陵，佷山，零阳，充。"故此六县皆为西汉武陵郡下辖县。《汉书·百官公卿表》载："县令、长，皆秦官，掌治其县。万户以上为令，秩千石至六百石；减万户为长，秩六百石至三百石。"

另一枚印章为"府行丞事印"。《汉书·百官公卿表》载："郡守，秦官，掌治其郡，秩二千石。有丞，边郡又有长史，掌兵马，秩皆六百石。"故府丞应为汉代郡守下属吏，秩六百石。《汉书·酷吏传》亦载："延年素轻霸为人，及比郡为守，褒赏反在己前，心内不服。河南界中又有蝗虫，府丞义出行蝗，还见延年。"从已发现的汉代府丞类印章或封泥看，有"南郡府丞""菑川府丞"等，其印文多为地名＋府丞。M77 所出印文为"府行丞事印"，从字面上可解释为行使府丞的职责或职能，而非强调墓主担任府丞这一官职，故推测墓主或是代理过武陵郡府丞一职。

现从 M77 墓内发现的七枚印章判断，南侧墓主应担任过沅陵丞、辰阳长、临沅长、镡成长、零阳长、索长、代理武陵郡府丞等地方要职，去世前秩禄约为六百石。

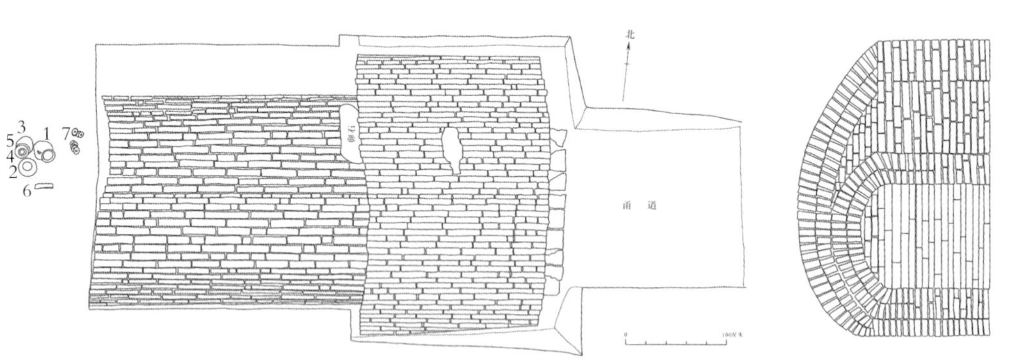

图十二 M79 券顶上平、剖面图

券顶上器物：1. 硬陶双耳罐 2、3. 硬陶罐 4. 陶盂 5. 陶盘 6. 铁刀 7. 铜钱

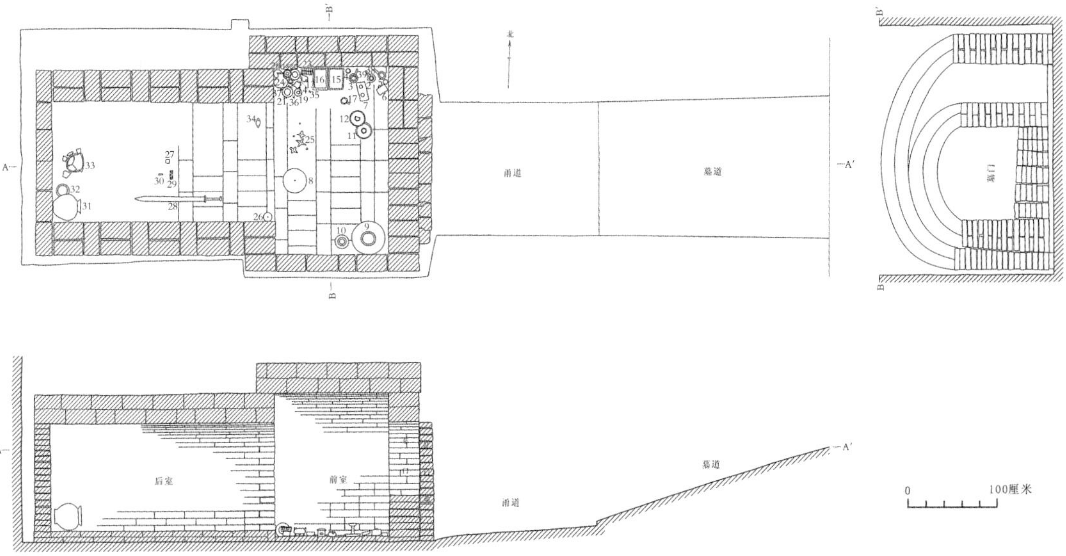

图十三 M79平、剖面图

1. 滑石魁 2、3. 滑石盘 4. 滑石臼 5. 滑石盒 6. 滑石卮 7. 滑石灶 8. 滑石璧 9、31、33. 硬陶坛 10. 硬陶罐 11. 陶灯 12. 陶熏炉 13. 陶公鸡 14. 陶母鸡 15、16. 滑石方案 17. 陶鐎壶 18. 陶井 19. 陶鸡笼 20. 陶灶 21. 陶鼎 22. 陶囷 23. 陶屋 24. 陶壶 25. 铜饰、铜泡钉 26. 铜镜 27. 滑石印章 28. 铁剑 29. 玉剑璏 30. 滑石塞 32、36、37. 陶罐 34. 滑石饰片 35. 陶钵 38、39. 滑石勺

三 洞庭M79

M79，带斜坡墓道的砖室墓，由墓道、甬道、前室、后室组成，通长9.05米，宽2.70米，深2.80米，方向88°。墓道为长斜坡状，残长2.5米；甬道为长方形的土坑竖穴，长1.75米，宽1.4米，深1.85米。甬道后为砖砌封门墙，墙宽1.85米，高1.3米；封门墙后为拱券墓门，门宽1.0米，高1.25米。前室为横长方形，内长2.02米，宽1.25米，高1.55米。后室为纵长方形，地面较前室地面高出7.5厘米，内长2.5米，宽1.3米，高1.17米。墓砖尺寸有两种：一种长33厘米，宽16.5厘米，厚5.5厘米；一种长33厘米，宽16厘米，厚6厘米。砖面均饰绳纹，砖侧模印菱形几何纹。墓室壁砖为平砖错缝叠砌，地砖为纵横平铺。

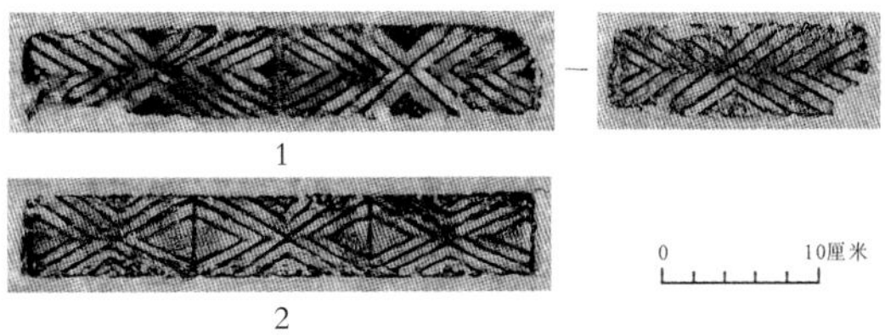

图十四 M79墓砖

墓室内随葬品共计39件。前室出有30件器物，为滑石魁1件、滑石盘2件、滑石勺2件、滑石盒1件、滑石卮1件、滑石臼1件、滑石灶1件、滑石方案2件、滑石璧1件、陶鼎1件、陶壶1件、陶鐎壶1件、陶灯1件、陶熏炉1件、陶囷1件、陶井1件、陶灶1套、陶屋1件、陶鸡笼1件、陶公鸡1件、陶母鸡1件、柿蒂状铜饰1组、铜泡钉1组、陶罐2件、陶钵1件、硬陶坛1件、硬陶罐1件。后室棺木无存，多放置墓主随身物品，出有9件器物，为铜镜1面、滑石印章1枚、铁剑1把、玉剑璏1件、滑石塞1件、滑石

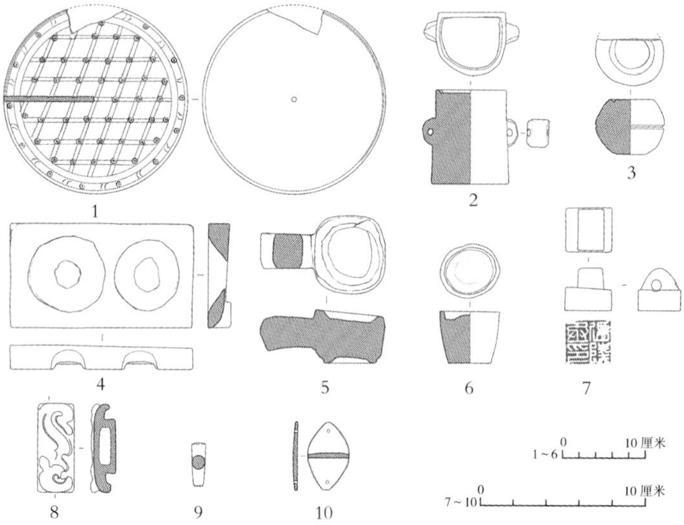

图十五 M79 出土滑石器、玉器
1. 滑石璧（M79 ： 8） 2. 滑石卮（M79 ： 6） 3. 滑石盒（M79 ： 5）
4. 滑石灶（M79 ： 7） 5. 滑石魁（M79 ： 1） 6. 滑石臼（M79 ： 4）
7. 滑石印章“迁陵丞印”（M79 ： 27） 8. 玉剑璏（M79 ： 29）
9. 滑石塞（M79 ： 30） 10. 滑石饰片（M79 ： 34）

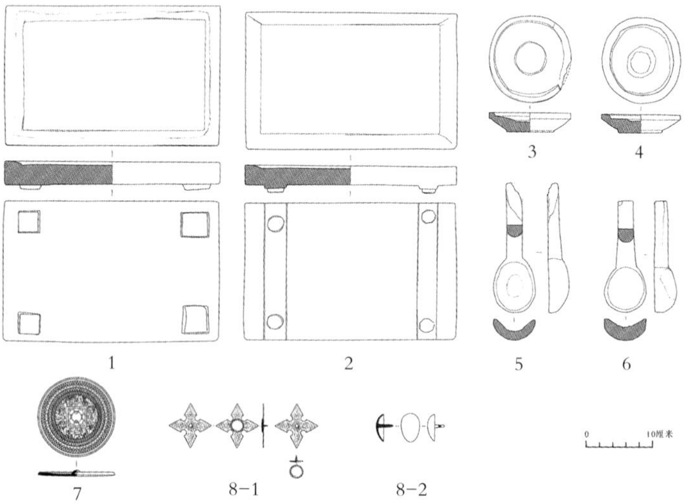

图十六 M79 出土滑石器、铜器
1、2. 滑石方案（M79 ： 16、15） 3、4. 滑石盘（M79 ： 2、3）
5、6. 滑石勺（M79 ： 38、39） 7. 铜镜（M79 ： 26）
8. 柿蒂状铜饰、铜泡钉（M79 ： 25）

饰片 1 件、硬陶坛 2 件、陶罐 1 件。此外，墓室后壁外券顶之上还出有 7 件器物，为硬陶罐 3 件、陶盂 1 件、陶盘 1 件、铜钱 1 件、铁刀 1 件（图十二～图十四）。

出土器物共计 46 件，分为玉器、滑石器、陶器、铜器、铁器五类。

（一）玉器

共 1 件，为剑璏。

剑璏 1 件，出土时位于铁剑（M79 ：28）附近。标本 M79 ：29，长方形，两端有檐，中部有长方形穿孔，正面采用减地浅浮雕技法雕刻勾云图案。长 5.2 厘米，宽 2.2 厘米，厚 1.45 厘米，穿孔长 2.2 厘米，宽 0.7 厘米（图十五，8）。

（二）滑石器

共 15 件，为璧、盒、卮、方案、盘、勺、灶、魁、臼、印章、塞、饰片。

璧 1 件。标本 M79 ：8，外缘处略残。肉的正面阴刻较浅较稀疏的双线斜菱格纹，在斜菱格的交叉点处饰重圈纹。肉的外缘较宽，内饰以整齐的短弧线纹间重圈纹。通径 22.4 厘米，好径 0.5 厘米，肉厚 0.6 厘米（图十五，1）。

盒 1 件。标本 M79 ：5，圆盒状，一侧被截去。盒盖、盒身连成一体，平沿，圆鼓腹，平底。盖顶上有一圈圆形凹槽，似代表盒盖上圈足状捉手，腹中部向内亦有一周凹槽，用以区分盒盖和盒身。盖径 5.4 厘米，腹径 8.3 厘米，底径 3.6 厘米，高 6.4 厘米（图十五，3）。

卮 1 件。标本 M79 ：6，直筒形。直口，平沿，直腹，平底，器腹中部两侧有对称半环形鋬。器身三面环形，一面直壁。口部向内略掏挖。口长 8 厘米，宽 7.4 厘米，底长 9.4 厘米，宽 8 厘米，器高 11 厘米

（图十五，2）。

魁　1件。标本M79：1，整体制作较粗糙。器身直口，平沿，魁口外呈方形、内呈椭圆形，口内下凹，剜凿较浅，未及底部。斜腹，器底有假圈足，器身一侧有粗直短柄。通长15厘米，宽9.1厘米，柄长6.3厘米，通高6.1厘米（图十五，5）。

臼　1件。标本M79：4，直口，平沿，深弧腹，平底，臼口向内略掏挖，臼面平整。口径6.5～7.2厘米，底径4.5～5.2厘米，高6厘米（图十五，6）。

方案　2件。案面长方形，斜沿，浅盘。

标本M79：15，案下左右两边各附有一个条形浅边，其下四角有对称多边形矮足。案面长32厘米，宽19.8厘米，通高3.8厘米（图十六，2）。

标本M79：16，案下四角有对称方形矮足。案面长32.4厘米，宽20.3厘米，通高4.1厘米（图十六，1）。

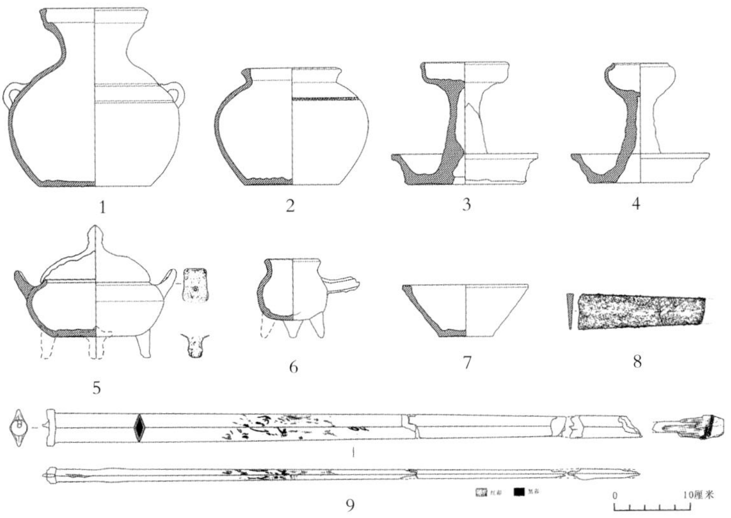

图十七　M79出土陶器、铁器

1.陶壶（M79：24）2.A型陶罐（M79：32）3.陶灯（M79：11）4.陶熏炉（M79：12）5.陶鼎（M79：21）6.陶鐎壶（M79：17）7.陶钵（M79：35）8.铁刀（M79券顶上：6）9.铁剑（M79：28）

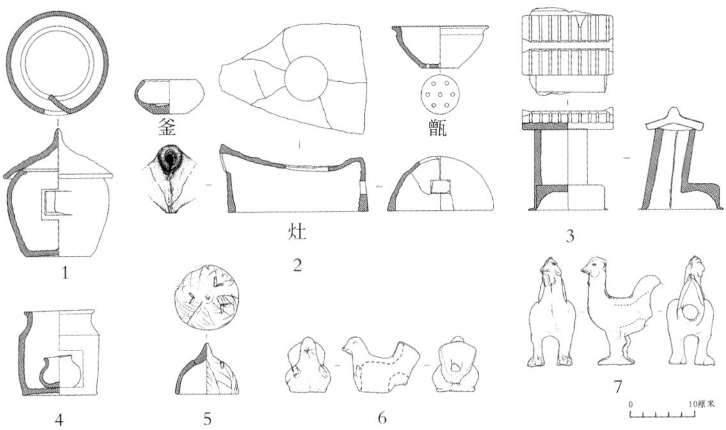

图十八　M79出土陶器

1.陶囷（M79：22）2.陶灶（M79：20）3.陶屋（M79：23）4.陶井（M79：18）5.陶鸡笼（M79：19）6.陶母鸡（M79：14）7.陶公鸡（M79：13）

盘　2件。制作较粗糙。直口，平沿，斜腹，平底，矮圈足。

标本M79：2，盘沿略残，口径12.6厘米，底径7.2厘米，高2.8厘米（图十六，3）。

标本M79：3，口径11.9～12.4厘米，底径6.6厘米，高2.7厘米（图十六，4）。

勺　2件。勺身较宽，近椭圆形，圜底。

标本M79：38，斜长柄，柄端有残缺。勺身长7.9厘米，宽6.4厘米，柄残长10.9厘米，宽2.4厘米（图十六，5）。

标本M79：39，勺身长6.5厘米，宽6.2厘米，柄长9.6厘米，宽2.4厘米（图十六，6）。

灶　1件。标本M79：7，灶身长方形，灶面有两个灶孔，灶身长侧有两个火门，灶底近火门一侧有加高。灶身长 23 厘米，宽 12.2 厘米，通高 2.6～2.8 厘米（图十五，4）。

印章　1 枚。标本 M79∶27，出土于墓主腰部位置。印面近方形，底面阴刻铭文，桥形纽，纽上有穿孔。印面阴刻篆书“迁陵丞印”，长 2.8 厘米，宽 2.6 厘米，高 2.5 厘米（图十五，7；彩版九，4）。

塞　1 件。标本 M79∶30，圆柱状，一端粗，另一端较细。长 2.5 厘米，直径 0.6～0.9 厘米（图十五，9）。

饰片　1 件。标本 M79∶34，菱形，上下有穿孔，中间厚，边缘略薄。长 4 厘米，宽 2.6 厘米，厚 0.28 厘米（图十五，10）。

（三）陶器

共 25 件，为鼎、壶、鐎壶、灯、熏炉、囷、井、灶、屋、鸡笼、公鸡、母鸡、坛、罐、双系罐、钵、盂、盘。

鼎　1 件。标本 M79∶21，夹砂灰陶，子母口承盖，盖顶带捉手，器身敛口，突肩，弧腹内收，平底，下有三矮足，肩上附耳外张，耳上有孔。盖径 14.2 厘米，盖高 7.1 厘米，鼎口径 13 厘米，腹径 18 厘米，底径 10.8 厘米，足高 2.7 厘米，通高（含盖）16.3 厘米（图十七，5）。

壶　1 件。标本 M79∶24，夹砂灰陶，胎质细腻。盘口，平沿，束颈，溜肩，扁鼓腹，平底，肩上饰有两道凹弦纹，有对称竖贯耳。口径 13 厘米，腹径 22.2 厘米，底径 14.6 厘米，高 22 厘米（图十七，1）。

鐎壶　1 件。标本 M79∶17，夹砂黄陶，敞口，圆唇，束颈，鼓腹，圜底近平，下有三尖柱足，肩上一侧有略向上弧的长条形把手，无流。口径 6.6 厘米，腹径 9 厘米，底径 4.2 厘米，柄长 4.2 厘米，通高 9.9 厘米（图十七，6）。

灯　1 件。标本 M79∶11，夹砂灰陶，由盏、柄、座组成。灯盏直口，平沿，折腹。灯柄较高内空，柄上细下粗。灯座敞口，平沿外侈，斜腹略内收，大平底中空。盏口径 10.6 厘米，柄径约 3.9 厘米，承盘径 19 厘米，底径 14.8 厘米，通高 15 厘米（图十七，3）。

熏炉　1 件。标本 M79∶12，夹砂灰陶，由炉身、柄、承盘组成。炉口内敛，外有凹沿可承盖，高圆肩，弧腹，圜底。粗柄较高内空，柄上细下粗。承盘敞口，平沿外侈，斜腹略内收，大平底中空。炉盘口径 7.2 厘米，腹径 9.2 厘米，柄径约 3.5 厘米，承盘径 18 厘米，底径 13.4 厘米，通高 14.5 厘米（图十七，4）。

井　1 件。标本 M79∶18，夹砂灰陶，由井、汲水罐组成。井宽平沿，弧颈，溜肩，筒腹，平底略内凹。汲水罐敞口，尖唇，束颈，扁鼓腹，小平底。井沿留有安装井架的对称两个长方形小孔。井口径 10.7 厘米，肩宽 12.1 厘米，底径 11.2 厘米，高 12.6 厘米。汲水罐口径 4.2 厘米，腹径 6.4 厘米，高 4.5 厘米（图十八，4；彩版一〇，1）。

灶　1 套，由灶身、釜、甑组成。标本 M79∶20，灶身夹砂灰陶，平面近三角形，灶面单孔，灶身前有一长方形火门，灶尾上翘，高处有一圆形出烟孔。釜，夹砂黄陶，敛口，扁鼓腹，小平底。甑，夹砂灰陶，宽平沿，斜折腹，小平底，甑底均匀分布 7 个圆形甑孔。灶身长 22.5 厘米，宽 16 厘米，高 6.8～10.1 厘米，釜口径 8.3 厘米，腹径 10.5 厘米，底径 4.8 厘米，高 5 厘米，甑口径 14.5 厘米，底径 5.8 厘米，高 6.2 厘米（图十八，2；彩版一〇，2）。

囷　1 件。标本 M79∶22，夹砂灰陶，由盖、身组成。盖身隆起，顶部有锥状捉手，囷身敛口，圆肩，深弧腹，平底微内凹。器腹上部开一方形小门，门朝内开。

盖径 16.6 厘米，高 7.4 厘米，困身口径 11 厘米，腹径 15.4 厘米，底径 9.8 厘米，通高（含盖）19 厘米（图十八，1；彩版一〇，3）。

屋　1 件。标本 M79：23，为陶楼造型，由楼身、屋顶组成。屋顶夹砂灰陶，火候较高，两面坡式，悬山顶，屋顶浮雕出脊、瓦垄形态。楼身夹砂黄陶，楼身较高，直立，侧面有一伸出平台，功用不明，或代表楼下庭院。侧面平台长约 10.5 厘米，宽 4.8 厘米，高 3.7 厘米，楼长 8.1 厘米，宽 6.0 厘米，高 8.3 厘米，上为屋顶，通高 15.2 厘米（图十八，3；彩版一〇，4）。

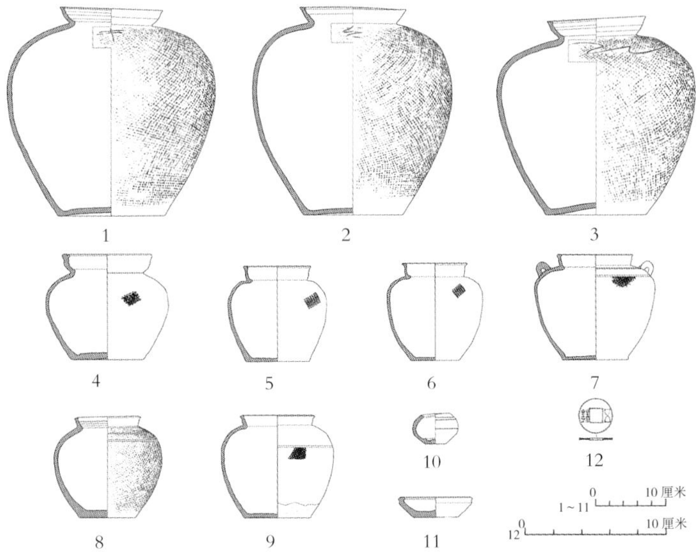

图十九　M79 出土陶器、铜钱
1、2. A 型陶坛（M79 ：9、33） 3. B 型陶坛（M79 ：31）
4. B 型陶罐（M79 ：10） 5、6. C 型陶罐（M79 ：36、37）
7. 双系罐（M79 券顶上：1） 8、9. C 型陶罐（M79 券顶上：2、3）
10. 陶盂（M79 券顶上：4） 11. 陶盘（M79 券顶上：5）
12. 铜钱（M79 券顶上：7）

鸡笼　1 件。标本 M79：19，笼状。夹砂黑陶，顶部有锥状捉手，器身高隆，平底，内空。近顶部均匀分布有三个八字形镂空，用以透气，器身上遍布较浅刻画交叉图案，或代表竹编鸡笼。底径 9.6 厘米，高 7.5 厘米（图十八，5）。

公鸡　1 件。标本 M79：13，夹砂灰陶，手工捏制而成。立状，尖嘴，高冠，长颈，耳目清晰，收翅，尾高翘，两腿较粗壮，分立，下有利爪。长 12.4 厘米，宽 7.1 厘米，高 16 厘米（图十八，7）。

母鸡　1 件。标本 M79：14，夹砂黄陶，手工捏制而成。卧状，短嘴，冠小而短，短颈，耳目不清晰，双翅下拢，宽短尾，似为孵小鸡状。长 11.6 厘米，宽 7 厘米，高 8.2 厘米（图十八，6）。

坛　3 件。硬陶，火候较高。依器体宽高比的不同分两型。

A 型　2 件，器体瘦高。外斜沿，尖唇，束颈，圆弧肩，深弧腹，平底略内凹，器身饰细密斜方格纹，器肩上刻有标识。

标本 M79：9，夹砂灰陶，口径 14.3 厘米，腹径 29 厘米，底径 15.1 厘米，高 28.4 厘米（图十九，1）。

标本 M79：33，夹砂黄陶，口径 14.8 厘米，腹径 27.9 厘米，底径 13.9 厘米，高 28.2 厘米（图十九，2）。

B 型　1 件，器体略宽。标本 M79：31，外斜沿，尖唇，束颈，斜平肩，深腹内收，平底内凹，器身饰细密斜方格纹，器肩上随手勾画波浪纹。口径 14.1 厘米，腹径 28.1 厘米，底径 14.3 厘米，高 27 厘米（图十九，3）。

罐　6 件。依器体宽高比的不同分三型。

A 型　1 件，器体矮扁。标本 M79：32，斜沿，尖唇，束颈，圆肩，扁鼓腹，平底，肩上有一周戳印纹装饰带。泥质灰黑陶，胎质细腻，口径 11 厘米，腹径 19.8 厘米，底径 14.3 厘米，高 27 厘米（图十七，2）。

B型　1件，器体宽方。标本M79：10，盘口，尖唇，束颈，圆肩，弧腹内收，平底，器身饰细密斜方格纹。硬陶，灰胎，口径12.2厘米，腹径17.2厘米，底径10厘米，高14厘米（图十九，4）。

C型　4件，器体瘦高。斜沿，尖唇，束颈，圆弧肩，深弧腹，平底，器身饰细密斜方格纹。

标本M79：36，夹砂黄陶，口径9.2厘米，腹径13.8厘米，底径8.8厘米，高13.1厘米（图十九，5）。

标本M79：37，夹砂黄陶，口径9厘米，腹径13.4厘米，底径6.8厘米，高13.3厘米（图十九，6）。

标本M79券顶上：2，硬陶，红胎，肩上有两周弦纹，口径9.2厘米，腹径15.1厘米，底径7.9厘米，高13.8厘米（图十九，8）。

标本M79券顶上：3，硬陶，灰胎，肩下有一周弦纹，口径10.4厘米，腹径15.6厘米，底径9.2厘米，高14厘米（图十九，9）。

双系罐　1件。标本M79券顶上：1，硬陶，火候较高。斜沿，尖唇，束颈，弧平肩，斜腹内收，平底稍内凹，肩上有对称双竖贯耳。器身饰细密斜方格纹，肩上有两周弦纹。口径10.6厘米，肩宽17.2厘米，底径9.4厘米，高14厘米（图十九，7）。

钵　1件。标本M79：35，敞口，尖唇，斜直腹内收，小平底。夹砂灰陶，口径16.2厘米，底径7厘米，高6.4厘米（图十七，7）。

盂　1件。标本M79券顶上：4，敛口，鼓腹，小平底。肩上有两周弦纹，腹下有削痕。夹细砂灰陶，火候高，口径4.3厘米，腹径6.4厘米，底径2.9厘米，高3.8～4.2厘米（图十九，10）。

盘　1件。标本M79券顶上：5，直口，平沿，斜腹，大平底，腹部有削痕。夹细砂灰陶，火候高，口径9.6厘米，底径6.2厘米，高2.7厘米（图十九，11）。

（四）铜器

共3件，为镜、铜饰、泡钉、铜钱。

镜　1件，规矩纹铜镜。标本M79：26，镜中心为圆纽和方形纽座，纽座内有四叶柿蒂纹。纽座外为四组规矩纹，间以八乳钉、八禽鸟，其外为一周栉齿纹、三周锯齿波折纹。直径11.6厘米，纽高0.9厘米（图十六，7）。

铜饰、铜泡钉　1组。标本M79：25，柿蒂状铜饰有5个，中心为同心圆纹，上有圆形穿孔，其四叶向四面伸展，呈柿蒂状，每个叶面上均装饰有同心圆纹和三角形纹饰。铜饰对向两叶叶尖距为6.4、厚0.1厘米。与柿蒂状铜饰相匹配的铜泡钉有5枚，泡钉面圆形，近外缘处装饰有一周联珠纹，钉径2、钉身长0.8厘米（图十六，8-1）。另发现较大铜泡钉1枚，泡钉面椭圆形，钉面长径4厘米，短径2.8厘米，钉身长2.2厘米（图十六，8-2）。

铜钱　共48枚，均为五铢钱。“五”字交笔弯曲，较为宽大，“铢”字的“金”头呈三角形，较西汉五铢金字头大，“金”字四点变长。“朱”字上下方折，中间直笔，文字书写规范。从钱文特征看应为东汉建武五铢。标本M79券顶上：2硬陶罐内清出铜钱30枚，部分铜钱上尚残留穿绳痕迹，钱径2.5厘米，厚0.15厘米；标本M79券顶上：7，铜钱18枚，钱径2.5厘米，厚0.15厘米（图十九，12）。

（五）铁器

共2件，为剑、刀。

剑　1件。标本M79：28，剑首残，凹形剑格，剑身修长，中脊起棱，两面锋刃，断面呈菱形，剑尖残。剑身上留有少量黑彩、红彩。另保存有少量剑鞘尾端残余，木质，上有绳编痕迹。剑身残长约 87 厘米，2.8～4.6 厘米，厚 1.2～2.0 厘米（图十七，9）。

刀　1 件。标本 M79 券顶上：6，残，刀身直长，平脊，单面刃。残长 16.5 厘米，宽 3.2～4.4 厘米，厚 0.2～0.8 厘米（图十七，8）。

M79 为砖室墓葬，也是本次洞庭墓群发掘的唯一一座砖室墓。墓葬由土坑墓道、甬道、砖砌横前室、纵后室组成，与湖南其他地区发掘的东汉砖室墓结构一致。所出滑石璧（M79：8）为双线斜菱格纹，在斜菱格的交叉点处饰整齐重圈纹。肉的外缘较宽，内饰以整齐的短弧线纹间重圈纹。从其纹饰特征看，与滑石璧（M77：25）有着明显的承袭关系。璧（M77：25）通径 22 厘米，好径 0.6 厘米，璧（M79：8）通径 22.4 厘米，好径 0.5 厘米，后者较前者好径更小，通径与好径比进一步扩大，表现出更晚的时代特征。M79 滑石器为盒、卮、方案、盘、勺、灶、魁、臼等的组合，相较 M77 的滑石鼎、壶、钫、灶、魁、臼等的组合，其礼器特征进一步弱化，制作也更为随意、粗糙。

M79 所出陶器有鼎、壶、鐎壶、囷、井、屋、鸡等，种类更为丰富，其时代特征也更明显，已到东汉。如鐎壶（M79：17）与沅水下游汉墓 C 型鐎壶（M2429：20）[4] 近同，鼎（M79：21）与沅水下游汉墓 L 型鼎（M2429：14）[5] 接近，井（M79：18）与沅水下游汉墓 D 型井（M2429：21）[6] 近同，M2429 年代为东汉早期。其陶坛、罐类多为硬陶，圆肩或弧肩，深弧腹的特征与常德南坪高戎墓 [7] 所出硬陶罐基本一致。M79 墓室券顶上出有东汉建武五铢铜钱，也印证了墓葬年代。故综合判定 M79 年代约在东汉早期。M79 还出有“迁陵丞印”滑石印章，则体现了墓主的身份等级。《汉书·百官公卿表》载：“县令、长，皆秦官，掌治其县……皆有丞、尉，秩四百石至二百石，是为长吏。”

此外，M77、M79 紧密相邻，墓葬方向基本一致，且均具有一定的身份等级，这种现象并非偶然。本人推测该地可能为一处家族墓地，此家族在当地应拥有较强的影响力，曾担任郡县要职，或为地方豪强。

［附记：本次考古发掘证照为考执字（2019）第 452 号。项目负责人：袁伟。现场发掘人员：袁伟、陈小俊、徐双刚等。绘图：潘志杰、陈小俊、杨英。照相：杨盯。］

执笔：袁伟

注释：

[1] 湖南省常德市文物局、常德博物馆、鼎城区文物局等编著：《沅水下游汉墓》，文物出版社，2016 年，第 502 页。

[2] 同 [1]。

[3] 同 [1]，第 667 页。

[4] 同 [1]，第 542 页。

[5] 同 [1]，第 503 页。

[6] 同 [1]，第 539 页。

[7] 常德博物馆：《湖南常德南坪东汉高戎墓考古发掘简报》，湖南省文物考古研究所编《湖南考古辑刊》第 14 集，科学出版社，2019 年，第 166～178 页。

附图：

1. M66 出土器物组合

2. 陶鼎（M66 ： 8）

3. 陶盒（M66 ： 4）

4. 陶壶（M66 ： 11）

5. 陶罐（M66 ： 12）

6. 陶罐（M66 ： 17）

怀化中方县龙井汉墓 M134 发掘简报

Brief Report on the Excavation of Han Tomb 134 at Longjing at Zhongfang County in Huaihua city

湖南省文物考古研究院

科技考古与文物保护利用湖南省重点实验室　怀化市博物馆

Hunan Provincial Institute of Cultural Relics and Archaeology

Hunan Key Laboratory of Archaeometry and Conservation Science

Huaihua Municipal Museum

内容提要：2009 年，在中方县龙井村窑货场墓区发掘的 M134 是一座带斜坡墓道的土坑竖穴墓。出土器物 39 件，质地有陶、铜、滑石等，陶器器形有鼎、盒、锺、钫、罐、豆、鐎壶、灶、器座；铜器有锅、镜、鎏金铜泡；滑石器有鼎、壶、钫、盆、卮、盘、耳杯、璧、猪；还有泥质和铜质的五铢钱。该墓墓道下端距墓底较低，坡度较小，这是西汉墓较晚的形态，随葬器物中陶锺、鐎壶、灶及滑石璧、猪的形态也较晚，钱币为五铢等，综合考察，该墓年代大致属西汉中期后段或中晚期之交。

关键词：中方县　龙井　汉墓　西汉中晚期　无阳县

Abstract: Tomb 134 that was excavated at the kiln goods yard of Longjing Village in Zhongfang County in 2009 is a vertical earth-pit tomb with a slanting tomb passage. The 39 unearthed vessels are ceramic, bronze and talc in property. The ceramic ones include *ding*, box, *zhong*, *fang*, pit, stemmed plate, pot with a long handle, hearth, and vessel stand; the bronze one include wok, mirror and gilded bronze nail; the talc ones include *ding*, pot, *fang*, bowel, *zhi*, plate, flanged cup, disc and pig. There are also earthen and bronze Wuzhu coins. The lower end of the passage is lower than the bottom of the tomb with a small grade, characteristic of late Western Han tombs. The shapes of the ceramic *zhong*, pot and hearth and talc disc and pig are also of late Western Han style. The coins are Wuzhu coins.

Keywords: Zhongfang County; Longjing; Han tomb; mid- and late Western Han dynasty; Wuyang County

中方龙井汉墓群位于怀化市中方县㵲水河东岸沿㵲水分布约 1 公里的狭长形地带，与㵲水西岸的荆坪古城隔河相望（图一）。2006 年至 2010 年，怀化市博物馆为配合㵲水荆坪大桥及中兴小学等建设工程，先后在天锅田、后岩头砦及窑货场发掘古

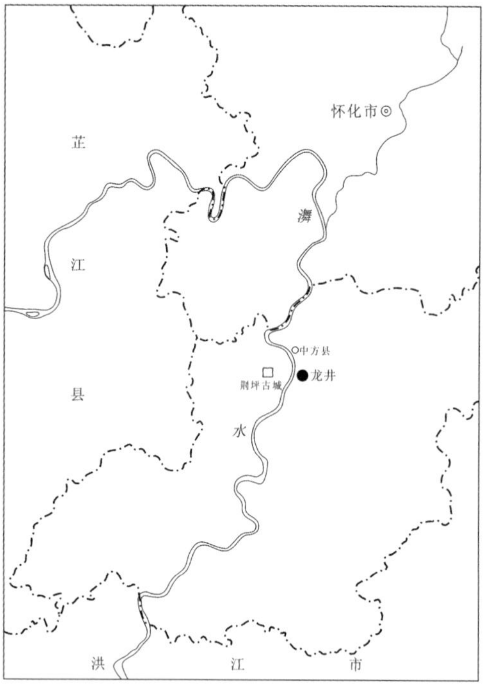

图一　中方县龙井汉墓群位置示意图

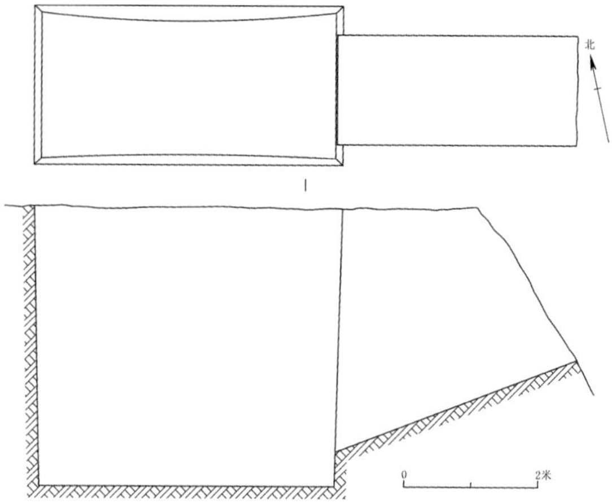

图二　M134平、剖面图

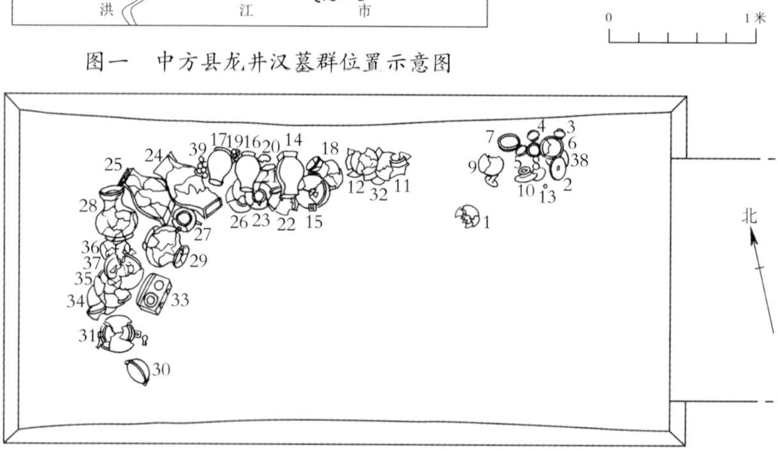

图三　M134平面及随葬器物分布图
1、2、38. 滑石壁
3～5. 滑石耳杯　6. 滑石盆
7. 滑石盘　8. 滑石卮
9. 陶豆　10. 陶器座
11、12、18、22、23、26、36. 陶罐　13. 鎏金铜泡
14. 滑石钫　15. 滑石鼎
16、17. 滑石壶
19. 铜五铢钱　20、21. 滑石猪
24、25. 陶钫
27. 陶壶　28、29. 陶钟
30. 铜锅　31. 陶鼎
32. 铜镜　33. 陶灶
34、35、37. 陶盒　39. 泥五铢钱

墓葬140座，出土文物2000多件。这些墓葬主要为西汉时期墓葬。其中M134位于窑货场墓区，2009年发掘。现介绍如下。

一　墓葬形制

带斜坡墓道的宽长方形土坑竖穴墓，方向103°。墓壁略斜，墓底两侧壁微向内弧，应是挤压变形。墓口长460厘米，宽230厘米；墓底长440厘米，宽196厘米；墓深400厘米。墓道位于墓室东端中间，坡度20°。墓道口残长200厘米，宽160厘米；墓道下端距墓口深350厘米，距墓底高50厘米。随葬器物沿墓底足端及右侧呈曲尺形分布。葬具及人骨架不存。墓中填五花土（图二、图三）。

二　随葬器物

墓中共出土随葬器物39件（套）。其中陶器19件（套），铜器3件，滑石器15件，钱币2件（套）（彩版一一，1）。

（一）陶器 19件（套）

1. 鼎盖　1件。

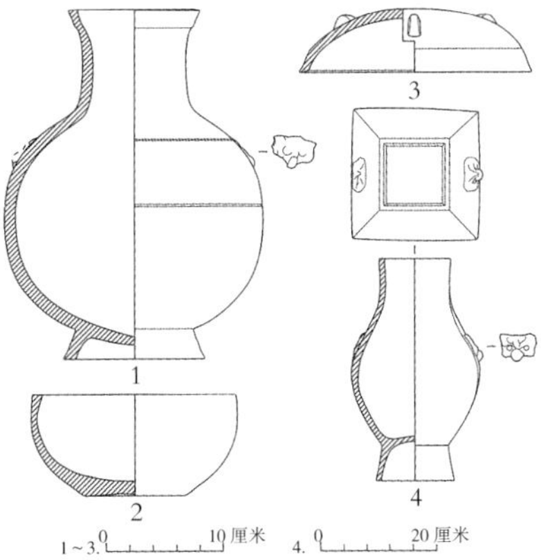

图四　M134出土陶锺、盒、鼎盖、钫
1. 锺（M134 ∶ 28）
2. 盒（M134 ∶ 34）
3. 鼎盖（M134 ∶ 31）
4. 钫（M134 ∶ 24）

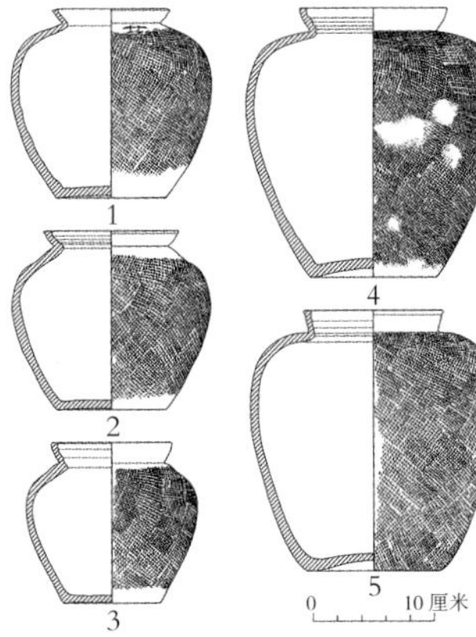

图五　M134出土陶罐
1～5. 陶罐（M134 ∶ 11、18、23、12、22）

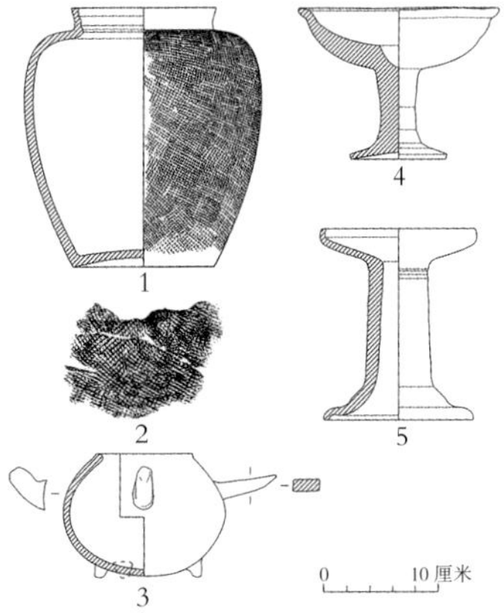

图六　M134出土陶罐及纹饰、鐎壶、灯、器座
1. 陶罐（M134 ∶ 26）
2. 陶罐纹饰拓片（M134 ∶ 11）
3. 陶鐎壶（M134 ∶ 27）
4. 陶灯（M134 ∶ 9）
5. 陶器座（M134 ∶ 10）

M134∶31，泥质灰陶。鼎身已残。弓弧形盖，盖面三扁纽。盖径19.9厘米，高5.3厘米（图四，3）。

2. 盒　3件。修复1件。

M134∶34，泥质灰陶。敛口，平沿，弧腹深直，平底。盖失。口径17.3厘米，高8.4厘米（图四，2）。

3. 锺　2件。修复1件。

M134∶28，泥质灰陶。敞口略呈盘状。弧颈，溜肩，圆腹，圜底，矮圈足外斜。腹部三周弦纹及对称铺首。口径11.2厘米，腹径22厘米，高28.8厘米（图四，1）。

4. 钫　2件。修复1件。

M134∶24，泥质灰陶。口残，粗弧颈，鼓腹，平底，圈足斜直。上腹有对称铺首。口径6厘米，腹径11厘米，高18.2厘米（图四，4）。

5. 罐　7件。均为硬陶罐。修复6件。有大小两种形态。

M134∶11，泥质青灰陶。肩以上褐釉脱落。斜领，束颈，圆肩，弧腹，平底微凹。腹饰麻布纹。肩部有一刻画符号。口径9.6厘米，腹径16.4厘米，高15.2厘米（图五，1；图六，2；彩版一一，2）。

M134∶18，泥质红灰陶。无刻画符号。余同M134∶11。口径10.8厘米，腹径16厘米，高14.4厘米（图五，2）。

M134∶23，泥质橙红陶。无刻画符号。余同M134∶11。口径9.8厘米，腹径14厘米，高12.9厘米（图五，3）。

M134∶12，泥质青灰陶。较大。肩以上褐釉脱落。矮领斜直，圆肩，深弧腹，凹底。腹饰麻布纹。口径12.2厘米，腹径21厘米，高21.5厘米（图五，4）。

M134∶22，同M134∶12。口径11.6厘米，腹径20.2厘米，高20.8厘米（图五，5）。

M134∶26，同M134∶12。口径12.4厘米，腹径20.2厘米，高21.5厘米（图六，1；彩版一一，3）。

6. 灯　1件。

M134∶9，泥质灰陶。敞口，斜折沿，弧壁，内底中心下凹，矮细柄，盖状圈座。口径17.2厘米，足径8.4厘米，高12.6厘米（图六，4）。

7. 鐎壶　1件。

M134：27，泥质黑灰陶。弇口，球形腹，圜底有小平面。矮锥状三足。腹部呈90°位置有一鋬一流，假流作鸟首形，鋬宽扁。口径8.2厘米，腹径13.8厘米，鋬侧通宽18.2厘米，高10.3厘米（图六，3；彩版一二，1）。

8. 灶　1套（含1釜）。

M134：33，泥质灰陶。长方体，下方略宽。上方横向并列两个圆釜眼，前方下部与釜眼对应两个弧形火门，后方上部有一圆弧形挡风板，挡风板中间有一纵向凸棱。釜眼上存一釜，弇口，折腹，平底。灶长19.4厘米，宽14.2厘米，高12.8厘米（图七，1；彩版一二，2）。

9. 器座　1件。

M134：10，泥质褐陶。直口，折壁，粗柄上细下粗，中空至底。喇叭形圈座边缘斜折呈盖状。口径13.6厘米，足径13厘米，高15.9厘米（图六，5）。

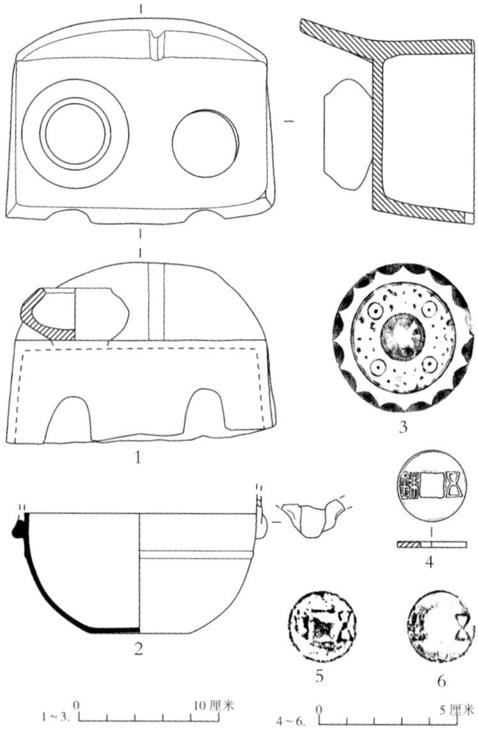

图七　M134出土陶灶、铜锅、镜、五铢钱
1. 陶灶（M134：33）2. 铜锅（M134：30）3. 铜镜（M134：32）4～6. 铜五铢钱（M134：19）

（二）铜器 3件

1. 锅　1件。

M134：30，直口，深弧腹，平底。腹中一周凸弦纹。口部对称铺首衔环，环向上高于口沿以为环耳。腹、底有较厚烟炱。口径16.6厘米，通宽18.4厘米，残高9.4厘米（图七，2）。

2. 镜　1件。

M134：32，亮黑色。十六连弧纹缘。缘内双圈纹。连峰纽，双圈间栉齿纹圆纽座，主题纹饰为四个圆座乳钉纹间六星云纹。直径10.5厘米，缘厚0.3厘米（图七，3；彩版一二，3）。

还有鎏金铜泡1件，残甚。

（三）滑石器 15件

1. 鼎　1件。

M134：15，高子母口，深弧腹，圜底，蹄形足，矮附耳。盖失。口径14.2厘米，通宽17.6厘米，高12厘米（图八，1）。

2. 壶　2件。修复1件。

M134：17，滑石壶。实心。弧颈，圆腹，下腹向外斜折呈圈足状。上部外壁一周刻槽象征器盖，折壁，弧顶。腹径14.6厘米，高21厘米（图八，2；彩版一二，4）。

3. 钫　1件。

M134：14，实心。盝形顶，边缘刻槽象征器盖。折壁，弧顶。直边贴沿，弧颈，弧腹，下腹向外斜折呈圈足状。腹径15.2厘米，高29.1厘米（图八，3；彩版一二，5）。

4. 盆　1件。

M134：6，较大。平折沿。弧壁，平底，向下略出边。口径20.6厘米，高3.9厘米（图九，6）。

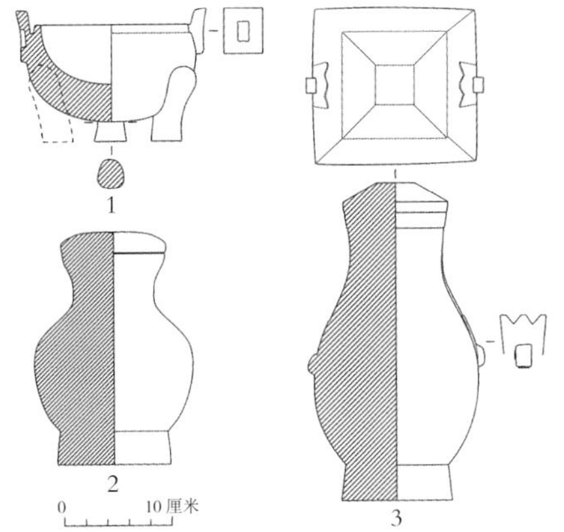

图八　M134 出土滑石鼎、壶、钫
1. 鼎（15）　2. 壶（17）　3. 钫（14）

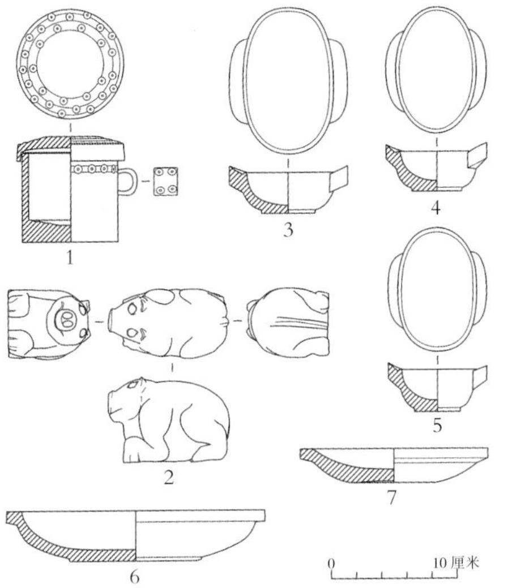

图九　M134 出土滑石卮、猪、耳杯、盆、盘
1. 卮（M134 ： 8）　2. 猪（M134 ： 21）
3～5. 耳杯（M134 ： 4、5、3）
6. 盆（M134 ： 6）　7. 盘（M134 ： 7）

5. 卮　1 件。

M134：8，筒形腹，平底。上腹一宽鋬。口外壁两周弦纹间一周圈点纹。直壁碟状盖。盖面三周凹凸相间瓦楞纹及两周圈点纹。口径 7.6 厘米，鋬侧通宽 9.2 厘米，通高 8.7 厘米（图九，1；彩版一三，1）。

6. 盘　1 件。

M134：7，较小。平折沿。弧壁，平底。口径 14.8 厘米，高 2.7 厘米（图九，7；彩版一三，2）。

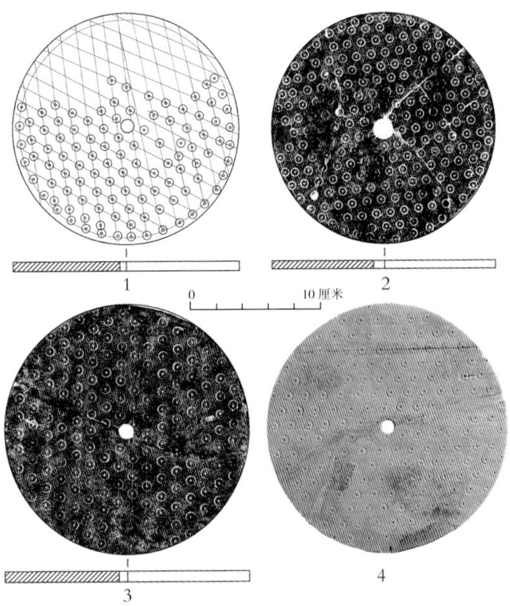

图十　M134 出土滑石器
1. 璧（M134 ： 38）　2. 璧（M134 ： 1）
3、4. 璧（M134 ： 2）

7. 耳杯　3 件。形态相同。平面椭圆形，两侧口部有长圆弧耳。弧壁，平底向下出边。

M134：3，口长 9.4、通宽 7.8 厘米，高 3.8 厘米（图九，5；彩版一三，4）。

M134：4，口长 11.2 厘米，通宽 9.4 厘米，高 3.7 厘米（图九，3）。

M134：5，口长 9.6 厘米，通宽 8 厘米，高 3.7 厘米（图九，4）。

8. 璧　3 件。

M134：38，好径较小，正面有肉廓无好廓，刻菱形细格线，菱格交点上饰圈点纹。素背。直径 17.2 厘米，厚 0.6 厘米（图十，1）。

M134：1，正面有肉廓无好廓，通刻菱形细格线，菱格交点上饰圈点纹。素背。直径 17.2 厘米，厚 0.7 厘米（图十，2；彩版一三，3）。

M134：2，同 M134：1。直径 18.6 厘

米，厚 0.8 厘米（图十，3、4）。

9. 猪 2 件。存 1 件。

M134：21，短身，短颈，夹尾，四脚曲卧。较肥胖。长 9.6 厘米，宽 5.4 厘米，高 6.5 厘米（图九，2；彩版一三，5）。

（四）其他 2 件（套）

1. 铜五铢钱 约 10 枚（以 1 件计）。

M134：19，直径 2.5 厘米。有两种形态，其一穿上横廓，其一穿无廓（图七，4～6）。

2. 泥五铢钱 数枚（以 1 件计）。

M134：39，残。直径 2.5 厘米。

三 小结

该墓从墓葬形制、随葬品组合及器物形态等方面都具有西汉墓的基本特征，但在西汉的时间轴上处于较晚阶段。如斜坡墓道的坡度较小，在向平底幕道过渡，墓道下端很低，距墓底高仅 50 厘米。随葬器物中陶锺、鐎壶、灶，铜锅、镜及滑石璧、猪等都具有西汉墓同类器较晚的特质，钱币为五铢，也决定该墓早不过武帝以前。与邻近地区西汉墓出土器物比较，有如下相似因素。

M134：28 陶锺与沅陵窑头汉墓 M1196：3 陶锺接近[1]；M134：24 陶钫同窑头 M1129：5、M1135：14 陶钫[2]；M134：18 硬陶罐同窑头 M1140：6、沅水下游汉墓 M2030：18 硬陶罐等[3]；M134：27 陶鐎壶同里耶清水坪汉墓 M148：14、沅水下游 M2362：24 陶鐎壶等[4]；M134：33 陶灶大致同窑头 M1190：30 陶灶[5]；M134：30 铜锅略同长沙西汉后期 M327：73 铜釜[6]，在广西合浦风门岭西汉中晚期墓 M27 和 M23 中也出有形态接近的铜锅。[7]

滑石璧的形态介于沅陵窑头汉墓 B 型Ⅰ、Ⅱ式滑石璧之间[8]；M134：21 滑石猪同黔城枫木坪汉墓 M32：33 滑石猪。[9]

该组所对应的墓葬主要有沅陵窑头汉墓第二期，沅水下游汉墓二期五段，以及长沙西汉后期、里耶清水坪部分墓葬。综合各方面因素考察，M134 的年代大致为西汉中期后段或中晚期之交。

荆坪古城一带的潕水河两岸分布着大量的楚汉时期墓葬，这与荆坪古城的时代相同，说明古墓与古城存在着很深的内在联系。据考证，荆坪古城应是楚汉时期无阳县城所在，西汉时期为武陵郡属县。

目前在荆坪古城一带的潕水两岸已发掘的楚汉墓葬多达 400 余座，据初步调查勘探，墓葬总数应在千座以上。说明无阳县在这一带存续的时间不短。

［附记：墓葬发掘由怀化市博物馆主持，参加发掘工作的有：田云国、杨志勇、周明、田晓武等；器物修复：向开进；绘图：谭远辉、龚萌、胡春梅；拓片：谭远辉；照相：杨町。］

执笔：谭远辉

注释：

[1] 湖南省文物考古研究所：《沅陵窑头发掘报告——战国至汉代城址及墓葬》，文物出版社，2015 年，第 549 页。

[2] 同 [1]，第 442、447 页。

[3] a. 同 [1]，第 456 页；b. 湖南省常德市文物局、常德博物馆、鼎城区文物局：《沅水下游汉墓》，文物出版社，2016 年，第 224 页。

[4] a. 湖南省文物考古研究所：《里耶发掘报告》，岳麓书社，2007 年，第 562 页；b. 同 [2]b，第 400 页。

[5] 同 [1]，第 511 页。

[6] 中国科学院考古研究所：《长沙发掘报告》，科学出版社，1957 年，第 111 页。

[7] 广西壮族自治区文物工作队、合浦县博物馆：《合浦风门岭汉墓——2003—2005 年发掘报告》，科学出版社，2006 年，第 12、25、28 页。

[8] 同 [1]，第 573、574 页。

[9] 湖南省文物考古研究所、湖南怀化市博物馆、湖南洪江市芙蓉楼管理所：《湖南洪江市黔城镇张古坳、枫木坪西汉墓发掘简报》，《南方文物》2008 年第 4 期。

南阳市尚庄汉墓 M5 发掘简报

Brief Report on the Excavation of Han Tomb 5 at Shangzhuang of Nanyang City

河南省文物考古研究院　南阳文物保护研究院

Henan Provincial Institute of Cultural Relics and Archaeology

Nanyang Cultural Relics Conservation Research Institute

内容提要：南阳市尚庄 M5 位于仲景路与范蠡路交叉口东北角，是一座中型砖室墓，由墓道、封门、前室、双假耳室、后室组成。随葬器物有陶、铜、铁、玉器等。综合分析，墓葬的时代为西汉晚期，M5 为夫妇同穴同室合葬墓，墓主人可能为一般官吏或富商大贾。M5 出土的陶猪圈、陶灶、陶井等模型明器，在南阳地区极为少见，与南阳地区汉墓所出的同类器物有别，而与洛阳地区出土的同类器物近似。这一现象反映了西汉晚期中原文化对南阳地区的辐射和影响。

关键词：南阳　尚庄 M5　西汉晚期　洛阳地区　文化影响

Abstract: Tomb 5 at Shangzhuang of Nanyang City, located in the northeast corner of the crossroads of Zhongjing Road and Fanli Road, is a midsize brick-chamber tomb that consists of tomb passage, sealing door, prechamber, false side chamber and rear chamber. Ceramic, bronze, iron and jade burial objects have been unearthed. Analysis by synthesis shows the tomb dates back to the late Western Han Dynasty. The occupants of this husband-wife dual burial tomb are ordinary officials or rich merchants. The funerary objects such as ceramic pigsty, hearth and water well are rarely seen in the Nanyang region and are different from similar objects unearthed from Han tombs in the Nanyang region. Rather, they are similar to objects unearthed in the Luoyang region. This phenomenon reflects the spread and influence of Central Plains culture on the Nanyang region in the late Western Han dynasty.

Keywords: Nanyang; Tomb 5 at Shangzhuang; late Western Han dynasty; Luoyang region; cultural influence

南阳市尚庄 M5 位于南阳市仲景路与范蠡路交叉口东北角（图一）。2010 年 10 月—11 月，南阳市文物考古研究所为配合城市建设，经报批对该处进行了文物钻探和考古发掘，共发现和清理古墓葬 13 座。其中汉代墓葬 M5 出土器物较有特点，与常见的南阳汉墓器物有别。现将该墓发掘情况简报如下。

图一　南阳市尚庄 M5 位置示意图

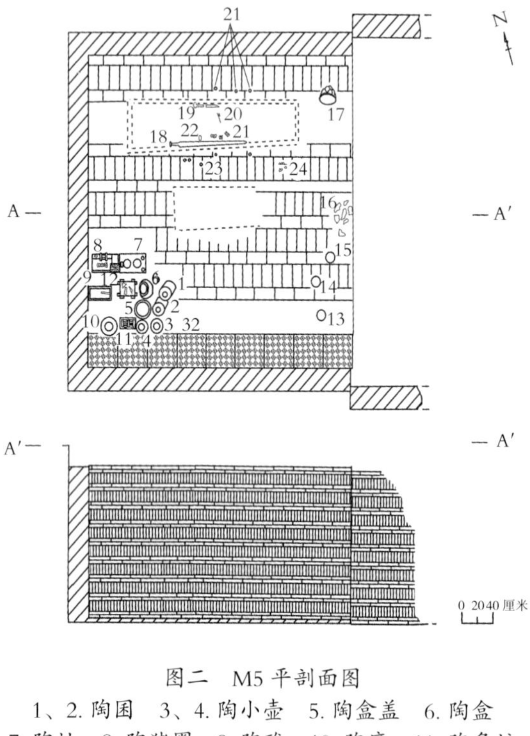

图二　M5 平剖面图

1、2. 陶囷　3、4. 陶小壶　5. 陶盒盖　6. 陶盒　7. 陶灶　8. 陶猪圈　9. 陶碓　10. 陶磨　11. 陶炙炉　12. 陶井　13～15. 陶碗　16. 陶大壶残片　17. 陶博山炉盖　18. 铁剑　19. 铁刀　20. 铜带钩　21. 铜钱　22. 玉剑璏　23. 铜泡钉　24. 铜车马器残件　32. 花纹方砖

以下为填土中出土：25、26、27. 陶囷　28、29. 陶鼎足　30、31. 陶小盒底　32. 花纹方砖

一　墓葬形制和葬式葬具

M5 坐西向东，方向 104°。开口于地表扰土层下，墓口距地表深约 130 厘米，墓底距墓口深约 250 厘米。该墓整体呈近似正方形，东西长约 400 厘米，南北宽约 350～410 厘米。分为墓道、封门、前室、耳室、后室几部分墓为小砖券筑成，砖的规格为长 26 厘米，宽 12 厘米，厚 4 厘米。（图二）。

墓道位于东端，未清理。墓道之西为封门，因曾遭盗扰，封门砖已不见。

封门之西为前室，呈南北长方形，南北长约 410 厘米，东西宽约 80 厘米。铺地砖无存。前室南北两侧分别有一耳室，耳室门为砖砌拱券门，但大部残损，只有少部分保留。耳室长与前室宽相同，为 80 厘米，进深只有 30 厘米。耳室内正对耳室门的墙体为砖砌，砌法为二顺一丁，其余墙体不砌砖。耳室较小，砌筑简单，应该仅有象征意义。后室位于前室之西，呈近似正方形，南北长约 350 厘米，东西宽约 320 厘米。壁砖砌法也为二顺一丁，残存墓壁高约 164 厘米。后室中间无隔墙。铺地砖不太规则，最南部为一行模印菱形柿蒂纹的方砖，方砖边长 38 厘米。其余为小砖铺地，铺法为一横一竖相间平铺。但在后室北部、南部棺椁下的位置各有一东西向、未铺砖的长方形槽。墓葬的券顶无存，券法不明，推测为穹窿顶。

后室北部有一棺，东西长约 220 厘米，西端宽 60 厘米，东端宽 50 厘米，残高约 30 厘米。因其西端宽，东端窄，可推知墓主人为头西足东。西部残留有红、黑色泥土，可知棺外原髹红、黑色漆。中部有一棺，西端较清晰，东端几乎不见痕迹。推测此棺原在后室南部，后经盗扰，到了现在的位置。

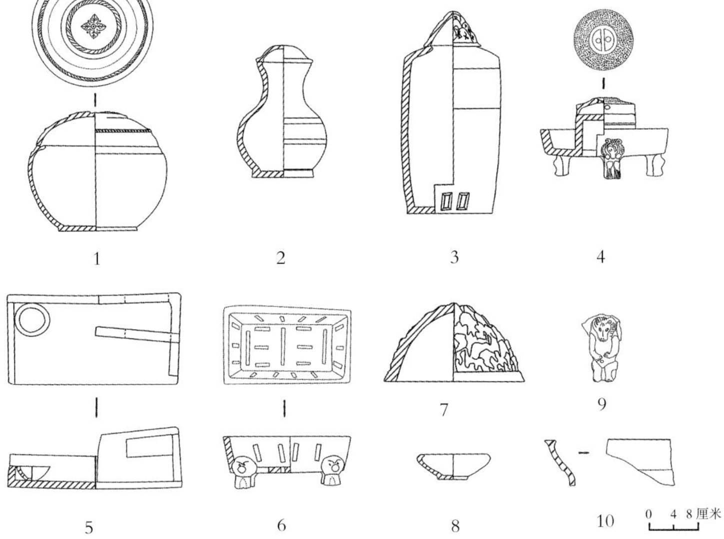

图三　M5 出土陶器（一）
1. 盒（M5 ： 6） 2. 小壶（M5 ： 3） 3. 囷（M5 ： 1）
4. 磨（M5 ： 10） 5. 碓（M5 ： 9）
6. 炙炉（M5 ： 11） 7. 博山式盖（M5 ： 17） 8. 碗（M5 ： 13）
9. 鼎足（M5 ： 28） 10. 大壶残片（M5 ： 16）

二　随葬器物

该墓虽被盗扰，但仍有不少随葬器物出土。器类主要有陶、铜、铁、玉等，其中陶器 24 件、铜器 48 件、铁器 2 件、玉器 1 件。

陶器主要摆放于后室西南角，部分被扰乱至其他位置，在填土中还出土了一些残陶片。铜器、铁器、玉器等小件器物为墓主人随身携带，均置于北棺内。

（一）陶器

陶器共 24 件。根据陶质、陶色分红胎褐釉陶、红胎绿釉陶、泥质灰陶三种。其中褐釉与绿釉均较疏松，部分釉质剥落处呈现乳浊感的黄、白色，应与釉的成分有关。纹饰有弦纹、绹索纹、四叶纹、乳钉纹等。器形有鼎、盒、大壶、小壶、囷、灶、井、磨、炙炉、小盒、猪圈、博山炉盖、碗等。另有花纹方砖 9 件。

鼎足　2 件。鼎身不见，仅余鼎足。红胎褐釉陶。形制和大小相同。标本 M5：28，熊足。高 10 厘米，宽约 4.5 厘米（图三，9）。

盒　2 件。1 件完整，1 件无盒身。红胎褐釉陶。形制和大小相同。标本 M5：5、6，盒身子母口，腹微鼓，饼状足。盖呈圆鼓状，捉手较浅。盖身和盖顶分别饰一周绹索纹，盖顶中心为四叶纹间以乳钉纹。盒身内口径 15 厘米，外口径 20 厘米，腹径 22.5 厘米，底径 13 厘米，通高 14 厘米。盖顶上釉层大部分已脱落，仅存少许金色粉末（图三，1；彩版一四，1）。

大壶　1 件。红胎褐釉陶。仅余口沿残片。标本 M5：16，盘口平沿，稍外折。口径约 21 厘米（图三，10）。

小壶　2 件。红胎褐釉陶。形制和大小

相同。标本 M5：3，微侈口，束颈，鼓腹，平底。肩饰一组两周凹弦纹，腹部饰一组两周凹弦纹。盖为圆弧状。口径 9 厘米，腹径 15 厘米，底径 10 厘米，通高 18 厘米（图三，2）。

囷　5 件。红胎褐釉陶。形制和大小相同。标本 M5：1，敛口，折肩，微斜腹下收，平底。盖为博山式。囷身自上至下均匀分布有三组凹弦纹，近底部有 2 个长方形门，底面有轮制旋纹痕迹。口径 10 厘米，肩径 17 厘米，底径 15 厘米，通高 32 厘米（图三，3；彩版一四，2）。

炙炉　1 件。红胎褐釉陶。标本 M5：11，长方体，斜壁，炉壁长的一面有 4 个长方形镂孔，短的一面有 3 个长方形镂孔，底部有 9 个长方形镂孔。下有 4 个人面足，人面浓眉，两眉倒立，圆眼，嘴大张呈一圆洞。炉长 20 厘米，宽 12 厘米，通高 7.7 厘米。足高 5 厘米（图三，6；彩版一四，3）。

灶　1 件。红胎褐釉陶。标本 M5：7，长方体，前有挡火墙，下开拱形火门。挡火墙上部饰折线形刻纹，中部饰波浪形和三角形刻纹，火门两侧各饰一列直线形划纹。火门宽 5 厘米，高 4.8 厘米。灶面上开有 4 个火眼，前面 2 个小火眼分置两侧，其上各承 1 釜，中间两个大火眼依次承一釜一盆和一釜一甑，后部竖立一葫芦形烟囱。盆和甑内各放置一勺（甑内之勺已残），烟囱的一侧另置一盆。灶面两侧各刻一条鱼。烟囱呈葫芦形，中空，顶部有 3 个小镂孔以排烟。底部为方形，插入灶身的方形孔内。灶身通长 35 厘米，通宽 22 厘米，通高 13 厘米。烟囱高 6.5 厘米（图四，1；彩版一四，4）。

釜　4 件。形制相近，大小不同。敛口，折肩，斜腹下收，平底。标本 M5：7-1，口径 5 厘米，腹径 8 厘米，底径 2.5 厘米，高 4.5 厘米。标本 M5：7-2，口径 5 厘米，腹径 8 厘米，底径 2.5 厘米，高 5 厘米。标本 M5：7-3，口径 3.5 厘米，腹径 5 厘米，底径 2 厘米，高 3.5 厘米。标本 M5：7-4，口径 4.5 厘米，腹径 6 厘米，底径 2 厘米，高 4 厘米。

盆　2 件。形制相近，大小不同。敞口，宽折沿，腹部斜下收，平底。标本 M5：7-5，口径 11.5 厘米，底径 5 厘米，高 6 厘米。标本 M5：7-6，口径 10.5 厘米，底径 5 厘米，高 5.5 厘米。

甑　1 件。标本 M5：7-7，敞口，宽折沿，腹部斜下收，平底。底部有 5 个梅花状分布的圆形镂孔。

勺　2 件。1 件完整，1 件残。标本 M5：7-8，斗较深，呈椭圆形，柄较短。斗深 2.5 厘米，通长 5.5 厘米。

井　1 件。红胎绿釉，局部釉质剥落。标本 M5：12，正方体。口部为仿木结构，井栏四面模印有圆形纹和菱形纹，上有井架及井亭，井亭为四面坡顶。井身长 17.5 厘米，宽 14 厘米，通高 23 厘米，井架及井亭高 12 厘米（图四，2；彩版一五，1）。

磨　1 件。红胎褐釉陶。标本 M5：10，上扇为圆形，中心有一道梁，梁两侧各有一个半月形凹槽，凹槽内各有一磨眼。扇面上布满放射状麻点。一侧有一圆孔，应为安柄处。下扇与圆形盘相连，顶部有一圆孔，与上扇中心的圆孔相对应，应为安装转轴处。下扇上部饰一周凹弦纹。盘敞口，平沿，壁较高。盘底有一圆孔，以便出粮。下为三只羊足。羊立姿，头顶有两角，分别向外卷曲。两前肢置于胸前。从形态看，为绵羊。磨径 10 厘米，盘径 20 厘米，通高 15 厘米。足高 6 厘米（图三，4；彩版一五，2）。

碓　1 件。红胎褐釉陶。标本 M5：9，长方体。一端有两栏杆，栏杆上有长方形窗。另一端有 1 小臼。长 28 厘米，宽 15

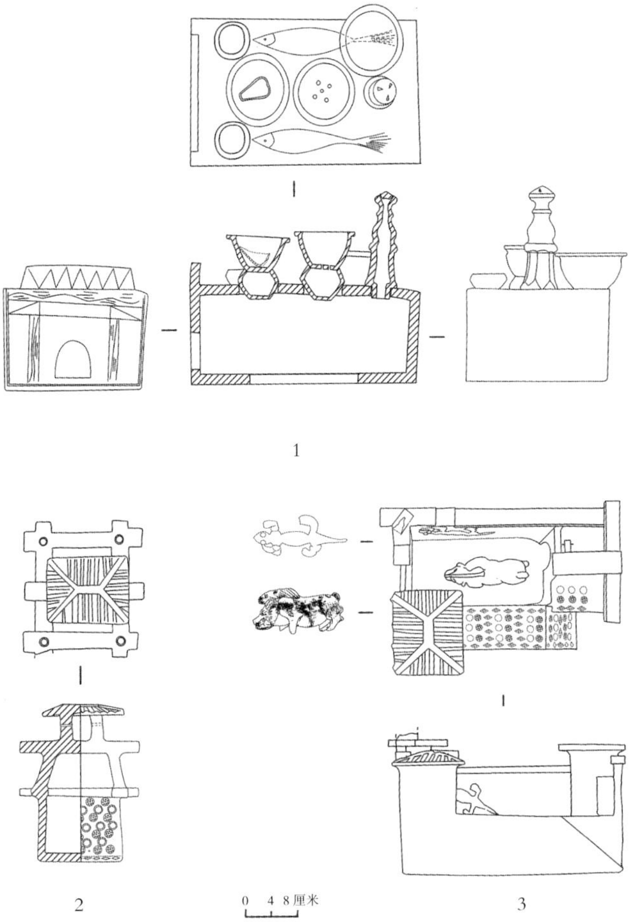

图四　M5出土陶器（二）
1. 灶（M5：7）　2. 井（M5：12）　3. 猪圈（M5：8）

厘米，通高9厘米，栏杆间最宽处7.5厘米，最窄处6厘米，小臼口径5厘米（图三，5；彩版一五，3）。

博山式盖　1件。泥质灰陶。标本M5：17，盖面上模印有山峦、树木、野兽等。口径22.5厘米，高14厘米（图三，7）。

猪圈　1件。红胎绿釉，局部釉质剥落呈现为粉化的白色、淡黄色。标本M5：8，长方体。三面有圈栏，一面为长斜坡，可供人上下。后墙一角为仿木结构建筑，已残。前墙一角为四面坡顶建筑，顶上有数道瓦垄。前面开有一门，内有便池。一侧为长斜坡，坡上模印圆形纹和菱形纹。从

图五　花纹方砖（M5：32）

此坡可以到达后墙另一角。另一角也为仿木结构建筑，用梁架搭成，无顶无墙壁，地面模印圆形纹和菱形纹。建筑内有便池，池两边各有一垫脚石。此厕下有拱形小门通圈内。圈内内壁上浮塑壁虎一只，壁虎两眼圆鼓，凸出，做爬行状。圈内有猪一只，泥质灰黑陶，鬃毛高耸，长吻，龇牙，大耳，短尾卷曲，呈奔跑状。从体态看应为野猪。合模制成。圈通长34.5厘米，通宽21厘米，通高17厘米。猪长14厘米，高6厘米（图四，3；彩版一五，4）。

碗　3件。泥质灰陶。形制和大小相同。标本M5：13，敛口，斜腹下收，平底内凹。推测用途为灯碗。口径10.5厘米，底径5厘米，高4厘米（图三，8）。

小盒　2件。红胎褐釉陶。仅余盒底。形制和大小相同。标本M5：30，底径6.5厘米。

花纹方砖　9件。泥质灰陶。正方形，形制和大小相同。表面模印菱形柿蒂纹5行，5列，共25个。每个纹饰外围为两层菱形边框，内有柿蒂纹。标本M5：32，边长约38厘米，厚3厘米（图五）。

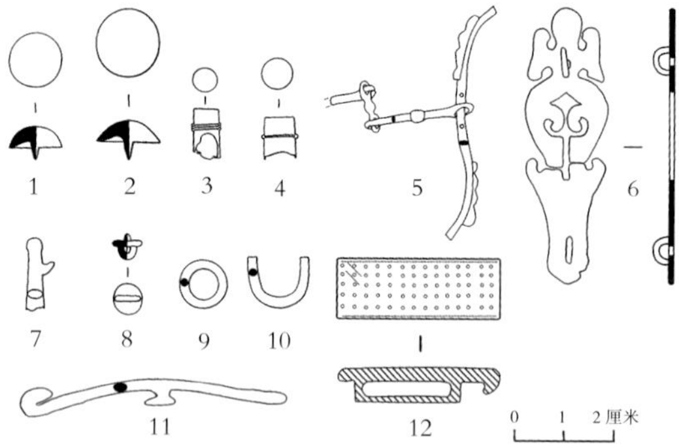

图六 M5出土铜、玉器
1. A型铜泡钉（M5 ：23−1）
2. B型铜泡钉（M5 ：23−3）
3. A型铜轴头（M5 ：24−4）
4. B型铜轴头（M5 ：24−5）
5. 铜衔、镳（M5 ：24−2、3）
6. 铜当卢（M5 ：24−1）
7. 铜盖弓帽（M5 ：24−6）
8. 铜圆帽形器（M5 ：24−7）
9. 铜圆环（M5 ：24−8）
10. 铜U形器（M5 ：24−9）
11. 铜带钩（M5 ：20） 12. 玉剑璏（M5 ：22）

（二）铜器

共48件，器形有带钩、泡钉、车马器饰件（当卢、马衔、马镳、轴头、盖弓帽、圆帽形器、环、U形器）等。

带钩 1件。标本M5：20，钩为兽首形，腹部较宽大，腹上部鼓起呈弧形，尾部为花瓣形。背部一圆纽。长10.6厘米，腹宽0.7厘米，钮径0.8～1.1厘米（图六，11）。

泡钉 19件。可分为两型。

A型 8件。标本M5：23−1，鎏金，鼓球状帽，下垂一钉，钉为四棱体。帽径2厘米，钉长2.1厘米，通高2.3厘米（图六，1）。

B型 11件。标本M5：23−3，鎏金，微弧形帽，下垂一钉，钉为四棱体。帽径2.5厘米，钉长0.7厘米，通高0.9厘米（图六，2）。

当卢 1件。标本M5：24−1，其轮廓线如正视的马头。上部镂空，中部残缺。上、下部各有一个半环形钮。长10.3厘米，宽1.4～3.2厘米（图六，6）。

马衔 2件。1件完整，1件残。标本M5：24−2，衔由三截连成，每截中间有一凸箍，环形，互相咬住。中间一截较短。残长7.8厘米，椭圆环长径1.3厘米，短径0.9厘米（图六，5）。

马镳 7件。标本M5：24−3，全身弯曲如S形，中部有两孔，在两端作连弧形凸起为装饰。长9.2厘米（图六，5）。

轴头 2件。可分两型。

A型 1件。标本M5：24−4，器瘦高，其口部大于底部，身上有三道弦纹突起。口径1厘米，底径0.9厘米，长1.7厘米（图六，3）。

B型 1件。标本M5：24−5，器短粗，其口部略大于底部，身上有一道弦纹突起。口径1.1厘米，底径1.1厘米，长1.3厘米（图六，4）。

盖弓帽 8件。形制和大小相同。标本M5：24−6，圆筒形，中空成銎。口缘处宽大，上端稍缩小，顶部如一圆球，在器中部往上挑起一钩。高2.5厘米（图六，7）。

圆帽形器 6件。形制和大小相同。标本M5：24−7，器很小，圆形，顶部中心鼓起，背部下垂一环。直径1.2厘米，环高0.7厘米，通高1.2厘米（图六，8）。

圆环 1件。标本M5：24−8，截面为圆形。内径1.2厘米，外径1.7厘米（图六，9）。

U形器 1件。标本M5：24−9，铜丝作U形，断面呈圆形。宽约2.3厘米，高约1.8厘米（图六，10）。

（三）铜钱

铜五铢钱 50枚。可分为三型。

A型 10件。标本M5：21−1，五字交笔近直，“铢”字金头呈双翼镞形，四点较长，“朱”字上下均方折。有的穿上有横郭，有的穿下有月牙。直径 2.5、穿径 0.9 厘米（图七，1）。

B 型　17 件。标本 M5：21-2，五字交笔微曲，“铢”字金头较小，呈三角形，“朱”字上方折，下圆折。有的穿上有横郭，有的穿下有月牙。直径 2.5、穿径 0.9 厘米（图七，2）。

C 型　23 件。标本 M5：21-3，五字交笔弧曲，与上下两横相交处近直，上下两横出头。“铢”字金头较小，呈三角形，“朱”字上方折，下圆折。有的穿上有横郭，有的穿下有月牙。直径 2.5、穿径 0.9 厘米（图七，3）。

（四）铁器

共 2 件。有剑、环首刀等。

剑　1 件。标本 M5：18，长剑，剑首为圆形，茎扁平而细，茎上有一椭圆孔，茎与剑身交接处有铜镡，剑身中间微起脊，平素无纹饰。剑长 22.9 厘米（图八，1）。

刀　1 件。标本 M5：19，刀首成一环，环为扁圆形。背直，刃部亦直，仅在刀末一小段斜刹成弧形。刀身上有朽木残存，可知原有木鞘。刀首长径 4.2 厘米，短径 2.8 厘米（图八，2）。

（五）玉器

剑璏　1 件。标本 M5：22，青玉质。平面呈长方形。一端向内卷。表面满饰谷纹，间有菱形网格纹。背部有一长方形穿孔。通长 6.6 厘米，通宽 2.5 厘米，通高 1.4 厘米。穿孔长 4.2 厘米，宽 2.3 厘米，高 0.8 厘米（图六，12）。

三　结语

（一）墓葬年代

M5 为砖室墓，由前室、双假耳室和后室组成。前室为横长方形，顶部已残，推测原为拱券顶。后室呈近似正方形，顶部已残，推测原为穹窿顶。这种墓葬形制与

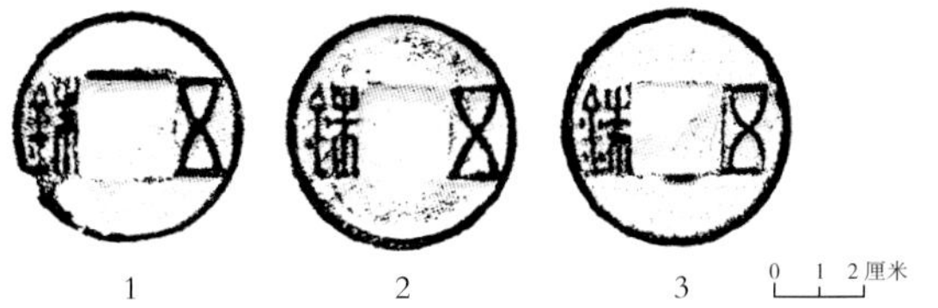

图七　M5 出土铜钱拓片
1. 五铢（M5 ： 21-1）　2. 五铢（M5 ： 21-2）
3. 五铢（M5 ： 21-3）

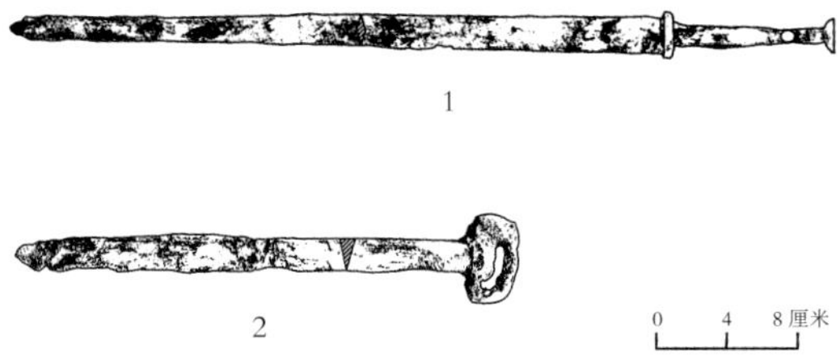

图八　M5 出土铁器
1. 铁剑（M5 ： 18）　2. 环首刀（M5 ： 19）

南阳一中墓地的 M66、M342[1] 形制相近，M66 的年代约为王莽至东汉初，M342 的年代也在这一时期，或可晚到东汉早期。

出土器物中有较多釉陶。器物组合为陶鼎、盒、大壶、小壶、囷、灶、井、磨、猪圈、碓、炙炉等，未见新莽时期流行的案、盘、耳杯等祭器，也未见南阳地区西汉晚期即出现的陶鸡、陶鸭等。出土的铜钱均为西汉五铢，未发现新莽时期的钱币。从钱文特征来看，时代有昭宣时期的，也有元帝以后的，铜钱的时代应在西汉晚期。综上所述，推测 M5 的时代为西汉晚期，不会晚到新莽时期。

（二）墓主人身份

墓内有两棺，可见为夫妇同穴合葬。铁刀、铁剑等出土于北棺，可以推测北棺为男性，南棺为女性。M5 规模较大，虽经盗扰，但随葬器物仍较为丰富，推测墓主人身份较高，可能为一般官吏或富商大贾。

（三）初步认识

M5 出土的陶猪圈、陶灶、陶井等模

型明器，在南阳地区极为少见。陶猪圈M5：8有长坡连通厕所，内壁浮雕一只壁虎，其形制与洛阳烧沟汉墓的M1036：63[2]相近。陶井M5：12与洛阳烧沟汉墓的M19：7[3]相近。陶灶M5：7与洛阳烧沟汉墓的M403：21[4]形制相近。这些都反映了西汉晚期中原文化对南阳地区的辐射和影响。

发　　掘：乔保同　宋煜辉　燕　睿

绘图照相：燕　睿

修　　复：杨　艳

执　　笔：燕　睿　宋晨平

注释：

[1] 南阳市文物考古研究所：《南阳一中战国秦汉墓》，文物出版社，2012年，第39、41页。

[2] 洛阳区考古发掘队：《洛阳烧沟汉墓》，科学出版社，1959年，图版三七：1。

[3] 同[2]，第128页。

[4] 同[2]，第123页。

附图：

1. M5发掘现场（北—南）

2. M5发掘现场（东—西）

3. 陶灶（M5 ：7）顶视图

4. 陶猪圈（M5 ：8）顶视图

湖南炎陵坪头岭东汉墓发掘简报

Brief Report on the Excavation of Eastern Han Tombs at Pingtouling of Yanling County in Hunan Province

株洲博物馆　炎陵县博物馆

Zhuzhou Museum, Yanling County Museum

内容提要： 2000 年 12 月，炎陵县博物馆为配合炎陵县霞阳变电站工程建设，对其工程范围内坪头岭坡上发现的 2 座东汉时期砖室墓进行了抢救性发掘，清理出土陶罐、陶钵、陶杈、铁釜、铜钱等随葬品 38 件，为研究该区域东汉时期丧葬习俗提供了考古资料。

关键词： 炎陵　坪头岭　东汉　砖室墓

Abstract: In December of 2000, in cooperation with the Xiayang Substation construction project of Yanling County, the Yanling County Museum conducted rescue excavation of 2 Eastern Han brick-chamber tombs discovered at Pingtouling within the construction site. The unearthed 38 ceramic pots, bowls, staffs, iron cauldron and copper coins provide archaeological materials for the study of Eastern Han funeral customs of this area.

Keywords: Yanling; Pingtouling; Eastern Han; brick-chamber tomb

2000 年 12 月，炎陵县霞阳变电站修建过程中发现古墓葬，炎陵县博物馆为配合工程建设，对工地现场发现的古墓葬进行抢救性考古发掘，共清理出东汉时期砖室墓 2 座，墓葬均受到不同程度的破坏，但仍出土了一批随葬品。

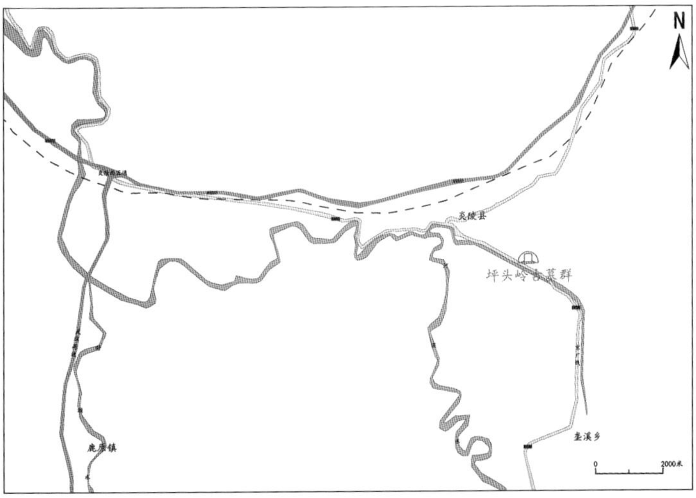

图一　坪头岭墓群地理位置图

一　地理位置

墓葬位于株洲市炎陵县

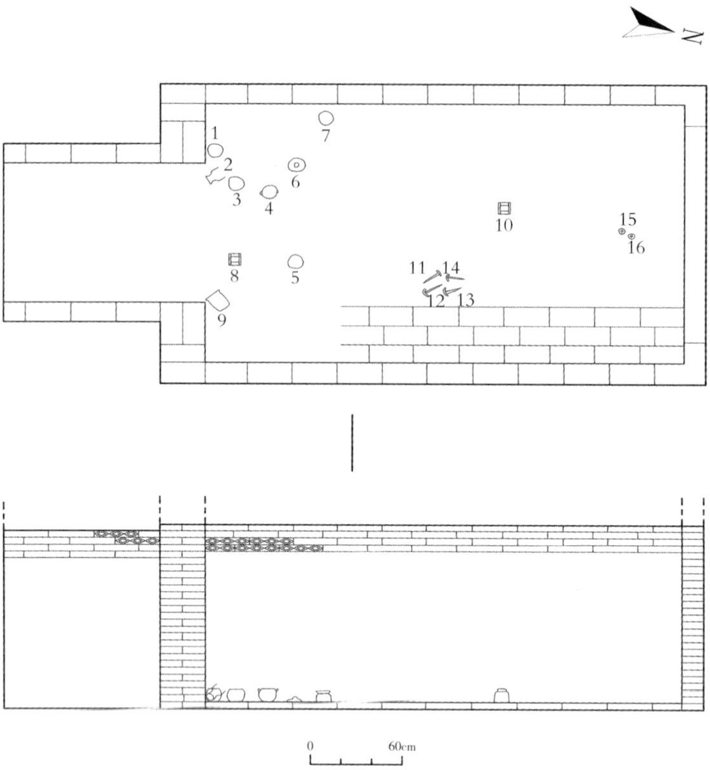

图二　2000YPM2 平剖面图

1、3、5. 陶钵　2. 陶井　4. 双耳钵　6. 陶器盖　7. 铁釜
8、10. 陶杈　9. 陶井　11～14. 铁棺钉　15. 陶纺轮　16. 陶纺轮

城南 3 公里的坪头岭山坡上（图一）。南连炎陵县霞阳镇坎坪村养猪场，北连炎陵县霞阳镇果园，东、西环山。墓地南北长 40 米，东西宽 60 米。

二　墓葬形制

两座墓葬均受不同程度的破坏，墓葬形制分述如下：

M1，为“凸”字形砖室墓。破坏严重，墓向 342°。带甬道，甬道宽约 1.5 米，深度不详。墓室长约 3.4 米，宽度不明，残深 0.3 米。

M2，为“凸”字形砖室墓。墓向 103°，带甬道，甬道长 1.34 米，宽 1.3 米。墓室底部积有 20 厘米厚的淤泥，断续可见白色板灰。清理后发现墓底用长方形砖单层错缝平铺，墓后室长 3.34 米，宽 2.18 米。墓拱顶已被毁，存留部分楔形砖。墓壁同样用长方形墓砖错缝平砌，墓砖上饰有相连菱形纹，且饰有纹饰一面均朝向墓室内，花纹墓砖长 30 厘米，宽 16.5 厘米，高 12 厘米（图二）。

三　随葬器物

随葬品可分为陶器和铁器两大类。陶器以硬陶器为主，器形有罐、壶、井、纺轮、杈等，铁器有釜、棺钉。下面按墓葬分类述之。

M1 中随葬器物共 22 件：

陶罐　10 件。标本 M1：1，泥质灰陶，质硬，方唇，盘口，束颈，鼓肩，鼓腹，平底微凹。肩腹部饰细方格纹。口径 14.4 厘米，底径 15.6 厘米，高 28.2 厘米（图三，5；彩版一六，1）。另 9 件（标本 M1：14～22）形制与 M1：1 相同。

双口陶坛　7 件。标本 M1：4，泥质灰陶，质硬，圆唇，外盘口，内直口，束颈，鼓腹，平底，器体偏小。外口沿面饰四周凸棱纹，腹部饰凹弦纹一周，肩腹部饰细方格纹，内口径 6.4 厘米，外口径 9.4 厘米，底径 8.8 厘米，高 9.6 厘米（图三，2）。

标本 M1：5，泥质灰陶，质硬，方唇，外盘口，内敛口，束颈，鼓肩，鼓腹，平底。腹部饰凹弦纹两周，肩腹部饰细方格纹形制相同。内口径 8 厘米，外口径 13.2 厘米，底径 9.2 厘米，高 13.8 厘米（图三，3；彩版一六，2）。标本 M1：8、10～13 与 M1：5 形制相同。

陶壶　3 件。标本 M1：2，泥质灰陶，

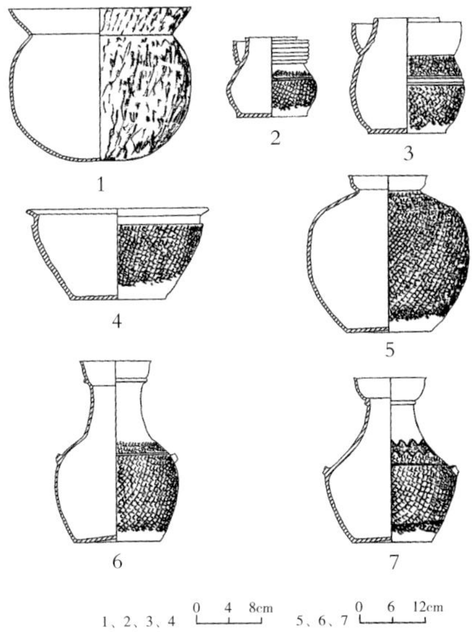

图三 M1出土部分器物
1. 铁釜（M1 ：7）
2、3. 双口陶坛（M1 ：4、5）
4. 陶盆（M1 ：3） 5. 陶罐（M1 ：1）
6、7. 陶壶（M1 ：2、6）

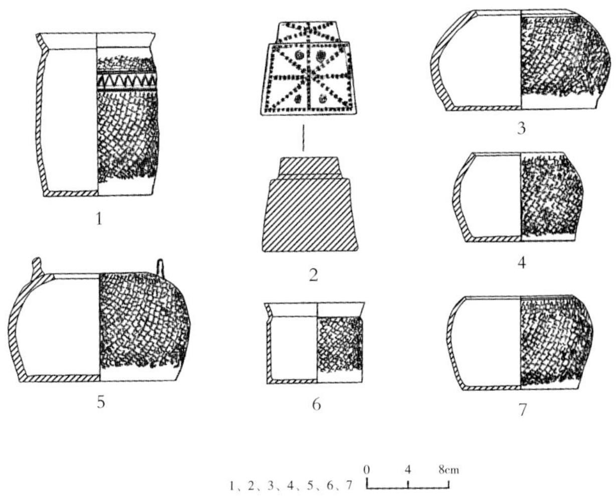

图四 M2出土部分器物
1、6. 陶井（M2 ：9、2） 2. 陶杈（M2 ：10）
3、4、7. 陶罐（M2 ：1、3、5）
5. 双耳陶罐（M2 ：4）

质坚，方唇，折盘口，长颈，溜肩，鼓腹，平底内凹。口颈交接处饰一周凸棱纹，肩部饰凹弦纹一周，肩部堆塑两半环形耳，肩腹部饰细方格纹。口径 13.2 厘米，底径 15.6 厘米，高 32.7 厘米（图三，6；彩版一六，3）。

标本 M1：6，泥质灰陶，质坚，方唇，弧盘口，长颈，鼓肩，鼓腹，平底内凹。口颈交接处饰一周凸棱纹，肩部饰水波纹两周、凹弦纹一周，肩部堆塑两半环形耳，肩腹部饰细方格纹。口径 13.2 厘米，底径 14.4 厘米，高 29.7 厘米（图三，7）。标本 M1：9 与 M1：6 形制相同。

陶盆 1件。标本 M1：3，泥质陶，器身上部呈灰色，下部呈黄红色，质硬，圆唇，折沿，大口，短颈，折肩，深斜腹，平底。腹部饰细方格纹。口径 22.4 厘米，底径 11.8 厘米，高 11 厘米（图三，4；彩版一六，4）。

铁釜 1件。标本 M1：7，方唇，敞口，高领，束颈，鼓腹，圜底。器物内外已生锈。口径 22.4 厘米，高 18.4 厘米（图三，1；彩版一六，5）。

M2 随葬器物散布于墓室各处，共出土 16 件。

陶罐 3件。标本 M2：1，泥质灰陶，质硬，方唇，敛口，鼓肩，鼓腹，平底。口外部饰凸棱纹一周，肩腹部饰细方格纹。口径 8.8 厘米，底径 14.8 厘米，高 9.4 厘米（图四，3；彩版一七，1）。

标本 M2：3，泥质灰陶，质硬，方唇，敛口，溜肩，鼓腹，平底。肩腹部饰细方格纹。口径 8.8 厘米，底径 8.4 厘米，高 10.8 厘米（图四，4）。

标本 M2：5，泥质灰陶，质硬，方唇，敛口，鼓肩，鼓腹，平底。口外部饰细旋纹一周，肩腹部饰细方格纹。口径 8.6 厘米，底径 11.2 厘米，高 8.8 厘米（图四，7）。

双耳陶罐 1件。标本 M2：4，泥质灰陶，质硬，方唇，敛口，鼓肩，鼓腹，平底。口外部对称捏扁平长方形器耳各一，耳部中心各穿一圆孔，肩腹部饰细方格纹。口径 8.8 厘米，底径 15.2 厘米，高 10.1 厘米（图四，5；彩版一七，2）。

陶井　2 件。标本 M2：2，泥质灰黄陶，质硬，方唇，近盘口，束颈，深直腹，平底。器体偏小，素面。口径 9.6 厘米，底径 9.2 厘米，高 7.6 厘米（图四，6）。

标本 M2：9，泥质灰黄陶，质硬，方唇，近盘口，束颈，深直腹斜收，平底。上腹部弦纹两周，其间饰水波纹一周，腹部饰细方格纹。口径 11.4 厘米，底径 10.4 厘米，高 15.4 厘米（图四，1；彩版一七，3）。

陶杈　2 件。标本 M2：8，泥质灰陶，质硬，立面呈近梯形，俯面呈长方形，上端镂空成系。顶部平面及侧面压印方点组成的“米”字形纹饰。顶部长 5.2 厘米，宽 4.8 厘米，底部长 9.2 厘米，宽 8.8 厘米，高 8.8 厘米（彩版一七，4）。

标本 M2：10，泥质灰陶，质硬，立面呈近梯形，俯面呈长方形，上端镂空成系。顶部平面及侧面压印方点组成的“米”字形纹饰，“米”字上下等距刻画四个圆圈纹，圈中心戳印圆孔。顶部长 5.2 厘米，宽 4.8 厘米，底部长 9.2 厘米，宽 8.8 厘米，高 8.8 厘米（图四，2；彩版一七，5）。

陶器盖　1 件。标本 M2：6，圆形，山字形钮。已破碎成片，尺寸不详。

陶纺轮　2 件。标本 M2：15，泥质灰陶，质硬。算珠形，圆轴孔中空，由两端至中间饰呈梯状凹旋纹。直径 3 厘米，高 2.4 厘米。

标本 M2：16，泥质灰陶，质硬。算珠形，圆轴孔中安有铁轴，由两端至中间饰呈梯状凹旋纹。直径 3.2 厘米，高 2.6 厘米。

铁釜　1 件。标本 M2：7，方唇，敞口，束颈，鼓腹，圜底。器物内外已严重锈蚀，散裂成片。

铁棺钉　4 件。标本 M2：11～14，形制均相同。长弓形马钉帽，钉身长直方形锥体。器身已生锈，通长 11.8 厘米。

四　结语

本次发掘的两座砖室墓内均未出土纪年器物和铭文砖，通过比较出土器物形制，我们发现 M1 随葬的盘口长颈陶壶（M1：2）与茶陵一中 M1 出土陶壶相似，茶陵一中 M1 内出土有“永元十二年”铜带钩。[1] 随葬敞口陶盆（M1：3）与资兴东汉墓 I 式钵 M378：27 相似，M378 为东汉晚期墓葬。[2] M2 出土陶钵与攸县鹅形岭 M7 内敛口罐相似，M7 出“永寿二年”纪年砖，为东汉晚期砖室墓。[3] 因此，推测炎陵坪头岭这两座墓年代大致为东汉中晚期，与相距不远的炎陵店下古墓年代大致相同。[4]

另外，M2 内出土两件陶杈应是本区域的特色，临近地区的茶陵一中 M3 东汉早期土坑墓中就有出土，资兴旧市东汉墓也出土有 15 件陶杈 [5]，而以北醴陵、攸县等地的东汉砖室墓中尚未发现有陶杈出土，这也反映出东汉时期炎陵地区砖室墓随葬习俗可能与湘南地区更为接近。

发掘清理：雷军建

绘　　图：黄阳秋　陈帅钦

执　　笔：黄阳秋　雷军建　文国勋

注释：

[1] 黄阳秋：《茶陵古城汉墓发掘报告》，《湖南省博物馆馆刊》第四辑，岳麓书社，2007 年，第 132 页。

[2] 湖南省博物馆：《湖南资兴东汉墓》，《考古学报》1984 年第 1 期。

[3] 株洲市文物局、株洲市博物馆：《湖南株洲市攸县皇图岭镇鹅形岭东汉墓群》，《湖南省博物馆馆刊》第十一辑，岳麓书社，2014 年，第 144 页。

[4] 株洲博物馆：《炎陵店下古墓发掘报告》，《湖南省博物馆馆刊》第十五辑，岳麓书社，2019 年，第 145 页。

[5] 同 [2]。

山东莱州西关墓地 M264 发掘收获及相关问题探讨

Excavation Findings of Tomb 264 at Xiguan Burial Ground of Laizhou, Shandong Province and Discussion of Related Issues

烟台市博物馆 孙兆锋 孙慧男 李呈逍

Sun Zhaofeng, Sun Huinan, Li Chengxiao, Yantai Municipal Museum

内容提要：2021 年和 2023 年烟台市博物馆分两次对莱州西关墓地工程占压范围进行考古发掘，共发掘墓葬 610 座，年代以宋金时期为主，出土陶器、瓷器、铜器及滑石器等 1000 余件（套）。其中 M264 较为特殊，出土文物以各式各样的陶模为主，这在山东地区以往考古发掘中较为少见。经考证 M264 为金代舟形砖室墓，出土陶模为宋金时期制作磨喝乐的模具，制作陶模前先雕刻出母模，然后用胶泥翻制出子模，最后入窑烧制得到陶模。

关键词：莱州西关 金代墓 淄博窑 陶模

Abstract: In 2021 and 2023, the Yantai Museum conducted two archaeological excavations in the occupied area of Laizhou Xiguan burial ground project. A total of 610 tombs were excavated, mainly from the Song and Jin dynasties, and more than 1000 pieces and sets of pottery, porcelain, bronze and talc artifacts were unearthed. Among them, Tomb 264 is quite special in the sense that most of the unearthed cultural relics are various ceramic molds, which is rather rare in previous archaeological excavations in Shandong. Research show that Tomb 264 is a boat-shaped brick chamber tomb from the Jin Dynasty, and the unearthed ceramic molds are those for making Mahoraga in the Song and Jin dynasties. Before making a ceramic mold, the master mold is carved, and then the sub-mold is made from clay that is fired in a kiln to get the ceramic mold.

Keywords: Laizhou Xiguan; tomb of the Jin Dynasty; Zibo kiln; ceramic mold

西关墓地位于山东省烟台市莱州市永安路街道西关村南，经调查、勘探基本确定墓地范围，墓地西邻西苑路，东南接莱州市第十三中学，东西长约 300 米，南北宽约 170 米，部分压于莱州市第十三中学操场下（图一）。该墓地在莱州熙城建设项目考古勘探时发现，2021 年和 2023 年烟台市博物馆分两次对工程占压的墓地范围进行考古

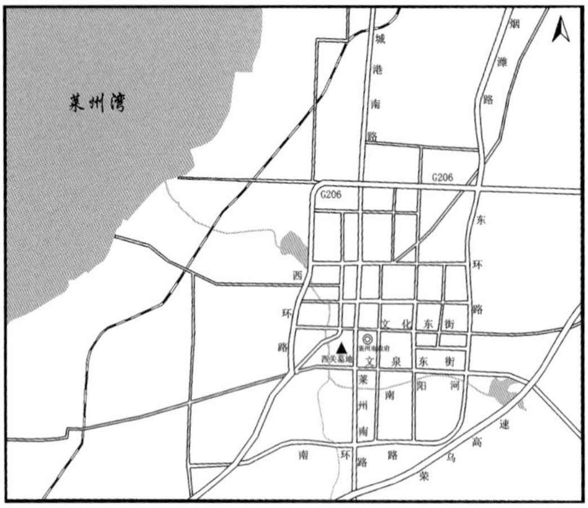

图一　西关墓地位置示意图

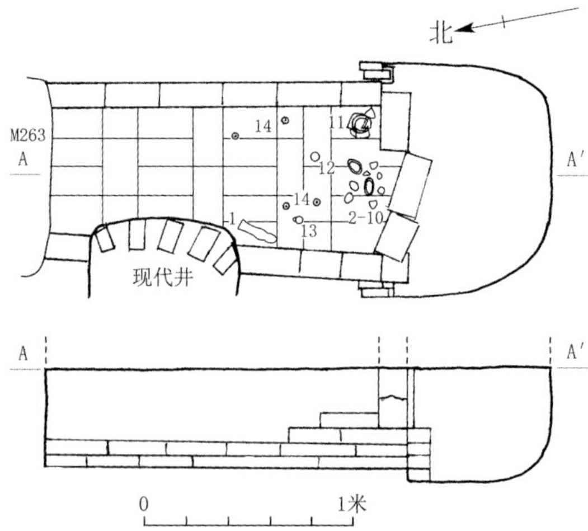

图二　M264平、剖面图
1. 三彩侍女俑　2～10. 陶模具　11. 双系陶罐
12. 陶弹丸　13. 滑石环　14. 铜钱

发掘，共发掘墓葬610座。墓葬年代以宋金时期为主，另有部分元、明、清墓葬及少量魏晋时期墓葬，出土陶器、瓷器、铜器及滑石器等1000余件（套）。其中M264较为特殊，出土文物以各式各样的陶模为主，这在山东地区以往考古发掘中较为少见。

一　M264发掘收获

M264为砖室墓，北侧被M263打破，西侧被一现代水井打破。该墓残长2.4米，墓向193度，由墓道，墓门及墓室三部分组成。墓道位于南侧，平面略呈梯形，南侧略弧，北侧连接墓门处较宽，直壁、平底，南北长0.74米，东西宽1.1米，残深0.54米。墓门位于墓道北侧，上部结构已损毁，只余下侧封门砖，封门砖呈45度交错平砌，宽1.1米，厚0.24米，残高0.74米。墓室位于北侧，平面呈梯形，南侧连接墓门处较宽，北侧较窄，东西两壁为单砖平砌，北壁被打破，墓葬上部已损毁不存，根据墓壁上侧墓砖排列方式推测为叠涩顶；墓底由单砖纵横交错平铺而成；墓室内南北残长1.6米，东西宽0.6～0.7米，残高0.48米。墓葬所用青砖尺寸统一，长0.27米，宽0.14米，厚0.05米。该墓破坏严重，墓底未发现人骨，故葬式、头向不详（图二、图三）。

图三　M264（上为东）

随葬器物：共14件。1件三彩侍女俑放置于墓室西壁南侧；大量陶模放置于墓室南侧，烧制火候低，多已破碎，仅9件可修复；1件双系陶罐放置于墓室东南角；1件陶弹丸及1件滑石环放置于墓室南侧；4枚铜钱散布于墓底南侧。

M264：1　三彩侍女俑。侍女呈站立姿势，身体笔直，身材匀称，头向前微倾，前额留有刘海，发髻宽大，两侧垂肩，脸庞略显丰腴，五官清秀，眼角上挑，鼻梁高挺，樱桃小口，内着贴身衣裤，外穿曳地长袍，上披短褂，裤子前侧刻出四道斜向衣褶，长袍后侧下摆刻出数道竖向衣褶，袖口较小，衣着整洁利落，双手捧花置于胸前，双腿并拢，从长袍开襟处露出。外表施三彩釉，大部分区域呈黄色，腹部与双腿前侧呈绿色，下侧露浅红褐胎。该侍女俑姿态温婉秀丽，闲适而庄重，将侍女恬静、温柔的形象刻画得淋漓尽致。高 14.4 厘米，宽 4 厘米，厚 3.3 厘米（图四；彩版二一，1）。

M264：2　陶模。泥质黄褐陶。平面呈椭圆形，弧腹钵状，圜底。内侧阴刻反向图案，为一人骑一兽的侧视图，男人长发竖立，怒目圆睁，左手紧握兽鬃，右手挥舞短刀，身披铠甲；下侧坐骑形似豹子，眼睛炯炯有神，胡须下垂，四脚奔跑，尾巴上扬，一人一兽呈冲锋状态，威风凛凛。长径 7.9 厘米，短径 6.8 厘米，高 2.1 厘米（图五，1）。

M264：3　陶模。泥质黄褐陶。平面近圆形，弧腹钵状，圜底。内侧阴刻反向图案，为一人一猴正面像，男子光头，肥头大耳，上穿宽袍，袖口下垂，下着长裙，袒胸露乳，身体肥硕，男子右手举着一个拨浪鼓，左手搂着一只猴，双脚露出着地；猴子正脸侧身，头戴高冠，尖嘴猴腮，身着儿童服饰，右手抚摸男子下腹，双腿岔开。该陶模应为江湖艺人形象，拨浪鼓与猴子的搭配也非常符合江湖艺人走街串巷杂耍的特征。直径约 5.6 厘米，高 1.6 厘米（图五，4）。

M264：4　陶模。泥质黄褐陶。平面呈椭圆形，弧腹钵状，圜底。内侧阴刻反向图案，应该是一条龙，但形象比较抽象，龙身弯曲成“S”形，身上布满鳞片，龙首上侧龙角前伸，怒目圆睁，龙口大张，鼻吐气息；四爪比较简化，两前两后，龙尾上翘，带有尾翼，但残缺不全。长径 7.6 厘米，短径 6 厘米，高 1.7 厘米（图五，2）。

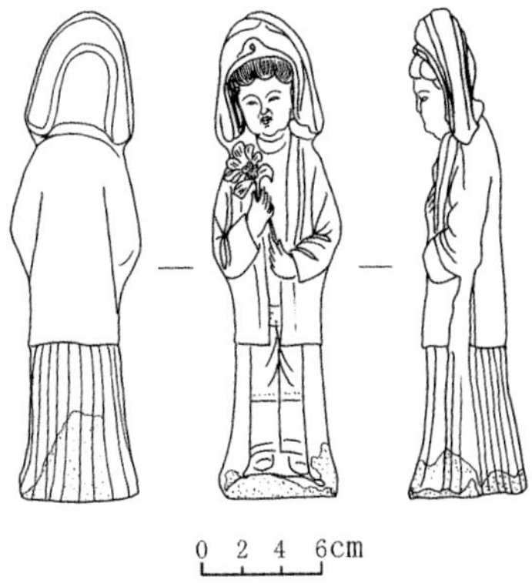

图四　三彩菩萨俑（M264：1）

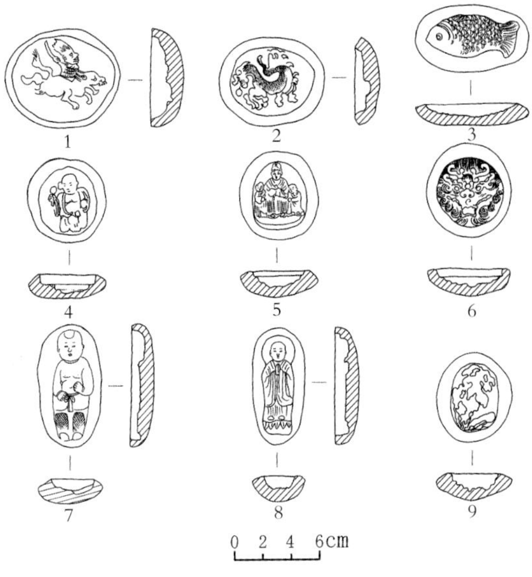

图五　M264 出土陶模

1. 陶模（M264：2）　2. 陶模（M264：4）
3. 陶模（M264：10）　4. 陶模（M264：3）
5. 陶模（M264：6）　6. 陶模（M264：7）
7. 陶模（M264：5）　8. 陶模（M264：8）
9. 陶模（M264：9）

M264：5　陶模。泥质黄褐陶。平面呈长椭圆形，弧腹钵状，圜底。内侧阴刻反向图案，为一童子正视像，童子呈站立姿态，头顶垂髫，面部圆润，五官小巧，上半身未穿衣服，袒胸露乳赤膊，下半身仅穿一短裤，布条系于腰间，前侧打结，左手置于左侧腹部，右手置于右侧腰部，双腿并拢，脚尖朝前，尽显童子的活泼可爱与灵动。长径 8.4 厘米，短径 4.5 厘米，高

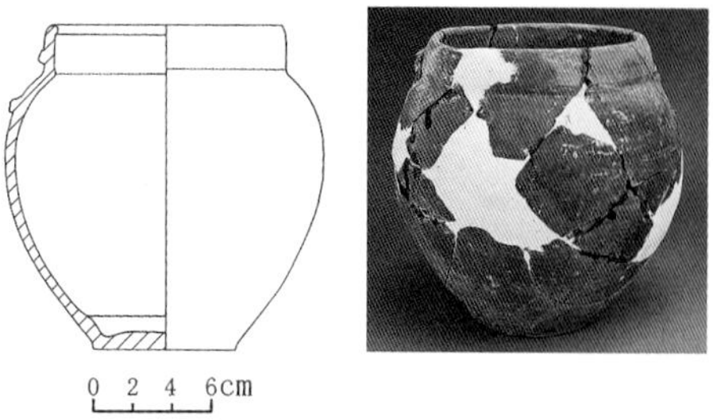

图六　双系陶罐（M264 ：11）

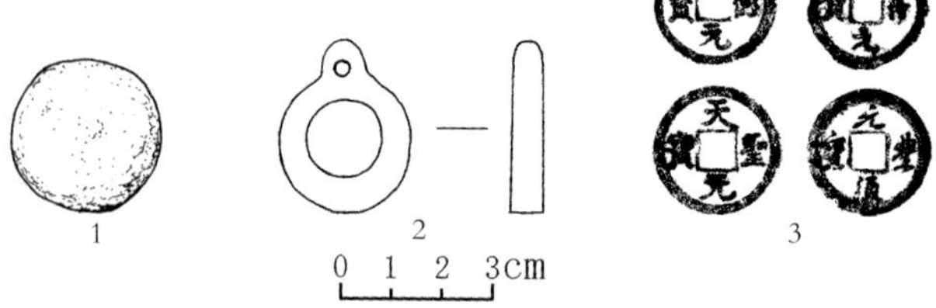

图七　M264 出土器物
1. 陶弹丸（M264 ：12） 2. 滑石环（M264 ：13）
3. 铜钱（M264 ：14）

1.6 厘米（图五，7）。

M264：6　陶模。泥质黄褐陶。平面近圆形，弧腹钵状，圜底。内侧阴刻反向图案，为一老翁二童子形象，三人均面朝前方，老翁位于正中，正襟危坐，头梳发髻，发髻下插有长簪，内着短袍，外穿短褂，左手执一圆瓜，右手握一扇子，双脚外露；左侧为男童，头顶垂髫，内着衣裤，外穿短褂，左手搭在老者左侧肘窝处，右手下垂，左脚着地，右脚抬起；右侧为女童，头顶发饰呈八字形，应梳有辫子，面露微笑，内着罗裙，外穿小褂，左手下垂，右手搭在老者右前臂处，双脚着地。该模具人物形象丰富饱满，线条刻画细腻，衣服褶皱层次分明，将老翁膝下孙儿环绕的形象表现得淋漓尽致。直径约 6 厘米，高 1.7 厘米（图五，5；彩版二一，2）。

M264：7　陶模。泥质黄褐陶。平面呈圆形，弧腹钵状，圜底。内侧阴刻反向图案，为一龙头正视图，头顶左右各竖立一龙角，龙角由一长一短两枝构成，长枝顶端弯曲，整体形似鹿角；龙眼突出，怒目圆睁，龙鼻粗大，鼻孔朝前，形似牛鼻，龙嘴大张，两腮虬髯布满，下侧龙须呈八字形，该龙首威风凛凛，随时准备吞云吐雾。直径 6.3 厘米，高 1.8 厘米（图五，6；彩版二一，3）。

M264：8　陶模。泥质黄褐陶。平面呈长椭圆形，弧腹钵状，圜底。内侧阴刻反向图案，为一观音正视像，观音呈站立姿态，头部后侧带有背光，头顶矮发髻，面部圆润，五官清秀，内着贴身衣裙，外穿宽松长袍，袖口下垂，衣服褶皱线条分明，双手合十，双脚站立于莲花座上，脚尖露出。长径 8 厘米，短径 4 厘米，高 1.7 厘米（图五，8）。

M264：9　陶模。泥质黄褐陶。平面呈椭圆形，弧腹钵状，圜底。内侧阴刻反向图案，为一太湖石假山，上侧略宽，下侧较细，底部斜出一支，呈重峦叠嶂之姿，兼具玲珑剔透之美，远看如芭蕉挺立，尽显太湖石“皱、漏、瘦、透”之美。长径 6 厘米，短径 5.2 厘米，高 1.8 厘米（图五，9；彩版二一，4）。

M264：10　陶模。泥质黄褐陶。平面呈长椭圆形，弧腹钵状，圜底。内侧阴刻反向图案，为一条鲤鱼的侧视图，鲤鱼体态肥硕，鱼嘴微张，鱼目圆睁、炯炯有神，鱼须、背鳍及腹鳍均短小贴身，鱼鳞清晰，尾鳍舒展，上下分叉。该鱼形象生动逼真，活灵活现，仿佛跃然于水面之上。长径 8 厘米，短径 4.6 厘米，高 1.4 厘米（图五，3）。

M264：11　双系陶罐。泥质灰陶。敛口，圆唇，直颈略斜，弧肩，鼓腹，下腹弧向内收，最大径在中腹，平底。肩部对称饰有 2 个泥条竖系，现均已缺失。口径

12 厘米，腹径 16.2 厘米，底径 7.4 厘米，高 16 厘米（图六）。

M264：12　陶弹丸。器形较大。泥质黄褐陶。圆球形，器形规整，烧制火候高，质硬。直径 3 厘米（图七，1）。

M264：13　滑石环。浅灰滑石。圆环形，上侧带一短柄，短柄略呈半圆形，顶部圆润，环体与短柄中部带一小穿孔，用于穿绳。该滑石环可能是穿绳悬挂的佩饰，边缘切割痕迹明显。直径 2.7 厘米，高 3.2 厘米（图七，2）。

M264：14　铜钱。共 4 枚，部分锈蚀较严重，钱径均为 2.4 厘米。钱文包括“景德元宝”“祥符元宝”“天圣元宝”“元丰通宝”（图七，3）。

图八　各地出土及馆藏陶模及陶瓷人俑造像
1. 持荷童子陶模（宁夏回族自治区海原县贾塘乡马营村西夏古城临羌寨出土）2. 金红绿彩瓷俑半成品及陶模（河北彭城半壁窑址出土）3. 北宋模制泥塑杂耍市井人物造像（聊城市东昌府区古城出土）4. 北宋模制泥塑赛马仕女造像（聊城市东昌府区古城出土）5. 淄博窑金三彩戴倒 U 形冠侍女俑（淄博市博物馆藏）

二　相关问题探讨

（一）墓葬年代

M264 破坏严重，墓顶以及北侧被破坏殆尽，但从下侧结构、墓砖排列方式以及梯形墓室推断应为宋金时期常见的舟形砖室墓。出土 4 枚铜钱，钱文均较清晰，最晚铜钱为“元丰通宝”，说明该墓葬年代不早于北宋晚期。M264：5 陶模与河北彭城半壁窑址出土瓷俑陶模 [1] 相似（图八，2 右侧），M264：1 三彩侍女俑与淄博市博物馆藏淄博窑金三彩戴倒 U 形冠侍女俑 [2] 基本相同（图八，5），二者均为金代文物，因此可以判断 M264 年代为金代。金三彩是淄博窑的代表性瓷器，由素胎烧成后施彩釉再入窑复烧而成，釉色以黄、绿两色为主，而侍女俑则是淄博窑金三彩较为多见的造型。金三彩仕女俑常见戴有一种整体呈倒 U 形的冠饰，该冠饰可能为《续资治通鉴长编》[3] 等文献记载中的“垂肩冠”，该件三彩侍女俑年代及窑口特征均很明显。

（二）陶模性质考证

M264 最大特点是出土较多陶模，虽多已破碎，但完整及可修复者仍有 9 件。这批陶模均为泥质黄褐陶，平面多呈椭圆形，内侧阴刻反向图案，图案形象各异，大体可分为人物、动物及景观三类，人物形象包括人骑兽、江湖艺人及童子等，动物形象包括龙和鱼，景观形象仅发现一件太湖石假山。形象各异的陶模及模制泥塑在以往的考古发掘中多有发现，如 1994 年宁夏回族自治区海原县贾塘乡马营村西夏古城临羌寨出土的持荷童子陶模 [4]（图八，1）、1999 年河北彭城半壁窑址出土的金红绿彩瓷俑半成品及陶模 [5]（图八，2）、2018 年山东省聊城市东昌府区古城出土的北宋模制泥塑杂耍市井人物造像及赛马侍女造像等 [6]（图八，3、4）。扬之水 [7] 和傅芸子 [8] 等多位学者对此类泥塑及陶模进行过研究，认为此类泥塑为两宋时期流行的“磨喝乐”，而这类磨喝乐泥塑即由陶模模制而成。

磨喝乐由佛教梵文摩睺罗伽 [9] 演变而

来，自北宋开始流行，最初多为孩童形象，售卖与使用都只在七夕节，购买者以女性偏多，泥塑磨喝乐与中国古代民间的七夕节传统相结合，被女性使用以乞巧、求子。随着磨喝乐风俗的流行，后来人们不仅把磨喝乐作为供奉赏玩的偶像，更成为儿童喜闻乐见的玩具，而制作磨喝乐的陶模此时演变为陶模玩具[10]，宋代商品经济高度发达，这种陶模玩具盛极一时，而图案形象也由最初单一的孩童形象演化为各式各样的人物、动物等形象。墓葬随葬品一般为墓主生前日常用品或者心爱之物，M264除出土陶模外还出土了精致的三彩侍女俑，分析这两者均为墓主生前心爱之物，陶模除供把玩外还可用来翻制陶模玩具，或者墓主身份即为制作并售卖陶模玩具的江湖艺人。金代莱州虽已脱离宋王朝统治，但制作及售卖陶模玩具的传统却并未消失，莱州所属的山东地区临近宋金交界地带，此时民间交流也未中断，陶模应通过江湖艺人实现南北交流。

（三）浅析陶模制作工艺

陶模是磨喝乐的变体，其产生可上溯到唐人的造像观念，时人使用佛教善业泥翻制小型塑像以积攒功德，善业泥即用胶泥翻模压印而成的小型佛像。[11]甘肃省庄浪县、河南省开封地区和山东省青州地区出土的陶模背面还印有宋代“崇宁通宝”“崇宁重宝”“大观通宝”的钱纹[12]，这说明北方地区的陶模早至北宋徽宗年间已大批量生产。目前发现的陶模大部分为胶泥所制，陶模的制作需要制作母模，母模选用木、石等材质，工匠在母模上雕刻图案，制成外凸的单面模，然后将揉制好的胶泥压印在母模上翻出子模，子模就是凹型陶模也叫阴模，子模图案与母模相反，将子模放入窑中烧制使其坚固耐用，从而完成陶模的制作。将胶泥填充至陶模翻出得到泥坯，从陶模中翻出的泥坯是与陶模相反的复制品，选择图案清晰的泥坯放入窑中烧制得到磨喝乐成品，这种制作方法显然受到成熟的制瓷业模印技术及烧造技术的影响。

莱州西关墓地M264虽墓葬规模小且破坏严重，但随葬品较丰富且反映的信息众多。出土的三彩侍女俑保存完整且精美，是淄博窑金三彩的代表性瓷器，时代特征明显。出土陶模各式各样，在山东地区墓葬发掘中较为罕见，为研究两宋时期磨喝乐及陶模制作、流行提供了绝佳的实物资料。该墓葬出土文物虽简单，但却可以很好地展现金代莱州地区墓葬形制及丧葬习俗，进而探讨当时人们的物质及文化生活。

注释：

[1] 冯小琦主编：《磁州窑瓷器研究》，故宫出版社，2013年，第41页。

[2] 赵冉：《山东地区金代彩瓷相关问题三则》，《文物春秋》2021年第4期。

[3] [宋]李焘撰：《续资治通鉴长编》卷一百六十七，中华书局，1995年，第4019页。

[4] 李进兴：《西夏陶模》，宁夏人民出版社，1998年，第206页。

[5] 同[1]。

[6] 张秀民、孙晶、张平：《从聊城中国运河文化博物馆藏磨喝乐透视北宋“微生活”》，《黄河·黄土·黄种人》2021年第10期。

[7] 扬之水：《摩睺罗与化生》，收录于《古诗文名物新证》，紫禁城出版社，2004年，第274～281页。

[8] 傅芸子：《宋元时代的“磨喝乐”之一考察》，收录于《正仓院考古记·白川集》，辽宁教育出版社，2000年，第109～110页。

[9] [宋]孟元老撰，邓之诚注：《东京梦华录注》，商务印书馆，1959年，第217页。

[10] 魏跃进：《磨喝乐的演变与宋代陶模风俗》，《开封教育学院学报》2008年第1期。

[11] 从晓雯：《两宋泥塑磨喝乐研究》，中央美术学院硕士学位论文，2021年，第83～84页。

[12] 魏跃进：《宋代陶模》，河南大学出版社，2010年，第20页。

芷江三眼桥宋至明清遗址及墓葬发掘简报

Brief Report on the Excavation of the Sanyanqiao Site and Tombs from the Song Dynasty to the Ming and Qing Dynasties in Zhijiang

湖南省文物考古研究院

Hunan Provincial Institute of Cultural Relics and Archaeology

内容提要： 芷江三眼桥遗址通过田野考古，发掘遗址 690 平方米，发掘墓葬 183 座。墓葬分为Ⅰ、Ⅱ两区，有券拱砖室墓和竖穴土坑墓之分，共出土器物 300 余件（套）。本次考古发掘工作揭露了灰坑、柱洞、灰沟、墓葬等多种类型的遗迹，反映了先民在此期间生产生活的连续性。这批南宋至明清时期的考古材料，有助于深入考察芷江地区古代先民的社会生活面貌及丧葬文化，为深入了解湘西少数民族地区生产、生活、丧葬、乡土历史文化传承等各个方面的问题提供了较多的实物资料。

关键词： 三眼桥　遗址　墓葬　考古

Abstract: Through field archaeology, 183 tombs at the Sanyanqiao site in Zhijiang are excavated, coving an area of 690 square meters. These tombs, divided into Zone 1 and Zone 2 and including arched brick-chamber ones and vertical earth-pit one, have yielded altogether over 300 pieces (sets) of artifacts. This excavation has revealed various types of relics such as ash pits, pillar holes, ash ditches and tombs, reflecting the continuation of ancient people living and working here. These archaeological materials from the Southern Song dynasty to the Ming and Qing dynasties have provided real-object materials for the in-depth study of social life and funerary culture of ancient people in the Zhijiang area and for the deep understanding of such issues as the production, life, funeral, local historical and cultural inheritance of ethnic minority groups in western Hunan.

Keywords: Sanyanqiao; site; tombs; archaeology

三眼桥遗址位于湖南省芷江侗族自治县罗旧镇曹家坪村，2021 年 9 月，遗址所在区域更名为芷江产业开发区，批复建设面积 1.87 平方公里。根据相关法律法规要求，2022 年 3 月，怀化市文化遗产保护中心对芷江产业开发区（三期）建设工程区域进行了全面的文物调查勘探工作。2022 年 6 月，经国家文物局批准，湖南省文物考古研究院联合怀化市文化遗产保护中心、芷江侗族自治县文化遗产保护中心等单位对

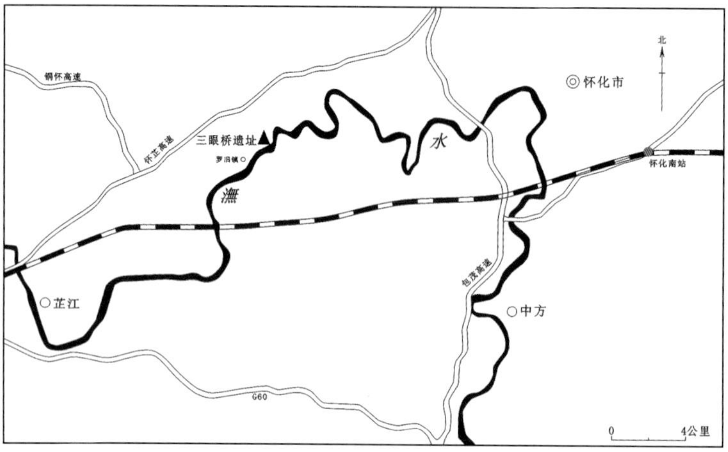

图一　三眼桥遗址及墓葬地理位置图

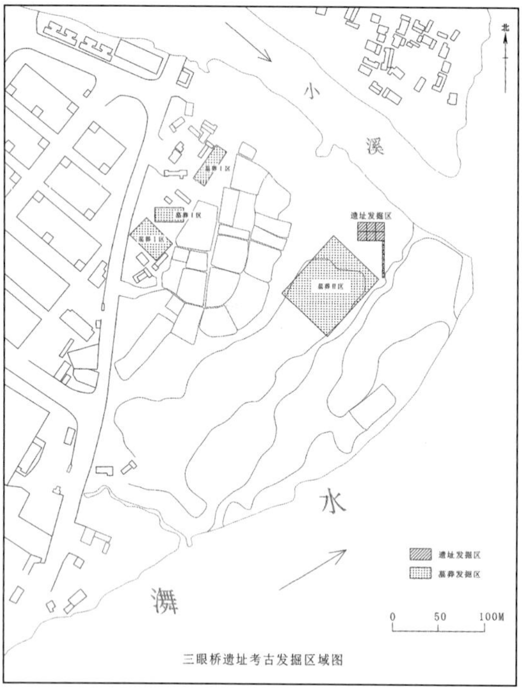

图二　三眼桥考古发掘区域图

工程红线范围内发现的三眼桥遗址进行了抢救性考古发掘工作。

一　地理位置

芷江产业开发区紧邻怀芷高速与铜怀高速的罗旧出口，东距怀化市城区 17 公里，西距芷江侗族自治县县城 17 公里，320 国道呈东西向贯穿园区。三眼桥遗址位于潕水河左岸的一级阶地，地势较为平坦，属冲击地带，距罗旧镇政府 1.5 公里（图一）。

二　发掘过程

经初步勘探，开发区红线范围内涉及遗址面积约 3000 平方米，遗址和墓葬共存（彩版二二，1），此次考古发掘依照《田野考古工作规程》，遗址采用探方法进行工作，探方规格为 10 米 ×10 米。墓葬根据地形和工程路线走向，分为Ⅰ、Ⅱ两个发掘区。本次发掘遗址面积 690 平方米（附图，1），墓葬 183 座（图二；附图，2）。

考古发掘分三个阶段进行。

第一阶段：遗址发掘阶段。对遗址区周围环境进行清理后，在遗址区布设了 6 个 10 米 ×10 米规格的探方，为了进一步了解遗址地层的堆积状况、分布区域和文化内涵，7 月 24 日沿 T3 东南方向布设了一条 2 米 ×40 米的南北向探沟。8 月 14 日，遗址区的探方（探沟）考古发掘工作基本结束。

第二阶段：墓葬Ⅱ区发掘阶段。应建设方要求，发掘工作于 8 月 4 日正式开始，按照发掘一座、编号一座的方式逐一进行。9 月 6 日，墓葬Ⅱ区的考古发掘工作结束，共发掘墓葬 68 座。

第三阶段：墓葬Ⅰ区发掘阶段。7 月 9 日开始清除耕土层，探明墓葬布局，再按照统一顺序编号，从Ⅰ区 M1 开始逐一发掘。为配合建设工程，应建设方要求，发掘至Ⅰ区 M42 后暂停，工作重心转向遗址区和Ⅱ区墓葬，待遗址区和Ⅱ区墓葬的考古发掘结束后，重新对墓葬Ⅰ区实施考古发掘。9 月 20 日，发掘工作全部结束，Ⅰ

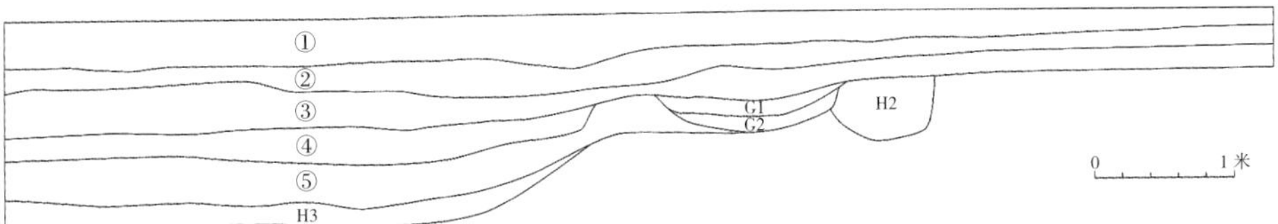

图三　遗址区 T6 北壁地层剖面图

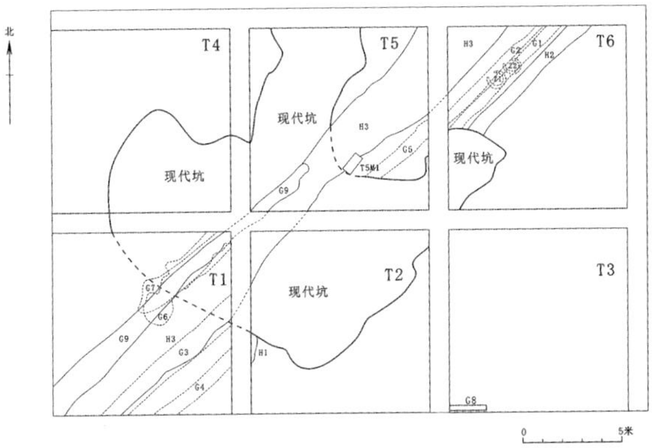

图四　遗址发掘探方及遗迹分布图

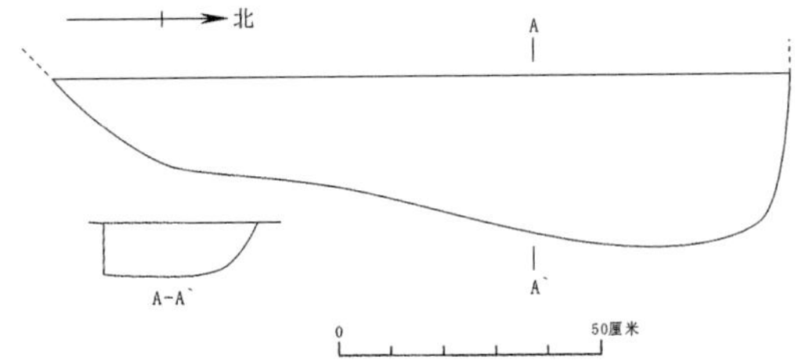

图五　H1 平、剖面图

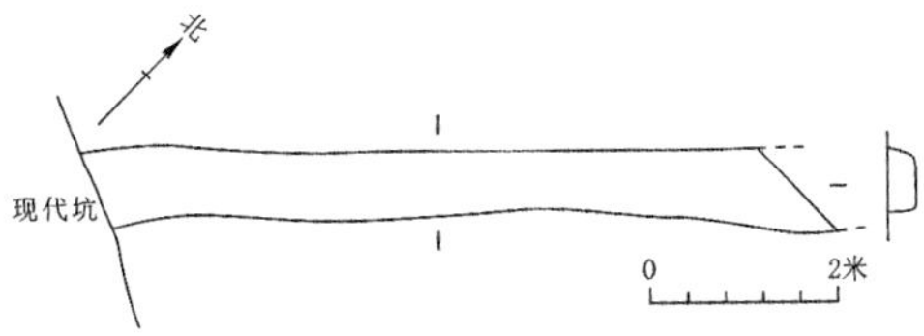

图六　H2 平、剖面图

区共发掘墓葬 115 座（彩版二二，2）。

本次考古发掘工作，取得了一定的收获，出土了陶器、瓷器、石器等数量较多的文物，初步厘清了三眼桥遗址及墓葬的分布范围、地层堆积、年代、文化性质等。

三　遗址区

（一）地层堆积

遗址位于㵲水左岸河滩，地层土质均为较松散的沙质土，文化层整体堆积不厚，深度在 60～150 厘米之间。地层关系以 T6 的北壁剖面为例（图三）。

第①层：黄褐色沙质土，现代耕作层，厚 20～30 厘米，全发掘区均有分布。包含少量的瓷片和现代塑料等杂物。

第②层：黄色沙质土，土质较紧密，厚约 20 厘米，基本呈水平分布，包含青花瓷片、陶片等遗物。

第③层：浅黄色沙质土，土质较紧密，夹有少量的鹅卵石，厚 10～30 厘米。包含青花瓷片。有 H2、G1、G2 遗迹开口于该层下。

第④层：黄色沙质土，土质较紧密，夹有少量卵石，东部断层，厚 0～25 厘米。包含陶片、青白瓷片。

第⑤层：黄色沙质黏土，土质紧密，夹有卵石，东部断层，厚 0～35 厘米。包含有陶片、青白瓷片。有 H3 开口于该层下。

（二）相关遗迹

本次考古在 6 个探方中发掘揭露的遗迹主要有柱洞 1 个，灰坑 3 个（H1、H2、H3），灰沟 9 条（G1～G9），灶坑 2 座，墓葬 1 座（T5M1）（图四）。

H1 位于 T2 西壁中部，部分进入 T1 东隔梁，开口于第③层下。平面形状为不规则的圆弧形，填土为深褐色沙土，土质松散，未发现包含物。灰坑长 125 厘米，宽 35 厘米，深 15 厘米（图五）。

H2 位于 T6，自北壁向西壁延伸，部分进入北隔梁内，南端被现代坑打破。开口于第③层下，上部叠压着 G1、G2。坑内填土为黄褐色，未见包含物，整体呈沟状。长 346 厘米，宽 40 厘米，深 30～35 厘米（图六）。

G1、G2 分布于 T6 内，G1 叠压 G2，部

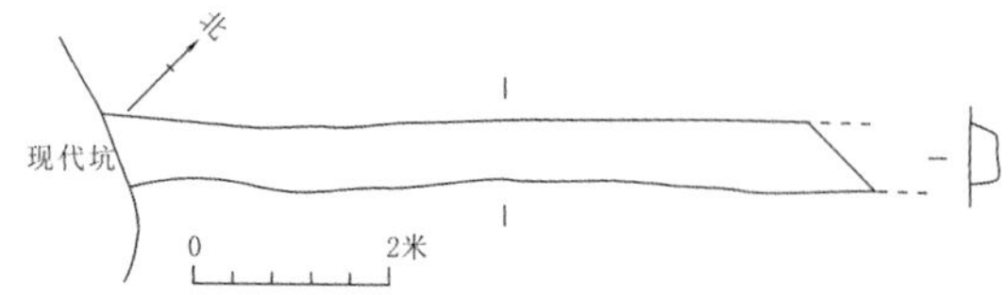

图七　G1 平、剖面图

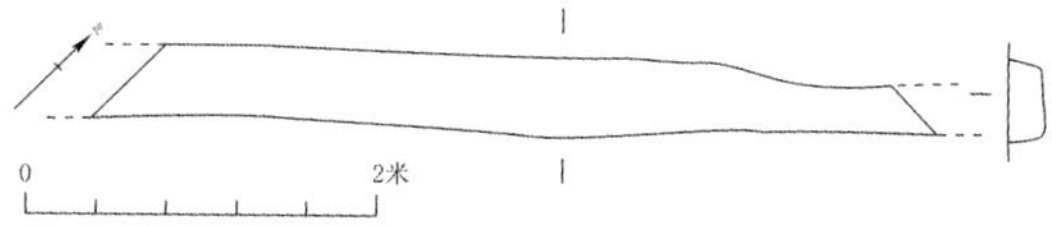

图八　G2 平、剖面图

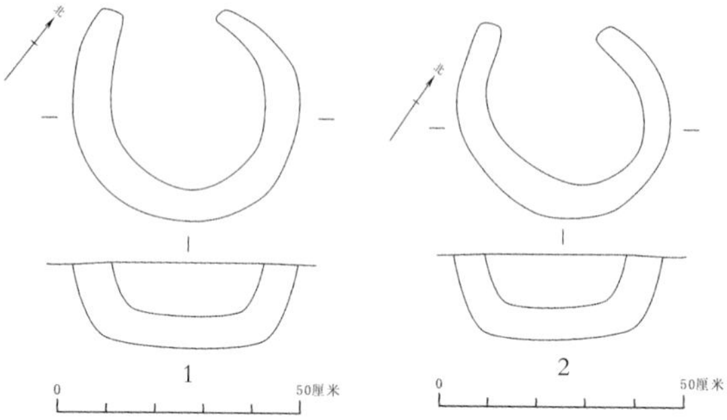

图九　Z1 和 Z2 平、剖面图
1. Z1　2. Z2

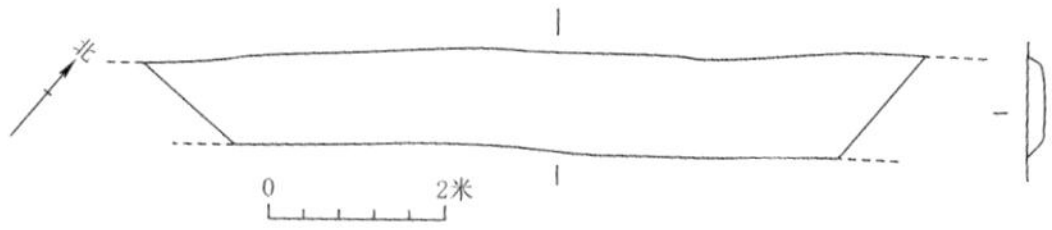

图十　G3 平、剖面图

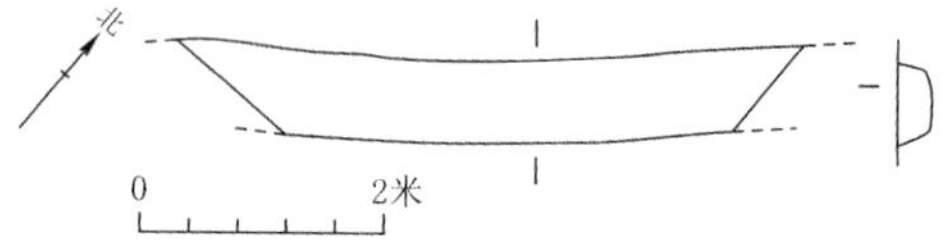

图十一　G4 平、剖面图

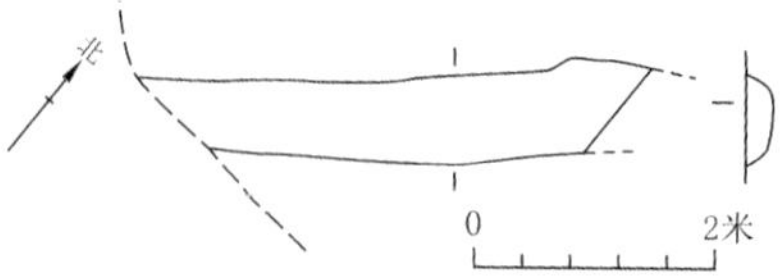

图十二　G5 平、剖面图

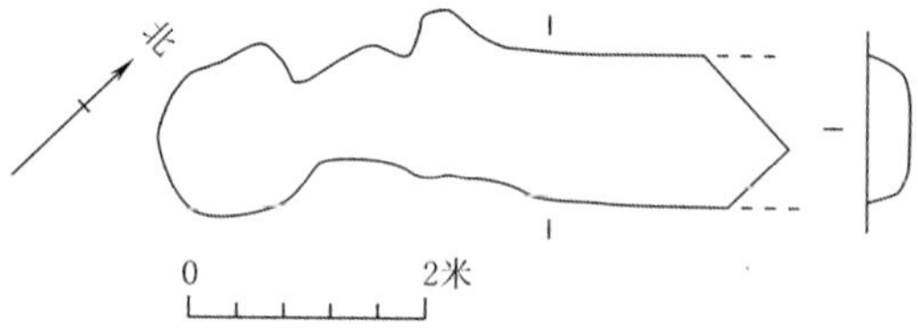

图十三　G6 平、剖面图

分进入 T5 东隔梁内。开口于第③层下。整体呈浅沟状，平面形状为宽窄不一的弯曲长条形。沟内填土为黄褐色沙土，出土有少量瓷片，夹杂有少量砾石。沟长 600 厘米，宽 40～50 厘米，深 20～40 厘米（图七、图八）。

H2、G1、G2 是一组有打破及叠压关系的遗迹，从形制特征上推测，这组遗迹可能是排水沟。

灶坑 Z1、Z2 位于 T6 北部中间位置，开口于第③层下。呈圆形，一侧缺口为灶门。向北端斜向分布，灶坑底部堆积有炭块，直径 30～40 厘米（图九）。

G3、G4、G5、G6、G7、G8 开口于③层下。

G3、G4 位于 T1 东南角，两条沟走向大致平行，部分进入东隔梁和 T2 内，开口于第③层下。沟内填土为红褐色沙土，包含有少量瓷片及陶片，夹有少量鹅卵石。G3 宽 110 厘米，深 20 厘米，发掘长度 880 厘米（图十）。G4 宽 60 厘米，深 28 厘米，发掘长度 510 厘米（图十一）。

G5 位于 T5 东南角，南端被现代坑打破，开口于第③层下。沟内填土为红褐色沙土，包含有少量瓷片及陶片，夹有少量鹅卵石。沟宽 70 厘米，深 22 厘米，发掘长度 420 厘米（图十二）。

G6 位于 T1 东北部，向东北角延伸，呈长条形，开口于第③层下。沟内填土为灰褐色沙土，夹有大量卵石及石块，包含青白瓷片及陶片等。沟宽 120 厘米，深 36 厘米，发掘长度 530 厘米（图十三）。

G7 位于 T1 东北部，向东北角延伸，呈长条形，开口于第③层下。沟内填土为浅灰色，夹有少量石块，并出土数片青花瓷残片。沟宽 150 厘米，深 45 厘米，发掘长度 610 厘米（图十四）。

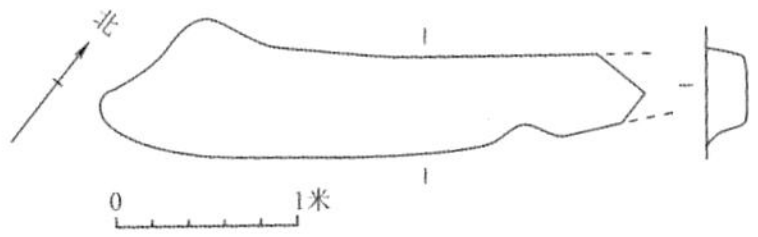

图十四　G7平、剖面图

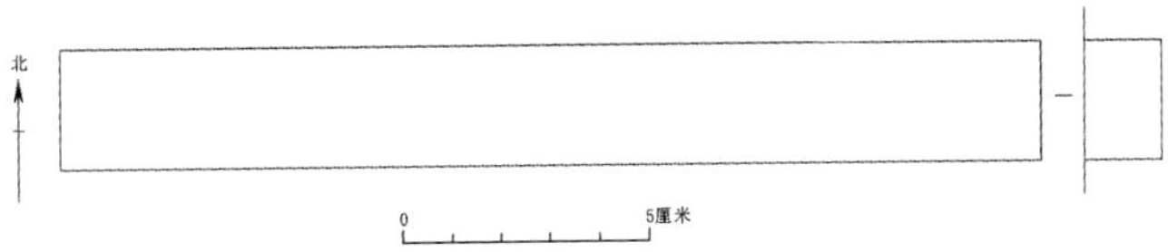

图十五　G8平、剖面图

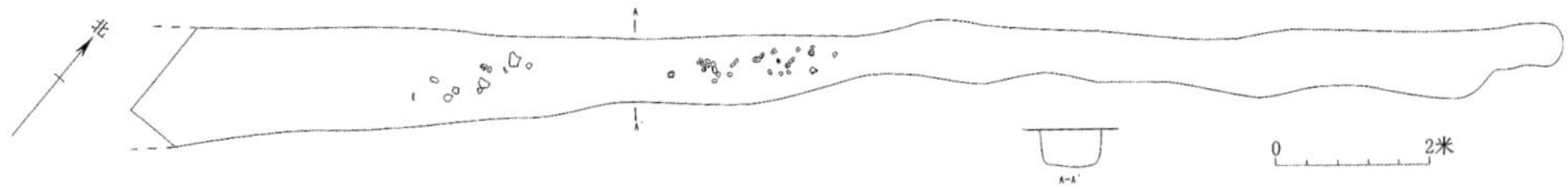

图十六　G9平、剖面图

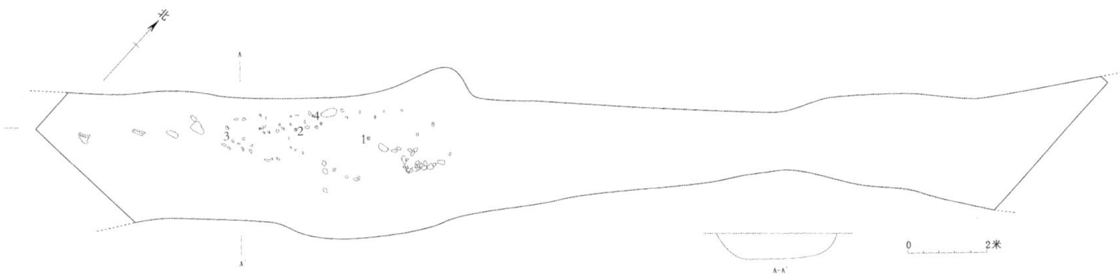

图十七　H3平、剖面图

1. 高足青白瓷碗　2. 青瓷碗　3. 陶罐　4. 陶垫圈

G8位于T3西南角，延伸至T2东隔梁，开口于第③层下。呈长条形，四壁较规整，填土呈浅黄色。沟宽24厘米，深16厘米，发掘长度200厘米（图十五）。

G9由T1的西南角向东北角延伸，斜跨整个T1，延至T5的西南角，开口于第⑤层下。呈长条形，上部被G6、G7叠压，同时又叠压在H3上。沟宽150厘米，深48厘米，发掘长度1840厘米（图十六）。

H3跨越T5、T6、T1三个探方，在T5和T1中被现代坑打破，上部被G3、G9叠压。开口于第⑤层下。平面形状呈不规则长条形，填土为沟状堆积，里面的堆积物为冲沟堆积物，沟内填土为红褐色沙土，夹有大量卵石及石块，包含有青白瓷碗、石磨、青瓷碗及陶片等。长2700厘米，宽420厘米，深65厘米（图十七）。

T5M1位于T5南部中间位置，墓葬开口于第④层下，叠压在H3之上。墓呈长方形。墓中遗骸为一未成年小孩，下颌骨分布有10颗乳齿，共20颗乳齿完全萌出，未见第一恒齿萌生，其年龄在3~5岁，仰身直肢。墓长100厘米，宽52厘米，深17厘米（图十八；附图，3）。

图十八　T5M1平、剖面图

1. 铁器

（三）出土遗物

高圈足青白瓷碗　1件。

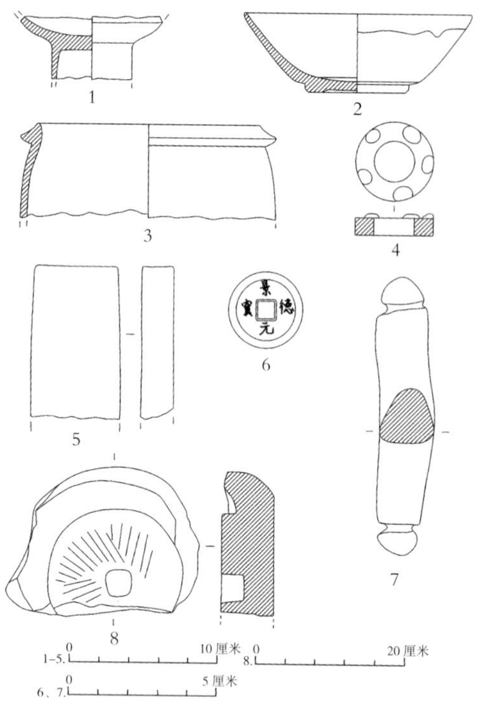

图十九　遗址区出土器物

1. 高圈足青白瓷碗（T1H3 ②：1）
2. 青瓷碗（T1H3 ②：2）　3. 陶罐（T1H3 ②：3）
4. 陶垫圈（T1H3 ②：4）
5. 石斧（T1H3 ①：1）　6. 铜钱（T1 ⑤：1）
7. 石网坠（T5 ⑤：1）　8. 石磨（T1 ⑤：2）

T1H3 ②：1，口及圈足残，弧腹，高圈足。底径 5.6 厘米，残高 4.4 厘米（图十九，1）。

青瓷碗　1 件。

T1H3 ②：2，敞口，尖圆唇，斜腹，矮圈足，口沿至内底饰酱釉。下腹与足底外侧各旋削一周。口径 16 厘米，足径 7.2 厘米，高 5.4 厘米（图十九，2）。

陶罐　1 件。

T1H3 ②：3，灰陶质，敛口，折沿，尖圆唇，弧腹，腹下残。口径 18 厘米，残高 6.4 厘米（图十九，3）。

陶垫圈　1 件。

T1H3 ②：4，灰陶，整体呈环形，一面有五个支钉。直径 5.4 厘米，厚 1.2 厘米（图十九，4）。

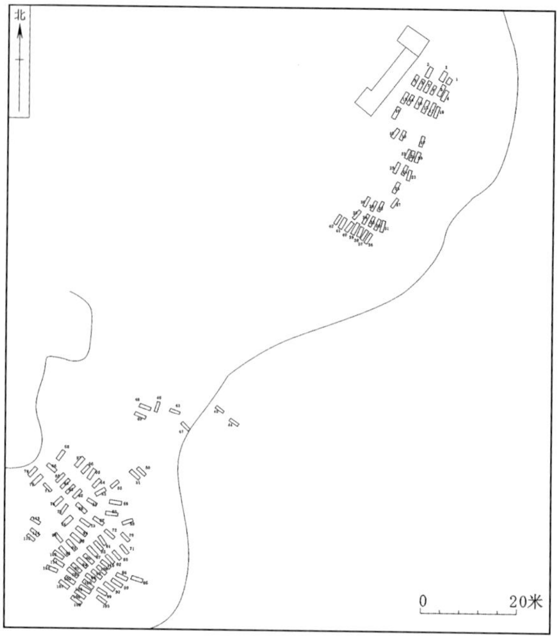

图二十　墓葬Ⅰ区分布图

石斧　1 件。

T1H3 ①：1，石英砂岩磨制，斧刃残断。残长 10 厘米，宽 6 厘米，厚 2.2 厘米（图十九，5）。

铜钱　1 枚。

T1 ⑤：1，旋读“景德元宝”。直径 2.5 厘米，厚 0.1 厘米（图十九，6）。

石网坠　1 件。

T5 ⑤：1，长条状，截面呈三角形，两端内凹有卡线槽。长 9.1 厘米，宽 2 厘米（图十九，7；附图，11）。

石磨　1 件。

T1 ⑤：2，红砂岩琢制，中部为磨盘下部，表面錾条纹，上部缺失，四周为凹形槽，以承接磨制品。直径 26 厘米，宽 20 厘米，厚 7 厘米，中孔呈方形，长 3.5 厘米，深 3 厘米（图十九，8）。

四　墓葬区

（一）地层情况

墓葬区分为Ⅰ区和Ⅱ区，共发掘墓葬

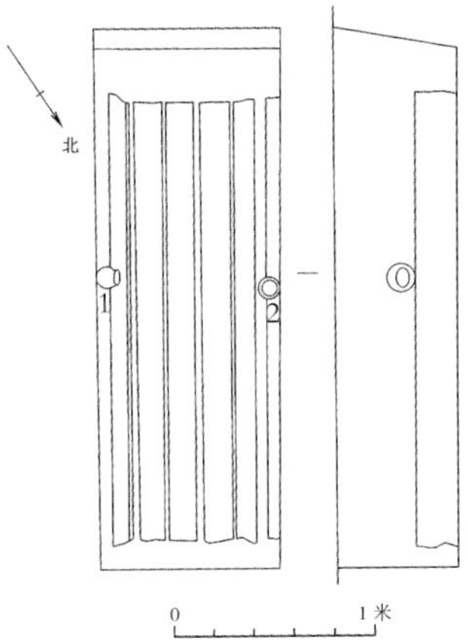

图二十一 墓葬Ⅰ区 M15平、剖面图
1、2. 陶罐

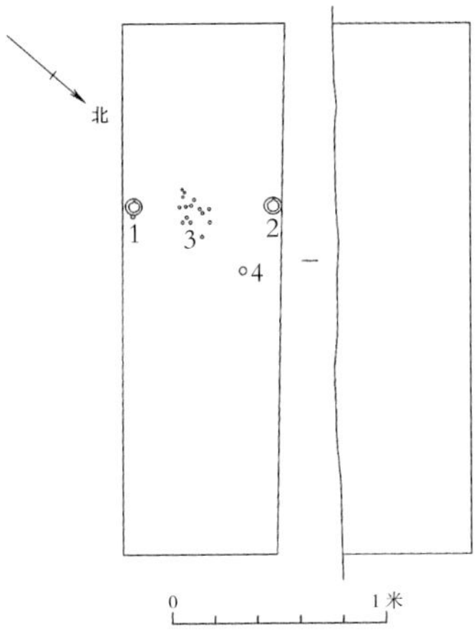

图二十二 墓葬Ⅰ区 M78平、剖面图
1、2. 陶罐 3. 铜扣 4. 铜钱

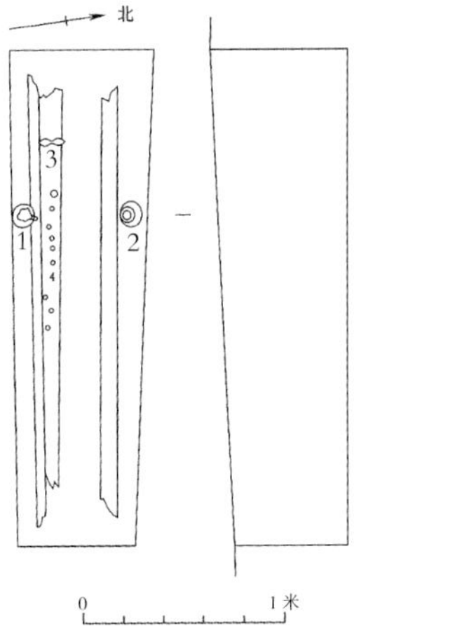

图二十三 墓葬Ⅰ区 M60平、剖面图
1、2. 陶罐

183座，出土器物300余件（套）。Ⅰ区墓葬115座，均为土坑墓，封土堆均被破坏，墓坑普遍深70～100厘米，开口于现代耕土层下，距地表5～15厘米。Ⅱ区墓葬68座，发现有砖室墓及土坑墓，封土均被破坏，土坑墓墓坑普遍深70～120厘米，开口距地表5～10厘米；砖室墓墓坑深80～100厘米，开口距地表50～120厘米。

（二）墓葬Ⅰ区

墓葬Ⅰ区共发掘墓葬115座，分南北两片区域，均为竖穴土坑墓。墓葬密集且方向相近，排列有序，无相互打破关系。北区均为东北—西南向，南区主要为东南—西北向，少数东北—西南向，可能分别为两个家族的墓地（图二十）。

1. 墓葬形制

墓葬形制可分为三型。

A型：77座。平面呈长方形。四壁有直壁、斜壁之分。

Ⅰ区M15：长方形竖穴土坑墓，头部墓壁呈斜面，墓口距地表22～31厘米，墓底距地表90～99厘米，墓长264厘米，宽93厘米，深68厘米，方向215°。仰身直肢葬，葬具残存棺底。于两侧出土陶罐、陶壶各1件（图二十一；附图，4）。

Ⅰ区M78：长方形竖穴土坑墓，墓口距地表0.4米，墓底距地表98～106厘米，墓长244厘米，宽72～76厘米，深64厘米，方向230°。骨架及葬具已朽。出土陶罐2件，钱币1枚，铜扣15颗（图二十二）。

B型：37座。平面呈梯形。四壁有直壁、斜壁之分。

Ⅰ区M60：梯竖穴土坑墓，墓口距地表0.4米，墓底距地表96～110厘米，墓长240厘米，宽60～70厘米，深68厘米，方向278°。骨架已朽，葬具部分残存。出土陶罐2件，发簪1件，铜扣9枚（图二十三）。

Ⅰ区M68：长方形竖穴土坑墓，左、右与头部墓壁呈斜面，墓口距地表40厘米，墓底距地表90～110厘米，墓长216厘米，宽64～76厘米，深74厘米，方向260°。骨架已朽，葬具部分残存。出土陶罐2件（图二十四）。

C型：1座。平面呈长方形，左右两侧有生土二层台。

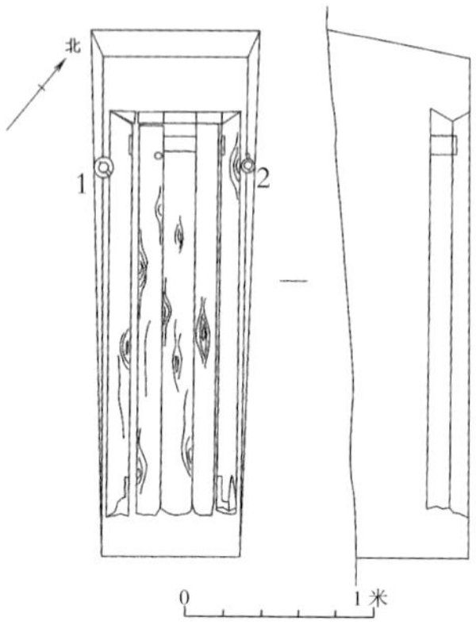

图二十四　墓葬Ⅰ区 M68 平、剖面图
1、2. 陶罐　3. 铜发簪
4. 铜扣

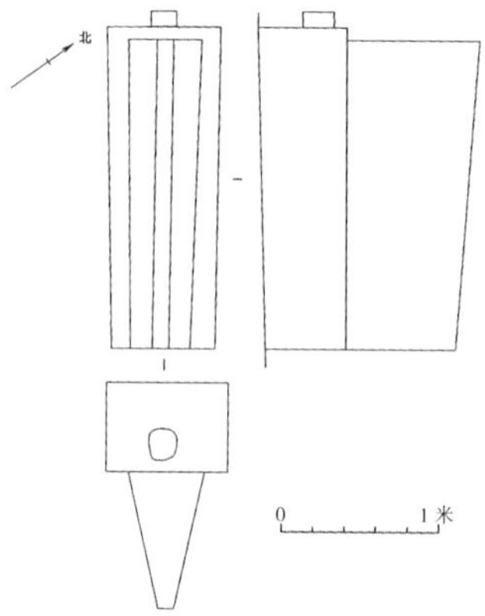

图二十五　墓葬Ⅰ区 M115 平、剖面图

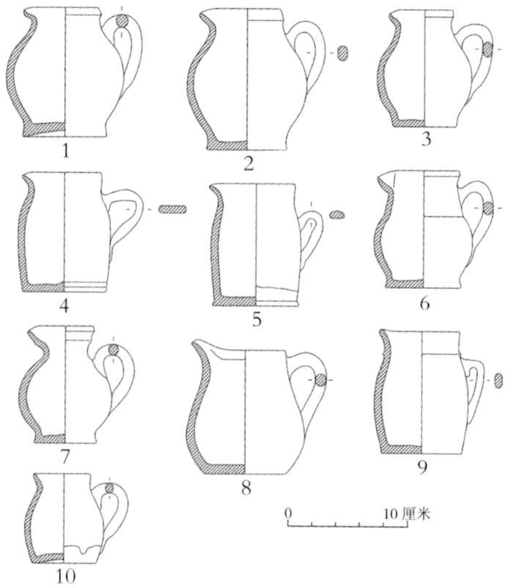

图二十六　墓葬Ⅰ区单鋬陶罐
1、2. A 型Ⅰ式（Ⅰ M83 ：1、Ⅰ M72 ：2）
3. A 型Ⅱ式（Ⅰ M103 ：2）
4、5. A 型Ⅲ式（Ⅰ M66 ：1、Ⅰ M80 ：2）
6、7. A 型Ⅳ式（采集：9、Ⅰ M87 ：2）
8. B 型Ⅰ式（Ⅰ M86 ：1）
9. B 型Ⅱ式（Ⅰ M47 ：1）
10. C 型（Ⅰ M68 ：1）

Ⅰ区 M115：两壁为斜面，头部有一圆形孔洞，向内延伸较长，且不规则，应为树根腐烂形成，墓口长 200 厘米，宽 72 厘米，墓底长 192 厘米，宽 20 厘米，深 120 厘米。方向 305°（图二十五；附图，5）。

2. 出土遗物

共 358 件。墓葬多葬 2 件釉陶罐，器形较为单一，可分单鋬罐、无鋬罐。部分墓葬无随葬品。

单鋬釉陶罐　共 89 件。一侧有鋬，多束颈，有鼓腹或直弧腹，平底或平底内凹，依照口沿、腹部形式，可分三型。

A 型：62 件。夹砂黄陶，有流，流口低于口沿。分四式。

Ⅰ式：27 件。短颈，直口，圆唇，口外沿斜削至流口，鼓腹。

标本Ⅰ M83：1，流口微内敛，平底内凹，鋬截面呈圆形，外壁施青釉。口径 5.4 厘米，腹径 9.8 厘米，底径 7 厘米，高 10.5 厘米（图二十六，1）。

标本Ⅰ M72：2，流口外侈，平底，鋬截面呈椭圆形，外壁施青釉。口径 6 厘米，腹径 10 厘米，底径 6.6 厘米，高 11.6 厘米（图二十六，2；彩版二三，1）。

Ⅱ式：19 件。方圆唇，束颈，直口、溜肩，腹微弧。

标本Ⅰ M103：2，流口微内敛，腹底较直，鋬截面呈椭圆形，外壁釉色脱落。口径 4.8 厘米，腹径 8 厘米，底径 5.4 厘米，高 9.6 厘米（图二十六，3）。

Ⅲ式：13 件。口微侈，直壁，平底。

标本Ⅰ M66：1，腹下饰 2 道瓦楞纹，外壁施酱釉。口径 6 厘米，腹径 7.8 厘米，底径 7 厘米，高 9.8 厘米（图二十六，4）。

标本Ⅰ M80：2，外底外撇，口沿至腹部施酱釉，不及底。口径 6.4 厘米，腹径 7.6 厘米，底径 7.2 厘米，高 10 厘米（图二十六，5）。

Ⅳ式：3 件。长颈，腹底外撇，平底。

标本采集：9，颈部微内敛，削肩，假圈足，平底，外壁施青釉。口径 6 厘米，腹径 8.4 厘米，底径 6.4 厘米，高 9.6 厘米

（图二十六，6）。

Ⅰ M87∶2，敞口，圆唇，口部饰两道弦纹，束颈，鼓腹，外壁施褐釉。口径 4.6 厘米，腹径 7.8 厘米，底径 5.2 厘米，高 9.6 厘米（图二十六，7）。

B 型：22 件。直口，方圆唇，有流、流口高于口沿，削肩。可分二式。

Ⅰ式：8 件。下腹略鼓，平底，

标本Ⅰ M86∶1，口微敛，鋬横断面呈圆形，外壁釉色脱落可见痕迹。口径 6.6 厘米，腹径 10 厘米，底径 6.8 厘米，高 10.2 厘米（图二十六，8）。

Ⅱ式：14 件。腹部较直，鋬上部呈折状。

标本Ⅰ M47∶1，直口，颈部有凸棱一道，鋬横断面呈椭圆形，外壁施酱釉大部分脱落。口径 6.4 厘米，腹径 8 厘米，底径 6.8 厘米，高 10 厘米（图二十六，9）。

C 型：5 件。无流，鼓腹，平底内凹，

标本Ⅰ M68∶1，敞口，圆唇，束颈，口沿至腹部施酱釉，不及底。口径 4.4 厘米，腹径 6.6 厘米，底径 5.4 厘米，高 7.4 厘米（图二十六，10）。

无鋬釉陶罐　共 93 件。夹砂黄陶，平底，可分三型。

A 型：43 件。敛口，圆唇，无领，宽折沿。分二式。

Ⅰ式：28 件。深腹。

标本Ⅰ M60∶2，敛口，外壁施青釉。口径 9 厘米，腹径 9.4 厘米，底径 6.2 厘米，高 6.6 厘米（图二十七，1）。

标本Ⅰ M103∶1，尖圆唇，外壁施酱釉不及底，白色化妆土露出。口径 8.6 厘米，腹径 9.4 厘米，底径 7.3 厘米，高 10.6 厘米（图二十七，2）。

Ⅱ式：15 件。浅腹。

标本Ⅰ M62∶1，夹砂黄陶，侈口，圆唇，折沿，束颈，鼓腹，平底，外壁至器

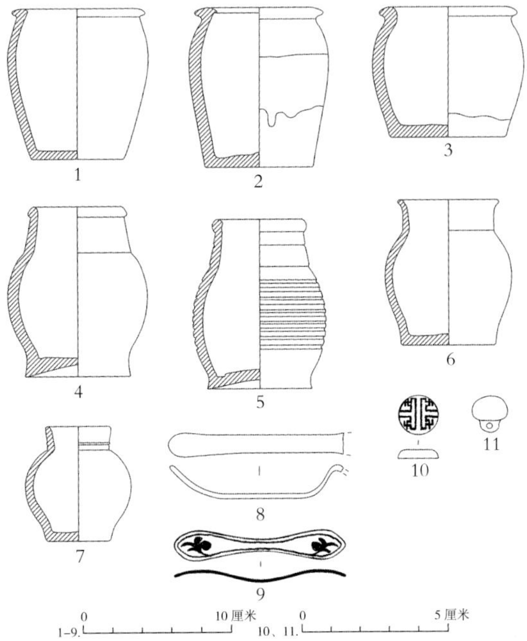

图二十七　墓葬Ⅰ区出土器物

1、2.A 型Ⅰ式无鋬陶罐（Ⅰ M60 ∶ 2、Ⅰ M103 ∶ 1）
3. A 型Ⅱ式无鋬陶罐（Ⅰ M62 ∶ 1）
4. B 型Ⅰ式无鋬陶罐（Ⅰ M55 ∶ 1）
5. B 型Ⅱ式无鋬陶罐（Ⅰ M55 ∶ 2）
6. C 型Ⅰ式无鋬陶罐（采集∶15）
7. C 型Ⅱ式无鋬陶罐（采集∶6）
8. 玻璃发簪（Ⅰ M1 ∶ 1）
9. 铜发簪（Ⅰ M60 ∶ 3）
10、11. 玻璃扣（Ⅰ M60 ∶ 4、Ⅰ M86 ∶ 3）

底施酱釉。口径 9.4 厘米，腹径 10.4 厘米，底径 8 厘米，高 8.6 厘米（图二十七，3）。

B 型：35 件。直口，长颈，弧腹，近底凹弧，平底内凹。分二式。

Ⅰ式：19 件。尖圆唇，素面。

标本Ⅰ M55∶1，外壁施酱釉。口径 6.6 厘米，腹径 9.4 厘米，底径 7 厘米，高 11.2 厘米（图二十七，4；附图，12）。

Ⅱ式：16 件。圆唇，领、腹有多道瓦楞纹。

标本Ⅰ M55∶2，夹砂黄陶，直口，圆唇，颈部饰弦纹两道，鼓腹，腹部饰多道弦纹，平底内凹，外壁釉色脱落。口径 6

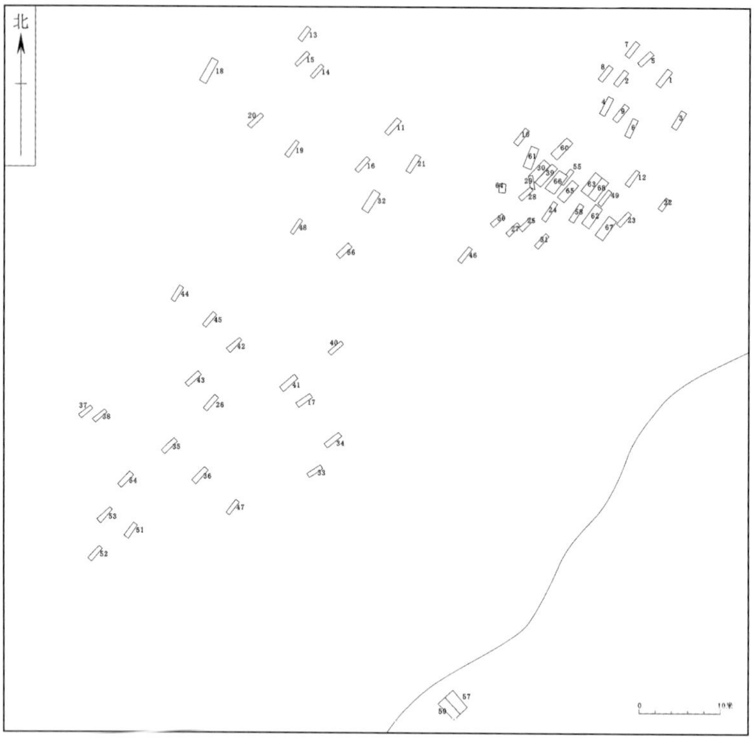

图二十八　墓葬Ⅱ区分布区

厘米，腹径 9 厘米，底径 7.2 厘米，高 11.2 厘米（图二十七，5）。

C 型：15 件。圆唇，高领，溜肩，腹近底凹弧，平底。分二式。

Ⅰ式：7 件。侈口，弧腹。

标本采集：15，口沿及外壁施褐釉。口径 7 厘米，腹径 8.6 厘米，底径 6.4 厘米，高 9.6 厘米（图二十七，6）。

Ⅱ式：8 件。敞口，折肩，鼓腹，

标本采集：6，领部有一圈凸弦纹，外壁釉色脱落。口径 4.4 厘米，腹径 7 厘米，底径 4.2 厘米，高 7.6 厘米（图二十七，7）。

玻璃发簪　1 件。

标本Ⅰ M1：1，残，乳白色，扁平状，侧面呈弧形，一端残断。残长 11.8 厘米，宽 1.6 厘米（图二十七，8）。

铜发簪　1 件。

标本Ⅰ M60：3，扁平状，两端中宽间窄，侧面呈波浪形，两端饰卷草纹。长 11.6 厘米，宽 2 厘米，厚 0.1 厘米（图二十七，9）。

玻璃扣　22 件。

标本Ⅰ M60：4，透明，表面弧形，饰卍字纹图案，底部扁平状。直径 1.4 厘米，厚 0.3 厘米（图二十七，10）。

标本Ⅰ M86：3，透明，圆形，底部有穿线孔。直径 1.2 厘米，高 1.2 厘米（图二七，11）。

（三）墓葬Ⅱ区

68 座。墓葬Ⅱ区有砖室墓、土坑竖穴墓等。除墓区东南角两座合葬墓为东南—西北向外，余均为东北—西南向，分布较Ⅰ区稀疏，排列有序，没有打破关系（图二十八）。

1. 砖室墓形制

双室合葬墓：2 座。

Ⅱ区 M57 与Ⅱ区 M59，M57 在左，M59 在右。券顶砖室墓，两墓并列，各为一室，共用一个封土堆。方向 318°。前、后端残存券顶，中部券顶残毁。墓壁用长方形青砖错缝平砌，砖长 25 厘米，宽 13 厘米，厚 6 厘米。券顶用梯形砖起券，砖长 16～23 厘米，宽 12 厘米，厚 6 厘米。两墓砖室通长 240 厘米，通宽 92 厘米。外有土壁墓圹，长 266 厘米，宽 210 厘米，深 116 厘米。M57 墓口距地表深 60 厘米，墓底距地表深 170 厘米，墓长 240 厘米，宽 96 厘米。M59 墓口距地表深 60 厘米，墓底距地表深 150 厘米，墓长 236 厘米，宽 84 厘米。直肢葬，葬具已朽。两墓随葬

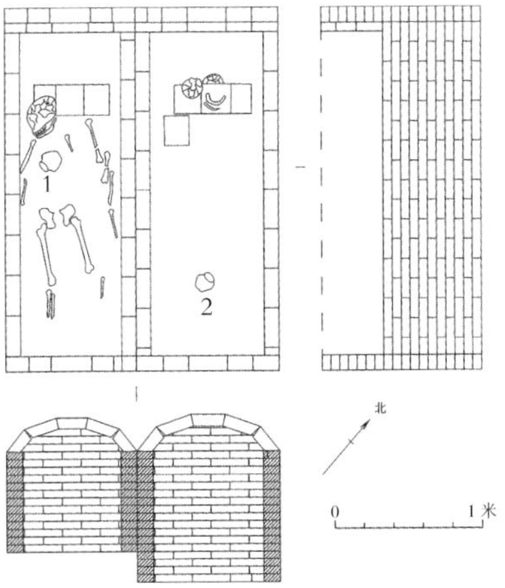

图二十九　墓葬Ⅱ区 M57、M59 双室合葬墓平、剖面图
1、2. 陶罐（M59 ∶ 1、M57 ∶ 2）

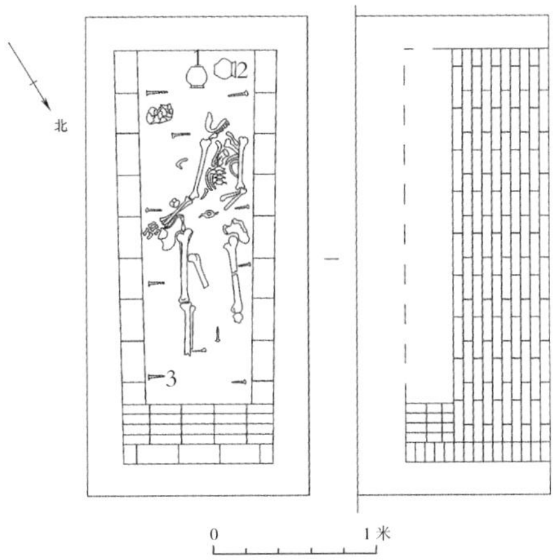

图三十　墓葬Ⅱ区 M18 平、剖面图
1、2. 陶罐　3. 铁棺钉（11 枚）

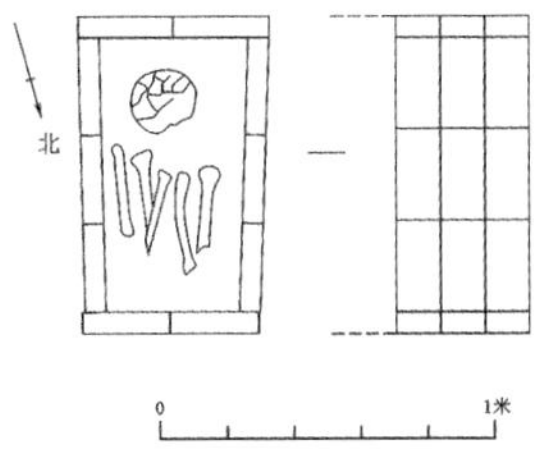

图三十二　墓葬Ⅱ区 M64 平、剖面图

品各有陶罐一件（图二十九；附图，6）。

单室墓：11 座（附图，7、8）。

Ⅱ区 M18：券顶砖室墓，前端有封门并残存券顶，后部券顶残，后挡无壁砖。墓口距地表深 30 厘米，墓底距地表深 120 厘米，砖室平面略呈梯形，头端宽足端窄。长 290 厘米，头端宽 100 厘米，足端宽 92 厘米，深 90 厘米。砖室外有土坑墓圹，长 268 厘米，宽 136 厘米，深 90 厘米。方向 212°。墓壁用青砖错缝平砌，砖长 25 厘米，宽 13 厘米，厚 6 厘米；券顶用梯形砖砌，砖长 18～23 厘米，宽 13 厘米，厚 7 厘米。直肢葬，葬具已朽，出土陶罐两件，棺钉 11 枚（图三十）。

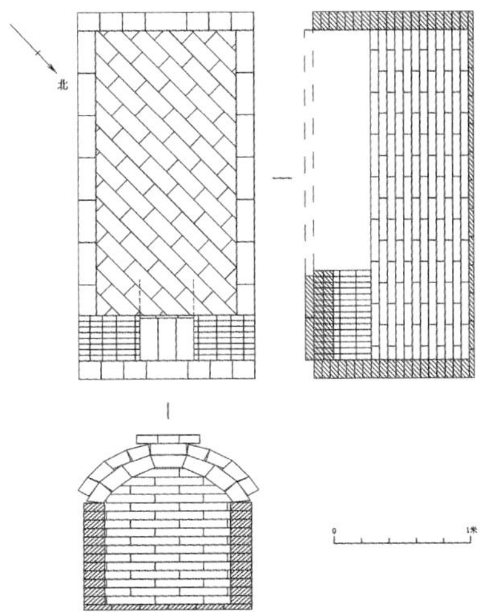

图三十一　墓葬Ⅱ区 M66 平、剖面图

Ⅱ区 M66：券顶砖室墓，两侧及两挡以青砖错缝平砌封闭性砖室，上以梯形砖砌两层券顶，券顶中间砌三条长方形砖。前端尚残存券顶，中后部券顶被破坏。墓底以长方形青砖斜向错缝平铺底砖。墓口距地表深 120 厘米，墓底距地表深 260 厘米，砖室长 260 厘米，宽 128 厘米，深 120 厘米，方向 224°。壁砖长 30 厘米，宽 13 厘米，厚 6 厘米；券顶砖长 14～16 厘米，宽 10 厘米，厚 4 厘米；墓底砖长 28 厘米，宽 12 厘米，厚 6 厘米。砖室外有土坑墓圹，长 284 厘米，宽 158 厘米，深 140 厘米。直肢葬，葬具已朽。无随葬品器物（图三十一；附图，10）。

二次葬墓：1 座。

Ⅱ区 M64：砖室墓。以青砖对缝砌封闭性小砖框，共三块砖高，其上有无券顶不知。平面略呈梯形，前窄后宽。墓口距地表深 100 厘米，墓底距地表深 150 厘米，墓长 92 厘米，宽 56 厘米，深 50 厘米，方

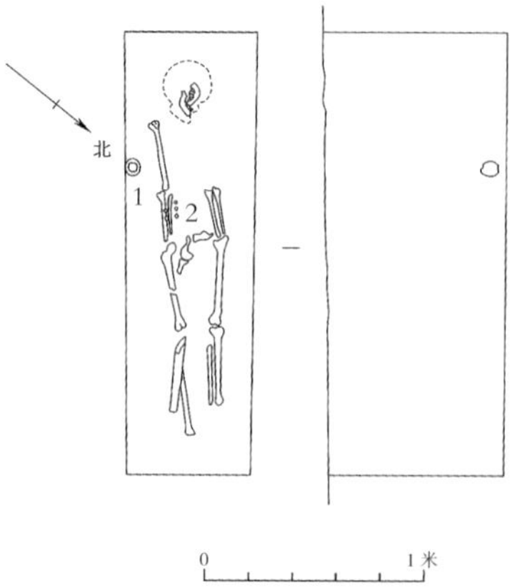

图三十三　墓葬Ⅱ区 M15 平、剖面图
1. 陶罐　2. 铜扣（5 枚）

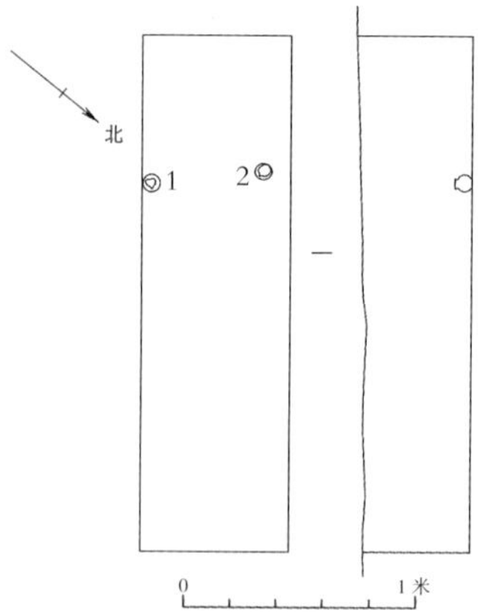

图三十四　墓葬Ⅱ区 M35 平、剖面图
1、2. 陶罐

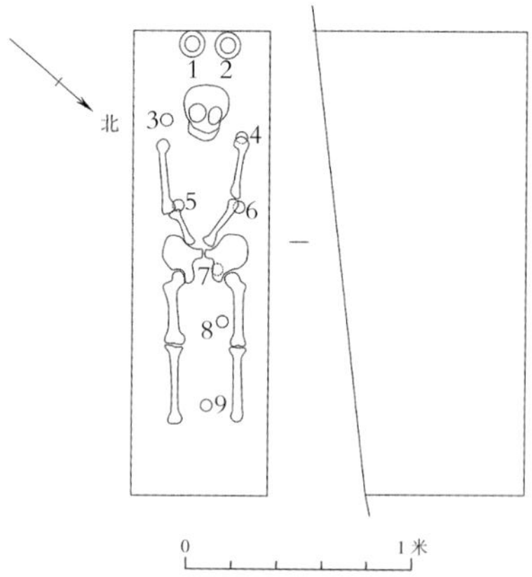

图三十五　墓葬Ⅱ区 M55 平、剖面图
1、2. 陶罐
3～9. 陶杯

向 196°。砖长 30 厘米，宽 13 厘米，厚 6 厘米。砖室外有土坑墓圹，长 103 厘米，宽 76 厘米，深 50 厘米。无随葬品器物（图三十二；附图，9）。

2. 土坑竖穴墓

54 座。可分两型。

A 型：36 座。平面呈长方形。

Ⅱ区 M15：墓口距地表深 35 厘米，墓长 196 厘米，宽 60 厘米，深 125 厘米，方向 232°。直肢葬，部分葬具残存。出土陶罐 1 件和铜纽扣 5 枚（图三十三）。

Ⅱ区 M3：墓口距地表 30 米，墓长 214 厘米，宽 72 厘米，深 80 厘米，方向 220°。骨架及葬具皆朽。于两侧出土陶罐两件。

Ⅱ区 M35：墓口距地表 15～30 厘米，墓长 217 厘米，宽 64 厘米，深 50 厘米，方向 232°。直肢葬，骨架及葬具皆朽。出土陶罐两件（图三十四）。

Ⅱ区 M55：墓口距地表 40 厘米，墓长 200 厘米，宽 60 厘米，深 140 厘米，方向 230°。直肢葬，葬具已腐朽。头顶陶罐两件，身下陶杯 7 件（呈七星位排列）（图三十五）。

B 型：18 座。平面呈梯形，直壁。

Ⅱ区 M58：墓口距地表 20 厘米，墓长 210 厘米，宽 64 厘米，深 142 厘米，方向 210°。直肢葬，葬具腐朽，头、脚垫有板瓦。无出土器物（图三十六）。

Ⅱ区 M31：墓口距地表 30 厘米，墓长 230 厘米，宽 80 厘米，深 85 厘米，方向 225°。直肢葬，葬具已朽。出土釉陶双连罐 1 件（图三十七）。

3. 出土遗物

共 158 件。

釉陶堆塑罐　2 件。

标本Ⅱ M39：2，直口，圆唇，溜肩，弧腹，平底。腹部较深，上腹及下腹各堆塑一道莲花纹。有盖，柱状纽，口沿及外壁施青釉。盖径 7.6 厘米，口径 6.8 厘米，腹径 11.6 厘米，底径 8.4 厘米，高 17 厘米（图三十八，1；彩版二三，2）。

釉陶盖罐　1 件。

标本Ⅱ M63：2，直口，圆唇，溜肩，鼓腹，平直盖面，圆形纽，平底内凹，外壁饰褐釉。口径 7.6 厘米，腹径 10 厘米，底径 8 厘米，高 11.4 厘米（图三十八，2）。

釉陶罐　64 件。溜肩，鼓腹，分三型。（彩版二三，3）。

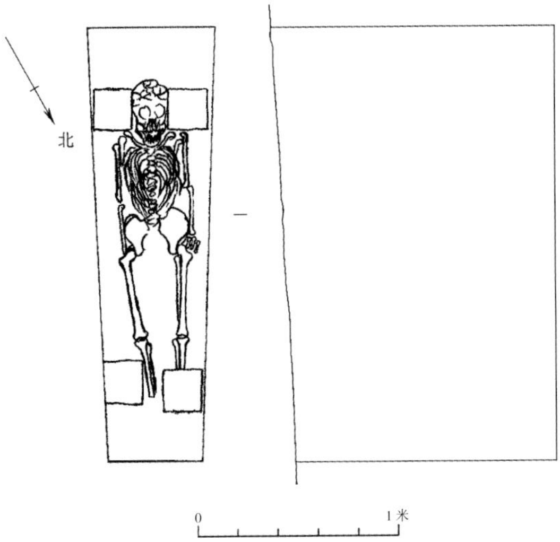

图三十六　墓葬Ⅱ区 M58 平、剖面图

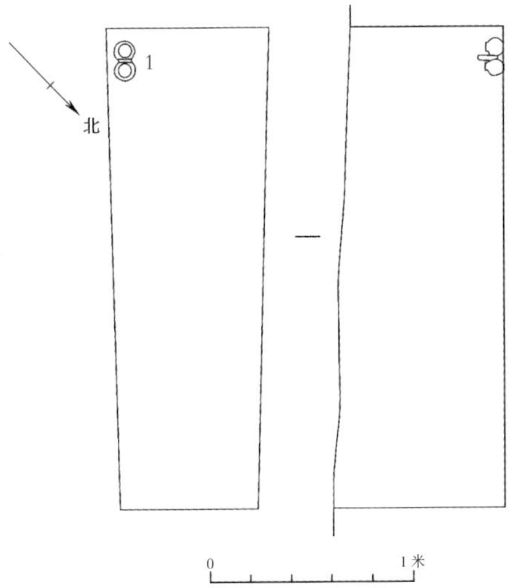

图三十七　墓葬Ⅱ区 M31 平、剖面图
1. 釉陶双连罐

A 型：38 件。侈口罐。

标本Ⅱ M60：1，侈口，圆唇，束颈，平底内凹，口沿至腹部施褐釉，不及底。口径 8.2 厘米，腹径 12 厘米，底径 7.2 厘米，高 11.2 厘米（图三十八，3）。

B 型：12 件。直口罐。

标本Ⅱ M61：2，直口微侈，圆唇，平底内凹，外壁施青釉。口径 8.8 厘米，腹径 15.6 厘米，底径 8.2 厘米，高 18.2 厘米（图三十八，5）。

C 型：14 件。敛口罐。

标本Ⅱ M55：2，直口微内敛，尖圆唇，平底，外壁施青釉。口径 8.6 厘米，腹径 13 厘米，底径 10 厘米，高 10.2 厘米（图三十八，4）。

釉陶双联罐　1 件。

标本Ⅱ M31：1，两罐连体，中间有提梁，直口，方圆唇，溜肩，肩部饰弦纹一道，鼓腹，平底，外壁饰青釉，不及底。通宽 23 厘米，单罐口径 7.6 厘米，腹径 11 厘米，底径 7.8 厘米，高 9.8 厘米（图三十八，6；彩版二三，4）。

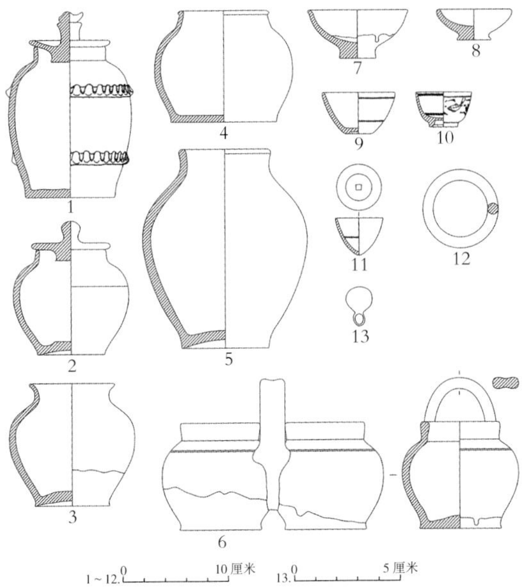

图三十八　墓葬Ⅱ区出土器物
1. 釉陶堆塑罐（Ⅱ M39 ：2）
2. 釉陶盖罐（Ⅱ M63 ：2）
3. A 型釉陶罐（Ⅱ M60 ：1）
4. B 型釉陶罐（Ⅱ M55 ：2）
5. C 型釉陶罐（Ⅱ M61 ：2）
6. 釉陶双联罐（Ⅱ M31 ：1）
7. Ⅰ式釉陶盏（Ⅱ M62 ：3）
8. Ⅱ式釉陶盏（Ⅱ M62 ：1）
9. A 型青花瓷杯（Ⅱ M39 ：9）
10. B 型青花瓷杯（Ⅱ M5 ：1）
11. 陶杯（Ⅱ M39 ：3）
12. 玉镯（Ⅱ M44 ：3）　13. 铜扣（Ⅱ M15 ：2）

釉陶盏　2件。圆唇，弧腹，假圈足，分二式。

Ⅰ式：1件。侈口，足底较直。

标本ⅡM62：3，内、外壁口沿至腹上饰釉不及底，露白色化妆土。口径9.4厘米，底径3.4厘米，高4.4厘米（图三十八，7；彩版二三，5）。

Ⅱ式：1件。口微敛，底足外撇。

标本ⅡM62：1，通体施酱釉。口径7.2厘米，底径3.2厘米，高2.8厘米。（图三十八，8）

青花瓷杯　3件。敞口，分二型。

A型：2件。凹底。

标本ⅡM39：9，尖圆唇，斜直腹，凹底边缘呈极矮圈足状。腹上及腹下各饰一周青花弦纹。口径6.8厘米，底径2.6厘米，高3.8厘米（图三十八，9）。

B型：1件。圈足。

标本ⅡM5：1，圆唇，深弧腹，矮圈足，内壁腹上及腹下各饰一周青花弦纹，外壁口沿下饰单圈青花，腹饰鱼藻纹，圈足内斜削。口径5.4厘米，底径2.8厘米，高3.2厘米（图三十八，10）。

陶杯　20件。

标本ⅡM39：3，泥质黄陶，敞口，圆唇，斜弧腹，尖底，其中一个器内放置有铜钱一枚。口径4.2厘米，高3.4厘米（图三十八，11；附图，13）。

玉镯　1件。

标本ⅡM44：3，外径7.2厘米，内径6.2厘米（图三十八，12）。

铜扣　28件。

ⅡM15：2，圆形，底部有穿线孔。直径1.2厘米，高1.8厘米（图三十八，13）。

五　结语

三眼桥遗址及墓葬的考古发掘工作揭露出多种类型的遗迹和墓葬，出土了较为丰富的各类器物，取得了较为重要的收获。

（一）地层和时代

遗址区内出土遗物多来自H3，H3开口于⑤层下，遗物有青白瓷碗、青瓷碗、陶罐、垫圈等，其中青白瓷碗与芷江侗族自治县县城出土的宋代青白瓷碗[1]在器形上相同，只是窑口不同。青瓷碗、垫圈等与洪江烟溪窑出土的南宋遗物相同。[2]而在第⑤层中出土的北宋“景德元宝”铜钱，直接证明该地层的年代不会早于北宋。另外，在第⑤地层中出土的石磨，其造型明显不同于芷江当地明清时期的石磨，却与重庆皇华城遗址出土的南宋石磨如出一辙，笔者应邀参观重庆皇华城遗址考古现场，看到城门内出土的石磨造型完全相同，因皇华城遗址考古发掘报告尚未发表，未能直接引用。但综合以上材料，可以认为遗址内的第⑤层，其时代当在宋朝时期。

为此，根据土质土色及包含物的特征，遗址的地层堆积可划分出5个不同的层位。其中第①层至第③层出土较多青花瓷片，当为现代至明清堆积层，第④层、第⑤层为宋代文化堆积层，第⑤层、H3的年代当属于南宋时期，而G9被H3打破，其时代当比H3相对较早，但同样不会早于北宋。墓葬TM1发现的未成年小孩遗骸，其年龄在3～4岁，因开口于第⑤层，并列于H3，其时代也属于南宋无疑。

墓葬Ⅰ区发掘土坑墓115座，其中1座带生土二层台，墓壁内收，墓底宽度仅10～12厘米，无器物出土，其墓葬形制未曾见过，时代难以把握。至于其他114座墓葬，出土器物基本为两件陶罐，从排列、位置、方向、埋葬方式看，应为清代墓葬。关于M1与M60，其内所出的玻璃发簪，或铜发簪、玻璃扣等，从形制、材质来看，当为民国时期产品。表明Ⅰ区有清代墓葬113座，民国墓葬2座。

墓葬Ⅱ区发掘墓葬68座，砖室墓中未见当地宋墓中常出现的多角罐、堆塑人物罐等，其中堆塑罐（M47：2）与芷江城郊明代墓葬出土的堆塑罐相同[3]，出土的砖室墓中，其墓室、砖体及建造工艺同样类似于芷江城郊明代墓葬。[4]土坑墓中除了M47外，其余所出器物未见及明代的特点，且在整个墓葬Ⅱ区中，方向呈一致性，墓葬葬式相同，大多木质葬具清晰，部分骨骼清晰，从整体看，不会早于清代早期。因此，出土的14座砖室墓，以及土坑墓M47为明代墓葬，其余53座土坑墓为清代墓葬。

（二）遗址的性质和考古发掘意义

本次考古发掘工作揭露了灰坑、柱洞、灰沟、墓葬等多种类型的遗迹，从时代来看，明清时期的遗迹数量较宋时期更为丰富，反映了先民在此期间生产生活活动的连续性。罗旧一带先民在三眼桥遗址及周邻地区的开发当自北宋以前，南宋处于发展期，其后延绵繁衍至今，明清时期最为繁荣。相关遗物如陶瓷器、铜钱、石器、网坠等的发现，再现了当时人们制造业的技术水平。这些出土器物以及由柱洞、灰坑等组成的一般性居住建筑，充分表明三眼桥遗址是一处南宋时的小型聚落址，反映出当地周而复始的人类活动并不复杂，展现出了先民们日出而作、日落而息的生活图景。这批南宋至明清时期的考古材料，可以深入考察芷江地区古代先民的社会生活面貌及丧葬文化，为深入了解湘西少数民族地区生产、生活、丧葬、乡土历史文化传承等各个方面问题提供了较多的实物资料，具有重要的学术意义。

在地方文献资料中，并未查阅到三眼桥遗址的相关记载，对于它的认识完全来源于本次考古发掘工作的成果。芷江罗旧镇为五溪之地，北宋章惇开拓西南，统一了内地割据势力，打通了湖南、贵州至云南的交通要道，罗旧是必经之地。南宋时期的遗址、元明清时期的墓葬的发现，为认识和梳理这一地区的文化、经济、交通等提供了直接的实物证据。放眼人类历史，除了备受关注的权贵精英阶层以外，普通民众的日常生产生活实际上才是历史发展中最基础的构成，能真实地反映当地整体物质文化面貌和社会发展水平。三眼桥遗址正是这样一个位于湘西地区深处的普通村落遗址，此番考古发掘工作从实物资料的角度展现了当地先民适应自然环境、繁衍生息的动态画卷，为我们深入观察当地古代村落景观提供了途径。

[附记：参加本次考古发掘的工作人员有湖南省文物考古研究院张涛、谭何易、罗婕、胡奕奕；怀化市文化遗产保护中心（博物馆）杨志勇、彭祖江、周明；芷江侗族自治县文化遗产保护中心江贤军、杨健、邱建斌；湖南大学岳麓书院研究生周郭子、夏凡、苏津；湖南师范大学研究生李振瑶、陈臻浩；云南大学研究生者连芳、郑巧凤。本报告得到科技考古与文物保护利用湖南省重点实验室的支持，在此表示感谢。]

执笔：张　涛　杨志勇　谭何易

绘图：谭何易

拍摄：罗　婕

注释：

[1] 张涛、龚建华：《湖南芷江出土的一批宋代器物》，《湖南省博物馆馆刊》第三期，岳麓书社，2006年，第88～100页。

[2] 湖南省文物考古研究所：《湖南洪江市宋代烟口窑址的发掘》，《考古》2006年第11期。

[3] 芷江县文物管理所：《湖南芷江垅坪明墓清理简报》，《考古》1992年第3期。

[4] 同[3]。

附图：

1. 遗址区发掘状况

2. 墓葬Ⅱ区砖室墓分布状况

3. 遗址区小孩遗骸墓 T5M1

4. 墓葬Ⅰ区 M15

5. 墓葬Ⅰ区 M115

6. 墓葬Ⅱ区 M57、M59 双室合葬墓

7. 墓葬Ⅱ区 M61

8. 墓葬Ⅱ区 M63

9. 墓葬Ⅱ区 M64

10. 墓葬Ⅱ区 M65、M66 砖室墓

11. 石网坠（T5⑤：1）

12. B 型Ⅰ式无錾陶罐（ⅠM55：1）

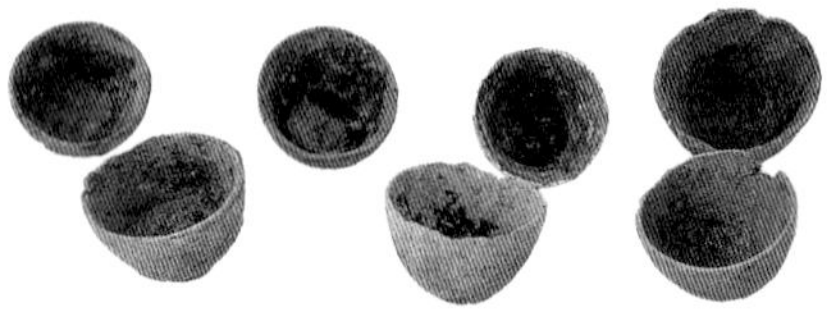

13. 陶杯（ⅡM39：3）

附表

芷江罗旧三眼桥遗址墓葬统计表

墓号	墓室结构	类型	方向	尺寸（长×宽－深）	骨架、葬式	葬具	时代	随葬品	备注
Ⅰ M1	长方形竖穴土坑	A 型	210°	1.5×1–0.84 米	直肢	已朽	民国	玻璃发簪	
Ⅰ M2	长方形竖穴土坑	B 型	210°	2.4×1–0.76 米	直肢	已朽	清代	A 型Ⅱ式单錾釉陶罐、A 型Ⅳ式单錾釉陶罐	
Ⅰ M3	长方形竖穴土坑	A 型	216°	2.34×0.9–0.56 米	直肢	已朽	清代	无	
Ⅰ M4	长方形竖穴土坑	A 型	210°	2.4×0.8–0.3 米	直肢	已朽	清代	釉陶双联罐	
Ⅰ M5	长方形竖穴土坑	A 型	210°	2.46×1–0.6 米	直肢	已朽	清代	A 型Ⅱ式单錾釉陶罐、A 型Ⅲ式单錾釉陶罐	
Ⅰ M6	长方形竖穴土坑	B 型	210°	2.18×0.66–0.34 米	直肢	已朽	清代	B 型Ⅱ式单錾釉陶罐、C 型单錾釉陶罐	
Ⅰ M7	长方形竖穴土坑	A 型	210°	2.42×0.94–0.54 米	直肢	已朽	清代	B 型Ⅱ式单錾釉陶罐、B 型Ⅱ式无錾釉陶罐	
Ⅰ M8	长方形竖穴土坑	A 型	211°	2.2×0.78–0.6 米	直肢	已朽	清代	B 型Ⅱ式单錾釉陶罐、A 型Ⅱ式无錾釉陶罐	
Ⅰ M9	长方形竖穴土坑	A 型	213°	2.5×0.9–0.3 米	直肢	已朽	清代	A 型Ⅱ式单錾釉陶罐、B 型Ⅱ式无錾釉陶罐	
Ⅰ M10	长方形竖穴土坑	A 型	215°	2.46×0.8–0.6 米	直肢	已朽	清代	C 型Ⅱ式无錾釉陶罐	
Ⅰ M11	长方形竖穴土坑	A 型	213°	2.5×0.9–0.6 米	直肢	已朽	清代	A 型Ⅱ式单錾釉陶罐、A 型Ⅰ式无錾釉陶罐	
Ⅰ M12	长方形竖穴土坑	B 型	215°	2.8×0.9–0.7 米	直肢	已朽	清代	A 型Ⅰ式无錾釉陶罐、C 型Ⅰ式无錾釉陶罐	
Ⅰ M13	长方形竖穴土坑	B 型	210°	2.4×0.9–0.6 米	直肢	已朽	清代	A 型Ⅱ式单錾釉陶罐	
Ⅰ M14	长方形竖穴土坑	A 型	212°	2.3×0.8–0.7 米	直肢	已朽	清代	A 型Ⅱ式单錾釉陶罐、C 型Ⅰ式无錾釉陶罐	
Ⅰ M15	长方形竖穴土坑	A 型	215°	2.64×0.92–0.6 米	直肢	木棺 部分腐朽	清代	A 型Ⅱ式单錾釉陶罐、B 型Ⅰ式无錾釉陶罐	
Ⅰ M16	长方形竖穴土坑	A 型	218°	2.1×0.9–0.8 米	直肢	已朽	清代	A 型Ⅱ式无錾釉陶罐、C 型Ⅱ式无錾釉陶罐	
Ⅰ M17	长方形竖穴土坑	A 型	212°	2.1×0.7–0.4 米	直肢	已朽	清代	A 型Ⅰ式单錾釉陶罐	
Ⅰ M18	长方形竖穴土坑	A 型	215°	2.2×0.8–0.3 米	已朽	已朽	清代	无	

续附表

墓号	墓室结构	类型	方向	尺寸（长×宽–深）	骨架、葬式	葬具	时代	随葬品	备注
Ⅰ M19	长方形竖穴土坑	B 型	215°	2.8×0.8–0.3 米	直肢	已朽	清代	A 型Ⅰ式无鋬釉陶罐、C 型Ⅰ式无鋬釉陶罐、铜扣 3	
Ⅰ M20	长方形竖穴土坑	A 型	218°	2.4×0.9–0.1 米	直肢	已朽	清代	釉陶双联罐、玻璃扣 4	
Ⅰ M21	长方形竖穴土坑	A 型	212°	2.2×0.74–0.56 米	直肢	已朽	清代	A 型Ⅰ式无鋬釉陶罐、B 型Ⅰ式无鋬釉陶罐	
Ⅰ M22	长方形竖穴土坑	A 型	215°	2.1×0.7–0.2 米	直肢	已朽	清代	A 型Ⅰ式无鋬釉陶罐、铜扣 4，玻璃扣 3	
Ⅰ M23	长方形竖穴土坑	A 型	218°	2.4×0.8–0.5 米	已朽	已朽	清代	无	
Ⅰ M24	长方形竖穴土坑	A 型	210°	2.2×0.8–0.4 米	直肢	已朽	清代	C 型Ⅰ式无鋬釉陶罐	
Ⅰ M25	长方形竖穴土坑	B 型	215°	2.68×0.9–0.3 米	直肢	已朽	清代	A 型Ⅱ式无鋬釉陶罐	
Ⅰ M26	长方形竖穴土坑	A 型	216°	2.6×0.9–0.5 米	直肢	已朽	清代	B 型Ⅰ式无鋬釉陶罐、C 型Ⅰ式无鋬釉陶罐、铜扣 4	
Ⅰ M27	长方形竖穴土坑	A 型	210°	2.2×0.7–0.3 米	直肢	已朽	清代	铜扣 4	
Ⅰ M28	长方形竖穴土坑	A 型	210°	2.36×0.7–0.5 米	直肢	已朽	清代	A 型Ⅰ式无鋬釉陶罐、B 型Ⅱ式无鋬釉陶罐	
Ⅰ M29	长方形竖穴土坑	A 型	218°	2.2×0.8–0.5 米	直肢	已朽	清代	A 型Ⅲ式单鋬釉陶罐、B 型Ⅰ式单鋬釉陶罐	
Ⅰ M30	长方形竖穴土坑	B 型	218°	2.3×0.8–0.3 米	直肢	已朽	清代	A 型Ⅰ式无鋬釉陶罐、A 型Ⅱ式无鋬釉陶罐	
Ⅰ M31	长方形竖穴土坑	A 型	220°	2.6×1–0.3 米	直肢	已朽	清代	B 型Ⅰ式无鋬釉陶罐、C 型Ⅱ式无鋬釉陶罐	
Ⅰ M32	长方形竖穴土坑	A 型	205°	2.4×1–0.8 米	直肢	已朽	清代	A 型Ⅰ式单鋬釉陶罐、A 型Ⅰ式无鋬釉陶罐	
Ⅰ M33	长方形竖穴土坑	A 型	210°	2.1×0.8–0.5 米	直肢	已朽	清代	A 型Ⅰ式无鋬釉陶罐	
Ⅰ M34	长方形竖穴土坑	B 型	205°	2.4×0.8–0.9 米	已朽	已朽	清代	A 型Ⅱ式无鋬釉陶罐	
Ⅰ M35	长方形竖穴土坑	A 型	227°	2.3×0.7–0.8 米	直肢	已朽	清代	B 型Ⅰ式无鋬釉陶罐	
Ⅰ M36	长方形竖穴土坑	B 型	225°	2.4×0.9–0.8 米	直肢	已朽	清代	A 型Ⅱ式无鋬釉陶罐、C 型Ⅰ式无鋬釉陶罐、铜扣 6	

续附表

墓号	墓室结构	类型	方向	尺寸（长×宽－深）	骨架、葬式	葬具	时代	随葬品	备注
Ⅰ M37	长方形竖穴土坑	A 型	236°	2.5×0.7–0.3 米	直肢	已朽	清代	A 型Ⅰ式无錾釉陶罐 2、铜扣 24	
Ⅰ M38	长方形竖穴土坑	B 型	225°	2.3×0.8–0.9 米	直肢	已朽	清代	无	
Ⅰ M39	长方形竖穴土坑	A 型	233°	2.5×0.9–0.3 米	直肢	已朽	清代	A 型Ⅰ式无錾釉陶罐、B 型Ⅱ式无錾釉陶罐	
Ⅰ M40	长方形竖穴土坑	B 型	252°	2.4×0.84–0.3 米	直肢	已朽	清代	B 型Ⅱ式无錾釉陶罐、C 型Ⅰ式无錾釉陶罐	
Ⅰ M41	长方形竖穴土坑	B 型	247°	2.7×1–0.3 米	直肢	已朽	清代	A 型Ⅱ式无錾釉陶罐、B 型Ⅱ式无錾釉陶罐	
Ⅰ M42	长方形竖穴土坑	A 型	200°	2.28×08–0.9 米	已朽	已朽	清代	B 型Ⅰ式无錾釉陶罐、B 型Ⅱ式无錾釉陶罐、铜扣 2	
Ⅰ M43	长方形竖穴土坑	B 型	310°	2.1×0.7–0.3 米	直肢	已朽	清代	无	
Ⅰ M44	长方形竖穴土坑	A 型	300°	2.1×0.6–0.2 米	直肢	已朽	清代	B 型Ⅱ式无錾釉陶罐	
Ⅰ M45	长方形竖穴土坑	B 型	300°	2.1×0.7–0.2 米	直肢	已朽	清代	无	
Ⅰ M46	长方形竖穴土坑	A 型	200°	2.1×0.7–0.3 米	直肢	已朽	清代	B 型Ⅰ式无錾釉陶罐、B 型Ⅱ式无錾釉陶罐	
Ⅰ M47	长方形竖穴土坑	B 型	300°	2.26×0.7–0.9 米	已朽	已朽	清代	B 型Ⅱ式单錾釉陶罐 2	
Ⅰ M48	长方形竖穴土坑	B 型	300°	2.48×0.8–0.9 米	直肢	已朽	清代	A 型Ⅰ式无錾釉陶罐、A 型Ⅱ式无錾釉陶罐	
Ⅰ M49	长方形竖穴土坑	B 型	305°	2.46×0.7–1 米	已朽	已朽	清代	A 型Ⅱ式无錾釉陶罐	
Ⅰ M50	长方形竖穴土坑	A 型	320°	2.28×0.86–0.8 米	已朽	已朽	清代	A 型Ⅱ式无錾釉陶罐、C 型Ⅱ式无錾釉陶罐	
Ⅰ M51	长方形竖穴土坑	A 型	315°	2.3×0.8–0.8 米	直肢	已朽	清代	B 型Ⅰ式无錾釉陶罐、B 型Ⅱ式无錾釉陶罐	
Ⅰ M52	长方形竖穴土坑	B 型	233°	1.96×0.7–0.8 米	已朽	已朽	清代	B 型Ⅰ式无錾釉陶罐、C 型Ⅱ式无錾釉陶罐	
Ⅰ M53	长方形竖穴土坑	A 型	242°	2.14×0.8–0.9 米	已朽	木棺部分腐朽	清代	A 型Ⅰ式无錾釉陶罐 2	
Ⅰ M54	长方形竖穴土坑	A 型	224°	2.14×0.7–0.6 米	已朽	已朽	明清	A 型Ⅰ式单錾釉陶罐、A 型Ⅰ式无錾釉陶罐	
Ⅰ M55	长方形竖穴土坑	A 型	226°	2.2×0.96–0.9 米	直肢	已朽	清代	B 型Ⅰ式无錾釉陶罐、B 型Ⅱ式无錾釉陶罐	

续附表

墓号	墓室结构	类型	方向	尺寸（长×宽－深）	骨架、葬式	葬具	时代	随葬品	备注
Ⅰ M56	长方形竖穴土坑	A 型	220°	2.14×0.7–0.3 米	已朽	已朽	明清	B 型Ⅰ式单錾釉陶罐、B 型Ⅰ式无錾釉陶罐	
Ⅰ M57	长方形竖穴土坑	B 型	225°	2.2×0.8–0.8 米	已朽	已朽	明清	B 型Ⅰ式单錾釉陶罐、A 型Ⅰ式无錾釉陶罐	
Ⅰ M58	长方形竖穴土坑	B 型	235°	2.2×0.9–0.4 米	已朽	已朽	明清	A 型Ⅰ式单錾釉陶罐 2、铜扣 8	
Ⅰ M59	长方形竖穴土坑	A 型	280°	2.5×0.7–0.4 米	已朽	已朽	明清	A 型Ⅱ式单錾釉陶罐	
Ⅰ M60	梯形竖穴土坑	B 型	278°	2.4×0.7–0.7 米	已朽	木棺 部分腐朽	民国	A 型Ⅰ式单錾釉陶罐、A 型Ⅰ式无錾釉陶罐、铜发簪、铜扣 5、玻璃扣 4	
Ⅰ M61	长方形竖穴土坑	A 型	303°	2.06×0.7–0.4 米	已朽	木棺 部分腐朽	明清	B 型Ⅰ式单錾釉陶罐、A 型Ⅰ式无錾釉陶罐	
Ⅰ M62	长方形竖穴土坑	A 型	225°	2.1×0.7–0.9 米	直肢	已朽	清代	A 型Ⅱ式无錾釉陶罐 2	
Ⅰ M63	长方形竖穴土坑	A 型	230°	2.1×0.76–0.4 米	已朽	已朽	清代	无	
Ⅰ M64	长方形竖穴土坑	A 型	315°	2.36×0.7–0.4 米	已朽	已朽	清代	A 型Ⅲ式单錾釉陶罐、B 型Ⅱ式单錾釉陶罐	
Ⅰ M65	长方形竖穴土坑	B 型	235°	2.22×0.7–1 米	直肢	已朽	清代	A 型Ⅱ式单錾釉陶罐 2	
Ⅰ M66	长方形竖穴土坑	B 型	315°	2.16×0.8–0.8 米	已朽	已朽	明清	A 型Ⅱ式单錾釉陶罐、A 型Ⅲ式单錾釉陶罐、铜扣 19	
Ⅰ M67	长方形竖穴土坑	A 型	315°	2.08×0.7–0.8 米	已朽	已朽	明清	B 型Ⅱ式单錾釉陶罐 2	
Ⅰ M68	梯形竖穴土坑	B 型	320°	2.7×0.9–0.76 米	已朽	部分腐朽	明清	A 型Ⅲ式单錾釉陶罐、C 型单錾釉陶罐	
Ⅰ M69	长方形竖穴土坑	A 型	260°	2.16×0.76–0.7 米	已朽	已朽	明清	B 型Ⅱ式单錾釉陶罐 2	
Ⅰ M70	长方形竖穴土坑	A 型	320°	2.12×0.72–0.9 米	直肢	已朽	清代	A 型Ⅲ式单錾釉陶罐 2	
Ⅰ M71	长方形竖穴土坑	A 型	322°	2.16×0.7–0.66 米	已朽	已朽	清代	无	
Ⅰ M72	长方形竖穴土坑	A 型	317°	2.26×0.64–0.6 米	已朽	已朽	明清	A 型Ⅰ式单錾釉陶罐 2、铜扣 5	
Ⅰ M73	长方形竖穴土坑	A 型	330°	2.12×0.6–0.9 米	直肢	已朽	清代	A 型Ⅰ式单錾釉陶罐 2	

续附表

墓号	墓室结构	类型	方向	尺寸（长×宽–深）	骨架、葬式	葬具	时代	随葬品	备注
Ⅰ M74	长方形竖穴土坑	A 型	230°	2.4×1.2–0.6 米	已朽	已朽	明清	无	
Ⅰ M75	长方形竖穴土坑	A 型	220°	2.16×0.72–0.4 米	已朽	已朽	清代	无	
Ⅰ M76	长方形竖穴土坑	A 型	230°	2.16×0.76–0.46 米	已朽	已朽	清代	A 型Ⅰ式单鋬釉陶罐、A 型Ⅱ式无鋬釉陶罐	
Ⅰ M77	长方形竖穴土坑	A 型	320°	2.16×0.56–0.34 米	已朽	已朽	明清	B 型Ⅱ式无鋬釉陶罐 2、铜扣 5	
Ⅰ M78	长方形竖穴土坑	A 型	230°	2.44×0.76–0.7 米	已朽	已朽	明清	A 型Ⅲ式单鋬釉陶罐 2、铜扣 15、钱币	
Ⅰ M79	长方形竖穴土坑	B 型	230°	2.16×0.76–0.8 米	已朽	已朽	明清	A 型Ⅰ式单鋬釉陶罐、A 型Ⅱ式单鋬釉陶罐	
Ⅰ M80	长方形竖穴土坑	A 型	320°	2.24×0.72–0.8 米	已朽	已朽	明清	A 型Ⅰ式单鋬釉陶罐、A 型Ⅲ式单鋬釉陶罐	
Ⅰ M81	长方形竖穴土坑	A 型	330°	2.16×0.8–0.6 米	已朽	已朽	明清	A 型Ⅰ式单鋬釉陶罐、B 型Ⅱ式单鋬釉陶罐	
Ⅰ M82	长方形竖穴土坑	B 型	320°	2.16×0.72–0.7 米	已朽	已朽	明清	C 型单鋬釉陶罐、B 型Ⅰ式无鋬釉陶罐、铜扣 5	
Ⅰ M83	长方形竖穴土坑	B 型	320°	2.26×0.8–0.6 米	已朽	已朽	明清	A 型Ⅰ式单鋬釉陶罐	
Ⅰ M84	长方形竖穴土坑	A 型	305°	2.5×0.8–0.6 米	已朽	已朽	明清	A 型Ⅰ式单鋬釉陶罐 2	
Ⅰ M85	长方形竖穴土坑	B 型	290°	2.14×0.8–0.9 米	直肢	已朽	清代	A 型Ⅲ式单鋬釉陶罐，A 型Ⅰ式无鋬釉陶罐	
Ⅰ M86	长方形竖穴土坑	B 型	310°	2.38×0.84–0.8 米	已朽	已朽	明清	A 型Ⅰ式单鋬釉陶罐、B 型Ⅰ式单鋬釉陶罐、玻璃扣 4	
Ⅰ M87	长方形竖穴土坑	A 型	320°	2.66×0.8–0.7 米	已朽	已朽	明清	A 型Ⅱ式单鋬陶罐、A 型Ⅳ式单鋬陶罐、铜扣 7	
Ⅰ M88	长方形竖穴土坑	A 型	320°	2.46×0.8–0.7 米	已朽	已朽	明清	A 型Ⅰ式单鋬釉陶罐	
Ⅰ M89	长方形竖穴土坑	A 型	295°	2.5×0.92–0.9 米	直肢	已朽	清代	A 型Ⅱ式无鋬陶罐 2	
Ⅰ M90	长方形竖穴土坑	B 型	320°	2.72×0.92–0.9 米	已朽	已朽	清代	C 型单鋬釉陶罐、A 型Ⅰ式无鋬釉陶罐、玻璃扣 7	

续附表

墓号	墓室结构	类型	方向	尺寸（长×宽－深）	骨架、葬式	葬具	时代	随葬品	备注
Ⅰ M91	长方形竖穴土坑	A 型	315°	2.5×0.9–0.6 米	已朽	已朽	玥清	A 型Ⅰ式无錾釉陶罐、A 型Ⅱ式无錾釉陶罐	
Ⅰ M92	长方形竖穴土坑	B 型	312°	2.48×0.92–0.8 米	直肢	已朽	清代	A 型Ⅰ式单錾釉陶罐、B 型Ⅰ式无錾釉陶罐	
Ⅰ M93	长方形竖穴土坑	B 型	315°	2.36×0.76–0.9 米	已朽	已朽	清代	A 型Ⅰ式单錾釉陶罐、银饰、铜扣 18	
Ⅰ M94	长方形竖穴土坑	A 型	320°	2.4×0.72–0.8 米	直肢	已朽	清代	A 型Ⅰ式单錾釉陶罐、A 型Ⅱ式单錾釉陶罐	
Ⅰ M95	长方形竖穴土坑	A 型	305°	2.12×0.7–0.6 米	已朽	已朽	明清	A 型Ⅰ式单錾釉陶罐、A 型Ⅱ式单錾釉陶罐	
Ⅰ M96	长方形竖穴土坑	A 型	321°	2.2×0.72–0.8 米	已朽	已朽	清代	A 型Ⅱ式无錾釉陶罐	
Ⅰ M97	长方形竖穴土坑	A 型	325°	2.3×0.86–0.9 米	已朽	已朽	清代	A 型Ⅰ式无錾釉陶罐	
Ⅰ M98	长方形竖穴土坑	A 型	315°	2.36×0.76–0.6 米	已朽	已朽	明清	B 型Ⅰ式无錾釉陶罐	
Ⅰ M99	长方形竖穴土坑	A 型	310°	2.08×0.72–0.9 米	已朽	已朽	清代	B 型Ⅱ式无錾釉陶罐	
Ⅰ M100	长方形竖穴土坑	A 型	312°	2.4×0.8–0.9 米	直肢	已朽	清代	B 型Ⅰ式无錾釉陶罐 2	
Ⅰ M101	长方形竖穴土坑	B 型	320°	2.22×0.96–0.9 米	直肢	已朽	清代	A 型Ⅰ式单錾釉陶罐、A 型Ⅱ式单錾釉陶罐	
Ⅰ M102	长方形竖穴土坑	B 型	300°	2.16×0.88–0.9 米	已朽	已朽	清代	A 型Ⅰ式单錾釉陶罐、B 型Ⅱ式单錾釉陶罐	
Ⅰ M103	长方形竖穴土坑	A 型	317°	2×0.72–0.9 米	直肢	已朽	清代	A 型Ⅱ式单錾釉陶罐、A 型Ⅰ式无錾釉陶罐	
Ⅰ M104	长方形竖穴土坑	B 型	308°	2.32×0.8–0.8 米	直肢	已朽	清代	A 型Ⅰ式单錾釉陶罐、B 型Ⅱ式单錾釉陶罐	
Ⅰ M105	长方形竖穴土坑	A 型	315°	2×0.92–0.9 米	已朽	已朽	清代	B 型Ⅱ式无錾釉陶罐，C 型Ⅱ式无錾釉陶罐	
Ⅰ M106	长方形竖穴土坑	B 型	304°	2.34×0.84–0.9 米	直肢	已朽	清代	B 型Ⅰ式单錾釉陶罐、B 型Ⅰ式无錾釉陶罐	
Ⅰ M107	长方形竖穴土坑	B 型	321°	2.08×0.76–0.9 米	直肢	木棺 部分腐朽	清代	A 型Ⅰ式单錾釉陶罐、C 型单錾釉陶罐	
Ⅰ M108	长方形竖穴土坑	A 型	308°	2.4×0.92–0.8 米	直肢	已朽	清代	C 型Ⅱ式无錾釉陶罐	
Ⅰ M109	长方形竖穴土坑	A 型	310°	2.36×0.92–0.9 米	直肢	已朽	清代	C 型Ⅱ式无錾釉陶罐	

续附表

墓号	墓室结构	类型	方向	尺寸（长×宽－深）	骨架、葬式	葬具	时代	随葬品	备注
Ⅰ M110	长方形竖穴土坑	A 型	300°	2.2×0.8–0.9 米	直肢	已朽	清代	A 型Ⅱ式无鋬釉陶罐、铜扣 8	
Ⅰ M111	长方形竖穴土坑	A 型	305°	2.2×0.64–0.8 米	直肢	已朽	清代	A 型Ⅰ式单鋬釉陶罐、B 型Ⅱ式单鋬釉陶罐	
Ⅰ M112	长方形竖穴土坑	A 型	300°	2.4×0.88–0.9 米	直肢	已朽	清代	无	
Ⅰ M113	长方形竖穴土坑	A 型	312°	1.9×0.6–0.9 米	直肢	已朽	清代	A 型Ⅳ式单鋬釉陶罐、B 型Ⅰ式单鋬釉陶罐、铜扣 6	
Ⅰ M114	长方形竖穴土坑	A 型	310°	2.16×0.72–0.9 米	直肢	已朽	清代	无	
Ⅰ M115	长方形竖穴土坑	C 型	305°	2×0.72–0.1.2 米	直肢	已朽	清代	无	有二层台、头龛
Ⅱ M1	长方形竖穴土坑	B 型	230°	2.28×0.9–0.7 米	已朽	已朽	明清	A 型釉陶罐 2	
Ⅱ M2	长方形竖穴土坑	A 型	227°	2.04×0.9–0.7 米	已朽	已朽	明清	B 型釉陶罐	
Ⅱ M3	长方形竖穴土坑	A 型	220°	2.14×0.7–0.5 米	已朽	已朽	明清	A 型釉陶罐 2	
Ⅱ M4	长方形竖穴土坑	A 型	206°	2.3×0.78–0.7 米	已朽	已朽	明清	C 型釉陶罐 2	
Ⅱ M5	长方形竖穴土坑	B 型	240°	2.3×0.8–0.6 米	已朽	已朽	明清	B 型青花瓷杯	
Ⅱ M6	长方形竖穴土坑	B 型	208°	2.5×0.9–0.9 米	已朽	木棺 部分腐朽	明清	A 型釉陶罐 2	
Ⅱ M7	长方形竖穴土坑	B 型	234°	2.12×0.96–0.66 米	已朽	木棺 部分腐朽	明清	C 型釉陶罐	
Ⅱ M8	长方形竖穴土坑	A 型	235°	2.3×0.8–1 米	直肢	木棺 部分腐朽	明清	A 型釉陶罐 2	
Ⅱ M9	长方形竖穴土坑	A 型	227°	2.26×0.72–0.8 米	直肢	已朽	清代	B 型釉陶罐	
Ⅱ M10	长方形竖穴土坑	A 型	225°	2.12×0.8–0.9 米	直肢	已朽	清代	无	
Ⅱ M11	长方形竖穴土坑	B 型	225°	2.2×0.64–0.9 米	直肢	已朽	清代	A 型釉陶罐、铜扣 5	

续附表

墓号	墓室结构	类型	方向	尺寸（长 × 宽 – 深）	骨架、葬式	葬具	时代	随葬品	备注
Ⅱ M12	长方形竖穴土坑	B 型	210°	2.4 × 0.92–0.9 米	直肢	木棺 部分腐朽	清代	C 型釉陶罐 2	
Ⅱ M13	长方形竖穴土坑	B 型	223°	2.2 × 0.64–0.11 米	已朽	已朽	清代	A 型釉陶罐、B 型釉陶罐	
Ⅱ M14	长方形竖穴土坑	B 型	228°	2.2 × 0.64–0.12 米	直肢	已朽	清代	C 型釉陶罐、铜扣 12	
Ⅱ M15	长方形竖穴土坑	A 型	232°	1.96 × 0.6–0.9 米	直肢	已朽	清代	A 型釉陶罐、铜扣 5	
Ⅱ M16	长方形竖穴土坑	A 型	240°	2.1 × 0.72–0.9 米	直肢	已朽	清代	无	
Ⅱ M17	长方形竖穴土坑	A 型	241°	2.2 × 0.76–0.5 米	直肢	已朽	清代	B 型釉陶罐、C 型釉陶罐	
Ⅱ M18	长方形券顶砖室	单室墓	212°	2.9 × 1–0.9 米	直肢	已朽	明清	A 型釉陶罐、铁棺钉 11	夫妻合葬墓
Ⅱ M19	长方形竖穴土坑	A 型	220°	2.14 × 0.54–1.2 米	已朽	已朽	明清	A 型釉陶罐、C 型釉陶罐	
Ⅱ M20	长方形竖穴土坑	A 型	234°	2.08 × 0.7–1.2 米	已朽	已朽	明清	A 型釉陶罐 2	
Ⅱ M21	长方形竖穴土坑	A 型	214°	2.2 × 0.72–1.1 米	已朽	已朽	明清	无	
Ⅱ M22	长方形竖穴土坑	A 型	222°	2.1 × 0.66–0.9 米	已朽	已朽	明清	B 型釉陶罐	
Ⅱ M23	长方形竖穴土坑	A 型	230°	1.9 × 0.54–1 米	直肢	已朽	明清	无	
Ⅱ M24	长方形竖穴土坑	A 型	214°	2.4 × 0.6–0.6 米	直肢	已朽	明清	无	
Ⅱ M25	长方形竖穴土坑	A 型	230°	2 × 1–1 米	已朽	已朽	明清	无	
Ⅱ M26	长方形竖穴土坑	B 型	235°	2.4 × 0.88–0.5 米	直肢	已朽	清代	B 型釉陶罐 2	
Ⅱ M27	长方形竖穴土坑	B 型	224°	2 × 0.8–1 米	直肢	已朽	明清	A 型釉陶罐 2	
Ⅱ M28	长方形竖穴土坑	A 型	225°	1.9 × 0.6–0.4 米	直肢	已朽	明清	无	
Ⅱ M29	长方形竖穴土坑	A 型	236°	2 × 0.72–0.4 米	直肢	已朽	清代	A 型釉陶罐、C 型釉陶罐	
Ⅱ M30	长方形竖穴土坑	A 型	222°	2.2 × 0.8–0.7 米	直肢	已朽	明清	无	

续附表

墓号	墓室结构	类型	方向	尺寸（长 × 宽 – 深）	骨架、葬式	葬具	时代	随葬品	备注
Ⅱ M31	长方形竖穴土坑	B 型	225°	2.3 × 0.8–0.55 米	直肢	已朽	清代	釉陶双联罐	
Ⅱ M32	长方形券顶砖室	单室墓	226°	2.2 × 0.8–0.9 米	直肢	已朽	元代	A 型釉陶罐	
Ⅱ M33	长方形竖穴土坑	B 型	245°	2 × 0.68–0.9 米	直肢	已朽	明清	B 型釉陶罐 2	
Ⅱ M34	长方形竖穴土坑	B 型	230°	2 × 0.8–0.5 米	直肢	已朽	清代	A 型釉陶罐 2	
Ⅱ M35	长方形竖穴土坑	A 型	232°	2.8 × 0.64–0.3 米	直肢	已朽	清代	A 型釉陶罐、C 型釉陶罐	
Ⅱ M36	长方形竖穴土坑	B 型	225°	2.2 × 0.72–0.4 米	直肢	已朽	清代	A 型釉陶罐	
Ⅱ M37	长方形竖穴土坑	A 型	229°	1.9 × 0.68–0.2 米	直肢	已朽	清代	A 型釉陶罐、C 型釉陶罐	
Ⅱ M38	长方形竖穴土坑	A 型	229°	2.18 × 0.64–0.3 米	直肢	已朽	清代	无	
Ⅱ M39	长方形券顶砖室	单室墓	230°	2.5 × 1.04–1 米	直肢	已朽	元代	釉陶堆塑罐 2、陶杯 7、A 型青花瓷杯	有头龛
Ⅱ M40	长方形竖穴土坑	B 型	235°	2 × 0.72–0.8 米	直肢	已朽	明清	A 型釉陶罐	
Ⅱ M41	长方形竖穴土坑	A 型	239°	2.3 × 0.76–0.8 米	直肢	已朽	明清	A 型釉陶罐、C 型釉陶罐	
Ⅱ M42	长方形竖穴土坑	A 型	229°	2.08 × 0.8–0.9 米	直肢	已朽	明清	A 型釉陶罐、铜扣 6	
Ⅱ M43	长方形竖穴土坑	A 型	228°	2.3 × 0.88–0.9 米	直肢	已朽	明清	A 型釉陶罐、C 型釉陶罐	
Ⅱ M44	长方形竖穴土坑	B 型	222°	1.9 × 0.8–0.6 米	直肢	已朽	明清	A 型釉陶罐 2、玉镯	
Ⅱ M45	长方形竖穴土坑	A 型	218°	2 × 0.72–0.4 米	直肢	已朽	清代	无	
Ⅱ M46	长方形竖穴土坑	B 型	212°	2.06 × 0.64–0.9 米	直肢	已朽	明清	A 型釉陶罐 2	
Ⅱ M47	长方形竖穴土坑	A 型	224°	1.9 × 0.68–0.7 米	直肢	已朽	明清	A 型釉陶罐、C 型釉陶罐	
Ⅱ M48	长方形竖穴土坑	A 型	212°	2 × 0.6–0.7 米	直肢	已朽	明清	无	
Ⅱ M49	长方形竖穴土坑	A 型	220°	2.06 × 0.6–0.7 米	直肢	已朽	明清	无	
Ⅱ M50	长方形竖穴土坑	A 型	218°	1.84 × 0.68–0.9 米	直肢	已朽	明清	无	

续附表

墓号	墓室结构	类型	方向	尺寸（长 × 宽 – 深）	骨架、葬式	葬具	时代	随葬品	备注
Ⅱ M51	长方形竖穴土坑	A 型	218°	2.1 × 0.64–0.6 米	直肢	已朽	明清	A 型釉陶罐、C 型釉陶罐	
Ⅱ M52	长方形竖穴土坑	B 型	225°	2.04 × 0.68–0.6 米	直肢	已朽	明清	B 型釉陶罐	
Ⅱ M53	长方形竖穴土坑	A 型	237°	2.14 × 0.84–0.9 米	直肢	已朽	明代	A 型釉陶罐 2	
Ⅱ M54	长方形竖穴土坑	A 型	230°	2.34 × 0.82–0.3 米	直肢	已朽	清代	A 型釉陶罐	
Ⅱ M55	长方形竖穴土坑	A 型	230°	2 × 0.6–1 米	直肢	已朽	明清	C 型釉陶罐 2、陶杯 7	
Ⅱ M56	长方形竖穴土坑	A 型	230°	1.96 × 0.92–0.9 米	直肢	已朽	明清	B 型釉陶罐	
Ⅱ M57	长方形券顶砖室	双室合葬墓	318°	2.4 × 0.96–1.1 米	直肢	已朽	元代	B 型釉陶罐	与Ⅱ M59 为双室合葬墓
Ⅱ M58	长方形竖穴土坑	B 型	210°	2.1 × 0.64–1.2 米	直肢	已朽	明清	无	
Ⅱ M59	长方形券顶砖室	双室合葬墓	318°	2.36 × 0.84–0.9 米	直肢	已朽	元代	B 型釉陶罐	与Ⅱ M57 为双室合葬墓
Ⅱ M60	长方形券顶砖室	单室墓	226°	2.5 × 0.88–0.9 米	直肢	已朽	元代	A 型釉陶罐	
Ⅱ M61	长方形券顶砖室	单室墓	212°	2.4 × 0.94–1 米	直肢	已朽	元代	B 型釉陶罐	
Ⅱ M62	长方形券顶砖室	单室墓	220°	2.64 × 1.04–1 米	直肢	已朽	元代	釉陶堆塑罐、Ⅰ式釉陶盏、Ⅱ式釉陶盏	有头龛
Ⅱ M63	长方形券顶砖室	单室墓	236°	2.64 × 1–1 米	直肢	已朽	元代	釉陶盖罐、Ⅰ式釉陶盏	
Ⅱ M64	长方形竖穴砖室	二次葬	196°	0.92 × 0.56–0.5 米	二次葬	无	元代	无	
Ⅱ M65	长方形券顶砖室	单室墓	224°	2.5 × 1.04–1.1 米	已朽	已朽	元代	无	
Ⅱ M66	长方形券顶砖室	单室墓	224°	2.6 × 1.28–1.1 米	已朽	已朽	元代	无	
Ⅱ M67	长方形券顶砖室	单室墓	224°	2.6 × 0.96–1 米	直肢	已朽	元代	无	
Ⅱ M68	长方形券顶砖室	单室墓	224°	2.58 × 0.94–1 米	直肢	已朽	元代	A 型釉陶罐	

湖南永兴县平田清代冶铁遗址调查及相关问题研究

Survey of the Qing Dynasty Iron Mill Site at Pingtian in Yongxing County of Hunan Province and Research on Related Issues

郴州市考古研究和文物保护中心　罗胜强
湖南省文物考古研究院　莫林恒
中国科学院自然科学史研究所　周文丽
Luo Shengqiang, Chenzhou Municipal Center for Archaeological Research and Cultural Relics Conservation
Mo Linheng, Hunan Institute of Cultural Relics and Archaeology
Zhou Wenli, Institute for the History of Natural Sciences, CAS

内容提要：永兴县平田清代冶铁遗址面积约2万平方米，现存炼铁高炉1座。高炉炼铁是从铁矿石中将铁还原出来，铁矿石有赤铁矿和褐铁矿，其中褐铁矿需经过焙烧脱硫及杂质。高炉生产的产品是生铁，生铁分为炼钢生铁和铸造生铁两大类。此区域炼铁可追溯至战国中晚期，在耒阳、永兴交界区域可能存在两汉时期官府冶炼作坊遗址，采用中原的冶炼技术。炼铁活动以汉代和清代史料记载为主，清代多提到当地流行传承已久的鼎锅技艺，这样的工艺持续至今。

关键词：永兴县平田　清代　炼铁高炉

Abstract: With one existing iron-making blast furnace, the Qing dynasty iron mill site at Pingtian in Yongxing County covers an area of about twenty thousand square meters. Blast furnace ironmaking involves reducing iron from iron ore, which comes in the forms of hematite and limonite. Of these, limonite requires roasting to remove sulfur and impurities. The product of the blast furnace is pig iron, which is divided into two categories: steel-making pig iron and foundry pig iron. Ironmaking in this area can be traced back to the middle and late Warring States Period. Sites of official iron mills of the two Han dynasties with techniques from the Central Plains might still exist in the border area between Leiyang and Yongxing. Ironmaking activities are mainly found in Han and Qing historical records, the latter of which frequently mentions the cauldron technique popular in the local area and continuing all the way to the present.

Keywords: Pingtian in Yongxing County; the Qing dynasty; ironmaking blast furnace

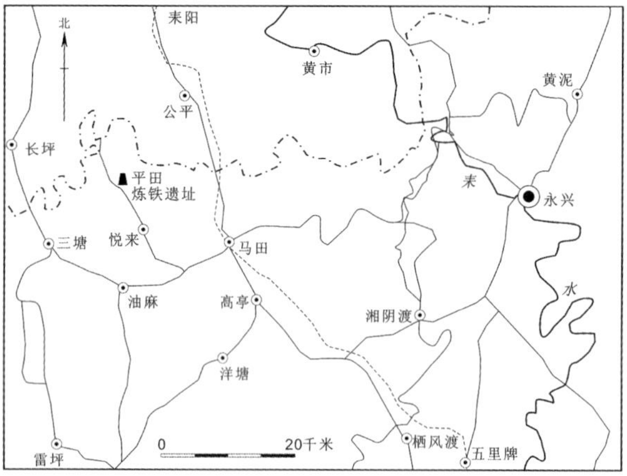

图一　平田冶炼遗址位置示意图

图二　采集的青花瓷片

2018年4月25日，湖南省文物考古研究所牵头，联合北京大学考古文博学院以及中国科学院自然科学史研究所、香港中文大学、郴州市文物处、永兴县文管所对永兴平田冶铁遗址展开调查（图一）。该遗址位于永兴县悦来镇平田村澄水组（11组）南侧，直线距镇政府5.9千米，临县道054线，面积约2万平方米，南北长200米，东西宽100米，三面环山，仅西面临水稻田地。遗址中现存生铁冶炼炉1座，仅剩北侧的半壁炉体，呈半圆形，在炉底位置种植着农作物。炼铁炉周边散布一些炉渣、青花瓷片、陶板瓦片、铁矿石等，尚未见到较大的炉渣堆积。遗址的年代初步推测为清代，依据以下三个方面的因素：首先，该遗址是在第三次文物普查中发现的，据平田村一位94岁的村民告知，从他记事起这个冶铁炉就是此种保存状况，因此冶炼炉年代不会晚于民国时期；其次，查找相关的资料，得知永兴境内清代炼铁较多，主要铸造生活用具和农具；再次，以采集的清代青花瓷片判断（图二）。

一　冶铁炉

冶炼炉是一座上面较小、下面渐大的圆筒形竖炉，现存炉顶到炉底高5米，炉底外径3.3米，炉容估算约7.5立方米。[1]炉壁使用黏土逐层夯筑，存在明显的分层，其中含有大量的岩石颗粒，粒度0.5～1.5厘米。高炉形状从上到下分为炉喉、炉身、炉腰、炉腹、炉缸五段，其外应该还有炉壳，它起着承受负荷、加固炉体、密封炉壁等作用。炉缸直径0.9米，高0.55米。此炉腰以上有黑色挂渣，以下炉壁略有侵蚀，露出炉壁材料。炉壁中间开裂一竖直的缝隙，西侧部分略有外倾（彩版二七，1～3）。

炉喉是高炉的最上部，炉料从此处加入炉中，而炉料在熔炼过程中依靠本身重量逐渐下降，使得铁矿石中的氧化铁逐渐被还原出来。炉身是高炉中最长的部分，其外形是上面小下面大的圆锥形。炉腰是在高炉的中部，呈圆筒形，是高炉直径最大的部分。炉腹是在炉缸上面，是下面小上面逐渐大的倒锥形，由于燃烧和炉料熔化后所占的体积会大大缩小，必须做成上大下小的形状，才能够支撑装在炉子里全部炉料的重量。炉缸是在高炉的最下面，呈圆筒形。铁矿石中的杂质熔化后，铁从铁矿石中分离出来，变成铁水，然后流入炉缸内。在炉缸的底部有一出铁口，平时用耐火泥堵住，防止铁水流出。在炉缸上部有一出渣口，铁矿石中的杂质、燃料与熔剂起作用以后，成为液体渣。又因铁重渣轻，渣浮在铁水的上面，所以出渣口要开在炉缸的上部及出铁口的上部。出铁时应该先弄开出渣口，让渣流出，再打开出铁口，让铁水沿着出铁口流入铸成铁块的砂槽内。在炉缸上部的四周还开有几个风口，炼铁时所需要的大量空气，是用鼓风机通过风管把空气吹入炉内，使得燃料剧烈燃烧产生高温。

民国湖南冶铁“为土法，其步骤分为焙砂、冶炼生铁及煅炼熟铁三项”[2]。其中冶炼生铁有高炉和甑炉两种，此次发现属于高炉（图三）。当时高炉记载：“外形为直立之四角柱体，高自十八尺至二丈二尺，四周砌以砖石，底部自十四尺至十五尺，顶部宽自十尺至十一尺，其内部形如胆形瓶，腹径自六尺至七尺，上口径自一尺八寸至二尺二寸，下口径则仅尺许，内部近火处，敷以白泥和砂制成之耐火土，外部敷以普通蜡泥，并装杉木条，使其坚固，近底之前右二部，留有半圆形之孔各一，外大内小，在前者出铁，在右者鼓风，炉之左侧或后侧，设有梯桥直达炉顶，为运送矿石及柴炭之用。”[3]

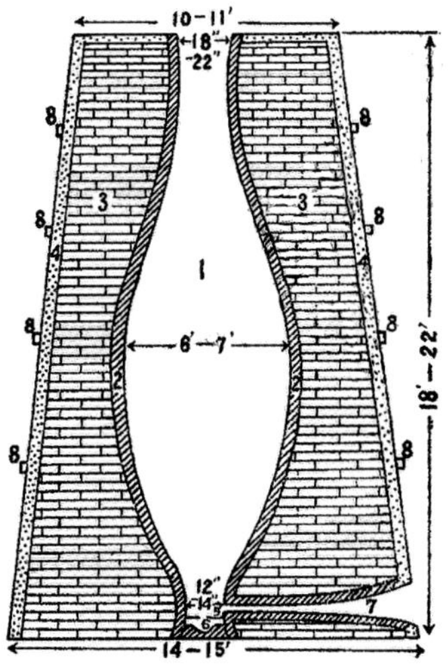

图三　民国湖南炼铁炉纵剖面示意图
1. 炉腹　2. 耐火土　3. 火砖　4. 腊泥　5. 盖板
6. 炉缸　7. 鼓风口　8. 横杉木栅

二　冶炼材料及原理

（一）冶炼材料

高炉炼铁的主要原料是铁矿石、溶剂和燃料，还有重要的鼓风设施。常见的铁矿石主要分为四大类：赤铁矿、磁铁矿、褐铁矿和菱铁矿。[4]为了保证高炉生产的连续性，需要有足够数量的原料供应。铁是日常生活中最常见的金属矿产之一，自然界的铁绝大多数是以铁的氧化物状态存在于矿石中。高炉炼铁是从铁矿石中将铁还原出来，并熔炼成液态生铁。

燃料主要是木炭和焦炭。虽然本区域蕴藏大量的煤炭，但必须经过处理后成为焦炭，才可当燃料。永兴探明无烟煤储量3.08亿吨[5]，占湖南省的10%，分布在樟树、柏林、金龟、碧塘、湘阴渡、油市、高亭、马田、复合及悦来、洋塘、三塘等区域。遗址周边储藏如此多的煤矿资源，而对遗址调查时未发现煤渣，因此可以确定当时未用煤当燃料。还有，古代炼铁难以直接用煤做燃料，“煤容易粉化，煤中的硫会进入铁中，造成热加工时钢的开裂”。[6]木炭是木材在缺氧条件下没完全燃烧，或者木材在隔绝空气的条件下热解而成的固体燃料。[7]炼铁消耗木炭的数量是惊人的，但这个区域有足够的木材可供应做成木炭。根据汉代冶铁的高炉物料平衡推算，每炼1吨铁需要7850千克木炭、1995千克矿石、30千克石灰石。[8]北京钢铁学院中国古代冶金编写组认为古代每炼1吨生铁，耗用木炭可能要4～5吨或更多些。[9]郑州古荥汉代冶铁遗址发现的冶铁燃料是一种活力很大而且质地坚硬的栎木炭。[10]陕西杨凌汉代铸铁遗址冶铁燃料以栎木为主[11]，其次是桦木科的鹅耳枥属。四川蒲江铁牛村冶铁遗址出土的木炭，经鉴定包括黄桐、乌桕和苦槠。[12] 河南望城岗冶铁遗址冶铁用的燃料是壳斗科的栎木[13]，其中槲栎组占比较高，麻栎组次之。永兴、耒阳地处中亚热带常绿阔叶林区，非常适合植物生长，山地上多有可加工成木炭的栎木类植物。但在冶炼活动盛行的情况下，周边区域还是难以供给大量的木炭，“至烧炉必须木炭，附近二三十里之内，昔有深林密菁，均被厂徒买树烧炭，林菁一空”[14]，导致木炭价格高昂。

熔剂主要是石灰石，按照一定比例与矿石进行配比成为原料，利用它和矿石中的废石发生作用，使铁矿石中废石很快熔化，铁和杂质分离，生成一种重量轻的渣，漂浮在铁水面上。石灰石在耒阳、永兴分布广泛，但在《湖南铁矿志》中未见使用此类熔剂的记载。耐火材料用来砌炉子，在高炉内铁和废石最后都要被熔化成像水一样，炉内的温度一般在1400°以上，这就要求砌炉子的材料能耐高温，还要能抵抗铁水、渣等对它的腐蚀。鼓风机是高炉炼铁过程中不可缺少的东西，“扇炉风箱必用四人、六人带拽”[15]，将大量的风鼓吹进铁炉内。

（二）冶炼原理

本区域矿石为赤铁矿和褐铁矿，其中褐铁矿需经过焙烧脱硫及杂质，“矿石入高炉或甑炉以前，有需焙烧者，则入焙炉以焙烧之，其法先将白炭平铺炉底，厚约一尺，上铺棍柴一层，更上复铺稻草一层，以防细微铁砂向下坠落，盖铁砂即平铺于其上也。铁砂平铺厚度通常六七寸，大炉计重约三千五百斤，小炉约一千七百余斤，铁砂之上再铺白炭，如此循环，相互递铺，至九层铁砂为止，计每炉一次，大者可焙砂三万斤，小者一万五千斤。焙炉装好之后，于炉之缺口底部发火，引燃炉底之白炭，待其火焰上升，再逐次引燃各层间之柴炭，以焙烧各层间之铁砂，自发火后，大炉约十二日至十四日，小炉六七日而火熄，铁砂乃告焙成”[16]。而在焙烧过程中得有经验工匠把关，不然会出现“用炭过多，火力过强，铁砂每易熔结成块，坚不可破”，最终只能抛弃而不能用之于冶炼。

炼铁的主要任务是把铁从铁的氧化物中分离出来，这个过程在化学上叫还原过程。从炉顶装入焙砂（焙烧的铁矿石）、燃料（木炭）、溶剂（石灰石），“其法由炉之上口，先将未经烧透之杉木炭铺于炉底，次将捶成小块之焙砂铺于其上，复次再铺杉木炭及焙砂，如此相互递铺（间加石灰岩以助容），至满炉顶为止”。[17]

从高炉下部的风口处鼓入风，燃料中的碳素（还原少量碳氢化合物）在风中发生燃烧反应，产生具有很高温度的还原性气体（CO、H_2）。[18] 炽热的气体在上升过程中将下降的炉料加热，并与矿石发生还原反应，高温气流中的CO、H_2和矿石中的氧起作用，将铁还原出来。“迨十余小时，铁即熔融下沉，复于其上叠加木炭及焙砂，每一日夜，大约可加四十次，乃至五十次。”[19] 还原出来的海绵铁进一步熔化和渗碳，最后形成生铁，产铁量在两千多斤。铁水下降至炉缸内，固定时期从出铁口放出，如《天工开物》中的炼铁炉产生生铁，再经过炒钢炉成为炼钢生铁（图四）[20]。矿石中脉石变成炉渣浮在液态的铁面上，从渣口排出。炉渣刚出炉，用冷水冲淋，使炉渣变成疏松易碎的粉粒。在遗址中未发现大块的炉渣，应该是经此处理后，村民将碎颗粒炉渣运到其他地方铺路或另做他用。

（三）铁矿分布

永兴和耒阳铁矿分布区域主要在遗址

图四 《天工开物》炼铁炉

图五 垦土拾锭和淘洗铁砂

这一带的三塘、油麻、马田、碧塘、黄市、公平等地，为找寻汉桂阳郡炼铁遗址提供了线索。铁矿石在自然界中分布较广，与铜、铅、锡等矿分布不同，“凡铁场所在有之，其质浅浮土面，不生深穴。繁生平阳岗埠，不生峻岭高山”[21]。当地属低矮山脉，容易采矿，类似《天工开物》捡拾的方式，“石灰岩外表常有不甚厚之红土散布，在此红土中，常含有经风化而破碎成块之铁矿石，或铁质卵石，当地居民于闲暇之时，随地掘拾”[22]。铁矿石是以含铁矿物为主的矿石，其中赤铁矿在自然界储藏量最多，呈红色，赤铁矿含铁量一般为50%~60%，有害杂质硫和磷的含量比较少，还原性较磁铁矿好，所以赤铁矿是比较优良的炼铁原料。[23]

永兴境内铁矿资源分布较多，“随处皆有此矿”[24]。在民国时期调查铁矿“有油麻墟及马田墟西五里之兴旺岭等处。”[25]该境内铁矿有附生于煤层底板的菱铁矿，有分布于三塘乡竹溪坳的赤铁矿，有分布于塘门口镇毛坪、萝卜岭、碧塘乡龙王岭、城郊乡黄竹岭、观音岩、大铁山等处的褐铁矿，预测储量为873.1万吨，矿石含铁30%~58.1%，含硫0.032%~0.63%，含磷0.014%~0.6%，特别是油麻墟锰赤铁矿中，含铁75%以上。[26]1931年，油麻办有长春茂铁厂，村民采铁矿送厂冶炼。1958年，在碧塘开办铁厂，有土炼铁炉80余座。[27]在调查遗址时，1970年出生的村主任欧昭辉介绍，村后山原来还有很多采铁矿形成的大坑，矿石属于锰铁矿石。

耒阳铁矿“有上堡、公坪、界牌、小水铺及铁矿厂凹等处”[28]，小型矿床7处，矿点6处，主要有上堡铁矿、清平圩—竹溪坳铁矿、小水铺铁矿。[29]上堡铁矿位于黄市镇的万人坑、余家山、野牛塘、鼎峰坳、牛池塘、新沟里等处，矿体分为赤铁矿型、褐铁矿型两大类，矿石含铁最高66.7%，平均49.86%。民国地质矿产调查记载：“铁矿分布多限于耒水南岸，凡沿花岗岩与石灰岩接触处，悉有不连续之铁矿露头可见，又本地山岭重叠，坡谷颇多，凡接触带之坡谷中，皆有经风化而破碎之赤铁矿碎块散布，其接触带隔离之坡谷中，如水牛冲等处，则毫无铁块可见；接触带之铁矿露头，西起麻石冲，次沿小田冲、观音山、母子窝、野牛塘，以至肖家冲，零星出露，各处所露出之面积均小，大都不过数平方公尺耳。”[30]既然容易获得大量风化的铁矿石，或许可以省略《天工开物》中记载的淘洗铁砂的步骤（图五）[31]。清平圩—竹溪坳铁矿位于耒阳市长坪乡、石枧乡与永兴交界地区，长达20公里，由16个断续的小矿体组成，厚度一般0.4～1.5米，由赤铁矿、石英、绿泥石、碳酸盐类及少量的硫化物等矿组成，含铁一般为25%～30%。小水铺铁矿位于小水镇胡家冲至枫树下一带，以褐铁矿为主，厚度0.68～3.8米。

此外，与郴州临近的粤北地区也蕴藏着较为丰富的铁矿资源。在阳山、英德、清远、乐昌、曲江等地都发现有宋至明清炼铁遗址，多数为宋代时期。韶州府曲江、翁源、乳源、英德都有炼铁的铁炉，“今唯曲江灵溪炉尚存。凡产铁之山，见黄水渗流则知有铁，掘之得大铁草一枝，其状若牛，则铁牛也，循其脉路深入掘之，斯得多铁矣”[32]。阳山是粤北重要冶铁之地，将大量铁原料运至佛山铸造铁锅。明代初年全国置铁冶所13所，广东仅有阳山1所，其在洪武元年（1368）炼铁1896641斤，占全国10.3%，洪武七年（1374）炼铁700000斤，占全国7.7%。[33]

四 遗址与汉桂阳郡冶铁作坊

西汉文帝时在长沙郡南边置桂阳郡，管辖今湖南南部部分地区。《水经注》云：“郴旧县也，桂阳郡治也。”[34]汉武帝统一岭南后，桂阳郡领辖区域为11县，即郴（今湖南郴州市）、南平（今湖南蓝山县）、耒阳（今湖南耒阳市）、临武（今湖南临武县）、便（今湖南永兴县）、阴山（今湖南攸县）、桂阳（今广东连州）、含洭（今广东英德市英西地区）、浈阳（今广东英德）、曲江（今广东韶关）、阳山（今广东清远）。因此，耒阳、永兴及粤北阳山、英德、韶关等地铁矿资源皆在桂阳郡管辖的范围内。

史料记载：“桂阳郡，高帝置……有金官”[35]，说明当时郴州开采矿产的活动已经得到中央的认可。有学者认为是兼管多种矿产采铸的“金官”。[36]在设置金官前，该区域已有一定规模的冶炼和铸造活动。迄今为止，汉桂阳郡墓葬出土较多的铁器，有农业用具、生产工具、兵器等。《后汉书》载：“耒阳有铁。”[37]耒阳在当时属于桂阳郡管辖，明确为铁官以及铁矿出产的地方，史料对此有详细的记载：“又耒阳县出铁石，佗郡民庶常依因聚会，私为冶铸，遂招来亡命，多致奸盗。飒乃上起铁官，罢斥私铸，岁所增入五百余万。”[38]郴州还有汉时期长江中游唯一的一处官家冶炼场所。这两则材料都足以说明当时耒阳一带有铁矿，且铁矿的开采和冶铸规模比较大，郡守卫飒正是看到耒阳地区私铸铁器收益庞大才收回铸铁权。周边汉墓出土较多的铁器[39]，很有可能是从耒阳通过耒水运输到各个区域的。资兴发掘的256座西汉墓葬中随葬427件铁器，而在同一个区域发掘的107座东汉墓葬中出土428件铁器。郴州市区发掘的310多座两汉墓葬随葬111件铁器，与资兴汉墓出土铁器形成鲜明的对比。衡阳凤凰山100座西汉墓仅随葬69件铁器，而在茶山坳14座东汉墓仅出土8件铁器。郴州和衡阳出土的金属器物相比，数量差异如此之大，据此可证明金官和铁官推动该区域普遍使用金属器。

汉桂阳郡设置金官和铁官与本区域丰富的矿产资源有关，还与战国时期奠定的冶炼基础有关。春秋时期是我国铁器初步发展时期。到战国时期，青铜器依然是随葬的主要器物，但铁器数量在快速增加。铁器成为这个时期生产力发展的重要标志，使人类历史产生了划时代的进步。楚国的生铁工业略领先于中原地区。楚悼王时期吞并百越地区，设置洞庭和苍梧二郡，此时苍梧郡控制着湘江流域的广大区域。该区域长沙和益阳地区大量的铁器出现，存在较大规模的铁器生产作坊[40]，或有个完善的铁器供应体系。郴州（资兴）共发掘战国墓近 400 座，市区内有 310 座，除铜鼎铁足、铜镞铁杆外出土 44 件铁器，铁器与墓葬数百分比为 14%。资兴旧市 80 座[41]，出土 32 件铁器，铁器与墓葬数百分比高达 40%。与长沙、益阳、常德、怀化等地比较，此时郴州出土铁器数量最多，足以证明战国时期已开始冶铁活动。

《管子》记载："今铁官之数曰：一女必有一针一刀，若其事立。耕者必有一耒一耜一铫，若其事立。行服连。轺。辇者，必有一斤一锯一锥一凿，若其事立。不尔而成事者，天下无有。"[42]这就说明了铁器在生产中的重要性。《盐铁论・水旱》同样记载了铁器的重要性："铁器，民之大用也。器用便利，则用力少而得作多，农夫乐事劝功。用不具，则田畴荒，谷不殖，用力鲜，功自半。器便与不便，其功相什而倍也。"[43]更有直接证据证明汉桂阳郡冶铁的重要性，据《史记》载："高后时，有司请禁南越关市铁器。佗曰：'高帝立我，通使物，今高后听谗臣，别异蛮夷，隔绝器物，此必长沙王计也，欲倚中国，击灭南越而并王之，自为功也。'于是佗乃自尊号为南越武帝，发兵攻长沙边邑，败数县而去焉。"[44]由此可以看出西汉初年，吕后想要通过禁止向南越地区输出铁器的办法，以达到迫使南越屈服的目的，这也证明了西汉时期铁器对于人们生产生活的重要性。

五　结语

生铁冶炼技术是我国古代一项重要的发明创造，出现于公元前 8—前 7 世纪，而西方直到公元 14 世纪才开始生产生铁并铸造铁器。春秋战国时期，以中原为中心的生铁冶铸技术，逐渐向南方地区扩散传

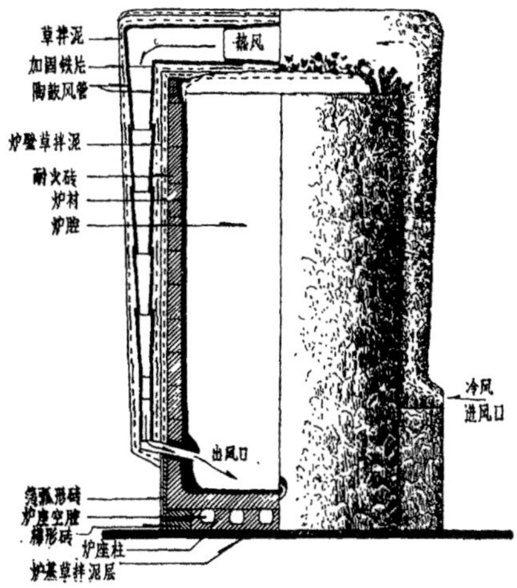

图六　南阳北关瓦房庄汉代炼铁炉

播[45]，促进了南方地区经济和文化的发展。通过考古、科技检测、史料得知，此区域炼铁可追溯至战国中晚期，而两汉时期明确设置官府冶铁机构。郴州作为岭南和岭北连接的交通要道之一，战国和两汉墓葬中都出土大量的铁器，明显多于周边区域，呈现一个区域性的冶铁中心。在目前调查资料中，虽然没有发现汉代炼铁遗址，但经上述推断，表明耒阳、永兴交界区域可能存在冶铁遗址，且冶炼炉可能为高炉，当时汉代比较盛行南阳北关瓦房庄式样炉体（图六）。[46]东汉初期桂阳郡太守卫飒、茨充都来自炼铁盛行的中原，甚至茨充本人就生活在炼铁活动密集的南阳，很有可能将中原炼铁技术带到这个区域。检测分析还进一步佐证，郴州汉代铁器中的大多数工具都是使用铸铁、可锻铸铁和细铁的固态脱碳制成的，可能已经完全采用了中原地区发展的技术。[47]汉代以后，本区域的炼铁活动记载较少，直至明代才有"铁，本州及宜章、永兴、桂阳县出"[48]，说明炼铁活动未得到官府认可，还有炼铁规模可能远远低于湖南其他县。明代以后，北方逐渐采用坩埚炉冶炼生铁，而南方仍然沿用竖炉，"多傍山穴为之，或用巨木匡围，

塑造盐泥，穷月之力不容造次”[49]，该遗址为研究明清时期南方冶铁技术提供了珍贵的实物资料。

清末史料记载此地“全年产铁约一万石（120万斤），可炼成生铁五千石（60万斤）”[50]，主要铸造的生活器具鼎锅，也是清末至今当地的特色产业。《永兴乡土志》对此记载：“铸锅，一都马田刘姓开厂于泰来墟，亦系家传。逐年所铸，锅甚多，其盖则铸自湘潭，闻从前有讼案判结”，故有“马田鼎锅湘潭盖”。[51]马田刘姓在明代从他处迁移至此，受本地传统冶炼技术的影响，家族成员参与铸造鼎锅的技术活动，后成为家族产业。炼铁主要为了制作农具、生活用具等，不过生产活动时常被清政府禁止，但在史料中未见有关永兴或耒阳的记载，甚至官府对较偏远的兴宁（今资兴）、桂阳（今汝城）加强管理，只能说明代永兴炼铁活动微不足道。民国时期，该区域成为产铁重要的地区，耒阳生铁供应邻近的马田，经水路运输到衡阳、湘潭、长沙、汉口等地，仅1949年马田鼎锅年产量达12000只。[52]在马田及周边区域存在众多的制作鼎锅的作坊，“马田墟有住户三百余家，大多为刘姓，杂姓仅数十户，营鼎镬业者，历属刘姓，现在计有三十余家，其中仅其血亲邝李二姓各有学徒数名而已，此种技业代代相传，迄今计近二百年。在上堡一带之铁矿，未经采炼时，即收集公平墟及梧桥铺附近生板，以供铸制，此业相传既久，技术日精，他处铸造每不可能，如去岁有人以就近采用生板之故，尝于黄泥江市上试制鼎镬，终以技拙失败，马田墟鼎镬之名，著闻既久，故湘南各县及粤桂两省，均为售销之地，……届时常有多数贩商，承贩推销，惟各号鼎镬，皆不附盖，盖由湘潭专造，须另向湘潭购备，此种分作制度，相传已久”[53]。与马田相邻的耒阳一地亦多有铸造锅的作坊，“在耒阳境内，沿耒水河岸各市镇，如新市街、大陂市、灶头街、淝江、清水铺、黄泥江、大河滩等处，均有锅厂，以前铸锅原料，多用生板。现则趋用旧锅铁，即参用生板者，亦属少见，因旧锅铁价值较廉价，需炭亦较少也”[54]。

［附记：本文系湖南省哲学社会科学基金项目“湖南古代矿冶遗址的调查和研究”（项目编号：21YBA277）阶段性研究成果。在调查过程中，得到中国科学院自然科学史研究所黄兴研究员的指导，在此感谢！］

注释：

[1] 黄兴、潜伟：《中国古代冶铁竖炉炉型研究》，科学出版社，2022年，第122页。

[2] 王晓青、田奇瑰、刘祖彝：《湖南铁矿志》，湖南建设厅地质调查研究所印行，1934年，第4～6页。

[3] 同[2]。

[4] 任贵义主编：《炼铁学》，冶金工业出版社，1996年，第12页。

[5] 永兴县志编纂委会编：《永兴县志》，中国城市出版社，1994年，第73页。

[6] 北京科技大学冶金与材料史研究所、阳城县科技咨询服务中心：《炼铁记——古代冶铁竖炉复原与模拟试验》，冶金工业出版社，2016年，第27页。

[7] 王树芝：《考古遗址木材分析简史》，《南方文物》2011年第1期。

[8] 薛毅：《中国古代炼铜冶铁制陶燃料初探——以先秦秦汉时期的煤炭为例》，《湖北理工学院学报（人文社会科学版）》2012年第6期。

[9] 北京钢铁学院《中国古代冶金》编写组：《中国古代冶金》，文物出版社，1978年，第61～62页。

[10] 郑州市博物馆：《郑州古荥镇汉代冶铁遗址发掘简报》，《文物》1978年第2期。

[11] 陕西省考古研究院：《郃城铸铁——陕西杨凌汉代铸铁遗址发掘与研究》，上海古籍出版社，2018年，第490页。

[12] 陈建立：《中国古代金属冶铸文明新探》，科学出版社，2014年，第279页。

[13] 王树芝、孙凯、焦延静：《鲁山望城岗冶铁遗址出土燃料鉴定与研究》，《华夏考古》2021年第1期。

[14] [清] 朱偓、陈昭谋修纂:《(嘉庆) 郴州总志》卷十九《矿厂志》，岳麓书社，2010 年，第 375 页。

[15] [明] 宋应星著，潘吉星译注:《天工开物译注》，上海古籍出版社，2013 年，第 112 页。

[16] 同 [2]。

[17] 同 [2]。

[18] 同 [4]，第 3 页。

[19] 同 [2]。

[20] 同 [15]，第 111 ~ 113 页。

[21] 同 [15]，第 111 页。

[22] 同 [2]，第 93 页。

[23] 同 [4]。

[24] [清] 刘朝昆修，刘允嘉等纂:《永兴乡土志》卷二《物产》，湖南省图书馆馆藏光绪三十二年(1906) 刻本，第 52 ~ 53 页。

[25] 同 [2]，第 2 页。

[26] 同 [5]。

[27] 同 [5]，第 379 页。

[28] 同 [2]，第 2 页。

[29] 耒阳市志编委会编:《耒阳市志》，中国社会出版社，1993 年，第 114 页。

[30] 同 [2]，第 58 页。

[31] 同 [15]。

[32] [清] 单兴诗等纂，林述信等修:《(同治) 韶州府志》卷十一《舆地略 · 物产》，成文出版社，1966 年，第 231 页。

[33] 黄启臣:《十四—十七世纪中国钢铁生产史》，中州古籍出版社，1989 年，第 11 页。

[34] [北魏] 郦道元著，陈桥驿校证:《水经注校证》卷三十九，中华书局，2007 年，第 915 页。

[35] [汉] 班固撰:《汉书》卷二十八上《地理志》，中华书局，1962 年，第 1594 页。

[36] 王福昌:《西汉桂阳郡“金官”考辨》，《中国历史地理论丛》1999 年第 3 期。

[37] [南朝宋] 范晔撰:《后汉书》志第二十二《郡国志》，中华书局，1965 年，第 3483 页。

[38] [南朝宋] 范晔撰:《后汉书》卷七十六《循吏列传》，中华书局，1965 年，第 2459 页。

[39] 罗胜强:《湖南郴州古代矿业文化探析》，《湖南省博物馆馆刊》第九辑，岳麓书社，2013 年，第 583 ~ 591 页。

[40] 林永昌、陈建立:《东周时期铁器技术与工业的地域性差异》，《南方文物》2017 年第 3 期。

[41] 湖南省博物馆:《湖南资兴旧市战国墓》，《考古学报》1983 年第 1 期。

[42] 黎翔凤撰，梁运华整理:《管子校注》卷二十二《海王》，中华书局，2004 年，第 1255 ~ 1256 页。

[43] [汉] 桓宽著，王利器校注:《盐铁论校注 (增订本)》卷六《水旱》，天津古籍出版社，1983 年，第 437 页。

[44] [汉] 司马迁:《史记》卷一百一十三《南越列传》，中华书局，1959 年，第 2969 页。

[45] 陈建立:《中国古代金属冶铸文明新探》，科学出版社，2014 年，第 347 页。

[46] 河南省博物馆、石景山钢铁公司炼铁厂、《中国冶金史》编写组:《河南汉代冶铁技术初探》，《考古学报》1978 年第 1 期。

[47] Wengcheong Lam, Shengqiang Luo, Linheng Mo, Jianli Chen. *Regional Characteristics of Iron Manufacturing Techniques and the Related Issue of the Supply System on Han's Southern Frontiers: a Metallurgical Study of Iron Implements from Chenzhou, Hunan*. Journal of Archaeological Science: Reports53 (2024) 104274.

[48] [明] 李贤等撰:《大明一统志》卷六六“郴州”，三秦出版社，1990 年，第 658 页。

[49] 同 [24]。

[50] 曾赛丰、曹有鹏编:《湖南民国经济史料选刊 (三)》，湖南人民出版社，2009 年，第 252 页。

[51] 同 [15]。

[52] 同 [5]，第 379 页。

[53] 同 [2]，第 63 ~ 64 页。

[54] 同 [2]，第 63 ~ 64 页。

沮苍考

Investigating *Ju* and *Cang*

中国社会科学院考古研究所　冯　时

Feng Shi, Institute of Archaeology, Chinese Academy of Social Sciences

内容提要： 文字的创造本在于服务于人神沟通的需要，故文字的创造显为原始宗教的产物。这一事实通过考古学研究和文献学考索已经看得非常清楚，而古圣名号反映其功业的思想传统也必然于造字先圣的名号方面有所体现。中国文字夷夏两源的事实意味着造字的先圣必有两位，即见于《世本》记载的沮诵和苍颉，沮诵即为祝融。本文认为，两位先圣的名号与其宗教职司密切相关，其本义不仅体现了先圣造字实出于与神明沟通的宗教追求，而且也反映了从口诵通神到以文字通神的重要历史转变。对二圣名号的考证，无疑将使对原始文字宗教性的认识得到强化。

关键词： 文字　宗教　夷夏　沮诵　祝融　苍颉

Abstract: The creation of written language was originally intended to serve the needs of human-divine communication, so the creation of written language is clearly a product of primitive religion. This fact has been seen very clearly through archaeological research and documentary studies. The traditional idea that ancient sages' titles reflect their achievements must also have been reflected in the names of the creators of written language. The fact that Chinese written language has two sources, one from the *Yi* and one from the *Xia*, means that there must have been two creators of written language, namely Ju Song (Zhu Rong) and Cang Jie as recorded in *Shi Ben*. This paper believes that the names of these two sages are closely related to their religious duties, and their original meanings not only reflect the sages' religious pursuit of communicating with the divine through creating characters, but also reflect the important historical transition from oral recitation to communicating with the divine through characters. The study of the names of these two sages will undoubtedly strengthen our understanding of the religious nature of early characters.

Keywords: written language; religion; *Yi* and *Xia*; Ju Song; Zhu Rong; Cang Jie

本文所考之“沮苍”，为史传始创文字的沮诵与苍颉二圣。宋米芾《书史》云：“张彦远志在多闻，上列沮苍，按史发论。”知古人或以二圣并称为“沮苍”。

古人创造文字的目的本是为了借助这一手段实现人与神明的沟通。[1]语言的交流是最早形成的人神沟通方式，能够完成人神的交流，但仅凭这种交流将很难确认交流双方的真实思想。换句话说，人神交流的诚意与可信性在没有文字的时代是难以证实的，这意味着先贤必须发明一种人神共知的符号体系，以强固这种交流的诚信基础。这种符号体系的创造，对于神灵而言是不教而识的，这就是象形文字。

中国文字起源的两源事实已非常清楚。考古学证据显示，汉字一统的局面是随着夏王朝的建立最终形成的，而新石器时代出现的文字遗存则以太行山为界，呈现出东夷西夏两域的不同，这种夷夏文字的不同与目前考古学文化所显示的太行山东西两域的文化差异完全一致。[2]毫无疑问，这种不同地域所具有的不同文化实际为傅斯年早年提出的夷夏东西说奠定了基础[3]，而现今发现的早期夷夏文字为这一理论提供了直接证据。

中国文字非止一源的事实意味着其创造者自然非止一圣，关于这一问题，传世文献早有记载。人们通常所说的苍颉造字其实只保留了后人对于文字创造活动一半的记忆。《广韵·鱼韵》引《世本》云：

沮诵、苍颉作书。

很明显，古人认为沮诵和苍颉二圣共同创造了文字，甚至沮诵创造文字的工作似乎还比苍颉更早。如果苍颉可以作为夏文字的创造者的话，那么沮诵就应是夷文字的创造者。目前的考古材料显示，夷文字的历史已可追溯到距今八千年前，但先夏文字则相对迟晚[4]，这与文献所记沮诵先于苍颉造字的次序正相吻合。

如果原始文字的作用是用于通神，那么文字的创造就一定与负责祭祀通神的祝史有关。唐兰先生以为沮诵即为祝融[5]。史载祝融为高辛氏的火正，官为祝史，而苍颉则为黄帝的史官，故文字实由史官所创。其实通过对创造文字的沮诵与苍颉名号的分析，可以为文字产生于原始宗教的事实提供佐证。

上古圣贤名号的意义皆在明其德功。《史记·五帝本纪》：“自黄帝至舜、禹，皆同姓而异其国号，以章明德。”《白虎通义·号》：“号者，功之表也。所以表功明德，号令臣下者也。”《潜夫论·志氏姓》：“昔者圣王观象于乾坤，考度于神明，探命历之去就，省群臣之德业，而赐姓命氏，因彰德功。”故古之圣贤名号必有其义，非随意杂凑之作。而造字二圣之名号，自也应体现着其为通神需要而创造文字的意义。

一　沮诵名号考

沮诵其人，清人段玉裁以为当与苍颉一样，同为黄帝史官[6]，未可信据。唐兰以为祝融，其见精辟。东汉武梁祠石刻画像之祝融，题榜则作“祝诵氏”（图一）[7]，可证沮诵即谓祝融。而融氏遗存今已发现于山东青州苏埠屯[8]，地在东方，可以视为东方夷文化之遗绪。事实上，文献有关祝融和苍颉两位圣贤造字的记载，反映的正是文字起源于夷夏东西的事实。山东邹平丁公龙山文化晚期遗址出土十一字陶文[9]，其文字体系非属汉字，而属古夷（彝）文字[10]，即是对这一史实的确切证明。

沮诵之名，其核心意义在于“诵”，也就是据口祝诵。《说文·言部》：“诵，讽也。”《论语·子路》：“诵诗三百。”皇侃疏：“不用文，背文而念曰诵。亦曰口读曰诵。”“诵”即讽诵，或谓以口诵读，且诵是

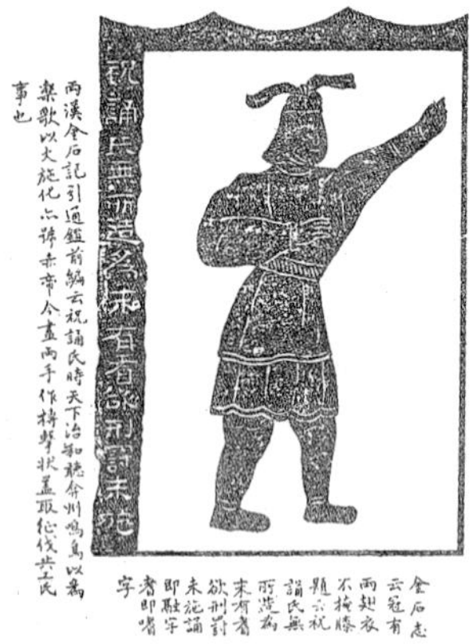

图一　山东嘉祥武氏祠东汉祝融石刻画像

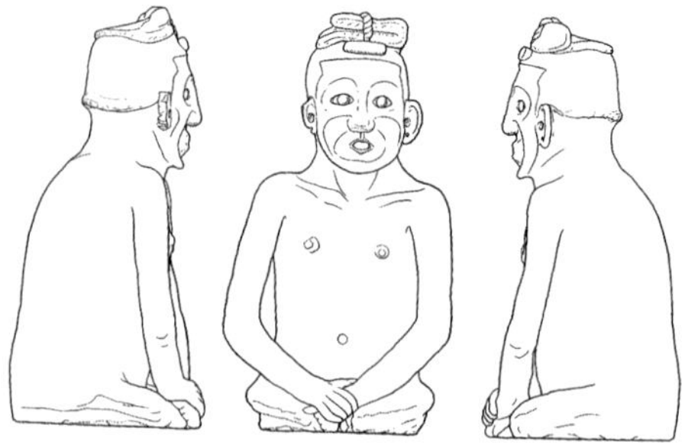

图二　红山文化女祝陶像

图三　商代刻有“祝”字的卜辞拓本
1.《合集》20582
2.《合集》5650

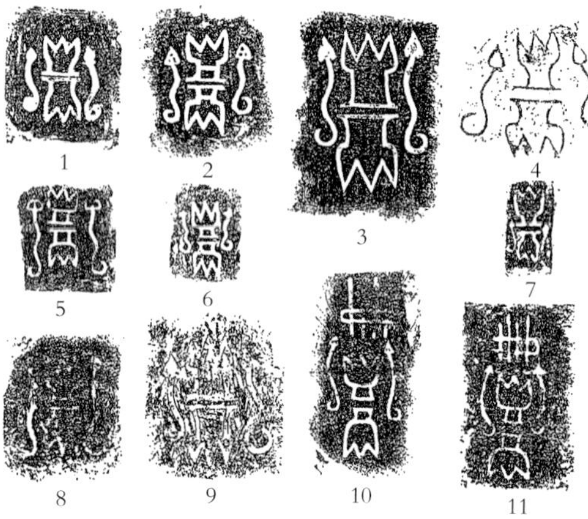

图四　苏埠屯商代墓葬出土融氏铭文拓本
1. 尊（M8 ： 8） 2. 卣（M8 ： 11）
3. 簋（M8 ： 12） 4. 爵（M8 ： 2）
5. 罍（M8 ： 10） 6. 觯（M8 ： 9）
7. 爵（M8 ： 6） 8.I 式方鼎（M8 ： 13）
9. 觚（M8 ： 3） 10.II 式圆鼎（M8 ： 17）
11.II 式方鼎（M8 ： 15）

背文而口诵，可知诵与以文字的表达方式完全不同。

古代祝官以口诵为职。今见红山文化陶塑女祝像（图二）[11]，即以张口呼叫为其职事特征。[12] 商代甲骨文所见男祝、女祝之“祝”字（图三），同以独大其口为特征。凡此都显示了祝官长于口诵祝祈的职事特点。而沮诵以诵为职，实为祝官，其即祝融，身份正合。武梁祠之祝融题榜明言“祝诵”，正见祝官之本职。而融氏或名“册融”（图四，10、11）[13]，以册为史官之氏 [14]，正与祝融为祝史之官相符。

沮诵之“沮”本有止义。《诗·小雅·巧言》：“乱庶遄沮。”毛传：“沮，止也。”《墨子·尚同中》：“而刑罚不足以沮暴。”《素问·生气通天论》：“筋脉沮驰。”张志聪集注：“沮，遏抑也。”止此则或兴彼，故“沮”亦有兴事之义。《太玄·玄散》：“九事，一为规模，二为方沮。”范望注：“沮，将也，将有事而自止也。”故推究“沮诵”之义，当言止诵，或谓将有事而自止其诵，而将兴之事或即创制文字。盖先贤逐渐认识到，仅凭口诵呼号尚不足以真正通神，难以赢得神明的信任，故止其祝诵而兴创文字。显然，止诵所强调的乃是通神方式的变革，即由以口祝诵改为以文字通神。事实上，正如文字的出现晚于语言一样，大兴祝诵的时代一定是在文字的创造之前。因此，止诵的变革也就意味着文字创造活动的开始，故沮诵之名所体现的意义就暗示了简单祝祷向祝诵与文字相结合的通神方式的关键转变，或者可以认为，沮诵其实就是最早创造文字的先圣。

沮诵所强调的意义是止诵，这一点通

过对沮诵与阏伯密切关系的研究得到证明。沮诵为祝融，而祝融作为主火之神，也就是重黎。《国语·楚语下》：“颛顼受之，乃命南正重司天以属神，命火正黎司地以属民，使复旧常，无相侵渎，是谓绝地天通。”韦昭注：“唐尚书云：‘火，当为北。’北，阴位也。《周礼》，则司徒掌土地民人者也。”重黎为火正，亦兼土事。郑玄《月令注》：“后土亦颛顼氏之子，曰黎，兼为土官。”盖因黎并司天上与人间之火，故以土以火主生万物，而所司之天火显即龙星心宿之大火星，此为决定农时之标准星象，亦即《周易·大有·象》“火在天上，大有”所表达的意义。不仅如此，祝融作为高辛氏火正，或名阏伯。《山海经·大荒西经》：“老童生祝融。”郭璞注：“即重黎，高辛氏火正，号曰祝融也。”《左传·昭公二十九年》：“火正曰祝融。……颛顼氏有子曰犁，为祝融。”杜预集解：“犁为火正。”“黎”“犁”当读为“吏”[15]，为帝之吏，即见其职。然据《左传·昭公元年》：“昔高辛氏有二子，伯曰阏伯，季曰实沈，居于旷林，不相能也，日寻干戈，以相征讨。后帝不臧，迁阏伯于商丘，主辰，商人是因，故辰为商星。迁实沈于大夏，主参，唐人是因，以服事夏商。”杜预集解：“后帝，尧也。”《左传·襄公九年》同记其事云：“陶唐氏之火正阏伯居商丘，祀大火，而火纪时焉。相土因之，故商主大火。商人阅其祸败之衅，必始于火，是以日知其有天道也。”杜预集解：“陶唐，尧有天下号。阏伯，高辛氏之子。传曰迁阏伯于商丘，主辰，辰，大火也。”则知阏伯因主大火星而为帝之火正，其与祝融实为一神。故知沮诵又名阏伯，而“沮”“阏”二字音义俱同。《说文·门部》：“阏，遮拥也。从门，於声。”段玉裁注：“遮者，遏也。拥者，褎也。古书壅遏字多作拥阏。如许所

图五　商代融氏铭文拓本（爵，《集成》8567）

说则同义异字也。”《吕氏春秋·古乐》：“水道壅塞不行其原，民气郁阏而滞著，筋骨瑟缩不达，故作为舞以宣导之。”知“阏”本遮壅、阻塞之义，与“沮”义正同。“阏”从“於”声，与“沮”古音并在鱼部，叠韵可通。此亦可证“沮诵”所具有的止诵本义，其文化则同属东夷系统。

沮诵之名，后来虽逐渐演变为祝融，但仍以祝官之名相称，延续了其本职祝诵之事，而融则应为氏名，意取其主司向神明致食之祝祷。金文“融”字即象二鬲相对而接，左右各具一条升龙（图四、图五），其表达的意义显即以升天之龙助为祖先神明致送饭食，故二鬲必呈器口对接的形象，喻指天上神明纳受人间所致之饭食。然而“融”字何以必呈二鬲之口相接之形？这实际上与灵魂升天的宗教思想密切相关。《说文·匕部》：“真，仙人变形而登天也。从匕目乚。八，所以乘载之。”段玉裁注：“此真之本义也。变形故从匕目。《抱朴子》曰：乘蹻可以周流天下。蹻道有三，一曰龙蹻，二曰气蹻，三曰鹿卢蹻。”仙人变形之说本应涉及多方面的内容，然据对商周古文字的“真”字分析，其皆从“匕”，而“匕”正像人倒悬之形，是为“真”义之旨。《说文·匕部》：“匕，变也。从到人。”段玉裁注：“变者，更也。凡变匕当作匕，教化当作化。许氏之字指也。今变匕字尽作化，化行而匕废矣。《大宗伯》：以礼乐合天地之

化，百物之产。注曰：能生非类曰化，生其种曰产。按虞、荀注《易》，分别天变地化，阳变阴化，析言之也。许以匕释变者，浑言之也。到者，今之倒字。人而倒，变匕之意也。”段说甚是。故知人呈倒形，正是仙人变形最核心的体现，是谓由人而仙之变化也。

原始宗教之灵魂升天，或升仙所体现的覆象变化的思想，于今已得到考古学材料的证实。相关遗存见于河南濮阳西水坡原始宗教遗迹，遗址表现了墓主人灵魂升天的壮丽场景[16]，其中于第三组遗存的南端，也就是象征天庭世界的位置，则用蚌壳摆放了仙人乘骑龙蹻在天宇遨游的图景[17]，而骑龙的仙人恰作倒悬，且眼目突出，与“真”字强调从匕从目之形甚合。故据升天观念分析，神明倒悬变化，适可与人间相接。准此则知，“融”字本象人为祖先接食，故必作二器口口相接之形，这准确地体现了神明倒悬变化的升仙思想。

祝融因司火而为灶神。《白虎通义·五祀》：“灶者火之主，人所以自养也。”《礼记·月令》制度于夏祭灶，所配之神则以炎帝为帝，祝融为佐。郑玄注：“祝融，颛顼氏之子曰黎，为火官。”许慎《五经异义》：“灶神，今《礼》戴说引此燔柴盆瓶之事。古《周礼》说，颛顼氏有子曰黎，为祝融，祀以为灶神。”《山海经·海外南经》：“南方祝融，兽身人面，乘两龙。”郭璞注：“火神也。”灶主熟食，而祝融为司火之神，必主为祖先致食。而“融”字所从之鬲为灶上炊器，又以二鬲口口相接，以呈致食之象。且附二龙以为致送，以龙心之大火星当应主火之养，正合《山海经》祝融乘两龙之说。古又有祝融将所司之天火降赐人间之说。《墨子·非攻下》：“天命融隆火于夏之城间西北之隅。”吴毓江校注：“毕云：隆疑作降，言命祝融降火。王云：降与隆通，不烦改字。”天火即龙心之大火，地火即灶，其皆由祝融所司。故祝融主司致食，正合其官守。

古礼为祖先致食皆奉二器，分别象征天地阴阳。殷墟侯家庄西北冈 1004 号大墓所出牛方鼎和鹿方鼎，原本即置于墓道与墓室的相交处[18]，这里正是墓主灵魂升天的起点，牛、鹿作为通天之灵蹻，其装饰于粢盛之器，正有为祖先致食之喻。而殷墟妇好墓于椁顶上方也陈设两件玉簋[19]，且分别以白、绿二色象征阴阳，同样有以粢盛器为祖先致食之喻。[20]这些陈设所表现的以二器为祖先致食的宗教传统，与“融”字所体现的以二鬲对接为祖先神明致食的做法如出一辙，这当然也是人神沟通的一种方式，甚至通过考古遗存可以看出，为祖先致食而祈求在天之灵饱食无忧，实际是人通于神明最重要的目的。

二　苍颉名号考

史载苍颉为黄帝史官，与沮诵一样，苍颉之名也应具有独特的宗教意义。《说文·页部》：“颉，直项也。从页，吉声。”段玉裁注：“引伸之直下直上曰颉颃。”项为头后之颈项，而直项则谓其项颈上下笔直。《诗·邶风·燕燕》：“燕燕于飞，颉之颃之。”毛传：“飞而上曰颉，飞而下曰颃。”段玉裁《说文解字注》谓当作“飞而下曰颉，飞而上曰颃。”《淮南子·修务》：“王公大人有严志颉颃之行者，无不憛馀痱心而悦其色矣。”此正用直项之训。故古以直上直下曰颉颃。《说文·亢部》：“亢，人颈也。颃，亢或从页。”又云：“䜣，直项莽䜣貌。”知“䜣”实即言“颃”，其直项之义甚明。

“颉”字所从之意符“页”，其本义为人头。《说文·页部》：“页，头也。”甲骨文、金文的“页”字作人体之象，其之所以不同于“人”字，在于特别强调了人头的部分。古人素有以人之头顶象天的观念，故古文字“天”作“[illegible]”，从“大”从“丁”，“丁”亦声。古音“天”在透纽真部，“丁”在端纽耕部，端透并属舌头音，真耕二韵的主要元音相同，故为同音。“丁”是“顶”字的初文，本象圆形的头顶。《说文·一部》：“天，颠也。”又《页部》：“顶，颠也。”知“天”“顶”二字同训。[21]最早形成的盖天宇宙论认为天圆地方，圆形的天位于宇宙的最高处，也即宇宙之巅。这个思想虽不易描绘，但却可以借助人体这个小宇宙加以象征。人的头顶为圆形，且位于人体之巅，这使古人有理由以圆形的头顶表现圆形的天。《淮南子·精神》：“头之圆也象天，足之方也象地。”《大戴礼记·曾子天圆》引曾子曰：“天之所生上首，地之所生下首。上首之谓圆，下首之谓方。”卢辩注：“人首圆足方，因系之天地。”事实上，古人有关首圆足方的说法并不准确，处于宇宙之颠的圆天并非可以借人头相喻，而是由位于人体之颠的头顶所象，故圆顶方足才可能构成天地的比附传统。

安徽蚌埠双墩新石器时代遗址出土纹面雕题人头陶像（图六）[22]，其雕题内容即于额题之上雕以璧形双圆，象征圆天。[23]《说文·页部》：“题，额也。”段玉裁注：“《释言》、毛传曰：‘定，题也。’”又云：“按顶之假借字作定。《诗·周南》：‘麟之定。’《释言》、毛诗皆曰：‘定，题也。’毛传一本作‘颠也’。盖禽兽横生，以额为顶，故《秦风》‘白颠’，传曰‘旳颡’，亦以颡释颠。”知题、颠互通。故题额饰以圆形正犹于颠顶饰圆，其以颠顶喻天之意甚明。

古人既以圆顶象天，方足象地，那么连接天地的颉项也就具有了直通上天的天柱的象征意义。传统医学思想认为，颉颃直上直下，可以完成人体的气血循环，这个特点正可以描述天地的交通。战国《行

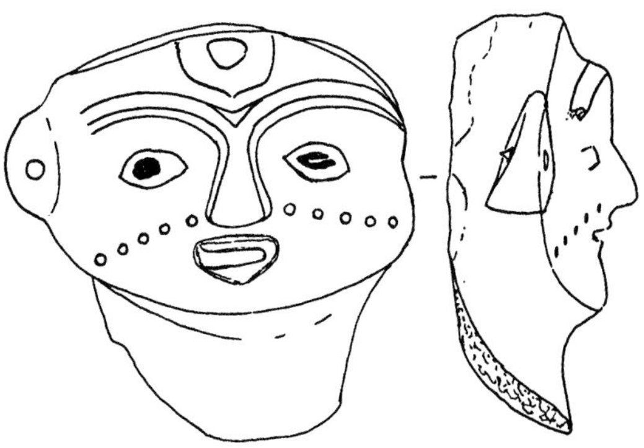

图六　安徽蚌埠双墩新石器时代遗址出土陶人像

气玉铭》云：“行气，吞则遙，遙则伸，伸则下，下则定，定则固，固则萌，萌则长，长则复，复则天。天其本在上，地其本在下。顺则生，逆则死。”而其循环交通的枢纽就是颉颃。从这一意义理解，颉作为通于天地的通道，其实就是沟通天地的孔洞。

既然人之圆顶象天，那么承起圆顶的直项就有理由借以象征擎天之柱，当然，位居中央的天柱自然也就是通天之柱。传统医学于头与项的交汇处取穴而名“天柱”，显然是古人以项为天柱而承天通天思想的反映。

颉的意义既然重在通天，那么苍颉之“苍”指天色就是毫无疑问的了。《诗·王风·黍离》：“悠悠苍天。”毛传：“据远视之苍苍然，则称苍天。”《诗·大雅·桑柔》：“以念穹苍。”毛传：“穹苍，苍天。”《尔雅·释天》：“穹苍，苍天也。”郭璞注：“天形穹隆，其色苍苍，因名之。”致晚世以“苍”名天者渐而成俗。曹植《曹子建集》卷六《升天行诗》之二：“中心陵苍昊，布叶盖天涯。”《梁书·高祖三王传》：“感誓苍穹。”《梁书·朱异传》：“上应苍玄。”江淹《江文通集》卷三《从萧骠骑新亭垒诗》：“开襟夹苍宇。”孟郊《孟东野集》卷六《赠李观诗》：“为余问苍旻。”陈子昂《陈伯玉集》卷一《洛城观酺应制诗》：“苍极神功被。”此皆以“苍”言天色。很明显，天为

神明之所居，故颉实为沟通神明的枢纽。《春秋元命包》:“头者神所居，上员象天，气之府也。”是为明证。显然，如果古人借圆顶方趾表现天地，那么颉颃就自然会成为沟通天地的通道。故苍言天色，则“苍颉”之意也就是通天。先贤以文字沟通天神则吉，于是“颉”字从“吉”得声，其与古彝文“吉”字取眼目之形所表达的以文字通神则吉的思想完全一致。

苍颉之“苍”或可省写作“仓”，后人误解其与仓廪有关。《说文·仓部》:“仓，谷藏也。苍黄取而臧之，故谓之仓。”段玉裁注:“苍，旧作仓。今正。苍黄者，匆遽之意。刈获贵速也。”[24]“苍黄”亦作“仓黄”，足见“苍”“仓”互通不定。“仓”既曲解为仓廪之义，遂有《淮南子·本经》关于苍颉作书而天雨粟之说。高诱以为天知其将饿，故为雨粟，所说未能申明本意。事实上，如果从沮诵或祝融主司致食神明的传统分析，“仓”之所以能与仓廪建立联系，关键在于其为神明接食的宗教内涵。据此思考，仓以藏谷，备鬼神之食，若登尝必献新谷，祭祖必奉粢盛，此犹“融”字本作上下二鬲对口相接以象人神接食一样，其表达的思想皆应是为祖先致食。古人以为地载万物，天垂象，取财于地，取法于天，天时终将决定丰欠，而地之所出实源于天赐，此即天雨粟之说所透露的宗教意蕴。

苍颉创造文字，并彻底实现了以一种人神共知的符号体系完成人神沟通的工作，这意味着相应的观念也势必会随之而改变。沮诵通神还留有重在口诵交流的史迹，这一制度通过新石器时代祝像以及商周甲骨文、金文“祝”字强调口诵的特点已经能够清楚地反映出来（见图二、图三），到了苍颉创造文字的时代，再重复表现口诵通神就是毫无意义的了。事实上，在止诵并通过文字与神明沟通的手段建立之后，通神的器官也就自然而然地从重口转变为了重目。以文字通于神明的关键在于眼目识懂文字，因此强调眼目甚至目中睛明的识字作用就是必需的做法，这一观念在对于创造文字的苍颉面目的再造中得到了鲜明的反映。史载苍颉面生四目。《论衡·骨相》:“苍颉四目，为黄帝史。”《春秋演孔图》:“苍颉四目，是谓并明。”《苍颉庙碑》:“苍颉，天生德于大圣，四目灵光，为百王作宪。”《书断》:“颉首四目，通于神明。”至元代更见苍颉六目之像。[25]这种特别重视眼目识字作用的传统正是原始文字通神观念的反映，并成为早期夷夏文字共有的传统。从公元前七千纪的河南舞阳贾湖新石器时代眼目形文字，到四川广汉三星堆商代青铜人像所表现的无睛与纵睛造型的差异，无不体现了这种眼目通神的观念。[26]

原始文字的宗教性质从史官造字的事实中可以得到说明，沮诵和苍颉皆为史官，以祭祀沟通人神为任，故古人的名号必然体现其通神之职事。由此证明，早期文字是原始宗教的产物，这一事实是毋庸怀疑的。

［附记：本文获中国社会科学院学科建设“登峰战略”资助计划资助，编号DF2023TS06。］

2023年9月16日写于尚朴堂

注释：

[1] a. 冯时:《中国古文字学概论》，中国社会科学出版社，2016年，第7～40页；b. 冯时:《论文字的宗教性与世俗性》,《中原文化研究》2024年第5期。

[2] 冯时:《夷夏东西与华夏一统》,《吉首大学学报（社会科学版）》2024年第1期。

[3] 傅斯年:《夷夏东西说》,《庆祝蔡元培先生六十五岁论文集》下册，“中央研究院”历史语言研究所集刊外编第一种，1935年，第1093～1134页。

[4] a. 冯时:《试论中国文字的起源》，见氏著

《尚朴堂文存》，中国社会科学出版社，2021年，第1～14页；b.冯时：《华夏文明考源 柳林溪先民的宇宙观》，《中国文化》2023年第1期。

[5]唐兰：《中国文字学》，上海古籍出版社，1979年，第52页。

[6][汉]许慎撰，[清]段玉裁注：《说文解字注》（经韵楼本），上海古籍出版社，1981年，第753页。

[7][清]冯云鹏、冯云鹓同辑：《金石索》（影印清道光元年刻本），书目文献出版社，1996年，第1264页。

[8]a.山东省文物考古研究所、青州市博物馆：《青州市苏埠屯商代墓发掘报告》，张学海主编《海岱考古》第一辑，山东大学出版社，1989年，第272～273页；b.王迅：《东夷文化与淮夷文化研究》，北京大学出版社，1994年，第133～135页。

[9]山东大学历史系考古专业：《山东邹平丁公遗址第四、五次发掘简报》，《考古》1993年第4期。

[10]冯时：《山东丁公龙山时代文字解读》，《考古》1994年第1期。

[11]中国社会科学院考古研究所内蒙古第一工作队、敖汉博物馆：《内蒙古敖汉旗兴隆沟遗址第二地点红山文化聚落》，《考古学报》2023年第4期。

[12]冯时：《文明以止：上古的天文、思想与制度》，中国社会科学出版社，2018年，第428～442页。

[13]同[8]a，第264页。

[14]冯时：《殷周史官徽识考》，北京大学考古文博学院编：《宿白纪念文集》，文物出版社，2022年，第191～202页。

[15]同[12]，第340页。

[16]同[12]，第28～31页。

[17]张光直：《濮阳三蹻与中国古代美术上的人兽母题》，《文物》1988年第11期。

[18]梁思永遗稿，高去寻辑补：《侯家庄》第五本，1004号大墓，历史语言研究所，1970年，第126～133页。

[19]中国社会科学院考古研究所：《殷墟妇好墓》，文物出版社，1980年，第130页。

[20]冯时：《器以载道》，《读书》2020年第4期。

[21]闻一多：《古典新义》，《闻一多全集》第二册，生活·读书·新知三联书店，1982年，第587页。

[22]安徽省文物考古研究所、蚌埠市博物馆：《蚌埠双墩——新石器时代遗址发掘报告》，科学出版社，2008年，第304～305页。

[23]阚绪杭：《双墩遗址陶塑人头像的发现与观察》，“淮河流域古代文明研究——蚌埠双墩陶塑人头像与史前雕塑学术研讨会”论文，内部资料，2019年。

[24]同[6]，第223页。

[25]《永乐宫壁画·朝元图》，中国书店出版社，2009年。

[26]a.同[1]a；b.同[2]。

鄬伯贝柟盘释读
——兼论中甗与士山盘之“方”

Deciphering the Inscriptions of the Fangbobeinan Plate
—Also Discussing the Inscription “方” on the *Zhongyan* and the *Shishan* Plate

江苏师范大学　黄锦前

Huang Jinqian, Jiang su Normal University

内容提要：本文对湖北枣阳郭家庙墓地曹门湾M22出土的鄬伯贝柟盘铭文进行了释读，在此基础上就相关问题进行了深入讨论。结合该地过去所出的同类铭文，对铭文进行了重新断读，并结合其文化背景和制作技术等作进一步深入分析，认为过去出土的㸌右盘与鄬伯贝柟盘的国属相同，皆系房国器。据文字、文献及地理等各方面证据，士山盘铭的“方”，应与中甗铭的“方”及新出鄬伯贝柟盘的“鄬”所指皆同，即房国之“房”。古文字中房国之“房”或写作“方”或“鄬”，文献中也作“房”或“防”，唯用字不同，其所表达的房国之“房”的意思相同。中甗、士山盘、鄬伯贝柟盘等年代不同，因而用字习惯有异。

关键词：鄬伯贝柟盘　中甗　士山盘　房国　用字习惯

Abstract: This paper deciphers the inscriptions on the Fangbobeinan Plate unearthed from Caomenwan Tomb 22 at Guojiamiao, Zaoyang, Hubei, and then conducts in-depth discussions on related issues based on this. By re-reading the inscriptions in light of those from similar items previously found in the same area, and by further analyzing them in terms of their cultural background and manufacturing techniques, the paper concludes that the previously unearthed plate with the inscription of “㸌右” and the Plate with the inscription of “鄬伯贝柟” belong to the same state, namely the State of Fang. The character “方” inscribed on the Shishan Plate, according to evidence from various sources, including written language, literature, geography, etc., should be the same as “方” on the Zhong *Yan* and “鄬”inscribed on the newly discovered Fangbobeinan Plates, referring to “房” of the State of Fang. In ancient Chinese characters, the “房” may be written as “方” or “鄬” while in historical documents “房”may be written as “房” or “防”. The only difference in the use of characters is that the meaning of “房” is consistent, namely the State of Fang. The reason for this is that the Zhong *Yan*, Shishan Plate, and Fangbobeinan Plate were made at different times, so there are differences in their writing habits.

Keywords: the Fangbobeinan Plate; Zhong *Yan*; Shishan Plate; the State of Fang; writing habit

刚刚出版的《穆穆曾侯——枣阳郭家庙曾国墓地》公布了2014年湖北枣阳郭家庙墓地曹门湾M22出土的一件郳伯贝柟盘[1]，我们在研读之后有一些浅见，特此写出以求教于同好。

该盘敞口，平唇，浅腹，附耳，圈足外侈，下有三小足。腹饰斜角云纹，圈足饰垂鳞纹，耳饰重环纹（图一）。形制、纹饰与1964年河南桐柏左庄春秋墓出土的䢅伯墉盘[2]近同，年代为春秋早期前段。

盘内底铸铭文4列21字（图二），作：

唯郳伯贝柟自
用其万年子
孙永宝盘自
作宝永用享

其中“郳”字原篆作，发掘者释作“旁”。该字从“邑”、从“旁”，可释作“郳”。从铭文看，应系国族和地名。

“柟”字原篆作，发掘者释作“懋”。但细察字形，似与“懋”及“楙”字不同。[3]其左旁所从，腰部有一短弧笔，似“矛”之骹部，但其上部分叉，似“木”，而非“矛”；其右上所从，亦非“心”，故释“懋”可疑。该字照片不甚清晰，察其笔画与轮廓，与仲柟父诸器的“柟”字写作（仲枏父簋[4]）、（仲枏父鬲[5]）、（仲枏父匕[6]）等形有几分相似，疑是“柟”字，存疑待考。

文字方面的问题大致如此，下面接着谈该铭的断读问题。

该铭行款错乱异常，难以卒读。发掘者按铭文原序断读作：

隹旁伯贝懋自用，其万年子孙永宝盘，自作宝，永用享

这样断读文意并不通顺。对照同时期有关金文文例，可调整、断读如下：

图一　郳伯贝柟盘

图二　郳伯贝柟盘铭文

唯郳伯贝柟自作宝盘，自用。其万年子孙永宝，永用享。

金文中文字错乱颠倒之例并不鲜见（如上揭䢅伯墉盘铭[7]即将“无疆”二字颠倒），但纷乱如此者却也颇为稀见。可资对照者有1979年湖北随县安居桃花坡春秋墓地M1出土的炏右盘铭[8]，铭文依原序作：

唯？右自作用
其吉金宝盘乃
用万年子子孙孙永
宝用享〔永〕用之

或亦依其原行款断读[9]，文意并不准确。按照同类金文的有关文例，可将其重新调整、断读如下：

唯？右乃用其吉金，自作宝盘，用万年子子孙孙永宝用享，〔永〕用之。

这样断读，就与常见的同类金文格式、用语等近同，而并无甚特殊、乖谬之处。

人名首字原篆作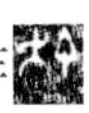，前揭《简报》及

《集成》等皆摹作“𫐉”，从“夭”，并不准确。从《集成》所录拓片看，左旁下部尚有“止”形，痕迹明显，故该字应从“走”，右部所从不明。或释作“起”[10]，恐非是[11]。

该盘为窄口沿，一侧有流槽，另一侧有卷尾龙形鋬，圈足下连铸四只圆雕伏牛形足。腹饰无目窃曲纹，圈足饰鳞纹。外底有网状加强筋。年代为春秋早期前段。

1979年河南罗山县高店公社高店村春秋墓葬出土有两件春秋早期的奚子西车鼎[12]，铭作：

唯奚子西车作行鼎，子孙永宝万年无疆，自用。

与盖铭不同，二器器铭在铭末皆有“自用”二字。这种现象目前仅此一例。

两件奚子西车鼎系黄国之器，年代亦为春秋早期。鄀伯贝椭盘系房国之器（详见后文），黄、房同系淮域之国，距离甚近，因而在文化上有此相似，并不难理解。

总之，参照上述𫐉右盘和奚子西车鼎及同时期、同地域有关的金文文例，将鄀伯贝椭盘铭文断读如上，殆无大碍。

有关鄀伯贝椭盘铭行款及断读的问题暂讨论至此。下面再将新出鄀伯贝椭盘与上揭同出随州、在辞例及格式上皆有颇多相似的𫐉右盘铭作一些深入的比较分析，以见异同。

首先，辞例方面，鄀伯贝椭盘云“其万年子孙永宝，永用享”，这种“永宝”与“永用享”重复出现的例子，金文中鲜见。目前所见，只有𫐉右盘的“子子孙孙永宝用享，〔永〕用之”与之相类。可能是有意加繁所致。

其次，就此两篇铭文而言，看似杂乱无章，若仔细分析，实则有章可循。

先说鄀伯贝椭盘铭。若将末一列的起首“作宝”二字移至首列“唯鄀伯贝懋自”之下，再接以第三列的末两字“盘自”，再将铭文自第二列以下剩余文字接于其后，即可正常阅读。换句话说，末一列的起首“作宝”二字本应在第二列起首，接于首列即本铭的第一个“自”字下；第三列的末两字“盘自”本应位于其后，接于第二列即本铭的第一个“宝”字下，但二者分别误置于第二个“自”和“宝”字之下，故造成混乱，此或可称作“沿误”。

接着再看𫐉右盘铭。若将铭文第二列的末字“乃”移至首列器主名“？右”下，而将原置于其下的“自作”二字移至第二列首起“其吉金”下，本铭即文从字顺。即“乃”字本应在本铭的第一个“用”字上，但误植于第二个“用”字之上，以致混乱，这与上述鄀伯贝椭盘铭的情况颇相似。

我们虽不能硬说这是当时作器者故意玩弄文字游戏或故弄玄虚而为之，但这种现象一再出现，或许不能简单归咎于作器的工匠文化水平低下。按常理，春秋早期礼崩乐坏尚未至严重地步，能作器以传世者，无论大小贵族，应皆系有身份者，且从鄀伯贝椭盘的铭文来看，器主当系高级贵族。或以当时诸侯国尤其是小国，其自主作器的权力受制于王朝或大国，因而自作之器技术水平不达标、质量粗劣来加以解释，如认为“这种语法混乱的现象可能是诸侯国青铜器制作原始性的一种体现”。[13]但从各地考古出土的大量同时期的铜器及其风格来看，春秋早期仍统一作器之说恐令人生疑，不过这个问题较为复杂，兹不赘述。同时，此二盘从器物本身来看，工艺水平在当时虽非一流，但也可谓精美，因而简单以工艺水平低下来解释，当不可信。

总之，难以排除这种有“规律”的“错行”的奇特文化现象是一种有意识的行为，虽然我们暂时还不能很好地予以解释。

值得注意的是，𫐉右盘内底铭文区域四角外安置有四个垫片。[14]无独有偶，鄀伯贝梢盘内底铭文区的中下部也有五个垫片，四角各一，呈正方形，另一垫片位于当中。这种现象可能并非偶然，换句话说，这两篇铭文的特殊格式与作器的技术手段或许存在一定关系，但具体究竟是什么情况，可能还需要从技术层面作进一步深入探讨才能得到满意的答案。

目前可以确认的是，从铭文错乱的情况来看，作器时的字范可能并非一块整范，而系用活字范制作，因而存在错范现象。活字范的运用其实并不鲜见，西周时期的铜器铭文中即有一些例证。但此二器皆未见活字范铸造所留下的痕迹，可能系成器后又加以打磨抛光所致。

据以上所论，大致可以推断，[illegible]右盘的国属，可能与郱伯贝梢盘相同，二者很可能出自同一文化背景和地域。

有关二器的关联先讨论至此。下面再接着讨论器主的国属及有关问题。

郱伯贝梢盘的“郱伯”，发掘者解释说：

郱伯，疑为房国之君。《国语·周语》：“昔昭王娶于房，曰房后。”

此“疑”颇有道理。上揭《国语》有关文字见于《国语·周语上》，曰：“昔昭王娶于房，曰房后，实有爽德，协于丹朱，丹朱凭身以仪之，生穆王焉。”韦昭注：“房，国名。”但未说明所在。

又《左传·昭公十三年》：“楚之灭蔡也，灵王迁许、胡、沈、道、房、申于荆焉。平王即位，既封陈、蔡而皆复之，礼也。”杜预注：“许、胡、沈，小国也。道、房、申，皆故诸侯，楚灭以为邑……汝南有吴防县，即防国。”杜预《春秋释例》作“房”而不作“防”。《左传》段玉裁校本云：“前后《汉志》及《晋志》皆作‘吴房’。”阮校云：“案‘防’与‘房’古通用。‘宣防’亦作‘宣房’，其明征也。”

徐少华通过系统梳理有关文献，认为春秋之房国当不出今河南遂平县城一带。[15]或谓房国范围，相当于今遂平县全境，及西平、泌阳、舞钢市的一部分境域。[16]由近年的考古工作可知，房国故城遗址在今遂平县城关一带。[17]

有关房国的文献记载较少，但出土文献的有关材料或可与之互相印证。著名的“安州六器”之一的中甗[18]铭曰：

王命中先，省南国，贯行设居。在曾，史儿至，以王命曰：“余令汝使小大邦，厥有舍汝刍量，至于女麃，小多□。”中省自方、邓、履[19]、□邦，在鄂师次，伯买父乃以厥人戍汉中州，曰段曰旐，厥人鬲廿夫，厥贮沓言，曰贮□贝，日传□王休，肆肩有羞，余□捍，用作父乙宝彝。

本铭的“方”，唐兰认为应当为“方城”，在今河南省方城县一带。[20]徐少华认为其与铭文所提到的“邓”一样，系南国诸侯无疑，西周早期房国应在今叶县、方城之间的方城山附近。他说[21]：

“中”为王室大臣，先往南国为周王安置行帐，省自方、邓，则方、邓是南国诸侯无疑。“邓”，唐兰先生认为即古邓国，可信，然以“方”为方城，恐不确切，我们认为，“方”当是上述《国语》所载昭王娶于房之“房”。房“从户方声”（原注：参阅《说文》卷12上，“户”部“房”条。），“方”当是古房国之本字。中往南国先至方后至邓，则方在邓以北，位于成周通往南国的要道上，应即春秋之“方城”带，就地理位置而言，唐先生所说不误。《左传》僖公四年楚屈完答齐桓公曰：“楚国方城以为城”，杜预注：“方城山在南阳叶县南。”即今河南叶县与方城县之间（原注：《方舆纪要》卷51，河南6，裕州“方城山”条；《大清一统志》卷210，南阳府山川“方城山”条。），春秋之“方城”，或与房国早期居此有关。古方城，为我国古代南北交通隘道，房国在此，一方面与昭王南征的路线相符，同时亦可见周王室为经营南土所作的部署。

《说文》：“房，室在旁也。从户、方声。”故“房”与“方”及“旁”皆音近可通，古文字、古书中皆有不少这几个字通假的例证。[22]《国语·晋语四》：“乃能摄固，保其土房。”俞樾《群经平议·春秋外传国语二》：“‘房’当读为‘方’……盖‘土方’二字连文，乃古语也。此作‘土房’者，‘房’即‘方’之假字耳。”因此徐氏“方”即“房”之说可从。不过他沿袭唐说，认为西周时期房国地望在方城，又从历史地理的角度作了深入分析，于情理而言，颇有道理。结合文字学等方面的证据来看，这种可能性较大。但这一切仅停留在推测的层面，房国之“房”是否与“方城”有关，目前并无确据，故存疑待考。

中国国家博物馆近年入藏有一件士山盘[23]，该盘为宽平沿，方唇，腹较深，圆缓内收成底，圈足较高，略外侈，腹两侧有一对附耳，均已残缺。腹外壁饰对称的S形夔龙纹，圈足外壁饰目纹和三角勾云纹。年代为西周中期前段，系恭王时器。盘铭作[24]：

唯王十又六年九月既生霸甲申，王在周新宫，王格大室，即位。士山入门，立中廷，北向。王呼作册尹册命山曰：于入中侯，遂征蕰、荆、方服，眔蔡（？）、虘服，履服，六、孪服。中侯、蕰、方宾贝、金。山拜稽首，敢对扬天子丕显休，用作文考厘仲宝尊盘盉，山其万年永用。

铭文可与上揭中甗铭对读，多有可互相印证之处，拟另文再议。这里着重要讨论的，是本铭的“方”字的解释问题。

该字原篆作分别为、。朱凤瀚认为亐亦应是地名，字不识，由铭文意思看，其地望与蕰相邻。本铭之“蕰”系“下鄀”，在商密，即今陕西省商洛地区之商州东南，河南淅川西南一带。[25]黄锡全指出，此字应当释作“方”。但他认为士山盘的“方”与中甗的“方”写法有别，可能是有别于方城的另一地方。士山盘的“方”，可能就是从武王伐纣的彭国，其地一般被认为在今房县一带。[26]李学勤认为士山盘的“方国”即中甗的“方”，在今湖北竹山东南，春秋时方地属庸。[27]董珊从释“方”说，但将其与“鄀”连读为“鄀方”，认为“鄀方”就是“鄀”，“方”犹言方国。[28]

我们知道，殷商甲骨文中确有很多关于边远地区方国，如“土方”“人方”“鬼方”“虎方”“羌方”等的记载，但周代以降，这种称呼渐少，西周金文中就很少见。且就西周中期的政治及地理形势来说，“鄀”相对在“内地”，从出土的早期鄀国铜器来看，其文化受周文化影响较大，称“鄀方”似无可能；“鄀”见于文献及金文等出土古文字资料，亦未曾见有称“鄀方”者。故董说不可信。

黄说从文字及地理的角度来看，虽不无可能，但略嫌迂曲。又黄文认为士山盘的“方”与中甗的“方”写法有别，因而地望亦有别。其实此说存在两个问题：一是中甗铭文系传世摹本，原拓已佚，通观整篇铭文，所摹字形多有失真处，故以其为据来比较字形，恐难以立论；二是士山盘与中甗年代不同，士山盘为西周中期前段恭王时器，而中甗一般认为系西周早期后段器，年代不同，文字写法又无根本性区别，故据此以推论二者地望有别，恐难以令人信服。总之，黄说多有疑点。

李学勤云士山盘的“方国”即中甗的“方”，可从。朱文云亐亦应是地名，其地望与蕰相邻，亦可从。

我们认为，士山盘铭的“方”，从盘铭内容及地理位置等方面来看，应与上述中甗铭的“方”及新出郳伯贝柟盘的“郳”所指皆同，即房国之“房”。下面加以阐述。

首先，从文字学方面来看，前文已述，“方”读作“房”，当无问题。

其次，上揭诸家意见中，对“方”的看法虽有歧见，但基本有一个共识，即其地应与“蠚”相邻。从铭文内容和地理位置来看，铭文中提到与之并列的“中”“鄀”“荆楚”“虘”“履”“六”等，皆系南土汉、淮流域一带的国族，因而“方”应当也系汉淮流域一带的国族。从过去与曹门湾墓地邻近的郭家庙墓地出土铜器铭文中所见的“弦”国在今河南光山县西北[29]、“卫”国在今河南北部与河北南部一带，以及此次与郳伯贝柟盘同出的郘君虡鼎[30]的“郘”在今河南浚县一带[31]。因此，与“鄀”及“荆楚”邻近的“方”，亦当在汉淮流域一带。

再次，黄文指出，春秋时期，竹山与房县一带有“方城”“防渚”等名称，不知是否与此地也存在一个“方”国有关。《左传·文公十六年》：“使庐戢黎侵庸，及庸方城。”《左传·文公十一年》：“楚子伐麇，成大心败麇师于防渚。”[32]上引李学勤认为士山盘的“方国”与中甗的“方”在今湖北竹山东南，春秋时方地属“庸”，亦应据此立说。

案上揭《左传·文公十六年》杜预注：“方城，庸地，上庸县东有方城亭。”文公十一年杜预注：“防渚，麇地。”是春秋时此“方城”与“防渚”分别系“庸”及“麇”之地，而非“方国”。按李说“春秋时方地属庸”，言下之意此地在西周时期系“方国”。但此说至少有两个无法克服的明显困难：一是传世和出土文献并无证据表明此地之前系“方国”；二是“庸”在当时并非强国，邻近又有“曾”“楚”等强国制衡，若要侵国夺地，恐力不能逮。因此，这个“方城”，可能与“方国”无涉，“防渚”亦然。

反之，将士山盘的“方国”与中甗的“方”理解为位于今河南省境内的“房国”之“房”，有春秋时期传世及出土文献的交互验证，上揭历代学者的考述自不必说，又有上引《国语·周语上》有关昭王时期的记载，可谓源流清晰；从文字学的角度来看，“方”“郳”及“房”互通，简单明了。因而相对于“房县说”和“竹山说”而言，“房国”说的证据链更加完整，无疑更具有说服力。

总之，士山盘铭的“方”，从各方面的信息和证据来看，应与上述中甗铭的“方”及新出郳伯贝柟盘的“郳”所指皆同，即房国之“房”。古文字中房国之“房”或写作“方”，或写作“郳”，文献中作“房”或“防”，唯用字不同而已，其所表达的房国之“房”的意思相同。中甗、士山盘、郳伯贝柟盘等器年代不同，因而用字习惯有异。

［附记：本文为国家社科基金中国历史研究院重大历史问题研究专项重大招标项目“考古学视野下中华民族共同体意识的形成与发展研究”（22VL002）阶段性成果。］

注释：

[1] 长江文明馆、湖北省博物馆、湖北省文物考古研究所、襄阳博物馆：《穆穆曾侯——枣阳郭家庙曾国墓地》，文物出版社，2015年，第144～145页，图57。

[2] a. 王儒林：《河南桐柏发现周代铜器》，《考古》1965年第7期，图版九：8；b. 中国青铜器全集编辑委员会：《中国美术分类全集·中国青铜器全集》第7卷，文物出版社，1998年，第113页，图版一一〇。

[3] 有关字形可参看 a. 董莲池：《新金文编》，作家出版社，2011年，第478、568页；b. 高明、涂白奎：《古文字类编》（增订本），上海古籍出版社，2008年，第758、1490页。

[4] 中国社会科学院考古研究所：《殷周金文集成》，中华书局，1984—1994年，8.4155。

[5] 同[4]，3.747。

[6] 同 [4]，3.979。

[7] a. 同 [4]，16.10130；b. 同 [2]b。

[8] a. 随州市博物馆：《湖北随县安居出土青铜器》，《文物》1982 年第 12 期；b. 同 [4]，16.10150；c. 湖北省文物考古研究所：《曾国青铜器》，文物出版社，2007 年，第 246～248 页；d. 随州市博物馆：《随州出土文物精粹》，文物出版社，2009 年，第 37 页，图 44；e. 吴镇烽编著：《商周青铜器铭文暨图像集成》第二十五卷，上海古籍出版社，2012 年，第 527 页，图 14500。

[9] 如 a. 同 [8]a；b. 张亚初：《殷周金文集成引得》，中华书局，2001 年，第 153 页；c. 同 [8]c，第 246 页；e. 同 [8]d；f. 同 [8]e。

[10] a. 同 [8]c，第 246 页；b. 同 [8]d。

[11]“起”的有关字形可参看 [3]b，第 1104 页。

[12] a. 信阳地区文管会、罗山县文化馆：《罗山县高店公社又发现一批春秋时期青铜器》，《中原文物》1981 年第 4 期；b.《集成》5.2603、2604；c. 同 [2]b，第 97 页，图版九四。

[13] 同 [8]c，第 248 页。

[14] 同 [8]c。

[15] 徐少华：《周代南土历史地理与文化》，武汉大学出版社，1994 年，第 153 页。

[16] 马世之：《中原古国历史与文化》，大象出版社，1998 年，第 355 页。

[17] a. 同 [16]，第 355～356 页；b. 国家文物局主编：《中国文物地图集 · 河南分册》，中国地图出版社，1991 年，第 450 页。

[18] 同 [4]，3.949。释文参考李学勤：《论鼓甗铭及周昭王南征》，朱凤瀚、赵伯雄编《仰止集——王玉哲先生纪念文集》，天津人民出版社，2007 年，第 76～80 页；后辑入氏著：《通向文明之路》，商务印书馆，2010 年，第 107～111 页。

[19] 此字据摹本残画，对照有关“履”字字形及文例、文义释出，详细论说容另文再叙。

[20] 唐兰：《西周青铜器铭文分代史征》，中华书局，1986 年，第 287 页。

[21] 同 [5]，第 152～153 页。

[22] a. 参见王辉：《古文字通假字典》，中华书局，2008 年，第 444～448 页；b. 高亨纂著，董治安整理：《古字通假会典》，齐鲁书社，1989 年，第 311～313 页。

[23] a. 朱凤瀚：《士山盘铭文初释》，《中国历史文物》2002 年第 1 期；b. 中国国家博物馆、中国书法家协会：《中国国家博物馆典藏甲骨文金文集粹》，安徽美术出版社，2015 年，第 213～215 页。

[24] 释文参考诸家之说，参见本文所揭朱凤瀚、黄锡全、李学勤、董珊等文。“遂征蠚、荆、方服，罙、蔡（？）、虘服，履服，六、孪服”等部分断读和“孪”字改释等，详见拙文：a.《从伯争司簋谈到两周金文中的蛮氏》，《洛阳考古》第 18 辑，中州古籍出版社，2017 年，第 62～68 页；b.《士山盘与中甗对读研究》，待刊。

[25] 同 [23]a。

[26] 黄锡全：《士山盘铭文别议》，《中国历史文物》2003 年第 2 期。

[27] 李学勤：《论士山盘——西周王朝干预诸侯政事一例》，武玉环、杨军主编《遯亨集——吕绍纲教授古稀纪念文集》，吉林大学出版社，2003 年，第 38～43 页；后辑入氏著：《文物中的古文明》，商务印书馆，2008 年，第 195～198 页。

[28] 董珊：《谈士山盘铭文的“服”字义》，《故宫博物院院刊》2004 年第 1 期。

[29] 黄锡全：《枣阳郭家庙曾国墓地出土铜器铭文考释》，襄樊市考古队、湖北省文物考古研究所、湖北孝襄高速公路考古队编著《枣阳郭家庙曾国墓地》，科学出版社，2005 年，第 367～369 页。

[30] 同 [1]，第 136～139 页，图 54。

[31] 见拙文：《枣阳曹门湾 M22 出土尼君鱼鼎及相关问题》，《江汉考古》待刊。

[32] 同 [26]。

基于图像学角度的江西商代青铜器纹饰特点浅析

Preliminary Analysis of the Characteristics of Shang Dynasty Bronze Patterns in Jiangxi from the Perspective of Iconology

湖南博物院（湖南省文物鉴定中心）　李　潇

Li Xiao, Hunan Museum (Hunan Provincial Cultural Relics Authentication Center)

内容提要：商代是我国青铜器文化迅速发展的时期，具有重要的划时代意义。其纹饰作为这一时期的政治生活及社会发展背景下的产物，其装饰风格与图像文字无不反映出商周时代的精神风貌，体现出当时社会文化的繁荣和手工业制作工艺水平的精湛。基于此，本文以江西地区商周青铜器纹饰为研究对象，探析其纹饰特点，希望借此深入探索此类艺术形式的特点与精髓，从而更好地为现代艺术创作提供灵感和借鉴。

关键词：图像学　江西地区　商周青铜器　纹饰特点

Abstract: The Shang dynasty marks a period of the rapid development of China's bronze culture and has epoch-making important symbolic meaning. Decorative patterns on bronzes are the product of ancient political life and social development, so the decorative styles, motifs and inscriptions all reflect the spiritual state of the ancestral period of Shang and Zhou dynasties and manifest the prosperity of the society and culture and the superb technological level of craftsmanship at the time. Based on these, this paper studies Shang and Zhou bronze pattern from the Jiangxi region and analyze their characteristics in hopes of further exploring and features and essence of such art form and consequently providing inspiration and model for modern art creation.

Keywords: iconology; Jiangxi region; Shang and Zhou bronzes; characteristics of patterns

一　对图像学的认识

图像学是艺术史研究的重要理论与方法之一，近年来，越来越多的学者将其运用于绘画、建筑、古代文物等多领域研究。在图像学理论的发展进程中，“Iconography”和“Iconology”曾是两个被混淆的概念。现如今，大部分学者将“Iconography”译为“图像志”，“Iconology”则译为“图像学”。潘诺夫斯基指出，图像学方法的目的是进行“意义的重构”，即观者可以通过图像学的方法，还原创作者的思路历程，理解创作者选择某种形式的原因及其背后的意义。这种方法被潘诺夫斯基分解为图像学研究的三个层次：第一性或自然主题（前图像志描述）、第二性或程式主题（图像志分析）、内在意义和内容（图像学阐述）。[1] 目前，学者们对历史物证的理解也呈现多样化趋势。冯庆认为，在史学层面，对人文图像的解释，要远比对语言文本的解释更为艰难，这是因为图像虽然更为形象，但其意义也随之更易暧昧不定。[2] 从图像角度对历史进行解读虽然充满了暧昧性，但利用图像的运动性、脆弱性、非线性等特点，对线性的、知识的、叙述的历史本身进行质疑或许能更贴近还原其真实的思想和情景。

早在公元前 3000 年前青铜器就已经开始出现在中国先祖的生活中，且常用于以祭祀先祖为代表的宗教信仰中。故而青铜器是古代中国历史和文化的重要载体，其在数百年的发展历程中无论是铸造工艺还是纹饰设计都愈发成熟，甚至诞生于商周不同时期的青铜器，其造型与纹饰特征都会存在很大差异，这折射出青铜文化的发展其实与时代发展密切相关。特别是青铜器上的图案纹饰，不仅可以反映当时的社会、政治、经济、文化等方面情况，其精美的设计和精湛的工艺还体现了古代艺术的高度和成就，展现了当时人民的审美取向与社会美学追求。鉴于此，本文针对江西地区的商周青铜器纹饰特点进行探析，以便我们可以更好地了解和还原当时的历史事件和社会生活，把握商周时期独特的艺术形式特点。

二 江西地区商周青铜器纹饰的类型

江西地区出土了数量众多的青铜器，尤其是新干大洋洲商代大墓的发现，证明江西地区在商周时期就有着发达的青铜文明。江西地区商周青铜器的纹饰类型非常丰富，主要包括动物纹、几何纹和人物纹等。其纹饰从图像学角度看也体现出艺术映射、信息映射、宗教映射等特点。

（一）动物纹

青铜器纹饰常常通过流线型的线条和曲面来表现动态感。这些线条和曲面的相互组合，使得纹饰具有一种生动、活跃的视觉效果。同时也体现出纹饰图像的信息映射特点，借图像表达青铜器制作者想要表达的观点。动物纹是江西地区商周青铜器中最常见的纹饰之一，包括龙、虎、犬、象、鸟等动物形象。这些动物形象通常以写实和夸张变形的形式描绘出来，其形象表现生动同时又具有很强的视觉冲击力，在各类纹饰中占据重要位置，也是商周青铜器文化的重要标志。[3] 此外，青铜器动物纹饰还具有较强的神秘特点。龙曾因其神秘感在先祖心中占据十分特殊的地位，故龙纹在商周时期被视为神力与权威的象征；而由于虎兽凶猛的特点，虎纹则被视为力量与勇猛的象征。这类纹饰不仅极为精美，充分体现出了先祖精湛的工艺水平，更是借助图像的信息映射性透露出当时社会对神秘文化的崇敬与追求。以江西省吉安市新干县出土的商兽面纹鹿耳四足青铜甗为例，商兽面纹鹿耳四足青铜甗的一对竖耳上饰有一只雌鹿和一只雄鹿，它们各自回首往身后看去，短短的尾巴往上翘，身上都刻有鳞片纹，四只脚又以云雷纹进行装饰，在其双耳外侧还刻上双重燕尾纹进行装饰。在商兽面纹鹿耳四足青铜甗的上部盘口处刻了一圈斜角目雷纹进行装饰，器身处饰以四组兽面纹，整个下部是四个圆柱，其身刻有四组牛首纹（图一）。这些复杂纹饰使得青铜器更加丰富多彩，也体现了当时社会文化的丰富性和复杂性，为青铜器增添了一丝美感和神秘感。

（二）几何纹

几何图案通常具有规律性和对称性，能够使整体纹饰呈现出稳定而有序的感觉，反映出青铜器纹饰基于图像的艺术映

图一 商兽面纹鹿耳四足青铜甗（江西省博物馆藏）

图二 商伏鸟双尾青铜虎（江西省博物馆藏）

射。几何纹是指在青铜器上用几何图案组成的纹饰，这些几何纹通常由一些简单的线条和形状组成，如圆形、半圆形、直线、曲线等，通过不同的组合和排列，形成了丰富多彩的纹饰效果。几何纹主要包括云雷纹、币纹、目雷纹等形状，这些几何纹不仅具有装饰作用，还代表着不同的文化传统和历史背景。纹饰通常含有一定的寓意[4]，如“币纹”表示财富等等。

1. 币纹

商周青铜器上的币纹也称为“贝纹”，是一种典型的青铜器纹饰。这种纹饰通常由一个个的贝形图案或者连续的贝形曲线组成，贝纹可能与古代贝币有关。在商周时期，贝币是一种重要的货币形式，被广泛使用。而贝纹的形状与贝币的形状相似，因此可能受到了贝币的影响。在商周青铜器上，贝纹被广泛应用于各种器物上，如鼎、簋、壶、盘等。在纹饰组合方面，贝纹通常与其他纹饰搭配使用，如兽面纹、云雷纹等，形成了丰富多彩的纹饰效果。

2. 云雷纹

云雷纹是商周青铜器上常见的一种纹饰，其通常是由连续的云朵形状和回旋的线条组成，但有时也会夹杂着雷纹，故称这种纹饰为云雷纹。这种纹饰通常被视为一种具有神秘色彩的装饰，其重复排列的形状和回旋的线条可以产生一种流动的感觉，这是由于古代人们对大自然充满敬畏而把幻想寄托在了其他地方，向往自身所幻想的天堂生活，这也体现了当时社会对神秘文化和自然现象的崇敬和追求。[5]这种纹饰在江西地区的商周青铜器中极具代表性。例如，商伏鸟双尾青铜虎是存世最大的先秦时期青铜虎，有“虎王”之誉，其形似奔跑状，虎头直视前方，其器身下悬空，仅靠虎的四肢支撑落地，虎口裸露出尖长的獠牙，两只虎耳竖起，虎背上还立着一只可爱的小鸟，与虎的凶猛形成了鲜明的对比，将虎的神情表现到了极致。虎身遍布各类纹饰，背部也饰有云雷纹（图二）。

3. 目雷纹

江西地区商周青铜器中的目雷纹是一种非常具有代表性的青铜器纹饰，中间有“眼珠”，左右两侧有雷纹的结合。其特点是构图严谨、线条简洁、风格庄重。这种纹饰在商周时期非常流行，尤其是在青铜器上更为常见，这可能也是受到商周时期的社会信仰和艺术观念影响。以目雷纹方内青铜钺为例，其整体形状偏向于长方形，其短窄的上部中央有一长方形镂空，往下一点的两侧同

图三　商目雷纹方内青铜钺
（江西省博物馆藏）

图四　商乳钉纹虎耳方形青铜大鼎
（江西省博物馆藏）

图五　商双面神人青铜头像
（江西省博物馆藏）

样有两个长方形镂空，中部更是有一块大长方形镂空，镂空处上下侧呈齿状。目雷纹方内青铜钺一整块四周都饰有目雷纹带，而在中部的大长方形镂空周围饰以燕尾纹（图三）。由此可见，这件青铜钺的造型十分独特，给人一种非常精美的感觉。

4. 乳钉纹

乳钉纹是属于圆圈纹中的一种，乳钉纹通常呈乳突状，其在商周时期的青铜器中也被广泛运用。以出土自江西吉安的商乳钉纹虎耳方形青铜大鼎为例，其形制是一个长方形容器物，两侧提梁上均有一虎，两虎呈伏卧状，器身四面均刻有乳钉纹作为装饰，具有简洁、明快、流畅的特点，其线条简洁明了，更是给人一种十分庄重的感觉，属于商代青铜器中的珍品，对于研究商代青铜器的铸造技术和历史文化具有重要的价值（图四）。

（三）人物纹

人物纹饰反映出青铜器纹饰背后基于图像的宗教映射，其人物特点通常能够折射出商周先民内心的宗教信仰与文化精神。人物纹在江西地区商周青铜器中较为少见，但也有一些精彩的例子。例如，商双面神人青铜头像又叫双面神人青铜面具，是国内迄今所见唯一的商代双面青铜面具，其造型神秘而威严，呈对称状，半人半神，表现出古人关于天圆地方以及连通鬼神的观念。受对骨骼崇拜的观念影响，先民在塑造人物纹的时候容易以骨骼头颅作为纹饰基础。双面神人青铜面具的头部是中空扁形，两面相互对称，眼窝下凹，眼球圆凸，内开圆洞宽大的嘴巴除整齐的两排八颗方牙外，还显露两颗獠牙。旁安两耳，顶插双角，饰阴线卷云纹。其上圆、下方的造型和古人天圆地方的理念相通，寓意神人贯通天地的能力（图五）。此外，面具的顶部可以插羽毛，底部装有木柄，这进一步强调了其用于祭祀的目的。这件面具主要是用于祭祀活动，因此它充满了神秘和诡异的气氛，让人心生敬畏。

总的来说，双面神人青铜面具以其独特的造型和精美的纹饰充分展现了商代南方青铜铸造技术的精湛，同时也体现了当时社会的信仰和艺术水平。商双面神人青铜头像能够将人性与神性完美融合，反映了商代南方独特的信仰崇拜，具有极高的文物价值。

三　基于图像学角度的江西商周青铜器纹饰特点

（一）纹饰图案具有多样性与复杂性

青铜器纹饰中常常包含一些象征性的符号，如神兽、神人、祥云等。这些符号代表了古代人们对于宇宙、神灵以及吉祥之物的崇拜和追求，给人以一种神秘、庄重的感觉。商周时期的青铜器纹饰不仅样式丰富，注重突出青铜器物的形态特征，不管是几何纹还是动物纹，其分类下还有各类小纹饰，而且各类纹饰之间还会相互搭配使用，这也使得青铜器上的纹饰更具多样性。而纹饰形式的复杂性体现在纹饰背后通常含有一定寓意。纹饰的选择通常与当时所处时代的政治经济文化发展水平有关，商周时期的社会生产力尚处于低级阶段，一切生活来源都需要依靠大自然的馈赠，这使得商周先民往往对大自然心存敬畏，但同时心中又有想要征服大自然的欲望。加上当时商周仍处于奴隶制时期，阶级矛盾非常激烈，普通百姓生活苦不堪言，于是他们开始寄托于幻想中的神，这种幻想后续也被人们篆刻进了青铜器纹饰中。[6]这种复杂的心态也影响了商周先民在纹饰方面的艺术创造，以此也增加了青铜器纹饰的神秘性与复杂性。

（二）纹饰图案具有独特的社会对称性

青铜器纹饰通常具有较强的对称性和平衡性，通过将图案和符号在纹饰中左右对称或上下对称排列，使得整个纹饰呈现出一种和谐、稳定的美感。这种对称性反映了当时的社会结构和文化观念，也是青铜器作为一种象征性的物品所体现出来的特点。在江西地区商周青铜器的纹饰图案中，常常可以看到左右对称、上下对称以及中心对称的布局。这种对称的布局反映了当时社会对于秩序和平衡的追求。同时，这些纹饰图案也是为了强调青铜器本身的庄重感和稳定性。另外，青铜器上的纹饰图案也具有一定的社会意义。例如，动物纹饰通常象征着力量、勇气和狩猎等意义，而几何纹则是规律、秩序和权力的象征。这些纹饰图案的应用，不仅增加了青铜器的艺术价值，也体现了当时社会对于权力和秩序的追求。

（三）纹饰结构体现出独特的叠加层次感

青铜器纹饰多采用多层次的叠加方式，通过将不同的元素、图案和符号组合在一起，形成复杂而精细的纹饰效果。这种多层叠加的手法使得纹饰具有层次感和立体感。商周青铜器纹饰结构的独特层次感主要表现在以下几个方面：一是立体感，江西地区商周青铜器的纹饰没有局限于平面，而是呈现出立体的效果。例如，有些青铜器上的动物纹饰，通过雕刻和铸造的手法，使得动物形象更加逼真，具有很强的立体感。二是在青铜纹饰中极为注重主次关系，主纹和地纹的关系处理得非常得当。主纹通常是主体形象，如动物、人物等，而地纹则起到衬托的作用。这种主次关系使得纹饰整体看起来更加协调、有序。三是层次叠加，商周青铜器的纹饰结构常常呈现出层次叠加的效果，这种层次叠加不仅增加了纹饰的视觉效果，也体现了当时工匠们的精湛技艺。[7]四是细节处理，商周青铜器的纹饰在细节处理上也表现出独特的层次感。例如，动物纹饰的毛发、肌肉等细节部分的处理非常精细，使得整个动物形象更加栩栩如生。这种独特的层次感极大地增加了江西地区商周青铜器纹饰的艺术价值。

（四）纹饰工艺体现出线条流畅的刻花水平

商周时期的工匠们在设计青铜器纹饰时运用了各种刻花技术，如阴刻、阳刻、镂空等，使得纹饰线条流畅、细腻，具有很高的艺术价值。例如，在动物纹饰中，工匠们将动物的形象刻画得非常逼真，细节部分的处理也非常精细。又如，在几何纹饰中，工匠们运用了各种不同的纹样和组合方式，使得几何纹饰看起来既简洁又美观。此外，江西地区商周青铜器纹饰工艺还体现出了铸造技术的高超水平。当时的工匠们已经熟练掌握了铸造技术，能够生产出各种不同形状和大小的青铜器。同时，他们还运用了不同合金的配比，使得青铜器的质地更加坚韧耐用。总之，江西地区商周青铜器纹饰工艺是工匠们技艺精湛、艺术水平高超的重要体现。

四 总结

中国自古以来就有“图像证实”“图像证史”的观念。现当代以来，先有王国维先生提出“二重证据法”，后叶舒宪在其理论基础上拓展至“四重证据法”，即史料文献（地上）、考古发现（地下）、“深耕”解释和图像的神话原型。基于此，有必要通过图像各元素之间的联系，试图还原图像背后所反映的社会、文化、生活等层面的寓意，从而达到“图像证实”“图像证史”的功用。

综上所述，江西商周青铜器纹饰具有图案对称形式美、结构叠加层次美、工艺线条流畅等特点。商周时期是青铜器发展的一个重要阶段，对该时期的青铜器进行研究显得尤为必要。江西地区商周青铜器的纹饰类型具有多样性和复杂性，能够充分体现当时社会文化的丰富性和复杂性，是古代文化的瑰宝，具有独特的历史和文化价值。通过研究江西地区商周青铜器纹饰的特点，我们可以更好地了解青铜器纹饰的制作工艺、材料特点、保护方法等，进而为保护文物提供科学依据，同时也可以为后人留下宝贵的历史遗产，有助于更好地传承和弘扬中华文明。

注释：

[1] 欧阳英：《杰克·德·弗拉姆·马蒂斯论艺术》，山东画报出版社，2004 年，第 37 页。

[2] 唐宏峰：《“图像—历史”：“历史 3”何以可能——对图像证史的反思》，《探索与争鸣》2020 年第 3 期。

[3] 周晓敏：《宝鸡出土周代青铜器的美学内涵及纹饰转化设计研究》，《美术教育研究》2023 年第 11 期。

[4] 黄厚明：《青铜器纹样研究的两种视野与“关系美学”的建构》，《南京大学学报（哲学·人文科学·社会科学）》2023 年第 2 期。

[5] 刘畅：《商代青铜器纹饰的审美特征探赜》，《收藏与投资》2023 年第 2 期。

[6] 杨小明：《商周青铜器纹饰的艺术研究——以对称特点及其蕴含为例》，《中国包装》2021 年第 10 期。

[7] 谢馨熠：《商周青铜器装饰纹饰的形式美研究》，《艺术品鉴》2020 年第 33 期。

从林校车马坑青铜器看洛阳盆地西周青铜器的文化归属

Cultural Ascription of Western Zhou Bronzes from the Luoyang Basin as Seen from the Horse and Chariot Pit in the Forestry College

洛阳博物馆　高西省

Gao Xisheng, Luoyang Museum

内容提要：本文从洛阳林校西周车马坑出土青铜器的文化因素分析入手，通过对洛阳地区西周青铜器文化因素及含族徽铜器族属的探讨，认为洛阳地区作为“天下之中”，作为三代更迭的中心，西周青铜器的文化因素构成较为复杂多样。指出洛阳盆地西周青铜器包括来自东土商人氏族及商移（遗）民的青铜器，从西土关中迁移到洛邑成周的周人的青铜器，来自北土移居洛邑的方国他族周式青铜器，以及洛邑地区本土的夏遗民和西南地区的巴蜀式青铜器。

关键词：林校　洛阳盆地　西周青铜器　族徽铜器　文化归属

Abstract: This paper, starting with the analysis of the cultural elements of bronzes from the Western Zhou horse and chariot pit excavated at Luoyang Forestry College, and through the discussion of Western Zhou bronze cultural elements and the clans that owned the bronzes with family emblems in the Luoyang region, believes that in the Luoyang region as “the center under heaven” and as the center of turnover of three dynasties the composition of Western Zhou bronze cultural elements show complexity and variation. It points out that Western Zhou bronzes in the Luoyang Basin includes those of east merchant clans descendants of the Shang dynasty, those of people who migrated from Guanzhong in the west and other groups from the north, and those of the local descendants of the Xia dynasty and of people from the Bashu region in the southwest.

Keywords: Forestry College; Luoyang Basin; Western Zhou bronzes; bronzes with family emblems; cultural ascription

洛阳是西周王朝东都“成周”所在。《尚书·大传》载洛诰有“五年营成周，六年制礼作乐……”，《逸周书·作洛》：“周公敬念于后曰：‘予畏周室不延，俾中天下。’及将致政，乃作大邑成周于土中……以为天下之大凑。”据西周铜器何尊铭文记：“唯王初迁，宅于成周……”从此洛阳成为统治四方的政治、军事都邑。至今，这里遗留下极为丰富的西周遗存。几十年来，洛阳出土的大批西周青铜器，与西土关中地区的西周青铜器具有明显的一致性。但由于洛阳特殊的地理位置，是四方的中心，又是三代政权更迭的所在地，明显打上了商文化烙印。据文献记载周初灭殷后又迁殷遗民于洛邑。《尚书·周书·多士》曰：“成周既成，迁殷顽民，周公以王命诰，作《多士》。”《今本竹书纪年》云：“（成王五年）夏五月，王至自奄，迁殷民于洛邑，遂营成周。”所以，商文化因素直到西周后期仍在沿用，一些青铜器仍保持了浓郁的殷人风格，一些青铜器则可能就是殷人的铜器，只是“分器”[1]后带入洛阳地区或殷移民直接带入洛邑的；大批青铜器则是典型的周人风格，一些则可能是他族旁国青铜器，这表明洛阳盆地青铜器的文化面貌比较复杂且耐人寻味。

洛阳地区多年来出土大量西周青铜器，主要代表是20世纪30年代马坡村出土铜器群，其次是20世纪六七十年代北窑西周墓地先后发掘出土的大批青铜器，还有配合城市建设零星清理的几百座墓葬青铜器。它们集中在瀍河两岸的塔湾、马坡及老城东关和北窑等地，同时在杨文、小李村均有发现，特别是林校车马坑出土一批青铜器的文化因素，体现出与多方文化交集汇聚的特质。故笔者将从林校青铜器文化因素分析入手，对洛阳盆地西周青铜器文化因素及含族徽铜器族属进行探讨，解读洛阳作为三代王朝更迭中心的政治、历史地位。

一

洛阳东郊瀍河东岸林校车马坑系1993年发掘。该车马坑为长方形竖穴土坑，车马坑上层出土铜尊、铜铙、铜提梁卣、铜四足器座及瓷瓮、瓷尊，下层埋葬一车四马，车厢前半部堆放矛、刀、剑、戈铜兵器。[2]这批青铜器计有：尊1、提梁卣1、铙3、四足器座1、罍3、钺1、直内戈2、戟2、矛5、刀2、剑1，共22件。由于这批青铜器文化因素的构成明显反映出了同西土、东土、北方及西南周边的交集性特征，所以下文以林校群为坐标，将该地区青铜器分为五群进行探讨。

A群，典型商文化铜器或具有浓郁商文化特色的青铜器。

林校出土的此群铜器有编铙3，提梁卣1，共4件。这套编铙是典型的商式扁矮体造型及编组（图一，1）。西周扁铙很少见到，曾在宝鸡竹园沟M13出土1件[3]，鹿邑县太清宫商末西初大墓出土6件[4]。鹿邑铙明显区分为两套，方建军先生指出每套有一定的音程关系，可以确定3件成编。[5]该大墓墓主属于殷人或殷遗民，被认为是周灭商后，殷人臣服于周，死后按殷礼埋葬。[6]商铙集中出土在安阳殷墟，据殷玮璋先生统计传世及考古发掘品约87件，最大者通高不超过21厘米，最重者1.32公斤。[7]商铙绝大多数3件一组成编，5件成编者仅妇好墓一例。[8]林校3件编铙从其形制、结构、大小、纹样、组合等方面看完全具备商铙的特征。所以这套编铙很可能是商人铜器，亦可能是殷移民在西周初年铸造的。

兽面纹提梁卣具有典型的商文化特征（图一，2），在关中西部常可见到。比较早的有岐山贺家M1龙纹卣[9]、陇县韦家庄卣[10]、宝鸡峪泉父辛卣[11]、泾阳高家堡M4二卣[12]。这些卣形制与林校卣极似，提梁与殷墟商代晚期卣呈圆弧形绳索状、两端无兽头的特征几乎全同。但关中地区成康时期的卣提梁两端普遍有兽头，体、盖多

图一　A 群青铜器

1. 编铙　2. 兽面纹提梁卣　3. 保尊　4. 保卣　5. 母嫯方罍　6. 弓爵　7. 丫射尊
8. “□”爵　9. 云雷纹觚　10. 曲内戈　11. 嵌绿松石曲内戈　12. “登”卣　13. “登”尊

出现高扉棱。如竹园沟 M7 伯各卣[13]、高家堡 M2 卣[14]、贺家 M1 丙卣[15]。而乙辛时期的二祀邲其卣、六祀邲其卣[16]形制、纹样风格均同于关中西部最早的提梁卣，这类卣在中原地区商代晚期极为流行，是典型的商器之一。显然，林校卣既具有商末或商周之际卣的特征，又具有关中西部成康时期卣提梁两端有兽头的特征，却无这类卣体上之扉棱。可见，其除具有浓郁的商卣造型特征外，又有自己的一些特点。

林校以外、洛阳盆地大量青铜器中属于该群的青铜器占有一定的数量，这些铜器均具有非常典型的商文化特征，有些几乎完全相同，有些或具有鲜明的商文化因素。主要为酒具及兵器。如：马坡的保尊（图一，3）、保卣（图一，4）、召尊、召卣[17]，北窑的母嫯方罍[18]（图一，5），伊川的“子申父已鼎”[19]，偃师的“弓”爵[20]（图一，6），钢厂的丫射尊[21]（图一，7），五女冢“□”爵（图一，8）、云雷纹觚（图

图二　B 群青铜器

1. 兽面纹大口尊　2. 铜戟　3. 长援直内戈　4. 铜矛　5. 臣辰盉　6. 作册大方鼎　7. 令方彝　8. 叔牝方彝　9. 兽面纹方鼎　10. 兽面纹方座簋　11. 王妊簋　12. 白懋父簋　13. 太保蕃戈　14. 史畆敏尊　15. 考母壶　16. 考母罍　17. 戈觯　18. 兽面纹圆鼎　19. 芮伯卣

一，9）、铜鼎、铜甗、曲内戈[22]（图一，10），洛阳博物馆藏的兽面纹斝、大口尊、十字镂空觚、甗、嵌绿松石曲内戈（图一，11）等[23]，北窑“登”卣（图一，12）、“登”尊[24]（图一，13），东郊机务段[illegible]尊，等等。

B 群，典型西周文化铜器或具有典型西周铜器风格的青铜器。

林校出土该群铜器有尊 1、铜戟 2、戈 1、矛 5，共 9 件。兽面纹尊（图二，1）是周人非常流行的高扉棱三段尊，与商人折肩三段尊有显著的区别。同宝鸡何尊[25]、扶风庄白商尊、折尊[26]，竹园沟 M7 伯各尊[27]，高家堡 M1 龙纹尊[28]极其一致，为典型的周文化铜尊。两件相同的铜戟（图二，2），多见于洛阳西周墓中[29]，集中在关中西部，宝鸡峪泉沟[30]、岐山贺家[31]、扶风刘家[32]等，琉璃河燕国墓地[33]常见。铜戟在商人兵器中极少见，被认为是周人特有。论其年代，最早的贺家、高家堡及峪泉沟铜戟，均可到先周晚期或商周之际，这种铜戟为典型的周人兵器无疑。长援翼耳直内戈（图二，3）及形制相同五件铜矛（图二，4）均为典型的周人风格。尤其铜戈最大特点在于以双翼耳夹柲区别于常见有穿直内戈。这类戈在北窑西周墓地多有发现[34]，集中在竹园沟及临近的灵台西周墓地，在其周边的扶风、岐山、凤翔多有发现。特别与宝鸡竹园沟 M20[35]、灵台白草坡 M2[36]及昌平白浮西周墓同类戈极似[37]，

图三　C 群青铜器

1. 双面人四管器座　2. 镂空条纹直内钺　3. 翼耳斜援戈　4. 斜线纹鬲　5. 带流觯
6. 人形车辖　7. 干首　8. 登斝　9. 召伯虎盨　10. 圭形器

是颇具特色的周文化铜戈。

林校以外、洛阳大量西周青铜器中属于此群的主体，数量大，且类别齐全，包括食器、酒器、乐器、兵器、工具、车马器等。主要体现在食器及兵器上。如：马坡[38]效卣、效尊、作册䣄卣、臣辰父乙簋、臣辰盉（图二，5）、臣辰卣、作册大方鼎（图二，6）、令方彝（图二，7）、令方尊、令簋等，北窑[39]叔牝方彝（图二，8）、兽面纹方鼎（图二，9）、兽面纹方座簋（图二，10）、王妊簋（图二，11）、白懋父簋（图二，12）、太保萁戈（图二，13）、史䚄敏尊（图二，14）、考母壶（图二，15）、考母罍（图二，16）、戈觯（图二，17）、兽面纹高圈足簋、柱足圆鼎（图二，18）、立耳鬲、甗及大量直内戈，戟、钺、矛等，白马寺西周墓鼎、甗、盘、圆簋、扁盉、贯耳壶、矮体觯[40]等，东郊西周墓鼎、匜、扁体簋[41]，中州路编钟[42]，东郊芮伯卣[43]（图二，19），等等。

C 群，独具自身特色的改进型青铜器。

林校出土该群铜器有器座 1、钺 1、戈 1，共 3 件。双面人四管器座极为罕见，作四细高管间十字形梁上置双面半身圆雕人造型（图三，1）。双面人胸前铸“遣作[illegible]”三字。这类铜器目前仅 4 件，它们共同特征是有竖立的三或四长管，并以不同的形体与四管连铸。另外 3 件分别为：殷墟西区 M82[44] 出土 1 件为四管间以圆形中有孔与四管连接；贺家一号墓[45]出土 1 件为四粗管间以上下贯通、圆孔方形连接，一端伸出长颈兽头，两侧各有兽头鋬；故宫博物院所藏 1 件则为三长管[46]。可见林校这件器座异常特殊。西周双面人铜像仅在辛村墓 M21 出土 1 件[47]，江西新干大墓曾发现过铜双面人首形神器[48]。很显然，该器座是本土工匠对商周同类器进行借鉴、变异改进后的产物。

镂空条纹直内钺极富特色，极罕见。钺体最突出的特点是内为歧角，援中为镂空条纹（图三，2）。就笔者目前所见与之接近者有二：林巳奈夫《中国殷周时代的武器》著录白鹤美术馆藏 1 件，另 1 件著录于《欧洲所藏中国青铜器遗珠》附录。它

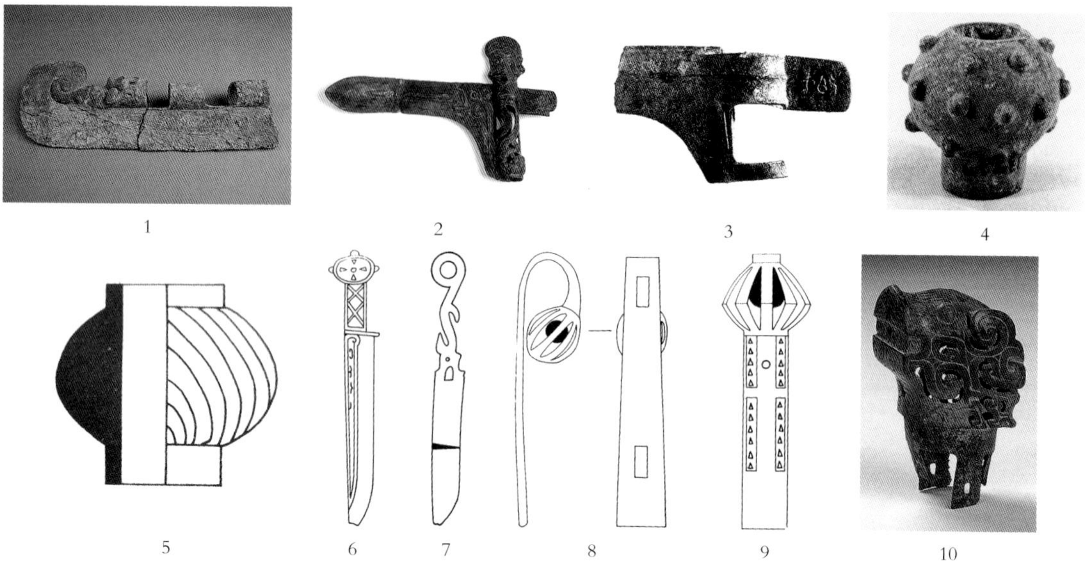

图四 D群青铜器
1. 三銎卷首刀 2. 镂空长管銎人首戈 3. 双环銎直内戈 4、5. 殳 6. 直背铃首削 7. 龙柄削
8、9. 镂空铃首形器 10. 镂空兽形铃首刀柄饰

们较林校钺形体稍大，纹样更为繁缛华丽但无镂空条纹，林校钺这种异常装饰特征明显区别于商周流行的形式。另一特点是内作三齿状。这在洛阳西周兵器上常可见到，如北窑 M216、M210 戈内作三齿状[49]，M141 为三齿内戟[50]，而在关中西部及其他地区西周青铜兵器中不多见。所以，该钺很可能是洛阳工匠的改进型器。翼耳长胡戈宽援斜上冲别具个性，与西周时期流行的同类戈有明显区别（图三，3），是同类戈的变异型。

林校以外、洛阳大量青铜器中属于C群的数量不多，且他区往往未曾见过，颇具特色，集中在北窑西周墓地。如 M401 无耳尖锥足斜线纹鬲[51]（图三，4）与关中常见的西周铜鬲不同，而与洛阳西周同类陶鬲极其接近；M418 两件觯均带流[52]，在商周觯的大家庭中不多见（图三，5）；M451 一对个头高大、束高髻，作跽坐状的人形车辖[53]，别具个性（图三，6）；M359 素面方盒形器[54]，作极其特别的方体上下两半扣合型；M453 "南"干首[55]（图三，7），形似矛，但体两端翘出刀形勾，设计别出心裁。而登墓的登斝[56]与商、西周早期常见的斝明显有异，如果取其柱及鋬，俨然就是一件西周罐形铜鼎（图三，8）。它是工匠将殷墟罐形器同鼎柱足、斝柱及鋬铸为一器的另类形式。召伯虎盨及无铭盨[57]则与关中流行的铜盨几乎没有区别，只是腹下直接加铸四高柱足（图三，9），这无疑是对常见铜盨进行改进的产物。该墓四件铜薄片圭形器未曾见过，很可能是仿同类玉器所为（图三，10）。

D群，具有显著的北方青铜文化风格的青铜器。

林校该群铜器为两件相同的三銎卷首刀（图四，1）。这类以多个环銎置柲的大型刀数量不多，相对集中在黄河两岸的陕北、晋西北交界处的石楼义牒[58]、绥德后任家沟[59]、延长家堡张家沟[60]及殷墟戚家庄[61]等地。在洛阳这类刀属首见，与殷墟1713墓刀相近[62]，与之极似者要数《西周铜器断代》所著录传浚县辛村出土的“康候刀”，显然该三銎卷首刀是殷墟这类刀的延续。我们知道，以銎置柲的兵器在北方地区广为流行，这件刀具有浓郁的北方青铜刀特色，应是北方同类青铜器发展而来的。[63]

林校以外、洛阳大量青铜器中属于D群的数量寥寥无几，集中在北窑墓地。如镂空长管銎人首戈[64]（图四，2），它是以周人常见的直援有胡直内戈与北方草原兵器以銎置柲装柄方式合璧的产物；M333双环銎直内戈[65]（图四，3），同样是两种装柄方式的合体；M137、M52出土的殳（图四，4、5），也称权杖头，在宝鸡、扶风西周墓均有发现，是一种流行于北方草原地区的砸击兵器[66]；M41出土的直背铃首削（图四，6）及龙柄削[67]（图四，7），M216、M215的镂空铃首形器[68]（图四，8、9），M174镂空兽形铃首刀柄饰[69]等（图四，10），具有鲜明的草原风格。这种镂空铃首形器，广泛流布于北方青铜文化区域，具有突出的北方系青铜器特征。

E群，具有巴蜀文化特色的青铜器。

林校该群铜器有小列罍3、短剑1，共4件。这套列罍与商末周初常见的直口、短颈、矮圈足罍有较大区别（图五，1）。与此造型、大小极为相似者，茹家庄M1出土一件。[70]而这种风格的大型罍在琉璃河[71]、竹瓦街[72]、喀左[73]及岐山[74]均有发现。竹瓦街罍最高者达69.4厘米，贺家罍高33厘米。这些西周早期铜罍恰好分布在我国边地半月形文化传播带上[75]，明显存在传播、交集、互动关系。

该型铜罍被认为是蜀文化青铜礼器中的重器[76]，明显区别于中原以鼎、簋组合的“列器”制。竹瓦街铜罍先后发现9件，其中1959年出土1大4小5件[77]，1980年出土4件。[78]1959年出土5件中的2件与林校罍极似，唯形体较大。这些罍普遍

图五 E群青铜器

1.铜列罍 2、3.扁茎短剑 4.三角援戈 5.小铜罍

被认为是仿中原并经改造后在四川铸造的。但茹家庄、贺家、琉璃河此种形制的铜罍均单件随葬，只有林校三件高分别为17.5、16.5、15.7厘米的列罍。強氏墓地被认为是由汉水流域北迁的巴蜀族墓地。[79]雷兴山等先生指出，三件套所体现的礼制，可视为蜀礼的特质，即三件套的蜀礼。1959年竹瓦街三件涡纹罍属于“二同一异”的三件套。[80]可见西周早期成周族人与关中蜀族已开始互动。扁茎柳叶形铜短剑（图五，2）同关中西部同类剑相同，特别与竹园沟M4、M13短剑极似，是关中西部扁茎短剑的典型式样，具有鲜明的巴蜀铜短剑风格，溯其渊源当在川西地区[81]，而其最早发源地应为学界公认的两河流域。

林校以外、洛阳大量青铜器中属于E群的、具有巴蜀文化特色的青铜器极少见。如北窑西周早期M215短剑（图五，3）及

M155 三角援戈（图五，4）[82]。这些兵器在关中及洛阳并不多见，而在汉水流域早期巴蜀文化及宝鸡強氏墓地多有发现，是巴蜀文化特色的铜兵器。[83] 北窑 M37 小圆罍 [84]（图五，5）与宝鸡強氏墓地、前述林校列罍及巴蜀铜罍形制风格极其一致，而同商周时期流行的大型短颈、矮圈足铜罍有较大的区别，具有鲜明的巴蜀文化特色。

综合以上论述，虽然林校车马坑出土青铜器的数量不算多，但青铜器文化因素的构成却复杂多样，同洛阳盆地大量西周青铜器所反映的由来自四方文化因素构成的特征基本吻合。洛阳西周青铜器明显表现出以西土典型的周人及周人风格青铜器为主体，来自东土商文化铜器或具有浓郁商文化特色的青铜器占有一定数量，以本土改造型、来自北土文化因素的北方式青铜器为特色的特征，来自西南巴蜀文化因素的巴蜀式铜器较为罕见。

二

在上文中笔者从林校出土青铜器入手就洛阳地区出土西周青铜器的器形、纹样、组合等进行文化因素梳理分析。在这些青铜器中不乏族徽铜器，它们对于部族迁徙、文化互动交流及文化归属的研究更具价值。这一地区族徽铜器主要有“”、、登、、、、单、覃、亚等，往往成组群出土，与他区往往单件出土的情况有一定区别，具有鲜明的政权更迭，区域部族互动、交集、融汇的文化特征。

登组铜器为 1971 年北窑西周早期墓出土，共随葬青铜器 9 件 [85]，其中登卣 1、登尊 1、登斝 1、登觚 1、登爵 1，还有戈觯 1、戈爵 1、无名铜鼎 1、簋 1。此墓为长方形土坑竖穴式，墓底有腰坑，坑内有狗架，其墓主为“登”无疑。“登”器发现较少，辽宁喀喇沁左翼蒙古族自治县小波汰沟曾经出土一件商代登逆方罍 [86]。

甲骨文有：

“登来”。(《合集》24648)

“登……(方)”。(《卜》664)

登是学界公认的北方方国人名，其地望在山西石楼一带。洛阳登器组合以酒器为主，前文已指出其造型纹样具有鲜明的商文化特色，登部族葬俗几乎同于商人，可见，其使用了商文化，或者就是商人的一支。西周早期登墓在北窑铸铜作坊中心区被发现，表明登很可能就是迁居到成周的殷遗铸铜工匠。[87] 虽然该部族随周灭商后为周贵族，但作为商移民仍然保留了本族传统习俗，很可能由晋南迁洛。

洛阳发现较多“”族徽铜器，经过发掘出土的有两组。1972 年洛阳东郊机车厂 M13 出土铜鼎 1、甗 1、簋 1、尊 1、爵 2、觯 1，共 7 件，其中甗、簋、尊铸有“”祖丁或“”父丁。[88]1998 年纱厂西路五女冢 M1519 出土铜爵 2、觚 2、曲内戈 3、环銎戈 1 等青铜器，其中 2 件铜爵鋬内各铸有“”族徽。从发现的两座墓的葬俗及随葬青铜器看，具有典型的商文化特征，属商末。[89]

“”族徽，学界一般释为“冉”字，是商周时期非常活跃且强大的族群，铸造过大量青铜器。邹衡先生曾收集 250 件左右 [90]，近十多年来宝鸡石鼓山 M3、洛阳五女冢墓等先后出土多件，总数已超过 300 件。[91] “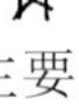”族铜器绝大多数单独出现，出土地点主要分布在安阳和洛阳。其他地点多为单器散点式分布，鹤壁、辛村仅几件，山东临朐及关中西部石鼓山、戴家湾、礼村，湖北鄂城，湖南宁乡，辽宁喀左也有发现。这些铜器绝大多数属商代，最晚可到西周穆王前后。邹衡先生认为，山东、湖北、湖南及豫西等地出土的“”器，当

是共工氏的后代在夏商时期迁至各地遗留者。[92] 李学勤先生指出“□”是商代金文中最重要的族氏之一，很可能是商王朝王族的一支。[93]

《善彝图》111 著录一件周初北子为父辛作“北子‘□’父辛”（盖上）铜卣，器铭“‘□’父辛”。湖北江陵西周墓出土“北子‘□’”鼎、“□北子‘□’”甗各一件[94]，曹定云先生认为此北国当以“□”为国族铭，是中国古代北方的一个小国。[95] 该北国应是“□”族的一个分支。

除殷墟外，洛阳“□”族铜器与其他地点不同的是成组随葬。一组“□”族铜器所在的东郊机车厂 M13 随葬礼器共 7 件，其中 3 件有“□”族徽号，显然为“□”族墓。该墓为长方形土坑竖穴墓，墓底有腰坑，随葬陶器具有典型殷墟风格，且这座墓位于东郊殷移民墓区内，无疑是一座西周早期殷移民墓。二组五女冢两座长方形竖穴墓均有腰坑，且随葬典型的殷墟风格青铜兵器及礼器，年代属于商代末期。M1519 虽仅随葬 4 件铜礼器，但两件为“□”爵，该墓同样为“□”族墓。看来商代末期一些“□”族已移居洛阳。周灭商后这里虽为东都成周，但殷移民使用的铜器仍然保留了浓郁的本族特色。

洛阳发现的“戈”族铜器并不多见。西周早期“登”墓出土“戈”父己爵、戈觯各 1 件。[96] 传洛阳出土属于商代末期的还有戈卣 1 件、戈簋 2 件、戈尊 1 件。

戈族是一古老且繁盛的大族群。出土青铜器数量颇丰，且出土地点集中在安阳、泾阳及洛阳，山东、河北、辽宁、甘肃、四川、湖南也有发现。邹衡先生搜集数达 160 余件，加上近十多年出土近 40 件，总数在 200 件左右。特别值得关注的是周原齐家村出土的大型戈父己鼎，残高达 70.5 厘米，口径 63 厘米。[97] 这些铜器上除单铸“戈”铭外，还有复合形族徽，如与天、与己、与“亚”合署关系。可见戈族之繁盛。邹衡[98]、戴应新[99]、张懋镕[100]、杨肇清[101]等先生对其进行研究。邹衡先生指出“商周时代的戈族很有可能就是夏的遗民”，李伯谦先生指出甲骨文中“妇戏”残辞应是嫁予商王为妇的戈族女子的称呼，戈族与商族乃世代通婚的族氏之一。[102] 可见，戈族非商人且与商人通婚的特征极为明显。曹定云先生云：“汤灭夏之后很可能将此戈国封给夏之后裔，就像周灭殷之后，仍将宋封给微子启一样”，[103] 所论极是。

从商代殷墟一期甲骨文记载的戈人与亘方舌方的关系来看，戈族曾受商王的调遣，参加伐吕和亘等敌对方国的战争，如甲骨文有：

> 辛丑卜穷贞，叀羽命氏戈人
> 伐吕方，戋，十三月。（金璋 522）
> ——戌卜穷贞，戈执亘。（粹编 1165）

吕方和亘方均为殷西北方的敌国。既如此，作为夏人发迹之地的豫西的洛阳地区自然应该是戈族的原居地，而戈人作为大邑商的附庸，受商人的奴役，处境艰难是可想而知的。《史记 · 夏本纪》中有戈氏，文曰：“禹为姒姓，其后分封，用国为姓，故有夏后氏，有扈氏……戈氏。”《潜夫论 · 五德志》：“姒姓分氏，夏后，有扈氏……戈皆禹后也。”所以戈族既不是商人，也不是周人，而是使用了商文化的夏遗民。泾阳高家堡戈族墓地及器群的发现，是商末周初夏遗民中的一部分向西北迁徙的见证。[104] 由于地理环境的特殊原因，夏、商、周三代更迭在洛阳完成。发迹于渭河流域的关中地区周人，灭商后虽在洛邑建有成周，但很可能仅限于高级贵族移居这里。商人灭夏后虽在这里建有控制夏遗民的偃师商城，但长期以来这里发现的商代遗存极其少见（详见后述）。故此，我们认为发迹于这里的夏族很可能一直居住延续于此。实际上洛阳西周墓出土陶器别具特色，具有非常突出的殷人风格，很可能与当地原居的夏遗民有关（详见后述）。

洛阳出土的“𠘨”族铜器，张剑先生文中记载有鼎、甗、觚、爵等6件，一鼎和两觚同铭“𠘨父一”，一鼎铭“𠘨父戊”，一甗仅有“𠘨”，一爵铭“𠘨祖己”三字。鼎、甗、爵均藏于河南博物院，觚藏于热河行宫[105]。邹衡先生文集中还有1件“𠘨猷”卣，1件“𠘨父戊”鼎系1929年洛阳马坡出土，饰双弦纹，为西周早期。

𠘨类族铜器也是比较兴旺的，出土数量也比较大，其延续时间从殷墟二期至西周早期。发现数量近百件，殷墟出土8件[106]，其中殷墟苗圃南地58号商墓𠘨器成觚、爵一套组合，被认为是𠘨族墓无疑。[107]除殷墟之外，出土地点集中在宝鸡和洛阳。宝鸡戴家湾1件𠘨父乙觯为典型的商末或周初之物。[108]宝鸡纸坊头M1 𠘨父乙觯与戴家湾觯同为𠘨给父乙作器。岐山贺家村1件𠘨壶[109]、陇县南村1件𠘨祖丙爵[110]、韦家庄1件𠘨鼎[111]、扶风齐家村19号墓1件父乙𠘨甗[112]均为典型的西周早期器。传河南浚县的1件𠘨卣[113]，辽宁喀左县山弯子的1件𠘨父甲簋[114]同样系西周早期。《考古图》54著录太原东寿阳县紫金山的1件𠘨己爵，邹衡先生指出为商代晚期，𠘨是周族中著名的氏族，早期曾住在太原附近，克商后，某些支族已迁居洛阳附近。[115]据甲骨文所见，商晚期该地区的敌对方国甚多，他们绝大多数是长期居住在这里的畜牧部族和小部族。学界一般认为周人是不用族徽也不用日名的[116]，而𠘨族人既用族徽又用日名。所以，此族不是周人，而是商人或商移民。从考古发现看，𠘨族铜器集中出土在殷墟，且有成组器同墓随葬，其他地区几乎均为散点式或零星分布，也就是说这些铜器应为外来之器。洛阳𠘨器显然为殷移民之物，但不排除他们是居住在晋南使用商文化的北方族氏，后移居洛阳。

“”族铜器为1929年洛阳东郊马坡村出土。同批包括二器组，一组为令家之器，一组为臣辰（也称士上）之器。[117]令家之器有作册令方彝1件、作册令簋2件、作册令方尊1件、作册大方鼎4件[118]，其铭末均有册册或册族徽名，年代为学界公认的康召时期。郭沫若认为作册大是作册令之子，父子同官，其为作册世家。[119]张懋镕先生指出凡是族徽文字与册或册册连缀出现，表明此氏族为作册世家。[120]周原微氏家族是学界公认的殷移民，且世代为史官，其族徽文字与册册组合同作册令方彝、作册令簋、作册大方鼎一致，且令彝称其父为父丁，丁是庙号，这种以日铭称谓是商人的称谓习俗，他们明显不是周氏族人，应该是殷移民。令家很可能是由殷墟迁移在成周的商人后裔，其青铜器完全周人化。

臣辰器组有臣辰父乙簋1件、臣辰卣2件、臣辰盉1件等，凡数十器，[121]它们虽然年代稍有差异，但几乎均有相同的臣辰“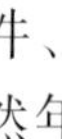”族徽名，显系一个家族。曹淑琴先生将该族徽释为“先”字，并通过大量先族西周青铜器、殷墟甲骨文“伐先”“执先”又有“先侯”，以及商代先组青铜器的研究，指出先国（族）在商王朝时曾是商的外邦方。[122]2001年临汾浮山县桥北墓地盗出商代晚期先觚6件、先罍1件[123]，2003年在此发掘的5座带墓道大墓及26座中小型墓，被认为是商王朝的西北方国王侯首领墓葬。[124]韩炳华认为这一带是“先”族最初居住活动的地区[125]，何毓灵指出被盗的7件“先”名铜器极有可能为桥北M1出土，日本2000年前后收藏的先爵、先觚、先卣各1件及法国收藏的先罍1件、鼎1件和保利的收藏斝1件，很可能出自桥北M1[126]，所论很有说服力。从该墓地葬俗及铜器面貌同商人极其一致来看，显然是“先”族作为小方邦认同商文化并使用了商文化，或者说几乎被商文化同化，只是浮山县桥北先族之“先”同洛阳马坡臣辰组之“先”有明显区别。臣辰组族徽上下之间几乎均作人头形（多系圆圈或扁圆圈，也有实心圈），而桥北先字上下间则为“一”横。曹淑琴先生早年就指出，这两种写法同见于传世的臣辰器，同篇铭文“先”字同样有这两种不同写法，是同一字。[127]若是，这种字形变化是随商周时空转化而发生的，洛阳先族是临汾桥北先氏的后裔无疑。桥北墓地从商代晚期延续到西周中期，五座大墓均有殉人、殉狗、腰坑，出土陶器及被盗青铜器具有鲜明的商晚期文化特色，然而西周早期墓葬陶器则表现出突出的周人陶器特色，这种变化显然是灭商重大事件带来政权变更的体现。洛阳这批先族精美铜器群的发现，反映的正是周灭商后晋南先族群的一支迁移到成周并得到周王重用，其青铜器已经周人化。

2014年宝鸡石鼓山M4出土1件臣辰父乙壶，不仅铭文同洛阳臣辰器相同，且“先”字写法完全一致，它们的年代被定在西周早期，无疑是正确的。[128]2012年该墓地M3出土曲辰癸盘、曲辰父癸爵各1件，先族徽同臣辰器完全一致，年代同样在西周早期。[129]它们为同一家族无疑。所以，石鼓山零散的臣辰父乙壶及2件曲辰器有可能是周初由洛阳流传到宝鸡的，并非与灭商分器有关，这同周亚先生的论述不谋而合。[130]

“丫”类族徽铜器发现较少，仅见一组，为洛阳钢厂西周墓出土[131]，该墓共出土铜鼎1件，甗1件，鼎2件，尊2件，簋1件，觚1件，觯1件，爵2件。其中5件铸有铭文，1件丫射作尊甗、2件丫射尊；另外2件中爵铸铭“射作父乙”，觚铸铭“作父乙”，均无“丫”徽号，林沄先生指出是省略的略词[132]。就是说此墓有5件相同“丫”族徽，该墓为“丫”族墓无疑。从青铜礼器的组合看，是一组酒器觚、爵、觯、尊和一组食器鼎、簋、甗的搭配，显然具有商文化特征。从铜器的造型、纹样看，同样有浓郁的商文化特色。由于这种族徽铜器极少见，且该墓葬结构不清，我们不敢贸然论其原居地，但为殷移民，似无太大的问题。

单族铜器在洛阳东郊唐城花园西周墓M417出土2件，“单作父辛宝尊彝”鼎1件，单爵1件（图六，2、3）。该墓共出土青铜礼器5件，除2件单器外，覃祖辛鬲、交父辛觯及无铭爵各1件，并随葬铜戈、矛及玉钺、玉琮、柄形器等6件。这座墓为小型西周土坑竖穴墓，墓底有腰坑。[133]

单族铜器比较少见，出土地点主要在宝鸡和洛阳。石鼓山M3单父丁卣形体与殷墟这类卣几乎完全相同，属典型的商代晚期之物。扶风曾出土单鼎、单盉各1件，鼎为黄堎乡柳东出土，盉系绛帐征集。[134]唐城花园417号小墓随葬5件铜礼器中单器就2件，从随葬陶鬲、陶簋、陶罐的形制组合及葬俗看（见图六），其很可能为西周早期殷移民单族墓。该墓随葬的覃族器在洛阳极少见到，出土地点主要在安阳，宝鸡、陇县、武功。竹瓦街有覃父癸觯、牧正父己觯各1件[135]，徐中舒指出，二器为战利品，或为周人颁赐的掠获物。[136]竹园沟M13覃父癸爵[137]、韦家庄牧正尊[138]均为典型的商末之物，它们同竹瓦街两器系分器而散无疑。覃祖辛鬲当为单人所得覃族前辈之物。

出土地点在洛阳的亚徽号铜器有 2 件，1 件西周早期亚父乙爵为北窑出土[139]，另 1 件亚口口觚系洛阳东车站 M567 出土。M567 随葬西周早期觚 1 件，爵 2 件，觯 1 件，尊 1 件，共 5 件，墓底有腰坑，为典型的殷遗民墓。[140] 亚徽号铜器数量非常庞大，殷墟有大量出土，该两器很显然为西周早期殷移民铜器。洛阳族徽铜器还有邑、子、交、等，这些族徽铜器几乎均为单件出土，有待新发现进一步梳理。

综前所述，洛阳族徽铜器几乎以西周早期殷移民铜器为主体，往往成组群出土，显然是由殷遗民直接迁徙带来的，同时可见西迁殷人冉族后裔青铜器。也见晋南北方方国或商支系移民认同并使用周文化的先族铜器，而登族青铜器明显保留了殷人传统。尤其是夏遗民戈族青铜器，基本反映的是对周文化的认同和接受，但他们使用的陶器同周人判然有别，且不可避免地带有殷人遗风，具有鲜明的本土特色。

三

前文以林校青铜器文化因素分析入手，就洛阳地区西周青铜器文化因素及含族徽铜器族属的梳理，可以看出洛阳盆地西周青铜器的文化面貌比较特殊，不像西土较为单纯的内涵，显示出这一地区文明因素构成的复杂性和多样性。这种复杂性和多样性正是该地特殊地位所决定的。特别是三代更迭在这里发生，这里是夏人的崛起地，是商人灭夏后重点控制的要害地区，是西周王朝成周所在，是周王朝控制殷人后裔及东南方的中心和重镇。这里迁居有殷人高级贵族及大批殷移民、北方方国高级贵族及少量周人高级贵族，这里是周人认为的“土中”“中国”“天下之中”，自然是“四方辐辏”的中心，自然是多种文化汇聚、交集、更替之地。所以对这一区域青铜器进行研究对于解读历史上王朝变迁，部族互动、迁徙、融合有特殊的意义。该地西周青铜器使用者大体上至少包括下列国族或部族。

1. 包括来自东土的商人氏族及商移（遗）民。这类器主要包括前文中的 A 群青铜器，可直接认为是殷移民青铜器。殷移民使用的青铜器除 A 群外，还包括了 B 群如作册器组、族徽铜器“”器组，C 群富有特色的西周青铜器。这些殷移民在来自周人统治压力及影响下，不得不服从并使用周文化，但又不可避免地打上自己本族习俗的烙印。当然他们不可能全然接受周文化，这主要是因为武王灭商以后，其政治统治中心仍然建在了西土的丰镐—周原一带，洛阳虽建有成周，但不像商灭夏后其统治中心直接建到了夏人的核心区，对夏遗民直接统治。实际上洛阳西周墓葬中大量陶器与渭河流域流行的陶器明显不同，具有典型的商文化特色，与这里大量典型的周文化青铜器形成鲜明反差。尤以西周早期宽卷沿，低平裆或分裆，矮足粗绳纹或麦粒状绳纹陶鬲及多件组小口圆肩罐为典型（图六，4、5、6），而渭河流域这一时期以窄沿，高联裆，高尖足细绳纹陶鬲及侈口折肩罐为典型（图六，7、8），是最具代表性的周人陶器。[141] 李伯谦先生曾指出，洛阳“在发现的贵族墓地中虽可以分辨出代表典型周人礼制和习俗的因素，但居址和手工业作坊址中占主导地位的则是由商代延续下来的代表商人习俗的因素”。[142]

2. 应该包括从西土关中迁移到成周的周人。周人灭商以后并未在殷墟直接建立统治中心，而是建到西土老家关中的周原——丰镐地区。周初鉴于距离殷文化中

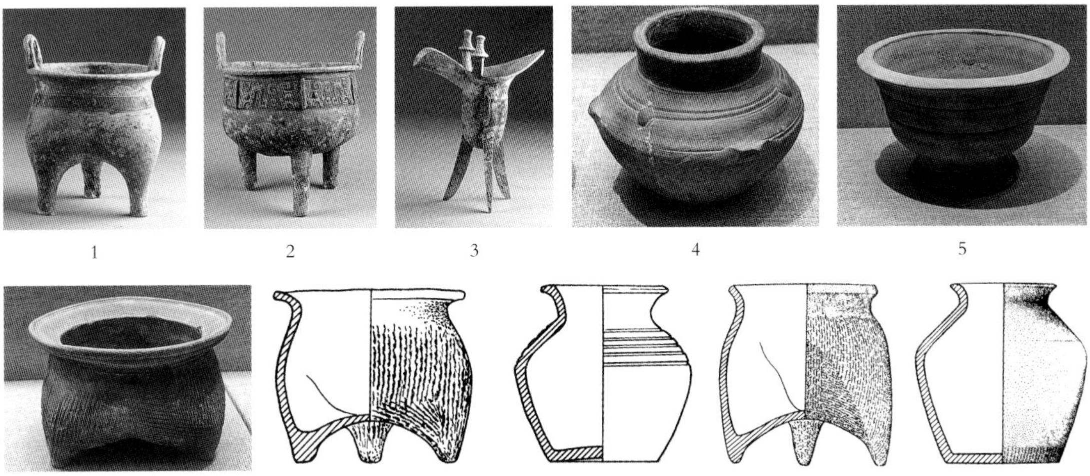

1　2　3　4　5　6　7　8

图六　洛阳唐城花园西周 M417 墓陶器与关中周人陶器比较
1. 覃祖辛鬲（洛阳 M417） 2. 单父辛鼎（洛阳 M417） 3. 单爵（洛阳 M417） 4. 陶罐（洛阳 M417）
5. 陶簋（洛阳 M417） 6. 陶鬲（洛阳 M417） 7. 陶鬲、罐组合（长安少陵原 M238 西周早期墓）
8. 陶鬲、罐组合（扶风北吕五区 M251 西周早期墓）

心遥远，在洛阳建立成周，形成东西两都中轴线互动统治，但并未迁都，不可能有大量周人迁居。即使西周灭亡，能够随周王迁移到洛邑的周人也是很有限的。正如杜正胜先生分析的，宗周灭亡，追随平王东迁的人口只居少数，而且仅限于相当高层的贵族，绝大多数的周人依然留在关中地区。[143] 所以，周初能迁居成周的只能是很小部分周人高级贵族。洛阳盆地西周墓出土的大量陶器（富有鲜明殷商文化特征）中几乎见不到典型的周人风格陶器的事实就是明证。他们的青铜器主要包括 B 群，这群青铜器在洛邑有相当的数量，但确知为周人高级贵族的铜器不多，如王妊簋、白懋父簋、召伯虎盨、太保苪戈等。当然，这里自然包括从关中带来的青铜器。这组青铜器与关中西周青铜器难分彼此，其使用者自然也包括其他部族，如夏移民、殷遗民等。我们知道，西周初年周人使用的青铜器几乎与商人没有区别，就是说也包括了一部分 A 群青铜器。

3. 可能包括洛阳盆地原居的夏遗民。中国第一王朝夏就崛起于这一地区，《国语·周语》载“昔夏之兴也，融降于崇山”，《逸周书·度邑解》则云“自洛汭延于伊汭，居阳无固，其有夏之居”。显然在周人观念里，洛阳盆地就是夏人居地，并未提到商人。二里头遗址是公认的夏晚期都城，商灭夏后直接在夏人腹地建立偃师商城，几乎同时又建郑州商城。而周灭商后是在远离殷墟商人统治中心的西土建立宗周，成王又建洛邑成周，对商文化中心及东南地区管控。考古发现表明，殷墟很少见到周人遗存，洛阳盆地极少发现商文化青铜器，就是商遗址、墓葬也极少发现，显然这里不是商人的聚居地。而郑州商城发现大量青铜器及宫殿建筑遗存，说明商灭夏后洛阳仅建有陪都性质的偃师商城，并没有迁居大量商人。前已指出这一地区主要居民还应是当地的原居人夏遗民。因此，这里不可能发现大规模的商人居址或墓葬。而周灭商后也并未迁居大量周人，所以洛阳盆地西周时期自然应有一定数量夏遗民存在，而前述的戈族铜器就是明证。夏遗民青铜器除戈器外，还可能包括C群青铜器，只不过还不能将之区分开来，在没有铭文或族徽的情况下，也许始终搞不清其族属。

4. 可能包括来自北方方国及其部族。这类器主要包括D群具有浓郁北方草原青铜文化特色的青铜器，如铃首削、铃首饰、管銎戈、双环銎戈等等。当然北方方国部族迁徙豫西后，已经使用完全意义上的周人风格青铜器，如臣辰“先”族铜器，可以说他们已经完全接受并融汇到西周青铜文明之中。“登”墓铜礼器虽仅9件，但无论从葬俗还是青铜器面貌看，显示具有突出的商文化特征。而无铭的鼎1、簋1是典型的周人风格[144]，登斝则是改进后的特色器，戈觯同典型的周觯几乎无区别。显然登族迁居洛阳后已接纳多元的文化交汇。而这些典型北方青铜器的使用者可能包括夏遗民、周人或其他族。

5. 可能包括西南地区的巴蜀部族。这方面考古资料虽不丰富，但E群青铜器的特色还是比较清楚的。考古发现显示，夏人就已与成都平原蜀人有了交集，甚至迁徙部族。如镶嵌绿松石龙纹铜牌在天水及三星堆的发现，二里头遗址的陶盉、陶高柄豆、玉牙璋、玉戈等在三星堆的大量出现，是这种文明交融的直接见证。[145]《尚书·牧誓》记载，参加周武王伐商的西土联军就有蜀。西周早期已有蜀人南迁到关中西部[146]，故此有理由认为，西周时期蜀人移动到豫西是无问题的。

以上分析可见，洛阳盆地西周青铜器的文化内涵构成极具多元包容性。这里仅仅是概要性的论述，当然将这些青铜器的族属一一对应几乎是不可能的，因为一个部族可能使用多种文化，而时代不同，文化背景、地域、环境的差异都可能导致文化面貌的差异。而一种考古学文化的使用者不仅限于一个族，因为考古学文化与族属并非一个概念，同一考古学文化可能包括不同的族属。[147]洛阳特殊的地理环境，特别是西周王朝给这一地区文化面貌注入了内涵多姿复杂的色彩。长期以来这一地区发掘出的大量西周墓被简单地分为殷移民墓或周人墓，这些墓中其实还有夏遗民及其他部族墓。只有潜心玩味，才可能近真。

注释：

[1] a.《尚书·洪范》:“武王既胜殷，邦诸侯，班宗彝，作《分器》。”见[汉]孔安国传，[唐]孔颖达等正义:《尚书正义》，上海古籍出版社，1990年，第176页；b.《史记·周本纪》则有“封诸侯，班赐宗彝，作《分（殷之）器（物）》”。见[汉]司马迁:《史记》，岳麓书社，1988年，第24页。

[2] 洛阳市文物工作队:《洛阳林校西周车马坑》，《文物》1999年第3期。

[3] 卢连成、胡智生:《宝鸡强国墓地》，文物出版社，1988年，第49～50页。

[4] 河南省文物考古研究所、周口市文化局编:《鹿邑太清宫长子口墓》，中州古籍出版社，2000年，第121～126页。

[5] a. 高西省:《洛阳新获西周青铜器管见》，《上海文博论丛》2006年第3期；b. 方建军:《商周乐器文化结构与社会功能研究》，上海音乐学院出版社，2006年，第85页。

[6] a. 河南省文物考古研究所、周口地区文化局:《河南鹿邑县太清宫西周墓的发掘》，《考古》2000年第9期；b. 王恩田:《鹿邑太清宫西周大墓与微子封宋》，《中原文物》2002年第4期。

[7] 殷玮璋、曹淑琴:《早期甬钟的区、系、型研究》，苏秉琦主编《考古学文化论集》（二），文物出版社，1989年，第231～254页。

[8] 中国社会科学院考古研究所:《殷墟妇好墓》，文物出版社，1980年，第100～101页。

[9] 陕西省博物馆、陕西省文物管理委员会:《陕西岐山贺家村西周墓葬》，《考古》1976年第1期。

[10] 陕西省考古研究所、陕西省文物管理委员会、陕西省博物馆:《陕西出土商周青铜器》（三），文物出版社，1980年，第9页。

[11] 陕西省考古研究所、陕西省文物管理委员会、陕西省博物馆:《陕西出土商周青铜器》(四), 文物出版社, 1984 年, 图版一〇, 第 25 页。

[12] 陕西省考古研究所:《高家堡戈国墓》, 三秦出版社, 1995 年, 图版玖、拾, 第 83 ~ 95 页。

[13] 同 [3], 第 105 页。

[14] 同 [12], 第 41 ~ 47 页。

[15] 陕西省考古研究所、陕西省文物管理委员会、陕西省博物馆:《陕西出土商周青铜器》(一), 文物出版社, 1979 年, 图版二四, 第 39 页。

[16] 连劭名:《卬其三卣铭文新证》,《故宫博物院院刊》1998 年第 4 期。

[17] 陈梦家:《西周铜器断代》(二),《考古学报》1955 年第 2 期。

[18] 洛阳市文物工作队:《洛阳北窑西周墓》, 文物出版社, 1999 年, 第 88 ~ 91 页。

[19] 洛阳市地方史志编纂委员会编:《洛阳市志》第十四卷《文物志》, 中州古籍出版社, 1995 年, 第 326 页。

[20] 同 [19]。

[21] 傅永魁:《洛阳东郊西周墓发掘简报》,《考古》1959 年第 4 期。

[22] 洛阳市第二文物工作队:《洛阳五女冢西周早期墓葬发掘简报》,《文物》2000 年第 10 期。

[23] 均藏于洛阳博物馆。

[24] 洛阳博物馆:《洛阳北瑶西周墓清理记》,《考古》1972 年第 2 期。

[25] 同 [11], 第 82 页。

[26] 陕西周原考古队、尹盛平主编:《西周微氏家族青铜器群研究》, 文物出版社, 1992 年, 第 381、386 页。

[27] 同 [3], 第 103 页。

[28] 同 [12], 第 15 页。

[29] 同 [18], 第 113 ~ 114 页。

[30] 王光永:《陕西省宝鸡市峪泉生产队发现西周早期墓葬》,《文物》1975 年第 3 期。

[31] 徐锡台:《岐山贺家村西周墓发掘简报》,《考古与文物》1980 年第 1 期。

[32] 罗西章:《扶风出土西周兵器浅识》,《考古与文物》1985 年第 1 期。

[33] 北京市文物研究所:《琉璃河西周燕国墓地 1973—1977》图版七一・1, 文物出版社, 1995 年, 第 201 页。

[34] 同 [18], 第 99 ~ 112 页。

[35] 同 [3], 第 193 页。

[36] 甘肃省博物馆文物队:《甘肃灵台白草坡西周墓》,《考古学报》1977 年第 2 期。

[37] 北京市文物管理处:《北京地区的又一重要考古收获——昌平白浮西周木椁墓的新启示》,《考古》1976 年第 4 期。

[38] 同 [17], 第 77 ~ 79 页。

[39] 同 [18], 第 71 ~ 93 页。

[40] 张剑、蔡运章:《洛阳白马寺三座西周晚期墓》,《文物》1998 年第 10 期。

[41] 洛阳市文物工作队:《洛阳东郊西周墓》,《文物》1999 年第 9 期。

[42] 同 [5]a。

[43] 王军花:《洛阳东郊西周墓出土芮伯卣及相关问题探讨》,《中原文物》2022 年第 4 期。

[44] 中国社会科学院考古研究所安阳工作队:《1969—1974 年殷墟西区墓葬发掘报告》,《考古学报》1979 年第 1 期。

[45] a. 长水:《岐山贺家村出土的西周青铜器》,《文物》1972 年第 6 期; b. 同 [15], 第 139 页。

[46] 梓溪:《青铜器名辞解说(十一)》,《文物参考资料》1958 年第 11 期。

[47] 郭宝钧:《浚县辛村》, 科学出版社, 1964 年, 第 59 ~ 60 页, 图版四七・1。

[48] 江西省考古研究所、江西省博物馆、新干县博物馆:《新干商代大墓》, 文物出版社, 1997 年, 第 131 页, 彩版三七。

[49] 同 [18], 图版一八 –1、图版二〇 –5。

[50] 同 [18], 图版二四 –4。

[51] 同 [18], 彩版一二。

[52] 同 [18], 图版一六 –1。

[53] 同 [18], 彩版九 –1。

[54] 同 [18], 图版七三 –4。

[55] 同 [18], 图版四一 –2。

[56] 同 [24], 图版四 –3。

[57] 洛阳市文物工作队:《洛阳东郊 C5M906 号西周墓》,《考古》1995 年第 9 期。

[58] 石楼县人民文化馆:《山西石楼义牒发现商代铜器》,《考古》1972 年第 4 期。

[59] 马润臻:《绥德发现两件青铜器》,《考古与文物》1984 年第 2 期。

[60] 姬乃军:《陕西延长出土一批晚商青铜器》,《考古与文物》1994 年第 2 期。

[61] 安阳市文物工作队:《殷墟戚家庄东 269 号墓》,《考古学报》1991 年第 3 期。

[62] 中国社会科学院考古研究所安阳工作队:《安阳殷墟西区一七一三号墓的发掘》,《考古》1986 年第 8 期。

[63] 高西省:《商周长体刀及相关问题》,《中原文物》2003 年第 6 期。

[64] 同 [18],彩版八 –2。

[65] 同 [18],图版七六 –4。

[66] a. 高西省:《古殳研究》,《文博》1991 年第 2 期;b. 同 [18],图版一〇九 –3。

[67] 同 [18],图版七九 –3、4。

[68] 同 [18],图版四〇 –4、图七八 –8。

[69] 同 [18],图版五二 –5。

[70] 同 [3],第 279 页。

[71] 中国社会科学院考古研究所、北京市文物研究所琉璃河考古队:《北京琉璃河 1193 号大墓发掘简报》,《考古》1990 年第 1 期。

[72] a. 冯汉骥:《四川彭县出土的铜器》,《冯汉骥考古学论文集》,文物出版社,1985 年,第 19 ~ 27 页;b. 中国青铜器全集编辑委员会:《中国青铜器全集・巴蜀》,文物出版社,1994 年,图版八一。

[73] 喀左县文化馆、朝阳地区博物馆、辽宁省博物馆:《辽宁省喀左县山湾子出土殷周青铜器》,《文物》1977 年第 12 期。

[74] 同 [45]a。

[75] 童恩正:《试论我国从东北至西南的边地半月形文化传播带》,《文物与考古论集》,文物出版社,1986 年,第 17 页。

[76] 李学勤:《比较考古学随笔》,中华书局香港有限公司,1991 年,第 78 ~ 80 页。

[77] 王家祐:《记四川彭县竹瓦街出土的铜器》,《文物》1961 年第 11 期。

[78] 四川省博物馆、彭县文化馆:《四川彭县西周窖藏铜器》,《考古》1981 年第 6 期。

[79] 同 [3],第 416 页。

[80] 雷兴山、王洋、冉宏林:《三星堆与上古中国的青铜礼制》,《中国社会科学》2023 年第 1 期。

[81] 高西省:《试论西周时期的扁茎柳叶形短剑》,《远望集——陕西省考古研究所华诞四十周年纪念文集》,陕西人民美术出版社,1998 年,第 378 ~ 388 页。

[82] 同 [18],图版一七 –1、图版二六 –3。

[83] a. 卢连成、胡智生:《宝鸡茹家庄、竹园沟墓地有关问题的探讨》,《考古与文物》1983 年第 2 期;b. 高西省:《论渭河流域的三角援戈》,《考古与文物》2002 年增刊《先秦考古》专辑;c. 同 [81]。

[84] 同 [3],图版一五 –1。

[85] 同 [24]。

[86] 金岳:《论东北商代青铜器的分期、性质和特征》,《辽海文物学刊》1990 年第 2 期。

[87] a. 张剑:《洛阳两周考古概述》,洛阳文物工作队编《洛阳考古四十年——1992 年洛阳考古学术研讨会论文集》,科学出版社,1996 年,第 14 ~ 26 页;b. 同 [76]。

[88] 张剑、蔡运章:《洛阳东郊 13 号西周墓的发掘》,《文物》1998 年第 10 期。

[89] 同 [22],原简报认为此墓为西周早期。该墓随葬陶器、铜器与洛阳西周殷遗民墓同类器有较大的区别,而同商文化同类器接近,是典型的商代晚期墓。笔者将有专文论述,兹不赘述。

[90] 邹衡:《关于夏商时期北方地区诸邻境文化的初步探讨》,《夏商周考古学论文集》,文物出版社,1980 年,第 253 ~ 293 页。

[91] 石鼓山 M3 出土“[illegible]”盉、“[illegible]”父乙卣各 1 件,见石鼓山考古队:《陕西宝鸡石鼓山西周墓葬发掘简报》,《文物》2013 年第 2 期。

[92] 同 [90]。

[93] a. 李学勤:《论美澳收藏的几件商周文物》,《文物》1979 年第 12 期;b. 江鸿:《盘龙城与商朝的南土》,《文物》1976 年第 2 期。

[94] 王毓彤:《江陵发现西周铜器》,《文物》1963 年第 2 期。

[95] 曹淑琴:《北国铜器初论》,洛阳市第二文物工作队、中国先秦史学会编《西周文明论集》,朝华出版社,2004 年,第 147 ~ 153 页。

[96] 同 [24]。

[97] 北京大学考古文博学院、北京大学古代文明研究中心编:《吉金铸国史——周原出土西周青铜器精粹》,文物出版社,2002 年,第 224 页。

[98] 邹衡:《论先周文化》,《夏商周考古学论文集》,文物出版社,1980 年,第 321 ~ 322 页。

[99] 同 [12],第 129 页。

[100] 张懋镕:《高家堡出土青铜器研究》,《考古与文物》1997 年第 4 期。

[101] 杨肇清:《戈国考》,河南文物考古学会编:《河南文物考古论集》(二),中州古籍出版社,2000 年,第 126 ~ 130 页。

[102] 李伯谦:《从灵石旌介商墓的发现看晋陕高原青铜文化的归属》,《中国青铜文化结构体系研究》,文物出版社,1998 年,第 167 ~ 184 页。

[103] 曹定云:《殷代族徽“戈”与夏人后裔氏族——从妇好墓器物铭文“戈自”谈起》,《考古与文物》1989 年第 1 期。

[104] 同 [12]。高家堡墓地出土铸铭铜器 26 件,戈铭 13 件,是戈族青铜器最集中之地。

[105] 张剑:《洛阳传世的西周青铜器研究》,《张剑考古历史研究文集》,中州古籍出版社,2018 年,

第 301 页。

[106] 严志斌、岳洪彬、岳占伟:《殷墟新出土青铜器铭文概论》,《殷墟新出土青铜器》,云南人民出版社,2008 年,第 29 页。

[107] 同 106。

[108] 陈昭容主编:《宝鸡戴家湾与石鼓山出土商周青铜器》,“中央研究院”历史语言研究所、陕西考古研究院,2015 年,第 211 页。

[109] 陕西省博物馆、陕西省文物管理委员会:《青铜器图释》,文物出版社,1960 年,图五一,第 43 页。

[110] 同 [10],图版一六六,第 166 页。

[111] 同 [10],图版一六二,第 163 页。

[112] 陕西周原考古队:《陕西扶风齐家十九号西周墓》,《文物》1979 年第 11 期。

[113] 中国科学院考古研究所编:《美帝国主义劫掠的我国殷周铜器集录》,科学出版社,1962 年,第 870 页。

[114] 同 [73]。

[115] 同 [90],第七篇《论先周文化》,第 336～338 页。

[116] 张懋镕:《周人不用族徽说》,《周人不用日名说》,《古文字与青铜器论集》,科学出版社,2002 年,第 223、217 页。

[117] 同 [17],第 76～79 页。

[118] 王世民、陈公柔、张长寿:《西周青铜器分期断代研究》,文物出版社,1999 年,第 12 页。

[119] 郭沫若:《两周金文辞大系图录考释》下,上海书店出版社,1999 年,第 33 页。

[120] 张懋镕:《试论商周青铜器族徽文字独特的表现形式》,《文物》2000 年第 2 期。

[121] 同 [17],第 92～94 页。

[122] 曹淑琴:《臣辰诸器及其相关问题》,《考古学报》1995 年第 1 期。

[123]《山西临汾破获文物案缴获“先”族青铜器》,《中国文物报》2001 年 6 月 3 日。

[124] 桥北考古队:《山西桥北浮山商周墓》,北京大学中国考古研究中心、北京大学震旦古代文明研究中心编《古代文明》第 5 卷,文物出版社,2006 年,第 347 页。

[125] 韩炳华:《先族考》,《中国历史文物》2005 年第 4 期。

[126] 何毓灵:《日本收藏的三件“先”族青铜器》,《中原文物》2014 年第 2 期。

[127] 同 [122]。

[128] 陕西省考古研究院、宝鸡市考古研究所、宝鸡市渭滨区博物馆:《陕西宝鸡石鼓山商周墓地 M4 发掘简报》,《文物》2016 年第 1 期。

[129] 石鼓山考古队:《陕西宝鸡石鼓山西周墓葬发掘简报》,《文物》2013 年第 2 期。

[130] 周亚:《关于⿱艹⿰力力及臣辰⿱艹⿰力力诸器的检讨》,北京大学出土文献与古代文明研究所编《青铜器与金文》第一辑,上海古籍出版社,2017 年,第 274～305 页。

[131] 同 [21]。

[132] 林沄:《对早期铜器铭文的几点看法》,《林沄学术文集》,中国大百科全书出版社,1998 年,第 60～68 页。

[133] 洛阳市文物工作队:《洛阳市唐城花园 C3M417 西周墓发掘简报》,《文物》2004 年第 7 期。

[134] a. 罗西章:《扶风出土的商周青铜器》,《考古与文物》1980 年第 4 期;b. 同 [10],第 91、115 页。

[135] 同 [77]。

[136] 徐中舒:《四川彭县濛阳镇出土的殷代二觶》,《文物》1962 年第 6 期。

[137] 同 [3],下册,图版二三。

[138] 同 [10],图版一五六,第 158 页。

[139] 同 [18],第 215 页。

[140] 洛阳市文物工作队:《洛阳东车站两周墓发掘简报》,《文物》2003 年第 12 期。

[141] 关于此点笔者将有专文论述,兹不赘述。参阅 a. 陕西省考古研究院:《少陵原西周墓地》,科学出版社,2009 年,第 317～319 页;b. 宝鸡市周原博物馆、罗西章:《北吕周人墓地》,西北大学出版社,1995 年,第 71～72 页。

[142] 李伯谦:《关于早期夏文化——从夏商周王朝更迭与考古学文化变迁的关系谈起》,《中原文物》2000 年第 1 期。

[143] 杜正胜:《周秦民族文化戎狄性的考察》,《周秦文化论集》,陕西人民美术出版社,1998 年,第 507 页。

[144] 同 [24],图版四,第 37 页。

[145] a. 张天恩:《天水出土的兽面铜牌饰及有关问题》,《中原文物》2002 年第 1 期;b. 杜金鹏:《夏商文化断代新探》,《中原文物》1993 年第 1 期;c. 杜金鹏:《三星堆文化与二里头文化的关系及相关问题》,《四川文物》1995 年第 1 期。

[146] 同 [3],第 413 页。

[147] 同 [98]。

熊家湾 43 号楚墓出土卜筮祭祷简补释
——兼说“佩玦”

Supplementary Explanation on the Divination and Sacrificial Prayer Slips Unearthed from Tomb 43 in Xiongjiawan

辽宁师范大学文学院　蔡振华

Cai Zhenhua, School of Chinese Language and Literature

内容提要：本文对荆州枣林铺熊家湾 43 号楚墓出土的两枚竹简释文做了进一步的补充和修订，认为该简纪年有可能与老河口安岗一号墓出土竹简“周客南公痈迈楚之岁”相同；简文中的“备夬”即“佩玦”，其出现表明“夬形佩”已完成功能分化，成为与扳指“夬”用途不同的专门佩饰。传世典籍中的“玦”经分析应该是“夬”或“夬形佩”，而非“如环而缺”的 C 形器物。

关键词：熊家湾 M43　卜筮祭祷竹简　夬　佩玦　夬形佩

Abstract: In this paper, the explanatory texts of two bamboo slips unearthed from Tomb 43 at Xiongjiawan, Zaolinpu, Jingzhou are further supplemented and revised. The paper believes that the chronology on these slips is most likely the same as “周客南公痈迈楚之岁” inscribed on slips unearthed from Angang Tomb 1 at Laohekou. The *beijue* (备夬) in the text is actually *peijue* (佩玦), indicating that *jue*-shaped pendant has completed its functional differentiation and become a special jewel with a different purpose from *jue* (夬). The *jue* (玦) in traditional texts should be *jue* (夬) or *jue*-shaped pendant, rather than a C-shaped jade that is like a notched ring.

Keywords: Tomb 43 at Xiongjiawan; divination and sacrificial prayer bamboo slips; *jue*; *pei jue*; *jue*-shaped pendan

2019 年 5 月 27 日，荆州博物馆对荆州枣林铺古墓群熊家湾 43 号楚墓进行考古发掘，出土卜筮祭祷残简 4 段，根据文义可以分别遥缀为两枚竹简。这批材料的公布者赵晓斌先生做出释文如下：

□客□□□□□之戠（岁），献马靑=（之月），犨为娌卣（贞），娌□……□□□占……頮（戚）见于二天子，因以亓（其）古（故）【1】敓（说）之，句（苟）□娌之疾速瘟（瘥），罼（择）良日亯（享）于二天子各□……□夬。占之：吉。【2】[1]

竹简出土时位于棺盖上，保存状况不

佳，字迹残损严重，文字辨识难度较大，赵先生所作释文仍有进一步讨论的空间，我们在此基础上试做订补。

一　□客□□□□□之戠（岁）

简1首字赵先生在注释中疑为“郻（魏）”字，从残存笔画来看应该是“周”。与战国文字中完整的“周”字对比如下：

：（清华五《封许》08[2]）（清华一《程寤》01[3]）

第三、四、六、七字赵先生疑为“南”“公”“迈”“楚”，应该都是正确的。这句话是一条大事纪年，除第五字人名难以辨识外，其他要素“周客”“南公”“迈楚”与老河口安岗一号墓出土竹简纪年“周客南公痈迈楚之岁”一致，两批简的纪年有很大可能相同。“周客南公痈迈楚之岁”具体指哪一年目前还不清楚，《湖北老河口安岗一号楚墓发掘简报》认为该墓为“战国中期偏晚阶段的典型楚墓”[4]，《老河口安岗楚墓》从多方面推定一号墓为战国中期墓葬，年代约为公元前320年。[5]关于熊家湾M43的墓葬年代，赵晓斌先生认为：“通过将墓葬中随葬的仿铜陶礼器与九店东周墓出土的同类器对比，可初步判断……熊家湾M43的时代为战国晚期前段。”如果两批竹简所载确为同一年的话，对于判定两处墓葬的时代具有十分积极的意义。

二　䶵为娌卣（贞），娌□

网友“松鼠”指出“䶵”应是从“色”从“此”的一个字，“□”显然是“既”字之残。[6]都是很正确的意见。“䶵”为贞人名，包山简中从“色”的人名较多，可资比较。[7]

三　□□□占……

“占”上一字存“歺”旁；再上一字为“毋”，字形比较清晰。对比其他卜筮祭祷简的相关辞例，此处简文应为“尚毋死，占之”。“毋”字上面的残存笔画应该就是“尚”字，“占”字之下应有“之”字。从下文贞人已经占测出作祟的神示并提出祭祷方案来看，这次贞卜的结果应为“吉”。“之”字下面应该还有“恒贞吉不死”或“恒贞不死”一类的文字。

“尚毋死”即询问墓主人“娌”会不会死去，可以看出“娌”的病情已经相当严重了，其下葬日期距离这次占卜不会太远。“既”与“尚毋死”之间残去的文字应当是对“娌”的病情描述。

四　焰（戚）见于二天子，因以亓（其）古（故）敚（说）之

焰，从字形看是“縈”字，读为“祟”。与完整的“縈”比较如下：

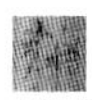：（包山207）（包山235）[8]

根据相关文例，“縈”上面漫灭的字当为“又（有）”。所谓“因”（下面以“S”代表）字看不出“囗”旁，“以其古敚之”是卜筮祭祷简中的套语，前面从不见加“因”的情况，因此释“因”恐怕不可信。S与“以”字间隙较大，S下方靠近竹简右侧边缘似乎有一小短横，有可能是句读符号。这些信息提示我们S应属上读，是某个神示之名。卜筮祭祷简中常有多神为祟的情况，此次贞卜的结果应该是“二天子”和S作祟。已公布的卜筮祭祷简中，与“二天子”同时出现且位置在“二天子”之后的神示，有“郇山”和“云君”：

（1）☑三楚先、地主、二天子、郇山、北☑（新蔡乙四26[9]）

（2）举祷大水，一牗；二天子，各一牂；危山一牂。（包山243[10]）

（3）解于二天子与云君以佩珥。（天星观170[11]）

S残存形体与“郇山”“云君”都不相

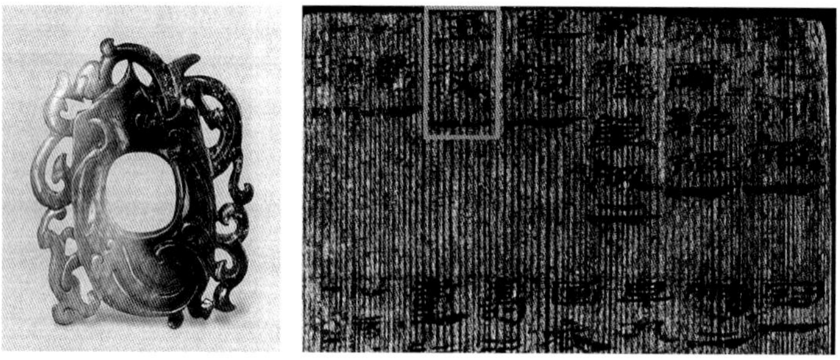

图一　青岛土山屯M6出土夬形佩及遣策记录

近，可能是我们不曾见过的某位神示。

五　句（苟）□娌之疾速疽（瘥）

□，赵先生说："从残存笔画看，似为'思（使）'。"但考虑到文字间距因素，是"囟"字的可能性要更大一些，我们暂释为"囟"，读"使"。

六　备□……□夬

"备"下一字（下面以"A"代表），赵先生指出"从残存笔画看，似为'备（佩）'"，可从；"夬"上一字（下面以"B"代表），赵先生说"似为'睘（环）'"，则非。其实A、B都是"备"字残画，是比较完整的"备"字：

A：　　B：

备：（望山109[12]）（郭店《老子乙》1[13]）（上博《缁衣》9[14]）

A字仅存右上部，但形体特征明显。B字虽然左右两侧都有不同程度的残损，但从部件之间的制约关系和字形整体特征来看，无疑也是"备"字。"备"读为"佩"，"B夬"即"佩玦"。

综上，熊家湾43号楚墓出土的两枚竹简可重新释写为：

周客南公□迈（跖）楚之戢（岁）献马肓＝（之月），飤为娌贞，娌既……尚毋死。占之：……又（有）祭（祟）见于二天子、□。吕（以）丌（其）古（故）【1】敚（说）之，句（苟）囟（使）娌之疾速瘼（瘥），睪（择）良日亯（享）于二天子各备（佩）……备（佩）夬（玦）。占之：吉。【2】

下面谈谈"佩玦"。简文"佩玦"在出土文献中是首次出现，颇值得留意。古文字"夬"写作：

（趞曹鼎，《集成》2784[15]）（包山260[16]）（仰天湖7[17]）

字形表示手指上戴有环形，指射箭时戴在大拇指上用以钩弦的扳指[18]，熊家湾简的"夬"写法与之相同，说明它也是这种扳指，但"夬"前饰以"佩"字，又表示它与扳指"夬"在功能上有所区别。结合相关考古发现来看，"佩玦"应该就是所谓的"韘形佩"或"韘形饰"。李春桃先生指出，学界把出土之扳指"夬"命名为"韘"并不妥当[19]，因此下文我们称这种佩饰为"夬形佩"。

山东青岛土山屯6号墓出土过一件"夬形佩"（图一[20]），能够与该墓中遣策木牍（M6棺1∶3）第一栏第五行的"玉决一"对应，由此可以确定这种形制的佩饰名为"决"。《大戴礼记·投壶》："决拾有常。"《说文解字》："韘，射决也，所以拘弦。"用"决"字来记录"夬"，符合汉代的用字习惯。"夬形佩"流行于汉代，有多种不同形态[21]，是由实用的扳指"夬"逐步演化而来的[22]，其名称也叫做"夬"是很自然的事情。

有学者指出，东周时期的扳指"夬"已出现由实用器向装饰用佩玉转化的趋势，至迟从战国时期开始，玉夬逐渐演变成佩玉。[23]熊家湾简文既称"佩玦"，标志着确有一部分夬形佩在这一时期已经完成了功能的分化，成为与扳指"夬"用途不同的专门佩饰。湖南长沙战国楚墓M1372（图二[24]）出土有一件"A型心形佩"，发掘报告称它“稍残。白色寿山石。作心形，上有一小孔，中间有大圆孔。长1.9厘米，宽1.4厘米，孔径0.55厘米”[25]。此夬形佩形制较一般实用器夬偏小，大圆孔无法穿入手指，上部的小孔作佩系之用。[26]熊家湾简的“佩玦”或许与之类似。

不过，传世经传注疏中对“玦”的形制描述与上文所说的夬或夬形佩却并不相同：

（4）“佩之金玦”，韦昭注：“玦，如环而缺，以金为之”。（《国语·晋语一》）

（5）“金，寒；玦，离”，杜预注：“玦，如环而缺不连”。（《左传·闵公二年》）

（6）“玦，玉佩也，如环而缺不连。”（《玉篇》玉部）

（7）“佩之金玦”，颜师古注：“半环曰玦”。（《汉书·五行志》）

根据这些描述，学界一般把环的一部分被切掉而使中央的孔和外面相通的“C”字形环形饰称为“玦”。[27]其实考古发现的这类“C”形器大多位于墓主两耳处或者头部附近，作为耳饰使用，并不是佩玉，可见将它定名为“玦”是不合理的。[28]除了形态与经传注疏中的简略描述相符外，并没有直接证据可以证实C形器名为“玦”。

任楷先生根据出土夬形佩实物，认为上引关于“玦”的形制描述系出误识[29]，是有道理的，可惜没能针对传世典籍做出仔细辨析。所谓“解铃还须系铃人”，其实《国语》本身就可自证韦注之失。《晋语一》“申生伐东山”章云：

大子曰：“君赐我以偏衣、金玦，何也？”里克曰：“孺子惧乎？衣躬之偏，而握金玦，令不偷矣。孺子何惧？夫为人子者，惧不孝，不惧不得。且吾闻之，敬贤于请。孺子勉之乎！”君子曰：“善处父子之间矣。”大子遂行，狐突御戎，先友为右，衣偏衣而佩金玦。出而告先友曰：“君与我此，何也？”先友曰：“中分而金玦之权，在此行也。孺子勉之！”狐突叹曰：“以尨衣纯，而玦之以金铣者，寒甚矣，胡可恃也？虽勉之，狄可尽乎？”先友曰：“衣躬之偏，握兵之要，在此行也，勉之而已矣。偏躬无慝，兵要远灾，亲以无灾，又何患焉？”[30]

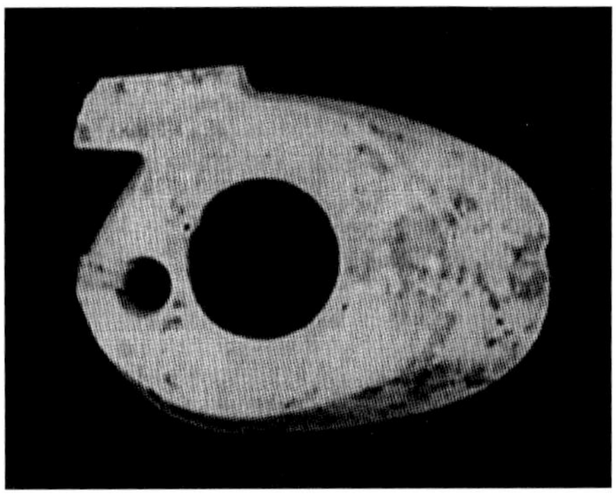

图二　长沙M1372出土夬形佩

里克言“衣躬之偏，而握金玦”与先友“衣躬之偏，握兵之要”，这两句话是相互对应的，“躬之偏”即“偏衣”，“兵之要”即“金玦”，都指晋献公之赐。在古代战争中，引弓射箭是重要的攻击方式，夬的作用是钩弦，因此堪称“兵之要”。而那种C形器物与“兵”找不出明确关联，学者或以“佩玦”为兵权的象征，并不足取信。因此晋献公赐给太子申生的“金玦”，应该就是上述的“夬”或“夬形佩”。上引（4）（5）两条文献是同一件事的不同记录，因而（5）中的“玦”也应是“夬”或“夬形佩”。《左传·闵公二年》：“公与石祁子玦，与宁庄子矢，使守。”杜预注：“玦，玉玦。”其实文中“玦”与“矢”对文，应属同类，如非扳指“夬”，也应该是由扳指“夬”演变而来的“夬形佩”。《诗经·卫风·芄兰》：“芄兰之叶，童子佩韘。虽则佩韘，能不我甲。”毛传：“韘，玦也。能射御则佩韘。”李春桃先生根据包山楚墓出土实物，考证出“韘”是“夬”中以皮韦制成的衬垫，认为《诗经》以“韘”为“夬”是因搭配使用而造成

图三 商代玉夬、铜夬
左：妇好墓 M5 ：973 出土玉夬；右：西北冈 M1311 出土铜夬

的混称。[31]《芄兰》恰好反映了夬从实用器演变为佩饰的过程，原本"能射御"者为了便于随时取用而将夬佩系腰间，久而久之成为一种风尚，其实用功能逐渐减弱，虽"童子"亦可佩。由此推阐开来，先秦文献中其他"佩玦"应该也都是夬形佩。

在韦昭、杜预生活的时代，夬形佩虽已式微，但尚不难见到，二位学者在描述其形制时为什么会出现偏差呢？我们推测是"玦"的文化意涵影响了人们对它的认识。"玦"从其读音出发具有多种意涵：一为"决断"，《庄子·田子方》"缓[32]佩玦者，事至而断"、《史记·项羽本纪》"范增数目项王，举所佩玉玦以示之者三"是也；一为"诀别"，《荀子·大略》"绝人以玦，反绝以环"是也。典籍中"玦"的使用和赠予往往取其文化意涵，用以表达或暗示某种含义，其本来形制因与"决断"或"诀别"完全不相干，反而退居次要地位。"玦"在《左传》中出现两次，皆在闵公二年。前者为"公与石祁子玦，与宁庄子矢，使守。曰：'以此赞国，择利而为之'"。杜注："玦，玉玦。"又："玦示以当决断，矢示以御难。"没有对形制进行描述。后者即上引辞例（5）的"玦，离"，原文又言"金玦不复"，"玦"代表"诀别"，杜注："玦，如环而缺不连。"前者杜预不言及玦的形制，后者在描述时与"环"作对照，即为了表达"绝人以玦，反绝以环"之意，可见"如环而缺（不连）"这一描述与"诀别"的意涵密切相关。因此我们有理由推测，古人作注解时为揭示其中奥妙，或许难免"屈形就义"加以附会。

晚清名臣王懿荣之子王崇烈著有《种瓜亭笔记》，说："在古人射箭，《毛诗》所谓'决拾既佽'，当亦是扳指一类。余幼时见先文敏公有二玉玦，与今式扳指不同，乃下齐而上剡，间作一渠，实合手指内外应用之妙。其内向一方面作一渠者，为勾弦之用耳。制造实较后人为精。而玉性过滑，却不便于发矢，故清人之尚豻骨，以其稍带涩性。此中盖有研讨变化之处，亦未可非之也。《左传》有言金玦者，而金性亦滑，与玉等耳。先文敏公有二玉玦：一纯白，所谓汉白，得之孙春山年丈（汝梅。亦嗜古）；一黑玦，为吾邑中出土，制造稍粗，想非系贵人用品耳。余在川时，亦得一玦，乃黄色，中有细牛毛纹，亦佳品也。庚子后，白玦失之，为王孝禹丈（瓘。亦好古家）得去，以赠端仲纲。余二则尚在余处。此外未闻他人有此也。"[33]对夬的辨析堪称卓识。文中描述王懿荣收藏的两枚玉夬，与河南安阳殷墟妇好墓所出及安阳西北冈1311号墓出土青铜夬相似（见图三[34]），应该也是商代的夬。

［附记：本文为古文字与中华文明传承发展工程项目"两汉简牍校注集成"（G2431）阶段性成果。］

注释：

[1] 赵晓斌：《荆州枣林铺楚墓出土卜筮祭祷简》，《简帛》第19辑，上海古籍出版社，2019年，第21～28页。

[2] 清华大学出土文献研究与保护中心编，李学勤主编：《清华大学藏战国竹简》（五），中西书局，2015年，第172页。

[3] 清华大学出土文献研究与保护中心编，李学勤主编：《清华大学藏战国竹简》（一），中西书局，2010年，第204页。

[4] 襄阳市博物馆、老河口市博物馆：《湖北老河口安岗一号楚墓发掘简报》，《文物》2017年第7期。

[5] 襄阳市博物馆、老河口市博物馆编著，王先福主编：《老河口安岗楚墓》，科学出版社，2018年，第138页。

[6] 简帛网“简帛论坛”：《枣林铺楚简释文订补》，http://www.bsm.org.cn/forum/forum.php?mod=viewthread&tid=12431，2019年12月27日。

[7] 参看李守奎、贾连翔、马楠编著：《包山楚墓文字全编》，上海古籍出版社，2012年，第370～371页。

[8] 黄德宽主编，徐在国、程燕、张振谦编著：《战国文字字形表》（上），上海古籍出版社，2017年，第21页。

[9] 河南省文物考古研究所编著：《新蔡葛陵楚墓》，大象出版社，2003年，图版一四三。

[10] 湖北省荆沙铁路考古队：《包山楚简》，文物出版社，1991年，图版一〇六（CVI）～一〇七（CVII）。

[11] 滕壬生：《楚系简帛文字编》，湖北教育出版社，1995年，第44页。

[12] 武汉大学简帛研究中心、湖北省文物考古研究所、黄冈市博物馆编著：《楚地出土战国简册合集》（四），文物出版社，2019年，第19页。

[13] 黄德宽主编，徐在国、程燕、张振谦编著：《战国文字字形表》（中），上海古籍出版社，2017年，第1140页。

[14] 马承源主编：《上海博物馆藏战国楚竹书》（一），上海古籍出版社，2001年，第53页。

[15] 中国社会科学院考古研究所编：《殷周金文集成》（修订增补本），中华书局，2007年，第1451页。

[16] 同[10]，图版一一三（CXIII）。

[17] 湖南省博物馆、湖南省文物考古研究所、长沙市博物馆、长沙市文物考古研究所编著：《长沙楚墓（下）》，文物出版社，2000年，图版一六一（CLXI）。

[18] a. 何琳仪：《仰天湖竹简选释》，《简帛研究》第三辑，广西教育出版社，1998年，第105～115页；b. 赵平安：《夬的形义和它在楚简中的用法——兼释其他古文字资料中的夬字》，赵平安编著《新出简帛与古文字古文献研究》，商务印书馆，2009年，第332～338页。

[19] 李春桃：《说“夬”“韘”——从“夬”字考释谈到文物中扳指的命名》，《吉林大学社会科学学报》2017年第1期。

[20] a. 夬形佩图片来自青岛市文物保护考古研究所、青岛市黄岛区博物馆编著：《琅琊墩式封土墓》，科学出版社，2018年，第29页；b. 遣策木牍图片来自左骏：《古代玉护指的流变——芄兰之叶，童子佩韘》，《大众考古》2018年第10期。

[21] a. 可参看卢兆荫：《汉代流行的韘形佩》，卢兆荫著《玉振金声——玉器·金银器考古学研究》，科学出版社，2007年，第57～62页；b. 任楷：《“玦”：汉代韘形佩再探》，《艺术理论与艺术史学刊》2019年第1期。

[22] a. 杨建芳：《玉韘及韘形玉饰——一种玉器演变的考察》，《中国文物世界》1989年第7期；b. 卢兆荫：《玉韘与韘形玉佩》，《文物天地》1995年第1期；c. 许晓东：《韘、韘式佩与扳指》，《故宫博物院院刊》2012年第1期；d. 井中伟、魏凯：《商周时期的“扳指”》，《边疆考古研究》第18辑，科学出版社，2015年，第195～210页。

[23] 中国国家博物馆、徐州博物馆编辑：《大汉楚王：徐州西汉楚王陵墓文物辑萃》，中国社会科学出版社，2005年，第300页。

[24] 同[17]，图版九六（XCVI）。

[25] 湖南省博物馆、湖南省文物考古研究所、长沙市博物馆、长沙市文物考古研究所编著：《长沙楚墓》（上），文物出版社，2000年，第322页。

[26] a. 徐汝聪：《楚韘》，《江汉考古》2014年第5期；b. 左骏：《决拾既佽——中国玉质射护具的流与变》，《古代文明》第13卷，上海古籍出版社，2019年，第114～168页。

[27] [日]林巳奈夫著，杨美莉译：《中国古玉研究》，台北艺术图书公司，1997年，第102页。

[28] 孙庆伟主编：《周代用玉制度研究》，上海古籍出版社，2008年，第151～158页。

[29] 同[21]b。

[30] 徐元诰撰，王树民、沈长云点校：《国语集解》，中华书局，2002年，第268～269页。

[31] 同[19]。

[32] 缓，司马本作“绶”。

[33] 王崇烈：《种瓜亭笔记》，《河北第一博物院半月刊》1932年第15期。

[34] 图片来自[20]b。

荆州王家嘴楚简《孔子曰》札记二则

Two Reading Notes on *Confucius Says* Copied on Chu Bamboo Slips from Wangjiazui in Jingzhou

苏州大学　熊贤品

Xiong Xianpin, Soochow University

内容提要： 荆州王家嘴楚简《孔子曰》记载有两位同名人物“伯夷”，其中前一位即文献中又作“伯益”“伯翳”的传说时代人物。同时据本篇简 438“赤也惑，青（请）昏（问）之”句用例，可证郭店楚简《太一生水》简 10“道，亦其字也，青昏亓（其）明（名）”中的“青昏”也仍应读为“请问”。

关键词： 王家嘴楚简　《孔子曰》　郭店楚简　《太一生水》

Abstract: The Jingzhou Wangjiazui Chu bamboo slips “*Confucius Says*” record two people with the same name Boyi (伯夷), the former of which is a legendary figure in literature also known as “伯益” and “伯翳”. According to the use case of the sentence “赤也惑，青（请）昏（问）之” on Bamboo Slip 438 of this text, it can be proved that the characters “青昏” in “道，亦其字也，青昏亓（其）明（名）” on Guodian Chu Bamboo Slip 10 should also be read as “请问”.

Keywords: the Jingzhou Wangjiazui Chu bamboo slips; *Confucius Says*; Guodian Chu Bamboo Slips; *Taiyishengshui*

目前荆州王家嘴楚简《孔子曰》已经公布部分内容[1]，学界就此也有一些很好的讨论。[2] 本文拟结合《孔子曰》两处文本做一点分析，并请同好教正。

一

整理者介绍王家嘴楚简《孔子曰》有如下内容：

简文中提到的历史人物众多。先贤有：夋（舜）、垦（禹）、禝（稷）、白（伯）尸（夷）、咎（皋）繇（陶）、大（太）白（伯）、王季、文王、武王、白（伯）寋（夷）、叔齐、成王、周公、齐逗（桓）公、晋文公……

上述提到从尧舜禹到春秋时期的众多人物，其中先后出现“白（伯）尸（夷）”“白（伯）寋（夷）”两个人物，且整理者把两个人物名都读为“伯夷”。由于目前还未公布上述简文图版资料，故此学界也比较审慎，未对此问题进行解释。笔者于此提出一个猜想，即“夋（舜）、垦（禹）、禝（稷）”和“咎（皋）繇（陶）”之间的人物“白（伯）

尸（夷）”，或为文献常见的传说时代人物“伯夷”。

杨宽曾指出，此传说时代人物“伯夷”，有时也写作“伯益”“伯翳”等。[3] 其说可从，目前也有相关出土材料支持。“夷”为喻纽脂部，“益”为影纽锡部，二者韵部脂、锡通转；根据“喻三归匣”规律，二者声纽为邻纽，故此“夷”“益”古音接近。同时“尸”“夷”关系本就密切，如《汉书·高帝纪》“司马尸将兵定楚地”及《汉书·地理志》“苏示，尸江在西北”，颜注就此均指出“尸，古夷字”。楚简也常见用“尸”表示“夷”之例，如上博简八《成王既邦》简 4“……白（伯）尸（夷）、弔（叔）齐戗而死于隻（雎）津渎，不辱亓（其）身，精……”。[4] 文献也有“夷”“益”相关用例，如《古玺汇编》2294“艽（鸠）嗌（夷）帚”，吴振武读此处“嗌”为“夷”[5]；又如《古玺汇编》3758“嗌（夷）吾（吾）豕鉨（玺）”，徐在国、王辉也读此处“嗌”为“夷”。[6] 故此《孔子曰》简文“白（伯）尸（夷）”可以读为“伯益”。

从文献所载传说来看，“皋陶”“伯夷（益）”为同时代人，如《史记·夏本纪》“皋陶作士以理民。帝舜朝，禹、伯夷、皋陶相与语帝前”。而简文记载“叁（舜）、墨（禹）、禝（稷）、白（伯）尸（夷）、咎（皋）繇（陶）”等人物，就其时代而言，也基本与《夏本纪》所述差不多，故此也可证明王家嘴楚简《孔子曰》中前一“白（伯）尸（夷）”，应当就是传说时代的“伯益”，而非《史记·伯夷列传》“于是伯夷、叔齐闻西伯昌善养老，盍往归焉”所载的商末人物“伯夷”。

并且从王家嘴楚简《孔子曰》人名用字来看，前一人名作“白（伯）尸（夷）”，后一人名作“白（伯）寠（夷）”，尽管都可以依整理者所说读为“伯夷”，但从简文来看，在人名用字方面还是有区别的。即虽然都可读为“夷”字，但前一人名用字作“尸”，而后一人名用字作“寠”，在字形上还是有明显区别的，这似乎表明在《孔子曰》文本的表述体系里，“白（伯）尸（夷）”与“白（伯）寠（夷）”这两者是有区别的，上述字形的不同正用于说明人物身份的不同。这其实也是战国文字的一种常见现象，人名用字形体的差异表明人物身份之差异，比如文献常见战国时期“田氏代齐”的“田”氏，在金文中将“陈”写作从“土”从“陈”的形体，如“塦”（《陈曼簠》,《集成》4595），成为区分春秋陈国铜器与战国齐陈氏铜器的证据之一。[7] 因此，如果只看释文而不看原始文字图版资料，可能就会把这两个人物都直接认为是同名为“伯夷”，而忽略了王家嘴楚简《孔子曰》原始文本其实对这两个人物是有所区别的，将简文这一信息忽略。这也恰说明在运用出土文献资料时，不能只满足于看专业研究者公布的完善释文，还要看原始图版，最好还可争取多看原始简牍实物。

当然，传说时代人物研究问题很复杂，就比如“皋陶”和“伯夷”之关系。在上引杨宽文中，他认为“皋陶”就是“伯夷”[8]；此外杨先生还进一步提出“许由”即“皋陶”“伯夷”。[9] 而从王家嘴楚简《孔子曰》：“白（伯）尸（夷）、咎（皋）繇（陶）”同时并列出现的情况来看，“伯夷”与“皋陶”是两人，而非一人，也就构成对杨先生意见的部分反证。不过这已经是另外一个问题了，限于篇幅，于此不多加讨论。

二

王家嘴楚简《孔子曰》简 438 有“赤也惑，青（请）昏（问）之”句，整理者读“青昏”为“请问”，其说可从。而这一材料似可为此前郭店楚简《太一生水》“青昏亓名”文本的解读提供新佐证。

《太一生水》简10有如下文句：

下，土也，而谓之地。上，气也，而谓之天。道，亦其字也，青昏亓（其）明（名）。[10]

对于《太一生水》此处“青昏”的理解，此前争论甚多。大体有如下意见：

（1）动词说。或读为“请问”[11]；或读为“请昏”，意为请隐其名[12]；或释为“冥昏”，认为“青昏其名”是“不明其名”或“混同其名”之一[13]。

（2）状态形容词说。或据马王堆帛书《却谷食气》所述“天地六气”中有“清昏”，从而也将《太一生水》此处“青昏”读为“清昏”[14]；或将其读为“清浑”。[15]不过对于上述读为“清昏”之看法，邬可晶曾对其说提出质疑，认为存在一些问题[16]，笔者亦认为其所提疑问颇有道理。

（3）名词说。具体又包括两类思路，其中一类认为是指“天”的名词，包括：①读为“青昏”，认为指天地之名，来源于天地之色，并有晦暗不明义[17]；②释为指天的“青冥”。[18]另外一类则读为指“道（太一）”之名的“情昏”，分别代表其有、无之双重特征。[19]

（4）此外还有读“青昏”[20]、“精昏”[21]等不同意见，但论者在文中又未就其含义进行详细解释，因而在内容阐释上还是有些不清楚。

上述意见中有一些明显不可据，如前列学者已有的相关评述，另外一些如根据释“冥”之说的相关阐释，也系建立在不可靠的文字释读基础上，因此也存在问题。而读“青昏”“精昏”等说，由于论者本身没有进行详细阐述，故此本文对之也不多加评述。

至于其余一些意见，目前来看也都存在问题：

（1）关于读为“请昏”，意请隐其名，和释“冥昏”，认为“青昏其名”意指“不明其名”或“混同其名”这两种动词说意见，从《太一生水》文本来看，本是强调“名”的重要性，而这两种意见某种程度上实际都削弱“名”的重要性，刚好与《太一生水》文本内容、主旨相反，故此不可信。至于读为状态形容词的“清昏”说，马王堆帛书《却谷食气》所述“天地六气”中的“清昏”，未必一定与《太一生水》此处“青昏”所指同类，故此也不可据之坐实应读为“清昏”。

（2）关于读为指“天”的名词“青昏”，和“道（太一）”名的“情昏”说。从《太一生水》简10“下，土也，而谓之地。上，气也，而谓之天”原文来看，此处即已讨论“天”“地”相关情况，则其后“道，亦其字也，青昏亓（其）明（名）”中的两处“其”，所指应当都非“天”“地”了，故此将其读为指“天”“地”的名词“青昏”说也不可据。而读为指“道（太一）”名的“情昏”说，则意识到了上述问题，故此把“道，亦其字也，青昏亓（其）明（名）”中两处“其”的所指对象由“天”“地”而变为“道（太一）”。笔者亦认为这种思路可取，但此说也有需要回应的问题，如：①“情昏”一词在古代文献中很少见，将之认为是“道（太一）”之名更属不见相关佐证和用例的推论；②又认为《庄子·大宗师》“夫道，有情有信”中的“情”，即《老子》“窈兮冥兮，其中有精”的“精”，“二者皆有也”。又《说文》释昏为“日冥也”，段注“冥者，窈也。窈者，深远也”，认为“其意即无也”。由此断定郭店楚简《太一生水》“情昏”与《老子》“道”的“有”“无”两重特征相近。实际上从这些论述来看，其中勉强之处甚多，故此说也存在问题。

按，问题的理解或许还需要仔细推敲

原始文本，而新资料的公布有时能带来启发。从《太一生水》篇中本句前后文本来看：

……一缺一盈，以忌为万物经。此天之所不能杀，地之所不能厘，阴阳之所不能成。君子知此之谓☐8

下，土也，而谓之地。上，气也，而谓之天。道亦其字也，青昏其名。以10道从事者必㡯（托）其名，故事成而身长；圣人之从事也，亦㡯（托）其11名，故功成而身不伤。天地名字并立，故过其方，不囟相【尚。天不足】12于西北，其下高以强；地不足于东南，其上☐13

简10和简11在内容上有联系，但同其前的简8～9，及其后简12文本内容似乎并不直接相连。故此本文分析可能还需要仔细揣摩简10、11。简10以“下”的“土”“地”，外加“上”的“气”与“天”，这两例各自称谓中“名”“字”互关情况为例证，简11中主要是强调“名”对“从事”的重要性。由此再反观简10“道亦其字也，青昏其名”，其含义应当是说这一事物的“字”为“道”，由此进一步追问其“名”为何。

“青昏”与“请问”在古音方面的联系，学者早已论述，此不赘述。同时从具体文献用例来看，“请问”一词本已见于先秦秦汉传世文献，如《孟子》“请问贵戚之卿”、《荀子》“请问取人”。另外也见于此前公布的上博简《季康子问于孔子》简1“青（请）昏（问）君子之从事者”及简2“青（请）昏（问）何谓之仁之以德？”，这两处都是“青昏”读为“请问”的直接例证。而王家嘴楚简《孔子曰》简438“赤也惑，青（请）昏（问）之”句，则又提供了一例“青昏”读为“请问”新用例，据此似乎可说明楚简中存在“青昏”读为“请问”的情况。

故此，考虑上述楚简音韵与用字情况，则郭店楚简《太一生水》简10“道，亦其字也，青昏亓（其）明（名）”中的“青昏”，也应读为“请问”。当然就《太一生水》此处文本来看，其仅仅是针对“道亦其字也”的情况，而提出了“青（请）昏（问）其名”的疑问，但在简文中并没有做出直接回答。不过这种只问不答的情况，似乎还不能作为否定“青昏”可读为“请问”的证据，因为先秦文献中已经有一些这种只问不答的文本，如《楚辞》之《天问》，通篇都是提出诸多疑问和问题，而并没有进行回答。

同时，从简10～12的文本内容来看，大致可以分成三部分：

第一部分，包括简10“下，土也，而谓之地。上，气也，而谓之天”，这是举出具体所见“名”“字”皆备的一些情况。

第二部分，即本文所讨论的简10“道亦其字也，青昏其名”，这里是说既然已经知道“其”的字为“道”，由此就想了解其“名”为何。

第三部分，即简11～12“以道从事者必㡯（托）其名，故事成而身长；圣人之从事也，亦㡯（托）其名，故功成而身不伤。天地名字并立，故过其方，不囟相【尚……”，这里讲述和强调了“名”对“成事”的重要性。

上述简文的行文逻辑清晰严密：第一部分讲述相关事物“名”“字”并存的状况；第二部分讲述“其”有“字”，而“名”尚待获知的状况；第三部分讲述“成事”过程中“名”的重要性，可见其叙述逻辑严密、层层递进。将“青昏其名”释读成“请问其名”，应当来说也是符合文本上述叙述逻辑的。

总之，新出王家嘴楚简《孔子曰》和此前公布的上博简《季康子问于孔子》都提供了“青昏”读为“请问”的用例，表明这似乎是楚简中的一种文本用字习惯，将之用于郭店楚简《太一生水》“道，亦其字也，青昏亓（其）明（名）”，也能很好解读此文本。此前认为《太一生水》“青昏”是指天地之名、道（太一）之名诸说，可能还都缺乏依据。

注释：

[1] 赵晓斌：《湖北荆州王家嘴 M798 出土战国楚简〈孔子曰〉概述》，《江汉考古》2023 年第 2 期。

[2] a. 李天虹：《读荆州王家嘴楚简〈孔子曰〉六则》，http://www.bsm.org.cn/?chujian/9025.html，2023 年 5 月 19 日；b. 王勇：《荆州王家嘴楚简〈孔子曰〉试释七则》，http://www.bsm.org.cn/?chujian/9035.html，2023 年 5 月 25 日；c. 沈培：《现已公布的王家咀〈孔子曰〉简文中值得讨论的几个问题》，郑州大学汉字文明研究中心与东北师范大学文学院联合讲座，2023 年 7 月 1 日。

[3] 杨宽：《伯益考》，《齐鲁学报》1941 年第 1 期。

[4] 马承源主编：《上海博物馆藏战国楚竹书（八）》，上海古籍出版社，2011 年，第 175 页。

[5] 吴振武：《古玺姓氏考（复姓十五篇）》，中国文物研究所编《出土文献研究》第三辑，中华书局，1998 年，第 82～83 页。

[6] a. 徐在国：《古玺文释读九则》，《考古与文物》2002 年第 5 期，收入《安徽大学汉语言文字研究丛书·徐在国卷》，安徽大学出版社，2013 年，第 52～59 页；b. 王辉：《古文字通假字典》，中华书局，2008 年，第 528 页。

[7] 邹芙都：《汉字印象》，重庆大学出版社，2020 年，第 77 页。

[8] 同 [3]。

[9] 杨宽：《中国上古史导论》，上海人民出版社，2016 年，第 247 页。

[10] a. 荆门市博物馆：《郭店楚墓竹简》，文物出版社，1998 年，第 13、125 页；b. 武汉大学简帛研究中心、荆门市博物馆：《楚地出土战国简册合集（一）·郭店楚墓竹书》，文物出版社，2011 年，第 24～25 页。

[11] a. 同 [10]a，第 126 页；b. 裘锡圭：《〈太一生水〉“名字”章解释——兼论〈太一生水〉的分章问题》，安徽大学古文字研究室编《古文字研究》第二十二辑，中华书局，2000 年，第 222 页；c. 刘钊：《郭店楚简校释》，福建人民出版社，2005 年，第 45 页；d. 同 [10]b；e. 郑吉雄：《〈太一生水〉释读研究》，《中国典籍与文化论丛》第十四辑，凤凰出版社，2012 年，第 145～166 页。

[12] 陈伟：《郭店竹书别释》，湖北教育出版社，2003 年，第 30 页。

[13] 邓跃敏：《郭店楚简〈太一生水〉“青昏”说》，四川大学汉语史研究所、四川大学中国俗文化研究所编《汉语史研究集刊》第十一辑，巴蜀书社，2008 年，第 419 页。

[14] a. 夏德安意见，载于李零：《郭店楚简校读记》（增订本），中国人民大学出版社，2009 年，第 266 页；b. 丁四新：《楚简〈太一生水〉研究——兼对当前〈太一生水〉研究的总体批评》，丁四新主编《楚地出土简帛文献思想研究（一）》，湖北教育出版社，2002 年，第 218 页；c. 李零：《郭店楚简校读记》（增订本），中国人民大学出版社，2009 年，第 43 页；d. 王中江：《简帛文明与古代思想世界》，北京大学出版社，2011 年，第 41 页。

[15] 赵建伟：《郭店楚墓竹简太一生水疏证》，陈鼓应主编《道家文化研究》第十七辑，三联书店，1999 年，第 389 页。

[16] 邬可晶：《对〈管子·水地〉篇与郭店简〈太一生水〉“水生说”比较的补充意见》，《出土文献》2020 年第 3 期。

[17] 孙功进：《〈太一生水〉9—14 简的两个疑难问题探析》，《中原文化研究》2021 年第 4 期。

[18] a. 郑刚：《楚简道家文献辨证》，汕头大学出版社，2004 年，第 76 页；b. 陈蔚松：《楚简〈太一生水〉篇“青昏其名”释证》，杨昶、陈蔚松等著《出土文献探赜》，崇文书局，2005 年，第 175 页。

[19] 任蜜林：《〈太一生水〉之“青昏”与〈老子〉之“有”、“无”》，《云南大学学报（社会科学版）》2015 年第 6 期。

[20] 魏启鹏：《楚简〈老子〉柬释》，天地出版社，2010 年，第 77 页。

[21] 连劭名：《郭店楚简〈太一生水〉与先秦哲学》，《中原文化研究》2017 年第 4 期。

长沙子弹库楚墓《人物御龙帛画》的构图与性质探析

An Analysis of the Composition and Nature of the "Figure Dragon Silk Painting" from a Chu Tomb at Zidanku in Changsha

长沙简牍博物馆 雷长巍

山东师范大学文学院古籍整理研究所 李建平

Lei Changwei, Changsha Bamboo Slips Museum

Li Jianping, Institute of Ancient Book Compilation and Research, School of Literature, Shandong Normal University

内容提要： 长沙子弹库楚墓《人物御龙帛画》的构图和性质一直诸说纷纭，乘龙升天说、引魂过海说、招魂故里说等均未获得学界一致认可，其中鸟形则有凤凰说、仙鹤说、鸾鸟说等。鸟形在帛画中偏居一隅而没有得到研究者足够的重视，但鸟形其实可以成为研究其整体意向所指的突破点，从其无尾羽而有辫羽来看，并非凤凰或仙鹤，当为鹭鸶；立在龙舟上的高冠男子、舟尾的鹭鸶、水中的文鱼、飘扬的人物冠带与荷盖络缨，构成了一幅生动活泼的御龙舟而行的场景。结合《楚辞》与楚文化史来考察，帛画描绘的当是墓主人的生活场景，帛画的性质为魂幡，是铭旌的前身，作用并非引魂升天，而当为招魂之幡。

关键词： 人物御龙　帛画　楚文化

Abstract: There have been various theories about the composition and nature of the "Figure Dragon Silk Painting" from a Chu tomb at Zidanku in Changsha. The theories of riding the dragon to ascend to the sky, attracting souls to cross the sea, and summoning souls to the hometown have not been unanimously recognized by the academic community. Of these, theories about the bird image on the painting include that it is a phoenix, a crane, and a legendary phoenix. Due to the fact that the bird is located in a corner of the silk painting and has not received sufficient attention from researchers, it can actually become a breakthrough point for studying its overall intention. From the lack of its tail feathers and presence of long breeding feathers, it is neither a phoenix nor a crane but an egret. The tall crowned man standing on the dragon boat, the egret at the stern of the boat, the mermaid in the water, the fluttering figure headband and lotus tassels create a lively scene of riding on the dragon boat. Combining *The Songs of Chu* with the history of Chu culture, the silk painting depicts the life scene of the tomb occupant. The nature of silk painting is that it is a necromancy streamer, the predecessor of inscribed streamer, whose function is not to guide the soul to ascend to heaven but to call it back.

Keywords: Figure and Dragon; silk painting; Chu culture

图一 《人物御龙帛画》

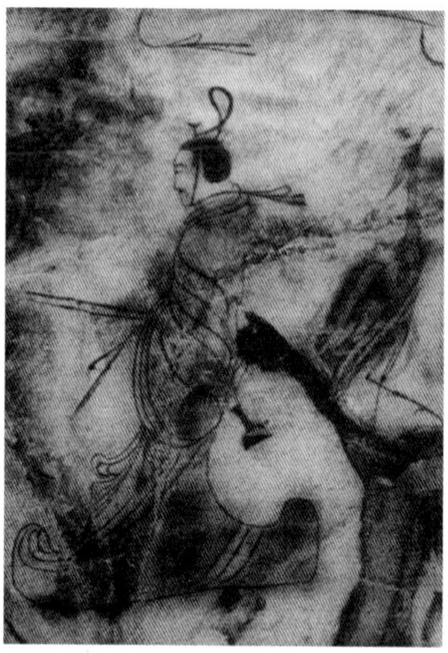

图二 《人物御龙帛画》局部

1942年9月，长沙南郊子弹库一座楚国木椁墓中的楚帛书被盗掘出土，成为帛画史上具有开创性意义的大事，并成为学界长久不息的研究热点；1973年5月，湖南省博物馆对该墓重新发掘清理，意外收获了劫后的《人物御龙帛画》（图一）。该帛画出土后引起了学界广泛关注，与《人物龙凤帛画》并称为先秦绘画艺术双璧，郭沫若先生连夜赋《西江月·题长沙楚墓帛画》词一首："仿佛三闾再世，企翘孤鹤相从。陆离长剑握拳中，切云之冠高耸。上罩天球华盖，下乘湖面苍龙。鲤鱼前导意从容，瞬上九重飞动。"前有楚帛画，同时又有马王堆汉墓帛画及大量文物的出土，因此对该帛画研究专论相对较少，且往往和其他帛画共同讨论，单件帛画的构图与性质长期以来在学界没有获得一致的意见。

一 帛画研究诸说

帛画的构图与其用途和性质是紧密联系在一起的，四十余年来学者对《人物御龙帛画》的解读与研究成果丰硕，但聚讼纷纭，莫衷一是，主要有以下四种观点。

（一）"乘龙升天"说

与发掘报告同期发表的郭沫若《西江月》一诗虽未对该帛画展开讨论，但诗歌充分表达了对帛画的认识，即将其中核心形象认作三闾大夫屈原，赞同整理者对内容的看法："整个帛画的内容应为乘龙升天的形象，反映了战国时盛行的神仙思想。"[1]

（二）"引魂过海"说

萧兵先生将帛画定名为"人物夔龙舟帛画"，认为亡灵借助夔龙之舟渡海。楚人可能暗怀着对东方的忆念和向往，"人、舟如确是东向的话，那就极可能想去找这海上仙山"；但同时又认为"鬼魂西行最可能是寻找这个上有仙圣的昆仑"。[2]

（三）"驾云升天"说

黄震云先生则对整幅帛画提出了新的认识。他认为其实图中并不存在龙或龙舟，而是蔓草卷云纹，鱼表示吉祥，鸟为使者，导引升天，因此"图案的性质实际上就是战国墓葬中的茵，也就是棺饰，上面图案的内容就是普通的墓主人升天图"[3]。

（四）"引魂升天"说

王建勇先生从帛画的功用、形制和内容三个方面论证，认为从帛画的功用来看，覆棺帛画是招魂仪式完成后而特别制作的一件“魂幡”；从帛画的形制来看，呈长条形的帛画正是对初期神仙思想影响下魂升天界过程的形象描绘；从帛画的内容来看，表现的是在楚地巫风与外来思想的双重作用下，龙凤“引魂升天”的意旨。[4] 陈春燕女士则从帛画的内容、绘画材质和表现手法等方面展开论证，她认为帛画反映了楚地巫风盛行的背景下，楚人的信仰追求及其思想形成初期“升天成仙”的渴望和向往。[5]

（五）“招魂故里”说

刘信芳先生则认为帛画与《九歌·河伯》内容相似，功能是用以招魂，且帛画表现的内容往往与墓主身份、经历有关。他认为该帛画是招“水死之魂”的，进一步提出“主人公因水而死，其身份为‘巫’”的看法，“子弹库楚帛画是融彼岸世界与此岸世界为一体的产物，而这正是由帛画的招魂性质所决定的”。[6]

此外，宋亦箫先生提出帛画中的人物是《九歌》中的湘君，该图描绘的是湘君乘龙车的形象，可称之为《湘君御龙图》《湘君御龙帛画》，或称《湘君御龙北征图》等。[7]

至于帛画本身的性质，学界有魂幡说、铭旌说、棺茵说等。魂幡说又有招魂之幡、引魂之幡、魂像之幡诸说。如陈锽认为两幅帛画的实质不是招魂幡或引魂幡，而是魂像之幡，是画有死者灵魂形象以作为死者象征的旌幡，两图分别有月牙、龙形舟的图示，正是墓主魂像及亡魂升天的形象表现。[8] 学界研究的众说纷纭，也导致了普及性介绍与赏析文章中的诸多自相矛盾，如 2015 年 7 月 4 日《美术报》中《人物御龙帛画》赏析认为帛画是“战国时期楚国墓葬中用于引魂升天的铭旌”，却又说“让游魂识别幡上墓主人形象，归来升天安息”，何谓“归来升天安息”实在令人困惑。

二　鸟形形象的所指及帛画的整体解读

作为早期绘画，与后来的马王堆汉墓 T 形帛画等相比，《人物御龙帛画》的构图相对比较简单，其中有四个主体形象（图二）：高冠男子、龙形（或以为龙舟，或以为蔓草卷云纹）、鱼形、鸟形。对这四个主体形象学界多有研究，但各家所说差距甚远。高冠男子的身份，学界或认为是三闾大夫屈原的形象，或认为是墓主人的形象，或认为是巫师的形象，或认为墓主人本身就是巫师。龙形，或认为是飞升的巨龙，或认为是龙舟，甚至认为根本不存在龙形，而是蔓草卷云纹。对其中的鱼，认识则比较接近，但也有鲤鱼说、文鱼说、妇鱼说等。鸟形，则有仙鹤说、凤凰说等。

综合分析帛画中的四个主体形象，由于所有形象都无法确定其所指，从而导致帛画的研究异说纷呈，且各家均能联系古代神话传说、楚辞等古典文献乃至世界各地相关神话与民俗以证其说，形成帛画研究史上独有的一道风景。以致国外学者鲁惟一（Michael Loewe）[9] 和谢伯轲（Jerome Sibergel）[10] 提出由于细节的不确定性，将帛画内容与神话、文献的联系走得过远、过于理性了，甚至认为对帛画内容的准确诠释是不可能的。但细审帛画中的四个形象，我们认为其中的“鸟形”其实是可以确定的，并且可以据此进一步确定其他三个形象。

鸟形由于其所处位置偏在一角，龙舟、人物、鱼都朝向左方，只有鸟形朝向右方，所以在研究中一直没有得到足够重视。整理者首先认为是仙鹤，并进行了详细论证，认为“在古代的传说中鹤常被视作高踞于天国之中并供神人骑乘的神鸟”[11]；郭沫若诗“企翘孤鹤相从”与此意见一致。后来萧兵先生广征博引以证其说，影响最大，此后多数学者均采用这一观点。但亦有学者认为是凤凰，并将其与《人物龙凤帛画》相联系，如《美术报》2015年7月4日第56版《人物御龙帛画》赏析"龙尾上端立一凤鸟，长颈，单腿独立作长鸣状，为全画肃穆氛围增添了幽默、天真的情调"；并提出"与《人物龙凤帛画》相比，此幅作品出现了新的变化，凤鸟形象已经退居次要地位"，认为"这一图像空间的变化，也许同这一时期楚国攻灭吴越等国家，接受尊崇江淮、吴越之地的龙文化观念有关"。

20世纪70年代，沈从文先生在《帛画妇女》一文中提及："龙后站立一鹭鸶，专家误以为鹤，在鹤字上大做文章。"[12]但该文只是作者随笔，仅寥寥数语，没有展开讨论其判定的原因，原作也从未发表，直到后来收入《沈从文全集》第三十卷《文物识小录》，也没有得到学界足够关注。细审帛画中的鸟形，沈先生的说法是正确的。首先，凤凰是有尾羽的，从甲骨文中"凤"字字形来看，"凤字的下半部分有很明显的羽毛的标志，意在突出'多羽'这一特征"，"注重对羽毛的刻画，以羽上之枝杈突出羽之繁茂华美，对鸟的身体形态则一笔带过"[13]。《山海经·南山经》："有鸟焉，其状如鸡。五采而文，名曰凤皇。"郭璞注："汉时凤鸟数出，高五六尺，五采。"[14]又，《说文·鸟部》："神鸟也。天老曰：'凤之像也，麐前鹿后，蛇颈鱼尾，龙文龟背，燕颔鸡喙，五色备举。'"从妇好墓出土的玉凤到《人物龙凤帛画》中的凤凰都有华丽的尾羽，而该帛画中的鸟形显然没有尾羽，因此不可能是凤凰。其次，虽然帛画中的形象与仙鹤非常相似，但该鸟形头部有明显的辫羽，鹭鸶正是因其头顶、胸、肩、背部皆生长毛如丝而得名，特别是雄鸟在繁殖期会换上美丽的繁殖羽，此时头上长出两枚辫羽。古人对此观察细致，如《诗·陈风·宛丘》："值其鹭羽。"三国吴陆机疏："（鹭）头上有毛十数枚，长尺余，毵毵然与众毛异。"[15]白居易《白鹭》诗："何故水边双白鹭，无愁头上亦垂丝？"贾岛《崔卿池上双白鹭》："鹭雏相逐出深笼，顶各有丝茎数同。"帛画中鸟形辫羽特别突出，则可以确定为鹭鸶无疑。

鹭鸶和仙鹤外形非常相似，容易混淆，但鹭鸶属鹳形目、鹭科水鸟，并非鹤类。郭沫若诗云"企翘孤鹤相从"，最早误鹭鸶为仙鹤，此后学者多从之。其实，郭沫若又有散文《白鹭》，与文学评论家晓雪的《关于散文〈白鹭〉》一文共同选入苏教版九年级《语文》上册，其实散文1919年最早发表时原名《鹭鹚》，直到《沫若文集》均用此名，后来多改为《鹭鸶》，又混淆了鸬鹚和鹭鸶[16]。细审《白鹭》文意，显然也未提到其突出的辫羽，可见郭沫若对鹭鸶这一特征的分辨并不细致。

鹭鸶，古代又称鸶禽、雪客、舂锄、白鸟等，往往也是吉祥、高雅的象征。按《禽经》："鹭，白鹭也，小不逾大，飞有次序，有百官缙绅之象。诗以振鹭比百寮，雍容喻朝美。"[17]《诗·周颂·振鹭》："振鹭于飞，于彼西雝。"即以白鹭起兴，可见时人将其视为高洁神圣之物，又如《大雅·灵台》："麀鹿濯濯，白鸟翯翯。"毛传："翯翯，肥泽也。"朱熹集传："翯翯，洁白貌。"[18]鹭鸶是一种食鱼鸟类，杜牧《鹭鸶》诗云"雪衣雪发青玉嘴，群捕鱼儿溪影中"，正是其捕食场景的生动写照。从《人物御龙帛画》来看，如果将鸟形认定为与鹭鸶形似的仙鹤，不仅在辫羽形象上不合，与其他形象也互相抵触。在传统文化中龙、凤往往并提，反映在传统绘画史上也是如此，如同为楚地的《人物龙凤帛画》，但无论龙还是龙舟，和仙鹤却没有任何关联。而且，在民俗中鹭鸶往往有贪食的特征，因此俗语有“飞来疑是鹤，下处却寻鱼”之说，明确区分了鹭鸶和仙鹤的生活习性。

确定了鹭鸶的形象，我们也就可以基于此进一步确定帛画中的其他三个主体形象。一是鹭鸶往往与鱼密切相关，因此帛画中的鱼形当为鲤鱼或文鱼，而非所谓象征“死而复生”的“鱼妇”等。二是鹭鸶所立之处的龙形自然当为在水中前行的龙舟，而非飞翔在天的巨龙。联系《人物龙凤帛画》中的妇人下方也有一弯月形物，但线条不太清晰，熊传薪、萧兵、刘晓路等学者都认为是“舟”。全面考察《楚辞》中的龙之形象，与当时出行驾车而非骑马一致，龙也是用来驾车而非直接骑乘的，而且与当时一车四马相同，往往也是四龙驾车，应是当时驾车实际情况的反映，如《离骚》：“驷玉虬以乘鹥兮，溘埃风余上征。”甚至六龙、八龙共驾一车，如《离骚》：“驾八龙之婉婉兮，载云旗之委蛇。”有时候仅仅从独立的文句来看，似乎有“驾飞龙”之说，但细审文意，事实上也应当是乘飞龙所驾之车的，如《离骚》：“为余驾飞龙兮，杂瑶象以为车。”乘坐龙舟的情况《楚辞》中也可见，如《九歌·湘君》：“驾飞龙兮北征，邅吾道兮洞庭。薜荔柏兮蕙绸，荪桡兮兰旌。”桡，即船桨，可见飞龙当为龙舟，即前文所言之“桂舟”；又云“飞龙兮翩翩”，飞龙自然也是龙舟。黄震云也认为：“目前见到的先秦资料还没有一个人驾驶一条龙的，传说中黄帝乘龙成仙的故事出自汉代人的编造。”综上可见，帛画中的龙形只能是龙舟，而不可能是巨龙。

值得注意的是，刘信芳据《九歌·河伯》“乘水车兮荷盖，驾两龙兮骖螭”，也认为帛画主人公并非直接乘龙，而是站立在隐没于水中的水车之上；并认为受限于当时的绘画手法，驾车两龙只需画出一条即可代表。[19] 黄震云则认为是“河伯乘两龙在飞奔，冲波逆折，气势浩荡”。[20] 但细审《河伯》文义，其实驾车的并非两龙，而是四龙：以两龙为服，两螭龙为骖。《说文·虫部》：“螭，若龙而黄。”那么这一推断不攻自破。

由此，我们也可以进一步确定位于帛画中心的高冠博带的男子形象，既不是虚无缥缈的河伯，也不是巫师，只能是墓主人的形象。由于墓主人“陆离长剑握拳中，切云之冠高耸”，与屈原《涉江》中“带长铗之陆离兮，冠切云之崔嵬”的形象一致，而屈原又云“余幼好此奇服兮，年既老而不衰”，因此这种奇服往往被认为是“巫者喜爱的高冠奇服”，并且“佩上巫者心爱的长铗”。[21] 但从服饰史来看，男子所着即春秋战国之际兴起的“曲裾深衣”，高冠博带，与同时期的人物画像陶俑相比，其实并没有太多奇怪之处；另外，当时大夫佩戴“长铗”也不奇怪，而巫师佩戴“长铗”恐怕才更奇怪；而且据整理者说，该墓最早被盗掘时曾出土铜剑一柄，与帛画人物所配非常相似。因此，屈原所言“奇服”并非“巫者之服”。王逸注引或曰：“奇服，好服也。”王夫之《通释》曰：“奇，珍异也。奇服，喻其志行之美，即所谓修能也。”[22] 也与“被明月兮佩宝璐”相合。

综上可见，帛画左下角的鲤鱼与立于龙舟之上的鹭鸶、御舟而行的墓主人互相呼应，整幅帛画展现的是墓主人生前御舟而行的生动场景。

三　帛画的性质为招魂说

关于帛画的性质与作用众说纷纭，其实确定了帛画四个主体形象和相关内容所指，这一问题也就可以迎刃而解了。“引魂升天说”作为整理者的意见一直是学界影响力最广泛的观点，从出土至今多数文物鉴赏类图书或文化、文物辞典都采用了此观点，包括《中国大百科全书》等，认为男子为墓主人或其灵魂，主题为引魂升天。但刘晓路早已指出这一观点莫名其妙，不知所据，因为从楚文化发展史来看当时的楚国并没有引魂升天的传统，而是盛行“招魂”；[23] 即使当时的北方中原地区已经有了追求升天的思想，也是在生前整体升天，而非死后的灵魂脱离肉体而升天；灵魂与肉体的脱离象征的不是飞升，而是死亡。同样，“引魂过海说”和“驾云升天说”也不符合当时楚人对灵魂与死亡的认识。从帛画内容来看，描绘的是墓主人生前的生活场景，虽然是招魂所用之“魂幡”，但却和天界与昆仑仙境均没有任何联系，自然也不可能是引魂之用，只能是“招魂之幡”。

先秦时期古人的观念中魂是精气，魄为肉体，二者是合一的，《太平御览》引《礼记外传》：“人之精气曰魂，形体谓之魄，合阴阳二气而生也。”人死之后，则魂魄分离，《礼记·郊特性》：“魂气归于天，形魄归于地。”因此人死之后需要招魂，希望其魂回归与形魄合一，无论中原还是南方的楚地都是如此。《礼记·丧大记》称之为“复”礼：“（复）皆升自东荣，中屋履危，北面三号，卷衣投于前，司命受之，降自西北荣。其为宾，则公馆复，私馆不复；其在野，则升其乘车之左毂而复。复衣不以衣尸，不以敛。妇人复，不以袡。凡复，男子称名，妇人称字。唯哭先复，复而后行死事。”郑玄注：“复，招魂复魄也。……气绝则哭，哭而复，复而不苏，可以为死事。”[24] 因此，《楚辞·招魂》开篇引言就是“有人在下，我欲辅之；魂魄离散，女筮予之”，而且“若必筮予之，恐后之谢，不能复用巫阳焉”，即担心其魂魄消散，再用巫阳招魂也无济于事了。胡智勇先生也认为《人物龙凤图》和《人物御龙图》这两幅战国帛画的实际作用并非“引魂升天”，相反正好是“招魂入墓”，“是把墓主的游魂招回到体魄中来，在棺椁中‘静闲安些’，并享受春秋祭祀”。[25] 胡先生还引《左传·襄公十三年》中楚共王病危时的自责之语：“若以大夫之灵，获保首领以殁于地，唯是春秋窀穸之事，所以从先君于祢庙者，请为‘灵’若‘厉’。大夫择焉！”阐释了楚王自己看待自己灵魂的去向，即“一是死后灵魂地居，享受春秋祭祀；二是入主祢庙，受子孙供奉”[26]，都没有亡魂上天的迹象。

招魂的用具早在先秦就已经比较明确，往往用死者衣物，如《楚辞·招魂》：“魂兮归来！入修门些。工祝招君，背行先些。秦篝齐缕，郑绵络些。招具该备，永啸呼些。魂兮归来，反故居些。”招魂之具包括来自秦国的熏笼，系着来自齐国的丝络，上面盖着郑国的笼衣；或说熏笼里面则放着被招魂者的衣物用以招魂。[27] 又，《礼记·丧大记》：“小臣复，复者朝服。君以卷，夫人以屈狄，大夫以玄赪，世妇以襢衣，士以爵弁，士妻以税衣。”英国文化人类学家詹·乔·弗雷泽提出交感巫术分为两类：一是基于“相似律”，通过模仿达成控制事物之目标的“模仿巫术”或“顺势巫术”；二是基于“接触律”，通过跟某人接触过的实物来对某人施加影响的“接触巫术”。[28] 李清泉先生也多方论证，《招魂》所指涉的被招者的衣服显然属于“接触巫术”；马王堆汉墓T形帛画的作用，“是明知死者灵魂已去、生命不再，依然要在下葬时行招魂、引魂之礼，以使死者的灵魂与尸体一道有所依归的丧葬仪式用具”，则是“模仿巫术”或“顺势巫术”。[29] 如胡智勇先生说：“帛画的图像与《礼记》中记载的‘铭’也就是‘明旌’上的铭书意义相同，是为了让亡者的游魂便于识别自己一度离开的躯体。作用决定了内容。这些招魂的旌幡帛画是墓主人生前生活的典型情景和精神世界的艺术再现。”

从《人物御龙帛画》的内容来看，帛画应当是墓主人生前的生活场景，从而便于离开躯体的游魂识别，正如胡智勇先生说：“为了亡魂的识别作用，当时的画师还特别强调画出死者生前最有代表性的情节瞬间、最有概括表现力的精神境界等等，就像《招魂》中极力铺陈故居的美好一样。”[30] 从巫术分类来看则属于“模仿巫术”或“顺势巫术”。可见，该帛画中的男子为“河伯”“巫师”，甚至“屈原”，都与先秦楚地招魂风俗和仪式无关，当为墓主人生前有代表性的形象。根据发掘报告来看，秦汉时代的帛画在出土时均置放于外椁里面的内棺之上，应当与“复礼”一样象征其灵魂回归躯体。《人物御龙帛画》长 37.5 厘米，宽 28 厘米，上裹横杆，棕色细绳系在中部，可以悬挂，虽然既可用以引魂，也可以用于招魂，但只有“招魂”说既符合古楚人的风俗，也符合帛画的构图意蕴和具体性质。

“铭旌说”中的铭旌用于标志死者官职和姓名，帛画则是描绘墓主人生前形象，二者虽有密切联系但并非完全相同，因此正如李零所言楚汉帛画“所绘人物，推测皆墓主形象”，“楚汉墓葬使用的随葬帛画，从放在椁盖上到放在棺盖上，从方形到 T 形到长条形，从突出人物本身到放大人物背景，从表现墓主形象到代以墓主姓名，其演变之迹，清晰可见。这类帛画既可能是铭旌的前身，也可能是壁画墓的前身”。[31]

综上所述，长沙子弹库楚墓《人物御龙帛画》中的鸟形为鹭鸶，由此作为突破点从而确定其他形象。立在龙舟上的高冠男子为墓主人，与舟尾的鹭鸶、水中的鲤鱼、飘扬的人物冠带与荷盖络缨，构成了一幅生动活泼的御龙舟前行的场景。结合《楚辞》与楚文化史来考察，帛画描绘的当是墓主人生前的生活场景，用以招墓主之魂，属于“模仿巫术”或“顺势巫术”，帛画的性质当为招魂之幡，是铭旌的前身。

[本文为作者主持国家社科基金冷门绝学项目“走马楼三国吴简汇校集释、字词全编与数据库建设”（20VJXG045）、山东省高校青创科技计划“出土文献与古文字研究创新团队”（2020RWC003）项目、山东省研究生教育教学改革项目“语言文献类研究生课程思政建设研究”（SDYJG21102）阶段性成果。]

注释：

[1] 湖南省博物馆：《新发现的长沙战国楚墓帛画》，《文物》1973 年第 7 期。

[2] 萧兵：《引魂之舟：战国楚〈帛画〉与〈楚辞〉神话》，马昌仪编《中国神话学文论选萃》（下编），中国广播电视出版社，1994 年，第 223 ~ 260 页。

[3] 黄震云：《长沙战国楚墓帛画图考》，《中国文化研究》2009 年第 2 期。

[4] 王建勇：《〈人物御龙帛画〉略考》，《中原文物》2014 年第 6 期。

[5] 陈春燕：《由“历史物质性”浅析〈人物御龙帛画〉》，中国艺术研究院硕士学位论文，2021 年。

[6] 刘信芳：《关于子弹库楚帛画的几个问题》，刘信芳著《子弹库楚墓出土文献研究》，台北艺文印书馆，2002 年，第 243 ~ 258 页。

[7] 宋亦箫：《战国〈人物御龙帛画〉为“湘君乘龙车”论——兼论湘君、黄帝神话所反映的早期中外文化交流》，陕西师范大学历史文化学院、陕西历史博物馆、陕西师范大学人文社会科学高等研究院编《丝绸之路研究集刊》第七辑，社会科学文献出版社，2021 年。

[8] 陈锽：《楚汉覆棺帛画性质辨析》，朱青生主编《中国汉画学会第九届年会论文集》（上），中国社会出版社，2004 年，第 434 页。

[9] Michael Loewe: *Ways to Paradise: The Chinese Quest for Immortalality*, George Allen & Unwin, 1979:31.

[10] Jerome Sibergeld: Mawangdui, Excavated Materi-als and Transmitted Texts: A Cautionary Note, *Early China*, 1982(8):79–82.

[11] 湖南省博物馆：《新发现的长沙战国楚墓帛画》，《文物》1973 年第 7 期。

[12] 沈从文：《帛画妇女》，沈从文著《沈从文全

集》第30卷，北岳文艺出版社，2009年，第325页。

[13] 张清美:《祥瑞凤凰考》，山东大学硕士学位论文，2021年，第15页。

[14] [清] 郝懿行撰，栾保群点校:《山海经笺疏》，中华书局，2021年，第14页。

[15] [清] 阮元校刻:《十三经注疏·毛诗正义》（清嘉庆刊本），中华书局，2009年，第800页。

[16] 潘汉:《郭沫若诗〈鹭鸶〉为"鹭鸶"辨》,《徐州师范学院学报》1987年第4期。

[17] [春秋] 师旷:《禽经》，徐寒主编《中华私家藏书》第27卷，中国工人出版社，2001年，第15621页。

[18] [宋] 朱熹撰，王华宝校点:《诗集传》，凤凰出版社，2007年，第218页。

[19] 刘信芳:《关于子弹库楚帛画的几个问题》,《楚文艺论集》，湖北美术出版社，1991年，第113页。

[20] 同[3]。

[21] 同[19]。

[22] [明] 王夫之:《楚辞通释》，船山全书编辑委员会编校《船山全书》第十四册，岳麓书社，2011年，第304页。

[23] 刘晓路:《帛画诸问题——兼谈帛画学构想》,《美术史论》1992年第3期。

[24] [汉] 郑玄注，王锷点校:《礼记注》，中华书局，2021年，第566页。

[25] 胡智勇:《中国民族绘画的传统之源：楚汉帛画再探》，中国文史出版社，2008年，第11页。

[26] 胡智勇:《是"引魂升天"还是"招魂入墓"——楚汉旌幡帛画再探》,《美术》2008年第9期。

[27] 黄寿祺、梅桐生译注:《楚辞全译》，贵州人民出版社，1984年，第160页。

[28] [英] 詹·乔·弗雷泽著，徐育新、汪培基、张泽石译，汪培基校:《金枝》，中国民间文艺出版社，1987年，第19~21页。

[29] 李清泉:《引魂升天，还是招魂入墓——马王堆汉墓帛画的功能与汉代的死后招魂习俗》,《美术大观》2021年第5期。

[30] 同[25]。

[31] 李零:《楚汉墓葬中的帛画和中国壁画墓的起源》,《入山与出塞》，文物出版社，2004年，第165~170页。

湖南郴州桂门岭楚墓出土织物品种考证

Research on Fabrics Unearthed from Chu Tombs at Guimenling of Chenzhou in Hunan Province

湖南博物院（湖南省文物鉴定中心） 董鲜艳

郴州市博物馆 胡仁亮

Dong Xianyan, Hunan Museum (Hunan Provincial Cultural Relics Authentication Center)

Hu Renliang, Chenzhou Museum

内容提要：在我国灿烂的古代文明史上，丝绸是最为耀眼的华章之一，但是因为有机物质的特性，古代丝织物都难以长久保存。2013 年 3 月郴州桂门岭公租房工地发掘了一座战国时期的墓葬，出土了大量的纺织文物残片，是迄今同类织物出土的最南界，为战国时期丝织文物的研究提供了翔实的实物资料。本文通过对这批丝织品残片的整理研究和解读，在完善文物信息的同时，结合古代文献资料和同期其他考古实物，考证出土织物的种类和工艺特征，为研究当时的纺织科技史提供一定的参考。

关键词：桂门岭楚墓　纺织物　织物品种　工艺特征

Abstract: Silk is one of the most dazzling chapters in China's brilliant history of ancient civilization. However, due to its organic nature, it is very difficult to preserve ancient silk fabrics for a long time. In March 2013, a tomb of the Warring States Period was excavated at the Guimenling public rental housing site of Chenzhou City, which has yielded a large number of fragments of textile cultural relics, making the tomb the southernmost border for similar unearthed fabrics and providing rich real-object materials for the study of Warring State Period silk relics. Through the sorting, research and interpretation of these silk fragments, this paper not only improves the cultural relics information, but also verifies the types and process characteristics of the unearthed fabrics in an attempt to offer some reference for the study of the history of textile science and technology at that time.

Keywords: Chu tomb at Guimenling; fabric; types of fabrics; process characteristics

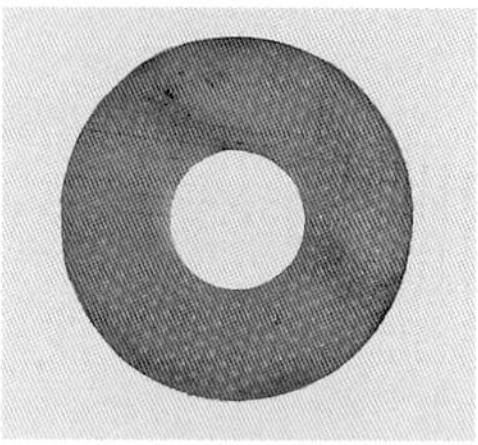

图一　琉璃璧

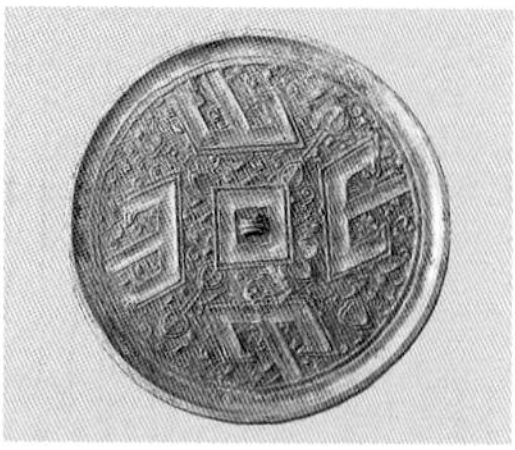

图二　羽纹地四山镜

图三　彩陶壶和彩陶鼎

一　前言

战国秦汉时期，湖南是荆楚文化的中心区域，也是楚人活动的主要区域，加之特殊的埋藏条件，在湖南特别是长沙地区发掘出土了不少先秦时期楚人留下的纺织遗存。2013 年 3 月湖南郴州桂门岭因工程建设发掘了 4 座同一时期的墓葬，M1 发掘出土了谷纹琉璃璧、连弧纹铜镜、帛书、髹漆革带、铜带钩等重要完整文物和大量的纺织文物残片；M2、M3、M4 发掘出土了玉饰件、琉璃璧（图一）以及羽纹地四山镜（图二）、铜砝码、青铜剑、青铜戈等青铜器和彩陶鼎、彩陶敦、彩陶壶（图三）等彩陶器。通过墓葬朝向、棺椁结构、葬式葬具和出土文物等特征，均可以确定该墓葬为战国晚期士一级别的贵族墓。[1] 郴州位于湖南省东南部，南邻广东韶关，是湖南的"南大门"，因此该墓葬是迄今中国境内同类器物出土最南端的墓葬。M1 墓葬出土的纺织文物虽为残片，但是数量大、工艺精湛、纹饰精美、种类齐全，有些文物种类在同期楚墓中少见，甚至未见，因此该墓葬出土的这批纺织文物是对先秦荆楚地区纺织文物考古资料的有力补充，足以反映该时期的纺织技术和纺织史，因此具有极其重要的学术价值。

二　出土织物研究

郴州桂门岭楚墓出土的纺织文物种类齐全，包括平纹素织物、绞经织物、经锦织物以及编织物等，涵盖了战国时期织物的基本种类，是其他楚墓出土实物的补充和文献资料的实物支撑。

（一）平纹素织物

平纹类素织物是由一根经线和一根纬线经过一上一下的织造方法织造而成。平纹素织物无纹饰，差异化的外观表现为丝的密度、细度、捻度等参数变化。一方面，织造者改变经纬纱线的密度、粗细可实现丰富的肌理效果，另一方面，织工以粗细不同、色彩相异的经纬线来显现纬向畦纹。根据丝线颜色、细度、密度和外观表现的不同，该墓葬出土的平纹类素织物最多，约有 26 种不同类别。

在出土的 26 种不同类别的平纹织物中，除密度不同的各种绢外，从外观表现看还可以细分为 4 种不同种类的平纹织物。

第一种类型，织物稀疏轻薄，经纬线纤细带有捻向，密度较小，仅有 12×9 根 / 平方厘米，呈方孔平纹组织。郑玄注："素沙，若今纱縠之帛也。"这种织物即为文献记载的素纱织物。据《周礼·天宫》记载，在周代纱织物作为礼服衣料在宫中使用。商周早期已有这种织物的实物出土，春秋战国时期出土的纱织物数量增多。这种织物虽然质量较好，但由于轻薄稀疏，不易保存，此墓仅有 1 件实物残存。

第二种类型，是通过改变经纬纱线的

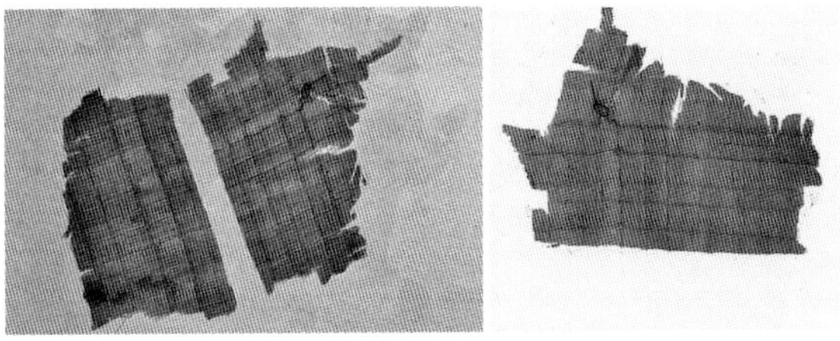

图四　经纬线粗细不同的平纹织物

图五　经纬粗细密度不同的织物

图六　改变纬线颜色的平纹织物

粗细来实现矩形纹样的肌理效果。此种类型的织物在该墓葬发现有 2 例，纤维较粗糙，有的用于刺绣的地。其中 1 例质地较粗，密度为 50×35 根 / 平方厘米，20～25 根经线中有 1～3 根粗经，粗经宽 0.25 毫米、细经宽 0.12 毫米。15～20 根纬线中有 1～3 根粗纬，粗纬宽 0.3 毫米、细纬宽 0.13 毫米，由于经纬纱线粗细不同而形成织物表面有明显矩形格纹（图四）。望山一号楚墓出土的绢地花卉纹刺绣残片，密度为 36×27 根 / 平方厘米，经宽 0.3 毫米、纬宽 0.4 毫米，属于平纹粗绢，从绢的表面看似有粗经、粗纬构成的矩形纹饰，粗经纬约宽 0.5 毫米以上，所以矩形格纹明显而突出，这应该和此墓出土织物为同一类型。[2] 据《宋本玉篇》解释："絁，经纬粗细经纬不同者。"可见絁是一种不同经纬织出的平纹织物，在唐代大量生产。虽然絁的名称不见于楚墓遣策（随葬物品清单）记载，在其他楚墓中也很难见到，但并非孤例。

第三种类型，是通过改变经纬线粗细和密度在织物表面形成的畦纹。桂门岭楚墓出土了大量这种类型的织物。织物厚重紧密，纬线为深棕色，粗且稀疏，经线为土黄色，细且密集，密度为 100×35 根 / 平方厘米，经线密度约为纬线密度的 3 倍，所以织物看起来有明显纬向的畦纹（即经畦纹）（图五）。殷墟妇好墓中黏附在爵上细密的绢，经纬密度为 72×26 根 / 平方厘米，经丝细纬丝粗，有经畦纹的外观效果。[3] 湖北江陵马山一号楚墓发现的平纹织物中，也有大量这种类型的织物，纬线密度一般在经线密度的 1/3～1/2 之间，有明显的经畦纹，光泽较好。[4]《包山楚墓》出土的丝织品中也有不少此类型的织物。[5]《说文》："纨，素也。"颜师古注："纨素，今之绢也。"《汉书・地理志下》注："冰纨，纨细密坚如冰者也。"结合出土的大量实物分析，这类织物由于质地细密、细泽有光，经纬线细度和密度差距较大，表面略呈现横向垄状凸纹，且一般出土于贵族墓中，应是平纹织物中的绝代产品，即文献称颂的"冰纨"。

第四种类型，是通过改变纬线的颜色在织物表面形成彩色条纹。该墓葬出土这种类型的织物密度为 90×55 根 / 平方厘米，经线淡黄色，纬线浅红色，隔几根纬线织入一根较粗且颜色较深的深朱红色纬线。织物光泽较好，纱线散乱有毛绒，应是经过砑光处理，表面呈现出较为明显的红色纬向畦纹（图六）。这种织造方法十分独特，在目前已发掘的先秦墓葬中尚未发现此类丝织物，有待继续研究。

（二）绞经织物

先秦时期的绞经织物主要是罗织物，是一种绞经网孔状织物。所谓罗是一种较为轻薄透孔的丝织物，经丝互相纠结，孔眼舒朗稳定，不会产生滑移。《战国策・齐策》中

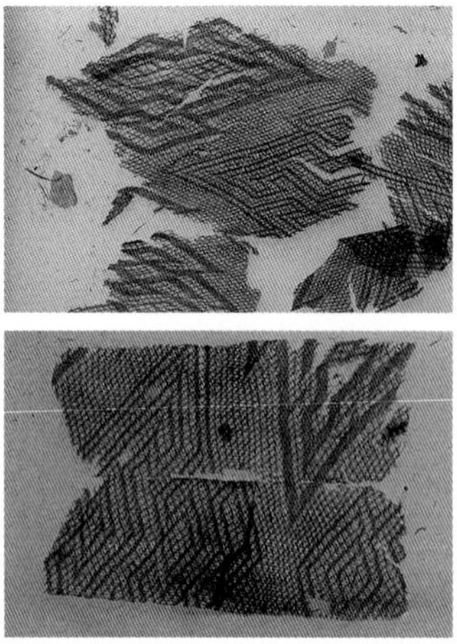

图七　四经绞菱纹罗

图八　分区配色几何纹锦

云“下宫糅罗纨、曳绮縠，而士不得以缘”，由此可见，罗在当时是丝织品中的上品。

该墓葬出土的罗织物较多且均为四经绞罗，一种用于服饰的面料，另一种用于刺绣的地。有朱红和土黄两种颜色，密度均为 60×40 根 / 平方厘米，经纬线均为弱“s”捻，织物表面呈现出菱形纹样（图七）。安阳殷墟妇好墓中发现的绞经织物密度为 30×12 根 / 平方厘米，经纬线加有“s”捻[6]；湖北江陵马山楚墓出土龙凤虎绣单衣的绣地采用了绞经织物，经纬线均加有“s”捻，密度为 40×42 根 / 平方厘米[7]，这两种绞经织物无固定绞组，为四经绞素罗。长沙楚墓 74 长魏 M1 出土的 1 件罗地刺绣残片[8]，浙江安吉五福山出土的铜镜纽上均为绞经织物，在四经绞罗地上以二经绞显花，其图案大致为菱形，与当时流行的耳杯相似，即称之为“杯纹罗”或“菱纹罗”。[9] 郴州桂门岭楚墓出土了大量的绞经织物，均在四经绞地上以二经绞显出菱纹花，为四经绞提花罗。

（三）织锦织物

“织彩为文曰锦。”锦织物的组织结构属于“经线起花的平纹经重组织”，因此锦的密度较大，保存较好，是纺织品出土数量和品种较多的一种织物品种。郴州桂门岭楚墓出土了大量的织锦残片，为了丰富花纹颜色和纹样的表现力，还使用分区配色和“挂经”技术。经过对织锦文物的分析，发现出土的锦都是平纹地经线提花二色经锦，另外还有 3 例分区配色和 1 例挂经技术的经锦。

1. 分区配色经锦

郴州桂门岭楚墓出土了 3 例分区配色的经锦，1 例彩条纹锦，2 例几何纹锦，除纹样不同外，其织造工艺均相同，在此仅介绍其中 1 例。织物残片密度为 140×80 根 / 平方厘米，深棕色地上呈现条纹状朱红色几何纹样（图八）。花纹顺经线方向排列，实物纹样循环不完整，经线根据纹样的需要分区域组合，分别是深棕、朱红，浅棕、深棕。朱红色区域内深棕为地纹，朱色做花纹；棕色区域内深棕为地纹、浅棕为花纹。此墓出土的分区配色经锦，不同区域内的几何纹样仍是二色经锦，但实际花纹有三种颜色，通过分区配色的方法增加了图案的色彩。在配色上，显花的以朱红色、深色为地色，纬线的颜色与地经丝相同。

长沙楚墓也出土了 1 例分区配色经锦，即朱条暗花纹对龙对凤纹锦，密度为 100×30 根 / 平方厘米，花纹顺经线方向排列，经线根据纹样的需要分区域组合分别是浅棕、朱红，浅棕、深棕。朱红色区域内浅棕为地纹，朱色做花纹；棕色区域内深棕为地纹、浅棕为花纹。[10] 湖北江陵马山楚墓出土的塔形纹锦、舞人动物纹锦等都是通过这种分区配色的办法增加色彩，达到多色的效果。[11] 由此可以看出，战国时期在锦的花纹色彩表现上有了极大的发展和提高，当图案色彩过多时一般采取分

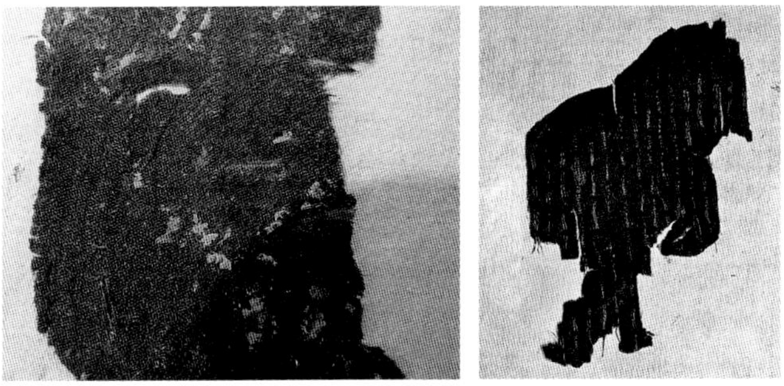

图九 “挂经”锦正面和反面

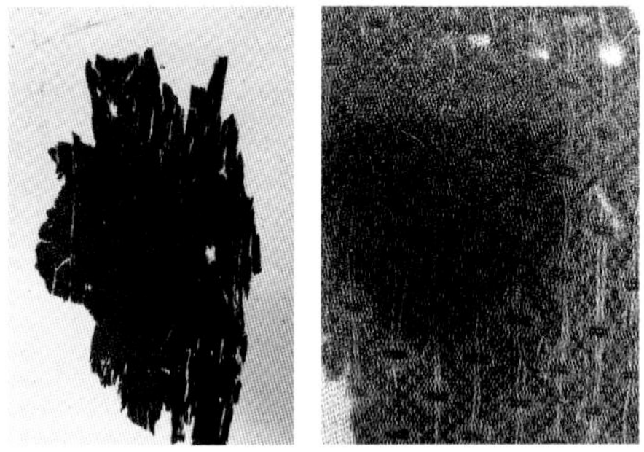

图十 长沙楚墓出土方格纹“挂经”锦正反面

区域配色的方法，可见当时锦的织造技术已经相当成熟，对提花技术的运用十分自如，已经达到了相当高的水平。

2.“挂经”织锦

在此墓中还发现有另一种织锦。织物整体深棕色，经线深棕色和浅棕色，纬线浅棕色，密度为 140×60 根 / 平方厘米，织物正面用一组（两根）浅棕色短浮线呈现菱形纹样的四个顶点，而背部由于浮长较长呈平行状线条（图九）。织入的经线为深棕色和浅棕色，菱形的四个顶点采用挂经方式，挂经为浅棕色。挂经 2 根经线为一组，穿过 4 根纬线，然后转入织物背面，背后形成长达 6 毫米的平行状线条。经线具体配置为 42 根普通经：1 根挂经：2 根普通经：1 根挂经。

长沙楚墓出土的双色方格纹锦也采用了这种织造技术。织物整体深棕色，经线深棕色和浅棕色，纬线浅棕色，密度为 140×60 根 / 平方厘米。织物正面单位纹样为菱形方格纹，四方连续排列。方格纹中间用一组（两根）浅棕色短浮线呈现菱形的中心点填充菱形中心花，织物背部由于浮长较长呈平行状线条（图十）。织物的经线为深棕色和浅棕色，挂经为浅棕色。菱形方格纹中间的花蕊 2 根经线一组，采用挂经方式填充中心花，穿过 4 根纬线，其余部位沉于织物背面，形成长达 6 毫米的背浮点。其配置为普通经 42 根：挂经 1 根，普通经 2 根：挂经 1 根。[12] 湖北江陵马山楚墓出土的小菱形纹锦，单位纹样为小菱形，外设单线菱形格，作四方连续排列，纹样主要用土黄、深棕二色经线提花，纬线为深棕色。在土黄色菱形的正中用四根深红色经浮线形成花蕊。做花蕊的四根深红色经线与另外两色经线作 1：2 排列，其浮线跨越三根纬线，然后转入织物反面，直接引结于下一个菱形的中心。[13]

此墓出土的“挂经”织锦和长沙楚墓出土的“挂经”织锦以及江陵楚墓出土的“挂经”织锦除纹样不同，其织造工艺完全相同。此墓的挂经主要显示菱形的四个顶点，而长沙楚墓和江陵马山楚墓出土的挂经则显示菱格纹的花蕊。战国时期的织锦除采用分区配色外，还使用了“挂经”技术增加花纹图案的表现力，表明战国时期织锦技术已经达到相当高的水平。

（四）编织物

1. 斜绞复合织物（纂组织结构）

在墓主头部剥离出了一件用于发饰的丝织品残片。残片棕褐色，长 6 厘米，宽 4 厘米，密度为 28×28 根 / 平方厘米。采用 1 组左经线和 1 组右经线呈垂直方向编织，每组经线由浅黄色和深棕色纱线两根丝线组成，丝线均为“z”捻。2 组经线相互交穿绞合，左边两组经线分开时，右边两组经线绞合，从左边分开的经线中穿过形成一个组织点后，再从右边分开的两组

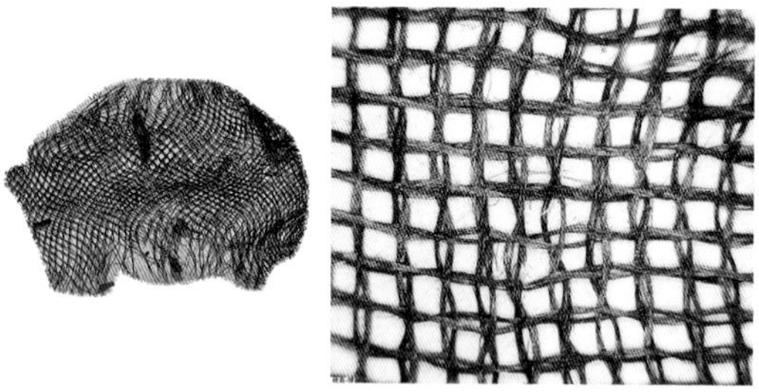

图十一　发饰残片和组织结构

图十二　彩色编织物和微观图

经线中绞合穿过形成另一个组织点。即左边经线绞合交穿在右边经线中，右边经线绞合交穿在左边经线中，由此往复循环（图十一）。

长沙左家塘楚墓和长沙另一楚墓中均发现有用于发饰的此类型编织物。长沙左家塘楚墓出土的编织物长 8 厘米，宽 7.5 厘米，深褐色，稀疏似网状，密度为 20×20 根 / 平方厘米。长沙另一楚墓出土的黑色编织物，稀疏似网状，密度为 36×36 根 / 平方厘米。[14]

这种编织物的编结方法是将斜编和绞编两种古老的编结方法结合使用，最早出现在西北地区的毛织物中，目前在楚地出土的先秦时期的这种稀疏网状织物，材质均以丝为主。江陵马山楚墓出土一种深褐色纱，在方孔纱上面附着一层半透明的胶状物，使纱孔变成圆形，推测可能为漆𦈡。[15]

𦈡是盛行于先秦两汉的一种首服，考古实物中也较常见。“𦈡，冠织也。从糸丽声。谓以缁帛韬发”，即𦈡是黑色的丝织物，既可用作制冠材料，即冠上织物部分，又可独立使用，用以韬发。[16] 结合众多考古实物可见，𦈡是纂组织结构编织而成（也有织造的方孔纱），外表髹漆，用作冠材料或者韬发的丝织物。在先秦的考古实物中，目前除江陵马山楚墓所出物推测为方孔纱织物外表髹漆外，在其他考古实物中仅发现了纂组织结构编织而成的发饰类织物，还未见纂组织外表髹漆的考古实物。但在稍后的两汉时期，这种纂组织结构外表髹漆即“𦈡”的实物则常见，不仅有残片还有完整实物出土。纂组织结构在先秦两汉时期除用于发饰的编织外，由于其组织结构的格眼为菱形，纵横方向弹性伸缩，适于束带系结之用，因此还多用于组带、绶带、腰带和器物系带等。

2. 环编织物

郴州桂门岭楚墓出土了数量不少的编织绦。这类编织物宽约 3 毫米，采用黑红相间或者土黄朱红相间的彩线纵向编织而成。每根编织物用 8 根丝线编成，每根丝线为双股合成，单纱“z”捻，股线“s”捻。两种颜色的丝线相互套串，相间 5 毫米左右，两种颜色的丝线通过环环相套而编织成一根外形似绳的彩色编织物（图十二）。这种类型的编织物均出现在两块面料的接缝处，一方面用于装饰，另一方面用于将两片面料连接起来。

江陵马山楚墓也出土了类似的编织物，编织物宽 3.3 毫米，用紫红、淡黄色丝线轮流进行编织组成线圈，编织丝线双股合成，正面形成彩色条纹，反面是一层浅黄色衬绢、宽窄长短与绦相等。[17] 湖南长沙 406 号楚墓中也出土了类似的织物，由深褐色细丝线编织成网络，背面黏附黄色薄绸片。这种网络是由线圈穿套而成的带状织物，织物反面有横向浮线。每一线圈都是上下两个线圈相互穿套，由25个线圈纵行组成。[18]

古籍中常提到一种紃的织物。《说文》：“紃，圜采也。”段注：“圜采，以彩线辫之，其体绦也。”郑注：“紃，施诸缝中，若今时绦也。”由此可见，紃是绦的一种，是用彩色丝线编结而成，外形似绳，用于镶嵌拼缝。[19]将文献记载和考古实物进行对比，郴州桂门岭楚墓出土的这种编织物和江陵马山楚墓以及长沙406号楚墓出土的编织物，应该为同一种类型的编织物。这种编织物不单独出现，而是附着于其他面料上出现，推测应是一种环编的绦带，常用于服饰的装饰和面料的连接处。

3. 绞编织物

此墓中还有几件鞋履残片，所有残片应为同一双履的不同部位，稍微大的履残片长10厘米，宽5厘米，残留有履底和履帮。履底和履帮均由编织而成，履底纵向为经向，经线由两根纱线“S”向扭合成一根较粗的纱线；横向为纬向，纬线较细，绞转于经线。织物正反两面相同，外观紧密，质地较厚，履底土黄色，履帮深棕色有朱红色花纹（图十三）。编织时纬线和经线相互垂直，系统内的纱线相互平行，纬线缠绕经线向一个方向“逐纬、隔经，同向绞转”手工编织而成。履帮和履底编织结构相同，只是纬线由朱色和深褐色两种不同颜色组成，编织较为紧密，纬线以深棕色为主，朱红色纬线绞转10圈，形成朱色条纹彩带，作为鞋履的装饰。

这种编织方法最早出现在郎家庄东周殉人墓出土的一种鞋履上。鞋履残片，厚实紧密，经向和鞋底相平行，经线为双头合股丝，纬线单根，每厘米9根。把“z”捻的合股经线单行排好，然后以针引纬丝，在经线的同一打绞中间穿过，直到把股线

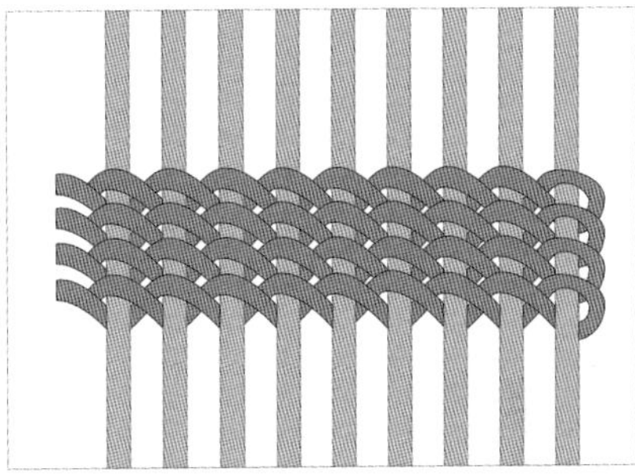

图十三　绞编织物残片和绞编结构[20]

紧密地编织成一块编织物。这种编织方法由于经线平行呈直线状态，纬线打绞、紧密，具有极大的屈曲度，所以编织物表面有强烈的畦纹效果。[21]这种编织结构看起来与绞经织物相似，所不同的是绞转的一组丝线永远向着一个方向旋转，绞转的丝线是作为纬线编织的。

绞编法是一种古老的编织方法，其特点是两个系统的纱线互相垂直，编织时一组纱线在与另一组纱线的相交处左右绞转，绞转的一组纱线永远向着一个方向，可能作为纬线进行编织。长沙楚墓M869出土的一只炭化的麻履底标本，残长21厘米，宽8.2厘米，厚0.3厘米，履底正反两面结构不同，履底里采用绞编结构为基本编织方法，经线两根绞合成一根，纬线同向绞转而成。马王堆汉墓出土的五双丝履的履底和履面均不同程度地采用这种绞编法，东

周至西汉时期的17座墓葬所出丝、麻鞋履帮、面都采用了绞编法。

鞋子是人类服饰文化的重要组成部分，不仅注重实用，还有审美装饰的功能，甚至还是等级的标志。从出土实物和文献记载可知，秦汉至魏晋间鞋履的编织主要采用绞编法。绞编结构作为鞋履的内衬不但可以增加鞋帮、鞋底的厚度，还具有一定的弹性和舒适性。绞编结构比较致密，又可以使丝线呈弯曲状，因此在增加织物厚度的同时又增加织物的弹性。采用绞编法作为鞋履主要的编织方法不但增加了织物的厚度，而且富有弹性，贴合足部，舒适柔软且穿着舒服。桂门岭楚墓出土的鞋履，履帮采用朱色和土黄色纱线间隔绞转，满足鞋履基本功能和需求的同时，还提升了鞋子的审美价值和柔和之美。

三　结束语

郴州桂门岭战国楚墓出土的纺织文物，残片数量多，蕴含的信息量大。通过对这批纺织文物的解读，结合文献资料和出土实物，初步确定平纹类织物有绢、纱、纨、缔等；绞经织物有用于服饰面料和刺绣地的四经绞花罗；锦类织物均为二重经锦，采用分区配色的方法显示更多的颜色，采用“挂经”技术增加图案的表现力；编织物有用于斜绞复合结构的发饰、环编结构的装饰绦带和绞编结构的鞋履。先秦时期出土的纺织实物较少，且多已炭化或者成为印痕，该墓葬出土的织物虽为残片，但是经过及时保护，保留较好，为研究先秦时期纺织品种及生产工艺技术提供了宝贵的实物资料和实物依据，也是先秦时期楚地考古实物的有力补充，为研究中国古代纺织史提供了难得的实物资料。

注释：

[1] 王树金、唐涛：《桂门岭出土纺织品时代考》，《南方文物》2020年第4期。

[2] 湖北省文物考古研究所：《江陵望山沙冢楚墓》，文物出版社，1996年，第340页。

[3] 中国社会科学院考古研究所：《殷墟妇好墓》，文物出版社，1980年，第17～18页。

[4] 湖北省荆州地区博物馆：《江陵马山一号楚墓》，文物出版社，1985年，第32页。

[5] 湖北省荆沙铁路考古队：《包山楚墓》，文物出版社，1991年，第167页。

[6] 同[3]，第17～18页。

[7] 同[4]，第33页。

[8] 湖南省博物馆：《湖南长沙黄土岭魏家大堆战国墓》，文物编辑委员会编《文物资料丛刊》（3），文物出版社，1980年，第113～115页。

[9] 赵丰、樊昌生、钱小萍、吴顺清主编：《成是贝锦——东周纺织织造技术研究》，上海古籍出版社，2012年，第54页。

[10] 湖南省博物馆、湖南省文物考古研究所、长沙市博物馆、长沙市文物考古研究所：《长沙楚墓》，文物出版社，2000年，第414页。

[11] 同[4]，第35～41页。

[12] 同[10]，第414～415页。

[13] 同[4]，第40页。

[14] 同[10]，第415页。

[15] 同[4]，第33页。

[16] 王方：《说“縰”》，《艺术设计研究》2020年第5期。

[17] 同[4]，第51页。

[18] 同[4]，第55～56页

[19] 同[4]，第51～52页。

[20] 夏添：《先秦至汉代荆楚服饰考析》，江南大学博士学位论文，2020年，第33页。

[21] 赵丰：《王孖与纺织考古》，艺纱堂/服饰出版（香港），2001年，第104～105页。

留于当世与传之后世
——睡虎地秦简《编年记》所载“喜”家族经历文本的性质与《扬雄家牒》真伪关系之讨论

For the Present and the Future
— The Attribute of the Xi's Family Experience Contained in the Qin Bamboo Slips Excavated at Shuihudi and the Discussion of the Authenticity of Yang Xiong's Family Genealogy

苏州大学　庄永恒
Zhuang Yongheng, Soochow University

内容提要:《扬雄家牒》中载有扬雄生卒年日及时刻，但该材料的真伪历来众说纷纭，莫衷一是。特别是关于其出生时刻之记载是否可信，争议颇大。20世纪70年代睡虎地秦墓竹简出土之后，有学者认为其中《编年记》记载“喜”鸡鸣而生这一材料，可以证明《扬雄家牒》所载扬雄生时之可信。但是《编年记》其记人生平经历的文本内容实质上为备忘录之属，而《扬雄家牒》属于谱牒，两者在性质上差异较大，并且两者年代跨度间缺乏其余同性质材料，关联性存在较大缺环。故《编年记》所载“喜”的经历，不能用于证明《扬雄家牒》所载其出生时刻之可靠，更不能用于证明《扬雄家牒》之可靠。

关键词：扬雄家牒　编年记　睡虎地秦简

Abstract: Yang Xiong's family genealogy contains the date and moment of his birth and death, but the authenticity of the genealogy has always been questioned. In particular, whether the record of his birth moment is credible is controversial. In 1970s, some scholars believed that the record of Xi's family experience contained in the Qin bamboo slips excavated at Shuihudi can prove the credibility of Yang Xiong's birth time in Yang Xiong's family genealogy. However, the attribute of the text of the Chronicle is similar to the memo. And Yang Xiong's family genealogy is a genealogy, which is very different from the Chronicle. The lack of information with the same attribute is another major problem. Therefore, the Xi's family experience contained in the Chronicle cannot be used to prove the credibility of Yang Xiong's birth time and Yang Xiong's family genealogy.

Keywords: Yang Xiong's family genealogy; the Chronicle; Qin bamboo slips excavated at Shuihudi

家牒为记述一姓世系源流的书籍，其大兴应是在六朝时期[1]，并且家牒这一类型的书籍从六朝时期兴起后，就一直延续到近代乃至今天，这一现象应与中国自古以来的重视宗族的思想观念密不可分。不同时代的家牒，编撰体例与编撰原因不尽相同，并且会随着政治与社会的变化而发生变化。

今可见诸多古籍中存有引自《七略》的《扬雄家牒》，但《七略》今已佚而无从得见，加之扬雄生活的西汉末、新莽初时期的社会中并无撰家牒之风尚[2]，因而围绕《扬雄家牒》的真实性就引发了诸多的争论。对此，早在清代就有人质疑[3]，但其时大体上也仅局限于疑问，而并未形成一定的讨论。及至近代乃至现代，对于《扬雄家牒》自身的真实性问题才在一定的范围之内形成讨论。[4] 如 20 世纪 20 年代初，汤炳正依据《北堂书钞》所载的《七略》引《扬雄家牒》，认为其属可信，并用于编纂《扬子云年谱》[5]，但同时其好友张政烺指出《扬雄家牒》并不可信[6]，此时双方争论的焦点在于汉代对于一个人的生辰年月的记载是否可以精确到时刻。

在此后较长的一段时间中，也有一些学者关注此问题并进行相应的讨论。如刘韶军对之前关于《扬雄家牒》真伪讨论的学术史进行了系统梳理，并分别从扬雄生活年代的社会风尚、扬雄个人的生活经历与性格特点以及《七略》该书自身的体例等方面入手，对《扬雄家牒》的真伪进行论证，并且做出了“《家录》《家牒》不可信”[7] 的论断。而此后也有诸如汪文学等针对刘韶军的观点进行反驳。[8]

以上这些讨论使用的材料均以传世文献为主，但值得注意的是，一些参与讨论的学者开始使用出土文献材料来讨论相关的问题。特别是随着 1975 年睡虎地秦墓竹简的出土，汤炳正注意到其中《编年记》的相关内容，认为其中所载“喜”“鸡鸣而生”这一材料，可以证明《扬雄家牒》的可靠性。[9] 不过由于汤炳正并未将此观点写成专文，故这一意见流传不是很广，并且单就出生时间是否可以精确到时刻这一问题，也难以证明《扬雄家牒》之真伪。根据目前个人阅读所知，并未见到有论著对此专门进行讨论。本文不望全面讨论《扬雄家牒》之真伪，但对能否用睡虎地秦简《编年记》来证明《扬雄家牒》的真实性，也有一些自己的看法。故撰此文，并烦请同好校正。

一 《扬雄家牒》所载生时资料及其讨论

扬[10] 雄，字子云，关于其生卒年月，散见于各种古籍，其来源大致有二：其一是引《七略》所载之《扬雄家牒》，多言“以甘露元年生，天凤五年卒”；其二是源于《汉书·扬雄传》之“年七十一，天凤五年卒”[11]，由此推之，扬雄应出生于宣帝甘露元年，即公元前 53 年。但《七略》今已佚，有关记载只能见于其他类书所引之《七略》，如《太平御览》《艺文类聚》《北堂书钞》等，其或言《扬雄家牒》《子云家谍》《扬雄家录》等，但大抵是一书多名，引者因之，为方便表述本文统一言《扬雄家牒》。诸多引《扬雄家牒》之文字亦大同小异，其或言“甘露元年生”或言“天凤五年卒”，与《汉书·扬雄传》之记载并无本质差别，唯《北堂书钞》卷九十四所引《扬雄家牒》言“子云以甘露元年二月戊寅鸡鸣生，天凤五年四月癸丑晡卒”[12]，将扬雄的生卒精确到时刻，是其他记载所未有的。

由上观之，扬雄应生于宣帝甘露元年（前 53），卒于新莽天凤五年（18），年七十一。目前学界对于扬雄生卒年时间并无太多异议，而争论的焦点基本在于扬雄生卒年说法来源其一的《七略》所引《扬雄家牒》其本身的真实性问题。由于《七略》今已佚，无从得见，因而关于《扬雄家牒》本身的真实性，出现了诸多的异议。清代严可均就曾认为其“不知何人何时所撰”[13]，至近代及现代，对《扬雄家牒》真伪的争论愈发激烈。

余嘉锡与汤炳正等认为《扬雄家牒》真实无疑。余嘉锡《四库提要辨证》中言“班固作传，殆亦根据《七略》，足见其信而有征。王莽篡国后，雄事之十年而后卒，有其家自著之谱牒为据”[14]，由此可见，余嘉锡对于《扬雄家牒》其本身的真实性是确信无疑的。汤炳正在其所作《扬子云年谱》中也引《扬雄家牒》，且据陈垣《二十史朔闰表》进一步推算《北堂书钞》卷九十四所引《扬雄家牒》之“子云以甘露元年二月戊寅鸡鸣生，天凤五年四月癸丑脯卒”中的“二月戊寅”与“四月癸丑”分别为三月十三与四月初五，仅指出“甘露元年二月无戊寅日，戊寅日实在三月十三日。二月乃三月之误文耳”。[15] 由此观之，汤炳正对于《扬雄家牒》本身的真实性也未有太多的疑问，仅指出其中的谬误，并且照常引用。

刘韶军则明确否定《扬雄家牒》的真实性，并且从《七略》的体例、秦汉时期的社会风尚以及《七略》与《汉书》之间的矛盾等五方面对《扬雄家牒》的真实性进行否定，其中最为重要的便是从《七略》的体例入手，来说明《七略》无从得载《扬雄家牒》。[16] 在此之后，汪文学对于刘韶军的观点进行了一些反驳，就其陈述的内容来看，部分观点确有其道理，并且其还从扬雄拥有浓厚的“家族意识和乡土观念”[17] 这个角度出发，来论证扬雄自作《扬雄家牒》的可能性，以反驳刘韶军的完全否定之说，但是相关性并不等于因果性，因而其观点似有继续推敲的余地。

至此，再看《扬雄家牒》，其载于《七略》之中，今佚而无从得见，因此我们只得从当时的社会、风俗等方面去分析其真实与否，或者说可能与否。近年来，随着考古发掘工作的进行，诸多以前未见之战国秦汉简牍，诸如睡虎地秦简、里耶秦简等陆续问世，其中的诸多记载对于我们判断《扬雄家牒》其本身的真实性提供了新的可能。但最大的问题在于，与之相关的可能材料目前仍然仅有《编年记》一种，并且其也仅是内容上存在与家牒之记载相似之处，实在难以作为早期家牒、家谱的样本，也无法作为《扬雄家牒》真实存在且为扬雄自作的证明。

二 睡虎地秦简《编年记》“喜”家族生平经历相关文本

睡虎地秦简《编年记》的特别之处在于，其除记载秦国大事外，还特别记载了名为“喜”之人的生平，且除“喜”以外，《编年记》还记载了其他几人的生时。[18] 将其单独列出，则如下：

卌五年（前 262），攻大壄（野）王。十二月甲午鸡鸣时，喜产。

卌七年（前 260），攻长平。十一月，敢产。

五十六年（前 251），后九月，昭死。正月，遬（速）产。

今元年（前 246），喜傅。

三年（前 244），卷军。八月，喜揄史。

【四年】（前 243），□军。十一月，喜除安陆□史。

六年（前 241），四月，为安陆令史。

七年（前 240），正月甲寅，鄢令史。

十一年（前 236），十一月，获产。

十二年（前 235），四月癸丑，喜治狱鄢。

十三年（前 234），从军。

十五年（前 232），从平阳军。

十六年（前 231），七月丁巳，公终。自占年。

十八年（前 229），攻赵。正月，恢生。

廿年（前 227），七月甲寅，妪终。

廿七年（前 220），八月己亥廷食时，产穿耳。

《编年记》详细记录“喜”的生平，其生于秦昭王四十五年（前 262），于秦王政元年（前 246）傅籍，而后从秦军，并陆续担任了一些地方小吏。从出土秦简的内容来看，《编年记》所载的“喜”应是生活在战国后期至秦始皇时期，是秦治下的民众，并且担任过地方小吏，故其社会地位应不是很高。

从《编年记》的性质来看，因荆州印台汉墓 M60 和松柏汉墓 M1 都出土有自题为“叶书”的与《编年记》在形式上相似的简牍，故李零认为《编年记》其本身当属“叶书”一类[19]，陈伟[20]、陈振裕与罗恰[21]三人均持相同的看法。并且上述几位学者虽然就“叶书”之名该如何解释这一问题在观点上有所不同，但在将《编年记》命名为“叶书”这点上则是一致的。此外，荆州胡家草场汉墓 M12 出土有名为“岁纪”的简牍[22]，从已公布的部分内容来看，其从秦昭王元年（前 306）记起，并且逐年记录，就“岁纪”简的内容来看，其在性质上应当是与睡虎地秦简《编年记》较为类似的。并且《编年记》、“叶书”与“岁纪”这三种在形式与内容上颇为相似的简牍，其最初的编写目的应当都是为了记事编年。

其次，从《编年记》的内容来看，其记载了“喜”的人生经历，特别是对于“喜”出生时间的记载，即“昭王卌五年，攻大壄（野）王。十二月甲午鸡鸣时，喜产”。将“喜”的出生时间精确到时刻，但文中并未记录“喜”的卒年，简文最终止于秦始皇卅年（前 217），故“喜”大抵殁于此年。《编年记》除记录“喜”的生平之外，还记录了其他几人的生时，如“卌七年，攻长平。十一月，敢产”“五十六年，后九月，昭死。正月，遬（速）产”“十一年，十一月，获产”“十八年，攻韩。正月，恢生”以及“廿七年，八月己亥廷食时，产穿耳”。[23]这些人或为“喜”的兄弟姊妹，或为“喜”的子女，对此本文不作深入探讨。

最后，再回到原始的竹简简文，竹简上的文字较为明显地分为两种笔迹，一种较为刚锋有力，另一种则较为圆润，应是出自不同人之手，再结合简文的内容，应当是可以认定《编年记》为“喜”父及“喜”二人接力完成的，其中昭王四十五年（前 262）关于“喜”出生的记载以及秦王政十二年（前 235）之后的记载应是由“喜”续写的。[24]

三 《编年记》所载人物经历文本性质考

《编年记》虽以时间为顺序，以秦国大事为主干，但其中夹杂着“喜”一家人的生卒情况，还包含了“喜”的人生主要活动轨迹。目前，在已整理并且发布的秦简牍中与其在形式上相似的大抵仅有前文提到的荆州印台汉墓 M60 和松柏汉墓 M1 出土的题为“叶书”的简牍以及荆州胡家草场汉墓 M12 中出土的题为“岁纪”的简牍。但是两篇“叶书”目前也仅知其自带标题为“叶书”并且其在形式上与《编年记》相似，具体的内容并未公布；而“岁纪”虽公布了部分内容[25]，但从目前已公布的内容上来看，其应不具备与《编年记》类似的记人生平的文字。[26]在诸多已整理并且发布的出土秦简牍之中，记人出生年月的文字十分稀少，只在里耶秦简中存在两处，分别为简 8-1410“高里公士印。卅五年产女□☑”[27]与简 9-947“☑□□□自占，昭王卌二年产”[28]，其对于出生时间的记载只精确到年份，并非《编年记》那般精确到时刻，且里耶秦简的性质为地方官府文档，而记人出生年月大多为户口统计之用，因而不如《编年记》这般精确也情有可原。

《编年记》在形式上与“叶书”“岁纪”这类简牍相似，故在性质上当属于“叶书”一类，但是其间杂置的“喜”一家人的生平经历又使得《编年记》的功用超出了“叶书”的范畴，是“叶书”这类简牍更进一步的产物。首先，这类名为“叶书”的具备相似形式与内容的简牍，其编写的最初目的是作年表记事编年之用。除《编年记》之外，在目前已整理并公布的出土简牍之中存有的其他诸多“叶书”与“岁纪”简表明该类书籍的编写在战国秦汉时期应当是较为常见的。“喜”父最初编撰《编年记》的目的也应当如其他诸多“叶书”简一样用以记事编年，但其后“喜”父在《编年记》中创造性地加入了其家人的生平经历。“喜”父究竟是以怎样的心情在其中加入子女生平经历记录的，这点已不可考，但大抵应当不出家族亲情的范围，其记录生平经历的文字也可分为两类，一类记录子女出生时间以作提醒备忘之用，另一类记录“喜”人生经历的文字在性质上应当类似于家中记录孩童身高之刻线，饱含家长对于孩子成长的喜悦之情。

“喜”父的主观能动性使得《编年记》不再如传统的“叶书”一般。《编年记》在性质上仍属于“叶书”的同时，又作为“喜”父的“备忘录”与“笔记本”被使用，使得一书二用，二用合一。在“喜”父之后，“喜”接手《编年记》并仿照其父的做法将自己的出生时间进行了补录，而后又按照时间顺序继续向下编写，在其中加入了更多其家人生卒时间以及自己的生平经历，并且最终让《编年记》陪伴自己长眠于地下。

四 《编年记》之于《扬雄家牒》

在战国秦汉时期是存在着能够诞生出《编年记》的土壤的，这点在上文中已经得到了明确。汤炳正在其晚年仍旧坚信《编年记》能够当作是家牒、家谱之类书籍在战国秦汉时期的代表，其可以对我们传统的家牒认知产生重大的影响。[29] 其时争论的焦点在于秦汉时期对于一个人出生的记述是否能够精确到时刻，现今得见《编年记》便可知晓，在战国秦汉时期对于一个人出生时间的记述确实是可以精确到时刻的。但最大的问题在于，即便可以将出生时间精确到时刻，包括里耶秦简所见诸多人物的具体活动时间也可精确到时刻[30]，但这对于《扬雄家牒》自身真伪的讨论又有什么实质意义呢？从《编年记》我们确实可以得知，在战国秦汉时期，对于一个人出生时间的记录便已精确到时刻，但这与《扬雄家牒》自身的真伪却是两个维度的事情。《编年记》的内容只能够表明该记述方式在中国古代一直沿用不息，而后世之人假托扬雄之名作《扬雄家牒》想来也是轻松随便之事，况且中国古代长期存在的尚古之风，使得假托古人之名著书立传的现象十分常见，因此仅凭《编年记》的记述方式无法证明《扬雄家牒》真实存在且为扬雄自作，而仍旧需要进行更多方面的考量。

家牒记一姓之谱系与事迹，其起源甚早，战国秦汉时就有如《世本》之类记述天子、诸侯与卿大夫家族世系之书。盖因中国古代早期国家都以宗族部落的形式存在，由宗族发展而来，宗族即国家。汤、武革命亦只是居于统治地位的部落宗族的更换，其治下臣民的组成形式并未发生太多的变化，仍旧以宗族部落的形式存在，对于居统治地位的夏、商、周部族成众星捧月式的簇拥。对于居统治地位的部族，自有专官记述世系源流，辨明次序。春秋战国时期各国自身的发展与各国之间的兼并战争使得宗族城邦国家开始向地域国家转变，这一变化在战国时期基本完成，各国治下臣民的组成形式亦发生了根本性的变化，并且这一变化借由秦的统一战争在全国范围内得以确立。民众不再被束缚于宗族之中，国家亦不再由大小宗族从上到下构成，民众以户为单位，以课役农的形式直接掌控于国家之手，使得国家结构扁平化。在此之前，民众大都被束缚于宗族之中，一族为一姓，其或以官邑谥族为姓，又或因赐姓而得姓，源流清晰可辨。春秋战国时期各国之间的兼并战争及秦的统一战争所带来的战乱，一方面使得人口流动无序化，另一方面新的人口管理模式也使得原本被宗族所束缚的民众分散化，当时，大多民众的家族世系已几不可考。而这一点，从《史记》的记载中也可见一斑。《史记》之"本纪"与"世家"所载者甚多，若为自上古传承而下之家族，其世系源流便大都有本可循；若为秦汉之际新兴起之人物，则其家族世系源流之记载便多有缺失。以《秦本纪》《留侯世家》《萧相国世家》与《高祖本纪》[31]为例，越是平常之家，其家族世系的记载便越为简短，乃至向上追溯三代就失佚了姓名。刘邦作为汉之高祖，《史记》对于其家世的记载也仅限于其父其母，而后向上便再无所见；萧何作为汉朝开国丞相，《史记》之中就连其父母之名也不曾记载；而张良其家数代相韩，显赫一时，因而史书也得以载其父与大父之名。显赫之家得以记述其世系源流，而平常之家多上溯数代便不知其祖，这是历史与逻辑的统一，也应当是秦时广大的社会中下层民众对于其家族世系知晓情况的最真实写照。

现今学界虽有学者认为谱牒[32]应起源于西周时期[33]，但该说法可能存在两个问题。首先，从材料的角度而言，《周礼》自身的成书年代就存在很大争议[34]；其次，先秦秦汉时期虽有《世本》这类专记天子、诸侯与卿大夫家族世系之书，但这也只能称得上是家牒的源头，并且这类被视为家牒源头的书籍并未向社会下层普及，而是只限统治阶级内部。事实上，先秦秦汉时期的社会并无撰"家牒"记述自身家族世系源流的风尚。据清代赵翼所言，家牒这类记一姓之谱系与事迹之书应是大兴于六朝时期[35]，即曹魏魏文帝采"九品中正"取士之后，负责品评人物的中正官渐为世家大族所把持，从而形成"上品无寒门，下品无世族"的局面。至此南北朝之时，在利禄的推动之下，家牒大兴，编纂家牒的诸多习俗、规定亦是此时开始形成。

《编年记》确实是独一无二的，但在出土的简牍之中却存在着诸多与《编年记》在内容上有相似之处的简牍，这点从上文便可明了。《编年记》原文无名，该名也只是整理者所拟，在其他的出土简牍之中存在与《编年记》在内容和形式上相似的简牍，部分的带有"叶书"或"岁纪"的名称。上文已言明，《编年记》实际上是带有记述家族生平文字的"叶书"简。因而《编年记》也当如"叶书"一般，其首先是用于记述年份，即"记岁"的，而后才作其他用途。对于《编年记》来说，其最初当是与诸多的"叶书"简相同，用以记事编年，而后才是"喜"父及"喜"自身主观能动性的发挥与体现，即在字里行间夹杂记述了自己家族之人的生平。这是"喜"父及"喜"的个人行为，无法做过多的上升与拔高的。

首先，《编年记》是否可以看作是家牒在战国秦汉时期的代表，这要从其自身的内容和形式上入手。上文已言之，《编年记》是由"喜"父及"喜"接力完成，从简文的内容上看，昭王四十五年（前 262）关于“喜”出生的记载以及秦王政十二年（前235）之后的记载应是由“喜”续写，明乎此，便会产生一个疑问，为何喜的父亲在记述子女的时候不将“喜”的出生时间也一并记上呢？若《编年记》是作为家牒性质而作的，那么不将自己子女的出生时间记录完全是完全没有办法解释和理解的。

其二，若将《编年记》视作家牒在战国时期的代表，那么《编年记》所面向的群体又是谁呢？一般意义上的家牒，其面向的“用户群体”应当是该家族的后人，作辨明世系之用，而就《编年记》所记载的内容来看，其对于“喜”一家人的记述是混杂在诸多纪年之间的，其以时间纪年为主干，而寻常家牒应当是以世系传承为主干。而且在《编年记》之中完全无法看出世系传承的顺序与源头，其将“喜”的兄弟姊妹与子女的出生时间杂置其间，谁是兄弟姊妹、谁是子女全无所知，以致今天的我们只能通过推断才能够知晓一二，而无论是后世之家牒，还是先秦之《世本》，乃至太史公之《世表》都不存在这种情况，这应当也是《编年记》所面向的“用户群体”对于谁是“喜”的兄弟姊妹、谁是“喜”的子女不会有所疑义所致。再结合《编年记》其中的语言如“公终”“妪终”，以及其最终作为“喜”的陪葬品长眠地下而没有传于后人这一点，我们有理由推断《编年记》所面向的“用户”应当就是“喜”父及“喜”本人。虽然《编年记》由“喜”父及“喜”接力完成，但就其目的而言，“喜”父初作“叶书”并在其中加入其子女的出生时间等信息以当作自己的“备忘录”进行记录与使用，而后由“喜”续作续用，并让该“叶书”成为独一无二的《编年记》，最终陪伴自己长眠于地下。既如此，考其心论其行，《编年记》不论是从形式上还是从内容上，实难作为家牒在战国时期的代表，并且这种与家牒之间的差异是无法通过简单的形式原始、年代较早等理由辩驳的，因此其对于《扬雄家牒》存在且为扬雄自作也实在难有什么存在和印证层面的作用。

其三，扬雄所生活的西汉后期至新莽前期，与《编年记》诞生的年代即战国晚期至秦始皇时期相距百余年。仅仅以在内容记载上有相似语句的百余年前的书籍来证明《扬雄家牒》存在且为扬雄自作，并且无其他中间媒介，不仅在逻辑上无法自洽，于历史而言又何其单薄。

五　结语

综上所述，通过两方面的考察。一方面，《扬雄家牒》本身就存在诸多问题，如其文中所载历法的错误以及《七略》自身的体例问题等；另一方面，通过对睡虎地秦简《编年记》中“喜”及其家族生平经历的考察，可以发现《编年记》不论是从文本性质上，还是从内容与形式上都与谱牒这类文本差别较大，并且两者之间也存在着较大的时间缺环。因此《编年记》不能用于证明《扬雄家牒》所载扬雄出生时刻的可靠，更加不能用于证明《扬雄家牒》其自身的可靠。

注释：

[1] 陈光贻：《氏族、族谱和谱学、谱例》，《史学史研究》1984 年第 3 期。

[2] 同 [1]。

[3] 刘韶军：《〈汉书〉杨雄本传中年诸事考》，周国林、刘韶军主编《历史文献学论集》，崇文书局，2003 年，第 202 页。

[4] 关于自清代以来的相关讨论，可参看刘韶军所作《〈汉书〉杨雄本传中年诸事考》，周国林、刘韶军主编《历史文献学论集》，崇文书局，2003 年，第 202～203 页，本文于此不多加引述。

[5] 关于汤炳正自身的学习经历及其作《杨子云年谱》的相关过程，可参看孙守让所作《汤炳正的“杨雄情结”与〈杨子云年谱〉》（《中华读书报》2024 年 6

月 12 日第十四版）的相关内容。汤炳正自身对于“杨雄年谱”的研究是相当重视的，并且在此之后也持续有人对此进行关注。

[6] 见之于汤炳正之孙汤序波所著《汤炳正传》（华龄出版社，2010 年，第 34 页）。书中虽未指明提出反对意见的同乡学者是谁，但将山东荣成这一籍贯与人物关系结合考察之后，可知提出反对意见的同乡学者应是张政烺。

[7] 同 [3]。

[8] 汪文学：《扬雄与六朝之学》，贵州人民出版社，2019 年，第 294～296 页。

[9] 汤序波：《汤炳正传》，华龄出版社，2010 年，第 34 页。

[10] 关于扬雄的姓氏“yang”，长期以来存在两种观点，或从“扌”，或从“木”，但考现今出版的诸多与扬雄相关的文献古籍如中华书局版《汉书》（1962 年）等，从“扌”者居多，故本文亦从“扌”。

[11] [汉] 班固：《汉书・扬雄传》，中华书局，1962 年，第 3585 页。

[12] 此《北堂书钞》疑因所引版本不同，其内容也会有些许出入。本文引“中国基本古籍库”所收今通行版本，即清光绪十四年万卷堂景宋刻本《北堂书钞》卷九十四之《扬雄家录》言“子云以甘露元年二月戊寅鸡鸣生，天凤五年四月癸丑脯卒”，余嘉锡作《四库提要辨证》（湖南教育出版社，2009 年，第 1068 页）时所引内容与此相同。而汤炳正作《扬子云年谱（续完）》（《论学》1937 年第 6～7 期）与刘韶军作《〈汉书〉杨雄本传中年诸事考》（周国林、刘韶军主编：《历史文献学论集》，崇文书局，2003 年，第 202～203 页）时所引《北堂书钞》卷九十四《扬子家录》之记载则为“子云以甘露元年二月戊寅鸡鸣生，天凤五年四月癸丑晡时卒”。两种记载的区别在于记录扬雄逝世时间之用法是“癸丑脯卒”还是“癸丑晡时卒”，但是诸人作书引用之时并未标明版本，加之《北堂书钞》长期以抄本的形式流传，讹误甚多（可参看王燕华：《中国古代类书史视域下的隋唐类书研究》，上海人民出版社，2018 年，第 112～115 页），故要查证此记载不同的原因当属不易。不过后者之记载“癸丑晡时卒”为秦汉时期的常见用法，“癸丑脯卒”这一用法与秦汉时期之习惯用法不同。

[13] 同 [3]。

[14] 余嘉锡：《四库提要辨证（二）》，湖南教育出版社，2009 年，第 1068 页。

[15] 汤炳正：《扬子云年谱（续前）》，《论学》1937 年第 5 期。

[16] 同 [3]，第 202～207 页。

[17] 同 [8]，第 296 页。

[18] 陈伟主编：《秦简牍合集 [壹]・睡虎地秦墓简牍》，武汉大学出版社，2014 年，第 10～12 页。

[19] 李零：《视日、日书和叶书——三种简帛文献的区别和定名》，《文物》2008 年第 12 期。

[20] 陈伟：《秦汉简牍〈葉书〉刍议》，陈伟主编《秦简牍校读及所见制度考察》，武汉大学出版社，2017 年，第 338～344 页。

[21] 陈振裕、罗恰：《云梦睡虎地秦简——让秦国历史“活起来”》，武汉大学出版社，2021 年，第 103 页。

[22] 郑威：《〈荆州胡家草场西汉简牍选粹〉岁纪简初读》，《简帛》2021 年第 2 期。

[23] 在《编年记》诸多记人出生时间的记录中，只有“喜”与“穿耳”二人的出生时间精确到时刻，具体原因未知。这种精确到时刻的记录相较于仅仅精确到月份的记录应当有着更为特殊的原因。考虑到《编年记》中记录人生经历的文字多着重于“喜”一人，再加上《编年记》由两种不同风格的笔迹接力完成。据此，我们有理由推定接续编写者应当就是在记录中频繁出现的“喜”本人。不过自行编写并将自己的出生时间写得精确较好理解，而为何“穿耳”的出生记录也精确到时刻，我们只能推断其或与张家山汉简所见《置后律》之“后”有关（虽然该简牍为汉初简，但秦与汉初的社会同在军功爵制的笼罩之下，故《置后律》这类规定爵位与财产继承细则的法律当不是汉初独有，秦应当也有类似法律，只是还未发现），其可能为“喜”的嫡长子，是“喜”的第一顺位法定继承人，故相较于《编年记》其他所记之人，“穿耳”对于“喜”来说最为特殊，其出生时间的记录也更为精确。

[24] 此观点可参看陈振裕、罗恰：《云梦睡虎地秦简——让秦国历史“活起来”》，武汉大学出版社，2021 年，第 100 页。另外相关图版部分可参考陈伟主编：《秦简牍合集 [壹]》，武汉大学出版社，2014 年，第 647～652 页简文图片部分。

[25] 蒋鲁敬、李志芳：《荆州胡家草场西汉墓 M12 出土的简牍》，中国文化遗产研究院编《出土文献研究》第十八辑，中西书局，2019 年，第 168～182 页。

[26] 蒋鲁敬、李志芳：《胡家草场汉简〈岁纪〉选释与相关问题探析》，《江汉考古》2023 年第 2 期。

[27] 陈伟主编：《里耶秦简牍校释》（第一卷），武汉大学出版社，2012 年，第 321 页。

[28] 陈伟主编：《里耶秦简牍校释》（第二卷），武汉大学出版社，2018 年，第 228 页。

[29] 同 [9]。

[30] 可参看陈伟主编《里耶秦简牍校释》(第二卷)(武汉大学出版社，2018 年)中相关记载，这类记载有具体活动时间的公文类简牍在里耶秦简中占有相当数量。

[31] 详可参看司马迁《史记》(中华书局，1959 年)卷五《秦本纪》、卷八《高祖本纪》、卷五三《萧相国世家》与卷五五《留侯世家》相关记述。

[32] 谱牒一般意义上是家谱、宗谱、族谱等的统称，其涵盖范围较家牒更为广泛，而不止于本家一家之世系源流。谱牒与家牒可以认为是包含与被包含的关系。

[33] 仓修良:《试论谱牒学的起源》，周国林主编《历史文献研究》(总第 19 辑)，华中师范大学出版社，2000 年，第 83～96 页。

[34] 关于《周礼》一书的成书时间，可参看彭林《〈周礼〉主体思想与成书年代研究》(增订版)(中国人民大学出版社，2009 年)。该问题历来争论颇多，并且形成了诸多不同的观点，主要有周公手作说、西周说、春秋说、战国说、周秦之际说以及刘歆伪造说。彭林则根据《周礼》中思想的成熟性与综合性，认为《周礼》当成书于汉初。

[35] 同 [1]。

张家山 336 号汉墓《功令》初步研究

Preliminary Study of *Gong Ling* from Tomb 336 at Zhangjiashan

华南师范大学法学院　曹旅宁

Cao Lvning, Law School, South China Normal Universtity

内容提要:《功令》是任免官吏令文的汇编，核心是按照功劳考课决定官吏的选拔、递补、升迁和免职。《功令》规定了上功劳文书的格式及呈报次序、功劳的计算标准、申报不实的处罚等。仅上报在汉朝任职以来的功劳。佐史是列入上功者的最低级吏员，秩等在“斗食”之下。吏官佐史、令史、斗食、有秩履职满两年，年龄在二十五至五十岁，便取得考课升迁的资格。县级或相当级别的官署汇编本级的上功劳书。本文对《功令》的行用年代和实施地域、《功令》与二十等爵制、《功令》官吏仕宦年龄问题、《功令》官吏“惰倪欲避吏（事）”的罚则、《功令》贾人不得为吏及伪造功劳与大赦期间的关系、《功令》对选拔官吏的文化要求、对随公主和亲官署在蛮夷任职的官吏以及在边疆服务十年以上军吏升迁的特殊优待规定、《功令》与司法官专才的选拔等问题进行了探讨。

关键词: 功令　年代　地域　二十等爵　大赦

Abstract: *Gong Ling* is a collection of decrees for appointing and dismissing officials, whose core is to select, replace, promote and dismiss officials on the bases of their merits. *Gong Ling* stipulates the format of reporting merits and the sequence of reporting, the standard for calculating merits, punishment for forgery and so on. The reported merits are limited to only those achieved while in office in the Han dynasty. *Zuoshi* is the lowest-rank official to be included in the list, whose salary is lower than that of *Doushi*. Officials that include *Zuoshi, Lingshi, Doushi* and those with a service term of two years and salary, between the ages of 25 and 50, can obtain the qualification of assessment and promotion. Offices at the county level and above compile the merits to be reported. This paper explores such issues as the time and region where *Gong Ling* was implemented, *Gong Ling* and the twenty-level peerage, the number of years in service for listed officials, punishment for listed officials when they “practiced sloth administration or evaded responsibility”, special preferential treatment for those serving princes and princesses, taking office in barbarian areas and serving in remote borders for more than ten years, and the selection and promotion of judicial officials.

Keywords: *Gong Ling*; time; region; twenty-level peerage; amnesty

1985年湖北江陵（今荆州市荆州区）张家山336号墓出土的汉简，终于在2022年11月由文物出版社出版面世。[1]2023年3月15日，我接到整理者彭浩先生委托出版社寄赠的样书，按照已故台湾秦汉史学者廖伯源先生传授的研治简牍的基本方法，穷数日之力将《功令》释文逐条逐字录入计算机，反复校读数过，并在整理者持续研读、注释，精深理解简文三十七年的基础上，反复研读，发现若干结论与我们以前的推论相合，遂撰写专题论文以就教学界先进。在《功令》正式公布之前，我已发表三篇相关论文：《张家山336号汉墓〈功令〉的几个问题》[2]、《秦和汉初功令初步研究》[3]和《秦简"志三千里徭"与张家山336号汉墓〈功令〉》[4]。

一　张家山336号墓《功令》的行用年代和实施地域

《肩水金关汉简（四）》中有一枚汉文帝前元七年（前173）《朝仪》诏书，内容涉及汉初乐制、朝贺、上计等问题，通说认为这对于认识汉文帝礼仪改革及西汉朝贺、上计制度等具有重要意义。现将《肩简》抄录如下：

乐府卿言：斋□后殿中□□以不行……迫时入行亲以为□常。诸侯王谒拜，正月朝贺及上计，饬钟张虡，从乐人及兴、卒。制曰：可。孝文皇帝七年九月乙未下。

73EJT37：1573[5]

荆州博物馆彭浩先生近日刊布在《出土文献》2021年第2期上的大作《肩水金关汉简中所见汉景帝初年的一条令文》，改释"乐府卿言"为"乐府书言"，并着重指出这是一条景帝初年的令文。文帝崩于后七年六月乙亥，此令文颁布时间为孝文皇帝七年九月乙未（九月二十六日）。这些见解应该都是正确的。[6]

彭浩先生还指出：尚未公布的张家山336号《功令》吕后四年（前184）封吕后妹、樊哙妻吕媭为灵光侯后置属吏令文末应该有高后某年某月某日下的字样，文帝以后沿用。新出松柏汉简令丙九文末有"孝文皇帝十年六月甲申下"。岳麓秦简秦二世元年诏背面有"以元年十月甲午下，十一月戊午到守府"与此文例相同。也许在当时官文书中并无前元、后元的区别写法，完全靠干支判断。《考古》2021年第4期刊布陈松长先生《长沙走马楼西汉古井出土简牍概述》一文，文章指出：走马楼西汉简为汉武帝期遗物，走马楼西汉简1646简才有"孝文皇帝后七年十一（月）"的写法，时代相当晚，这里的孝文皇帝后七年十一（月）也是汉景帝初年，而非追述明矣。走马楼西汉简722上还有汉武帝十五年即汉武帝前元十五年的原始写法（后区分补为建元、元光、元朔三个年号）。岳麓秦简中有秦始皇二十八年四月己卯诏，秦武王青川为田律亦是颁行时间在前，睡虎地秦简中两条魏律亦是颁行时间在前，估计是法律颁行后编入律令集时所作的调整。但是在西汉前期令集中颁行时间则保持原始状态，置于文末。由此也排除了金关汉简此条汉景帝初年令文可能为岳麓秦简复用先王诏令性质的可能。至于不知此条令文是否应归入令甲、乙、丙……这一系列令集中？松柏献枇杷令文就是这一系列。尚待胡家草场的令文来揭晓。

张家山336号墓《功令》吕太后四年封其妹、舞阳侯樊哙妻为灵光侯置官属令文亦应再事疏说。新出《张家山汉墓竹简〔三三六号〕》所收《功令》十八：

临光侯相言：相、丞、尉皆故汉吏，御史以诏迁。请得上功劳与汉吏通课。相国、御史以闻，请诏所令御史为侯邑置相、丞、癸七五尉者，皆令上功劳与汉吏通课。七六[7]

《功令》整理者对此条注释："临光侯，或称林光侯，吕后四年（前 184）吕媭受封，据《汉书·樊哙传》：吕后八年（前 180）七月，灵光侯吕媭及其子看阳侯伉被杀。文帝复封樊哙庶子市人为舞阳侯，灵光侯未复封。临光侯相、列侯相，由封邑所在地县令、长任。《汉书·百官公卿表》：'彻侯……或曰列侯，改所食国令长名相。'此令颁布的时代上限是吕后四年，下限不迟于吕后八年七月。文帝时灵光侯相已不复存。'但侯邑置相丞尉者，皆令上功劳与汉吏通课'的规定仍为《功令》袭用。"[8]

高祖六年（前 201）鲁侯奚涓死于战事，无子，以其母为鲁侯。刘邦兄早死，以其嫂为阴安侯。《汉书·文帝纪》："苏林曰：高帝兄伯妻羹颉侯母，丘嫂也。"[9] 惠帝二年（前 193）酂侯萧何死，后四年其子袭侯者萧赞死，吕后元年（前 187）以萧何夫人为酂侯。吕后四年（前 184）封其妹、樊哙妻吕媭为灵光侯，时樊哙已死（前 201），樊哙与吕媭嫡子樊伉袭舞阳侯。吕后七年（前 181）樊伉、吕媭皆被杀，庶出樊市人袭侯，孙樊他广袭侯、被人告发非樊氏骨肉，被废。前面几位女侯皆因丈夫功业而来，灵光侯法统并非如此。

张家山 336 号汉墓《功令》有四条令文后附有诏书下行时间（除十九条外）可论证我们的前说：

十八，下限高后八年七月

六〇……制曰可。二年十一月戊子下　一二一

九十……制曰：可。高皇后时八年八月丙申下。　一五二

九十二……制曰：可。元年六月戊辰下。　一六〇

制曰可。二年十月戊申下。　一六一

整理者在《功令》整理帮助中指出：

令文存有四个汉文帝纪年"二年十一月戊子下"（汉文帝二年，前 178，简一二二）"元年六月戊辰下"（汉文帝元年，前 179，简一六〇）"二年十月戊申下"（汉文帝二年，前 178，简一六一）。另外，令九十纪年为"高皇后时八年八月丙申下"即吕后八年（前 180，简一五二）。吕后于八年七月辛巳去世，汉文帝即位，未改年号。此令实由文帝于吕后八年八月丙申（八月十五日）颁行。结合同墓所出《七年质日》（汉文帝七年，前 173）的纪年，推测《功令》的编成年代当在汉文帝 2—7 年之间。《功令》记载的官吏考核、迁调制度填补了史书的缺失，是了解西汉初年官制的重要资料。它保留的不同编号和若干实例的处置方式，得以再现其补充和修订的过程，对了解令集的形成至关重要。[10]

相国称号亦为判定时代的标志之一。功令十八灵光侯称相国，高祖、惠帝、吕后时期称相国，后又设左右丞相，文帝时称丞相。

张家山 247 号汉墓《历谱》简"新降为汉"与汉初《功令》。张家山 247 号汉墓竹简对研究汉初历史特别是律令法系的复原具有标尺性的意义。但由于年代久远，文字古奥，在简文研读过程中出现不同看法也是正常的。如已故张金光先生《释张家山汉简〈历谱〉错简——兼说"新降为汉"》认为一、二号简为错简。二号简应排序在一号简之前，"新降为汉"应为四年八月而非五年，这应该都是正确的。张金光先生在释"新降为汉"一节中还指出："再从《历谱》惠帝元年'六月病免'的记事来看，知墓主生前曾在汉政府居官为吏。又从《历谱》只记因病免官事，而却未记何时初为汉官，此似乎表明其原在临江国中即为政府吏员，也就是说他是在鸿沟协约后被汉接受下来的临江旧官僚。……这个入降为汉的时间，比之一般东方人早了一个年头，

且事在汉王国之时，比之东方人，便是老降汉之民了。这个记注似乎表现了一种优越感，同时也是对汉的一种亲密感。”但是我们注意到尚在整理之中的张家山 336 号墓所出汉初《功令》，其制定不会晚于汉文帝前元七年（前 173），其中便有相关规定。

《功令》一明确规定，考核和计算官吏功劳必须从其为汉朝效力开始。这是针对汉初政治情势而提出的规定。

据此我们方才明了张家山 247 号墓墓主生前在历谱上标注这条“新降为汉”的真正原因。因此汉初《功令》颁行时间应在高祖五年（前 202），《功令》一中有些令文明显脱胎自高祖五年诏。

2018 年底荆州胡家草场 M12 出土了大批律令简。初步判断胡家草场 M12 应为文帝时期的墓葬，下葬年代不早于汉文帝后元元年（前 163），该墓也出土了《功令》，如果从文帝七年（前 173）起算，至此又增添了十年的实施适用《功令》条文内容，等到公布之日可做对比互证研究。[11] 至于居延汉简东汉初年《功令》条文序号虽与张家山 336 号汉墓《功令》相同，但内容完全不同，如卌五条，一为“卌五、大行事皆奏闻讂悉（急），佐史缺，除民史者补，不习事。议：大行官佐有缺，移中尉调补，比少一〇三府官属。一〇四”，一为士吏等秋射赐劳或夺劳的规定。[12]

此外，根据《功令》“通课”一词含义，通课：整理者未出注，按相同标准一起考课。即在汉帝国境内依据《功令》等按相同标准考核官吏优劣，分别等差，决定升降赏罚。以及《功令》条文“卅、令：爵公大夫以上补六百石以上，齐吏民爵多庳，请得以官大夫以上补及迁六百石以上。丙八五”；卅五：“淮南请：得以汉人为淮南吏爵大夫以上者补六百石。制曰：亦通用其国人大夫以上。八八。”九十四：“丞相上长信詹事书言，令曰：御史、丞相补属尉、佐以上，二千石官补有秩、[有] 秩乘车。今鲁、淮阴为奉邑，属长一六六信詹事，其有秩、有秩乘车节（即）缺，淉（课）奉邑令相补，及上令史功劳汉丞相、御史，丞相、御史迁之，皆汉远不便。请令一六七奉邑在诸侯者，各上其有秩、有秩乘车、斗食学佴、令史功劳，及有秩、有秩乘车缺，在所国御史、丞相、郡守，御史、[丞] 相、郡守罨（迁）通〈补〉。一六八。”当然诸侯国亦适用汉法《功令》，这是《功令》的地域管辖范围所在。

二　张家山336号汉墓《功令》与二十等爵制

《功令》：

七十六、吏及官皇帝受其官属及所监，所治，所行吏、民、徒隶钱、财、酒肉、它物而非枉法也，皆为不廉。　　　一三一

整理者节引《汉书·景帝纪》：“吏及诸有秩受其官属所监、所治、所行、所将。”师古曰：“行谓按察也。”[13] 核检《汉书·景帝纪》该条诏令全文如下：

秋七月，诏曰：“吏受所监临，以饮食免，重；受财物，贱买贵卖，论轻。廷尉与丞相更议著令。”廷尉信谨与丞相议曰：“吏及诸有秩受其官属所监、所治、所行、所将，其与饮食计偿费，勿论。它物，若买故贱，卖故贵，皆坐臧（赃）盗，没入臧（赃）县官。吏迁徙免罢，受其故官属所将监治送财物，夺爵为士伍，免之。无爵，罚金二斤，令没入所受。有能捕告，畀其所受臧（赃）。”[14]

景帝诏中所说重：处治过重。论轻：论处太轻。着令：着于律条。这是景帝初年对文帝《功令》七十六的评价。汉文帝初年官员白吃百姓的酒肉要免职。《汉书·贡禹传》：“孝文皇帝时，贵廉洁，贱贪污，贾人、赘婿及吏坐赃者皆禁锢，不得为吏。”

贡禹的话恰好可与《功令》文帝时以下令文相印证。

八、诸上功劳廉者，署之。　四九

御史、丞相谨察诸吏行谌（甚）端平、廉洁、毋害、孝弟、脩日有以异者，请迁之，毋以次。　五〇

九、吏廉洁、平端者，吾甚欲得而异迁及有（又）以赏禄之。前日诏吏谨察诸吏行廉洁、平端者用之。今二千石官、郡守五一未尝有言良吏者，甚不称吾欲疠（厉）吏之意。其令二千石官、郡守各谨察诸吏廉洁、平端、毋害者，具署官秩，五二所以异之状，径上，会十月朔日，且以智（知）二千石官、郡守独（烛？）察其吏者。它如前诏，亟下。　五三

十六、贾人身有市籍者若其父、母、妻、子及其大父母及同产与同居而有市籍者为贾人者，皆不得为吏及官。犯令者庚七一夺爵为士五（伍），吏智（知）其不当为吏而上功劳及除者，与同罪。　七二[15]

岳麓秦简中有严惩官吏贪污受贿的两组相同的秦令抄本，汉文帝继承了秦始皇严格整顿吏治的做法，同时又修改《功令》，主张用儒家的道德标准来加强官吏考课的做法。这样使得汉文帝初年《功令》初具“王霸杂之”的面目。

景帝此诏令后来亦当收入景帝时《功令》。此诏令中的信为廷尉之名，至于丞相当时是申屠嘉，新诏令出于这两人之手。此诏令中监、治、行已见于《功令》七十六中。新诏令即对文帝此诏令的修订。其中：监为监临；治为治理；行为按察；将为带领之意。罚则中计偿费为计其所费，而偿其值；勿论即不要论罪。县官这里指官府。为士伍与士卒为伍；畀即给，给予；畀其所受赃：以所受之赃给予捕告者。这是奖励捕告者的办法，秦汉律常见。至于廷尉信、丞相申屠嘉议曰……《功令》有此文例，《功令》中二、五、十一、十五、廿六、七三皆有议。《功令》中又有太仆、灵光侯相、奉常、淮南相转庐江守、淮南相、北地守、西宫詹事、中大夫（令）、长信詹事、太傅言、内史请、中尉请、少府、丞相御史言，当是先请后议。

日本学者西嶋定生早年曾在《二十等爵制》一书中据此诏令探讨汉初有爵者刑罚减免之特权。他指出：“这就是说：吏由其旧职而收贿的场合，有爵者是夺其爵而为士伍；无爵者则罚金二斤。有爵者跟无爵者在刑罚的适用上还是不同的，有爵者只是夺爵即得宽宥了。”我们却可由张家山336号汉墓《功令》七十六条以及景帝此条诏令探讨文景之际吏治由严至宽的变动倾向。虽然新诏令所定上下级关系除监、治、行外，增加了“将”这一名目，但是饮食计价赔付后不予追究，文帝时皆要免职。景帝初年只是规定由于旧职关系收受财物才加以处罚，罚黄金两斤，有爵者免为士伍，这表明对有爵者的法律优待进一步明确。

西嶋定生在前揭书中进一步溯源论述道：

再有如前面第一章第二节，叙述因军功赐爵之际，作为事例而举的《史记》卷一〇二冯唐列传记载的云中太守尚因坐上功首虏之差而被削爵，处以罚作之刑，这也应解释为，由于削爵，其刑被减为一年的劳动为罚作。另外，《汉书》卷八三薛宣传载：高阳侯薛宣之子况，愤于给事中申咸诽谤其父宣，派客伤害申咸，将被问处死罪之时，而廷尉直（百官表作庞真）按律的规定，主张况及其共谋者皆应“爵减完为城旦”，为此，况免死罪而徙敦煌，其父被免去列侯而为庶人。从薛宣传的文本来看，况也是朝臣，他当然是吏爵或官爵的所有者，因此在这个场合，也是由减爵级而减刑的。[16]

这种有爵者的减刑特权，在第一章第三节第五项所引《汉书》食货志所载的晁错的纳粟授爵策中的（B）文段，是这样说的："今募天下，入粟县官，得以拜爵，得以除罪。"又在（D）文段中，是这样叙述的："夫得高爵与免罪，人之所甚欲也。使天下人入粟于边，以受爵免罪，不过三岁，塞下之粟必多矣。"像这里所说的，减刑特权，在有爵者来说，当然是他们的特权，而民也甚愿由爵而免罪，这是晁错立论的前提。同时，由爵而免罪，不单是说有爵者自己所具有的来自赐爵的爵级，另外买得的爵级也算。这一点，从前章第一节赐爵事例〔三〕所示惠帝元年冬十二月"民有罪，得买爵三十级，以免死罪"的记载，完全可以明白。从以上诸例看来，在汉代，作为有爵者的特权，实际上实行了刑罚减免，这是很明显的。

再者，这种有爵者具有刑罚减免之特权一事，不仅在汉代为然。我们在第一章中也已谈到，《商君书》境内篇谓："爵自二级以上，有刑罪则贬爵。自一级以下，有刑罪则已。"这跟上述的《惠帝纪》同样，对第二级上造以上者，可以贬爵而减免其罪。《墨子》号令篇，也说，因纳粟授爵的结果，"若赎出亲戚所知罪人者，以令许之"。即已被授爵之人，靠着这种爵位，还可赎本人以外的亲戚熟人之罪。如果像这样，早自战国时代就已存在有爵者的刑罚减免之特权，那么这种特权就不是如前述的商鞅爵制中的赐予田宅、役使庶子等特权那样于某一时代才有，盖可视之为基本上贯穿于整个二十等爵制的特权。[17]

考察秦汉律令，则可见到"六百石"秩级是秦至汉初秩次中一个重要的分界，仅以同墓所出《汉律十六章》为例，即有《囚律》"爵五大夫、六百石吏以上及宦皇帝而智（知）名者有罪当盗戒（械）者皆颂系，官府令人善司。定罪当请，请之。其坐盗、杀伤人如律，它如律令"。云梦秦简《法律答问》中更有"何谓'宦者显大夫'？宦及智（知）于王，及六百石吏以上，皆为'显夫夫'殹（也）"。宦皇帝，指侍臣内官，大致可以分四类：中大夫、郎官、谒者和太子舍人，其长官则分别是中大夫令、郎中令、谒者令和太子的家吏（如后来的太子率更令之类）。[18]

秦汉二十级军功爵位制共分二十级，分别为：一级公士，二上造，三簪袅，四不更，五大夫，六官大夫，七公大夫，八公乘，九五大夫，十左庶长，十一右庶长，十二左更，十三中更，十四右更，十五少上造，十六大上造（大良造），十七驷车庶长，十八大庶长，十九关内侯，二十彻侯。

《功令》中涉吏宦皇帝及二十等爵制的条文有：

一、左方上功劳式……某官某吏某爵某功劳六壹吏及宦皇帝者秩六百石以上及谒者、御史以老免若罢官，及病而免者，皆勿事。丁三四如罢官，其郎中欲复宦者，许之。

十四、故军吏遂（燧）将以上，诸已赞奏名籍上相国、御史者，皆勿事，比六百石吏罢官。 丁六五

十七、吏爵或高而为庳官，爵庳而为高官，未有差。请：爵公大夫以上补六百石以上，大夫以上补五百石至二百石，上丙七三造以上补卒史、属尉佐、有秩乘车至斗食学佴、令史。爵不应令而前用者，勿迁。 七四

卅、令：爵公大夫以上补六百石以上，齐吏民爵多庳，请得以官大夫以上补及迁六百石以上。 丙八五

卅九：云中守言：河阴边小民史者少，不能自给吏。请斗食、令史、佐史缺，守调，令旁县补，能自给止。 九五

丞相上内史书言：毋爵者得补吏不宜议。自令以来，上造以上乃得补吏。史、卜不用此令。 九六

五十六、东园大匠、秘府斗食啬夫缺，得自择除官佐史习事者补，毋以爵次。令史应令欲补，亦得除。 一一六

五十七、爵公大夫以上乃得补中郎、谒者，大夫以上补外郎。 一一七

五十九、外郎、执戟家在万年、长陵、安陵，以令罢而欲为吏者，其县有秩、斗食、令史节（即）缺，以功多能一一八宜者补之，上造以下事比簪袅，勿令为典、求盗、船人、邮人。 一一九

八十、制曰：五大夫以上欲为吏及诸官除者，许之。 一三五

八十三、武士、仆射盈四岁以补四百石吏。 一三八

九十、丞相、御史请：外郎出为吏者以补三百石。制曰：可。高皇后时八年八月丙申下。 一五二[19]

《功令》规定吏及宦皇帝、故军吏燧将享有可罢官复职，免除徭役，优先晋级的特权。为保证政治上可靠，经济来源上有保障，宦皇帝（郎吏）对应任职又有爵位限制，任职升职以服务年限久远为优先事项。郎吏外出任官候缺复职优先权，不承担低级吏役。享有职务不在岗后不承担国家徭役负担的特权。

《汉书·百官公卿表》序谓县中属吏二百一四百石为长吏。按汉代“县长吏大多由郎官出补，实亦郎官最主要出路，故郎‘出牧百姓’‘出宰百里’几成术语”[20]。《功令》涉及宦皇帝（郎吏）的条文有五条。“五十七、爵公大夫以上乃得补中郎、谒者，大夫以上补外郎。一一七”，外郎秩级长期不明确，出为吏以补三百石，按《功令》二百石补三百石的规定，说明其在宫中为二百石。武士、仆射在宫中则可能为三百石。如同日本学者西嶋定生讨论有爵者免除刑罚特权来源于贯穿于战国时代二十等爵制的特权一样，有爵者享有出仕任职优先权及退职后免除徭役权的历史也同样悠久。由《功令》七十六（文帝初年时）及景帝初年此诏令修改演进过程亦可管窥《功令》令集的结集由来。但《功令》五十六：“东园大匠、秘府斗食啬夫缺，得自择除官佐史习事者补，毋以爵次。令史应令欲补，亦得除。一一六。”其中“毋以爵次”整理者无注，令文五十六规定对某些特殊技术专才的任命亦无爵位的要求和限制。

三 张家山336号汉墓《功令》官吏仕宦年龄问题

《功令》：

一、左方上功劳式五壹……年若干九贰

丞相大尉史年五十以下治狱者补御史，御史补六百石，不当补御史者与秩比通课。 一八

县道官自次官史、佐劳，补斗食、令史，勿上。其当谪〈补〉令史者，必当长曹二岁、壹计以上，年卌八岁以下，乃用之。 壬二五

吏官佐史、令史、斗食、有秩视事盈二岁以下，年五十以下至廿五；有军功三、爵公大夫以上欲上功劳，许之，通课补。庚二六其斩首、捕虏，若有它军论者，具署之，其有秩乘车以上，官彻疏之。 二七

丞、吏尝为军吏遂（燧）将以上、年五十以下至廿五；吏有军功三、爵公大夫以上，上功劳中尉，中尉谨择可以为吏者次二九功劳上御史、丞相，御史、丞相补以为军吏。所择若有不胜任及罪耐以上，择者罚金一斤，吏罢官。 三〇

丞、尉以上有缺未补，二千石官调令旁近官守焉，有秩乘车以下，令、丞亦令近者守，皆须真吏到罢之，敢擅免之夺爵

一级。丞、尉以上当免者，二千石官、二千石官丞弗先得，罚金各四两。　　三二

当上功劳其为死事者后，所为后有身斩首爵及捕虏，得数以为功，　　三三

吏及宦皇帝者秩六百石以上及谒者、御史以老免若罢官，及病而免者，皆勿事。丁三四　如罢官，其郎中欲复宦者，许之。

县中吏得上功劳与它县吏通课、迁。

三五[21]

十一、议：属尉佐有秩、斗食啬夫、狱史、令史当（尝？）治狱三岁以上，年卌五以下至卅，欲试二千石官，县道五九官遣诣廷，廷以大狱、狱计、奏谳、律令有罪名者，试之，并以廷史、郡治狱卒史员率十人而取试高者六〇二人，上御史，以补郡二千石官治狱卒史。廷史缺，以治狱卒史上第（第）补。所上毕，已用，御史告廷，试以为六一常。廷为试者，会日以道里计遣，勿令豫（预）先到长安。吏应令亦得会试。　　六二

五十三、陇西、北地、上郡、云中郡、雁门、代郡军吏、军吏丞、城塞尉、边县令、尉，年长及能不宜其官者，辄言状丞相、一一三御史。徙塞士吏，候长郡自调之。塞尉史、候史县调之。有缺当补者，年五十以上勿用，用其次。一一四丞、尉以上老不能治者，二千石官免之。戊一一五

七十五、令史年五十以上与斗食通课补有秩，勿以补属尉佐。　　一三〇[22]

按:《功令》涉及官吏仕宦年龄者的条文如上。可归纳出以下若干点：

1. 丞相太尉史补御史、御史补六百石，五十以下。

2. 县道官升职必当长曹二岁、壹计以上，年卌八岁以下。

3. 吏官五十一廿五岁。

4. 军吏五十一廿五岁。

5. 司法官治狱卒史、廷尉史，卌五一卅岁。

6. 塞尉史、候史县年五十岁以上勿用，用其次。丞、尉以上老不能治者，二千石官免之。

7. 令史年五十岁以上只增补秩级而不授实职。

8.《功令》一上《功令式》中有“年若干”栏目，为年龄栏目，官吏一般任职年龄为廿五至五十岁之间。司法官会试有特殊规定卅至四五岁之间。

四　张家山336号汉墓《功令》“椭倪欲避吏（事）”考释

《功令》:

十、诸吏椭（惰）倪欲避吏者，皆免。令戍三岁，毋得以爵、赏除戍。锢，及其子终身毋得为吏。犯令及除者，皆夺爵各一级。乙五四县、县遣官佐史、丁壮，尝主事一岁，若尝一计以上，劳多者补。遣之不次，及书到县留弗遣，遣五五不行盈二十日，皆以随（惰）倪避吏令论之。中尉所调视事盈四岁未迁者，得移功劳五六副居县，与其官佐史通课，补斗食、令史，官有缺亦用之。视事盈五七六岁以上，亦移功劳副居县，居县斗食、令史有缺，以久次征用，各如其官。五八

十五、议：二千石官、县道毋得除叚（假）廷史、卒史、属尉佐、令史、官佐史，犯令及所除视事盈十日，虽毋除书，不手书，皆以惰（惰）倪避吏令论之。转输粟、刍稿若其真吏缺未补，繇（徭）给它官事出郡、县道官界盈三月，得置叚（假），置叚（假）令六八史以上必以功劳次，不以次亦以令论之。将转输粟、刍稾，奠（真）吏不足及军屯不用此令。六九御史、丞相前令所置守、叚（假）吏皆上功劳，与其所守、叚（假）、真官通课。七〇[23]

这两个“惰倪”，整理者注释说：“惰倪，懈怠，傲慢。《管子·正世》：‘力罢则不能毋堕倪。’尹知章注：‘倪，傲也。谓疲堕而傲从也。’俞樾《诸子平议·管子四》：尹注曰：倪，傲也。则‘堕’当读为‘惰’。‘惰’与‘傲’义相近。《轻重戊篇》‘归市亦堕倪’，是其证。”[24]

考察这两条令文大意如下。县里任命官吏或县派遣官吏，必须为主持工作一年或经历一次上计以及功劳多者，任命官吏不依上述条件形成的次序，委任状到县扣留二十日不公布，派遣任职二十日逗留不上任。均按照不敬不奉功令治罪。二千石官不得任命各级临时代理官吏，履行职务十天以上，尽管没有委任状及没有签字确认，也按照不敬不奉功令治罪。从事粟刍稿运输或需离开郡县界三个月徭使或主官出缺未补时，才可按功劳多少为依据任命代理官吏。《说文·心部》：“憜，不敬也。”《功令》十：“诸吏椭（惰）倪欲避吏者，皆免，令戍三岁，毋得以爵、赏除戍。锢及子，终身无得为吏。犯令及吏除者，皆夺爵各一级。乙五四。”《功令》卅六：“吏当为中都官吏、中都官吏亡，及为詐（诈）以避行，若以去其官欲为县、它官吏者，皆终身毋得为吏，犯令及吏除者皆八九夺爵各一级。前令为吏者勿斥。九〇。”《功令》卅六实际也是憜倪以避事的一种表现及罚则。处罚是很严厉的，禁锢终身并及子孙，并处戍边三年不得以爵赏除戍，夺爵各一级。秦汉人民安土重迁，官吏不欲远离家乡，亦不欲在京师官署为官，估计汉初京官待遇不逮地方官吏。《功令》卌三：“令史当补属尉佐者，去家毋过千五百里。一〇〇。”“官吏憜倪避吏（事）”指官吏忘记初心，不思报效人君帝国，从政意志倦怠，居功傲慢，玩忽职守不敬不奉诏令（功令）。

我们基本认同整理者的看法和见解，而又有以上补充。但也有学者指出：《管子》里的“惰倪”只有精疲力竭的意思，没有傲慢的意思。“倪”不是指“傲慢”，而是指“疲怠”。这段话相当于《逸周书·命训》：“极命则民堕，民堕则旷命，旷命以诚其上，则殆于乱。”说的是百姓疲惫，则会“旷命”，“旷命”指“空旷命令”，也就是不能履行职事。古代有“旷官”，指的就是不称职。只不过“旷官”是能力不足导致废弃职事，“旷命”是无可奈何。清华简五《命训》简 8：“极命则民堕乏，乃旷命以代其上，殆于乱矣。”与此相似，简文更直接，“堕乏”连用，和“惰倪”合若符节，都是指百姓困乏。[25]

此说忽视了“憜倪”一词的法律语境及贬义词属性。云梦睡虎地秦简《为吏之道》有“临事不敬，倨敖（无）人”。云梦睡虎地秦简《秦律杂抄》：“为（伪）听命书为俟（候）；不辟（避）席立，法（废）弗行，耐，费二甲，法（废）。”云梦睡虎地秦简《法律答问》：“廷行事吏为沮伪，赀盾以上，行其论，有（又）废之。”整理小组注：释诅，读为诈。《急就篇》：“诛罚诈伪劾罪人。”《抱朴子外篇》卷三九《广譬》：“志者，功名之主也；不惰者，众善之师也。”《功令》整理者将“憜倪”释义为“倦怠”“傲慢”以至玩忽职守不敬不奉诏令（功令），其发展衍生的轨迹是十分清楚的。值得注意的是，在汉成帝、汉哀帝罢丞相诏中都提到“百官群职旷废”。罢孔光诏中“公卿大夫咸惰哉莫以为意”大概就是《功令》中的“惰倪欲避吏（事）”。

五　张家山336号汉墓《功令》赦前考释

云梦睡虎地秦简《法律答问》：“或以赦前盗千钱，赦后尽用之而得，论可（何）殹（也）？毋论。”云梦睡虎地秦简《封诊式》爰书《有鞫》《覆》《告臣》有三例：“可

（何）罪赦？”岳麓秦简《卒令》规定了请令文书的上奏日，奏日涉及决狱时的律令适用。规定了新律令的生效时间为到达县、都官廷日。至于与旧律令相较产生的新罪名及刑罚轻重差异，则以请令文上奏时间为界限（今日刑法典遇此情景则有“从旧兼从轻”原则）。[26]《唐律》中有“赦前事相告”“闻知恩赦故犯”等名目。

张家山336号汉墓《功令》：

十六、贾人身有市籍若其父、母、妻、子及其大父母、同产与同居而有市籍者为贾人者，皆不得为吏及宦。犯令者庚七一夺爵为士五（伍），吏智（知）其不当为吏而上功劳及除者，与同罪。 七二

卅八：请：尝有罪耐以上吏，不廉、不平端、上功劳不以实而免，及鞫狱故纵、不直，盗、受赇，罪赎以下，已论九二有（又）免之。诸坐此及其狱未决而效（按：邬文玲释为“赦”）[贾]（邬文玲补）入（邬文玲释为“人”）赘婿，皆毋得宦为吏，犯令者夺爵为士五（伍），吏智（知）而九三除与同罪，弗智（知），罚金四两。其已以戊寅效（按：邬文玲释为“赦”）前宦为吏者勿斥。 九四

六十一、上功劳不以实六月及半功以上，虽在效（按：邬文玲释为“赦”）前而以丙申效（按：邬文玲释为“赦”）后得，皆毋得宦为吏。犯令者夺爵为一二二士五（伍），智（知）而除与同罪。弗智（知）罚金四两。 一二三[27]

邬文玲女士指出：戊寅赦、丙申赦推测为汉文帝元年九月、七年四月颁布的大赦令。[28]

按：《功令》以上条文规定贾人不得出任公职，官吏耐罪以上有不廉等前科犯罪不得复任公职，伪造功劳时间在六月至半功以上不得复任公职。皇帝赦令及《功令》作为律令法律文件自然也有适用时效期间。因此《功令》卅八、六一要规定适用时间。《功令》简十四令文中有“上功劳不以实二岁若一功以上，夺爵二级。不盈二岁至六月至半功，夺爵一级，皆免之。诏所致不用此令”，以诏书审查升迁者的结果具最高法律效力，高过《功令》条文本身，即《功令》最高解释权在皇帝之手。《功令》简四“案致”，二千石官代表皇帝审查批准；简十九“闻”，向皇帝报告批准等字眼便体现了《功令》这一立法精神。如《功令》十六规定有市籍及其子孙不得为吏，“诏所致不用此令”之例。

六 张家山336号汉墓《功令》“不史”“颇有史”“善书”“吏事”考释

《功令》：

二、议：发弩、校长、髳长、候长当补乘车而不史者，令上功劳丞相、御史，丞相、御史以补塞尉、城尉二百石吏。[29]

五、功令：吏有缺，以功劳次补之。故诸侯子徙关中者颇有史，可以为吏，用之不应令。议：令郡守、县令择诸侯子徙其 己四二郡县，史可以为吏者，以补乘车以下吏，令与故民为吏者相杂。其可以为丞、尉以上者，御史、丞相用之，毋以功劳次。四三其补六百石以上者当闻。（按：依黄浩波说）[30]令文中“不史”，整理者注云：“不善文书。”至于“颇有史”，“史”，整理者未出注。

七、请：大（太）仆右厩、詹事厩佐史缺，择官属善书、习马事者补不足，及少府、 长信詹事官属、长安市佐属有缺，移中尉，中尉调下四四属旁官。 四五

按，《说文·史部》：“史，记事者也。从又持中，中，正也。凡史之属皆从史。”必须有一定的文化才能为史。严耕望先生曰：“大抵秦及汉初常统称一切属吏曰史，

郡府属吏曰卒史，县丞尉属吏曰丞史、尉史，县令属吏则曰令史也。西汉中叶以后似少此类名目矣。”[31] 这是因为秦汉行政运作离不开律令文书，没有基本文化知识者显然不能胜任其事，特别是涉及国家行政机密的事务必须由当事人亲自处理，不能由他人代理，不识字不能文书肯定是不行的。孔夫子兴办私学，传授六艺，以期“学而优则仕”。诸子百家为争夺出仕市场各出奇招。东汉前期的王充犹能体会“史”之本意，王充谓“能雕琢文书，谓之史匠”出自《论衡·量知》，原文如下：

能削斫柱梁，谓之木匠。能穿凿穴坎，谓之士匠；能雕琢文书，谓之史匠。夫文吏之学，学治文书也，当与木土之匠同科，安得程于儒生哉？御史之遇文书，不失分铢；有司之陈笾豆，不误行伍。其巧习者，亦先学之，人不贵者也，小贱之能，非尊大之职也。无经艺之本，有笔墨之末，大道未足，而小伎过多，虽曰吾多学问，御史之知，有司之惠也。

尽管儒生与文吏在才能上差距很大。但为吏必须识文断字，具备一定的文化程度。汉高祖五年诏中有“诸侯子至关中者”一词，其含义长期以来存在争议。但从《功令》相关条文来看，其本意是六国子弟从龙至汉中，后又随高祖返关中乃至全国建立政权者。汉朝建立后，这批人中的幸存者及子孙便享有政治经济特权。享高爵及优先为官权便是其中之一，但为官为吏当然也以有文化程度上的限制规定为前提。

《功令》五是一条关于故诸侯子徙关中者地方上郡县要破格（毋以功劳次而是以身份）擢升任用多种职务，但任职为六百石者以上须报皇帝批准的令文。由此也可见当时承平未久，官场上人才的缺乏。此令文中，“颇有史”（有文化）可与“不史”对举，意思是能识文断字，认得字并能写，指接受过教育，有一定的文化知识的人。是否与《二年律令·史律》中的史，即“试史学童以十五篇，能讽书五千字以上乃得为史”对等？我认为不一定，但识字程度的要求可以参照。这条《史律》中“讽”的本意是背诵，这里应是认识诵读五千字篇幅的文字材料之意，犹如具备今日能读文件报纸的阅读能力及起草公文信件的写作能力，文化程度算不上很高。

春秋时诸侯一般文化水平不高，子产便因有文化而出名。汉代未立博士官教授《论语》，因为是人人皆要诵习。《孝经》一书虽仅 1861 字，但从其出现以后就受到最高统治者的青睐。西汉自文帝始即置《孝经》博士，昭帝诏令举贤良文学治《孝经》，宣帝立其为小学课本，平帝公车征召治《孝经》者至京师。东汉光武帝下令宫廷卫士学习《孝经》，明帝要求期门羽林介胄之士学习《孝经》。《后汉书·樊宏阴识列传》：“期门羽林介胄之士，悉通《孝经》。博士议郎，一人开门，徒众百数。”《孝经》大概是战国时人编纂的，成书年代并不久远，其不加“经”都可成书，独孝不能成书。凡此种都是比较晚的。《吕氏春秋》引了，统起来是在西汉。纬书“孔子志在《春秋》，行在《孝经》”，这明明是汉朝人为抬高此书而为，而汉朝皇帝自惠帝起谥号前都加“孝”字。封建领主制阶段是有一套制度，到了地主制时才解体了，因此，配合需要，便出现了“孝”。“不孝有三，无后为大”，和思想意识有关。在汉代，《孝经》成了最基本的读物，简陋可以通行。汉时的教育制度，小学：识字，《急就篇》，六书六甲；中等：《论语》《孝经》再《五经》。西汉时不要求通五经，通一经即可为博士，东汉时则不然。因此王充《论衡》有《量知》篇。因此《功令》五之中的这句话“史可以为史”的意思就是有文化可以选拔为吏者。

《功令》二是一条优待汉初军功者，关于基层军吏由有秩百廿十石擢升有秩乘车百六十石任用的令文。此令文中的“不史”就是没有文化或文化很低的意思，由于不能胜任文吏的工作而只能继续在边塞军中超擢为二百石秩军吏为国家服务。此外，《功令》“十四、故军吏遂（燧）将以上，诸已赞奏名籍上相国、御史者，皆勿事，比六百石吏罢官。丁六五”也值得联系起来一并重视，因为这是一条复员军人享有免除徭役特权的令文。

《功令》七中太仆厩、詹事厩择吏“善书、明马事”则可能是出于对皇帝及皇室成员外出人身交通安全层面的考虑。这里特别强调的“善书”当然与“史”或“颇有史”相关，但主要还是字写得好，书写清晰，以便公务的安排能够安全实施。

至于《功令》中多次出现的“吏事”，如东园工程事、图书管理事、大行外交奏闻事、门卫事，系当时某一部门的专业事务或行政实操经验，被选任者除要求具备文化基础知识外当通过宦学历练（以吏为师学徒制）或世畴的办法加以解决。

我们注意到尹湾汉简《东海郡下属长吏名籍》载有郡太守文学卒史 9 人，郡太守文学 1 人，西汉郡国有学校，主持学校之吏员为文学主事掾、史，其下有文学掾、史，俱又称为郡文学或郡太守文学，“文学盖掌教者之总称”。[32]

杨际平先生指出：从《长吏名籍》我们发现，郡县曹掾虽绝大多数为本郡人，但也有例外，例如身为百石少吏的太守文学卒史多数选用他郡人。《长吏名籍》中，前资为太守文学卒史或太守文学、太守卒史者计 13 人，其籍贯与任职地如下：田章始，楚国菑丘人，“故东郡太守文学”；朱博，沛郡相人，“故东郡太守文学卒史”；夏圣，汝南郡召陵人，“故南海太守文学卒史”；宣圣，山阳郡橐人，“故太山太守文学卒史”；陈顺，山阳郡东缗人，“故太守卒史”；东门汤，颍川郡颍阴人，“故太守卒史”；王昌，颍川郡颍阴人，“故太守卒史”；张临，山阳单父人，“故东郡太守文学卒史”；尹庆，汝南郡西华邑人，“故武都太守文学卒史”；张盖之，山阳郡橐人，“故河内太守文学卒史”；管仪，山阳郡瑕丘人，“故山阳太守文学卒史”；韩欣，陈留郡成安人，“故上党太守文学卒史”；曹勋，鲁国鲁人，“故桂阳太守文学卒史”。以上 13 例中，前资为“太守卒史”者 3 例，皆未言任何郡太守卒史，或可视为在本郡任太守卒史。其余 10 例（9 例为“故”太守文学卒史，1 例为“故”太守文学）中，竟有 9 例为在他郡（甚或很遥远的他郡）任太守文学卒史，只有 1 例（上引第 11 例）任本郡太守文学卒史。太守文学卒史多用他郡人士担任，或与此职对文化素质有特殊要求有关。文化不很发达的郡（如南海、桂阳、武都等郡）自然会要求从文化发达地区（如山阳郡）的士人中挑选太守文学卒史，而文化很发达地区的郡守则可能会更多地选用本郡士人为太守文学卒史（注：当然，我们不能反过来说，选用他郡人士为郡太守文学卒史者，都是因为该郡文化欠发达）。从众多选用他郡人士为郡太守文学卒史的实例中，我们可以肯定，选用他郡人士为郡太守文学卒史，在当时已很普遍，应非破格之特例。[33]

汉初《功令》一之中斗食、学佴并举，并可凭功劳擢升为有秩百廿十石，地位低微。学佴应该是后来文学或文学卒史的前身。此外，学佴在当时的学室中所传授的并非仅为文学，也包括卜祝、算及马事等专业技术知识。

至于汉代文化落后地方干部缺乏，请求异地先进地方支援的事例也是由汉初《功令》确立的。我们注意到《功令》:“卅九:云中守言:河阴边小民史者少,不能自给吏。请斗食、令史、佐史缺,守调,令旁县补,能自给止。九五。”这里的“史者少”是当地老百姓中有文化的人少,无法选拔出足够基层干部之意。《功令》:“卅二、北地守书言:月氏道大柢(抵)蛮夷,不习吏事。请令旁县道给令史、吏,能自给止。八七。”意思也应当与上一条差不多。

汉初的文化落后地方在没有外援的情况下,或者也只能就地解决破格擢升当地人才。《功令》:“三、武都道、羌道、平乐皆蛮夷,守课此道斗食、令史功劳多者补其有秩,有秩补其有秩乘车,它如律令。四〇。”黄浩波先生指出:根据184简令文,有秩乘车以上不得在其家居县任职。由此,则可解释153+160简所见“有秩乘车频阳官大夫定”何以“不得补频阳”,以及156~157简所言“家居频阳,不得补频阳乘车”。[34]《功令》三之中有秩乘车却因在边郡人才稀缺处便可在家居县任职。

七 张家山336号汉墓《功令》匈奴公主义渠故左王公主义渠王公主考释

张家山336号汉墓《功令》:

卅:其令匈奴公主傅(附)中府居匈奴盈四岁、令史二岁,吏。令史除,雁门代赐劳如视事日数。 九七

卅七、义渠故左王公主、义渠王公主傅(附)令史有缺,令陇西郡补以为常。一〇七义渠王公主傅(附)令史谢当辞官居外蛮夷中,勮愿视事盈四岁吏,定视事外盈四岁,守调,以功次当补令一〇八史者代。故左王公主傅(附)令史比。 一〇九[35]

关于卅条:中府,整理者引《汉书·东方朔传》及唐颜师古注:“掌金帛之臧者也。”(西汉)公主中府或王府中府省称,掌藏金帛之所。《汉书·东方朔传》:“令中府曰:‘董君所发,一日金满百斤,钱满百万,帛满千匹,乃白之。’”颜师古注曰:“中府,掌金帛之藏者也。”

按:关于汉初汉匈和亲关系,汉高祖平城之役败后曾以家人子为公主和亲,惠帝三年(前192)、文帝初年(前180)又两度以宗室女和亲。逯耀东先生曾就汉初汉匈关系和亲、岁贡之实质指出:

“贾谊所谓‘天子共贡,是臣下之礼’,或‘以皇帝之号为戎人诸侯’,由是可知,当时的汉对匈奴是一种臣服的关系。这种臣服的关系,是高祖平城之围所遗留下来。高祖平城被围七日,最后被迫签订城下盟,甚至可能递了降表,仓促归后,再命刘敬前往匈奴处理善后,签订‘通关市,给遗匈奴,遣公主’不平等的和亲之约。”[36]

由卌条可看出,和亲匈奴的公主置有官署,财务当由汉廷承担。中府官盈四岁、令史盈二岁可按《功令》获升迁实职而非升迁资格并获赐劳。令史四年年资减少为二年当是比照军吏优待而来。

至于公主名号,张家山汉简《二年律令》之《置吏律》:

诸侯王女毋得称公主。 二二三[37]

《二年律令》之《秩律》:

李公主、申徒公主、荣公主、傅公[主]家丞,秩各三百。 四七二

整理者注释:“均不见于史籍,从简文看,疑为吕后之女。”[38]由此可知公主得置官署,有家丞,由《秩律》及《功令》制约。

按:从《功令》文例推测,李公主、申徒公主、荣公主、傅公[主]前所冠“李”“申徒”“荣”“傅”应当均为所嫁夫家姓氏。汉初功臣列侯有阳陵景侯傅宽,肥如敬侯蔡寅等。至于和亲公主官署事务的上请应当由汉廷中正提出,丞相、御史上报皇帝批准后由最邻近之边郡郡守如雁

门郡守代为执行。

关于卌条：整理者引《说文》注云：勵为务也。《功令》条文中涉及“义渠故左王公主”“义渠王公主”，当是汉初汉室下嫁义渠之公主。由此可知，汉初义渠有王、左王、右王等称号。我们知道，秦对少数民族有优待的规定，如《后汉书·南蛮传》：“及秦惠王并巴中，以巴氏为蛮夷君长，世尚秦女；其民爵比不更，有罪得以爵除。”可参考胡家草场汉墓所出《蛮夷律》，虽然有将内附蛮夷编户齐民化的律条，但秦末汉初义渠重新崛起并为汉提供骑兵马匹建立功勋亦有可能，故汉高祖刘邦继承秦制，义渠世尚汉女并得到出土《功令》相关简文的支持。

另一个义渠右王太子的证据，侯立文先生《静宁党家原汉墓出土西汉文帝四年木牍考辨》一文指出[39]，2012年10月初，友人送来数枚简牍图片，据说是几年前从静宁县威戎镇党家原汉墓中出土的。其中一方木牍，为隶书，正、背两面共有文字160个，原文如下：

陇西守武启敬再拜献书义渠右王太子御者之安：

春时不和，左右得毋为变？敬因书道之。四年六月中，外人入盗成纪闽彝婢娄等四人，

成纪令吏服求廉问外，今其三人娄等，闻居太子民男子，——纛等所候者再往，审视之，见之审。启乃敢使使者请之。此等非有益太子，太子幸诏少者使归，以属使者。此人辞相国，相国有书求，必得之，郡须言相国。太子幸毋令人杀伤之，——杀伤之，为陇西郡大事，颢以望幸，敬再拜以闻。

在党家原同时出土的这批简牍孑遗仅存的数枚图片中，大家吃惊地发现，简牍多为郡县往来文书信札，且大部分与“陇西成纪”有关，简牍产生的时间多集中在秦末汉初，且多有明确的年（年号，但均未写明是哪位皇帝），月，朔日干支（初一日干支）记载。而“陇西成纪”作为行政概念存在的历史时段在秦昭襄王二十八年至汉武帝元鼎三年（前279—前114）之间。于是查阅李智信等编著的《指算干支与长篇历谱》，其中一枚首写“元年三月壬寅朔”，查为秦二世元年（前209）三月初一日；一枚首写“十年六月辛酉朔”，查为西汉高祖十年（前197）六月初一日；一枚首写“五年十月甲寅朔”，查为西汉惠帝五年（前190）十月初一日；一枚首写“六年十月戊申朔”，查为西汉惠帝六年（前189）十月初一日。特别是一枚写着“五年十二月癸丑朔。癸丑，陇西守启敢言之”等文字的木牍，查为西汉惠帝五年（前190）十二月初一日［前279至前114年，除秦昭襄王而外，在位五年以上的帝王有秦始皇、汉高祖、惠帝、吕后、文帝、景帝、武帝七位，前后使用五年以上的年号一共12个，按指算干支历谱记载，唯有惠帝五年（前190）十二月初一为癸丑日］；而“癸丑，陇西守启敢言之”，意思是：初一当日，陇西郡守武启斗胆向您汇报这件事情。而“四年六月”武启牍的内容，恰巧是当时的陇西郡守武启写给义渠右王太子的书信，假如简单地将两牍相对照，这个“四年六月”有可能被误读为是西汉惠帝四年（前191）六月，武启生平无史料可考，而他作为陇西郡守的任职期限一般不会太长。

然而十分令人惊奇的是，党家原同时出土的另一枚木牍，为我们破解了武启牍“四年”所指确切年代，原文如下：

李缓、吕登、译赵临次皆曰：“吕登舍人可，以婢阳为妻，译赵临次舍人最，以娄为妻，故美人也，道义渠亡之。□名曰纛，以庭为妻，以贺岁日癸亥夕亡之义渠。

已亡后，译临次往之义渠，见之在厥涂，尼所审也。”

这枚木牍与武启牍显然陈述了同一事件，尽管两牍所述在细节上略有出入，但已经足以说明问题。笔者以为，此牍很有可能是武启牍所称“相国有书求”的相国书札，抑或是成纪县令写给陇西郡守武启的书札（其内容似乎不全，表明这封书札至少用了两枚木牍）。此牍原本应当是这起失踪案的证人证言或调查报告，我们将其中的“贺岁日癸亥夕”与武启牍“四年”相联系，则查为西汉文帝四年（前 176）十月初一日［前 279 至前 114 年，除秦昭襄王外，在位四年以上的帝王有秦始皇、汉高祖、惠帝、吕后、文帝、景帝、武帝七位，前后使用四年以上的年号一共 12 个，按指算干支历谱记载，唯有文帝四年（前 176）十月初一为癸亥日］。按，《史记·秦始皇本纪》：秦始皇二十六年（前 221），“始皇推终始五德之传，以为周得火德，秦代周德，从所不胜。改年始，朝贺皆自十月朔”。《正义》云：“周以建子之月为正，秦以建亥之月为正，故其年始用十月而朝贺。”颛顼历以十月初一为岁首，西汉建立后一直遵行不易，直至汉武帝太初元年五月（前 104）颁行“太初历”，太初二年（前 103）以正月初一为岁首，这就意味着汉文帝四年的“贺岁日”是十月初一日，经查指算干支历谱，当日正是“癸亥”日。

由于静宁党家原汉墓简牍非考古发掘出土，其证明力长期以来令人质疑。但《功令》的公布肯定了这批简牍的史料价值。其年代相近，俱为文帝初年简牍。唯“相国”之称稍存疑问。当然《功令》卅七中“陇西”郡代管中央与义渠事务如赐和亲义渠诸公主官署属吏劳以及升迁也得到静宁党家原汉墓简牍的证实。义渠毕竟为徼外蛮夷，内附日久，虽保有一定的行政权与司法权，也有自己的语言，汉与义渠沟通需要译人，但毕竟不同于以强凌弱的真蛮夷匈奴，因此令史递补年资为四年，与内地令史同。虽同为汉室下嫁公主，但义渠故左王公主、义渠王公主与匈奴公主政治地位及作用也迥异。

八 张家山336号汉墓《功令》“军吏令史视事盈十岁条”考释

《功令》百二：

丞相、御史请：陇西、北地、上郡、云中、雁门、代郡备塞军吏、（按：此处“、”号应删除）令史视事盈十岁，移功劳居县，居县令史、一八三有秩乘车以上功劳次当补。其家居县缺者，皆调徙之。一八四[40]

按，整理者注释：“边郡军吏令史任满十岁后，方能调任居县，比其他地区调任吏员返回居县任职的时限要长。”整理者指出可参看《功令》十：“中尉所调视事盈四岁未迁者，得移功劳五六副居县，与其官佐史通课，补斗食、令史，官有缺亦用之。视事盈五七六岁以上，亦移功劳副居县，居县斗食、令史有缺，以久次征用，各如其官。五八。”但似乎有些不明白此令条真实的含义。其实，这是一条任职边郡十年军吏吏员优先在居县升迁的优待规定，在尹湾汉简中有具体的事例。

尹湾汉简《东海郡下属长吏名籍》有按《功令》此条升迁的二例：

1. 建乡相山阳郡□□管费故将军史以十岁补　93-5（110）

廖伯源先生指出：“管费为山阳郡人。其前任官职为将军史，盖将军幕府之属吏。为军吏十岁，无功，以年资得升迁为朝廷命官之侯国相，此一升迁途径不在传统所知仕进途径之内。”[41]廖先生未见到《功令》公布，故有此感慨之言。

2. 铁官丞临淮郡淮陵龚武故校尉史以军吏十岁补　　94-1（121）

《功令》八：

诸上功劳廉者，署之。　　四九

御史、丞相谨察诸吏行谌（甚）端平、廉洁、毋害、孝弟、脩日有以异者，请迁之，毋以次。　　五〇

《功令》九：

吏廉洁、平端者，吾甚欲得而异迁及有（又）以赏禄之。前日诏吏谨察诸吏行廉洁、平端者用之。今二千石官、郡守五一未尝有言良吏者，甚不称吾欲疠（厉）吏之意。其令二千石官、郡守各谨察诸吏廉洁、平端、毋害者，具署官秩，五二所以异之状，径上，会十月朔日，且以智（知）二千石官、郡守独（烛？）察其吏者。它如前诏，亟下。　　五三

尹湾汉简《东海郡下属长吏名籍》有按《功令》此条升迁的四例：

3. 下邳右尉沛郡蕲□义……从史以廉迁　　85-8（8）

廖伯源先生指出："以廉迁或即史书之察廉，盖察举之一种，而非郡国察举孝廉。"

4. 厚丘长临淮郡取虑邑宋康故丞相属以廉迁　　88-3（46）

5. 兰旗相临淮郡僮夏彭祖故□徒丞以廉迁　　90-11（76）

6. 兰旗丞淮阳国陈张永国故亭长以廉迁　　90-12（77）

《功令》八十三：

武士、仆射盈四岁以补四百石吏。一三八

《功令》九十：

丞相、御史请：外郎出为吏者以补三百石。制曰：可。高皇后时八年八月丙申下。　　一五二

尹湾汉简《东海郡下属长吏名籍》有按《功令》此条升迁的三例：

7. □乡相陈留郡陈留李临故侍郎以请诏除　　93-3（108）

8. 合乡长左冯翊临晋骆严故郎中骑以诏除　　90-3（68）

9. 东安相河南郡密故郎中骑以请诏除92-3（100）

按：汉初《功令》实施地域为汉帝国全境，其实施情况如何？上引尹湾汉简《东海郡下辖长吏名籍》可资验证。尽管尹湾汉简年代的上限应为汉成帝元延三年，即公元前 10 年，我们仍可统计出《东海郡下辖长吏名籍》108 个升迁主体以功升迁、以廉升迁、以捕盗贼升迁、以军吏为十年升迁等为《功令》所涵盖的升迁率高达 86.5%，升迁原因不明者 8 人只占 13.5%。已故廖伯源先生对于尹湾汉简研究有筚路蓝缕之功，但由于没有见到张家山 336 号汉墓《功令》，对汉代官吏升迁所下某些断语不够周密也是可以理解的。[42]

九　张家山336号汉墓《功令》与《史记·萧相国世家》

西汉初年诸侯国行汉法，其更直接证据来源于兔子山汉简牍。新近公布的湖南益阳兔子山遗址 J7⑦：1、J7⑦：2 正背两面汉律律名木牍清晰地证明了这一史事：

告律、盗律已、贼律、囚律、亡律已、捕律已、杂律已、具律、收律已、兴律已、效律已、关市、厩律、复律、钱律、迁律、朝律，狱律十七章；田律、户律、仓律、金布、市贩、司空、徭律、史律、腊律、祠律、治水、均输、传食、工作课、赍律、外乐、秩律、置吏、置后、爵律已、诸侯秩律、傅律已、尉卒律、奔命律、行书律、葬律、赐律，旁律廿七章；凡卌四章。[43]

这显然是兔子山遗址继"张楚之岁"木觚、秦二世元年登基诏书之后的又一重大

考古发现。

由木牍可知汉初已有“狱律”“旁律”之分。但其分类的含义及标准尚待进一步研究。狱，诉讼。汉律涉及诉讼的律条是否与“狱”有关？我认为，不一定与诉讼刑罚有关。兔子山狱律包括朝律、效律便是反证。所以，对“狱律”的解读需要再讨论。我们注意到《说文》：“狱，确也。”《说文义证》桂馥引《春秋元命苞》：“狱者，核确也。”可不可以理解为“正确”呢？狱律就是正律，而正律的标准是可以变化的。此律名木牍中已有“诸侯秩律”，结合玉门花海晋律注中的“诸侯律”，可证其渊源有自。“诸侯秩律”律名的发现，与前引《汉书·百官公卿表》曰“诸侯王，高帝初置，金印紫绶，掌治其国。有太傅辅王，内史治国民，中尉掌武职，丞相统众官，群卿大夫都官如汉朝”的规定是一致的。由此可见，萧何对汉初诸侯问题也是相当关注。兔子山律目木牍的出土证明：汉初中央朝廷可能保留了秦代律令直接下达至县，后来直接下达至县、都官的传统。

至于此律名木牍与目录所列汉律抄本的关系，张忠炜认为或为所属简册的附属物，或为独立存在的律篇目录，后者可能性比较大。我认为，兔子山汉律律名木牍应具有实用目录的功能。从有的律名后标示已校雠标记可证实。尽管汉惠帝时抄写一整部汉律四十四章非易事，但汉初益阳县廷收藏有一部当时行用的完整汉律和汉令抄本还是在情理之中的。

由于兔子山7号井7层纪年简均为惠帝时简，此木牍年代亦应为惠帝时，甚至可上推汉高祖时，木牍上所列汉律卌四章出自萧何之手无疑。由卌四章这么多的律名来看，可以肯定萧何时代尚未有制九章的定说。因为惠帝在位仅七年，惠帝二年萧何死，推荐曹参代己，曹参在职又三年，萧规曹随，一以贯之，法律变动不大。《史记·曹相国世家》：“百姓歌之曰：萧何为法，顜若画一；曹参代之，守而勿失。载其清净，民以宁一。”《史记·萧相国世家》：“太史公曰：萧相国何于秦时为刀笔吏，録录未有奇节。及汉兴，依日月之末光，何谨守管钥，因民之疾（奉）[秦]法，顺流与之更始。淮阴、黥布等皆以诛灭，而何之勋烂焉。位冠群臣，声施后世，与闳夭、散宜生等争烈矣。”太史公所评大致不差，但对萧何次律令完备律令法系的历史功绩似未褒扬到位。由兔子山遗址汉律律名木牍及荆州胡家草场汉文帝汉令令名目录推测，汉初汉令令名也有类似的目录及编排，只是前后存在令章章数的差异而已。这显然也是出于萧何之手。

兔子山遗址所出汉律律名木牍所序列律章大致可见于睡虎地秦简、岳麓秦简，如《尉卒律》，由此可见汉律的秦代渊源。胡家草场汉令目录不少亦见于岳麓秦简，如郡卒令、共令。这都不是偶然的。《史记·萧相国世家》：“沛公至咸阳，诸将皆争走金帛财物之府分之，何独先入收秦丞相御史律令图书藏之。”实践出真知，萧何在秦时为县吏，文书行政，知晓律令对治国的重要性，水平是相当高的。“秦御史监郡者与从事，常辨之。何仍给泗水卒史事，第一。秦御史欲入言征和，何固请，得毋行。”这段话如何理解？萧何在泗水司法界地位之高，以及如何获此地位的？可由张家山M336《功令》令文证实：

一、斗食、学十六佴通课补有秩，有秩通课补有秩乘车，有秩乘车通课补至丞尉。令史通课补属尉佐，属尉佐通课补卒吏，卒[史]补丞尉、丞相大尉一七史。丞相大尉史年五十以下治狱者补御史，御史补六百石，不当补御史者与秩比通课。谒者、郎中亦上功劳，谒者十八其补六百石

以上者当闻。 一九[44]

十一、议：属尉佐有秩、斗食啬夫、狱史、令史当（尝？）治狱三岁以上，年卌五以下至卅，欲试二千石官，县道五九官遣诣廷，廷以大狱、狱计、奏谳、律令有罪名者，试之，并以廷史、郡治狱卒史员率十人而取试高者六〇二人，上御史，以补郡二千石官治狱卒史。廷史缺，以治狱卒史上第（第）补。所上毕，已用，御史告廷，试以为六一常。廷为试者，会日以道里计遣，勿令豫（预）先到长安。吏应令亦得会试。 六二

以上两条功令规定了官吏特别是司法官如何从地方县升迁到郡，再从郡县升迁到中央的途径，足以补充《史记》《汉书》记载之不足。岳麓秦简中泗水郡写作四川郡，沛县为四川郡首县即郡治所在地，萧何为泗水郡卒史事，其郡守府吏的地位与岳麓秦简主人相仿，能接触使用高位阶的秦令，绝非睡虎地秦简主人喜地位仅为一单纯的县吏所能比。因此秦御史监郡者欲推荐萧何入咸阳为廷尉史，为萧何婉言拒绝，可见萧何熟悉精通秦代律令，行政能力过硬。这是秦御央欲征萧何入中央任职的主因，也是萧何在楚汉战争中能以关中为后勤基地，为前线提供充足的兵源及补给，取得楚汉战争胜利的主因；还是萧何在刘邦占领咸阳后，抢先接收秦丞相府御史大夫府律令图籍，在秦律令基础上制定汉律令、创立他的法律世界、帮助刘邦统一并治理天下成功的主因。

十 张家山336号汉墓《功令》“功捋”考释

《张家山汉墓竹简〔三三六号墓〕》的《功令》有几个被整理者释为“将”读为“状”的字：

诸上功劳皆上为汉以来功劳，放（仿）式以二尺牒各为将（状），以尺三行皆参（三）折好书，以功多者为右次编，上属所二千石官，二千石官谨以 庚三

式案致，上御史、丞相，常会十月朔日。有物故不当迁者，辄言除功牒。 己四

左方功将（状）式 五贰

某官某吏某爵某功将（状） 六贰

宋华强先生的《释张家山汉简〈功令〉和西北汉简的“捋”字》将《功令》一中的“功将（状）”改释为“功捋”，从简影照片字形来看，应该是正确的。宋先生又很谦虚地指出：但是里耶秦简已经有“伐阅”（8-269），到了汉代应该已成为功劳簿的通用名称，有较为固定的用字习惯，为什么会用另外一个不同的字来记录呢？很多学者指出，“墨捋”都出现在自占功劳上报的文书中，会不会是语言中同一种簿籍的名称因为在现实中的不同使用场合而有了分化，于是古人用了两个不同的字来区分，这种用字习惯在行政公文的特殊领域被保留了下来？以上都是没有多少根据的推测罢了，而且与“捋”连言的“墨”的意思也还不清楚，所以“墨捋”具体“何指”，我其实也和被王充质问的文吏一样“罔然”，需要进一步的研究。[45]

按：从字形上来看，“功将”应为“功捋”。青川木牍上有两个“捋”字，诸家均释为“埒”。[46]《说文・土部》：“埒，卑垣也。”又引申出“相埒”一词，意思是相等。但“相埒”与“功捋”语境不符。《诗・周南・芣苢》：“采采芣苢，薄言捋之。”《说文・手部》：“捋，取易也。”“功劳墨捋”应该就是指功劳报表，跟伐阅的意思相近。检“简帛论坛”《张家山汉墓竹简（336号墓）汉律〈十六章〉初读》一文指出《囚律》简160–161云：

黥罪人其大半寸，劓羡半寸。牢工、刑人不中律六分寸一以上，笞二百；其诈弗刑，黥为城旦，而皆复刑之令中律。官

啬夫、吏弗阅，阅弗得，以鞫狱故纵论之，令、丞、令史弗得，罚金各一斤。

本条涉及肉刑黥、劓的具体行刑标准及其核验规定。简文两处提及“阅”，整理者引《左传・襄公九年》的记载及杜注，将其理解为“数也”，即查点、计算一类的含义。结合律文来看，这里官啬夫、吏需要去核验的内容为是否行刑，以及行刑的程度是否中律。从更准确的角度来说，应将“阅”理解为考察、核验等含义，《韩非子・主道》“知其言以往，勿变勿更，以参合阅焉”，可参看。

按：张家山336号墓《囚律》载劓、黥刑行刑时，阅、数也。查点、计算。有读者修正为考察、核验。《管子・度地篇》：“常以秋岁末之时阅其民。”《说文・门部》：“阅，具数于门中也。”阅应为现场监刑，验明正身之意，目的防止实施刑罚错误及防止司法人员调包牟利。推测当时执行死刑、肉刑如黥、劓、斩止、刖、宫行刑时均有司法官在现场监刑，监刑过程要写成文书上报归档。悬泉汉简I90DXT116②：112中有官吏杂诊厩马死亡爰书中亦写作“丞可置前”，“可置”为人名，“前”为监临之意。这已是当时法定的一种制度。

“功捋”中的“捋”，本义用手指顺着抹过去，引申为梳理、整理。“功劳墨捋”即功劳书面汇总表。墨即书面墨迹。有可能汉初出台过类似《里耶更名方》一样的法令对官文书用字格式进行规范。从尹湾汉简官文书可看出受《功令》影响的遗痕。现代有人还用研墨捋纸一语，甚至以墨捋入诗。

十一 秦简“志三千里繇（徭）”与张家山336号汉墓《功令》

里耶秦简简9-2032记：

五月己巳夕仓佐处不居官，志三千里繇（徭）。

睡虎地秦简《语书》在对“良吏”和“恶吏”加以详细描述后，提出了处罚措施：“故如此者不12可不为罚。发书，移书曹，曹莫受，以告府，府令曹画之。其画最多者，当居曹奏令、丞，令、丞以为不直，志13千里使有籍书之，以为恶吏。14”[47]

王伟先生指出：简9-2032中，仓佐处因“五月己巳夕”“不居官”而被处以“志三千里繇（徭）”的惩罚，即被记录为应从事距离为三千里的“繇（徭）”。《语书》中，“志千里使”与“有（又）籍书之，以为恶吏”都是对“恶吏”的惩罚措施，即“恶吏”被记录为应从事距离为千里的“使”，并在“籍”中被记录为“恶吏”。“志三千里繇（徭）”与“志千里使”的里数，数量规整、梯次明显，不是实际发生的“繇（徭）”“使”的记录，而是轻重等次不同的惩罚措施。“三千里繇（徭）”与“千里使”被记录后，就会成为被处罚官吏的义务。待官府有“繇（徭）”“使”的实际需要，而被处罚官吏又有能力完成“繇（徭）”“使”工作时，就会实际从事。[48]

但是不直怎能与远程出差繇（徭）使联系在一起？缺勤一日是否会处以“去三千里繇（徭）的惩罚呢？三千里与千里是否构成惩罚轻重的级差呢？我们注意到秦代的行戍制度。《史记・秦始皇本纪》：

三十三年，发诸尝逋、亡人、赘婿、贾人略取陆梁地，为桂林、象郡、南海，以适遣戍。

三十四年，适治狱吏不直者，筑长城及南越地。[49]

至于“有籍书之”，《岳麓书院藏秦简（伍）》有云：

令曰：盗贼发不得者，必谨薄（簿）署吏徒追逐疾除不得状于狱，令可案，不从令，令、狱史主者赀各一甲。 1912

备盗贼令　廿三　　1813[50]

因此，我们怀疑秦简“志三千里繇（徭）”与“志千里使”所指应是不直官员的谪发行戍制度。即《史记·秦始皇本纪》：“三十四年，适治狱吏不直者，筑长城及南越地。”“志三千里繇（徭）”与“志千里使”是同一回事。因为当时公务出差如秦汉出土日历所署并非就一定是苦差，这正是积累功劳的大好时机。睡虎地秦简整理小组当年出于谨慎的态度，在没有材料可以佐证的情况下，对《语书》中“志千里使”未能出注，语译文中也一笔略过。此外，王伟先生认为一千里、三千里繇（徭）是不同级别的罚则。我们认为《南郡守腾文书》为秦王政二十年的诏书，秦尚未统一中国，故只称一千里繇（徭）使。秦统一之后，疆域扩大，故里耶秦简中有出现将“一千里繇（徭）使”改为“三千里繇（徭）使”的可能。有学者认为《南郡守腾文书》后半部当归为《为吏之道》之后，《为吏之道》的真正篇题当为《语书》。但从《语书》后半涉及对违法官吏的具体罚则如此细密来看，《南郡守腾文书》《语书》后半部应该有不可分的密切关联。我们认为睡虎地秦简整理小组原来的编连应该是正确的。

《文物》2022年第9期刊发的荆州博物馆《湖北江陵张家山M336出土西汉简牍概述》一文指出：编成年代当在汉文帝前元二年至前元七年（前178—前173）之间的《功令》有多条令文涉及官吏任命的条件，如清廉、公平和处置公务的能力，有犯罪前科者及贾人不得任用。史载：“孝文皇帝时，贵廉洁，贱贪污，贾人赘婿及吏坐赃者皆禁锢不得为吏。”《功令》七六的简一三一对“不廉”的界定为“吏及宦皇帝受其官属及所监、所治、所行吏、民、徒隶钱、财、酒肉、它物而非枉法也，皆为不廉”。《功令》九六的简一七二规定“独用长毋适过”，“适过”指官吏因工作过失被罚一次性劳役，居延汉简多见。“适过”须记录在案，直接影响此人的考核、任用。居延汉简“功劳墨将名籍”文书中常有“能书会计治官民，颇知律令”，是对官吏工作能力的评语或自占功劳用语。不具备某种能力者可能影响当年将减少累计功劳数。此外《功令》十三的简六四有“功次当用而能不宜其官者相国御史择同秩功次”的规定，即以“同秩功次”者替代“能不宜其官者”。居延新简多见其例，如简EYT51·63：“甲渠当曲燧长□里公乘张札年卌七能不宜其官为殄北宿苏第六燧长代徐延寿。”《汉书》也有相关记载，颜师古指出：“时令条有材不称职得改之”，“时令条”或与《功令》规定相关。笔者按：其实，在睡虎地秦简《语书》中“志千里使”及里耶秦简“志三千里繇（徭）”即为“适过”最直接的例证，其实质在于官吏“适过”因工作过失被罚一次性劳役者登记在籍便丧失按《功令》升迁的资格。这也为我们对睡虎地秦简语书、里耶秦简相关材料的论证提供了佐证。

十二　说张家山336号汉墓《功令》中的习马事

张春龙先生《里耶秦简中迁陵县学官和相关记录》公布里耶秦简：

☐直学佴，令教以甲子、算、马、大杂。15—146

学佴是秦汉学室中的主管吏员。张政烺先生《六书古义》指出：六书即甲子表：六甲与阴阳五行相表里，为一切迷忌之基本，在古人为一极重要之知识，自日常生活之吉凶趋避，以至学习九流兵书术数方伎之学，莫不需此。是以小学首学习之。其制渊源甚古，历汉至唐犹未衰歇。

笔者2017年在安阳殷墟博物馆犹见刻有甲子表之商代龟版实物。今又得里耶秦简证实。里耶秦简甲子即甲子表。算为九九乘法表及算术（鲁家亮先生《里耶秦简所见小史刍议》对算已有讨论），马当为驭（驾车）。大杂为杂筴，有可能即卜、祝所用科文、表文、符咒、祝文。张家山《二年律令》之《史律》为汉初史、卜、祝三种人才考核选拔的法律规定。这三种人才皆为学室所培养，主管吏员学佴教授弟子学习功课即为甲子、算、马、大杂。张政烺先生又引东汉《四民月令》学制材料，农事未起，成童十五以上至二十入大学，习五经。幼童九岁以上至十四岁以下入小学，学书篇章，谓六甲九九急就三苍之属。秦人虽有"未傅而学"的事例，但从十七才入学室，二十始为史的规定来看，秦人文化是相对比较滞后的。这一规定在西汉初年犹被沿用（见拙作《里耶秦简甲子考》，武汉大学简帛网2020年3月20日）。

按：新公布的张家山336号竹简《功令》中"习马事者"凡两见，《功令》七、十二，皆厩苑基层任职，整理者未出注。结合里耶秦简迁陵学室中学佴要教以"马"的科目可证明，习马事为专业知识，需由学佴在学室中向学员传授，不局限于驭（驾车）。学佴一职，《功令》条文中多见。官吏专业化是《功令》的基本精神之一，因此《功令》中规定神官为"世畴"即父子世袭任职，司法官也要经过专业考试就是出于此考虑。

十三　后论

从立法形式上来看，《功令》其中一类简文属于《功令》的基本规定，列于全篇之首，如《上功劳式》、中二千石及以下各级官吏的升迁次序、功与劳的折算标准等，就内容看，类似总纲。另一类则依事类附于某一令条之下[51]，相当于对前者的法律解释。而立法分为总则和分则，说明立法技术已相当高超。《功令》有罚则，也有期间时效的规定。《功令》中两个基本文件是《上功劳式》，自占功劳文书的模板；《功将（捋）》，是某人功劳的分项和累计，是从政、从军的履历。官吏任职四年劳为一功，军吏任职两年劳为一功。功劳是官吏考核升迁的依据，通课着眼于官吏的事功。当时《功令》官吏任职虽然有文化（史）与能力的要求，但文化程度普遍不高。《功令》的立法精神之一是将全国长吏（二百石至四百石）以上的官吏由中央统一调度任命（朝廷命官）。《功令》的立法精神之一是奖励罚惰，为保证官吏能有足够精力从事政务，官吏有明确的仕宦年龄及病免规定。《功令》的立法精神之一是奖励军功如死事者后（继承人）占功，可累加死事者斩捕功劳，这显然是一种优待抚恤规定。《功令》的立法精神之一是以二十等爵制为基石，如高爵（五大夫）者有出任官职的优先权。《功令》的立法精神之一严惩官吏不敬惰倪避事行为。《功令》的立法精神之一是奖励官员至边疆建功立业，在边疆任职十年的军吏及任职和亲公主官属在蛮夷地区服务的官吏有特殊的迁转标准。《功令》的立法精神之一是官吏任职升迁的最高司法解释权操于皇帝之手，皇恩浩荡，焉能不精忠报国乎。

［附记：本文承国家社会科学基金重点课题"新出秦汉令与中国法制文明的形成"（17FAX005）资助。自2023年3月15日开始构思，至5月9日最后定稿。］

注释：

[1] 荆州博物馆：《张家山汉墓竹简〔三三六号墓〕》，文物出版社，2022年。

[2] 曹旅宁：《张家山336号汉墓〈功令〉的几个问题》，《史学集刊》2012年第1期。

[3] 曹旅宁：《秦和汉初功令初步研究》，《湖南省博物馆馆刊》第十六辑，岳麓书社，2020年，第227～235页。

[4] 曹旅宁:《秦简“志三千里徭”与张家山 336 号汉墓〈功令〉》,《中国社会科学报》2022 年 12 月 16 日。

[5] 甘肃简牍博物馆等编:《肩水金关汉简(肆)》,中西书局,2015 年,上册(彩色图版)第 244 页、中册(红外线图版)第 244 页、下册(释文)第 122 页。

[6] 彭浩:《肩水金关汉简中所见汉景帝初年的一条令文》,《出土文献》2021 年第 2 期。

[7] 同 [1],第 108 页。

[8] 同 [1],第 108~109 页。

[9] [东汉] 班固撰:《汉书》,中华书局,1962 年,第 109 页。

[10] a. 同 [1],第 95 页;b. 杨建认为《津关令》按照令条形成时间先后进行编号的可能性较大。(杨建:《西汉初期津关制度研究》,武汉大学博士学位论文,2002 年)但《功令》进行编号不一定按时间先后。《功令》条文中朝官居多,沿边蛮夷较多。

[11] 李志芳、蒋鲁敬:《湖北荆州市胡家草场西汉墓 M12 出土简牍概述》,《考古》2020 年第 2 期。

[12] 中国科学院考古研究所:《居延汉简甲编》,科学出版社,1959 年,第 64 页,简 1542。

[13] 同 [1],此节所引令文皆引令文编号及竹简号,故不再一一注出页码。

[14] 同 [9],第 140 页。

[15] 同 [1]。

[16] 同 [9],第 3394~3396 页。

[17] [日] 西嶋定生著,武尚清译:《二十等爵制》,国际文化出版公司,1992 年,第 236~237 页。

[18] 阎步克:《论张家山汉简〈二年律令〉中的“宦皇帝”》,《中国史研究》2003 年第 3 期。

[19] 同 [1],第 96~103、107、108、111、113、116、117、119、152 页。

[20] 严耕望:《秦汉郎吏制度考》,又曰:“综计:两汉书列传传主由郎补吏者以县长吏为多,约估全额五分之一。又据碑铭,由郎补吏者三十四人,其中十人为县长吏,而以小县长为多。”《严耕望史学论文选集》,台北联经出版事业公司,1991 年,第 367~368 页。又两汉书及碑铭可考迁大县令者 151 人,其中由孝廉三署郎迁者 26 人,约估六分之一。迁小县长者 51 人,其中由孝廉三署郎迁者 25 人,约估二分之一。迁侯国相者 14 人,其中由孝廉三署郎迁者 6 人,估七分之三。考见严耕望:《秦汉地方行政制度》,台北历史语言研究所,1961 年,第 335~338 页。

[21] 同 [1],此节所引令文皆引令文编号及竹简号,故不再一一注出页码。

[22] 同 [1],第 104、105、108 页。

[23] 同 [1],此节所引令文皆引令文编号及竹简号,故不再一一注出页码。

[24] 同 [1],第 105~106 页。

[25] 史杰鹏:《张家山汉墓 336 号墓中“惰倪”一词的训释商榷》,“律簇书吧”微信公众号,2023 年 3 月 20 日。

[26] 曹旅宁:《岳麓秦简中对、请、奏文书与秦始皇的阅读速度》,韩国《东西文化》2022 年第 4 期。

[27] 同 [1],此节所引令文皆引令文编号及竹简号,故不再一一注出页码。

[28] a. 邬文玲:《张家山 336 号汉墓竹简〈功令〉校读记》,《2023 张骞与丝绸之路学术研讨会论文集》,2023 年,第 324~328 页;b. 邬文玲:《汉代赦免制度研究》,中国社会科学院博士学位论文,2003 年;c.[宋] 徐天麟《西汉会要》谓汉文帝元年、七年两次大赦,上海人民出版社,1977 年,第 716 页。

[29] 同 [1],此节所引令文皆引令文编号及竹简号,故不再一一注出页码。

[30] 黄浩波:《张家山三三六号汉墓竹简〈功令〉编连刍议》,http://m.bsm.org.cn/?hanjian/8932.html=,2023 年 3 月 20 日。

[31] 同 [20],第 222 页。

[32] 同 [20],第 252~253 页。

[33] 杨际平:《汉代内郡的吏员构成与乡、亭里关系——东海郡尹湾汉简研究》,《厦门大学学报(哲学社会科学版)》1998 年第 4 期。

[34] 同 [30]。

[35] 同 [1],此节所引令文皆引令文编号及竹简号,故不再一一注出页码。

[36] 逯耀东:《对匈奴问题处理的限制》,《抑郁与超越:司马迁与汉武帝时代》,生活·读书·新知三联书店,2008 年,第 218~219 页。

[37] a. 张家山二四七号汉墓汉简整理小组:《张家山汉墓竹简〔二四七号墓〕》,文物出版社,2006 年,第 39 页;b. 袁延胜据已公布的睡虎地 77 号汉墓《户律》简文疑此条《置吏律》条文当属《户律》,参见《睡虎地汉律户律简论》,《第四届简帛学国际学术研讨会暨谢桂华先生诞辰八十周年纪念座谈会会议论文集》,内部资料,2018 年,第 550~555 页。

[38] a. 同 [37]a,第 80 页;b. 王子今认为诸公主可能为高祖、惠帝之女,姓氏得自诸公主生母。参见彭浩、陈伟、[日] 工藤元男主编:《二年律令与奏谳书》,上海古籍出版社,2007 年,第 299 页。

[39] 侯立文:《静宁党家原汉墓出土西汉文帝四年木牍考辨》,《陇右文博》2015 年第 2 期。

[40] 同 [1],此节所引令文皆引令文编号及竹简号,故不再一一注出页码。

[41] a. 廖伯源：《〈东海郡下辖长吏名籍〉释证》，《简牍与制度》，文津出版社，1998 年，第 125 ~ 198 页；b. 连云港市博物馆、东海县博物馆、中国社会科学院简帛研究中心、中国文物研究所编：《尹湾汉墓简牍》，中华书局，1997 年，第 85 ~ 95 页、图版第 15 页。

[42] 廖伯源：《汉代仕进制度新考》，《简牍与制度》，文津出版社，1998 年，第 3 ~ 55 页。

[43] 张忠炜、张春龙：《汉律体系新论——以益阳兔子山遗址所出汉律律名木牍为中心》，《历史研究》2020 年第 6 期，指出“已”为校雠之意。

[44] 同 [1]，此节所引令文皆引令文编号及竹简号，故不再一一注出页码。

[45] 宋少强：《释张家山汉简〈功令〉和西北汉简的“捋”字》，简帛网，http://m.bsm.org.cn/?hanjian/9012.html=，2023 年 5 月 11 日。

[46] 于豪亮：《释青川秦墓木牍》，《于豪亮学术文存》，中华书局，1985 年，第 163 ~ 166 页。

[47] a. 陈伟《里耶秦简牍校释》（第二卷）读为“五月己巳夕，仓佐处不居官志，三千里繇（徭）”，见陈伟主编：《里耶秦简牍校释》（第二卷），武汉大学出版社，2018 年，第 407 页；b. 此从王勇读。王勇：《里耶秦简所见秦代地方官吏的徭使》，《社会科学》2019 年第 5 期；c. 陈伟《里耶秦简牍校释》（第二卷）亦未出注。陈伟主编：《秦简牍合集 · 释文注释修订本（壹）》，武汉大学出版社，2016 年，第 33 页。

[48] 王伟：《“志三千里繇（徭）”与“志千里使”》，简帛网，http://www.bsm.org.cn/?qin jian/8429.html，2021 年 8 月 18 日。

[49] [汉] 司马迁撰：《史记》，中华书局，1959 年，第 253 页。

[50] 陈松长主编：《岳麓书院藏秦简（伍）》，上海辞书出版社，2017 年，第 194 页。

[51] 同 [1]，第 95 页。

五一广场东汉简所见临湘地区与外地的经济联系

Economic Ties between the Linxiang Region and Other Places as Seen from Eastern Han Bamboo Slips Unearthed at the Wuyi Square

北京师范大学　蒋宇晨

Jiang Yuchen, Beijing Normal University

内容提要：东汉临湘县与南方的武陵、零陵、桂阳、交州刺史部各郡，中原的汝南、陈留、南阳，东方的会稽、豫章等郡，甚至海外地区，都存在货物和人员往来，交易的商品从粮食、织物到珠宝不一而足。此外，五一简中出现多起跨郡借贷事例，表明商业资本亦流转于各地以求增值。四方商客云集，人口流动频繁也带来了一些治安问题，为稳定社会秩序，临湘官府设置例亭、例所等监察力量，实行严格的过关登记制度，并加强市场建设和治安管理，一定程度上为商贸活动的正常进行提供了保障。临湘与其他地区之间的经济互动不仅有利于临湘经济的繁荣，也是东汉中早期长江以南地区区域发展的重要表现。

关键词：东汉经济　五一简　临湘地区　区域经济联系

Abstract: Linxiang County in the Eastern Han Dynasty maintained commodity and personnel exchanges with Wuling, Lingling, Guiyang and counties under Jiaozhou Prefecture in the south, Runan, Chenliu and Nanyang in the Central Plains, Kuaiji and Yuzhang in the east, and even overseas places. The exchanged goods included grains, textiles, and jewelry. Furthermore, the bamboo slips from the Wuyi Square also record many cases of cross-county loan, indicating commercial capital also circulated between places for appreciation. The convergence of merchants from different places and the frequent movement of population also brought about some security problems, so in order to stabilize social order the Linxiang County administration established such supervisory forces as check points and check stations, implemented strict registration system, strengthened market construction and security management so as to safeguard the normal practice of commercial activities to a certain extent. The economic interaction between Linxiang and other regions not only facilitated the economic prosperity of Linxiang but also served as an important example of the development of regions south of the Yangtze River during the early and middle Eastern Han Dynasty.

Keywords: economy of the Eastern Han Dynasty; bamboo slips from the Wuyi Square; Linxiang region; regional economic relation

秦汉时期，随着生产力的提高，经济得到进一步发展，商品种类极大丰富，《史记·货殖列传》记载当时“通邑大都”的市场上马牛羊彘、帛絮皮革、蘖麦盐豉等各种商品琳琅满目，数以千计。[1]同时，四海为一，统一的度量衡和货币在全国通行，水陆交通更加便利，掌握不同地方物产盈缺特点的商贾们，可以追逐利润，四处经营，“以其所有，易其所无，买贱鬻贵”[2]，地区之间的经济联系得到加强。

本文探讨的核心地区——临湘县，在两汉时期先后为长沙国国都和长沙郡郡治所在。据《史记·货殖列传》记载，西汉初期的长沙国虽有连（铅）、锡等金属资源，但储量并不丰富，且可能因为在当地进行开采、转卖等的成本太高，并无商业价值。在司马迁看来，长沙所处的楚越之地地广人稀，经济以较原始的自然经济为主，民众可以此自足，但商业并未发展起来，无富裕之家。[3]但上述情况至东汉末年已然发生改变。江南地区发展成为“沃野千里，民富兵强”的“乐土”[4]，临湘县则被誉为东汉时期江南三大县之一[5]。在这个转变过程中，临湘地区的社会经济发展状况值得探讨。

囿于传世文献记载的不足，在很长一段时间内并未有研究对此展开深入论述。近些年，随着长沙五一广场东汉简牍（以下简称“五一简”）的陆续刊布，研究临湘地区社会经济的成果大量涌现。学者对临湘县的商品种类、价格、市场建设、流动人口在临湘的商业活动、民间借贷等进行了探究，为了解当地社会经济状况奠定了基础。[6]美中不足的是，上述研究虽注意到临湘地区有许多外来商人，却并未将目光聚焦于此，进一步探析临湘商人与外地商人贸易往来的范围、路线、商品种类等。张朝阳的研究对此进行了部分补充，他曾分析过前来临湘的交趾商客以及临湘与桂阳郡、南海郡等地的贸易网络。[7]但临湘与其他地区的经济联系如何，还可进一步探究。本文将在上述研究的基础上，利用五一简中反映临湘地区与外地经济往来情况的材料，从临湘与外地之间的商品贸易、资本流动和制度保障三个层面，尝试勾勒临湘地区与外地的经济联系网络，分析其包含的社会历史信息和带来的影响，为了解东汉中早期长江以南地区地方经济发展和跨区域经济交流提供一个窗口。

一　天下熙熙，皆为利来：从外地前来临湘的商人及其活动

长沙郡地处长江中游，郡内有湘水、资水两大水系，临湘县位于湘江主干旁，交通便利，[8]五一简中常见来往行商的身影。本节着眼于前来临湘的外地行商，分析其来源地和交易的商品。

（1）成，南阳宛；次，陈留扶沟；此，武陵零阳。次、成遭其县米谷贵。成、次今年六月不处日，此七月廿五日，各起家。次、成逐贼。此与男子陈伯、潭成俱，持麻八千斤之临湘，船泊麓。（《肆》1505）[9]

从这则材料我们可以知道，南阳郡宛县人成和陈留郡扶沟县人次，两人家乡当年的米谷价格昂贵，后又可知此二人逐贼至临湘。同一简中两处关于次、成二人的信息似乎并不相关，不禁让人费解。不过如果结合“长沙，楚之粟也”[10]，长沙地区盛产粟米，米价相对较低的情况，我们或许可以做出如下推测：二人因追捕贼人而至临湘，发现此地米价较为便宜，便顺道购买米谷。否则简文似不必记录宛县、扶沟两地当年米谷昂贵。逐贼而来的次、成二人，都为当地的米价所心动，那些四处嗅察商机，买贱鬻贵的商客们又岂会错过如此良机？临湘与其他地区应该还有着更为频繁的米谷贸易往来。

该简中另外三名男子：武陵郡零阳县的此和不知籍贯的陈伯、潭成，三人共乘一船，持麻八千斤前来临湘。这既反映出当时跨郡贩运的体量大，内河船运水平较高，也说明临湘地区对麻的需求大。以斤作为麻的衡量单位，可知运来的麻只是原材料，流入临湘后，还需要被进一步加工成麻制品，方可使用或出售。

从五一简中可以看到，临湘对这些前来经商的外地客商会进行登记管理，并征收商业税。

（2）钱直千五百。顺前为南亭租船史，脱不税汝南不处姓名男子珠货银算，后为江湖掾所觉得。府覆考南亭银算簿，不相应。今年十一月二日论决录见。（《陆》2190）

顺是南亭地区负责对来往船只征税的租船史，他渎职没有对一位汝南男子征收“珠货银算”。张朝阳认为“珠货银算”是一种用银子来缴纳的税，或许是针对珠货这种昂贵奢侈品的特殊规定。[11]此事被顺的上级，专管水道事宜的江湖掾发现并上报，[12]长沙太守府派人来核查南亭存档的银算簿，证实实际情况和簿中记录确实不一致。“江湖掾”“租船史”的设置和有效的商业税收登记、复查制度，表明临湘地区的商业管理政策已经比较成熟。

来临湘经营的商人不仅有来自内地各郡的，还有来自外国异域的，例如这一则材料：

（3）为良民财物，付苟瑟、丐瑟钱十万，谢胡松十万。根知妻劳以外国俗烧丧葬，更嫁为罗调妻。带当勉为民，有书。案解：不处苟瑟与根知有亲无？根知何故以钱。（《贰》522）[13]

该简中出现的“苟瑟”“丐瑟”“劳”“根知”等人名显然不似汉人，而应是音译的外国人名。汉代长沙地区普遍实行的丧葬方式是土葬[14]，但根知的妻子劳却以外国习俗火葬根知，这也佐证了其外国侨客的身份。印度教和佛教都推崇火葬，这些人可能来自当时印度教、佛教盛行的印度、东南亚等地。[15]据简文记载，根知在生前不知缘何曾付给苟瑟、丐瑟钱十万，谢胡松钱十万，可见根知颇为富裕，似乎是来华经营的胡商。

《汉书·地理志》记载从日南（今越南中部）、徐闻（今属广东阳江市）、合浦（今属广西北海市）向南入海，[16]可航行至都元国、邑卢没国、谌离国、夫甘都卢国、黄支国等地。其中黄支国盛产明珠、璧、琉璃等奇石异物，该国虽然与汉廷有官方的贸易往来，但其国内的一些商贾为追逐利益也辗转贩卖宝物至汉朝，其路程遥远且凶险，往来常需数年。[17]这些胡人商贾抵达徐闻等地后，一是需要休整，二是为了将货物售出，应会停留一段时间。《元和郡县图志》在描述徐闻县时说：“汉置左右候官，在县南七里，积货物于此，备其所求，与交易，有利，故谚曰：‘欲拔贫，诣徐闻’。”[18]考古发掘徐闻、合浦地区的几十座汉墓中，出土了大批的琥珀、玛瑙、琉璃、水晶等外来奢侈品，是当时频繁的海上贸易的见证。[19]这些靠岸后的第一集散地汇集了大量的异域珍宝，珠宝价格相对内陆地区自然较低。远道而来的胡商若想争取更高的售价，只能携带珠货继续北上。五一简所见的外国商人或许正是其中北上的一批。[20]

二　天下攘攘，皆为利往：从临湘去往外地的商人及其活动

临湘不仅是商业贸易的终点站，也是始发站，五一简中常可见行商从临湘出发，前往外地经商。

（4）小刀各一，曲尘长襦一领，算一

盛，镜、栉、巢、刷并直钱三千四百卌，俱之宜春。下解止市南门外，道东北入第五不处名舍，留二宿，恶谓承、若当。（《陆》2556）

（5）男子王得与客张相，俱载章船及钱物到攸界中，断绝不知区处，疑章、贤等道劫取钱物亡。（《伍》1862+1767）[21]

简 2556 中，恶、承、若三人携带价值三千四百卌的物品东至豫章宜春县（今江西宜春市）。[22] 他们在市南门外下车，并在市场内的一家客舍留宿两晚，表明其活动似与商业有关。简 1862+1767 记载临湘男子王得与张相携带钱物，乘船赶赴位于湘水支流旁的攸县。这两枚简因内容残缺，尚不能完全确定他们携带的物品是否为商品，但也不妨视为临湘与宜春和攸县之间存在货物、人员流动的一个例证。

除至宜春、攸县这种短途贸易之外，长距离的、更为复杂的贸易往来亦已存在，如《选释》155、146 的记载。

（6）江陵世，会稽纲，下坯徐、建、申，交阯孟、信、都，不处年中，各来客。福，吏；次，今年四月六日兼庾亭长。伯卖篷，孟债为桂阳送谷。船师张、建、福辟车卒，月直。（《选释》155）[23]

（7）之湘西推求伯，时伯在辅所。与纲、建俱还，伯便诣县，孟、次辟（避）侧不问。福鞭（鞭）元、殴世、诡伯，无所隐切，即纲、建、申等证。案：福，吏；孟，负伯钱；次，譪辞。告（《选释》146）

这两枚简在内容上高度相关，记录的应为同一案件，案件具体情况因文书残缺而不可知。现存简文中最能反映临湘与外地商贸往来情况的是“伯卖篷，孟债为桂阳送谷”一句，但目前学者们对该句有不同的理解。黎明钊认为此句指孟代伯运输谷物到桂阳以偿还债务，“债”意为“以庸偿债”；[24] 张朝阳和整理小组则将“债”理解为“租借”或“赊欠”，认为此句指孟租借伯的船运输谷物。[25] 从简文前后来看，伯经营的生意与卖船有关，[26] 而与贩卖米谷无关，孟从伯处借用船只贩运谷物的理解更为合理。或许孟在事后并未将租金归还伯，所以在《选释》146 中才会出现“孟，负伯钱”的记录。

孟来自交趾，张朝阳进一步推测他可能从交趾启程，将本郡出产的米贩运至合浦，换得珍珠，再携珍珠北上临湘，交换当地米谷，回头再运米到桂阳，赚取高额差价。[27]

该简中还可见来自南郡江陵（今湖北荆州市江陵区）、会稽郡（今上海、浙江、福建部分地区）、下邳郡（今江苏西北部地区）、交趾郡等地的世、纲、徐、建、申、信，他们都牵涉到孟的案件中。张、建、福是此次远航的船师，他们可能是同孟一道的商人，也有可能是前来临湘务工的僦人。临湘地区汇集了来自四方各地的人员，贩运贸易以及与此相关的运输业颇为发达，不少人依此维持生计。

在这样的商业环境下，精明的商人若能抓住商机，勤勉经营，便可像临湘商人“元”一样起家致富。五一简中现可见三枚与“元”有关的简：

（8）妻以元所有大婢婴送纳，纳为世产男石。后何卖民，直钱九万五千。以其五万买大婢侍，空地一所直八千。自驾起居。其中复买粲肆一孔，直二千四百，元本有鼓肆一孔，后纳。（《选释》61）

（9）中，元物故苍梧，归临湘葬。葬后有大婢侍、民，奴秩、主及壂，大宅、市肆各二，及家□物，何皆检录。时珠年四五□岁，幼小，随脩留泉陵，何卖宅、侍、民、秩、主，散用钱给和，免壂。（《选释》108）

（10）☐呼石居，占数户下以为子，免

埊为庶人。到永元十一年中，脩更嫁为男子与山居。脩嫁珠为其县男子蔡温妻，无子，弃。到十五年三月中，脩、珠俱来。(《选释》135）[28]

从简文来看，元拥有婢、奴数人，大宅两座，市肆两间，资产不菲，颇为富裕。据其女儿珠在元死后没有随父回到临湘，而是选择与母亲留在零陵郡泉陵县（今湖南永州市），并在泉陵长大、婚嫁，可知元的妻子脩当为泉陵本地人。元的生活轨迹具有较强的流动性，不仅自己物故于他乡，妻子亦为外地人士。再结合其资产中有市肆两间，却不见田产，可以推测他应当是一位富有的临湘商人。元从临湘前往苍梧，最便捷的方式就是溯湘水南上，过灵渠，再沿漓水入苍梧。[29]泉陵恰是这条交通线上的必经点，元可能就是在经商的途中邂逅了脩。结为连理后，脩和女儿依然居住在泉陵，元则常往返于临湘、泉陵、苍梧经商，并在这个过程中积累下丰厚的家业。而在当时，应该还有不少商贾流转于这条承载着元情感与事业的商道上，勾连起临湘与苍梧，甚至郁林、合浦、南海等各郡之间的经济联系（图一）。

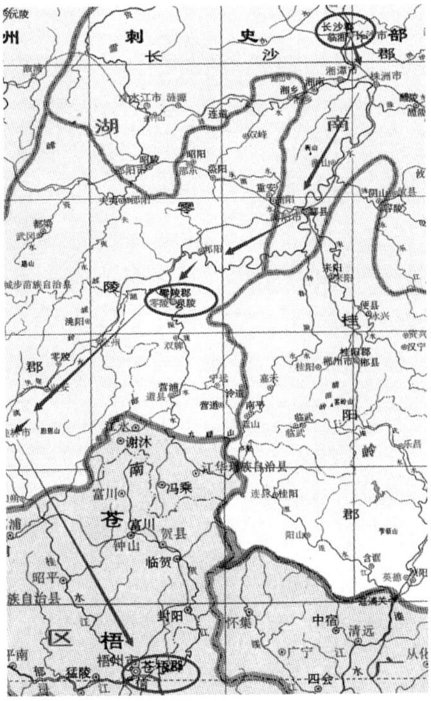

图一　临湘—泉陵—苍梧通航路线示意图
（据谭其骧主编《中国历史地图集》第二册第 50、64 页东汉顺帝疆域政区图绘制）

三　商业资本的流动：跨郡借贷

对富商大贾来说，资本是一种特殊的商品，他们将赋闲之钱假贷于人，从中收取利息来实现资本升值。中国古代的借贷关系，自先秦早已有之。[30]两汉时期随着经济的发展，借贷活动更为频繁。西汉巨商罗裒“赊贷郡国，人莫敢负”。[31]至东汉，《后汉书·桓谭传》载：“富商大贾，多放钱贷，中家子弟，为之保役，趋走与臣仆等勤，收税与封君比入。”[32]放贷已然成为大资产者牟取丰厚利润的手段，借贷关系渗透于社会各个阶层。[33]在此背景下，五一简中也常见民间借贷的事例，其中不少属于跨郡借贷。[34]辅以区域间商业资本流动的视角，我们可以更加立体地认识临湘地区的外部商业生态。

（11）月廿日，叔责且钱，且不与，争言斗。且以业刀刺叔右手，创一所，发觉，亡命还归江陵。会今年正月乙巳赦令出。五月不处日，与素所知南阳宛男子王伯俱来，行道，伯从且贷钱六千，其月廿二日到临湘。(《贰》659）

（12）贷主汝南吴房都乡市里男子，王奉，年卅三，长七尺，赤色，持缫一☑。(《贰》712）

（13）贷主颍川昆阳都乡仓里男子，陈次，年廿五，长七尺，白色☑。(《贰》740）

（14）贷主颍川舞阳都乡☑。(《贰》761）

（15）贷主零陵湘乡宜贵里男子陈迫，年廿四，长七尺，黑色，持☑。(《叁》838）[35]

简 659 涉及一件借贷未还案，来自江

陵的且拒不偿还债主叔的钱，还砍伤了叔，因害怕被追责而逃回江陵。后遇赦令，又与南阳宛县男子王伯一起来到临湘，并且借给王伯六千钱。且由被讨债的债务人变为出手阔绰的债权人。材料（12）~（15）是四枚出入名籍[36]，又记载了四位贷主前来临湘时的情况，他们分别来自汝南吴房（今河南驻马店遂平县）、颍川昆阳（今河南叶县）、颍川舞阳（今河南舞钢市）、零陵湘乡（今湖南湘乡市）。

以上记载表明，临湘与外郡有密切的资本联系，存在大额借贷的现象，且债务关系中当事人的来源地十分广泛，近者来自邻郡，远者来自中原汝南、颍川等富庶之地。趋利而动的商人为了获取更高的利润，不会将眼光局限于本地，而是四处寻找可能的商机。贷主们远道前来临湘放贷，恰恰说明临湘地区经济活力较强，能产生出可观的利润供其攫取。这些流入临湘地区的资本很可能成为当地经商者的启动金或周转金，进一步促进临湘地区商业经济的繁荣。

四　商旅途中的风险与官方保障

商品贸易带来财富的同时，也带来风险。远程贸易的风险不仅来自商品市场价格的涨落起伏，还来自商旅途中可能遇到的危险。来来往往的商客带着货物流转各地，山高水远，长途奔波，为一些不法之徒提供了谋财害命的可乘之机。以下几宗案件均与劫掠钱物有关：

（16）渚上，高之秉所，佁谓秉曰："我贾人，前卖船，责得钱，逐侣，人在沩口塞寄止。秉可，即上钱置秉所。其日，之广舍，谓广曰："我盗央船师钱去，亡，故来。"广曰："若盗钱多少，何不远去，近于是？"高曰："我欲于沩口求▨"。（《贰》464）

（17）不分别实，当从今，又阳前考问赦辞，元兴元年八月廿一日与赣、褒、叔、厚五人劫诗、林等，九月四日于赣舍分臧，各持所得分去，赦与叔合臧盛篦中，僦载泉陵男子李叔成，㯁。（《壹》80）[37]

（18）种，并直钱十九万二千五百五十一。赦等持臧物于赣舍分，赣妻截为投句，赣得缣廿匹，杂缯卅三匹，散幪四枚，绵三斤，见钱六百，布单衣一，铜鐎一，篦下筐一，并直三万一千四百八十九。褒。（《叁》966）

（19）流亡，其月垂竟不处日，赣等复俱夜之直州尾，入所狸臧，厚得黄缣二束，绢青六匹，缥八匹七尺，绢练十匹二尺，绢绛二匹，早一匹，青麦一匹，鲜支一。（《贰》603+837）

材料（16）中，高盗取了船师的钱物，逃往沩口。后三则材料皆与抢劫、分赃有关，且均涉及男子赣、赦、褒、厚，记述的应该是同一案件。赣、厚、褒、叔、赦五人劫掠诗、林二人，仅赣一人便得缣、缯、绵等价值三万一千四百八十九钱的物品，厚又得"黄缣二束，绢青六匹，缥八匹七尺，绢练十匹二尺，绢绛二匹，早一匹，青麦一匹，鲜支一"。五一简中记载鲜支的价格是一匹值钱六百，《西京杂记》载麦的价格更是高达一匹万钱，绢的价值也在每匹三百至一千三百钱不等。[38] 足以见此次所得赃物的总量相当可观。这些颜色、材质各异，价格昂贵的丝织品应是诗、林二人准备贩卖的商品，非常不幸地被赣等所劫掠，这对商人来说定是一次不小的打击。前文提及从临湘前往攸县的王得和张相二人，也疑似在途中被章、贤等劫取钱财。五一简中还有不少关于此类不法事件的记载，可见临湘与外地的商贸往来并非一帆风顺。

但临湘官府也积极采取了多种措施来稳定社会秩序，保障来往人员的人身财产安全和商贸活动的正常进行。

一是沿重要交通路线设置“例亭”或“例所”以核实过往者身份，检查所携物品，预防非法行为的发生。五一简对此有“横溪深内匿，常恐有小发，置例亭长禁奸”（《伍》1792），“廿一日，王珍持鯫过备例所”（《贰》746+569）的记载。李均明曾指出“例亭不是专指某个具体的亭，而是指具有遮拦检查功能的一类岗亭”，例亭的设置会“随着季节及任务而变化，通常是在交通繁忙、人员来往较多、可能出现案件的时节才安排”。[39] 例亭和例所作为一种更为灵活的治安力量，可以补充常设的、固定的亭部之亭，符合临湘地区的治理需要。

二是严格登记过往人员及所携物品信息，方便在必要时进行复查核对，如：

（20）零陵湘乡南阳乡新亭里男子伍次，年卅一，长七尺，黑色，持㭬船一木叟，绢三束，矛一双。（《贰》709）

同里男子胡佐，年卅一，长七尺，黑，持绢一束，矛一，字伯成（《贰》711）

同里男子张得，年卅六，长七尺，黑☑。（《贰》713）

同里男子陈孟，年卅，长☑。（《贰》714）

同里男子师文，年卅五，长七尺，黑色，持絮三百斤，矛☑。（《贰》715）

同里男子师陵，年廿，长七尺，白色，持絮一百斤，刀、矛☑。（《贰》716）

同里男子彭宗，年廿五，长七尺，☑。（《贰》717）

（21）武陵临沅都乡□西里男子何当，年卌长七尺，黑色持☑。（《叁》839）

（22）临湘言，攸右尉谢栩与贼捕掾黄忠等别问僦赵明宅者完城旦徒孙诗，住立，诗畏痛自诬：南阳新野男子陈育、李昌、董孟陵、赵次公等劫杀明及王得等。推辟诣舍，亭例船刺无次公等名。县不与栩等集问诗，诗自诬，无检验。（《选释》117）

材料（20）、（21）与上文材料（12）~（15）一样，属于出入名籍，详细登记了来者的籍贯（郡、县、乡、里）、姓名、年龄、身高、肤色、交通工具，所携物品。这些实况记录在出现案情时或将上呈，作为办案的书证，发挥重要作用。《选释》117 中的“船刺”即对过往船只和船上人员进行登记的文书[40]，该案例中，孙诗在酷刑之下谎称赵次公等劫杀了赵明和王得等人，但检查船刺后却并未发现赵次公等人的名字，说明赵次公等当时并不曾来过该地，孙诗的谎言就此被识破。

三是加强地方市场的建设和治安管理。临湘县内不仅有“小市”“西市”等市场[41]，市场内还有专营某种商品的店铺，称为“某肆”，如前引《选释》61 中的“˙粢肆”“豉肆”就是分别售卖粢和豉的地方。商人可以在市场内集中购买、售卖商品，大大提高了交易效率。不过市场中人员复杂，商品众多，交易活动频繁，也很容易产生经济纠纷，甚至引发刑事案件，加强市场的治安管理对稳定市场秩序尤为重要。从五一简来看，临湘已设有市亭长、市有秩负责处理市场内发生的纠纷，稽查贼人，维护治安。如：

（23）宅舍。给事县，署西市亭长。他犯亡。姃转还居曲平亭部，贫穷，无钱以偿谭。请祖出诡促偿谭，唯。（《选释》57）

（24）钱八千，即日毕。男子任仲孙、李仲升、齐仲孙证。今市有秩佐夸明肆还次。书到，亟治决。明处言。冯闾叩头死罪死罪。谨案文书，辄实问次、知状男子齐仲孙、李仲升，辤皆曰：前。（《选释》66）

总之，官方加强对重要交通路线的监察管理，严格登记来往人员及物资信息，并完善本地市场建制，很好地应对了临湘地区人口流动频繁、人员来源地多样、经济纠纷易发的现实情况，为商贸活动的正常运转提供了保障，有利于基层治安的稳定和社会经济的发展。

五 结语

汉代“开关梁，驰山泽之禁”，商贾得以周流天下，一派“天下熙熙，皆为利来；天下攘攘，皆为利往”的繁忙景象。[42]为更加明晰地认识临湘地区与外地之间的经济联系，把握临湘在区域经济中的地位和作用，我们梳理文中商贸活动涉及的地点和商品名称，以及借贷活动的资本流向，绘制如下表格（见附表）。

通过上文分析可以看到，临湘依托湘江、长江等水系，可沟通南北，连贯东西，往来便利。加上丰富的粮食产量和有效的治安管理措施，临湘地区的经济网络得到了积极健康的发展，覆盖范围大，来自中原、岭南、长江中下游，甚至海外的商人流转于此，带来了各色商品和宝贵的商业资本，为临湘商品经济的发展注入了活力。当地商贾云集，商品辐辏，珠宝、丝织品、米谷、盐、麻等四方物产在此交易、周转，

附表　临湘地区与外地之间的经济联系登记表

出发地（流出地）	目的地（流入地）	商品	备注
南阳郡宛县	长沙郡临湘县	米谷?	前来临湘购买米谷，再返回出发地售卖
陈留郡扶沟县	长沙郡临湘县	米谷?	前来临湘购买米谷，再返回出发地售卖
武陵郡零阳县	长沙郡临湘县	麻八千斤	此麻应为纺织原料
汝南郡	长沙郡临湘县	不明	
印度、东南亚等地	长沙郡临湘县	珠宝异物?	从海外至合浦、徐闻等港口，再北上临湘
长沙郡临湘县	豫章郡宜春县	刀、曲尘长襦、算、镜、栉、篹、刷	
长沙郡临湘县	长沙郡攸县	钱物	
长沙郡临湘县	桂阳郡	米谷	可能存在更为复杂的贸易路线
长沙郡临湘县	苍梧郡	不明	商人应当长期往返两地
不明	不明	以缣、缯、绵、鲜支、练、绢、青麦等丝织品为主	在临湘县辖区内被劫持
长沙郡临湘县	南郡江陵县	资本	债务人“且”负债归还江陵
南郡江陵县	长沙郡临湘县	资本	债务人为来到临湘的南阳男子
汝南郡吴房县	长沙郡临湘县	资本	
颍川郡昆阳县	长沙郡临湘县	资本	
颍川郡舞阳县	长沙郡临湘县	资本	
零陵郡湘乡县	长沙郡临湘县	资本	

有相当部分人口从事与商业有关的活动，并出现了像“元”一样的富裕商人。东汉中早期的临湘县与外地存在密切的经济联系，不论是商品的贩运贸易还是商业资本的流动都十分频繁，在南方经济网络中占有举足轻重的地位。

五一简的发现与整理，让我们得以勾勒出一幅以临湘为主角的历史图景。以临湘为窗口，推及东汉中早期长江以南其他各县与外地的经济联系，虽可能不如临湘地区繁荣，但也应脱离了《史记》所描述的“楚越之地，地广人稀，饭稻羹鱼，或火耕而水耨，果隋蠃蛤，不待贾而足，地势饶食，无饥馑之患，以故呰窳偷生，无积聚而多贫，是故江、淮以南，无冻饿之人，亦无千金之家”[43]的状态。因为两地之间的经济互动，乃是双方以及沿途各县共同参与的结果。商贸往来沟通的不仅是商品，与之相伴的还有人员的流动、技术的传播、民族文化的融合等，这些都在潜移默化中推动着长江以南地区的发展，因而降至三国时期，东吴盘踞于此便可与魏、蜀鼎足而立。

当然，临湘与外地之间的往来互动只是其经济生态的一隅。县内繁荣的市肆贸易和相对稳定的自然经济，与外部环境一起，共同促进了临湘地区社会经济的发展，对此不应偏颇。此外，由于传世文献对临湘县记载的缺失，本文主要依据的史料是现已整理刊发的五一简，而历史上临湘与其他地区之间的经济联系，应比我们目力所及更为丰富多彩。

注释：

[1] [汉] 司马迁：《史记・货殖列传》，中华书局，2011 年，第 2836 页。

[2] 黎翔凤撰，梁运华整理：《管子校注》，中华书局，2020 年，第 377 页。

[3] 同 [1]，第 2831 页。

[4]《三国志・周瑜鲁肃吕蒙传》裴松之注引《吴书》：“后雄杰并起，中州扰乱，（鲁）肃乃命其属曰：‘中国失纲，寇贼横暴，淮、泗间非遗种之地，吾闻江东沃野千里，民府兵强，可以避害，宁肯相随俱至乐土，以观时变乎？’其属皆从命。”[晋] 陈寿撰，[南朝宋] 裴松之注：《三国志》，中华书局，1982 年，第 1267 页。

[5]《续汉书・郡国志》“豫章南昌条”注引《豫章记》曰：“江、淮唯此县及吴、临湘三县是令。”钱林书编著：《续汉书郡国志汇释》，安徽教育出版社，2007 年，第 277 页。

[6] a. 朱德贵：《长沙五一广场东汉简牍所见商业问题探讨》，《中国社会经济史研究》2016 年第 4 期；b. 黎明钊：《试析几枚五一广场东汉简牍》，《简帛研究》2018 年第 2 期；c. 孙瑞：《长沙五一广场东汉简牍所见临湘县经济生活研究》，郑州大学硕士学位论文，2020 年；d. 王朝铭：《五一简所见的人口流动及基层设置问题研究》，郑州大学硕士学位论文，2021 年；e. 蒋丹丹：《五一广场东汉简牍所见流民及客——兼论东汉时期长沙地区流动人口管理》，《简帛研究》2017 年第 2 期；f. 段艳康：《东汉中期临湘地区民间债务关系初探》，江西师范大学硕士学位论文，2021 年。

[7] a. 张朝阳：《长沙五一广场东汉简所见交阯——长沙商道》，《出土文献与法律史研究》第六辑，法律出版社，2017 年，第 174～187 页；b. 张朝阳：《东汉临湘县交阯来客案例详考——兼论早期南方贸易网络》，《中山大学学报（社会科学版）》2019 年第 1 期。

[8]《水经注・湘水记》谓湘水“又右迳临湘县故城西县治，湘水滨临川侧，故即名焉”。[北魏] 郦道元撰，陈桥驿点校：《水经注》，上海古籍出版社，1990 年，第 719 页。

[9] 长沙市文物考古研究所等编：《长沙五一广场东汉简牍（肆）》，中西书局，2019 年，第 49 页。

[10] 同 [1]，《越王勾践世家》，第 1575 页。

[11] 张朝阳：《秦汉时期水乡的鱼与民生和财政——基于新资料的分析》，《史林》2022 年第 6 期。

[12] 江湖掾的职责参见李均明：《“五一广场简牍”中的东汉社会》，《光明日报》2022 年 1 月 22 日第 10 版。

[13] 长沙市文物考古研究所等编：《长沙五一广场东汉简牍（贰）》，中西书局，2018 年，第 34 页。

[14] 何旭红：《汉代长沙国考古发现与研究》，岳麓书社，2013 年，第 12 页。

[15] a.[英] 查尔斯・埃利奥特著，李荣熙译：《印度教与佛教史纲》（第一卷），商务印书馆，1982 年，第 15～20、45 页；b. 张朝阳：《新见东汉外国侨民史

料考释》，简帛网，http://www.bsm.org.cn/?hanjian/8332.html，2020 年 12 月 21 日。

[16] 本文所涉地址的今地名均参考钱林书编：《续汉书郡国志汇释》，安徽教育出版社，2007 年。

[17] [汉] 班固：《汉书 · 地理志》，中华书局，2012 年，第 1490 页。都元国、邑卢没国、谌离国、夫甘都卢国今为何地，学者意见不一，但对于黄支国即印度建志补罗，中外学者的认识基本一致。参见林甘泉主编：《中国经济通史 · 秦汉经济卷》（下），中国社会科学出版社，2007 年，第 369 页。

[18] [唐] 李吉甫：《元和郡县图志 · 阙卷逸文卷三》，中华书局，1983 年，第 1087 页。

[19] 中国社会科学院考古研究所编：《新中国的考古发现和研究》，方志出版社，2007 年，第 439 ~ 440 页。

[20] 长沙地区的汉墓考古发掘曾出土若干充满异域风情的胡人俑，亦表明有相当数量的外国人或舶来品深入长沙地区。胡人俑的发现参见 a. 湖南省博物馆：《湖南常德南坪东汉"酉阳长"墓》，《考古》1980 年第 4 期；b. 湖南省博物馆：《湖南衡阳县道子坪东汉墓发掘简报》，《文物》1981 年第 12 期。

[21] 长沙市文物考古研究所、清华大学出土文献研究与保护中心、中国文化遗产研究院、湖南大学岳麓书院编：《长沙五一广场东汉简牍（伍）》，中西书局，2020 年，第 14 页。

[22] 此简内容残缺，难以确定具体的人名，依句读的不同，对参与者名字可有不同的理解。

[23] 长沙市文物考古研究所、清华大学出土文献研究与保护中心、中国文化遗产研究院、湖南大学岳麓书院编：《长沙五一广场东汉简牍选释》，中西书局，2015 年，第 53 页。"福，吏；次，今年四月六日兼庾亭长"一句标点采用张朝阳的观点，参见 [7]b。

[24] 黎明钊：《试析几枚五一广场东汉简牍》，《简帛研究》2018 年第 2 期。

[25] 同 [7]b。

[26] 整理小组引《广韵 · 东韵》："篷，织竹夹箬覆舟也"，认为篷指某种带篷的船具，可从。同 [23]。

[27] 同 [7]b。

[28] "免墬为庶人"整理小组断句为"免、墬为庶人"。参见 [23]，第 213 页。

[29] 同 [17]，第 1430 页载："零陵，阳海山，湘水所出，北至酃入江，过郡二，行二千五百三十里。又有离水，东南至广信入郁林，行九百八十里。"湘水和漓水都发源于零陵郡境内，两水源头有灵渠连通，可通航。

[30]《周礼正义 · 地官司徒》载："凡赊者，祭祀无过旬日，丧纪无过三月；凡民之贷者，与其有司辨而授之，以国服为之息。"[清] 孙诒让撰，王文锦、陈玉霞点校：《周礼正义》，中华书局，1987 年，第 1097 ~ 1098 页。这说明先秦时期已经产生了借贷关系，并且还根据不同的用途规定了不同的借贷期限和利息。

[31] [汉] 班固：《汉书 · 货殖传》，中华书局，2012 年，第 3276 页。

[32] [南朝宋] 范晔：《后汉书 · 桓谭冯衍列传》，中华书局，2012 年，第 752 页。

[33] 汉代国家对民间的借贷利率有法律规定，但具体数额暂难确定。吕思勉认为是 10%，秦晖主张 20%，杨联升则主张 100%。不过总体看来，借贷业利率较高。以上观点分别参见 a. 吕思勉：《吕思勉读史札记》（下），上海古籍出版社，1982 年，第 1157 页；b. 秦晖：《汉代的古典借贷关系》，《中国经济史研究》1990 年第 3 期；c. 杨联陞：《中国货币与信贷简史》，《中国现代学术经典 · 洪业、杨联陞卷》，河北教育出版社，1996 年，第 666 页。

[34] 由于前文所述五一简中"债"字存在不同的解释，难以确定是否与债务有关，故本文并未将单以"债"字表达借贷关系的简牍材料囊括在讨论范围之内。

[35] 长沙市文物考古研究所、清华大学出土文献研究与保护中心、中国文化遗产研究院、湖南大学岳麓书院编：《长沙五一广场东汉简牍（叁）》，中西书局，2019 年，第 5 页。

[36] 李均明：《秦汉简牍文书分类辑解》，文物出版社，2009 年，第 388 页。

[37] 长沙市文物考古研究所、清华大学出土文献研究与保护中心、中国文化遗产研究院、湖南大学岳麓书院编：《长沙五一广场东汉简牍（壹）》，中西书局，2015 年，第 17 页。

[38] 鲜支的价格见简《贰》438："惹鲜支一匹，直六百。"绫价参见《西京杂记 · 霍显为淳于衍起第赠金》："绫出巨鹿陈宝光家，宝光妻传其法……六十日成一匹，匹直万钱。"[晋] 葛洪撰，周天游校注：《西京杂记》，三秦出版社，2006 年，第 33 页。缯价参见丁邦友、魏晓明：《秦汉物价史料汇释》，中国社会科学出版社，2016 年，第 207 ~ 208 页。

[39] 李均明：《五一广场东汉简牍所见"例亭"等解析》，《出土文献》2020 年第 4 期。

[40] 同 [39]。

[41] a. 如"▨愿求于小市卖枯鱼自给▨"，同 [37]，第 53 页；b. "俱渡湘，弃棋西市渚下，各别▨"，同 [23]，第 24 页。

[42] 同 [1]，第 2821 页。

[43] 同 [1]，第 2831 页。

金吾考

Investigating the Gold Staff

南昌大学人文学院　陆锡兴

Lu Xixing, School of Humanities, Nanchang University

内容提要： 满城汉墓出土一根铜棒，考古报告认为是“杵形器”，博物院陈列改称“铜捣药杵”。本文列举的一些西汉王墓的铜杵臼情况，与刘胜墓的“药杵”比较，从铜棒的尺寸、造型和鎏金部位，否定了这个结论。指出这可能是西汉前期的金吾，中尉执金吾巡察京师。

关键词： 杵臼　金吾　中尉

Abstract: The Han tomb at Mancheng has yielded one copper rod, which was recorded as “pestle-shaped object” in the excavation report and renamed “copper pestle for crushing medicine” in museum display. This paper enumerates some copper pestles and mortars from Western Han royal tombs, compares it with the “pestle for crushing medicine” from the Tomb of Liu Sheng, and denies this above conclusion on the bases of its size, shape and location of its gilded part. It points out that this probably is the early Western Han gold staff which the assistant general held to inspect the capital.

Keywords: pestle and mortar; gold staff; assistant general

河北满城陵山一号汉墓墓主为西汉中山靖王刘胜，墓内出土了丰富的文物，其发掘成果是 20 世纪 60 年代最重大的考古成果之一。其中引人注目的是一件“杵形器”铜棒，两端鎏金，中段饰图案花纹，图案由浪花纹和云雷纹组成（图一）[1]。长 21.8 厘米，径 2.8 厘米，称为“铜杵”，最近河北博物院将展出标牌改为“铜捣药杵”，并指出“器形和铜山小龟山西汉墓出土的铜杵相仿”[2]。考古发现的铜杵已有相当数量，出土于汉代王墓者，也发现不少，今以下几例，做比较研究。

一　刘胜墓鎏金铜棒不是杵

江苏徐州铜山小龟山西汉崖洞墓出土一套铜杵臼（图二），铜臼，圆筒形，直口，腹下渐收，口及腹均有凸出箍一圈，底缘刻铭：“铜臼一，重廿斤容五升四合。”铜杵位于铜臼旁，长 25.3 厘米，下端刻铭“铜杵一，重四斤三两”[3]。汉代一斤约 250 克，铜杵刻铭显示其重量约为 1000 克。

广州南越王墓西耳室出土铜杵臼两套，

图一　鎏金铜棒（河北满城一号汉墓出土）

图二　铜杵臼（江苏徐州小龟山西汉崖洞墓出土）

图三　铜杵臼两套（广州南越王墓西耳室出土）

图四　铜杵臼（河北鹿泉市高庄一号汉墓出土）

图五　铜杵臼（江西南昌海昏侯刘贺墓出土）

1　　2

图六　铜臼杵（西汉大云山一号汉墓出土）
1. 铜杯臼　2. 铜杵

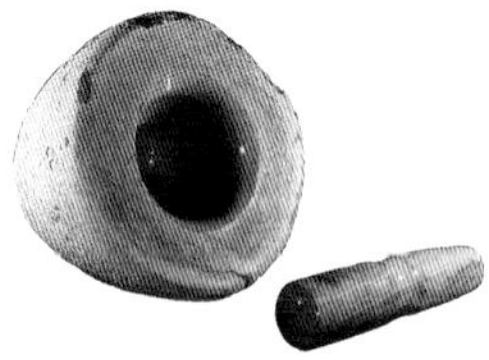

图七　玉臼杵（安阳殷墟妇好墓出土）

一套为铜杵臼，另一套为铁杵铜臼，铜杵C168两端为八棱柱形，中间圆形略细，长35.5厘米，大端直径3.2厘米，小端直径2.6厘米。臼2件分别：高13.5厘米，口径12.4厘米，底径10厘米；高12厘米，口径11.5厘米，底径10厘米（图三）[4]。墓内同时出土药材、药丸，此铜杵臼大概是加工药材所用。墓主赵眜死于武帝元朔末元狩初，即公元前122年左右。

河北鹿泉市高庄一号汉墓（常山王刘舜墓）铜药杵，杵两端呈球冠形（图四），长40厘米，径2.4厘米。药臼直口，平沿，直腹，口沿外饰凸棱一周，口径12厘米，底径11.2厘米，高17.6厘米，壁厚1.2厘米。重8000克。[5]铜杵重约680克。较刘胜墓铜杵形器长而重。

江西南昌海昏侯刘贺墓内有4件铜杵臼，其中M1：1064臼高21.8厘米，径14.8厘米，杵长34.4厘米。臼重6603克，杵重2404克。杵臼在东回廊，铜臼在西回廊，铜杵细长，两端大，有明显舂击痕迹，与高庄汉墓铜杵相同（图五）[6]。

西汉大云山一号汉墓为江都王刘非（前168—前128）墓葬，在墓的封土和盗坑出土了5套铜杵臼，因为体量小，所以称之为“铜杯臼”，5件相同。MIDK⑥：618，口沿下饰一圈弦纹，腹中部一圈凹面圈带纹（图六，1）。口径4.9厘米，底径4厘米，高6.1厘米。铜杵（MIDK⑥：672）圆棍状，中部微微有收缩，断面略呈弧圆。[7]其余4件铜杵（MIDK⑥：673～676）中部束腰，两端圆鼓，长16厘米，直径1.4～1.85厘米（图六，2）。[8]所谓“杯臼”即形容其之小，这样小的杵臼无法使用。一号墓外回廊出土了一些微型器皿，1件通高10.6厘米的铜鼎，4件通高12.3厘米的铜锺，3件通高14.6厘米的铜钫，其中均有1件通体鎏金，这样体量的器皿并无使用价值，应该是明器。由此可见所谓“杯臼”也是明器。即使“杯臼”为明器，有通体鎏金的铜臼，却没有鎏金的铜杵。

杵臼是不可缺少的日用、生产工具，其最早可以追溯到石器时代。安阳殷墟妇好墓出土玉臼玉杵一套，臼在墓室西北部的填土中，珪质大理岩，臼孔面大底小，

表一 各地出土“杵形器”登记表

墓葬	长（厘米）	直径（厘米）	重（克）	说明
殷商妇好墓	28	7		同墓出土玉臼
南越王墓	35.5	3.2 ~ 2.6		两端八棱柱形
龟山西汉墓	25.3		1046.88	
海昏侯墓	34.4		2404	
鹿泉汉墓	40	2.4		
大云山一号汉墓	16	1.4 ~ 1.85		明器，其一臼鎏金，杵无鎏金
高庄汉墓	40	2.4		
满山陵山一号汉墓	21.8	2.8	500	两端鎏金，无臼

周壁呈朱红色，经长期使用所致（图七）。孔周及口面上均粘有朱砂。高 23.2 厘米，口径 29.5 厘米，孔径 16 厘米，深 13 厘米，壁厚 8 厘米。杵在椁室内，圆柱形，头端较粗，柄较细，腰部微缩，上有极光滑的宽旋纹，“其部位与臼孔的深度大致接近”，长 28 厘米，径 7 厘米。报告认为，杵臼虽在不同位置出土，“但两者恰可配套，无疑是一套研磨朱砂的用具”[9]。

将以上“杵形器”与其他铜杵比较，单从外形来看，皆为棒状，中间收分与某些铜杵相同，但是长度、重量都有明显不同（表一）。而且杵臼成套，刘胜墓铜杵没有配套的铜臼，端处并无使用痕迹。所以“杵形器”虽然像杵，却不可能是杵。满城陵山一号汉墓墓主为中山靖王刘胜（约前165—前 113），与大云山一号汉墓墓主江都王刘非（前 168—前 128）同一时期在世，地位相等。

包括殷墟妇好墓玉杵在内，汉墓的铜杵（排除大云山汉墓的明器铜杵）长度最短为 25.5 厘米，最长为 40 厘米，平均长度为 30 余厘米。陵山一号汉墓铜杵形器比最短的龟山西汉墓出土者还短 3.5 厘米。问题还在于在陵山汉墓的铜杵中间有握手处，该处装饰立体浪花纹和云雷纹部分，它与鎏金部分区别分明。龟山汉墓的铜杵从球面向上收分到，上端近一半的长度等径无收分，有 10 多厘米握手，而且可以根据需要向下移动。陵山一号汉墓“杵形器”按照体积折算约为 61.4 立方厘米，铜比重每立方厘米 8.92 克，折重 548 克。去掉此器收分部分重量，重约 500 克，合汉代 2 斤。

刘胜墓杵形器全长 21.8 厘米，图测握手处长 10.5 厘米，两端全长 11.3 厘米，各长 5.65 厘米。如果把握中段舂捣，实际留下 5.65 厘米可以进入臼内，防止冲出、带出的被舂捣碎屑，照此臼深至少要达到 2 倍的深度，这就必须在握手下有 11 厘米的长度。从实际使用看，握手 10.5 厘米太短，因为舂捣要用力，不能只握这部分。但是握手部分有细小的突起纹样，与光滑的鎏金部分完全不同，所以不宜移动。那么是否这根铜杵形器只用于研磨，而臼或研钵浅一些呢？安阳殷墟妇好墓玉臼深 13 厘米，而杵长 28 厘米，是深度的 2.15 倍，可知为何汉代杵要长达 30 ~ 40 厘米了。照此比例，刘胜墓“铜杵”实在太短了。还有一个不能回避的问题，恰恰就是“铜杵”的鎏金，一种鎏金技术，一般鎏金层很薄，物

图八　刘胜乘车的复原模型

理冲击、摩擦都会使之掉色。海昏侯墓出土的鎏金编钟，其中一件鎏金部分有明显的消磨痕迹，这是敲击磨损的结果。因此，专门用于冲击、强力摩擦的铜杵不会被使用鎏金工艺。从所见的汉代杵臼来看，只有大云山一号墓明器铜臼是通体鎏金者（只是臼外表面，臼内没有鎏金），铜杵一概无鎏金者。金杵曾见于史载，《船窗夜话》载南宋孝宗患肠道传染病，治疗无效，有一医者将新米和藕节用杵细研，以热酒调服而愈。孝宗乃赐其金杵臼。[10] 这个金杵臼乃是表彰医术的荣誉物，并非实用品，要么是微型的纪念品，要么是鎏金的陈设品，用上千克黄金打成一副杵臼，作赏赐物，违反常识。

二　刘胜墓鎏金铜棒为宫廷符信

刘胜墓之“杵形器”是一种短棒，极可能就是历史上的金吾。金吾之制源自先秦。《周礼·秋官·小司寇》“大宾客，前王而辟”，郑玄注引郑司农云：“小司寇为王道，辟除奸人也，若今时执金吾下至令尉奉引矣。”“前王为道，辟为辟除奸人也。”[11] 战国有“中尉”，《史记·赵世家》：“官牛畜为师，荀欣为中尉，徐越为内史。”汉承秦制，《史记·绛侯周勃世家》：“乃拜亚父为中尉。”[12]《汉书·百官公卿表上》：“中尉，秦官，掌徼循京师。有两丞、候、司马、千人。武帝太初元年（前 104）更名执金吾。”如淳曰：“所谓游徼，徼循禁备盗贼也。”应劭曰：“吾者，御也，掌执金革以御非常。”[13] 吾，通“御”，是防止的意思。《说文古籀补》：“敔省文，禁也……敔与圉通。又通御。汉碑多以衙为御。”[14] 陆按：“敔”从“吾”音，“吾”同“御”。

金吾为何物？

颜师古认为是鸟名：“金吾，鸟名也，主辟不祥。天子出行，职主先导，以御非常。故执此鸟之象，因以名官。”宋代程大昌《演繁露》否定金吾是鸟象，“全无其传”“知其为杖不为鸟也亦以明矣”。[15] 汉代王墓常有装饰鸠形，很可能就是颜师古说的“金吾”，但是与崔豹的说法不符。

晋崔豹《古今注》：“车辐棒也，汉朝执金吾，金吾亦棒也。以铜为之黄金涂两末，谓为金吾，御史大夫司隶校尉亦得执焉。御史校尉郡守都尉县长之类，皆以木为吾焉。用以夹车故谓之车辐，一曰形似辐，故谓之车辐也。”“形似车辐”说明两者有相似之处，车辐夹轮轴支撑车轮，而车辐连接车轮处一段颜色与整体黑色不同，如果连接相对两条，恰如金吾之鎏金。这个可见河北博物院刘胜乘车的复原模型（图八），形象地显示出来了。《史记·高祖本纪》：“秦王子婴素车白马，系颈以组，封皇帝玺符节。”《索隐》引韦昭云：“天子印称玺，又独以玉。符，发兵符也。节使者所拥也。《说文》云：‘符，信也。汉制以竹，长六寸分，而相合。’《释名》云：‘节为号令赏罚之节也，又节毛上下相重取象竹节。’”[16] 中尉所持金吾是一种符节，如虎形兵符之类，只是一枚执金吾之符信。

扬雄（前 53—18）《执金吾箴》：“温温唐虞，重袭纯孰，经表九德。张设武官，以御寇贼。如虎有牙，如鹰有爪，国以自固，兽以自保，牙爪蒽蒽。动作宜时，用之不理，实反生灾。秦政暴戾，播其威虐。亡其仁义，而思其残酷，猛不可重任，威不可独行。尧咨虞舜，惟思是尚。吾臣司金，敢告执璜。”“吾臣”是指中卫，司金，即执金吾。《周礼・春官・大宗伯》：“大宗伯之职，掌建邦之天神、人鬼、地示之礼，以佐王建保邦国。以小宗伯为佐官。周官名，春官之长，掌邦国祭祀、典礼之事。”[17]小宗伯“以苍璧礼天，以黄琮礼地，以青圭礼东方，以赤璋礼南方，以白琥礼西方，以玄璜礼北方”。郑玄注：“半璧曰璜，象冬闭藏，地上无物，唯天半见。”[18]小司寇与小宗伯相对，金吾与璜相应，符信与礼玉相应，刘胜墓金吾为中尉所执信符。

西汉初期分封的八个异姓王，大多被扫灭，接着分封了一批同姓诸侯王，王国地域广大，官制仿朝廷，太傅辅王，内史治国民，中尉掌武职，丞相统众官，群卿大夫都官如中央朝廷。[19]景帝削藩引发七国之乱，景帝中元五年（前145）令诸侯王不得复治国，改丞相曰相，省御史大夫、廷尉、少府、宗正等。刘胜（约前165—前113）为汉景帝刘启之子，汉武帝刘彻异母兄，景帝前元三年（前154），受封中山王。从刘胜封王（前154）到诸侯王被废（前145），仅仅九年，能获得的金吾之尊就在这九年之内，余下三十二年金吾之制已经离开了他，他把以前的金吾入葬不合制度，仅仅表示以前的荣耀，流露出对此无限的眷恋。

宋代程大昌指出金吾是涂金铜棒。并以宋朝三衙大将为证，“每朝不笏而杖，其制略与之同。军伍间呼其杖为封杖，岂古金吾遗制耶”[20]？宋代三衙掌管禁军，有殿前司、侍卫亲军马军司、侍卫亲军步军司。在山西长治故漳金代墓中，南壁壁画门两侧武士，身着圆领袍服，两臂半举齐腰，

图九　山西长治故漳金代墓南壁壁画

图十　金属短棒（北京大葆台汉墓出土）

手执半人长短棒，相向而立（图九）。[21]这短棒近似金吾棒。

三　大葆台汉墓有袖棁

北京大葆台汉墓出土一件金属短棒，报告称为“八棱兵器”，长48.5厘米，置于内棺盖板上面，已压弯。短棒八棱铁芯外包铜，顶端与柄端包银，器柄铁芯外嵌金箔一圈，金箔两侧缠以丝绳，周身错菱形银纹和红铜丝涡纹（图十）。报告推测，此器是“棁”之类的兵器，据《急就篇》记载：“棁，小棓也。今俗呼为袖棁，言可藏于怀袖之中也。”[22]孙机指出“柄缠缑”，可以作手持打击短兵器，能贴身收纳。可知此袖棁一端为柄，挥动或投掷攻击。

大葆台汉墓一号墓墓主为广阳顷王刘建，宣帝本始元年（前73）至元帝初元四年（前45）在位[23]，这根金银装饰包铜铁棒与金吾无关，确如孙机先生说的是袖棁。投掷武器可以追溯到石器时代狩猎用的投棒，后来用作呼唤猎狗的指挥棒。《淮南子・说山训》：“执弹而招鸟，挥棁而呼狗，欲致之，顾反走。”《睡虎地秦简・法律答问》：“以兵刃、投挺、拳指伤人。”注释小组：“投，为殳。”陆按：“投挺”就是投

棒，用来击伤他人。《急就篇》卷三："铁锤梪杖棁柲殳。"唐颜师古注：殳叶音投，"粗者曰梪，细者曰杖，棁，小棓也。今俗呼为袖棁，言可藏于怀袖之中也"。同时汉代王墓发现的金属棒看似相同，其实大不一样。土山二号东汉墓中有"徼道"，即围绕后室的东、北、西三面回廊，总长28.4米，宽1.8米，高3.8米，多数券顶的券砖上都有"徼道上（下）"垩书文字。功能近于外藏椁，存放陪葬物。[24]陵山一号墓围绕后室也开凿一道回廊，可能就是这个"徼道"，与《汉书·百官公卿表》中尉"掌徼循"相合，可知汉代王陵设徼道，有徼循之制。

注释：

[1]笔者在河北博物院所摄。

[2]中国社会科学院考古研究所、河北省文物管理处编：《满城汉墓发掘报告》（上），文物出版社，1980年，第90页。

[3]南京博物院：《铜山小龟山西汉崖洞墓》，《文物》1973年第4期，图22。

[4]广州市文物管理委员会、中国社会科学院考古研究所、广东省博物馆编：《西汉南越王墓》，文物出版社，1991年，图版39，1、2。

[5]河北省文物考古研究所、鹿泉市文物保管所：《高庄汉墓》，科学出版社，2006年，第39页，彩版24。

[6]笔者在江西省博物馆海昏侯墓展览参观所摄。参阅江西省文物考古研究院、中国人民大学历史学院考古文博系：《江西南昌西汉海昏侯刘贺墓出土铜器》，《文物》2018年第11期。

[7]南京博物院、盱眙县文化广电和旅游局：《大云山——西汉江都王陵1号墓发掘报告》第三册，文物出版社，2020年，彩版79，1。

[8]同[7]，第一册第108页，第二册第475、476页；所示图为作者所摄。

[9]中国社会科学院考古研究所：《殷墟妇好墓》，文物出版社，1980年，第149页，彩版21。

[10][宋]顾文荐《船窗夜话》："孝宗尝患痢，众医不效，医曰：此冷痢也。其法用新米藕节细研，以热酒调服，如其法杵细酒调数服而愈。德寿乃大喜，就以金杵臼赐之，乃命以官。至今呼为金杵臼。严防御家可谓不世之遇。"

[11][清]孙诒让，汪少华整理：《周礼正义》，中华书局，2015年，第3348页。

[12][汉]司马迁撰：《史记》，中华书局，1982年，第2075页。

[13][汉]班固：《汉书》，中华书局，1962年，第732～733页。

[14][清]吴大澂：《说文古籀补》，民国二年（1913）石印本，第17页。

[15][宋]程大昌撰，许逸民校证：《演繁露校证》，中华书局，2018年，第945页。

[16]同[12]，第362～363页。

[17]同[11]，第1557页。

[18]同[11]，第1676页。

[19]《汉书·百官公卿表上》："诸侯王，高帝初置，金玺盭绶，掌治其国。有太傅辅王，内史治国民，中尉掌武职，丞相统众官，群卿大夫都官如汉朝。景帝中五年令诸侯王不得复治国，天子为置吏，改丞相曰相，省御史大夫、廷尉、少府、宗正、博士官，大夫、谒者、郎诸官长丞皆损其员。武帝改汉内史为京兆尹，中尉为执金吾，郎中令为光禄勋，故王国如故。"同[13]，第741页。

[20]同[15]，卷十四"金吾"："《汉志》执金吾注：'金吾，鸟也。金吾执之，以御不祥。'夫使金吾果禽类，从古至今，必不绝种，何以全无其传也。按，扬子云《执金吾箴》曰：'吾君司金，敢告执璜。'崔豹《古今注》：'金吾，棒也。以铜为之，黄金涂两头，谓之金吾也。'按今三衙大将，立殿陛下，所执杖子者，银扣两末，而军职之呼员僚者，每朝不笏而杖，其制略与之同。军伍间呼其杖为封杖，岂古金吾遗制耶？以扬、崔之语合而证之，知其为杖，不为鸟也，亦以明矣。"

[21]长治市博物馆：《山西长治市故漳金代纪年墓》，《考古》1984年第8期。

[22]大葆台汉墓发掘组：《北京大葆台汉墓》，文物出版社，1989年，图版53，2。报告引《急就篇》原文有误，杨泓指出应为"棁"字。参见孙机：《汉代物质文化资料图说》（增订本），上海古籍出版社，2008年，第150～153页。

[23]大葆台汉墓发掘组：《北京大葆台汉墓》，文物出版社，1989年，第95页。

[24]徐州博物馆：《江苏徐州土山二号汉墓发掘简报》，《考古》2024年第8期。

湖南西汉高等级贵族墓漆器装饰工艺研究

Research on the Decoration Technology of Lacquer Vessels from Western Han High-level Noble Tombs in Hunan Province

湖南博物院（湖南省文物鉴定中心） 聂 菲

Nie Fei, Hunan Museum (Hunan Provincial Cultural Relics Authentication Center)

内容提要：西汉时期，湖南大部分地区属长沙国，因此留下了这时期众多王、侯及其家族等高级贵族墓葬，出土了众多精美漆器，尤其装饰工艺极具时代特点。故此，本文拟通过有关考古发现的系统梳理，根据其简帛文字并结合传世文献记载，聚焦湖南西汉高等级贵族墓出土漆器所呈现的漆绘、堆起油彩画、锥画、镶嵌、釦器等特色装饰工艺及相关问题，揭示其动态变化过程及其成因。

关键词：湖南　西汉漆器　装饰工艺

Abstract: During the Western Han Dynasty, most of Hunan belonged to the Changsha Kingdom, thus leaving behind numerous tombs of high-ranking nobles such as kings, marquises, and their families. Numerous exquisite lacquer vessels have been unearthed, especially with decorative techniques that are highly characteristic of the times. Consequently, this paper intends to systematically sort out archaeological discoveries and, based on texts on bamboo slips and silk and historical records, focus on the distinctive decorative techniques like lacquer painting, lacquer embossment, awl-painting, inlay, and clasps as presented on lacquer vessels unearthed from high-level aristocratic tombs in the Western Han Dynasty in Hunan and related issues so as to reveal their dynamic changes and causes.

Keywords: Hunan; Western Han lacquerware; decorative craftsmanship

西汉时期，湖南大部分地区属长沙国，因此留下了马王堆汉墓等这一时期众多王、侯及其家族等高级贵族墓葬，在众多出土的汉初漆器中，尤以马王堆汉墓所出漆器最为精美。这些在地底埋藏了2000多年的700多件漆器，依然闪耀着目眩神迷的色彩。其保存之完整，工艺之精湛，堪称漆艺史上的亮丽篇章。其数量众多，品类齐全，几乎囊括了汉初所有漆器的种类，如果将所有髹漆器物和木器包括其中，如葬具中的髹漆彩棺，陶器中的鼎、钫，乐器中的瑟、竽，兵器中的弓、弩、箭杆等，数量就更多了，约占三座汉墓出土文物总数的20%以上。此外，湖南其他西汉高等

1　　2

图一　长沙马王堆 2 号汉墓出土漆器
1. 北椁厢漆器出土情况
2. 双足凤鸟纹食盘（南 36-3）

1　　2

图二　长沙马王堆 3 号汉墓出土完整漆器
1. 东边厢漆器出土情况
2. 云纹大沐盘

级贵族墓也出土了众多保存完好的精美漆器，尤其装饰工艺极具时代特点，其上承先秦漆器之风骚，下启西汉中晚期漆器之绚丽，为研究湖南西汉漆器装饰工艺提供了珍贵的实物材料。故此，本文拟通过有关考古发现的系统梳理，根据其简帛文字并结合文献记载，聚焦湖南西汉高等级贵族墓出土漆器所呈现的漆绘、堆起油彩画、锥画、镶嵌、釦器等特色装饰工艺及相关问题，揭示其动态变化过程及其成因。

一　出土概况

目前在湖南长沙、沅陵、永州等地区已发掘了西汉时期王、侯和家族墓十多座，尤以长沙地区最为集中，当与这里曾是长沙国都城临湘（今长沙）所在地有关。据文献记载，汉高祖五年（前 202）设置长沙国，定都城为临湘（今长沙），历经吴氏（五代）和刘氏（八代）长沙王的更替，存续时间 221 年，与西汉王朝几乎是同始终共命运，它是西汉历史上一个重要诸侯国。迄今为止，长沙地区发掘诸侯王及王后级墓八座，列侯及其家族墓四座。湖南西南的沅陵地区，地处湘西沅水流域中游，据文献记载，战国属楚黔中郡，汉高祖五年（前 202），改黔中郡为武陵郡，始置沅陵县。高后元年（前 187）长沙王吴臣之子吴阳受封为第一代沅陵侯。1999 年，发掘吴阳墓，并在紧邻该墓的南侧发现可能是吴阳夫人的墓葬（暂未发掘）。湖南南部的永州地区，属汉武帝分置的零陵郡，《史记・建元以来王子侯者年表》记载，汉武帝元朔五年（前 124）曾分封长沙定王之子刘贤为泉陵侯，地在零陵郡之泉陵，即今永州。此外，定王的其他几个儿子被分封在零陵。由此看来，永州地区的西汉列侯级墓葬当为数不少，目前已被发掘的有两座，墓主可能是第三代泉陵侯庆及其夫人，其附近还发掘出墓主为刘彊的一座贵族墓葬，当是泉陵侯家族中的成员。湖南出土的西汉高级贵族墓大都随葬了数量众多的精美漆器（详情见附表），据各墓葬发掘报告的年代推断所出漆器的基本特点，大抵可分为西汉早期、西汉中晚期两个时期。

属西汉早期的墓葬有八座，其中长沙马王堆 2 号汉墓出土漆器 200 多件（图一，1～2）[1]；马王堆 3 号汉墓出土完整漆器 319 件（图二，1～2）[2]；马王堆 1 号汉墓出土完整和带铭文漆器 184 件（图三，1～4）[3]；长沙砂子塘 1 号汉墓出土完整漆器 7 件，以及大量漆器残片；[4] 长沙咸嘉湖象鼻嘴吴著墓出土完整漆器 3 件，以及大量被压坏的漆器残片；[5] 长沙咸嘉湖望城坡 1 号汉墓（渔阳墓）出土完整漆器 500 多件，以及大量被压坏的漆器残片 4000 多件（图四）；[6] 长沙咸嘉湖陡壁山 1 号汉墓（曹

图三　马王堆 1 号汉墓出土完整和带铭文漆器
1. 东边厢北部漆器出土情况
2. 云纹漆具杯盒（东 177）
3. 凤纹盒（东 51）　4. 点纹小盂（东 62）

图四　长沙望城坡西汉渔阳墓“渔阳”铭耳杯

图五　沅陵虎溪山 1 号汉墓彩绘漆匜（M1N ： 38）

图六　长沙“12 · 29”古墓被盗案追缴耳杯

图七　长沙风盘岭汉墓题凑及椁室清理后的情况

图八　长沙望城风篷岭 1 号汉墓及出土漆器
1. 长沙风盘岭 1 号墓葬全景照
2. 漆盘（M1 ： 109）

嫘墓）出土漆器数百件之多[7]；湖南沅陵虎溪山 1 号汉墓（吴阳墓）出土大量被压坏的漆木器 296 件[8]（图五）。这批漆器不但数量众多、纹饰华美，且器类丰富，保存甚好，反映了汉初漆器工艺发展的真实状况。

属西汉中晚期的墓葬共七座，除此之外还有谷山被盗墓，如从长沙谷山西汉长沙国高等级墓葬被盗文物中，公安机关追缴的漆器 154 件[9]，应与此前长沙博物馆征集 12 件漆耳杯，为同一批漆器（图六），[10] 长沙风盘岭汉墓出土 1 件完整漆器及漆皮和饰件（图七）[11]，长沙杨家山汉墓出土了带铭文漆器残片[12]，长沙望城风篷岭 1 号汉墓出土漆器 61 件（图八，1 ~ 2）[13]，长沙杨家山 304 号汉墓出土 1 件漆盒及残件[14]，湖南永州鹞子岭 1 号汉墓出土漆器残器数件[15]，湖南鹞子岭 2 号汉墓出土带铭文漆残器 12 件[16]，湖南鹞子岭刘彊墓出土腐朽漆器残片[17]。这批漆器不以数量取胜，而以高难度的工艺见长，体现了西汉中晚期漆器工艺日益精湛的发展水平。

二　装饰工艺

汉代漆器继承先秦漆工艺的优良传统，其制作技艺日臻完善，堪称我国漆工艺发展史上的鼎盛时期。汉代漆器特别注重装饰工艺，《盐铁论 · 散不足》：“富者银口黄耳，金罍玉钟，中者野王纻器，金错蜀杯。”[18] 西汉扬雄《蜀都赋》亦有记载：“众器雕琢，藻刻将皇，朱绿之画，邠盼丽光。龙蛇蜿蜷错其中，禽兽奇伟髦山林。”[19] 可见汉代漆器装饰工艺之精美，手法之繁复。马王堆汉墓漆器及湖南高等级贵族墓所出漆器是汉代漆器集大成的作品，汉代许多精美工艺在这些漆器装饰技法中几乎都有发现。诸如汉初推陈出新的传统漆绘工艺、初显端倪的堆起与油彩画工艺、细如游丝的锥画纹饰、华丽无比的“釦器”工艺、似“百宝嵌”和“金银平脱”的工艺手法

图九　马王堆1号汉墓云纹漆具杯盒（东177）

图十　马王堆1号汉墓云纹漆钫（东59）

图十一　马王堆1号汉墓彩绘漆鼎（东100）

图十二　江西南昌海昏侯墓漆盾“髹丹画盾”铭文

等。这些汉初漆器装饰工艺，在继承先秦漆器装饰技艺的基础上，有所创新和发展，并且出现许多新工艺，体现了汉初漆器装饰工艺独有的时代特征。

（一）推陈出新的传统漆绘艺术

汉初的漆绘，一般指漆画，通常是用生漆制成半透明的漆液并拌入各种颜料，描绘于髹涂过的器物上，或用油彩（大约为桐油料）描绘于漆涂过的器物上。漆器经典名著明代黄成著《髹饰录》坤集称之为“描漆”，“描漆，一名描华，即设色画漆也，其文各物备色，粉泽烂然如锦绣”。王世襄解说：“描漆就是在光素的漆地上，用各种色漆画花纹的做法。”[20] 马王堆1号汉墓出土184件漆器中，有花纹装饰的共134件（图九）。3号汉墓出土漆器中有花纹装饰的共218件，绝大多数采用传统漆绘工艺。这些漆绘主要有多色漆画和单色漆画，其中多色漆画占绝大多数，一般是在黑漆地上绘红、赭、灰绿色漆，也有少量在红漆地上绘黑漆花纹。[21] 而2号汉墓出土“漆器的花纹全为漆绘，在黑漆地上用红、褐、黄、白等色彩绘色，但多只有朱红一色”[22]。

马王堆1、3号汉墓遣策中多次提到“㯃画”，简1-165“㯃画木鼎七皆有盖盛羹”，简1-169“㯃画壶二皆有盖盛米酒”，简1-172“㯃画枋（钫）二有盖盛白酒”（图十），简3-237“㯃画木鼎六皆有盖”（图十一）。“㯃”即髼字省体。汉代漆器铭文中常见，古籍多作髤、髹。《史记·货殖列传》：“木器髤（髹）者千枚。”《说文·桼部》：“髼，桼也，从桼髟声。”“桼，木汁，可以髼物。”[23]《汉书·外戚传下》：“其中庭彤朱，而殿上髤漆。”颜注：“以漆漆物谓之髤……髤字或作髼，音义亦与髤同。”[24] 桼是名词，是用漆树汁做成的涂料；髼应是动词，是以漆漆物。有学者认为“㯃”“髼”同字，与后起“髹”字不同，髹漆之漆字异体，失传古字。因为在古语中常见名词作动词用，故漆有时可以表示油漆的动作。[25]“漆”字，才是大漆的漆字。“画”的含义目前认识大致统一，均认为是绘纹饰。这从其他汉墓所出铭文与实物对照中也可得到证明。如海昏侯墓出土漆盾残片铭文“㯃丹画盾”，说明此盾是用加朱砂红漆髹涂并画纹饰，此丹画盾上绘有“仙人图”，即“画盾”（图十二）。[26] 又因采用鲜亮朱色，故称“丹画盾”，为名词。

马王堆汉墓简1-188“㯃画食般（盘）俓（径）一尺二寸廿枚”，简3-259“□食般（盘）俓（径）一尺二寸廿”，墓中出土

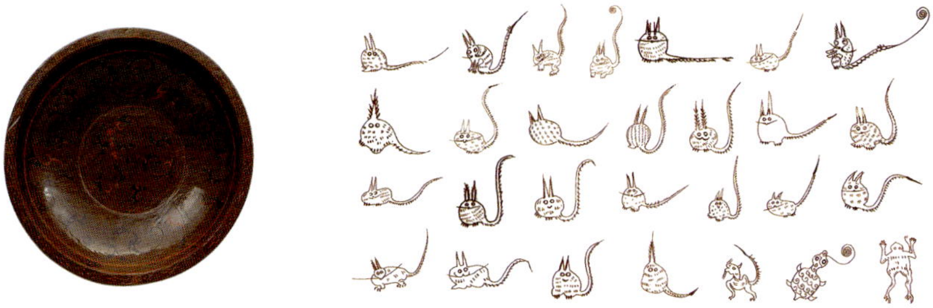

1　　2

图十三　马王堆3号汉墓猫纹漆食盘
1. 猫纹漆食盘（南166）　2. 猫纹漆食盘内的动物纹

图十四　马王堆1号汉墓“君幸酒”云纹漆耳杯（东153）

狸猫纹漆食盘，口径28.5厘米，当即此简所记之器。只是1号汉墓中出土狸猫纹漆食盘10件，比简文所记少10件。3号墓所出20件，与简文所记相符。出土的狸猫纹漆食盘就是用传统的漆画方法绘制而成的，狸猫纹用朱漆单线勾勒，线内涂灰绿色漆，眼睛、耳朵、胡须、爪子、尾巴都用朱漆描画。两眼圆睁，双耳和尾巴竖起，身饰点纹。底部中心位置都画有1只狸猫，只有一件例外，画的是1只乌龟。器壁用朱、灰绿两色漆画连续状的卷云纹，卷云纹之间，等距离地饰3只狸猫，少数情况绘2只狸猫和1只乌龟、两只狸猫和1只青蛙、一只狸猫与2只老鼠。狸猫共150多只，形象无一雷同，栩栩如生（图十三，1～2）。汉代人们席地而坐，分餐而食，盘、杯均摆放在低矮承案上，这种盛放在低矮、敞口盘中的食物易受到鼠、蛙、蛇侵蚀，画猫以示警戒，其创作具有新意。可知当时画师运用三足鼎立的构图方法，使三狸、三凤鸟等动物纹组合成优美的平衡式装饰纹样，其间绘以其他花纹，使其达到对称中有变化、变化中有规律的艺术效果。这种方法早已运用于楚式漆器漆画艺术之中，但汉代漆器的效果更为精致。马王堆汉墓漆绘四卷曲对龙纹耳杯（图十四），杯底以“君幸酒”三字为中心分为四区，朱地黑绘四条两两相对的龙纹，四方连续纹样与先秦漆器一脉相承。

（二）初显端倪的堆起油彩画工艺

堆起油彩画是在漆器表面堆出花纹作为装饰，再用漆或油与矿物颜料调制物施彩而成，这是汉初漆工艺中一种新的装饰方法。实际上堆起与油彩画是两种漆工艺，“堆起”在明代黄成所著《髹饰录》中又称为“阳识”，并归为18种重要漆器工艺之一。油彩画，在汉代文献中称之为“油画”，《后汉书·舆服志》记载：“大贵人、贵人、公主、王妃、封君油画軿车。”[27]“油画”即传统漆工艺装饰方法——“油饰”。“油饰”又称为“描油”或“描锦”，《髹饰录》坤集《描饰》：“描油，一名描锦，即油色绘饰也，其文飞禽、走兽、昆虫、百花、云霞、人物，一一无不备天真之色。”[28]汉初出现的堆起油彩画工艺，后来发展成为我国传统漆艺术的主要装饰方法之一。

从马王堆汉墓漆器所出数量上看，堆起油彩画漆器所占比例很小，且没有戳印铭文，估计多为本地产品。马王堆3号汉墓出土漆器中“有花纹装饰的共218件，漆绘占绝大多数。油彩，见于奁，只有两件，系采用漆枪挤出的白色凸起线条作为勾边，然后用朱砂、石绿等调油沟填花纹，色彩灿烂，极为华丽，接近于后世建筑上使用的沥粉装饰方法，在1号汉墓中，仅见之于黑地彩绘漆棺上”[29]。实际上，3号汉墓

1　2　3　4

图十五
1. 马王堆 3 号汉墓油彩圆奁（北 155）
2. 马王堆 1 号汉墓彩绘屏风
3. 马王堆 3 号汉墓彩绘漆箕（北 21）
4. 马王堆 3 号汉墓云纹漆木兵器架（北 179）

图十六　长沙马王堆 1 号汉墓油彩食奁（东 50）

图十七　马王堆 1 号汉墓朱地彩绘棺

图十八　马王堆 1 号汉墓黑地彩绘棺

图十九　马王堆 3 号汉墓油彩长方形奁（北 162）

还出土了油彩长方形双层漆奁（北 162–1）、油彩双层漆圆奁（北 155）、油彩漆屏风（北 170）、油彩漆箕（北 21）、油彩兵器架（北 179）等（图十五，1～4）。1 号汉墓油彩画漆器“系用朱砂或石绿等颜料调油（可能是桐油）绘画于已髹漆的器物上，见于食奁、几、屏风等器物。在一些精致的漆器上，例如双层九子奁以及放在双层九子奁和单层五子奁内的大部分小奁，则系髹黑褐色漆为地，再在漆地上贴金箔（加适量银粉，称清金箔），然后油彩描绘”。[30]1 号墓还出土了油彩漆几（北 445）、油彩漆屏风（北 447）、油彩双层九子奁（北 443）、油彩漆食奁（图十六）、黑地彩绘棺、朱地彩绘棺（图十七）等。尤其 1 号汉墓黑地彩绘棺最具代表性（图十八），堆起方法，用近似喷枪的用具挤压漆液或油彩形成凸起线条，“再用类似沥粉堆金的做法用油彩描绘花纹”[31]，即用油彩颜色填充纹饰，具有立体装饰效果。

“五彩画”记载。这种堆起油彩画装饰，在马王堆汉墓遣策中被称为“五菜（彩）画”。简 1–232 记“布检五菜（彩）□一合”，指墓中所出油彩画圆奁，其盖外髹黑褐色漆为地，堆起油彩画黄、灰、红三色云气纹，颜色鲜艳。简 3–268 记“冠小大各一，布冠笥，五菜（彩）画一合”，该墓出土油彩长方形双层漆奁（图十九），内置一顶漆纱冠，并有其附属品丝织物及木棍等。简文所指当为此器和所盛漆缅冠。简 1–217 记“木五菜（彩）画并（屏）风一，长五尺，高三尺”，简 3–274 记“木五菜（彩）画并（屏）风，长五尺，高三尺一”，1 号墓所出漆屏风上的彩绘颜色主要有黑、红、绿、灰等色，3 号汉墓所出漆屏风彩绘颜色主要有黑、红、黄等色，所出实物可与简文相互印证。但简文所记尺寸为当时实用屏风尺寸，汉尺五尺约合 1.2 米，三尺合 0.72 米，三尺一合 0.74 米。1 号汉墓屏风实际尺寸通高 62 厘米，宽 58 厘米，3 号汉墓屏风通高 60.5 厘米，宽 90.5 厘米，均为明器。

“五彩画”用色。有学者根据古文献

"五采备谓之绣"分析，认为"五彩或五色包括青、赤、白、黑、黄。古人对于五色的认识和使用已形成独具特色的中国传统色彩体系和理论"[32]。"古人不仅以青、赤、白、黑、黄五种颜色分别表现东、南、西、北、中五个方位，而且可以通过空间与时间、天文、哲学等不同观念的联系，完成以颜色表现相关事物与观念的传统。"[33]这种堆起"五彩画"漆器最早见于先秦楚漆器中，如包山2号战国中期楚墓所出人物故事纹漆奁（图二十），黑漆地上用略为突起的灰白、橘红、土黄、棕褐、青等油彩绘人物、车马、树木、飞禽走兽等50多个形态各异的实体，车马首尾相连，人物神态生动。翠柳轻轻垂拂，鹰鹤飞翔长空，犬豕欢快相逐，天空与大地包罗其间，飞禽走兽与车马人物融为一体，世俗生活情趣盎然，具有清新活泼的艺术特质，堪称先秦漆画之珍品。这应是堆起油彩画漆器初期。至汉初时所出现的堆起油彩画工艺已显端倪，并迅速发展成熟。事实上，马王堆汉墓堆起油彩画漆器用色丰富，"色彩有红、黄、白、金、灰、绿等色。金色颜料似为黄铜粉，已部分锈蚀成孔雀蓝"[34]，或黑地或朱地，用五颜六色调油堆起彩绘云气纹，如行云流水，色彩冷暖对比强烈，具有很强的艺术视觉冲击力。

"五彩画"调制。王世襄《髹饰录解说》："用漆调出来的颜色，不及用油调出来的颜色那样艳丽鲜明。"[35]所以古人髹饰所用颜料多用油调制。《髹饰录·质色》说："油饰，即桐油调色也，各色鲜明。""如天蓝、雪白、桃红，则漆不相应也。古人画饰多用油。"[36]马王堆汉墓"五彩画"漆屏风等堆起油彩画漆器也应该是用油调制出来的，据《马王堆汉墓漆器整理与研究》国家社科基金项目组委托北京科技大学对马王堆3号墓出土"五采（彩）画"屏风（北

图二十　湖北包山2号战国楚墓出土人物故事纹漆奁

图二十一　马王堆3号汉墓漆屏风（北170）

170）残片所用有机材料分析（图二十一），得知其"彩绘层由朱砂和亚麻籽油混合制成，没发现大漆；底漆层由大漆和亚麻籽油混合制成；底灰层在检测过程中发现了亚麻籽油。值得注意的是，在该屏风的三层样品中，均检测到了芳香油的特征化合物"[37]。其彩绘层、底漆层和底灰层等各层均用亚麻籽油混合制成，除底漆层是由大漆与亚麻籽油混合制成外，彩绘层和底灰层均未发现大漆，尤其彩绘层是用矿物颜料朱砂和亚麻籽油混合制成。从而说明"五采（彩）画"漆器用大漆量少，用油量多，故"这种油彩，因其中的油脂年久老化，所以极易脱落"[38]，所以这类漆器保存较差。

此外，项目组委托美国盖蒂保护研究所对湖南临澧九里楚墓和长沙西汉墓出土的传统漆绘残片所用材料进行检测分析，1号样本（55长侯M18：17漆盆残片）共六层（图二十二），"顶层（深色层）为大漆和桐油，氧化铁、朱砂；深色层为大漆和

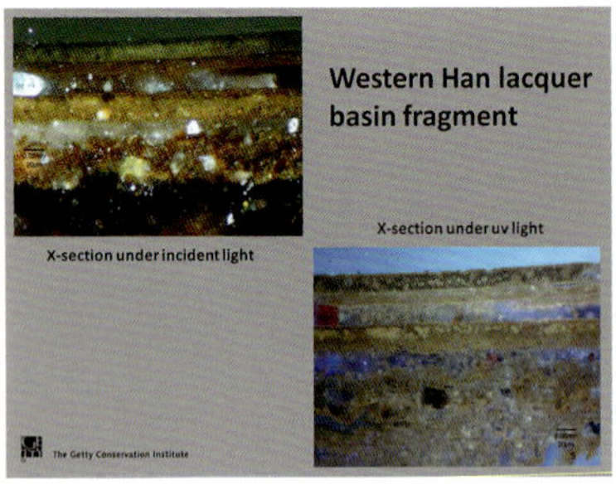

图二十二　1号样本：入射光下的剖面图和紫外光下剖面图
（55 长侯 M18 ： 17 漆盆残片）

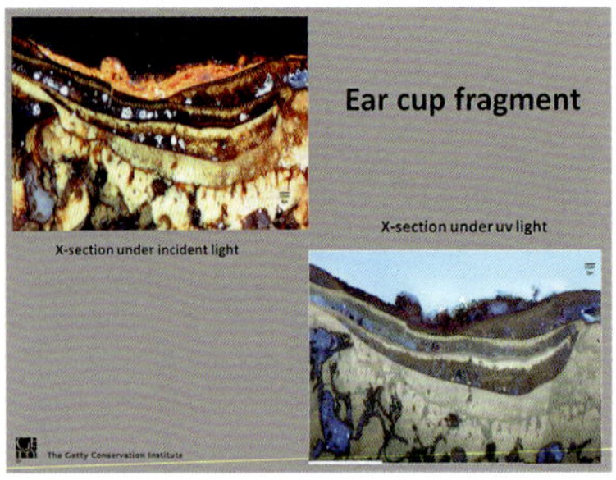

图二十三　2号样本：入射光下的剖面图和紫外光下剖面图
（73 长马 M2 ： 南 17 耳杯残片）

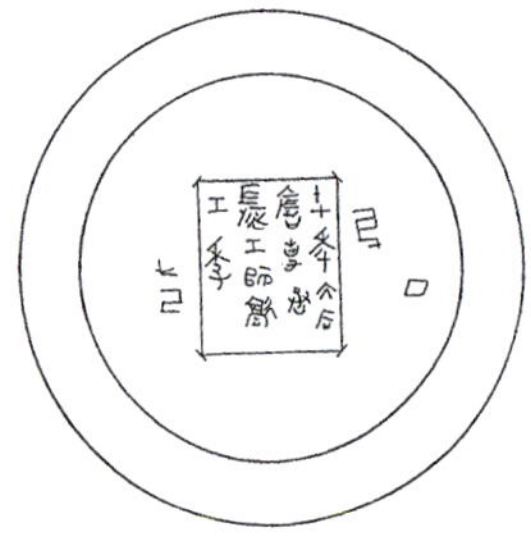

图二十四　1999 年湖南常德德山寨子岭 1 号楚墓“十七年”漆盒铭文

桐油、紫苏籽油，氧化铁、朱砂；底层为大漆和桐油、紫苏籽油”；2 号样本（73 长马 M2：南 17 耳杯残片）（图二十三）、3 号样本（73 长马 M2：西 8 漆器残片）、5 号样本（73 长马 M3：南 86 耳杯残片）、6 号样本（73 长马 M3：南 99 耳杯靠耳处残片）红色层、黑色层、红色层顶层主要成分为“大漆和桐油、紫苏籽油，氧化铁、朱砂”；4 号样本（九里楚墓漆器残片）“黑色层和棕色层为大漆和紫苏籽油，氧化铁”；7 号样本（72 长马 M1：30 彩绘立俑）红色层为“紫苏籽油，朱砂和碳酸盐矿物”。[39] 这样看来，马王堆汉墓彩绘俑红色层是用朱砂、碳酸盐和紫苏籽油调制而成，没有用到大漆。而九里楚墓漆器残片和马王堆汉墓漆绘耳杯残片各层均用大漆、桐油和紫苏籽油，以及矿物颜料氧化铁、朱砂调制而成。由此可知传统漆绘漆器各层都用到大漆调制，虽不及用油调出来的鲜亮，但相比油而言，大漆性能稳定、附着力强、保存时间久，所以这类漆器保存较好。

（三）细如游丝的锥画纹饰

锥画，是一种用金属锥在尚未完全干透漆膜上镌刻各种花纹的漆饰方法，它是一种古老的髹漆工艺装饰技法。[40] 学界以往多称之为“针刻”。“锥画”一名来源于马王堆 3 号汉墓所出遣策，简 3–271 记“布曾（缯）检一，锥画，广尺二寸”，简 3–272 记“□锥画，广尺三寸”。该墓出土的狩猎纹漆奁（北 160）和双层六子漆奁（北 159）实物可与简文所记相对应。锥画主要是用锥镌刻花纹作雕饰。锥，东汉许慎《说文》记载：“锥，锐也。”锥字从金，应是一种尖锐有锋芒的金属工具。

考古资料表明，河南信阳 1 号战国楚墓出土了金属锥工具，金属锥径 0.3 厘米，锥尖部分已残，[41] 有学者根据古文献战国末期韩非著作中“客有为周君画荚者”一事记载，推测至迟在战国末期，人们就已发明了工艺高超的锥画漆工艺。[42]《韩非子・外储说左上》曾载：“客有为周君画荚者，三年而成。君观之，与髹荚者同状。周君大怒。画荚者曰：‘筑十版之墙，凿八尺之牖，而以日始出时加之其上而观。’周君为之，望见其状尽成龙蛇禽兽车马，万物之状备具。周君大悦。此荚之功非不微难也，然其用与素髹荚同。”[43] 由于锥画漆器珍贵，所以罕见。幸运的是，笔者在整理长沙战国晚期楚墓漆器时发现了针刻文字和符号。如长沙沙湖桥 19 号楚墓出土书“□[illegible]”表示作坊所在地名标记的针刻文字耳杯残片等，长杨家湾 6 号楚墓出土奁针刻有“王二”制器者标记。[44] 常德德山寨子岭 1 号楚墓“十七年”纪年铭文盒，

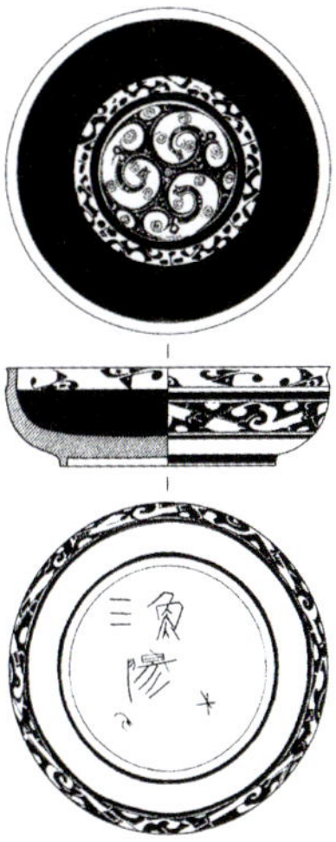

图二十五　望城坡渔阳墓木胎漆盂（A ：95）

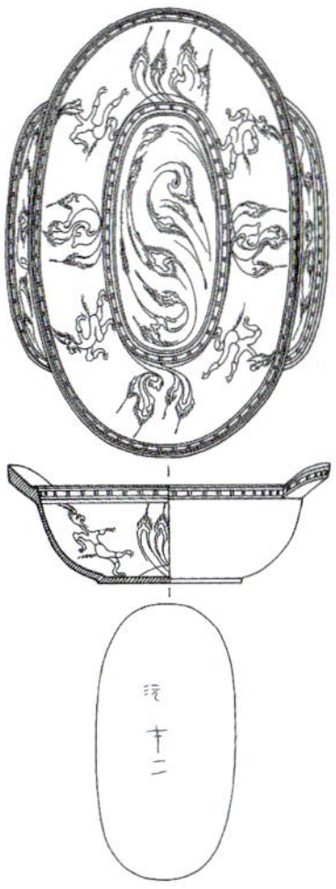

图二十六　沅陵虎溪山1号汉墓木胎漆耳杯线图（M1T ：90）

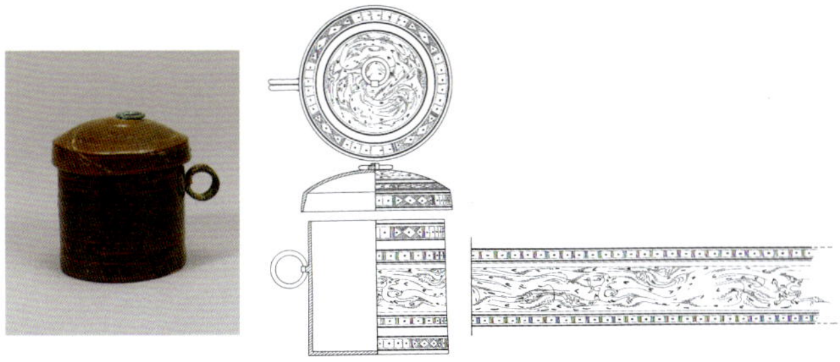

1　2

图二十七

1. 沅陵虎溪山1号汉墓木胎漆耳杯线图（M1T ：90）
2. 马王堆3号汉墓锥画小卮线图（北126）

1　2　3

图二十八

1. 马王堆3号汉墓出土锥画“狩猎纹”漆奁
2. 马王堆3号汉墓狩猎纹奁武士狩猎局部图
3. 马王堆3号汉墓狩猎纹奁人物御龙局部图

刻铭“十七年大（太）后詹事丞鬈（鬈），工师歊，工季”。方框外左边刻有“上己”字样，右边刻有“卪”“□”符号（图二十四）。“十七年”为秦昭襄王十七年（前290），属战国晚期早段。[45] 另1件可见现藏于旧金山亚洲艺术博物馆的长沙楚墓“廿九年”纪年铭文樽，最早著录于商承祚先生《长沙古物闻见记》，刻铭“廿九年，大（太）后□告（造），吏丞向，右工帀（师）象，工大人台”。“廿九年”指秦昭襄王二十九年（前278）。[46] 可见至迟在战国晚期早段，锥画文字和符号就已经出现。

汉初锥画漆器是从战国针刻文字和符号发展而来，但战国针刻纹较粗糙、简单。随着锥画工具不断改进，锥画技术的熟练和提高，汉初锥画漆工艺在此基础上有了较大的改进，其纹饰精致繁复，线条细如游丝，并加朱色点彩。从马王堆汉墓、望城坡渔阳墓、沅陵虎溪山汉墓等汉初墓所出锥画漆器可见一斑。值得一提的是，望城坡渔阳墓所出夹纻胎漆盘、木胎漆耳杯、木胎漆盂保留战国漆器锥刻文字和刻刻符号的传统，外底锥刻“渔阳”二字（图二十五），应为物主标记。渔阳墓所出锥刻纹双层七子奁也很精美，通体髹黑漆，子奁和母奁均锥画凤鸟、云气、几何形纹，并点缀朱色点线。沅陵虎溪山1号汉墓出土较多锥画纹漆器，也保留了战国漆器刻字习俗，如锥画纹木胎漆耳杯，主体纹饰为锥画细刻于器内壁两侧的云气神兽纹，相向奔跃，神兽为兽面人身。间饰云气纹和羽毛纹，间饰以朱漆点缀。杯底锥刻“沅七十二”四字，当为计数标记（图二十六）。锥画纹夹纻胎漆耳杯，黑漆地内底锥画一条奔腾巨龙，龙头昂首，睁目张须，口吐长舌，曲身卷尾，龙爪前行，作奔腾状，龙身饰羽毛纹，周围点缀云气纹。双耳面各绘两幅相对虎纹，间饰云气和羽毛纹，生龙活虎，惟妙惟肖。

图二十九　马王堆3号汉墓漆博具（北163）

图三十　马王堆1号汉墓漆绘双层九子奁（北443）

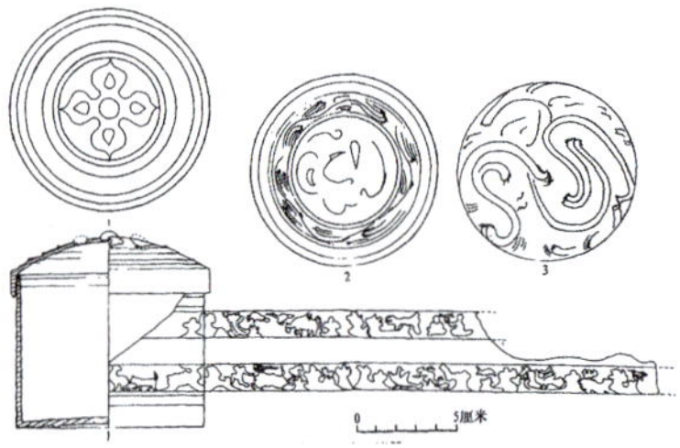

图三十一　永州鹞子岭2号汉墓纻胎铜釦漆卮线图

马王堆3号汉墓除以上2件锥画纹漆奁外，实际上还出土了锥画漆器博具（北163）、圆奁（北160）、卮（北126、148），以及1号汉墓报告称之为“针刻”的6件锥画纹漆器，卮（北388）、九子奁（北443）中椭圆形小奁和圆形小奁、五子奁（北441）中3件圆形小奁。从出土锥画漆器看，所占比例较小，也没有戳印铭文，可能为本地制品。这些锥画漆器胎质多为夹纻胎，多数在黑地上锥画云气纹，夹杂神兽纹，朱漆点缀。如马王堆3号汉墓锥画云龙纹卮（图二十七，1～2），器身锥画、朱漆绘翻腾的云龙纹，锥画龙身，多画须笔，朱漆绘勾纹，点缀龙身，纹饰细如游丝。简3-246“膝布小卮二容二升有盖”，当指此。尤其马王堆3号汉墓出土锥画狩猎纹漆奁（图二十八，1～3），外表锥画云气、异兽、仙人、武士，线条纤细飘逸，十分生动。汉初锥画漆工艺开后世戗金漆器之先河。

西汉中期以后，漆工艺中出现了戗金工艺。戗金是在漆面用刀刻阴文，再填入金、银或彩漆的技法，是继锥画漆工艺之后又一新工艺。如永州鹞子岭2号汉墓漆盘底及器壁锥画戗银几何纹饰，使深黑褐色漆地上的图案熠熠生辉，璀璨美丽，为后世戗金银漆器之鼻祖。1973年湖北光化的3号和6号西汉中期墓葬出土2件锥画漆卮，漆卮外表以黑漆为地，锥画云虡纹，并在锥刻的线条内填以金彩，这是我国目前所见最早的戗金漆器实物之一。[47]这种在锥画纹中填金、银彩工艺，即《髹饰录》中所云“戗金”。从战国针刻符号，到汉初锥画纹中加点缀朱彩，再到西汉中期锥画与戗金、银结合，说明漆工艺发展进步。

（四）似“百宝嵌”和“金银平脱”的工艺手法

使用多种材料作为漆器上的嵌饰，此类器物被称为镶嵌漆器，最早可上溯到商代，但先秦镶嵌漆器并不多见。汉初漆器开始出现象牙、金箔片、螺钿等嵌饰。如马王堆3号汉墓漆博具上镶有象牙片（图二十九），马王堆2号汉墓个别器物上饰有螺钿。陡壁山1号汉墓出土的部分漆奁、盒、案上有平脱金银箔贴花，其风格同马王堆汉墓所出漆器基本一致。尤其马王堆1号汉墓所出九子漆奁上嵌贴金箔片（图三十），再施油彩绘。金箔贴花，即将黄金锤成极薄的薄片，镂刻成各种图形，再利用漆黏性很强的特性，把金箔片贴于漆器表面，再髹漆，打磨，露出闪光金箔片。这种装饰手法，汉代叫“金箔”，后世叫“金平脱”。《后汉书·舆服志》记载：“乘舆、金根、安车、立车，轮皆朱班重牙，贰毂两辖，金薄缪龙，为舆倚较。”注引徐广曰：“缪，交错之形也。较在箱上。”[48]说明汉代皇帝的各种髹漆车厢上，都贴着用金箔片制成的蛟龙图案。

西汉中晚期漆器镶嵌工艺更加精湛，并出现镶嵌金银、玛瑙、云母和玳瑁等多种材质的装饰手法，为后世漆器“百宝嵌”工艺之鼻祖。如鹞子岭2号汉墓出土纻胎漆卮，盖面上嵌柿蒂形铜釦与玛瑙，一圈金、银箔贴画出土时已脱落，周围嵌银丝数圈起棱。器身上、下嵌银釦，中部各有银箍并贴金箔三圈，其中夹有与银箍宽度相近的金、银箔贴画三圈，类似金银平脱。贴画用金、银箔人物，流云，飞禽，走兽等各种图案，拼贴成序，尤其是金箔上再细刻图案局部，生动直观（图三十一）。长沙望城风篷岭1号汉墓镶嵌金箔漆盒，口沿、中部、底部均有银釦加固。银釦间贴饰两周动物纹金箔，有凤、虎、兔、马、飞鸟等20余个。盖顶中央嵌柿蒂纹金箔，叶片中部和盖顶中央各有一圆形小孔（原应镶嵌有玛瑙珠类饰物），盖肩部贴云气纹金箔（图三十二）。长沙杨家山304号汉墓出土贴金箔银釦，为漆奁上脱落之物，金箔上有人物纹、动物纹和条带状多种。据项目组最新检测数据得知，304号汉墓金箔中的金元素含量为99.3[49]，杨家山304号汉墓银釦中银元素含量为84.5[50]，其含金量和含银量都很高。这些墓葬所出漆器装饰，呈现出类似唐、五代时期“金银平脱”的效果，这种装饰手法常见于西汉晚期墓葬所出漆器上。

（五）华丽无比的“釦器”工艺

“釦器”是漆工艺主要装饰手法之一。东汉许慎在《说文解字·金部》曰：“釦，金饰器口。”即用金属加固和装饰器物口沿的称“釦器”。《后汉书·和熹邓皇后纪》记载：“其蜀汉釦器，九带佩刀，并不复调。”李贤注：“釦音口，以金银缘器也。”缘是边缘之意，作动词用，是说用金银等金属来缘器的，就叫釦器。“釦器”是战国晚期出现的一种新的漆工艺。由于生产力的发展和漆工具的不断改进，战国中期以后，漆器胎骨整体朝轻薄方向发展，胎质虽轻巧美观，但易开裂变形，为了加强牢度，开始在器物口沿、底部边沿加上鎏金银的铜箍，起加固防护作用，并在其上镶刻纹饰，起到装饰作用，故釦器的出现是漆器工艺的一个重大进步。汉初继承战国“釦器”工艺并有所改进，制作技术日臻成熟，在盘、樽、卮、盒、奁等漆器的口沿上镶有镀金或镀银的铜箍，钮、耳嵌有鎏金铜环。如马王堆1号汉墓出土“漆布小卮”，为夹纻胎，胎质轻巧，漆卮的钮、耳上还镶有鎏金铜环，此为文献所载汉代昂贵高档漆器。

图三十二　长沙望城风篷岭1号汉墓镶嵌金箔漆盒及局部

西汉中期以后，釦器漆工艺更加普遍，并在社会上广泛流行。如漆耳杯的双耳，是使用频繁之处，为了加固和美观，在漆杯双耳上镶有镀金的铜壳，既有实用功能又有审美功能。这就是西汉宣帝时庐江太守桓宽曾在《盐铁论·散不足》中所说“今富者银口黄耳”的“黄耳”，即鎏金的双耳。如永州鹞子岭2号汉墓出土铜釦鎏金耳杯，两耳月牙形，双耳鎏金铜釦。该墓所出铜釦鎏金锥画纹盘，平折沿，铜釦涂金。平底下有三乳状鎏金铜足，盘底及器壁锥画戗银几何纹饰。金银交错，熠熠生辉。据项目组最新检测分析，耳杯成分：金 38.4%、铜 24%、锡 31.2%、铅 1.68%、银 1.08%[51]，从中得知鎏金中的含金量还是比较高的。铭文所记此耳杯为汉成帝元延年间广汉郡工官造。

考古发现汉初银釦和鎏金铜釦漆器较多，金釦漆器较少，仅在南越王墓发现 2 件金釦漆器。[52] 因此纯金釦、银釦漆器，更显珍贵价值。"釦器"工艺从始于加固防护作用，到逐渐变为高贵和财富的象征，说明漆器工艺审美价值内涵在不断扩大。

综观湖南西汉高等级贵族墓所出漆器，其装饰技法繁复多样、精湛入微，充分体现西汉漆器装饰工艺承前启后的独有价值和地位，既发扬了先秦漆器装饰的优秀传统，又开拓了汉代新的装饰手法，在整个中国漆工艺史上留下了光彩熠熠的篇章。故此，对于整个西汉漆器装饰工艺的研究来说，尤其湖南西汉高等级贵族墓所出漆器装饰工艺的动态发展过程及成因的系统研究，是不可或缺的基础性研究。这也是本研究的意义之所在。

［附记：本文系教育部重点研究基地、北京大学美学与美育研究中心重大项目"中国古代家具艺术发展及精神内涵研究"（项目编号：22JJD720001）阶段性成果。］

注释：

[1] 湖南省博物馆、中国科学院考古研究所：《长沙马王堆二、三号汉墓发掘简报》，《文物》1974 年第 7 期。

[2] 湖南省博物馆、湖南省文物考古研究所编著，何介钧主编：《长沙马王堆二、三号汉墓》第一卷《田野考古发掘报告》，文物出版社，2004 年，第 117 页。

[3] 湖南省博物馆、中国科学院考古研究所、文物编辑委员会：《长沙马王堆一号汉墓发掘简报》，文物出版社，1972 年，第 7 页。

[4] 湖南省博物馆：《长沙砂子塘西汉墓发掘简报》，《文物》1963 年第 2 期。

[5] 湖南省博物馆：《长沙象鼻嘴一号西汉墓》，《考古学报》1981 年第 1 期。

[6] a. 长沙市文物考古研究所、长沙简牍博物馆：《湖南长沙望城坡西汉渔阳墓发掘简报》，《文物》2010 年第 4 期；b. 宋少华、李鄂权：《西汉长沙王室墓》，徐光冀主编，中国考古学会编《中国考古学年鉴（1994）》，文物出版社，1997 年，第 247～249 页。

[7] 长沙市文化局文物组：《长沙咸家湖西汉曹𡡒墓》，《文物》1979 年第 3 期。

[8] a. 湖南省文物考古研究所、怀化市文物处、沅陵县博物馆：《沅陵虎溪山一号汉墓发掘简报》，《文物》2003 年第 1 期；b. 湖南省文物考古研究所编著：《沅陵虎溪山一号汉墓》（上），文物出版社，2020 年，第 50 页。

[9] 长沙市文物考古研究所：《长沙"12・29"古墓葬被盗案移交文物报告》，《湖南省博物馆馆刊》第六辑，岳麓书社，2010 年，第 329～368 页。据介绍，该批"12・29"古墓被盗案追缴漆器，2008 年出土于湖南省长沙市谷山附近，这些被盗墓葬为西汉长沙国王室成员及贵族墓葬，现藏于长沙市文物考古研究所、长沙博物馆，本书称之为"谷山西汉长沙国高等级墓葬追缴漆器"。

[10] 邱东联、潘钰、李梦璋：《简析长沙市博物馆 2009 年度征集的一批西汉漆耳杯》，《湖南省博物馆馆刊》第六辑，岳麓书社，2010 年，第 369～378 页。

[11] 长沙市文物考古研究所、长沙市望城区文物管理局：《湖南长沙风盘岭汉墓发掘简报》，《文物》2013 年第 6 期。

[12] 湖南博物院资料。

[13] a. 长沙市文物考古研究所、望城县文物管理局：《湖南望城风篷岭汉墓发掘简报》，《文物》2007 年第 12 期；b. 何佳、黄朴华、何旭红：《望城风篷岭一号汉墓简介》，《湖南省博物馆馆刊》第四辑，岳麓书社，2007 年，第 126～128 页；c. 何旭红：《湖南望城风篷岭汉墓年代及墓主考》，《文物》2007 年第 12 期。

[14] 湖南省博物馆：《长沙杨家山 304 号汉墓清理简报》，《考古》编辑部编辑《考古学集刊》第一集，中国社会科学出版社，1981 年，第 139～142 页。

[15] 贺刚：《湖南永州鹞子岭一号汉墓的墓主及相关问题》，湖南省博物馆主编《湖南省博物馆四十周年纪念论文集》，湖南教育出版社，1996 年，第 143～151 页。

[16] 湖南省文物考古研究所、永州市芝山区文物管理所：《湖南永州市鹞子岭二号西汉墓》，《考古》2001 年第 4 期。

[17] 零陵地区文物工作队:《湖南永州市鹞子山西汉“刘彊”墓》,《考古》1990 年第 11 期。

[18] 王贞珉注译,王利器审订:《盐铁论译注》,吉林文史出版社,1995 年,第 270 页。

[19] [明] 周复俊:《全蜀艺文志》卷一《蜀都赋》,《钦定四库全书》本。

[20] 王世襄:《髹饰录解说》,文物出版社,1983 年,第 88 ~ 89 页。

[21] a. 同 [2]; b. 湖南省博物馆、中国科学院考古研究所:《长沙马王堆一号汉墓》(上集),文物出版社,1973 年,第 76 页。

[22] 同 [2],第 13 页。

[23] [汉] 许慎:《说文解字 · 桼部》,中华书局,1963 年,第 128 页。

[24] [汉] 班固:《汉书 · 外戚传》,中华书局,1962 年,第 3989 页。

[25] 陆锡兴先生认为古汉语中名词也可以作动词用,所以“漆”有时也可以表示油漆的动作。尽管乘舆器“髹”“汧”并称(按,大部分释文把“髹”误定为“髹”。按,《资治通鉴 · 成帝永始元年》:“皇后既立,宠少衰;而其女弟绝幸,为昭仪,居昭阳舍,其中庭彤朱而殿上髤漆。”《正字通 · 亥集卷》:“髹”,颜师古注:“髤或作髹。”“髹”“髹”同字,与后起“髤”字不同)足见“汧”不同于“漆”,其重要性不言而喻,可是漆器的丹砂工艺很少有人研究。见陆锡兴:《“汧”与有关的秦汉漆器工艺问题》,《湖南省博物馆馆刊》第四辑,岳麓书社,2007 年,第 268 ~ 275 页。

[26] 聂菲:《海昏侯墓漆器铭文及相关问题探讨》,《南方文物》2018 年第 2 期。

[27] [宋] 范晔撰,[唐] 李贤等注:《后汉书 · 舆服志》,中华书局,1965 年,第 3647 页。

[28] 同 [20],第 93 页。

[29] 洪石先生论述为油画装饰方法,参见:a. 洪石:《马王堆汉墓出土油画漆器研究》,《马王堆汉墓漆器整理与研究》(中),中华书局,2019 年,第 76 页; b. 湖南省博物馆、湖南省文物考古研究所编著:《长沙马王堆二、三号汉墓》第一卷《田野考古发掘报告》,文物出版社,2004 年,第 117 页。

[30] 同 [21]b。

[31] 同 [21]b。

[32]《周礼 · 冬官 · 考工记》载:“画缋之事,杂五色,东方谓之青,南方谓之赤,西方谓之白,北方谓之黑,天谓之玄,地谓之黄。青与白相次也,赤与黑相次也,玄与黄相次也。青与赤谓之文,赤与白谓之章,白与黑谓之黼,黑与青谓之黻,五采备谓之绣。土以黄,其象方,天时变,火以圜,山以章,水以龙,鸟、兽、蛇。杂四时五色之位以章之,谓之巧。凡画缋之事,后素功。”见洪石:《马王堆汉墓出土油画漆器研究》,《江汉考古》2017 年第 1 期。

[33] 冯时:《自然之色与哲学之色——中国传统方色理论起源研究》,《考古学报》2016 年第 4 期。

[34] 同 [21]b。

[35] 同 [20],第 76 页。

[36] 同 [20],第 36、76 页。

[37] 陈建明、聂菲主编:《马王堆汉墓漆器整理与研究》(上),中华书局,2019 年,第 402 页。

[38] 同 [21]b。

[39] 同 [37],第 313 页。

[40] 聂菲采访几位当代漆艺大师,得出锥画漆工艺流程:锥画漆器制作时间前后也需要近六七个月。应在漆膜 8 ~ 9 分凝固时,用锥刀锥画,这时有“吱吱”声,见底漆膜,保证锥画线条流畅,线条两边不粘漆为宜。完成锥画的时间在最后一遍漆刷完后 15 天左右为好。漆膜的干燥程度直接影响锥画的效果。

[41] 河南省文物研究所:《信阳楚墓》,文物出版社,1986 年,第 66 页。

[42] a. 傅举有:《中国古代漆器的锥画艺术和鎗金艺术》,《故宫博物院院刊》2007 年第 4 期; b. 刘芳芳:《汉代漆奁所见锥画探析》,《文博》2013 年第 3 期; c. 洪石:《略论马王堆汉墓出土的锥画漆器》,湖南省博物馆编《纪念马王堆汉墓发掘四十周年国际学术研讨会论文集》,岳麓书社,2016 年,第 569 ~ 588 页。

[43]《四部备要 · 子部 · 韩非子》,上海中华书局据汲古阁本校刊,第 79 页。

[44] 湖南省博物馆、湖南省文物考古研究院、长沙市博物馆、长沙市文物考古研究所:《长沙楚墓》,文物出版社,2000 年,第 354、362 页。

[45] 龙朝彬:《湖南常德出土“秦十七年太后”扣器漆盒及相关问题探讨》,《考古与文物》2002 年第 5 期。

[46] a. 裘锡圭:《从马王堆一号汉墓“遣册”谈关于古隶的一些问题》,《考古》1974 年第 1 期; b. 李学勤:《论美澳收藏的几件商周文物》,《文物》1979 年第 12 期。

[47] 湖北省博物馆:《光化五座坟西汉墓》,《考古学报》1976 年第 2 期。

[48] 同 [27],第 3644、3645 页。

[49] 同 [37],第 413 页。

[50] 同 [37],第 412 页。

[51] 王宜飞、聂菲运用便携式 X 荧光元素分析仪(Bruper)对漆盘铜釦鎏金口沿部分进行检测得出数据。

[52] 广州市文物管理委员会、中国社会科学院考古研究所、广东省博物馆:《西汉南越王墓》,文物出版社,1991 年。

附表

湖南西汉高等级贵族墓葬出土漆器一览表

发掘时间	出土地点、墓号	葬具	墓向	墓主人身份	卒年	漆木器		参考资料
						名称、数量、特点	位置	
1973 年	长沙 马王堆 M2	二层为棺板，三、四层为椁板	正北	长沙丞相、轪侯利苍。 有“利苍”“长沙丞相”“轪侯之印”	西汉早期 公元前 186 年	漆器约 200 件。能够识别器形的有耳杯、盘、奁、圆壶、器座和匕等，其中耳杯约 100 件，盘约 70 件。漆器以夹纻胎为主，多为凤鸟纹、几何纹、云纹等，未见锥画纹。个别器物上还加饰铜釦和螺钿，无文字		见注释 [1]
1973 年	长沙 马王堆 M3	一层椁 三层棺	正北	利苍之子	西汉早期 公元前 168 年	漆器共 319 件。有鼎、盒、壶、钫、盆、盘、卮、匕、勺、耳杯、耳杯盒、奁、匜、案、几、屏风、箕、博具等。最多为耳杯 174 件，盘 68 件，鼎有 6 件。木器有木俑、瑟、琴、笛等。多木胎，少数夹纻胎和竹胎。装饰方法有漆绘、粉彩、锥画三种，漆绘占绝大部分。部分器物朱书“轪侯家”等文字	四个边厢都有	见注释 [2]
1972 年	长沙 马王堆 M1	一椁四棺	正北	长沙丞相、轪侯利苍妻辛追墓	西汉早期 公元前 168 年后 数年	漆器共 184 件，器形有鼎 7、钫 3、锺 2、盒 4、匕 6、卮 7、勺 2、耳杯 90、具杯盒 1、盘 2、盂 6、案 2、匜 2、奁 3 件。 胎质是木竹胎。制法有三：旋木胎、斫木胎、卷木胎。另一种是夹纻胎。有花纹装饰的共 134 件，方法有三：漆绘、油彩、针刻。 花纹主要有三种类型：一是几何纹类型，二是龙凤、云鸟、花草纹类型，三是写生动物纹类型。 朱漆或黑漆书写文字的占 149 件	出土于东边厢、北边厢、南边厢	见注释 [3]
1961 年	长沙 砂子塘西汉 M1	一椁二棺	北偏东	简报称可能为长沙王室墓	西汉早期 文帝时期	完整漆器 7 件及大量漆器残片。内棺有笭床。外棺漆用红、白、黑、棕、黄等色彩绘精美花纹，两挡黑漆地绘有黄色拱璧、凤鸟、流苏璎珞、虎豹、神人之类，凤鸟嘴磬。豹背上坐羽翼神人。彩绘羽觞残片 4 件木胎和夹纻胎。银釦盒 1 件木胎	散布在四个边厢内	见注释 [4]

续附表

发掘时间	出土地点、墓号	葬具	墓向	墓主人身份	卒年	漆木器		参考资料
						名称、数量、特点	位置	
1978 年	长沙象鼻嘴M1	椁房内三套棺	西	吴氏某代长沙王吴著。 墓外有土牛羊陪葬坑	西汉前期	完整漆器 3 件及大量被压坏的漆器残片。棺梓木制，外黑漆，内壁红漆。外棺盖挡和侧板均有朱彩绘。中棺盖朱漆绘方连纹。两挡绘三角形纹。绝大部分已压坏，可辨认盘、耳杯、奁、卮、案和皮甲等。多为木胎，少数夹纻胎。有云气纹、几何纹、圆点、三角形纹、龙凤纹、水波纹等	外回廊、内回廊七间房内。前室底板有漆器残片	见注释 [5]
1993 年	长沙望城坡M1	题凑制椁房内二套棺	西	吴氏某代长沙王后渔阳。 “渔阳家”“渔阳”漆器甚多，“长沙后府”“长沙右库”封泥	西汉早期	完整漆器 500 多件及大量被压坏的漆器残片 4000 多件。有杯、盘、盒、壶、盂、卮、匜、奁盒、砚盒、具杯盒、案、几、匕、钫、磬、琴、瑟、筝、鼓、屏风、砚盒、具杯盒、六博、木伞、木杖、木槌、木俑、木璧、木象牙、木犀角、木牌及梳妆用具和磬、排箫、筑、琴、瑟、鼓等乐器。耳杯底刻“渔阳”字样。 19 件乐器中大中小配套五弦筑。其中五弦筑和漆盒砚台属稀世珍品。棺内 33 颗金釦饰		见注释 [6]a
1974—1975 年	长沙陡壁山M1	椁房内二套棺外椁分为前室和便房	西	吴氏某代长沙王后曹娱。 有“长沙后丞”封泥。“曹娱”“妾娱”私章 3 枚	西汉早期后段	漆器数百种之多。内棺底板上有“祥云拱璧”的笭床。漆器中最多为盘和耳杯。能辨认器形的约 150 余件。有盘 55 件、耳杯 52 件、九子奁盒、十一子长方形奁盒、枕、卮、扁壶、金银箔贴花漆案及漆木片、匜、几、杖、器座、琴瑟零件等。胎质为夹纻胎、木胎和竹胎。纹饰多针刻纹，再髹漆并朱绘点缀，部分奁盒和漆案还有平脱金银箔贴花。纹饰有云气纹、龙凤纹、怪兽纹、水波纹、几何纹	前室内漆案、漆盘内发现果核，似为祭祀品。 便房有漆器	见注释 [7]

续附表

发掘时间	出土地点、墓号	葬具	墓向	墓主人身份	卒年	漆木器		参考资料
						名称、数量、特点	位置	
1999 年	沅陵虎溪山 M1	一椁二棺	东	长沙王吴臣之子吴阳，为第一代沅陵侯	西汉早期公元前 162 年	漆木器 433 件。内棺盖漆绘图案。棺椁坍塌，大量漆器残损。有奁、匜、扁壶、卮、耳杯、盆、盘、碟、勺、匕、虎子、式盘、箭杆、剑鞘、弩机、兵器架、几、案、琴、瑟、槌、盾等。胎质有木胎、夹纻胎。漆器有针刻、彩绘纹饰。有几何纹、神兽纹、云气纹等。耳杯多针刻“沅卅九”“沅卅五十三”等文字	放内棺、外藏椁、耳室。头厢陶器、漆木器、北厢大漆盆	见注释 [8]
2008 年	长沙谷山“12·29”被盗古墓			西汉长沙国王室成员及贵族墓	西汉中期偏早	共计 154 件。耳杯 131 件、盘 23 件；另长沙市博物馆征集耳杯 12 件；这批漆木器最大特点是铭文较多，铭文方式可分为漆书、刻画、烙印戳记三大类		见注释 [9]
2008 年	长沙风盘岭汉墓	题凑制	北偏西	西汉某位长沙王或王后	西汉早中期	1 件完整漆卮及漆皮和某种漆器上的铜泡饰件	多分布于室中部	见注释 [11]
1951—1952 年	长沙杨家山			刘姓长沙王室墓墓主人可能为长沙定王之后裔刘骄	西汉中晚期	有“杨主家”铭文的漆器及残片		见注释 [12]
2006 年	长沙望城风篷岭 M1	题凑制一椁二棺	北	西汉某位长沙王的王后	西汉晚期	共计 61 件。有豆、盒、盘、耳杯、碗、盆、器盖、马足等。漆盘朱漆书“张姃（或姬）榜盘”，耳杯朱漆书“长沙王后家杯”等铭文	分散于各室	见注释 [13]a

续附表

发掘时间	出土地点、墓号	葬具	墓向	墓主人身份	卒年	漆木器		参考资料
						名称、数量、特点	位置	
1978 年	长沙杨家山 M304	推定一椁二棺	东	推定贵族墓	西汉晚期	漆盒 1 件及残件。盒嵌银釦，有细长而柔软白色金属丝。漆盒金箔贴花，内容丰富，人物身着红袍盘坐、猴拳、拂袖起舞、足蹬膺盘杂技者等。飞禽有雁、燕、雀、鸟，走兽有骆驼、虎、豹、鹿、牛、野兔，还有几何形花纹与卷云纹图案	头厢内	见注释 [14]
1992 年	永州鹞子岭 M1	三层套椁二层棺（寓黄肠题凑意）	西	推定为第三代泉陵侯刘庆	西汉晚期约公元前 19 年	漆木器仅存实心豆柄形器和残耳杯数件，底部朱书“泉陵家官第三河平二年八月工张山彭兄缮”字样，“家官”即“家臣”或“家吏”的别称。按汉代制度，此类家官惟爵位在列侯级以上官员才拥有，为侯、王家总管。耳杯底部见朱书文字	残存的器物分别置于两边厢内	见注释 [15]
1995 年	永州市鹞子岭 M2	二层椁一层棺	西	推定为第三代泉陵侯刘庆夫人墓	西汉晚期约公元 2 年	12 件漆器均有破损。盘（自铭“旋”）、耳杯、卮、樽、盒、案、纺锭。可分木胎和夹纻胎两大类，有饰银釦、银箍、金银箔贴画等装饰。如夹纻胎卮四柿蒂形铜釦嵌玛瑙盖，贴画用金、银箔制成人物、流云、飞禽、走兽等。6 件漆器上有锥刻铭文共 373 字，一漆耳杯铭文 72 字之多，实属罕见。漆器来自广汉郡工官和少府工官	多出于前庭北侧	见注释 [16]
1984 年	永州鹞子山西汉刘彊墓	推定二椁二棺	西	推定墓主泉陵侯家族成员	西汉中晚期	墓前室中部有大量腐朽残留的漆皮，推测为陈设案几杯盘之类祭奠区。 棺室内有大量漆皮见许多微凸并涂金的四柿蒂形装饰	墓前室中部、棺室内	见注释 [17]

汉墓出土鹿角偶人的考古学观察

Archaeological Observation of Figurines with Deer Antlers Unearthed from Han Tombs

南京大学历史学院　官子木

Guan Zimu, School of History, Nanjing University

内容提要：迄今为止，汉墓中发现有一类头插鹿角、张臂跪坐、通体涂朱形象的偶人。本文在前人研究的基础上，从鹿角偶人的形象特点、出土位置与放置方式，以及墓主身份三个方面进行更加细致的观察，认识到鹿角偶人的本质是丧葬仪式中在填埋环节放置的、用以辟邪镇凶、守卫墓主灵魂居所门户的“神人”，与文献记载的方相氏和汉墓出土的仪卫俑既有相似性，又存在诸多差异。鹿角偶人的形象体现了吴越文化因素与楚文化因素的融合，或可归因于吴姓长沙王所传承的吴越族群记忆及其所处的楚地地域葬俗的双重影响。鹿角偶人在西汉早期吴姓长沙国列侯家族墓葬中的使用，可能来自长沙王的赙赠，也可能出于对王室葬仪的效仿。西汉中期以后，鹿角偶人在刘姓长沙国墓葬中消失，反映了楚风渐没、汉制形成的丧葬文化变革与时代变迁。

关键词：鹿角偶人　镇墓俑　西汉早期　楚文化　长沙国

Abstract: So far, a type of figurines with deer antlers on their head, squatting with outstretched arms, and painted vermilion all over, have been discovered in Han tombs. This paper, based on the research of previous scholars, through careful observation from the three perspectives of image features, excavation locations, and placement methods of the figurines, and the identities of the tomb occupants, recognizes that they are “divine people” placed in the earth-filling stage of burial ceremonies to ward off evil spirits and guard the entrance to the dwelling of the tomb occupants’ souls, similar to the Fangxiangshi and the ceremonial guard figurines found in Han tombs but with many differences. The image of the figurines with deer antlers reflects the fusion of Wuyue and Chu cultural elements and may be attributed to the dual influence of memories of the Wuyue ethnic group inherited by the Changsha Kings from the Wu Family and the local burial customs of the Chu region. The use of figurines with deer antlers in early Han tombs of kings from the Wu Family and marquises of the Changsha Kingdom may have come from the funeral offerings of the Changsha King or may have been imitated from the royal funeral rites. After the middle of the Western Han dynasty, figurines with deer antlers disappeared in the tombs of Changsha Kings from the Liu Family, reflecting the gradual disappearance of the Chu style and the formation of burial customs in line with Han practices with the passage of time.

Keywords: figurines with deer antlers; tomb-guarding figurines; early Western Han dynasty; Chu culture; Changsha Kingdom

迄今为止，在多座汉代墓葬中发现有一类头插鹿角、张臂跪坐、通体涂朱形象的偶人。邱东联先生认为此类鹿角偶人是从战国晚期楚贵族阶层墓室中的“镇墓兽”发展而来的“镇墓神”。[1] 郑州大学郑克真则认为“汉代鹿角偶人与楚式镇墓兽不同，属于镇墓俑中的特殊一类，与武士俑功能相似，主要起镇墓守卫作用”[2]。

本文在前人研究的基础上，从鹿角偶人的形象特点、出土位置与放置方式，以及墓主身份三个方面进行更加细致的观察，揭示其性质与功能，探究其反映的文化因素与时代变迁，谨以求教于方家。

1　2　3

4　5

图一　汉墓出土鹿角偶人形象
1. 马王堆二号汉墓西侧偶人
2. 马王堆二号汉墓东侧偶人
3. 马王堆三号汉墓东侧偶人
4. 平粮台 163 号汉墓偶人　5. 望城坡渔阳墓偶人

一　鹿角偶人的出土情况

鹿角偶人最早发现于长沙马王堆二、三号汉墓。

二号汉墓在距墓坑北壁 3.5 米的墓道两侧壁上掏进两个壁龛。龛底高于墓道底约 2 米，龛中各置偶人一个。经复原，偶人由底板、身、足、手、头、角组成。

底板由木板和木桩以细篾捆扎而成。东壁偶人底板长 92 厘米，前宽 58 厘米，后宽 65 厘米；西壁偶人底板长 80 厘米，宽 55 厘米，其下有两根由长 54 厘米，宽 6 厘米，厚 5 厘米的小树粗略砍削上半而成、间隔 35 厘米平行横置于地面的枕木。

偶人的骨架是用木板、木柱和木枋组合而成，置底板上。在底板的中心直立插一根粗约 7～8 厘米，长 68 厘米的木柱作为骨干，足用两根长 57 厘米，宽 12～14 厘米，厚 4～5 厘米的木枋平行直立在底板上，并用麻质纤维捆紧，身用木板组合。前胸用高 35 厘米，宽 50 厘米，厚 2 厘米的木板竖立。两侧亦用木板砍成背和踞足的形象与胸板斗合。骨干木柱缠以草绳，并填满身内的空间。木桩上部两侧用长 40～50 厘米，直径 2 厘米的木棍四根作手臂骨架，手的关节处各用一根直径 0.5 厘米的木棍支撑，手用木板雕刻而成。中心木桩顶部嵌入大圆木雕刻成的头颅，鼻梁突出，大眼，龇牙，张耳，平顶。头颅后顶用一根直径 4 厘米、长 20 厘米的木棍插入，上缠以细麻绳，似总发于后顶，编结成髻。头颅的正顶两边，插入两支鹿角。

偶人的骨架上用青膏泥拌以草茎而成的草泥土涂敷，挺胸凸肚，背肌肥实，手臂粗壮，膝、足和鞋都明显地塑出。泥像塑成后，整个外表均涂以朱砂。西边偶人通高 105 厘米，右手平伸，左手似握一物，拳孔向上（图一，1）。东边偶人通高 109 厘米，左手平伸，右手略弯曲，并持八方形的木制武器一柄，可能为矛，通长 54 厘米。柄部作四方形，长 10 厘米，断面径 2.1 厘米。矛身作八方形，前小后大（图一，2）。

三号汉墓在墓道两侧距墓坑 4.85 米处，也有东西对峙的两个偶人。西侧偶人被一号汉墓构筑时破坏了左臂，头部亦不存，东边偶人保存较完整（图一，3）。偶人原系用木制成，木外用草绳缠围，在草绳外面

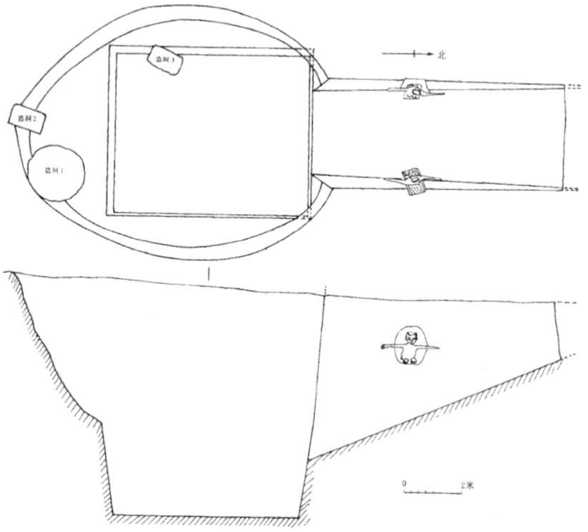

图二　马王堆二号汉墓平、剖面图

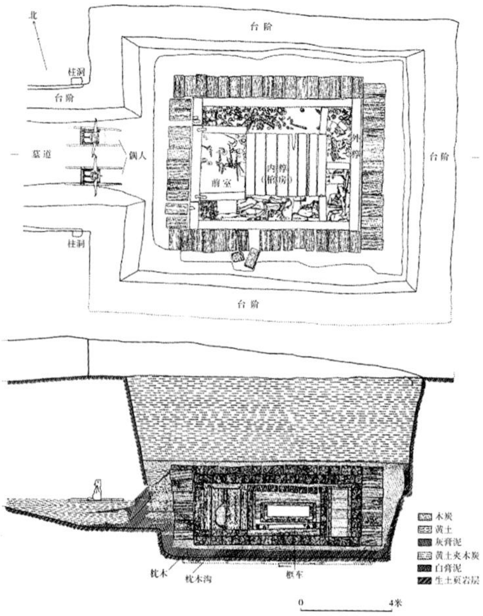

图三　望城坡渔阳墓平、剖面图

敷草拌泥。出土时，由于木质腐朽，偶人仅呈空洞状，经浇灌石膏，偶人呈跪坐状，两臂伸张，头顶上插有分叉的鹿角，鹿角长20～30厘米。[3]

马王堆二号墓墓主利苍据《史记·惠景间侯者年表》和《汉书·高惠高后文功臣表》记载为西汉轪侯、长沙国丞相，死于吕后二年（前186）。[4] 三号墓墓主应为利苍之子，下葬时间应为文帝初元十二年（前168）。

稍晚于马王堆二、三号汉墓发掘的长沙陡壁山曹嫼墓和象鼻嘴一号西汉墓也在墓道中的相似位置发现有偶人遗迹。

陡壁山曹嫼墓在墓道内距下口约1.6米的填土中发现有南北相对的空洞，可能为偶人腐朽后的痕迹。[5] 该墓年代略有争议，大致在文景时期，与象鼻嘴一号西汉墓同期而稍晚[6]，墓主可能是长沙王的近亲或妻妾。

象鼻嘴一号汉墓在距墓室1.75米处的墓道壁两边发现相对的"偶人"遗迹各一个。"偶人"已朽塌，估计为木制，高约65厘米，形象不明。该墓墓主推测为卒于文帝后元七年（前157）的长沙靖王吴著。[7]

1985年发掘的淮阳平粮台163号汉墓在墓道中发现有一尊泥塑偶人。偶人高1.2米，人首，人身，头上有角，兽耳，深目，高鼻，张口，纹面，赤袒上身，仅穿一件三角短裤，踞坐，双手向左右伸直，浑身朱赤（图一，4）。[8] 该墓葬为西汉初年的"甲"字形墓，殓葬方式为一椁一棺，墓主应有一定身份，但达不到列侯等级。

1993年发掘的长沙望城坡渔阳墓在墓道东端距墓坑西壁边2米、距墓道底1米处的填土中发现一对偶人（图一，5）。偶人踞坐于竹荐之上，两臂平伸作拦阻状，通高88厘米，体厚60～66厘米，两臂通宽172～184厘米。头部用整木雕琢，五官毕具，耳、鼻单作，再用木梢衔接。脑后部平整，凿有方格状斜槽，清理时还发现丝帛残片。偶人头顶部有两个方孔，用来安装鹿角。鹿角系梅花鹿角，叉高130厘米，宽60厘米。偶身为木骨泥胎，形体厚重，表面似施有彩绘，仅残留朱红颜色。竹荐略呈长方形，长73～80厘米，宽61～68厘米，厚1厘米，用细竹棍与麻绳编联，并固定于长77～80厘米，直径4～5厘米的两根南北向木棍上。偶人自肩臂处用细麻绳缠缚后下引绑系在这两根木棍上。木棍则固定在底座下的两根东西向抬杠上。抬杠两端细、中间粗，长 235～245 厘米，直径 5～10 厘米。[9] 根据该墓出土的“长沙后府”封泥等材料，可以确认该墓墓主应为汉初吴氏长沙国的某一代王后，墓葬年代约在文帝至景帝初年。此外，根据该墓出土的书写“陛下赠物”与“王祱”的木楬和多件随葬漆器上刻写的“渔阳”题记铭文，有学者考证墓主可能是汉皇室的某位公主，出于政治联姻等需要而适长沙王，“渔阳”乃其所食封邑之称。[10]

从上述考古发现来看，鹿角偶人的基本形象为头插鹿角、直身跪坐、双臂张开、通体涂朱。在出土位置方面，偶人均发现于墓道后端接近墓坑（椁室）处，但放置方式略有区别：马王堆二、三号汉墓和象鼻嘴一号汉墓的偶人置于墓道两侧的壁龛之中，呈对峙状（图二）；望城坡渔阳墓和平粮台 163 号汉墓的偶人则并排或单独置于墓道中间，面朝墓道口（图三）。在墓主身份方面，除平粮台 163 号汉墓墓主身份不明外，其余墓主均为西汉早期吴姓长沙国王室及列侯家族成员。

二　鹿角偶人的神人性质与镇墓功能

汉代高等级墓葬常出土为数众多的侍从俑、乐舞俑、劳作俑等，这些人俑作为殉人的替代品而随葬墓中，服务于墓主神魂在冥界的活动。而鹿角偶人的形象具有种种特异之处，其性质、功能应与一般的陪葬人俑有所区别。

首先，头插鹿角是鹿角偶人最引人注目的特征，这可能源自楚文化。

湘鄂豫皖以及川渝等地发掘的春秋战国时期的楚文化墓葬中，鹿角的出土相当普遍，除部分独存的鹿角外，其主要作为

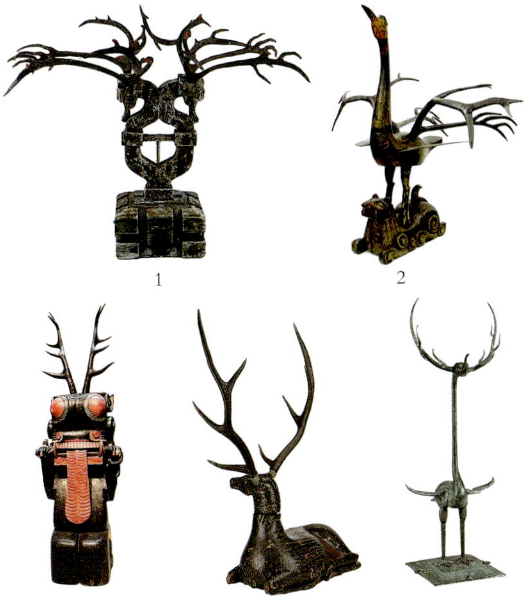

1　2　3　4　5

图四　楚文化墓葬出土带鹿角的随葬品
1. 江陵天星观 1 号楚墓出土镇墓兽
2. 江陵天星观 1 号楚墓出土虎座飞鸟
3. 信阳长台关 2 号楚墓出土镇墓兽
4. 曾侯乙墓出土卧鹿　5. 曾侯乙墓出土鹿角立鹤

镇墓兽、虎座飞鸟和卧鹿的组成部分（图四）。[11] 例如江陵天星观 1 号楚墓出土有头顶各插一对鹿角的双首镇墓兽、背部插一对鹿角的虎座飞鸟，以及两件木鹿和鹿角。[12] 信阳长台关 1、2 号楚墓出土有造型特殊的鹿角镇墓兽。[13] 随州曾侯乙墓除了出土两件头插真鹿角的漆木卧鹿，还有一件头生鹿角的铜立鹤。[14]

关于鹿角作为各类随葬品的组成部分或单独作为随葬品时具有怎样的文化内涵，学界众说纷纭，主要有以下几种观点。

其一为彰显等级说。鹿角仅见于级别较高的楚墓中，其多寡和种属与墓主身份等级的高低密切相关。出土鹿角的墓葬至少为士一级的贵族墓葬，且带鹿角的随葬品种类和数量越多的墓葬，等级往往越高。最迟至战国中期以后，一椁一棺墓（士阶层）只能用梅花鹿角镇墓兽，只有一椁重

椁以上的墓葬（大夫及以上阶层）才可以用麋鹿角镇墓兽。[15]

其二为祈求复生说。《论衡·道虚篇》云："夫蝉之去复育，龟之解甲，蛇之蜕皮，鹿之堕角，壳皮之物解壳皮，持骨肉去，可谓尸解矣。"[16]鹿角具有季节性脱落与再生的自然现象，"解角，象征旧的躯体死亡；茸角则喻示着获得新生"[17]。楚墓随葬鹿角可能反映了生者对死者复生的期望。

其三为引魂升天说。据民族学研究，萨满教文化中鹿角的枝杈象征通天地的生命树杈，是供萨满攀缘而上的天梯。[18]楚人亦有浓厚的巫术信仰。在楚文化中，鹿常作为巫觋的坐骑，助其沟通天地神人。飞鸟身上所插的鹿角可能起到引领墓主灵魂升往天界的作用。[19]

其四为辟邪镇墓说。楚地多蛇，蛇极易对死者的肉身甚至亡魂构成危害，被楚人视为潜伏在地下的邪恶。而鹿是蛇的天敌，因此鹿角在墓葬中作为驱邪物用以保护墓主。[20]另一方面，鹿角以其尖锐的形象，具有抵御外来侵犯的威慑性，故而楚墓中"所有墨绘或彩绘鹿角均将其角尖作为关键点加以突出，有选择性地涂成鲜艳的亮色——如红色"[21]，以强化其辟邪的功能。

汉墓偶人之鹿角，或可从辟邪镇墓之说，同时也不妨视之为一种神格化的标志。正如祝建华先生所言："古礼初用全鹿，稍后简之，渐用鹿角、麟趾代之。用鹿角直接代表神性，这不但是一种简约和超越，而且在更深层次上，为今后把不同神祇集中、聚合、串联起来，形成职能多样、力量重叠、法力无边的大神开辟了道路。"[22]

汉代图像中常见的"羽人"即以体生双翼的形象反映其仙人的身份。头生双角的偶人同样被赋予神性，因此不同于一般的随葬人俑，而是具有"神人"的性质。平粮台163号汉墓所见偶人不但头生鹿角，而且呈异于常人的兽耳形象，此可作为另一佐证。

其次，鹿角偶人均遍涂朱砂以呈现赤肤裸体的形象，与彩绘或穿着服饰的一般人俑形象大相径庭。

朱砂在丧葬仪式中的使用由来已久。约从距今6000—5000年的仰韶时代中期开始，贵族墓葬中开始出现填土撒朱砂、随葬品涂朱的现象，并逐渐向墓底铺设朱砂的方式过渡。[23]此类葬俗发达于三代，在汉代也有所承袭。例如满城陵山一号汉墓、永城保安山二号汉墓、徐州北洞山西汉楚王墓等汉代诸侯王陵墓中的部分墓室四壁和顶部都发现有遍涂朱砂的现象[24]，可能具有区分墓葬空间的目的。又如广州南越王墓玉剑珌的涂朱现象[25]，应是在随葬时将墓主生前所用之物"明器化"，以示"备而不用"。

较晚出现的买地券和镇墓瓶也多为朱书文字，一方面是因为朱砂在"五行五色"的象征体系中具有解除、镇凶的功能，如新沂市炮车镇汉墓出土陶瓶上以朱砂书有"西方大白，其帝上皓，其神羞收，其日庚辛，其虫卯，当以朱砂除凶耗，□家常贵，当延寿"等文字[26]；另一方面，朱砂可能被认为具有沟通神灵的功能，即所谓的"赤文洞神"[27]。

鹿角偶人通体涂朱的做法，既有辟邪除凶之意，同时也增添了视觉上的威怖之感，进一步强化了偶人的"神性"。

作为辟邪镇墓的神人，鹿角偶人容易使人联想到文献记载的方相氏。

《周礼·夏官·方相氏》称："方相氏掌蒙熊皮，黄金四目，玄衣朱裳，执戈扬盾，帅百隶而时难，以索室敺疫。大丧，先柩，及墓，入圹，以戈击四隅，敺方良。"郑玄注云："蒙，冒也。冒熊皮者，以惊敺疫疠之鬼，如今魌头也。时难，四时作方相氏以难却凶恶也。""圹，穿地中也。方良，罔两也。天子之椁柏，黄肠为里，而表以石焉。《国语》曰：‘木石之怪夔罔两。’”[28]

方相氏能够惊驱疫疠之鬼和木石之怪，与鹿角偶人的功能有相似之处，但二者之间也存在诸多差异，并不可直接等同。

具体形象特征上的差异自不必多言，本质性的区别在于方相氏是由巫觋一类的人所扮演的角色，而鹿角偶人却是被人抬行的泥胎。

马王堆二号汉墓西壁偶人身下置于平行枕木的底板和望城坡渔阳墓偶人身下带有两根抬杠的竹荐，或即由人力抬行的“舆”或“桐”——汉代，用木板制成的称“板舆”，以竹篾编成的称“篬舆”，外形与“舆”相类、不抬人而抬物者称“桐”（图五）[29]。

另外，方相氏在大丧出殡时作为棺柩的先导，抵达墓地后，先行进入墓穴，驱除原本可能存在的鬼怪，其任务是对埋葬空间的净化。而鹿角偶人的放置却属于丧葬仪式中的另一环节。

从出土层位来看，望城坡渔阳墓的偶人出土于距墓道底部1米处的填土之中，马王堆二号汉墓的偶人出土于墓道两侧距底部约2米的壁龛中，推测也是在墓道填土达到一定高度后再放入的。由此可见，鹿角偶人的放置是在下棺陈器毕、椁室封闭之后的填埋环节。在此之后，张臂执兵的偶人承担起阻拦外来邪祟侵入、守卫墓主灵魂安宁的职责。

其他西汉早期的高等级墓葬中也有在墓道靠近墓室的位置放置人俑的情况。如永城柿园汉墓（西汉梁王陵）墓道底部两侧各出土20件骑兵俑，两组相对分布。[30]徐州北洞山西汉墓（西汉楚王陵）墓道两侧的7座小龛内共出土224件持兵或背箭箙的仪卫俑。[31]

鹿角偶人和兵马俑所处的位置是通向墓主灵魂居所的门户，具有特殊的重要性，故而其放置方式呈现出严密监控和御敌于外的姿态。

图五 “舆”“桐”

从守卫墓穴（即墓主灵魂居所）的角度来看，鹿角偶人和兵马俑具有相似性，但就性质而言，二者之间还是有所区别。仪卫兵马俑是墓主生前威仪的复现，侧重于彰显墓主的身份地位，而鹿角偶人则是想象建构出的神人，更多呈现出镇压邪祟的色彩。在这一点上，东汉至隋唐时期墓葬中置于墓门之后或甬道口的镇墓俑、镇墓兽与鹿角偶人更为近似。

三　鹿角偶人反映的多元文化因素与时代背景

除鹿角所体现的楚文化因素外，偶人的某些形象特点还反映出吴越文化因素。

马王堆二号汉墓偶人头颅后顶插有一棍，上缠以细麻绳，似总发于后顶，编结成髻。望城坡渔阳墓偶人脑后部平整，凿有方格状斜槽，清理时还发现丝帛残片，或许原本也是束发形象。另外，鹿角偶人大多为赤裸跪坐形象，仅平粮台163号汉墓偶人下身着黑色三角短裤。这些情况与长江下游地区出土的西周晚期至战国时期的青铜跪坐人像具有相似之处。

先秦时期的青铜跪坐人像大多为鸠杖杖镦的一部分，另有少数见于悬鼓环座和伎乐铜屋等青铜器（图六）。[32]以绍兴漓渚坝头山出土的春秋时期鸠杖杖镦跪坐人像为例，其基本形象为：额发对分，后脑盘一辫

图六　长江下游地区出土先秦时期青铜跪坐人像
1. 绍兴漓渚中庄村坝头山出土
2. 吴兴（今湖州）埭溪镇出土
3. 六安金安区九里沟窑 364 号战国墓出土
4. 丹徒北山顶春秋晚期墓出土
5. 德清武康镇龙山村出土
6. 屯溪 3 号西周晚期墓出土
7. 绍兴坡塘 M306 战国初期墓出土

髻；前胸袒露，身体其余部位布满阴线装饰；腰间铸有阳纹腰带，下身着“犊鼻裈”，一端系于腰前，一端反系于背后腰带下。

《左传·哀公七年》：“太伯端委，以治周礼，仲雍嗣之，断发文身，裸以为饰。”[33]《吴越春秋·寿梦传》：“寿梦曰：‘孤在夷蛮，徒以椎髻为俗’。”[34]这些脑后椎髻、赤身裸体、下身着“犊鼻裈”的青铜跪坐人像与文献描述的吴人形象相近，可能即鹿角偶人的基本形象来源，只是将类似纹身的阴线或阳纹装饰变作涂朱的形式。

若推测不误，则鹿角偶人形象即以吴越青铜人像为原型、融合楚地代表性文化因素——鹿角而产生的。这一点也能够从其所属墓主身份上窥得端倪。

如前所述，除平粮台 163 号汉墓墓主身份不明外，出土鹿角偶人的墓葬墓主均属于西汉早期的吴姓长沙国王室和轪侯家族成员。

吴姓长沙国始封于西汉初年。《汉书·高帝纪》记载，高帝五年春正月“诏曰：故衡山王吴芮与子二人、兄子一人，从百粤之兵，以佐诸侯，诛暴秦，有大功，诸侯立以为王。项羽侵夺之地，谓之番君。其以长沙、豫章、象郡、桂林、南海立番君芮为长沙王”[35]。

长沙王吴芮在《汉书》有传：“吴芮，秦时番阳令也，甚得江湖间民心，号曰番君。天下之初叛秦也，黥布归芮，芮妻之，因率越人举兵以应诸侯。……及项羽相王，以芮率百越佐诸侯，从入关，故立芮为衡山王，都邾。……项籍死……徙为长沙王，都临湘。一年薨，谥曰文王。”[36]

《高帝纪》和《吴芮传》对吴芮生平的记载相差仿佛，值得注意的有两点：一是吴芮早年在鄱阳任职，且具有一定影响力，号曰“番君”；二是吴芮反秦时“率越人举兵”“率百越”“从百粤之兵”。由此可见，吴芮的身份当是生活在楚地的越人领袖。

所属族群的记忆传承，加之所处地域的文化影响，为吴姓长沙王家族墓葬中出现兼具吴越文化因素和楚文化因素的鹿角偶人提供了一个相对合理的解释。

至于马王堆轪侯家族墓为何同样放置有鹿角偶人，或许可以从轪侯家族与吴姓长沙王家族的关系方面寻得线索。

利苍，《史记》作“利仓”，《汉书》记为“黎朱苍”，其于惠帝二年（前 193）四月庚子以任长沙相而封侯，食七百户，八年后（前 186）薨，详细生平无载。[37]利苍的身份经历和轪侯家族的族属问题曾引发历史学和民族学领域诸多学者的讨论。[38]

利苍作为长沙国丞相，一般而言当是由汉朝中央直接任命。《史记·五宗世家》记载：“高祖时，诸侯皆赋，得自除内史以下，汉独为置丞相，黄金印。诸侯自除御史、廷尉正、博士，拟于天子。自吴楚反后，五宗王世，汉为制二千石，去丞相曰相，银印。诸侯独得食租税，夺之权。”[39]

但如马雍先生所指出的，西汉初年也有部分诸侯国丞相是诸王的私人，如赵王张敖的丞相赵午、贯高是其父张耳的门客，淮南王英布的丞相朱建是其亲信，这种情形至七国之乱平定后不再多见。[40]因此也不排除利苍是吴姓长沙王亲信的可能性。

从考古发现来看，马王堆二号汉墓在墓道中部发现竹简一支，其上墨字隶书两行：“卫卒辨与长沙王彭人□□□□凡廿一人。”（图七，1）报告编写者称“‘辨’古代可释‘偿还’或‘分给’的意思，彭人可能指卫卒的籍贯”。笔者推测该竹简为记录随葬人俑的遣策，“辨”或同“办”，为备办之意；或同“别”，为区别、另外之意，“彭人”应是指某一类人俑，其性质或与卫卒相似，故而并题，所书文字大意为“丧家自备另加长沙王赙赠的卫卒人俑共二十一件”。

利苍以任长沙国丞相而封侯是在惠帝二年（前193），其就职的时间可能更早。他卒于高后二年（前186），故至少经历了第三、四代长沙王在位的时期。简文中的“长沙王”当是第四代长沙恭王吴右。

周礼有国君视大夫、士丧之礼，并有赠赙。《仪礼·既夕礼》：“知死者赠，知生者赙。书赗于方，若九若七若五。书遣于策。”郑玄注云：“（赠赙）各主于所知。方，板也，书赗奠赙赠之人名与其物于板，每板若九行若七行若五行。策，简也。遣犹送也，谓所当藏物茵以下。”[41]另《礼记·文王世子》郑玄注云：“赗、赙、唅、禭，皆赠丧之物也。车马曰赗，布帛曰赙，珠玉曰唅，衣服曰禭。总谓之赠。赠，犹送也。”[42]利苍死时，长沙王吴右对其属臣进行赙赠属于情理之中。既有疑似卫卒的“彭人”，或许鹿角偶人也为吴右所赠。

另外，马王堆三号汉墓出土的一件木牍（简二三六）书有：“右方凡两笥六十七合。其十三合受中，五十四合临湘家给。帛囊八，其六受中，二临湘家给。布囊廿二，其八受中，十四临湘家给。坍资廿一，其七受中，十四临湘家给。埨七，其三受中，四临湘家给。”（图七，2）“受中”即受自长沙王禁中。

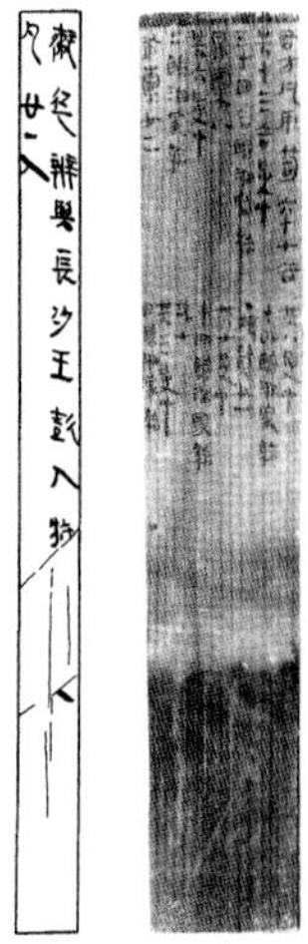

1　2

图七　马王堆二、三号汉墓出土简牍
1. 马王堆二号汉墓出土竹简　2. 马王堆三号汉墓出土木牍（编号“简二三六”）

三号墓墓主下葬之时距利苍卒年已有十八年，为末代长沙王吴著在位时期。从三号墓出土《驻军图》《地形图》和诸多兵器及军事相关帛书来看，墓主“应是长沙国分管军事的将领……或即长沙国司马，其姓名有可能为利得”[43]。墓中同样有来自长沙王禁中的赙赠，反映出轪侯家族与吴姓长沙王家族之间的联系并未因利苍的去世而断绝。

在简牍文字所反映的赙赠行为之外，轪侯家族墓葬和吴姓长沙王家族墓葬还在椁厢分室形制、内外髹漆套棺、绞衾殓葬、棺头挡内外放置或绘制玉璧等方面具有一致性，反映出两个家族可能具有相似的族属或文化背景。

当然，即使轪侯家族与吴姓长沙王家族并非同一族属，其使用的鹿角偶人也并非长沙王赙赠之物，也还存在另一种可能：即轪侯家族以其较高的身份等级而采取了比拟当时长沙国王室的葬仪。可作为参照的有长沙砂子塘一号汉墓和沅陵虎溪山一号汉墓。

长沙砂子塘一号墓的发掘时间较早，简报编写者认为："此墓既有可能在文帝时，那么很可能是长沙靖王吴著的陵寝，其年代当在公元前 157 年左右。"[44] 这一认识具有一定的历史局限性。此后，俞伟超先生等研究者基本认为该墓属于列侯等级墓葬。[45] 刘涛先生认为："从其时代为西汉早期和墓葬形制等与马王堆汉墓较为接近看，其墓主很可能为列侯或长沙国王室或属臣。"[46]

沅陵虎溪山一号汉墓墓主吴阳为长沙王吴臣（一说吴芮）之子，高后元年（前 187）封为沅陵侯，死于文帝后元二年（前 162）。[47]

这两座墓葬虽未发现鹿角偶人的痕迹，但在墓道两侧都发现有两个相对的耳室或壁龛，或许下葬时也放置有偶人，但早已腐朽无存。若确实如此，那么鹿角偶人可被视为吴姓长沙国时期高等级墓葬的标志之一。进而推测淮阳平粮台 163 号汉墓的墓主可能与吴姓长沙国王室或列侯家族存在某种关联，但由于等级较低，故仅放置了一尊偶人而非成对使用。

吴姓长沙王禅五世，以无嗣除国。景帝前元二年（前 155）"立皇子……发为长沙王"[48]，仍以临湘为都城。

迄今为止，经发掘推测为刘姓长沙国王或王后的墓葬有长沙望城区星城的风盘岭汉墓[49]和风篷岭汉墓[50]。另外在长沙发现有 M401 刘骄墓[51]、出土"今王后家盘"的汉墓[52]、出土"靖园长印"的 52 长杜 M2、出土"长沙顷庙"滑石印的 55 长潘 M2[53]、出土"长沙仆"滑石印的侯家塘 M1[54]，在常德南坪发掘了长沙国郎中令廖福家族墓[55]等可能与刘姓长沙王家族有关的墓葬。在这些刘姓长沙国时期不同等级的墓葬中，均未发现鹿角偶人的存在。

陈杰和石荣传先生对吴姓和刘姓长沙国诸侯王陵墓进行了对比研究，指出：吴姓长沙国存续期间，楚式葬俗浓郁，进入刘姓长沙国时期，楚式葬俗因汉制的普及而逐渐消失，如绞衾制被以玉衣为核心的葬玉制所取代，椁厢分室的形制被"前堂后室"的墓葬结构所突破。[56]

随着刘姓长沙王的新立，一套新的"汉制"逐渐形成和完善，并成为不同阶级新的仿效对象。正是在这样的时代背景下，鹿角偶人和诸多吴姓长沙国时期旧有的丧葬习俗一同遭到摒弃，消失于丧葬文化的变迁之中。

四 小结

通过对汉墓出土鹿角偶人的形象特征、出土位置和放置方式进行更细致的观察，结合其所属的墓主身份，本文得出以下几点认识。

首先，鹿角偶人与一般的随葬人俑不同，具有"神人"的性质。其鹿角除辟邪功能外，更是一种神格化的标志。偶人通体涂朱的做法是远古葬俗的延续，既能震慑邪祟，又能凸显其神性。偶人双臂张开、手执兵器的姿态使其阻挡邪祟的镇墓功能更加明确。

其次，鹿角偶人与文献记载的方相氏及高等级汉墓出土的兵马俑之间既有相似性，又存在诸多差异。鹿角偶人与方相氏均为辟邪除凶的神人，但在丧葬仪式中，方相氏由人所扮演，作为棺柩的先导，在下葬前的预备环节中负责净化埋葬空间，而鹿角偶人则是在下葬之后的填埋环节中，由人以"舆"或"桐"等抬入墓道进行放置，负责防范外来邪祟。鹿角偶人与某些兵马俑一样被放置在墓道后端接近墓坑或墓室处，均有守卫墓主灵魂居所之门户的意义，但仪卫性质的兵马俑侧重于彰显墓主的身份地位和复现墓主生前的威仪，而鹿角偶人则更多体现出一种镇压邪祟的色彩。

其三，鹿角偶人应是以吴越青铜跪坐人像为原型，附加楚文化葬俗中的代表性鹿角而产生的，体现了吴越文化因素与楚文化因素的融合，这可能与吴姓长沙王所传承的越人族群文化及其所处的楚地地域文化的双重影响有关。鹿角偶人在西汉早期吴姓长沙国列侯家族墓葬中的使用，可能来自长沙王的赙赠，也可能出于对王室葬仪的效仿。西汉中期以后，鹿角偶人和诸多楚式葬俗一同消失于刘姓长沙国墓葬中，反映了楚风渐没、汉制形成的丧葬文化变革与时代变迁。

受资料发表情况和笔者学识所限，对于一些问题本文未能做更详细的探讨和阐释，比如鹿角偶人与东汉以降开始流行的镇墓兽、俑之间的关系，平粮台163号汉墓的墓主身份和墓葬文化因素等等。这些问题有待更多详细资料的公布再做进一步研究。

注释：

[1] 邱东联：《长沙西汉“渔阳”王后墓“偶人”及相关问题》，湖南省博物馆主编《湖南省博物馆四十周年纪念论文集》，湖南教育出版社，1996年，第154页。

[2] 郑克真：《汉代墓葬出土鹿角偶人初探》，《洛阳考古》2021年第2期。

[3] 湖南省博物馆、湖南省文物考古研究所：《长沙马王堆二、三号汉墓》第一卷《田野考古发掘报告》，文物出版社，2004年，第7～9、28页。

[4] a.[汉]司马迁撰：《史记》卷一九《惠景间侯者年表》，中华书局，1959年，第978页；b.[汉]班固撰：《汉书》卷一六《高惠高后文功臣表》，中华书局，1962年，第618页。

[5] 长沙市文化局文物组：《长沙咸家湖西汉曹嫘墓》，《文物》1979年第3期。

[6] 宋少华：《略谈长沙象鼻嘴一号汉墓陡壁山曹嫘墓的年代》，《考古》1985年第11期。

[7] 湖南省博物馆：《长沙象鼻嘴一号西汉墓》，《考古学报》1981年第1期。

[8] a. 中国考古学会编：《中国考古学年鉴1985》，文物出版社，1985年，第146页；b. 河南省文物考古研究院：《淮阳平粮台》（下），大象出版社，2023年，第213～217页。

[9] 长沙市文物考古研究所、长沙简牍博物馆：《湖南长沙望城坡西汉渔阳墓发掘简报》，《文物》2010年第4期。

[10] a. 李鄂权：《长沙国墓葬出土铃刻文字地望考证及相关问题研究》，《船山学刊》2002年第1期；b. 黄展岳：《长沙望城坡西汉“渔阳”墓墓主推考》，黄展岳著《先秦两汉考古论丛》，科学出版社，2008年，第54页。

[11] 罗运兵、李刚：《楚墓出土鹿角新观察》，《江汉考古》2017年第4期。

[12] 湖北省荆州地区博物馆：《江陵天星观1号楚墓》，《考古学报》1982年第1期。

[13] 河南省文物研究所：《信阳楚墓》，文物出版社，1986年，第60、61、114～116页。

[14] 湖北省博物馆：《曾侯乙墓》，文物出版社，1989年，第250、380页。

[15] 同[11]。

[16] [汉]王充撰，黄晖校释：《论衡校释（附刘盼遂集解）》，中华书局，1990年，第331页。

[17] 蔡大成：《论西王母形象中的萨满教因素》，《云南社会科学》1988年第2期。

[18] 同[17]。

[19] 郭德维：《楚墓出土虎座飞鸟初释》，《江汉论坛》1980年第5期。

[20] 黄莹：《楚式镇墓兽鹿角研究》，《江汉论坛》2009年第12期。

[21] 同[11]。

[22] 祝建华：《楚俗探秘——鹿角立鹤悬鼓、鹿鼓、虎座鸟架鼓考》，《江汉考古》1991年第4期。

[23] 方辉：《论史前及夏时期的朱砂葬——兼论帝尧与丹朱传说》，《文史哲》2015年第2期。

[24] a. 中国社会科学院考古研究所、河北省文物管理处：《满城汉墓发掘报告》，文物出版社，1980年，第21、22页；b. 河南省文物考古研究所：《永城西汉梁国王陵与寝园》，中州古籍出版社，1996年，第129页；c. 徐州博物馆、南京大学历史系考古专业：《徐州北洞山西汉楚王墓》，文物出版社，2003年，第14～19页。

[25] 广州市文物管理委员会、中国社会科学院考古研究所、广东省博物馆：《西汉南越王墓》，文物出版社，1991年，第167～172页。

[26] 李鉴昭、王志敏：《江苏新沂县炮车镇发现汉

墓》,《文物参考资料》1955 年第 6 期。

[27] 张存远:《转化与生成——汉代墓葬中朱砂红的使用分析》,中国艺术研究院硕士学位论文,2022 年,第 15 页。

[28] [清] 阮元校刻:《十三经注疏·周礼注疏》卷三十一《夏官司马下·方相氏》,中华书局,2009 年,第 1838 页。

[29] 孙机:《汉代物质文化资料图说》,文物出版社,1991 年,第 116 ~ 118 页。

[30] 同 [24]b。

[31] 同 [24]c。

[32] a. 安徽省博物馆:《安徽省博物馆藏青铜器》,上海人民美术出版社,1987 年,第 82 页;b. 江苏省丹徒考古队:《江苏丹徒北山顶春秋墓发掘报告》,《东南文化》1988 年第 Z1 期;c. 周建忠:《德清出土春秋青铜权杖考识》,浙江省博物馆编《东方博物》第十三辑,浙江大学出版社,2004 年,第 58 ~ 60 页;d.《文博简讯·浙江省》,《文物》1972 年第 3 期;e. 蔡晓黎:《浙江绍兴发现春秋时代青铜鸠杖》,《东南文化》1990 年第 4 期;f. 浙江省文物管理委员会、浙江省文物考古所、绍兴地区文化局、绍兴市文管会:《绍兴 306 号战国墓发掘简报》,《文物》1984 年第 1 期;g. 皖西博物馆:《皖西博物馆文物撷珍》,文物出版社,2013 年,第 104 页。

[33] [清] 阮元校刻:《十三经注疏·春秋左传正义》卷五十八《哀公七年》,中华书局,2009 年,第 4697 页。

[34] [汉] 赵晔撰,周生春辑校汇考:《吴越春秋辑校汇考·吴王寿梦传第二》,中华书局,2019 年,第 7 页。

[35] [汉] 班固撰:《汉书》卷一《高帝纪》,中华书局,1962 年,第 53 页。

[36] [汉] 班固撰:《汉书》卷三四《韩彭英卢吴传》,中华书局,1962 年,第 1894 页。

[37] 同 [4]b,第 618 页。

[38] a. 马雍:《软侯和长沙国丞相——谈长沙马王堆一号汉墓主人身份和墓葬年代的有关问题》,《文物》1972 年第 9 期;b. 朱桂昌:《"功比软侯"解》,《历史研究》1978 年第 5 期;C. 傅举有:《长沙马王堆汉墓研究综述》,《求索》1989 年第 2、3 期;d. 汪连兴:《关于马王堆一、二号汉墓墓主的族属、身份等问题的探想》,《铁道师院学报(社会科学版)》1994 年第 3 期;e. 余云华:《利苍原是俚族王》,《钦州师范高等专科学校学报》2005 年第 4 期。

[39] [汉] 司马迁撰:《史记》卷五十九《五宗世家》,中华书局,1959 年,第 2104 页。

[40] 同 [38]a。

[41] [清] 阮元校刻:《十三经注疏·仪礼注疏》卷三十九《既夕礼》,中华书局,2009 年,第 2498 页。

[42] [清] 阮元校刻:《十三经注疏·礼记正义》卷二十《文王世子第八》,中华书局,2009 年,第 3050 页。

[43] 同 [3]。

[44] 湖南省博物馆:《长沙砂子塘西汉墓发掘简报》,《文物》1963 年第 2 期。

[45] a. 俞伟超:《汉代诸侯王与列侯墓葬的形制分析——兼论"周制"、"汉制"与"晋制"的三阶段性》,《先秦两汉考古学论集》,文物出版社,1984 年,第 120 页;b. 贺刚:《湖南永州鹞子岭一号汉墓的墓主及相关问题》,湖南省博物馆主编《湖南省博物馆四十周年纪念论文集》,湖南教育出版社,1996 年,第 145 页;c. 黎石生:《西汉长沙国王侯墓地及其相关问题》,《考古耕耘录——湖南省中青年考古学者论文选集》,岳麓书社,1999 年,第 247 ~ 256 页。

[46] 刘瑞、刘涛:《西汉诸侯王陵墓制度研究》,中国社会科学出版社,2010 年,第 581 页。

[47] 湖南省文物考古研究所、怀化市文物处、沅陵县博物馆:《沅陵虎溪山一号汉墓发掘简报》,《文物》2003 年第 1 期。

[48] [汉] 班固撰:《汉书》卷五《景帝纪》,中华书局,1962 年,第 141 页。

[49] 长沙市文物考古研究所、长沙市望城区文物管理局:《湖南长沙风盘岭汉墓发掘简报》,《文物》2013 年第 6 期。

[50] 长沙市文物考古研究所、望城县文物管理局:《湖南望城风篷岭汉墓发掘简报》,《文物》2007 年第 12 期。

[51] 中国科学院考古研究所:《长沙发掘报告》,科学出版社,1957 年,第 95 ~ 97 页。

[52] a. 同 [51],第 97 页;b. 宋少华:《略谈长沙象鼻嘴一号汉墓陡壁山曹馔墓的年代》,《考古》1985 年第 11 期。

[53] 宋少华:《西汉长沙国(临湘)中小型墓葬分期概论》,《考古耕耘录——湖南中青年考古学者论文选集》,岳麓书社,1999 年,第 260 页。

[54] 陈松长编著:《湖南古代玺印》,上海辞书出版社,2004 年,第 7、12 页。

[55] 常德市博物馆:《湖南常德南坪西汉长沙国郎中令廖福家族土墩墓发掘简报》,《湖南省博物馆馆刊》第八辑,岳麓书社,2012 年,第 121 ~ 136 页。

[56] 陈杰、石荣传:《西汉长沙国诸侯王陵墓制度研究》,《江汉考古》2021 年第 4 期。

汉墓出土绿松石器浅论

A Preliminary Study on Turquoise Artifacts Unearthed from Han Tombs

南开大学历史学院　武留涵
河北大学历史学院　马玉娴
Wu Liuhan, Faculty of History, Nankai University
Ma Yuxian, History Institute, Hebei University

内容提要： 汉代绿松石器发现较多，种类多样，在继承春秋战国绿松石器种类与风格的基础上有所发展与创新。绿松石器在汉代是财富的象征，具有辟邪与升仙寓意，是当时审美之风和文化交流的体现。生活化趋势是汉代绿松石器的突出特征。

关键词： 汉墓　绿松石　生活化趋势

Abstract: Many turquoise artifacts of the Han Dynasty have been discovered, with a variety of types. They developed and innovated on the basis of inheriting the turquoise artifacts of the Spring and Autumn and the Warring States periods. Turquoise artifacts are symbols of wealth in the Han Dynasty and have the meaning of warding off evil and ascending to immortality, so they are the embodiment of the aesthetic style and cultural exchange of that time. The trend of becoming life-oriented is the prominent feature of turquoise artifacts of the Han Dynasty.

Keywords: Han Tombs; turquoise artifacts; the trend of becoming life-oriented

绿松石器因器物精美而备受关注。目前学界对中国古代绿松石器的讨论集中于先秦时期绿松石器的性质、工艺、原料产地等问题，洪石[1]、张昌平[2]等学者对汉代部分绿松石器展开了论述，但笔者目力所及尚未见关于汉代绿松石器的综合研究，因此本文拟在系统搜集汉墓出土绿松石器资料基础上，对其进行分类，并研究其使用等级、用途、文化内涵等。需要说明的是，本文所指绿松石器既包括单独的绿松石制品，也包括镶嵌绿松石器等。另外，汉墓中出土的部分绿松石器可能年代早于汉，详见后文。

一　概况与分类

出土绿松石器的汉墓较多，地点也相对分散，其中出土绿松石器较多的地区主要有西安、洛阳、河北、山东、江苏、湖南、两广、云贵等，墓葬主要有满城汉墓

图一 南越王墓绿松石无字印（采自南越王博物院官网）

图二 偃师华润电厂 M47 ：1 绿松石羊（采自《偃师华润电厂考古报告》图版一一）

图三 云南晋宁石寨山 M13 绿松石蝉形扣（采自《古滇王都巡礼：云南晋宁石寨山出土文物精粹》第 90 页）

图四 石寨山 M13 绿松石串饰（采自《古滇王都巡礼：云南晋宁石寨山出土文物精粹》第 70 页）

及定县中山王墓、盱眙大云山江都王墓、徐州楚国王侯贵族墓葬、长沙国王侯贵族墓葬、南越王墓、合浦汉墓群、晋宁石寨山墓地、江川李家山墓地、昆明羊甫头墓地、贵州赫章可乐墓地等。器物种类也较多，具体分类如下。

（一）单独绿松石制品

印章 南越王墓西耳室出土绿松石无字印 1 枚，方形，覆斗纽，印纽有对穿孔，长、宽 1.5 厘米，高 1.8 厘米；南越王身上随葬 3 组玺印，每组 3 枚，位于腹腿间的第三组中有绿松石无字印 1 枚；东侧室亦出土 1 枚绿松石无字印（图一）。[3] 云南个旧黑蚂井 M1：3 绿松石印章，印面呈方形，丘状纽，阴刻篆书“董辅王”三字，印面边长 1.7 厘米，通高 1.7 厘米。[4]

戒指 长沙五里牌李家老屋东汉墓 M9 出土 6 枚金戒指与 4 枚绿松石戒指，戒指大小有所差别，最大的戒指直径 2.1 厘米，最小的戒指直径 1.8 厘米，共重 33.5 克。[5]

动物形饰 有羊形、禽鸟形、龟形、虎形、狮形等，既有单独佩戴者，也有与其他珠子组合佩戴者，但两者不好区分，故而在此处统一介绍。长沙汤家岭西汉中晚期墓 M1 墓主颈部有一件伏卧状绿松石羊，中有穿孔，应为挂饰。[6] 合浦北插江盐堆西汉晚期墓 M1[7]、偃师华润电厂东汉晚期墓 M47 有类似器物，其中华润电厂 M47：1 长 1.3 厘米，高 1 厘米 [8]（图二），偃师商城博物馆藏绿松石羊应亦为汉代串饰 [9]。合浦风门岭西汉晚期墓 M26 出土 4 件禽鸟形绿松石饰 [10]，陕西咸阳机场高速公路周陵段西汉墓 M64 出土绿松石鹰与绿松石鸭形饰各一件 [11]，咸阳东郊张家堡村西汉晚期墓出土鹰形饰与鸽形饰各一件，西安南郊曲江财政干校新莽墓出土鸽形饰与鸡形饰各一件，咸阳渭城区龚家湾西汉晚期墓出土了龟形饰与虎形饰 [12]，安徽寿县寿春镇计生服务站东汉早中期墓 [13]、亳州市曹操宗族墓 [14] 出土有绿松石狮，河北定州市中山穆王刘畅墓出土绿松石蛙 10 件 [15]，山东莒县双合村汉墓出土绿松石瑞兽 1 件 [16]。

扣 此类器物与前者的区别在于穿孔的位置，即在背面有两个相互贯通的孔。云南晋宁石寨山墓地扣饰有扁圆形或长方形者，也有作鸟、兽、蝉等形状者 [17]（图三）。云南陆良薛官堡墓地 M38 出土两件乳钉状绿松石扣，其中 M38：10 长 2.1 厘米，宽 1.5 厘米，高 1.23 厘米。[18] 赫章可乐 M58 墓主颈部扣饰形似荷花，正中一尖帽，背面二椭圆孔相通。[19]

几何形坠饰 有耳坠、胸坠等，多为长方形、圆形或水滴形。辽宁营口天瑞水泥厂汉墓 [20]、湖南株洲鹅形岭东汉墓 M12[21] 有相关实物。

串饰 云南晋宁石寨山 M13 有一串绿松石挂件，珠子有圆管状与椭圆形，呈绿色及绿中闪蓝二色（图四）。[22]

棋子　亳县曹操宗族墓出土122枚绿松石方子，边长1厘米，厚0.3厘米，应为棋子。[23]

（二）镶嵌绿松石器

1. 镶嵌绿松石铜器

容器　如满城M2朱雀衔环杯[24]、邯郸张庄桥M2鎏金铜樽[25]、徐州土山M1鎏金兽形铜砚盒[26]、巢湖北山头M1嵌松石龙首长柄铜勺[27]等。

图五　石寨山M71：103铜扣饰（采自《晋宁石寨山——第五次发掘报告》图版七十）

图六　东洞山M2楚王后墓铜瑟枘（采自徐州博物馆官网）

车马器　曲阜九龙山汉墓出土当卢与马衔镳等，鎏金或错金银，并镶嵌玛瑙、绿松石。[28]定州三盘山M122出土一件错金银嵌绿松石与玛瑙青铜伞挺[29]。满城M1铜辕饰、承弓器、锯齿形器等，鎏金嵌绿松石和玛瑙。[30]

兵器　徐州狮子山楚王墓出土一件错金银嵌绿松石铜矛[31]。江川李家山M24：87铜剑茎上有绿松石镶嵌的蛙形图案[32]。

铜饰件　满城M1出土2件铜铺首嵌绿松石和玛瑙，可能为漆器上的构件。[33]扬州邗江甘泉老虎墩汉墓2件鎏金嵌绿松石铜兽足为一铁器的足[34]。

带钩　有曲棒形、水禽形等。南越王墓[35]、曲阜九龙山汉墓[36]、陕西投资策划服务公司汉墓[37]、张家口阳原北关汉墓[38]、赫章可乐甲类墓M22[39]等出土相关实物。

镯　西南地区出土较多，晋宁石寨山M39与M47[40]，昆明羊甫头墓地M113[41]，江川李家山M6、M17[42]，赫章可乐乙类墓[43]等皆有出土。

扣饰　西南地区流行一种以绿松石片或孔雀石片为地的长方形或圆形扣饰，昆明羊甫头M19、M110、M113[44]，晋宁石寨山M71[45]（图五），江川李家山M43、M68[46]等墓皆有出土。

镇　多为一套4件。盱眙大云山M2出土4件错金银嵌宝石镇，造型、纹饰基本相同，底部各刻有铭文“甲”“乙”“丙”“丁”。[47]定县M40[48]与邢台南郊西汉墓[49]墓内石案上四角各放一错银镶绿松石铜羊。

枘　有瑟枘与筑枘两种，前者多成对，后者多为单件。西咸新区李家寨M22[50]、徐州东洞山楚王后墓[51]（图六）、永州鹞子岭M2[52]、商丘窑山M2[53]、五莲张家仲崮汉墓[54]等出土有镶嵌绿松石铜瑟枘，一些简报或报告中称为仪仗顶饰的器物应也为枘，如满城汉墓[55]、徐州石桥汉墓[56]、北京大葆台汉墓[57]等。

骰子　满城M2出土一件十八面错金银镶宝石铜骰子，与“宫中行乐钱”同出。[58]

2. 镶嵌绿松石铁器

以铁剑为主，贵县汉墓出土西汉剑2件、东汉剑17件，均长锋短柄，柄端多镶嵌绿松石，也有镶白玉石者。[59]

3. 镶嵌绿松石漆木器

洪石研究员曾详细介绍了大云山与满城汉墓嵌绿松石漆杯、盘、案、奁，南越王墓漆背铜镜等[60]，重复者此处不述。

鞘　盱眙大云山M9出土铁削2件，漆鞘为夹纻胎，髹黑漆，正面镶嵌圆形绿松石及云母石饰片，周边随意镶嵌绿松石及云母石碎屑。[61]

瑟　长沙渔阳墓一件瑟瑟面中间用绿松石镶嵌一条飞龙[62]。

图七 狮子山楚王墓金带钩（采自徐州博物馆官网）

图八 象鼻嘴M1透雕玉饰（采自湖南博物院官网）

4. 镶嵌绿松石金银器

车马器 盱眙大云山M1出土15件银盖弓帽，以半圆形玛瑙珠饰与绿松石珠饰满嵌器身[63]。

带钩 徐州狮子山楚王墓出土一件嵌绿松石鱼龙形金带钩[64]（图七）。

带扣与带饰 寿县寿春镇计生服务站东汉墓出土1件嵌松石八龙纹金带扣[65]，大连营城子汉墓2003M76有类似的龙纹金带扣[66]，晋宁石寨山M7出土了有翼虎纹银带扣[67]，固原南郊九龙山汉墓出土镶松石联珠纹金带饰[68]。

扣 莒县浮来山西汉城阳国墓葬出土4件半球形嵌松石金扣[69]。

头饰 巩义市新华小区汉墓出土一件金鸟饰[70]，新疆和静县察吾乎沟口M3一女性头顶出土一件嵌绿松石金饰[71]。

耳饰 新疆地区出土较多，胜金店墓地M20[72]、交河故城沟西墓地M1[73]等皆有出土。

戒指 长沙五一路M9出土一枚金戒指，戒面为椭圆形，中有一圆孔，内嵌绿松石，孔周焊金粒一周。[74]永州零陵东汉墓出土嵌绿松石鎏金银戒指2枚[75]。

动物形饰 定县M43出土掐丝金辟邪、掐丝金羊群等[76]，莒县双合村汉墓出土了金蟾形饰[77]。

金饰件 长沙黑槽门M12出土1件嵌松石桃形卷云纹金饰件[78]，固原九龙山汉墓出土桃形联珠纹金饰29件[79]。甘泉M2出土有嵌松石亚字形饰、挂锁形饰、王冠形金圈饰等。[80]

灶 仅两例，分别出土于莒县双合村汉墓与西安沙坡汉墓，金灶以金丝、金珠和绿松石点缀。[81]

鞘 晋宁石寨山M6铁剑有长蛇噬鱼形金鞘，蛇身上原镶有绿松石小圆片[82]。

5. 镶嵌绿松石玉石器

种类与数量较少。长沙象鼻嘴M1镂空玉璧形饰，正面中间镶嵌一圈绿松石，背面中间有一短圆柱，四周雕出生动的龙、凤、熊等动物，直径5.5～5.9厘米，厚0.3厘米（图八）。[83]徐州狮子山楚王墓镶玉漆棺用玉铆钉、镶绿松石玉铆钉、贴金箔玉铆钉、带铜弧形框玉铆钉等把玉璧镶嵌在棺板上。[84]

（三）以绿松石珠为串饰

与前文所列串饰不同，此处指的是绿松石珠与琥珀、玛瑙、水晶等其他料珠共同组合成串饰，此类器物出土地点与数量多，尤其是岭南和西南地区出土较多。其中江川李家山M47“珠被”[85]，晋宁石寨山M71以金、玉、玛瑙和绿松石等大小珠子穿缀成的复杂串饰[86]，可能与文献中所记“珠襦”有关。另在徐州西汉刘治墓出土一枚与4个串饰以绳串联的白玉质双面印，4个串饰从左到右分别为墨绿色玉珠、绿松石珠、白色玉珠、橘红色玛瑙珠。[87]

（四）其他

南越王墓五色药石出土于西耳室西侧南墙根杵臼旁，包括紫水晶、硫黄、雄黄、赭石、绿松石。[88]另在湖北竹山胡家坡汉墓出土绿松石矿料9枚[89]。新疆胜金店M3、M28、M29还出土了仿绿松石玻璃珠。[90]

二 性质与文化内涵

（一）财富的象征

绿松石在多地史前文明中都被当成“有权者阶层表达权威与强调社会分层的物化表现和象征物”[91]，在中国史前至商周时期也常被用于礼器。根据前文的梳理，西汉时期，除铜扣饰、铜镯等西南地区特色器物外，镶嵌绿松石铜器、漆器主要出土于王侯级别墓葬中，使用等级虽逐渐向下兼容，但也并非平民阶层所能使用的。汉代绿松石器礼器性质已大为衰减，而更多是作为墓主财富的象征。

（二）辟邪与升仙

包含两个方面，一是绿松石自身的辟邪与辅助墓主升仙的内涵，二是部分绿松石器因其器形或纹饰等而具有的相关性质，已有学者分析了金灶和巩义汉墓金鸟饰的相关内涵。[92] 前者亦可从两个方面考虑。首先，南越王墓出土“五色药石”说明绿松石在汉代应为“仙药”的成分之一，因而具有辟邪和引导升仙的功能；另外，汉代绿松石、玛瑙等宝石常被用作玉的替代品，如在合浦汉墓中出土玛瑙制成的窍塞等。因此，绿松石也同玉器一样被赋予辟邪升仙的内涵。

（三）审美与收藏

西汉时期镶嵌绿松石铜器多采用鎏金或错金银装饰，如前述徐州东洞山 M2 楚王后墓出土铜枘顶端嵌一颗玛瑙，外周错金作正六角形，六角内相间嵌桃形绿松石和淡黄色玛瑙，六角外为六个错银三角花瓣，花瓣内亦嵌绿松石和玛瑙，花瓣下错金，并嵌珠六颗，嵌玛瑙、绿松石与错金银的搭配相得益彰。而绿松石动物形饰尺寸一般较小，但动物造型生动，这些都是汉代审美风格的生动体现。另外，江苏涟水三里墩汉墓为西汉中期列侯级别墓葬，墓中出土的镶绿松石牺尊、铜镈、铜鹿等器物具有春秋战国时期风格，可能为墓主生前收藏品。[93]

（四）文化交流的体现

包括两方面，一是汉朝与其他地区的交流，合浦汉墓出土的大量绿松石、玛瑙和琥珀制品应是与海上丝绸之路有关，而如联珠纹桃形金饰件等则是通过陆上丝绸之路传入的，此外还有北方草原因素的影响。二是疆域内各地区之间的交流，如岭南与西南地区之间应存在一条人员迁徙和货物贸易的路线[94]，两地出土的绿松石器相互影响而存在一定共性。大连营城子汉墓金带扣则是中央与地方关系的体现，该带扣属于当时由中央直接控制的官营手工作坊的产品[95]，墓主身份显赫故被赐予金带扣。

三 继承与发展

汉代绿松石器在继承战国绿松石器基础上发展出自身特色。首先，地域方面，除中原地区外，西南地区与岭南地区出土绿松石器较多且具有特色，而春秋战国时期出土绿松石器较多的湖北地区已发现较少，应与湖北地区高等级汉墓发现较少相关。种类方面，春秋战国时期的部分绿松石器，如带钩、剑等发现较少，新出现或流行绿松石印、动物形饰、镇、枘等。

洪石研究员认为秦汉时期为嵌绿松石漆器的衰落期[96]，就汉代绿松石器整体面貌而言，此时期绿松石器的最大特征为渐趋生活化，即为日常生活服务，无论是镇、枘，还是绿松石饰，都是与日常生活密切相关的，这是与汉代青铜器、漆器等的生活化特征相一致的。

四 小结

总而言之，汉代绿松石器种类较多，

也具有多样的文化内涵，如财富的象征、辟邪与升仙等寓意，是汉代审美和收藏之风及文化交流的体现，其典型特征是生活化趋势。因笔者能力不足，本文还存在一些问题，如对工艺和原料来源等方面所论较少，不当之处，敬请指正。

注释：

[1] 洪石：《先秦两汉嵌绿松石漆器研究》，《考古与文物》2019 年第 3 期。

[2] 张昌平：《概说古代中国绿松石器的发展及其礼仪性》，《江汉考古》2022 年第 4 期。

[3] 广州市文物管理委员会、中国社会科学院考古研究所、广东省博物馆：《西汉南越王墓》，文物出版社，1991 年，第 120、199、248 页。

[4] 云南省文物考古研究所、红河哈尼族彝族自治州文物管理所、个旧市博物馆：《个旧市黑蚂井墓地第四次发掘报告》，科学出版社，2013 年，第 196 页。

[5] 湖南省博物馆：《长沙五里牌古墓葬清理简报》，《文物》1960 年第 3 期。

[6] 湖南省博物馆：《长沙汤家岭西汉墓清理报告》，《考古》1966 年第 4 期。

[7] 熊昭明：《汉代合浦港考古与海上丝绸之路》，文物出版社，2015 年，第 118 页。

[8] 洛阳市文物考古研究院：《偃师华润电厂考古报告》，中州古籍出版社，2012 年，第 63 页。

[9] 乔梁：《偃师商城博物馆藏绿松石瑞兽的年代及相关问题研究》，《华夏考古》2014 年第 4 期。

[10] 广西壮族自治区文物工作队、合浦县博物馆：《合浦风门岭汉墓——2003—2005 年发掘报告》，科学出版社，2006 年，第 83 页。

[11] 咸阳市文物考古研究所：《咸阳机场高速公路周陵段汉唐墓清理简报》，《文博》2003 年第 2 期。

[12] 刘云辉：《陕西出土汉代玉器》，文物出版社，2009 年，第 231～233 页。

[13] 许建强、邱雪峰：《安徽寿县寿春镇计生服务站东汉墓遗物及相关问题》，《东南文化》2014 年第 3 期。

[14] 安徽省亳县博物馆：《亳县曹操宗族墓葬》，《文物》1978 年第 8 期。

[15] 定县博物馆：《河北定县 43 号汉墓发掘简报》，《文物》1973 年第 11 期。

[16] 刘云涛：《山东莒县双合村汉墓》，《文物》1999 年第 12 期。

[17] 云南省博物馆：《云南晋宁石寨山古墓群发掘报告》，文物出版社，1959 年，第 125 页。

[18] 中国社会科学院考古研究所、云南省文物考古研究所、曲靖市文物管理所、陆良县文物管理所：《云南陆良县薛官堡墓地发掘简报》，《考古》2015 年第 4 期。

[19] 贵州省博物馆考古组、贵州省赫章县文化馆：《赫章可乐发掘报告》，《考古学报》1986 年第 2 期。

[20] 辽宁省文物考古研究所：《辽宁营口鲅鱼圈区天瑞水泥厂汉代砖室墓发掘简报》，《北方文物》2016 年第 2 期。

[21] 株洲市文物局、株洲市博物馆：《湖南省株洲市攸县皇图岭镇鹅形岭东汉墓群》，《湖南省博物馆馆刊》第十一辑，岳麓书社，2015 年，第 128～181 页。

[22] 晋宁县文化体育局：《古滇王都巡礼：云南晋宁石寨山出土文物精粹》，云南民族出版社，2006 年，第 70 页。

[23] 同 [14]。

[24] 中国社会科学院考古研究所、河北省文物管理处：《满城汉墓发掘报告》，文物出版社，1980 年，265 页。

[25] 陈光唐、王昌兰：《邯郸历史与考古》，文津出版社，1991 年，第 94 页。

[26] 张译丹：《徐州汉代铜铁器珍品散记》，《文物天地》2019 年第 5 期。

[27] 安徽省文物考古研究所、巢湖市文物管理所：《巢湖汉墓》，文物出版社，2007 年，第 97 页。

[28] 山东省博物馆：《曲阜九龙山汉墓发掘简报》，《文物》1972 年第 5 期。

[29] 路懿菡、郭梅：《定州三盘山汉墓错金银青铜伞挺纹饰涵义考察》，《文博》2016 年第 2 期。

[30] 同 [24]，第 186、196 页。

[31] 徐州博物馆：《古彭遗珍：徐州博物馆馆藏文物精选》，国家图书馆出版社，2011 年，第 266 页。

[32] 云南省博物馆：《云南江川李家山古墓群发掘报告》，《考古学报》1975 年第 2 期。

[33] 同 [24]，第 151 页。

[34] 扬州博物馆：《江苏邗江县甘泉老虎墩汉墓》，《文物》1991 年第 10 期。

[35] 同 [3]，第 165 页。

[36] 同 [28]。

[37] 陕西省考古研究所：《陕西投资策划服务公司汉墓清理简报》，《考古与文物》2006 年第 4 期。

[38] 河北省文物研究所：《河北阳原县北关汉墓发掘简报》，《考古》1990 年第 4 期。

[39] 同 [19]。

[40] 云南省博物馆:《云南晋宁石寨山古墓第四次发掘简报》,《考古》1963 年第 9 期。

[41] 云南省文物考古研究所、昆明市博物馆、官渡区博物馆:《昆明羊甫头墓地》,科学出版社,2005 年,第 75~76 页。

[42] 同 [32]。

[43] a. 同 [19]; b. 贵州省文物考古研究所:《赫章可乐二〇〇〇年发掘报告》,文物出版社,2008 年,第 82 页。

[44] 同 [41],第 72 页。

[45] 云南省文物考古研究所、昆明市博物馆、晋宁县文物管理所:《晋宁石寨山——第五次发掘报告》,文物出版社,2009 年,第 77 页。

[46] 云南省文物考古研究所、玉溪市文物管理所、江川县文化局:《江川李家山——第二次发掘报告》,文物出版社,2007 年,第 99 页。

[47] 南京博物院、盱眙县文广新局:《江苏盱眙大云山江都王陵二号墓发掘简报》,《文物》2013 年第 1 期。

[48] 河北省文物研究所:《河北定县 40 号汉墓发掘简报》,《文物》1981 年第 8 期。

[49] 河北省文物管理处:《河北邢台南郊西汉墓》,《考古》1980 年第 5 期。

[50] 陕西省考古研究院:《陕西西咸新区秦汉新城李家寨墓地 M22 发掘简报》,《考古与文物》2023 年第 5 期。

[51] 同 [26]。

[52] 湖南省文物考古研究所、永州市芝山区文物管理所:《湖南永州市鹞子岭二号西汉墓》,《考古》2001 年第 4 期。

[53] 河南省商丘市文物管理委员会、河南省文物考古研究所、河南省永城市文物管理委员会:《芒砀山西汉梁王墓地》,文物出版社,2001 年,第 272 页。

[54] 潍坊市博物馆、五莲县图书馆:《山东五莲张家仲崮汉墓》,《文物》1987 年第 9 期。

[55] 同 [24],第 90 页。

[56] 徐州博物馆:《徐州石桥汉墓清理报告》,《文物》1984 年第 11 期。

[57] 大葆台汉墓发掘组、中国社会科学院考古研究所编:《北京大葆台汉墓》,文物出版社,1989 年,第 41 页。

[58] 同 [24],第 272 页。

[59] 广西省文物管理委员会:《广西贵县汉墓的清理》,《考古学报》1957 年第 1 期。

[60] 同 [1]。

[61] 南京博物院、盱眙县文广新局:《江苏盱眙大云山江都王陵 M9、M10 发掘简报》,《东南文化》2013 年第 1 期。

[62] 长沙市文物考古研究所、长沙简牍博物馆:《湖南长沙望城坡西汉渔阳墓发掘简报》,《文物》2010 年第 4 期。

[63] 南京博物院、盱眙县文广新局:《江苏盱眙县大云山西汉江都王陵一号墓》,《考古》2013 年第 10 期。

[64] 狮子山楚王陵考古发掘队:《徐州狮子山西汉楚王陵发掘简报》,《文物》1998 年第 8 期。

[65] 同 [13]。

[66] 大连市文物考古研究所、大连营城子汉代墓地考古工作队:《辽宁大连市营城子汉墓群 2003M76 的发掘》,《考古》2019 年第 10 期。

[67] 同 [17],第 112 页。

[68] 李海平、朱小平:《浅析固原出土镶松石金带饰及金花饰》,《文物天地》2019 年第 11 期。

[69] 刘云涛:《山东莒县浮来山西汉城阳国墓葬发掘简报》,《东南文化》2015 年第 4 期。

[70] 郑州市文物考古研究所、巩义市文物保护管理所:《河南巩义市新华小区汉墓发掘简报》,《华夏考古》2001 年第 4 期。

[71] 中国社会科学院考古研究所新疆队、新疆巴音郭楞蒙古自治州文管所:《新疆和静县察吾乎沟口三号墓地发掘简报》,《考古》1990 年第 10 期。

[72] 吐鲁番学研究院:《新疆吐鲁番市胜金店墓地发掘简报》,《考古》2013 年第 2 期。

[73] 新疆文物考古研究所:《1996 年新疆吐鲁番交河故城沟西墓地汉晋墓葬发掘简报》,《考古》1997 年第 9 期。

[74] 高至喜、国红:《长沙汉墓出土金器研究》,《湖南省博物馆馆刊》第九辑,岳麓书社,2013 年,第 299~314 页。

[75] 周世荣:《湖南零陵出土的东汉砖墓》,《考古》1964 年第 9 期。

[76] 同 [15]。

[77] 同 [16]。

[78] 同 [74]。

[79] 同 [68]。

[80] 南京博物院:《江苏邗江甘泉二号汉墓》,《文物》1981 年第 11 期。

[81] 韩伟主编:《中华国宝:陕西珍贵文物集成 · 金银器卷》,陕西人民教育出版社,1998 年,第 210 页。

[82] 同 [17],第 108 页。

[83] 湖南省博物馆:《长沙象鼻嘴一号西汉墓》,《考古学报》1981 年第 1 期。

[84] 中国国家博物馆、徐州博物馆:《大汉楚王——徐州西汉楚王陵墓文物辑萃》，中国社会科学出版社，2005 年，第 318 页。

[85] 同 [46]，第 14 页。

[86] 同 [45]，第 29 页。

[87] 徐州博物馆:《江苏徐州市翠屏山西汉刘治墓发掘简报》,《考古》2008 年第 9 期。

[88] 同 [3]，第 141 页。

[89] 李菲:《浅析湖北竹山出土的西汉绿松石矿料》,《汉江师范学院学报》2020 年第 2 期。

[90] 王栋、温睿、王龙等:《新疆吐鲁番胜金店墓地出土仿绿松石玻璃珠研究》,《文物》2020 年第 8 期。

[91] 秦小丽:《跨文化视角下的绿松石与镶嵌礼仪饰品研究》,《中原文化研究》2020 年第 6 期。

[92] a. 武玮:《汉墓出土金灶寓意探析》,《考古与文物》2008 年第 5 期；b. 杨建军、甄奎:《“金乌饰”辨识》,《中原文物》2012 年第 5 期。

[93] 南京博物院:《江苏涟水三里墩西汉墓》,《考古》1973 年第 2 期。

[94] 杨勇:《论云南个旧黑蚂井墓地及其相关问题》,《考古》2015 年第 10 期。

[95] 刘金友、王飞峰:《大连营城子汉墓出土金带扣及其相关研究》,《北方文物》2015 年第 3 期。

[96] 同 [1]。

湖南出土汉晋微雕动物形珠饰赏析

Appreciation of Han and Jin Miniature Animal-shaped Bead Ornaments Unearthed in Hunan

湖南博物院（湖南省文物鉴定中心）　覃　璇

Qin Xuan, Hunan Museum (Hunan Provincial Cultural Relics Authentication Center)

内容提要： 自旧石器时期开始，人类的远古祖先便开始制作、佩戴珠饰，此后，珠饰一直贯穿人类发展历程，受到全世界不同地区、民族的喜爱。湖南地区出土的珠饰数量多、种类丰富，其中有一类体形小巧、采用圆雕技法雕琢而成的微雕珠饰，集中于西汉至晋代，其工艺精湛、经济价值高，是经济文化交流的重要载体。本文选取珠饰中蕴含丰富文化艺术内涵及趣味性的动物形微雕珠饰，对湖南地区出土的这类珠饰进行收集、整理，并依据不同的器形进行分类、描述。

关键词： 微雕　珠饰　汉晋时期　狮形珠

Abstract: Starting from the paleolithic age, human ancestors of remote antiquity began to make and wear bead ornaments. Since then, bead ornaments have continued to be worn throughout human history and be loved by ethnic groups throughout the world. Among the numerous bead ornaments of different types unearthed in the Hunan region, there is one kind of miniature bead ornaments crafted with circular carving technique predominantly made from the Western Han dynasty to the Jin dynasty. Made with superb craftsmanship and possessing high economic value, they are an important carrier of economic and cultural exchange. This paper selects the animal-shaped miniature bead ornaments with rich cultural and artistic connotations, sorts out such ornaments unearthed in the Hunan region, and categorize and describe them according to their different shapes.

Keywords: miniature; bead ornaments; Han and Jin dynasties; lion-shaped bead

珠饰是指经人类加工，其上有穿孔或穿系以便佩戴的各种形状、材质的串饰构件[1]，自旧石器时期起，人类祖先便将植物种子和果实、贝壳、兽骨等材料制成珠饰后佩戴，此后珠饰的制作和使用一直贯穿人类历史发展，随着生产力的提高，珠饰的材质、造型及制作工艺不断发展，并被赋予丰富的文化、精神内涵和审美意趣。我国珠饰的最早起源可以追溯至 1.8 万年前，北京周口店山顶洞人将石珠、海贝、兽牙等穿孔佩戴，部分珠饰还用赤铁矿染成红色。

湖南地区出土珠饰数量甚多，据不完全统计有 2 万余件[2]，材质多样，造型丰富，色彩斑斓，几乎涵盖从新石器时期至明清的所有历史时期，其中以战国至汉代出土数量最多。早期的玉石器珠饰多以珠、管类饰物为主，自西汉中期开始出现了一类体形小巧、秀气凝练的珠饰，采用圆雕技法雕琢而成，钻有穿孔用于佩戴，造型主要为各类动、植物以及特定的器物或几何纹饰，左骏称之为“宝玉石微雕”[3]，主要集中于汉晋时期。微雕珠饰制作精细，便于携带和运输，经济价值高，是当时贸易的重要商品，也是不同区域间经济和文化交流的载体。汉晋时期湖南地区出土的微雕珠饰形制可分为胜形和各种动物造型，本文选取其中的动物形微雕珠饰作为研究对象，依据造型进行分类，主要有狮形、羊形、龟形、鸟形等。

一 狮形珠

狮形珠是微雕动物珠饰中数量最多的一类，它不仅在湖南地区多见，在全国范围内都有出土，尤以广东广州、广西合浦为多。广州出土汉代狮形珠 17 颗，有琥珀、黄水晶、红玉髓材质，合浦出土的狮形珠数量也很丰富，材质有红玉髓、琥珀、石榴石、玻璃等。有学者研究认为，两广地区出土的大量狮形珠从器物风格而言与南亚地区存在密切联系，红玉髓、石榴石、黄水晶等硬度较高材质的狮形珠可能来自南亚地区，而琥珀质狮形珠则可能部分来自海外如缅甸等，部分为岭南工匠利用外来原料仿制而成。[4]

湖南地区的狮形珠多出土于东汉墓葬，材质以琥珀为主，也有绿松石、水晶及透闪石质。经对比与分析，其中一件施釉水晶狮形珠为从印度进口[5]，反映外来技术工艺及审美情趣。标本 1（图一，1），长 1 厘米，宽 0.4 厘米，高 0.6 厘米，1975 年长沙火车站出土。水晶质，个体细小，体扁平较薄，外观呈狮形，蹲伏状，双耳立起，双目突出，下肢部略有残损。阴刻沟槽内，以及臀部表面局部附着有浅蓝色透明至半透明的玻璃状釉料，已有明显的龟裂，大部分釉料或已脱落。胸部横向穿孔。

除此之外，其他狮形珠材质、造型上与域外同类产品有别，应均系我国工匠制作，这些珠饰依据艺术特征、材质及雕刻工艺等，大致可分为三类。

第一类仅有一件，以透闪石为材质，形态与汉代及之前的动物形玉雕相似。

标本 2（图一，2），汉，长 1.2 厘米，宽 0.7 厘米，高 0.9 厘米，1975 年长沙火车站出土。玉质，已受沁呈白色，无光泽。体形小巧，臀部略向上凸，腰部收缩，前足站立，后足趴伏，昂首，双耳立起，面部平，张嘴嘶吼状，腹部横向穿孔。

第二类形态与南亚、东南亚等地发现的狮形珠相似，双耳立起，位于头顶，双眼突出，吻部前凸，但其材质、穿孔方式和细节上又有所区别，或是本地工匠模仿域外狮形珠的形态进行仿制。

标本 3（图一，3），西汉，长沙谷山长沙王室墓 M7 出土，共 2 件，系盗掘后追回文物。其中 1 件长 1.75 厘米，宽 0.8 厘米，高 1.35 厘米，长沙市文物考古研究所藏。琥珀质，半透明，呈橘黄色，色泽均匀有光泽。两件珠饰形制基本相同，均为圆雕兽形，呈蹲伏状，后足盘屈，前足有爪，其中一件较为扁窄，另一件更宽厚圆润，头部圆润，双耳位于头部两侧，突出于颅顶，三角形眼以阴刻线勾勒而成，口鼻以横向阴刻线表示，腹部均有横向穿孔。

标本 4（图一，4），西汉晚期，长 2.1 厘米，宽 1.2 厘米，高 1.3 厘米，1957 年长沙新五一路 M009 出土。琥珀质，大体为深棕红色，半透明，间杂有橘色不透明不规则条带及斑块。外观圆润，呈趴伏状，首微昂，双耳立起，双眼突出，鼻前凸，阔嘴，背部、腹部及臀部两侧皆刻有两道弧线纹饰。腹部有一横向穿孔。

第三种类别出土甚丰，其双耳在脑袋两侧，大致呈长条形或短粗状，体型圆润饱满，五官较为简略，用阴刻线表示，也有少数尤为简略，未对五官进行描绘。此类狮形珠多出土于东汉墓葬，材质以琥珀、绿松石及煤精为主，材质、造型及穿孔方式均与域外狮形珠有较为明显的区别，应是狮形珠出现并流行一段时间后，本土工匠由仿制转变为简化自创的结果。

标本 5（图一，5），东汉，长 2 厘米，宽 2.1 厘米，高 1.2 厘米，1964 年长沙矿山设计院 M006 出土。琥珀质，卧兽呈回首状，四肢呈趴伏姿态，贴于身下，回首侧视，整体较为肥硕。头部较小，面部阴刻 V 形代表双目，阴刻一道宽弧线为嘴。腹部横向穿孔。

标本 6（图一，6），东汉，长 1.3 厘米，宽 0.7 厘米，高 0.7 厘米，1955 年耒阳营建工地 M017 出土。琥珀质，呈蹲伏状，表面布满龟裂纹，整体较为简略，依稀可辨出头、吻部，细节均不存，腹部横向穿孔。

标本 7（图一，7），东汉，长 2.3 厘米，宽 0.7 厘米，高 1.6 厘米，1955 年长沙丝茅冲 M144 出土。琥珀质，砖红色，不透明，表面具有几条较为明显的裂隙，并布满细密的龟裂纹。整体圆雕兽形，体侧较扁平，似呈蹲伏状，头顶扁平，细节不清，似以横向的阴刻线表示口鼻，腹部横向穿孔。

标本 8（图一，8），东汉，长 2.2 厘米，宽 1.1 厘米，高 1.4 厘米，1975 年长广 M50 出土。琥珀质，深棕红色，半透明，布满剥离状的裂纹，圆雕兽形，前肢前伸呈趴伏状，后肢蜷缩，相较于其他卧兽，该器物身体较长，背部宽厚，臀部小而短尖，头部突出，前胸下凹且明显，面部刻画不清，可能是使用磨损所致，一侧残存有三道短阴刻线，一条横向凹槽表示嘴。腹部横向穿孔。

标本 9（图一，9），东汉，长 2.5 厘米，高 1.8 厘米，1955 年长沙燕子咀 M003 出土。琥珀质，棕褐色，表面布满细密的龟裂。圆雕兽形，呈蹲伏状，臀部浑圆拱起，背下凹，后肢蜷缩，前肢略微前伸，头部突出，头顶平，颚部明显，长耳上扬，贴于头部两侧，长条形眼睛，鼻子两侧刻有多道凹槽，颇为写实。器身具两穿孔，一孔为自头部下方从前至后的纵向穿孔，另一孔自腹部横向穿孔。

标本 10（图一，10），东汉，长 1.8 厘米，宽 0.9 厘米，高 1.2 厘米，2003 年郴州骆仙岭北湖区政府新址 N32 出土，郴州市博物馆藏。琥珀质，红褐色，半透明状，布满龟裂，局部有黄色斑块。圆雕卧兽形，屈膝趴伏状，臀部浑圆，后肢蜷屈，头部前伸突出，以数道阴刻凹槽刻出双耳口鼻，嘴微张。腹部横向穿孔。

标本 11（图一，11），东汉，1963 年零陵 M2 出土。琥珀质，卧兽形，呈蹲伏状，腹部横向穿孔。

标本 12（图一，12），东汉，长 1.3 厘米，宽 0.9 厘米，高 0.8 厘米，1976 年长沙杨家山 M131 出土。琥珀质，棕红色半透明，具蜡状光泽，表面有开片较大的龟裂。整体呈趴伏状，造型圆润，雕刻简练，后臀突起，头部前伸，两凹点代表双眼，似曾有镶嵌物，吻部长，面部不清晰。器身有两穿孔，一腹部中央横向穿孔，另一从背部到腹部的穿孔。

标本 13（图一，13），东汉，长 1.7 厘米，宽 0.9 厘米，高 1.1 厘米，1959 年长沙五里牌铁道线 M3 出土。琥珀质，棕红色，局部半透明，表面布满龟裂，圆雕兽形，呈趴伏姿态，背部下凹，臀部大而浑圆，四肢刻画不清，前胸下凹，头部略上扬，双耳长且竖立，耳尖突出于颅顶，细节刻画不清，仅有一条横向的凹槽似表示微张的嘴，腹部横向穿孔。

标本 14（图一，14），东汉，珠长 0.9～3.1 厘米，直径 0.5～1.3 厘米，2003 年郴州骆仙岭北湖区政府新址工地 M24 出土，郴州市博物馆藏。水晶、红玉髓、琥珀以及金质珠饰一串，其中琥珀质动物形珠饰三枚，两件为圆雕卧兽形，一件似为龟纽形。该串饰出土时置于墓主手腕处，当作为手链使用。

标本 15（图一，15），东汉，长 2.6 厘米，宽 1.5 厘米，高 1.7 厘米，1959 年长沙五里牌铁道线 M3 出土。煤精质，黑色，略有光泽。圆雕兽形，体短，臀部圆润突起，背部下凹，腰部明显，四肢呈跪伏状，前肢略向前突出，头部略呈立方形，头顶、面部平，双耳斜立，鼻梁高耸，三角眼，以一横向的浅凹槽表示嘴。腹部横向穿孔。

标本 16（图一，16），东汉，长 2.5 厘米，宽 1.8 厘米，高 1.9 厘米，1995 年郴州永兴县粮食局工地 M1 出土，永兴县文物管理所藏。煤精质，圆雕兽形，身体粗短，臀部大而饱满，头小，双耳竖起，作蹲伏状，腰部有一穿孔。

标本 17（图一，17），东汉，长 1.8 厘米，宽 1.2 厘米，高 1.3 厘米，1954 年长沙伍家岭杨家湾 M001 出土。绿松石质，淡绿色，油脂、蜡状光泽，打磨细腻光滑。圆雕兽形，四肢呈趴伏状，体短浑圆饱满，臀部短，刻有一条长尾。背部平直，腰部不明显，头大前伸，略向上仰，下颚明显，头顶以浅浮雕饰椭圆形耳，阴刻三角形眼，长条形鼻，鼻两侧有三道阴刻线表示胡须。腹部横向穿孔。

标本 18（图一，18），东汉晚期，长 1.7 厘米，宽 1 厘米，高 1.1 厘米，1960 年长沙东屯渡万年红公社 M001 出土。琥珀质，暗褐色，表面布满龟裂，具暗红色条带。圆雕兽形，蹲伏状，后臀较短，浑圆，腰部明显，特以凹槽曲线表现蜷屈的后肢，前肢似有缺失，头大，浑圆，面部阴刻 X 形纹样，代表眼睛等五官，长耳位于头部两侧，略突出。腹部横向穿孔。

标本 19（图一，19），时代及出土信息同上，长 0.8 厘米，宽 0.6 厘米，高 0.7 厘米，琥珀质，身体较短，整体略呈三角形，呈趴伏状，头扬起。身体中心横向穿孔，孔径较大。

标本 20（图一，20），时代及出土信息同上，长 1.7 厘米，宽 0.9 厘米，高 1.1 厘米。琥珀质，暗褐色，半透明，表面光滑。圆雕兽形，呈蹲伏状，臀部浑圆且拱起，腰部明显，后肢蜷屈，前肢似向前伸出，头部以宽深凹槽表示下颚，头部略向前突，耳直立，分列头部两侧，面部雕饰不清。腹部横向穿孔。

标本 21（图一，21），时代及出土信息同上，长 1.7 厘米，宽 1 厘米，高 1 厘米。琥珀质，深棕红色，半透明。圆雕兽形，呈趴伏状。身体短粗，臀部浑圆略突起，腰部及后肢不明显，前肢具爪，略向前伸，头部短，以阴刻凹槽表示三角形眼，长条形鼻翼，一条阴刻长弧线表示嘴。腹部横向穿孔。

标本 22（图一，22），汉，长 1.6 厘米，宽 1.1 厘米，高 1.3 厘米，1975 年长沙火车站 M12 出土。琥珀质，深棕色，表面附着有淡黄色泥状物，圆雕兽形，体小而短，趴伏状，臀部短圆，短腰，四肢蜷缩，前爪略微向前突出，头大，耳长，突出，贴于头两侧，面部不清，似以横向沟槽代表嘴。腹部横向穿孔。

标本 23（图一，23），汉，长 1.3 厘米，宽 0.9 厘米，高 0.8 厘米，1952 年长沙蓉园魏家冲 M856 出土。琥珀质，深棕红色，半透明，个体较小，圆雕兽形，呈趴伏状，整

图一 狮形珠一组

1. 1975 年长沙火车站出土 2. 1975 年长沙火车站出土 3. 长沙谷山长沙王室墓 M7 出土
4. 1957 年长沙新五一路 M009 出土 5. 1964 年长沙矿山设计院 M006 出土
6. 1955 年耒阳营建工地 M017 出土 7. 1955 年长沙丝茅冲 M144 出土 8. 1975 年长广 M50 出土
9. 1955 年长沙燕子咀 M003 出土 10. 2003 年郴州骆仙岭北湖区政府新址 N32 出土
11. 1963 年零陵 M2 出土 12. 1976 年长沙杨家山 M131 出土 13. 1959 年长沙五里牌铁道线 M3 出土
14. 2003 年郴州骆仙岭北湖区政府新址工地 M24 出土 15. 1959 年长沙五里牌铁道线 M3 出土
16. 1995 年郴州永兴县粮食局工地 M1 出土 17. 1954 年长沙伍家岭杨家湾 M001 出土
18～21. 1960 年长沙东屯渡万年红公社 M001 出土 22. 1975 年长沙火车站 M12 出土
23. 1952 年长沙蓉园魏家冲 M856 出土 24. 1978 年长沙袁家岭 M1 出土
25～29. 1958 年长沙王公塘 M1 出土

体圆润饱满，风格写意、粗略，以寥寥数刀阴刻槽线勾勒出腰背、蜷缩的后肢、前肢和头吻部，面部不清，腹部横向穿孔。

标本 24（图一，24），汉，长 2.1 厘米，宽 1.1 厘米，高 1.4 厘米，1978 年长沙袁家岭 M1 出土。琥珀质，暗褐色，表面布满龟裂，局部已成粉状脱落，整体呈趴伏状兽形，侧身扁，呈三角形，头部昂首突出，后臀短尖，腰部不明显，背部倾斜，面部刻画较简略，双耳竖立于头部两侧，眼细长，嘴用一条长阴刻线表示。腹部横向穿孔。

标本 25（图一，25），晋，长 2.7 厘米，宽 1.5 厘米，高 1.7 厘米，1958 年长沙王公塘 M1 出土。琥珀质，深红色半透明，表面光洁细腻。圆雕卧兽形，四肢呈趴伏状，臀部圆润但未突起，背部下凹，整体雕刻简练写意，也可能是经使用磨损所致，前肢略向外伸，头部圆润，用宽弧线表示嘴。腹部横向穿孔，孔径较大，孔道圆滑。

标本 26（图一，26），时代及出土信息同上，长 2.1 厘米，宽 1 厘米，高 1.1 厘米。琥珀质，暗褐色半透明状，光泽不佳。圆雕兽形，呈匍匐状，后肢蜷屈，前肢收拢勾蜷，臀部较长且圆润，背部下凹，腰部明显，兽首前瞻，五官紧凑，双耳大而直立，以阴刻沟槽勾勒出眼鼻。腹部横向穿孔。

标本 27（图一，27），时代及出土信息同上，长 1.8 厘米，宽 1 厘米，高 1 厘米。琥珀质，深棕红色半透明状，具蜡状光泽，布满龟裂。圆雕卧兽形，轮廓简练，身体浑圆，头部前伸。腹部横向穿孔。

标本 28（图一，28），时代及出土信息同上，长 1.5 厘米，宽 1 厘米，高 1.2 厘米。琥珀质，棕红色，表面布满龟裂，圆雕卧兽形，体短紧凑，呈趴伏状，前肢略向前伸，卧兽头部圆润，似朝一侧扭曲，双耳立体。有两条穿孔，一为从颈部至臀部纵向穿孔，一为腹部横向穿孔，孔径均较大。

标本 29（图一，29），时代及出土信息同上，长 1.5 厘米，宽 0.9 厘米，高 0.9 厘米。琥珀质，暗棕红色，表面蜡质光泽。圆雕卧兽形。体较长，臀部较长略向上突起，背部下凹，腰部明显，后肢蜷屈，头部前伸，八字形眼，V 形鼻，整体形态简练。腹部横向穿孔。

二 羊形珠

羊因性情温顺、善良被赋予美好吉祥的寓意，汉代砖文常见“大吉羊”铭文，意为“大吉祥”，表达了人们趋吉避凶的精神追求，羊作为家畜也是财富的象征。新石器时期达茂草原的岩画上就出现了羊的身影，此后历朝历代均可见装饰羊纹或以羊为造型的器物。出土于湖南宁乡黄材镇的商代青铜器四羊方尊上塑有四个羊首，羊角卷曲，商代殷墟妇好墓出土数件玉羊首，西周曲沃晋侯墓地出土一件圆雕玉羊。汉代时羊的形象更加频繁地出现，故宫博物院、中国国家博物馆藏有多件汉代玉羊，河北满城汉墓出土羊形铜灯，江苏盱眙东阳 3 号墓出土一件西汉羊纽玉印，甘肃武威灵均台遗址也出土了汉代玉羊等。

微雕羊形珠数量不如狮形珠丰富，多出土于东汉墓葬，所使用的材料也与狮形珠不同，大部分为煤精质，有极少数为琥珀、绿松石等。羊形珠造型具有明显的共性，均为跪伏状，头部略小呈三角形，羊角弯曲而显目，呈现出头小角大的特征，身体肥硕饱满，四肢纤细，整体造型与同时代羊形玉饰十分相似，是工匠们对传统艺术造型的继承与利用。

标本 30（图二，1），西汉，长 1.5 厘米，宽 0.9 厘米，高 1.2 厘米，1963 年长沙汤家岭 M11 出土，出土时位于墓主颈部。绿松石质，圆雕羊形，呈伏卧状，身部中心及近腹底各一枚穿孔。

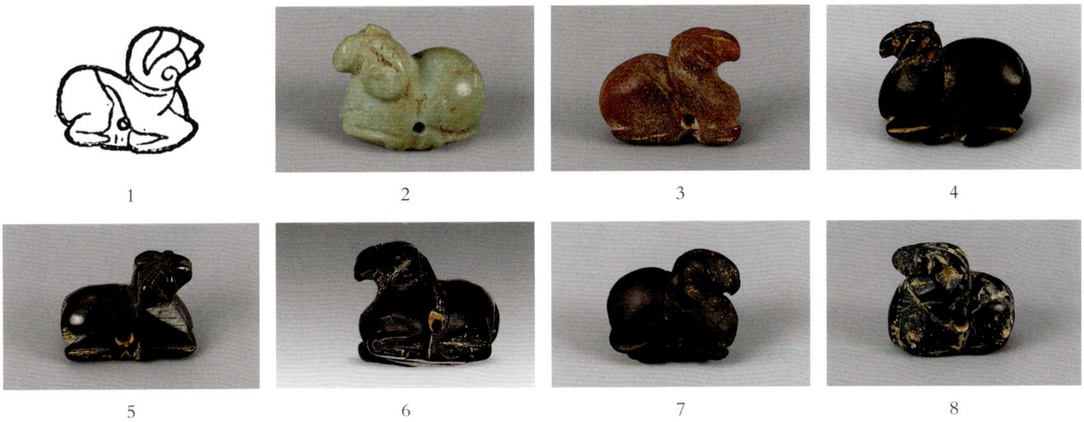

图二　羊形珠一组
1. 1963 年长沙汤家岭 M11 出土　2. 1976 年长沙杨家山 M131 出土　3～5. 1959 年长沙五里牌铁道线 M3 出土　6. 1954 年长沙黄土岭 M001 出土　7. 1974 年长沙滴水井 M001 出土　8. 1958 年长沙王公塘 M1 出土

标本 31（图二，2），东汉，长 1.4 厘米，宽 0.7 厘米，高 0.9 厘米，1976 年长沙杨家山 M131 出土。绿松石质，淡绿色，蜡状光泽。圆雕羊形，四肢呈跪卧状，臀部圆润凸起，背部下凹，腰部不明显，头部前伸，吻部突出，羊角大而盘曲。腹部横向穿孔。

标本 32（图二，3），东汉，长 1.6 厘米，宽 0.8 厘米，高 1.3 厘米，1959 年长沙五里牌铁道线 M3 出土。琥珀质，棕红色，圆雕羊形，前肢呈跪伏状，臀部圆润，背部下凹，腰部明显，前肢略前伸，头部前伸，吻部长，以数条阴刻线勾勒出弯曲的羊角，头前区正中以两条阴刻线刻出鼻梁。腹部横向穿孔。

标本 33（图二，4），东汉，长 2.7 厘米，宽 1.5 厘米，高 1.8 厘米，1959 年长沙五里牌铁道线 M3 出土。煤精质，深褐黑色至黑色，表面蜡状光泽，布满龟裂纹。圆雕羊形，形体较大，身躯壮硕，但头部小巧，前肢跪伏于地，臀部圆润饱满并上凸，后有一短尾。羊首整体呈三角形，一对盘曲而硕大的羊角，上刻密集的短阴刻线装饰，长耳，圆眼。腹部横向穿孔。

标本 34（图二，5），东汉，长 1.3 厘米，宽 0.7 厘米，高 1 厘米，1959 年长沙五里牌铁道线 M3 出土。煤精质，深褐色，蜡状光泽，保存较好。呈跪伏姿态，四肢蜷曲于身下，整体刻画略微写意，羊首微昂，吻部突出，一对盘曲的羊角刻画细致。腹部横向穿孔。

标本 35（图二，6），东汉，1954 年长沙黄土岭 M001 出土。煤精质，黑色，蜡状光泽，有龟裂。前腿跪伏于地，后腿蜷屈，臀部较窄并上凸，腰部明显，胸部前凸，羊首平视前突，吻部突出，耳鼻可辨，羊角盘曲且饰有阴刻横纹，风格写实。腹部横向穿孔。

标本 36（图二，7），东汉，长 1.7 厘米，宽 0.8 厘米，高 1.3 厘米，1974 年长沙滴水井 M001 出土。煤精质，暗褐色，光泽不佳。体短圆润，臀部突起，刻画一条短尾，四肢呈跪伏状并蜷屈于身下，羊首正视前方，下颚略向下勾曲，吻部前突，盘曲状羊角，以两条宽槽勾勒出鼻梁，胸部前突饱满。腹部横向穿孔。

标本 37（图二，8），晋，长 1.7 厘米，宽 1 厘米，高 1.3 厘米，1958 年长沙王公塘 M1 出土。煤晶质，黑色，略有光泽，有黄

图三　鸟形珠一组

1. 1975 年长沙火车站出土　2. 1953 年长沙蓉园 M006 出土　3. 1977 年长沙杨家山 M248 出土　4. 1978 年长沙出土　5. 1976 年长沙杨家山 M131 出土　6. 1976 年长沙杨家山 M75 出土　7. 1976 年长沙杨家山 M131 出土　8. 1960 年长沙东屯渡万年红公社 M001 出土　9. 1997 年郴州马家坪湘运公司工地 M11 出土

白色附着物。圆雕羊形，呈蹲伏状，体短，臀短，背直，四肢雕刻简略，头部明显突起并微昂，吻部突出，饰一对盘曲的羊角，底部平直光滑。腹部横向穿孔。

三　鸟形珠

鸟形珠材质以琥珀、绿松石为主，也有玻璃及透闪石质，造型丰富，但未见以凤鸟、仙鹤等瑞兽为创作蓝本，均是对现实动物的写实描绘，塑造了飞禽、游禽等不同的种类，具有极强的象生性，同时也具有时代特征，如其中一件绿松石鸟形珠，鸟喙衔有三朵灵芝，是汉代盛行的祈求长生思想的体现。

标本 38（图三，1），西汉，长 1.3 厘米，宽 0.5 厘米，高 0.4 厘米，1975 年长沙火车站出土。透闪石质，半透明具油脂光泽，表面有黄白色沁斑。圆雕鸟形，体积小巧，虽雕琢简略却形神具备，背略向上凸，尾翼较长，鸟首前伸，尖嘴。腹部横向穿孔。

标本 39（图三，2），西汉，长 1.5 厘米，宽 1.1 厘米，高 1 厘米，1953 年长沙蓉园 M006 出土。中等钙铝钾玻璃质，半透明，表面有龟裂。整体圆润，双翼合于身侧，尾部圆润收拢，翼上饰有象征羽毛的线条纹饰，颈短，鸟首喙部缺失。腹部横向穿孔。

标本 40（图三，3），西汉，长 1.7 厘米，宽 1 厘米，高 1 厘米，1977 年长沙杨家山 M248 出土。绿松石质，淡绿色，局部有土黄色附着物。双翼贴于身体两侧，底部还刻画了紧贴身体的双足，圆眼尖喙，双翼及尾部饰阴刻线表示羽毛纹样，双翼下方有一横向穿孔。

标本 41（图三，4），汉，长 0.9 厘米，宽 0.7 厘米，高 0.7 厘米，1978 年长沙出土，绿松石质，淡蓝绿色，蜡状光泽。圆雕鸟形，体积小巧，造型写意，头侧视，双翼收于身体两侧，尾尖。腹部横向穿孔。

标本 42（图三，5），东汉，长 1.4 厘米，宽 1 厘米，高 0.7 厘米，1976 年长沙杨家山 M131 出土。绿松石质，粉绿色，具油脂、蜡状光泽。工艺复杂的圆雕鸟状饰，大鸟回首，喙宽大而尖，头部刻有双眼，双翼微张开并向下包拢，双翼及尾部阴刻羽毛纹饰，底部刻有蜷缩的双足。大鸟喙中叼有三朵灵芝，摊附于鸟背一侧。

标本 43（图三，6），东汉，长 1.1 厘米米，宽0.8厘米，高0.7厘米，1976年长沙杨家山M75出土。琥珀质，深红褐色，半透明状，整体简略写意，似为一雏鸟蹲伏，头微扬，双翼收于身体两侧，上刻画数道阴刻线表示羽毛，其余未加修饰。腹部具一横向穿孔。

标本44（图三，7），东汉，长1.2厘米，宽0.5厘米，高1厘米，1976年长沙杨家山M131出土。琥珀质，红色，整体较扁平，长颈，头微扬，身躯呈圆饼状，背后有短尾，双足贴于腹部底下。腹部横向穿孔。

标本45（图三，8），东汉晚期，长1.6厘米，宽1.4厘米，残高1.2厘米，1960年长沙东屯渡万年红公社M001出土。琥珀质，圆雕鸟形，身体浑圆饱满，头部残缺，双翅合拢，贴在身体两侧，上饰阴刻线表示羽毛，尾短小。腹部横向穿孔。

标本46（图三，9），东汉，长1厘米，高0.8厘米，1997年郴州马家坪湘运公司工地M11出土。琥珀质，红褐色半透明。立体圆雕鸟形，昂首，头部浑圆未作细节，束颈，体短肥硕饱满，合翅，作栖息状，腹部有一穿孔。

四　龟形珠

龟是我国传统吉祥纹饰，新石器时期红山文化、良渚文化中即有象生龟形器和鳖形器，商代妇好墓出土了一只独具匠心的巧雕玉龟，青铜器中也有龟的造型。值得一提的是，山东济阳县刘台子西周早期墓出土十余件玉龟串饰，形制小巧，可与其他玛瑙珠、绿松石等珠饰整理成长110厘米的串饰。

至汉代时，崇尚神仙的风气益盛，龟更是备受喜爱和推崇。经分析，湖南地区出土的龟形珠饰中有两件水晶质龟形珠应为舶来品[6]，龟背较宽，而中国传统乌龟的造型中背壳较窄较长，部分阴刻龟甲纹，四足短小，与印度、东南亚地区的乌龟在形制上存在较为明显的区别。

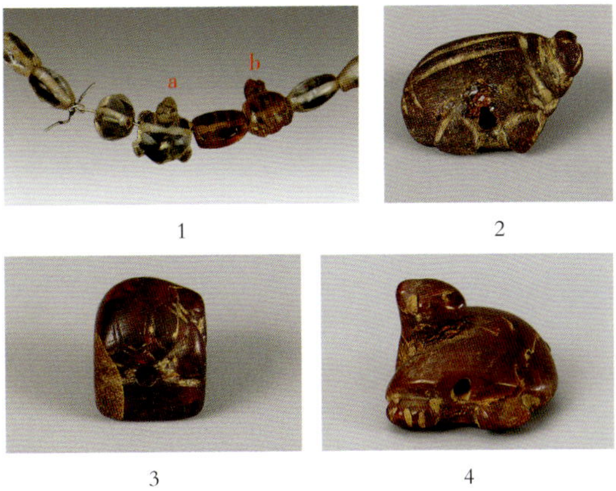

图四　龟形珠一组
1. 1959年长沙五一路工学园M9出土
2. 1957年长沙新五一路M009出土
3. 1975年长沙火车站出土
4. 1958年长沙王公塘M1出土

标本47（图四，1-a），西汉，1959年长沙五一路工学园M9出土。水晶质，无色透明，龟形，个体细小，外观扁，宽大而似圆形，雕琢精细，四足具爪伸出，三角形头部上扬，双目突出。腹部横向穿孔。

标本48（图四，1-b），西汉，1959年长沙五一路工学园M9出土。黄色透明水晶质，龟形，个体相较2a更小，外观整体呈三角形，以阴刻线勾勒出短宽的四肢，头大而前伸，双目位于头部两侧，并略微突出。腹部横向穿孔。

标本49（图四，2），西汉，长1.5厘米，宽1厘米，高0.8厘米，1957年长沙新五一路M009出土。琥珀质，外形似龟，四足短小，似呈爬行状，龟背上有两道纵向的阴刻线及三道与之垂直的短阴刻线，头小而微扬，比例不协调，粗略地以阴刻短线刻画出凹陷的眼和嘴。腹部横向穿孔。

标本50（图四，3），汉，长0.6厘米，宽0.6厘米，高0.7厘米，1975年长沙火车站出土。琥珀质，深红色半透明状，整

图五　其他类型珠饰一组
1. 1959 年长沙五一路工学园 M9 出土
2. 1960 年长沙东屯渡万年红公社 M001 出土
3. 1981 年常德东江出土
4. 1954 年长沙伍家岭杨家湾 M001 出土

体方正圆润，下端为方形块体，上具龟纽，龟甲半覆，上阴刻龟甲纹，前足突出，无印文。中间横向贯穿孔，应作佩饰用。

标本 51（图四，4），晋，长 1.8 厘米，宽 2.1 厘米，高 1.4 厘米。1958 年长沙王公塘 M1 出土。琥珀质，棕红色半透明，蜡质光泽，表面有龟裂。圆雕龟形，龟背宽厚呈盾状，略呈弧面，四爪伸出，龟首高昂，吻突出，五官刻画较为写意。侧面龟甲中央横向穿孔。

五　其他类型

除狮形、羊形、鸟形及龟形珠四类数量较多的微雕珠饰外，湖南地区还出土数件甲虫形、海螺形及虫蛹形珠，在此一并介绍。甲虫形珠饰具有较为鲜明的地域特色，目前仅在云南地区古滇国墓葬中出土较多，湖南长沙、四川西昌等地也有零星出土。甲虫形珠饰作为古滇国文化中的艺术题材，出现在四川、湖南等地的墓葬中，表明当时湖南与云南存在区域间的经济、文化交流。海螺形饰常见于南亚及东南亚地区，是具有宗教内涵和吉祥寓意的护身符，目前国内仅见一件，应属于舶来品。

标本 52（图五，1），西汉，1959 年长沙五一路工学园 M9 出土。水晶质，海螺形，以阴刻线勾勒出螺塔，螺壳右旋，穿孔沿珠体纵轴直穿。

标本 53（图五，2a），东汉晚期，长 1.5 厘米，宽 1 厘米，厚 0.6 厘米，1960 年长沙东屯渡万年红公社 M001 出土。琥珀质，甲虫形，深褐黑色，表面光泽油亮。整体呈枣核形，两端尖，底平，正面隆起，中线折棱。背部前端饰一道阴刻线，区分头部与身体，头部以阴刻线代表双目，背部则阴刻 Y 形纹代表双翅。双翅两侧有穿孔。

标本 53（图五，2b），东汉晚期，长 0.9 厘米，宽 1 厘米，厚 0.5 厘米，1960 年长沙东屯渡万年红公社 M001 出土。琥珀质，甲虫形，深褐红色，光泽暗淡，形制与前一件类似，体积略小。

标本 54（图五，3），东汉，长 1.5 厘米，宽 1 厘米，1981 年常德东江出土，琥珀质，褐红色，通体半透明，作蚕蛹形，以阴刻沟槽勾勒出纹饰细节，腹上部有一横向穿孔。

标本 55（图五，4），东汉，长 2.5 厘米，宽 1.8 厘米，厚 1.1 厘米，1954 年长沙伍家岭杨家湾 M001 出土。琥珀质，深褐红色，较不透明，材质中见斑杂状条带，整体呈倒笋状，饱满圆润，作蚕蛹形，以数条阴刻槽勾勒出细节，顶部平直，周缘有环形阴刻纹饰，顶部有一横向穿孔。

结　语

汉晋时期湖南地区出土的动物形微雕珠饰造型丰富，主要有狮、羊、鸟、龟、甲虫、蚕蛹形等，材质上以琥珀最为多见，其次为煤精、绿松石、水晶及透闪石等。这些珠饰深受中国古代源远流长的文化及艺术因素影响，其造型及内涵均可体现对传统文化的传承与发展，同时也具有典型的时代及器形特征，如形制微小，长度多在1～2厘米之间，最长者也不超过3厘米，造型及题材摆脱了商周时期动物纹饰的神秘主义色彩及汉代的谶纬神学思潮影响，均是对现实动物的写实塑造，具有较强的象生性。

这些动物形珠饰多作为串饰的部件，如2003年郴州骆仙岭北湖区政府新址工地M24出土的一串由水晶、红玉髓、琥珀以及黄金组成的珠饰（见图一，14），其中有三件为动物形琥珀珠，出土时位于墓主手腕处。[7]1996年扬州市邗江西湖胡场14号汉墓出土一组串饰，由金、玉、玛瑙、琥珀、玳瑁等材料制成，其中有琥珀质狮形珠、鸡形和鸭形珠等动物形珠饰，出土时位于女性墓主的胸部，应为生前佩戴的项饰。[8]扬州邗江甘泉姚庄101号西汉合葬墓中女性墓主的胸前出土一组串饰，由玉、玛瑙、琥珀等材料制成，其中有两件煤精质鸟和羊形饰。[9]通过这些未被盗扰的墓葬出土情况可知，动物形珠饰大多是作为腕饰或项饰的组件，且部分珠饰上有明显的使用痕迹，与陪葬明器有别，墓主应生前便在使用。除了装饰外，这些串饰可能具有更加深刻而丰富的含义。西汉元帝时黄门令史游为儿童编的识字课本《急就章》中提到“系臂琅玕虎魄龙，璧碧珠玑玫瑰瓮，玉玦环佩靡从容，射魃辟邪除群凶”[10]，意为用琅玕、琥珀、碧珠玑、玫瑰等各类材质的宝玉石制成虎、神兽、汲瓶等形状，穿系佩戴在手臂上，玉制的环、佩则让人显得顺和且举止从容有度，可以辟邪消灾。由此可见，这些制作精细的动物形珠饰应多作为墓主生前的项饰或腕饰使用，除装饰外也起到辟邪消灾的作用，同时用于陪葬，以期在阴间继续庇佑墓主。

以狮形珠为代表的微雕动物珠饰，自西汉时期传入后便较为广泛地传播，我国工匠在吸收了外来的审美元素和工艺后，结合传统的艺术素材，不仅对进口的动物形珠饰进行模仿，同时也创造出新的微雕造型，如蚕蛹形佩、胜形佩等。在制作材料上，与国外多使用硬石制作不同，我国制作的微雕珠饰多使用质地较软的材质，如琥珀、煤精、绿松石等，其中有两件透闪石质的微雕动物形珠，分别为狮形（见图一，2）和鸟形（见图三，1），应是在动物形微雕珠饰较为流行的社会风尚中，中国工匠利用本土材料和技术，结合传统的动物造型进行的一次微雕尝试。经过文化的吸收和融合，狮形珠、海螺珠连同蕴含辟邪祈祥含义的羊形珠、鸟形珠、龟形珠、蚕蛹形佩及胜形佩等，共同组成串饰，备受汉晋时期的达官贵族推崇，成为“射魃辟邪除群凶”的辟邪之物。

注释：

[1] 赵德云：《西周至汉晋时期中国外来珠饰研究》，科学出版社，2016年，第1页。

[2] 湖南省博物馆编：《湖南出土珠饰研究》，湖南人民出版社，2018年，第2页。

[3] 左骏：《西汉至新莽宝玉石微雕——从“系臂琅玕虎魄龙”说起》，《故宫文物月刊》2013年第12期。

[4] 广州市文物考古研究院：《广州出土汉代珠饰研究》，科学出版社，2020年，第294页。

[5] 覃璇、邹婧、龙天一等：《湖南出土汉晋时期微雕动物形珠饰造型与材质溯源初考》，《宝石和宝石学杂志（中英文）》2023年第6期。

[6] 喻燕姣、段晓明、王卉等：《长沙五里牌东汉墓出土宝石珠饰与古代海上丝绸之路中外交流》，《宝石和宝石学杂志（中英文）》2022年第6期。

[7] 同[2]，第228页。

[8] 扬州博物馆、天长市博物馆编：《汉广陵国玉器》，文物出版社，2003年，第136页。

[9] 扬州博物馆：《江苏邗江姚庄101号西汉墓》，《文物》1988年第2期。

[10] 王海明编著：《明拓松江本急就章：皇象》，西泠印社出版社，2004年，第18～19页。

汉唐滑石猪的随葬寓意及多重功用

The Funerary Implications and Multiple Functions of Unearthed Talc Pig from Han to Tang Dynasties

湖南博物院（湖南省文物鉴定中心）　杨慧婷

Yang Huiting, Hunan Museum (Hunan Provincial Cultural Relics Authentication Center)

内容提要：滑石猪用于随葬的习俗，从西汉早期一直流行至盛唐时期，遍布华中、华南、华东和华北大部分地区，是研究古代丧葬礼俗与思想文化的实物载体。结合滑石猪在墓中的出土位置和器物组合等情况，可以归纳出其随葬寓意及多重功用：一是家财象征；二是祭牲明器；三是殓具佩饰；四是镇墓神兽。无论是为生者祈福，还是替死者求安，无疑都反映了人类亘古朴素的观念信仰和理想追求。

关键词：滑石猪　家财　祭牲　手握　饰品　镇墓

Abstract: The practice of using talc pigs as burial objects was popular from the early Western Han Dynasty to the prosperous Tang Dynasty, spreading across most parts of central, southern, eastern and northern China and serving as a tangible carrier for studying ancient funeral customs and ideological culture. By combining the excavated locations and artifact combinations of the talc pigs in the tombs, we can summarize their funerary implications and multiple functions: first, a symbol of wealth; second, sacrificial funerary objects; third, to be held in the hands of the deceased at burial and decorative pendants; fourth, tomb guardian divine beasts. Whether it is for the well-being of the living or for the peace of the deceased, they undoubtedly reflect the ancient humans' simple beliefs and ideal pursuits.

Keywords: talc pig; family wealth; sacrificial animal; to be held in the hands; ornament; tomb guarding

两汉时期，我国南方流行以滑石器随葬的习俗，其中尤以湖南地区最为常见。六朝时期，岭南与江浙地区随葬滑石器逐渐增多。至隋唐时期，北方两京地区也多见以滑石器入葬的现象。

在已知所有滑石器品类当中，滑石猪的出土数量甚为可观，流行时间最长、范围最广，发展序列亦相对完整，是研究古代社会发展与丧葬礼俗的重要物证。关于滑石猪的形制分类与年代分期，已有学者结合玉猪等资料做过相关讨论。[1] 而关于滑石猪的性质和功用，目前学界仅对“手握”一种关注稍多，认为是猪形玉握的替代品。而对其他方面的应用和寓意，目前尚缺乏系统深入的探讨。

实际上，同一种器物在墓葬中不同的

图一　1956 年长沙子弹库 M67 出土滑石猪一组
（中国国家博物馆藏）

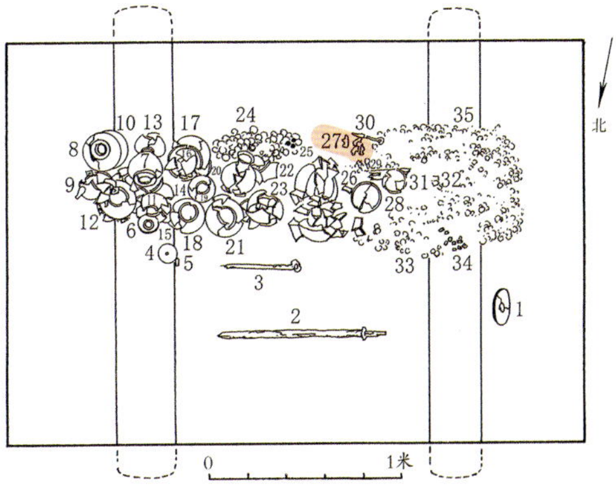

图二　1952 年长沙杜家山 M786 平面图
1. 滑石璧　2. 铁剑　3. 铁刀　4. 铜镜　5. 镀金珠
6. 滑石剑珌　7、10、12～15、19. 陶罐　8. 陶双唇罐
9、11、17. 陶鼎　16、18. 陶盒　20、21. 陶壶
22. 陶鍑　23. 陶钫　24. 泥金饼　25. 滑石珠玑
26. 滑石杯　27. 滑石猪　28. 陶长方形器　29. 残木片
30. 小铁刀　31. 漆器残迹　32. 滑石盏
34. 滑石棋子　33、35. 泥半两

图三　1952 年长沙杜家山 M786 出土器物
1. 滑石猪（M786 ：27）　2. 泥半两（M786 ：35）
3. 泥金饼（M786 ：24）

摆放位置，以及不同的排列组合等，往往代表不同的丧葬寓意。结合墓葬环境、出土位置及器物组合来看，滑石猪在不同时期、不同地域的流行与传播，体现了多种不同的丧葬功用，而非仅是单一的手握性质。本文尝试结合汉唐墓葬实例及器物组合情况等第一手考古资料，全面梳理考辨滑石猪的多重丧葬功用。

一　家财象征

猪的驯化以及古人墓中葬猪的习俗，最早可追溯到距今约六七千年前的新石器时代。[2] 在古代农业社会，猪是主要家畜之一。从“家”的会意字形来看，屋内有猪是家的重要标志，猪也被视为家财的重要象征。西汉大一统政权建立以后，统治者实行与民生息的休养政策，保障并推动了社会经济与生产的恢复发展。农业的发展和粮食的剩余，又推动了家猪饲养业的兴旺。将猪形器物带入墓葬，体现了古人“事死如事生”的丧葬观念。

滑石猪的最初流行，主要见于湖南西汉早中期墓，尤以长沙地区最为多见。如中国国家博物馆收藏的一组滑石猪（图一），原即出自长沙一座西汉早期墓。该墓为 1956 年在长沙南门外 6009 号工地发掘的子弹库 M67，是一座不甚规整的长方形土坑墓，方向 305°。墓室长 3.46～3.55 米，宽 2.41～2.53 米，现存深度 0.9 米，墓底原距地表 3.5 米。[3] 墓主头向西北，墓中共出土随葬品 116 件。在墓主右侧（亦即西南）边厢前端，滑石猪 1 大 3 小（M67：10）成套出土，大者四足伏卧，两耳倒竖，长 18.3 厘米，小者短足站立，尾部上翘，分别长 4.9 厘米，4.5 厘米，3.7 厘米。滑石猪附近还出土成堆泥半两（M67：26）、滑石犀角与象牙（M67：34）等。该墓规模较大，随葬品丰富，墓主腰间还发现一方较大的滑石印（M67：28），可惜未见刻字。以上迹象表明，墓主应有一定身份地位，家境相对殷

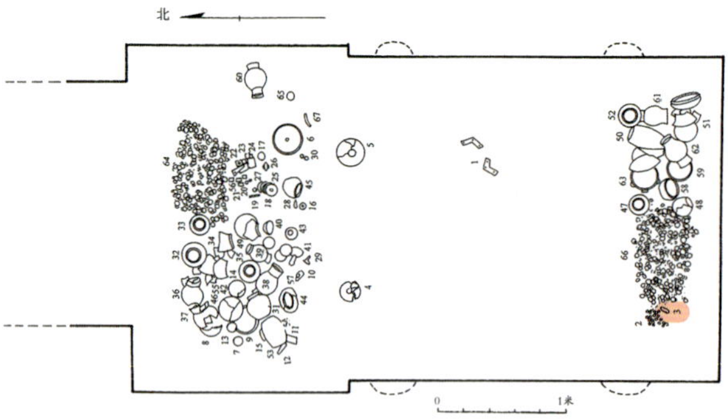

图四　1964 年长砂子塘小学 M2 平面图
1. 滑石璜　2. 滑石珠玑　3. 滑石猪　4、5、18. 滑石璧
6、7. 滑石镜　8、9. 滑石盘　10、23. 滑石剑璏
11.31. 滑石剑珌　12. 滑石矛镦　13、14. 滑石樽
15. 滑石戈镦　16、17. 滑石剑首　19. 滑石剑
20. 滑石带钩　21. 滑石印　22. 滑石圭　24. 滑石棋子
25. 滑石戈龠　26. 滑石耳杯　27. 滑石环　28. 滑石鸟
29、56. 滑石戈　30. 陶珠　32～35、63. 陶鼎
36～39、60～62 陶壶　40. 陶熏炉　41. 滑石剑镡
42～55. 陶罐　57. 矛　58、59. 陶盒　64. 泥半两
65. 泥金饼　66. 陶“郢称”

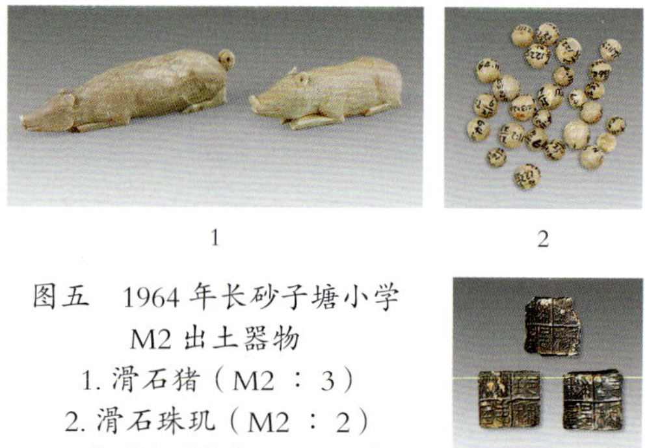

图五　1964 年长砂子塘小学 M2 出土器物
1. 滑石猪（M2 ：3）
2. 滑石珠玑（M2 ：2）
3. 陶“郢称”（M2 ：66）

实，渴望将生前的富足生活带入死后世界。

长沙地区类似的西汉早期墓还有 1952 年杜家山 M786，该墓为一座长方形竖穴土坑墓，方向 258°，墓室长 301～303 厘米，宽 210 厘米（图二）。[4] 墓中 1 件滑石璧（M786：1）原是棺木头挡饰件，铁刀和铁剑（M786：2、3）原应在棺内墓主身侧。其余随葬品均位于墓室南部，亦即墓主右侧边厢。南边厢近中部出土 5 件滑石猪（M786：27），为 1 大 4 小的组合形式，其中 4 件为灰白色，呈站立状，嘴上翘，腹肥大，尾短小；1 件为灰绿色，呈匍匐状，头尾未予雕出。最大者长 7 厘米，宽 1.7 厘米，高 3.4 厘米，另几件小者长 3.9～5.4 厘米，宽 1～1.5 厘米，高 1.4～2.4 厘米（图三，1）。这组滑石猪邻近处，还出土了大量泥半两（M786：33、35；图三，2）、泥金饼（M786：24；图三，3）和滑石珠玑（M786：25）等。这些器物组合，同样都是财富的象征。

1964 年发掘的长沙砂子塘小学 M2，为一座带墓道的长方形竖穴土坑墓，方向 20°，斜坡式墓道在北端（图四）。墓内分为前、后两室，前室长 1.7 米，宽 2.7 米，后室长 2.94 米，宽 2.5 米。后室前端并排的两枚滑石璧（M2：4、5），提示此墓可能为夫妻合葬墓，两个墓主人头向均朝北。其余随葬品绝大部分位于头厢和足厢。[5] 滑石猪 2 件（M2：3）出自足厢（亦即南边厢）西侧，均伏卧，尖长嘴，双耳斜竖，圆身略长，短尾上卷，其一长 7.7 厘米，宽 1.6 厘米，高 2 厘米，另一件长 5.7 厘米，宽 1.7 厘米，高 1.8 厘米（图五，1）。与滑石猪相伴出土的，还有滑石珠玑（M2：2；图五，2）、陶“郢称”（M2：66；图五，3）等财富明器。该墓亦属于西汉早期，陶“郢称”等冥钱尚具南楚遗风。

从西汉中期的长沙墓葬来看，滑石猪作为家畜模型，其与钱币明器的组合依然存在，稍有不同的是，墓葬中的财富储藏空间，还从边厢拓展到了耳室。湖南常德的西汉中期墓内，滑石猪还与滑石鸡等共同出现于边厢，同样寓意死后丰足、禽畜兴旺。

如 1963 年长沙牛角塘林业设计院 M18，为西汉中期一座带墓道和耳室的竖穴土坑墓，方向 180°。长方形竖井式墓道位于墓室南端偏西处，墓室长 4 米，宽 2.8 米，墓底有两条横式枕木沟。东侧靠南端

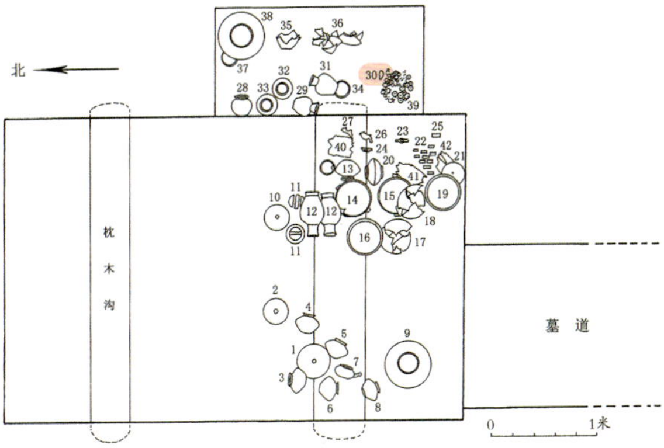

图六　1963 年长沙牛角塘 M18 平面图
1. 铜镜　2、10. 滑石璧
3～6、8、13、28、29、31～33、35. 陶罐
7. 陶鐎壶　9、38. 陶瓮　11. 石磨盘　12、17、18. 陶壶
14、15. 陶鼎　16、19. 陶盘　20. 陶盒　21. 滑石镜
22. 滑石棋子　23. 滑石剑镡　24. 滑石剑璏
25. 滑石剑珌　26. 滑石龟　27. 滑石兽　30. 滑石猪
34、37. 陶钵　36. 陶片　39. 泥半两、泥金饼
40～42. 漆器残片

有一长方形耳室，长 2 米，宽 1 米，高于墓底 0.4 米（图六）。[6] 两件滑石璧（M18：2、10）同样提示了两个墓主头向所在，其余随葬品基本位于头厢及耳室内。耳室西南端发现一组滑石猪（M18：30），均为圆雕伏卧状。其中两件稍大，风格近似，均以浅浮雕与减地法刻画耳、眼、鼻等细节，M18：30-1 长 12.5 厘米，高 5.2 厘米，M18：30-2 长 12 厘米，高 4 厘米；第三件稍小，头部仅雕出鼻与嘴，耳与眼部未予刻画，M18：30-3 长 9 厘米，高 4.1 厘米（图七）。这组滑石猪与泥半两、泥金饼（M18：39）等同出。

1995 年湖南常德南坪粮库 M2 为一座近方形土墩竖穴墓，方向 285°，是一座西汉中期的夫妻合葬墓。墓室长 4.2 米，宽 4 米，深 1.8 米。滑石猪 1 件（M2：23）出自墓室南边厢，呈站立状，身子圆润，腹部下垂，尾部卷曲，通长 13.6 厘米，宽 4.3 厘米，高 6.9 厘米（图八，1）。在滑石猪的旁边，还出土 1 件滑石鸡（M2：27；图八，2）。[7] 两者应是作为家畜、家禽模型，一同放置于代表财富贮藏的空间。

图七　1963 年长沙牛角塘 M18 出土滑石猪一组（M18：30）

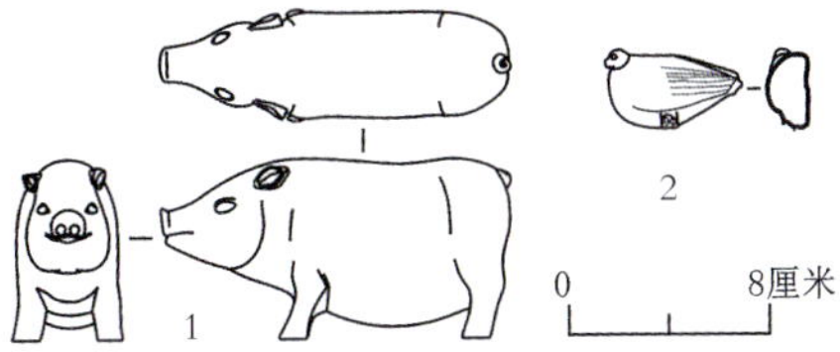

图八　1995 年常德南坪粮库 M2 出土滑石器
1. 滑石猪（M2：23）　2. 滑石鸡（M2：27）

就以上西汉早中期墓实例来看，滑石猪显然是作为家畜模型和家财象征用于随葬的。其大致特征为：1. 数量上多寡不一，既有大小多件成组出现，也有两件或单件入葬；尺寸大小亦不甚统一，最大者长度接近 20 厘米，最小者长度不足 4 厘米。2. 工艺上几乎都以圆雕、肉雕手法制作，风格较为写实具象。3. 出土位置基本为边厢、耳室，且大多处于墓室南部、墓主右侧或足端，这些区域在土坑椁墓中通常代表财富珍宝的贮藏空间。4. 临近的伴随器物多为各种财富明器，最常见如泥钱、泥金饼、陶金版等冥钱，其次有滑石珠玑、象牙犀角等珍宝模型，此外还有滑石鸡等家禽模型。这些组合既能彰显墓主生前的财产地位，又能寄寓墓主死后依然富足无忧。

二　祭牲明器

墓祀习俗在我国由来已久，早自商周以降，就已出现于墓前设置享堂的做法，汉代以后，开始流行墓内设奠的祭祀形式。李如森曾指出：“王莽前后，砖室墓内开始设奠，到东汉时期，墓内设奠习俗广泛流

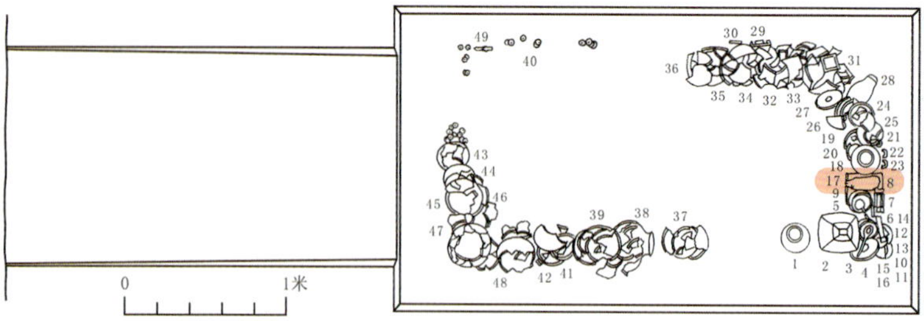

图九　2008 年怀化中方龙井天锅田 M047 平面图
1. 滑石壶　2. 滑石钫　3. 滑石斗　4、12、13、26、27. 滑石璧　5. 滑石匕
6. 滑石剑　7. 滑石剑格　8. 滑石猪　9. 滑石卮　10、11. 滑石耳杯
14. 滑石镜　15、16、19、20、24、25. 滑石盘　17. 滑石案　18. 滑石盒
21. 滑石鼎　22、23. 滑石支座　28. 滑石扁壶　29. 滑石剑璏　30. 滑石镦
31～33. 陶钫　34、36、39. 陶盒　35、42. 陶鼎　37、38. 陶壶
40. 泥半两　41. 陶熏座　43. 陶釜　44～48. 陶罐　49. 滑石矛

图十　中方龙井 M047 头厢现场及出土器物
1. 头厢发掘现场
2. 滑石猪（M047 ：8）
3. 滑石案（M047 ：17）

传。”[8] 事实上，在西汉早期部分土坑墓中，已出现于墓道口部或墓室前端设祭的现象。砖室墓成为主流以后，墓内开始出现专门的祭台，专用于摆放祭牲、祭器等。

先秦仪礼中，帝王祭祀社稷，诸侯、卿大夫祭祀宗庙时，所用的太牢、少牢之礼，皆以猪作为必备牺牲之一。士庶阶级祭祀祖宗的家祭，也都以猪作为祭品，陈豕于室，合家而祀。之所以用猪（豕、彘）作为祭奠牺牲，《淮南子·氾论训》中有所解释：“夫飨大高而彘为上牲者……何也？以为彘者，家人所常畜而易得之物也，故因其便以尊之。”[9] 汉以后的墓祭遗存中，同样不乏猪的身影。滑石猪也被作为牺牲明器，陈设于墓内专门的祭祀区域。

如上述长沙子弹库 M67 出土的一组滑石猪，由于其与泥质冥钱、犀角象牙等明器相伴，共同出自西南边厢，因而具有财富象征的意义。此外，发掘者还曾注意到，其中“一件小猪腹部被剖开，一件小猪喉部有‘杀刀’痕迹”[10]，说明部分滑石猪可能还兼具牺牲明器的功能。只是墓中尚未设置专门的祭祀空间，因而其出土位置尚未与贮藏空间相分离，牺牲明器的功能也尚未与财富模型的性质相分化。

而在湖南沅水流域的怀化、常德等地西汉早期中晚段墓中，以及澧水流域津市等地的东晋墓中，开始出现专门的祭祀场所或空间，大多靠近墓主的头部所在。当滑石猪出现于祭祀场域之内，其丧葬功能又与边厢耳室之中有所不同。

2008 年湖南怀化中方县龙井村天锅田发掘的竖穴土坑墓 M047（图九），出土了众多精美的滑石器。其中一件滑石猪，圆雕精细，体形肥硕，长身垂尾，矮足直立。通长 21.5 厘米，宽 7.2 厘米，高 7.8 厘米（M047：8）。[11] 该件滑石猪发现于头厢中部（图十，1、2），出土时置于一件滑石案（M047：17；图十，3）上。附近还伴有滑石卮（M047：9）、滑石耳杯（M047：10、11）等饮食明器，应是作为整套祭器摆放于此。“古人用于祭奠的供品通常不能直接放于墓室地面，它们通常被放置于案等陈设用具之上，方便墓主如生前一样跽坐并享用祭食。从现有发掘资料来看，这种祭祀组合及祭祀痕迹通常都位于棺室前方，亦即墓主头向前方的区域。”[12] 该墓头厢中的滑石案，以及附近成套的滑石钫、壶、

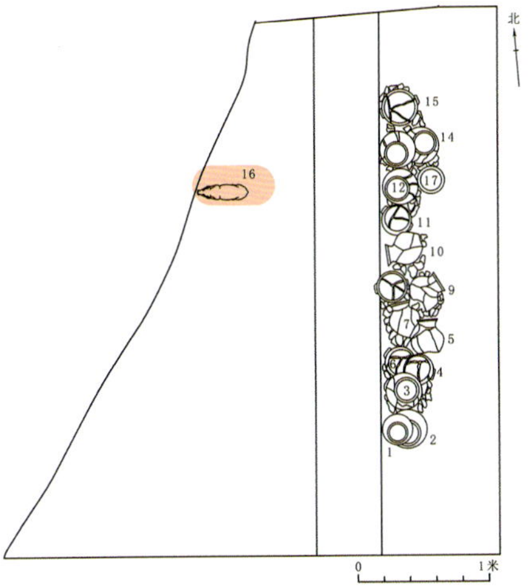

图十一　2007 年常德德山恒安工地 M19 平面图
1～3、5、7、9、10、12～14. 陶罐　4、6、8、11、15. 陶鼎　16. 滑石猪　17. 陶甑

图十二　常德德山 M19 出土滑石猪（M19 ∶ 16）

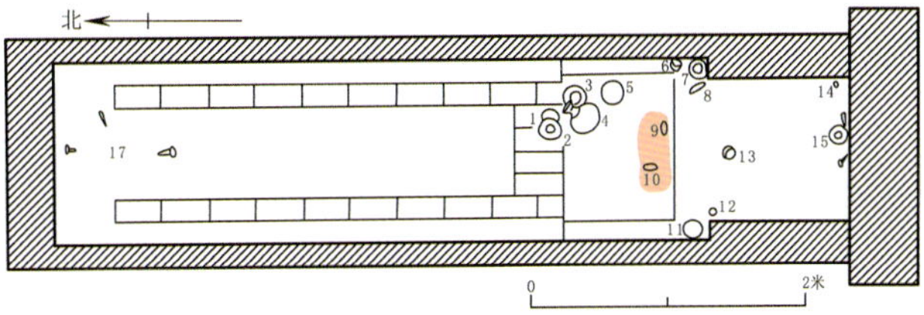

图十三　1985 年津市明道村兰家湾 M2 平面图
1. 青瓷盘　2. 青瓷熏　3. 青瓷盂　4. 青瓷盘口壶　5. 青瓷盘　6. 青瓷盏　7. 青瓷盘盏　8. 金发网　9、10. 滑石猪　11. 青瓷盘　12. 金指环　13. 青瓷盏　14. 金坠饰　15. 青瓷鸡首壶　16. 青瓷碗　17. 铜棺钉

斗、匕、盒以及卮、耳杯、盘等礼器与饮食器，特别是案上盛放圆润硕大的肥猪，应即祭案与各种祭器、祭食与祭牲的组合。

2007 年湖南常德德山恒安二期扩改建工程中发掘的一座西汉早期墓 M19（图十一），墓室后部被基建损坏，墓坑前部及随葬品尚存。墓中出土迄今最大的一件滑石猪（M19：16），吻部前突，獠牙外露，四蹄俯卧，整体健硕饱满，应是公猪形象。通长 26.8 厘米，宽 7.8 厘米，高 9.6 厘米（图十二）。[13] 墓中随葬品基本位于东部头厢当中，滑石猪则从头厢中单独分离而出，摆放于墓室中部，更靠近葬具前端的位置。其风格、大小和功能等，均可与上述中方龙井 M047 所出滑石猪相参照。两墓的相对年代均属于西汉武帝在位前期，墓主头向均大致朝东，滑石猪头部均面向葬具。此滑石猪原可能亦有漆案作为承托，只因漆木器难以保存，概与木质棺椁一同腐朽不见。相较于中方龙井 M047，此墓滑石猪为单独摆放，出土位置更接近于墓主头部，表明其原可能放置于棺椁头端盖板上，因而面向墓主献祭的意味更浓，作为墓祭遗存的特征更为明显。

1985 年湖南津市明道村兰家湾发掘两座东晋砖室墓，其中 M2 为狭长形单室墓（图十三），由甬道和墓室两部分组成。在墓室前部、棺床前端，设置有专门的长方形祭台，祭台上残存部分青瓷祭器（M2：1～6）如盘、壶（图十四，2）、盂（图十四，3）和盏等，同时还并排出土了一对小型滑石猪（M2：9、10）。[14] 两件滑石猪形制相同，身体浑圆，短足站立，耳、鼻、足、尾系浅浮雕而成。其一长 4.3 厘米，高 1.7 厘米，其二长 3.9 厘米，高 1.8 厘米（图十四，1）。这对滑石猪出自专门的祭台之上，显然亦是作为祭祀的牺牲明器而存在。

2015 年南京市雨花台区后头山发掘了一处东晋家族墓，为四座并排且形制规模接近的砖室墓。其中 M2 由斜坡墓道、排水沟、封门、甬道、墓室等部分构成，墓室后部设棺床，棺床前有砖垒的长方形祭台（图十五）。祭台上并排出土一对滑石猪（M2：9-1、2），略呈长条形，蹲伏

1　　2　　3

图十四　津市明道村兰家湾 M2 出土器物
1. 滑石猪（M2 ：9、10） 2. 青瓷盘口壶（M2 ：4）
3. 青瓷盂（M2 ：3）

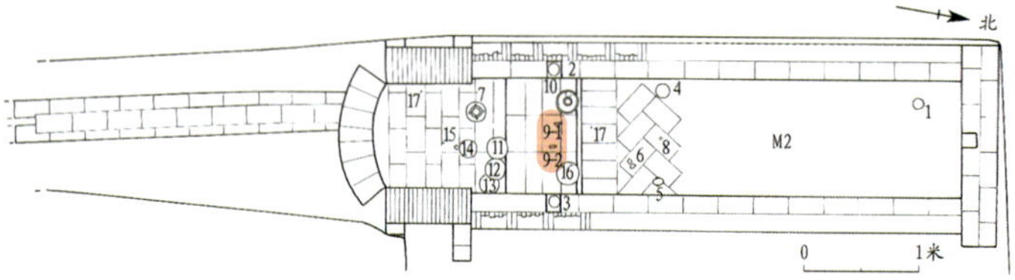

图十五　2015 年南京雨花台后头山 M2 平面图
1～3. 青瓷盏　4. 青瓷熏炉　5. 陶耳杯　6. 陶碗　7. 青瓷盘口壶
8. 铜钱　9. 滑石猪　10. 陶果盒　11～13、16. 陶盘
14. 陶魁　15. 银饰　17. 金饰

状。M2：9-1，长 8 厘米，宽 1.1 厘米，高 1.7 厘米。[15] 祭台两侧还摆放着青瓷盏一对（M2：2、3），滑石猪附近还可见陶果盒（M2：10）和陶盘（M2：16）对称分布。这些也都是祭器、祭食与祭牲的组合。

滑石猪作为牺牲明器存在时，其基本规律体现为：1. 早期数量多为 1 件，且体形硕大，长度可达 20～30 厘米。东晋以后亦有成对出现，且形体逐渐变小，或可与滑石手握通用。2. 工艺上依然采用圆雕、肉雕为主，打磨光滑并浮雕五官等细节，早期尤其注重肌肉感、力量感的表现。3. 出土位置皆位于葬具前端。土坑墓中多见于墓室头厢或棺椁前方；砖室墓中则多见于墓室或棺床前方，尤其是甬道通往墓室的祭台上。4. 常与成套祭器相伴出现。土坑墓中常与案、钫、壶、耳杯、盘等祭器组合出现；砖室墓中常与盛放酒水、祭食的青瓷容器同出。

三　殓具佩饰

先秦时期，贵族佩戴猪形饰件以及“逝者握猪”的习俗即已出现，起初多用玉猪，汉以后渐为滑石猪所取代。玉握原是成套玉质殓具的重要部件，猪形手握则是其中颇为常见的一种。当玉质稀缺而不易获得时，滑石猪握便成为其物美价廉的替代品。

东汉以后，滑石猪的流行中心开始发生转移，从湖南地区逐渐传播到岭南和江浙一带，东晋至南朝时期形成一个使用高峰。隋唐时期的中原古墓中，其出土实例也越来越多。这期间，滑石猪最常见的出土位置为墓主的腰间和手侧，其作为手握殓具的功能，也最为今人所熟知。其中部分滑石猪还带有明显穿孔，原可能系佩于墓主腰间或腕部。无论是双手掌握，还是腰间佩戴，都寓意让墓主“带走”满身财富，并寄希望于玉石殓具能够保护墓主尸身不朽、灵魂升华。

1998 年常德穿紫河一座东汉中期墓 M63，由甬道、主室和后室三部分构成，为“中”字形券顶砖室墓，方向 275°（图十六）。[16] 其中，方形主室前端正中的两枚滑石璧（M63：8、9；图十七，2、3），昭示了墓主头部所在位置，主室中部两件对称的滑石猪，原应置于主棺之内，位于墓主腰身和手部所在位置。该对滑石猪形体较小，呈制作简易的条柱状，长 9.7 厘米，高 2.7 厘米（M63：21、22；图十七，1）。从尺寸与形制来看，可能为手握或佩饰。该墓可能为多棺合葬，墓室西南角和后室南侧还出土“武乡”铜印（M63：20；图十七，4）和“汉寿左尉”滑石印（M63：3；图十七，5）各一方，表明该家族曾有人担任过县乡级官吏。

2001 年在长沙市开福区新港镇大塘村

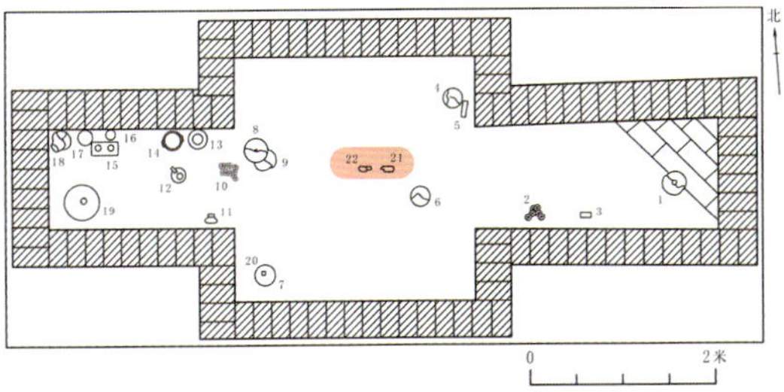

图十六　1998 年常德穿紫河 M63 平面图
1、4、6、7. 铜镜　2、10. 铜五铢
3.“汉寿左尉”滑石印　5. 石镇纸　8、9. 滑石璧
11. 铜鏂　12. 釉陶鐎壶　13. 釉陶壶　14. 釉陶鼎
15. 釉陶灶　16. 釉陶熏炉　17. 釉陶灯　18. 硬陶罐
19. 釉陶仓　20.“武乡”铜印　21、22. 滑石猪

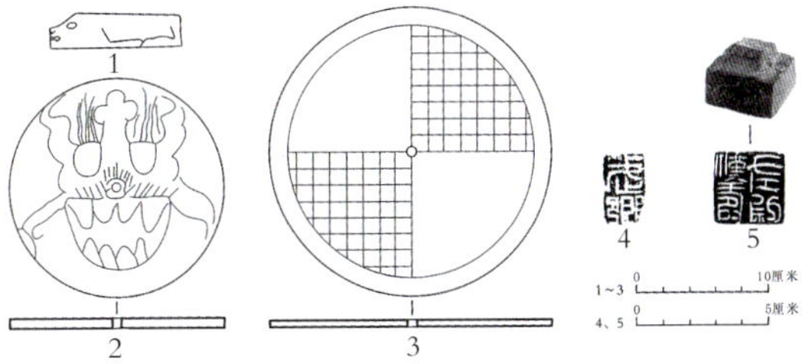

图十七　常德穿紫河 M63 出土器物
1. 滑石猪（M63 ：21、22）
2、3. 滑石璧（M63 ：8、9）
4.“武乡”铜印（M63 ：20）
5.“汉寿左尉”滑石印（M63 ：3）

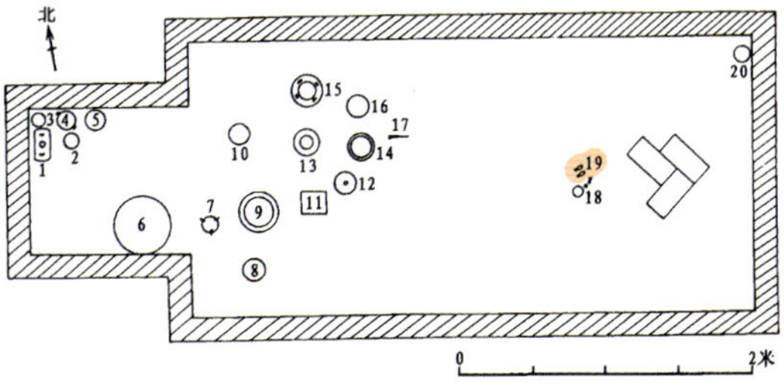

图十八　2001 年长沙新港大塘村 M1 平面图
1. 青瓷扁壶　2、3、5、10、16、20. 青瓷碗
4. 滑石杯　6. 铁三足炉　7. 铜三足器　8. 青瓷洗
9、13、15. 青瓷罐　11. 滑石印　12. 铁镜
14. 青瓷盆　17. 银簪
18. 金手镯、金戒指　19. 滑石猪

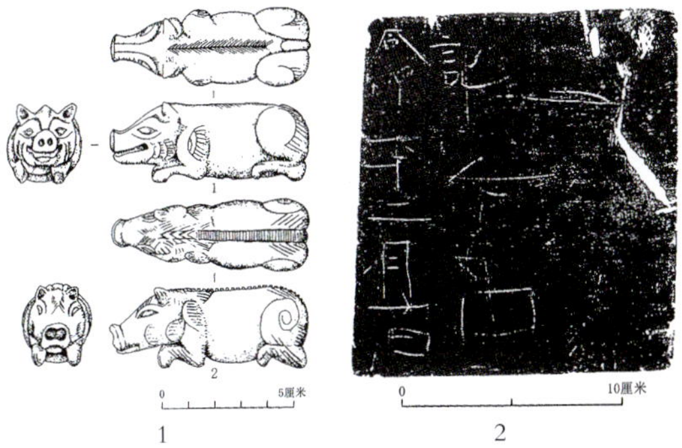

图十九　长沙新港大塘村 M1 出土器物
1. 滑石猪（M1 ：19）　2. 滑石印（M1 ：11）

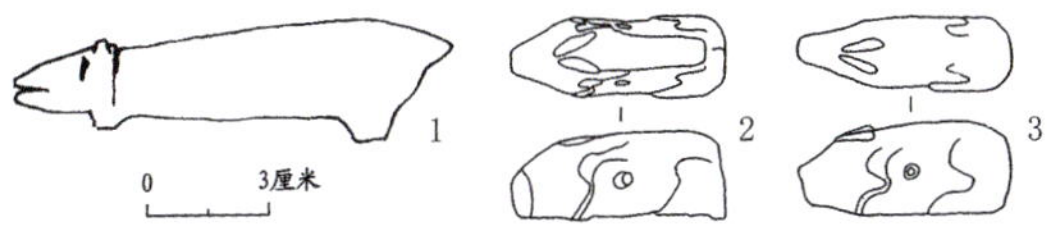

图二十　华南地区东晋墓出土滑石猪一组
1.2005 年耒阳白洋渡 M7 ：1
2、3.2015 年阳江江城区 M1 ：7、13

一座小山顶上发掘的一座东晋墓 M1，为平面“凸”字形的券顶砖室墓，由甬道和单人墓室两部分组成（图十八）。墓室中部一件银簪（M1：17）提示了墓主的头部所在，墓室后部棺床正中出土滑石猪一对（M1：19）。这对滑石猪身肥体壮，雕琢生动形象，并有雌雄之分。其一长 7.6 厘米，宽 2.9 厘米，高 3 厘米，另一件长 7.6 厘米，宽 2.7 厘米，高 3.1 厘米（图十九，1）。值得注意的是，这对滑石猪附近还同出金手镯 1 件和金戒指 3 件（M1：18）。由此可知，这组器物应是出自墓主手部附近，因而，“这对滑石猪应握于墓主之手”。[17]此外，墓室前端还发现一方大型滑石印（M1：11；图十九，2），其上刻有“咸和”年号，可知为东晋成帝司马衍在位时期的墓葬。加上墓中多金银饰物，却不见青瓷鸡首壶、虎子等男性墓常见随葬品，因而墓主更可能为女性。

2005 年湖南耒阳白洋渡一座东晋砖室墓 M7，滑石猪一对（M7：1、2）亦并排出自墓室后部棺床一侧，且与 4 枚银环（M7：3～6）相伴出土。其中一枚银环（M7：3）直径 1.9 厘米，应是墓主手部佩戴的戒指。此墓滑石猪长 10.5 厘米，尽管

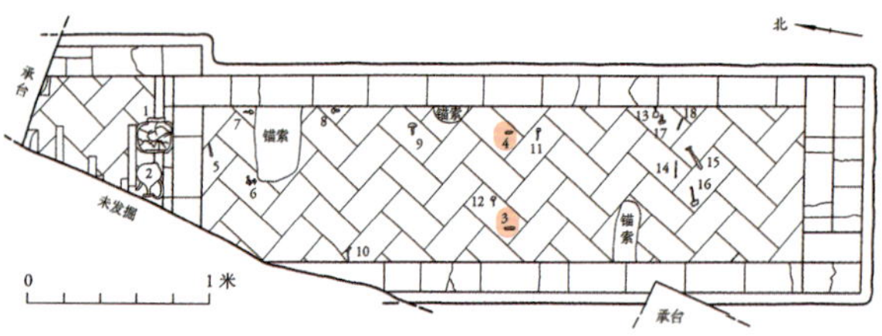

图二十一　2021 年广州农林上路六横路 M1 平面图
1. 青瓷四系罐　2. 青瓷鸡首壶　3、4. 滑石猪
5～9、11～13、14、16、17. 铜棺钉　10、15、18. 铁棺钉

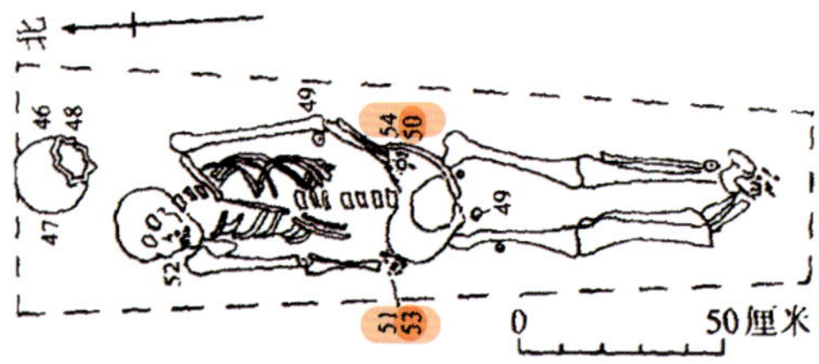

图二十三　河南偃师杏园村 M1902 木棺平面图
46. 蚌　47. 铜洗　48. 铜镜　49. 开元通宝
50. 滑石猪　51. 金戒指　52. 玻璃珠
53. 滑石握手　54. 小银盒

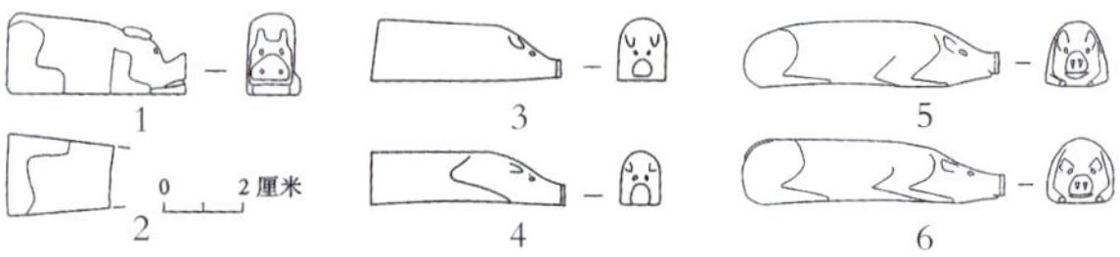

图二十二　广州农林上路六横路 M1、M40、M41 出土滑石猪
1、2.M1 ∶ 4、3　3、4.M40 ∶ 4、5　5、6.M41 ∶ 1、2

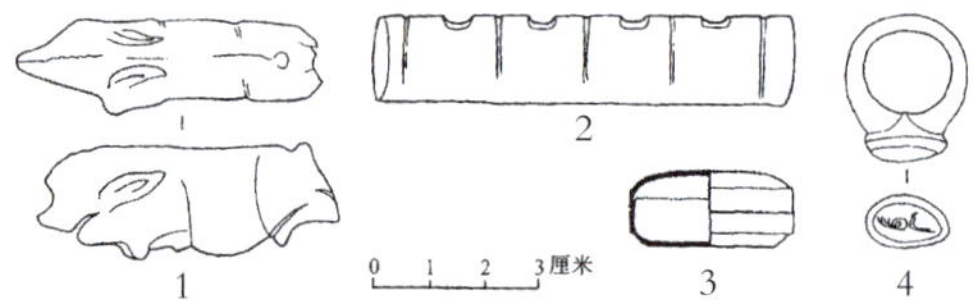

图二十四　河南偃师杏园村 M1902 出土器物
1. 滑石猪（Ml902 ∶ 50）
2. 滑石握手（Ml902 ∶ 53）
3. 银盒（Ml902 ∶ 54）
4. 金戒指（Ml902 ∶ 51）

雕刻粗陋（图二十，1），但其出土位置及器物组合，皆与上述长沙新港晋墓较为近似，因而其功能亦应是猪握无疑。[18]

类似的东晋墓例和滑石猪握还见于 2015 年发掘的广东阳江江城区 M1。墓葬空间布局及滑石猪握（M1∶7、13）的出土位置、形制风格等，皆与长沙新港晋墓 M1 如出一辙。[19] 稍显不同的是，这对滑石猪握相对更为短胖，长 5.1 厘米，宽 1.7～1.8 厘米，高 2～2.1 厘米，细部刻画更为简洁，且腹中各有一横贯穿孔（图二十，2、3），推测应是方便穿绳系挂，可能原系于墓主腕部或是腰间。说明玉石猪握除作为殓葬工具以外，还具备佩饰系挂的部分功能。

成对的滑石猪握在南朝墓中依然流行。2021 年广州市文物考古研究院在农林上路六横路建设工地清理了数十座古墓。其中 M1（图二十一）、M40 和 M41 均为南朝早期墓，且都在后室中部位置，各出土滑石猪一对，雕刻皆较为洗练，大致呈长条俯卧状。M1 一件嘴部前凸上翘，一件头部已残，M1∶4 长 4.5 厘米，宽 1.1～1.3 厘米，高 1.6 厘米，M1∶3 残长 2.8 厘米，宽 12 厘米，高 1.6 厘米（图二十二，1、2）。M40 一对仅具其形，未作细部刻画，风格与前述常德穿紫河 M63 所出者近似，M40∶4 长 4.9 厘米，宽 1 厘米，高 1.3 厘米，M40∶5 长 4.8 厘米，宽 1.2 厘米，高 1.5 厘米（图二十二，3、4）。M41 两件相对圆润光滑，M41∶1 长 6.4 厘米，宽 1.5 厘米，高 1.5 厘米，M41∶2 长 6.6 厘米，宽 1.6 厘米，高 1.7 厘米（图二十二，5、6）。三座墓均在甬道和墓室之间设有祭台，但三对滑石猪均非出自祭台，而是统一出现在后室中部，亦即墓主腰间，且左右各一件呈对称分布。[20] 说明原是置于棺内，握于墓主双手之中，其功能亦应是玉猪握的替代明器。

河南偃师杏园村 Ml902 为一座盛唐时期的土洞墓，竖井式墓道最深处距地表 9 米。其中一具木棺虽曾漂浮于水上，但棺内人骨及随葬品都保存尚好，位置亦基本维持原样（图二十三）。墓主左手处有滑石猪（M1902：50）和小银盒（M1902：54）各一件（图二十四，1、3），右手处有滑石条状物（M1902：53）和金戒指（M1902：51）各一件（图二十四，2、4）。其中滑石猪长5.5厘米，滑石条状物长7.5厘米，宽1.5厘米，两者对称的出土位置，表明都是墓主的手握之物。[21]

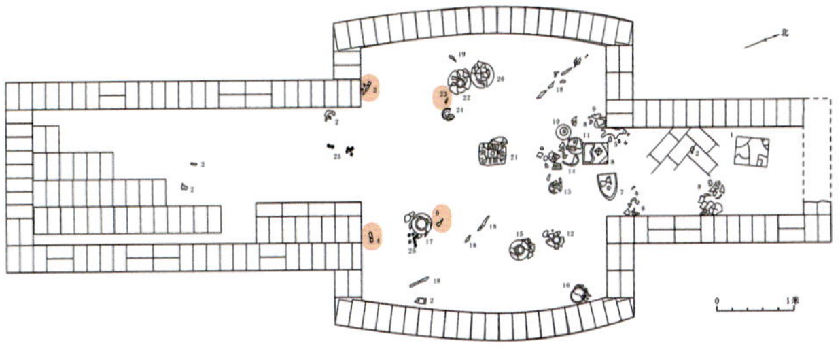

图二十五　1987年常德南坪高八斗坵M1平面图
1. 陶案　2. 铜弩机　3、4、6、23. 滑石猪　5. 釉陶狗　7. 釉陶灶　8. 釉陶楼　9. 釉陶猪　10. 釉陶熏炉　11. 釉陶鼎　12. 釉陶井　13. 釉陶杯　14. 釉陶屋顶　15. 釉陶灯　16. 釉陶碗　17. 硬陶罐　18. 铁棺钉　19. 残铁器　20. 釉陶壶　21. 釉陶猪圈　22. 陶罐　24. 陶瓦当　25. 铜五铢

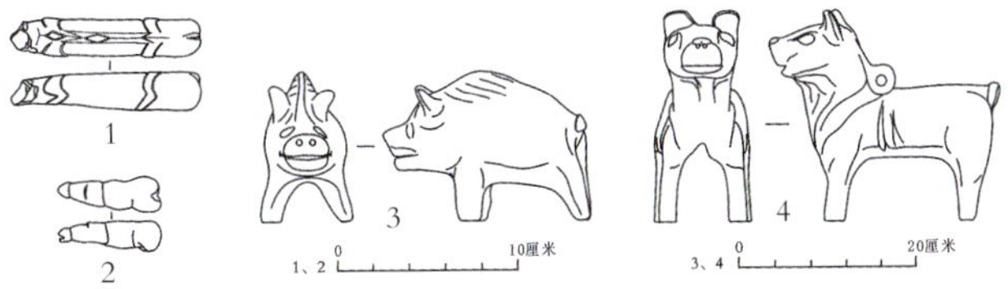

图二十六　1987年常德南坪高八斗坵M1出土器物
1、2. 滑石猪（M1：3、23）
3. 陶猪（M1：9）　4. 陶狗（M1：5）

充当墓主手握或腰间佩饰的滑石猪，通常具备以下特征：1. 大多成对出现，常见为小巧玲珑的伏卧状，长度约4～10厘米，有的还带有穿孔，便于持握或系佩。2. 制作工艺既有圆雕、线刻，亦有“汉八刀”等简易风格，有的高度简化为条柱状，仅具其形而不注重细节。3. 几乎都出自棺内中部、墓主手掌与腰间范围。其中用于手握者多呈左右对称分布，且每对之间的距离，往往不超过人体腰部的宽度；用于系佩者或为同向并列，二者之间的距离则更短。4. 常见与手镯、戒指等手部金银饰件邻近出土，往往印证了墓主手部和腰间所在的位置。

四　镇墓神兽

东汉晚期以后，稳定发展了约400年的大一统政权再度陷入分裂；魏晋南北朝时期，社会动乱与割据战争再度频发。人们内心的不安全感折射到丧葬礼俗中，一个重要表现即道教的解除和压胜观念开始流行，用于镇墓辟邪的随葬品逐渐增多。原本代表富足安定的滑石猪，此时也被赋予了神奇特殊的魔力。

1987年常德南坪一组高八斗坵M1，为一座东汉晚期券顶砖室墓，墓向大致朝南，平面呈“中”字形（图二十五）。南端甬道较长，中部主室近方形，北端后室稍短。在主室临近甬道的入口处，东西两角分布有两件对称的滑石猪（M1：3、4），残长10.4厘米，宽2.1厘米，高2.1厘米（图二十六，1）。由甬道往主室内继续前进约一米处，东西两边又分布对称的滑石猪两件（M1：6、23），残长5.6厘米，高1.6厘米（图二十六，2）。[22]两组滑石猪东西向距离皆大于甬道的宽度（约2.35米）。这一间距显然超出了人体正常的宽度，甚至超过常人双臂展开的长度，故而不再是墓主手握的入殓工具，而应是别有用途。由于两组滑石猪都呈夹道镇守之势，尤其前一组，正好把守在甬道通往主室的入口，应是体现镇墓压胜的功能。而西汉时期曾作为家畜模型和财富象征的滑石猪，此时则为体形更大的绿釉陶猪（M1：9；图二十六，3）、陶狗（M1：5；图二十六，4）等所替代，并与陶屋、陶楼、陶猪圈等模型明器共同出自墓室后部，显示出对早期葬

图二十七　1955 年长沙烂泥冲 M1 出土连座滑石猪（M1 ：2、4）

1　　2　　3

图二十九　2006 年广西梧州市木铎冲 M5 出土动物俑
1. 滑石猪（M5 ：19）　2、3. 陶镇墓兽（M5 ：1、4）

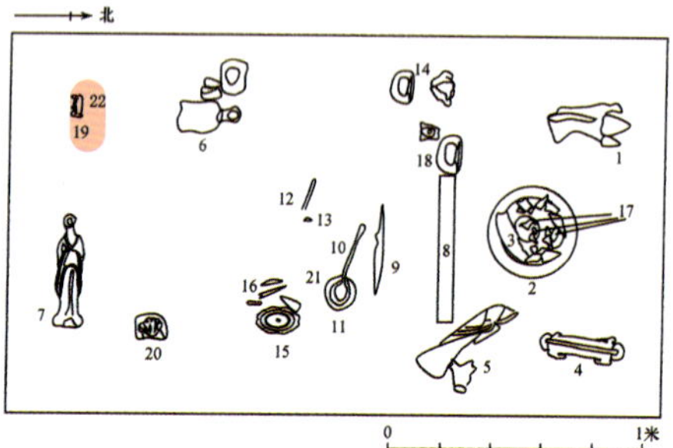

图二十八　2006 年广西梧州市木铎冲 M5 平面图
1、4. 陶镇墓兽　2. 青瓷罐　3. 青瓷碗
5～7、14、18、20. 陶俑　8. 陶砖
9、17. 朽木残片　10、21. 银匙　11. 银盏
12、13. 金钗　15. 铜镜
16. 银器残片　19、22. 滑石猪

俗的传承与演变。

1955 年长沙南郊烂泥冲发掘的东晋墓 M1，为一座带甬道的“凸”字形砖室墓。墓中出土“晋宁康三年刘氏女墓”纪年铭文砖，可知墓葬绝对年代为晋宁康三年（375），属于东晋中期。墓中发现两对滑石连座双猪，用白色与灰白色滑石雕成。两猪并排伏卧于一长方形石板上，雕工朴素，形象逼真。M1：2 长 5 厘米，宽 3.5 厘米，高 2 厘米（图二十七，左），M1：4 长 5.8 厘米，宽 5.1 厘米，高 2.3 厘米（图二十七，右）。[23] 两对滑石猪分别出自棺床的北端两角，头冲甬道而非朝向墓内葬具，因而其功能主要在于防止邪祟入侵墓室，起到辟邪压胜的作用。东晋南朝以后，墓葬中带有方形底座的动物俑逐渐增多，底座本身即带有一定的压镇之意。

2020 年广东乳源小江村Ⅱ M1，为一座长方形三室券顶砖室墓，由墓道、墓圹及平面呈长方形的左、中、右三个墓室组成，方向 58°。每个墓室均由逐级抬高的前院、前室和后室三部分构成。在中部及右侧墓室中，共出土 3 件滑石猪，由于发现位置不同，可能具有不同的寓意。值得注意的是，中部墓室其中 1 件，放置于后室棺床入口的东北角，应是取镇守辟邪之意。该墓墓葬特征及随葬品风格介于南朝晚期与隋至初唐之间，隋至初唐的可能性更大。[24]

2006 年广西梧州市木铎冲遗址内发现的一座唐墓 M5，为一座头向正北的长方形竖穴土坑墓（图二十八）。在墓室西南角出土两件滑石猪（M5：19、22），呈站立状，双耳上竖，其一四足已残。长 3.8～4.2 厘米，宽 1～1.2 厘米，高 2～2.2 厘米（图二十九，1）。虽然形体不大，但从出土位置来看，应是与墓室西北、东北角的陶镇墓兽（M5：1、4，图二十九，2、3）以及东南角的陶生肖俑（M5：7）功能相当，用于不同方位的镇墓压胜。[25]

用于镇墓压胜的滑石猪，从东汉晚期流行至唐代晚期。其主要特征体现为：1. 数量上以 2 件（组）最为常见，或为 2 件并伏于同一方形底座上，后期也有单件出土者。长度往往不超过 10 厘米。2. 工艺大多较为简略，不追求细节刻画，姿态或站立或伏卧。尽管形体不大，却被赋予辟邪、压胜等神奇力量。3. 大多发现于棺室四角，偶或出现于棺床边侧。最常见为棺室入口两侧，表明防止邪祟入侵之意。这类滑石猪对称分布时，两者间距通常大于人体腰部甚至臂展的宽度，由此也可与手握一类相区分。4. 东汉晚期至东晋时期，常与甬道口的压胜钱以及墓室边角的金属兵器、工具（如铁刀、铁剪、铜弩机）等相伴随，南朝以降则多与其他陶质、青瓷和三彩镇墓俑等共同使用，形成一整套镇守四方、驱邪纳吉的压胜组合。隋唐以后，用于镇墓的滑石猪渐为更具分量的铁猪所取代。

铁猪、铜牛等压胜之物在北方唐宋墓中多有沿用，并为多种文献所记载，也可反证猪形器曾有镇墓辟邪之功用。如《大唐新语·纪异》曾载："铸铁为牛豕之状像，可以御二龙。"成书于宋金时期的《大汉原陵秘葬经》亦记，自天子至庶人墓内皆有金牛（即铜牛）、铁猪，"金牛按丑地，铁猪按亥地"，即分别镇守于墓室的东北及西北角。[26]

五　余论

值得注意的是，在江苏南京发现的部分东晋墓和个别南朝墓中，还出土了多件底部刻有铭文的滑石猪。其中绝大部分铭文为数字类，亦有少量铭文带有特殊含义。如栖霞区王子楼东晋墓出土滑石猪 6 件，其中 1 件底部刻有"百岁千年"四字（图三十，1），应属吉祥用语，"寓意对死者生前长寿的祝福及死后尸身千年不腐的美好祝愿"。[27] 另在江宁区上坊谢家山东晋墓出土一对滑石猪，底部分别刻有"天乙"二字（图三十，2）。有学者研究认为，"天乙"即古代星官和神祇"天一"的别写。在汉至六朝时期的观念中，天一与北斗有密切关系，都属于司命信仰的一部分，寓意帮助墓主死后脱离苦难并升天成仙。[28] 目前尚未有确切资料披露这两组滑石猪具体的出土位置，研究者都将其归类为猪形手握，或有待墓葬简报的进一步验证。此外，南京雨花台区发掘的多处南朝世家大族墓中，也都见有滑石猪，遗憾的是，由于早年被

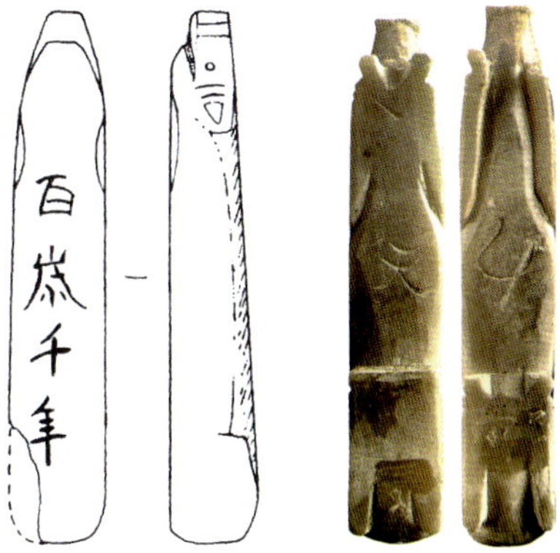

图三十　南京出土东晋铭文滑石猪一组
1."百岁千年"铭文（栖霞区王子楼出土）
2."天乙"铭文（江宁区谢家山出土）

盗、器物移位等原因，发掘简报难以标注其确切的出土位置。[29]

此外，在部分时代、地域、形制、规模和朝向等都高度一致的家族墓中，滑石猪在男性墓和女性墓中的出土位置体现出一定差异。如前引湖南津市明道村兰家湾东晋墓 M1 和 M2，以及南京雨花台后头山东晋墓 M1 和 M2，都为相邻并排的夫妻合葬墓，其中 M1 均为男性墓，M2 皆为女性墓。巧合的是，这两处男性墓中，滑石猪都出自墓室棺床中部，应是作为手握入葬；而在旁边的女性墓中，成对滑石猪都出自墓室前端的祭台上，应是作为牺牲模型。这种现象值得今后进一步关注和思考。

自新石器时代以来，人们往往以猪的个体或部位进行随葬，还陆续用玉、石、铜、铁、陶、瓷等不同材质制作猪形器物，表达对其或崇拜或喜爱的不同情愫，寄托了人们的内心祈愿。滑石猪从西汉早期流行至唐代晚期，遍布华南、华东和华北等不同区域，其在墓葬中不同的出土位置及伴随器物，也传递出多重复合的丧葬寓意和功用。但无论如何摆放、如何寄寓，都难免受到社会生产技术、生活方式及思想观念等多方面影响。尽管滑石猪在不同时

期、不同地域的墓葬中，甚至在同一时期、同一地域的墓葬中，看似都表现出复杂多元的使用场景与功能，但其实归根结底，反映的都是人们最朴素的生活理想与丧葬信仰，亦即渴望现世安稳、往生安定，逝者富足无忧、生者趋吉避凶。[30]

［附记：本文为湖南省哲学社会科学基金项目“湖南出土滑石器整理与研究”（项目编号：20YBA154）阶段性成果。］

注释：

[1] a. 王煜、李帅：《礼俗之变：汉唐时期猪形玉石手握研究》，《南方文物》2021 年第 4 期；b. 杨彭：《马鞍山地区出土六朝时期玉石猪手握浅谈》，《黄河·黄土·黄种人（华夏文明）》2018 年第 10 期。

[2] 张仲葛：《出土文物所见我国家猪品种的形成和发展》，《文物》1979 年第 1 期。

[3] 湖南省文物管理委员会：《湖南长沙西汉墓清理简报》，《考古通讯》1957 年第 4 期。

[4] 高至喜：《长沙西汉墓中出土的滑石长方块为何物》，《湖南博物院院刊》第十八辑，岳麓书社，2023 年，第 354 页。

[5] 湖南省博物馆：《长沙南郊砂子塘汉墓》，《考古》1965 年第 3 期。

[6] 高至喜：《长沙西汉墓中出土的滑石长方块为何物》，《湖南博物院院刊》第十八辑，岳麓书社，2023 年，第 353、355 页。

[7] 湖南省常德市文物局、常德博物馆、鼎城区文物局、桃源县文物局、汉寿县文物局编著：《沅水下游汉墓》，文物出版社，2016 年，第 166～169 页。

[8] 李如森：《汉代丧葬礼俗》，沈阳出版社，2003 年，第 64 页。

[9] [西汉] 刘安：《淮南子》，北方文艺出版社，2018 年，第 298 页。

[10] 湖南省文物管理委员会：《湖南长沙西汉墓清理简报》，《考古通讯》1957 年第 4 期。

[11] 湖南省文物考古研究院、怀化市博物馆：《中方县龙井汉墓 M047 发掘简报》，《湖南博物院院刊》第十八辑，岳麓书社，2023 年，第 127、131 页。

[12] 杨慧婷：《湖南汉墓出土漆案考》，《湖南省博物馆馆刊》第十七辑，岳麓书社，2022 年，第 333 页。

[13] 湖南省常德市文物局、常德博物馆、鼎城区文物局、桃源县文物局、汉寿县文物局编著：《沅水下游汉墓》，文物出版社，2016 年，第 303～305 页。

[14] 湖南省文物考古研究所、津市文物管理所：《湖南津市明道村东晋墓葬》，《湖南考古辑刊》第 10 集，岳麓书社，2014 年，第 149～152 页。

[15] 南京市考古研究所：《南京市雨花台区后头山东晋墓发掘简报》，《东南文化》2017 年第 4 期。

[16] 湖南省常德市文物局、常德博物馆、鼎城区文物局、桃源县文物局、汉寿县文物局编著：《沅水下游汉墓》，文物出版社，2016 年，第 447～451 页。

[17] 长沙市文物考古研究所：《长沙市新港晋墓的清理》，《考古》2003 年第 5 期。

[18] 衡阳市文物处、耒阳市文物局：《湖南耒阳白洋渡汉晋南朝墓》，《考古学报》2008 年第 4 期。

[19] 广东省文物考古研究院：《广东阳江江城区东晋纪年墓发掘简报》，《东南文化》2022 年第 4 期。

[20] 广州市文物考古研究院：《广州市农林上路六横路南朝墓发掘简报》，《文博学刊》2022 年第 2 期。

[21] 中国社会科学院考古研究所：《偃师杏园唐墓》，科学出版社，2001 年，第 30、77～78、62 页。

[22] 湖南省常德市文物局、常德博物馆、鼎城区文物局、桃源县文物局、汉寿县文物局编著：《沅水下游汉墓》，文物出版社，2016 年，第 429～431 页。

[23] 湖南省文物管理委员会：《长沙南郊烂泥冲晋墓清理简报》，《文物参考资料》1955 年第 11 期。

[24] 广东省文物考古研究院、乳源瑶族自治县博物馆：《广东乳源小江村隋唐墓葬发掘简报》，《东南文化》2022 年第 4 期。

[25] 广西文物考古研究所、广西梧州市博物馆：《广西梧州市木铎冲遗址墓葬发掘简报》，《南方文物》2009 年第 4 期。

[26] 徐苹芳：《唐宋墓葬中的“明器神煞”与“墓仪”制度——读〈大汉原陵秘葬经〉札记》，《考古》1963 年第 2 期。

[27] 沈利华：《六朝滑石猪初探》，《学耕文获集——南京市博物馆论文选》，江苏人民出版社，2008 年，第 27、34 页。

[28] 王煜：《南京江宁上坊谢家山出土“天乙”滑石猪与司命信仰——也谈玉石猪手握的丧葬意义》，《东南文化》2017 年第 6 期。

[29] 南京市考古研究所：《华为南京基地南朝墓 M36》、《南京板桥张家洼南朝墓 M1》，《中国国家博物馆馆刊》2015 年第 12 期。

[30] 杨慧婷：《湖南出土滑石猪的考古学观察》，《农业考古》2024 年第 3 期。

中国早期金铜佛像制作工艺初探

Preliminary Exploration of the Making of Early Gilded Copper Buddhist Statuettes in China

南通大学　华东师范大学　何志国

He Zhiguo, Nantong University, East China Normal University

内容提要：通过 X-CT 等扫描技术和造像表面铸造遗痕观察，中国早期金铜佛像大体延续了中土历史悠久的陶范法铸造工艺，在泥芯和外范之间加金属垫片，对造像五官、手印和袈裟衣纹采用凿刻、修整，然后凿刻铭文并鎏金。这种科技观察否定了有关早期金铜像为失蜡法铸造的观点。北魏晚期造像具有“秀骨清像、褒衣博带”特征，梁武帝盛期造像则背屏宽大，面容丰润，飞天与火焰纹刻画细腻、灵动。

关键词：早期金铜佛像　陶范法　金属垫片　凿刻与修整　鎏金

Abstract: Through X-CT and other scanning technology and observation of casting residues on the surface, early gold and copper Buddhist statues in China generally followed the ancient pottery mold casting technique, with metal spacers placed between the earthen core and the outer mold. The features of the statues, such as facial features, hand gestures, and kasaya folds, were chiseled and polished before the statues were gilded and engraved with inscriptions. This scientific observation refutes the view that early gold and copper statues were cast by using the lost wax method. The late Northern Wei statues have the features of “slender bones and clear image, loose robe and wide band”. with wide back screens and plump faces. The statues of the prosperous period of Emperor Wudi of Liang have large and wide back screens and plump faces while the apsaras and flame patterns are vividly depicted.

Keywords: early gold and copper Buddhist statues; pottery mold casting technique; metal spacers; chisel and polish; gild

早期金铜佛像指西晋南北朝至隋朝的金铜佛像。金申曾经怀疑元嘉十四年（437）韩谦造像等几尊金铜佛作伪，理由之一就是这些金铜佛样式完全一样，铭文却相差七年。他认为失蜡法铸造铜像只能造一尊，相同者即为后仿。[1] 金申有关早期金铜像均为失蜡法铸造之说可商榷。本文通过造像外观细节的观察和利用 X-CT 影像数据分析，考察早期金铜佛像铸造、修整等重要步骤。

一　铸造方法

由于金铜佛像铸造完成后表面经过打

图一　绵阳何家山摇钱树佛像正面

图二　绵阳何家山摇钱树佛像背面

图三　安大略博物馆藏摇钱树佛像

图四　咸阳十六国青铜立佛正面

图五　咸阳十六国青铜立佛背面

图六　咸阳十六国青铜佛板正面

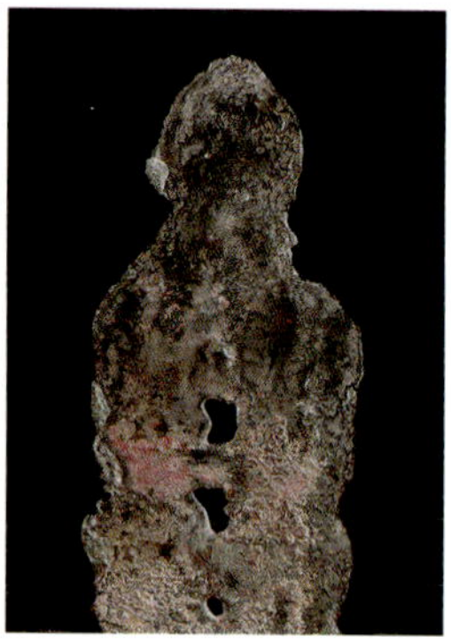

图七　咸阳十六国青铜佛板背面

图八　甘肃镇原北魏倒“凹”字形字佛正面

图九　西安交脚菩萨铜像

磨、抛光和鎏金工序，从加工后的外表一般无法判断铸造工艺，只有通过 X 射线检测或者观察青铜器外表留下的铸造痕迹，才可以较为准确地判断铸造工艺。

据目前掌握的考古材料分析，早期金铜佛像铸造为块范法，具体而言，分浑铸法和分铸法两种。

（一）浑铸法

通过铸造留下的痕迹可以判断，东汉时期青铜摇钱树佛像的铸造应为浑铸法。以绵阳何家山一号墓出土摇钱树干佛像为例，共有五节树干，每节树干上大下小，佛像位于树干中部偏上位置，头部以上中空，可使每一节树干互相插合，组成一个整体树干。每节树干高约 17 厘米，佛像与树干铸造成一个整体，正面为高浮雕（图一），突出于树干之上，背面扁平，与树干为同一平面。从背面残留的一些孔洞可以看出，树干中间尚存烧结的红色泥芯（图二），这种包在铜液之中的泥芯叫“盲芯”。[2] 其外由两块外范合范后，浑铸而成：包括呈高浮雕的佛像、头上扁平、呈椭圆形的项光，以及佛像两侧相互连接的方孔圆钱枝叶，均为一次性浇铸而成。与绵阳何家山树干上的佛像位置不同，安大略皇家博物馆藏摇钱树，其树干为下大上小，套合而成，摇钱树干佛像位于树干的下方，中空，另一节树干较小的上段从佛像下方向上插入连接（图三）。[3] 其铸造方法与何家山摇钱树干佛像同为浑铸法。

2021 年，咸阳出土两件十六国时期金铜佛像 [4]，分别是一件立佛，一件佛板。立佛下有莲座，分别铸造，立佛正面为高浮雕，背面凹陷，中空，肩、臂袈裟边缘到足跟外侧可见范线，头部和背面残留泥芯，推测为双合陶范铸造（图四、图五）。佛板背面为平面，右侧边缘有切割的卷曲毛刺残留，是采用去除范线加工措施，用陶范浑铸而成（图六、图七）。[5]

有的北魏时期造像采用浑铸法铸造，在外表留下的痕迹明显。例如，宁夏固原县出土的北魏金铜佛像，从其倒凹字形台座中间因合范不严而溢出的铸造金属线缝，可以判定铸造时由正、反两个模具分别雕刻正面和背面造像，然后合范一次性铸造。[6] 西安、天水、镇原出土的倒凹字形台座造像的相同位置也有类似特征（图八）。西安莲湖区出土北魏交脚坐菩萨像也采用浑铸（图九）。[7]

（二）分铸法

2010 年，Donna Strahan 对美国旧金山亚洲美术馆建武四年（338）铭文禅定坐佛（图十、图十一）和纽约大都会正光元年（520）铭文坐佛、太和十年（486）铭文立佛进行了检测，通过 X-CT 扫描显示，前两尊禅定坐佛都有五个垫片，分布在身体的不同位置。她用卡尺在正光元年铭文坐佛的底座开口边沿进行测量，前面边缘最厚，为 4.23 毫米，后壁最薄，为 1.22 毫米；底座右侧的厚度在 2.11 ~ 2.20 毫米之间，左侧的厚度在 2.68 ~ 3.45 毫米之间。原因是泥芯脱离了原有位置并向后边和左边移动，导致后壁比前壁较薄。这是陶范铸造留下的特征。至于太和十年（486）铭文立佛，高达 140 厘米，采用了大量尺寸为长 2.4 ~ 2.8 厘米、宽 2.0 ~ 2.2 厘米起到类似垫片功能的矩形突起物，而且，虽然该像铸后经历了打磨、抛光工序，仍然在后背长柄方孔内的表面、右前臂内侧和长袍下侧的两腿之间留下了范线痕迹和陶范铸造的痕迹。她分析这三件十六国至北魏时期金铜佛像分铸法铸造的两种方式：两件小型铜佛的铸造过程中采用了金属垫片支撑外范的泥芯，而一件大型铜佛的铸造则采用了泥芯的延伸部分来支撑其在外范内的位置。另外，Donna Strahan 还对哈佛大学弗格美术馆坐佛（1943.53.80）进行了检测，发现也有金属垫片（图十二、图十三），说明该像也是用分铸法铸造的。她还特别强调，没有底切是陶范法的重要特征之一。所谓“底切”（undercuts）一词，是指雕塑作品向下突出及弯曲的部分，也指模具所包覆的相应部分。[8]

图十　旧金山博物馆建武四年金铜坐佛

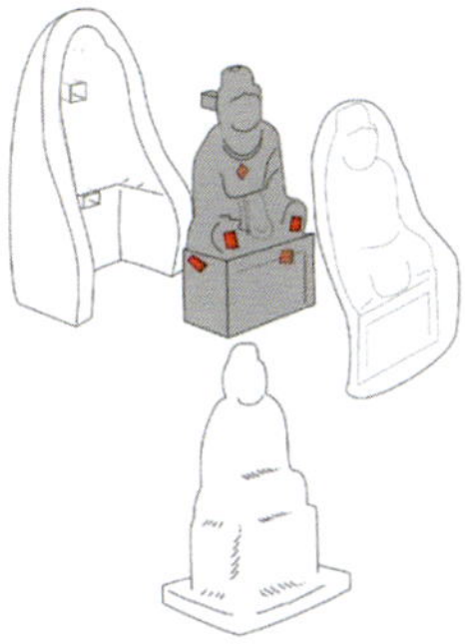

图十一　模拟建武四年坐佛铸造泥芯和外范

图十二　哈佛大学弗格美术馆金铜坐佛

图十三　哈佛大学弗格美术馆金铜坐佛垫片示意图

2020 年，上海博物馆分别对 3 件十六国时期至北魏时期的金铜佛进行了 X-CT 扫描铸造结构无损分析检测。其中，两件十六国时期禅定坐佛，分别高 8.2、8.9 厘米，头部实心，身体内部空心，壁厚规整，方正，均匀，这种器物外形使用陶范法较

图十四 隆化泰常五年刘惠造像侧面

图十五 武泰元年邓法念造像一

图十六 武泰元年邓法念造像二

容易实现，因此判断采用陶范法浑铸。另一件北魏鎏金铜立佛像，内穿袒右僧祇支，外穿通肩袈裟，高 18 厘米，僧祇支上方胸部可见一菱形垫片，另外，透过 X-CT 扫描，可见身体各处小的方形垫片，常常成双的、有规律地设置在同一平面，体内充满泥芯，头与双足为实心。[9] 使用金属垫片是陶范法的技术特征。

一些采用分铸法铸造的早期金铜佛像外表也有范线痕迹。例如，河北承德出土泰常五年（420）刘惠造像台座一侧留下纵向的范线痕迹，也是范铸法的特征（图十四）。于春指出，西安博物馆藏“比丘尼明□女姐”铭金铜造像，“头后部无雕刻；身体衣纹仅雕刻正面衣纹，背部未雕刻衣纹；其耳后至肩部有较明显的一条轮廓线，很可能是范线打磨后留下的痕迹”，指出其为陶范法铸造。[10]

此外，古代文献透露了一些早期金铜佛像翻模复制的信息。唐道宣《集神州三宝感通录》载：“东晋成帝咸和（326—334）中，丹阳尹高悝往还帝阙，每见张侯桥浦有异光现，及使吏寻之获金像一……遂径趣长干寺，因安置之……至咸安元年（371）……凡四十余年……时瓦官寺沙门慧邃，欲求摹写，寺主僧尚恐损金色，语邃曰：若能令佛放光，回身西向者，非余所及。邃至诚祈请，中宵闻有异声，开殿见像，大放光明，转坐面西。于是乃许模之，传写数十躯，所在流布。”东晋初期，丹阳尹高悝捡获金铜佛像安置在长干寺，降至晋末，瓦官寺僧人慧邃“欲求摹写”该像（翻模），但长干寺主僧以“恐损金色”为由不允，几经辗转，才获准在该像之上翻模（“乃许模之”），于是“传写数十躯”，即同模翻制铸造了数十尊像。考古发现有同模翻铸的例证。1985 年，河北临漳县习文乡上柳村出土 6 尊观世音像，造型大同小异，铭文显示，武泰元年（528）三月廿三日同日邓法念分别为六个儿媳建造。[11] 这些造像可能是同模翻铸而成（图十五、图十六）。这 6 尊造型相似的观世音像之间存在细微的差异，例如，背屏边缘的火焰纹和莲蕾形状细节不同，很可能是采用相同的模具分别翻制之后，然后对各自模具加以雕刻修整形成的细微差异所致。

因此，基本上可以判断，西晋十六国时期至南北朝的金铜佛像大体是陶范分铸法铸造，[12] 也有少量采用陶范浑铸法铸造的造像。

二 修整方法

早期金铜佛铸造之后，还对造像细节采用了进一步凿刻、修整的加工方法。

以河北隆化出土泰常五年（420）刘惠造像为例，该像铸后未经打磨和鎏金，台座留下范线铸痕，螺发肉髻、面部、袈裟衣纹、手背和坐狮保留凿痕，面部眉弓、眼睛和嘴部凿刻明显，尤其是嘴部两侧形成较长的凹槽缺陷，这是向里刻凿，以凸显上、下嘴唇的结果。失败的嘴部较深的刻凿痕迹表明，先前的铸造在面部并未表现眉弓、眼睛和嘴等细节，可能铸造时模具只刻画了鼻子的轮廓（小型金铜佛的鼻子较为突出），面部其他五官细节则是铸后

图十七　隆化泰常五年刘惠造像正面

图十八　隆化泰常五年刘惠造像背面

图十九　旧金山博物馆建武四年金铜坐佛头后部

图二十　旧金山博物馆建武四年金铜坐佛头部

图二十一　旧金山博物馆建武四年金铜坐佛手部

进一步凿刻加工的结果。只是刘惠造像眉弓、眼睛、鼻子凿刻较为成功而得以正确表达，而嘴部两侧留下难看的凹陷缺陷。如果要进一步修整嘴部，势必要削减两颊，从而形成瘦削的小脸，这正是十六国小型金铜佛常见的主要面部特征。经过仔细观察，可以看出刘惠造像凿刻、修整，经历了从上至下、从细致到粗糙的加工过程：螺旋式的束发肉髻凿刻较为细致，线条流畅、自然，额上的数道发际也表现得较为清晰，面部眉弓、眼睛也凿刻清楚，但鼻子两侧为了表现鼻翼，鼻梁线条就不够流畅，嘴部两侧凿刻较深，留下了凹槽缺陷；往下肩部衣纹凿刻还算匀称，但通肩袈裟的重叠衣纹则较为简洁，本该是重叠的U形衣纹，刻成倒梯形，手指也只是刻阴线分割指关节，座前双狮也只是草草地刻一下牙齿，其余则敷衍了事；更有甚者，手下衣纹未加处理。一般十六国时期金铜禅定佛手下是重叠的圆弧形，但该像仅加工了长舌状的外轮廓，竟然忘记凿刻，未表现衣纹。该像也未加鎏金（图十七）。由此可见，这是一件虎头蛇尾、尚未完工的铜造像。但是，工匠在铭文中罕见地在圆形背屏后面留下了自己的名字，还声称“李翟平用铜四斤”，放在像主刘惠前面，而且把“李翟平”三个字刻得比其他字要大，显然是强调和表现工匠自己（图十八）。

后赵建武四年（338）造像铸造后也有多处明显的凿刻加工痕迹。该像使用凿刻工具表现完善了眼睛、头发和手指等细节，具体而言，通过凿刻，细致表现后脑细密排列的发线（图十九），修凿眉弓和眼睑线（图二十）以及五指的关节（图二十一）。另外，该像底座的边缘周围刻画了藤蔓纹，Donna Strahan 特别指出：“铭文是用一个带有V形尖端的凿雕刻的，凿刻每一笔之后，工具就会被提起，从而产生不连续的线条，尤其是在转弯的地方。”[13]

三　安装方式

分铸法铸造的佛像，则需要铸后组装。十六国时期金铜佛像的背屏、伞盖、四足台座和造像是分开铸造的。例如，石家庄赵宋村东汉墓出土禅定坐佛和甘肃泾川玉都公社出土禅定坐佛均是如此（图二十二～图二十四）。即使一些保存不全、只剩下主尊像，造像背面或者头部都保存着长方形带孔插榫，显示曾经有伞盖、背屏或者项光。美国大都会博物馆藏北魏晚期的牛猷造像，除了背屏、四足台座与主尊分铸外，台座上的胁侍菩萨、弟子、护法力士、狮子和博山炉均是分铸，下部带插榫，插入台座预留的插孔之中，结构复杂，

图二十二　甘肃泾川金铜坐佛背面

图二十三　甘肃泾川金铜坐佛侧面

图二十四　甘肃泾川金铜坐佛背屏正面

图二十五　北魏正光五年牛猷造像

图二十六　隋开皇四年董钦造像

其中背屏和飞天采用镂空铸造，具有玲珑剔透的效果，铸造工艺尤为精湛（图二十五）。西安出土的隋代董钦造像，一铺造像更为丰富，台座、主尊、胁侍菩萨、弟子、力士、香炉和狮子，分别铸造得更为精致，均采用插挂方式组装而成（图二十六）。[14]

四　小结

早期金铜佛像采用的陶范法在中国具有悠久的历史传统，陶范法分浑铸法和分铸法两种：浑铸法造像结构较为简单，以内芯、外范为模具，一次性浇铸而成。分铸法造像结构较为复杂，其中一个重要的特征就是在翻模时在外范和泥芯之间采用铜垫片（也叫铜芯撑），其功能是“帮助泥芯的定位，控制范芯之间的距离，起到稳定、支撑和定位的作用，使器物厚度均匀，避免浇注时由于铜水的冲击和浮力使泥芯漂移而导致的铸造缺陷”。铜垫片在铸造中使用较早，刘煜指出，在殷墟“207 件分期明确的器物中，有 163 件青铜礼器设有铜芯撑，占 78.7%，说明这一技术已经使用得非常普遍了”[15]。东周青铜器铸造时也大量使用垫片。[16] 因此，上述早期金铜佛像铸造过程中使用金属垫片是延续了商周以来的铸造传统，与印度的失蜡法铸造佛像技术有所不同。Donna Strahan 指出，分铸法铸造早期金铜佛像的主要特点是使用金属垫片和泥芯延伸来支撑空心铸件中的内模，上述较小的早期金铜佛像铸造时采用了垫片，纽约大都会博物馆藏太和十年（486）铭文立佛，高达 141 厘米，则采用了泥芯延伸的方法铸造；在六七世纪之间，强大的外部影响引起技术转变，导致雕像铸造采用失蜡法。[17] 唐代以后开始流行失蜡法铸造佛像。

［附记：本文为国家社科基金项目“七世纪前金铜佛考古学研究”（批准号：17BKG002，2017—2022）阶段成果。］

注释：

[1] 金申：《谈元嘉十四年韩谦造金铜佛像的疑点及其他伪像》，《中原文物》2002 年第 6 期。

[2] 刘煜、岳占伟、何毓灵、胡东波：《殷墟青铜器金属芯撑技术研究》，《南方文物》2015 年第 4 期。

[3] 何志国、张凯丽：《安大略皇家博物馆藏东汉摇钱树佛像考略》，《湖南省博物馆馆刊》第十三辑，岳麓书社，2017 年，第 350 ~ 357 页。

[4] a. 陕西省考古研究院：《陕西咸阳成任墓地东汉家族墓发掘简报》，《考古与文物》2022 年第 1 期；b. 冉万里、李明、赵占锐：《咸阳成任墓地出土东汉金铜佛像研究》，《考古与文物》2022 年第 1 期。上述两文认为这两尊金铜佛像出土于东汉晚期墓葬，年代应为东汉晚期。但是，出土佛像的墓葬有盗洞，这两尊金铜佛像当为后世混入，其年代应为十六国时期，详见何志国：《咸阳出土“东汉青铜佛像”献疑》，《中原文物》2023 年第 6 期。

[5] 李建西、邵安定、宋俊荣、李明、赵占锐：《咸阳成任墓地出土东汉金铜佛像科学分析》，《考古与文物》2022 年第 1 期。

[6] [日] 松原三郎:《增订中国佛教雕刻史论》，吉川弘文馆，1995 年，第 55 页图 a、b。

[7] 浙江省博物馆编:《一带一路佛教艺术特展·佛影灵奇：十六国至五代佛教金铜造像》，文物出版社，2018 年，第 73、75、77、104～105 页。

[8] Donna Strahan. *Piece-Mold Casting: A Chinese Tradition for Fourth- and Fifth-Century Bronze Buddha Images, Metropolitan Museum Studies in Art, Science, and Technology* Vol .1 (2010) , p.133–153.

[9] 杨志刚、如常主编:《海上佛影：上海博物馆藏佛教艺术展》，台北人间文教基金会出版，2020 年，第 16～19、32～35 页。上海博物馆丁忠明副研究员对于该馆早期金铜佛像铸造工艺提供了很多信息，多有指教，谨表谢意!

[10] 于春:《长安地区北朝金铜佛像形制与铸造技术特征》，《文博》2016 年第 3 期。

[11] 中国社会科学院考古研究所、河北省文物研究所、河北省临漳县文物旅游局编著:《邺城文物菁华》，文物出版社，2014 年，第 123～125 页。

[12] 徐德娜指出:“到目前为止，所研究的中原地区的佛像，直到 6 世纪，都是陶范法铸造的。之后才开始通过失蜡法铸造。”见徐德娜著，阚颖浩、林盈君、马清林译:《中国古代青铜器失蜡法铸造之辩论》，《东方考古》第 18 集，科学出版社，2021 年，第 224～245 页。

[13] 同 [8]。

[14] 孙福喜主编:《西安文物精华·佛教造像》，世界图书出版社西安公司，2010 年，第 98 页。

[15] 同 [2]。

[16] 王全玉、陈谊、苏荣誉、武笑迎:《大英博物馆馆藏侯马青铜器：技术研究》，《东方考古》第 18 集，科学出版社，2021 年，第 208～222 页。

[17] Donna Strahan. An Enlightened Journey: *Transitions in Casting of Chinese Buddhist Images, Scientific Research on Ancient Asian Metallurgy*, London: Archetype Publications, 2012.

南朝墓室中天人图像的称呼问题

Appellations of Heavenly-being Figures in the Tombs of the Southern Dynasties

江苏大学　王　馨

Wang Xin, Jiangsu University

内容提要：南朝墓室中带有“天人”铭文的图像与我们所熟知的“飞天”在造型上相同，因此这类图像的称呼众说纷纭，导致图像难以解读。本文通过考察汉译佛经、绘画史料等古代文献，结合考古材料，主要对“天人”与“飞天”“飞仙”称呼的关系进行论述，认为“天人”是“飞天”的古代称呼，“天人”称呼胜于“飞仙”。考古报告中对图像的命名应以其自身铭文为基准，这对于图像的解读发挥着至关重要的作用。

关键词：天人图像　飞天　飞仙　南朝　墓葬艺术

Abstract: The images with the inscription of “Tianren” found in the tombs of the Southern Dynasties are identical in shape to the “apsaras” we are familiar with, so the appellations for these images have been the subject of much debate, making it difficult to interpret them. By examining ancient literary sources such as Chinese translations of Buddhist scriptures and painting histories, and combining them with archaeological materials, this paper mainly discusses the relationship between “Tianren” and “apsara” or “flying immortals.” It argues that “Tianren” is an ancient name for “apsara,” and that the term “Tianren” is superior to “flying immortals.” The naming of the images in archaeological reports should be based on their own inscriptions, which is of vital importance for the interpretation of the images.

Keywords: images of Tianxian; apsara; flying immortal; the Southern Dynasties; tomb art

带有“天人”铭文的图像发现于南朝时期的墓葬艺术中，具有较强的时代特征。天人图像以画像砖的艺术形式置于墓室墙壁上，天人褒衣博带，作飞行姿势，衣带随之向后飘扬，身下有云气纹，周围有天莲华图案。

据现有考古资料得知，河南邓县学庄村墓中出土了这种带有“天人”铭文的图像（图一）[1]。在天人图像的中间下方位置，刻有“天人”二字。天人图像的名称是由同砖上出现的“天人”铭文而确定的。

江苏地区也出土了六处带有铭文的天人图像，主要分布在南京、丹阳两地。图像出现在丁头或长身，而“天人”铭文出现

图一　河南邓县墓天人（图片来源：《邓县彩色画象砖墓》图三五）

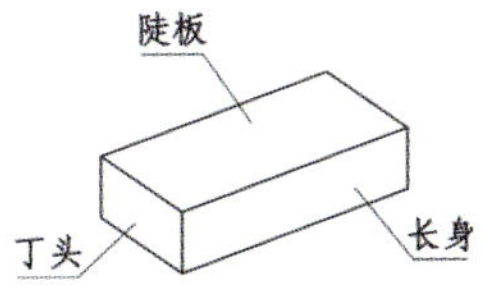

图二　砖料各面称谓（图片来源：《明清广府地区砖作研究》图4-1：a）

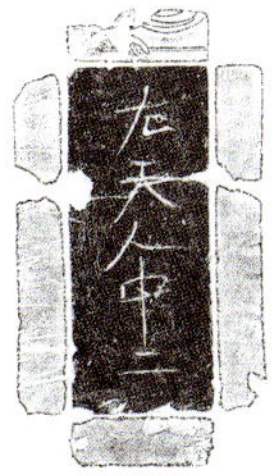

图三　狮子冲M2“天人”铭文砖（图片来源：《南朝真迹》第523页）

图四　狮子冲M2东壁天人（图片来源：《南京栖霞狮子冲南朝大墓发掘简报》彩插一：5）

图五　吴家村墓东壁天人（图片来源：作者据《江苏丹阳县胡桥、建山两座南朝墓葬》和南京博物院展示图绘制，局部已修补）

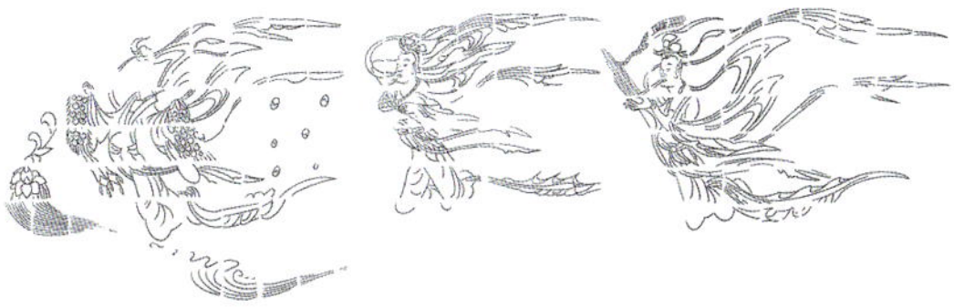

图六　金家村墓西壁天人（图片来源：作者据《江苏丹阳县胡桥、建山两座南朝墓葬》图二六和南京博物院展示图绘制）

在砖料的陡板面（图二）。图像与铭文虽然处于不同面，但根据铭文砖与图像的比对得知两者是匹配的，即“天人”表示这类图像的称呼（图三、图四）。

尽管“天人”图像带有自身的铭文，但考古报告上对它却有其他称呼。例如丹阳鹤仙坳墓简报上把它称作“飞天”，南京狮子冲墓简报上称之“仙人”等等，而对于为何使用这些称呼却没有表明，应是图像称呼并非文章论述重点的缘故。

如果图像的称呼没有得到确切的正名，可能会造成概念的混淆，并产生新的问题。图像的称呼作为研究起点，是不容忽视的。学者通常依据名称，在古代的文献中爬罗剔抉，以此解决相关的学术问题——溯源、流变、文化内涵等等。对于考古学与美术学而言，我们应该把图像放入历史语境中解读，还原其本身的称呼，而非现代语汇或是经验驱使下的主观判断。

一　“天人”图像的不同称呼

带有“天人”铭文的图像主要出现在江苏地区和河南地区。江苏地区有六处，分布在丹阳与南京。丹阳有三座墓室（略称“丹阳三墓”），分别是丹阳鹤仙坳墓、丹阳胡桥吴家村墓、丹阳建山金家村墓（按发掘时间排列）。南京也有三墓，分别是南京石子冈南朝墓、南京铁心桥南朝墓、南京新合狮子冲两墓（按发掘时间排列）。河南地区仅邓县学庄村墓出土了带有“天人”铭文的图像，其图像造型特征与江苏南京、丹阳地区的天人图像为同一图式体系。依据砖文自铭，图像应命名为“天人”，但学者对图像的称呼并不统一，另有“飞天”“仙人”或“飞仙”等称呼。

丹阳胡桥吴家村墓考古报告使用的是“天人”称呼：“大龙上方有三‘天人’（据砖文自铭），都似女性，皆髻发束腰，花带随风飘舞，作腾空飞翔姿势……‘大虎’上方的三个‘天人’……”（图五）[2] 金家村墓的考古报告中也使用了“天人”：“建山金家村墓的‘大虎’羽人及天人与胡桥吴家村墓一样，每人手中所持物稍有不同……大虎上方有三个‘天人’，在前一人，双手各

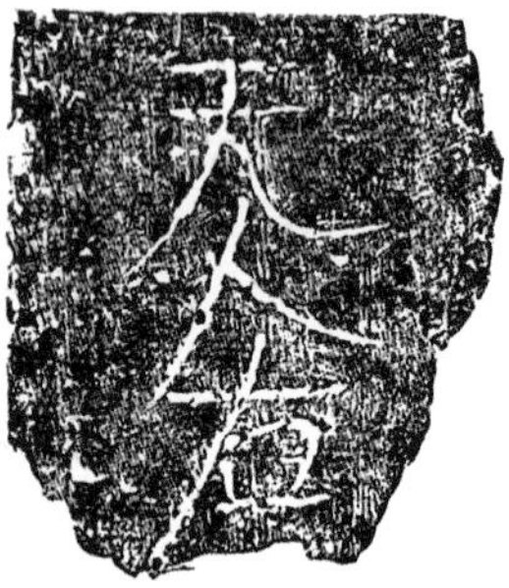

图七　丹阳鹤仙坳墓“天人右”铭文（图片来源:《江苏丹阳胡桥南朝大墓及砖刻壁画》图一四）

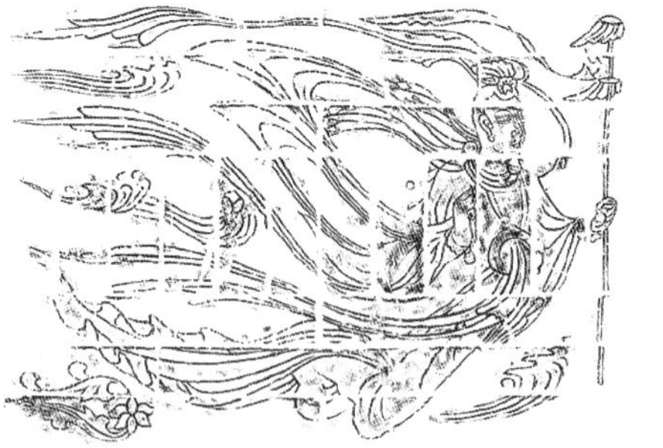

图八　金家村墓东壁天人（图片来源:《琅琊王——从东晋到北魏》第 80～81 页）

执仙果一串；在中一人，因砖面已残，手中持物无法确知；在后一人双手捧竽。”（图六）[3] 此墓与吴家村墓同属一份考古报告，把图像确认为“天人”是因为“砖文自铭”。丹阳吴家村墓与金家村墓的简报中虽没有录有“天人”铭文砖，但有文字明确记述确有“天人”铭文存在，并与图像对应。

江苏地区丹阳鹤仙坳墓的天人图像破坏严重，仅存西壁《羽人戏虎》上方两身天人。鹤仙坳墓与建山金家村墓中的天人画像砖同模 [4]，但鹤仙坳墓考古报告中却把“天人”直接断定为“飞天”:“其右上角有两‘飞天’，一持仙果，一作散仙果状……其上还有一个‘飞天’，作吹笙状。”[5] 鹤仙坳墓考古报告中附有“天人”铭文（图七），但使用了“飞天”的称呼。此墓的主要发掘者罗宗真在 1994 年著述出版的《六朝考古》一书中仍称作“飞天”。[6] 除此之外，金家村墓在 2018 年由南京博物院修复出一件完整的“左天人”（砖文自铭）图像（图八），收录在《琅琊王——从东晋到北魏》一书中，左骏先生对此图像的称呼亦用“飞天”，但在后文补充道“‘天人’应是当时的称谓”，但并未作具体论述。[7]

南京地区的狮子冲两墓位于南京栖霞区新合村狮子冲北象山南麓，出土了完整的“天人”铭文及图像（图三、图四）[8]，但两墓的考古报告均使用“仙人”代指天人图像。前文所述河南邓县学庄村墓中天人图像被考古人员命名为“伎乐仙”[9]，同墓中的券门和墙壁上还发现了无铭文的天人图像，被称作“飞仙”。

综上所述，丹阳三墓、南京狮子冲两墓以及河南邓县墓均出土了带有“天人”铭文的图像，“天人”铭文与图像明确对应，但学者对“天人”的称呼并不统一，有称之为“天人”，有称之为“飞天”，还有称之为“仙人”。南朝其他墓室中出土的无铭文的类似天人图像也多被称作“飞天”或“飞仙”。由于天人图像的称呼不统一，导致一些形象概念的混同与误读。那么，“天人”与“飞天”“飞仙”到底是何关系呢?

二　“天人”是“飞天”的古代称呼

南朝墓室中的天人图像与佛教艺术中的飞天形象在造型特征上十分相似，但仅从形象特征上把两者画等号，实则是不严谨的。结合古代文献记述，我们发现“飞天”一词出现很少，古人其实多用“天人”称呼我们今天熟知的飞天形象。

其实早在 20 世纪，学者便对“飞天”与“天人”的关系进行过讨论。日本学者吉村怜在《天人的词义与中国的早期天人像》一文中提倡用“天人”一词来替换“飞天”。[10] 吉村先生对“飞天”的词源进行考察，发现中国古代文献中仅有两条“飞天”用例。他认为中国译经僧人应该是将梵文“deva”汉译为“天”或“天人”，复数则为“诸天”，表示女性的“devī”则译为“天女”。他在文中明确提到：“一般称呼它（飞天）什么呢？看来是称呼为天人或天女。”

“飞天”一词的最早使用是在日本。1911年福井利吉郎首先关注到飞天图像，在《凤凰堂飞天群像史编》一文中对“飞天”一词进行渊源考察[11]，他考察汉译佛典，发现此词并不多见，仅在《法苑珠林》中发现一处。在日本也仅见于平安时代的文献记载。1949年长广敏雄出版《飞天的艺术》一书，使得“飞天”一词得以流行并沿用。[12]

中国学者对“飞天”一词极为推崇，自1980年常书鸿出版《敦煌飞天》起，“飞天”一词就被中国学者沿用至今。但“飞天”一词的争议依然存在，直到2007年赵声良在《飞天新论》中对“飞天”一词进行重新考察，他确认此词最早是日本学者长广敏雄在《飞天的艺术》一书中正式以学术意义提出。他考察汉译佛经、变文等古代文献，认为：“存在于雕刻或绘画等佛教艺术中的那些现在称为‘飞天’的形象，当时的人们一般是用‘诸天’‘天人’‘天女’来称呼的……古代中国人还是多用‘天人’一词。有时，甚至会用‘天仙’‘仙女’等称呼，‘天仙’和‘仙女’应是中国传统神仙思想（后来为道教所继承）系统的‘仙人’。”[13]

我们考察汉译佛经中对“天人”一词的记载，发现“天人”的形象特征描述与我们所熟知的飞天形象匹配。早在东汉时期，“天人”便以形象化的原型出现在汉译佛经的记载中了，东汉支娄迦谶在公元178至189年之间所译的佛经《道行般若经》卷二《摩诃般若波罗蜜功德品第三》中提到：“忉利迦翼天人，持天华飞在空中立，便散佛上及散四面。”（CBETA 2022.Q1，T08，no.224，p.434a16～19）“忉利迦翼”应是天人群体中的个体名称，“天华”指的是一种具有神性的花，他手拿花在空中，向佛及周围诸神散花。敦煌石窟北凉275窟的北壁交脚菩萨上方的飞天形象，与该描述相符。卷十《摩诃般若波罗蜜昙无竭菩萨品》中，云：“数千万天人从空中散天衣，雨昙无竭菩萨及诸菩萨上，诸天于空中作音乐，共乐昙无竭菩萨……”（CBETA 2022.Q1，T08，no.224，p.477b4～10）天人在空中奏乐，飞天也具有奏乐的特点。天人在空中散天衣，天衣像雨一样落在菩萨身上。佛经中所描述的散天衣特征与金家村墓西壁第一身天人形象相符，由此判断此天人可能身穿天衣。

他在《阿閦佛国经》卷一中还提到天人在天空中住，散花、散香、奏乐来供养阿閦佛：“无央数那术亿百千诸天人于虚空住，以天华、天旃檀、杂香、天捣香、伎乐供养，散阿閦佛上。”（CBETA 2022.Q1，T11，no.313，p.755b11～15）散花、奏乐的特征与石窟中的飞天匹配，而飞天散香的特征可能与手持天华相关。墓室中的天人手持香炉可能是散香的表现。曹魏天竺三藏康僧铠所译的《佛说无量寿经》卷二中同样表述了天人散花、散香、奏乐的特点：“一切诸天皆赍天上百千华香、万种伎乐供养其佛及诸菩萨、声闻大众，普散华香、奏诸音乐，前后来往更相开避。”（CBETA 2022.Q1，T12，no.360，p.273c19～23）

到南朝时期，“天人”一词已经从佛教文本原型发展成艺术形象，并得到了延续。据画史记载，东晋时顾恺之曾画过《天女图》[14]，也就是天人的女性化形象。南朝的袁倩也画过《天女》[15]，解倩画过《五天人像》[16]等等，虽然这些画作已不存，但从时代与名称上来看，“天人”“天女”类题材在东晋南朝时期是存在的，尤其是南朝时期，这类题材应该达到了流行的程度。所以这些画家所创作的天人图像粉本不仅出现在墓室中，还流行于地上的石窟寺中。

图九　浙江余杭小横山 M109 墓“吹笙飞仙下三第一”铭文砖［图片来源:《余杭小横山东晋南朝墓》(上)第 221 页］

1　　2

图十　吹篪、吹笙天人
［图片来源:《余杭小横山东晋南朝墓》(上)第 219 页］

综上所述，通常所说的“飞天”在古代应被称作“天人”“天女”或“诸天”。在东汉的佛经中便已出现“天人”的形象化表述，到了南朝时期逐渐从文本原型发展成艺术形象，从而出现在地上石窟与地下墓室中。

三　“天人”称呼胜于“飞仙”

人们把“天人”认为是“仙”的原因，可能是受王充《论衡·道虚篇》中“飞者皆有翼，物无翼而飞谓仙人”的影响。南朝墓室中的天人形象确实没有双翼，但仅从此处判断为“仙人”“飞仙”，未免片面。例如羽人形象没有羽翼，其飞行动力是羽衣，故也可称作“仙人”。羽衣在艺术形象上的表现是在其上身衣袖或裙裾处勾勒出几根飘逸的线条。但羽人与“天人”不可能为同一物。首先，两者的渊源不同。羽人是中国古代神仙思想下的产物，而“天人”具有佛教属性，是来自印度的艺术形象。其次，丹阳三墓中出土的《羽人戏龙图》《羽人戏虎图》上既表现了羽人形象，又刻画了天人，两者在形象上存在明显差异。羽人与“天人”不同，若要把“仙人”等同于“天人”，将会导致图像性质与形象概念的混淆。

浙江余杭小横山南朝墓出土带有“飞仙”铭文的类似天人图像，这类图像与前文天人图像在造型服饰、手持物等方面非常相像。该墓群中 M109 出土的一块画像砖陡板面阴刻有“吹笙飞仙下三第一”铭文字样（图九）[17]，与同墓中的一身吹笙飞仙形象（图十）对应。从中可以得知此形象为“飞仙”，因此小横山其他墓中出土的此类形象均被称作“飞仙”。

据考古报告得知，共发现东晋南朝墓室 112 座，其中 16 座南朝墓室中出现飞仙形象，头束发髻，多为女性，褒衣博带，作飞翔姿势，身后飘带约 6 至 7 条。飞仙手中或持炉，或持盒，或持幡，或持排箫、笙、篪等乐器。雕刻技法高超，表现形式主要是阳线刻和浅浮雕。

根据墓中铭文确定图像名称，再把同墓中其他类似图像统一名称，这种做法是正确的。但是称呼也存在偶然性，“天人”称呼比“飞仙”更规范，原因如下：

第一，带有“飞仙”字样的铭文砖只出现在小横山 M109 墓中，其他墓中未发现，且仅存一块。与此相比，“天人”铭文砖在南朝的八座墓室中均有出现。南朝墓室中“天人”铭文比“飞仙”出现的数量多。

第二，从都城到地方的帝都传播效应。“天人”铭文发现于齐梁帝陵中，“飞仙”铭文是地方王侯贵族墓的特征。在时间上，“天人”早于“飞仙”，天人图像应是从帝都传播到地方，从而出现在墓葬装饰中。小横山墓的飞仙实与南京、丹阳南朝墓室中的天人为同一图像模式。在 M109 墓室的东、西两壁上，不仅出现伎乐飞仙，而且还出现“仙人骑虎”“仙人骑龙”的线雕画像砖。在龙虎的前方，各有一羽人手持仙草导引，这与江苏地区齐梁帝陵中《羽人戏龙》《羽人戏虎》大型拼镶画像砖的配置类似，只是形式与规模上有差异。在小横山 M1 中发现规模略低的《羽人戏龙》《羽人戏虎》，仅存羽人、龙、虎的下肢部分。据考古报告得知，小横山 M1 应该是采用丹阳的粉本。

第三，使用“天人”可避免歧义。《楚辞·远游》中云：“仍羽人于丹丘兮，留不死之旧乡。”王逸注：“羽人，飞仙也。”在古代，飞仙也指羽人。但在墓葬艺术中，两者的形貌大相径庭。如若使用“飞仙”称呼，可能会产生图像概念的混淆，导致歧义。沁阳县西向粮墓为北朝晚期墓[18]，墓中出现的“飞仙”与江南地区天人图像在造型上非常相像，但飞仙手持仙草的姿态，与江苏南京、丹阳地区的大型拼镶画像砖《羽人戏龙》《羽人戏虎》上的羽人雷同。根据时间早晚判断，沁阳县北朝晚期墓很可能受南朝墓葬艺术的影响。在洛阳市郊区砖瓦厂内发现北魏画像石棺[19]，在石棺的左右绘有持仙草的羽人，形象更加拟人化，曳长袍戴冠巾，褒衣博带，与天人图像愈加相像。这可能是北朝天人的一个特点，即天人与羽人逐渐融合，也可以说天人图像即将代替羽人。两者的概念极易混淆，“飞仙”会使读者误认为是羽人，故使用“天人”这一称呼更恰当。

刘卫鹏作为小横山墓的重要发掘人，在其《南北朝时的飞仙》一文中论述了飞天和飞仙的关系，认为飞仙出现在佛教石窟中便被称作“飞天”：“在北方，飞仙更多地装饰于佛教石窟和造像中，一般称之为飞天。”[20] 但据前文所证，飞天在古代被称作“天人”，二者实指同一图像。飞天在石窟中的图像谱系庞杂，可分为印度式飞天和江南式飞天，而江南式飞天与墓葬中的天人图像同属一种样式，应具有渊源关系。[21]

综上所述，“飞仙”铭文砖由于数量少，没有形成系统且规模的图像序列，且使用“飞仙”称呼这类图像与羽人混淆，故此类图像的称呼宜使用“天人”。

四 结论

“天人”是“飞天”的古代称呼。“天人”作为形象原型最早被描绘在东汉的译佛经文本中，到了南朝时期的墓室壁画中首次出现与文本相匹配的天人图像。而我们所熟知的“飞天”一词，实为日本舶来词，并不是中国古代人民对它们的真实称呼。小横山墓“飞仙”铭文砖仅出现一例，可能是砖匠个人的习惯性叫法，而不是规范的称呼。总之，南朝墓室中的天人图像应该以其自身铭文为基准进行命名，称作“飞天”是不严谨的，而称作“飞仙”是不恰当的。

[附记：本文为江苏省社科基金一般项目“南京六朝佛教美术史略”（24YSB017）阶段性成果。]

注释：

[1] 河南省文化局文物工作队：《邓县彩色画像砖墓》，文物出版社，1958 年，第 28 页。

[2] 南京博物院：《江苏丹阳县胡桥、建山两座南朝墓葬》，《文物》1980 年第 2 期。

[3] 同 [2]。

[4] [日] 曾布川宽著，傅江译：《六朝帝陵》，南京出版社，2004 年，第 27 页。

[5] 南京博物院:《江苏丹阳胡桥南朝大墓及砖刻壁画》,《文物》1974 年第 2 期。

[6] 罗宗真:《六朝考古》，南京大学出版社，1994 年，第 138 页。

[7] 南京博物院:《琅琊王——从东晋到北魏》，译林出版社，2018 年，第 80 ~ 81 页。

[8] 祁海宁等:《南京栖霞狮子冲南朝大墓发掘简报》,《东南文化》2015 年第 4 期。

[9] 同 [1]。

[10] [日] 吉村怜著，卞立强译:《天人诞生图研究——东亚佛教美术史论文集》，上海古籍出版社，2009 年，第 348 ~ 365 页。

[11] [日] 福井利吉郎:《凤凰堂飞天群像史编》,《艺文》1911 年第 2 期。

[12] [日] 长广敏雄:《飞天の艺术》，朝日新闻社，1949 年，第 1 页。

[13] 赵声良:《飞天新论》,《敦煌研究》2007 年第 3 期。

[14] [美] 福开森:《历代著录画目》，人民美术出版社，1993 年，第 466 ~ 467 页。

[15] 同 [14]，第 242 页。

[16] 卢辅圣主编:《中国书画全书》(第一册)，上海书画出版社，2009 年，第 140 页。

[17] 杭州市文物考古研究所、余杭博物馆编著:《余杭小横山东晋南朝墓》(上)，文物出版社，2013 年，第 221 页。

[18] 邓宏里、蔡全法:《沁阳县西向发现北朝墓及画像石棺床》,《中原文物》1983 年第 1 期。

[19] 黄明兰:《洛阳北魏画像石棺》,《考古》1980 年第 3 期。

[20] 刘卫鹏:《南北朝时的飞仙》,《南京晓庄学院学报》2017 年第 5 期。

[21] 王馨:《中国早期飞天图像溯源研究》，江苏大学硕士学位论文，2024 年，第 1 页。

道教墓券所见南朝时期移民的心理文化世界

A Study on Immigrants Psychology during the Southern Dynasties from the Daoism Tomb Contracts

许昌学院学报编辑部　罗　操

Luo Cao, Editorial Department, Journal of Xuchang University

内容提要：南朝道教墓券承载着移民的复杂心理诉求。初到流寓之地时，墓券使用者及其家人怀有强烈的眷恋故土情结，致使他们难以对迁入地产生心理认同感和归属感。随着时间的推移和社会的剧变，墓券使用者及其家人不得不克服对桑梓旧邦的留恋之情和对流寓之地的拒斥之心，努力融入流寓之地的社会情境中去，尤其是与一己福祉密切相关的丧葬文化活动。在埋葬逝者之际，墓券使用者家人关注亡灵安全抵达地下世界的问题，便借助神灵的权威和力量去救度殁亡人，而这一丧葬行为背后却蕴含着他们礼敬神灵与挞伐神灵的矛盾双情，以及墓券使用者家人抑巫崇道的信仰价值取向。

关键词：南朝　移民　心理世界　道教墓券

Abstract: Tomb contracts in the Southern Dynasties convey complex psychological demands of immigrants. Users of tomb contract and their family members were attached to their hometowns deeply when they arrived at a new place, which made it difficult for them to develop a sense of psychological identity and belonging. Along with the change of time and society, users of tomb contract and their family members had to overcome their attachment to their old hometown and rejection of the new place and to blend into the new social life, especially in self-related funeral activities. Family members of the departed hoped the departed could be well settled in the other world through the authority and power of deities. The practice reflects their mixed feeling of the deities, and the belief orientation of repelling witchcraft and advocating Daoism.

Keywords: the Southern Dynasties; immigrants; psychology; Daoism tomb contracts

永嘉丧乱后，中原人民相率避难南土，“初犹侨寄思归，终以二百余年中原不复，习久而安，乃不复有北风之想，其后裔遂长为南方之人”[1]。移民这种心路历程变迁的事实在南朝道教墓券中也有所呈现[2]。道教墓券作为南迁移民精神创造和文化书写的丧仪随葬品，其文本内容集结着墓券使用者及其家人的信仰意识、葬地变迁、籍属流动乃至仕宦履历等有效信息，已成为学人近年来解读流民与道教之关系、移居新民与地方社会、流移人群之社会心理的重要凭证。[3]这些成果除了有助于学界从不同层面把握南朝道教墓券的价值之外，还进一步启发我们去透视迁徙民众在异域他乡的心理世界，故而笔者不揣浅陋，拟以南朝道教墓券为中心，尝试从社会心理文化角度去感知流徙群体内心深处的冲突与调适，以此增进对安土重迁观念根深蒂固的社会背景下移民复杂心理诉求的理解。

一　从留恋故土到安居异乡的社会心理变化

在“生于斯、死于斯”的传统社会当中，安土重迁是黎民百姓的天性，而抛远祖、弃坟墓的举动则非人之常情。这倒不是说古代社会以农为生的人们缺乏流动性，一旦遭遇自然灾害、战争动乱和人地紧张的恶劣生存环境，天下苍生为了维持自身的生存而不得不弃守田园、祖坟，暂且流落到他们陌生的异域他乡。不过对于那些背井离乡的人们来说，流徙之地并非桑梓本邦，他们内心深处坚信，在不远的未来，无论生与死，一定能重归故土旧壤。[4]然而流移人群这种乐观的期许心态却遭到现实客观条件的重创，他们被迫摒弃返回家乡的初衷，无可奈何地接受移居他乡的现状。如湖南长沙出土南朝宋元嘉十年（433）徐副墓券记载：

荆州长沙郡临湘县北乡白石里界官祭酒代元治黄书契令徐副，年五十九岁，以去壬申年十二月廿六日，醉酒寿终，神归三天，身归三泉，长安蒿里。副先人丘者旧墓乃在三河之中，地宅侠窄，新创立此。本郡县乡里立作丘冢，在此山堽中。[5]

券文中言及徐副先人旧墓在三河之中，我们难以凭借这一有限信息确知“三河”的具体位置。不过广东仁化出土南朝宋元嘉二十一年（444）田和墓券中也有类似的表达方式，“亡田□先人丘墓乃在三河之中，地宅夹小，□□□立此社”[6]。不同时期、不同地区出土的券文中却存在着相对固定的话语，这似乎意味着墓券格式整齐划一了无新意，“三河”一词只是套语罢了。其实，徐副、田和墓券中的“三河”绝非毫无深意的套语，它应指徐氏、田氏先祖安息乃至生活的地方，与徐副、田和现今生活、埋葬的所在地有着血缘上的联系和地缘上的区别。也正是“三河”这一宽泛的地域概念，向时人诉说着徐副、田和分别从外地迁移到长沙郡临湘县北乡白石里、始兴郡曲江县□乡□太平里的事实。至于徐副、田和两家迁移外地的原因，极有可能与社会战乱和时代剧变有关。[7]不论源自迁出地的哪种推力，徐副、田和两家移民的主要目的应是为了保全生命。对于这类生存型的移民来说，他们“或者根本不愿意迁移，或者只有暂时迁离故乡的准备，只是迁移后的客观条件不允许他们返回故乡才最终成为移民”[8]。徐副、田和两家外迁临湘县、曲江县之后，他们心理上也有暂时寄居他乡为异客的想法，这可以从其留恋先人“旧墓在三河之中”的情结中找到答案。众所周知，在古人的鬼神世界中，墓葬是列祖列宗灵魂的永久栖息之地，是后死者与历代先人共居的异域家园，是生者与逝者之间确认血亲关系的精神寄托之地和哀思先亡人的神圣场所，故而人们的精神世界中有着浓厚的祖先崇拜和归葬旧墓的情结。徐副、田和两家人自不例外，他们强忍着亲人离世而带来的情感震动和心理创伤，一方面用先人墓葬在三河之中的叙述方式去呈现徐氏、田氏思慕老坟旧茔的祖源情愫，另一方面用祖宗旧墓地宅狭窄的婉转表达方式来呈现新死者无法归葬原籍的无奈心理。[9]由此可以想见，这些墓券使用者及其家人在迁出故土到安厝新死者这段时间里，其心理世界并非波澜不惊，实则经历了背井离乡的满心凄凉到回迁无望的百般煎熬，而这一心路历程明显呈现出以下两种心理特征：

其一，恋旧情结与认同困难。墓券使用者及其家人迁离世代居住的父母之邦，这就意味着他们要从熟悉的、有序的和满怀希望的社会生活情境中进入到陌生的、无序的和茫然无措的非惯常化日常实践世界中。正是这一陡变的空间迁移和边界跨越，让墓券使用者及其家人切实感受到故土家园与流徙之地之间的社会差异，体味着背井离乡的非常态生活所带来的失落与孤独，他们便不由自主地滋生出一种强烈的眷恋故土情结，并期盼着有朝一日能够重返原居地生活。这种定格在墓券使用者及其家人内心深处的乡土观念，让身处流徙之地的他们总有一种陌生感、恐惧感和迷茫感，从而形成心理的失范性，致使他们难以对迁入地产生心理认同和归属感。

其二，痛苦调适与社会融入。随着时间的推移和社会的剧变，墓券使用者及其家人重返故乡的希望已成梦幻泡影，他们不得不重新调整自己的心理反应模式，逐渐摆脱"故土难离"观念的束缚和羁绊，无奈而又痛苦地克服对桑梓旧邦的留恋之情和对流徙之地的拒斥之心，努力完成从外地人到当地人的社会角色转变，有效地融入流徙之地的社会生活情境中去。墓券使用者及其家人对迁入地持有认同感的行为表现之一，就是在"本郡县乡里立作丘冢"，即死后埋葬在迁入地，为家族禋祀永续和祖灵崇拜的精神世界建构新的寄托之所。这种死后安葬现居地的行为，不论是主动选择还是被动为之，墓券使用者及其家人在适应新生存环境的过程中都会朝着在流迁之地"安居乐业"的方向发展。

墓券使用者及其家人身上呈现出来的上述心态是对移居之地新生活适应过程中的一种正常心理反应。它主要源于两种不同生活空间即自然环境和社会心理环境的相互接触与碰撞，即使不同社会阶层的墓券使用者及其家人都有着相似的心理情感。如江苏南京出土南朝宋元嘉二十二年（445）罗健夫妇墓券记载：

堂邑郡高山县都乡治下里兰陵太守、刘阳县开国男罗健年八十岁，妻昀年八十岁，醉酒命终，当归蒿里。(承）玄都鬼律、地下女青诏书科律：从军乱以来，普天下死人，皆得随生人所在葬埋。今葬丹扬郡湖孰县都乡西乡里中。[10]

券文中的"军乱"或指孙恩、卢循之乱[11]，或为永嘉之乱[12]。暂且不论"军乱"一词的确切含义，罗健夫妇生前为移民的身份已不容置疑，其墓券中籍属（堂邑郡高山县都乡治下里）与葬地（丹扬郡湖孰县都乡西乡里）不相一致的信息便是明证。丧葬之家如此标注券主籍属和葬地的书写格式并非孤例，湖北武汉出土齐永明三年（485）刘觊墓券中亦可见到此种书写样例[13]，向世人诉说着刘氏家族迁移的艰辛历程。对于罗氏、刘氏这类有官阶的社会阶层来说，移居异乡同样是一个社会分离与重建的过程，他们不得不割断与自己熟悉的生活方式、社会关系网络、情感依托等方面的联系，进入到一个完全陌生的社会环境当中。正是这种离乡他适的"断裂感"迫使墓券使用者及其家人承受巨大的心理压力，他们在迁入地才自觉或不自觉地产生出难以割舍的故土情结，而券文中书写籍属的行为即便没有标榜郡望和夸耀家世的用意，也从侧面映射出墓券使用者及其家人的祖源意识和乡土情愫。由此看来，罗氏、刘氏两家对乡贯本籍所持有的那份眷恋之情，在流寓初期不仅强化着墓券使用者及其家人对桑梓旧邦的归属感，还相应地弱化着墓券使用者及其家人对流徙之地的认同感。不过在流寓较长的一段时间后，罗氏、刘氏两家已克服迁徙的重重困难，以血脉相连、彼此相亲的家庭关系为核心，逐步向外建构以人际关系为基础的社会关系网络，努力融入流寓之地的社会关系中。这主要体现在罗氏父子、刘氏祖孙三代仕宦转迁及其行迹方面，学人就此已有论述[14]，兹不复赘。罗氏、刘氏两家在迁入地主要借助仕宦政治渠道，让其家族成为社会关系网络中的重要一分子，进而缩小他们与流寓之地生存空间的心理距离，不断增强他们对移居地的认同感和归属感。事实上，罗氏、刘氏两家融入流寓之地亦非易事，他们还要在日常行为中抛弃祖籍观念，切实从心理层面割断他们与故土之间的联系。如刘觊原籍为南阳郡涅阳县，后因父祖埋在荆州江陵照心里无法归葬桑梓旧壤，便以父祖异乡葬地为“旧墓”所在。值得注意的是，这种“旧墓”情结与其说是原籍地旧茔的延续[15]，倒不如说是墓券使用者及其家人对流移之地认同感的心理写照。当墓券使用者及其家人在心理上逐步接受、认同迁入地以后，他们就会在日常生活实践中积极地形塑着移居地的社会文化观念演进历程。前文言及罗健夫妇属籍为堂邑郡高山县都乡治下里，葬地为丹扬郡湖孰县都乡西乡里，时隔八年之后，其子罗道训的属籍、葬地信息却发生了重大变化，皆为南徐州彭城郡彭城县都乡安上里。[16]为何罗道训与其父母标注属籍、葬地的信息完全非一呢？这可以从罗氏父子墓券与湖北鄂州出土南朝宋元嘉十六年（439）蔺谦墓券、广东始兴出土南朝宋元嘉十九年（442）妳女墓券、广东广州出土南朝宋元嘉二十七年（450）龚韬墓券、广西灵川出土南朝梁天监十五年（516）熊薇墓券、广西灵川出土南朝梁普通四年（523）熊悦墓券中共有的“从军乱以来，普天下死人，听随生人所在郡县乡里亭邑买地葬埋”的信息中看出些许端倪。据学人观察，所谓“听随生人所在郡县乡里亭邑买地葬埋”，也就是东晋南朝官府希望流寓之民能够根植于“土断”之后所确定的户籍所在地。[17]明乎此，我们不仅可以理解罗道训属籍、葬地何以为南徐州彭城郡彭城县都乡安上里，还可以由此洞悉墓券使用者及其家人社会身份认同的心理变化：他们不再是寄居于迁入地社会网络中的边缘群体，而是安然扎根于流移之地的当地民众，且积极地开展与一己福祉密切相关的社会文化活动。

二　从关注逝者到敬神与挞神的矛盾双情

永生信仰是古代民众共同的社会心理需求，其典型的社会行为便是葬礼活动和祖先崇拜。对于移居他乡的百姓来说，固然不能归葬桑梓旧壤，他们也不会轻易舍弃蕴含着伦理孝道和祸福余荫的葬礼风俗文化观念，反而在保留丧葬精神文化内核的前提下遵循着丧礼习俗为殁亡人举行永别葬礼，并希求逝者在死后世界延续其永世不朽的生命历程。如南朝宋元嘉十六年（439）蔺谦墓券记载：

武昌郡［武］昌县东乡新平里男□蔺谦，年六十五岁，以今己卯岁二月九日巳时，醉酒命［终］，□［归］（？）三泉，长安蒿里……今已于此山罡为谦立作宅兆。[18]

蔺谦家人相信“蒿里”为殁亡人的终极归处，而这一冥界信仰理念又被徐副、田和、刘觊等墓券使用者及其家人所共享，他们葬埋逝者的日常行为本身追求的是超越生死和永恒存世的生命理想，内中蕴含着他们的思维逻辑和崇信法则。

就南朝墓券使用者及其家人关于死后世界的信仰理念而言，他们在丧葬活动中模拟现世官僚体制而建构出一套秩序化、神圣化的冥府组织，呈现出与世俗权力结构相似的道德伦理和差序格局。如徐副墓券、蔺谦墓券、田和墓券、刘觊墓券及湖南资兴出土南朝梁普通元年（520）何靖墓券中都以格式化的文句描摹地下世界官僚机构，纷纷向时人言说他们的精神活动和信仰理念。

新出太上老君符敕。天一地二，孟仲四季，黄神后土，土皇土祖，土营土府，土文土武，土墓上、墓下、墓左、墓右、墓中央五墓主者，丘丞墓伯，冢中二千石，左右冢侯，丘墓掾史，营土将军，土中督邮，安都丞，武夷王，道上游逻将军、道左将军、道右将军三道将军，蒿里父老，都集伯伥，营域亭部，墓门亭长，天罡、太一、登明、功曹、传送随斗十二神等。[19]

墓券使用者及其家人头脑中的死后世界之所以被秩序化，皆源于集体潜意识，“就是借由神话思维传达一种隐微的讯息：即存在与秩序，期望以此解决阴阳两界隔离所出现的焦虑”[20]。其实，南朝墓券使用者及其家人在处理死亡信仰习俗时产生的焦虑之情，无不与他们关心亡灵能否安全抵达地下世界的问题密切相关。[21] 于是，丧葬之家便要借助神灵的权威和力量去救度逝者，进而达到舒缓生者心理上焦躁感和危机感的目的。如徐副墓券记载：

板到之日，丘墓之神，地下禁忌，不得禁呵志讶。坟墓宅兆，营域冢郭，闭系亡者魂魄，使道理开通，丘墓诸神，咸当奉板，开示亡人地道，安其尸形，沐浴冠带。亡者开通道理，使无忧患，利护生人。至三会吉日，当为丘丞诸神言功举迁，各加其秩禄，如天曹科比。若干禁诃，不承天法，志讶冢宅，不安亡人，依玄都鬼律治罪。各慎天宪，明承奉行。一如太清玄元上三天无极大道太上老君地下女青诏书律令。[22]

在徐副的丧葬仪式中，徐氏家人借助“女青诏书律令”的功能，通过控制地下官僚机构而保障死者通往另一世界之路畅通无阻。其他券主如蔺谦、田和、何靖世间亲人也不例外，他们在安葬亡人时同样忧心逝者去往地下世界过程中的安全问题。为何不同时期、不同地区的墓券使用者及其家人都如此担心逝者通往彼岸世界的路途是否畅通无阻呢？这主要在于逝者“在通过另一个世界的路途及入口时，存在一系列过渡礼仪”，“相关的生者都小心地为他们准备一切路上所需物品，以及那些具有巫术—宗教意义的东西。这一切都是为了保证亡者旅途安全，被顺利接受到新地方”[23]。因此，墓券使用者及其家人要凭借“女青诏书律令”，在安葬逝者的活动中来增强仪式的神圣感和权威感，进而让殁亡人及其世间亲人获得神灵的佑护。也正是在这种祈求神灵庇佑的丧礼仪式中，券主家人重温了人与神之间复杂而又微妙的关系。

一方面，礼敬神灵。在古代民众心中，丧礼关乎一家之祸福荣辱，故而券主世间亲人对逝者有着不同程度上的责任和义务，他们便在超自然的神灵官僚体制中谨小慎微般地依礼行事，希求地下世界的神灵都必须按照“券板符敕所说的内容办理，指示死者应去之处，一方面安顿好尸体，另一方面用法术清除其罪孽污秽，穿戴整齐，顺顺当当地沿着正确的道路上升天堂，使死者没有灾难，生人得保平安”[24]。这种现实功利性的信仰取向心理其实不分阶层、性别，既能在有官阶的徐副（乡里祭酒）、蔺谦（县令）二人券文中洞悉其家人祈愿的诉求，又能在何靖（女民）券文中知晓其亲属祝祷的愿景。由此可见，券主世间亲人祈求神灵的保佑和扶助，不仅映射出生者与逝者之间命运同属一体的信仰旨趣，还呈现出神灵对逝者和生者的社会关照。既然券主世间亲人礼神行为的实质是祈盼神灵给予人们无限的恩惠，那么在人神互动的过程中，即便神灵是富有威力且代表公众道德伦理的一方，他们和人类之间也存在着彼此互惠的关系。券主家人为了让逝者顺利抵达地下世界，他们便出于敬意向神灵许诺："如果事情办得好，到了正月五日、七月七日和十月五日这三个道门聚会吉庆之日，自会向天曹有关方面申报功劳，请求按照有关规定条文论功行赏，加官晋爵。"[25] 这种跨越时空的人神情感交流和互惠关系，就像百姓求助于行政官员那样，他先向神灵呈贡一份薄礼，并与之进行协商，待神灵答应了他的请求后再以厚礼献祭。[26] 由此看来，南朝墓券使用者家人正是根据他们习得的日常生活经验和文化逻辑去想象和理解他们与神灵之间的交往模式，从而相对轻松自信地帮助逝者清除通往冥府路途上的诸种未知因素，努力让逝者顺利聚合到幽冥世界，所以券主家人的以礼待神之道实则是为了获取神灵的祝福与佑护罢了。

另一方面，挞伐神灵。在原始思维逻辑当中，古人根据人间社会科层体系的印象构建出与生者世界并存的官僚体制化的鬼神世界，并赋予神灵们在人间社会对应的人格特质，譬如他们也会作奸犯科。[27] 据徐副、蔺谦、田和、何靖墓券，殁亡人世间亲属密切关注逝者在地下世界的各种境况时，依然担心冥府的神祇鬼官对待死者态度粗暴，既不按照天曹法律要求办事，又不能很好地保护坟墓，致使亡人不得安稳，那么他们就要比照《玄都鬼律》的条文惩治神祇鬼官。[28] 墓券使用者家人之所以不再畏惧地下世界神祇鬼官的权威性和神圣性，而是敢于恐吓乃至挞伐他们，这自然与人神之间互惠互利的契约关系密切相关。在特定的人神互动场景中，彼此之间惯常性的交往原则是各取所需，自觉履行契约中的责任和义务。一旦某方的行为背弃约定，他就要受到另一方的警示乃至惩罚。即便先行违约者为神灵一方，其信众也会采取相应的措施来惩治神灵失约的行为，让他付出应有的代价。明乎此，我们就可以理解墓券使用者家人与神灵之间的关系和感情是以礼尚往来作为深层次的行为逻辑，聚合或背离皆在于彼此之间的利益而已，难怪墓券使用者家人在礼敬神灵、祈求福佑的过程中敢于抛弃、挞伐那些失守合约的神灵。

在丧葬仪式中，南朝时期墓券使用者家人对神灵流露出的上述基本态度表明，人神之间差序性互惠互利格局背后始终有"一种敌对的不可测的恶意与一种仁慈的神意并存着，对于前者必须战胜，对于后者则当亲善"[29]，而这种敬神与挞神的矛盾双情感和悖反思绪却深深地生根于他们的基本需求，即为逝者寻求最终的归属感，才使得墓券使用者家人怀着种种纠葛的心理与神灵互动。

三　抑巫崇道的价值旨归

文化是人类生存和社会绵延的根本要素，其多元多样性的特质又不断地形塑着地方社会民众的情感认知和心理归属。尤其对于那些跨越两种乃至多种文化的迁徙人群来说，他们在移居地则不可避免地经历不同文化之间的碰撞和冲突。不过在这场文化交锋的过程中，移民因难以接受流寓之地的生活习俗和价值理念而表现出明显的文化隔阂。如徐副墓券记载：

遵奉太上诸君丈人道法，不敢选时择日，不避地下禁忌，道行正真，不问龟筮，今已于此山堽为副立作宅兆。[30]

蔺谦、田和、刘觊、何靖家人同徐副

家人一样，他们在埋葬逝者之际，由于受到道教信仰的深刻影响，便不约而同地对巫术理念产生了强烈的文化拒斥心理：一，不再卜问时日、葬地吉凶；二，不再恪守日常禁忌。南朝墓券使用者家人的这种行为，既有背离墓券文化传统的一面，又有排斥巫术信仰体系的一面。

事实上，墓券产生之初，其文化信仰者十分注意丧礼中占卜时日、葬地吉凶的问题，无一不借助巫术手段的神秘力量为丧家谋求福祉。[31] 与此同时，墓券使用者家人还抑制自己日常行为，刻意维护禁忌习俗。然而到了南朝时期，墓券使用者家人却废弃墓券文化中卜问时日、葬地吉凶的传统，破除墓券文化中的禁忌体系，努力断绝与巫术之间的关系。诚如学人所言，排除巫术的民间信仰是徐副墓券的重要特征，在这点上它与东汉墓券之间存在着根本性的思想区别。[32] 正是徐副、蕳谦、田和、刘觊、何靖等墓券使用者家人不再对巫术信仰怀有深厚的感情，他们才会清除墓券中的巫术文化，并从宗教实践层面积极地侵占巫术信仰的社会生存空间。众所周知，六朝时期南方地区有着深厚的巫术文化传统，这样的地域文化环境实则更容易加深信仰背景不同的移民的心理疏离感。毕竟信仰文化具有浓郁的传承性，它不仅内化到信众的心灵深处，还会随着信众的迁移而传播到新的地区，一如既往地导控着移民的信仰理念和日常实践逻辑，从而使得移民固有的信仰文化与移居地的社会习俗之间存在不同程度的矛盾和张力，难怪我们可以在南朝道教墓券中见到墓券使用者家人运用道教信仰去制衡巫术理念的举动。墓券使用者及其家人作为移民或移民后裔，他们在南方地区落脚以后，不论是在延续已有的道教信仰，还是后来才崇奉道教文化，都说明他们在移居地文化适应和社会融合的进程中并没有调节道教文化与巫术文化之间的冲突，反而在丧葬活动中以排斥巫术信仰为能事，不断地强化道教信仰的认同感和归属感。墓券使用者及其家人在流寓之地的上述社会文化行为和心理认知态度表明，人们作为文化的载体，他们在空间的流动“也就是他们所负载的文化在空间的流动”，所以说“移民运动在本质上是一种文化的迁移”。[33] 也正是伴随着流徙人群的文化迁移，才让那些处在被巫术信仰包围中的墓券使用者及其家人较少经历文化信仰方面的断裂感和焦虑感，他们方可顺利地融入移居地的社会文化情境中去，且在丧葬活动中持续不断地展示他们抑巫崇道的思想理念和信仰诉求。

既然道教文化与巫术信仰之间的竞争已经深入到民众的日常实践如丧葬活动中去，这也就意味着彼此之间存在着强烈的敌意。对于道教来说，巫者所崇拜的山川之神和厉鬼都是邪恶的神灵，必须加以禳除、斩灭，只有上天和道教的仙真才是真神、正神，方具有无上的权威和力量，才值得人民崇拜。[34] 仅就神灵崇拜这一点而言，墓券使用者家人在丧葬活动中信奉的对象不会是道教所排斥和贬抑的山川之神和厉鬼，而是“太清玄元无上三天无极大道”“太上老君”等一系列人格化的道教神灵。其中，“太清玄元无上三天无极大道”是最高神，“新出太上老君”（太上老君）是其部下。[35] 这些等级化的道教神灵集中出现在墓券当中，一方面说明道教神灵与墓券使用者及其家人的福祉息息相关，那些虔信道教神灵力和神威的券主家人才会不遗余力地遵循道法葬俗；另一方面说明道教如同其他规范化、体制化的社会宗教一样，也致力于建构自己的道教神谱体系，尤其天师派教徒在神道观念方面更是竭力崇奉大道、神化老子。毕竟在南北朝时期，政治上没有一统的宗主，为思想的活跃留下了空间，宗教、文化层面上有佛教的强势扩张，给本土道教提供了必须回应的对立面[36]，再加上巫术信仰仍有较大社会影响，因而南北朝时期的道教徒不能再像东汉时期那样借助统治者的力量来排斥其他宗教信仰，只能偏重理论层面的宗教论争。[37]明乎此，我们就不难理解墓券使用者家人在葬礼中营造出一种有别于巫术信仰的文化意图：他们为了让逝者能够永久地安居地下世界，便努力从道教崇拜中寻求心灵上的寄托和精神上的慰藉，积极信奉"太清玄元无上三天无极大道""新出太上老君"，主动进行神圣化的道教丧葬实践。这种外显的文化观念和宗教情感既是墓券使用者家人集体意识和信仰认同的呈现，又是精神空间的重塑与再生产过程。墓券使用者家人以逝者为中心，以丧葬活动为依托，经反复体验与世代相传，一边不断强化道教的权威和信仰理念，一边又刻意削弱巫术的价值和社会地位，进而建构出边界森严、道巫有别的信仰格局。

其实，抑巫崇道的信仰价值取向已深深地镌刻在墓券使用者家人头脑之中，即便南朝时期较为偏远的始安郡、象郡两地的普通民众也通过葬礼活动，不停地强化太上老君的信仰，乃至用一种隐含的方式表达他们与巫术之间的距离感。如熊悦墓券载有"如太上老君律令"[38]，广西鹿寨出土梁中大通五年（533）周当易墓券记有"老君神符敕""如太上老鬼律令"[39]。这两则材料似乎说明，墓券使用者家人信仰的对象有所不同，分别为"太上老君"和"太上老鬼"。实则"老鬼"就是"老君"，学人已有专文考论[40]，兹不赘述。既然太上老君信仰在墓券使用者家人的精神世界里盛行不衰，这也就意味着熊氏、周氏家人同样要借助道教神灵的权威以达到解救逝者和庇佑生者的目的。这种基于情感而非诉诸理智的行为表明，墓券使用者家人因信仰和崇拜太上老君这一道教神灵，他们就会在丧礼集体活动的特定时空范围内与巫术文化保持一定的距离感，并自觉地在道教文化规则的约束和引导下形成相对稳定的思维模式，有效凭借他们习得的宗教情感和价值观念把道教文化的精神价值永恒化。

四 结语

南朝道教墓券记录着北人南迁后心路变迁的历程：中原人民因社会战乱和时代剧变被迫寄居南方，并期待有朝一日返回桑梓旧邦，但随着时代更替，回迁无望后，他们又不得不扎根于迁居已久的新故乡，并按照自己的方式开展社会文化活动。在丧葬礼仪中，墓券使用者家人秉承葬礼中蕴含的伦理孝道和祸福余荫的文化观念，密切关注亡灵安全抵达地下世界的问题，他们便礼敬神灵，并借助神灵的力量去救度逝者，彼此之间互惠互利，与此同时，墓券使用者的家人又担心冥府的神祇鬼官不能很好地救度死者，保护坟墓，他们便要挞伐神灵。在不同信仰文化碰撞的过程中，墓券使用者家人由于受到道教信仰的深刻影响，便刻意削弱巫术信仰的社会文化价值，不再卜问时日、葬地吉凶和恪守日常禁忌，并致力于强化道教的权威和信仰体系。

注释：

[1] 谭其骧：《长水集》（上），人民出版社，1987年，第199页。

[2] 本文所讨论的南朝道教墓券，主要指以徐副墓券为代表的南Ⅱ型墓券。详见刘屹：《移民与信仰——南朝道教墓券的历史背景研究》，《中国史研究》2017年第3期。罗健夫妇墓券、罗道训墓券也属于这一类型。

[3] a. 同 [2]；b. 陆帅：《南京江宁出土刘宋罗氏家族买地券研究——南徐州侨民与晋宋之际的建康社

会》,《东南文化》2018 年第 2 期; c. 林昌丈:《冥世的“乡里”想象——以汉六朝冢墓铭文为中心》,《社会科学战线》2019 年第 11 期。

[4] 安然:《魂返故土还是寄托异乡——从墓葬和墓志看东晋的流徙士族》,《东南文化》2002 年第 9 期。

[5] 鲁西奇:《中国古代买地券研究》,厦门大学出版社,2014 年,第 110 页。

[6] 同 [5],第 119 页。

[7] Peter Samuel Nickerson, *Taoism, Death, and Bureaucracy in Early Medieval China*, Ph.D. Dissertation. University of California, Berkeley, 1996, pp.190.

[8] 葛剑雄:《中国移民史》第一卷,福建人民出版社,1997 年,第 49 页。

[9] 同 [2]。

[10] 王志高、许长生:《南京淳化新见南朝罗氏地券考释》,《文物》2019 年第 10 期。

[11] 刘昭瑞:《考古发现与早期道教研究》,文物出版社,2007 年,第 328 页。

[12] 同 [2]。

[13] 同 [5],第 121 页。

[14] a. 同 [3]b; b. 同 [10]; c. 同 [5],第 122 ~ 124 页。

[15] 同 [3]c。

[16] 同 [10]。

[17] a. 刘安志:《新资料与中古文史论稿》,上海古籍出版社,2014 年,第 85 页; b. 同 [2]。

[18] 同 [5],第 113 页。

[19] 同 [5]。

[20] 李丰楙:《独尊与并存:汉代丧葬礼俗的冲突与融合——道教前史的综合考察之一》,《第二届儒道国际学术研讨会——两汉论文集》,台湾师范大学,2005 年,第 565 页。

[21] a.Lai Chi-Tim, The Demon Statutes of Nüqing and the Problem of the Bureaucratization of the Netherworld in Early Heavenly Master Daoism, T'oung Pao, Second Series, Vol.88, Fasc. 4/5(2002), pp.273; b. 罗操:《东汉至南北朝墓券研究》,华东师范大学博士学位论文,2015 年,第 113 页。

[22] 同 [5],第 110 ~ 111 页。

[23] [法] 阿诺尔德·范热内普著,张举文译:《过渡礼仪》,商务印书馆,2010 年,第 112 ~ 113 页。

[24] 张勋燎、白彬:《中国道教考古》,线装书局,2006 年,第 919 页。

[25] 同 [24],第 919 页。

[26] Arthur P. Wolf, *Gods, Ghosts, and Ancestors, Religion and Ritual in Chinese Society*, Stanford University Press, 1974, pp.162.

[27] 同 [26],第 143 页。

[28] 同 [24],第 919 页。

[29] [英] 马林诺夫斯基著,费孝通等译:《文化论》,中国民间文艺出版社,1987 年,第 79 页。

[30] 同 [5]。

[31] 罗操:《墓券所见东汉时期的民间巫术》,《东岳论丛》2020 年第 9 期。

[32] [日] 小林正美著,王皓月译:《新范式道教史的构建》,齐鲁书社,2014 年,第 10 页。

[33] 同 [8],第 102 页。

[34] 林富士:《中国中古时期的宗教与医疗》,中华书局,2012 年,第 377 页。

[35] 同 [32],第 8 页。

[36] 同 [11],第 51 页。

[37] 羊华荣:《道教与巫教之争》,《宗教学研究》1985 年第 1 期。

[38] 同 [5],第 133 页。

[39] 同 [5],第 134 页。

[40] 同 [11],第 51 ~ 62 页。

瓷画源流浅探

Exploring the Origin and Development of Porcelain Painting

湖南师范大学　李建毛

湖南博物院（湖南省文物鉴定中心）　张艳华

Li Jianmao, Hunan Normal University

Zhang Yanhua, Hunan Museum (Hunan Provincial Cultural Relics Authentication Center)

内容提要：瓷器上绘画较绢本、纸本绘画而言，出现时间稍晚，除南京出土少量东吴至晋时瓷画外，瓷画作为一种装饰技法且一直传承下来，应始于唐代长沙窑。瓷画起始时间虽然较晚，却是古代留存数量最多的绘画遗产，也是中国古代对外绘画艺术交流的主要载体。然就工艺美术而言，许多材质绘画都已单列画科，却无瓷画一科。陶瓷界也多从瓷画题材、内涵、意象等进行研究，对其技法、工序及题材与载体的关系等关注较少，兹对瓷画源流进行简单梳理，彰显瓷画对文化交流、传播的贡献。

关键词：瓷画　工序　题材　功能

Abstract: Compared with paintings on silk and paper, paintings on porcelain appeared much later. Apart from a few porcelain paintings unearthed in Nanjing and dating from the Kingdom of Wu to the Jin dynasty, porcelain painting as a decorative technique that continued to later times began with the appearance of Changsha kilns of the Tang dynasty. Although a latecomer, porcelain paintings constitute the largest number of painting heritages preserved from ancient times and served as the main carrier of painting art exchange between ancient China and the outside world. However, in terms of craft and art, paintings on many materials have already been listed as separate painting disciplines, but there has never been the discipline of porcelain painting. The ceramics scholars also pay more attention to the research of porcelain painting themes, implied meanings, and imagery, while paying less attention to its techniques, processes, and the relationship between the theme and the carrier. This paper provides a brief overview of the origin and development of porcelain painting to highlight its contribution to cultural exchange and dissemination.

Keywords: porcelain painting; process; theme; function

对器物加以装饰可谓人之天性。新石器时代的陶器、东汉以后的瓷器，深受人们喜爱，其装饰也颇为讲究，技法也非常多，绘画是最常用的手法之一。标题中的“瓷画”，仅指以毛笔蘸彩在胚胎上绘画，再烧结为瓷，或在已烧好的瓷上彩绘再入炉焙烧的那部分产品。锥画、划花、刻花、剔花、贴花等不在此文讨论之列。

就古代瓷画而言，存世数量非常之多，难以计数，应远多于同时代的纸本、绢本画，且不会因保存不善而出现霉变、虫蛀、变色，而纸本、绢本画或因多次修复、装裱后对缺笔进行填补，已变得面目全非，特别是画面的色彩多已失其本色。而釉下彩绘瓷画因有高温透明釉的保护，可经数百上千年风霜雨打、土埋或深藏于海底沉船，发掘或打捞出水后仍鲜艳如新。而今，绘画分类繁多，纸本画、绢本画（缯画）、木版画、沙画、岩画、壁画、铁画等材质多已单列画科，唯留存世数量最多的瓷画未入，从其存世量之大、题材种类之丰富、烧制技艺难度之高等角度，都不应如此。关于瓷上绘画，已有诸多学术探讨[1]，湖南博物院于 2019 年 5 月 18 日推出的“瓷之画——从长沙窑到醴陵窑”展，从绘画视角策划瓷器专题展，既凸显了湘瓷的历史地位，角度也颇为新颖。为配合此展，兹就瓷画发展演变做一简单梳理。

一　技法与工序

瓷器彩绘并非与瓷器同步出现，而是相对滞后。众所周知，很早便有陶器上的彩绘，从距今七八千年的老官台文化，到后来的仰韶文化、马家窑文化、大溪文化、屈家岭文化、红山文化、齐家文化等，彩陶是新石器时代的重要文化标志。之后随着陶明器的流行，又出现烧后施彩的彩绘陶。西汉时，从中原开始流行的铅釉陶迅

1

2

图一　釉上彩绘陶器
1. 西汉晚期褐红釉彩绘陶樽
（1985 年陕西宝鸡谭家村 M4 出土）
2. 汉代彩绘釉陶壶（河南济源出土）

1

2

图二　湘阴窑点彩瓷
1. 东汉青釉点彩篦画纹钵（湘阴青竹寺窑出土）
2. 晋青瓷点彩钵（湖南博物院藏）

速扩展到大江南北，与此同时也出现了铅釉上的彩绘。陕西宝鸡谭家村西汉晚期四号墓和河南济源汉墓均有发现（图一）[2]，这是最早的釉上彩绘。烧制出成熟青瓷后，陶器上的彩绘装饰并没有直接传承到瓷器，究其原因，当时应有难以克服的技术障碍。烧造彩绘瓷，须具备两个条件：其一是配制彩料。湖南发掘的东汉、三国时期的湘阴窑窑址或墓葬，出土的碗、钵口沿出现点彩，也有的在外腹中部饰一圈点彩（图二）。晋代时越窑、瓯窑也均出现点彩，可知这时窑工已能配制以铁为着色剂的彩料，呈褐黑色。其二是能处理好胎、釉与彩三者的关系，既各尽其职，又紧密相融。其方法有二，一是将彩料羼入釉中，调成黑色或褐色的颜色釉。以往认为安徽亳县东

图三　青釉褐绿花草纹露胎碗（湖南博物院藏）

图四　青釉褐绿瓷执壶（襄阳市紫贞 M5 ：2）

图五　彩绘山水纹罐一组（1998 年唐恭陵哀皇后墓出土）

汉建宁三年（170）墓出土的黑釉瓷是最早的黑釉瓷。实际上，1959 年安徽屯溪市西郊的西周墓出土有一件原始青瓷，已有部分釉颜色深至黑褐色。东汉时期浙江的上虞、慈溪、鄞县等宁绍平原地区都生产有黑褐釉瓷，之后德清黄角山还出现专门烧制黑釉瓷的窑址，说明当时黑釉配方及焙烧技艺已很娴熟。而在青釉的基础上涂以褐斑、黑斑的装饰则出现相对较晚。二是将彩与釉按先后分施，以其所施顺序的不同，分别称为釉上彩、釉下彩。最早点彩只是为了打破釉面的单调，其本身并无特定内涵，装饰在动物的眼睛或其他关键部位，起到吸睛的强化效果。彩绘是在点彩基础上发展起来的，通过线条来表达某种事物，彩不再仅为色彩的表达，其本身被赋予了特定的内涵，从而丰富了瓷器表达的意蕴。

瓷器上绘画分类的方法诸多，有按器形、彩料、工序、烧成温度、技法、题材等进行的分类。从彩料的成分看，可分纯彩（主要成分为着色剂）、釉彩（主要成分为硅）两种。以肉眼观察，二者的区别是清晰可见的，纯彩较为干涩（图三），而釉彩则有明显的玻璃质感（图四）。彩的呈色剂有铁、铜、钴、锰等金属的氧化物。彩绘依其工序可分为釉下彩和釉上彩；而釉彩又依画底的不同，分为粉上釉彩、釉上釉彩。以下分别述之。

彩绘中的釉下彩、釉上彩，顾名思义，釉下彩即先施彩，再罩釉；釉上彩则是先施釉，再上彩。从实物资料看，釉下彩绘出现的时间要远早于釉上彩绘。1983 年南京雨花台长岗村五号墓出土的一件彩绘盘口壶，时代为三国吴末晋初，是目前已知最早的釉下彩绘。之后南京古城区出土一批时代大体相同的釉下彩绘瓷残件，含铝量高是其胎质的重要特征。奇怪的是，这批彩绘瓷从画面布局、烧制工艺看都已相对成熟，但据目前已有的资料，找不到其发展源头，窑口也无法断定，所绘题材也是神仙、佛像及瑞草，之后又旋即消失无踪，仿若异世来访的匆匆过客。釉下彩的再次兴起是中晚唐时期，其代表性窑口为长沙窑，还有邛窑、婺州窑等。此外，还有巩义窑烧制的数量极少、学界却特别关注的釉下蓝彩——青花。长沙窑的彩绘已非常成熟，以往也找不到源头。众所周知，长沙窑是中原陶瓷技艺与岳州窑技艺结合的产物，岳州窑之前并未发现釉下彩绘瓷，那么推断彩绘技艺可能来自中原地区。1998 年被盗的唐恭陵哀皇后墓中出土的彩绘山水纹罐（图五）[3]，似为寻找长沙窑彩绘源头提供了一线曙光。哀皇后为高宗第五子、武则天长子李弘之妃，死于 676 年，九年后陪葬于恭陵，时间比长沙窑早。高 14.2 厘米的陶罐上，周身绘山水画，云层、重峦叠嶂，林木、建筑穿插其间，高低、前后、虚实结合，错落有致。虽是在陶器上描绘，但为绘画装饰陶瓷提供了新技法，再次开启陶瓷装饰新思路。瓷上绘画的真正普及当归于长沙窑。长沙窑以釉下褐绿彩（还有少量的红彩、蓝彩）绘制人物、飞禽走兽、建筑、船舶、花草、云气等各种题材，真正将书法与绘画结合起来，给彩赋予了文化内涵，彩瓷在实用的基础上增添了赏玩功能，具有新的生命力，生生不息。磁州窑及其窑系是宋代釉下彩的发扬光大者，将唐代的褐绿彩变为黑彩，将作为罩釉的透明青釉改为白釉，由唐代的青釉与褐、绿的色差比，变为黑白的对阵，在视觉效果上无疑是一大进步。元代青花的成功烧制，将釉下彩瓷带入了一番新的境地，幽蓝的青花在白中闪青的白釉衬托下更显秀丽，鲜艳而不夺目，深沉而不浅俗。从此，瓷器主体出现由白瓷（包括影青）、青瓷到彩瓷的转变。当然，伴随青花发展的还有釉里红。令人不解的是，唐宋流行的以铁、铜为着色剂的釉下褐、绿彩，在景德镇却未得到延续。1975 年湖北黄梅西池窑厂元延祐六年（1319）墓出土的两件原被认为是青花的塔式瓶，后被证实其呈色剂是氧化铁。说明在元青花普遍烧制前，景德镇窑工也试图烧制釉下黑褐彩，但其效果与青花相比，不可同日而语，因而被迅速淘汰。从此釉下彩流行以青花为主的蓝、红二彩，清康熙时又新见豆青，组成釉下三彩。清末民初醴陵窑再次突破创新，采用“三烧制”工艺，成功烧制釉下五彩。

釉上彩的出现时间较早，但釉上彩绘的出现时间却比釉下彩晚[4]，可能因釉、彩一次烧成效果不佳，之后摸索出二次烧的方法才获成功。如上述，陶器釉上彩绘最早见于西汉晚期。现确认为瓷器釉上彩的上海博物馆藏定窑白瓷碗内朱书的“长寿酒”三字，尚不属彩绘。真正釉上彩绘瓷是北方瓷窑的釉上红绿彩。红绿彩瓷出现的确切时间目前尚无定论，多以宋加彩、宋金红绿彩瓷概称。日本东京国立博物馆藏红绿彩牡丹纹碗、日本安宅公司藏红绿彩芦雁衔折枝花纹碗外底均有墨书“泰和元年二月十五日记”，可知至迟在 1201 年已有烧制。有学者考证，“当创烧于金大定初年至金章宗承安四年（1161—1199）的 38 年间，具体烧造年代当在大定元年之后大定九年以前”[5]。如果这一推论成立，则宋金红绿彩之说便不确切，而称金元红绿彩瓷更为精准。红绿彩瓷的彩料实际上有三种：红、黄、绿，其呈色剂为铁、铜，与长沙窑基本相同，只不过由釉下变成了釉上。红彩料采用青矾煅烧，制作粉末加上铅粉配制而成，黄彩则再加料卵石末。明代景德镇在青花的基础上，吸收红绿彩技法，成功烧制出釉下、釉上相结合的五彩。从元代景德镇烧造的元代绿彩瓷[6]，上海博物馆、广东省博物馆藏明代红绿彩梅瓶等可知，景德镇确有过仿烧磁州窑红绿彩瓷的经历。明成化时期，在宣德五彩的基础上发展出的成化斗彩，色彩更为丰富，且有不同色阶，新出现了紫彩，包括色深的葡萄黑紫、色浅的茄皮紫，黄有娇黄、鹅黄、杏黄、蜜蜡黄、姜黄之别，绿也有深浅之分，色偏黄，松绿闪青。至嘉靖、万历时期，五彩又呈现新的特点。清康熙五彩将釉下青花变为釉上蓝彩，新增黑彩、金彩，每种色彩又有深浅、浓淡之分，其绘画风格与色彩搭配都超过前代。此外，明清时期另有一种素三彩，其绘画技法、制作工艺与五彩基本相同，只是彩中没有釉上红彩与釉下青花。

康雍乾三朝是清代制瓷工艺的鼎盛期，釉上彩中的珐琅彩、粉彩是这一时期的新成就，也是彩瓷中的名品。其颜色种类丰富、呈色鲜艳，在绘画上更具表现力，故而备受上层贵族乃至皇帝的青睐。清宫档案载，珐琅彩是在景德镇窑烧制的上好白瓷的基础上，经宫廷画家制样，皇帝钦定，由宫廷珐琅作完成。粉彩所有工序虽都在景德镇完成，但画样都由宫廷确定。珐琅彩、粉彩除颜料与传统大有不同，雍正时技法中又融入了西洋画的理论和方法，且讲究中国画的留白，同时把传统文人画的诗书画印结合起来。有学者认为乾隆是诗书画印相结合于瓷的创始人，据《唐英瓷务年谱长编》，唐英曾烧造轿瓶进献，乾隆帝认为“有画无题”不好，便赋诗一首，“谕旨将此诗交与唐英烧造，在轿瓶上用，其字并宝玺酌量收小，其安诗地方并花样亦酌量烧造”。其实，康熙民窑青花便已较多出现诗书画印结合的作品。雍正时期御用粉彩瓷、珐琅彩瓷已较常见。粉彩因表现力强，更具文人气，清中晚期在民用瓷上颇为流行。同治、光绪时一些文人画家开始聚集景德镇，在瓷上表现浅绛山水，大大提升了瓷画的水平，并由此形成一批专以瓷上绘画为生的职业画家。由于他们的引领，民用瓷的绘画分量越来越重，并开辟出瓷画新载体——瓷板，瓷板画逐渐成为上流社会的厅堂、书房装饰物。由于浅绛彩色彩不如粉彩丰富，清末民初彩料又回到粉彩，当下称为新粉彩。

釉上釉彩也施于釉上，与釉上彩的区别有三：一是彩料的成分不同，釉上彩的彩料是纯彩，不含釉的成分，而釉彩实际上是一种颜色釉，其成分以硅为主，着色剂仅占很小比例；二是烧成工艺不同，釉上彩绘须分两次烧成，即在烧成的瓷上彩绘，再回炉低温焙烧，而釉上釉彩一般是一次烧成；三是呈现效果不同，釉彩不可能呈现精细绘画，底釉与彩釉在高温下熔化，互相流淌、浸润，彩的边界无法控制，烧成后往往出现意想不到的效果，浑若天成，具有很强的装饰效果，而釉上彩绘却可表现出笔绘的精细，粉彩、珐琅彩就是以笔画精细著称，线条纤如毫发，之所以用低温烘烤，即为了不将彩、底釉烧融，确保所绘线条不变形，不浸漫。

釉上釉彩以往学界没有加以特别注意，讨论不多。釉上釉彩也有其发展历程，主要兴起于北方陶器，最早见于西汉晚期陕西、河南出土的釉陶。1971 年河南安阳北齐武平六年（575）范粹墓出土的白釉绿彩长颈瓶、白釉绿彩刻莲罐等，这些原被视为最早的白釉彩瓷，现被归为陶类。在白釉上施以绿釉彩，烧成后宛如天空飘浮的云彩。也有在其他釉上施釉彩的，北齐武平七年（576）濮阳李云墓出土的黄釉绿彩刻莲纹四系罐便是。隋张盛墓则沿袭这一装饰技法，但材质却发生很大变化，白釉绿彩所施不再是陶，而是升华至瓷。墓中出土的侍吏俑，通体施白釉，冠、发、须、眉、眼、两裆铠的皮襻连缀处、腰部束带、履、仪剑等部位饰以黑彩，武士俑“下着蓝色袴褶”，镇墓兽“身上涂有红、绿色彩”。[7] 入唐后，唐三彩大量采用釉彩饰法，业界习惯称呼中的“三彩”多是釉上釉彩。窑工以铁、铜、钴料等为着色剂配制黄、绿、褐、蓝、白等釉彩，根据色彩搭配所需，施于随葬用的明器及镇墓兽、武士俑、天王俑等。技法上有接釉，如马匹不同的部位施不同的色釉，也有罩釉，即先施一种色釉，在此基础上再施另一种色釉，或满施，或泼洒，或浇淋。器物上多采用先施一种底釉，在此之上再饰以各种釉彩，有的随意施洒，有的组成几何图案，人物或动物中也有在底釉上施釉彩来表现人物的五官、毛发、服饰色彩及表现动物的毛发、装具等。唐三彩的釉上釉彩，具有色彩斑斓的装饰效果。唐三彩衰落后，

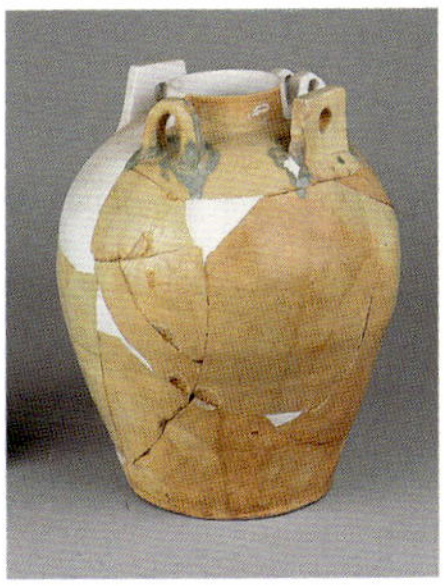

1

2

3

4

图六　长沙窑白釉三彩瓷器
1. 乳浊白釉绿彩瓷四系罐
（长沙铜官窑博物馆藏）
2. 白釉褐绿彩瓷执壶（长沙铜官窑博物馆藏）
3 白釉绿彩瓷枕（长沙博物馆藏）
4. 白釉红绿彩瓷执壶（湖南博物院藏）

作为随葬品的三彩天王俑、镇墓兽基本不见，而作为器物的三彩仍流行，且由明器变为实用器进入现实生活，后演变成宋三彩、辽三彩。

白釉蓝彩是唐代的新品种，盛唐、中唐时较为常见，晚唐时期则大为减少。据检测，蓝彩所用呈色剂为进口钴料。概因常年战争，陆上丝绸之路中断，导致原料大为减少，而这或许也是唐青花未能普及的原因。唐后期白釉绿彩极为流行，且大量外销，邢窑、巩义窑及长安等地窑场都有大量烧造，且影响到南方的长沙窑、邛窑等诸窑场。长沙窑将三彩的装饰技法移植到瓷，也大量烧制白釉绿彩，为了掩盖长沙窑灰色胎质，窑工调制出不透明的乳浊白釉，早期绿彩随意涂画，或在器物系、流与器身黏接部位涂绿彩（图六，1），或在贴塑上饰绿釉彩，晚期则试图表现某种物

图七　青釉褐彩温壶

图八　青釉粉上褐绿彩碗
（湖南博物院藏）

图九　黑釉粉地彩盘（陕西铜川黄堡唐代窑址出土）

体具象，如花草、菱形纹等（图六，2、3），由于底釉与彩釉相互浸漫，笔画似是而非，模糊不清。白釉绿彩所用呈色剂为氧化铜，在不同气氛下呈现不同的色彩，不仅有常见的绿色，还会在强还原气氛下呈红色。长沙窑红釉彩虽不多见，却是最早的红釉彩（图六，4）。除白釉绿彩外，长沙窑釉上釉彩的种类比较多，如白釉褐绿彩、青釉褐彩等。

长沙窑衰落后，釉下、釉上彩似乎在湖南地区出现断层，继之而兴的衡州窑似乎又回到岳州窑风格，以单一釉色的青釉取胜，五代时期衡州窑仿越窑秘色瓷，上品釉色青中偏绿，采用裹足支烧，很少饰彩。仅发现有少量温壶在其肩部饰以褐彩（图七），笔画漫漶不清。然而之后兴起的衡山窑却风格再转，常见的彩绘技法是：先在坯体上满施白色化妆土，罩以褐釉或绿釉，但在碗心、壶瓶的腹部等醒目之处留白（不施釉），再以褐釉或绿釉在白色化妆土上彩绘，图案以缠枝牡丹、莲花等为

图十 露胎白彩牡丹纹瓶

图十一 釉下白彩牡丹纹梅瓶

多见，也有如长沙窑以褐绿釉作彩相间使用者，如绿釉绘枝叶、褐釉绘花卉（图八）。这种技法，周世荣先生称之为粉地彩。粉地彩装饰技法也见于陕西耀州窑（图九）。另一彩绘方式则是反其道而行之，即施白色化妆土时，瓶壶腹部、碗心等醒目部位不施，以化妆土在未施部位作画，再整器罩以青釉，纹饰多见花卉或似字非字的简笔画，周世荣先生称之为釉下白彩。这种技法不仅见于衡山窑，同时期湘阴百梅窑、营田窑等许多湖南窑口都有烧造。从营田窑的两件用白色化妆土画牡丹无罩釉的玉壶春瓶，以及一件用白色化妆土绘牡丹罩有青釉的梅瓶（图十、图十一）[8]，便可看出这种产品的工艺流程：在无画的颈部、口部施化妆土，腹部素胎，以白化妆土描绘花纹，入窑烧结，再通体罩釉，入窑高温烧结。或不罩釉便入窑装烧。因以釉或化妆土为彩，其胎质较为粗糙、疏松，胎的吸水性强，故作画时需运笔疾速，不拖泥带水。从笔痕分析，花卉枝叶均一笔画成，没有勾边再填色渲染现象，画师行笔流畅、豪放，表现茎干时笔画纤细，画花叶、花瓣时则粗阔，通过运笔辗转表现叶的阴阳向背，体现出画工娴熟的技艺和瓷画功力。

中原地区的釉上釉彩与南方有所不同。金元时期的钧窑及其窑系，是青釉上饰褐斑、红斑，但没有绘画，只是以彩打破釉的单调。元代龙泉窑也以褐釉作为釉上彩，一次烧成，不见绘画。景德镇的青白瓷亦如此，只是饰以褐斑或点彩，不见彩绘。往后釉上釉彩绘又见于始于元而盛于明的珐华器。严格说来，珐华的釉彩不是绘画，而是一种填彩。它是“在陶胎表面上用特制带管的泥浆袋，勾勒成凸线的纹饰轮廓，然后分别以黄、绿、紫釉料，填出底子和花纹色彩，入窑烧成”[9]。从工艺可以看出，珐华与掐丝珐琅有一定的相似之处，二者出现的时间大体相同，皆与西域有关，或是“异工互效”。清康熙时的虎皮三彩也属釉上釉彩。

从起源及兴盛过程可见，釉上釉彩主要是通过一种色釉与底釉的色差形成对比关系。入窑后，因釉的相互浸润而出现的不可预见装饰效果，就是它的最大魅力所在。釉上釉彩在唐代颇为流行，宋在此基础上烧出窑变，“入窑一色，出窑万彩”，给人以无限的想象空间，而明以后出现衰落，只有珐华釉上彩绘饰，但珐华的彩釉严格控制在凸线内，纹饰中规中矩，已无唐宋时釉彩的魅力。由此可见，明清时期，专制体制的高压态势，文字狱的莫须有，早已失去唐宋时期思想的浪漫，中规中矩成为人们心目中的既定法则。

二 载体与题材

瓷器自东汉出现后，经魏晋南北朝长足发展，至隋唐时期达到第一高峰。瓷器的用途越来越广，种类繁多，包括各式碗、碟、杯、盘等饮食用器，油灯、烛台等照明用具，罐、缸、盆等大件水器，砚台、水丞、镇纸等文房用具，瓶、盆等花

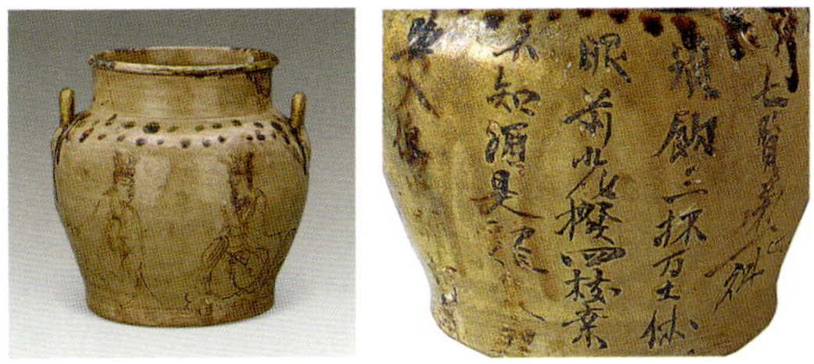

图十二　青釉褐彩竹林七贤诗文瓷罐及局部

器，壶、瓶、盉等酒器，铫、铛、盒、碾等茶具，各式香炉、瓷枕……瓷器绘画并非在所有器物上都进行彩绘，而是主要集中于一些特定的器物，且随着时代的变化，彩绘的载体也会出现相应变化。以唐代长沙窑为例，无论是彩绘还是题诗，基本集中于餐桌上的壶、盏、碗、盘、碟上（从“黑石号”沉船出水的长沙窑瓷器看亦是如此，彩绘瓷主要集中于盏和碗上，或大、中、小三种不同规格的枕上），而饮食用具又主要集中于茶酒器。毫无疑问，当时的绘画主要是供人们在餐饮时欣赏。而餐饮器皿中，又集中于茶酒器，比如壶，长沙窑的壶式有许多种，仅 1983 年湖南省市联合考古发掘中就出土有 8 型 21 式[10]，式样如此之多，除不同时期演变因素外，主要是功能不同所致。有诗画的执壶为粗颈、喇叭口。在作画题诗之前，先将腹部压四条竖形凹线，腹部被分成四瓣，诗画仅作于流下腹部。从壶上“陈家茶店”“罗家美茶”“陈家美春酒”“美春酒”等铭可知，这些壶实际是茶壶、酒壶，分别用于分茶、斟酒，且多用于唐代新兴的饮食业——茶肆酒馆中。当店主或庸客给客人分茶、上酒时，自然把壶上的书画呈现在饮客眼前，可见窑工之匠心。唐代茶肆酒馆多位于都市或交通枢纽的河津码头、桥头，来自各行业、各阶层、各地域的人们在此饮酒赋诗、品茶论道，成为一种新兴的公共社交场所，在此不仅可以一饱口福，也可以高谈阔论。壶盏上的诗画，既可供饮客欣赏，也是他们的谈资，自然也成为茶酒文化的一个重要组成部分。绘画题材种类较多，有飞禽、走兽、建筑、花草、山水、云气等，但由于画幅小（一般高在 7.7～12.8 厘米，宽在 9.6～12.5 厘米），题诗多为五言诗（七言诗极少），所绘题材相对较简单，飞凤、走龙、奔鹿、摩羯等动物基本上是单个，建筑也是独幢，花草则为一丛，或以动物、建筑、云气等为主体，两边或下面点缀以丛草、树木，如佛塔两边各有一树高耸入云，显示佛塔位于丛林之中。如果以动物、飞禽为主体，则点缀以花草，如以莲花、牵牛花等花草为主体，则绘蜂蝶飞舞其间，以此显示内容主题与环境之间的关系。那些风趣的画面、栩栩如生的飞禽走兽、灵动的花草等都是无声的语言，其实是诗的另一种直观形式，与唐人画中有诗、诗中有画的理念相符。一件壶的画，就是一幅小作，是画师的人生禅悟。但就整体而言，唐代瓷画与当时的屏风画、壁画、绢画、纸本画相比，难以做到宏大叙事，没有后世瓷器上的历史故事画及表现文人意境的山水画，画面略显单调。

长沙窑绘画也见于罐、枕、烛台、盒等器物，但数量不多。罐，实际是当时用于贮酒的瓮，有大小之别，大的可贮酒以斛计，李白有诗“堂上三千珠履客，瓮中百斛金陵春”[11]。开启密封的酒瓮，酒香四溢，无论对酒仙、酒徒、酒鬼而言，都是兴奋刺激的事，故唐诗中有多篇描述开瓮的，如“昨夜瓶始尽，今朝瓮即开”“在山琴易调，开瓮酒归醇”“酒香开瓮老，湖色对门寒”“石泉饭香粳，酒瓮开新槽”[12]。在酒瓮上绘画，实际上与酒壶绘画一样，是酒文化的一部分，只不过从宋代壁画可见，当时酒瓮是不上桌面的，而是置于地面，故绘画的出现频率不高。长沙窑酒瓮

图十三　青釉褐绿彩山水纹罐

图十四　青釉褐绿彩花草纹枕（长沙博物馆藏）

图十五　明永乐青花花蝶纹玉壶春瓶（台北故宫博物院藏）

图十六　宣化辽墓M5后室西南备茶图

图十七　宣化辽墓M1后室南壁壁画

绘画的最典型器是长沙博物馆藏的竹林七贤罐（图十二），竹林七贤中的二人画像配以酒诗，与罐内所贮"春酒"可谓相得益彰。从"七贤第一组"题文分析，类似罐应为四件组成一套，每件罐绘七贤中的二人，至于最后一件罐上除绘七贤中一人外，是否加绘如南京出土南朝七贤画像砖上的"荣启期"就不得而知了。湖南省文物考古研究院藏的青釉褐绿彩山水纹罐（图十三）虽比不上唐恭陵哀皇后墓出土的山水画，但也是难得的珍品。此外还有较多器物上饰有褐绿彩联珠纹所组成的画面，最典型器物则是扬州博物馆藏褐绿彩联珠莲花纹罐、湖南博物院藏联珠山峦纹执壶。

长沙窑也有一些诗文和绘画出现于枕上，似与茶酒无关，从功用上看比较异类。枕上诗发现有两首："日红衫子合罗裙，尽日看花不厌春。更向妆台重注口，无那萧郎悭煞人。""熟练轻容软似绵，短衫披帛不䋤缠（辫）。萧郎恶卧衣裳乱，往往天明在花前。"这两首诗都是以少女口吻而作，"萧郎"即为唐代少女口中的"男神"。湖南博物院藏的"开平三年六月廿八日□造，夏二月二女使用"铭枕，绘寓意爱情双鸾纹图案，与此同类题材的还有湖南博物院藏的另一件双燕纹枕。此外，枕上另一种常见的纹饰为抽象写意花草纹（图十四），这种写意花草从笔画组合分析，有如明清时期瓷器上的萱草（图十五），只不过明清时期的萱草纹很具象。由此可见，这些诗文、绘画枕实为唐代少女的寄情物，所绘所书多为爱情符号，或含求子孕育的含义。

入宋以后，瓷以绘画为饰主要流行于北方磁州窑及其窑系，南方则以吉州窑为代表。但最主要的器物载体由长沙窑茶酒具转移到瓷枕，可能与社会风尚变迁有关。宋代饮茶由煮茶变为点茶，汤瓶因置于火上易受烟熏（图十六），不宜绘画题诗，而饮茶的碗盏也因斗茶需要，宜施黑釉以衬托白沫，也不便彩绘。且宋代酒具的壶、盏或因酒精浓度的增加，饮酒量减少而变得小巧，难以形成较好的画面。而宋流行的词赋，字的数量远超过唐的五言诗，也不便表现。可用于储酒的梅瓶、大罐（酒海）其上的绘画及诗词反而多起来，这些贮酒器餐饮时被置于地上，与饮客形成俯视画面，故画面多位于肩及上腹。为使瘦高梅瓶稳当，多置于专配的座架（图十七）中，绘画也在上腹，而嵌于器座中的下腹或是空白，或是饰以草草几笔形成的变形莲瓣。所绘所书也多与酒有关，如题书"坛香浓酒""风花雪月""清乡美酒""醉乡酒海"等，再以画相衬，书画与酒相得益彰。

宋代瓷枕的文化功能似乎也发生了一些变化，由唐代少女寄情物变为求子、家教的载体。宋至元代的瓷枕造型非常丰富，有几何形、兽座形、戏曲座形、人物（孩儿、仕女）形等，枕面可成为较理想的画面，且宋以后随着瓷枕形体逐渐变大，画幅也相应增大。所绘题材与唐代有较大变化，其文化功能也由唐代少女寄情物，变为育子、教子题材，画师往往在枕面先画出几条直线，作边框向内画开光，再“在开光内选画山水、人物、动物、花卉、历史故事，或抄录一些诗、词、曲、赋、警句等”“前立面一般画墨竹，后立面多画牡丹，两端面画荷花”。这些图除了寓意吉祥外，许多也具有特殊含义，如枕面上常见的婴戏图、蹴鞠、背荷戏鸭、垂钓、骑竹马、放风筝、踢毽子等等，具有求子、育子之义，更多的图及文字则蕴含教化功能，“荷花代表纯洁、出污泥而不染，梅花、竹子表达高尚的情操”“把历史上流传的动人事迹绘画在瓷枕上，去影响人、教育人，起到潜移默化的作用”[13]。这些故事画多取材于历史故事、神话传说的元杂剧或平话剧，有的提倡儒学忠孝；有的催人奋发，启迪智慧；有的以英雄人物为榜样，叫人树雄心，立壮志。或通过历史故事叫人分清是非，熏陶正义感。广东省博物馆藏的元磁州窑白地褐彩唐僧取经图长方形瓷枕，枕面上画着唐僧骑着白马，孙猴子拿着金箍棒，还有猪八戒和沙和尚，正大踏步赶往西天取经。《西游记》在民间流传已久，宋话本就有《大唐三藏取经诗话》，已开始把各种神话和取经故事串联。金代院本有《唐三藏》，元代吴昌龄有《唐三藏西天取经》，元末明初又出现了《西游记平话》（已失传）、杨景贤《西游记杂剧》等。在兴教重文的宋代及之后的金元时期，这些都是幼儿启蒙教育的好教材，也是数百上千年来儿童百听不厌的童话故事。所以这些枕上的绘画及诗文，除表达夫妻情爱的题材之外，其他或许都是家庭教育的组成部分。

1

2

图十八　元代磁州窑白地黑花瓷器
（磁州窑博物馆藏）
1.“平沙落雁”款梅瓶　2. 李白观瀑图长方形枕

二十四孝图最能说明这一点。河南省鹤壁市博物馆收藏的金代长方形枕，枕上绘“孟宗哭竹生笋”图，右侧为奇石绿竹，孟宗一手扶着竹枝，一手以袖掩面，跪地哭泣，其诚心感动了天地，使身后的竹笋破土而出。孟宗为三国江夏（今湖北鄂城）人，字恭武，官至司空。他少年丧父，为治母病到竹林中抱竹而泣，以求竹笋，因其孝心感动天地，冻土崩裂，长出数茎鲜嫩的竹笋。另有一私人收藏的金代长方形枕，枕面开光内绘“王祥卧冰求鲤”的故事。“二十四孝图”是封建社会儿童教育的必读材料。这些宣传忠孝仁义、光宗耀祖的历史故事绘于相对私密的瓷枕上，无疑具有教材的意义，对幼儿人格的形成，气质的养成，具有润物细无声的效果。

无论是北方磁州窑，还是南方吉州窑，都可以看出宋金元时期的瓷上绘画多了一分文气。南宋时吉州窑流行的绘画题材有梅花（一剪梅、梅梢月、梅竹双清、梅鹊纹）、寿客菊花、海棠啼莺、石上芭蕉、忘忧萱草、鸾蝶栀子、满池娇、报春桃花等[14]，都是文人借以明志、修心的绘画题材，或是体现文人情趣之物。绘画载体多是用于饮食器的梅瓶、罐、盏、碗、钵、执壶等，和作为花器的长颈瓶，以及宋元时期都流行的枕等。中原地区，金元时期磁州窑及其他窑的同类型产品，可能因这时期北方游牧民族入主中原，文人地位一落千丈，有的沦落至以书画于瓷为生，其内容自然具有文人气息，文人钟爱的词曲也书写在瓶（图十八，1）、枕上。“潇湘八景本”是失意文人的理想乐园，本见于文人绢纸本书画，元代大量出现于磁州窑[15]（图十八，2），当有深层社会原因。

明代以彭城为代表的磁州窑彩绘的主要载体，不再是枕，而是罐、梅瓶、盆、碗、香炉等。彩绘工序主要有两类：一类为白地黑花；另一类白地黑花褐彩，是明代新工艺。其工序是“先在器坯上敷化妆土，以一种名为‘斑花石’的褐铁矿物质为色料描绘花纹后施釉（烧成后形成釉下黑色花纹），再于釉面点缀褐彩入窑烧成”[16]。褐彩也有的施于釉下，但不是以点彩方式，而是“用以描绘花朵、奔马的鬃鬣、马尾、鱼纹的鳍部等或用平涂的方法填于黑彩勾勒的图案中”[17]，其纹饰有婴戏、高士图，马、兔、仙鹤等动物，莲、梅、竹、瑞果等花卉植物，其中又以鱼纹最为多见。“16—17世纪已经有了在白胎上用铁颜料绘制鸟、动物、人物等一些轻描细画的制品”[18]，高士图与景德镇高士图等有异曲同工之妙，可见有其相互影响。

元代开始，青花作为新兴彩料在瓷上横空出世，在白釉或青白釉的衬托下显得幽蓝深邃，与在白纸和素绢上绘画的效果不同，给人以清新艳丽、格调新颖之感，故在瓷上大量普及。如果说元代因钴料依赖进口，青花仅限于高档用瓷，入明后则随着青料的国产化，青花瓷迅速扩展至普通民用器，且不限器型，凡器必绘，只是低端、面小器物多绘装饰图案，山水、人物、花鸟等绘画多出现在大器物特别是陈设用器上。随着明清时期制瓷工艺的进一步精进，胎釉的精细程度相比唐宋时期的长沙窑、磁州窑，已不可同日而语，可作出更精细的绘画，一些小器包括杯盏、把玩都出现绘画，绘画载体进一步丰富，但仍集中于酒器、茶具、花器、香具、文房、把玩、陈设器等。

磁州窑枕及后来景德镇用瓷的绘画图案明显受到版画的影响，这与当时印刷业的发展有关。据考证现存最早且有明确纪年的版画是绘刻于唐咸通九年（868）的《祇树给孤独园》图，雕镂精细，线条圆润有力，说明在唐代中晚期版画创作已臻于完美。继唐而起的五代，版画创作成就斐然。瓷绘主要受画谱、小说及话剧插图的印刷版画影响，或者可以说是照葫芦画瓢绘制的。宋以后各类画谱相继出现，前有最早成书于宋徽宗朝的《宣和画谱》，后有元大德六年（1302）吴文贵杭州刊本。这是一部记载宋徽宗时期内府藏画的谱录，分道释、人物、宫室、番族、龙鱼、山水、畜兽、花鸟、墨竹、蔬菜等十门二十卷。据统计，宋至民国间产生的“画谱”数以百计，如宋代宋伯仁的《梅花喜神谱》，明代顾炳的《顾氏画谱》、黄凤池的《唐诗画谱》《宋词画谱》《十竹斋书画谱》《十竹斋笺谱》，清代王概等的《春在堂花卉草虫谱》《芥子园画谱》《御制避暑山庄三十六景图诗》《耕织图》《棉花图》《蝴蝶秋斋所藏画册》等。随着印刷业的发展，画谱陆续刊印，一些名画家的作品得以在民间流行，画师在瓷绘时才有样本可参照。画谱对瓷绘的影响，已有诸多前贤作了研究。对瓷绘另有影响的是评话、杂剧和小说传奇中的插图版画。随着印刷业的发展，宋以后印刷的剧本、历史故事等都加了版画插图，发展至明清已普遍流行。宋代最重要的故事书版画，当推北宋仁宗时的《古列女传》，元代刊刻的版画所见就有《新编连相搜神广记》《三分事略》《全相平话五种》等，平话五种包括《全相武王伐纣平话》《乐毅图齐七国春秋》《全相秦并六国平话》《全相续前汉书平话》《新全相三国志平话》。磁州窑上的人物故事画多出自上述杂剧、评话的插图，其背景还有舞台效果，所绘人物故事又通过戏剧、评书等方式广泛流传于民间。将民间耳熟能详的故事画绘于瓷，也就是说，绘画题材是哪怕未读过书的文盲也能看懂的。那些山水、花鸟画也当是有本可摹的，“根据之一是枕上画和宋人无款山水、花鸟、婴戏小景画的笔墨结构有许多相似之处；之二是这样的无款小景画的作品较多，或者也极易得到，仅仅故宫博物院一家就收藏有一百五十件左右，已经印刷出版的小画片就有近百件之多”[19]。

景德镇青花、彩瓷上的人物故事画及花鸟画、山水画等也大多如此。元青花上的人物故事画取自杂剧和评话剧，已为学界所共识，2005 年 7 月在伦敦拍卖的元青花“鬼谷下山”纹罐上的图便是依据《乐毅图齐七国春秋》插图绘的。据研究，元代十余件青花瓷上的人物故事图都可以在平话插图中找到依据。明末清初的绘画中，许多画上题的唐诗、宋词，便与《唐诗画谱》《宋词画谱》不无关系。瓷画中花鸟鱼虫、飞禽走兽及山水人物等的表现手法，无不参照画谱。明天启、崇祯年间，有《按鉴演义帝王御世盘古至唐虞传》《新刊廉明诸司奇判公案》《关帝神武志传》《七种争奇》《新刻一札三奇》等书面世。南京、徽州、杭州等地都是木刻版画印刷中心，这些地区都距景德镇很近，画师容易得到这些版画样本，特别是明代景德镇瓷器的贸易在很大程度上为徽商所垄断，徽商从徽州将版画样本带到景德镇，并要求作为画样生产是极有可能的事。明崇祯年间图本《忠义水浒传》等武林版画相继出版，为这

1

2

图十九　醴陵窑彩瓷

1. 釉上彩孔雀花卉描金瓶　2. 釉下五彩花卉纹凤尾尊

时期至清康熙年间的刀马人图像提供了样本。《博古叶子》《九歌图》《张深之正北西厢记秘本》《新镌节义鸳鸯》等，对瓷器绘画都有很大影响。如《西厢记》的人物故事在明末清初的瓷器上大量出现，倪亦斌先生《瓷器上的〈西厢记〉》一文中就列出了 48 幅图案。[20] 清康熙时刊《凌烟阁功臣图》《无双谱》《息影轩画谱》，已开其先河，又与后来瓷器上流行的无双谱不无关系。

明清官窑的瓷绘图案则由皇室直接下样，有的由画家创作，有的则采自宫廷画谱，也有的从其他质地官器上借取而来。[21]

清末民初的醴陵釉下五彩瓷则书写了中国彩绘瓷的新篇章，在艺术瓷的造色和造画上有开创式的进步。釉下五彩为概称，实际上研制出包括草青、海碧、艳黑、赭色和玛瑙红等不同色相的釉下色料达到 114 个。这些色彩能满足瓷绘上所需的各种彩料，尤其是表现花卉、禽鸟的羽翎时，其色彩之丰富，搭配巧妙，令人惊奇（图十九，1）。釉下五彩淡雅不俗，经久耐看，使醴陵瓷在“造色”上立于不败之地。在“造画”上，除了继承景德镇传统的绘画技法外，还借鉴了西洋画法在瓷器上的功用，注重光和色彩的运用，使物体有明暗光影的效果，花叶上的露珠青翠欲滴，真实感

强（图十九，2）。在画面布局上也与传统瓷画不同，不讲究传统画的留白，画面色彩饱满、大气。当时的湖南瓷业公司曾延聘一批书画名家参与到瓷器的装饰设计与彩绘中，其画工则多毕业于瓷业学堂的画科，或从社会招募的有一定绘画功底者，经过名师调教再行上岗。因此当时的釉下五彩图案之精美，《南洋劝业报》如是评价："其色泽之鲜明，绘画之精细，令人不禁惊奇叫绝。"

许多瓷器上的绘画，当时普通人一看便知，可将其故事娓娓道来，就古代而言，这是向社会传递信息的重要方式。而当今，向社会推送信息的方式和内容已大不相同，瓷器里的故事与人们渐行渐远，乃至瓷画于世人，不仅是社会大众，哪怕是在专家学者眼中，也不知画中之意，所绘人物是哪朝哪代，姓甚名谁，只能以"人物故事画"概称。是矣，非矣？

注释：

[1] 如：a. 张浦生编著，郭群摄影：《青花瓷画鉴赏》，上海人民美术出版社，1991 年；b. 萧湘、李建毛编著：《瓷器上的诗文与绘画》，湖南美术出版社，2006 年；c. 倪亦斌：《看图说瓷》，中华书局，2008 年；d. 刘兰华、张南南：《中国古代陶瓷纹饰》，故宫出版社，2013 年；e. 李建毛主编：《长沙窑绘画》，湖南美术出版社，2018 年；等等。论文多不胜记。

[2] 陈彦堂、辛革：《河南济源汉代釉陶的装饰风格》，《文物》2001 年第 11 期。

[3] 郭洪涛：《唐恭陵哀皇后墓部分出土文物》，《考古与文物》2002 年第 4 期。

[4] 江建新：《中国釉上彩瓷史略》，文物出版社，2015 年，第 4 页。

[5] 江建新：《红绿彩的烧造年代及对元代景德镇窑的影响》，《中国红绿彩瓷器专题学术研讨会论文集》，文物出版社，2011 年，第 61 页。

[6] 程幸、戴强：《论元代景德镇红绿彩瓷艺术风格与历史地位》，《中国陶瓷》2012 年第 10 期。

[7] 考古研究所安阳发掘队：《安阳隋张盛墓发掘记》，《考古》1959 年第 10 期。

[8] 周世荣、胡保民主编：《岳州窑新议》，延边大学出版社，2012 年，第 193、194 页。

[9] 高寿田：《山西琉璃》，《文物》1962 年第 4、5 期。

[10] 长沙窑课题组编：《长沙窑》，紫禁城出版社，1996 年，第 30 页。

[11] 李白：《寄韦南陵冰，余江上乘兴访之遇寻颜尚书笑有此赠》，[清] 彭定求等编《全唐诗》，中华书局，1960 年，第 1770 页。

[12] a. 王绩：《题酒店壁》，[清] 彭定求等编《全唐诗》，中华书局，1960 年，第 484 页；b. 苏颋：《先是新昌小园期京兆尹一访兼郎官数子自顷沉疴年复一年兹愿不果率然成章》，[清] 彭定求等编《全唐诗》，中华书局，1960 年，第 811 页；c. 刘长卿：《过郑三湖上书斋》，[清] 彭定求等编《全唐诗》，中华书局，1960 年，第 1523 页；d. 岑参：《太白东溪张老舍即事，寄舍弟侄等》，[清] 彭定求等编《全唐诗》，中华书局，1960 年，第 2028 页。

[13] 张子英编著：《磁州窑瓷枕》，人民美术出版社，2000 年，第 24 页。

[14] 深圳博物馆、深圳市文物管理办公室、深圳市文物考古鉴定所编：《禅风与儒韵——宋元时代的吉州窑瓷器》，文物出版社，2012 年，第 193～203 页。

[15] 王兴：《磁州窑与潇湘八景》，《邯郸职业技术学院学报》2002 年第 3 期。

[16] 郭学雷：《明代磁州窑瓷器》，文物出版社，2005 年，第 22 页。

[17] 同 [16]，第 27 页。

[18] [日] 长谷部乐尔：《磁州窑》，（日本）平凡社，1974 年，第 123 页。

[19] 宋伯胤：《枕林拾遗》，陕西人民出版社，2002 年，第 121～122 页。

[20] 倪亦斌：《瓷器上的〈西厢记〉》，《十七世纪景德镇瓷器国际学术研讨会论文稿》，上海博物馆内印本，2005 年，第 122～142 页。

[21] 故宫博物院编：《官样御瓷——故宫博物院藏清代制瓷官样与御窑瓷器》，紫禁城出版社，2007 年，第 15～19 页。

两晋岳州窑陶瓷制作工艺研究

Research on the Ceramic Manufacturing Technology of Yuezhou Kiln in the Two Jin Dynasties

湖南博物院（湖南省文物鉴定中心） 赖晓兰

Lai Xiaolan, Hunan Museum (Hunan Provincial Cultural Relics Authentication Center)

内容提要： 本文在整理和研究考古发掘资料的基础上，对两晋岳州窑陶瓷制作工艺进行分析。首先，对两晋岳州窑陶瓷制作工艺进行了归纳；同时，分析了两晋岳州窑陶瓷与东汉、三国岳州窑陶瓷制作工艺之间的关系。结果表明：两晋岳州窑陶瓷制作工艺虽有沿袭东汉、三国时期，但更多的是变革。东晋更是岳州窑陶瓷整个发展过程中承上启下、制作工艺基本与越窑同步的时期，为岳州窑南朝产品质量的进一步提升，并成为宫廷用瓷奠定了关键性的技术基础。

关键词： 晋　岳州窑　陶瓷　制作工艺

Abstract: This paper analyzes the ceramic manufacturing technology of the Yuezhou Kiln in the two Jin dynasties based on sorting and studying archaeological excavation materials. It first summarizes the ceramic manufacturing technology of the Yuezhou Kiln in the two Jin dynasties and then analyzes the relationship between the ceramic manufacturing technology of the Yuezhou Kiln in the two Jin dynasties and the technology in the Eastern Han Dynasty and the Three Kingdoms Period. The results show that the ceramic manufacturing technology of the Yuezhou Kiln in the two Jin dynasties inherited that of the Eastern Han Dynasty and the Three Kingdoms Period, but innovation was more obvious. Furthermore, the Eastern Jin Dynasty marks a period when the Yuezhou Kiln ceramics undergo a transformation and the ceramic manufacturing technology is basically synchronized with that of the Yue Kiln, laying a key technical foundation for the further improvement of Yuezhou Kiln product quality to the effect that these products eventually became the palace utensils in the Southern Dynasties.

Keywords: Jin; Yuezhou Kiln; ceramics; manufacturing technology

岳州窑陶瓷经过东汉时期的初创、三国的发展，到西晋时，胎釉结合虽然还是不牢，易开片，剥落现象较重，但质量明显比东汉、三国时期更高。东晋时，岳州窑陶瓷胎中杂质更少，胎质更细密，釉面更加润泽透明，胎釉结合较西晋更好，制作工艺的改进与变革是重要因素。

两晋时期，瓷器不仅在生活中普及开

来，而且“作为集技术、美术、实用等特征于一身的日用品，在三国两晋时期已广泛进入宫廷生活”[1]。在这样的时代发展潮流中，两晋岳州窑陶瓷制作工艺在继承东汉、三国的基础上有了突破性发展，不仅原料制备更精细，还新出现了快轮拉坯、模制鸡首等塑形方法及刻画莲花纹装饰工艺。褐色点彩装饰也更加丰富多彩，产品开始向多样化和实用化的方向发展，质量有较大提升。岳州窑至迟在南朝时期成为官窑，“可以认为马王墈窑址是南朝至隋代的一处‘官窑’窑址，只是这种由地方官府主持的‘官窑’与北宋晚期开始的、由中央王朝主持的‘官窑’及明清时代的‘御窑’，在产品流向、产品质量以及管理制度等方面仍有较大差异”[2]。

一 两晋岳州窑陶瓷制作工艺

两晋岳州窑陶瓷制作工艺主要包括原料制备、塑形方法、釉料配方、装饰方法四个方面。总的趋势是自东吴后期至西晋，奉越窑为圭臬，成形工艺、装饰技法、釉料配制、装烧窑具均仿越窑，东晋以后又回归自我，在融合越窑工艺的基础上创新。

（一）原料制备

对东汉岳州窑青瓷胎体检测可知，其选用的是高硅低铝的瓷石原料：“SiO_2 的含量为 72.54%～77.42%。Al_2O_3 含量为 16.28%～20.58%，与浙江上虞东汉晚期越窑青瓷 Al_2O_3 含量 16.8%～17.73% 大致接近，比北方河南、陕西等地青釉瓷胎的 Al_2O_3 含量低很多，其原因可能与各窑所采用黏土的成分差异有关。Fe_2O_3 含量为 1.37%～1.75%，与浙江上虞东汉晚期越窑青瓷 Fe_2O_3 的含量 1.56%～1.75% 也大致接近。TiO_2 含量为 0.82%～1.04%，与上虞东汉越窑青瓷 TiO_2 的含量 0.82%～0.86% 接近，比河南、陕西青瓷 TiO_2 的含量 1.14%～1.55% 更低。K_2O 含量为 2.62%～3.17%。Na_2O、CaO、MgO、MnO_2 含量较低均在 1% 以下。有少量 P_2O_5，含量为 0.03%～0.05%。”[3] 总的来说，东汉岳州窑胎体在化学组成方面与越窑产品比较接近。

东晋岳州窑青瓷选用的也是高硅低铝的瓷石原料：“SiO_2 的含量为 72.96%～76.49%。Al_2O_3 含量为 15.32%～18.42%。Fe_2O_3 含量为 1.33%～1.74%。TiO_2 含量为 0.69%～0.82%。K_2O 含量为 2.57%～2.99%。Na_2O、CaO、MgO、MnO_2、TiO_2 含量较低，均在 1% 以下。”[4]“Fe_2O_3 是一种红褐色或猪肝色的着色氧化物，熔点为 1560℃，它的着色作用很强，会直接影响瓷胎的白度，故被视为有害杂质。TiO_2 也是一种金属氧化物，熔点为 1825℃。它在氧化气氛中烧成黄色，在还原气氛中烧成不稳定灰色，因而也被视为有害杂质。”[5]

从化学成分含量比较来看，东晋岳州窑青瓷胎体中的 Fe_2O_3、TiO_2 均比东汉时期稍低，而且东晋岳州窑青瓷胎土中不含 P_2O_5。说明东晋岳州窑瓷土淘洗更加精细，杂质减少，胎质更加细密，产品质量更高。

（二）塑形方法

陶瓷塑形方法有泥条盘筑、手工捏塑、拍片黏合、单体模印、立体模制、合模成型、快轮拉坯等。泥条盘筑、手工捏塑、拍片黏合、单体模印、立体模制、合模成型的产品受外力作用的约束较小，陶泥颗粒自由排列，产品胎体厚薄不均，致密度比较松散，吸水率更高。而快轮拉坯过程中，陶坯受到反复旋转提拉的外力挤压，密度会有所增加，产品胎体更加轻薄、致密，吸水率更低。

两晋岳州窑陶瓷塑形方法除沿袭东汉、三国之前的手工捏制、单体模印、拍片黏合外，新出现了快轮拉坯。碗与琢器都是拉坯成型，器物造型工整，规格统一，大

图一　东晋岳州窑桥型六系青瓷盘口壶（湖南博物院藏）

图二　西晋岳州窑青瓷俑头部（湖南博物院藏）

图四　东晋越窑青瓷褐色点彩羊首壶（故宫博物院藏）

图五　东晋越窑青瓷羊头盘口壶（镇江博物馆藏）

图六　东晋瓯窑褐色点彩鸡首壶（温州博物馆藏）

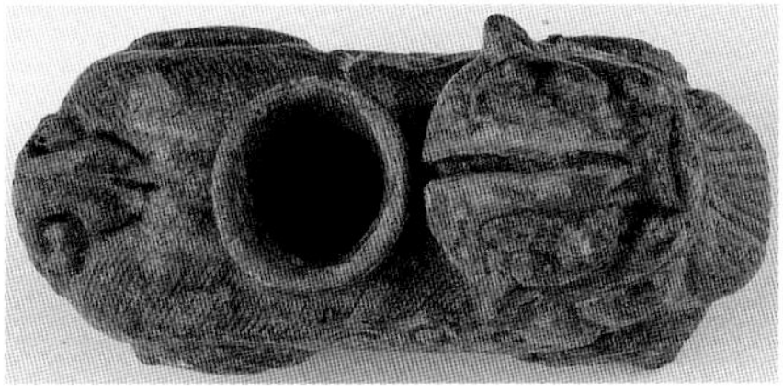

图三　西晋岳州窑狮型青瓷烛台（湖南博物院藏）

图七　东晋瓯窑褐色点彩鸡首壶（镇江博物馆藏）

图八　东晋岳州窑青瓷鸡首壶（湖南博物院藏）

大提高了生产量。器耳、系、柄、腿等附件除沿袭东汉、三国时期的手工捏塑、单体模印外，还出现了刀削而成的桥形系。桥形系比泥条系更有型，更有力度，棱角分明，系的方形与器身的圆形成鲜明对比，提升了造型的美感。系或其他附件与胎体黏合的方法也与前期有所不同，由前期的手指压捺变成直接黏合。这种粘贴比手指压捺更干净、美观，不拖泥带水。长方形槅、房屋和禽舍等沿袭东汉、三国的拍片黏合成型。铺首、佛像、走兽等装饰纹样沿袭东汉、三国的单体模印。俑的头部皆模制，肢体捏制，黏合后细刻。其他如穿山甲、羊等动物模型器皆为捏制。新增加模制鸡首、猪首、象首等更加复杂与立体的装饰部件。狮形烛台和蛙形水盂一类器物是模制成两半再黏合成器。陶瓷器制作工艺相对繁复，而泥条盘筑基本消失，因而器物表面不再有方格纹（图一～图三）。

塑形方法的改进与装饰的繁简变化多样，不仅让两晋岳州窑陶瓷质量得到提高，产品也更加丰富，时代风格更加明显。既有大时代风格的共性，如器物特征由西晋时期的较为矮胖到东晋时期开始变得修长。也有自己的个性，如东晋岳州窑鸡首壶系模仿越窑动物造型装饰类产品，都带有弯形把手，不像东晋越窑、瓯窑此类产品有带弯形把手也有不带弯形把手的。不带弯形把手的须手持壶颈部倾倒液体，便利性大大降低。可见，岳州窑在模仿越窑产品时是有选择的，定位于突出实用性与便利性（图四～图八）[6]。

因此，东晋岳州窑开始逐渐形成自己的特色。如：水盂，从西晋时期模仿越窑较多仿动物造型，到东晋仿动物造型基本消失；唾壶，从西晋时期仿越窑较多模印贴花、戳印花纹、刻画弦纹，到东晋之后只有极简极浅的压印带状花纹或完全素面，呈现出由繁到简、由重装饰到重实用的变

图九 西晋岳州窑蛙形青瓷水盂仿越窑产品（湖南博物院藏）

图十 西晋岳州窑青瓷唾壶仿越窑产品（李浩先生藏）

图十一 东晋岳州窑青瓷唾壶（湖南博物院藏）

图十二 东晋岳州窑青瓷唾壶（湖南师范大学博物馆藏）

化趋势。东晋岳州窑还特别强调器物形体的曲线结构，以利于体现釉色的亮度、质感、动感，这为东晋以降岳州窑青瓷“造型轻巧、纹饰简洁”的新风格的形成做了充分准备（图九～图十二）。

（三）釉料配方

两晋岳州窑陶瓷的青釉属于高钙石灰釉，“据郭演仪等先生研究，历代南北方青瓷从东汉至五代都是高钙石灰釉，CaO 含量为 15%～20%，东晋、南朝湘阴窑青釉中 CaO 含量为 11.11%～17.23%，而上虞东汉、西晋越窑青釉 CaO 含量为 16.91%～17.74%，两者对比，湘阴窑含 CaO 有些偏低，大致与浙江余姚唐代越窑和鄞州区五代青瓷窑口中青釉的 CaO 含量相当”[7]。

通过对东晋岳州窑与越窑胎釉中其他化学成分检测后发现：“东晋岳州窑胎土中铝的含量特别高，釉中石灰的含量过高，可能是产品胎釉结合较差的原因之一……湘阴窑标本的吸水率在 0.76%～1.39% 之间，显气孔率在 1.66%～2.84% 之间，而绍兴越窑标本的吸水率为 1.22%，显气孔率为 2.68%。”[8] 吸水率与显气孔率越低说明器胎的致密度越高。

以上检测数据说明东晋岳州窑胎质致密，已达到完全烧结的程度，但釉中石灰含量过高，CaO 偏低，胎中铝又过高，导致釉面不如越窑匀净透明润泽，并有流釉现象，胎釉结合较差。

（四）装饰方法

装饰体现了人们对美的追求，是当时社会审美的集中展现：“装饰是以秩序化、规律化、程式化、理想化为要求，改变和美化事物，形成合乎人类需要，并与人类审美理想相统一和谐的美的形式。”[9] 两晋岳州窑陶瓷装饰可分为胎装饰、釉装饰和彩装饰三种。

1. 胎装饰

胎装饰是指用工具在器物胎体上进行刻画、模印、戳印、雕刻、镂空出各种纹饰，或将模制好的立体造型装饰贴于器物相宜部位，增加器物的美感。两晋岳州窑胎装饰除延续东汉、三国时期的弦纹、水波纹、连弧纹、方格纹、指甲纹、太阳纹、五角星纹、叶纹、米字纹、菱形纹、倒 7 字纹、鱼纹、模印贴花佛像、模印贴花走兽、模印贴花铺首等外，西晋时期器物口沿下及肩部开始流行装饰带状回纹、云雷纹、网格纹、花蕊纹，蕉叶纹、连珠纹等，但东汉时期的钱纹和三国时期流行的模印贴花龙、虎、朱雀、辟邪等图像较少见。小方格纹和弦纹、水波纹、连弧纹也渐趋衰落，莲花纹开始出现，还有模制鸡首、象首、狮子等立体纹饰。

图十三　晋岳州窑篦划连弧纹青瓷洗（湖南博物院藏）

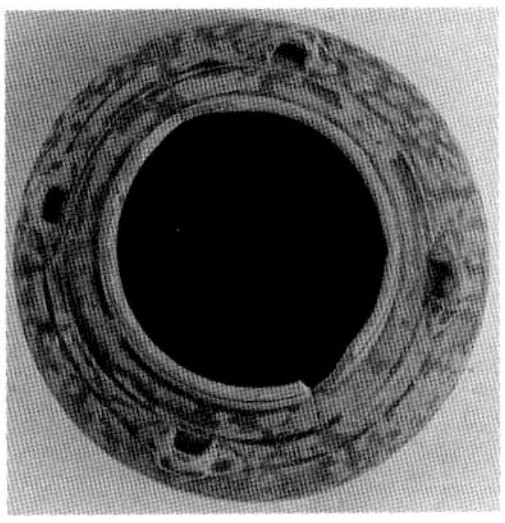
图十四　晋岳州窑酱釉刻画弦纹四系瓷罐（岳州窑遗址博物馆藏）

图十五　西晋岳州窑模印回纹青瓷罐

图十六　东晋岳州窑模印莲花团花纹八系青瓷罐（岳州窑遗址博物馆藏）（周世荣、周晓赤著《岳州窑》，湖南美术出版社，2011 年，第 107 页，图 3–78）

图十七　西晋岳州窑青瓷虎子（1986 年张家界永定教场村出土）

图十八　晋岳州窑方格纹青瓷碗（湖南博物院藏）

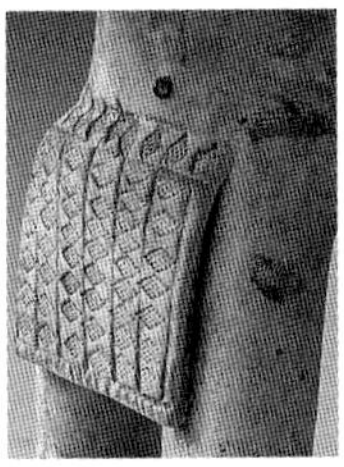
图十九　西晋岳州窑青瓷骑马俑局部（湖南博物院藏）

西晋岳州窑陶瓷在造型和装饰上的总趋势是与同期越窑相一致的，但品种不如越窑多样，装饰也不如越窑繁复。西晋晚期岳州窑胎装饰的纹饰逐渐简化，东晋时更趋于简朴，一般只有一二道弦纹，这种趋势也与同期越窑的情况大体相似。下面按纹饰成形工具不同分为：

（1）篦划纹饰：用排状工具如梳、篦等划出纹饰，为多条并行状线条。有弦纹、水波纹、连弧纹、莲花纹、带状条纹等。一般弦纹与连弧纹并用，多见于碗、钵、洗类器心，水波纹则常见于釜、盆器口和罐类器肩，有时多种纹饰同时出现（图十三）。

（2）刻画纹饰：用单体尖状工具划出纹饰，多为单线条或双线条，线条之间的平行度不如篦划纹饰规整。有弦纹、水波纹、曲线纹和莲花纹等（图十四）。

（3）模印纹饰：用有纹样的印模拍（压）印而成，纹饰的清晰度与印模的新旧有关。有方格纹、圆圈纹、云雷纹、花蕊纹、团花纹、莲花纹等，有的以带状图案形式表现，如罐类产品一般在口沿下及肩部、腹部用刻画弦纹分成若干条带，在条带内模印花纹。这类带状花纹图案，目前大体可以作为分期的标准，一般是西晋开始流行，西晋晚期逐渐简化。东晋初期少数罐的肩、腹部还印有带状莲花纹和团花纹，东晋晚期一般就只有一二道弦纹了（图十五～图十六）。

（4）戳印纹饰：戳印是沿袭三国时期的装饰工艺，从仿越窑中学来的装饰法，东吴时便已出现，在西晋时较为流行，东晋时期印花基本不见。西晋印花主要是由戳印菱形方格纹组成不同图案，菱形方格内布满小圆点。有三种构图方式：一是以菱形斜方格纹组成的单线条，绘各种几何纹，如 1986 年张家界永定教场村出土的青瓷虎子，在头部、上腹、肩部各饰一圈由戳印菱形方格纹组成的联珠纹；二是以菱形斜方格纹二方连续组成的装饰带，多在碗、钵的外腹、四系盘口壶的肩部见到；

图二十　晋岳州窑贴塑铺首云雷纹青瓷簋（岳州窑遗址博物馆藏）

图二十一　西晋岳州窑贴塑佛像龙纹青瓷三足洗（湖北省博物馆藏）

图二十二　东晋岳州窑贴塑鸟形带盘三足青瓷炉（湖南博物院藏）

图二十三　西晋岳州窑三联狮形青瓷烛台（南京博物院藏，南京汉中门出土）

图二十四　西晋岳州窑青瓷对书俑（湖南博物院藏）

图二十五　东晋岳州窑镂空青瓷香熏（湖南博物院藏）

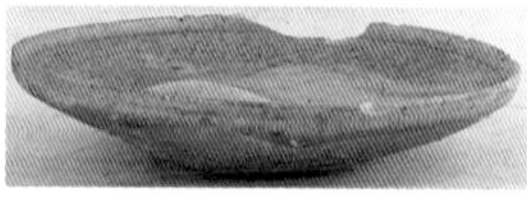

图二十六　晋岳州窑青瓷碟（岳州窑遗址博物馆藏）

图二十七　晋岳州窑青瓷杯 A、B（岳州窑遗址博物馆藏）

图二十八　东晋岳州窑青瓷钵 A、B（湖南博物院藏）

图二十九　东晋岳州窑青瓷鸡首壶（周世荣、胡保民主编《岳州窑新议》，延边大学出版社，2012 年，第 142 页，图 23）

图三十　东晋岳州窑青釉褐色点彩四系罐 A、B（湖南博物院藏）

三是以其组成装饰板，如长沙西晋永宁二年墓出土的骑马俑的“挡牌”（图十七～图十九）。

（5）贴塑纹饰：模印或手工制作而成，主要有铺首、佛像、走兽、蛙、鸟、螺、鸡首、象首等。铺首、佛像、走兽、蛙、鸟、螺一般是纯做装饰用，鸡首、象首多为实用的流（图二十～图二十二）。

（6）雕塑纹饰：模制或手工制作而成，主要有狮形烛台、各类俑、生产生活模型（图二十三～图二十四）。

（7）镂空纹饰：用工具将胎体挖穿，形成各种形状的孔洞，主要有熏炉（图二十五）。

（2）釉装饰

釉装饰是指将制作好的器物进行局部或全部施釉，施釉的多少既关系到产品成本，也影响产品质量。岳州窑陶瓷两晋时除延续东汉、三国时期器里满釉器外仅口沿施釉或只施半釉、器里满釉口沿刮釉器外半釉外，大部分器物开始施釉近足部，或器里器身满釉只底不施釉，或器里器外器底满釉仅口沿刮釉。施釉面积逐渐增大，釉质比东汉、三国时期更加纯净光亮，黏附力也强些，胎釉结合更好。

两晋是岳州窑陶瓷釉变化较大的时期，西晋时期因仿越窑的釉出现配方的变化，釉的透明度降低，气泡变小，玻璃质感弱化，但与胎体的黏合性变强，流动性减弱，施釉较前期更满，个别较精细的器物施釉及底，这是以前所没有的。但还是有部分产品的胎釉结合不好，釉多剥蚀，特别是明器，还出现爆釉、脱釉现象。

东晋时岳州窑陶瓷从仿越窑的风尚中

图三十一　东晋岳州窑青釉褐色点彩碗（湖南博物院藏）

图三十二　三国至西晋岳州窑青釉褐色点彩钵（湖南博物院藏，1954 年浏阳一中 M2 出土）

图三十三　东晋岳州窑青釉褐色点彩盘（湖南博物院藏）2003 年郴州市第三建筑工程公司工地 M1 出土

图三十四　东晋岳州窑青釉褐色点彩盘（湖南博物院藏）

图三十五　东晋岳州窑青釉褐色点彩双系壶（周世荣、胡保民主编《岳州窑新议》，延边大学出版社，2012 年，第 144 页，图 25）

图三十六　西晋岳州窑青釉褐色点彩四系盘口壶（周世荣、周晓赤著《岳州窑》，湖南美术出版社，2011 年，第 103 页，图 3-66）

图三十七　东晋岳州窑青釉褐色点彩四系盘口壶（湖南博物院藏）

图三十八　东晋岳州窑青釉褐色点彩鸡首壶（湖南博物院藏）

图三十九　东晋岳州窑青釉褐色点彩四系盖罐（长沙博物馆藏）

回归自我，釉也变回为开片、透明玻璃质釉，流动性较大，碗、杯底部有较多积釉。呈色也随窑内气氛的差异呈现青中偏绿、青中偏黄等不同。一些高档产品采用匣钵装烧，釉面干净，呈色稳定，也多青中泛黄。这些现象说明两晋时岳州窑窑工对于窑火的操控还不够娴熟，升温、降温过程操作经验也不足，对窑内坯体烧结程度难以掌控，对窑内还原气氛也掌控不好。多采用浸釉法，釉面较为匀净，较东汉至三国时期多采用刷釉法，釉面多呈流淌不匀状的现象大为改善（图二十六~图三十）。

（3）彩装饰

“彩装饰主要是指在胎体、化妆土或釉面上以彩料通过点、染、洒、涂、绘等手段饰以彩色图案的装饰方法，按照表现形式的不同可分为点彩装饰、彩斑或彩条装饰和彩绘装饰……点彩就是用彩料在胎体上点出彩点或彩斑的装饰方法，这种做法在两晋南朝时盛行一时。唐代的长沙窑、邛窑都继承了这种技法，尤以长沙窑最为精彩。”[10]这应与岳州窑早在东汉时期就已使用点彩装饰技法有关，长沙窑是在岳州窑的基础上发展起来的窑口，正所谓“问渠那得清如许，为有源头活水来”，有继承才有创新，才能成为最精彩。

岳州窑的彩装饰为褐色点彩，自东汉出现，由仅在篦画纹碗的口沿用褐色点彩作连珠状排列，发展到两晋时在碗、盘器口或器心，鸡首壶、罐、盆等器物上都有出现。碗类器主要在口沿施褐色点彩，三五点为一组，因碗口大小不同，或三四组或五六组不等。钵类器主要在腹部施一圈连续褐色点彩。盘类器除了在口沿施褐色点彩外，还用褐色点彩在盘心排列出双行、十字形等样式。壶类器一般在口沿或肩、腹部施以褐色点彩，有的只在口沿施三五

图四十　东晋岳州窑青釉褐色点彩盖罐（南京博物院藏）

图四十一　东晋岳州窑青釉褐色点彩四系罐（1985 年郴州燕泉路郴县建筑公司工地 M3 出土）

图四十二　西晋岳州窑青釉褐色点彩贴佛像盆（周世荣、周晓赤著《岳州窑》，湖南美术出版社，2011 年，第 102 页，图 3-64）

点一组褐色点彩；有的只在肩部施一圈褐色点彩或系之间施以褐色点彩；有的在腹部施以连续褐色点彩构成锯齿形图案；还有的在鸡首壶的鸡首下施以褐色点彩构成写意鸡爪纹。罐类器在盖、腹部、系施以褐色点彩，或对称或错落有致，在流淌的釉面中别有一番情趣。还见于西晋褐色点彩贴佛像盆腹部带状方格纹上再施以褐色点彩装饰，简单的小褐点因多样的组合别具一格（图三十一～图四十二）。

二　结语

通过对两晋岳州窑陶瓷制作工艺的研究发现：两晋岳州窑陶瓷制作工艺虽有沿袭东汉、三国，但更多的是变革。原来碗与琢器主要是泥条盘筑成型，两晋时改进为轮制拉坯成型，不仅减少了泥条盘筑时胎体拍打的工序，提高了塑型效率，而且拍打胎体形成的细麻布纹也同时消失。光素无纹的胎体上随之出现了刻画或模印花蕊纹、团花纹、莲花纹、莲子纹等新纹饰。轮制拉坯还可使器物高度增加，胎体更加轻薄致密，为南朝瓷器瘦长风格的形成提供了技术支持。除釉的配方方面不如同时期的越窑外，其余制作工艺在融合越窑工艺的基础上进行创新，为南朝岳州窑陶瓷质量进一步提升并成为宫廷用瓷奠定了关键性的技术基础。

［附记：本文系国家社会科学基金项目“岳州窑整理与研究”(项目编号：18BKG034) 成果之一。本课题得到了湖南省文物局、湖南博物院、科技考古与文物保护利用湖南省重点实验室以及省内各相关文博单位的大力支持，本文的写作得到了李建毛先生的悉心指导，在此深表谢忱！］

注释：

[1] 贺云翱:《南朝“贡瓷”考——兼论早期“官窑”问题》,《东南文化》2012 年第 1 期。

[2] 同 [1]。

[3] 周世荣、周晓赤:《岳州窑》，湖南美术出版社，2011 年，第 11～12 页。

[4] 同 [3]，第 15 页。

[5] 同 [3]。

[6] 上海人民美术出版社编:《国家馆藏珍宝 · 中国陶瓷大系 · 三国两晋南北朝》，上海人民美术出版社，2018 年，第 167、179、193、201 页。

[7] 同 [3]，第 13 页。

[8] 蒋赞初:《长江中游地区东汉六朝青瓷概论》,《江汉考古》1986 年第 3 期。

[9] 刘芳芳:《战国秦汉妆奁研究》，南京大学博士学位论文，2011 年，第 43 页。

[10] 陈杰:《唐宋瓷器装饰艺术研究》，齐鲁书社，2011 年，第 33 页。

桃江馆藏长沙窑精品瓷器及相关问题

Quality Ceramic Vessels of the Changsha Kiln Collected by Taojiang Museum and Related Issues

桃江县文物保护与考古研究中心　张建平

Zhang Jianping, Taoyuan County Cultural Relics Protection and Archaeological Research Center

内容提要： 长沙窑是唐至五代时期湖南境内较为重要的窑口，本文介绍几件馆藏长沙窑精品瓷器，并对益阳桃江一带的相关问题进行了探讨，希望有更多的人了解和喜欢长沙窑瓷器，促进对长沙窑的研究，推动湖南地区传统文化的保护和利用。

关键词： 长沙窑　唐代　鉴赏

Abstract: The Changsha Kiln is a rather important kiln in Hunan from the Tang dynasty to the Five Dynasties. This paper introduces several quality ceramic vessels of the Changsha Kiln collected by the Taojiang Museum and discusses some issues related to Taojiang in Yiyang in the hope that more people can get to know and fall in love with ceramic vessels of the Changsha Kiln so as to promote researches on the Changsha Kiln and propel the conservation and utilization of traditional culture in the Hunan region.

Keywords: Changsha Kiln; Tang dynasty; appreciation

长沙窑分布在今湖南长沙望城区铜官镇至石渚湖一带，占地面积约 30 万平方米，窑址周边依山傍水，环境优越。自 20 世纪 50 年代湖南省考古工作者调查发现铜官窑（长沙窑）窑址后，其面貌不断被古陶瓷界所认识。从 1964 年至 1983 年，湖南省博物馆、长沙市文物工作队、湖南省文物考古研究所等单位先后进行过两次大规模调查试掘和两次大型主动性发掘，出土器物共计 10620 件，揭露面积 1000 多平方米，清理龙窑 12 座，通过调查试掘和发掘，对长沙窑的生产情况有了进一步的认识，从出土的文物资料分析，该窑兴起于早唐，鼎盛于中晚唐，衰落于五代末。在 200 余年的发展过程中，逐渐形成了自身独特的制作技艺和风格特征，有着浓郁的地方特点和风格。

长沙窑产品数量巨大，产品类型和式样丰富多彩，壶、瓶、杯、盘、碗、碟、砚、盂、坛、熏炉、枕、盒等样样具备。包括了人们生活中常见的各类器物，将实用性、观赏性、娱乐性的制瓷理念融于一体，满足了不同行业、不同年龄层次、不同社会阶层的需求。从釉色上看，长沙窑

图一 青瓷盘口瓶口部及底部

图二 青瓷盘口瓶口部及底部

彩瓷突破了当时青、白瓷的单一色调，在点彩瓷的基础上创造性地发展了釉下褐、绿、红各色彩瓷，是我国釉下多彩瓷的发源地，是中国瓷器发展史上的里程碑。在艺术上，长沙窑创新装饰，运用模印、贴花、雕塑、绘画、题诗等，在陶瓷装饰史上独树一帜，文化内涵丰富，将中国的传统文化和西域文化和佛教文化融合在瓷器工艺中，迎合了各地区、各民族的审美心态，透射出大唐文化的气质和风韵。

一 桃江馆藏长沙窑精品瓷器简介

现今桃江馆藏长沙窑瓷器数量共计 12 件，其中执壶 5 件，瓶 3 件，炉 1 件，枕 1 件，碗 2 件，但大多为破损残件碎片，相对完整的器物较少。笔者特撷取几件较为完整的馆藏长沙窑瓷器，略作分类，简要介绍如下。

1. 青瓷盘口瓶

共 3 件，其中 2 件形制近似，1 件肩部有四系残痕。

其一，盘口，尖唇，口沿外侈，长颈，溜肩，圆腹，平底圆饼，近底处无釉，胎质灰白，器表施以青釉。口径 15.2 厘米，底径 11.8 厘米，高 24 厘米，腹径 10.8 厘米，重 1313 克（图一；彩版一八，1）。1993 年 11 月 12 日，经湖南省文物鉴定委员会专家鉴定，一致认为该器物系唐墓中出土，保存良好，具有一定的历史价值，定为国家三级文物。

其二，盘口，沿外卷，尖唇，长颈，圆肩，弧腹，圆饼底，器身施米黄釉，剥落较甚，底及内壁不施釉。口径 15.9 厘米，底径 11.7 厘米，高 27.5 厘米，重 1115 克（图二；彩版一八，2）。1993 年 11 月 12 日，经湖南省文物鉴定委员会专家鉴定，一致认为该器物系唐墓中出土，保存尚好，具有一定的历史价值，定为国家三级文物。

其三，盘口，沿外卷，圆唇，长颈，圆肩，四系，弧腹。肩部四系仅余残痕，腹部饰有弦纹，下腹微收至底，圆饼底，器身施米黄色釉，腹下部釉脱落严重，底及内壁不施釉。口径 25 厘米，底径 18 厘米，高 40 厘米，重 5386 克（彩版一八，3），该器为大唐时期长沙窑大宗产品中的代表作之一，虽口沿有多处裂缝，但弥足珍贵，具有一定的历史价值。

2. 青釉褐斑贴花瓷执壶

1 件。盘口，短流，曲柄，平底，执手处残损。通体施青釉，釉色青中偏黄。釉面玻化程度较高，略有细小的开片纹理，执壶腹部涂三块椭圆形釉下褐彩斑，褐色彩斑处对应贴塑三个相同的人物纹图案。口径 10.9 厘米，底径 15.2 厘米，高 23.5 厘米，重 1203 克（彩版一八，4）。该壶为长沙窑的大宗产品，釉色装饰式样繁多，特色明显，是众多贴花模印装饰产品中的代表之作，虽器身上有部分破损，但弥足珍贵。

3. 褐釉盘口壶

1 件。浅盘口，口沿微敛，细颈，广弧肩，肩腹上有管状流和执手，腹呈圆筒状，

图三　褐釉盘口壶及局部

图四　褐釉弦纹五足炉局部

平底内凹，足端露胎，胎为棕褐色，器表施以褐釉，腹部上有部分釉已脱落。口径5.5厘米，底径5.8厘米，高13.4厘米，腹径6.2厘米，重266克（图三；彩版一八，5）。1993年11月12日经湖南省文物鉴定委员会专家鉴定，一致认为该器系唐墓葬中出土，保存尚好，具有一定的历史价值，定为国家三级文物。

4. 褐釉弦纹五足炉

1件。侈口，折沿，斜腹，圜底近平，五狮足外撇，外腹饰有弦纹，圈足与狮足底部露胎，色白泛灰，器表施以褐釉，口径9.8厘米，底径7厘米，重224克（图四；彩版一九，1）。1993年11月12日，经湖南省文物鉴定委员会专家鉴定，一致认为该器系唐墓中出土，保存较好，口沿稍残，具有一定的历史价值，定为国家三级文物。

5. 白釉绿彩瓷枕

1件。该瓷枕为长方体，上部两头为弧形，中间稍低，枕档一头有一圆形浅浮雕花卉，另一头为“花生外壳”形，内空，表面施青釉，有随意绿彩点缀，开冰裂纹，底及内无釉，长17厘米，宽10厘米，高13.6厘米，重1129克（彩版一九，2），该器系2005年4月桃江县公安局办理案件时移交给桃江县文物管理所入藏的一件器物，2006年4月5日经湖南省文物鉴定委员会专家鉴定，一致认为该器物系唐墓出土，保存尚好，具有一定的历史价值，定为国家三级文物。

二　长沙窑瓷器技艺手法上的赏析

长沙窑产品蜚声国内，行销海外，唐时人们十分喜爱长沙窑瓷器，缘于当时的工匠们独具匠心，首创釉下多彩，打破了南青北白的格局。长沙窑把瓷器装饰艺术提升到了一个新的高度，生产的产品代表了大唐的审美心理，显现出的是求索和创新的湖湘文化特质。

长沙窑作为民间窑口，瓷器产品营销流通多面向平民阶层，本文选介的唐长沙窑青瓷盘口瓶、唐长沙窑褐釉盘口壶、唐青瓷盘口壶、唐青瓷四系盘口壶、唐长沙窑青釉褐斑模印贴花人物纹瓷壶等，均造型丰满，体现了大唐时人们所追寻的潮流。他们均有稳坐如端坐的儒士之感，每件又个性独特、风格不一，唐长沙窑青瓷盘口瓶，兼容并蓄，器型是照着波斯王朝的金银器酒具萨珊式执壶仿制的，李白在《少年行三首・其二》中写道：“五陵少年金市东，银鞍白马度春风。落花踏尽游何处，笑入胡姬酒肆中。”胡姬手中的瓶，或许也来自长沙窑。壶为一种常用酒具，又称“注子”“注壶”。唐长沙窑褐釉盘口壶，器形为两晋时期的鸡头壶演变而来，主要用于将酒注入杯碗中饮用。在釉色上，对唐三彩的流动浸润式彩釉进行创新，创造性地运用褐釉来装饰。唐长沙窑青釉褐斑贴花人物瓷壶，特色众多，它兼容并蓄，注重创新。器表褐斑出自石渚褐绿彩料，纹饰为阿拉伯文及草叶纹，将“长沙窑第一个开创模印贴花”工艺内涵表现得淋漓尽致，所贴花模印人物模样为阿拉伯风格，器表上青黄色釉光亮、润泽，褐色釉斑隐隐还带着窑中烈焰的记忆，强烈的对比色彩，构成了一幅完美的画卷。唐长沙窑褐釉折沿弦纹五足炉，足为狮足，既有辟邪功能，也含求子愿望。狮足与阿斯塔那古墓出土的狮纹锦上的狮足图案一模一样，整件器物静中显动，内敛的宁静暗藏动态的粗犷。唐长沙窑白釉绿彩瓷枕为床上用具，是长沙窑的大宗产品，既是纳凉的工具，又是寄情的载体。为使人在睡觉时获得心理上的舒适惬意，工匠们精心构思，点点绿彩使人们在睡眠休息时也能感受心灵上的春意盎然，由此文思如泉，诗兴勃发。长沙窑生产的产品，虽大多为生活用具，但细细品赏，我们可以领悟到当时的窑工们能精准把握国内外市场的需求和偏好，按照客商的造型要求来生产。另一方面，瓷器产品特征可折射出当时的社会状况，从长沙产品特征来看，在稳定平和的大环境下，大唐时人们所享受的是华丽岁月和精致生活。

通过对上述长沙窑产品的赏析，长沙窑产品所蕴含的下列特征较为明显：

1. 长沙窑所生产的青瓷器物多为生活用具。

2. 盛贮器物生活用品大多为低矮肥胖丰满型，并且口多卷唇，便于密封，肩部多饰系，可穿绳提携，与同时期的其他窑口产品有所区别。

3. 伴随着中原人口南下，唐代湖南经济、文化快速发展。凭借湖南是连接广州至中原地区的咽喉优势，长沙窑所生产的生活用品既有传统华夏特色，又兼具外夷风格。

4. 长沙窑崛起于安史之乱后，其窑工多来自北方地区，带来了唐三彩、模印贴花、多彩釉及其他制瓷工艺，并结合南方烧造技术，创新出长沙窑特有的装饰技法。

三　相关问题探讨

1. 长沙窑瓷执壶为大宗产品

目前出土的长沙窑瓷器，生活用具执壶数量丰富，种类齐全，有青釉模印贴花执壶、青釉褐斑贴花执壶、青釉点彩执壶、青釉彩绘（褐彩、绿彩）执壶、白釉绿彩执壶、绿釉执壶等，装饰种类极为丰富。

唐代长沙窑为何生产如此大量且装饰丰富的执壶，笔者分析认为：首先，执壶作为中晚唐时期出现的瓷器新品种，无论作为酒器还是茶具，都受到当时社会的欢迎，唐代人们追求的是更为实际的生活，因此执壶是长沙窑的大宗产品。据肖湘先生《唐代长沙铜官窑址调查》一文统计，当时窑址总共出土了文物 2223 件，其中执壶 271 件，是第一大类，比碗类（117 件）还要多出一倍多。[1] 其次是长沙窑执壶多有特色，较易于与其他窑口产品相区别，所以出土资料中也多能判别长沙窑执壶的窑口。再次长沙窑执壶大多制作精美，具有较高的商业价值，销售价格也应当较高，利润大。

2. 长沙窑白釉绿彩瓷器数量较少

在长沙窑生产的瓷器产品中，白釉绿彩瓷器所占的比例不大，数量很少，根据目前所掌握的资料，安徽巢县出土过一件长沙窑白釉绿彩执壶，现收藏于安徽博物院。[2] 湖南桃江出土过一件唐长沙窑白釉绿彩瓷枕，现藏于桃江县文物管理所。前文已介绍。

关于长沙窑白釉绿彩瓷器，冯先铭先生曾指出："长沙窑的白釉绿彩瓷器有些釉色并不很白，微微泛青，故而有称青釉绿彩者。从采集的标本来看，青釉为地的多饰褐、绿两彩相间组成的纹饰，而单纯施加绿彩的釉面都比施褐绿两彩瓷器的釉面为白。应当说其本意是要烧白釉绿彩瓷器。"[3] 长沙窑白釉绿彩瓷器在釉色方面，特色在于比长沙窑青瓷确实要白，相比长沙窑青釉褐彩或褐绿彩瓷器，在釉色上稍微有一点泛青。近年来，长沙窑白釉绿彩瓷器受到了古陶瓷器学术界的广泛关注。有学者认为"长沙窑白釉绿彩器即仿照伊斯兰风格的玻璃器生产的"。[4] 有人根据唐代北方巩义窑已烧造了少量的白釉蓝彩的"唐青花"，而南方长沙窑也出现这类白釉绿彩瓷器，推断这些应当都为后期青花瓷的源头。[5] 这些观点还需今后有更多的考古发掘资料出现，进行深层次的科学论证。

长沙窑白釉绿彩瓷器，目前所掌握的实物资料有限，实物标本多为执壶、瓷枕施白釉绿彩装饰，数量稀少。桃江出土的唐长沙窑白釉绿彩瓷枕显得尤为珍贵，它所蕴含的文化内涵有待进一步发掘，许多问题有待今后进一步探讨与研究。

四 唐长沙窑瓷器在桃江一带广为运销的原因分析

桃江地处长江中下游，资水从县境中间穿过，于1951年置县，置县前属益阳县的一部分，益阳与望城铜官毗邻。长沙窑瓷器在桃江一带广为运销，原因诸多。笔者认为，主要有以下几点：首先是桃江在唐代社会安定繁荣发展的大背景下，依据当地得天独厚的地理优势，经济发展较快，人口稠密，与周边地区商贸往来频繁。另一个重要原因在于这个地区水陆通达。在水运通道方面，唐代长沙窑生产的瓷器，入湘江改道涟水，转入资水，即可进入桃江境内。在陆路方面，在唐代，益阳（桃江）陆路交通沿资水流向开始连成一线，形成水陆并行之势。据相关资料记载，1978年8月桃江县三官桥乡风口尉当地村民开垦茶山，在一山坡上发现了"唐道州延唐县主簿吴克俭石墓志铭"。志文中有"葬于浮梁乡浮梁里梓树原"的记载。可知唐时益阳县桃江地段地名为浮梁乡。《新唐书·地理志》载："永泰元年（765），都督翟灌自望浮驿开新道，经浮丘至湘乡。"因驿站设在浮丘山下，桃花江边，故名"望浮驿"。[6] 可见唐时桃江陆路交通是很发达的。现桃江境内，古道尚存，沿线还保留有始建于唐时的省保单位牛剑桥，县保单位"炼补亭"遗址。[7] 水陆交通便捷的优势使得桃江商贸兴旺，唐时桃江一带生产的茶叶、木材、木炭、棕叶片通过水陆交通运走行销全国各地，桃江本地稀缺的日常用物随之运回进入境内。再次，唐代桃江境内及附近地区没有相对大规模的陶瓷窑场，这可能也是长沙窑产品占领这个地区市场的有利条件。

五 结语

在唐代，中原地区的百姓为逃避战火南迁，特别是安史之乱后，中国经济重心南移，文化重心也跟着南移，人口南迁现象日渐严重，从北方迁来的窑工大量聚集到交通便利又相对安全的长沙，看中了"土性宜陶"的铜官山，与当地居民共同烧造瓷器，生产的产品，以朴素之言反映了唐时平民百姓的生活与真实情感，别具一格。

长沙窑瓷器凭借质量上乘、注重创新、兼容并蓄的诸多优势成为中国历史上第一个彩瓷窑，开创了彩瓷时代，与以浙江越窑为代表的青瓷，以河北邢窑为代表的白瓷并驾齐驱，形成了“南青北白长沙彩”三足鼎立格局。

长沙窑的辉煌是在当时缺乏充分条件下的奇迹，长沙窑后来湮没于历史长河，被人遗忘，当代考古学家发现它时，在史籍中都找不到对应窑口的名字。史志虽不载，史实永长存，随着一项项重大考古发现和学界认知的逐步深化，长沙窑的面目更加清晰，文化内涵日益丰富。本篇拙文，笔者旨在抛砖引玉，希望有更多的人了解和认知长沙窑瓷器，促进对长沙窑的研究，全面发掘长沙瓷的文化内涵，更加全面了解长沙窑在中国陶瓷史上的重要地位，以及其在世界文化传播中的重要作用。

注释：

[1] 肖湘：《唐代长沙铜官窑址调查》，《考古学报》1980 年第 1 期。

[2] 巢湖地区文物管理所：《安徽巢湖市唐代砖室墓》，《考古》1988 年第 6 期。

[3] 冯先铭、冯小琦：《浅谈白釉绿彩瓷器》，《收藏家》1994 年第 4 期。

[4] 李建毛、陈锐：《再议长沙窑》，李效伟、吴跃坚主编《南青北白长沙彩（论文卷）》，湖南美术出版社，2012 年，第 22～23 页。

[5] 刘东：《安徽出土的长沙窑瓷器述略》，《湖南省博物馆馆刊》第十六辑，岳麓书社，2020 年，第 421 页。

[6] 张建平：《唐“延唐县主簿”吴克俭石墓志铭考》，《湖南省博物馆馆刊》第九辑，岳麓书社，2013 年，第 374 页。

[7]《桃江县第三次全国文物普查资料汇总》（内部资料），2012 年。

酒泉丁家闸 5 号墓壁画新释二题

Two New Interpretations of the Mural in Tomb 5 at Dingjiazha in Jiuquan

大连市文化和旅游局　安　育

An Yu, Dalian Municipal Bureau Culture and Tourism

内容提要：酒泉丁家闸 5 号墓是一座十六国时期的大型砖室壁画墓。“商汤纵鸟”图绘于前室墓顶南坡右下角处，将之定性为讽喻题材显然不合墓顶用以表现天界的空间逻辑。图中老者手持长柄网、坐于昆仑山上，应寓意毕宿当值，网下的立鸡当为星宿与三十六禽结合后的新式昴宿形象。同样地，画面下方的牛与鸟是对牛宿与女宿的表现。这幅天象图与陕北、洛阳等地汉墓壁画对部分星宿形象的错误表现不同，是星宿与三十六禽的初步结合，具有重要的天文学意义；后室正壁的方扇、弓与箭筒题材常见于河西走廊与吐鲁番盆地魏晋十六国时期的壁画墓，当延续了先秦秦汉时期“大丧共弓矢”与“墙置翣”的丧葬寓意。

关键词：丁家闸 5 号墓　商汤纵鸟　二十八宿　弓矢　翣

Abstract: Tomb 5 at Dingjiazha in Jiuquan is a large brick-chamber tomb with murals from the Sixteen Kingdoms period. The mural “Shang Tang releasing the bird” is painted in the right lower corner of the south slanting ceiling of the tomb’s front chamber, but its identification as an allegory image obviously contradicts the spatial logic associated of using the ceiling to represent heaven in tombs. Furthermore, interpretations suggest that figure of an elderly man holding a long-handled net atop the Kunlun Mountain probably symbolizes Aldebaran on duty; meanwhile, combined imagery involving the rooster beneath the net could potentially signify new celestial configurations alongside traditional representations like cows and birds below. Notably distinct from erroneous portrayals found elsewhere, this celestial chart combines stars with thirty-six avian symbols to yield significant astronomical implications. Additionally, motifs featuring square fans, bows, and quivers within rear chambers align closely with funeral traditions observed during earlier periods including pre-Qin through Han dynasties across regions such as Wei-Jin-era Turpan.

Keywords: Tomb 5 at Dingjiazha; Shang Tang releasing the bird; the 28 Constellations; bow and arrow; *sha*

图一 “商汤纵鸟”图

图二 靖边渠树壕东汉壁画墓的毕宿与昴宿

图三 微山两城镇出土东汉画像石

酒泉丁家闸 5 号墓发现于 20 世纪 70 年代，是一座十六国时期的前后双室壁画墓。[1] 该墓坐西朝东，壁画主要集中于前室。前室四壁表现墓主家居宴乐、生产、庖厨等世俗题材，墓顶四坡绘制西王母、东王公、异兽等仙界祥瑞题材。后室仅正壁绘制壁画一铺，表现奁、扇、丝帛等题材。结合墓室本身的丧葬语境与图像配置的空间逻辑，前室墓顶南坡的“商汤纵鸟”图和后室正壁的方扇与弓弩等题材均值得重新商榷。

一 “商汤纵鸟”为星宿考

“商汤纵鸟”图位于前室墓顶南坡右下角处，绘一长须老者坐于庐帐内，手持长网伸出帐外欲网罗一鸡，画面下侧绘群山掩隐一黑牛，远处山头站立一鸟（图一）。《史记·殷本纪》载：“汤出，见野张网四面，祝曰：‘自天下四方，皆入吾网。’汤曰：‘嘻，尽之矣！’乃去其三面。祝曰：‘欲左，左；欲右，右。不用命，乃入吾网’。”[2] 刘禹锡《贺赦表》云：“网开三面，危疑者许以自新。”[3] 网开三面虽有改过自新的劝诫意义，然而将圣贤劝诫故事插绘于墓顶营造的“天界”之中显然不合图像的叙事逻辑，且执网老者所居的蘑菇状昆仑仙山也并非人间之物，其网旁的禽类当为鸡而非“鸟”，故所谓“商汤纵鸟”这一命名值得重新审视。

（一）“以网捕鸡”当为“以毕掩昴”

“网”无疑是释读该图的关键，“网”即“毕”。《说文》释“毕”曰：“田网也。从毕，象毕形。”段玉裁注云：“田网也。谓田猎之网也。必云田者，以其字从田也。小雅毛传曰：毕，所以掩兔也。《月令》注曰：网小而柄长谓之毕。按鸳鸯传云：毕掩而罗之。然则不独掩兔，亦可掩鸟，皆以上覆下也。毕星主弋猎，故曰毕，亦曰罕车。许于率下曰：捕鸟毕也。此非别有一毕，亦是掩物之网。”[4] 又《仪礼·特牲馈食礼》云：“宗人执毕，先入。”郑注云：“毕，状如丫，盖为其似毕星取名焉。”[5] “张其口”或“状如丫”的毕宿形象可见于陕西靖边杨桥畔渠树壕新莽壁画墓[6]、渠树壕东汉壁画墓[7] 和河南洛阳尹屯新莽壁画墓[8] 等，其形象特征为一人手持长柄丫形网（图二）。汉画像石中常见一类持毕捕兽的形象，如山东微山两城镇出土的东汉中晚期画像石表现了众人荷毕持弩的狩猎场景，其中第一人与第四人所持毕为两端小、中部大的造型（图三）。[9] 文献将“毕”与“昴”的外形差异表述为“毕方昴圆”以示区分，

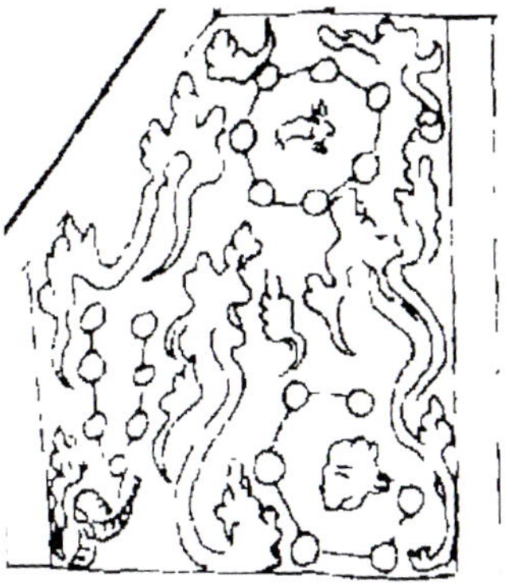

图四　尹屯新莽壁画墓的“毕捕昴宿”形象

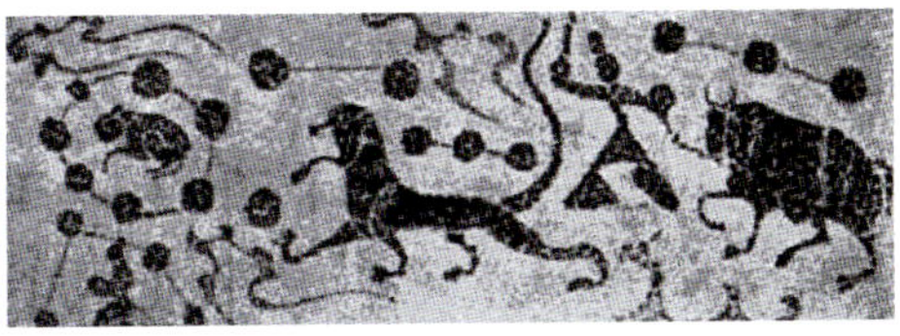

图五　南阳白滩画像石的昴宿形象

图六　传明仇英《神形图》中的毕宿（局部）

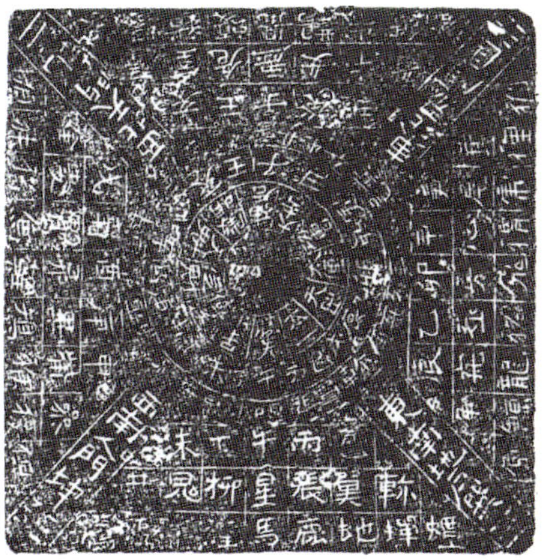

图七　上海博物馆藏六朝铜六壬式盘（拓本）

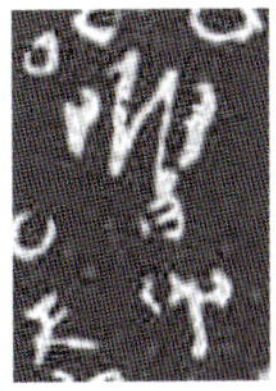

图八　敦煌星图中的昴宿

《宋书·礼志》云：“天文毕昴之中谓之天街，故车驾以毕罕前引，毕方昴圆，因其象。”[10]“毕方”当指毕网为方，故图中方网应象毕宿，老者“执网”可能表现星宿当值，也符合在墓顶绘制星宿的图像逻辑。

若以执网老者为毕宿、网下立鸡为昴宿观之，则其与汉画的表现不同。杨桥畔东汉墓壁画中的毕宿之侧为昴宿，绘一兔围于星宿之内，与其侧执“毕”之人构成掩兔状，相似图像亦见于尹屯汉墓（图四），凸显昴宿与毕宿关系之相趋。有关昴宿，《史记·天官书》云：“昴曰髦头。”[11]《汉书·天文志》云：“昴曰旄头，胡星也，为白衣会。”[12]据刘操南考证：“留即昴，可知昴宿取名，是取团簇的意思的。昴宿今称昴宿星团……用强力远镜观之……真是粲然团簇的。”[13]可见至少在汉代，无论是“昴”还是“髦”在词源上概与动物形象无涉。然而，在渠树壕东汉墓、尹屯新莽墓、南阳白滩画像石墓[14]中，昴宿却表现为星象连珠围合一兔的形象（图五）。对此，王煜指出杨桥畔汉墓在兔旁题记为“卯”表明“昴”被理解为卯兔之卯，“卯兔的观念在秦汉时期已经深入人心”。[15]然而在“商汤纵网”图中，网下为一立鸡，老者作以网掩鸡状，若执网老者为毕宿，则推测为昴宿的立鸡显然并非秦汉时“深入人心”的兔形。文献中昴宿与鸡的形象稳定对应、用于推算命理已经是五代北宋“星禽术”形成之后的事，如宋人陆佃所撰《埤雅》中已出现了“昴日鸡”等规范、系统的二十八星禽的表述。[16]托名西晋许逊、实则晚出的《玉匣记》中亦有“昴日鸡”等称谓[17]，也当是沿用禽占术的概念，即采用“宿名—七曜—禽象”的构词。然而，就目前所见图像资料而言，人或兽禽状的二十八宿形象的出现可能早于五代北宋。藏于日本大阪市立美术馆的《五星二十八宿神形图》（下简称《神形图》），传为南朝张僧繇画作，或认为是唐代梁令瓒摹本，由于画中荧惑星多手多臂、手执法器的密宗形象，一般推为唐代密宗传入后的作品，但即使如此也不能排除南朝梁时期已有为星宿赋予动物形象的做法，否则附会为张僧繇之作的说法就无据可考了。《神形图》今仅存上卷的五星和十二宿，昴宿形象已佚，难以推知其是否为鸡貌。传为明仇英所绘的《神形图》中毕宿为持鞭骑兽的赤身小鬼形象（图六），均距汉晋时期的景况远甚。那么，汉晋时期的情形如何呢？由竺律炎、支谦译于孙吴黄龙二年（230）的《摩登伽经》第五品《说星图品》云："昴有六星，形如散花，于十二时与月俱行，祭则用酪，火神主之，姓毗舍延。毕有五星，形如飞雁，于一日半与月共行，麋肉以祭，属于梵王，姓婆罗婆。"[18]《摩登伽经》述佛为弟子讲述星宿变化之事，展示了印度二十八宿本命宿占传至中国的情形。尽管"形如花"与"粲然团簇"的髦头略有汇通之处，但"形如散花"的昴宿和"形如飞雁"的毕宿显然与汉地星宿的喻体不同，当是六朝时期源自佛教的一种小众的天文认识。能够反映汉地星宿——禽象之对应关系的案例当见于现藏上海博物馆的六朝铜六壬式盘，其地盘最外围刻三十六禽名称，次外围刻二十八宿名称（图七）[19]，其中毕宿和昴宿分别对应"雉"与"鸡"，这与宋以后的"昴日鸡""毕月乌"等概念基本接近，也与《摩登伽经》中"形如飞雁"的毕宿存在着一定的相似性。事实上，在绘制于初唐时期的敦煌星图（图八）[20]、刻于南宋淳祐七年（1247）的苏州石刻天文图[21]中，昴宿已经固定为如鸟翼翕张的波折纹形象，而非上述汉代壁画墓中的多星连珠围合一兔的特征。此外，该式盘仅有宿名和禽象配置，并未如后世成熟的星禽名中添加七曜，且其中的三十六禽名与后世定型的禽名略有出入，当尚处形成阶段，也侧面说明了六朝时期可能是星宿与禽象对应的过渡期。

如此一来，丁家闸5号墓中表现为"鸡"貌的昴宿与"网"状的毕宿就具备了杂糅的特征：鸡状的昴宿是三十六禽与二十八宿相配的结果，打破了汉代"昴""兔"混用的图像误区；毕宿仍保留了先秦秦汉时期"网"的典型特征，并未绘成六朝式盘中所对应的"雉"。而毕宿、昴宿的组合则沿袭了汉代墓室壁画中"毕所以掩兔"的互动关系，只是汉代"昴""兔"混用的图像误识被遗弃，出现了"以毕捕鸡"的新样式。因此，"商汤纵鸟"图当为以形象化的手法表现了与西王母、东王公、昆仑山共处一个神仙世界的星宿组合。

（二）基于汉墓壁画的纠误：牛女二宿的新形象

作为"商汤纵鸟"图的一部分，画面下方群山掩映中的牛与山头立鸟也当考虑其星宿的形象原型。仍以渠树壕两例汉墓、尹屯汉墓的星象图为例，与牛相关的星宿形象显然只有牵牛的牛宿及与之近切的女宿。此三例图像均以中宫的河鼓三星、织女三星来表现二十八宿中的牛宿（牵牛）六星与女宿（婺女）四星，刘操南[22]、冯时[23]、王煜[24]等学者均已注意到汉代牛、女二宿与牵牛、织女二星之间递嬗乃至混淆的现象，此不赘述。值得注意的是，在上述三例汉代星象图中，牛宿以河鼓三星即男子手执缰绳、牵引一牛的形象表现。女宿则是女子形象，特别是在郝滩、杨桥畔汉墓星象图中的女宿旁绘制织机，以突出其"织女"的身份特征。事实上，作为二十八宿之一的牛宿六星（牵牛）应当是六星相连，这一特征可见于西安交大壁画墓中：图中河鼓三星与牛宿六星相连形成牛郎牵牛的形象[25]，合乎"牵牛六星在河鼓南"[26]或"河鼓三星，在牵牛北"[27]的位置关系。其中，牛宿六星即表现为牛身伴以六星连珠（图九）。若将河鼓与牛宿分离，则牛宿仅余一牛，严格意义上的牛宿六星则也理当独为牛的形象。将牛与牛宿关联华梵皆同，并在后来星禽演变中基本保持稳定。如《摩登伽经》载“牛宿三星，形如牛首”[28]，六朝式盘所对应的三十六禽之“牛”、唐宋以后星禽系统中的“牛金牛”乃至各本《神形图》中牛宿也均稳定为牛或牛首人身的形象。

与牛宿关系密切的女宿即婺女四星亦多见于汉画，如河南南阳白滩汉画像石中即为一女子跽坐于四星相连的空间。而在尹屯新莽墓、渠树壕新莽与东汉墓、西交大西汉墓的壁画中则均误绘为织女三星（图十）。当然，中宫织女和二十八宿之一的女宿既有区别也有联系，《史记·天官书》云：“婺女，其北织女。织女，天女孙也。”“婺女为既嫁之女，织女为处女。”[29]可见无论是文献还是图像均多将女宿视为女子形象。然而女宿并没有牛宿那种稳定的形象传承，如六朝式盘的女宿对应三十六禽中的“燕”，《神形图》中为牛首人身的形象，宋元以后的星禽系统中则名为“女土蝠”。也就是说，除《神形图》外，不论是“燕”还是“女土蝠”，都无非是十二地支中子的支属，《五行大义·三十六禽》引王简云：“子朝为燕、昼为鼠、暮为伏翼”，又以“子为鼠、燕、伏翼者，色皆玄也，取之水色”[30]示其缘由，“伏翼”即蝙蝠，“蝠”与“燕”是同一支名昼夜的互化。六朝式盘中，女宿与“燕”相对应，说明六朝时期已出现了与汉代“婺女”不同的女宿形象，这根植于三十六禽与二十八星宿的结合。

要之，绘于丁家闸5号墓墓顶南坡的“商汤纵网”图当为星宿在值。以网表现毕宿固为常见，而以立鸡形象表示昴宿则与汉墓壁画的“卯兔”迥异。图中山头隐牛与立鸟分别对应牛宿与女宿：牛宿为牛的形象不仅古今一致，还纠正了汉画中将牛宿（牵牛）绘为河鼓三星的错误；女宿则是首

图九　西交大汉墓中牛郎牵牛的“牛宿六星”（残）

图十　靖边渠树壕新莽壁画墓的织女三星形象

次以禽鸟代替了跽坐女子的旧有形象，反映出六朝时期三十六禽与二十八星宿结合配置的一次尝试。《汉书·地理志》云：“赵地，昴、毕之分野。”“粤地，牵牛、婺女之分野。”[31]《晋书·天文志》云：“自南斗十二度至须女七度为星纪，于辰在丑，吴越之分野，属扬州。自须女八度至危十五度为玄枵，于辰在子，齐之分野，属青州。”又：“自胃七度至毕十一度为大梁，于辰在酉，赵之分野，属冀州。自毕十二度至东井十五度为实沉，于辰在申，魏之分野，属益州。”[32]自汉至晋，毕、昴和牛、女四宿的分野略有出入，但总体分别对应南北两地。《汉书·天文志》云：“毕、昴间天街也。街北，胡也；街南，中国也。昴为匈奴，参为赵，毕为边兵。”[33]这在胡汉南北分立的十六国时期或当有所寄意。

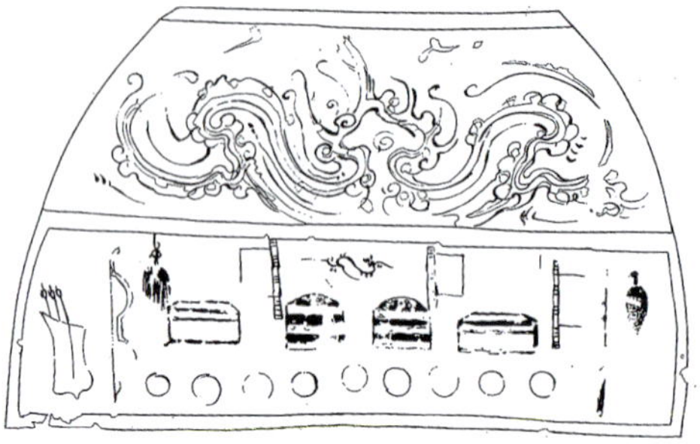

图十一 丁家闸5号墓后室正壁壁画

图十二 吐鲁番哈拉和卓墓地北凉时期75TKM98正壁（局部）

二 “大丧共弓矢”与“墙置翣”：后室图像题材与内涵

后室壁画仅绘于正壁一铺，发掘简报作如是描述：“后室共分三层。第一层，绘庆云。第二层，以土红宽带环绕。内绘两奁、三方扇、两盒、两拂、一弓、一箭筒和一柱形物。下绘九个圆圈，可能为饰物，如粉团之类。第三层，绘三丝束，三捆扎的绢帛”（图十一）[34]，《酒泉十六国墓壁画》对此描述也与前者大体一致[35]。依壁画上下分栏所示：第一层庆云与前室四披作为背景的云气纹相似，用于标示与人间分层的天界；第二层中部所绘的奁盒与方盒、下部的“圆圈”在河西魏晋壁画墓中甚为常见，如酒泉西沟村魏晋时期的93JXM5中室西壁绘有奁盒、嘉峪关新城6号墓后室正壁绘有奁盒和“圆圈”[36]。郭永利认为“圆圈”为丝帛，“它们被绘于墓葬的中室、后室和棺壁上，尤其是很固定地出现在后室。表示它们是墓主人在死后世界所用之物”[37]，此说当无疑，箱、盒、绢帛等绘于后室当在传达后室储物的功能性内涵。然而，对诸如悬弓挂箭、“方扇”等题材及其内涵则极少得到关注，特别是“方扇”还被释为“便面”。在墓室空间中，任何图像都有着特定的丧葬内涵，对后室壁画题材与内涵的解读也遵循这一原则。

仔细观察可以发现，正壁的方扇远大于日用的“便面”或“障面”，墓内设扇当与“翣”有关。《礼记·檀弓上》云：“有虞氏瓦棺，夏后氏塱周，殷人棺椁，周人墙置翣。”[38]又《说文解字》释“翣”云：“翣，棺羽饰也。天子八，诸侯六，大夫四，士二，下垂，从羽，妾声。”[39]在周代，翣为棺饰，其数量又可明等级之别。至于其用途，《丧大记》郑玄注：“车行，使人持之而从，既，树于圹中。”孔颖达疏：“翣形似扇，以木为之，在路则障车，入椁则障柩也。”[40]也即翣先用于遮挡柩车，至下葬时树于墓圹之中，用于遮挡棺木。战国中后期以后，翣的质地已不再单为羽毛，西汉时期丧葬所用的木质大方扇开始被称为“翣”。[41]因此，我们认为墓室壁画中的这类较长、较大的方扇即为与丧葬有关的“翣”。

绘弓弩于墓壁是汉晋时期丧葬图像的常见做法。在内蒙古凤凰山东汉壁画墓M1的东壁表现一处弓弩图：垂幛之下绘兕兽、盾牌、左右各插三支箭的箭匣、匣上的弩弓等[42]，夏真兴七年（425）前后的吐鲁番哈拉和卓75TKM97、75TKM98壁画墓的正壁也绘有悬弓挂箭的题材（图十二）。[43]那么墓室空间中图绘的弓弩图像用意何在？事实上，不仅图像，弓弩实物也是汉晋墓葬中的常见的随葬品，沈睿文认为汉晋墓葬中随葬弩机可能是“近承东汉、远溯《周礼》的一种表示葬以殊礼的大丧制度”。[44]《周礼正义》云：“大丧，共明弓矢。弓矢，明器之用器也。《士丧礼下篇》曰：‘器用弓矢。’疏：‘大丧共弓矢’者，亦谓王及后、世子之丧，将葬则陈之，葬窆则奉而藏之椁中也。明弓矢与明器义同。”[45]既然明弓矢等同于明器，而明器本身又是对“之死而致死之”“之死而致生之”[46]这种不仁不智行为的反拨，与丧礼思想和丧礼实践密切相关，那么无论是随葬弩机，还是图绘弓矢，本质上都是一种丧葬行为。

要之，本文主要立足图像的空间配置与图像要素的语境，探讨了十六国时期昴宿、牛宿与女宿的形象，辨析了先秦秦汉时期“大丧共弓矢”与“墙置翣”在墓室中的图像表现。通过以上论述，笔者试图在墓室壁画解读中建立起一种意识，即丧葬图像的内涵既需要在墓壁平面的空间配置中回归其功能本位，也需要将之还原至墓室这一丧葬空间的特殊语境中，而在多数情况下，二者的共同在场决定着墓室壁画内涵的释义角度。

注释：

[1] 甘肃省文物考古研究所：《酒泉十六国墓壁画》，文物出版社，1989 年，第 1～18 页。

[2] [汉] 司马迁：《史记》卷三《殷本纪》，中华书局，1963 年，第 95 页。

[3] [唐] 刘禹锡：《刘禹锡集》卷十四《贺赦表》，上海人民出版社，1975 年，第 125 页。

[4] [汉] 许慎撰，[清] 段玉裁注：《说文解字注》，上海古籍出版社，1988 年，第 239 页。

[5] [汉] 郑玄注，[唐] 贾公彦疏：《仪礼注疏》卷四五《特牲馈食礼》，上海古籍出版社，2008 年，第 1370 页。

[6] 徐光冀主编：《中国出土壁画全集・6》（下），科学出版社，2012 年，第 54 页。

[7] 陕西省考古研究院、靖边县文物管理办：《陕西靖边县杨桥畔渠树壕东汉壁画墓发掘简报》，《考古与文物》2017 年第 1 期。

[8] 洛阳市第二文物工作队：《洛阳尹屯新莽壁画墓》，《考古学报》2005 年第 1 期。

[9] 中国画像石全集编辑委员会编：《中国画像石全集・山东汉画像石》，山东美术出版社、河南美术出版社，2000 年，第 41 页。

[10] [南朝梁] 沈约：《宋书》卷一八《礼志五》，中华书局，1974 年，第 499 页。

[11] 同 [3]，卷二七《天官书第五》，第 1305 页。

[12] [汉] 班固：《汉书》卷二六《天文志六》，中华书局，1964 年，第 1278 页。

[13] 刘操南：《二十八宿释名》，《社会科学战线》1979 年第 1 期。

[14] 凌皆兵、徐颖主编：《南阳汉代画像石图像资料集锦》，中州古籍出版社，2012 年，第 239 页。

[15] 王煜：《知识、传说与制作：陕西靖边渠树壕东汉壁画墓星象图的几个问题》，《美术研究》2020 年第 5 期。

[16] [宋] 陆佃：《埤雅》卷一《释鱼》，明建文二年刻本，第 27 页。

[17] [西晋] 许逊：《许真君万全玉匣记》卷一，清光绪十七年刘诚印写刻本，第 92 页。

[18]《摩登伽经》卷一《说星图品》，《大正新修大藏经》第 21 册，新文丰出版社，1983 年，第 404 页。

[19] 严敦杰：《跋六壬式盘》，《文物参考资料》1958 年第 7 期。

[20] 席泽宗：《敦煌星图》，《文物》1966 年第 3 期；关于《敦煌星图》的年代参见让・马克・博奈比多、弗朗索瓦丝・普热得瑞、魏泓著，黄丽平译：《敦煌中国星空：综合研究迄今发现最古老的星图》（下），《敦煌研究》2010 年第 3 期。

[21] 席泽宗：《苏州石刻天文图》，《文物参考资料》1958 年第 7 期。

[22] 同 [13]。

[23] 冯时：《洛阳尹屯西汉壁画墓星象图研究》，《考古》2005 年第 1 期。

[24] 王煜：《汉代牵牛、织女图像研究》，《考古》2016 年第 5 期。

[25] 西安市文物保护考古研究院：《西安西汉壁画墓》，文物出版社，2017 年，第 116 页。

[26] [北齐] 魏收著：《魏书》卷九一《列传术艺》，中华书局，1974 年，第 1946 页。

[27] 同 [11]。

[28] 同 [18]，第 405 页。

[29] 同 [11]，第 1321 页。

[30] [隋] 萧吉著，钱杭点校：《五行大义》，上海

书店出版社，2001 年，第 149 页。

[31] 同 [12]，第 1655、1669 页。

[32] [唐] 房玄龄：《晋书》卷十一《天文志》，中华书局，1974 年，第 308 页。

[33] 同 [12]，第 1302 页。

[34] a. 吴礽骧：《酒泉、嘉峪关晋墓的发掘》，《文物》1979 年第 6 期；b. 图片采自甘肃省文物考古研究所：《酒泉十六国墓壁画》，文物出版社，1989 年，第 16 页。

[35] 同 [34]b，第 7 页。

[36] a. 马建华、赵吴成：《甘肃酒泉西沟村魏晋墓发掘报告》，《文物》1996 年第 7 期；b. 徐光冀：《中国出土壁画全集（9）》，科学出版社，2012 年，第 91 页。

[37] 郭永利：《甘肃河西魏晋十六国墓葬壁画中的“矩形”、“圆圈”图像考释》，《四川文物》2007 年第 1 期。

[38] [汉] 郑玄注，[唐] 孔颖达正义：《礼记正义》卷八《檀弓上》，上海古籍出版社，2008 年，第 237 页。

[39] 同 [4]。

[40] [汉] 郑玄注，[唐] 孔颖达正义：《礼记正义》卷五四《丧大记》，上海古籍出版社，2008 年，第 1770、1772 页。

[41] 胡健、王米佳：《周代丧葬礼器“翣”的再探讨——关于“山”字形薄铜片的考证》，《中原文化研究》2015 年第 5 期。

[42] 徐光冀主编：《中国出土壁画全集（3）》，科学出版社，2012 年，第 10 页。

[43] 新疆文物考古研究所编著：《吐鲁番阿斯塔纳——哈拉和卓墓地：哈拉和卓卷》，文物出版社，2018 年，第 181～191 页。

[44] 沈睿文：《葬以殊礼：弩机与世家大族墓葬》，《故宫博物院院刊》2015 年第 5 期。

[45] [清] 孙诒让撰：《周礼正义》卷六一《司甲》，中华书局，1987 年，第 2557 页。

[46] [清] 孙希旦撰：《礼记集解》卷九《檀弓上》，中华书局，1989 年，第 216 页。

株洲博物馆藏“真子飞霜”铜镜概说

General Introduction to “*Zhenzifeishuang*” Bronze Mirrors Collected by Zhuzhou Museum

株洲博物馆　李永锋

Li Yongfeng, Zhuzhou Museum

内容提要：人物故事纹镜是唐代普遍流行的一个青铜镜分类，“真子飞霜”镜则比较独特，是常见唐代人物故事纹镜中的一类，也被称为“高山流水”镜、人物菱花镜等。关于该类镜纹饰和铭文研究比较多，聚讼纷纭，难有定论。本文拟就株洲博物馆的3件“真子飞霜”镜进行介绍，在参考诸多研究成果的基础上提出一些粗浅的认识，以期对该铜镜研究推向深入能有所裨益。

关键词：“真子飞霜”镜　纹饰　主题

Abstract: Bronze mirrors with figures and story motifs constitute one category of bronze mirrors popular in the Tang dynasty. *Zhenzifeishuang* mirrors, also known as “high mountain and flowing water” mirrors and “figures and lozenge pattern” mirrors, maka up one sub-category under the previous category. Opinions differ in researches on the patterns and inscriptions of such mirrors. This paper introduces three *zhenzifeishuang* mirrors collected by the Zhuzhou Museum and proposes some rudimentary opinions based on previous research results in hopes of providing some help to the further study of such bronze mirrors.

Keywords: *zhenzifeishuang* mirrors; pattern; theme

一　馆藏“真子飞霜”镜概况

株洲博物馆现收藏三件“真子飞霜”镜，其中两枚来自醴陵市博物馆早年旧藏，一件为株洲白关出土。三镜纹饰、构图技术风格大致类似，均为八瓣葵花形镜。醴陵两件镜纹饰主题元素完全相同，一件保存品相较好，一件裂为两半；白关出土镜边缘有一圈铭文。下面分别介绍。

醴陵两件均为旧藏，编号为LL000021和LL000358，简称为21号镜和358号镜。经湖南博物院专家鉴定，这两件铜镜的年代是唐代中晚期。

21号镜品相好，被定为二级文物，曾借调株洲博物馆展出，现以此为例进行介绍。该镜形制为八出葵瓣圆形，背面边缘棱角略高，外沿圆润，有轻微磕碰痕迹多处；镜面光洁，边缘有一个小缺口，缺口呈现银白色，镜有绿色小块锈斑和轻微划痕，通体黑漆色。通径15.3厘米，重630

克。纹饰为高士题材中“真子飞霜”图案。纹饰铸造精巧，浅浮雕状构图，布局结构合理。中心以圆角菱形荷叶内铸头上尾下的乌龟嬉戏水中，龟旁水波纹清晰可见；龟为钮，荷叶为钮座。左边纹饰分为三层，上为4棵竹子和竹笋，长竹相对弯曲，人坐于其间；竹林中人（高士）头戴火焰状高冠，褒衣博带盘膝坐于地上，琴置膝上，两手抚琴状；下面为一长条形案几，几足为三角形，几面上放置香炉和瓶（也有说文房四宝）。上边纹饰分两层，上层云山为三层山峰被卷曲勾连云烟盘绕，下面为展翅飞翔的仙鹤飞过最低层云山，头朝右上，尾向左下。右边纹饰分为两层，上为两棵根部相连的树木，树冠呈蒲扇形，里树枝叶一体似难辨认，外树枝叶有开叉分化之形；树下为单脚站立、展翅翘尾的凤凰，尾巴弯曲特长，与右侧的树根接触，挺立脚爪下抓缠绕的一段花枝。下面为长满莲叶的不规则椭圆形水池，池中水波密集荡漾，四周水汽形成云朵状，中央伸出水面的莲茎与中央菱形荷叶相连；池边有水草和莲丛（彩版二〇，1）。

358号镜品相差，碎为两半，可修复，定为三级文物，现为株洲博物馆展藏。通径16厘米，重590克。镜面纹饰、技法和构图元素与21号镜几乎完全相同，只是此镜画面整体较为粗疏，造型的轮廓线条似已磨平。与21号镜相较，细节上也有不同：中心区荷座龟钮组画面中龟背有六角形龟纹。左边高士抚琴组画面人面部、腿部宽袍造型几无线条刻画形态，竹节磨圆，且只在顶部有开叉的枝叶，竹笋仅具轮廓；案几上物品模糊，较难分辨。云山飞鹤组画面最高山峰右侧似有太阳或月亮包裹云层，飞鹤的尖嘴和细长尾巴与21号镜嘴部模糊残断及粗线条尾巴形成对照。双树凤凰组画面中双树整体臃肿但枝叶线条清楚，凤凰翘起长尾浑然一体，身体上的羽毛也成一体。莲池伸出莲枝粗硬无节，水池边的水草和荷丛也几难分辨。从以上描述纹饰粗疏模糊的细节可知，该镜当为制式化的老旧模具重复使用的结果；从纹饰细节等的差异可知两镜当用不同的模板制作而成。镜体从左上到右下断为两半，断缝穿过了画面左上的竹林、荷叶内乌龟身体中部及凤凰抓花枝下部（彩版二〇，2）。

白关镇发现镜编号为ZZ000034，简称为34号镜，专家鉴定为唐代，定为三级文物。铜镜通径18厘米，重741克。1995年6月株洲县（今渌口区）白关（乡）镇团山村农民在取土烧砖中发现，出土时农民误以为“乌金”，相互争夺打碎，两人拿回家，白关镇派出所征缴后移交株洲博物馆收藏。2019年送湖南省文物考古研究院修复，现为株洲博物馆馆藏。

该镜形制亦为八出葵瓣镜，背面边缘突起较高，左右方向有一道横断缝，穿过画面左侧人物膝与案几之间、荷叶上龟身体中部及右侧凤凰尾巴和右侧树根部（彩版二〇，3）。靠近缘面外圈有篆体铭文，铭文四十一字。内容为：“凤凰双镜南金装，阴阳各为配，日月恒相会，白玉芙蓉匣，翠羽琼瑶带，同心人，心相亲，照心照胆保千春。璬。”里面是“真子飞霜”题材浮雕纹饰。该镜纹饰主题元素与醴陵出土的基本相同，浮雕造型形象细节上更接近358号镜，在细节刻画上更为传神生动、清晰。荷叶座龟钮线条清楚，龟纹磨损较轻。高士抚琴画面中人物面部刻画有线条，似能看清耳朵，褒衣博带飞舞灵动，胸口的结带也清晰可辨；盘膝姿态也从波浪袍纹中看出腿部肌肉盘曲的姿态，坐垫上饰璎珞之类装饰点缀；案几上陈设的四个物件清楚无疑。上部云山上云的勾连线条细腻匀称，山的轮廓也层次分明，月亮（或太阳）

铸造清晰。双树凤舞组画面中，双树中里侧一树的瓜子形长叶繁多而不乱，下方展翅欲飞的凤凰回首及身上的羽毛丝丝分明，长尾上多根羽毛向上后翘，姿态优美，一爪前伸，一爪踩抓的花枝和爪形也能分辨清楚。下部莲池腾起的四股云烟状假山和水波纹路清晰，边上的莲丛和水草也都纤毫毕现。总之此镜的纹饰细节刻画上较醴陵镜更为生动传神，对于辨明素材提供了较好的样本（彩版二〇，4）。

二　纹饰分析与初步认识

先说醴陵这两件。形制、纹饰内容上二者大同小异，从品相、细节刻画和造型差异（见前文）可基本判断为不同模具制作。再说白关镇出土的这件，虽然算是出土，但没有共存遗物和遗迹判断其埋藏性质，结合考古中多出土于墓葬分析，白关这件极有可能也是如此，只是无法证实。白关镜形制、纹饰构图均和醴陵旧藏两件大致类似，其纹饰细部刻画上接近于醴陵358号镜，唯其外圈的40字铭文说明其模具又有所不同。

关于飞霜镜，纹饰在技法上使用浮雕式造型技巧，根据画面布局成五组，暗含五行，每组间衔接自然，浑然一体，形成一个主题。为行文方便，我们顺时针按照竹林高士凭几抚琴、云山飞鹤、凤舞双木、莲池腾云与荷叶托龟介绍了画面，故事是否按照这个顺序发展则另当别论。类似铜镜多有出土或传世，有的云山下的飞鹤位置为田字格，内有“真子飞霜”四字，故得名。关于主题、铭文释读、得名这些基本的信息几无争议，但将画面上的故事和文献中的历史人物或者传说故事联想，以图解释主题纹饰的时候则众说纷纭，莫衷一是。即便是关于“真子飞霜”四字确切的解释，也难有说服力很强的确论。

依照传统文化的理解，刻画构图元素表达都可以和精神性的思想联系起来。左边竹林下高士凭几抚琴，代表隐逸儒（高）士，清高、幽静、旷远悠长的山水意境历来是儒士文人喜爱的主题。上边云山飞鹤和左边的高士隐逸相得益彰，云层之中的仙山（也有具体认定为道家的蓬莱三山）下翱翔的仙鹤代表了道家对世间境界的追求。右边双树有考证说是佛家的婆罗双树[1]，传说佛陀在婆罗双树下成佛；而凤凰和佛陀转生有关，此说不误的话，那这一主题就是讲述佛祖悟道和转生的，寓意为成功和新生。下面莲池云雾蒸腾并伸出莲茎，恰伸向中央的荷叶承龟，龟戏莲水间。莲池一般也是仙家青睐之物，出尘超俗但没有超出世俗；中间是龟，龟代表长寿，是瑞兽之一，居于中央，显然有祈长生之意。五组题材代表了儒士、道教和佛教文化的调和，是中国文化发展到唐代以后出现的一个特征。中唐出现了三教论衡，到宋代开始形成三教合流，飞霜镜的出现则见证了这种融合性思想。

三　“真子飞霜”主题文化解读

“真子飞霜”四字的含义难解。因为没有确凿的文献依据，解读多为望文生义，各有一定的道理但无法达成一致的认识。马聘和陶亮梳理了古今学人关于“真子飞霜”8种解释:（1）真子为人名，飞霜为琴操名;（2）真子未详，或取修真炼道和神仙故事;（3）人物为嵇康，飞霜意为高尚情操;（4）日本学者认为原是伯牙弹琴镜;（5）舜抚琴于苍梧之野，引来凤凰;（6）阮元推测人物为戴逵;（7）真子为太真，即杨玉环;（8）真子为仙子，借喻新娘，飞霜即明月，铜镜的代称。经过分析他们倾向认可第一种解释，认为“真子飞霜”镜借用尹伯奇孝而弃于亲的故事作为《履霜操》来告诫世人，引申为寄意家庭和睦之意。[2] 刘晓峰则从阴阳五行角度重新阐释了图案主题的含义，最终归结于男女婚嫁之上。[3] 胡可先与林洁从道家炼丹角度认为真子应泛指修真得道的仙人，而飞霜并不是琴操名，意指炼丹。将“飞”解释为炼制外丹的操作方法，“霜”解释为葛洪《抱朴子》提到的“艮雪”一类的粉霜。[4] 我们觉得胡可先他们的说法更符合当时的历史背景和文化实际状况。限于篇幅不在这里一一列举辨析。总体来说，我们以为“真子飞霜”四字的含义当按儒、释、道三家思想融合趋势这个角度来思考才能得出较为合理的解释。

从文化发展的历史进程看，宏观来说隋唐两代上承秦汉，具体而言则是汉武帝确立的儒家官方地位随着三国两晋南北朝的演变，儒家至尊的地位随着几百年战乱渐有松弛，东汉末年道家思想和佛家思想逐渐流行起来，一度成为上层统治阶级倚重和喜爱的宗教和思想潮流，于是出现了儒、道、佛三家并立的局面。但是儒家作为王朝统治基本秩序的地位并没有根本动摇。其间佛教的思想顺应中国文化发展的趋势，逐渐本土化，思想上与道教前身的道家思想有合流借鉴的倾向。南北朝时期佛教曾一度超过儒道，成为最受欢迎的宗教，梁武帝几度舍身佛寺就是证明。随着佛教过度繁荣影响了民间生产力和君权统治，就有了北魏太武帝和北周武帝两次灭佛运动，最终使得佛教没有成为统一中国精神世界的领袖。儒、释、道三家思想经历了从互相排斥、对峙到并存、包容的发展过程。这样以儒家的人伦秩序、道教的玄学神仙思想和佛家的出世思想互相制衡，形成一个较为稳定的局面，为唐代皇帝诞节官方组织的三教论衡的思想合流奠定了思想和文化上的基础。

在政治制度史的发展中，东晋以来的门阀制度经过南北朝两百多年的激荡和冲刷，战乱时期庶族势力不断崛起成为新的门阀世家，此起彼伏而更新不断，到了唐代早已不是两晋以来的士族世家大族的天下了。政治秩序的调整和洗牌，自然需要观念的改变和文化的认同。唐王朝建立，李氏虽出身后周军事贵族，在当时不算一等名门。为了抬高身份，自高祖李渊以来，唐朝历代皇帝除武则天之外，都把李唐始祖追溯到老子李耳身上，是为“神仙之苗裔”。道教地位迅速上升，排在第一的位置上。然而魏晋南北朝以后的佛教经历了中国化后形成了天台宗、禅宗、法相宗、密宗、净土宗等不同流派，各自独立发展起来，同时对道家和儒家的思想学说产生影响，为中唐出现的专为皇帝庆生的带有表演性质的三教论衡活动奠定了基础。就飞霜镜的纹饰主题看，代表三教思想文化的核心元素的高士、仙山、凤凰双树含义清晰，同时这几组元素代表的文化内涵整体上透露出共同的幽深高远的文化追求境界，不同思想的艺术能和谐同处于一个完整的故事画面，这本身就很好地体现了这一点，这是中国文化历来所具有的开放性和包容性的体现，也是在中国各地都有发现这一题材铜镜流行的民间原因，借物抒情，以喜爱的题材传达一个共融和谐的思想。

人物镜制作出来一定有其流传的文化解读上的变化性。从造型元素分析，云山、高士抚琴、凤舞、鹤飞这些元素都是传统高雅文化审美，是魏晋以来隐士文人风骨高标的体现，当为彰显世家大族风采的权贵阶层所喜爱之物。随着世俗生活的发展，铭文的出现似给高品质的精神象征赋予了新的解读。增加外圈铭文就是将世俗文化融入生活。一般而言，铭文圈和镜背面纹饰主题没有必然的关联，只是制作者和使用者将自己的想法或用法付诸实践而已[5]，如汉代常见的铭文镜多有广告成分和祈祷祝福的含义就是如此。而飞霜镜外圈铭文的出现亦是如此。40字铭文[6]语义明确，借阴阳日月传达男女永恒爱情，引申为女子婚嫁之用，成为见证婚嫁的妆奁之一，这些解读似没有太大歧义。这里顺带提一句的是，首句“凤凰双镜南金装”中“南金”可能暗指这种铜镜最早来源于南方地区。限于出土数量较少，难有明确考古证据指向具体的地方。借助铭文转变镜面纹饰原来含义的实际使用功能，这一变化当为中晚唐安史之乱之后，社会动荡变化过程中人们对安定美好生活的渴望的旧题新解。

四 结论

1.“真子飞霜”镜目前出土不多，有40多件[7]，其中出土的数量又少些，且多属于早年零散发现。检索已有的铜镜，还不能从考古器物的组合就随葬习俗等角度研究。早期的研究将这类镜子归为高士镜，出现于中唐时期[8]，张清文研究认为唐代早期就出现了方形的“真子飞霜”镜，而葵花镜尤其是八瓣葵花镜出现较晚。[9]以株洲这3件来说属于中唐以后流行的八瓣葵花形镜，形制上与中晚唐时期其他题材纹饰的葵花镜大致相同，从纹饰制作风格看，应当是成熟固定化纹饰的模具多次翻模的产品。

2. 艺术题材是历史文化的延续，一件铜镜放在这么大的背景下品鉴似乎有点空洞，但一叶知秋，分析和解读“真子飞霜”纹饰上的内容对于我们深入了解唐代文化的兼容并蓄是一个很好的窗口，儒、释、道三家思想的合流趋势才是诸如此类器物出现的深层次历史原因。特定题材的文化内涵一旦出现也可以随着社会发展演变出新的需要，铭文圈赋予飞霜镜另一层意义上的解读也是文化变迁的常态方式。

注释：

[1] 张清文：《真子飞霜镜研究》，陕西师范大学硕士学位论文，2013年，第24页。

[2] 马骋、陶亮：《“真子飞霜”镜考辨》，《辽宁省博物馆馆刊》第3辑，辽海出版社，2008年，第510～519页。

[3] 刘晓峰：《真子飞霜镜：来自古代时空文化体系的解读》，《民族艺术》2022年第6期。

[4] 胡可先、林洁：《论唐代真子飞霜镜与唐诗的长生寓意》，《浙江大学学报（人文社会科学版）》2020年第6期。

[5] 同[2]。

[6] 同[1]。就铭文连贯内容来说40字，但铭文外圈往往末尾多一“璥”字或“米”字状圆点及其他符号化的隔字符，“璥”可能为制镜匠人，也有人说是隔字符的一种。

[7] 同[1]。张清文2013年统计数量是最多的，共计44枚，其中出土的28枚，截至今天至少增加了株洲这3件。

[8] 徐殿魁：《唐镜分期的考古学探讨》，《考古学报》1994年第3期。

[9] 同[1]。

安徽桐城明代胡清墓及出土陶瓷器考析
——兼谈纪年墓葬问题的相关思考

Analysis of Ming Tomb of Hu Qing in Tongcheng of Anhui Province and Ceramic Vessels Unearthed from It

—Also on Tombs with Chronological Dates

安徽博物院　刘　东

Liu Dong, Anhui Museum

内容提要：1958 年安徽桐城县一座明墓出土陶瓷器 13 件，该墓前立有一块明万历二年（1574）的"流芳碑"，碑文记录了墓主人的基本信息。查阅地方志，可知墓主胡清为明正统元年（1436）贡生，后任四川涪州知州。根据墓主人年龄和墓中所出青花瓷造型、纹饰等，推定该墓下葬年代应不晚于明成化年间，修正了原简报所称"明代万历时墓葬"的说法。结合其他明墓材料可知，墓中出土的一对白釉螭耳衔环瓶和一件青釉悬足炉应是作为墓内供祭器"三供"组合使用的。这三件瓷器及四件青花草叶花卉纹碗的烧造年代应在明正统至天顺年间，即古陶瓷界所重视的明代"空白期"瓷器。

关键词：明代　纪年墓　空白期　瓷器

Abstract: In 1958, 13 ceramic vessels were unearthed from a Ming tomb in Tongcheng County of Anhui Province. One "Everlasting Glory" stele of the second year of Ming dynasty Wanli Reign Period (1574) is erected before the tomb, which records the basic information of the tomb occupant. Combining local gazetteer records, it can be known that the tomb occupant Hu Qing was a candidate scholar in the first year of Ming dynasty Zhengtong Reign Period (1436), and later served as the magistrate of Fuzhou Prefecture in Sichuan. Based on the tomb occupant's age and the shape and decoration of the blue and white porcelain unearthed from the tomb, it is estimated that the tomb was buried no later than the Ming dynasty Chenghua Reign Period, correcting the previous report that it was a Ming dynasty Wanli Reign Period tomb. In consideration of materials from other Ming tombs, a pair of white glazed dragon-shaped ear-holding bottles and a celadon foot incense burner found in the tomb are believed to have been used as the "three offerings" set for worship in the tomb. These three ceramic vessels and the four blue and white porcelain bowls with floral and leaf patterns are believed to have been fired during the Ming dynasty Zhengtong Reign Period and the Tianshun Reign Period, which is highly valued by the ceramic community as the "blank period" of Ming dynasty ceramics.

Keywords: Ming dynasty; tomb with chronological date; blank period; ceramic vessel

安徽省博物馆（今安徽博物院）筹建于1953年，1956年正式开馆。20世纪50—70年代，安徽全省各地出土文物大多交由省博物馆收藏。其中有的墓葬因清理时间较早、材料公布不充分，而难以被学界利用。如1958年安徽省桐城县（今桐城市）新店乡盛家窑山坡一座明代墓葬出土的一批陶瓷器，现收藏于安徽博物院，早年仅有一篇几百字的简报，出土陶瓷器只列名称、数量，详细情况未予介绍，所以少为人知。本文拟对该墓葬所出土的陶瓷器做一初步整理、介绍，并对相关问题逐一探讨。

一　墓主人身份及墓葬年代考

这座墓葬是1958年1月安徽省桐城县新店乡农业社社员在当地的盛家窑山坡上挖地时发现。得知消息后，安徽省文化局派员前往调查、清理。据次年发表的一篇《桐城县发现明代万历时墓葬》简报中介绍：该墓葬墓室是用长方形大砖砌筑而成，墓室内共发现三具人骨架，棺木已腐朽。墓内出土瓷瓶2件、带釉陶罐2件、瓷碗6件、带盖陶罐1件、瓷香炉1件、陶盂1件，共计13件文物，全部为陶瓷器，收藏在安徽省博物馆（今安徽博物院）。[1]

据简报介绍，该墓前有一石碑，碑高1.82米，宽0.87米，厚0.17米，碑文长约1000字，但因受风雨侵蚀等因素破坏，大部分字迹已难以辨识。简报中将可识读的部分碑文记录下来：

胡涪侯流芳碑记

奉训大夫胡公清子澄，别号存□，吾侪之高祖也，少擢巍科，宦任涪郡……妻王氏、罗氏……况吾家世业儒，万亩千丁，不可忘其所自，□姓愕然，一呼百诺，勒石刻碑，修明纪录。地势前后左右，约数百余丈，合抱之木，百有余株，拱把之材，不胜其数……苟有犯境侵木者，须协力申奏……岂徒为观听之美而已哉，是为记。

明万历二年甲戌[2]浣月吉日

六世孙孟麟、明瑞顿首百拜谨识、录

通过碑文内容可知，墓主人胡清，字子澄，曾在涪郡为官。涪郡，即涪州，今重庆市涪陵区。清道光《桐城县志》卷七选举表中“正统丙辰恩岁贡”一栏有：“胡清，四川涪州知州。”[3]虽仅一句记载，但与碑文中“少擢巍科，宦任涪郡”相印证。可知，胡清为正统丙辰（正统元年，1436）贡生，后任四川涪州知州，所以碑名中“胡涪侯”即指胡清的官职“涪州知州”。碑文中“奉训大夫”是明代散官名称，为从五品，与知州的官阶对应。

碑文中记载“妻王氏、罗氏”，与该墓清理发现三具人骨架的情况对照分析，此墓应为胡清与妻王氏、罗氏的三人合葬墓。

需要注意的是，此碑在墓前发现，并不出土于墓内，并非墓志，而是胡清的后世子孙所立纪念性的“流芳碑”。从碑文中“吾侪之高祖也”，可知立碑人“孟麟、明瑞”等是胡清的玄孙辈，即他的第五代。同时，碑文落款“孟麟、明瑞”又称“六世孙”，实际上应指胡氏家族迁居桐城后的第六代。那么，可以推知胡清是这个家族的第二代，即二世祖。而立碑时间万历二年（1574）并非该墓葬的下葬年代。

下面我们根据碑文和方志中的这些信息，大致推算这座墓葬的年代。胡清是正统丙辰（正统元年，1436）贡生，碑文中言“少擢巍科”，说明他取得贡生时的年龄不大，可能在20岁之前。有学者曾根据区域性的墓志材料，统计过明清上海地区的士人群体的平均寿命约为63岁。[4]若参考此统计结果，假设胡清的卒年为63岁，那么该墓葬的年代应不晚于明成化年间。

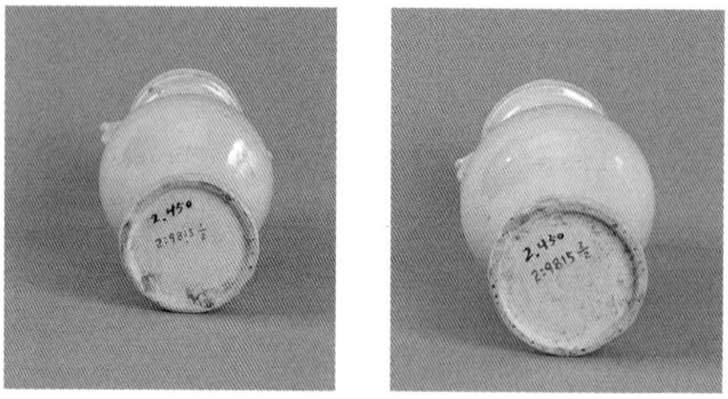

1　　2

图一　白釉螭耳衔环瓶底部
1. 底部施釉　2. 底部未施釉

二　墓葬所出陶瓷器情况

据发掘简报可知，该墓葬内出土了 13 件文物，全部为陶瓷器，收藏于安徽省博物馆（今安徽博物院）。笔者查找、核实了馆藏文物登记册和藏品卡中记录的入藏时间、出土地点等基本信息，对这批陶瓷器进行了整理，简介如下。

（一）白釉螭耳衔环瓶（2 件）

原简报中称作“瓷瓶”。这 2 件白釉螭耳衔环瓶（彩版二四，1）的造型、尺寸相同，高 24.2 厘米，口径 7.6 厘米，底径 7.9 厘米。瓶为浅盘口，长颈，溜肩，颈部塑一对螭龙为耳，耳内各挂一圆环，环与瓶肩部相连（彩版二四，2），上腹较鼓，下腹渐收，浅圈足外撇。其中一件底部施釉（图一，1），另一件底部未施釉（图一，2），露出细腻的白色胎体。瓶身通体施白釉，釉色白中略微泛青，釉面略有乳浊感。

整体观之，这对白釉螭耳衔环瓶胎质细腻，釉色匀净，造型别致，器形制作规整，应是景德镇窑烧造的高质量产品。

（二）青釉三系盖罐（2 件）

原简报中称作“带釉陶罐”。这 2 件青釉三系盖罐尺寸略有差别，其中一件（彩版二四，3）通高 12 厘米，口径 10 厘米，底径 7 厘米，另一件（彩版二四，4）通高 13.5 厘米，口径 9.3 厘米，底径 6.3 厘米。两件罐的造型基本相同，均为直口微敞，溜肩，鼓腹，高圈足，肩部置三个泥条形系，附盖，盖顶部有圆饼形捉手。罐内施满釉，外壁大部施釉，下腹、圈足及口沿尖部不施釉。盖面施釉，盖内不施釉。

从罐的口沿尖部不施釉、盖内不施釉的情况看，此盖罐在窑内装烧时，应是将盖直接盖于口沿装烧，而未采用泥钉等垫隔窑具。另外，从盖罐的胎釉情况看，胎色灰黄，胎质不甚坚细，釉层较薄，有剥釉现象，说明盖罐的烧成温度不高，介于半瓷半陶状态。

（三）青花草叶花卉纹碗（6 件）

原简报中称作“瓷碗”。其中 2 件为残件，另 4 件基本完整，4 件碗的尺寸、造型略有差别，下面分别介绍：

其中 2 件碗（彩版二五，1、2）的尺寸相同，高 7.3 厘米，口径 15 厘米，底径 5 厘米，造型与纹饰也大体相同，敞口，深弧腹，圈足较高，圈足内墙向内斜削，挖足过肩，碗内外及底部均施釉（图二，1），并以釉下青花装饰，外壁口沿下饰一周断开的回纹，腹部饰草叶纹、卷云纹，内壁口沿饰一周连续的回纹，碗内心绘一株兰草纹（图二，2），整体青花发色偏灰。

第三件碗（彩版二五，3）高 6.5 厘米，口径 14 厘米，底径 5.3 厘米，敞口，弧腹，圈足，碗内外壁施釉，碗底不施釉（图二，3），露出较细腻的白色胎体。碗外壁青花绘草叶、花卉纹，碗内心青花草书一“福”字（图二，4）。

第四件碗（彩版二五，4）高 5.8 厘米，口径 13.8 厘米，底径 5.3 厘米，敞口，弧腹较浅，圈足，碗内外壁施釉，碗底不施釉，足内有粘砂（图二，5），为窑内装烧时与窑具的隔垫痕迹，碗外壁青花绘缠枝花卉（莲花）纹，内口沿青花饰一周菱形纹饰带，碗内心青花绘一枝叶纹（图二，6），整体青花发色较青翠，绘花卉青花料重笔处，见有深蓝或黑色“铁锈斑”（彩版二五，5）。

这 4 件青花碗的制作并不十分规整，从青花发色和纹饰图案看，具有景德镇民窑青花瓷的风格特征。

（四）陶谷仓罐（1 件）

原简报中称作“带盖陶罐”。这件陶谷仓罐（彩版二六，1）通高 16 厘米，口径 6 厘米，底径 7 厘米，敛口，溜肩，鼓腹，平底，罐肩部堆叠两周波浪纹。附盖，盖顶部有圆柱状捉手，盖边缘堆叠一周波浪纹。罐的胎体厚重，胎质粗，部分位置施薄釉。从整体造型看，与宋元以来的谷仓罐风格相同。

（五）青釉悬足炉（1 件）

原简报中称作“瓷香炉”。这件青釉悬足炉高 9.2 厘米，口径 13 厘米，底径 6.6 厘米，口沿内收，直壁向下略斜收，外壁上部与下部各饰一道凸弦纹，底部置三个兽蹄形足，底中部置一较高的圈足，圈足高于三蹄足，故摆放时，三蹄足悬空，古陶瓷界一般称这类三足炉为“悬足炉”。此炉外壁及内壁上部施青釉，釉面略有乳浊感。炉内壁中部以下不施釉，圈足及足内底部亦均不施釉（彩版二六，2），露灰红色胎体。

从此炉形制看，在窑内装烧时，三蹄足悬空，故蹄足可采用“裹釉装烧”。不过，此炉三蹄足中有两足裹满釉，另一足底无釉，说明做工并不精细。而从器物整体看，器形亦不十分规整，应是一般民窑所烧造。

（六）青釉盏（1 件）

原简报中称作“陶盂”。这件青釉盏高 3.8 厘米，口径 9.2 厘米，底径 4.5 厘米，口沿外撇，弧腹，圈足，盏的胎体厚重，内外壁通体施青釉，底足不施釉（彩版二六，3），露青灰色胎体。

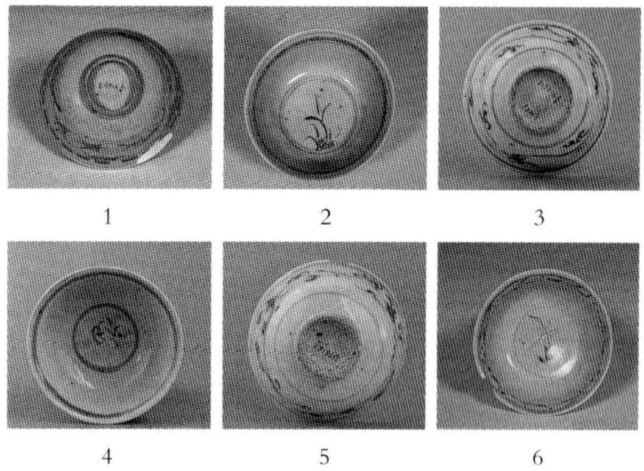

图二　青花草叶花卉纹碗

1. 底部圈足内斜削及施釉情况　2. 碗内心兰草纹图案　3. 底部未施釉情况　4. 碗内心草书“福”字　5. 底部粘砂情况　6 碗内心叶纹图案

三　相关问题探讨

根据简报内容及上述考证，这是一座明代中前期一位名叫胡清的从五品官员及两位妻室的合葬墓。出土随葬品均为陶瓷器，未发现相对贵重的金、银、玉器。这些出土文物对于了解明代中前期中下级官员随葬品情况具有参考意义。下面就几个相关问题做一些探讨。

（一）白釉螭耳衔环瓶与青花碗的烧造年代

在以往的鉴定中，这对白釉螭耳衔环瓶被认为是景德镇窑元代产品，因其胎釉精良、制作规整、造型别致，定级为二级文物。从胎釉特征和制造的规整程度看，它们为景德镇窑产品应无疑问。但结合墓葬年代分析，它们的烧造年代是否为元代，需要重新考虑。

这类造型的双耳衔环瓶最早出现于南宋，盛行于元明。象耳瓶以大维德基金会所藏元至正十一年（1351）青花象耳瓶最为著名，不过仅为象耳，没有衔环。从纪年墓材料看，明代双耳衔环瓶更为流行，如 1950 年代北京明宣德十年（1435）刘通墓出土过2件青釉双环耳龙凤纹瓶[5]，1967年山东邹县（今邹城市）明正统六年（1441）鲁荒王戈妃墓出土过2件青釉盘口环耳“福寿”瓶[6]，1972年江西永修县明正统九年（1444）魏源墓出土过一件青釉双耳衔环瓶[7]，江苏南京市明正统十年（1445）何妙安墓出土过一件锡兽耳衔环瓶[8]，2012年江西金溪县明景泰五年（1454）刘蕃墓出土过2件青釉象耳衔环扁瓶[9]，1999年四川成都市明弘治九年（1496）蜀定王次妃王氏墓出土过一件铜兽耳衔环瓶[10]，1955年四川成都市明正德五年（1510）魏本墓出土过两件铜象耳衔环瓶[11]，1960年河北阜城明嘉靖十三年（1534）廖纪墓出土过2件陶环耳瓶[12]。通过以上材料，不难发现明代墓葬中出土各类双耳衔环瓶十分多见，年代主要集中在明代前期至中期。

以往认为这对白釉螭耳衔环瓶为元代产品，另一个理由是因其釉色有乳浊感，一般认为是“卵白釉”。若仔细观察，这对瓶的釉色虽有乳浊感，但色泽相较于元代典型卵白釉更浅淡，未见明显泛“鹅蛋青”的色泽。明代前期白釉产品，一定程度上继承了元代卵白釉乳浊感的特点。而白釉瓷器是明代前期景德镇窑场的主流产品，近年发掘的位于景德镇镇区的落马桥窑址第一期（洪武至宣德）以白釉瓷为主流产品，占总数的97.8%，落马桥窑址第二期（正统至天顺）虽然以青花瓷为多，但白釉瓷占总数的24.32%[13]，占比仍然较高。可见，白釉瓷器是明代前期景德镇窑烧造的主要产品之一。再结合墓主人为明正统元年贡生，墓葬年代不会早于正统朝，因此推断这对白釉螭耳衔环瓶的烧造年代为明正统至天顺年间。

青花瓷因有较丰富的纹饰，相较其他类别的瓷器，更易判断具体年代。该墓葬出土的4件较完整的青花碗，分为三种样式。前2件碗的造型相同，纹饰相似，碗外壁均绘草叶、卷云等纹饰。这与1974年江西省景德镇市北郊观音阁刘家坞山口明景泰七年（1456）舒母袁龙贞墓出土的2件青花卷云兰草纹碗[14]的纹饰十分相似，器形也相近。此外，胡清墓所出土的这2件青花碗还有一显著特点是底部挖足过肩，圈足内墙向内斜削程度较深，这接近于明代中期产品的修足特点，因此推测这2件碗的烧造年代为明景泰至天顺年间。

第三件碗外壁绘草叶、花卉纹，笔法较随意，碗内心青花草书一“福”字，有研究者总结这类“福”字纹碗主要流行于明正统至景泰年间。[15]

第四件碗外壁绘缠枝莲纹，这类缠枝莲纹的画法最常见于明正统年间，景泰年间亦有延续。纪年墓的材料有：1958年江西省新建县珂里乡明正统二年（1437）宁惠王朱盘烒墓出土的青花缠枝莲纹盖罐[16]，1989年江西省德兴市黄柏乡明正统十二年（1447）张叔嵬墓出土的青花缠枝莲纹杯式炉和一对青花缠枝莲纹兽耳瓶[17]，1974年江西省景德镇东郊竟成公社新厂大队唐家坞村明景泰四年（1453）严昇墓出土的青花小碟（外壁绘缠枝莲纹）[18]，这些器物上青花缠枝莲纹的画法都与该碗十分相似。另外，此碗青花发色较前三件碗更为青翠，青花料重笔处见有深蓝或黑色的“铁锈斑”，应是使用了含铁量较高的苏勃泥青钴料，年代上可能比前三件碗略早，因此大致推定此碗的烧造年代为明正统年间。

（二）出土器物的器用功能

虽然，该墓葬为早年清理，简报中未对出土时器物的摆放位置作详细说明。但我们仍然可以根据所出土的器物及器物组合，探讨一下它们的器用和功能。

从全国其他明代墓葬资料看，明代墓内常有设置供祭的情况，供祭类器物种类组合通常有“三供”和“五供”。“三供”一般为香炉1件、成对的花瓶2件；“五供”一般为香炉1件、成对的花瓶和成对的烛台各2件。本文介绍的这座墓葬中出土了青釉悬足炉1件、成对的白釉螭耳衔环瓶2件，未见烛台，故推测该墓葬内当时可能设置“三供”祭祀。

这里再重点探讨一下这对白釉螭耳衔环瓶的功能。从其造型及成对出现的情况看，具有鲜明的供祭类器物特点。前文已述，这类成对的双耳瓶或双耳衔环瓶在明代墓葬中多有发现，而从有的墓葬中摆放位置看，也显示应为供祭类器物。如：1986年江苏省南京市雨花区尹西村三号墓的两个墓室后壁龛中各出土一对双耳衔环瓶[19]，其中在右墓室内是与一件瓷香炉一并摆放在壁龛中，组成“三供”，在左墓室内则与一件瓷香炉、两件铜烛台一同组成“五供”。2007年湖北省武汉市二妃山明代楚藩家族墓群二号墓东墓室靠近棺床尾端位置放置青花兽耳瓶一对[20]，并与带座青花筒形香炉组成“三供”，该墓主为辅国将军朱均钵，葬于正德四年（1509）。除瓷质双耳衔环瓶外，亦见有其他材质的成对双耳衔环瓶作为供祭器，如：2010年江苏省南京市西善桥明代长春真人刘渊然墓室内棺座前部出土一对铜质双兽耳衔环瓶[21]，并与一件铜炉和一对铜烛台组成“五供”，墓主长春真人刘渊然是明代早期道教领袖，卒于宣德七年（1432）。中国本土的道教场所常有“三供”“五供”的供器，而明代墓葬内摆设的“三供”“五供”等供祭类器物，可能是民间道教信仰的一种表现。

按照上述分析，该墓内出土的青釉悬足炉便是作为“三供”之一的香炉使用。这类三兽蹄足造型的悬足炉在明代墓葬中见有出土，如：1960年江苏省南京市中华门外郎宅山宋晟墓（卒于明永乐五年，1407）出土过一件青釉悬足炉（简报中称“青釉花盆”）[22]，炉亦为筒形炉腹、三兽蹄足，同时出土的还有2件白釉双兽耳衔环瓶，应也是与青釉悬足炉组合成“三供”。

桐城胡清墓内还出土有一件青釉盏，原先简报中称“陶盂”，从其浅腹造型及单独一件的情况看，可能是作为墓内的油灯盏使用。

该墓葬还出土有一件釉陶谷仓罐，原简报中称“带盖陶罐”。一般来说，谷仓罐是一种随葬明器，主要流行于汉代至宋代，明代已是谷仓罐发展的末期。近年，有研究者认为：“相比于前代，明代谷仓罐在器形装饰和丧葬内涵上都有所简化，逐渐回归‘食罐’功能。”[23]胡清墓出土的这件釉陶谷仓罐，制作较粗糙，装饰简单，符合明代谷仓罐简化的发展趋势。

（三）纪年墓葬问题的相关思考

纪年墓是指出土有墓志、墓碑、买地券、纪年墓砖、纪年画像石等纪年材料，可判断确切年代的墓葬。纪年墓中所出土的文物具有重要的研究价值，是同类器物科学断代的标准器。

本文介绍的这座墓葬出土有明万历二年（1574）的纪年墓碑，一般认为是纪年墓葬，所以原简报标题称“明代万历时墓葬”。不过，通过上文分析，此碑并非出土于墓室内，而是一块后世立于墓地旁的“流芳碑”，所以碑文中的“万历二年”并不表明墓葬的下葬年代，对于墓葬内出土器物年代的判定并无绝对参考价值，所以该墓葬就非严格意义上的纪年墓葬。

通过此墓葬情况的分析，我们得到一点启示：对于墓葬纪年材料需要综合分析，我们结合地方志记载，考证出墓主人胡清为明正统元年（1436）贡生，从而确定此墓葬在正统年间之后，再根据年龄和出土青花瓷造型、纹饰等综合分析，推定该墓葬下葬年代可能为明天顺至成化年间，而并非原简报标题中所称的“明代万历时墓葬”。

四　结语

1958年安徽桐城清理的这座明代墓葬，墓主人信息明确，通过此次对该墓出土器物的整理及相关考证，丰富了这批文物的考古学和历史文化内涵。

通过考析，基本确定了该墓葬的下葬年代不晚于明成化年间，尤其是出土的精品文物一对白釉螭耳衔环瓶，以及4件青花草叶花卉纹碗的烧造年代应在明正统至天顺年间（1436—1464），即古陶瓷界所重视的明代“空白期”瓷器。希望这批文物信息的公布，能为“空白期”瓷器的研究提供一些有价值的新材料。

注释：

[1]吴兴汉：《桐城县发现明代万历时墓葬》，《文物》1959年第3期。

[2]原简报中误录为“申戌”，明万历二年（1574）干支纪年应为“甲戌”。

[3][清]廖大闻：《桐城续修县志》卷七，清道光十四年刻本，第3页b。

[4]李宏利：《明清上海士人群体寿命探析——以墓志为中心》，《史林》2014年第6期。

[5]闫娟：《由明代太监刘通墓葬出土文物论及明早期宦官政治现象》，《首都博物馆论丛》第26辑，北京燕山出版社，2012年，第46~55页。

[6]张柏主编：《中国出土瓷器全集·山东卷》，科学出版社，2008年，第217页。

[7]江西省博物馆：《江西玉山、临川和永修县明墓》，《考古》1973年第5期。

[8]南京市博物馆：《明中山王徐达家族墓》，《文物》1993年第2期。

[9]江西省文物考古研究所、金溪县文物管理所：《江西金溪秀谷明代纪年墓发掘简报》，《文物》2017年第12期。

[10]刘骏等：《明蜀定王次妃王氏墓》，《1999成都考古发现》，科学出版社，2001年，第295~314页。

[11]四川省文物管理委员会：《成都白马寺第六号明墓清理简报》，《文物参考资料》1956年第10期。

[12]天津市文化局考古发掘队：《河北阜城明代廖纪墓清理简报》，《考古》1965年第2期。

[13]高宪平、秦大树、邹福安：《景德镇落马桥窑址明代早期遗存发掘收获与初步研究》，《考古与文物》2023年第1期。

[14]欧阳世彬、黄云鹏：《介绍两座明景泰墓出土的青花、釉里红瓷器》，《文物》1981年第2期。

[15]铁源主编：《明清民窑瓷器鉴定——正统、景泰、天顺卷》，朝华出版社，2005年，第37、68页。

[16]张柏主编：《中国出土瓷器全集·江西卷》，科学出版社，2008年，第182页。

[17]同[16]，第184、185页。

[18]a.同[14]；b.铁源主编、李一平、曹建文副主编：《江西藏瓷全集·明代》（上），朝华出版社，2007年，第232页。

[19]南京市博物馆：《南京尹西村明墓》，《江汉考古》1989年第2期。

[20]武汉市文物考古研究所：《湖北武汉二妃山明代楚藩家族墓群二号茔园发掘简报》，《文物》2021年第12期。

[21]南京市博物馆：《南京西善桥明代长春真人刘渊然墓》，《文物》2012年第3期。

[22]南京市文物保管委员会：《南京中华门外明墓清理简报》，《考古》1962年第9期。

[23]白瑶瑶：《试论明代谷仓罐及谷物随葬现象》，《农业考古》2017年第6期。

湖南博物院藏梅山文化文物概述

Overview on Meishan Cultural Relics in the Hunan Museum

湖南博物院（湖南省文物鉴定中心） 刘 扬

Liu Yang, Hunan Museum (Hunan Provincial Cultural Relics Authentication Center)

内容提要： 湖南博物院收藏梅山文化文物和资料3000余件，数量庞大，种类齐全，内容丰富，较为全面地反映了梅山文化的基本面貌和典型特征，是研究梅山文化内涵的珍贵资料，具有极为重要的多元价值。本文整理湖南博物院藏梅山文化文物和资料的相关情况，通过对木雕神像、发愿文、梅山宗教文书、法器和影像资料等的分类整理和归纳，探讨这批文物资料所反映的梅山文化的价值和意义。通过对院藏梅山文化文物的分类和整理，将为今后梅山文化的学术研究、未来利用和传承发展奠定物质基础。

关键词： 梅山文化 文物整理 价值 利用

Abstract: The Hunan Museum has collected over 3,000 items of Meishan cultural relics and materials, which are numerous in number, extensive in variety, comprehensive in content, and reflect the basic features and typical characteristics of Meishan culture to a large extent. As precious materials for studying the implied meanings of Meishan culture, they have extremely important multifaceted values. This paper sorts out relics and materials related to Meishan culture in the Hunan Museum, and classifies and summarizes them, such as wooden sculptures of deities, vows, Meishan religious texts, ritual objects, and audiovisual materials, to explore the value and significance of Meishan culture reflected by these cultural relics and materials. The classification and sorting of Meishan cultural relics in the Hunan Museum will lay a material foundation for future academic research, utilization, and inheritance and development of Meishan culture.

Keywords: Meishan culture; sorting of cultural relics; value; utilization

梅山文化是古代湖南中部特有的文化现象，以泛神信仰和巫觋崇信习俗最具特色。[1] 梅山文化中佛、道和巫傩文化的特色并存，是楚巫文化的延续、湖湘文化的祖源和中华传统文化的重要组成部分。作为梅山地区民俗文化和民间信仰的物质载体，梅山文化文物和资料是研究梅山文化的宝贵资料，暗藏着湖湘文化乃至中华文明的基因密码。但是目前相关物质遗产研究尚有不足，具有很大的研究潜力和深入挖掘

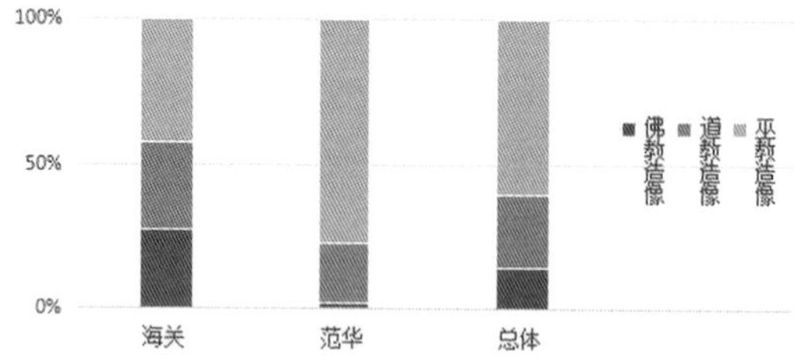

图一　院藏梅山神像占比图

的价值。本文以本院新入藏梅山文物整理为契机，整合院藏梅山文物的相关数据信息，全面系统地梳理梅山木雕神像、发愿文、梅山宗教文书、法器等文物和影视资料，完善梅山文物档案，以期通过整理相关物质和非物质文物资料，对梅山文化未来的学术研究、利用和活态传承工作起到抛砖引玉的作用。

湖南博物院收藏梅山文化文物3000余件（不含发愿文），以及影像资料数千件。其来源主要为三个部分：一为长沙海关1984年移交，主要为木雕神像，包含附属的发愿文，数量近千件；二为向范华先生处新征集的梅山文物，数量2000余件，种类包括木雕神像、发愿文、梅山宗教文书、法器等，种类颇多，内容全面；三为面向社会零散征集的梅山木雕等文物，但是数量较少。通过多年努力，目前已经建立并逐步完善了本院梅山文物藏品体系，为梅山文化的研究奠定了实物基础。

一　木雕神像

湘中地区历来有在家中神龛供奉小型木雕神像的习俗，这些木雕神像及其附属的发愿文，保留了重要的宗教图像和独特的民俗风情，是研究梅山民间信仰的重要实物资料。

目前院藏木雕神像数量1932件，其中870件为本馆原有文物，源于长沙海关1984年移交；1062件为范华先生处征集。整体来看，院藏梅山文化木雕神像中梅山巫教造像最多，道教造像次之，佛教造像较少。时代上看，木雕神像以清代民国时期居多，最早为明嘉靖年间，为新化县明嘉靖四十三年（1564）雕造的“老外祖谢法隆神”像，最晚可至现代。此外神像尺寸不一，小的高仅10厘米，大的高达80厘米。将之按照神祇种类、造像时代、来源地区、装塑风格等标准分类，可以梳理院藏木雕神像的基本情况，以便后续分类和对比研究。

院藏海关罚没移交文物中有870件木雕神像，可确定神祇类型的约849件，包括佛教造像234件，道教造像256件，梅山巫教造像359件。按照比例来看，梅山巫教造像占42.3%，道教造像占30.2%，佛教造像占27.6%，大部分为梅山巫教造像，道教造像次之，佛教造像较少。范华处征集的1062件木雕神像中可明确943件，包括佛教造像24件，道教造像190件，其余基本上均为梅山巫教造像，729件。且其中大部分为师公仙娘像，少数为梅山神、张五郎等。按照比例来看，巫教造像最多，道教造像占20.1%，佛教造像占2.5%，道教和佛教造像总体较少（图一）。总体合并整理后，院藏1932件木雕造像中明确主题的有1792件，巫教造像1088件，道教造像446件，佛教造像258件。按照题材比例来看，梅山巫教造像最多，占60.7%，道教造像占24.9%，佛教造像占14.4%，道教和佛教造像总体较少。这一方面是因为本土神像确实基数庞大，另一方面也是范华及其他国外汉学家有针对性地挑选了最能反映湖南本土的民俗文化和民间信仰的巫文化神像进行收藏。

（一）巫教神像

梅山木雕神像中最多的还是梅山本土信仰，包括数量庞大的师公和仙娘像，还

图二　龚君质和神像

图三　唐氏妙仙神像

图四　张五郎神像

图五　九子观音神像

有张五郎、梅山神等本土神祇。师公仙娘信仰是梅山地区最为广泛的民间信仰，也是梅山文化的鲜明特色之一。

湘楚大地自古盛行巫觋文化，“楚地信巫鬼，重淫祀”，巫文化色彩十分浓厚。在此影响下，古梅山地区也盛行原始巫文化，“信鬼好祠”，信奉梅山教。梅山地区将男性民间宗教神职人员称为师公，女性称为仙娘，这些师公仙娘在世时举办法事，法力强大灵验者被雕刻神像保留下来，以祈祷家庭平安，诸事顺意，这种淳朴的实用主义造就了梅山文化丰富的师公仙娘神像。

男性师公像一般名为“姓氏 + 法 + 名”，身着法袍，头戴法帽，手捏法诀，持符水碗、令牌、牛角等法器。龚君质和神像（图二）时代为清光绪十九年（1893），来源于安化地区。神像尺寸通高 26.3 厘米，像高 22.3 厘米，宽 9.8 厘米。神像为坐姿，身着道袍，头戴日月帽，左手持符水碗，右手持令牌，底座墨书“龚君质和”。

梅山地区还存在着为数众多的仙娘像，这是因为梅山民间的巫觋多数是以女性为主。“梅山地区盛行巫文化，而女性在巫术祭祀中具有非常重要的地位。在梅山地区的巫傩祭祀中，几乎都是女巫的世界。”[2]女巫社会地位十分崇高，无论生前死后皆是如此，透过这些为数众多的女巫神，可见女性在巫傩祭祀中的重要地位，展现了梅山信仰中蕴含的母权特征。

女性仙娘命名规则与师公像类似，一般名为“某氏仙娘”“某氏妙仙”，通常为中老年妇女形象，头上戴冠饰，“坐姿和法器多与男性师公像相仿，也多见持帕或抱子形象”[3]。唐氏妙仙神像（图三）为民国十九年（1930），来源于宁乡地区，神像尺寸通高 24.5 厘米，像高 19.3 厘米，宽 11.4 厘米。神像为坐姿，骑在鸟上，左手持符水碗，右手大拇指压着无名指及小指呈剑诀，头戴鸟形冠帽。

张五郎、梅山神等神像虽然数量不多，但是颇具本土特色。张五郎是梅山文化重要而特别的神祇，是梅山文化圈本土俗神的代表，为双手撑地、两脚朝天的倒立形象。张五郎的身世有多种来源传说，如梅山猎人说、太上老君女婿说、盘瓠和蚩尤传人说、青州知府张世魁说等，因其倒立而死，故而神像也是倒立的形象，被称为“翻坛倒洞张五郎”。梅山人自古与世隔绝，生产和生活方式较为封闭，尤其在开梅山之前，更是以刀耕火种、渔猎为生，因此他们普遍崇拜主掌狩猎事务的猎神，张五郎就是梅山的始祖神、狩猎之神、驱邪之

图六　司命夫妇神像

图七　药王孙思邈神像

神和守护之神。张五郎神像（图四）为清朝嘉庆三年（1798），来源于新化地区，神像尺寸通高 18 厘米，像高 14.5 厘米，宽 10 厘米。神像呈倒立站姿，双手撑地、双足悬空的奇特姿态。

（二）佛教神像

梅山信仰秉承着唯灵是信、尽我所用的实用主义，佛、道、巫等宗教文化并存，信仰体系原始而庞杂，体现在神像种类上就有佛、道和巫教的神祇。佛教神祇主要有观音、佛祖释迦牟尼、罗汉和祖师像，其中观音像最多，近半为观音像。除了传统佛教造像外，还有与楚文化融合而形成的本土观音——九子观音。清代九子观音神像（图五）来源于湘中地区，神像尺寸通高 39.5 厘米，像高 33 厘米，宽 18 厘米。神像面容丰润，神情和蔼，双耳垂肩，敞胸露怀，身上、身边环绕九个孩童，或环绕嬉戏于膝前，或孺慕依赖于肩怀，彰显其主管生育、护佑儿童的职责。

早在《楚辞·天问》中提到九子母的原型女神女歧，南朝《荆楚岁时记》："四月八日，长沙寺阁下有九子母神。"已将九子母作为神祇信仰。梅山地区将古楚文化中的九子母与佛教送子观音的形象融合发展，梅山送子观音造像"并非只有菩萨怀抱一童子的形象，而是童子数量有一、三、五、七、九不等，尤其是九子观音居多，是当地特有的九子观音崇拜"[4]。形成了梅山文化圈独特的九子观音形象。

（三）道教神像

道教神祇种类较多，包括关圣帝君、南岳圣帝、玉皇大帝、土地神、灶君、鲁班和药王孙思邈等，且土地神和灶君多成对出现。道教神像虽然在本院收藏数量较少，但整体数量还是比较多的，"经统计法国远东学院湖南神像数据库中神像类型和数量，数据库收录的 3500 余尊神像中，道教神祇数量达 1100 余件，约占总量三分之一"[5]。

院藏时代最早的是明万历三十七年（1609）地官大帝像。司命夫妇神像（图六）为清光绪二十年（1894），来源于益阳地区，通高约 14.6 厘米。神像为夫妻双像，坐姿，头戴冠帽，手持朝板，彰显其作为神使上奏天庭、禀报人们行事作为的职责。古楚地区信奉司命之神由来已久，早在屈原《九歌》中就有《大司命》《少司命》的记载，王夫之《楚辞通释》："大司命通司人之生死，而少司命则司人子嗣之有无，皆楚俗为之名而祀之。"[6] 司命与汉文化中的灶神文化融合，梅山地区也不例外，将司命作为家宅之神加以信仰。

药王孙思邈是唐代医药学家、道士，著有中医学典籍《千金方》《千金翼方》。李世民评价其"羽翼三圣，调和四时，降龙伏虎，拯衰救危。巍巍堂堂，百代之师"。宋徽宗敕封其为"妙应真人"，明清时期被尊称为"药王"。民间广泛流传着孙思邈"坐虎针龙"的传说故事，因此其形象旁伴有龙虎出现，在梅山文化药王孙思邈雕像中也是如此。药王孙思邈神像（图七）为清代，来源于新化地区，通高 21.2 厘米，像高 19.2 厘米，宽 11 厘米。神像头戴幞头，身穿圆领右衽长袍，腰束革带，肚腹处饰

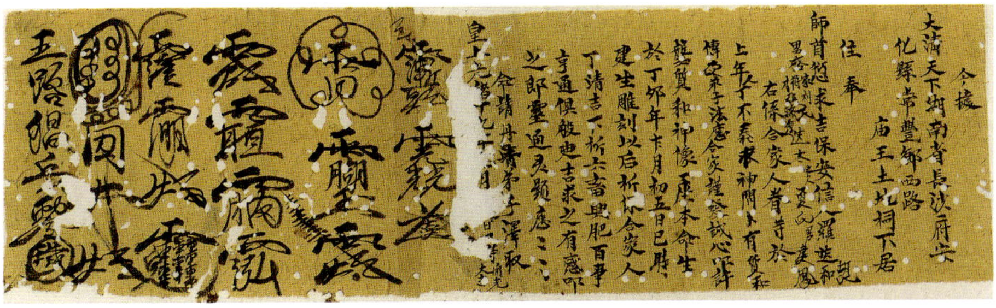

图八 龚君质和神像发愿文

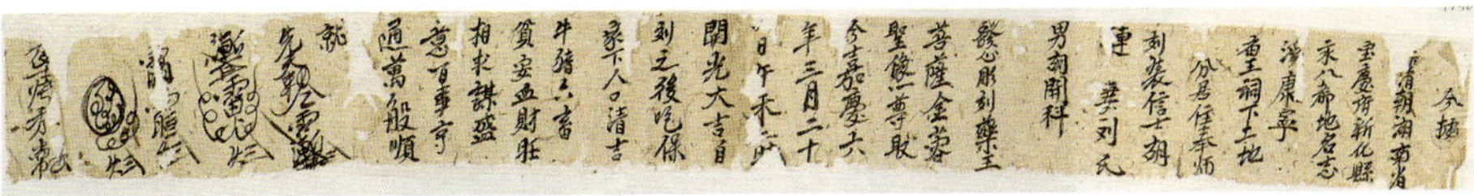

图九 药王孙思邈神像发愿文

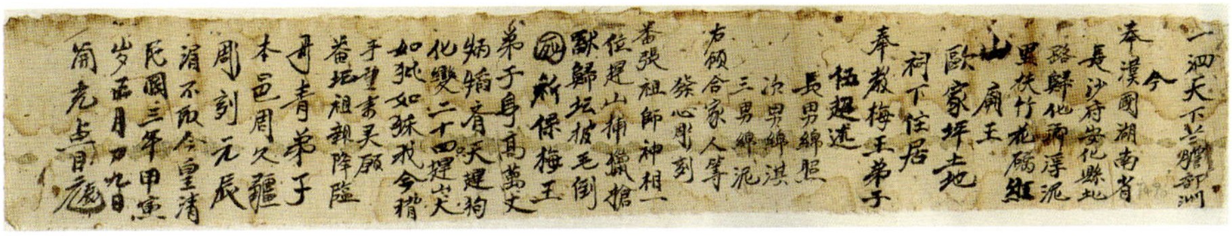

图十 张五郎神像发愿文

寿字纹。其姿势为坐姿，坐于虎上，左手握一个龙头，右手握拳半举，右脚半抬，坐靠虎身。

二 发愿文

发愿文约1400件，本院原有神像发愿文保存较少，仅90余件，范华先生处征集的1322件发愿文保存相对完好。由于发愿文为纸质文书，对保存条件要求较高；再加上发愿文封存于梅山造像背后的脏箱内，部分神像没有取出发愿文，因此其与神像数量并不一致。

发愿文，也叫意旨、阳凭、造像记、肚藏书等，是宗教信众在雕造神像时，为记述发愿人及发愿内容而刻于金、石或书写在布帛、纸张上的文字。梅山文化发愿文集中在湘中梅山文化核心范围内，有像必有文。发愿文内容十分丰富，包括造像者身份、家庭成员、户籍居址、神祇身份、造像缘因、祈愿内容、开光时间、处士（雕造人）、丹青（书写者）、符箓等信息，描述了神像相关背景资料，也是研究梅山地区社会民俗的一手资料。

发愿文的功能就是祈愿，多为祈求神灵通灵显应，保佑家门清吉、子嗣兴旺、身体康健、猎事平安等方面，常见词句诸如“行香走火”“通灵显应”“座（坐）镇家堂”“人丁清吉”“六畜兴旺”“福寿康宁”“老身康建（健）”等，均与民众生活息息相关。将发愿文按照书写时代、来源地区、祈愿目的等进行分类，可以归纳概括不同神坛、不同风格的发愿文情况。

每尊神像发愿文所载祈愿内容有多个方面，互不冲突，体现了梅山信仰实用至上的原则。如龚君质和神像发愿文（图八），发愿文尺寸长23.7厘米，宽11.5厘米。发愿目的为“祈保合家人丁清吉，六畜兴肥，百事亨通，俱般迪吉，求之有感，叩之即

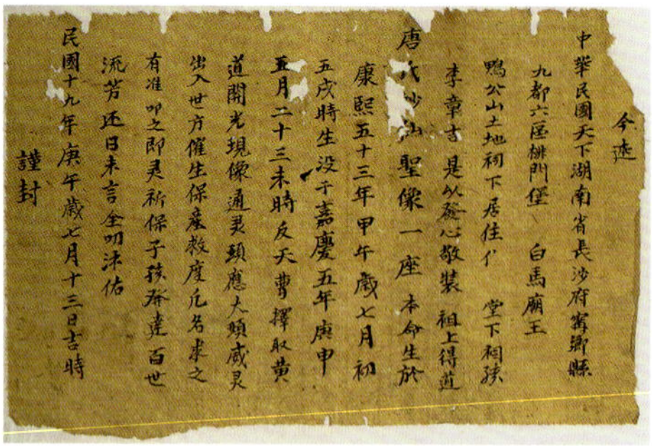

图十一　唐氏妙仙神像发愿文

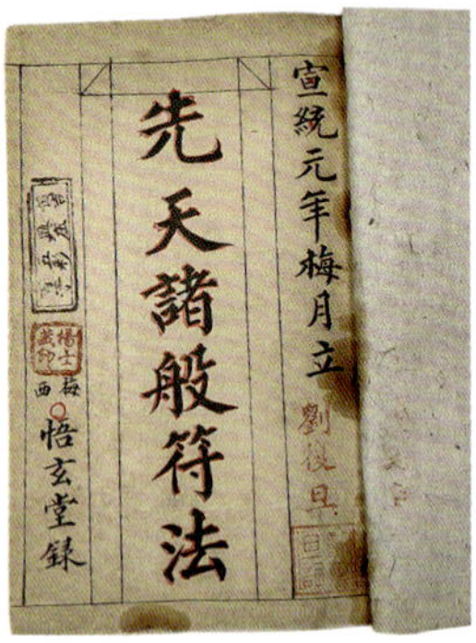

图十二　梅山宗教文书《先天诸般符法》

灵，通灵显应”，祈求通灵显应、平安健康、诸事顺遂。药王孙思邈神像发愿文（图九），发愿文尺寸长 63.5 厘米，宽 6.7 厘米。祈求保佑“家下人口清吉，牛猪六畜贫（平）安，血财旺相，求谋盛意，百事亨通，万般顺就”，既有对经济财富兴旺发达的追求，也有期盼顺遂如意的生活愿景。

但有些神像也有偏向性，尤其是梅山文化中特有的神祇，如猎神张五郎神像发愿文大多祈祷狩猎平安，诸如“十方有请”“香火通行”“广开法门”等词句。张五郎神像发愿文（图十），发愿文尺寸长 46 厘米，宽 7.5 厘米。希望祖师张五郎能在其打猎时“亲降临”，施展法术使其“身高万丈，炳焰齐天”，其所带猎犬亦能“赶狗化变，二十四只赶山犬，如□如□”。

仙娘、观音等女神神像发愿文多祈祷生育平安、子嗣发达兴旺，诸如“催生保产”“子孩发达”“人眷平安”“养育成群”等词句。唐氏妙仙神像发愿文（图十一），发愿文尺寸长 23 厘米，宽 15 厘米。唐氏妙仙是祖上得道成仙，是请立神像者的祖先，所发之愿为“择取黄道开光现像，通灵显应，大显威灵，出入世方，催生保产，救度凡名，求之有准，叩之即灵，祈保子孩发达，百世流芳，还曰未言，全叨沐佑”，可以催生保产、保佑子嗣。还有药王孙思邈神像发愿文中也大多有百病全消、健康安好的内容，这是与神像的主要职能有关。

一尊神像内发愿文可能为 1 张，也可能为多张，数量不一，如上文张五郎像发愿文就有 2 张。由于发愿文依附于神像存在，脏箱不打开就不知道神像内腹藏几卷发愿文，其具体内容为何，因此将发愿文视为神像的一部分，结合发愿文内容对神像进行分析研究。

三　梅山宗教文书

梅山宗教文书 1080 件（图十二），由于其经年使用，保存不易，因此文物时代主要为清朝至现代。因抄写方式大部分为手写，所以俗称为手抄书、手抄本，但也有少量为印刷，个别为复印。将之按照书写时代、地区来源、所属教派、功能用途等分类，可整理基本情况和风格特色。

梅山宗教文书大多是经书。按种类来看，其中科仪 593 本、经书 158 本、忏 116 本、文疏 103 本、符箓秘诀 67 本、术数 26 本、家谱 3 本、扶乩 1 本、内丹 1 本、游记 1 本。科仪类文本就是科仪本，大多命名为《XX 科》，指的是宗教文化中各类仪式和流程中所依据的脚本，包括咒语、手诀、步法等；经、忏都是经文，但忏特指忏悔文，是在宗教仪式和个人修行中拜忏时所念的经文，以忏悔自身、超度亡灵、消灾祈福；符可画符以行法，箓为记录神祇名讳、形象、职能等的名册，符箓可召神遣将，驱邪求福；术数指运用阴阳五行的数理以行占卜。从种类来看，科仪、经、忏类较多。

四　法器

梅山文化中的法器种类包括令牌、天蓬尺、面具、师刀、法剑、朝板、号角、香筒、龙头手炉、拂尘、卦和道帽，时代均为清朝至民国。

令牌是召神请将，调遣号令鬼神听从自己命令的一种法器。令牌 95 件，材质大部分为木质，有 1 件为石质，长 8.5～20 厘米，宽 2.5～15 厘米不等。令牌双面图案不一样（图十三）。

图十三　令牌

院藏天蓬尺 31 件。天蓬尺是仪式中镇坛辟邪的法器之一，通常用于设法坛做法时使用。外观是一根四面刻有符咒的四棱方形短木棍，尺寸为 15～51 厘米，长短不一（图十四）。

图十四　天蓬尺

图十五　双层面具

面具是神灵的载体，戴上面具寓意请神上身。院藏面具 15 件，材质为木质，内容有韩信、开山、先锋、孔明、马灵官、土地公等，有的是双层面具（图十五），高 16～45 厘米，宽 13～32 厘米，时代均为清代。

师刀是做法、驱邪的法器，外形大致似刀，刀柄末尾为圆环状，穿有铜钱或小铁环，使用时相互撞击发出声响。院藏师刀 6 件，材质为木质或金属，有的刻有符讳，尺寸为 31～36 厘米。

法剑是在行法时驱邪斩妖的法器。院藏法剑 6 件，材质有金属也有桃木，有的刻有符讳，尺寸为 30～56 厘米。

朝板是朝谒祖师、天尊、地祇、星宿、山川等圣真的礼仪法器。院藏朝板 4 件，材质为木质，刻有符讳，有的还刻有花鸟鹿等图案，尺寸为 27～32 厘米。

号角是招神驱邪的法器，吹响号角，可以召集神灵，祛除妖氛。院藏号角 3 件，材质为角质或金属，尺寸为 42～44 厘米。

香筒和手炉都属于香器。院藏香筒 3 件，材质为木质，尺寸为 57～62 厘米，时代为清朝至民国。院藏龙头手炉 3 件，材质为木质，尺寸为 23～27 厘米。

拂尘寓意拂去俗世尘埃、清静无为。院藏拂尘 2 件，竹木做成的柄，柄端扎有棕丝或马尾。柄长分别为 33.5 厘米和 51.4 厘米。

卦是一种根据俯仰组合来寻求神灵指示、判断吉凶的法器。院藏卦 12 对，每对 2 个，材质为竹质，长 6.4～9.6 厘米，宽 3.4～5.5 厘米。

此外还有穿戴服饰道帽 1 件，材质为棉麻，长 21.8 厘米，宽 17 厘米。

五　影视资料

前文提到，院藏梅山文物有一重要来源就是向范华先生征集，除了以上物质资料遗存外，还有一些与梅山文化相关的文本、图像和视频资料，包括在湘中地区进行田野调查时的胶卷底片、纪录片等，这些也是研究梅山文化仪式和信仰的原始资料，具有重要的研究价值和向大众展示传播的功能。

范华先生是法国汉学家和人类学家，专注于中国传统文化和社会学研究近 50 年，收藏了湖南地区大量珍贵的、原始的民俗文物和一手资料，具有较大的国际影响力。其捐赠的影视资料大多与其在湖南的田野调查有关，具体如下：梅山文化木雕神像和发愿文的影像资料 3539 件；范华先生在湖南考察调研道场、法事的胶卷扫描件、幻灯片等影像照片 2555 张；纪录片 3 部：《韩信复仇记——还都猖傩愿　道教傩愿》（中、英、法文版）、《道教符命》（陈德美、陈祝泉道长画符）、《施舟人与范华的初次湖南田野考察》；书籍 3 部：《通天之道——湖南道教神像，艺术和人类学研究》、《湖南道士和法师的神化——新化县道教神像微观历史、人类学和艺术研究》（上下册）、《道士日中无影——一个法国人类学家在中国的学术自传》；梅山文化藏品相关档案文献资料 500 余件；梅山文化木雕神像附件 127 件。

这些影视资料保存完好、视角独特、意义非凡。通过这些与文物相配套和补充的影视资料，我们能够更完整地保存梅山文化的物质资料，更深入地了解文物背后的内涵，进一步挖掘梅山文化的研究和展示价值。

六　结语

梅山文化文物资料包含木雕神像、发愿文、梅山宗教文书、法器和影像资料等，不仅数量丰富、种类齐全，且内容完善，可互相补充和佐证，具有较高的文物价值。这些文物资料作为湘中梅山地区民众所世代创造和传承的物质遗存，是研究梅山文化的一手资料，反映了梅山的地方社会、物质生产、民众生活的各个方面，凝聚着梅山人智慧的结晶，具有历史、艺术、宗教等多元价值。

分类和整理梅山文化物质资料，是为了进一步的文物研究和利用做准备。围绕院藏丰富的梅山文化物质资料，我们要更好地挖掘和发挥文物的价值，整理、保护、研究和利用梅山文物资料乃至其他的民俗文物，全面提升民俗文化遗产的保护和传承，推动传统文化在新时代更好发展，是博物馆人的义务和要求，也是当之无愧的责任和使命。收藏文物遗存，研究当代价值，展望未来的利用，新时代我们肩负重任，勇担使命。博物馆不仅需要立足于文物整理，聚焦于文物研究，拓展于文物利用，更要真正发挥文物的价值，增强文化自信，建设社会主义文化强国，实现中华民族伟大复兴。

注释：

[1] 李慧君：《明清以来梅山文化圈民间信仰研究——基于湘中木雕神像与发愿文的考察》，岳麓书社，2023 年，第 10 页。

[2] 田程程、段湘怀：《论梅山地区女神信仰的原始母权内涵》，《文化创新比较研究》2023 年第 10 期。

[3] 同 [1]，第 59 页。

[4] 胡彬彬、李方：《从清代湖南佛教造像记看民众的信仰》，《贵州大学学报（艺术版）》2013 年第 3 期。

[5] 同 [1]，第 87 页。

[6] 朱汉民总主编，向桃初、王勇主编：《湖湘文化通史》第 1 册《上古卷》，岳麓书社，2015 年，第 271 页。

湖南常德小西门窖藏出土清代金叶

Qing Dynasty Gold Leaves Unearthed from Xiaoximen Hoard in Changde, Hunan Province

常德市考古研究和文物保护中心（常德博物馆） 陆 蓉

Lu Rong, Changde Archaeological Research and Cultural Relics Protection Center(Changde Museum)

内容提要：1995 年 6 月常德城区小西门发现一民国时期窖藏，出土 300 余片总重 1300 余克的金叶，后入藏常德博物馆。这批金叶制造于清代长江下游的金陵、镇江和常州，被太平天国劫掠汇集到天京（今南京），又被湘军带回家乡常德，民国时期因战乱而仓促窖藏于地下。

关键词：常德 窖藏 清代 金叶

Abstract: In June 1995, a hoard of the Republic of China was found in Xiaoximen, Changde, and more than 300 pieces of gold leaves weighing more than 1,300 grams were unearthed, which were collected by Changde Museum. These gold leaves were made in Jinling, Zhenjiang and Changzhou in the lower reaches of the Yangtze Riverthe during the Qing dynasty, which were plundered to Tianjing (now Nanjing) by the Taiping Heavenly Kingdom, and were taken back to their hometown of Changde by the Xiang Army, and then were hastily stored underground because of the war during the Republic of China period.

Keywords: Changde; hoard; Qing dynasty; gold leaf

我国使用黄金的历史非常悠久。1976 年在甘肃玉门火烧沟遗址中曾出土夏代金首饰[1]，1986 年四川三星堆一号祭祀坑中发现重 463 克的商时期金杖[2]，而陕西韩城梁带村西周时期芮桓公（M27 墓主）墓中出土的 48 件金器[3]则是成规模黄金成品的集中发现。黄金成品出现后，迅速成为货币。山西侯马上马村春秋晋国大夫墓[4]出土 32 枚包金铜贝，辉县琉璃阁[5]出土 1000 多枚包金铜贝。之后，银、铜等多种材质的货币陆续出现。到宋代，手工业尤其是商业飞速发展，城市经济繁荣，海外贸易兴盛，铜钱已无法满足商品经济的发展，“交子”“会子”“关子”等纸币因缺乏信誉而昙花一现，还是黄金、白银可靠，只是传统金锭（饼、版）不便携带和分割，常常因无法找补而影响交易，且携带时易因露财而致人财两空，难以满足社会中下层商旅民众需求，于是利用黄金价值贵重却质地柔软、延展性强、易于捶成薄片的特性，

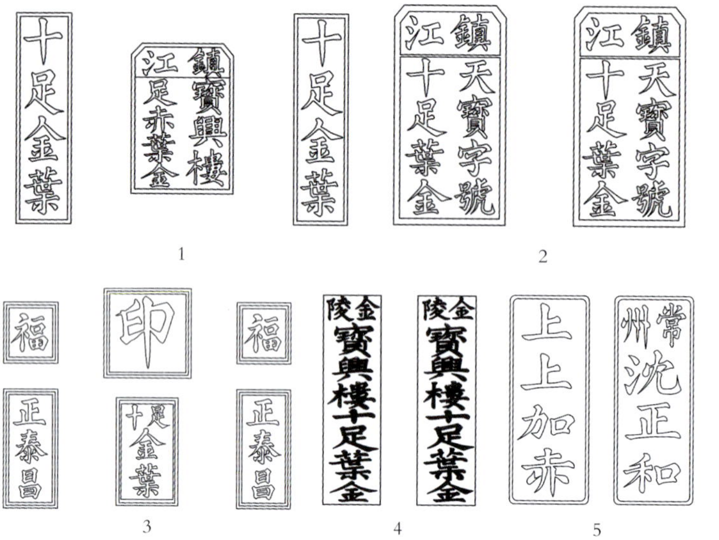

图一
1. 镇江　宝兴楼　足赤叶金　2. 镇江　天宝字号　十足叶金
3. 正泰昌　十足叶金　4. 金陵　宝兴楼　十足叶金
5. 常州　沈正和　上上加赤

图二　金陵　宝兴楼
十足叶金（局部）

制作出如同树叶和书页般的“叶子金”“瓜子金”[6]作为辅助货币，只是这类实物一直难见真容，直到20世纪90年代。

一　常德小西门窖藏金叶 的出土

1995年6月27日，常德城区明清城墙小西门内一座被拆的民房地基下，发现大量的金银器，被施工人员哄抢。警方闻讯后迅速集中警力进行追缴，将收缴的涉案物品移交给常德博物馆。经清理，发现基本完整的叶金（金叶）有300余片（重1300多克），另有清“光绪元宝”银圆3枚和“湖南省军政府造当制钱二十文”铜币7枚，因藏匿熔毁而没有追回的叶金则难计其数。经过考古人员实地调查并结合亲历者回顾，确认叶金出土于一民国时期窖藏，原储藏金叶、银圆和铜币的夹砂红陶缸早被打碎丢弃，现场已被破坏。

常德小西门出土的叶金，均为长方形单片页状，单片厚0.3～0.5、长88～125、宽79～98毫米，单片重1.5～5.5克。叶金正面有带框压印楷书双线印（铭）文，主要有五种：

1. 镇江　宝兴楼　足赤叶金（图一，1）；
2. 镇江　天宝字号　十足叶金（图一，2）；
3. 正泰昌　十足叶金（图一，3）；
4. 金陵　宝兴楼　十足叶金（图一，4；图二；彩版二八，1）；
5. 常州　沈正和　上上加赤（图一，5；彩版二八，2）。

二　金叶的名称与时代

根据考古发掘资料，安阳武官村大型商墓[7]及辉县山彪镇琉璃阁[8]就有不少商和春秋“金叶”出土，这些出土的“金叶”与《宋史》《元史》《新元史》《明史》《清史稿》[9]中常常记载的“金叶”性质应大致相同，都是装饰用金箔，与本文所述作为货币的金叶无关。彭信威《中国货币史》[10]根据元代《居家必用事类全集·戊集·宝

图三 浙江出土南宋“陈二郎 铁线巷”叶子金

图四 浙江出土南宋“武宅”叶子金

货辨疑》记载认为宋代黄金货币中有“金叶子”，或称“金叶”。《宋史·卓行传·徐积》[11]记载北宋仁宗年间徐积“尝借人书策，经宿还之，借者给言中有金叶，积谢而不辨，卖衣偿之”。素有卓行的徐积向别人借书阅读，第二天归还时，对方却妄说书里原本夹有“金叶”，连同书一起借给了徐积。无端被讹的徐积并未辩驳，而是变卖自己衣物赔偿给对方。可见，作为货币使用的“叶金”“叶子金”至迟在北宋已经产生。

明代刘若愚《酌中志》卷十六《内府衙门识掌》中宫内银作局“专管造……金银豆叶”“豆者，圆珠，重一钱或三五分不等。叶则方形，其重亦如豆不拘，以备钦赏之用……”，是关于明朝廷内官制造赏赐用金叶、金豆、银叶、银豆等的明确记载。这种明代金豆、银豆实物在2001年江西南昌明宁靖王夫人吴氏墓[12]中曾各发现一颗。

至于自铭“金叶”“叶金”“叶子金”实物的发现，则以1995年常德小西门窖藏出土金叶为最。

巧合的是，20世纪90年代前后乃是我国金叶出土的高峰期，除常德小西门外，浙江杭州[13]、湖州、温州，江苏南京，安徽合肥、凤阳以及南海一号沉船，甚至泰国

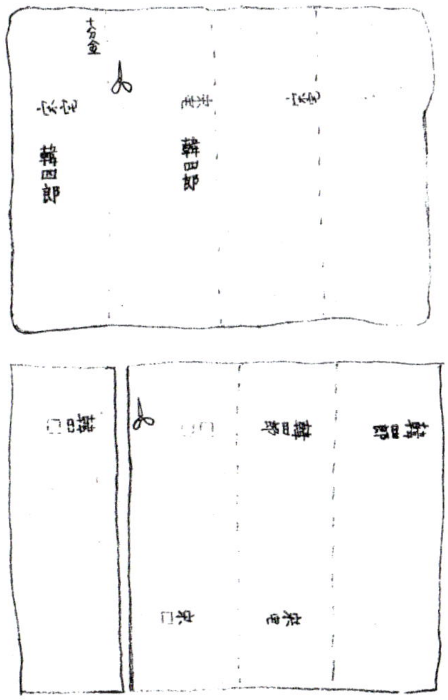

图五
1.“韩四郎 十分金” 2.“宋宅”戳记金叶

都陆续出土并确认了不少金叶。

1992年4月23日，浙江温州市鹿城区人民路水仓组团基建工地一南宋窖藏[14]出土了“霸北街西 韩四郎 十分金”凿印铭文金叶子4件；1997年浙江湖州龙溪乡三天门一座南宋“诸王妃”墓出土凿印铭文为“霸头裹角 韩四郎 十分金”“相宅”的金叶6件[15]；1999年杭州西湖大道和定安路交叉口（三桥址河下）与“韩四郎 十分金”金牌及“李六郎 十分金”金铤一道出土的“清河坊西”凿印的金叶多件以及“陈二郎 铁线巷”（图三）和“武宅”铭文金叶（图四）；2004年6月安徽凤阳古濠州城东关吕家村[16]发现“陈二郎 铁线巷 十分金”铭文金叶。以上这些金叶的时代都是南宋，且多出于南宋王朝的核心区域，为纯金箔（取样测试含金量97.018%）制成，薄如纸，形状似书页，主要有两个规格：一种是1999—2001年间杭州发现

的“韩四郎 十分金”、“宋宅”戳记金叶[17]（图五，1、2），以及浙江温州出土的4件（长102、宽73毫米，重37.9克，为四层金箔正面朝背折叠轧压而成，四角、边缘和中部凿印铭文），一般由四页构成，展开长103、宽100毫米，重约40克，合黄金一两；一种是折成十页，长95～100、宽39～40毫米，重35～40克。[18]2014—2015年清理发掘的南海一号南宋沉船T0201②和T0502③出土了9件金叶[19]，其戳印铭文有“韩四郎”“晋李四郎”“王助教□”三款，其规格为长92～107、宽29～55毫米，重38.5～39.51克[20]；2022年6月7日晚播出的《2020考古进行时》“南海一号发掘现场（七）”中介绍说在船上淤泥中一藤竹编制的小筐内发现“霸南街东 张四郎”戳印铭文金叶10件[21]。研究者认为该批金叶来源于南宋都城临安（今杭州），其性质与2014年5月在泰国南部考猜颂的拉维·撒桑（Ravi Thapsang）黄金窖藏出土的14件金叶相同。[22]

常德小西门金叶被发现时已脱离了原始地层，铭文上也无具体年代，只是标识金银铺商号名和金叶的成色，但同出的清“光绪元宝”银圆和“湖南省军政府造当制钱二十文铜币”等表明窖藏年代为民国时期。

从目前确认南宋金叶子均为连片书页状，以及整体重量、铭文风格和内容等特征分析，常德小西门窖藏金叶的年代不会早到南宋。

常德小西门窖藏金叶上的“金陵”即今天的南京，“金陵”是南京历史上最古老、使用时间最长的称谓，早在楚威王时期（前339—前329）就称“金陵邑”，但这批金叶明显与楚无关。之后有秣陵、建业、石头城、建康、白下、上元等名称，宋元时称南京为集庆，朱元璋明初称应天府，洪武元年（1368）称南京，洪武十一年（1378）称京师，永乐时迁都北京后至明亡仍称南京，表明常德小西门叶金非元明时期。南京在清初顺治二年（1645）称江宁，清中期称金陵，1853年太平天国改称天京，1864年湘军攻占后复名金陵，辛亥革命以后孙中山在南京建立临时政府，以后一直称南京。清代彭寿曾编成商铺名为“顺裕兴隆瑞永昌，元享贞和复丰祥。泰和茂盛同乾德，谦吉公仁协鼎光。聚光中通全信义，久恒大美庆安康。新春开合生成广，润发洪源厚福长”。常德小西门叶金上有金陵和镇江的“宝兴楼”、常州“沈正和”、镇江“天宝字号”，还有如“天宝段记”“段天宝银号”等这些实力雄厚的金号银楼，其不仅铸造金银锭（铤），也制作金叶。

常德小西门叶金铭文中“金陵”“镇江”和“常州”都是明清商品经济最发达的地区，巨商大贾如云，各类商号林立，金锭、银锭不便携带及成色不一造成使用不便，迫切需要大家都能接受的货币方式，但官府发行纸钞的信誉太差太滥，民间应运产生了如山西平遥的日升昌这类金号银楼钱庄，通过筹集股本后发行便于流通的金银票，经营不同额度的存贷款业务，也从事金银首饰器具加工。金陵、镇江、常州这三处相距80～130公里的城市金号银楼钱庄发行了大量薄如蝉翼的金叶，既可成为佛像、金属器具贴金的金箔，又可以作为财富来保值和在日常中参与流通，其功用其实与佛道善男信女们捐献的奉养之物有天壤之别。

常德小西门清代叶金和南宋首都临安、湖州、温州、南京、合肥出土的南宋“金叶子”上的铭文均强调叶金的含金量（成色）及商号的信誉，与还愿供奉、礼仪赏赐没有关系，与官府并无直接关联，也不是田税、地租、厘金等的支付结算手段，主要在民间自发流通，属民间私营金号银楼自主制作，其使用范围及应用程度主要依赖于叶金的成色和商号的信誉，而非官府强制。这也就能够理解为什么明清正史中基本没有记载作为货币使用的“金叶”，但在同时期的文学作品中却常常出现使用金叶的记载。[23]

金叶的名称，从常德小西门清代叶金上“金叶”“叶金”并用分析，至少清代“金叶”“叶金”的名称已没有区别，可以互通互用。

三　金叶的来源

按照常理，来源于长江下游金陵、镇江、常州众多金号银楼的金叶，是很难单纯依靠民间流通而集中到湘西北常德城小西门一处私宅的，必定与此间发生的某些重大历史事件相关。

清咸丰至同治年间的太平天国农民运动于 1851 年起兵，1853 年攻占金陵时规模达五十余万人，后直至近百万人。太平天国视天下财产为天父、天兄、天王所有，把沿途各地掳掠的财富均归入“圣库”。天国大军能劫掠到金陵、镇江、常州三地金叶的可能性很大，但他们不可能将这批金叶携带到常德。考太平天国历史，太平军仅在咸丰四年（1854）五月，由曾天养从荆州、宜昌经澧州、安福（今临澧县），占领桃源后和从湘阴出发经龙阳（今汉寿县）的林绍璋部共 26000 余名西征军合攻常德，六月满载粮秣而归。这唯一的一次进军常德，主要是扫荡清军、夺取钱粮、扩充兵源，且这时刚攻下金陵，镇江和常州还处其兵锋之外，撤退时从容离去，不会携带也就不可能留下这批金叶，但太平军的致命对手湘军却极有可能将此批金叶带回常德。曾国藩的湘军主要由湖南人组成，最初源于湘乡和邵阳，后扩大到全省，每年常德府和澧州各县均为湘军输送兵勇，仅咸丰十年（1860）龙阳县举人易佩绅就奉曾国藩之令招募 1000 人[24]，训练后直接输入湘军。因清廷对这支汉人武装既仰仗又打压，经常出现粮饷不济的问题。曾国藩为了维持军队战斗力，一般只能约束对普通民众的抢劫，基本放任对天国后期贪婪无耻的王爷们的抢劫。攻下天国都城天京后，湘军上自将帅下至兵勇都发了横财，为此还曾闹得满朝沸沸扬扬。

常州和镇江并不是湘军攻下的，为什么镇江和常州的叶金也出土在常德小西门呢？这大概与太平天国后期的忠王李秀成有关。李秀成于 1858 年封忠王，1860 年攻占常州、苏州、嘉兴，建立起太平天国最为富裕的苏福省，前后经营三年，修建了豪华的王府，并三次进攻上海，后受洪秀全多次征召而被迫率兵返回天京负责城防，这批来自镇江、常州的叶金可能被他带到了天京，尔后落入湘军之手。

常德城内小西门至大西门一带地势比东南高，是整个明清时期常德官员士绅、富商财主集中居住的富人区，是常德本地人口中的“西门的顶子”区。解甲回归后的湘军有官有爵，并不缺钱，将偷偷带回的金叶留存下来并传给了后人。

辛亥革命后的 1911 年 10 月 23 日湖南军政府成立，10 月 24 日家住小西门一带杨家牌坊的原华兴会会员陈孝蹇、梅景鸿等在常德响应，建立常德军政府，但仅仅到 11 月 3 日，立宪派发动政变，革命党人杨任、余昭常被杀，常德城发生了一次大规模兵乱，随后湖南成为各路军阀争夺的战场，常德城亦多次遭受兵火。1927 年 1 月，黔军袁祖铭部在常德城与湘军周斓部发生激战[25]，袁部因长官被杀，部众群龙无首，袁部在常德城内疯狂报复，抢劫杀人放火。1943 年冬爆发的中日常德会战，致使常德几乎全城被毁。

图六　清代安顺府铭文金叶

这批叶金、银圆和铜币极有可能就是在此类战乱时被主人匆忙埋藏在屋内地下，主人却不幸在战乱中殒命，窖藏得以存留。

四　结语

据统计，国内尚无发现宋以前金叶实物的记录。江西南昌西汉海昏侯刘贺墓[26]出土金饼、麟趾金、马蹄金及金版共478件，计115公斤。四川江口张献忠沉银遗址中出土的金银钱、金银锭（铤）等黄金货币数万件，均未发现金叶。

中国钱币博物馆金德平先生在《南宋“金叶子”探究》一文[27]中，集中介绍了目前国内及东南亚地区发现的数十件南宋金叶子，其上铭文主要是标注作坊主姓名、金银交银铺名称、制作地址、金页（叶）成色等，尚无直书“金叶子”“叶子金”“叶金”的。鉴于目前尚无来源明确的明代金叶实物确认，因此明代金叶的真容尚难有定论。目前发现铭文中直书“金叶”“叶金”的金叶实物均为清代。除常德小西门窖藏叶金外，近年网上也陆续出现一些清代云南所产的“金叶”，还有清代贵州安顺府[28]“安顺俯（府）城内東（东）街　张大盛　十足金赤叶　包管回换”（图六）铭文金叶及2013年12月西泠印社拍的一组清代“宝隆老铺　十足金叶”“庆发金店　足赤金叶”等铭文的叶金均属此类。

南宋金叶均为联片折叠状（以四页和十页为多）[29]，具有可夹在书帛行李甚至衣服里携带、质地柔软、易于折叠剪切、找零方便等优越性，在使用过程中可沿标注处剪切甚至任意切割使用。清代金叶则是更便于携带和使用的单片散页状。

目前国内出土并保存下来的金叶实际数量应该远远多于公开报道之数，能够入藏国有博物馆和考古机构的更属凤毛麟角，少数流入藏家之手的金叶也再难露头，致使目前尚未见明代金叶实物，这些诸多因素都严重制约了对金叶的深入研究，本文意在抛砖引玉，若今后有新资料、新认知出现，则实在是金叶研究的幸事。

注释：

[1] 文物编辑委员会：《文物考古工作三十年（1949—1979）》，文物出版社，1979年，第139页。

[2] 四川省文物管理委员会、四川省文物考古研究所、四川省广汉县文化局：《广汉三星堆遗址一号祭祀坑发掘简报》，《文物》1987年第10期。

[3] 陕西省考古研究院、渭南市文物保护考古研究所、韩城市文物旅游局：《陕西韩城梁带村遗址M27发掘简报》，《考古与文物》2007年第6期。

[4] 山西省文物管理委员会侯马工作站：《山西侯马上马村东周墓葬》，《考古》1963年第5期。

[5] 郭宝钧：《山彪镇与琉璃阁》，科学出版社，1959年，第59页。

[6] a. 周维德集校：《全明诗话》载南宋嘉定初年权相韩侂胄的死党苏师旦被“遂籍其家，得金箔金二万九千二百五十片……瓜子金五斗……”（齐鲁出版社，2005年，第775页）b. [元] 脱脱等撰：《宋史·列传卷十五》：“开宝二年冬，普尝病……六年，帝又幸其第。时钱王俶遣使致书于普，及海物十瓶……帝顾问何物，普以实对。上曰：‘海物必佳。’即命启之，皆瓜子金也。”（中华书局，1985年，第8933页）

[7] 中国社会科学院考古研究所：《殷墟的发现与研究》，方志出版社，2007年，第97页。

[8] 中国科学院考古研究所：《辉县发掘报告》，科学出版社，1956年，第27页。

[9] a.[明] 宋濂等撰：《元史》卷二一〇《列传第九七·外夷三》记缅、占城、暹、爪哇、瑠求、三

屿、马八儿等国："缅国为西南夷，不知何种……其文字进上者，用金叶写之，次用纸，又次用槟榔叶，盖腾译而后通也。"（中华书局，1976 年，第 4655 页）b. 柯劭忞：《新元史》卷一一《本纪第一一・世祖五》："甲戌，敕天下重囚……充军征日本、占城、缅国。……戊寅，马八儿国遣使贡金叶书及方物。"（吉林人民出版社，2005 年，第 100～110 页）c.[清] 张廷玉等撰：《明史》卷三二六《列传第二一四・外国七》："忽鲁谟斯，西洋大国也……永乐十年……乃命郑和赍玺书往诸国，赐其王锦绮……王即遣陪臣已即丁奉金叶表……"（中华书局，1974 年，第 8452 页）d. 赵尔巽主编：《清史稿》卷一五《本纪第一五・高宗六》："六月丙申，富纲奏缅甸孟陨差头目业渺瑞洞等赍金叶表文进贡，谕护送讯来行在。"（中华书局，1977 年，第 541 页）

[10] 彭信威：《中国货币史》，上海人民出版社，1965 年，第 423～424 页。

[11] [元] 脱脱等撰：《宋史》卷四五九《列传第二百一十八》，中华书局，1985 年，第 13472 页。

[12] 江西省文物考古研究所：《南昌明代宁靖王夫人吴氏墓发掘简报》，《文物》2003 年第 2 期。

[13] a. 屠燕治：《南宋金叶子考述：兼论南宋黄金的货币性》，《钱币博览》2002 年第 1 期；b. 李小萍：《南宋黄金货币的瑰宝：金叶子》，《东方收藏》2011 年第 1 期；c. 李小萍：《金银流霞：古代金银货币收藏》，浙江大学出版社，2004 年，第 46 页。

[14] 伍显军：《温州市人民路出土南宋金叶子货币》，《中国钱币》2008 年第 3 期。

[15] 陈兴吾：《浙江湖州三天门宋墓》，《东南文化》2000 年第 9 期。

[16] 谭成富：《中国安徽出土南宋金箔》，《亚洲钱币》2004 年第 2 期。

[17] 王玉：《杭州发现南宋货币——金叶子》，《中国钱币》2002 年第 1 期。

[18] 同 [14]。

[19] 国家文物局水下文化遗产保护中心、广东省文物考古研究所、中国文化遗产研究院、广东省博物馆、广东海上丝绸之路博物馆编著：《南海Ⅰ号沉船考古报告之二——2014—2015 年发掘》（下），文物出版社，2018 年，第 420～443 页。

[20] 丁见祥：《南海Ⅰ号沉船目的地研究——以出土金叶子为线索》，《南方文物》2022 年第 5 期。

[21] 金德平：《南宋"金叶子"探究》，《中国钱币》2022 年第 3 期。

[22] 李岩：《南海Ⅰ号上来自临安的金银币》，《美成在久》2020 年第 4 期。

[23] a.[清] 文康：《儿女英雄传》第九回："说着，解开包袱，又把两封纸包拆开，只见包着二百两同泰号朱印上色叶金。"（华文出版社，2018 年，第 113～127 页）b. [清] 吴趼人：《恨海》第七回："〔伯和〕解开了腿带，取了一片金叶，给作人力钱。"（豫章书社，1981 年，第 47～54 页）

[24] 常德市地方志编纂委员会：《常德地区志・军事志》，解放军出版社，1991 年，第 72 页。

[25] 同 [24]，第 235 页。

[26] 江西省文物考古研究所、南昌市博物馆、南昌市新建区博物馆：《南昌市西汉海昏侯墓》，《考古》2016 年第 7 期。2015—2016 年发掘清理的江西海昏侯刘贺墓中，出土 478 件金器（约 115 公斤的西汉金饼 285 枚、马蹄金 48 枚、麟趾金 25 枚和金版 20 件）。但在王东林、王冠编著的《图说海昏侯》（江西美术出版社，2016 年，第 81、83 页）中将出土的 20 件金版纳入"第九 形形色色的钱"进行介绍，称金版长 20～23 厘米，宽 10～15 厘米，厚 0.3～0.5 厘米，重量不一，其中一件重 8534 克。可是又根据金版上的文字和图案，作出了"有可能是一种十分罕见的金册，一种古代皇帝用于册封礼仪的金质诏书"的推测。

[27] 同 [21]。

[28] 网上发现清代贵州安顺府的金叶 2 件。

[29] 同 [21]。

湖南博物院藏清乾隆青花瓷棺再议

Rediscussing the Blue-and-white Porcelain Coffin from Qing Emperor Qianlong's Reign Period in Hunan Museum

湖南博物院（湖南省文物鉴定中心）　郭三娟

Guo Sanjuan, Hunan Museum (Hunan Provincial Cultural Relics Authentication Center)

内容提要：湖南博物院藏清代乾隆时期的青花瓷棺十分少见，目前尚属首例。本文结合相关文献资料对该瓷棺的形制、铭文、装饰及相关问题进行了重新探讨，得出铭文中慧贤禅师所在的曹溪寺应在当时湘阴县长乐镇附近（现属汨罗长乐镇），该套棺具应属景德镇民窑生产的大型器具精品，烧造难度极大，反映了乾隆时期景德镇民窑强大的生产能力。此外，本文认为明清至民国时期湖南地区发现的大量瓷质丧葬用具，应为江西景德镇的民窑产品，这类用具的大量使用，或与明末清初的江西大移民有关。

关键词：湘阴曹溪寺　青花瓷棺　景德镇　瓷质墓志

Abstract: The Hunan Museum has in its collection one extremely rare blue-and-white porcelain coffin from Qing Emperor Qianlong's reign period, the only one in China at present. This paper, in combination with related literature and materials, rediscusses the shape, inscriptions, decorative patterns and related issues of this porcelain coffin. It concludes that the Caoxi Monastery which Master Huixian belonged to is located near Changle Town of Xiangyin County (present-day Changle Town of Miluo City) and that the coffin is a mega-size quality piece made by an unofficial kiln in Jingdezhen. This coffin, extremely difficult to make, reflects the thriving productivity of unofficial kilns in Jingdezhen during the reign of Emperor Qianlong. The paper also believes that the large number of porcelain funerary vessels discovered in Hunan from the Ming and Qing dynasties to the Republic of China period should be products of unofficial kilns in Jingdezhen of Jiangxi. The wide use of such vessels is probably related to the Great Migration at the end of the Ming dynasty and the beginning of the Qing dynasty.

Keywords: Caoxi Monastery of Xiangyin; blue-and-white porcelain coffin; Jingdezhen; porcelain epitaph

湖南博物院藏清代慧贤禅师青花瓷棺为佛门禅僧葬具，原由湖南省文物管理委员会收集，1958年移交湖南省博物馆收藏，1993年在湖南省博物馆古墓陈列馆展出。[1]1996年湖南省博物馆沈柏村先生作文《清代慧贤禅师瓷棺杂考》对瓷棺的来源、佛教葬仪等问题进行了考证。这套瓷棺十分少见，烧成难度极大。本文在前人研究的基础上，对该瓷棺及其涉及的其他相关问题进行了重新探讨，敬陈管见，以求教于方家。

一　瓷棺形制

瓷棺整体形制仿木棺结构，前大后小，前高后低，棺身由24块大小不等的空心青花瓷板组合而成。其中前后棺挡各1块，底板5块，顶盖板5块，棺身两侧各6块，另加铭文瓷板1块，共计25块。

拼装后的瓷棺，顶部、底部、左侧、右侧的瓷块均从前往后、由大到小依次排列（图一）。底部瓷块由5块构成，按大小依次排列，瓷块形状也由近方形逐渐变为近梯形，除瓷块之间的接触面外，侧边均施青白釉，瓷块顶面有多处闩孔，计27处（图二）。顶部5块瓷板，即棺盖，也按大小依次排列，出于仿木棺结构原因，每个瓷块表面均有一定弧度，中间高，两侧低（图三），瓷块内壁中间均有两处并排的长方形空心凸棱台，与棺体形成子母口形式，方便扣合，顶部瓷块两两相接处均有4个闩孔（图四）。左侧6块棺板（图五）每个瓷块表面也有一定弧度，侧板两两相接处均有2个闩孔，与底板相接处也各有2个闩孔（图六）；右侧6块棺板（有1块遗失）形制与左侧相同（图七、图八）。拼装后，底部通长181厘米，顶盖通长192厘米，前端宽57厘米，高63厘米；后端宽39厘米，高50厘米；棺盖正面棺楣耸起，高11厘米，后端棺楣高9厘米。每块青花瓷块表面的图案构图大体一致，均为云龙纹，即块面中心皆为数条夔龙纹组合成团花状，四角皆饰云气纹（图九）。

瓷棺前挡整体呈长方形，左右两侧呈弧形向外凸，与底板相接处有2个闩孔，与两侧板相接处各有2个闩孔。正面绘青花双弦纹倒T形的长方墓碑，碑顶上端绘以青花卷边覆莲叶纹，两侧各绘夔龙纹一条，碑座满绘覆莲花瓣纹。墓碑正中楷书竖写“临济正宗叁拾捌世上慧下贤通智禅师法几”字样（图十），“法几”原指法席，此处则指慧贤禅师所寓之瓷棺。瓷棺后挡整体呈长方形，左右两侧呈弧形向外凸，与底板相接处有2个闩孔，与两侧板相接处各有2个闩孔。正中由上往下竖书“戒僧慧贤永寓”字样（图十一）。

铭文瓷板呈长方形，长30厘米，宽16.7厘米，以青花书：“本县长乐街西曹溪寺戒僧慧贤，于皇清乾隆三十六年孟秋月，费金八十余两精作磁棺，己身受是。有徒定一，侄孙法云，三代孙李（梅）、粲梅，四代孙衍（庆）、联庆，五代孙奎（林）、栖（林）、松林，在景镇东山祝禧寺妙鉴大师常住寄居。中人刘亿怀、陈为政。窑户胡龙一。俗侄周易（哄）、映哄仝见立。”（图十二）根据铭文所书内容，该瓷板应是瓷棺的订购契书。

二　铭文解读

1. 关于“本县长乐街西曹溪寺”

铭文瓷板上青花书“本县长乐街西曹溪寺”，通过《长沙府志》《湘阴县志》等资料查阅到“长乐镇”“曹溪寺”等信息，可确定“本县”应为当时的湘阴县。

清乾隆十二年（1747）编撰的《乾隆长沙府志》卷九《城池》中湘阴县部分有“长乐镇（十七都）”“长乐渡”“望京桥（长乐镇）”的记载[2]。清乾隆二十二年（1757）

图一 瓷棺整体图

图二 瓷棺底部

图三 瓷棺顶盖板

图四 顶部瓷块

图五 左侧瓷块拼接

图六 左侧瓷块

图七 右侧瓷块拼接

图八 右侧瓷块

图九 云龙纹装饰瓷块

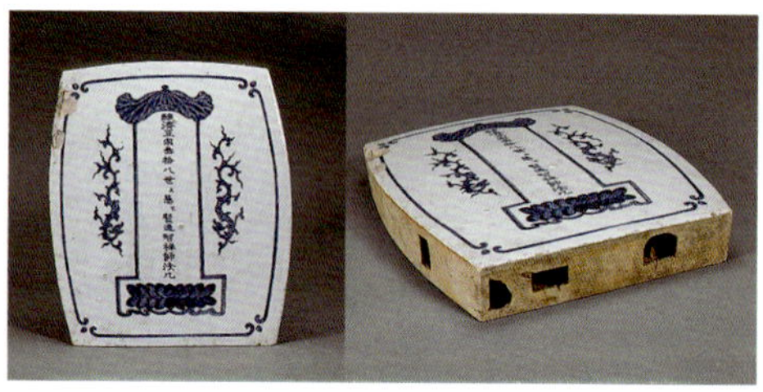

图十 瓷棺前挡

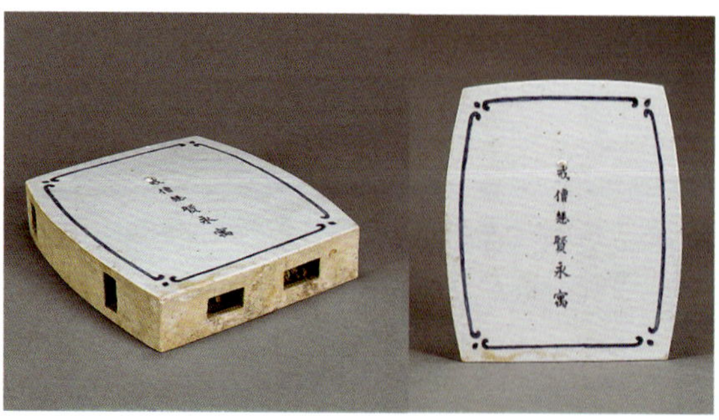

图十一 瓷棺后挡

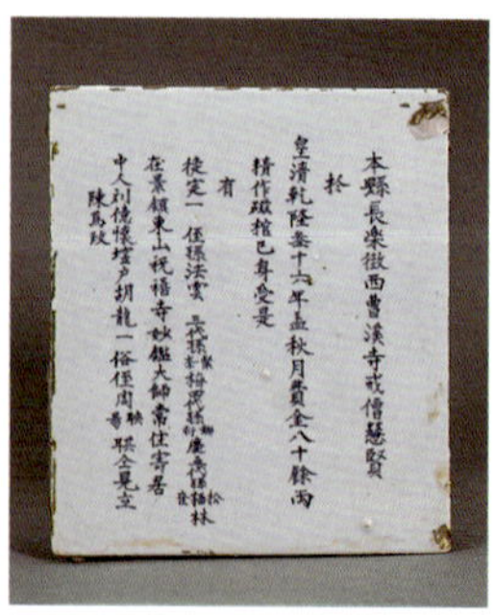

图十二 书写铭文的瓷板

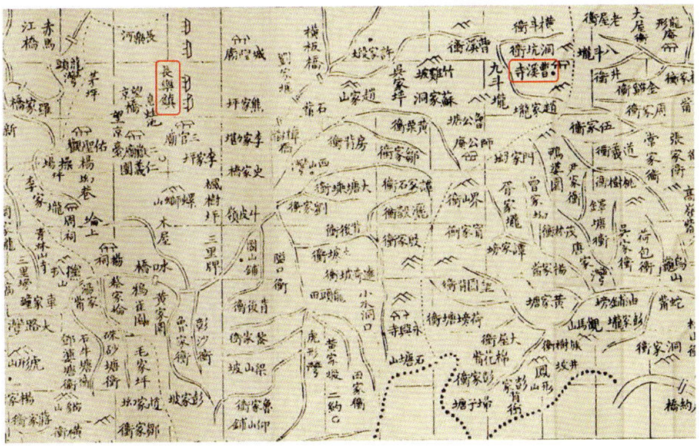

图十三 《湘阴县图志》县北长乐局第二图中的长乐镇、曹溪寺

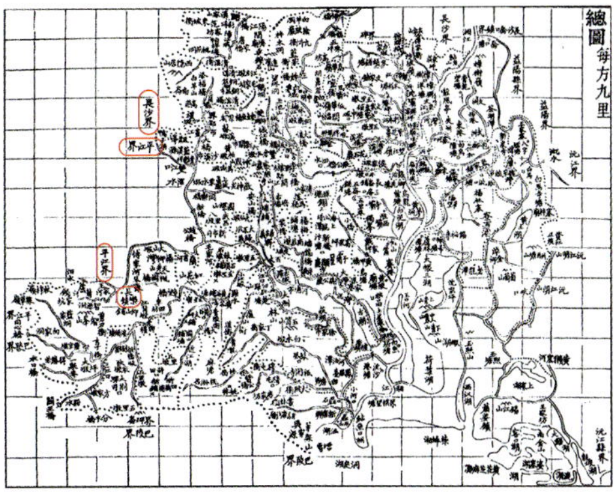

图十四 《湘阴县图志》总图

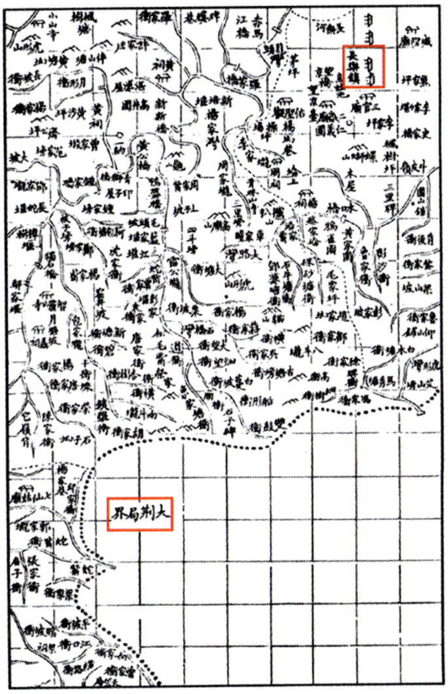

图十五 《湘阴县图志》县北长乐局第二图

《湘阴县志》中也有“长乐镇（十七都）”的记载[3]。清光绪六年（1880）郭嵩焘编撰的《湘阴县图志》卷四《舆图长乐局》[4]载：“右长乐局界县东北，距城百里。西界新市、黄谷二局，西北界大荆局，北界巴陵，东南界平江。纵四十八里，横五十里。领团九，隶八都，错入九都、十都、十五都。其南，长乐镇东自乌石尖径北至朱坳，西自王家河径北至李家冲，统曰仁义团，分五约，隶八都，其第五约错入十都、十五都……稍西长乐镇、智灵山等处，曰仁义团第二约。”“局南有崧山寺、岳峰寺……逶东有上仙堂观、佑圣观，佑圣观西北有极乐观、马嘶寺、龙形庵、曹溪寺……”又注：“曹溪寺，在曹溪塘，距龙形庵南二里。”[5]《湘阴县图志》中有关于长乐镇、曹溪寺的地图，拼接“县北长乐局第二图”后，可明确看出二者的地理位置，曹溪寺在长乐镇左侧（图十三[6]）。再据《湘阴县图志·舆图三》载“县境东南与长沙错壤……东极鸭子湖，南界长沙，北界平江，实亦山水一大都会也”[7]，加之图志总图（图十四[8]）与“县北长乐局”图（长乐局“北界大荆局”）（图十五）的绘制，从今日以“上北下南”为正的视角来看，湘阴县长沙界为北，平江界为南，长乐局南为大荆局，可知该地图的绘制方向为“上南下北”。所以墓志所写的“长乐街西曹溪寺”，按地图绘制方向来看，大体方向无误，曹溪寺即在长乐街西侧。

此外，《湖南氏族迁徙源流》中根据家谱梳理的资料里，“湘阴晒谷石胡氏”条提及“一世祖甘公偕弟济公，明天顺间由江西南昌奉新县华林书屋迁湖南长沙府湘阴县

图十六　清乾隆青花夔龙蝠寿纹双耳瓶（台北故宫博物院藏）

图十七　清光绪青花团夔龙纹加流盖杯（故宫博物院藏）

图十八　左侧瓷棺上闩孔中的木块残留

图十九　清道光二十九年（1849）张献廷墓志盘

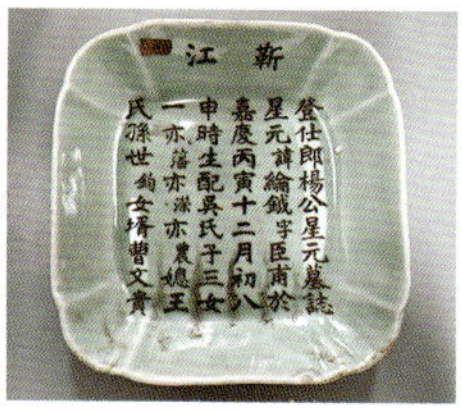

图二十　豆青釉方形墓志盘

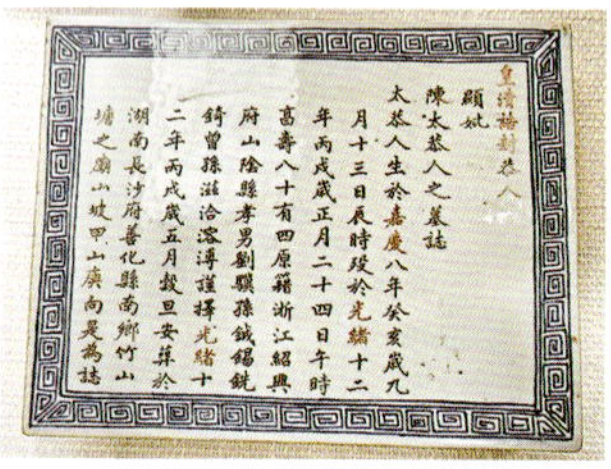

图二十一　清光绪十二年（1886）长方形青花空心墓志砖

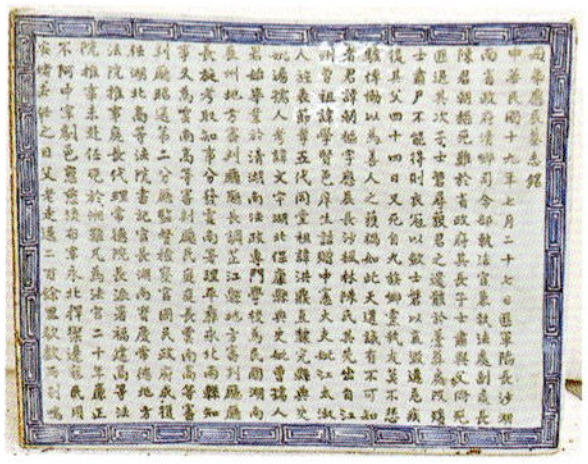

图二十二　民国十九年（1930）长方形青花空心墓志砖

东北乡长乐街东洞井源学堂坡”[9]，“湘阴曹溪寺胡氏”条梳理的资料中提及“始祖房公，唐乾符中自建康府迁居岳州平江县东阳乡金紫岩。三十世孙起鸿于明嘉靖三十六年（1557）由平江迁至湘阴长乐市曹溪寺”[10]。这些资料也可旁证，湘阴长乐曹溪寺至晚在嘉靖时期已存在，直至清光绪时期仍存在，今查阅相关资料，已无曹溪寺的相关信息，不知今是否还在。综上，铭文中的长乐曹溪寺应在当时的湘阴长乐镇长乐街，根据今时湖南省行政区划，长乐镇现属汨罗县。

曹溪，为禅宗南宗别号，以禅宗六祖慧能（638—713）在曹溪宝林寺演法而得名，柳宗元《曹溪大鉴禅师碑》有言“凡言禅，皆本曹溪”[11]，故曹溪寺在许多地方皆有存在。晚唐至五代时期，南宗禅进一步分化沩仰宗、临济宗、曹洞宗、云门宗、法眼宗。临济宗形成于晚唐，创始人为百丈的再传、黄檗的高足临济义玄（？—867），因义玄长期住镇州临济院而得名，入宋以后，临济宗又分化出黄龙、杨岐两大派系[12]，并远播海外。瓷棺前挡书“临济正宗叁拾捌世上慧下贤通智禅师法几”，说明到清代乾隆时期慧贤禅师所属的临济宗法脉仍然流传有序。

2. 关于瓷棺的其他信息

墓志铭文还指示有多处相对确切的烧制信息。

一是烧制时间明确：乾隆三十六年（1771）秋。

二是订购人明确：戒僧慧贤。

三是订购价明确：八十两金。自金代出现银本位制以后，白银价值提高，黄金主要用于制造奢侈品，但仍是最贵重的货币，真正的重宝往往以黄金计价，清代掌故，乾隆时一页宋版书值黄金一两[13]，可见当时黄金之分量。八十两金，在乾隆时期应十分昂贵，铭文虽未提及慧贤详细的生卒年份以及其他身份信息，根据所书内容，其有徒侄孙五代，表明慧贤在曹溪寺已是资深元老，应当积累了一定的经济实力，可订购此棺具。

四是生产者明确：窑户胡龙一。瓷棺体量庞大，胎体坚致，胎质精细，笔触流畅，青花发色相对纯正，应是江西景德镇民窑精品，所以生产者也应是景德镇窑户。

五是契约的中间人、立契人明确：中间人为刘亿怀、陈为政，立契人为慧贤禅师的俗世侄子周易哄、周映哄。民间对订立契约非常慎重，参与人员较多，特别是出资方参与见证者更多。该青花铭文瓷板其实也是一份珍贵的民间契约文书，对于当时民间私营经济贸易的研究具有重要意义。

此外，铭文中提到慧贤禅师的五代徒孙“在景镇东山祝禧寺妙鉴大师常住寄居”。乾隆四十六年（1781）刊本《浮梁县志》有关于“祝禧寺”的记载：“祝禧寺在里仁都。元至治三年，鄱阳周莓山创，元末毁，明洪武间重兴，又名东山寺。”[14]可知“景镇东山祝禧寺”应该在今江西景德镇。或因慧贤的弟子常住寄居景德镇，就地缘之便利，直接帮忙订购了此套瓷棺。

三　相关问题探讨

1. 夔龙纹

瓷棺中顶板、侧板有 17 个瓷块均饰团状夔龙纹，并作为主题纹饰。夔龙纹是明清时期瓷器装饰的常见题材，其形状多表现为上唇翻起如象鼻，口衔莲花或串珠，双足，多有两翼，自前足之后均化作翻卷的花枝状。乾隆时期的夔龙纹图案化趋势比较明显，在官窑和民窑中使用都比较广泛，有由主题纹饰转变为辅助纹饰的演变趋势。夔龙造型也用来装饰器物的耳柄等部位，常称作“夔龙耳”。

台北故宫博物院藏的乾隆青花夔龙蝠寿纹双耳瓶，为官窑作品，绘画精致。颈肩相接处置对称夔龙耳，涂以青花。颈肩部皆饰如意云头纹，腹外壁凸棱将其分割为三个装饰带，最上者中心部位绘变形“寿”字纹，两侧饰相向的夔龙纹，夔龙绘制规整细腻。中间层装饰带与上层相似，夔龙间则绘番莲花与蝙蝠。第三层纹样较为简单，上方为如意云头纹，下方为莲瓣纹。足缘露胎一圈，足内白地青花楷书“大清乾隆年制”三行六字（图十六）。

故宫博物院藏的光绪青花团夔龙纹加流盖杯，为民窑产品。杯盖面、杯身绘团状夔龙纹九组，盖面四组，器身五组，每组图案均有两条夔龙组成，画法相对粗糙，风格粗犷（图十七），表明这种团状夔龙纹在民窑瓷器中一直持续使用。

2. 瓷棺的烧制与组装

瓷棺整体仿木构棺具，结构复杂，成形难度极大。瓷棺拼装组合之后体量较大，胎质细腻，胎体厚重。前文已提及每个瓷块的形制、大小各不相同，顶盖、左右侧板、底板各部分的瓷块均由大到小依次排列；顶盖、左右侧板瓷块青花装饰面均呈弧形，分别向顶部、向外侧拱起。与 5 块底板相拼接的左右侧板各 6 块，每块瓷板之间均设有用以连接的闩孔，错缝拼接加强了瓷棺结构的稳定性，但也直接增加了设计和装烧的难度。

目前类似的瓷棺仅发现此一例，尚未见其他资料公布。窑户胡龙一在制作该具瓷棺时有无相关同类产品可供参考，我们不得而知。但从成形效果来看，在制作之前应有各个部位相对精确的设计样稿，以及整体效果图，或者在制作之前也有相关的模型小样，以供制作参考。相对于日用瓷器来讲，瓷棺的每个瓷块同时又属于大件制作，在制作出胎体厚实的瓷块坯体后，还要确保在烧造过程中不开裂、不垮塌，同时收缩率也需要保持相对一致，才能在拼装时严丝合缝。我们可以看到部分瓷块与相邻瓷块的接触面有较多的刮痕（见图八），或因在拼接成品时，有些接触面不是很契合，闩孔位之间难以扣合，需要进行局部修正，以保证整体效果。烧造的难度也增加了订购的费用，所以瓷棺费金八十两，价格不菲。

那么，这些瓷块是如何组装的呢？瓷块闩孔中没有留下任何原始组装构件的残留物，现在只能做一些简单推测。20 世纪 90 年代，湖南省博物馆古墓陈列馆对其进行复原展示时，主要靠在闩孔之间加塞木质条块进行连接（图十八），这或许也是原始的组装方式。一方面，木质条块摩擦力比较大，拼接相对牢固；另一方面硬度也比较小，方便加塞。

总之，该具瓷棺是罕见的组合瓷，体型较大，从装烧到组合都极具技巧，烧造难度很大，也反映了乾隆年间景德镇民窑超强的瓷器生产能力。

3. 湖南博物院藏其他清代瓷质丧葬用具

湖南博物院还藏有数量较多的清中晚期至民国时期的瓷质墓志，形制有瓷盘、长方形瓷板、长方形空心瓷砖等。瓷盘常见开片白釉、青白釉、豆青釉等，以圆盘多见，亦有方形盘，盘中心书铭文。有的为两件盘组合为一套墓志，其一为墓志盖，其一为墓志铭文（图十九）。瓷板和空心瓷砖边框常饰以青花回纹装饰，中间空白处书铭文。这类墓志铭文多采用錾刻的书写形式，有些錾刻后填以墨汁，擦拭后墨汁渗入錾刻痕迹中，呈现黑色字体（图二十），亦有些填以红色颜料，擦拭后呈红色字体（图二十一）。湖南博物院藏此类墓志时代最晚的一例为 1930 年（图二十二），表明在民国时期湖南地区使用墓志盘的葬俗仍在流行。墓志内容通常是对墓主生平的概述，包括墓志身份、名讳、生卒年月、家庭概况、葬址、立志人等等。这些墓志明清时期在湖南地区比较流行，是研究当时丧葬文化的重要物证。墓志载述内容中常会有大量的地理位置，如本文所列墓志铭文中“东南门外侯家塘”（见图十九）、“湖南省长沙府善化县南乡竹山”（见图二十一）等对于研究当时的行政规划、街坊位置具有重要意义；墓志中“原籍浙江绍兴府山阴县”（见图二十一）对研究当时湖南外来人口及其本土化也有一定的参考价值。

湖南博物院藏瓷质丧葬用具胎釉质良莠不齐，青花发色多数比较纯正，或为江西景德镇民窑产品，这类器物在江西地区也大量发现[15]，明清至民国晚期均有，时代多集中在清乾隆至民国阶段。广州博物馆也收藏有数量较多的相似藏品，均为征集而来，铭文内容表明，其使用地多为江西地区[16]，所以使用此种墓志应是当时湘赣地区较为流行的丧葬习俗。该类瓷质墓志在湖南地区的流行，或与明清时期的江西大移民有关，江西移民将此种葬俗带到了湖南地区。

四　结语

湖南博物院藏清乾隆青花瓷棺，造型罕见，烧造难度大，是当时湘阴长乐镇曹溪寺禅师慧贤的葬具，对研究景德镇民窑大型器具的烧造具有重要意义。湖南地区出土的瓷质丧葬用具，多为江西景德镇的民窑产品。限于篇幅，本文未能完全呈现对这类器具的综合梳理，仅筛选出具有代表性的几例，所陈内容难免挂一漏万。但对湖南地区出土这批瓷质墓志的梳理与深入研究，对于探讨明清至民国时期地域性社会经济、文化风貌有重要意义。

注释：

[1] 沈柏村：《清代慧贤禅师瓷棺杂考》，《南方文物》1996 年第 4 期。

[2] 江苏古籍出版社编选：《中国地方志集成・湖南府县志辑》第一册《乾隆长沙府志（一）》，江苏古籍出版社，2002 年，第 215、216 页。

[3] [清] 陈钟理等：《湘阴县志》，《故宫珍本丛刊・湖南府州县志》影印本，海南出版社，2001 年，第 205 页。

[4]《湘阴县图志》由邑人郭嵩焘撰。郭氏，字筠仙，积学能文，官至侍郎，归老于乡，自任此志总纂。书成于同治中，而为藩司李某所扼，卒历若干年至光绪六年（1880）仅得以私资付刊。然其书搜罗广备，考证精详，虽《宝庆志》犹有未逮也（谭其骧著，葛剑雄编：《复旦大学历史地理学术经典・谭其骧卷》，上海教育出版社，2022 年，第 116 页）。

[5] [清] 郭嵩焘编撰：《湘阴县图志》卷四，清光绪六年（1880）刻本，第 66 ~ 68 页。

[6] 此图系据《湘阴县图志》“县北长乐局第二图”拼接而成。

[7] 同 [5]，卷三，第 1 页。

[8] 此图系据《湘阴县图志》“总图” 拼接而成。

[9] 湖南图书馆编：《湖南氏族迁徙源流（一）》，岳麓书社，2010 年，第 274 页。

[10] 同 [7]，第 275 页。

[11] 郑恢主编：《事物异名分类词典》，黑龙江人民出版社，2002 年，第 465 页。

[12] 洪修平：《禅宗思想的形成与发展》，江西人民出版社，2011 年，第 287、293 页。

[13] 姜舜源：《清代黄金管理与使用情况考略》，《明清论丛》2022 年第 1 期。

[14] [清] 程廷济修：《浮梁县志》卷十，乾隆四十六年（1781）刊本，第 26 页

[15] a. 尹青兰：《清代的瓷墓志》，《南方文物》2002 年第 1 期；b. 钟洪香、陈书迁：《从清墓志瓷盘解读清代江西的丧葬文化》，《收藏家》2019 年第 10 期。

[16] 宋平：《广州博物馆藏清至民国瓷盒墓志文探略》，广州市文化广电新闻出版局、广州市文物博物馆学会主编《广州文博》玖，文物出版社，2016 年，第 248 ~ 260 页。

《武威军各营频年种树记》石碑考释

Interpreting the "*Record of Planting Trees by Each Battalion in Wuwei in Consecutive Years*" Stone Tablet

平凉市博物馆　王启峰　牛文楷

Wang Qifeng, Niu Wenkai, Pingliang Municipal Museum

内容提要：《武威军各营频年种树记》碑记载了左宗棠所部沿新陕甘大道植树之缘由始末，是现存关于"左公柳"种植最为详细的碑文资料，而"左公柳"也见证了一百多年来甘肃的兴衰荣枯。本文从魏光焘种植"左公柳"的背景、方法、管护措施等方面进行了探讨，这些植树经验对今日之生态环境治理仍有指导意义。

关键词：清代　魏光焘　左公柳　平庆泾固

Abstract: "*Record of Planting Trees by Each Battalion in Wuwei in Consecutive Years*" stone tablet records the reason and process of Zuo Zongtang's army planting trees along the new Shanxi-Gansu highway. This is the most detailed existing tablet about the plating of "Governor Zuo's Willows" and the willows have witnessed the rise and fall of Gansu in the past over one hundred years. This paper explores the background, method and protective measures of Wei Guangtao for planting the willows and such experience is still of instructive significance to present-day treatment of the eco-environment.

Keywords: Qing dynasty; Wei Guangtao; Governor Zuo's Willows; Pingqing Jinggu

《武威军各营频年种树记》石碑，为石灰岩质，无碑额、碑座，长方形，碑宽 60 厘米，高 129 厘米，厚 12.5 厘米，碑文 18 行，满行 45 字，全碑共计 707 字（图一、图二）。碑文镌于清光绪四年（1878），楷书，字迹洒脱、流畅而秀美，为魏光焘撰书。碑文记载了左宗棠所部沿新陕甘大道植树之缘由始末，使今天的人们得以知晓当年"左公柳"栽植的背景、方法、管护措施等情况。种树碑原存放于清代平庆泾固盐法兵备道署，即今天的平凉市崆峒区政府院内，现收藏于平凉市博物馆。

一　碑刻录文

武威军各营频年种树记

在昔，西陲构祸，陇东为烈，甚至道周树木存者寥寥，满目荒凉，不堪回忆。自银、夏、河、湟平，人民渐集，土地渐开。制府左侯相檄各防军夹道植柳，意为居民聚材用、庇行人，以复承平景象而畅皇风也。惟时搜采枝干，越山度壑，负运艰苦。树艺伊始，每为游民窃拔，牲畜践履，暵干枯朽，乃培其根柢，柞其杈枒，谕禁之、守护之、灌溉之、补栽之。始于同治十二年，今六载矣。吏士暴露，不知几费经营。武威分屯，初自泾州瓦云至瓦亭，隆德至静宁界石铺，其间瓦亭至隆德，界石至会宁城东，为精选中路，两军分驻。光绪纪元，悉属余防，复营植之，迩来邮程六百余里，不下二十万株。郁青青以惓茂，纷冉冉而陆离，已有可观。庆环一路则所部镇固、环捷两营植焉。水卤原高，多不宜树，生机亦蔚然间发矣。噫！万物本乾坤钟毓，而成之在人。再越数年，纵不逮淮徐之桐，海岱之松，荆衡之杶干栝柏，上列贡物，积蓄久而菁华发，当亦绿阴夹道，居者、行者相与游憩于其间，社稷河山皆为之生色。有问于余者曰："公树木亦得树人之道乎？"余曰："树人固吾职也。忆自戢乱招徕，以养以教，于今十载，其与道合耶？否耶？吾不得而知。闻君言，使吾恧然惭，复恍然悟，夫树木亦多术矣。乘时而莳，不先不后，必顺其天也。抟埴而种，勿助勿忘，必致其性也。办曲直以为弃取，度燥湿以勤爕调，审孳息以笃栽培，仿虞衡以严防卫。于是人事尽而地灵萃，天道允从，雨日润暄，风雷散动，则木之硕且茂，寿且蕃，将有不期然而然者。坚韧之质，栋梁之器，廊庙之材，皆于是乎出。虽然胚胎不容或坏，长养尤不容稍疏，倘竭心力缔构于前，后人罔知爱惜，其不至于摧折也几何。"问者笑曰："公言树木即树人之道也，独不见奇姿挺生，其磅礴郁积于阴崖峠崿之区，其峭竦扶疏于夐巘崚嶒之上，不恃人力而干霄蔽日，迥非群材所可几及，抑又何也？"余乃为之辩曰："此幽岩邃壑间气所钟，夫安得以寻常较视？"

图一 《武威军各营频年种树记碑》照片

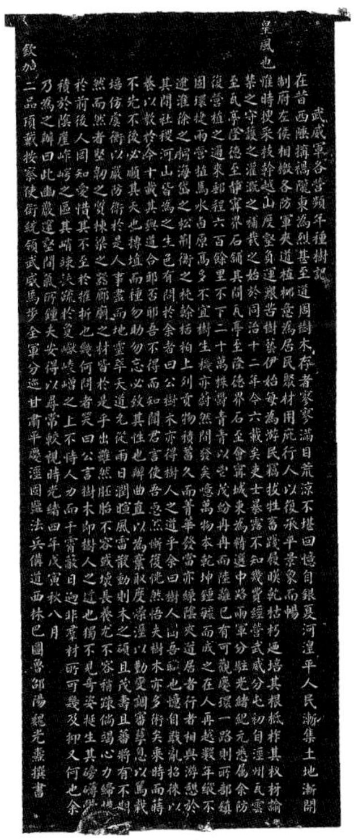

图二 《武威军各营频年种树记碑》拓片

时光绪四年戊寅秋八月。钦加二品顶戴按察使衔、统领武威马步全军、分巡甘肃平庆泾固盐法兵备道、西林巴图鲁邵阳魏光焘撰书。

二 魏光焘其人

魏光焘（1837—1916），字午庄，清代邵阳县金潭（今隆回县金潭乡）人。咸丰六年（1856），受母亲之命弃学从戎，投入曾国荃的湘勇，从此，踏入仕途，开启了他波澜壮阔的一生。他先后出任平庆泾固道道台、甘肃按察使、甘肃布政使、新疆布政使、陕甘总督、云贵总督、闽浙总督、两江总督兼南洋大臣等职务。1916 年 3 月 15 日，卒于宝庆（今邵阳市）城东郊湖山别墅，终年 79 岁。同治七年（1868），魏光焘随左宗棠赴陕甘，协助左公在军中办理营务，同治十年（1871），左宗棠西进安定，将魏光焘留在陇东，负责战后平凉、庆阳两府的善后工作，并保举他为平庆泾固道第一任道台。[1]

平庆泾固道地理位置特殊，其“南接汉成，东屏关陕，北扼银、夏，西控河、湟”。自古就是中原王朝扼守西北的战略要地。据《平庆泾固道题名记碑》记载：“明置道三：固原，一曰固原兵备道；庆阳，一曰分守河西道；平凉，一曰分巡关西道。顺治三年置整饬平庆道，驻平凉，后迁固原。河西、关西两道仍明制。康熙三年，关西道裁。六年，河西道裁。于是归并平庆一道，辖两郡……乾隆四十五年，升泾州为直隶州，分崇信、灵台、镇原三县隶之。始为平庆泾道。同治八年，余驻军庆阳署斯篆，九年，移防固原实任。十年，制府左爵相自平西征，畀余以后路，请改道署，仍驻平凉……十三年，规画既定，是为平庆泾固道之始也。”[2] 可见，平庆道之名始于顺治三年（1646），主要用于管理驿、盐务。平庆泾固道形成于同治十三年（1874），官署选择置平凉的原因是“平凉其中枢也”，从行政区域看，包括今天甘肃的平凉、庆阳以及宁夏的固原三地。在平庆泾固道任内的十年，是魏光焘政治生涯的开始，在这里他从一名戎马武将转型为地方行政官员。他不仅大力发展地方经济和文化教育事业，还重视国家和民族的利益，尤其是对本地区战后秩序的重建起到了积极作用。平庆泾固地区从原来的“土地荒废”，处处“黄沙白骨”，几年工夫就有了“商旅辐辏，百废俱兴”的可喜局面。“左公柳”的栽植亦是魏光焘最得意的成就之一，他用六年时间带领“武威军”士卒和百姓沿驿路种植柳树不下 20 万株，因其隶属左宗棠西征大军，所以，世人称其为“左公柳”。“左公柳”种植数年后成为陕甘大道上一道独特的历史人文风景，不仅巩固路基、防风固沙，还为百姓遮阴纳凉。至于“武威军”名号的来源，据《湖山老人述略·魏光焘遗著》记载：“七年，文襄公督办陕甘军务，调委办理营务于汉口，练马队以备马战……我军回收耀州。奉檄募（兵），统五营，名曰‘武威军’。”[3] 这支由湖湘子弟组成的“武威军”作战勇敢、装备精良，跟随魏光焘南征北战，先后参与了同治年间的陕甘战争、收复新疆等战斗。

三 “左公柳”的栽植

（一）“左公柳”栽植的背景

平庆泾固地区地处黄土高原腹地，在远古时期山清水秀、水草肥美。《诗经·邶风·谷风》提到“泾以渭浊，湜湜其沚”，说明春秋时期泾河还是清的，自然环境非常好。据史念海先生考证，泾渭的清浊是随自然环境和人为因素的变化而变化，战国晚期至魏晋时期，泾浊渭清；南北朝时期泾清渭浊；隋唐时期泾浊渭清；唐以后泾清渭浊。[4] 明清以来，黄土高原的森林、草地被加速破坏，主要是土地开垦、建筑用材和马匹畜牧等原因。如洪武三十年（1397），朱元璋在平凉府设置陕西行太仆寺，管理陕西都司所统西安等二十八卫所马政。[5] 永乐四年（1406），朱棣又在此设置了陕西苑马寺，管理长乐等二十四苑的马匹孳牧饲养工作。[6] 这些牧场绝大部分在平凉、庆阳、固原境内，大面积的圈地养马不仅导致土地沙化，还使失去土地的老百姓只能毁林造田，形成恶性循环。因此，这种大面积的环境破坏势必导致生态的严重失衡，进一步加速黄土高原水土流失。尤其是清代中后期，为了缓解耕地严重不足的紧张局面，乾隆皇帝曾下令开垦山头地角的畸零土地，使土地开垦活动不断深化，开垦量大幅度增加，对森林的破坏肯定更加严重。[7] 据《平凉府纪恩碑记》记载，乾隆五十四年（1789）二月，陕甘总督勒保入觐京师面见皇帝时说："甘肃地高气寒，其山童无竹木之饶，其水咸苦无菱芡鱼蟹之利，居民朴拙不能营生业，日用百物皆仰给他处，田虽广而瘠，粪种无法丰年，亩仅收数斗，岁入不供所出，故赋税常不及额……四十七年至今，积逋又累百万……然大略实由于贫。"[8] 勒保认为甘肃老百姓不缴赋税的原因是太穷了，即使付出数倍的辛劳也常吃不饱肚子。可见，到乾隆时期甘肃及陕西北部已是自然环境恶劣、民不聊生。于是皇帝特降旨免去了甘肃及陕西延安、榆林、绥德三府乾隆五十三年（1788）十二月以前所有未交租钱粮。

同治七年（1868），左宗棠以钦差大臣身份督军西征，驻军平凉，指挥西北战事。彼时的陕甘大地满目疮痍，人口凋零，生态破坏严重，各府县一片萧条，乡间"穴处蜂房，气象荒凉，无修竹茂林之胜"[9]。左宗棠在给友人的书信中写道："无论平、庆、泾、凉一带纵横数千里，黄沙白骨，路绝人迹。"[10] 魏光焘在植树碑里也写道："在昔，西陲构祸，陇东为烈……不堪回忆。"可见在连年的战争和自然环境不断恶化的双重打击下，本区域的破坏是毁灭性的。作为陕甘总督的左宗棠，不仅要安抚人心、恢复生产、修复城池、兴建学校、开山筑路，还要采取阻止土质进一步沙化、施行官道植树固土等环境治理措施。正如他在奏章中写道："臣之度陇也，首以屯田为务，师行所至，相度形势，于总要之处安营设卡；附近营卡各处，战事余闲，即释刀仗，事锄犁，树艺五谷，余种蔬菜；农功余闲，则广开沟洫、兴水利以为永利，筑堡寨以业遗民，给耕具、种子以赒贫苦，官道两旁种榆柳垂以荫行旅。"[11] 可见作为湖湘子弟的左公，对于西北边疆的治理是发自肺腑的，"左公柳"就是在这种特殊背景下开始栽植的。于是左宗棠移防平凉后，命令军队沿泾州一路向西，夹道植柳，后人称"左公柳"。而在平庆泾固道境内实际负责植树工作的是时任道台的魏光焘。据不完全统计，左公领军在甘肃、新疆境内栽植各类树 150 万株左右。"左公柳"的栽植不仅绿化美化了西北的道路，对于加强边防建设起到了重要作用，同时也产生了良好的生态效应。让西北边疆从唐代诗人王之涣的"羌笛何须怨杨柳，春风不度玉门关"到清代诗人肖雄的"应同笛里迎亭柳，齐唱春风度玉关"。自左宗棠之后，在文学作品中，我们又看到了春风度过了玉门关。

（二）"左公柳"栽植的措施及经验

在西北植树，选好树种是第一要务，选择的树种一定要耐寒、耐旱、成活率高。因此，在植树以前魏光焘就曾遍访当地百姓，询问植树之道，老百姓回答，山高土冷，不易成活，但魏光焘认为："古者五亩之宅，种墙下以桑，通衢之旁，植杨以表道。”[12] 左宗棠也在考察西北环境后，认为西北种树应选择杨、榆、柳三种树，对此他还进一步提出河西寒冷，宜多种杨树，陇东、陇南较为温和，宜多种柳树[13]，这些建议对于陕甘地区的植树具有指导意义。同时，武威军将士多出自湖湘农民家庭，而南方农民素有在宅前屋后栽桑种柳的习俗，他们把这种习惯保持到了西北，所到之处遍栽榆柳、广种蔬菜。[14] 因此，选择柳树既是寄托武威军的思乡之情，深层次的原因还是柳树易于种植，相对来说成活率高。但即使这样，在当时恶劣的自然条件下，不仅要克服干旱少雨，还要防止游民的偷盗和牲畜的践踏。为保证树木的茁壮成长，还要有严格的制度和精心的管护。为此魏光焘颁布毁坏树木禁令，加强士兵巡逻，对枯死的树木进行补栽，并及时浇灌、修剪。经过几年的精心种植和严加管护，“左公柳”已有“郁青青已戫茂，纷冉冉而陆离”的成果。对于长势喜人的“左公柳”，魏光焘还希望“再越数年，纵不逮淮徐之桐，海岱之松，荆衡之杶干栝柏，上列贡物，积蓄久而菁华发，当亦绿荫夹道。居者、行者相与游憩于其间，社稷河山皆为之生色”。而这些愿望在不久之后全部得以实现。接替左宗棠担任陕甘总督的杨昌濬在《恭诵左公西行甘棠》里写道：“大将筹边尚未还，湖湘子弟满天山。新栽杨柳三千里，引得春风度玉关。”不仅是对左公德政的歌颂，也是对“千里植柳”这项伟业的由衷赞赏。

经过数年的栽植，“左公柳”生长十分旺盛，形成了一条千里柳树大道，犹如一条巨龙横亘于西北黄土高原上，让这片古老又苍凉的土地焕发了新的生机。“左公柳”不仅在这苦寒之地种植成功，还提供了西北地区栽植树木的经验和方法，碑文明确地指出了植树的要领，比如要掌握时令，选好树苗，根据土质的不同，精心种植，加强管护等措施。同时，后期的管护措施一定要跟上，否则就是竹篮打水一场空。对于树木的长期管护，魏光焘认为人是决定因素，时至今日这些经验和方法依然有很高的价值。

四　结语

在平庆泾固道任内的十年，魏光焘采取积极安抚民心、恢复生产、修葺城墙、兴办教育、植树筑路、整理环境等一系列惠民措施。由于当时财政困难，每次都是魏公自己带头捐款，这些树立于陇东大地的碑刻记录了这一义举。左宗棠在写给皇帝的奏章里也提到，由于多年战争破坏和恶劣的自然环境，这些基础设施建设所需经费皆由各营旗随时捐发，并由魏光焘陆续捐给经费银八千七百两。[15] 魏光焘这种无私奉献的精神在腐败的晚清官场属于一股清流。在他的治理下，几年工夫，平庆泾固地区呈现出“人民渐集，土地日阔，年丰岁稔，物阜民安”的大好局面。陕甘总督左宗棠对其有高度的评价：“频年操防护运之暇，修筑城堡，平治道路，搭架桥梁，开浚河流，种植官树，利民之政，百废俱兴。”后由于其在平庆泾固道台任内的功绩，于光绪七年（1881）被擢升为甘肃按察使。

在历史上甘肃曾是富庶之地，司马光称“天下称富庶者无如陇右”。但明清以来，甘肃生态环境不断恶化，平庆泾固地区尤为严重。中华人民共和国成立后，在党和政府“绿化祖国”的号召下，我国的植树造林面积有了大幅度的增加。尤其是党的十八大以来，以“绿水青山就是金山银山”为发展理念，从国家战略层面推进黄河、长江等流域的高质量发展均取得了阶段性成果，全国的生态环境状况实现历史性转折，蓝天白云、绿水青山越来越多。对于这些优异成绩的取得，我们除了坚持科学发展的理念外，也应学习前人的成果经验，尤其是植树碑里记载的种树经验和方法，时至今日仍具有指导意义。

注释：

[1] 赵维玺：《从边吏到疆臣：魏光焘评传》，中国社会科学出版社，2018 年，第 345～356 页。

[2] 吴景山：《平凉金石校释》，甘肃文化出版社，2022 年，第 279 页。

[3] 中国人民政治协商会议湖南省隆回县委员会文史资料研究委员会：《隆回文史资料》第三辑，1988 年，第 35 页。

[4] 史念海：《论泾渭清浊的变迁》，《陕西师范大学学报》1977 年第 1 期。

[5]《明太祖实录》卷二百四十九，台湾"中央研究院"历史语言研究所影印本，1962 年，第 3607 页。

[6] 同 [5]，卷五十九，第 856 页。

[7] 马雪芹：《历史时期黄河中游地区森林与草原的变迁》，《宁夏社会科学》1999 年第 6 期。

[8] 政协甘肃省平凉市崆峒区委员会编：《崆峒金石》，甘肃人民美术出版社，2014 年，第 207～208 页。

[9] 慕寿祺：《甘宁青史略·正编》卷二十三，兰州俊华印书馆，1936 年，第 100 页。

[10] [清] 左宗棠著，刘泱泱等校点：《左宗棠全集·家书·诗文》，岳麓书社，2014 年，第 125 页。

[11] 同 [10]，《奏稿六》，第 637 页。

[12] 同 [9]，第 100 页。

[13] 刘大为：《漫话"左公柳"》，《湖南日报》1982 年 3 月 31 日。

[14] 马啸：《左宗棠在甘肃》，甘肃人民出版社，2005 年，第 232 页。

[15] 同 [10]，《奏稿七》，第 469 页。

沈葆桢稀见未刊咨文五通述考

Textual Research on Shen Baozhen's Five Rare Unpublished Official Communications

广西壮族自治区博物馆　李　霞

中华人民共和国南宁海关　刘少波

Li Xia, Museum of Guangxi Zhuang Autonomous Region

Liu Shaobo, Nanning Customs District P. R. China

内容提要：沈葆桢同治三年致军机处咨文五通，系咨送太平天国要员听王陈炳文、誉王李瑞生、幼天王洪天贵福、干王洪仁玕、昭王黄文英、恤王洪仁政之投诚原禀、供词和亲笔手迹的重要文件，均未刊，且因藏于台北故宫博物院，为内地学界所稀见。通过对该五通咨文以及相关史料的梳理，既可解开一些困扰已久的历史疑题，亦可重新认识某些曾被忽略的细节。

关键词：沈葆桢　王庆成　太平天国　供词

Abstract: In the third reign year of Qing Emperor Tongzhi, Shen Baozhen sent five important official communications to the Office of Military Secrets. These communications were addressed to key figures of the Taiping Heavenly Kingdom, including Chen Bingwen, Li Ruisheng, Hong Tianhuifu, Hong Rengan, Huang Wenying, and Hong Renzheng. Currently housed in the Palace Museum in Taipei, they have never been published and are rarely seen in mainland academic circles. Through a comprehensive analysis of these five official communications and relevant historical sources, we can not only resolve some longstanding historical enigmas but also re-recognize some important details that have been neglected.

Keywords: Shen Baozhen; Wang Qingcheng; Taiping Heavenly Kingdom; confessions

1994 年，中国社会科学院近代史研究所王庆成先生受邀在台湾访学一月，得以见到台北故宫博物院所藏太平天国要员幼天王洪天贵福、干王洪仁玕等人被俘受鞫后的供词、手迹，经抄录带回大陆。1996 年，又承日籍教授小岛晋治寄赠台北故宫博物院复印件，补录洪天贵福、尊王刘庆汉、誉王李瑞生供词各一件。以上史料，均刊载于《稀见清世史料并考释》（武汉出版社），成为内地学界研究太平天国史的重要资料。不过，当时王庆成先生并未注意到，这些史料其实都是江西巡抚沈葆桢于同治三年（1864）致清廷军机处系列咨文的附件。正因相关链条存在缺失，以致一些问题疑而难决，某些细节被忽略。现据台北故宫博物院咨文原件（均未刊，稀见），对相关材料和历史作一全面梳理。

一

咨呈　军机大人

太子少保督办江西皖南军务陕甘总督部堂杨、兵部侍郎江西巡抚部院兼提督衔沈为咨呈事。准浙江提督鲍咨，称“率师克复金溪县城后，于七月十一、二等日，据伪听王陈炳文、伪宁王张学明、伪奖王陶金会率众六万人、洋炮队七千余杆，具禀投诚，已派总兵洪容海前往办理”等因到本部堂、院，准此。除委员会同查造姓名、籍贯清册，给发路票，分别遣散回籍，并附片具奏外，所有陈炳文等投诚原禀相应咨送。为此咨呈军机大人，谨请察收，备查施行。须至咨呈者，计咨送：陈炳文等原禀一件。右咨呈军机大人。

同治三年七月二十六日　咨呈事

按：台北故宫博物院军机处档折件 / 同治朝，统一编号：故机 099032。首尾钤印“陕甘总督留办江西皖南军务行营关防”，为湘军大将杨岳斌大营关防。从文内未同时加盖江西巡抚关防来看，该咨系由杨岳斌主稿，沈葆桢会衔。

同治三年（1864）春夏间，曾国荃部对太平天国都城天京（今南京）的围攻进入决战阶段，李鸿章部、左宗棠部则连下嘉兴、杭州、常州等军事重镇。此时，太平天国政权岌岌可危，再加上江浙地区土地失耕、口粮缺乏，太平军侍王李世贤、康王汪海洋等部被迫纷纷前往江西就食。因江西素为湘楚各军筹饷重地，故曾国藩派出鲍超、周宽世等部，左宗棠派出王德榜、王开琳等部驰援赣省。四月二十三日，清廷命湘军水师统领杨岳斌督办江西、皖南军务。五月初六日，因陕甘回民起义，又命为陕甘总督，但由于江皖军务吃紧，杨岳斌并未履新，仍留于赣省督办军务。

至六七月间，太平军在江西的军事行动屡屡受挫，侍王李世贤在战斗中受伤，金溪县城遭鲍超攻克，康王汪海洋被击溃，平东王翟天凤被俘。因感大势已去，七月十一、十二等日，听王陈炳文、宁王张学明、奖王陶金会等主动具禀向鲍超请降。据陈炳文等人所禀，其现有人马六万、洋炮队七千余杆，“前被广西贼匪猖乱所掳”“并非甘心投贼”，其部向受汪海洋、翟天凤“欺伏〈负〉”“故屡次投诚禀帖被其阻滞”。眼下汪部已溃、翟天凤就擒，故遣陈炳文之弟陈报林“亲身赴营面禀”。[1]招降纳叛历来风险极高，既要提防诈降，又要防办理不当引发再次哗变。为此，鲍超委派总兵洪容海前往办理受降事宜。洪容海，安徽无为人，原为太平天国将领，因避洪秀全之讳易姓为童，封“保王”，同治元年（1862）投降鲍超，由游击渐升总兵。显然，鲍超此举是有所考虑的：一方面可示以信用；另一方面即便事机不成火并起来，还能削弱降众力量。不过，事后证明鲍超多虑了，事情进行得很顺利。降军大部被遣散，仅留下一千八百人，立为三营，由陈炳文、张学明、陶金会分统。[2]

七月二十六日，根据鲍超的咨文，杨岳斌联衔江西巡抚沈葆桢向清廷奏报了陈炳文等人投降始末[3]，并同时向军机处行咨，附送了陈炳文等原禀以供备查。陈炳文等原禀，原件现藏于北京故宫博物院。1979 年，太平天国历史博物馆在编著《太平天国文书汇编》时，将其收录其中，名为《陈炳文张学明陶金会上清朝浙江提督鲍超投降禀》。[4]

二

咨呈

兵部侍郎兼都察院右副都御使巡抚江西等处地方兼理军务兼提督衔沈为咨送事。

窃照本部院于同治三年九月十七日，会同两江爵阁督部堂曾、闽浙督部堂左、兵部右堂彭[5]，附驿具奏生擒伪誉王李瑞生，讯明正法缘由，相应抄片并录供单咨送。为此咨呈军机大人，谨请查照，备核施行。须至咨呈者，计粘：抄片一件，并录供单一件，共一纸。右咨呈军机大人。

同治三年九月十七日 咨送事

按：台北故宫博物院军机处档折件 / 同治朝，统一编号：故机 100167。钤印“江西巡抚兼提督衔关防”（以下同），此为沈葆桢江西巡抚关防。[6] 据咨文所言，该咨粘送了两个附件：一是沈葆桢于九月十七日所上生擒太平天国誉王李瑞生折片的抄件，该片系其与两江总督曾国藩、闽浙总督左宗棠、兵部右侍郎彭玉麟会衔，为《沈文肃公政书》所缺；二是誉王李瑞生的供单一件，已补录入《稀见清世史料并考释》。[7] 因折片抄件未刊，故据原图整理如下：

钞片

再，长左营副将李运胜生擒伪誉王李瑞生，经臣汇折奏明在案。兹据统领长左营道员王德榜以遵批亲提该酋，详细讯明，就于军前正法，录叙口供，禀送前来。除将供单咨送军机处备核外，理合会同协办大学士两江督臣曾、闽浙督臣左、兵部右侍郎臣彭，附片陈明，伏乞圣鉴，谨奏。

该片虽未标上奏日期，但据前咨为九月十七日。从该片内容来看，关于生擒誉王李瑞生之事，沈葆桢之前已有奏报。经查《沈文肃公政书》，系指九月十一日《广信地面一律肃清折》。[8] 根据此折，王德榜长左一军，经左宗棠指派，“由浙扫荡入江”[9]，在玉山、广信等地迭获胜仗。八月二十八日，王部与楚军黄少春、乔中岳部在铅山湖坊合击太平军，该部副将李运胜在战斗中生擒太平天国誉王李瑞生。

李瑞生，广东惠州府永安县人，“为（祐王）李远继之兄”[10]，曾“在杨家村从洪秀全读书四年”，后加入太平军。天京变乱时随翼王石达开出走，至广西时脱离并重回天京，“在洪秀全身边派为军机，管办文书”。[11] 据其供词，六月十六日，天京被湘军攻破，幼天王洪天贵福等人假充官兵，趁夜从城缺中冲出，经广德前往湖州，与干王洪仁玕、堵王黄文金会合，旋因浙江无粮，遂往江西寻找汪海洋、李世贤二王。“不料黄文金在昌化受炮子而亡”[12]，导致军心涣散。李瑞生经湖坊之战被俘，幼天王等人被冲散，不知所终。根据沈葆桢九月十七日《钞片》，李瑞生被擒后，依照沈氏指示，由王德榜亲自提讯，录叙完口供后即遭处死。

三

咨呈

兵部侍郎兼都察院右副都御使巡抚江西等处地方兼理军务兼提督衔沈为呈送事。案准军机大人知会片开“嗣后贵抚保奏折单内，遇有请旨特予奖赏之员，务将履历及从前所得奖叙并有无花翎、勇号等项详细开明，随折咨送本处，以凭查核”等因。今本部院会奏席军生擒首逆一折，尤为出力、已请开复布政使衔记名按察使席宝田，应如何奖励之处，出自宸裁。所有该司出身履历，相应照造清册并伪幼逆洪福瑱亲笔供单，同伪尊王刘庆汉供折一并咨送。为此咨呈军机大人，谨请查核施行。须至咨呈者，计呈送：履历册一本、供单一件、钞供折一件。右咨呈军机大人。

同治三年十月初三日 呈送事

按：台北故宫博物院军机处档折件 / 同治朝，统一编号：故机 100475。席宝田，湖南东安人，诸生出身，曾入楚勇刘长佑幕，后独领一军，称“精毅营”，奉命援战皖北、江西，累功加布政使衔，获“业铿额巴图鲁”勇号，以按察使记名，后实授云南按察使。因精毅营战力颇悍，席宝田深受沈葆桢倚重。同治三年（1864），席部受命与进入江西的李世贤、汪海洋等部激战，迭克崇仁、宜黄等城，迫使太平军往广东、福建方向撤退。然如此一来，处于江西、福建边界的宁都频频告急。负责督办军务的杨岳斌屡次催促席宝田进援宁都，但席皆借故拖延。八月二十四日，杨岳斌以“有意迟延”“巧诈不力”[13]为辞参劾席宝田，使席被免去按察使，降补知府。

另一边，湖坊之战后，幼天王、干王一行人马士气低落不敢恋战，一路攀崖缒磴，避兵而行。得知消息的杨岳斌、沈葆桢，命令席宝田改变计划，赶赴金溪追击幼天王队伍。九月初九日，席部终于在广昌、石城之交的杨家牌、古岭（今江西石城县古岭坳附近）一带俘获干王洪仁玕、昭王黄文英。十二日，署石城县令曾继勋督带乡团搜获了恤王洪仁政。次日，席部在石城高田俘获尊王刘庆汉。二十五日，席部又在荒谷中无意搜得幼天王。至此，太平天国一众要员皆落入席宝田之手。为此，沈葆桢接连上奏给席宝田请功：九月二十五日，沈葆桢向清廷奏报洪仁玕、黄文英、洪仁政就擒事，请求清廷准予开复席宝田的处分，“仍以按察使记名简放，赏还布政使衔、勇号”[14]；十月初三日，沈氏又上折奏报尊王刘庆汉和幼天王洪天贵福（洪福瑱即洪天贵福，因其玺印横刻“真主”二字，故误传为“洪福瑱”）就擒事，希望清廷能对“尤为出力”的席宝田“优加恩奖”。[15]

随十月初三日奏折一同上呈的，还有沈葆桢同一天致军机处的咨文（即本文十月初三日咨）。从该咨内容来看，沈氏随咨呈送了三个附件：一是席宝田的履历册一本，这是应军机处要求所送，以便查核。二是幼天王洪天贵福的亲笔供单一件。据沈葆桢十月初三日奏折，该供单是幼天王在席营受鞫时的亲笔供词。据此供词，洪天贵福年十六岁，洪秀全去世后被拥立登基。天京城破时，在尊王刘庆汉等人护卫下突围，先至广德，后入江西，在杨家牌混战中被打散，遂独自一人上山躲避，饿了四天，经一无须、头戴白帽、身穿白衣白靴的高人送一圆饼食用得以续命。下山后，“走何家湾高田一路来石城”[16]被擒。三是尊王刘庆汉抄供折一件（即刘庆汉供词，文头标有“钞供折”三字）。据此供词，刘庆汉为广西人，曾跟随林凤祥、李开芳北征，失利后回到天京，封“尊王”，命为副军师，与洪仁玕一同掌理朝政。天京城破时，护幼天王冲出。虽在杨家牌、古岭一带得以逃脱，但至高田因伤倒地被擒。据沈葆桢十月初三日奏，刘庆汉被俘时伤势甚重，其供词系发由石城县研讯，随后便被凌迟处死。目前，该三个附件，除席宝田履历册未见外，其余两件均已经王庆成先生补录入《稀见清世史料并考释》。[17]

四

咨呈

兵部侍郎兼都察院右副都御使巡抚江西等处地方兼理军务兼提督衔沈为呈送事。窃照本部院于同治三年十月初六日会同两江爵阁督部堂曾、闽浙督部堂左、兵部右堂彭，由驿具奏讯明逆酋供情一折，相应钞录各该逆节次供词，暨洪仁玕亲笔供单，同所作诗句并签驳李秀成口供原本呈送。为此咨呈军机大人，谨请查照，备核施行。须至咨呈者，计呈送：南昌府讯，洪仁玕二十八日又供一本，洪仁政供一本，黄文英供并又供共一本，洪仁玕二十八日供一本，洪仁玕二十七日供一张，洪仁玕二十七日自写亲供一本、诗一张；席营讯，各酋供一本[18]；本部院亲讯，各酋供单三件、洪仁玕签驳李秀成口供原本一本。右咨呈军机大人。

同治三年十月初六日　呈送事

按：台北故宫博物院军机处档折件 / 同治朝，统一编号：故机 100875。同治三年（1864），洪仁玕、黄文英、洪仁政被俘后，先经席宝田在营鞫讯，后解江西省垣南昌，经知府许本墉复讯，最后由沈葆桢亲自审问。十月初六日，沈葆桢与曾国藩、左宗棠、彭玉麟会衔，上《讯明逆酋供情折》[19]，请示如何处置洪仁玕等三人，并将三人节次供词，以及洪仁玕亲笔供单、所作诗句并签驳李秀成口供原本咨送军机处备核。

从本文十月初六日咨文来看，此次沈氏送往军机处的供词、手迹等材料共 16 件。具体为[20]：（一）洪仁玕 9 件：席营讯供 2 件，包括问供 1 份、亲书供词抄件 1 份（原件标"钞呈伪干王亲书供词"）；南昌府讯材料 5 件，包括九月二十七日供 1 张（原件标"南昌府提讯逆酋供"）、亲供 1 本、亲笔诗 1 张，九月二十八日供 1 本、又供 1 本；江西巡抚衙门讯供材料 2 件，包括沈葆桢亲提讯供 1 件（原件标"本部院提讯逆酋供"）、洪仁玕亲笔签驳李秀成口供 1 本。（二）黄文英 4 件：席营讯供 1 份；南昌府讯材料 2 本，包括九月二十七日供和又供各 1 本；沈葆桢亲提讯供 1 件（原件标"本部院提讯逆酋供"）。（三）洪仁政 3 件：包括席营、南昌府、江西巡抚衙门讯供各 1 件（原件分别标"席营提讯逆酋供""南昌府提讯逆酋供""本部院提讯逆酋供"）。

综合以上供词可知，该三人中，洪仁玕、洪仁政皆系广东花县人，为洪秀全堂兄弟，分别被封为"干王"和"恤王"。天京城破时，二人受命在外催解援兵。幼天王突围来到广德，几人商议决定赴江西寻找侍、康二王，再往湖北会扶王陈得才大队。讵料，行至杨家牌、古岭一带，太平军兵败，人马拥塞，洪仁玕与幼天王失散，于拂晓时分被俘。洪仁政则藏伏山中，后欲剃头潜逃，不想被乡团捉获。黄文英，广西博白人，乃太平天国悍将堵王黄文金堂弟，十三岁时加入太平军，被封为"昭王"，负责把守广德，是天京城破后三人里最先见到幼天王的。后与幼天王为前队前往江西，因所乘骡马拐脚掉队，等行至石城，人马星散，又念及堂兄已死，失去依靠，万念俱灰之下，主动投入席营就擒。

据沈氏十月初六日咨，九月二十七、二十八两日应皆为清历，而非太平天国历[21]，原因是沈葆桢发给军机处的公文，不可能使用敌方历法。由此可见，这两日洪仁玕等三人正在南昌府接受讯问。而据该咨原件，"诗一张"写在"洪仁玕二十七日自写亲供一本"之后且置于同一列，说明该诗与洪仁玕二十七日自写亲供写于同一天。故此，洪仁玕于诗末自署之"廿七日"，就是清历的九月二十七日。这也意味着这些被称为洪仁玕怀抱必死决心的"绝命诗"，的确不是写于就义之日，但也并非写于被俘当天。[22] 王庆成先生曾为此纠结，并做出相反判断[23]，这自然是未见该咨文之故。目前，洪仁玕、黄文英、洪仁政三人共 16 件材料均已收录进《稀见清世史料并考释》[24]，成为不容忽视的一手史料。

五

咨呈

兵部侍郎兼都察院右副都御使巡抚江西等处地方兼理军务兼提督衔沈为呈送事。窃照本部院于同治三年十月十三日会同两江爵阁督部堂曾、闽浙督部堂左、兵部右堂彭，由驿具奏讯明首逆供情一折，相应抄录洪福瑱供词并沿途所收自写笔迹呈送。为此咨呈军机大人，谨请查照，备核施行。须至咨呈者，计呈送：南昌府讯供一本、本部院讯供一本、自写笔迹十件。右咨呈军机大人。

同治三年十月十三日　呈送事

按：台北故宫博物院军机处档折件 / 同治朝，统一编号：故机 100728。同治三年（1864）十月十三日，沈葆桢再与曾国藩、左宗棠、彭玉麟会衔，上《讯明首逆供情折》[25]，向清廷汇报审讯幼天王的情形。据该折，十月初五日，席宝田派出精毅营训导唐家桐将洪天贵福押解南昌，经知府许本墉讯供，后沈葆桢又亲自提审。而在去南昌的路上，幼天王沿途亲笔写下了笔迹十件。十月十三日，沈葆桢在上《讯明首逆供情折》的同时，向军机处咨送了许本墉和他自己先后审讯洪天贵福的供词各一本，以及洪天贵福自写的笔迹十件。目前，该两本供词和自写笔迹中的九件均已收录入《稀见清世史料并考释》。[26] 剩余自写笔迹之《十救诗》部分诗句，"因与太平天国刊本无异"[27]，被王庆成先生略去。以下，据台北故宫博物院原件补录：

十救诗

妈别崽，崽别妈，别上天，无别邪，天爷爹爹专斩邪。崽大九岁媳为他，崽大七岁学洗身，睡不同床严别些。生身妈众妈一也。

姊别弟，弟别姊，别上天，无别死，瞒天犯条天诛死。弟大四岁姊别起，弟大七岁别一丈，不准同床害自己。

哥别妹，妹别哥，别上天，无别魔，瞒天混杂是妖魔。妹大五岁哥莫摸。

《十救诗》是天王洪秀全专为儿子洪天贵福和女婿钟万信所作的十首诗，主要讲的是"隔离男女和清心慎言的道理"。[28] 洪秀全希望儿子、女婿通过习练《十救诗》并践行其中要求，达到"上天长生，福长悠"[29] 之目的。不过，对照《十救诗》原刊本，幼天王手书《十救诗》仅有前三首且字句出现错漏。从诗后仍留有大片空白分析，应该是其未能将后面七首默写出来，这是以往被忽略的细节。据王庆成先生介绍，幼天王这部分原档共有 12 个编号，但其感觉"档案有缺佚，两篇不连接的纸，可能原属一件"，故"以类相从，归纳为 9 件"[30]，此当为误。这 12 个编号应该就是原档（两本供词加上十件自写笔迹）的真实反映，之所以有的看似缺佚（主要指王先生所标"洪天贵福亲书自述之一"和"洪天贵福亲书自述之二"）[31]，有的看似杂乱无章、缺乏逻辑（如同一页纸内，一边写有诗句，另一边却有一小段自述），其实是唐家桐按照沈葆桢指示，在押解途中"诱以甘言"[32] 随问随写、随写随问的结果。毕竟，幼天王年不过十六岁，涉世未深且长期与外界隔绝，被人诱导之下，很容易轻信，以至于把"话都告诉他（唐家桐）说了"[33]。

最后，需要指出的是，比照台北故宫博物院原件，因受时间和条件所限，《稀见清世史料并考释》收录的洪天贵福等人供词和亲笔手迹，部分字词存在漏误。尽管这在所难免，也不影响理解全文大意，但仍应为学界所注意。

注释：

[1] 太平天国历史博物馆编：《太平天国文书汇编》，中华书局，1979 年，第 562 页。

[2] 后沈葆桢借故将张学明、陶金会营裁撤，将二人归隶于陈炳文启化副中营营下，为哨官。

[3] [清] 杨岳斌撰，肖永明、曾小明校点：《杨岳斌集》，岳麓书社，2012 年，第 118～120 页。

[4] 同 [1]，第 562～563 页。

[5] 两江爵阁督部堂曾，即湘军统帅曾国藩，时任两江总督、协办大学士，封一等侯；闽浙督部堂左，即楚军统帅左宗棠，时任闽浙总督；兵部右堂彭，即湘军名将彭玉麟，时为兵部右侍郎。

[6] 自乾隆十八年（1753）起，江西巡抚兼本省提督衔。

[7] 王庆成编：《稀见清世史料并考释》，武汉出版

社，1998年，第563～565页。

[8][清]沈葆桢:《沈文肃公政书》(第二册)，朝华出版社，2017年，第591～600页。

[9]同[8]，第594页。

[10]同[8]，第597页。

[11]同[7]，第563、564页。“在杨家村”“派”字为《稀见清世史料并考释》所录《誉王李瑞生供词》所无，此据台北故宫博物院藏原件校补。

[12]同[7]，第565页。

[13]台北故宫博物院藏军机处档录副奏折:《杨岳斌等片》(统一编号：故机099608)，此片为《杨岳斌集》所无。根据内容、对应上谕下发的时间逻辑以及台北故宫博物院文献编号顺序推断，此片应为杨岳斌八月二十四日《南安援师叠次获胜收复水城折》的附片。

[14]同[8]，第627页。

[15]同[8]，第653页。

[16]据洪天贵福在南昌府和巡抚衙门的讯供，下山后，他谎称姓张，在唐姓人家帮忙割禾，住了四天后离开，因人生地不熟，终被官兵盘获。同[7]，第560页。

[17]同[7]，第559～563页。

[18]席营讯各酋供一本，台北故宫博物院原件标“席营提讯逆酋供”，包括洪仁玕供词两份，洪仁政、黄文英供词各一份。

[19]《沈文肃公政书》将此折上奏的日期误作“十月十三日”。同[8]，第663～664页。

[20]因咨文“呈送”所述较为混乱，此处按人和时间顺序并据台北故宫博物院原件进行重新梳理。

[21]太平天国历日期要比清历晚若干天。

[22]根据史料，洪仁玕就义于同治三年(1864)十月二十五日。

[23]同[7]，第493页。

[24]同[7]，第464～514、533～544页。

[25]同[8]，第659～661页

[26]同[7]，第517～533页。

[27]同[7]，第515页。

[28]南京太平天国历史博物馆编:《太平天国印书》第二十册《幼主诏书跋》，江苏人民出版社，1961年，第1页。

[29]同[28]，第二十册《幼主诏书》，封面次页。

[30]同[7]，第515页。

[31]《洪天贵福亲书自述之一》至“偕王”二字中断，显系文意未完，故王先生推断其与《洪天贵福亲书自述之二》为同一件，但实则不然。据台北故宫博物院原件，该两件材料与其他八件材料，应就是沈氏咨文所说的“自写笔迹十件”。同[7]，第517～520页。

[32]广西壮族自治区博物馆藏沈葆桢同治三年致席宝田批牍原件:《统带精毅营楚勇布政使衔记名按察使业铿额巴图鲁席宝田禀卑部追剿湖州窜贼初九连捷剿灭殆尽并生擒纲昭二逆由》。

[33]同[7]，第533页。

汪诒书致王之春信札考释

Interpreting One Letter from Wang Yishu to Wang Zhichun

湖南博物院（湖南省文物鉴定中心） 邓昭辉

Deng Zhaohui, Hunan Museum (Hunan Provincial Cultural Relics Authentication Center)

内容提要：湖南博物院藏有一通汪诒书致王之春信札，为研究光绪末年广西巡抚王之春与广西提督苏元春的激烈斗争以及广西的会党起义等历史，提供了最为原始的珍贵文献资料。

关键词：汪诒书 王之春 苏元春 广西会党起义

Abstract: The Hunan Museum houses one letter from Wang Yishu to Wang Zhichun, which can serve as precious documentary materials for studying the fierce struggle between Governor Wang Zhichun of Guangxi and Commander-in-chief Su Yuanchun and the Heaven and Earth Society Uprising in Guangxi at the end of Emperor Guangxu's reign.

Keywords: Wang Yishu; Wang Zhichun; Su Yuanchun; Heaven and Earth Society Uprising in Guangxi

一 信札释读

在我院丰富的馆藏古旧文献中，信札占有重要的一席之地。馆藏致王之春信札，系 20 世纪 50 年代湖南省文物管理委员会征集入藏，通过清理，发现其涉及内容丰富，蔚为大观，其中有一通汪诒书致王之春的信札，研究价值极大。

该信札共 14 页，字迹清晰、无虫蛀，保存基本完好。纸张尺寸规格一致，纵横为 31 厘米 ×28 厘米。此通密信乃汪诒书行书所写，亦不失为一件珍贵的书法作品。汪诒书的书法源出欧体，紧结而耸拔，笔道尖入尖出，更给人以刀光剑影之感，“硬”与“挺”构成它们的基本特色，起笔收笔，无不圆润流利、收放自如。

现试将原稿加注标点，整理释读如下：

芍帅长兄大人勋席：倾专足至，奉到手书并备件，敬悉种切，日来频奉电函，事理甚繁，急足待发，不暇连缀成文，谨就管窥所及，条列于左，幸仓卒不恭为罪，赐鉴焉。

苏（即苏元春）军之失广西，患人之能言之，其人挥金如土，广钞通神，故能高下在心。此次我公与之决裂，以清数十年前之积弊，弭数十年后之巨患。可谓力任其难，困兽犹斗，彼自知无可解免，铤而走险，其坚狡（彩版二九，1）/必较去年为甚。我公宜看清理路，坚持定见，所谓事不轻发，一发而即无两可游移者也。略（即荣禄，字仲华，号略园）相骑箕朝政，虽无大变动，然以庆邸（即庆王奕劻）亲贤，初廖密切，恐不能即如略老之能拿主意也。幻态百出，惟有静以俟之，坚以持之。西林（即岑春煊）擢督，观其寄我公电及两司电，于广西政策大有干预之意。此公怙宠逞才，好立名鉴，近日宗旨，颇有类乎李敏达、田文镜。书尝谓此公（彩版二九，2）/无情又不如项城（即袁世凯），尚念之有故人之意也，似宜于同寅协恭之中，微寓不相假借之意。

宥电今午奉到，边界大股扑灭，又经滇黔各帅先驰露布，广西自应奏报以慰。宸廑兼酧各将领栉沐之苦，惟内地似不宜遽报肃清，只宜就现在节节布置，断不至再有燎原情形，详细声叙，不肃清而自肃清，脚步较稳。盖广西之有匪患，不仅数十年如此，且数百年如此（彩版三〇，1），/现在民穷财尽，百孔千疮，故其发也为烈。若必人安耕凿，户居弦歌，则安有此一日。此后则全在各地方守全，随时防范，不至姑息养奸，或另谋教养之法，庶几有万一之效耳。我公受命之际，糜烂异常，无饷无兵，勉张空拳，以支危局，边界大股俚已殄灭，内地渐就廓清，劳苦功高，夫人而知，岂有可议。惟现在是非无定，卮言日出，西林又最喜搜剔，以见己长。苏元春复（彩版三〇，2）/耽耽在侧，万一有三两小丑，漏网稽诛，彼必持肃清二字，集矢我公，言官之风阅影响，报馆之议论虚诬，皆足以累盛明而淆观听。局外论事，不知局中办事之苦，故持论常刻而责备甚苛，老成谋国，原不必计较毁誉，然亦须处之，自站地步。处今之世，不得不尔也。苏军之应参，书按梧浔时，证以所阅，颇思据以入告，奈彼时查不清楚，未便以影响之词，有同言官故事，故中止。现在既（图一）/经彼时若参苏，必且谓公隐徇方得体，今公既言之，则学政不必言也我公电奏，又拟封章论劾，彼又再三晓之，近于讦奏。朝廷复移粤督，大率为此，则书即未便置词矣。科试报竣时，当陈地方情形，据理一言，较为无迹。我公与书同乡姻好，世人皆知。又兼广西湘人太盛，尤不可不时时警惕，以避朋党倾轧之嫌。我公堂堂正正，据事直陈，有何可怕，天下事，最怕有理弄成无理，含沙之射，万不可（图二）/不防。前兆怀在省，传述尊意，以昭平一役，隗以毛诗，盛情极为可感，书之所以再三婉谢者，并无它故，以其近于借端敛费，且颇类于佐杂官做生日，且目下尚可敷衍。倘将来真有缺乏，必向我公通缓急，决不客气。从前屡受公惠，并未稍却，以此知非矫饰也。

来电欲以书承乏监督一席，昨已电复，兹（图三）/事体大，平日未尝究心，实不敢自信。东西各国，日夕汲汲以求，累数十年，始成此文明之局。方今京师、两湖皆系当代通人主持其事，犹不惮周咨博访，精益求精。广西残破之余，度支奇绌，学堂规模，本系草创，若认真办理，其中应兴应革者甚多，且转瞳科场，暑假已成残局，不如暂仍其旧统。俟我公凯旋，再议办法，彼时倘蒙恩留，必当效指臂之力（图四）。

此次入粤，仅试平梧四属，既无风气之可开，复苦衡鉴之未当，浔州之讲社，皆丹铭太守（即张祖祺，字丹铭）精心结扶而成，鄙人不过一到壹奖励之耳。去年今年两片奖借过，当令人惭愧无地。我公待书至渥，善善从长，故不觉言之溢分。然在书为分内之事，在公为破例之举。以后万不可颇近标榜，必骇物听再施，广西大僚半属乡里，久为路人侧目，惟有深自敛抑，万不可

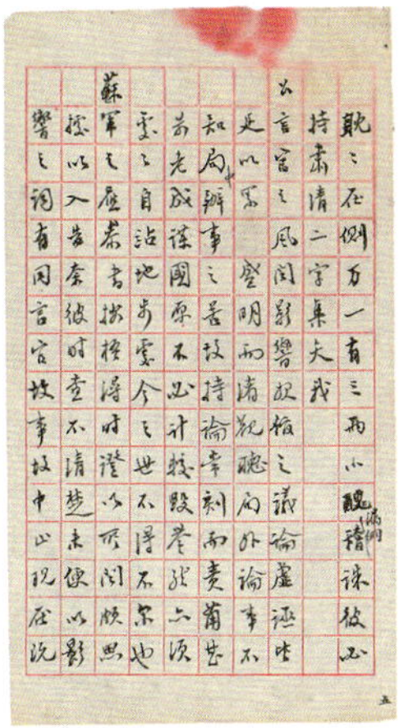

图一

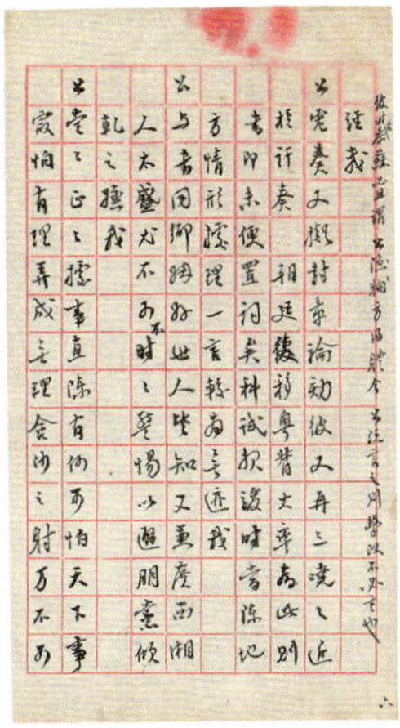

图二

图三

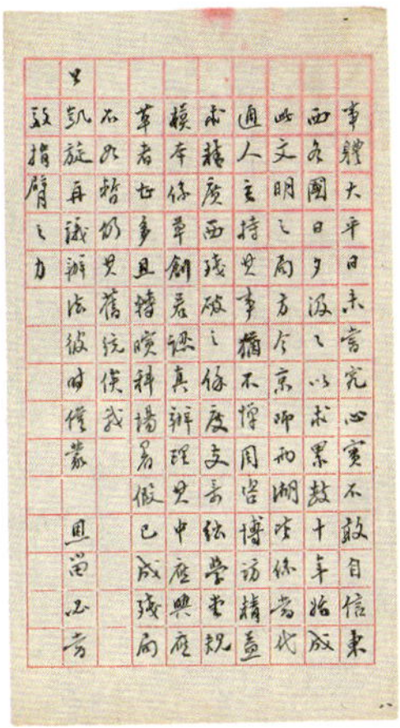

图四

图五

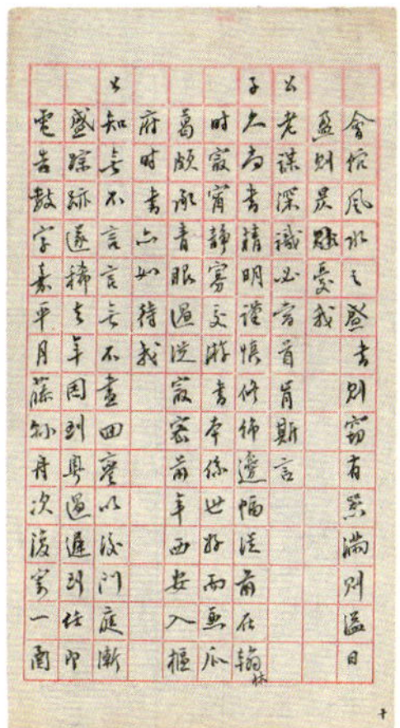

图六

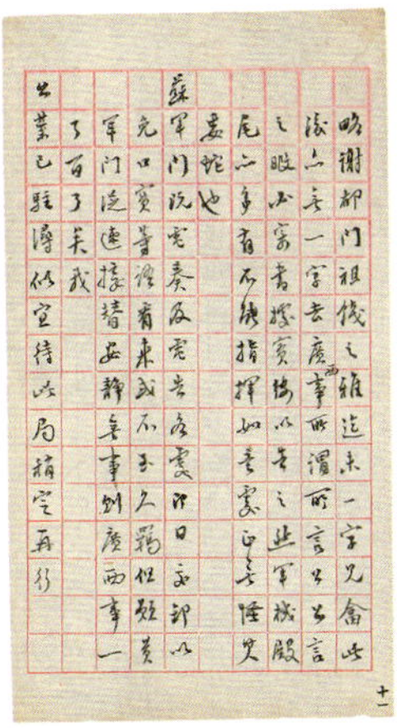

图七

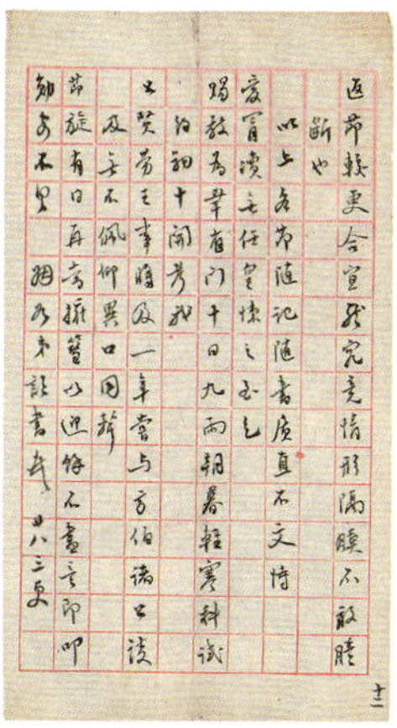

图八

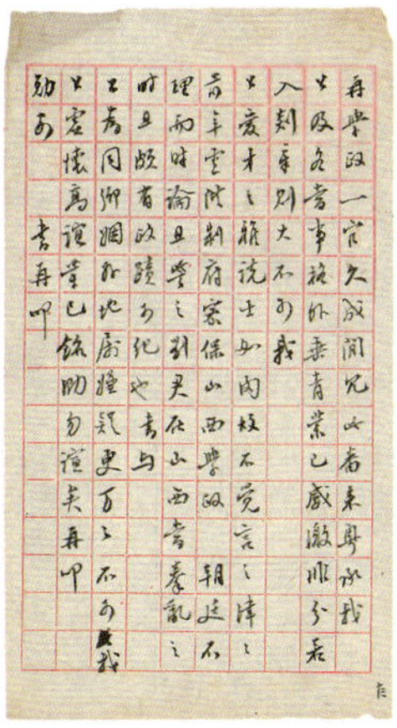

图九

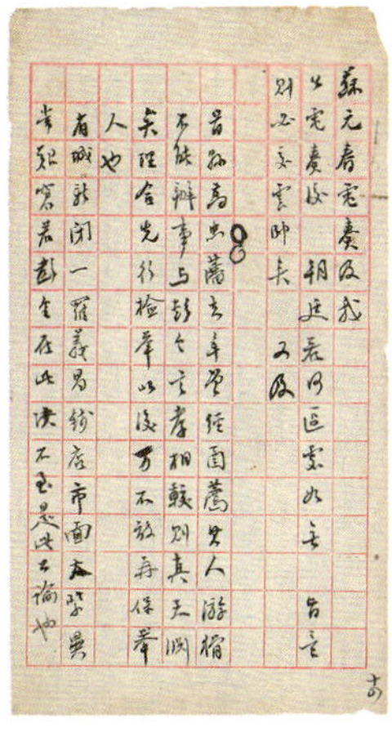

图十

过张吾军。兆怀尝引以为（图五）/会馆风水之盛。书则窃有器满则溢，日盈则昃，非忧我公，老谋深识，必当首肯斯言。子久尚书（即瞿鸿禨）精明谨慎，修饰边幅，从前在翰林时最宁静，寡交游。书本系世好，而兼瓜葛，颇承青眼，过从最密。前年西安入枢府时，书亦如待我公，知无不言，言无不尽。回銮以后，门庭渐盛，踪迹遂稀。去年因到粤过迟，到任即电告数字。嘉平月，藤孙舟次，复寄一函（图六），略谢都门祖饯之雅，迄未一字见畣（同“答”）。此后亦无一字去，广西事所谓所言公，公言之暇，必寄书，据实缕以告之，然军机殿尾，亦多有不能指挥如意处，正无怪其委蛇也。苏军门（即苏元春）既电奏及电告各处即日交卸，以免口实等语，看来或不至久羁，但愿黄军门（即时任云南临元镇总兵黄呈祥）从速接替，安静无事，则广西事一了百了矣。我公业已驻浔，似宜待此局稍定，再行（图七）/返节，较更合宜，然究竟情形，隔膜不敢臆断也。

以上各节，随记随书，质直不文，恃爱冒渎，无任皇悚之至，乞赐教为幸。省门十日九雨，朝暮轻寒，科试约初十开考。我公贤劳王事，将及一年，尝与方伯诸公谈及，无不佩仰，异口同声，节旋有日，再当拥篲以迎。余不尽意，即叩勋安。不具。姻如弟诒书氏。廿八三更（图八）。

再学政一官，久成闲冗，此番来粤，承我公及各当事格外垂青，业已感激非分，若入剡章，则大不可。我公爱才之雅，说士如内，故不觉言之津津。前年云陛（即岑春煊）制府密保山西学政，朝廷不理，而时论且訾之刘君（即刘嘉琛，字赓南，曾任山西学政），在山西当拳乱之时，且颇有政绩可纪也。书与公为同乡姻好，地属嫌疑，更万万不可。我公虚怀高谊，业已铭泐，勿渲矣。再叩勋安，书再叩（图九）。

苏元春电奏及我公电奏后，朝廷若何区处，如无旨意，则必交云帅矣。又及首县高忠藩，去年曾经函荐，其人游猾，不能办事，与彭令言孝相较，则真天渊矣，理合先行检举，以后万不敢再保举人也。省城新闭一罗义昌钱店，市面太杂，异常艰窘，若彭令在此，决不至是，此公论也（图十）。

二 王之春与汪诒书

此密信的写信人为时任广西学政的汪诒书，收信人为时任广西巡抚的王之春，两人同为湖南乡党，私交密切。如信中所云“我公与书同乡姻好，世人皆知”，从此可以窥见一二。

汪诒书（1865—1940），湖南善化（今长沙）人。字颂年，晚号闲止老人。光绪十八年（1892）中进士，选庶吉士，历任翰林院编修、国史馆协修。光绪二十四年（1898），返湘襄理新政，与熊希龄、黄遵宪、谭嗣同、梁启超等设南学会及时务学堂，广布新知，培育人才。光绪二十八年（1902）出任广西学政，在任期间，启导新知，整革旧习，置学馆，取翘秀之材，躬督课之，士风大变。后任江西提学使，并被派赴日本考察学制。不久复特旨授山西提学使，署山西布政使。民国初年他任长沙关监督兼外交部特派湖南交涉员，之后又任南京国民政府行政院高等顾问，还乡后营办矿业。其间曾应谭延闿兄弟等邀至上海暂住，诗酒唱酬。其诗法苏、黄，工书法，书宗欧、苏。晚年目眚，随笔挥洒，仿佛南宫。求者甚多，其笔迹在南京及湘、津、沪间流传甚广。汪诒书有《风雨庐稿》《闲止老人遗著》。

王之春（1842—1906），字爵棠，号椒生，又作芍棠，自称芍唐居士。湖南衡阳人。弱冠从戎，先后作为曾国藩、李鸿章和彭玉麟的部属，参与镇压太平天国起义，历任山西巡抚、安徽巡抚、广西巡抚。曾出访日本、俄罗斯、德国、法国，多次向朝廷上书自强新政。光绪二十九年（1903），遭两广总督岑春煊弹劾被解职，待罪京师，后迁寓上海。遭爱国志士万福华谋刺未遂，黄兴、章士钊等被牵连入狱，轰动一时。光绪三十二年（1906）卒，诰授光禄大夫、建威将军。

据相关史料记载考证，汪诒书于光绪二十八年（1902）五月出任广西学政。而稍后王之春也于光绪二十八年（1902）七月调任广西巡抚。两人同为湖南人，私交颇深，在政治上互为支应，同为盟友。

汪诒书好友徐世昌日记中云："光绪二十八年十四日（六月十九日）晨起……为汪颂年道喜，新授广西学政。"[1]

而作为安徽巡抚的王之春于光绪二十八年（1902）七月调任广西巡抚。两广总督陶模呈报《桂抚王之春赴任电庚电》（光绪二十八年七月二十二日）奏："兹王之春于十六日到粤会商一切，意见相同。由东拨解两营饷琐，并将协饷清解，另拨枪炮等项，以备应用。王之春即于二十日起程赴梧，除将详细情形另行具奏外，伏请代奏。"广西巡抚王之春请派军来桂助剿电（光绪二十八年七月二十七日）宥密："春于本月二十三日到梧，二十四受篆，除具折奏报到任，叩谢天恩外，先后接文武地方官及各路探报。"[2]

由此可知，作为同乡姻好的汪、王两人先后来到了广西，两人政治上相互配合，引为知己，是紧密的政治盟友。从此密信中可以窥知，汪更是以王的高级智囊出现，对广西的人事安排也插手颇深。如信中云："又及首县高忠藩，去年曾经函荐，其人游猾，不能办事，与彭令言孝相较，则真天渊矣，理合先行检举，以后万不敢再保举人也。"王上任之初，就推荐了高忠藩、彭言孝等人，遇到罗义昌钱店倒闭这一大事发生，就发现两人之间的差距优劣。同时汪还为王分析朝廷大员纷杂的人事和各种利弊关系，一一到位，所担心的事情，在后来发生的事情结果上都得到了验证。

三　写信的时间和相关内容考

1. 写信时间考

光绪二十八年（1902）春，广西旱灾严重，瘟疫流行，民不堪命，以天地会为核心，以游勇为主干力量，爆发了由会党领导的农民起义，即广西会党起义。起义军坚持斗争三年之久，终因力量悬殊，在清政府残酷镇压下，起义宣告失败。

广西会党起义爆发后，清朝统治者惊慌不安，特令安徽巡抚王之春前往广西任巡抚镇压起义。王之春到任后不久，在光绪二十八年（1902）七月二十八日上奏的《筹剿广西乱匪折》中称："兹据各路报称，除桂、平、梧尚称安谧外，其余无不有匪徒窜扰……则游、土各半，时分时合，出没无常。兵至则逃窜无踪，兵退则呼啸复至。此柳、庆一带之实在情形也……"[3]

在查阅当时史料时不难发现，即便是王之春所谓"尚称安谧"的桂林、平乐、梧州三府，会党也在蠢蠢欲动。王之春在奏折中有坦言也有隐瞒，希能得到朝廷援助，又能证明自己并不是"无所作为"。

王之春就任广西巡抚后，与广西提督苏元春分头剿抚，王之春一味招抚，虚饰报捷，实则旋抚旋叛，到处蔓延，终至养痈成患。苏元春以日久无功，且与王意见相左，两人关系不睦，势同水火。广西平叛局面堪忧，为推卸责任，王之春便弹劾苏元春。光绪二十九年（1903）三月初一日，《广西巡抚王之春劾苏元春剿匪不力电》云："日久玩忽，侈然自大……通匪济匪，弊难数举，游匪之乱，苏始酿之。……春迭次函约，非淡漠恝置，即支吾掩饰，卒不能得其一勇之力。……每商调营募勇，皆置不复。……幸春派黄呈祥统帅楚军与滇军夹击，始将各匪歼除。倘专恃苏营，恐蔓延更甚。即其原有之二十营，缺额疲弱，动以越南对汛为词，竟无一营抽调。”[4] 后御史周树模亦劾苏元春征剿会党、游勇不力。清廷特命苏元春入陛见，以云南临元镇总兵黄呈祥署广西提督。光绪二十九年（1903）三月二十九日，王之春又上报苏元春虚索军饷，称苏在离任之际，“今于交卸时，贸然索饷七万余金，无论桂省穷乏，无此饷项可支，而未经奏咨，之春不敢拨给，户部亦断不准报销。元春统兵有年，何竟冒昧至此。……亦请饬署督德寿或前抚丁振铎，学政汪贻书就近一查，便能水落石出。边军各营，三月以前饷已全给。何云俟饷”？[5]

王、苏之间的激烈争斗引起了清廷最高统治者的重视，“谕军机大臣等电寄苏元春。上年续募五营。着王之春暂缓裁撤交署提督黄呈祥接统。认真整顿毋任散勇流为寇盗。黄呈祥着迅速赴防。苏元春着从速来京陛见”。

而后谕令新任两广总督岑春煊查办苏元春案，岑春煊本与苏元春有过节，在“纵兵殃民”的基础上，奏苏元春克扣兵饷、题诗造反等事，苏元春遂被革职入狱。[6]

汪诒书致王之春的这通密信正是写于此时，即王准备弹劾苏的前夕，从密信的最后落款时间上看，即光绪二十九年（1903）三月二十八日三更时分，但此时王之春呈报苏元春虚索军饷电文于第二天已经发出，王在电文中称，苏元春虚索军饷，并“请饬署督德寿或前抚丁振铎，学政汪诒书就近一查，便能水落石出”。

汪诒书在密信中称：“科试报竣时，当陈地方情形，据理一言，较为无迹。”如信中云：“苏军之失广西，患人之能言之，其人挥金如土，广钞通神，故能高下。”汪在光绪二十九年（1903）闰五月十二日上报朝廷，在暗中配合王之春弹劾苏元春。清廷对汪诒书的上奏作出了明确批复：“谕军机大臣等：广西学政汪诒书奏称广西游匪滋扰，皆由苏元春酿成。请饬将防边各军裁撤，但酌留数营，办理对汛事宜。每年可腾出饷项，以抵要需。各项赌规，悉予禁革，俟军务略定。亟宜讲求农工商矿诸务，以兴自然之利等语。着岑春煊斟酌情形，妥筹办理。广西学政汪诒书奏，科试举优，请变通成例，秉公遴选。报可。”[7]

2. 岑春煊弹劾苏、王考

苏元春（1844—1908），字子熙，广西永安人。清末湘军将领。同治二年（1863），由武童投效湘军，随席宝田镇压太平军，累擢为参将。后率部镇压贵州苗民起义，官至提督。中法战争中助冯子材御法军。和议成，留镇广西。晚年因治军渐弛被劾夺职，戍新疆。

岑春煊（1861—1933），字云阶，广西西林县人，是云贵总督岑毓英之子，光绪二十九年（1903）任两广总督，专责镇压广西会党，并委以整顿两广吏治、军政重任。

密信之中，汪对岑春煊等清廷大员的性格进行了详细分析：“略（即荣禄，字仲华，号略园）相骑箕朝政，虽无大变动，然以庆邸（即庆王奕劻）亲贤，初膺密切，恐不能即如略老之能拿主意也。”而对于岑春煊的到来，汪诒书有着清醒的认识，可谓识人入木三分，“西林擢督，观其寄我公电及两司电，于广西政策大有干预之意。此公怙宠逞才，好立名鉴，近日宗旨，颇有类乎李敏达、田文镜。书尝谓此公无情又不如项城（袁世凯），尚念之有故人之意也，似宜于同寅协恭之中，微寓不相假借之意”“西林又最喜搜剔，以见己长”，汪因此规劝王弹劾苏元春时必须抓住重点，“宜看清理路，坚持定见，所谓事不轻发，一发而即无两可游移者也”。

光绪二十九年（1903）六月初六日，两广总督岑春煊参劾苏元春：“苏元春到边以来，既缺额冒饷，又扣饷克兵。黠者不服，则纵为劫掠，不敢约束，始则但扰沿边，终乃蔓延内地，游匪利器尽出苏营。至今言及元春，民既痛心，兵亦切齿……又据署提督黄呈祥电称，元春去任，欠饷十三万，近日各兵纷纷请饷，恐酿他变……窃维元春受国厚恩，付以重任，乃不知感激，蠹国殃民，缺额吞饷，丧心灭理，一至于斯。现在营伍废弛已极，若仅将其革职，不唯民怨不纾，兵情益愤再加溃乱，收拾愈难……应请旨将苏元春拿交刑部，治以纵兵殃民，缺额吞饷之罪。以谢士心。”[8]这与王之春参劾苏元春的理由基本一致。汪密信中所担心的事也终于发生了，“万一有三两小丑，漏网稽诛，彼必持肃清二字，集矢我公，言官之风阅影响，报馆之议论虚诬”。果不其然，当时“日本报纸报道，桂抚王之春向法国借款、借兵平定广西会党，引三千法军进据镇南关，全国大哗。25日，寓上海的广西人士在张园集会，致电清政府阻法罢王，号召两广绅商罢工罢市。28日，东京留日学生集会，抗议王之春出卖路矿主权，掀起了拒法运动。广东、杭州、香港等地纷纷集会致电，要求革王之春之职。后来报纸更正消息，风波始息”[9]。

岑春煊认为广西动乱不平与王之春也脱离不了关系，故一并参革了王、苏等大批广西地方官吏。

光绪二十九年（1903）闰五月十二日，两广总督岑春煊参劾王之春电云：“迨王之春到任，不知认真整饬吏治以清匪源，一意主抚，但图欺罔。……且物议沸腾，怨声载道，使全省糜烂至此。”在这份奏折中，岑春煊条陈王之春的罪状有三：一是“一意主抚”，围剿不力，未能尽快荡平广西内乱，反而蔓延；二是在平乱中，王之春谎报军情，邀功请赏；三是任用官员不当，致使桂省吏治愈加腐败，民生愈加困苦。

光绪二十九年（1903）闰五月十三日，朝廷根据署两广总督岑春煊的弹劾电奏，上谕：“之春办理军务，诸多蒙蔽。即行革职等因。钦此。”[10]

早在光绪二十九年（1903）二月二十三日，清朝就批评王之春镇压会党不力，“一味招抚，旋抚旋叛，到处蔓延，似此情形，必至养痈成患”，“责成该抚督饬各军实力剿办，无论边界内地，所有股匪悉数歼除，务令地方一律肃清，毋得徒顾目前，招安敷衍，致贻后患”。王之春谎报军情，称“边界内地，一律肃清”。但贵州巡抚邓华熙致电朝廷：“广西南丹地方，游匪陆亚发分股窜扰，土州失陷。”朝廷告诫王之春“勿再粉饰”。王之春回电反驳黔抚邓华熙的说法。称“广西股匪，早经荡平”，又说“庆远各属，地接黔界，该省余匪易于窜匿。故目前大势，散匪以庆远为较多”，说法彼此矛盾。朝廷和岑春煊据此认为王之春“但图欺罔”“诸多蒙蔽”，以致广西内乱难平。

3. 汪诒书与广西教育

作为广西学政的汪诒书由于政绩突出，“来电欲以书承乏监督一席……”。广西最早的大学是广西大学堂，王之春意欲以汪诒书兼任“监督”一职，主持学堂全面的工作，但被汪诒书婉言谢绝。

信中云“此次入粤，仅试平梧四属，既无风气之可开，复苦衡鉴之未当，浔州之讲社，皆丹铭太守精心结挟而成”“科试约初十开考”等语，汪所提到的丹铭太守即张祖祺，字丹铭，江西抚州人，时任广西浔州知府。张祖祺与浔阳书院院长陆尔奎倡议于浔阳书院旧址成立浔州师范讲习社，为府属四县培训师资，此即信中所云的“浔州之讲社”。张祖祺在汪的支持下，先后创办了桂平中学堂、桂平小学堂、城厢中学堂、蚕业学堂、女子学堂及一批乡里小学堂，为桂平发展现代教育奠定了基础。广西桂平“学风为全省先驱”，汪诒书、张祖祺功不可没。[11]

由于汪诒书政绩显著，王之春于光绪二十九年（1903）二月二十八日，特意上奏《奏为学臣汪诒书历试各郡创办新学成效大著事》，为汪诒书请功，“又奏、学臣汪诒书历试各郡，捐置译籍，并创办师范讲习社，提倡新学，成效大著。报闻”[12]，“奏保广西学政汪诒书、藩司汤寿铭支应剿匪有功项目请奖”[13]。

同时，汪诒书与军机大臣瞿鸿禨（湖南善化人，字子玖，号止庵，晚号西岩老人）私交甚密。本人也曾得到岑春煊的青眼相加，如信中透露，“前年云陛（即岑春煊）制府，密保山西学政”。因此在这一场巨大的政治风波中，左右逢源，岿然不倒，亦是幸事。

总之，通过密信可以窥知光绪末年广西政坛因为会党起义引发的一系列血雨腥风的政治争斗，当事人之一王之春黯然去职，郁郁而终，另一主角苏元春也被流放新疆，终老边陲。而作为整个事件的见证人汪诒书之密信为王私藏，不为人知，才得以幸免于此风波。

注释：

[1] 徐世昌著，吴思鸥点校：《徐世昌日记》第1册，北京出版社，2018年，第523页。

[2] 庾裕良、陈仁华：《广西会党资料汇编》，广西人民出版社，1989年，第434页。

[3] 同[2]，第421页

[4] 同[2]，第431页

[5] 广西壮族自治区通志馆、广西壮族自治区图书馆：《〈清实录〉广西资料辑录》（六），广西人民出版社，1988年，第258页。

[6] 沈奕巨：《广西辛亥革命史记》，广西人民出版社，2014年，第102页。

[7] 郝瑞庭、白云涛主编：《中国二十世纪纪事本末》第一卷（1900—1926），山东人民出版社，2000年，第83页。

[8] 同[6]，第465页。

[9] 同[6]，第105页。

[10] 同[2]，第449页。

[11] 陈谊军、刘爱章：《黄日葵——广西籍第一位中共党员》，广西科学技术出版社，2021年，第9页。

[12] 王之春：《奏为学臣汪诒书历试各郡创办新学成效大著事》，《清实录》卷五百十四，中华书局，2008年，第791页。

[13] 同[2]，第442页。

新见吴熙手稿中关于萧筱泉家族系列文献综述

Overview of Newly-discovered Series of Documents about Xiao Xiaoquan's Clan Contained in the Wu Xi's Manuscripts

湖南博物院（湖南省文物鉴定中心）　彭　芳

Peng Fang, Hunan Museum (Hunan Provincial Cultural Relics Authentication Center)

内容提要：在对院藏吴熙手稿的整理中，新发现了一批萧氏家族系列文献资料。萧筱泉及萧氏家族为近代湖湘著名盐商，但有关于他本人及家族的文献记载较少，该批文献是研究萧筱泉及其家族的重要资料，具有一定的文物和研究价值。

关键词：吴熙　手稿　萧筱泉

Abstract: A series of documents about the Xiao Clan have newly been discovered during the sorting process of Wu Xi's manuscripts in the Hunan Museum. Xiao Xiaoquan and the Xiao Clan are renowned salt merchants of Hunan in modern times, but few records have been found about him or his clan. These documents are important materials for studying Xiao Xiaoquan and his clan, so they have a certain degree of cultural relics and research value.

Keywords: Wu Xi; manuscripts; Xiao Xiaoquan

一　文献基本情况

萧筱泉及萧氏家族为近代湖湘巨商，然而关于他们家族的具体文献记载相对较少，我院之前仅发现有一篇《恭祝萧筱泉观察七十双寿序》誊写稿，今年随着我院文献整理工作的稳步推进，尤其在对院藏吴熙手稿的整理中，我们惊喜地发现了一批萧氏家族系列文献资料，包括寿序、对联、诗词、序文等多种类型。这批文献保存良好，字迹清晰，内容详实，是对萧筱泉及其家族成员生平和事迹的直接记录，为我们展示了其家族更多更丰富的细节和背景，具有一定的文物和研究价值。具体见后表（表一）。

在表一文献中，仅序号05、08、09三联见于刻本《绮霞江馆联语偶存一卷续存一卷再续存一卷》一书。其中，序号05见于此书第一部分《偶存一卷》，该卷初刻于清宣统二年（1910）；序号08、09见于此书第三部分《再续存一卷》;《续存一卷再续存一卷》卷次刻本年代待考。其余文献均属首次发现。

目前省内已知的萧氏家族文献资料皆藏于湖南图书馆，如《敬止斋》文稿系列、《萧氏家事簿记大全不分卷》（以下简称《家

表一　　萧氏家族系列文献资料一览表

序号	文献名称	文献类型	文献年代	文献作者
01	萧筱泉六十寿序 代欧阳价人作	手稿	光绪三十二年（1906）	吴熙
02	泰和曾子苏诗集	手稿	光绪三十四年（1908）	吴熙
03	幼科汇编序	手稿	民国四年（1915）	吴熙
04	恭祝萧筱泉观察七十双寿序	手稿	民国五年（1916）	吴熙
05	萧筱泉绍渠观察六十寿联	刻本、手稿	光绪三十二年（1906）	吴熙
06	六月十九日萧筱泉绍渠新居招饮即席赋赠	手稿	光绪三十四年（1908）	吴熙
07	萧筱泉馈海上香稻米三斗	手稿	民国元年（1912）	吴熙
08	萧门席淑人、又一联代萧宜孙作	刻本、手稿	民国二年（1913）	吴熙
09	萧莜泉观察绍渠七十双寿联	刻本	民国五年（1916）	吴熙

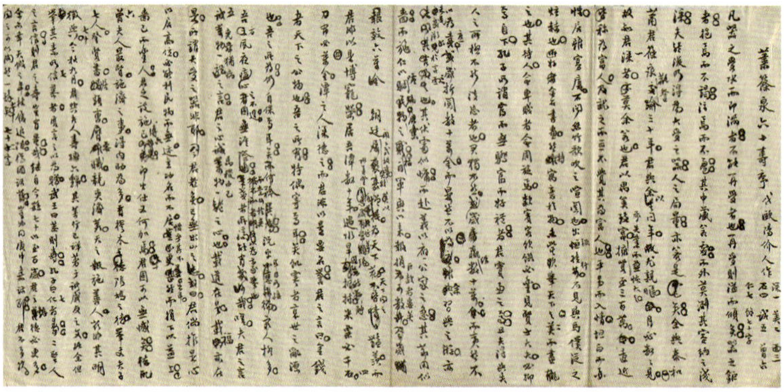

图一　萧筱泉六十寿序

事簿记》、《问源老人年谱一卷》（以下简称《年谱》）、《湘潭萧氏家传一卷》等等，我院该批新发现的文献，不仅是对上述萧氏家族史料的有力补充，更是对我院萧氏家族文献空白的填补。它们相互交叉印证，共同构成了一个有机整体，为进一步研究了解萧氏家族提供了更充足更完善的文献材料。

萧绍渠（1847—1919），字筱泉，号蔚林，又号菊圃、问源子，晚年号自忏，原籍江西泰和，15岁从父避乱至湘潭，后籍湘潭。为湘潭、长沙盐商。清广东候补道，花翎二品衔，诰授荣禄大夫。

吴熙（1840—1922），字劭之，号绮霞江馆主人，清末湘潭名士，工于诗赋，尤善挽联楹对，对近代联语的兴盛和发展有杰出贡献，出版作品集有刻本《绮霞江馆联语偶存一卷续存一卷再续存一卷》。

二　文献考释

为了更好地理解这批文献的价值和意义，笔者试对该批文献逐篇摘录并考释如下。

（一）萧筱泉六十寿序 代欧阳价人作（图一）

萧筱泉六十寿序

代欧阳价人作

深一、美二、面三、石四、诚五、曾六、仁七、余七十字

……余与泰和萧君筱泉观察交踰三十年，君与余以生同年，故尤亲暱，月必数之见……远近称为富人，及就之而并不觉其为富人也。平易而入情，坦白而率性……自军兴以来，报捐巨款者屡矣……朝廷用卜式故事奖叙，天下闻之艳羡，而君非以是博宠荣……遇水旱不待劝勉，辄赈捄米票必千石，刀布必万金，潭之人深

德之……德配曾夫人最贤，施济之事，得内助为多……举丈夫子七人登贤书，居显亩，膺要职……君不多饮，阅之可以陶然一醉矣。

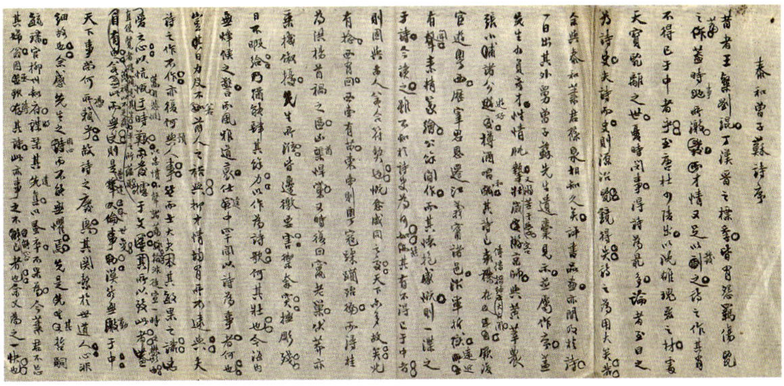

图二　泰和曾子苏诗序

本文献为吴熙手书草稿，1 页，墨书于宣纸上，全文 800 余字，字迹清晰、无虫蛀，涂改 40 余处，纸张纵横为 54 厘米 ×25.5 厘米。此序文是吴熙代欧阳价人所作，为萧筱泉及夫人六十双寿的祝寿文，因此在标题下方有“深一、美二、面三、石四、诚五、曾六、仁七、余七十字”，便于字数统计。在手稿中，“深”“美”“面”等汉字旁，也一一对应标注了“一”“二”“三”等数字。此序文书写于光绪三十二年（1906）。

欧阳蕃，字茂生，号价人。湘潭锦石旧族，清封资政大夫花翎道，衔候选同知。[1] 价人为湘潭商会领袖，与萧家有商业往来，加上欧阳价人生卒年为 1847—1910，与萧筱泉同年生，因此文中称“君与余以生同年，故尤亲昵，月必数之见”，显示两人交情深厚，萧筱泉六十寿辰时，价人请吴熙代写寿序为贺。据《年谱》记载，萧筱泉从 20 岁开始第一次捐纳，直到 50 岁，30 年间大小共捐纳 8 次，仅记录在册的花费就近白银六万两，其中与军事相关的有 5 次，花费白银近四万两。“得到朝廷奖叙”的是指萧筱泉 48 岁时，甲午战争爆发，他在汉皋捐三万金外，本邑又捐三千金，因此清政府援例奖叙，萧绍渠最终被封为道员。

（二）泰和曾子苏诗序（图二）

……余与泰和萧君筱泉相知久矣，评书品画，亦间及于诗，一日出其外舅曾子苏先生遗稿见示，并属作序，盖先生少负奇才……壮岁客京师……厥后宦游粤西，历宰思恩迁江义宁诸邑，治军折狱远近有闻……先生所涖皆边徼要害，御奔突，抚彫残，日不暇给，犹能肆其余力以作为诗歌，何其壮也……余感先生之用心，而不能无惧焉……今萧君不忘其妇翁，因亟欲传其诗，此亦事不已容者也，余又为之一快也。

本文献为吴熙手书草稿，1 页，墨书于宣纸上，全文 650 余字，字迹清晰、无虫蛀，涂改 20 余处，纸张纵横为 50 厘米 ×24 厘米。此文是吴熙应萧筱泉之请，为其岳父曾子苏诗歌集作序，简要回顾了曾子苏生平。曾春昂（1803—1873），字子苏，江西泰和县人。其次女曾顺尚为萧筱泉原配夫人，因此在诗集序中，萧称呼曾为“外舅”;《家事簿记》和《年谱》皆为萧筱泉三子萧敷咏所著，敷咏为曾夫人所出，因此称呼曾子苏为“外王父”。

《家事簿记》中有一处记载：“戊申年（1908），筱泉公为外王父曾子苏公刻《寸草莳钞》，吴熙撰序，叶德辉署签，板归曾氏后人。”《年谱》中有二处记载：“同治十二年（1873），府君（指萧筱泉，下同）检外王父所著寸草诗钞，属湘潭吴熙，明经校阅序行，付诸梨枣，期以传后。”“光绪三

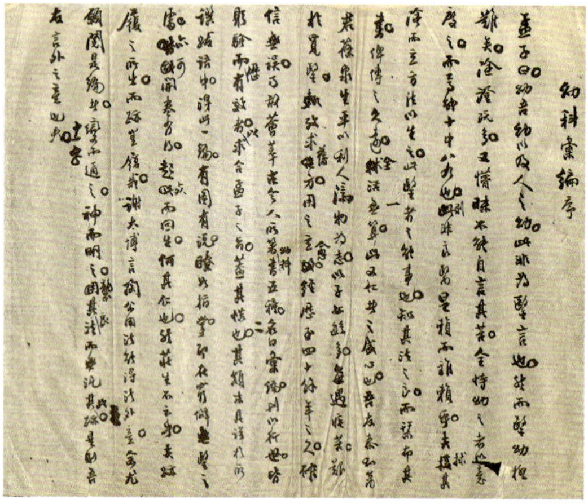

图三　幼科汇编序

十四年（1908），府君又刊外王父曾子苏公寸草诗钞，倩湘潭吴熙师撰序，请叶焕彬德辉署签，归版曾氏后人。”

由上可知曾子苏诗集名为《寸草莳钞》或《寸草诗钞》，关于刊刻诗集的年份有两处，分别是1873年和1908年，诗集流传极少。另，湖南图书馆现藏有《寸草诗钞》一卷，清代曾春昂撰，清末刻本。据此判断湖南图书馆藏书即为1908年时萧筱泉晚年刊刻而成。

曾春昂一生辗转多地为官，较为突出的政绩是军事方面，他治军的时间、地点主要是集中在担任广西迁江县知县期间，内容主要是组织领导当地军防，对抗当地农民军及太平天国运动，后因表现突出得到清政府奖赏升迁。同治二年（1863）正月十七日谕：“以广西迁江等处剿匪出力，予知县曾春昂升叙。”[2] 该文评价曾春昂“治军折狱远近有闻”，相关史料亦有记载：

1.“咸丰六年（1856）冬，委署莅位……招募壮勇防剿。先后擒获贵县匪首黎特弟、本县匪首彭八金正法……数年之中，适当贵县匪首黄三、来宾匪首杨邦四……又值发逆伪翼王石达开，伪宰制赖扒皮、童大锣各股数十万众，公抚驭有方，静镇不撼。虽屡移行署，然出兵击贼，卒能保全遗黎……公在任最久，而适当其难，故功绩尤著云。”[3]

2.“咸丰八年（1858），刘亚珍率千余人攻打河里街、环山村团练，迁江知县曾春昂带团练援救，农军撤离。”[4]

3.“咸丰十年（1860）九月初四日，至该逆石达开及赖裕新等拥众数万，尚在武缘，先是蔓扰迁江，为该代理县曾春昂击败。”[5]

（三）幼科汇编序（图三）

……吾友泰和萧君筱泉生平以利人济物为志，以子女繁多，每遇疾苦，艰于觅医，辄考求旧方，用之立愈，经历至四十余年之久，确信无误，乃敢荟萃古今人所著幼科书五种，名曰汇编，刊以行世，皆躬验而历有效者，以求合孟氏之旨，盖其慎也……有图有说，瞭（了）如指掌，虽在穷僻无医之处，亦可开卷有得，起死而回生，何其仁也……余尤愿阅是编者，变而通之，神而明之，袭其良法而无泥其故迹，是则吾友言外之意也夫！

本文献为吴熙手书草稿，1页，墨书于宣纸上，全文300余字，字迹清晰、无虫蛀，涂改有14处，纸张尺寸为29厘米×24厘米。此文是吴熙应萧筱泉之请，为其汇编的医书作序。

据《家事簿记》记载：“幼科汇编于癸丑（1913）刊板，乙卯（1915）八月成，吴熙撰序，朱艾卿署签，筱泉公跋；”右据《年谱》记载：“乙卯（1915）……出资重刊……命名幼科汇编，……书成，倩朱艾卿姻伯署耑，倩吴熙之师撰序，自跋数言于尾，版存耕道堂。”可确定该书出版时间为1915年。

文中“朱艾卿姻伯”，即朱益藩（1861—1937），字艾卿，有五子七女。兄，朱益濬（浚）（1847—1920），字纯卿，有二子一女。弟，朱益湛（1863—1920），字芸卿，

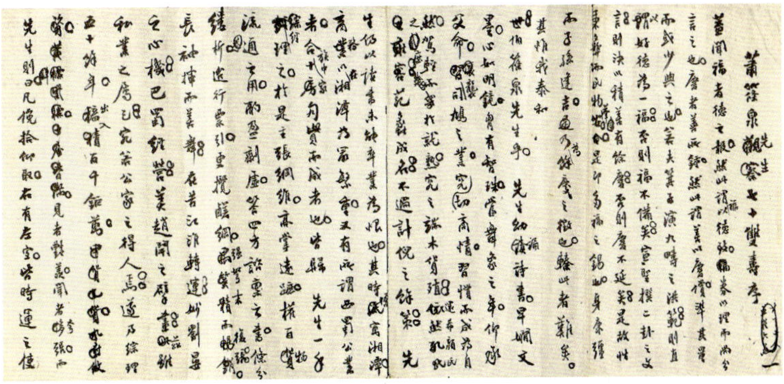

图四　恭祝萧筱泉观察七十双寿序（节选）

有四子一女。结合萧氏《年谱》《家事簿记》中的记载，萧朱二家联姻有三次：

1.“1897年，敷谔聘妇莲花朱氏……益湛公之长女。”此即萧敷谔娶朱益湛长女朱淑琼为正室。

2.“1910年，从五妹敷淑在扬于归莲花朱毓钧。”此即萧筱泉长兄，萧芸浦之女萧敷淑，嫁与朱益濬（浚）次子朱毓钧为妻。

3.“1917年，府君为七弟敷谦续聘妇朱氏……益濬（浚）公之女。”此即萧敷谦娶朱益濬（浚）之女朱淑寿为妻。

由于萧家子女分别与朱益藩兄弟的后代缔结了婚姻关系，因此朱益藩与萧家为姻亲，故接受萧筱泉请托，为医书作序。

（四）恭祝萧筱泉观察七十双寿序（图四）

……其时侨寓湘潭，商务以在湘潭为最繁重，又有所谓西蜀公业者……皆归……迨行票引，更揽鹾纲强弩末而复张……修建宗祠，并分给族中……，又兴复郡邑阳明千秋各书院……论助不下八万金此……乙未大旱，丙午乙卯大水，以暨郡城育婴牛痘局，邑工艺厂，总计所捐又不下十万金……独出三万三千金以急公家之难，而不敢请奖以叨私荣……优叙至广东道员……时年逾六十走成都过汉皋……德配曾夫人广西义宁知县曾春昂公之女公子也。……

本文献为吴熙手书底稿，4页，墨书于宣纸上，全文1900余字，字迹清晰、无虫蛀，涂改有160余处，4页纸张尺寸规格一致，纵横为56.5厘米 ×26.5厘米。此文是吴熙为萧筱泉夫妇七十双寿所写，书写于民国五年（1916）。

笔者前作《馆藏熊希龄〈恭祝萧筱泉观察七十双寿序〉书札小议》（刊于院刊第十八辑），对寿序所涉人、事进行了较为详细的考释，不再赘述，在此仅对文献书写者进行新的考证。

笔者前作中所考释的是七十双寿序的誊写稿。在确定誊写稿的书写者时，没有其他手稿作为参照物，笔者根据誊写稿及所附拜帖上均有明确的熊希龄落款，以及文中提到熊与萧氏后辈交好的情由，因此认为誊写稿为熊希龄所书。此次发现的是七十寿序的底稿，随着此批新文献的发现，可供参照比对的文献增多，笔者将誊写稿、新发现底稿、院藏吴熙手稿三者交叉比对，得出了新的结论。

一是将底稿与誊写稿对比，二者标题基本一致，正文内容亦相差无几，底稿中的修改处与誊写稿基本能一一对应。吴熙替人代书，需按字数取酬，因此有统计字数的习惯，查吴熙所书其他手稿，例如《曾母谢太宜人墓志铭》《李春舫双寿序》《杨会山五十寿序》等手稿中，在标题下方或文末，均有“实字一千四百四十个”“共一千六百多字”等文字。萧筱泉七十寿序誊写稿的末尾也有“计一千六百七十六字并空格算在内”的文字，两者习惯一致。誊写稿中所附拜帖，字迹与七十寿序底稿一致。

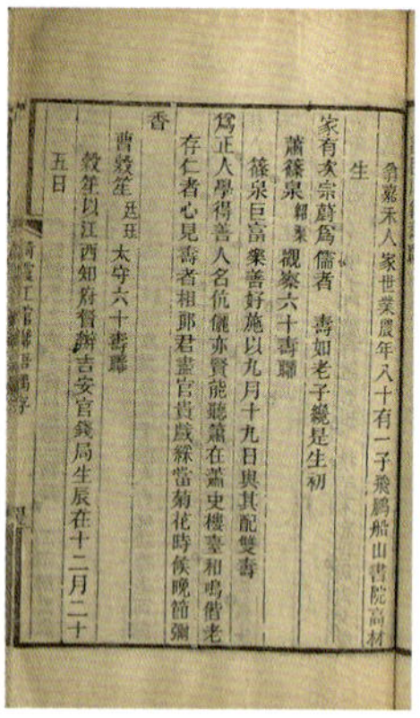

图五　萧筱泉绍渠观察六十寿联（刻本）

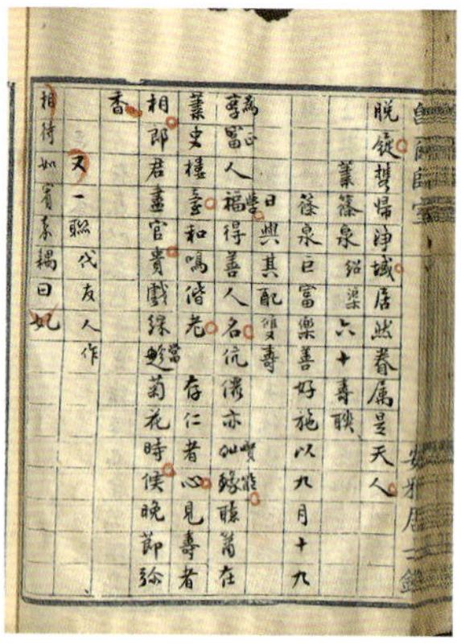

图六　萧筱泉绍渠观察六十寿联（手稿集）

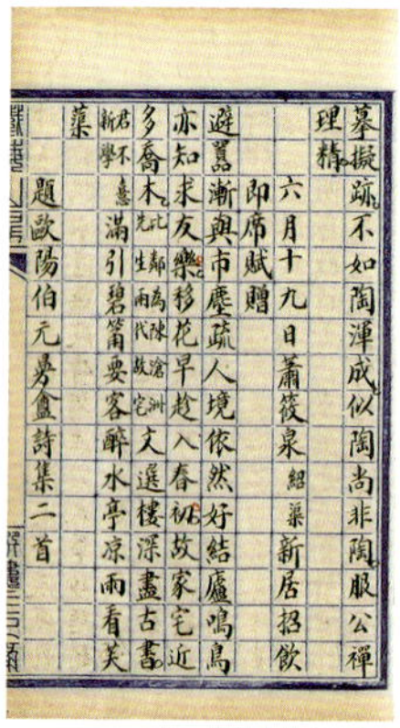

图七　六月十九日萧筱泉绍渠新居招饮即席赋赠

二是将底稿与院藏吴熙众多手稿对比，无论纸张、墨色、笔迹均高度一致，进一步对比某些字如“矣”“有”“若”等字的写法特征也一致。加之文章中涂改、删除、断句等标点符号的使用习惯也相同，均可在吴熙手稿中找到例证。因此基本判断该底稿为吴熙所书。

此外，将誊写稿与院藏其他吴熙手稿比对，例如《朱母杨太安八十寿序》，字迹也一致。

基于以上原因，笔者认为《恭祝萧筱泉观察七十双寿序》的底稿及誊写稿均为吴熙所书，从而纠正了笔者之前的判断。

（五）萧筱泉绍渠观察六十寿联（图五、图六）

筱泉巨富，乐善好施，以九月十九日与其配双寿。

为正人学，得善人名，伉俪亦贤能，听箫（萧）在萧史楼台，和鸣偕老。

存仁者心，见寿者相，郎君尽官贵，戏彩当菊花时候，晚节弥香。

联语全文 78 字，分别见于吴熙手稿集及刻本。作于光绪三十二年（1906）。

手稿集《绮霞江馆联语偶存二卷续存一卷》，纵横 23 厘米 ×15.5 厘米，板框纵横 18.5 厘米 ×14.5 厘米，每格 1.5 厘米 ×1 厘米，每半页 10 行 16 字不等，总格数 160 格。四周蓝格双边，版心上下分印有“即尔师室　安雅居士录”字样。

刻本《绮霞江馆联语偶存一卷续存一卷再续存一卷》，纵横 23.5 厘米 ×13.5 厘米，板框纵横 18.5 厘米 ×13.5 厘米，每半页 11 行 24 字不等，四周双黑边，单鱼尾花口。《偶存一卷》初刻于清宣统二年（1910），《续存一卷再续存一卷》卷次年代待考。

萧绍渠夫人曾顺尚（1850—1932），因与萧绍渠都是农历九月生日，故而寿联为“双寿”。

关于“筱泉巨富，乐善好施”，《湘潭萧氏家传一卷》形容萧筱泉“……如赈济湘赣水灾，建设工厂，倡办学校及各地方善举，汲汲乐输，唯恐不足，急公好义。且出巨资补助各房子弟，综计捐助各款，不下数十万金”。

此外，《家事簿记》及《年谱》则对萧筱泉的慈善活动记载得更多，粗略计算就达数十万两白银，笔者前作已经详加介绍，在此不再赘述。

（六）六月十九日萧筱泉绍渠新居招饮即席赋赠（图七）

避嚣渐与市尘疏，人境依然好结庐，鸣鸟亦知求友乐，移花早趁入春初。故家宅近多乔木（比邻为陈沧洲先生两代故宅），文选楼深尽古书（君不喜新学），满引碧筒要客醉，水亭凉雨看芙蕖。

诗全文 91 字，见于吴熙手稿集《绮霞江馆诗存三卷》，诗集纵横 28 厘米 ×14 厘

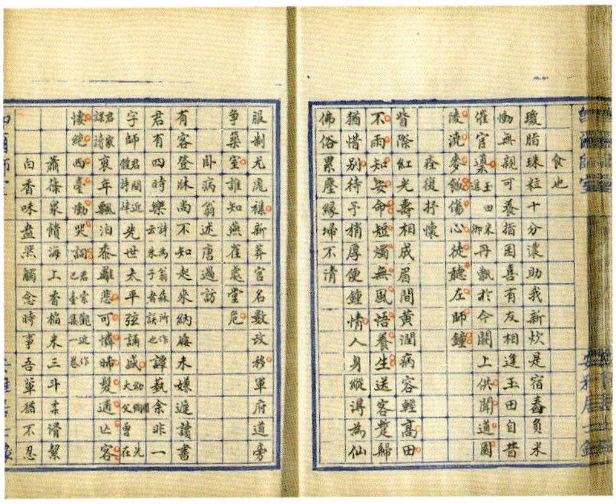

图八　萧筱泉馈海上香稻米三斗第一、二页

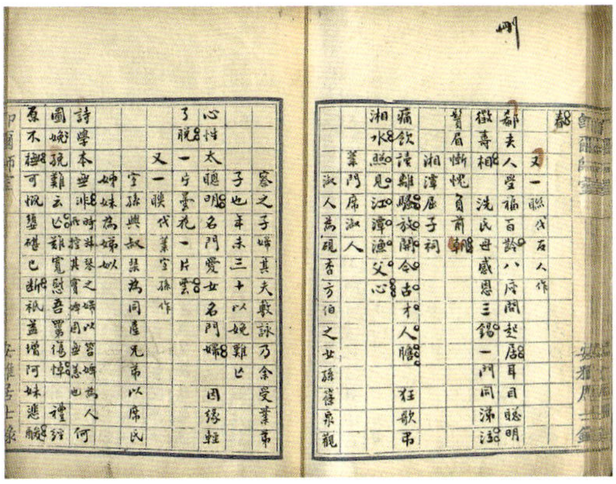

图九　萧门席淑人（手稿集）第一、二页

米，板框纵横 22 厘米 ×14 厘米，每格 1.8 厘米 ×1.8 厘米，每半页 10 行 16 字不等，总格数 160 格。四周蓝格双边，单鱼尾，版心上下分别印有“铁梅山房　选楼主人录”字样。

关于诗作时间，据《年谱》，萧家建房迁居的记载四处：

1. 至壬午岁（1882）始购屋于十四总正街……次年四月迁居，今所谓老号房屋是也；

2. 光绪二十四年（1898）……乃购李氏旧址于下三十都，即今所谓萧家大屋；

3. 光绪三十三年（1907）……复购旧宅于城中板石巷而修葺之；

4. 光绪三十四年（1908），六月，母氏曾率敷咏敷诜两房移居城内板石巷住宅。

又，《诗存》中卷三开头写明是乙巳至辛亥，即该本诗歌集创作时间为 1905—1911；卷内诗歌按年份抄录，该诗为宣统元年（1909）之前。诗标题“六月十九日”与上文六月移居相符合，因此该诗作于光绪三十四年（1908）。

（七）萧筱泉馈海上香稻米三斗，柔滑洁白，香味盎然，触念时事吾辈犹不忍食也（图八）

琼脂珠粒十分浓，助我新炊是宿舂，负米恸无亲可养，指囷喜有友相逢。玉田自昔傕官粟（玉田米进御），丹甑于今阙上供，闻道园陵浇麦饭，伤心徒听左师钟。

诗全文 91 字，见于吴熙手稿集《巴台集一卷》，手稿集纵横 23 厘米 ×15.5 厘米，板框纵横 18.5 厘米 ×14.5 厘米，每格 1.5 厘米 ×1 厘米，每半页 10 行 16 字不等，总格数 160 格。四周蓝格双边，版心上下分印有“即尔师室　安雅居士录”字样。

关于诗作时间，根据《巴台集一卷》记载，该手稿为“蒲踋老人自定本，七十二岁以后诗”，即 1912 年之后。卷内诗歌按年份抄录，依次从壬子年至甲寅年（1912—1914）。该诗存于壬子年（1912）卷，为民国元年。吴熙自称为遗老，他对于清朝的灭亡和民国的建立持有不同的看法，故借用历史典故，表达其复杂心境。因此该诗作于 1912 年。

（八）萧门席淑人（图九、图十）

淑人为砚香方伯之女孙，筱泉观察之子妇，其夫敷咏乃余受业弟子也，年未三十以娩难亡。

心性太聪明，名门爱女名门妇，因缘轻了脱，一片昙花一片云。

又一联，代萧宜孙作。

宜孙叔栞为同产兄弟，以席氏姐妹为娣姒。

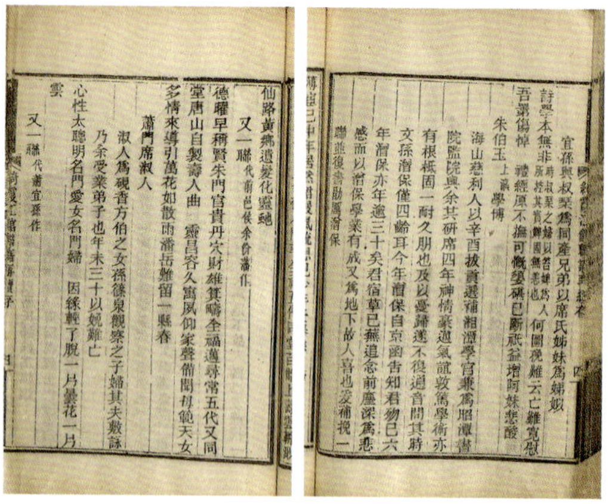

图十　萧门席淑人（刻本）第一、二页

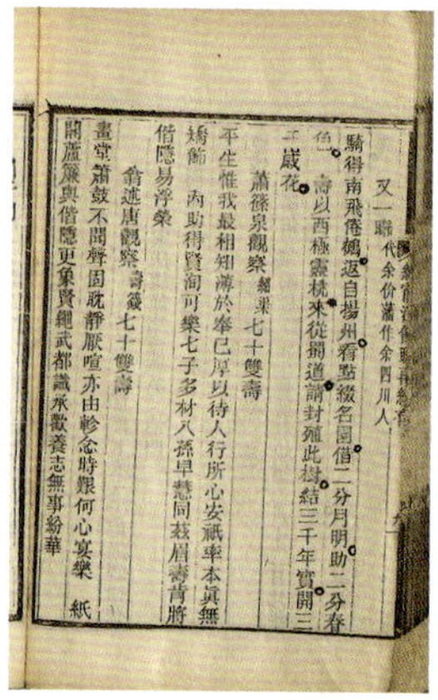

图十一　萧筱泉观察绍渠七十双寿

诗学本无非（时叔栔之妇以笞婢为人所控，其实婢固无恙也），何图挽难云亡，难宽慰吾罣伤悼。

礼经原不抚，可慨娶砧已断，只益增阿妹悲酸。

以上二副联语全文 145 字，分别见于手稿集及刻本。

手稿集《绮霞江馆联语偶存二卷续存一卷》，刻本《绮霞江馆联语偶存一卷续存一卷再续存一卷》，均同文献五。

据《年谱》中记载：“民国二年（1913），元室席氏以产难卒，时年三十有一。”席氏去世时年仅 31 岁（1883—1913），育有一子二女。因此该挽联作于民国二年（1913）。

联语中的席氏，为名门之后。砚香方伯是指席氏祖父席宝田（1829—1889），字研芗，又作砚香，湖南东安县人，清末湘军将领，因战功卓越，官位显赫。席宝田与晚清著名维新派政治家陈宝箴结为亲家，陈长女嫁席次子席曜衡（1860—1920），字麓生，是为席氏父亲。

萧筱泉第三子萧敷咏，字叔栔；第五子萧敷诜，字宜孙，二子皆为曾夫人所出，为同产兄弟。故“宜孙叔栔为同产兄弟，以席氏姐妹为娣姒”。《年谱》中有关萧席两家的记载有四处：

1. 光绪二十四年（1898），为敷咏聘妇席氏，湖南东安清廪贡生候补道名曜衡公之次女；

2. 光绪二十九年（1903），四月萧敷咏室人席氏来归；

3. 光绪三十二年（1906），为五弟敷诜聘东安席氏候补道名曜衡公之四女；

4. 光绪三十四年（1908），五弟敷诜欲来东安完婚……三月，弟妇来归。

（九）萧筱泉观察绍渠七十双寿（图十一）

平生惟我最相知，薄于奉己，厚以待人，行所心安，只率本真无矫饰。

内助得贤洵可乐，七子多材，八孙早慧，同兹眉寿，肯将偕隐易浮荣。

联语全文 63 字，见于刻本。作于民国五年（1916）。刻本《绮霞江馆联语偶存一卷续存一卷再续存一卷》，同文献五。

联语中的“内助得贤”，曾氏为萧筱泉正室，后陆续纳侧室蒯氏淑人，娄氏安人，王氏孺人。共八子九女（殇一子三女）；“七子多才”：长子敷华，清光绪辛丑恩科举人，浙江候补道；次子敷训，清光绪丁酉科举人，农工商部郎中，候补四品京堂；三子敷咏，湖北候补知府；四子敷谔和五子敷诜，皆候补主事；六子敷諟和七子敷谦，皆适仕族；“八孙早慧”：萧筱泉七十岁时，有十三位孙辈，其中八男五女。至萧筱泉去世时，共有二十一位孙辈，其中十二男九女。

三　吴熙与萧氏家族的交游

综合以上文献，可清晰梳理出吴熙与萧筱泉及后人的交集。吴熙与萧筱泉两人祖上同为江西人，后代迁徙至湘潭，兼具同乡之谊，同为湘潭地方名人，交往甚密。

梳理上述萧氏家族相关文献，以及吴熙本人著作，吴熙与萧氏家族交往至少可追溯到 1873 年。两家交往逾四十年，且侧重于文化交流，萧筱泉一生中两次结集出版书籍，均请吴熙撰序，签署人则分别是叶德辉与朱益藩，叶朱两人皆为当时大家，既说明了当时吴熙在湖湘诗坛、文坛的地位，也体现了萧筱泉对吴熙深厚的学识与才情的看重与认可。

吴熙是萧筱泉三子萧敷咏、五子萧敷诜的老师。吴熙从咸丰十年（1860）设馆授徒，此后均寓居坐馆于不同的人家，曾授课船山书院，主讲湘潭昭潭书院、长沙思贤讲舍等学府，辛亥革命后，回归乡里至终老。

在为萧门席淑人所作的挽联中，吴熙明确提到“其夫敷咏乃余受业弟子也”。

吴熙手稿《绮霞江馆诗存三卷》，明确记载“门人泰和萧敷咏叔琹，萧敷诜宜孙，湘乡彭茨藾闾异，湘潭李耳威颐龄校刊”；吴熙手稿《巴台集一卷》中有一首诗，在诗中明确提到了“文章覆瓿传徒党，门人泰和萧叔琹宜孙湘乡彭次英”。

综上所述，经过对该批新发现文献资料的考释，我们能够更全面地了解以萧筱泉为核心的萧氏家族在婚丧嫁娶、人情交游、商业版图以及公益慈善等方面的丰富面貌，也可以窥见当时士绅阶层的生活状态和人际交往情况。同时，该批文献也为我们提供了一个重要的视角，让我们能够更加全面、深入地探究当时社会的价值观念、家族制度、文化传承等方面的情况。在未来的研究中，我们需要进一步加强对这些文献资料的整理和分析，深入挖掘其中的历史信息和文化内涵。

注释：

[1] 欧阳之廉：《湘潭锦石欧阳氏五修族谱》卷十七，敦本堂木活字本，1921 年，第 45 页。

[2] 广西壮族自治区通志馆、广西壮族自治区图书馆编：《穆宗实录》，《〈清实录〉广西资料辑录（四）》，广西人民出版社，1988 年，第 343 页。

[3] [清] 颜嗣徽：《曾子苏大令传》，《望眉草堂全集》第 2 册，贵州人民出版社，2020 年，第 519 页。

[4] 合山市志编纂委员会编：《合山市志》，广西人民出版社，1998 年，第 307 页。

[5] [清] 刘长佑撰：《剿办石党由柳进攻疏》，陈书良、刘文正、刘琦、陈树校点《刘长佑集》，岳麓书社，2011 年，第 66 页。

图像学视域下的湘西苗族蝴蝶纹样研究
——以湖南博物院藏湘西苗族服饰为例

Research on the Butterfly Motif of the Miao Ethnic Group in Western Hunan from the Perspective of Iconology

湖南博物院（湖南省文物鉴定中心） 郭世华
湖南大学岳麓书院 王玉茹
Guo Shihua, Hunan Museum (Hunan Provincial Cultural Relics Authentication Center)
Wang Yuru, Yuelu Academy, Hunan University

内容提要： 蝴蝶纹样是苗民基于自然物象所创作的母题图像符号，反映了苗族文化的发展变迁。湖南博物院藏苗族服饰中蝴蝶造型极为常见，通过对湘西苗族蝴蝶纹样进行图像志分析与图像学阐释，可以分析出蝴蝶造型具有交融叠加性、运用广泛性、状态多变性、非主体性以及完整性，并从地域文化、民族历史、信仰文化、直觉思维、情感寄托五方面探究苗绣蝴蝶造型纹样的延续和发展。

关键词： 图像学　湘西苗族服饰　蝴蝶纹样

Abstract: The butterfly motif is a mother image symbol created by the Miao people based on natural objects, reflecting the development and evolution of Miao culture. Butterfly motifs are very common in Miao costumes in the Hunan Museum, and by conducting an iconography analysis and iconological interpretation of the butterfly motifs in Miao embroidery from western Hunan, this paper through analysis concludes that the butterfly shape has the characteristics of fusion and superposition, widespread application, multi-state change, non-subjectivity, and completeness. It also explores the continuation and development of Miao embroidery butterfly motifs from five aspects: regional culture, ethnic history, belief culture, intuitive thinking, and emotional attachment.

Keywords: iconology; dresses of the Miao ethnic group in western Hunan; butterfly motif

苗族蝴蝶纹样是基于自然物象而创作的一种具象性图像符号，作为苗族这一民族文化外在的显著标识，造型、色彩、装饰也集中表现了地域文化的发展，反映了苗族生生不息的宇宙观及其劳动人民的智慧。笔者对湖南博物院藏湘西苗族服饰蝴蝶纹样进行了图像学分析，一方面梳理其外在的表现特色，另一方面探寻其内在的精神含义。

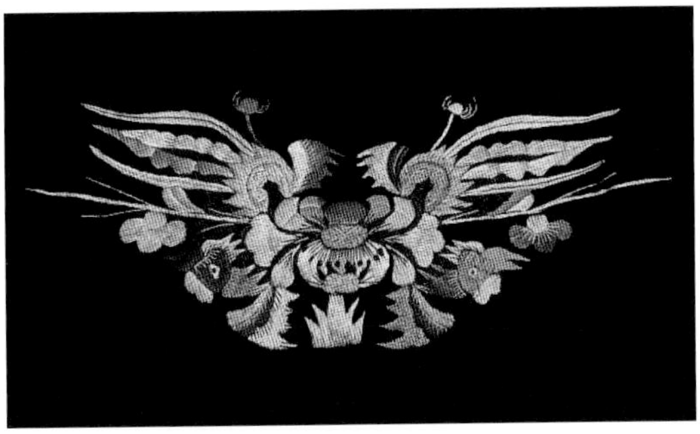

图一 花蝶凤鸟交融的纹样造型

图二 秧初兴“似花似蝶”苗绣画稿

图三 “蝶中花、花中蝶、蝶花成凤”苗绣

一 湖南博物院藏有蝴蝶纹样的苗族服饰简介

本院藏苗族服饰带有蝴蝶纹样的品种繁多，包括上衣、裤子、裙、胸巾、头巾、帽子、鞋子、绑腿、荷包、钱袋、被面、帐檐、门帘、枕头、桌围、花带、宗教用品等。在这些织绣文物中，随处可见蝴蝶纹样之身影，蝴蝶纹样题材非常丰富。蝴蝶是自然界常见的一种鳞翅类昆虫，从身形结构来看，符合中国人讲究的传统对称美学；从视觉效果来看，既具有色彩学的美，又具有形体学的动态美；从中国传统典故及象征意义解读，寓意“福”、“破茧成蝶”、美好爱情等。蝴蝶不像龙凤来自神话构想，而是源于生活，可观可触。湘西苗族地区处于山区、丘陵、平地交错地带，苗族基本生活于山区，这里蝴蝶分布广泛，开门随处可见蝴蝶于山野田林轻盈飞舞，姿态翩跹，色彩鲜艳，给了当地苗民极大美感。这种视觉上的美延伸到精神领域，是对万物有灵的崇拜，并启发苗家女子将多姿多彩的蝴蝶形象移植到五彩斑斓的织绣纹样中。

二 图像学分析：湘西苗族蝴蝶纹样造型特点

笔者对院藏苗族服饰进行整理和研究，发现苗族刺绣中蝴蝶造型无所不在，无处不用，纹饰图样达到数百种，造型有的粗犷笨拙，有的精巧别致，写意与写实紧密结合，大胆创新，融入个性，使得其蝴蝶纹样造型既有整体性，又具有独特性，体现了苗族妇女娴熟的刺绣技巧，反映丰富的想象力、高超的创造力。

（一）交融组合的多样性

苗族认为自然界“万物有灵”，物与物间可随意组合、渗透、相互转化并交融叠加，即多种动物或植物、几何图案造型的组合甚至是变异。在苗绣中我们常见蝴蝶与花朵、枝叶、石榴、桃子组合，与龙凤、飞鸟、蝙蝠等组合，或蝴蝶与花卉、几何交融组合。有的远看是蝴蝶，近观却变成了花朵、果实和蝙蝠。有的蝴蝶初看触须成了花的枝蔓，前翅呈盛开的花朵，尾翅成萼，再仔细一看，一只凤鸟穿于其中，散点翻卷的蝶翅既呈花形，又衍生成了飞舞的凤状（图一）。在造型上通过整体、局部与群体合理配置以及图案色彩的对比交融叠合等多种元素来实现其变化。院藏清末湘西民间苗画家秧初兴的苗绣画稿即花与蝶相交融（图二），苗绣中还有大量的“蝶中花、花中蝶、蝶花成凤”纹样（图三），均是很好的佐证。

（二）运用的广泛性

蝴蝶纹饰运用十分广泛，几乎每个门类都可见蝴蝶，且点缀的部位也呈现出多样化。苗民将蝴蝶绣在衣摆（图四）、衣衽、

图四　上衣摆边的蝴蝶纹样

图五　上衣衽、领边的蝴蝶纹样

图六　披肩上的蝴蝶纹样

图七　帽顶的蝴蝶纹样

图八　鞋头的蝴蝶纹样

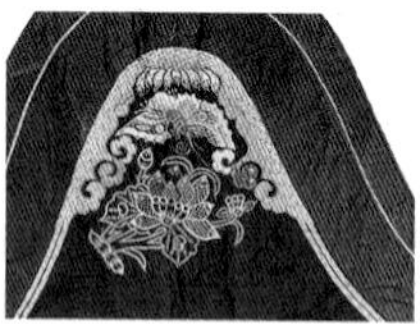

图九　围裙上的蝴蝶纹样

图十　钱袋上的蝴蝶纹样

图十一　帐檐上的蝴蝶纹样

图十二　花带上的蝴蝶纹样

衣领（图五）、披肩（图六）、帽顶（图七）、帽两耳、帽后侧、帽额、两袖口、鞋侧面、鞋头（图八）、裤脚边、围裙上（图九）、钱袋上（图十）、帐檐上（图十一）、花带上（图十二），挂在身上，装饰在目光所及的所有物品上，体现了苗族人民对大自然的细心观察及热爱之情，也寄托了他们对吉祥生活、美好未来的追求与愿望。由视启行，由行到思、由外到内，再由内焕发于外，图像志下文化的延伸在造型发展规律中得到了清晰而又充分的体现。

（三）造型体态的多变性

湘西苗族蝴蝶纹样变化多端，一件服饰上往往可见多种蝴蝶形态（图十三、图十四），同时蝴蝶造型又集写实与写意（图十五、图十六）、内敛与夸张于一体，造型灵秀自然，具有典型民族地域特色。蝴蝶造型有爬行的、飞舞的、静立的、正面的、对称平铺的、侧面的、仰面的、背面的等一系列姿态。有的蝴蝶身形短小，圆实肥胖，拙稚可爱。造型灵巧者以侧面飞舞状居多，翅膀完全打开，或微微向上，或紧紧靠于背，或花蝶交融，似蝶如花。其多变性除装饰部位的变化外，还呈现在蝴蝶视觉角度、肢体形态、比例的变化上。如有的蝴蝶翅膀大，翅翻卷，翅缘呈齿状，肚身小，尾翅细巧，或一只前翅拉得又大又长，其他翅叶瘦窄；有的翅膀面积小，虫体大，触须长，眼睛圆鼓鼓占的比例也大；有的与几何三角共体，这种纹样挑花绣使用较多，如一些方巾及背裙的角边，作者会先勾勒三角边，再沿边与对角线填饰纹样，从视角看形似三角，神似蝴蝶。蝶翅用多色绣线及针法层层施绣，完整的前翅或后翅被五色丝线分离成多个细细长长的板块，造型巧妙且色彩斑纹变幻丰富，蝴蝶灿烂耀目之美栩栩如生。前面描述的“花似蝶、蝶似花”的纹样正是通过块状式

图十三　多达 10 余种蝴蝶纹样造型的苗族刺绣上衣

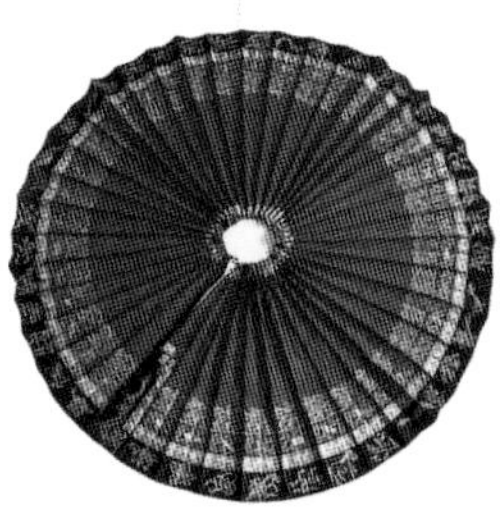

图十四　蝴蝶纹样造型多变的苗裙

图十五　写实、写意的蝴蝶造型

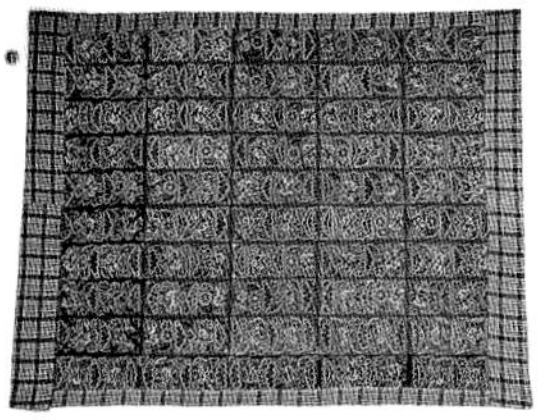

图十六　被面上的写意蝴蝶造型

图十七　花鸟纹样为主、蝴蝶纹相配的刺绣图案

图十八　鲤鱼跃龙门纹样为主、蝴蝶纹相配的刺绣图案

多条分割造型，使得蝶翅呈花，蝶须作蕊，正如鲜花盛开，心花怒放。蝴蝶的多变性还在于对蝴蝶触须走向的处理。湘西苗绣中蝴蝶触须长而夸张，或弯或直，弯的触角甚至长过翅膀和身体，造型灵动。在做这些造型时，通过线条弯直、长短、粗细、走向，色彩厚薄、繁简、平叠、冷暖，针法的多变等来控制节奏与韵律，凸显蝶纹的多变来彰显苗族服饰的显著个性。

（四）纹样的非主体性

蝴蝶纹在湘西苗族刺绣纹样中虽属母题纹样，几乎出现在任何有纹样造型的地方，频率高、使用广，但是在刺绣图案的搭配与编排组织比例上很有讲究。既强调整体的和谐之美，对称与均衡之美，又喜欢使用非程式化的构图法则，如散点式、缀饰式、辅助式设造，画面不会只出现蝴蝶纹或仅是一只大的蝴蝶占据中心，一般伴随辅助纹样出现在四周或是花枝旁，中心则是花与鸟等其他主体纹样。在刺绣纹样的从属编排中，大都以大的花鸟（图十七）、鲤鱼龙门（图十八）、龙凤呈祥、吉祥花果、人物故事（图十九）等图案为主，再围绕这些主图案周边编配蝴蝶纹饰，或用蝴蝶造型填补装饰图案中的空隙部位，使整体平稳、紧凑、活跃、丰富而生动，在一些小件花带或鞋上会以蝴蝶为主体纹样。其巧妙的主从构图与苗绣面料、款型、功能相互统一，既突出图案装饰风格，又体现出蝴蝶纹样这一母题文化。苗族女子遵循主从相配的图案编排组织规律，既彰显了其族群的审美个性，又体现多元文化协调一致的整体性。

图十九　人物纹为主、蝴蝶纹相配的刺绣图案

（五）个性多变化下的完整美

中国民间传统艺术造型的共性就是讲究完整，象征完满、吉祥，不完整的造型意味着残缺、不吉利。历史上苗族历经苦

图二十　门帘上的蝴蝶纹样

图二十一　手袋上的蝴蝶纹样

图二十二　帐帘上的挑花蝴蝶纹样

难，奔波迁徙，他们渴望安稳、圆满的生活，并将这一情感织绣在了日常使用的服饰纹样里。蝴蝶作为母题纹样造型都是完整的，从头部触须、眼睛、前翅、虫体、后翅、脚及整体身姿线条的勾勒，色块的编排都经过了精思细琢（图二十、图二十一）。从造型角度看，许多苗绣纹样图案都不符合客观事物的内在结构以及科学的焦点透视理论，还放弃了对精确比例关系的追求，写意与写实切换自由，在讲究规律秩序的理念下又常呈现一种随心、天真、烂漫的视觉效果（图二十二）。蝶须、虫体、翅膀的比例会夸张失调，但是完整表现出了各种场所蝴蝶的形与意，寓情于蝶，释情于景，忆蝶于心。把看到的和想象到的蝴蝶叠加创作，用多彩绣线统统融入绣品之中，重视心理感受的同时追求视觉审美的需要，以求对事物的完整表现，这恰恰体现了湘西苗族人民淳朴的原始逻辑思维方式，以及对圆满生活的向往。[1]

三　图像学阐释：湘西苗绣蝴蝶纹样形成因素及内涵

纹样图案在苗族服饰中不仅是一种装饰元素，它还能传达特定的意义和情感、增强服饰的艺术价值和个性化表达。蝴蝶纹在中国传统纹样中是一种非常典型的纹样，也是苗族地区使用最广的纹样。“作品的产生取决于时代精神和周围的风俗。”[2]就湘西苗族而言，特定的地域文化、人文历史、图腾文化以及民族开放等均可影响苗绣蝴蝶纹样的延续和发展，主要体现在以下几个方面。

（一）地域文化的影响

从苗族历史发展脉络来看，苗族几经迁徙，散布世界各地，在迁移的过程中，生存地理环境各异，政治、经济、文化和受其他民族的影响不同，导致其习俗多变。中国传统文化以汉文化为主，苗族在基本保留本民族文化特征的同时大量融入汉文化。这种地域、文化、审美、风俗的差异直接影响到蝴蝶纹样的造型。湘西以山地、丘陵为主，平地较少，湿润多雨，苗族大多生活在封闭山区，山间树木茂盛，花类、动物、昆虫类物种丰富，开门可见山，可听鸟鸣，可闻花香，观蝶飞舞。因耕地少，种植单一，耕期短，苗族女子作为主要劳动力在耕种期结束后，就需绩布纺纱绣花制衣。劳作季节，蝴蝶飞舞穿梭田野，身姿灵活，常伴其左右。人在与自然和谐相处的过程中会对熟悉的时空、物种产生美的眷念，蝴蝶的一举一动与山间动植物的紧密关系了然于心。美美与共的朴素生活使得苗族女子对蝴蝶之美有着更深刻的理解，她们选择山间蝴蝶作为刺绣纹样来美化自己的绣品，展示心灵手巧。穿着绣满鲜花、蝴蝶等纹样的衣服穿行山间，与自然融为一体，似乎花绣在身上，又在苗家人的身心里开放。湘西苗地西边紧邻贵州苗族，东北接常德桃

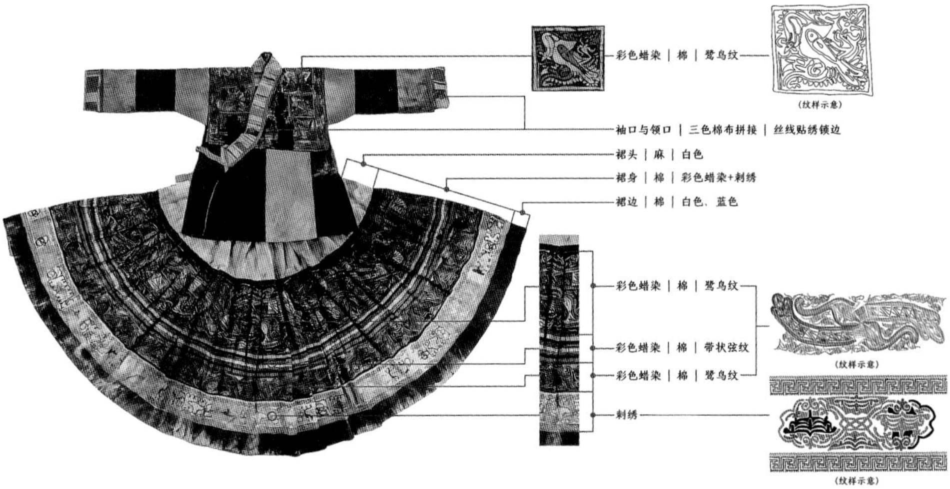

图二十三　贵州出土苗服上疑似蝴蝶的纹样

源等地，与贵州苗族同根同源，都以蝴蝶为图腾，但是在蝴蝶的造型上却大有不同，贵州苗族蝴蝶造型变形更多，如人首蝶身、蝙蝠蝶、鸟头蝶身等。湘西苗族刺绣，亦有鸟蝶同身、花瓣蝶身、蝶首龙身、蝶身蝠头、如意蝶形等写意造型。但因改土归流，民族大融合加速，随着社会政治经济文化的交流发展，湘西许多苗民从山间搬到附近平地，进一步汉化，他们将汉文化写实蝴蝶题材纳入自己的刺绣风格。例如本院收藏早期服饰上的刺绣蝴蝶基本上写实，后期则重造型，重线条色彩技法等，刺绣挑花中的蝴蝶造型讲究空间，与湘西土家族、常德、桃源等地的刺绣挑花相似性很大。总之，地域封闭使得古老文化完整保存，开放又使得文化呈现一体多元性。

（二）历史文化的影响

苗族历史可谓是一部战争史、一部迁移史[3]，一部中华民族文化共同体的交融史。在其氏族社会形成及自身发展过程中，生殖崇拜、自然崇拜及苗族传说等组成了苗族历史文化的重要部分。这些因素也对苗族的刺绣纹样造型产生了重要影响，甚至成为纹样造型的决定性要素。苗族是没有文字的民族，其历史文化的传播大都是通过多物象的叠加融合、神话古歌等原始思维观念诠释于苗族刺绣或其他工艺品。湘西苗族妇女在选择刺绣主题时，也会受这种传承文化的固化影响，加上地域文化、政治经济的差异性和局限性，蝴蝶纹样这一独特的艺术语言符号便将湘西苗族的民族审美和认知情绪一代一代沿传下来，并形成相对稳定的湘西苗族民俗文化。[4] 从时间来梳理审视，院藏苗族服饰上的蝴蝶造型很好印证了这一点，如早期苗族服饰蝴蝶造型硕大，线条婉转流畅且写实，色彩明雅并不斑驳。但是到了晚清后期，随着四大名绣尤其是湘绣的兴起与推广，加之与周边刺绣发达地域汉族的交流，蝴蝶纹样组合多变，色彩、造型、运用更是千变万化。苗绣蝴蝶纹样与湘西地域经济文化的传承与演变历史紧密关联，它以图像志的方式从一个侧面反映了苗族当下的意识形态和文化艺术状况，其作为一种族群文化符号，让我们看到了民族的整合与差异，为研究苗族历史发展提供了“活化石”资料。正如马克思所言：“人们自己创造自己的历史，但是他们并不是随心所欲地创造，并不是在他们自己选定的条件下创造，而是在直接碰到的、既定的、从过去继承下来的条件下创造。”[5]

（三）信仰文化的展示与影响

图腾文化是一种具有艺术创造性的想象力文化，宗教信仰文化是一种固本开原的核心文化。在苗族氏族形成及自身发展中，他们产生了复杂的观念、情感、审美等，最突出的情感便是崇尚“万物有灵”，并由之逐渐衍生出各种宗教信仰和图腾崇拜。他们以自然万物来歌颂神秘的生殖力量，在收藏的苗族刺绣文物中，可以发现大量与生殖繁衍隐喻有关的主题，如蝴蝶纹、鸟纹、鱼纹、石榴纹、莲蓬纹、乳钉纹等等。苗民借助刺绣以借喻、隐喻的方式表达出对生殖意念的张扬和人丁兴旺的渴求。在一些地域流传的古歌、神话中，蝴蝶妈妈是世界万物的始祖，神、鬼、人、动植物和雷电的产生都源于蝴蝶妈妈。因此，蝴蝶被认为是生殖和美的化身，最受尊崇，成为苗绣重要的纹样。1987 年贵州安顺地区出土一套鹭鸟纹彩色衣裙，裙子摆边藤黄色刺绣上以深蓝、灰蓝、黄绿施绣而成的蝶与蝶的叠加对称连续纹样，对研究苗族的信仰文化起源与发展具有非同寻常的意义（图二十三）。[6]

（四）原始直觉思维意识的影响

苗族先民最基本的思维方式是直觉思维，从苗族刺绣艺术中的大量物象，可以清晰地看到其先民的心理倾向和思维方式。[7] 在生产力低下的时候，他们很难对物象进行高艺术化的创造，其思维简单地依靠外在鲜活常见的事物进行表达。在相对闭塞落后的环境里，单一的认识方式使他们习惯于通过感官去对物象特征进行体验，这种客观存在的外化认知过程在发展中逐渐内化。过去，苗族缺乏对大自然科学的认识，缺少征服大自然的力量，他们只能寄托于某种神秘的力量，人为地信奉自然生物为神灵，希冀有着无穷的能量和生命力。苗族的图腾文化是一种具有创造性的想象力文化，一切受神秘力量支配的物象皆可创造，任何物种可独立，可复合、可分裂、可变形、可交融重叠。如各种龙的化身，鸟纹的分裂，蝶身的变形，桃、佛手长于同一树上，牡丹的枝叶上开着荷花等等，这就是原始思维的体现。如今的苗族人民也认为宇宙间的万事万物都是靠着某种神秘的力量纠结在一起的，这就是事物之间的互渗性，动物之间、植物之间、动物与植物之间，甚至两者与人之间也可以互渗。在这种斩不断的事物属性联系中，一切变得圆顺、和谐、吉祥。这种原始思维直接决定了苗族人民的直觉意识和审美主流，对苗绣中的蝴蝶形纹样也产生了直接影响。

（五）情感寄托的影响

受当时地域环境和经济条件的限制，苗族妇女很少走出大山，展示自己才艺的方式便是刺绣或在隆重的节日仪式上歌舞，通过绣与舞的方式抒发自己的情感。她们在服饰上织绣纹样时，喜欢用多种物象的组合来寄托对美好生活的向往，把自己对生命的理解、人生的感悟及母性情感全部倾注在自己的刺绣创作中，刺绣者的情感、愿望等一一呈现于刺绣作品上。例如石榴与蝙蝠相配表示“多子多福”，小孩帽子上的福寿纹是祈求孩子福寿平安，莲花与鱼组合寓意“年年有余”。而蝴蝶纹样是苗族的图腾，是对生殖的崇拜，其寓意又有多种，除了对美的原始直觉思维认知、图腾、历史传承外，也是为了祈求蝴蝶妈妈的保佑。苗族女子在爱情上思想奔放，渴望坚贞美好的爱情，她们自幼从母辈学习刺绣，遵从传统，选择自己的配偶时会送上亲自绣制有精美图案的花带和荷包，出嫁时穿上绣有精美图案的衣服，以示自己的心灵手巧。蝶恋花、化蝶、蝠蝶绵绵等象征美好爱情、吉祥如意、富贵常有的题材便成了苗族女子的首选。

四　结论及思考

服饰的特色最能体现出一个民族的传统文化，而服饰上的纹样题材也最能直观地体现一个民族的宗教信仰和风俗习惯。苗族服饰，作为一种文化传统和生活模式中的重要组成部分，是其文化因子在传递、衍化过程中绽开的物质与精神花朵。同时，作为一种强有力的文化传统，其是通过本身的系统将象征符号与意义结合起来并使意义符号化的。[8] 湘西苗族蝴蝶纹样是象征符号中的一种，它不仅是一种宝贵的艺术，在中华民族共同体文化大系统中，亦含有更宽泛的文化意义，对其自身结构、形态、功能的研究只是对苗族服饰文化其中一个元素的初步探索和研究。从这种初步的探索和研究中，我们发现苗族的服饰艺术不仅是一种图像学文化，更是记录苗族迁徙历史中经济生活、习俗文化、精神状况的“活化石”，特定的蝴蝶纹样造型亦成为苗民思想及意识形态的写照，同时又是认知、区分和鉴定湘西苗绣的有效途径之一。与汉民族的蝴蝶造型相比，其纹样似乎具有更多的创造性、嫁接性、变异性，是多种文化发展的综合体。任何一种文化现象都不是孤立发生的，因此，任何文化变异的前因后果，都是在一个广阔的文化背景中得到体现和说明的。[9] 通过图像志的分析可知苗族文化具有显著独立性，但是它从来不曾独立于多元一体的中华民族文化共同体之外。如何自然和谐地在保持湘西苗族文化原有的特色上将其经济发展与中华民族文化融会贯通，是值得所有民族工作者进一步思考和探究的课题。

注释：

[1] 郭世华：《湖南湘西苗绣蝴蝶纹样造型研究》，《湖南省博物馆馆刊》第九辑，岳麓书社，2013 年，第 540 页。

[2] 丹纳：《艺术哲学》，人民文学出版社，1963 年，第 32 页。

[3] 中国民族博物馆编：《中国苗族服饰研究》，民族出版社，2004 年，第 74 页。

[4] 同 [1]。

[5] 马克思、恩格斯：《马克思恩格斯选集》第一卷，人民出版社，1972 年，第 603 页。

[6] 熊水富：《平坝“棺材洞”清理简报》，《贵州田野考古四十年》，贵州民族出版社，1993 年，第 395 ~ 404 页；图二十三由宣禹杉制图。

[7] 何圣伦：《苗族审美意识研究》，人民出版社，2016 年，第 15 页。

[8] 杨鹍国：《苗族服饰：符号与象征》，贵州人民出版社，1997 年，第 11 页。

[9] 同 [8]。

大革命时期衡阳地区农运干部培养浅析

Analysis of the Cultivation of Peasant Movement Cadres in the Hengyang Region during the Great Revolution Period

湖南博物院（湖南省文物鉴定中心）　谢　静

Xie Jing, Hunan Museum (Hunan Provincial Cultural Relics Authentication Center)

内容提要： 大革命时期，衡阳的农民运动发展迅猛。农运工作的深入开展需要农运干部的科学领导。为了培养农运人才，衡阳中共党组织派农运骨干赴广州农民运动讲习所学习经验，并在他们毕业后，联合衡阳国民党民主人士，仿照广州农讲所的教学制度和方法，创建了衡阳农民运动讲习所、农村教育讲习所等革命学校。农讲所和农教所的学员毕业后大多都投身至大革命的熔炉中，从政治、经济、军事、文化等方面领导衡阳农民深入开展农民运动，为湖南的国民革命向前挺进奠定了扎实的群众基础，同时，也为全国农民运动的勃兴积累了丰富的斗争经验。

关键词： 大革命　衡阳地区　农民运动　农运干部　讲习所

Abstract: The Great Revolution period saw the swift development of peasant movement. The widespread peasant movement needed the scientific leadership of peasant movement cadres. In order to cultivate such peasant movement talents, the Communist Party of China branch in Hengyang dispatched backbone members to Guangzhou Peasant Movement Institute to learn different experiences and these members, after their graduation, united with democratic personages of the Nationalist Party in Hengyang and established such revolutionary schools as Hengyang Peasant Movement Institute and Rural Education Institute modeled after the teaching system and methods of Guangzhou Peasant Movement Institute. After graduation, most students of both the Peasant Movement Institute and the Rural Education Institute devoted themselves to revolutionary causes, led peasants of Hengyang to carry out the Peasant Movement from political, economic, military and cultural aspects, and laid the solid mass foundation for the further development of the National Revolution in Hunan while accumulating rich struggle experience for the boom of peasant movement throughout the country.

Keywords: the Great Revolution; Hengyang region; peasant movement; peasant movement cadres; institute

引　言

大革命时期，衡阳人民在中共党组织的领导下，开展了声势浩大的反帝反封建斗争。北伐军进入衡阳后，当地的国民革命运动更是迅猛高涨。在此过程中，湘南及衡阳中共党组织认识到，农民问题乃国民革命的中心问题，而农运工作的深入推进则需要农运干部的科学指导。在衡阳地区，当时面临的一个矛盾是，尽管农民运动发展迅猛，但农运干部无论在数量还是在能力上都不能很好地与革命形势相协调。因此，派遣农运骨干，向当时在培养农运干部方面发展得最为成熟的广州农民运动讲习所学习经验，并在其指导之下创立各县、区、乡的农村讲习所，是当时湖南各级党组织为培养农运干部而着手推进的重要工作。衡阳农民运动讲习所和农村教育讲习所即湘南和衡阳中共党组织以衡阳中共党员和广州农民运动讲习所学成归乡的学员为骨干，联合衡阳国民党民主人士，仿照广州农民运动讲习所的模式而创办的革命学校。本文旨在结合湖南博物院收藏的相关文物，对大革命时期衡阳地区农运干部的培养作简要的梳理和分析。

一　衡阳农运干部培养的背景与准备

（一）大革命时期衡阳农民运动的发展及北伐战争的促成

大革命时期，衡阳地区的农民运动发展迅猛。1925 年 8 月，毛泽东在衡阳蒸湘中学听取了中共湘南地委的汇报，将其在韶山开展农民运动的经验和方法介绍给了衡阳的革命同志，指示衡阳各地党团组织加紧组织农民群众参加革命斗争，并派得力干部前往广州农讲所和政治讲习所学习。中共湘南地委遂对领导成员重新作了分工，派夏明震、雷晋乾、李佳竹等前往广州农民运动讲习所学习，为之后开展大规模的农民革命运动作了思想和干部上的准备。12 月，在广州农讲所第五期毕业的衡阳籍学员受中共湖南区执行委员会的派遣，以国民党湖南省党部特派员的身份，深入到衡阳农村，秘密开展农民运动。

图一　大革命时期衡阳县农民协会成立大会照
（21 厘米 ×26.5 厘米，湖南博物院藏）

1926 年初，夏明震、戴今吾、肖觉先等人在衡阳县岣嵝乡神皇山开展农民运动，成立了湘南地区第一个农村党支部——中共神皇山党支部，其一成立，很快成为衡阳北乡农民运动领导核心。3 月，衡阳县党部在中共湘南地委和中共衡阳县委的帮助下成立，中共党员罗子平出任农民部长，受命筹建县农民协会。6 月 10 日，衡阳县农民协会成立（图一），夏明震任委员长。衡阳县在大革命时期成立湖南省最早的县级农民协会，并且是会员最多的一个县。7 月，中共湖南区委派陈清河、戴述人等以省农运特派员身份前来衡阳指导农运工作。湘南地委和衡阳县委也向农村基层派出大批经验丰富的干部，以县农运特派员身份分赴渣江、前溪、灵官庙等区、乡筹建基层农协。9 月，湖南农村大革命爆发，广大农民组织起来，向不法地主和土豪劣绅展开了猛烈的攻击，衡阳农民一马当先，呈现出“一切权力归农会”的革命景象。为适应农运大发展的需要，衡阳中共党组织以广州农讲所的毕业学员和当地共产党员为骨干，联合国民党民主人士在衡阳创办县农民运动讲习所和农村教育讲习所。为衡阳农民运动的发展培养了大批农运干部。

时值北伐战争爆发，衡阳地区成为北伐首战的重要战场。从北伐先遣队在5月中旬进入衡阳援唐伐吴开始，到7月初，国民革命军第四、七、八军分三路由湘南经衡阳向北挺进，衡阳地区的农民群众在中共湘南执委以及衡阳、耒阳、衡山等县执委的积极组织下，为北伐军提供了带路、送信、侦察、运输、扫雷、抬担架、救护、慰劳、筹集军粮、扰袭敌军后方等支援和帮助，并组建农民自卫军直接参战，为北伐军顺利通过衡阳作出重大贡献。与此同时，北伐军的过境对衡阳地区农民群众革命热情高涨和思想觉悟的提升也产生了重大影响，工农斗争与北伐战争相辅相成、互相促进，促使国民革命运动在衡阳地区掀起新的高潮。

1927年1月15日到23日，毛泽东考察衡山农民运动，在衡山作了关于加强党的建设、反抗地主豪强、组织革命联合战线等方面的指示。其间，两次到衡山农民运动讲习所进行视察。4月，衡阳地区的农民运动发展至巅峰，仅衡阳县农会会员人数便猛增到60万之众，成为湖南全省农会组织发展最快，农会会员最多的一个县，被誉为“全省之冠”。[1]

（二）农运干部在农民运动中的重要性

农村大革命是实现国民革命的重要内容之一，而农运干部则是保证农村大革命得以顺利推进的重要条件。在衡阳地区，当时面临的一个矛盾是，尽管农民运动发展迅猛，但农运干部无论在数量还是能力上都不能很好地与革命形势相协调。因此，举办农民运动讲习所，有针对性地加强训练，以培养出大批具有较高理论水平和实际工作经验的农运骨干，成为当时领导和发展农民运动，把农村大革命推向高潮的重要工作和必然选择。鉴于衡阳地区当时并无举办农讲所的经验，于是，湘南地区中共党组织决定响应中共湘区执委的号召，派出农运骨干向全国发展得最为成熟的广州农民运动讲习所学习经验。

（三）派学员赴广州农民运动讲习所学习经验

广州农民运动讲习所是在共产党人彭湃等人的积极倡议下，经中国国民党中央执行委员会通过而开办的专门培训农运干部的学校。自1924年7月到1926年9月，共举办了6期，培养了农运干部800多名。广州农民运动讲习所的办学宗旨是“养成农民运动之指导人才”“养成冲锋陷阵之战斗员”“使其成为农民运动之推动机”[2]。其教学特点十分鲜明。首先，把中国农民问题的研究放在重要位置，学习指向性十分明确；其次，注重理论与实践相结合，尤其注重军事教学和军事训练。广州农讲所的教学经验和教学方法对全国包括湖南地区农运干部的培养和农运工作的开展具有重要的借鉴和指导意义。中共湖南区执行委员会先后三次选派学员去广州农民运动讲习所学习。其中，衡阳及周边县的学员有李佳竹（常宁第四期）、黄志高（衡阳第四期、第五期）、夏明震（衡阳第五期）、雷晋乾（祁阳第五期）、傅恕（衡阳第五期）、李渭璜（衡山第五期）、萧韶（常宁第五期）、罗严（常宁第五期）、徐鹤（耒阳第六期）、吴谦（常宁第六期）等[3]，他们在接受了专业培训后，迅速成长为卓越的农运骨干，毕业后便回到家乡指导当地农运工作的开展和农讲所的筹建。

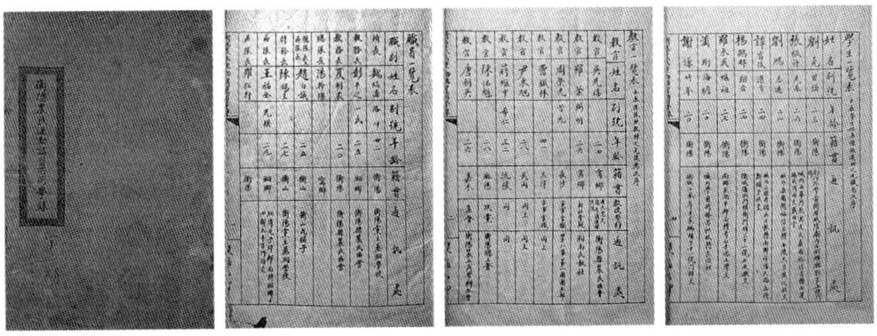

1　　2　　3　　4

图二　衡阳农民运动讲习所第一期同学录
（25 厘米 ×16 厘米，湖南博物院藏）
1. 封面　2. 职员一览表（局部）
3. 教官一览表（局部）　4. 学生一览表（局部）

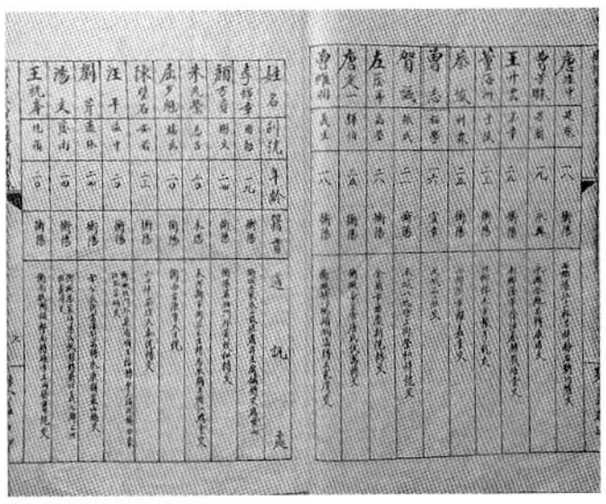

图三　衡阳农民运动讲习所
第一期同学录
（有“曾志”页局部）

二　衡阳农运干部的培养

（一）衡阳农民运动讲习所

衡阳农民运动讲习所成立于 1926 年 12 月[4]（一说为 1926 年 8 月[5]），其第一期设在蒸湘中学，第二期转至城南惠文中学，所长系蒸湘学校校长魏绍濂，教务长一为中共衡阳地方委员会书记彭平之，一为时任县农民协会委员长的夏明震，另设教务员兼文书一名，由共产党员宾利用担任。由于衡阳农民运动讲习所实行全面的军事化管理，所以在组织架构上又仿照军队建制设立总队、区队、小队（相当于军队中的连、排、班）等，总队长由汤干梁、赵白诚担任，区队长由赵白诚、王福全、罗松干、周建中、周少钦担任，另设特务长和特务员各一名，由陈锡圭和何少成担任。教员有彭平之、夏明震、陈佑魁、唐朝英、吴先瑞、罗芬、蒋啸青、袁作飞、周鲁、陶慕衡、黄家声、罗子丰、周荣光、曹铁林、尹东旭、蒋维中、蔡树瀛、吴鸣岗、萧光璆、周济、余业裕、杨景春、杨明金、颜桂林、刘仙桂、凌子茂等，共 20 余人。教职员具体信息见图表（图二，1～4；表一[6]）。

讲习所每期招学员 100 余名，多是由各区乡农民协会选送的骨干分子和衡阳名校指派的进步学生。从衡阳农民运动讲习所第一期记录在案的学员资料来看，共有记录在案的学员 114 名，其中十多岁的有 34 名，二十多岁的有 78 名，三十多岁的有 2 名，多来自衡阳县东、南、西、北各乡，也有个别来自常宁、湘阴、湘乡、永兴、宜章、耒阳、酃县、衡山、宝庆等县的学员。学录中并未标明学员的性别信息，但从“姓名”和“别号”来推测，几乎都为男性，这一推测与同学录中唯一性别可考的女学员（图三），即后来嫁给农讲所教务长夏明震的曾志在回忆中的描述是相符合的。曾志，女，原名昭学，1911 年 5 月 2 日生于衡永郴桂道宜章县完成团城厢镇汪家冲（今属湖南省宜章县城关镇），1924 年秋考入衡阳省立第三女子师范学校。在校积极参加反对旧礼教、反对男女不平等、反对官僚军阀活动，1926 年考入衡阳农民运动讲习所，报名时改名“曾志”。据其回忆，农讲所开始也招收女学员，比如第一期就有毛泽东的堂妹毛泽建、夏明翰的妹妹夏明衡与其同窗，但当时她们已经秘密加入共产党，平日要处理一些党的事务，为了方便工作转到了政治讲习所，另有一些女学员，因为接受不了农讲所严格的军事管

图四　衡阳农民运动讲习所第一期部分学员留影（湖南博物院藏）

图五　衡阳农民运动讲习所证章正、反面（湖南博物院藏）

理也被教务长彭平之转到其他学校。[7] 湖南博物院收藏有一张衡阳农民运动讲习所第一期部分学员留影，照片中右数第七人即为曾志（图四）。

讲习所为每位学员配发了证章，证章上有学员姓名和学号，以示学员身份。湖南博物院收藏的衡阳农民运动讲习所证章（图五）系铜质模压而成，总直径为 2.8 厘米，外形为五角星形。证章正面以双边实线将外轮廓“五角星”予以突出，以 64 颗阳刻圆点在中部围成一正圆，正圆直径约 1 厘米，圆内满布平行横线，圆中央印有镰刀和锤子相交图案，正圆上方逆时针方向印刻“衡阳农民运动讲习所”九字，正圆下方自右至左印有“证章”二字，所有图案文字均以剔地去料的阳刻方式予以突出。证章背面打有“衡州吕万裕”和“20”字样，前者为阳文，后者为阴刻，两者之间有别针插管。该证章系 1958 年 6 月由湖南省文管会从株洲废铜中捡选，现藏湖南博物院。为此可推断该证章应当为衡阳农民运动讲习所学员吕万裕的所属之物，“20”或为其学员号。然从湖南博物院收藏的衡阳农民运动讲习所第一期同学录“学生一览表”查询来看，并无“吕万裕”此人，所以可以推断，吕万裕应为衡阳农民运动讲习所第二期学员，证章的年份应属 1927 年。

此证章的珍贵之处不仅在于其为衡阳农民运动讲习所学员的身份象征，是大革命时期衡阳农运干部接受训练和从事农运工作的重要见证，同时也在于其以“五星”“镰刀”“锤子”三要素组合的图形构成，是中共建党初期到第一次国内革命时期为数不多的具有鲜明共产党特征的标识，与差不多同一时期广州第六届农民运动讲习所和武汉中央农民运动讲习所的证章有着显著的区别，反映出大革命时期中国共产党在湖南地区的农民群众和农民运动中有着较高的威望和影响；同时也反映出中国共产党在当时衡阳地区的革命斗争和工农运动中已经开始争取自身的独立性和主动权（表二[8]）。

讲习所的课程包括理论和实践两部分。理论课程有马克思主义及共产党相关理论、三民主义及国民党相关理论、农民运动理论、军事常识理论和社会形势政策（如农民运动发展形势、北伐军进军形势、国民革命运动发展形势）等，旨在让学员掌握国内外的革命形势和领导农运的科学方法。

实践类课程包括三类：第一类是与农运工作直接相关的课程（如解决问题、调查工作、集会等），类似于广州农民运动讲习所由彭湃开设的组织学员到韶关、海丰等县的农村进行实地调研的教学模式，旨在让学员深入到农村，在与农民同吃、同住、同劳动、同生活的过程中发现问题、分析问题和解决问题。

表一　　教职员信息一览表

姓名	别号	年龄	籍贯	教授学科	通讯处
吴先瑞		二四	宁乡	国民党史、独秀讲演录演讲	衡阳县农民协会
罗　芬	弼明	二六	宁乡	新社会观	湘南民报社
周荣光	昔元		长沙	军事常识	第八区第一团团本部
曹铁林		四一	天津	军事常识	第八区第一团团本部
尹东旭		二八	武冈	军事常识	第八区第一团团本部
蒋维中	希仁	三二	沅陵	军事常识	第八区第一团团本部
陈佑魁		二八	麻阳	政党	衡阳总工会
唐朝英		二六	嘉禾	集会	衡阳农工商学联合会
罗子丰		二二	衡阳	解决问题	衡阳县农民协会
夏明震		二〇	衡阳	农运理论	衡阳县农民协会
周　鲁	梅槎	二三	溆浦	资本主义	溆浦厚昌生转稚塘
黄家声	彝六	二五	衡阳	孙文主义	衡阳仙姬巷十八号
蔡树瀛	海晴	三六	安徽广德	军事常识	八军第一团团本部转
吴鸣岗		三七	长沙	唱歌	第三初级中学校
袁作飞	昨非	二三	资兴	阅书报	湖南民报社转
蒋啸青		四五	耒阳	总理联俄联共政策	衡阳第三初中校
萧光璆	以刚	二四	郴县	创作	第三男范附属小学校
周　济	伯通	二四	衡山	农村教育	
陶慕衡		二二	衡阳	调查工作	衡阳县农民协会
余业裕	倬云	三六	长沙	军事常识	驻衡第三团团本部
杨景春	樨梅	三七	长沙	军事常识	衡州考棚
杨明金	贡轩		江西		衡州敬一堂
颜桂林		三〇	湘乡		衡州常公街仁寿医院
刘仙桂		三〇	永兴	创作	永兴万和转龙市
凌子茂		二五	衡阳	农妇运动	渣江复兴号
彭平之		二五	湘乡	解决问题	衡阳县农民协会

注：此表系依照教科之先后为次序。

表二　衡阳农民运动讲习所与广州农民运动讲习所和中央农民运动讲习所证章对比表

名称	衡阳农民运动讲习所证章	广州第六届农民运动讲习所证章	中央农民运动讲习所证章
图样			
收藏地	湖南博物院	广州农民运动讲习所旧址纪念馆	武汉革命博物馆

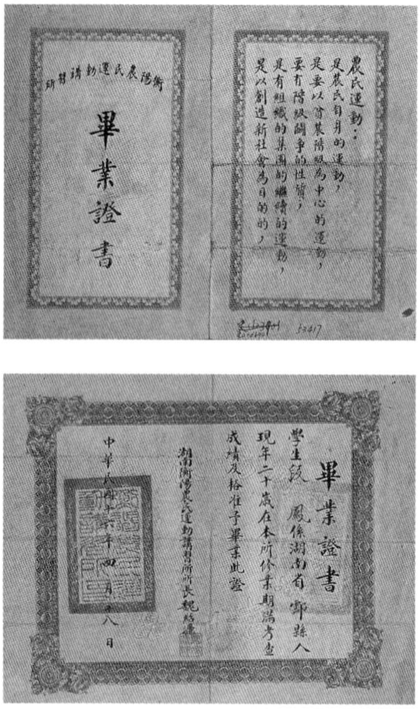

图六　1927 年 4 月 18 日衡阳农民运动讲习所发给段凤的毕业证书（正、反）
（19.2 厘米 ×23.9 厘米，湖南博物院藏）

第二类是与创作相关的课程（如唱歌、绘画）等，大革命时期中国农民的受教育程度普遍低下，大多目不识丁，在农民运动开展过程中，如何将生硬、枯燥的革命理论转化为让广大农民喜闻乐见的接受方式非常关键，宣传画（漫画）、歌谣和口号等方式无疑是很好的选择，所以这类课程的开设对农运宣传工作的开展具有重要的推动作用。

第三类是军事实践课程。衡阳农民运动讲习所仿照广州农讲所实行军事管理，将学员分两个中队，赵白城、陈锡奎分别任总队长和特务长，对学员进行从稍息、立正到投弹、刺杀等整套专业技术训练并对学员进行全程军事化管理。据衡阳农讲所唯一的女学员曾志回忆："虽说是农民运动讲习所，但我们的学习生活完全是军事化。军事训练相当多，也相当严格。野外训练，不管刮风下雨，无论道路上坑坑洼洼，是泥是水，让卧倒我就毫不犹豫地趴下，叫冲锋端起长枪就上，完全忘记了自己是个女性。尤其是紧急集合，一般都在夜间进行。开始要求五分钟就要到达指定地点集合，后来要求三分钟。谁去晚了就要挨批评、受处分（罚站、关禁闭）。为此，我每天入睡时，把衣服、帽子、绑腿、皮带放在固定的位置，并把它记熟了。不管什么时候，军号一响，我就一下子爬起来，摸黑随手抓起衣服就往身上套，然后跑步到指定地点站队集合，因此我从来没有迟到过。当然晚上睡觉决不允许不解绑腿带或不脱衣服，否则查铺时被发现也是要受处分的。""当时衡阳一带闹土匪，说是要来进攻衡阳，我们怕土匪晚上来袭击摸哨，精神上很警惕，远远地看见人就喊口令举枪盘查。但凡男生站几班岗，我也一班不少。每次急行军，我都咬着牙关紧跟队伍，一次也没掉过队。"[9] 对待女子尚且如此，可以想象衡阳农讲所的军事化管治是如何严苛。

讲习所学员需通过相应的考核后才能顺利结业，结业后，学院从毕业学员中择优挑选数十名至叶挺独立团教导大队继续接受训练，其余学员则回原区乡指导当地农运工作。讲习所在毕业典礼当天为所有毕业生颁发毕业证书。湖南博物院收藏有一张衡阳农民运动讲习所学员段凤同志的毕业证书（图六），证书外部以楷文繁体印"衡阳农民运动讲习所""毕业证书""农民运动是农民自身的运动，是要以贫农阶级为中心的运动，要有阶级斗争的性质；是有组织的集团的继续的运动，是以创造新社会为目的的"。证书内部以楷文繁体印"毕业证书""学生段凤系湖南省鄢县人　现年二十岁　在本所修业期满　考查成绩及格准予毕业　此证""湖南衡阳农民运动讲习所所长魏绍濂""中华民国十六年四月十八日"，并盖有"衡阳农民运动讲习所"朱文篆印。

（二）衡阳农村教育讲习所

衡阳农村教育讲习所与衡阳农民运动讲习所成立于差不同一时期。1926 年 12 月，湖南全省第一次农民大会召开，毛泽东同志在会上指出：“国民革命的核心就是农民问题。”可在当时，在经济和政治上受压迫剥削的广大贫苦农民，同样也在文化上受奴役和愚弄。农民直接间接地负担着大部分教育经费，却没有受教育的权利。“中国百分之九十七的贫苦农民，供给百分之三的特殊分子的教育经费，不但贫苦人民不能得到一点教育机会，反造成少数特殊阶级，这些特殊阶级，利用其优越的知识，来愚弄压迫贫苦人民，而且时常笑骂贫苦人民，指为无知愚民。”[10] 为了改变这种不平等的状况，湖南全省第一次农民代表大会在农村教育决议案中，具体规定了农村学校的招收对象、教学内容、教材编制、经费来源、教学体制、师资培训和贫苦学生的食宿解决办法等。衡阳农村教育讲习所就是遵循这个决议案而开办的。

农村教育讲习所先设于成章中学，后迁到了城北广德中学（杨泗庙附近，今衡阳电厂内），所长系县党部常委龙立初，教职员包括从广州农民运动讲习所毕业回来的学员、衡阳地区中共党组织的重要成员以及一些国民党左派人士，主要有夏明震、蒋啸青、袁作飞、莫立广、刘留候、吴鸣岗、陈佑魁、屈子健、彭平之、周鲁、刘坦、吴先瑞、唐朝英、黄家声、朱石君等共 21 人（图七，1、2；表三[11]）。从名单上来看，有部分教员兼任了衡阳农讲所和农教所，以及三师、湘蒸中学等多地的教学工作，可见，在大革命时期衡阳地区的各个革命学校，实现了教育、教学、教师等资源的全面共享。

在招生方面，农教所和农讲所一样，每期大约招 100 多名，两个月结业。与农讲所不同的是，农讲所几乎只招男学员，而农教所男女兼招。这一点很容易理解，因为农民群众中有很大一部分是妇女群体，她们在中国封建剥削制度的钳制下，深受神权、族权、夫权的多重压迫，从某种程度上来说，比男子更需要接受革命教育和新式教育，也更需要具有较高理论素养，同时也同她们一样，身为女性同胞、能够与她们产生情感共鸣的女性领导者来启发她们的思想觉悟，引领她们打破封建桎梏。除此之外，农教所要求学员入学前必须先经过入学考试，可见对学员的理论功底要求得比农讲所更高。从湖南博物院所收藏一期衡阳农村教育讲习所的同学录来看，学员年龄最大的为 37 岁，最小的仅 16 岁，生源多为衡阳东、南、西、北四乡的青年农民和知识分子。在教学上，相比于农民运动讲习所，农村教育讲习所更注重对学员进行革命理论教育，所长龙立初每周作

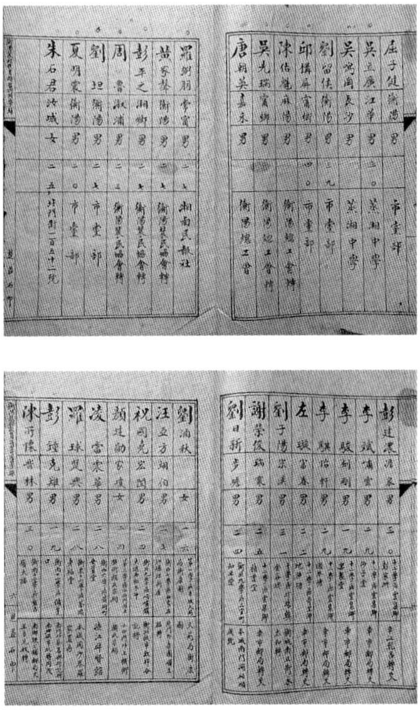
1
2

图七　衡阳农村教育讲习所同学录
（25 厘米 ×32 厘米，湖南博物院藏）
1. 教员一览表（局部）　2. 学员一览表（局部）

表三 教职员信息一览表

教员	年龄	性别	籍贯	通讯处	教学内容（不全）
龙立初	四一	男	衡阳	县党部	每周作一次政治报告
蒋啸青	四三	男	耒阳	第三初中	
蒋尔澄	三三	男	衡阳	市党部	
万竹岩	四〇	男	衡阳	成章中学	
杜家俊	二二	男	临武	三男师附小	
袁作飞	二三	男	资兴	湘南民报社	
蒋鸿钧	四三	男	衡阳	市教联合	
屈子健		男	衡阳	市党部	农民运动
吴立广	三〇	男	江华	蒸湘中学	
吴鸣岗		男	长沙	蒸湘中学	
刘留候	三九	男	衡阳	市党部	中国革命史
邱构屏	四〇	男	宁乡	市党部	
陈佑魁	二八	男	麻阳	衡阳总工会转	马克思学说、唯物史观
吴先瑞	二四	男	宁乡	衡阳总工会转	阶级斗争
唐朝英	二六	男	嘉禾	衡阳总工会	国际问题草案
罗弼朋	二七	男	常宁	湘南民报社	
黄家声	二七	男	衡阳	衡阳农民协会转	各国革命史略
彭平之	二七	男	湘乡	衡阳农民协会转	
周　鲁	二三	男	溆浦	衡阳农民协会转	中国青年
刘　垣	二七	男	衡阳	市党部	
夏明震	二〇	男	衡阳	市党部	资本主义
朱石君	二五	女	汝城	北门街一百五十二号	

一次政治报告，对学员进行政治教育和思想动员，旨在完善学员的理论体系的同时，提高学员的阶级觉悟，增强其革命的自觉性。

三　农运干部带领衡阳地区农民开展的主要工作

农讲所和农教所的学员在毕业后，大都成为推动衡阳地区农民运动深入发展的骨干成员，在这批农运干部的推动下，各区、乡也纷纷办起了农讲所和农村学校，衡阳农运干部的数量和能力由此迅速提升，领导着衡阳农民运动不断涌现新的高潮。农运干部带领农民开展的工作具体表现为以下几点。

（一）政治上：打击封建势力，让一切权力归农会

经过衡阳农民运动讲习所培养出的农运骨干分别担任了各县农民协会主席以及区、乡农民协会委员长或指导员。他们组

织力量，在集兵滩、廖田墟等区、镇，成立农民协会，为打倒地主土豪劣绅和争取一切权力归农会进行了不懈的斗争。因为农讲所的学员曾接受过严谨正规的革命理论培训，有较高的知识素养，在他们的指导和参与下，农会的各项斗争就变得更有条理。他们会根据土豪劣绅的罪恶大小、引起民愤的程度而采取不同的斗争方式和手段，从而最有效地打掉敌人气焰，树立农会权威。比如，“对于那些在本乡本土没有血案的土豪劣绅，采取问询、示威、大会批斗、戴高帽子等方式，从思想精神上消灭他们作威作福的气焰，让他们威风尽失、颜面扫地”[12]，至1926年底，衡阳全县共游斗地主大土豪劣绅282人；“对于那些罪大恶极的地主土豪劣绅，则由农民协会组织的特别法庭进行审判，绳之以法，轻者关进监狱，重者予以枪毙”[13]。

（二）经济上：清算地主剥削，争取经济利益

封建土地所有制社会，广大农民被地租、押租、高利贷等压得苦不堪言，生产生活的基本条件丧失殆尽。为此，清算封建地主的剥削，争取合理合法的经济权益成为大革命时期衡阳农民参加农村大革命最为直接迫切的要求。在农运干部的指导下，衡阳农民主要开展了以下活动。首先，成立平粜阻禁委员会和“民食维持会”等组织，要求地主豪绅以农会规定的价格将囤积的粮食卖给农民，解决贫苦农民在青黄不接时的吃饭问题。其次，要求减租退押，废除苛捐杂税。再次，对土豪劣绅罚款，征款，清算公产，没收地主豪绅的不义之财。除此之外，为了抵制地主豪绅对农民的高利贷剥削，一些区乡农会还创办了农民银行，通过发行临时流通的钞票，平衡货币流通，打击地主豪绅对农民的多重剥削。

（三）军事上：组建农民武装，保卫斗争成果

农讲所的学员都受过严格的军事训练，具备一定的军事专业素养，其毕业后，在组建和领导农村革命武装事业上发挥了很大的作用。1926年12月，衡阳、衡山、耒阳、常宁、祁阳等县根据省农会颁发的《湖南农民自卫军组织条例》迅速接收各县团防局武装，正式组建县级农民自卫军，各区乡也相继成立了纠察队和自卫队。农讲所学员在自卫队中多担任指导员和队长等职，他们领导农民在舆论上对土豪劣绅见风使舵、蠢蠢欲动的思想和行为进行压制和打击，对真正实施危害革命的土豪劣绅用革命武装手段进行斗争镇压，极大地打击了地主豪绅的嚣张气焰，维护了区、乡的社会治安。

（四）文化上：扫除封建陋习，开展农村文化教育

除了经济剥削，封建地主还通过族权、神权、夫权等封建宗法思想对广大农民进行思想压迫。农讲所和农教所的学员，毕业后深入到各县区乡，开展农村精神文明建设工作。例如：指导民众编唱破除封建迷信歌谣；开展禁毒禁烟活动，扫除封建陋习；成立农村妇女部和女界联合会，宣传男女平等、妇女解放的思想；出版通俗读物，张贴壁报，让农民通过阅读书报了解时事；开办农民夜校，举办文化补习班、识字班，开展农村扫盲运动；等。当时长沙《大公报》报道：“衡阳农民有团体以来，即有求知之欲，近日石头桥、集兵滩两区农协举办农民训练班，其余各地亦风起云涌，组织农村学校矣。”[14]通过这些举措，不仅提高了农民的文化素养，还促进了他们的精神觉醒，使其明白深受压迫的根源，从而支持和拥护农会，更主动地参与到摆脱身心枷锁、维护自身权益的各项运动中。

结　语

1927年5月27日，正当衡阳农民运动发展迅猛之时，反动军官俞业裕、县长徐方济、反动士绅廖隽山步蒋介石“四一二事变”和许克祥“马日事变”后尘，发动“沁日事变”，捣毁并封闭了县农民协会、农讲所、农教所、蒸湘中学等革命团体和组织，大肆捕杀共产党人、工农干部和革命群众，白色恐怖笼罩衡阳。衡阳农民运动讲习所和农村教育讲习所等革命学校虽然仅维持了几个月，但却在有限的时间内为党和国家培养了大批优秀的农运人才。他们经过短期而卓有成效的训练，便奔赴革命斗争的第一线，其领导的农民运动的深入开展和在大革命时期形成的革命队伍和力量，为全国农民运动的勃兴积累了丰富的斗争经验，也为尔后党领导土地革命走上新的复兴之路，奠定了广泛而坚实的群众基础。

注释：

[1]《湖湘红色基因文库》编纂出版委员会、中共湖南省委党史研究院编：《中国共产党衡阳历史 1921—1949》，湖南人民出版社，2021年，第147页。

[2] a. 柯楚彬：《广州农民运动讲习所的教学特点》，《中国纪念馆研究》2020年第1期；b. 罗绮园：《本部一年来工作报告概要》第三章，《中国农民》1926年第2期。

[3] 广东农民运动讲习所旧址纪念馆编：《广州农民运动讲习所资料选编》，人民出版社，1987年，第95页。

[4] 同[1]，第109页。

[5] 据1999年湖南省人民政府编著的《湖南年鉴1999》关于“曾志”一条目记录，曾志于1926年8月考入衡阳农民运动讲习所（参见湖南省人民政府编：《湖南年鉴1999》，湖南年鉴社，1999年，第562页）。

[6] 此“教职员信息一览表”摘自湖南博物院藏《衡阳农民运动讲习所第一期同学录》。

[7] 曾志：《一个革命的幸存者》，四川人民出版社，2020年，第20页。

[8] 此表由作者整理编制。

[9] 同[7]，第23页。

[10] 湖南革命文化史料征编领导小组、湖南省文化厅史志办公室编：《湖南革命文化历史文献汇编》第1辑《1917—1927》，内部资料，1992年，第177页。

[11] 此表格由笔者根据湖南博物院藏《衡阳农村教育讲习所第一期同学录》和《中国共产党衡阳历史》相关内容整理。

[12] 同[1]，第149页。

[13] 同[1]，第149页。

[14] 衡阳县志编纂委员会编：《衡阳县志》，黄山书社，1994年，第357页。

编撰《曾国文字编》的若干问题

Several Issues Related to the Compilation of *Texts of the State of Zeng*

湖南大学岳麓书院　许道胜

Xu Daosheng, Yuelu Academy, Hunan Univeristy

内容提要：曾国文字包括铜器铭文、简册文字、磬石刻文等，数量多，具有重要的史料价值。编撰《曾国文字编》的条件业已成熟。本文对已见相关字书的优长与不足作了简要评价，分析了编撰《曾国文字编》将要面临的机遇与挑战，并以曾侯乙墓简册为例，探讨了《曾国文字编》的内容与特色。

关键词：曾国铜器铭文　曾侯乙墓简册　文字编

Abstract: Texts of the State of Zeng, numerous in number and possessing important historical value, include bronze inscriptions, bamboo slip texts and engraved inscriptions on chime stone. The conditions for compiling *Texts of the State of Zeng* have matured. This paper briefly evaluates the advantages and disadvantages of publicized related texts, analyzes the opportunities and challenges that will be faced in the compilation and, with the example of the bamboo slip texts from the tomb of Marquis Yi of Zeng, explores the contents and features of *Texts of the State of Zeng*.

Keywords: inscriptions on bronzes of the State of Zeng; bamboo slip texts from the tomb of Marquis Yi of Zeng; texts

2010 年 6 月，我主持申报的国家社科基金重点项目“曾国文字整理与研究”获得全国哲学社会科学规划办公室批准，正式立项（项目批准号为 11AZS002）。该课题设计的预期成果之一，是要编撰一部曾国文字工具书《曾国文字编》（下文简称“《文字编》”）。《文字编》计划收录所有能见到的曾国文字。本文主要讨论编撰《文字编》的若干问题。

一　已见曾国文字工具书及其简要评价

目前所见曾国文字工具书，大致可分为如下三种类型：

第一种类型，是专门收录曾国文字，包括青铜器铭文、简册文字、磬石刻文、墨书文字、漆书文字等的工具书。此类工具书仅见《曾文字编》，孙启灿撰，为吉林大学硕士学位论文（2016 年通过答辩）。

图一 随州叶家山曾国墓地出土曾侯谏圆鼎（M28 ：164）铭文拓片（黄凤春先生供图）

图二 随州文峰塔曾国墓地曾孙乔壶（M61 ：2）铭文拓片（采自《考古》2014 年第 7 期）

图三 京山苏家垄曾国墓地出土曾伯桼壶铭文拓片（采自《江汉考古》2017 年第 6 期）

第二种类型，是专门收录曾国简册（曾侯乙墓简册）文字的工具书。此类工具书较早的有《曾侯乙墓竹简文字编》，张光裕、滕壬生、黄锡全主编，艺文印书馆，1997 年出版。最近则见《曾侯乙墓竹简字形合编》，洪德荣、叶楠编著，上海古籍出版社，2023 年出版。

第三种类型，是既收录曾国文字（简册文字、青铜器铭文等），也收录他国（如楚国等）文字的工具书。所见有：

《楚系简帛文字编》，滕壬生著，湖北教育出版社，1995 年出版。又增订本，2008 年出版。又“荆楚文库”本，2023 年出版。

《楚简帛文字编》，彭浩、葛英会著，日本东方书店，1997 年出版。

《战国古文字典——战国文字声系》，何琳仪著，中华书局，1998 年出版。

《战国文字编》，汤馀惠主编，福建人民出版社，2001 年出版。又修订本，2015 年出版。

《楚文字编》，李守奎编著，华东师范大学出版社，2003 年出版。

上述诸工具书对曾国的文字等相关研究曾起到一定的作用，其价值应予肯定。

不过，在查用这些工具书时，学者们会时常感到困惑或无奈。因这些工具书收录字形或采用摹本方式，或采用截图方式，或采用摹本加截图方式，均或多或少存在摹写误差、清晰度欠佳等问题，这在一定程度上影响或制约了有效利用。而摹写误差、清晰度不够，主要是作为字形来源的相关发掘报告、简报刊载的图版、拓片或线图等效果欠佳所致。如《曾侯乙墓》至今仍是一部学界公认的、非常重要的考古发掘报告，但受当时照相、印刷等条件的限制，所刊青铜器铭文图版、简影等效果均欠佳。[1] 这自然使取自该报告的字形相关工具书，其实际效果相应受到影响。

此外，即使近年新编成的文字工具书（如《曾文字编》），对于陆续刊布的曾国文字也不可能全部及时补充上去。这一点虽说是遗憾，但学者们也都能够理解，并想办法利用新刊出的资料。

二 编撰《文字编》的机遇与挑战

编撰《文字编》，既面临着难得的机遇，也面临着一些挑战。需要抓住机遇，迎接挑战。

机遇，主要体现在下面两个方面。

一是现有资料多、成果质量高。这为《文字编》的编撰提供了第一手资料，奠定了很好的研究基础。发掘报告《曾侯乙墓》、《殷周金文集成》《曾国青铜器》《商周青铜器铭文暨图像集成》及其《续编》《三编》《曾侯乙编钟》等成果均具标志性，可资充分利用。[2]

二是新的、重要的考古资料不断涌现。尤其是近年湖北随州叶家山、文峰塔、枣树林、京山苏家垄等重要曾国墓地的发掘，出土了大量有铭青铜器（图一～图三）。既有的资料加上这些新资料，一方面使曾国文字总量越来越大，另一方面使曾国文字出现的时间前探，延续时间拉长且基本形成连续的链条，足以反映曾国文字发展的久远与持续状况。对于这些新资料，《文字编》尽可能加以吸纳。如叶家山曾国墓地是近年的重大考古发现，资料非常重要，已经刊布了一些。在《文字编》编写过程中，及时将该批资料整理者吸收进课题组，将其全部青铜器铭文等资料加以收录。文峰塔的青铜器铭文资料，也收录了一部分。因更多资料尚在整理中，需要及时跟进、补充。

编撰《文字编》面临的挑战，主要是要解决如下三方面的问题。

一是现有资料的取舍问题。这里说的资料，主要指刊载文字等信息的器铭图版、拓片、线图等原始资料。若原始资料只有一处，往往见于发掘报告、简报或有关论著，因要利用，无论其实际质量如何，在使用时都没有选择的余地。不过，也有些资料有多个出处，其质量也不一律，有的质量好，有的质量不佳，有的质量则居中。这自然比前一种情形好，有比较的优势，往往可选择效果最好或相对较好的加以利用。

二是如何进一步提升现有资料的质量。现有资料的问题，主要是数据不全，铭文图版、拓片、线图等不够清晰。解决问题的办法，或依托相关文博单位，对现有资料（包括文字、图版等）进行补充，重新照相、拓片，保证质量。曾侯乙墓简册，发掘报告已刊布，但简影效果不佳，需要重新取得资料。在湖北省博物馆的大力支持、帮助下，课题组对这批简册进行了红外线扫描，获得了竹简的影像资料（图四），极大提升了其质量。

图四　曾侯乙墓简册扫描影像（局部）

三是对一些有争议的问题如何解决。如对一些器物的真伪、国别、年代，学界有不同意见。对一些文字字形的看法，学者间也有争议。这些都是正常现象，但既然是问题，就需要解决。如何解决？《文字编》皆予以直面，或并存诸说，或取众说中可取之说，或存疑，或立己说。

三　《文字编》的内容与特色

如前所述，《文字编》拟“穷尽式”收录能见到的曾国文字。因曾侯乙墓简册部分先行完成文字编，暂名《曾国文字编·简册》（下文简称“《文字编·简册》”），部头已相当大，而青铜器铭文等字数更要超过简册。《文字编》的内容，暂以《文字

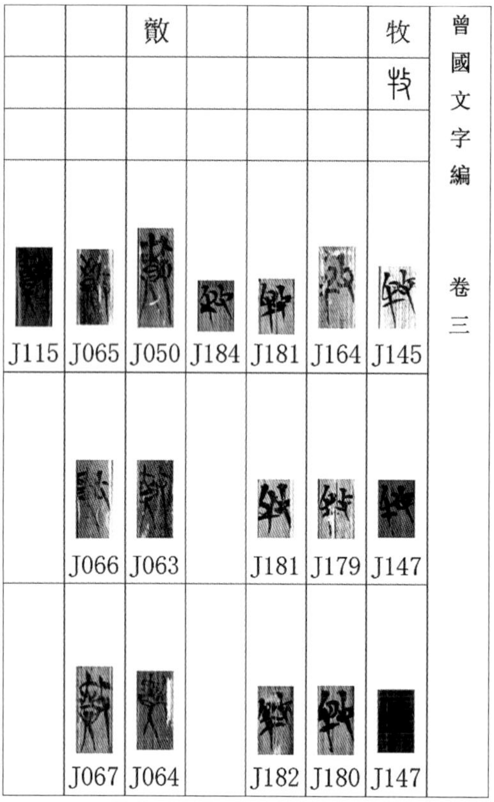

图五 《文字编·简册》卷三（部分）

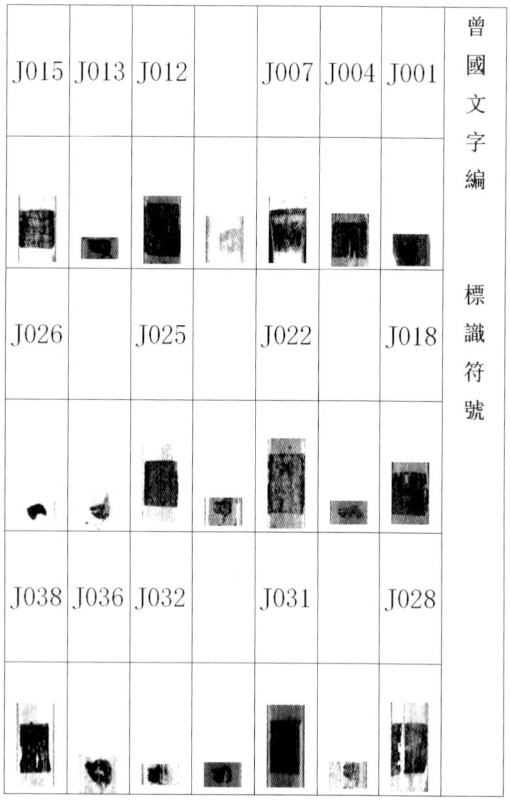

图六 《文字编·简册》标识符号（部分）

编·简册》为例加以说明。

《文字编·简册》包括凡例、正编《合文》《待考字》《残泐字》《补遗》《标识符号》《检字表》。

《凡例》，是对《文字编·简册》体例的说明，概要交代收录范围、字形来源、编排体例、字形编号、字形排序和主要参考资料。

正编计 14 卷，参照大徐本《说文解字》的编排体例编排。每个字头为楷体，见于《说文解字》者，下列小篆字头。不见于《说文解字》者，附在相应各部之后。各字头诸字形按在简册上出现的先后为序排列（图五）。

正编之后，依次为《合文》《待考字》《残泐字》《补遗》与《标识符号》各一卷。各字形或标识符号的排序同正编。

《检字表》列《笔画检字表》和《音序检字表》。

《文字编》的特色，主要表现在以下几个方面：

一是“穷尽”式收录，即只要能确认是曾国文字者，悉加收录。前揭工具书中多仅收录有代表性的曾国文字字形。《文字编》不仅如此，其目标是收录所有能见到的曾国文字字形，甚至包括简册上的标识符号（图六）。

二是进一步提升清晰度。前揭工具书所收字形，有不少是不清晰的，这对文字工具书来说是“致命”的问题。《文字编》在提升入编文字的清晰度方面，做了较大努力，效果明显。青铜器铭文图版或拓片，多以高分辨率扫描截图，截取字形，并经相关软件进行优化处理。曾侯乙墓简册则采用国际先进的红外线扫描仪进行高精度扫描，获得其影像，进行优化，其文字清晰度为迄今所见效果最好者。

三是最大限度反映字形的“原真性”。既往文字工具书，有的利用摹本字形入编，可能出现文字变形乃至摹写错误的问题。《文字编》所收青铜器铭文，其来源多是拓片，能较好反映字形原貌。简册文字，字形全部取自红外线扫描影像，能最大限度保真，反映当时的书写状貌。部分取自线图或照相图版的字形，也尽可能在“保真”方面做出努力。

四是编排系统、合理。这一点继承了已有文字工具书的做法，不赘述。

五是查用便利。《文字编》末，附有两个检字表，即《笔画检字表》和《音序检字表》，便于查询、使用。

[附记：本文为国家社科基金重点项目“曾国文字整理与研究”（11AZS002）、湖南省哲学社会科学基金项目“秦汉数学竹书综合整理与研究”（19YBA071）的阶段性成果；曾提交于2018年9月18—21日由湖北省博物馆、湖北省文物考古研究所在武汉举办的“曾侯乙编钟出土40周年学术研讨会”，在会上宣读、交流，得到同仁肯定。]

注释：

[1] 湖北省博物馆编：《曾侯乙墓》，文物出版社，1989年。

[2] a. 中国社会科学院考古研究所编：《殷周金文集成》，中华书局，1984—1994年；又修订增补本，2007年；b. 湖北省文物考古研究所编：《曾国青铜器》，文物出版社，2007年；c. 吴镇烽编著：《商周青铜器铭文暨图像集成》《商周青铜器铭文暨图像集成续编》《商周青铜器铭文暨图像集成三编》，上海古籍出版社，2012、2016、2020年；d. 邹衡、谭维四主编：《曾侯乙编钟》，金城出版社，2015年。

唐代桂阳监探析

Analysis of Guiyang Jian in Tang Dynasty

湖南师范大学历史文化学院　吴艾妮

Wu Aini, School of history and Culture, Hunan Normal University

内容提要：唐代在郴州设置专理矿冶和铸钱的桂阳监，是唐代中后期为解决“钱荒”问题而采取的措施。丰富的矿产和林业资源，自秦汉以来长期开采和冶炼矿产所积累的技术基础，以及沟通南岭南北的便利交通是郴州设置钱监的有利条件。通过史料和考古资料的分析，可以推定桂阳监的具体位置应该是在郴州子城内，西城墙和南城墙之间，由城墙和河道组成的一个面积较大的封闭区域。

关键词：唐代　桂阳监　郴州

Abstract: Guiyang Jian was set up in Chenzhou as an administrative agency specializing in mining and coin-casting in the Tang Dynasty, a measure aimed at solving the problem of money shortage in the mid-to late Tang Dynasty. Rich mineral and forestry resources, the technology basis for long-term mining and smelting of minerals since the Qin and Han dynasties, and convenient transportation between north and south of the Nanling Mountains are favorable conditions for setting up Guiyang Jian. Through the analysis of historical and archaeological materials, it can be inferred that the specific location of the Guiyang Jian should be in a large area enclosed with the city wall and the river channel between the west and south walls of the sub-city of Chenzhou.

Keywords: Tang Dynasty; Guiyang Jian; Chenzhou

唐代天宝年间开始在郴州设置桂阳监，隶属“少府军器监”下专理矿冶和铸钱的“诸铸钱监”，由职官监管，设监 1 人、副监 1 人、丞 1 人、监事 1 人、录事 1 人，另有府、史、典事若干人[1]，17 人左右，后演变为州级特殊行政区。霍宏伟先生《中国国家博物馆藏唐代“咸通玄宝”考》一文详细考证了郴州唐代桂阳监的铸钱规模和历史沿革。[2] 本文在此基础上进一步分析桂阳监设置的社会背景、有利条件和具体位置等相关内容，以期更全面地揭示唐代桂阳监的历史面貌。

一　唐代桂阳监设置的社会背景

唐初未在郴州设置钱监，《旧唐书·食货志上》明确记载了设置钱监的地方，

"武德四年七月，废五铢钱，行开元通宝钱……仍置钱监于洛、并、幽、益等州。秦王、齐王各赐三炉铸钱，右仆射裴寂赐一炉。……五年五月，又于桂州置监"[3]。太宗、高宗时期社会进入稳定繁荣的阶段，"开元通宝"在全国流通，但经常出现铜钱供应不足的情况，私铸钱币的现象时有发生。武则天时期，私铸钱币更加盛行，"以至神龙、先天之际，两京用钱尤滥。其郴、衡私铸小钱，才有轮廓，及铁锡五铢之属，亦堪行用"[4]。虽然规模无从知晓，但能在史籍中记载，说明此地铜矿、铅矿的开采、冶炼和铸造达到了一定规模。

经过八十多年的发展，玄宗时期出现开元盛世，社会稳定，经济繁荣，钱币需求更盛。由于有丰富的矿藏和私铸钱币的技术基础，郴州矿冶业得到了唐政府的认可，于天宝年间在郴州设置钱监，专门铸造钱币，《通典》卷九载："按天宝中，诸州凡置九十九炉铸钱。绛州三十炉，扬、润、宣、鄂、蔚各十炉，益、邓、郴各五炉，洋州三炉，定州一炉。约每炉役丁匠三十人。每年除六月七月停作，余十月作十番。每铸约用铜二万一千二百一十斤，白镴三千七百九斤，黑锡五百四十斤。约每贯钱用铜镴锡价约七百五十文，丁匠在外。每炉计铸钱三千三百贯，约一岁计铸钱三十二万七千余贯文。"[5]桂阳监设五炉，每炉铸钱 3300 贯，一年内铸钱 16500 贯文，铸造的应是"开元通宝"。《新唐书·地理志五》载"郴州桂阳郡，上。土贡：赤钱、纻布、丝布。有桂阳监钱官"[6]，钱官专门管理铸造钱币。钱监设在郴州城内，《元和郡县图志》载："桂阳监，在城内……"[7]

天宝末年的"安史之乱"使唐由盛转衰，租庸调制难以维持，政府财政收入大为减少。直到刘晏改革才使政府财政收入趋于稳定，促进了经济发展，扩大了对货币的需求。为降低运输和铸钱成本，建中元年（780）户部侍郎韩洄上书："江淮钱监，岁共铸钱四万五千贯，输于京师，度工用转送之费，每贯计钱二千，是本倍利也。今商州有红崖冶出铜益多，又有洛源监，久废不理。请增工凿山以取铜，兴洛源钱监，置十炉铸之，岁计出钱七万二千贯，度工用转送之费，贯计钱九百，则利浮本也。其江淮七监，请皆停罢。"[8]由此可知，因铸钱成本过高，朝廷停罢了包括桂阳监在内的江南七监。

建中元年（780），由宰相杨炎建议推行的两税法使税收货币化，导致钱币的需求量大增，而流通的货币数量却没有增加，因此出现钱重物轻的社会现象，形成所谓"钱荒"。面对这样的局面，政府于是增加铸钱，元和三年（808）朝廷在郴州置两炉铸钱，《旧唐书·食货志上》载："元和三年五月，盐铁使李巽上言：'得湖南院申，郴州平阳、高亭两县界，有平阳冶及马迹、曲木等古铜坑，约二百八十余井，差官检覆，实有铜锡。今请于郴州旧桂阳监置炉两所，采铜铸钱，每日约二十贯，计一年铸成七千贯，有益于人。'"[9]《元和郡县图志》载："桂阳监，……每年铸钱五万贯。"[10]史料提到的每年 7000 贯和 50000 贯同为元和年间记载，差别如此之大的原因在于前者应是刚恢复铸造时的数据，后者是兴盛期的数据。铜料来自平阳和桂阳交界处，时间上早于《旧唐书》的《元和郡县图志》记载"平阳县……亦出铜矿，供桂阳监鼓铸"[11]，以此推测天宝年间的铜料也应来自今桂阳一带。

"钱荒"问题影响深远，会昌年间（841—846）依然未能解决，以致毁佛像、钟磬铸造铜钱。其所铸钱币，现统计背面有字者共计 23 种，其中有 1 种背"桂"字的"开元通宝"，关于其铸造地为广西桂林的桂州监还是郴州桂阳监的分歧较大。成书于宋代的《钱谱》和《泉志》，前者认为在广西，后者肯定在桂阳监。现代学者倾向于认为此类铸币代表州名，不代表钱监，但在广西桂林和湖南郴州均没有出土背“桂”字的开元通宝钱币，这也成为两地学者争论不休的原因。唐初在桂州虽设钱监，但目前考古没有发现钱监遗址，史料中钱监的规模、矿产来源、设置和停铸时间等也无佐证。而郴州设置的桂阳监在天宝和元和年间都有明确史料记载铸钱情况，因此更可能是桂阳监铸造的背“桂”字“开元通宝”。

唐末藩镇割据、宦官专权，社会处在动荡之中，经济更加艰难，“钱荒”愈发严重。咸通五年（864），李璆以将仕郎侍御内史供奉知桂阳监，掌铸钱事。咸通十一年（870），王彤向朝廷进贡桂阳监新铸钱“咸通玄宝”，是唐代最后一种钱币，数量稀少。霍宏伟先生统计仅有国家博物馆藏2枚、四川新都和甘肃宁县各出土1枚。[12]目前所见“咸通玄宝”最早记载于宋代洪遵所著《泉志》:“右咸通钱，旧谱曰：‘唐咸通十一年（870），桂阳监铸钱官王彤进新铸钱，文曰咸通玄宝，寻有敕停废不行。’”[13]此钱币最早记载于何种旧谱，洪遵在引文中未说，桂阳监钱官王彤在史书中也无记载。霍宏伟先生考证“咸通玄宝”为年号钱，通过对与同时期的钱币比较及该钱质量的分析，认为该钱应是没有经过皇帝恩准擅自铸造的，也就没有公开发行流通，因此存世较少。[14]20世纪90年代，在郴州人民东路施工现场（现公安局特警支队的门口）出土了大量锈蚀成碎末的唐代“开元通宝”钱币，应该是桂阳监所铸，而霍宏伟先生考证“咸通玄宝”的产地也为桂阳监，由此看郴州在唐代主要铸造“开元通宝”和“咸通玄宝”两类钱币。

二 唐代桂阳监设置的有利条件

郴州拥有丰富的矿产和林业资源，有自秦汉以来长期开采和冶炼矿产的技术基础，并且地处湘粤古道枢纽，设立钱监的条件较为成熟。唐代中后期，经济重心向江南转移，同时开通了梅岭古道，湘粤古道逐渐衰落，郴州作为交通枢纽的重要地位开始走向没落，但作为钱监则一直延续到五代。

1. 丰富的矿产资源

郴州矿产属于矽卡岩型和热液充填型，矿石多成脉状，还有层状等，规模大，长度从上百米至千余米，相对富集，易于开采铜矿、铅矿和锡矿。有铜矿的地方就会生长一种叫铜草花的草，学名香薷，郴州很多的地方都生长这种花，古人依靠它找到铜矿。据地质勘探查明，全区各类金属矿床（点）共约400个[15]，矿种比较齐全，单一矿产少，共生矿产多。唐代钱币为青铜，是铜、铅、锡的合金，主要成分为铜和铅。前面提到的雷坪、宝山储藏大量的铜和铅伴生矿，足以支撑桂阳监铸造钱币所需的原料，锡矿在临武、宜章都有储藏，也方便运输到郴州桂阳监铸造。郴州地处南岭腹地，山地丘陵面积约占总面积的四分之三，属中亚热带季风性湿润气候，适宜树木生长，足以就近提供冶炼矿产需要的木材。

2. 长期生产形成的技术基础

桂阳郡的矿冶或许在战国晚期就开始出现，西汉早期应该已经达到一定规模，因此设置专门机构进行管理，“桂阳郡，高帝置……有金官”[16]。东汉时期又重设这一官职，“又耒阳县出铁石，佗郡民庶常依因聚会，私为冶铸，遂招来亡命，多致奸盗。飒乃上起铁官，罢斥私铸，岁所增入五百余万”[17]，明确为铁官，铁矿冶铸出自耒阳。资兴发掘的256座西汉墓中有218座随葬427件铁器、107座东汉墓葬中随葬428件铁器和114件铜器（除铜钱）[18]，而郴州市区发掘310多座两汉墓仅74座随葬111件铁器和320件铜器（除铜钱）[19]，与资兴汉墓出土铁器的数量形成鲜明的对比，可以看出资兴因与耒阳可以通过耒水方便往来而更容易得到铁器。但与耒阳往来更方便的衡阳凤凰山100座西汉墓仅随葬69件铁器和56件铜器（除铜钱）[20]，茶山坳14座东汉墓仅有8件铁器和3件铜器（除铜钱）[21]，衡阳两处汉墓出土金属器物远不及资兴，也较郴州相去甚远，说明桂阳郡“金官”“铁官”所生产的铜器、铁器规模不大，只能供应本郡，没有足够的产品输往外地。

六朝郴州冶铁情况史无记载，推断汉代在郴州适宜开采的铁矿已枯竭。郴州苏仙桥附近发现的数座西晋古井出土数千枚古简，清楚记载了郴州炼银情况，如2-234：“进山耒垀银房正一所土中有沙石可烧铸为银。”同时可以看到这时的冶炼工具——坩埚。[22]不过这一时期的资料太少，难以进一步探讨。

两汉六朝长期的开采和冶炼为唐代郴州矿冶发展打下了坚实基础。一方面对郴州矿产资源有了更全面的认识，能够选择开采更节省成本的矿源。唐代矿产开采在史料中记载较为笼统，在第二次设置桂阳监铸造钱币时，李巽上言平阳和高亭交界处有280多处古矿井，今在此地有雷坪矿，依然在开采。《新唐书·地理志》记载宜章有银、铜和铅[23]，但未明示是否用于供应桂阳监。宋代郴州的矿产资源分布情况在《太平寰宇记》《元丰九域志》等史籍中记载较为详细，其中一些矿坑宋代已废弃，估计是长期开采后造成矿源枯竭而废弃的，可以据此推测唐代矿业的开采情况。另一方面，长期的开采和冶炼实践也形成了符合当地情况的技术体系和职业群体。由此，唐代出现了郴州矿冶的第一个高峰期，桂阳监的设置也就水到渠成。

3. 沟通南北的便利交通

郴州位于湘粤交界地带，为长江和珠江分水岭，过此地必须走陆路。据《史记·秦始皇本纪》记载，为加强对岭南的统治，秦始皇谪治狱吏不直者“筑南越地”，修筑沟通岭南的“新道”。[24]据余天炽考证“新道”有四条，其中最便捷的一条为湘粤古道。[25]西汉武帝派安国少季出使南越，后于元鼎五年（前112）派伏波将军路博德平定南越，两次行动均走湘粤古道。[26]《后汉书·循吏卫飒传》中记载东汉光武帝建武年间，桂阳郡（郡治设郴州）太守卫飒看到因道路不畅使百姓徭役繁重，“飒乃凿山通道五百余里，列亭传，置邮驿”[27]。东汉灵帝时期，桂阳太守周憬大力整治粤北水道，“由是小溪乃平直，大道允通。利抱布贸丝，交易而至”[28]。经过数次大规模的修缮，湘粤古道成为中原与岭南交通最便捷繁忙的通道。

桂阳监铸造钱币所需的矿产多来自平阳和高亭交界的地方，这一带应是今天桂阳县北部与永兴县交界的雷坪镇的曲木、聂锡等地。此地位于湘江另一支流——舂陵江，可以通过舂陵江转耒水将矿料运至郴州，也可逆流而上至平阳城（今桂阳县城），再转陆路至郴州。近年来在舂陵江沿岸发现有汉晋时期墓葬，说明汉晋时期在舂陵江沿线有村落分布，借助水路交通与外界交往。据沿岸上年纪的村民说，在欧阳海大坝建成以前，运木船或矿船都可以在此水路上游弋。枯水期在桂阳雷坪大滩一带有部分河床裸露，需要卸船走一段陆路，再装船运输；丰水期则航道畅通，足以运送平阳铜、铅矿到郴州。桂阳宝山周边发现有唐长沙窑的碗和壶，可能是当时开采和冶炼宝山铜、铅矿的矿工使用遗留的。相比平阳和高亭交界处的矿产运输，桂阳宝山至郴州的陆路相对顺畅，郴州桂阳监的矿料来源可能更多来自宝山矿。

岭南在唐代多以金银为主要流通货币，这与广州作为唐代最重要的对外贸易港口有关，金银在广州口岸的国际贸易中充当了通用货币。不过在靠近郴州的韶州、连州等地的计量单位则以铜钱计算[29]，这应该是受到桂阳监铸钱的影响，钱币先到达这些区域并在市场流通。由此来看，南北交通线的畅通为桂阳监铸币的外运也节省了不少成本。

三 唐代桂阳监的具体位置

文献记载唐代桂阳监设在城内，霍宏伟先生也有大致的范围考证，不过我们还可以通过对文献和考古资料的分析进一步推定其具体位置。

郴州城市布局在汉代奠定基础，历代虽有增扩，但变动不大，清《读史方舆纪要》卷八十二《湖广八》记载：“（郴）州城，汉初所筑，历代因之。”[30]考古资料显示，1993年在中山院大门西侧和2001年军分区北苑建设工地分别发现汉代南护城河和西护城河[31]，2004年在郴州市苏仙桥旁的龙门世家（原郴州市美术印刷厂）建设工地清理东汉至宋元时期古井11座（图一），出土汉代陶器和吴晋简牍，证明此地是汉晋官署衙门所在地[32]。万历《郴州志》记载后周显德三年（956）重筑子城[33]，说明宋代子城是在唐代子城基础上修筑的。从北宋《郴江百咏》[34]中可知宋代郴州子城有三门，三门上均有城楼，即东楼、西楼和南楼，其中的西楼、东楼都提到从楼上能看到东山，证明子城地势较高，可能是建筑在高台上。民国郴州城位于今检察院、军分区、市六中一带（图一中有城垛标示的方框为民国郴州城）[35]，这一区域刚好为西北高东南低的高台，南北约600米，东西约400米，北城墙是在汉晋城墙基础上修建的，西城墙跨过汉代护城河至军分区西墙边，南城墙到八一东路，东城墙所在位置沿杨家巷路至六中操场东边，中轴线为中山南北街，可见民国郴州城与《郴江百咏》记载的宋代郴州子城特征相似，基本格局从唐宋至民国延续未变。

除子城外，唐代还有外城。《舆地纪胜》云：“愈泉，在城内愈泉坊。”[36]《方舆胜览》记载：“义帝陵，在城内明伦坊。”又记：“剑泉，在城内康泰坊。”[37]1977年郴州七里洞出土唐曹府君墓志中提到的遵化坊[38]。愈泉坊、明伦坊、康泰坊和遵化坊是迄今为止我们知道最早的郴城街坊地名，应该是唐代坊市名称。按上述提到的坊所处位置和郴州城的规模，唐代郴州城应该只有四坊，这也是唐代一般州城的规模。1985年在文化路郴州市饮食公司基建工地发现6座唐代水井[39]，距义帝陵约60米，出土多件唐长沙窑瓷器，证明这是一处人口密集的居住区，与坊市布局相合。从自然地形和愈泉、剑泉、义帝陵所处位置来看，唐代郴州外城大致北以民国郴州北城墙为界，东沿郴江西岸，南到南塔路一线，西到国庆南路。外城应有十字街，民国郴州城以中山南北街为中轴线，与明清城一脉相承，依据传统筑城原理，唐宋子城的中轴线也应在这条街道上，则外城南北向街道也应为与子城南门相连的中山南北街，东西向街道不明，大致位于南、北两坊中间位置。今燕泉河流经唐代外城，民国郴州地图中还有一条中川水经外城。2012年在八一路生源百货建筑工地上发现汉至唐宋时期的人工河道[40]，河道宽30米，应与中川水相连，其中一部分位于子城内，推

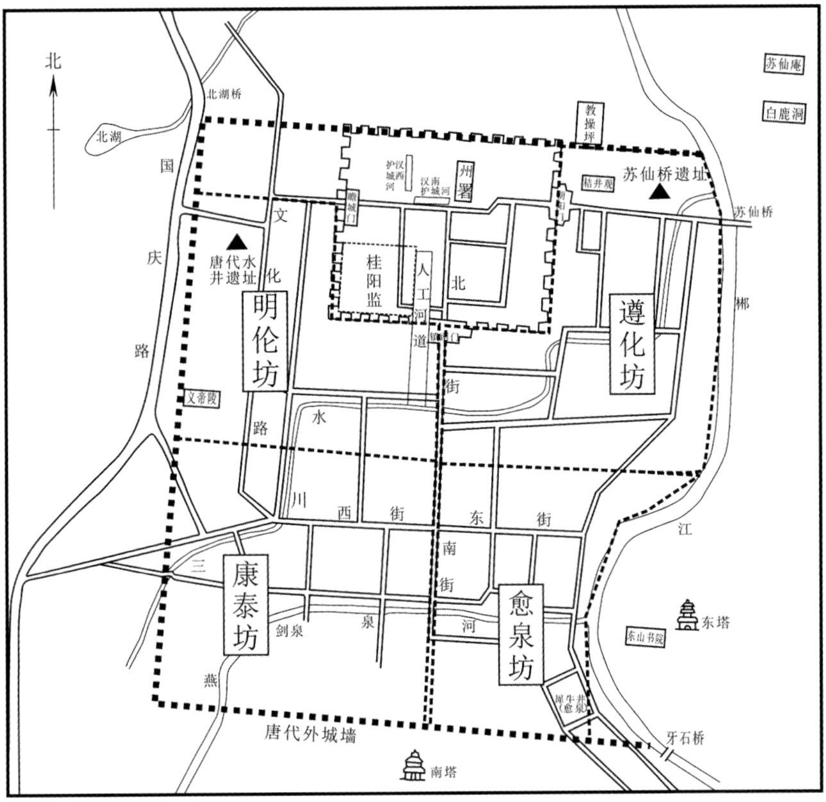

图一　唐代郴州城形状及桂阳监位置推测复原示意图
（以民国郴州城图为基础改绘）

测这条人工河道是为船舶出入城内而建，船舶从郴江进入中川水到城内，也利于货物进出，充分利用郴江河流的地理条件，其尽头应该是码头。

《元和郡县图志》记载桂阳监在城内，应该是在子城内，方便监管和铸造事宜。同时，钱监应该位于码头旁边，以便用船将大量冶炼好的铜料和铅料运进城内，以及将铸好的钱币外运。从人工河道附近的地形来看，北面是州署所在的高台，不适合货物装卸，东边面积小还接近南北大街，也不可能，只有西边处在西城墙和南城墙之间由城墙和河道组成一个面积较大的封闭区域最为适宜，既便于监管又便于运输（见图一）。

四　结语

唐代桂阳监的设置既有时代发展的需要，也与其丰富的矿产和林业资源、长期形成的技术基础及便利的交通有关。今郴州城建在古代城市上面，钱监的位置依然没有发现。而唐宋人工河道的发现使我们对桂阳监的位置有了新的认识，因此未来对于今军分区一带要特别关注，可能会有与钱监有关的线索。

注释：

[1]［唐］李林甫等撰，陈仲夫点校：《唐六典》卷二十二《少府军器监》，中华书局，2005年，第578～579页。

[2]霍宏伟：《中国国家博物馆藏唐代咸通玄宝

考》,《中国钱币》2011 年第 3 期。

[3] [后晋] 刘昫等撰:《旧唐书》卷四十八《食货志上》,中华书局,1975 年,第 2094 页。

[4] 同 [3],第 2096 页。

[5] [唐] 杜佑撰,王文锦等点校:《通典》卷九《食货九·钱币下》,中华书局,1996 年,第 204 页。

[6] [宋] 欧阳修、宋祁撰:《新唐书》卷四十一《地理志五》,中华书局,1975 年,第 1072 页。

[7] [唐] 李吉甫撰,贺次君点校:《元和郡县图志》下,卷二十九《江南道五》"郴州"条,中华书局,1983 年,第 707 页。

[8] 同 [3],第 2101 页。

[9] 同 [3],第 2101 页。

[10] 同 [7]。

[11] 同 [7],第 708 页。

[12] 同 [2]。

[13] [宋] 洪遵撰,[明] 徐象梅校并图篆:《泉志》卷三《正用品下》,中华书局,1985 年,第 20 ~ 21 页。

[14] 同 [2]。

[15] 郴州地区地方志编纂委员会编:《郴州地区志》,中国社会出版社,1996 年,第 821 页。

[16] [汉] 班固撰,[唐] 颜师古注:《汉书》卷二十八上《地理志第八上》,中华书局,1999 年,第 1594 页。

[17] [南朝宋] 范晔撰,[唐] 李贤等注:《后汉书》卷七十六《循吏列传第六十六》,中华书局,1999 年,第 2459 页。

[18] a. 湖南省博物馆、湖南省文物考古研究所:《湖南资兴西汉墓》,《考古学报》1995 年第 4 期;b. 湖南省博物馆:《湖南资兴东汉墓》,《考古学报》1984 年第 1 期。

[19] 郴州市文物处内部资料。

[20] 周世荣编著:《湖南古墓与古窑址》,岳麓书社,2004 年,第 31 ~ 58 页。

[21] 衡阳市博物馆:《湖南衡阳茶山坳东汉至南朝墓的发掘》,《考古》1986 年第 12 期。

[22] 湖南省文物考古研究所、郴州市文物处:《湖南郴州苏仙桥遗址发掘简报》,《湖南考古辑刊》第 8 集,岳麓书社,2009 年,第 93 ~ 117 页。

[23] 同 [6]。

[24] [汉] 司马迁撰:《史记》卷一一三《南越列传》,中华书局,1963 年,第 2967 页。

[25] 余天炽:《秦通南越"新道"考》,《华南师院学报(哲学社会科学版)》1980 年第 2 期。

[26] [汉] 班固撰,[唐] 颜师古注:《汉书》卷九十五《西南夷两粤朝鲜传》,中华书局,1999 年,第 3857 ~ 3858 页。

[27] 同 [17]。

[28] 宋会群:《〈神汉桂阳太守周府君功勋之纪铭〉碑辑校和研究》,《韶关学院学报(社会科学)》2006 年第 8 期。

[29] 唐耕耦、陆宏基编:《敦煌社会经济文献真迹释录》第一辑,书目文献出版社,1986 年,第 62 ~ 67 页。

[30] [清] 顾祖禹撰,贺次君、施和金点校:《读史方舆纪要》卷八十二"郴州条",中华书局,2006 年,第 3839 页。

[31] 同 [19]。

[32] 同 [22]。

[33] [明] 胡汉等纂修:(万历)《郴州志》卷八《创设志上》,上海古籍书店影印本,1962 年,第 18 页。

[34] [宋] 阮阅:《郴江百咏》,谢武经等《郴州史话》,湖南美术出版社,1985 年,第 138、142、146 页。

[35] [清] 朱偓撰:《郴县县志》,湖南日报社资料组复印,1984 年,首页。1984 年重新影印时,附一张 1935 年左右的郴州市内地图。

[36] [宋] 王象之撰:《舆地纪胜》卷五十七,中华书局,1992 年,第 1543 页。

[37] [宋] 祝穆撰,祝洙增订,施和金点校:《方舆胜览》卷二十五,中华书局,2003 年,第 450 页。

[38] 同 [19]。

[39] 郴州地区文物工作队:《湖南郴州发现唐代水井》,《考古》1987 年第 2 期。

[40] 同 [19]。

宋代都水监置废考辨
——以北宋国防战略为中心

The Establishment and Abolition of Dushui Jian in the Song Dynasty
—Centering around the Defense Strategy of the Northern Song Dynasty

湖南师范大学历史文化学院　崔成彦
Cui Chengyan, School of History and Culture, Hunan Normal University

内容提要：都水监的置废与北宋国防战略的转变密切相关。宋太宗伐辽失败后，北宋开始采取消极防御的边防战略，以河流和湖泊作为御辽的屏障。仁宗时水患频仍，这严重破坏了黄河下游的边防形势，而河渠司却无法有效应对水患问题，故北宋设置了都水监，治河的同时“以水设险”。随后又设外都水监，都水监负责保护京畿地区的安全，外监负责维护边防安全。随着北宋逐渐转向扩张性的国防战略，尤其是“海上之盟”后，宋廷的国防重点从河湖防线转移至长城防线，都水监的边防职能被弱化。随着金军南下，河湖防线被攻破，都水监的国防职能彻底消失，故在绍兴年间被废除。

关键词：宋代　都水监　国防战略　宋辽关系

Abstract: The establishment and abolition of Dushui Jian was closely related to the shift in the Northern Song Dynasty's defense strategy. After the failure of Song Emperor Taizong's campaign against Liao, the Northern Song court began to adopt a passive defense strategy for its border defense, using rivers and lakes as a barrier against Liao. During Emperor Renzong's reign, frequent floods occurred, which seriously damaged the defense situation along the lower reaches of the Yellow River, but *Hequsi* (the River and Canal Administration) was unable to effectively address the flood problem, so the Northern Song court established Dushui Jian to manage rivers while "setting up defenses with water." Later, the Dushui Jian was divided into an inner agency and an outer agency, with the inner agency responsible for protecting the safety of the capital region, and the outer agency responsible for maintaining the security of the border defense. As the Northern Song court gradually shifted to an expansionist defense strategy, especially after the "Sea Alliance," the Song court's defense focus shifted from river and lake defenses to the Great Wall defense line, and Dushui Jian's defense function was weakened. As the Jin army advanced southward, the river and lake defense line was broken, and the Dushui Jian's defense function was completely eliminated, so it was abolished in the Shaoxing Reign Period.

Keywords: Song Dynasty; Dushui Jian; national defense strategy; relationship between Song and Liao

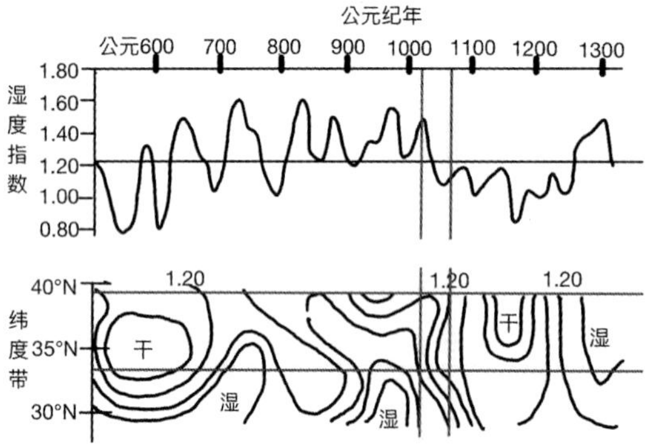

图一 521—1330 年东部地区湿润指数图
上：每五年湿润指数变化图
下：不同纬度湿润指数时空分布图

北宋的国防战略经历了从积极性战略转变为消极性战略再转变为极端性战略的过程[1]，而治水机构都水监的置废与这一过程有着极强的关联性。最早以专文论述北宋边防与治水关系的学者是李华瑞先生。他认为，北宋在辽巨大的军事压力下，其治理黄河的政策并不仅考虑防止黄河决溢这一个因素，更多考虑的是如何利用黄河来防边，但此文并未对都水监的置废问题作过多的介绍。[2] 而纵观针对北宋都水监的专门研究，其关注的重点在于其治水的职能，而忽视了隐藏在其中的国防职能。[3] 笔者认为，正确认识宋代都水机构的变迁，对于解读宋代水利史、政治制度史、军事史以及宋辽关系史，皆有着重要的意义。本文拟在前人研究的基础上，以国防为视角，对都水监的置废再作考察，以就正于方家。

一 都水监设置原因分析

唐中后期至宋前期，都水监成为一个虚设机构，仁宗年间其被恢复职权，但此时的都水监与隋唐时的都水监已不相同。隋唐都水监只是一个单纯的水司机构，而由于北宋面临巨大的国防压力，宋代都水监从被恢复职权起便暗中承载着一定的国防职责：黄河是北宋重要的水防线，而治河是都水监的本职工作，所以其在治河的同时便可以整修黄河防线，充分发挥其限辽的功能，又不容易引起契丹的警觉。这是都水监职权恢复背后的真实目的。

（一）北宋国防战略的转变

辽天显十一年（936），辽太宗耶律德光出兵协助石敬瑭建立后晋，作为交换条件，后晋将燕云十六州割与契丹。从此，中原王朝失去了飞狐口以东的长城防线，河北平原无险可守。宋太祖曾有意收复燕云地区，但由于国内还未实现统一，所以不得已采取“先南后北”的战略，统一南方的同时在北方屯聚重兵进行防守。宋太宗平定南方后意图再次经略幽燕，故仓促盲目地对辽发动了两次大规模军事行动，但都以惨败告终。[4] 此后，太宗逐渐对北方这个强大的草原民族产生怯惧之心，加之反战思想的盛行，北宋边防战略开始由主动进攻转向消极防御，即“来则惩而御之，去则备而守之”。[5] 到了宋真宗时期，在辽军巨大的军事压力下，北宋朝廷选择以议和的方式来缓解与辽的军事危机，且付出的代价比军事对抗更小[6]，所以与辽在幽燕重新角逐的决心逐渐消失[7]。庆历和议后，“来则备御，去则无追”的边防思想在北宋君臣心中再次得到强化。[8]

国防战略的转变，意味着北宋已无心收复长城防线，这对其在河北、京东地区的军事部署产生了很大的影响。长城防线的缺失将北宋的军事防御体系撕开了一个巨大的缺口，为了弥补这一缺口，北宋逐渐在黄河下游建立起两道御辽的军事防线：首先宋廷利用河北地区的河流和塘泺等水系构筑起了河北水域防线；其次就是持黄河之险“内固京都，外限敌马”[9]。那么，为了管理河北密布的水系以及桀骜难驯的黄河，设立一个以“治水为表，国防为里”

为职责的机构，对于“以水为险”的北宋而言，就显得十分有必要了。

（二）仁宗时期水患对国防安全的影响

仁宗时期的京畿和河北经常遭遇极端降雨，气象史研究也表明这段时期这两个地区处于一个相对湿润的状态。[10] 如图一 [11] 红线区域所示，京畿和河北区域在 1022—1050 年湿润指数较高。

受极端降雨的影响，黄河决溢也频繁出现。[12] 据相关学者统计，宋太祖建隆元年（960）至仁宗嘉祐八年（1063）的 103 年中，黄河在下游的决溢共 70 次，平均 1.47 年发生一次。[13] 北宋时期黄河共发生四次大改道，其中就有两次发生在仁宗朝，这无疑会对黄河中下游的军事形势造成十分不利的影响。在仁宗景祐元年（1034），黄河于澶州横陇埽大决，这次大决直接造成了黄河的改道，废弃了“河势高民屋殆逾丈”的京东故道 [14]，转而形成了一条新的“横陇河”，这是黄河在北宋时的第一次大改道。这次大决改道后，由于河流新流经的地区地势相对低下，所以河流进入了一个安流期（如图二 [15] 所示）。但黄河所携带的泥沙不久之后又开始在新的河道淤塞 [16]，由图二也可知，1043 年后黄河水患频率逐渐上升，至 1048 年前后达到了一个小高峰，这就是知名的“商胡大决”。这次大决是北宋时期最大的一次决口和改道 [17]，北宋为了塞商胡决河，所需要的劳役本地已经供应不足，需要从邻近州郡调发，同时也浪费了大量的物力财力：“时州当输粟十万斛，伐官竹数十万箇，舟车之役暴率于民……郡水灾之余，田庐荡溺，流离饿殍之民相望道路，集于河内者十余万口。”[18] 可以看到，严重的河患造成了巨大的人员伤亡，沿河民众又不得不承担起繁重的河役，同时农田被冲毁也引发民众大规模流亡，这些因素共同导致了河北地区农业劳

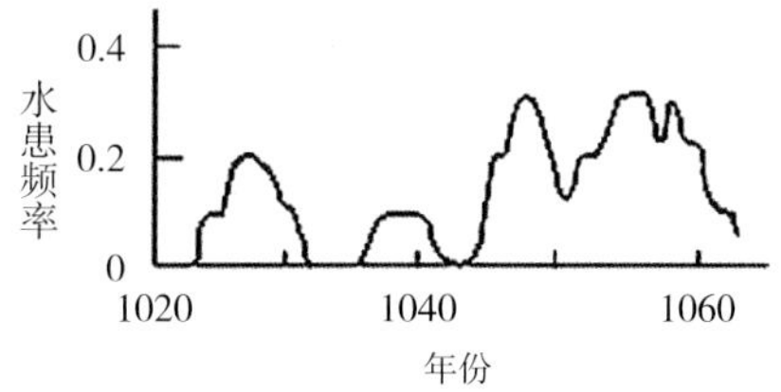

图二　仁宗时期黄河下游水患频率图

动力的减少，除此之外治理河患也损耗了大量的农业资金。[19] 故而这次大决口无疑会直接或间接地影响到北宋军队的后勤保障，制约北宋军事力量的进一步发展，对黄河下游地区的军事布防也将造成一定的消极影响。[20]

面对愈发严峻的水患，仁宗在商胡大决的三年后，即皇祐三年（1051）五月设置了河渠司。[21] 但是由于水政权力并不独立于财权之外 [22]，河渠司在履职过程中面临着大大小小的阻力。河渠司一方面无力应对日益严峻的水患，尤其是嘉祐元年（1056）的降雨，严重损害了统治集团的利益，人民的生命和财产也遭受了巨大损失，甚至开封的军事设施也遭受了不同程度的毁坏。[23] 加之嘉祐元年（1056）至三年（1058）又连续三年发生河决，尤其是嘉祐三年（1058）七月初六黄河在距开封城仅 60 公里的原武县决口，这毫无疑问已经威胁到了北宋核心统治区域的安全。[24] 连续三年的河决导致宋廷治河压力剧增，河渠司明显无力措置，多年后苏辙在讨论废河渠司原因时也总结道：“昔嘉祐中京师频岁大水，大臣始取河渠案置都水监。”[25] 另一方面，河渠司对于漕运河道的畅通也疏于管理，忽视了漕运对于京师军储的重要性，如嘉祐二年（1057）三司使张方平就曾指出汴渠和惠民、广济等河河道大段填壅 [26]，它们的淤塞将会严重影响到开封的粮食安全保障。

不断加剧的水患直接影响着统治者的切身利益和国防安全，所以设立相对独立

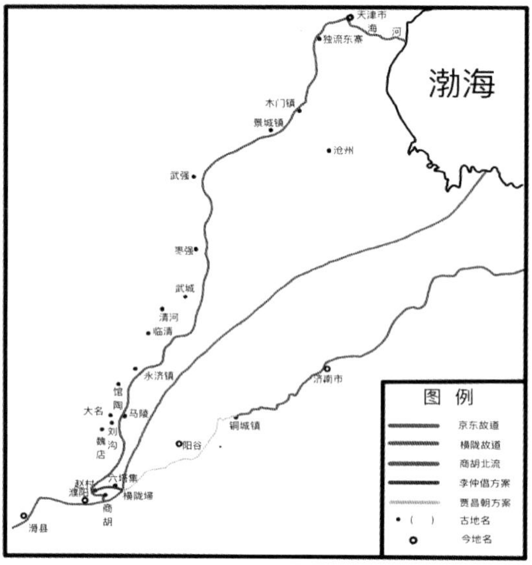

图三　北宋第一次回河工程示意图

且事权统一、更为专门也更加专业的治水机构已刻不容缓。

（三）商胡北流与边境防务危机

商胡大决后，黄河北流日益成为主流，不过由于北流河道刚刚形成，堤防建设并不完备，故黄河开始在河北地区频繁决口。皇祐元年（1049）二月十一日，黄河和御河都发生决口，直接灌注于乾宁军。[27]然则乾宁军的军事地位却十分重要：首先，在乾宁军界内及周边，分布着大大小小用来限制辽骑南下的塘泊[28]，黄河在此决口后，其携带的泥沙又势必会淤塞这些塘泊。其次，密布的塘泊成为北宋开垦水田的条件，沿边塘泊区是北宋在河北地区重要的农业生产区和军资供给区。[29]再次，乾宁军是御河的终点，朝廷调拨至边境的军粮经御河到达这里后，再转运至沿边守军的驻扎地；另一方面，从前线撤防的守军也会就近来到乾宁军就粮[30]，它在补给边境粮食中的地位是毋庸赘述的。

次年七月，黄河在大名府馆陶县郭固口再次决口。大名府作为"全魏别都，国之巨屏"[31]，是保卫开封的军事重镇[32]。而馆陶县处于御河、漳河等河北水路运输线的必经之处，黄河在此决口不仅会威胁到大名府的安全，也将会严重干扰此处河北水系的原有河道，直接影响到边境军储的供应。

因而早在庆历八年（1048）十二月，判大名府的贾昌朝就曾以国防为出发点，详细阐述了黄河北流的危害性。他认为河北为御备契丹的根本之地，也是供应边疆守军的粮食基地，但自商胡大决以来，财利十失八九；并且河水的旁流散出也破坏了北宋的黄河防线，所以他建议使黄河"东复故道"[33]，这是首次将治河与御辽策略结合在一起正式提出[34]。尽管最后因耗费人力、物力、财力过大而舍弃了这个方案，但闭塞北流已逐渐成为朝野共识，只不过尚未探测清楚闭塞后将河流疏导至何处入海。[35]至和二年（1055）九月，李仲昌"纳水入六塔河，使归横陇旧河"的提议得到了皇帝和中书的认可，随后以李仲昌提举河渠司来负责此次"回河"工程（图三[36]）。[37]

然则，这次回河东流的结果自然是失败了。[38]这次强行回河造成了不可挽回的灾难，在此仅讨论对河北军事形势的影响。首先，要完成六塔河工程，就必须完成闭塞商胡决口、重新开凿故道、修葺已经被废弃的故道堤岸这三个子工程，但这每一项任务都需要大量的人力、物力、财力，很有可能会激起民变，造成河北和京东局势的混乱。其次，河北"自恩州用兵之后，继以凶年，人户流亡，十失八九"，而京东"麦不生苗，将踰暮春，粟未布种，农心焦劳"，本来就满目疮痍的河北和京东又兴此大役，必然会影响到农业生产，这也将会导致边境地区军粮供应的短缺，军队战斗力的下降。最重要的是，本来就在京东和河北地区摇摆不定的黄河，在这次决口后，势必会更加变化无常，这无疑会打乱北宋在黄河沿线的军事布防。[39]

北宋统治阶级想利用这次回河工程来加固河北的边防，结果却适得其反，而这次工程是以河渠司为主导，故废河渠司、设都水监的提案，对于北宋君臣而言，又多了一个直接诱因。故在嘉祐三年（1058）十一月二十二日，仁宗颁布了废河渠司、设都水监的诏书：河渠司的失职导致“大河屡决，遂失故道”，河渠司不是专门且专业的水利机构，故“无以责其任，无以成其效”，而朝廷设官之本在于“因时有造，救敝求当”，所以废除了河渠司，将相关事务都交由新设的都水监来负责。[40]至此，北宋的河政管理体制迈入了新的阶段。

二　都水监的设置与功能

都水监的建制在元丰改制前后有所不同。都水监刚刚成立时，设判监事一人、同判监事一人、丞二人和主簿一人。元丰改制后组织架构日益完善，置使者一人、丞二人、主簿一人，南、北外都水丞各一人，都提举官八人，监埽官一百三十五人。[41]都水监的职能也十分广泛，凡是江、河、淮、海流经的地方，都要发布禁令来管理。[42]但治水只是其外在职能，内在职能还是维护国防安全。

（一）都水监与京师安全保障

设立在开封城内的都水监最重要的职责便是治理京师水患问题，尤其是防止黄河冲毁开封城，保护开封城的安全；同时疏通漕运河道，保障都城粮食安全。下面举几个例子来说明：

治平三年（1066）十一月，都水监调查了京畿附近频繁发生水灾的原因，发现可能是因为原本停蓄水潦的陂泽被豪强大户圈占后“为田于其间”，导致每年大雨时，雨水没有了可以容蓄的地方，遂至泛滥成灾，于是都水监建议“天下州县及京畿陂泽之类，皆不得请射”。[43]有时都水监因保护开封城的安全而不惜损害其他地区的利益，也表明了其职责的重心所在。如杨佐在判都水监时，因开封地势低下，每到夏秋季节涝灾不断，为平息水患，杨佐建议开孟阳河。[44]但这次开河却给周边的祥符县带来了不小的灾难，造成百姓流离失所，为之后的河流决溢埋下了隐患，欧阳修也上书痛斥了开孟阳河的建议并陈述了开此河的不可行性。[45]

除此之外，都水监还要维护好京师四通八达的水运交通线，尤其是汴渠。如熙宁七年（1074）八月御史盛陶认为汴河开两口非便，朝廷随即命令同判都水监的宋昌言视察两口的水势，而调查后发现訾家口水有三分，辅渠水有七分，因而宋昌言建议塞訾家口而留辅渠。[46]汴渠的通流对于开封的粮食安全问题十分关键，故疏通汴渠等漕运河道成为都水监的重要职责之一。

（二）外都水监与边境防务

黄河在商胡大决口后北流日益成为主流，河北河患频发，而坐镇开封城的都水监并不能及时处理河北的水灾，为了便于就近措置河北的河防事务，都水丞被轮流派遣出外治河。[47]熙宁四年（1071）正式设立外都水监。熙宁十年（1077）黄河在曹村埽再次发生大决口，河北日益成为河患重灾区，外监的人员配置明显不足以面对如此繁忙的事务，故将外都水监丞司分为外都水监丞南司和北司，并设丞二员来分管南北两司。[48]元祐元年（1086）又设置了外都水使者和勾当公事各一员，外都水监的组织架构越来越完整。[49]

从外监设立的地点和后续的迁移，也可以看出外监与北宋边防之间的联系。关于外监设立的地点，最开始是在澶州，至于置局澶州的原因，郑成龙和牛楠都认为是由于澶州位于京畿和河北的中间区域，是遥控河北的交通枢纽[50]，但主要原因还是因为澶州是北宋前中期黄河决溢的最高发地[51]。这一军事重镇作为北宋黄河防线上的重要一环，其重要性不言而喻。如果澶州城不是陷于辽朝铁骑，而是毁于黄河决堤，这是宋廷所不能接受的，这样看来，在此处设立外监是出于边防的考虑。随着时间的推移，处在澶州的外监奔波于黄河中下游近千里的河道，难以统筹兼顾，所以在其分化为南司和北司后，南司治河阴县，北司治北京金隄。[52]而观察河阴的地理位置后不难发现，其不仅处于黄河沿岸，而且位于汴渠受黄河水之口和导洛通汴的关键位置，故南司设治所于河阴县不仅是为了维护黄河防线、作为开封城与黄河之间的一道屏障，而且似乎也有兼管汴渠的意味。汴口在河阴县内，史籍有载，不需多论。[53]而废汴口后的导洛通汴工程关系到汴河的通流，而汴河是否通流又直接关系到京都的粮食安全，所以导洛通汴工程完成于元丰二年（1079）七月，元丰三年（1080）就将南司的治所搬到了河阴县。对于北司治所搬至北京大名府，一方面是因为此前不久在大名府界内开二股河造成了不小的灾害，另一方面是因为熙宁十年（1077）黄河在小吴埽大决后北流泛滥成灾，在这两个因素的影响下北京大名府的河患压力剧增，然而大名府是北宋的北都和御辽的大本营，因此将北司的治所转移至大名府，也就不足为奇了。所以不仅最开始在澶州设外监是考虑到国防的需要，两司治所的改变也与北宋的国防政策有一定的联系。

南北外监有着明确的责任划分。南外监丞司负责固护洛阳至滑州一带的黄河防线[54]，这主要是因为开封和作为漕运大动脉的汴渠都在这段黄河以南，因此北宋政府十分重视这段河道的修筑及养护工作，这直接关系到其政权的安危。同样，如上文论述的那样，无论是受洛河之水，还是黄河之水，南监都监管着汴河的通流。[55]北外监丞司负责固护澶州至沧州一带的黄河防线[56]，同时构筑和维护河北水域防线[57]。可见，南北外监的职责都与北宋的边防战略有相当大的关联。

三　都水监的废除及其原因

目前，对于都水监为何被废除已有一些研究。牛楠和郑成龙认为这与都水监的腐败和失职渎职有一定的关系[58]，但正如王安石所说，如果出现上述行为，“当察官吏之不才，而不当废监”[59]。有学者认为治水机构重叠置官、权力分散，导致其行政效率低下[60]，但这是北宋官制的通病，单单由于这个原因而被废，似乎也不合情理。王战扬提出的水权与财权之争则提供了一些新的思路[61]。这主要体现为都水监在中央与三司和户部存在矛盾[62]，在地方与转运司存在矛盾，如元祐元年（1086）河北转运判官杜纯就请求“都水监不必分官专治，止可责成本司”[63]。在这之后，外都水使者和南北外都水丞经常由漕臣来兼任。由此看来，都水监与户部和转运司的矛盾从元祐年间就已不可调和，为何在绍兴年间才将其彻底废除呢？故本文想从北宋国防战略转变的角度来探讨一下都水监被废除的原因。

宋徽宗时期，由于崇宁、大观年间对外军事行动的胜利扩大了北宋的版图，极大地刺激了徽宗重新收复幽燕的野心，臣僚北伐的呼声也日益高涨，经过几年的准备工作，遂于政和七年（1117）发起伐辽的军事行动，虽然这次北伐因为种种原因被迫中断，但宋廷想要收复燕云的计划却一直存在。之后，女真的崛起再一次促使了这一计划的推进，即使北宋于宣和二年（1120）才与金签订共同灭辽的军事盟约，但据相关学者的考证，以徽宗、蔡京、童贯为首的统治集团在政和五年（1115）便有了“联金复燕”之议。[64] 由此可见，宋对辽的国防战略似乎有了些微妙的变化，即开始由消极性战略转变为极端性战略，而这种国防战略转变的滥觞或许可以追溯至神宗时期。[65]

神宗时期在对外的政策上，一改太宗朝消极防御的思想，逐渐开始走上积极扩张领土的道路。据《宋史·地理志》载：“繇建隆初讫治平末，一百四年，州郡沿革无大增损。熙宁始务辟土。”[66] 而对辽的战略，相比于太宗、真宗和仁宗时期，也有了些许的变化，《续资治通鉴长编》载：“上每愤北人倔强，慨然有恢复幽燕之志。”[67] 元丰年间对西夏的两次战争均以失败告终，虽然这使得神宗“深自悔咎，遂不复用兵”[68]，且神宗之后朝政又被保守派所掌握，但时间毕竟较短，效法新政和神宗进取的精神在熙丰之后占据了主流，所以这种对辽的极端性战略一直在慢慢酝酿。而都水监的两次回河东流不仅给河北和京东地区带来了极大的灾害，也严重干扰了两地的军事部署，同时两次失败的教训也让宋廷认识到，想要建立稳固的黄河防线成本是巨大的。随着“海上之盟”的确立，宋廷收复燕云、重建长城防线的热情空前高涨，所以对于一直以来所倚重的黄河防线重视度必定会降低。故而在“海上之盟”签订的后一年、伐辽的前一年，徽宗便废除了管理黄河防线的南、北外都水丞司（尽管在南宋绍兴九年（1139）重置，但此时的南北外监一个设立于应天府，一个于东京置司，已经与北宋时有所不同，而且一年之后又被废除）。但让宋廷所没有预料到的是，宣和七年（1125）金军就发动了灭宋的军事行动，刚刚收复的燕京六州之地再次陷落，两条“限敌”的水防线也被金军迅速攻破，开封也于建炎四年（1130）落入敌手，南宋皇室一路南逃，绍兴八年（1138）正式定都临安府，都水监保卫开封安全和维护两条国防线的职责消失，其也就没有了继续存在的价值，所以在绍兴和议签订的前一年，存在了 82 年之久的都水监终于被彻底废除。[69]

四　结语

本文探讨了都水监的置废及其与北宋国防战略转变的关系。宋太宗伐辽失败后引发了御辽策略的转变，并作为“祖宗之法”延续了下来，故宋廷对于黄河和河北塘泊相当重视。而到仁宗时，频繁的暴雨导致黄河水患极其严重，特别是黄河开始转向北流，给黄河下游地区的边防形势造成了十分恶劣的消极影响，而当时的治水机构河渠司明显不足以应对严峻的形势，在这种情形下都水监应运而生。此外，随着事务的繁剧而分设外监，都水监通过治理水患保护东京城的安全，外监管理两条“水防线”以维护边防安全。徽宗时北宋国防战略走向扩张，且都水监主导的两次回河的失败使得宋廷认识到黄河防线十分不稳固，对于黄河防线的重视程度显著降低。随着“海上之盟”后宋廷国防重心开始转移至长城防线，都水监的边防职能日益弱化，金军南下期间，河湖防线的崩溃标志着都水监功能的实际消失，最终在绍兴年间被废除。都水监的国防职能是隐藏在其治水职能之中的，这深刻影响和制约着都水官员治水方案的提出和具体实施，特别是都水监在神宗和哲宗时主持的两次“回河”工程，笔者将会在另外的研究中加以阐明。

注释：

[1] 朱中博：《中国古代强盛时期的大战略》，《国际政治科学》2011 年第 4 期。

[2] 李华瑞：《北宋治河与防边》，李华瑞著《宋夏

史研究》，天津古籍出版社，2006年，第136～153页。

[3] a. 牛楠：《北宋都水监与治水体制研究》，安徽师范大学硕士学位论文，2014年；b. 郑成龙：《北宋都水监研究》，广西师范大学硕士学位论文，2014年。

[4] 漆侠：《宋太宗第一次伐辽：高梁河之战——宋辽战争研究之一》《宋太宗雍熙北伐——宋辽战争研究之二》，漆侠著《探知集》，河北大学出版社，1999年，第168～204页。

[5] 王明荪：《宋初的反战论》，邓广铭、漆侠主编《国际宋史研讨会论文选集》，河北大学出版社，1992年，第478～489页。

[6]《续资治通鉴长编》卷一百五十："敌骑深入，直抵澶渊，……于是讲金帛啗之之术，以结欢好。……岁遗差优，然不足以当用兵之费百一二焉"，庆历四年六月戊午，中华书局，2004年，第3639～3640页。

[7] 王曾瑜：《宋朝兵制初探》，中华书局，1983年，第335页。

[8] a.[元]脱脱等撰：《宋史》卷二百六十七《张洎传》，中华书局，1985年，第9209页；b. 贺笃照编著：《两宋边防战略研究》，云南大学出版社，2021年，第18页。

[9] 同[6]，卷一百六十五，庆历八年十二月庚辰，第3977页。

[10] a. 陈家其：《黄河中游地区近1500年水旱变化规律及其趋势分析》，《人民黄河》1983年第5期；b. 郑斯中、张福春、龚高法：《我国东南地区近两千年气候湿润状况的变化》，中央气象局研究所编《气候变迁和超长期预报文集》，科学出版社，1977年，第29～31页。

[11] 根据《我国东南地区近两千年气候湿润状况的变化》图二重新绘制。

[12] 满志敏：《中世纪温暖期华北降水与黄河泛滥》，《中国历史地理论丛》2014年第1期。

[13] 水利部黄河水利委员会、《黄河水利史述要》编写组：《黄河水利史述要》，水利电力出版社，1984年，第164～168、175～179页。

[14] 同[8]a，卷九十一《河渠志一》，第2260～2261页。

[15] 根据王尚义、任世芳的《唐至北宋黄河下游水患加剧的人文背景分析》图四重新绘制，参见王尚义、任世芳：《唐至北宋黄河下游水患加剧的人文背景分析》，《地理研究》2004年第3期。

[16] 李丞：《北宋二股河地上河问题研究》，中国地理学会历史地理专业委员会、《历史地理》编辑委员会编《历史地理》第二十八辑，上海人民出版社，2013年，第64页。

[17] 王照年：《北宋黄河水患研究》，西北师范大学硕士学位论文，2005年。

[18] [宋]陈襄撰：《古灵集》卷二十《墓志铭·驾部陈公墓志铭》，影印文渊阁《四库全书》本，第11～12页。

[19] 郭志安、李京龙：《北宋黄河水患与河北农业生产条件的恶化》，《保定学院学报》2009年第6期。

[20] 石涛：《黄河水患与北宋对外军事》，《晋阳学刊》2006年第2期。

[21] 刘琳、刁忠民、舒大刚等校点：《宋会要辑稿·职官五·河渠司》，上海古籍出版社，2014年，第3141页。

[22] 王战扬：《宋代中央水政机构及其权力演变研究》，《中国史研究》2003年第1期。

[23] 同[6]，卷一百八十二，嘉祐元年六月戊寅，第4415～4416页。

[24] 同[6]，卷一百八十七，嘉祐三年七月丙戌，第4517页。

[25] [宋]苏辙著，曾枣庄、马德富校点：《栾城集》卷四十一《户部侍郎论时事八首·请户部复三司诸案札子》，上海古籍出版社，2009年，第917页。

[26] 同[21]，《食货四二》，第6956～6957页。

[27] 同[8]a，卷六十一《五行志一上·水上》，第1326页。

[28] a. 同[8]a，卷九十五《河渠志五》，第2358页；b. 程民生：《北宋河北塘泺的国防与经济作用》，《河北学刊》1985年第5期。

[29] a. 同[8]a，卷二百七十三《何承矩传》，第9328页；b. 韩茂莉：《宋代河北的农业生产与主要粮食作物》，《中国农史》1993年第3期。

[30] 程龙：《北宋华北战区引兵就粮的地理表现》，《历史地理》第二十五辑，上海人民出版社，2011年，第347～348页。

[31] [宋]范祖禹撰：《范太史集》卷三十一《赐资政殿学士新除知大名府许将辞免不允诏》，影印文渊阁《四库全书》本，第3页。

[32] 艾蓉：《宋朝大名府军事地位研究》，河北大学硕士学位论文，2009年。

[33] a. 同[21]，《方域一四》，第9561页；b. 关于京东故道的流向，参见满志敏：《北宋京东故道流路问题的研究》，《历史地理》第二十一辑，上海人民出版社，2006年，附图四。

[34] 郭志安：《北宋黄河中下游治理若干问题研究》，河北大学博士学位论文，第61页。

[35] 同[21]，《方域一四》，第9562页。

[36] 图片以《中国历史地图集》第六册、《宋代

黄河下游横陇北流诸道考》“北宋黄河下游横陇北流诸道示意图”、《北宋京东故道流路问题的研究》附图四为底本绘制。参见：a. 谭其骧主编:《中国历史地图集》第六册，中国地图出版社，1996 年，第 14～17 页；b. 邹逸麟:《宋代黄河下游横陇北流诸道考》，邹逸麟著《椿庐史地论稿》，天津古籍出版社，2005 年，第 28 页；c. 同 [33]b。

[37] 同 [8]a，卷九十一《河渠志一》，第 2269、2272～2273 页。

[38] 同 [6]，卷一百八十二，嘉祐元年（1056）四月壬子，第 4400 页。

[39] 同 [8]a，卷九十一《河渠志一》，第 2268～2269 页。

[40] 司义祖整理:《宋大诏令集》卷一百六十二《政事十五·官制三·置在京都水监罢三司河渠司诏》，中华书局，1962 年，第 614～615 页。

[41] 关于都水监组织架构的变迁，参见 [3]a，第 7～13 页。

[42] 关于都水监的具体职责，见同 [8]a，卷一百六十五《职官志五·都水监》，第 3921～3923 页。

[43] 同 [21]，食货七，第 6124 页。

[44] [清] 穆彰阿、潘锡恩等修纂，王文楚等点校:《大清一统志》卷一百一十六《宁国府二·人物·宋》，上海古籍出版社，2022 年，第 3613 页。

[45] [宋] 欧阳修著，李逸安点校:《欧阳修全集》卷一百一十一《奏议卷一五·翰苑进札状十三首·论孟阳河开掘坟墓札子》，中华书局，2001 年，第 1689～1690 页。

[46] 同 [8]a，卷九十三《河渠志三·汴河上》，第 2324 页。

[47] 同 [8]a，卷一百六十五《职官志五·都水监》，第 3921 页。

[48] 同 [6]，卷三百七十，元丰三年八月壬子，第 7468 页。

[49] 同 [21]，《方域一五》，第 9573 页。

[50] a. 同 [3]a，第 11 页；b. 同 [3]b，第 9 页。

[51] 在都水监设立前黄河下游决溢共发生 68 次，澶州地区就发生了 13 次。数据来源同 [13]。

[52] 同 [6]，卷三百七十，元丰三年（1080）八月壬子，第 7468 页。

[53]《宋史》卷九十三《河渠志三·汴河上》:“宋都大梁，以孟州河阴县南为汴首受黄河之口”，第 2316 页。

[54] 同 [6]，卷三百七十，第 7468 页。

[55] 同 [21]，《方域一五》，第 9579 页。

[56] 回河东流后，都水监自然是将重点放在东流的埽所上，至于北宋埽所的分布和数目，参见任贵松:《北宋黄河埽所研究》，河南大学硕士学位论文，2011 年，第 27～39 页。

[57] 同 [6]，卷三百七十，第 7468 页。

[58] a. 同 [3]a；b. 同 [3]b。

[59] [宋] 王安石撰:《王安石文集》卷六十二《论议·看详杂议》，中华书局，2021 年，第 1088 页。

[60] a. 同 [3]a；b. 同 [3]b；c. 同 [22]；d. 同 [34]。

[61] 同 [22]。

[62] [宋] 苏辙著:《栾城集》卷四十一《户部侍郎论时事八首·请户部复三司诸案箚子》，第 916～918 页。

[63] 同 [6]，卷三百七十七，元祐元年（1056）七月，第 9164 页。

[64] 吴景宏:《宋金攻辽之外交》，苏继庼主编《东方杂志》第四十三卷第十八号，商务印书馆，1947 年，第 45～50 页。

[65] 从神宗至北宋灭亡，北宋处于极端性战略时期，参见 [1]。

[66] 同 [8]a，卷八十五《地理志一·京城　京畿路　京东路　京西路》，第 2095 页。

[67] 同 [6]，卷二百九十五，元丰元年（1878），第 7192 页。

[68] 同 [8]a，卷三百三十四《徐禧传》，第 10742 页。

[69] 同 [8]a，卷一百六十五《职官志五·都水监》，第 3922～3923 页。

永顺老司城祖师殿建筑群建筑格局与年代研究

Research on the Architectural Layout and Date of the Patriarch Temple Complex in Laosicheng of Yongshun

湖南省文物考古研究院　张　涛　罗　婕

Zhang Tao, Luo Jie, Hunan Provincial Institute of Cultural Relics and Archaeology

内容提要：永顺老司城遗址祖师殿建筑格局及修建年代不清，本文依据文献、考古发掘、现代科学技术等，对祖师殿古代、现今的建筑格局做了较为详细的探索，认为明朝嘉靖年间祖师殿区域的宗教建筑以玉极殿、崇圣殿为主。清顺治四年，祖师殿被马进忠、王进才的南明军焚毁殆尽。康熙初年至雍正六年改土归流之间，重修了玉极殿。同治时期，建玉皇阁，以祭祀玉帝，同时将玉极殿改为祖师殿，以祀真武大帝。此时，当地开始称该建筑群为祖师殿。20 世纪 50 年代后，祖师殿建筑群仅存祖师大殿、皇经台、玉皇阁，并延续至今。

关键词：老司城　祖师殿　建筑格局　年代

Abstract: The architectural layout and construction date of the Patriarch Temple site in Laosicheng of Yongshun are unclear. This paper explores the ancient and present-day architectural layout of the Patriarch Temple in detail based on literature, archaeological excavations, and modern scientific and technological methods, and believes that the religious structures in the Patriarch Temple area during the Jiajing Reign Period of the Ming Dynasty were mainly composed of Yuji Hall and Chongsheng Hall. In the fourth year of Shunzhi Reign Period of the Qing Dynasty, the Patriarch Temple was almost completely destroyed by the South Ming army led by Ma Jinzhong and Wang Jincai. Between the early years of Emperor Kangxi's reign and the sixth year of the Reconciliation and Pacification of the Frontier Areas, Yuji Hall was rebuilt. During the Emperor Tongzhi's reign, a Jade Emperor Pavilion was built to worship the Jade Emperor, and Yuji Hall was renamed Patriarch Temple to worship the Great Emperor Zhenwu. At this time, the local people began to call the architectural complex Patriarch Temple. After the 1950s, only the Patriarch Main Hall, the Imperial Scripture Platform, and the Jade Emperor Pavilion remained in the Patriarch Temple architectural complex, and they have been preserved until now.

Keywords: Laosicheng; Patriarch Temple; architectural layout; date

永顺老司城作为永顺土司近600年来的生活场所，存在多种不同类型的宗教寺庙，如吴着祠、八部大神庙、关帝庙、祖师殿、文昌阁、观音阁、土王祠、稷神坛、社令坛等，它们无不反映出永顺土司在宗教信仰上的多样性，儒、佛、道及本土宗教的并存是其重要特点，这种多元宗教坛庙并存的格局，与土司吸纳汉文化和崇巫信鬼的历史传统有一定的联系，与湘西原始宗教信仰的世俗性功能以及其价值取向也有一定的关系。

祖师殿建筑群为永顺土司时期的道教场所，位于老司城遗址核心区东南方约1.5公里处，这一区域两岸高山，悬崖陡壁，灵溪河穿谷而过，建筑区依山就势开辟成阶地，勉强逐级安置建筑。随着大清雍正六年（1728）改土归流的锤音落定，土司们的虔诚信仰很快归于沉寂，南方山间林地的潮湿环境、山洪径流，致使大部分古建筑快速霉烂、损毁，仅有祖师殿、皇经台、玉皇阁三座建筑历经世间沧桑，残存下来。但其历史格局、功用、年代等，亦不再为世人熟识。

关于祖师殿建筑群的建筑功能、格局等，一些学者进行过相应的研究。丁煜对祖师殿大殿的基本形制、尺度特征等进行过综合分析，并与芷州衙署、龙兴讲寺等进行对比，促进了对祖师殿建筑多层次、多维度的理解。[1] 瞿州莲等从老司城道教的兴盛及成因[2]、成臻铭等从建筑格局与特点[3]，对祖师殿建筑群分别进行过相应的描述或研究。徐家登、龙湘平等也从汉藏文化与技术基础建造对祖师殿做了探讨，认为祖师殿是带有民族宗教信仰和审美特征的民族建筑。[4] 陆群认为老司城宗教坛庙多元并置状况是土司政权主动调适地方文化，以及对国家正统文化和意识形态主动借用和圆融的结果。[5] 但令人遗憾的是，学者们的研究对祖师殿的建筑格局和建造年代仍模糊不清，难有深入的涉及。相关文献资料也大抵如此，如同治《永顺县志》记述祖师殿是晋天福二年（937）修建[6]，乾隆《永顺府志》认为祖师殿是“土司彭翼南建”[7]，《中国文物地图集·湖南分册》、龙湘平等认为是“明嘉靖三十三年（1554）重修”[8]，丁煜也认为是“明代永顺土司遗构”[9]。

本文从历史文献、考古资料、建筑形制等，结合现代科技方法，对祖师殿建筑群现在、以往的建筑格局及建筑年代作出应有的考证，希冀以此得到较为准确的结果。

一　祖师殿建筑群的前世今生

祖师殿供奉何尊神？纵观史料，一般为两类：一是佛教，一是道教。达摩祖师历来被认为是汉地禅宗初祖，绝大多数禅宗寺庙的祖师殿里，都供奉着禅宗初祖——达摩祖师。但佛教也有不同的宗派，各宗派会遵奉不同的经典、推崇不同的衍生教义，这些寺庙依据宗派和传承，对其在祖师殿内供奉纪念的对象也有相应的规制，多是相应谱系的开山祖师。

在道观的祖师殿中，供奉的则是玄帝，即玄天上帝，又称真武大帝、玄武大帝、九天降魔祖师、无量祖师等，是汉族神话传说中的北方之神，为道教神仙中赫赫有名的尊神，湖北武当山是真武大帝的道场。

明《永顺宣慰司志·祠庙》载：“玉极殿，在司治东南二里，有山名真祖山，建殿崇奉玉帝。崇圣殿，在玉极殿右次建殿，崇奉玄帝。”[10] 由此，永顺老司城的祖师殿，自然是祭祀道教祖师的庙宇。

老司城遗址沿灵溪河左岸下行5公里以内，皆为坡度大于60度的陡峭山地，只有现有的祖师殿地段，才有经人工整理的阶地可容纳相应的建筑。考古发掘亦表明，

《永顺宣慰司志》所记录的玉极殿、崇圣殿位置当在现在的祖师殿建筑群的位置[11]。

现存祖师大殿长20米，宽7米，面积仅为140平方米，左右两侧为面积不大的菜地和小平台。其前端以踏步分别连接窄形平台和山门，踏步斜长5.2米，宽4.8米，残留6级踏步，踏步表面卵石层上有一大片烟熏火燎的痕迹。大殿后为陡峭的基岩体，拾级而上至皇经台，没有平地容纳玉极殿或崇圣殿。只有现存的祖师大殿这一平台，可供同时修建两座与其规模相差无几的庙宇，《永顺宣慰司志》载“在玉极殿右次建殿，崇奉玄帝”，考古调查表明在祖师大殿两端保留有建筑遗痕。这一平台刚好适合在左右两端安置大小与祖师殿相似的两栋建筑。但现有祖师殿建筑位于平台中央，其两侧已没有面积安置另一座建筑，只有将现有建筑移动至左侧或右侧，才能摆放另一建筑。所以，现有祖师大殿修建时，原来的玉极殿、崇圣殿应该已不复存在，或者至少有一座已失去，而另一幢建筑则向中心移至中央位置。

清乾隆二十八年（1763）版《永顺府志》关于“祖师殿”一词的最早记载有两条。“祖师殿，在王村玄武山，离城九十里，乾隆十九年（1754）村民杨正恭、李如德募建”为其一，“祖师殿，在县南三里，明嘉靖年间晏喻刘王四姓捐建”为其二。[12]这里的“城”“县”，当指雍正六年（1728）改土归流后的永顺新县城。乾隆五十八年（1793）版《永顺县志》载：“旧司城，在县东，离城三十里，乃土官世居之所。”[13]这表明《永顺府志》记载的“祖师殿”，其位置并不是现有老司城的“祖师殿”。到了清同治年间的《永顺县志》，才有“旧司城祖师殿，晋天福二年（937）建也”[14]的记载。也就是说，在清乾隆以前，老司城范围内并没有祖师殿的称呼，到了清同治时期，“祖师殿”的称谓才出现在老司城。

玉皇阁的相关记载在乾隆版的《永顺府志》以及前期的文献中都难搜寻到。直到同治时期的《永顺府志》才有载：“明天启初，有张姓自豫章广信府来永，应宣慰聘也。时天师授以上帝真经三卷，上有天师朱印，历二百余年，颜色鲜明如故，现存旧司城玉皇阁，香火供奉。”[15]由此，现存祖师殿建筑群中的相关建筑名称应出现在乾隆以后至同治之前。玉皇阁也在这一时期出现。

至于“皇经台”的记载，即使是民国时期的《永顺县志》，以及20世纪60年代的相关文件，都未曾有过记载，其名称与年代值得斟酌。

二　祖师殿现有建筑形制与格局

祖师殿建筑群现存建筑有祖师大殿、皇经台、玉皇阁。各单体建筑的形制、做法等特征各有不同。

祖师大殿坐东北朝西南，为重檐歇山顶建筑，面阔五间，加一圈副阶，进深四间，通面阔17米，总进深12.7米，通高11米。台基高约4.3米，台明长19.8米，宽15.5米，台明、台基、台阶均由块石勾缝砌筑而成。

屋面有飞椽，板椽冷摊小青瓦，上下檐檩均有升头木。木构架为抬梁和穿斗混合式建筑，明间两榀屋架为抬梁式，无分心柱，八椽栿以上为月梁。上檐柱头施额枋及普拍枋，普拍枋上施斗口跳，梁上蜀柱直抵檩下。次间分心柱直抵脊檩。稍间面阔较小。副阶的乳栿、劄牵为月梁式，乳栿下有随梁枋，柱头上施额枋、普拍枋，普拍枋上施四铺作，角柱略有升起。上檐斗拱为斗口跳，柱头铺作八椽栿梁头雕刻成华拱出跳，明间补间铺作两攒，次间补间铺作一攒；下檐斗拱（副阶斗拱）为四铺作。

墙体沿副阶檐柱三面均为空斗墙，两侧山墙与前坪围墙连为一体。祖师殿屋顶梁架完全暴露于外，不做任何空间遮盖，所有的屋顶梁、檩、椽等木构架皆清晰显露，为“彻上明造”。

皇经台和祖师殿高差相差近 6 米，位于祖师大殿与玉皇阁之间，为三重檐歇山顶建筑。其结构形式为典型的吊脚楼式建筑。屋面无飞椽，板椽冷摊小青瓦。木构架为穿斗式建筑，主体构架以四根通柱构成楼阁主体的四架进深，柱顶承托三层檐檩。通柱与檐柱间有回廊，二层、三层有套方纹饰栏杆。皇经台依自然台地而建，每增加一层，退进一步架，一层面阔五间，约 7.6 米，二层面阔三间，约 5.6 米，三层面阔三间（通天柱在第三层露出），约 3.6 米。皇经台出檐大，翼角起翘较高。下两层屋檐似半亭，前檐起翘，后檐与过亭墙面相抵，顶层屋檐为歇山顶，四角起翘。

玉皇阁位于祖师殿建筑组群的最高处，也是位于祖师殿轴线最后的一栋建筑，为方形建筑，面阔三间，进深三间，均 8 米，台明为石块砌筑而成，高 1.2 米，地面三合土夯筑。上檐有飞椽，下檐无飞椽，屋面板椽冷摊小青瓦。上、下檐斗拱均为五铺作，有斜拱。四根金柱直接承金檩，五架梁和下檐双步梁插入金柱内，平梁、三架梁、脊檩、随檩枋为月梁形式。下檐柱头上施额枋、普拍枋，普拍枋上施五铺作。上檐补间铺作有栌斗，柱头铺作均没有栌斗，而是将拱直接插柱而成，柱子直接承檩。副阶的乳袱为月梁式，乳袱下有随梁枋。柱、梁、檩、枋、斗拱上均饰彩画，直接绘于木构件上。

祖师殿建筑群的现有格局整体表现为：现存木构建筑体位于同一轴线上，拾级而上，依次为祖师大殿、皇经台、玉皇阁，各建筑的山墙与围墙融为一体，形成封闭的院落围护系统，总占地面积约 600 平方米。祖师殿、玉皇阁为重檐歇山顶建筑，以抬梁和穿斗混合结构为主，饰以斗拱。皇经台为楼阁式三重檐歇山顶建筑，结构形式呈典型的湘西土家族吊脚楼状，玉皇阁前坪左侧墙壁上尚存壁画一幅。

三　永顺土司大本营所遭兵灾问题

明末清初，时局变幻莫测，清朝军队、南明军队、大顺及大西政权的残存军队，多在湖南一带活动。鉴于形势所迫，永顺土司、保靖土司、桑植土司等应是最早弃明投清的土司。永顺土司彭宏澍，崇祯五年（1632）袭祖父彭元锦职，顺治四年（1647）归降清朝。归附后，湘西土司忠于清朝，与进入湘西地区的南明督师何腾蛟麾下的王进才、马进忠部交战，导致老司城被王、马军队完全焚毁。

关于永顺土司遭王进才、马进忠溃兵滋扰事，文献资料记载详备。

《永历实录·马进忠传》：“永历元年（1647）二月，长沙溃陷，进忠退守常德。夏，上大封诸将，封进忠武昌伯。是秋，孔有德攻常德，堵胤锡弃城去，进忠亦走，屯永定卫山中。二年（1648），复攻常德，拔之，抚民储粮，通商，治城郭，为守常计。王进才自土司出，拔桃源，进忠与合营协守。”[16]

《永顺府志》载：“顺治四年（1647）九月，王、马二贼由永顺逼保靖巴勇地方，保靖宣慰彭朝柱分兵堵截，贼退，扎永顺西村、安布、子营七处。十二日，又引马骑数千于永顺地南渭州渡河攻保靖，彭朝柱令子彭鼎率舍把彭养锐、彭象震等引药弩手千余从后路抄出，劫其营，放火焚之，贼奔溃……”[17]

《永顺县志》及永顺《彭氏宗谱》也有相应记载。

以上史料记载显示，顺治四年（1647），王进才、马进忠的南明军侵犯永顺，攻占了永顺土司的大本营老司城，将老司城整个建筑完全焚毁，衙署、宗祠、庙宇荡然无存，祖师殿在此时也当遭厄运。

老司城遗址的考古发掘材料对于这场火焚，也有一定的描述。如对祖师殿考古报告的描述中就有“L2 踏步表面卵石层上有一大片烟熏火烧的痕迹”；生活区考古发掘报告有“F26、F28、F31 由于大火，大量废弃堆积回填至北侧 F31、G18、G27 等更低的区域，导致建筑垃圾的高度与 F26 地面平齐，并使 G27、G33 完全废弃，由此可以初步断定，因大火的焚烧，该区域的建筑群完全废弃”，“在生活区北侧早晚城墙间凹沟的废弃堆积层中发现了 5 具人体骨骸，骨骸与大量废弃的密集砖瓦残块及瓷片与砾石共存，判断是在老司城晚期城墙废弃后，以建筑及生活垃圾填入两期城墙间深沟所形成的，时代也同样在明末清初”。[18]

由此可以认为，顺治四年（1647），马进忠、王进才带领的南明军攻入老司城，经过抢劫、焚烧，导致祠堂庙宇沦为灰烬。此后，清军与明军在湖南长达十几年的拉锯战直到康熙三年（1664）才基本结束。但三藩之乱，又使得永顺土司直到康熙十九年（1680）仍处于战乱中。

四 祖师殿原有形制与格局

祖师殿建筑群第一进即为大殿，不符合佛教、道教建筑格局的特点，可知其并不完整，存在缺失。

2014 年经过考古发掘，认为祖师殿建筑群至少经历过三个较为明显的建造过程，即明中期成化至正德时期、明末至清早中期、清同治至民国初年。[19]

祖师殿建筑群的整体格局因考古工作得以清晰呈现。明中期建筑格局表现为前庭、山门、前殿、玉极殿、崇圣殿等，其中崇圣殿在玉极殿右次位置。明末至清中期建筑格局表现为前庭、山门、前殿、玉极殿（重建）。清同治至民国初年表现为整体呈中轴线布局，建筑随逐层升高的台地分布，第 1 级为人工平地，第 2 级台地内侧为道路，第 3 级台地为卵石铺就的前庭，第 4 级台地为山门所在，第 5 级台地为庭院，第 6 级台地为窄形平台，左右两端各有踏步连接第 7 级的殿前平台，第 8 级为祖师大殿。第 9 级为皇经台，第 10 级为天井，第 11 级为玉皇阁。皇经台、玉皇阁与中轴线略有偏差，体量不及祖师大殿，建筑构件也相差较远。20 世纪 50 年代后建筑格局表现为祖师殿、皇经台、玉皇阁，呈现出我们现在看到的格局。[20]

五 祖师殿单体建筑年代考

（一）玉皇阁建筑年代

玉皇阁现存建筑前檐略有缺失，为面阔 8 米、进深 7 米的残存建筑，且构件缺失现象和拼凑痕迹明显，拔榫较多，均用扒锔固定。前檐上、下檐素枋多缺失。建筑南侧形制不全，上、下檐普拍枋也多缺失。重檐歇山顶的下檐缺失一个步架。原结构上、下檐均为“米”字形五铺作斗拱，为五彩重拱偷心造，用斜拱。现斗拱多缺失，上檐柱头铺作没有栌斗，各拱穿柱而过，下檐柱头和补间铺作均有栌斗，上、下檐柱头铺作与补间铺作也有一定程度缺失。

整体来看，玉皇阁应是遭整体拆解后搬迁至此。拆解时，原有部分构件已经糟朽、残损，重新安装时，诸多缺失构件不再补配[21]，很可能是缺乏资金的原因，搬迁时较为随意。

玉皇阁正脊原有墨书，但难以识别，经湖南省文物考古研究所红外扫描与高分辨技术结合，其文字得到大部分识别，内容为："皇清乾隆元年岁次丙辰孟春谷旦，王……尘募作重修鼎建。"

确知是建于清乾隆元年（1736），但何年拆除和拼装，却难寻文献资料，通过考察玉皇阁同一时期所建的墙体壁画，可以找到一些证据。

壁画位于玉皇阁前庭的左侧院墙上，院墙与玉皇阁左侧山墙成一整体，系同一时期建成，了解壁画绘制年代，可知玉皇阁的大体搬迁年代。壁画的载体为空斗墙，地仗层以石灰、细沙、有机纤维构成，底色层以细石灰抹面，表面干燥后打磨，再作画。壁画形式为干壁画，中国画画法，形如一幅中堂，画居中央，内容为"水漫金山"，左右为悬挂的对联，上饰挂线，下绘卷轴，书"天下名山无过此，世间好画也相宜"，画边框以黄色颜料涂抹。

"水漫金山"源于何时？民间传说故事《白蛇传》，经历代文人加工和道、佛、儒三教演绎，成为与历史时代相辅相成的宗教伦理劝世神话故事。清代方成培在昆剧《雷峰塔传奇》中增加了"水漫金山"情节，"水漫金山"故事由此产生。《雷峰塔传奇》完成于乾隆辛卯年（三十六年，1771），原是为庆祝太后大寿应淮商之邀而作，该剧系对梨园本传奇的改定。[22]这是"水漫金山"来源之始。随着戏剧的流传，该内容很快在社会得到迅速传播，但仍是以曲目的形式出现。"水漫金山"故事在《白雪遗音·马头调·雷峰塔》中有记载："金山寺里法海一见许仙，面带妖色，不放下山。恼怒白蛇，忙换青儿，带领着虾兵蟹将，这才水漫金山。"《白雪遗音》为清代嘉庆、道光年间俗曲总集，清华广生辑录，嘉庆九年（1804）编订，道光八年（1828）由玉庆堂刊刻。此时，"水漫金山"不仅以戏曲的形式体现，也开始以绘画的形式出现。据许绍银、许可编《中国陶瓷辞典》载："水漫金山图，瓷器纹饰，流行于清嘉庆朝。"[23]为此，"水漫金山"故事起源于昆曲，创作之始为清乾隆三十六年（1771），到了道光年间，这一主题逐渐以俗曲的形式发展到成为民间画作的题材，多表现在瓷器纹饰上。因民间的喜闻乐见，嘉庆道光年间，俗曲逐渐转变为画本形式。同治中兴时，"水漫金山"进一步成为佛、道院内的壁上之作。如此，与这一画作的墙体处于同一时期的玉皇阁，搬迁至此的时间一定不会早于同治时期。

（二）皇经台建筑年代

皇经台为三重檐歇山顶建筑，结构为吊脚楼式，具有典型的穿斗架特征，依自然山势修筑于祖师殿和玉皇阁之间的台地上。皇经台主体构架以四根通柱构成楼阁主体的四架进深，柱顶承托三层檐檩。但文献未见及"皇经台"名称的记载。

2014 年，对其地面进行考古勘探时，发现皇经台原为一栋三开间平房，明间为踏步，左右两侧为次间，并非现在的阁楼形式，此时的三开间房屋，其使用年代与壁画年代相同，为清同治时期。

如今的皇经台采用通柱形式，各层檐柱均落地，柱径随柱高增加而增大。另外，穿斗架结构轻巧，与官式建筑的厚重感相去甚远。挑枋承角梁的挑檐结构和高扁断面的枋木构件样式，表现为晚期楼阁构架所运用的穿斗技术，是一套高度成熟且具有影响力的技术做法，这与老司城衙署区土王祠前的吊脚楼式建筑特点多有相同，该建筑年代可见于其脊檩上墨书"民国癸丑年"字样，为民国二年（1913）。

（三）祖师大殿建筑年代

现存祖师大殿脊檩等处以及其他区域均未见任何与年代有关的记录，对其年代的了解，尚需从其他方面加以推论。

1. 从文献分析，祖师大殿的原有建筑应在清顺治四年（1647）被焚毁殆尽。

关于祖师殿建筑群在顺治四年（1647）遭到马进忠、王进才的南明军焚毁事件，在前文中已有详解。同时，考古资料也直接表明，这一时期的祖师殿建筑群的遗存上留下了大片烟熏火烧的痕迹，其状况已然清晰，兹不赘述。

考古发掘所发现的明末至清中期的建筑遗存位于同一中轴线上，只能表示这一平台原有的两处建筑已经无存，这一时间段在中轴线上重新修建了一栋建筑，即现今的祖师大殿建筑，这与文献相吻合。清乾隆五十八年（1793）《永顺县志・祀典志》载："玉极殿，城东三十里，上奉玉帝。……崇圣寺，在玉极殿右，以奉元帝，今毁。"清楚表明在修志时的乾隆五十八年（1793），崇圣寺已毁，存在有玉极殿，但顺治四年（1647）所有建筑均焚毁，玉极殿也不可能保存，只能证明永顺土司在顺治后期至乾隆时期，重新修建了玉极殿，且名称照旧，由于各种原因，崇圣殿难以修复。

清雍正六年（1728）改土归流后，彭氏土司撤出老司城，仅留少许看护人员，祖师殿建筑群开始没落，无力重修，建筑逐渐倒塌并废弃，但仍在勉强维持。乾隆二十五年（1760），知府张天如札永顺县，略云："照得永顺、龙山二县，向为彭姓土官世居之所，郡城三十里，有土官坟墓、宗祠。本府因公经过，见旧宇荒陇，芜废不治，樵人牧竖践踏自如，恐将来日渐荒圮，为人乘机侵占，而抔土灭没，不可复识。"[24] 由此可见，清雍正六年（1728）改土归流后至乾隆中期，永顺土司不可能在该地修建崇圣殿建筑。

2. 将祖师殿与芷州民居建筑比较，祖师大殿的建筑年代不会早于清康熙年前。

祖师大殿结构形式为殿身明、次间梁架和稍间两厦架形成纵向连架的厅堂型架构，四周绕以副阶梁架。丁煜认为大殿明间梁架，具有"插梁型"构架特征，其穿枋"梁化"，断面加粗，背端略作卷杀，形成圆作月梁样式插入柱身，瓜柱"坐"于梁背承檩，上方梁头插入瓜身。如此反复，构建起"九檩通檐用二柱"的形制。次间梁架则中柱落地，柱身开榫，以高薄段枋插入前后柱身，瓜柱柱脚开口"骑"于枋上，其余构造逻辑相同，形成"九檩分心用三柱"的构架。[25] 这种"融合化"的穿斗架特征，在芷州衙署的同一榀梁架上可以得到体现。

芷州民居建筑在永顺列夕镇，为一院落，尚存主体木构建筑一栋，有研究者认为是永顺土司下辖的南渭州土知州的世居办公之所，称为"芷州土知州衙署"。[26] 建筑前有石碑记载："祉舍屋基原属旧治世业，届在邻境，弃荒多载，及先考公相其地，可以营室，乃修葺之，甃石砌补，垒基使高，将为城堡，以备邻寇之不虞也。工已半，蒙主恩擢录总裁，遂住司，公冗未果，命尔等继理之。今舜等不敢忘先志，勉力趋事，始于岁之桂月，告成，敢志诸石，以明继述意也。时雍正四年八月朔榖旦。彭启舜、周立，石匠孙嗣光、宁。"由此可知，这一木构建筑并非芷州土知州衙署，而是由彭启舜等建成于雍正四年（1726）的民居。

该建筑整体格局为五级阶地，逐层升高，以规整的石灰岩条石垒砌，各层以踏步连接，主体建筑为五间四进厅堂式，明间七檩分心造，前后出三步梁。次间通檐七檩，前后出三步梁。中央七檩构架不设中柱，七架梁下设随梁枋，梁身均为圆作直梁，尽管建筑无斗拱装饰，但其梁架构成关系与构造做法与祖师大殿明间基本相同。

除了有无斗拱外，二者在结构上的共

同特征颇多，如建筑中月梁较多且大量使用，梁上蜀柱直抵檩下，平板枋宽度明显小于额枋，比例基本相同。前檐廊步构架皆为“单、双步梁＋穿插枋”形式，梁枋采用月梁形制，下以替木托之。瓜柱坐于梁背承檩的构造特点和月梁构件形式迥异于当地穿斗体系，很可能是永顺地区的明代建筑发展到清康熙、雍正时期的一种变革，是土司时期本地建筑对抬梁式构架的一种技术吸收。为此，祖师大殿的建造时间，应该不会早于清康熙以前。

以上两点认为，现存祖师大殿应该是清康熙初年至雍正五年（1727）的产物，系重修的玉极殿，同治后改名为祖师殿，而供奉玉帝的殿堂此时转移至最高处的玉皇阁内。

六　结论

通过文献研究、考古发掘以及现代科技检测，本文认为祖师殿建筑群在永顺土司时期，不称为祖师殿，明朝嘉靖年间，其地称为马浦，土司在此建有前庭、山门、前殿、玉极殿、崇圣殿等，且一直延续。清朝顺治四年（1647），马进忠、王进才的南明军将老司城付之一炬，祖师殿等建筑群一并不复存在。

康熙初年至雍正六年（1728）改土归流前，永顺土司在原有地基上，重修了玉极殿，此时的建筑格局表现为前庭、山门、前殿、玉极殿。

雍正六年（1728）改土归流后，清廷对大小土司实行“异地迁徙安置”的政策，土司的政治势力消除，老司城作为永顺土司的原有产权，朝廷并未过问，乾隆二十五年（1760）知府张天如所看到的“旧宇荒陇”，当是清顺治四年（1647）至雍正六年（1728）修建的一批建筑，在乾隆中期，已破败不堪。

清同治时期，土司地产殆尽，但当地村民士绅仍以彭姓为大宗，为彰显过去的辉煌，彭氏家族重修彭氏宗祠、建文昌阁，将建于清乾隆元年（1736）的其他庙宇拆除后迁移至祖师殿最高处重新组装，成为玉皇阁，将玉帝塑像从玉极殿搬迁至玉皇阁供奉，将玉极殿改为祖师殿，供奉真武大帝。此时的祖师殿建筑格局发生变化，表现为前庭、山门、前殿、祖师殿、皇经台（三开间房屋）、玉皇阁等，并以空斗墙围合。

民国时期，将三开间的皇经台改为现有的楼阁式皇经台，20 世纪 50 年代后，前庭、山门、前殿尽毁，整体建筑表现为祖师殿、皇经台、玉皇阁 [27]，即现有的建筑格局。

注释：

[1] 丁煜：《永顺老司城衙署区遗址建筑复原研究》，深圳大学硕士学位论文，2020 年。

[2] 瞿州莲、瞿宏州：《道教在明代永顺土司的兴盛及成因》，《广西民族大学学报（哲学社会科学版）》2012 年第 6 期。

[3] 成臻铭：《土司城的建筑典范——永顺老司城遗址建筑布局及功能研究》，民族出版社，2013 年，第 263～283 页。

[4] a. 徐家登：《土家族建筑——老司城祖师殿》，《规划师》1997 年第 4 期；b. 龙湘平、陈丽霞：《湘西土家族民居建筑历史演变考析》，《吉首大学学报（社会科学版）》2005 年第 4 期。

[5] 陆群：《明清时期老司城宗教坛庙时空分异论析》，《世界宗教研究》2018 年第 6 期。

[6] [清] 魏式曾、唐赓等纂修：《永顺县志》卷八，清同治十三年（1874）刊本，第 2 页。

[7] [清] 张天如等纂修：《永顺府志》卷五，清乾隆二十八年（1763）刻本，第 39 页。

[8] a. 国家文物局主编：《中国文物地图集 · 湖南分册》，湖南地图出版社，1997 年；b. 同 [4]b。

[9] 同 [1]。

[10] a. [明] 彭世麒：《永顺宣慰司志》卷二，清初抄本，国家图书馆藏；b. 翟非、孔凡卫编著：《湘西土司稽古录》，湖南人民出版社，2018 年，第 234 页。

[11] 湖南省文物考古研究所：《湖南永顺老司城遗址祖师殿区考古发掘报告》，《湖南考古辑刊》第 11

集，科学出版社，2015 年，第 163～192 页。

[12] 同 [7]，第 39、40 页。

[13] [清] 黄德基等编，关天申纂:《永顺县志》卷一，清乾隆五十八年（1797）刻本，第 32 页。

[14] 同 [6]。

[15] 同 [6]，第 1 页。

[16] [明] 王夫之著:《永历实录·马进忠传》,《续修四库全书》第 444 册，上海古籍出版社，2002 年，第 237 页。

[17] 同 [7]，卷十二，第 9 页。

[18] 湖南省文物考古研究所编著:《老司城遗址考古发掘报告（2013—2014）》，科学出版社，2017 年。

[19] 同 [11]。

[20] 同 [11]。

[21] 参见中国文化遗产研究院:《湖南省永顺县老司城遗址文物抢救性保护工程设计文件》（第一期），内部资料，2010 年。

[22] 顾圣琴:《论方成培〈雷峰塔传奇〉在白蛇故事演变中的意义》,《南大戏剧论丛》第九辑，南京大学出版社，2013 年，第 85～96 页。

[23] 许绍银、许可编:《中国陶瓷辞典》，中国文史出版社，2013 年，第 303 页。

[24] 同 [7]，卷十一，第 16 页。

[25] 同 [1]。

[26] 湖南省文物考古研究所、湘西自治州文物局、永顺县文物局编:《永顺老司城》（中），科学出版社，2014 年。

[27] 同 [11]。

试析“长沙王后家杯”制胎及髹漆工艺

Analysis of Base-making and Lacquer-coating Techniques of “Cup of Changsha Queen’s Family”

长沙市文物考古研究所　莫　泽　蒋成光

Mo Ze, Jiang Chengguang, Changsha Municipal Institute of Cultural Relics and Archaeology

内容提要：“长沙王后家杯”是湖南望城风篷岭一号汉墓出土的夹纻胎漆耳杯。运用显微观察、红外光谱分析、X射线能谱和衍射分析等方法对其进行科学的检测分析，研究其髹漆工艺。该批漆耳杯胎骨由形似苎麻的三层编织物裱糊而成，在胎骨上刮涂漆灰层塑形，耳杯腹部漆灰层较薄，耳部和底部漆灰层较厚。漆灰层使用的漆灰有骨灰和黏土类灰（石灰或砖灰等）。漆膜的成膜材料为大漆，耳杯外壁与耳部为黑褐色漆，外壁黑色漆膜有两层，耳部有三层。部分样品黑色漆膜含疑似炭粒的细小颗粒物，有样品含铁量高，是否为黑髹工艺待进一步的数据支持。内壁红色色漆采用HgS做颜料，有两层，含颜料的色漆层和底漆层。

关键词：风篷岭　耳杯　漆灰　漆膜　髹漆工艺

Abstract: The “Cup of the Changsha Queen’s Family” is a lacquered flanged cup with layered-hemp base unearthed from Han Tomb 1 at Fengpengling in Wangcheng of Hunan Province. It was scientifically analyzed by using microscopic observation, infrared spectroscopy, X-ray energy spectrum analysis, and diffraction analysis to study its lacquer-coating process. The base of the flanged cup is made of three layers of woven fabric that resemble hemp, with a layer of lacquer ash applied to the base for shaping purpose. The lacquer ash layer on the cup’s inner bottom is fairly thin, while the layer on the ear and the outer bottom are thicker. The lacquer ash used in the lacquer ash layer is made from bone ash and clay-based ash (lime or brick ash, etc.). The lacquer film is formed with natural lacquer. The outer wall and the flanges of the cup are coated with black-brown lacquer, with two layers of black lacquer on the outer wall and three layers on the ear. Some samples contain small particles of suspected charcoal in the black lacquer, while others have high iron content, and whether it is a black lacquer-coating process requires further data support. The red lacquer on the inner wall is made with HgS as the pigment, with two layers: one pigmented lacquer and one bottom lacquer layer.

Keywords: Fengpengling; flanged cup; lacquer ash; lacquer film; lacquer-coating technique

表一 样品基本信息

样品编号	样品部位	样品描述
Q-2	耳杯腹部	厚约 1.42mm，内髹红漆，外髹黑漆
Q-4	耳杯口沿	厚约 1.70mm，内髹红漆，外髹黑褐漆
Q-5	耳杯底部	厚约 4.10mm，内外髹黑漆
Q-6	耳杯腹部	厚约 1.50mm，内髹红漆，外髹黑漆
Q-8	耳杯耳部	厚约 5.57mm，表面髹黑漆
Q-9	耳杯口沿	厚约 1.80mm，内髹红漆，外髹黑褐漆

前 言

耳杯，也称“羽觞”，是古人常用饮酒器具。汉代是中国漆工艺的辉煌时代，高超的工艺水平与规范的管理体制，使得漆工艺得到空前的发展，成为当时的重要文化标志。夹纻工艺在汉代盛行，出土了大量精美器物。夹纻胎漆器具有胎骨薄、器物轻、强度好的特点，可视为漆工艺成熟的一个标志。

2006 年，长沙市文物考古研究所联合望城县文物管理局对位于湖南望城县星城镇银星村风篷岭山上的一座大型竖穴岩坑木椁墓进行了抢救性考古发掘。该墓虽遭盗掘，但仍出土了陶器、铜器、漆木器、玉器等各类质地文物。通过对墓葬形制、椁室结构、出土器物的全面分析，可大致确定该墓墓主为薨于宣帝后期或公元前 49 年（或公元前 48 年）至公元 7 年间嗣长沙王位的炀王刘旦，或孝王刘宗或缪王刘鲁人之王后。[1] 经清理后出土漆木器百余件，有盒、豆、碗、盆、盘、耳杯、器盖、马足等，其中的夹纻胎耳杯 30 余件，形制基本一致。椭圆形，口沿两侧新月形耳稍微上翘，部分耳杯器外壁下腹部与底结合处朱书“长沙王后家杯”六字竖式隶书款。耳、内壁上部和内底心髹酱褐色底漆，内壁髹赭红色底漆。[2]“长沙王后家杯”对推断墓主身份，研究汉代髹漆工艺具有重大意义。该墓遭受盗掘，且墓室已坍塌，器物保存状况较差，尤其漆木器。这批夹纻胎耳杯出土时饱水、残碎变形严重，且胎体在数千年埋藏环境中已丧失原本的机械强度，对脱水和整形工作造成极大的困难。为了保证修复工作的开展以及这批漆器髹漆工艺的初步研究，我们联合陕西师范大学金普军老师对其进行科学的检测分析。

一 实验样品

风篷岭汉墓出土夹纻胎耳杯数量较多，且残碎严重，选取无法拼对的各部位残片进行分析检测。样品基本信息见表一。

二 实验仪器及条件

使用日本奥林巴斯 SZX16 研究级体视显微镜，冷光源落射照明，观察胎体结构。采用超景深显微镜 VHX-600 观察漆膜切片照片。它具有最快的实时深度合成和 3D 功能的数码显微系统，带有测量系统，可以测量漆膜各层厚度。漆膜的红外光谱使用傅立叶转换红外光谱仪为德国布鲁克生产的 Tensor27，采用 KBr 压片法，分辨率 $4cm^{-1}$，光谱范围 $400\sim4000cm^{-1}$，叠加次数 16 次。利用 FEI 公司生产的 Quanta200 环境扫描电子显微镜，及其装备的 EDAX 能谱仪对样品漆膜的元素组成进行检测分析，

图一　耳部结构剖面图

图二　底部结构剖面图

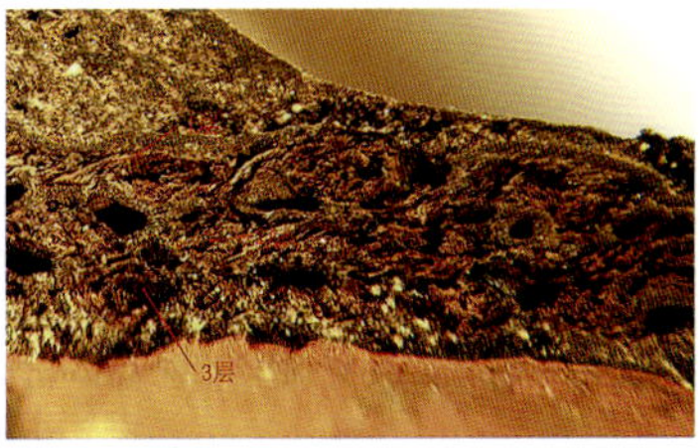

图三　耳部苎麻层位显微图

图四　腹部纻麻层显微图

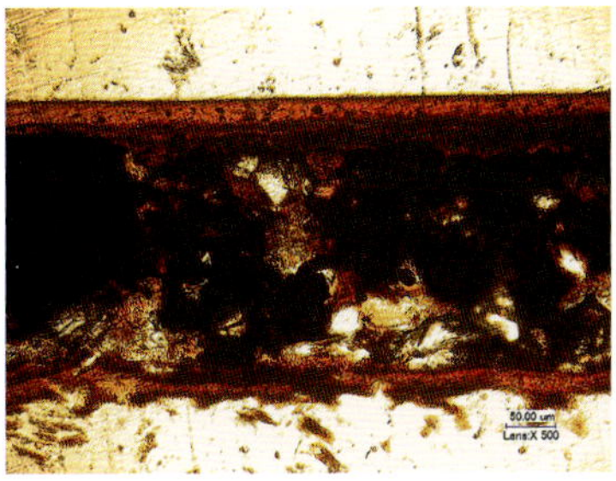

图六　Q-2 外壁黑色漆膜

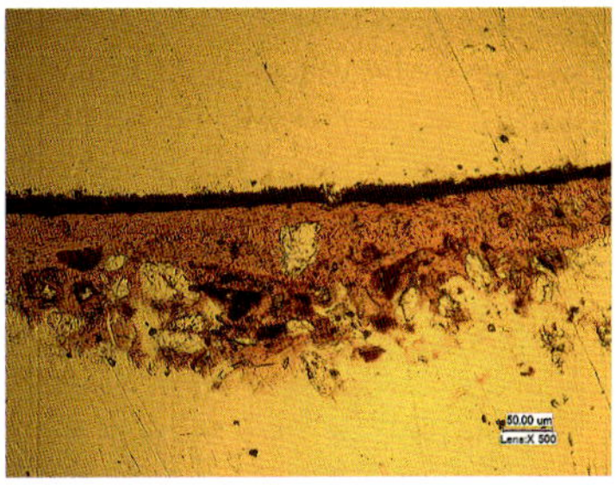

图七　Q-2 内壁红色漆膜

测试条件：高真空模式 5×10^{-3}Pa 以下，加速电压 20kV。采用岛津公司的 XRF-1800 扫描型 X 射线荧光光谱仪对样品漆灰层进行元素含量检测分析。仪器测试条件：X 射线管 4kW 薄窗、Rh 靶。样品研磨至粉状，采用硼酸压片法制备测试样品，利用全自动 X 射线衍射仪 D/Max-3cX 射线衍射仪（XRD）对样品进行物相检测，衍射角扫描范围为 5°～70°，工作电压和电流分别为 40kV 和 35mA，扫描速度 8°/min，步宽 0.02°，连续扫描。

三　实验结果与讨论

1. 体视显微观察胎体结构

图一、图二是漆耳杯耳部及底部结构的剖面照片，其中的黄色部分在显微镜下呈编织状态的织物应为麻纻，西汉时期漆器夹纻工艺已成熟，出土了大量的夹纻胎漆器，胎骨绝大部分为纻麻编织物，结合其微观纤维结构可断定。灰色部分为漆灰层，有大量颗粒物，存在白色晶体。图三显示胎体为三层纻麻编织物，编织物之间

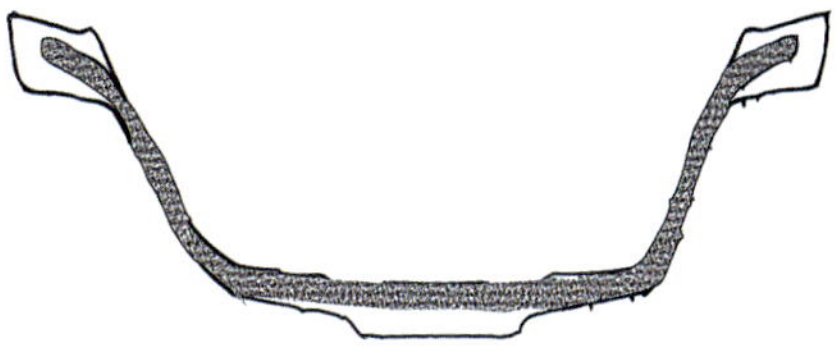

图五　麻纻层结构示意图

有灰色粘连物连接。在纻麻裱糊而成的胎骨上，在耳、底等位置使用调制好的漆灰进行塑形，图四显示在腹部刮涂薄漆灰做底，制出耳杯形状，形成胎体结构。如图五所示，耳杯胎体结构深色结构代表裱糊的麻纻层，白色结构代表漆灰层。

2. 漆膜切片的显微观察

Q-2 样品为夹纻胎漆耳杯的腹部样品，胎体厚约 1.42mm，图六为其黑色漆膜切片照片，图七为其红色漆膜切片照片。图六显示其黑色漆膜结构可分为两层，面漆层，厚薄均匀，约 0.024mm；底漆层厚薄不均，约 0.018～0.055mm 之间；底漆下面的漆灰层厚薄也不均，约 0.220～0.250mm 之间，和底漆层结合起来厚约 0.270mm。黑褐色漆膜透光显微镜显示其表层不能完全透过透

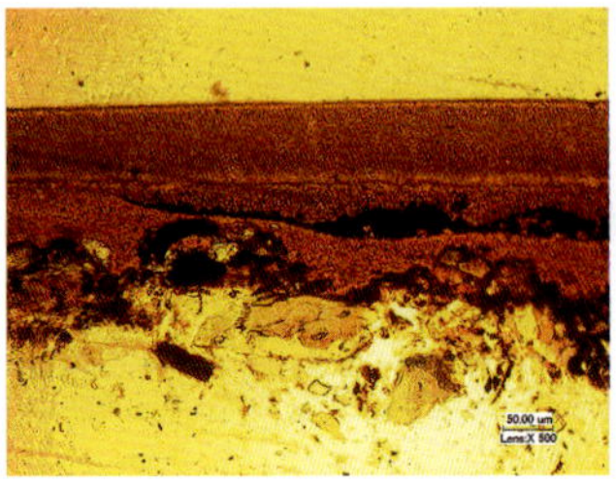

图八　Q-8 黑褐色漆膜

图九　Q-8 黑褐色漆膜

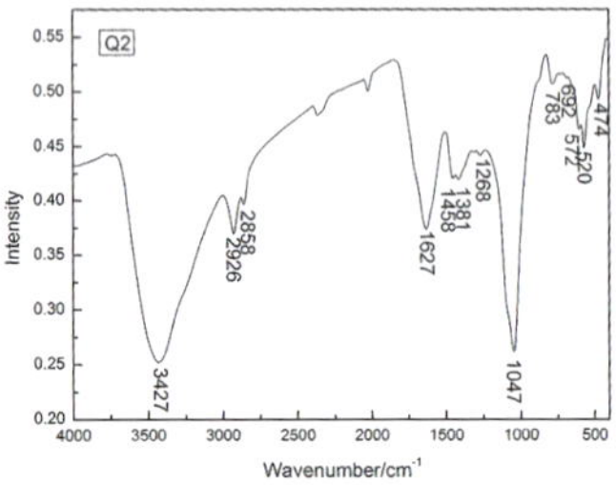

图十　Q-2 号漆器红色漆膜的 FTIR 图谱

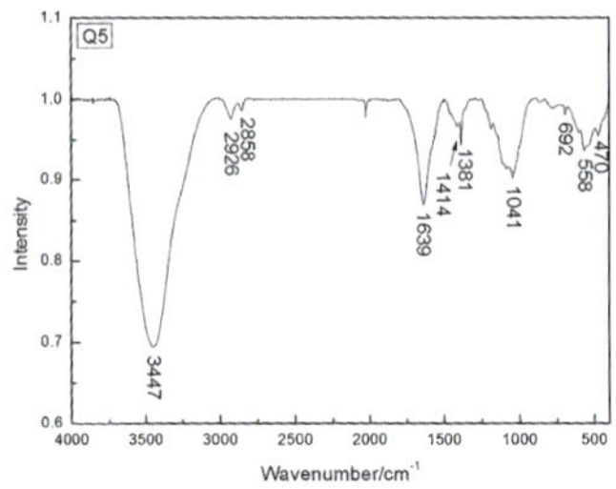

图十一　Q-5 号漆器漆膜的 FTIR 图谱

射光，存在细小的颗粒，可能是添加了少量的炭黑类黑色颜料。图七是 Q-2 样品的红色漆膜切片照片，红色漆膜色漆层厚薄均匀，约 0.018mm。底漆层厚薄不均，约在 0.050～0.080mm 之间。红色漆膜色漆层透光显微镜照片显示其表层不能透过透射光，添加了大量的红色颜料。Q-8 样品为夹纻胎漆耳杯耳部样品，胎体厚约 5.57mm，表面髹饰黑褐色漆膜。图八、图九是其漆膜切片 500 倍和 200 倍照片，面漆层厚薄较均匀，约 0.060～0.070mm，底漆层分为两层，厚薄不均，第一层底漆上部较平整，下部受第二层底漆厚薄不均的影响而高低不平。第一层底漆厚度在 0.014～0.052mm 之间，第二层底漆层厚度在 0.070～0.140mm 之间，两层底漆结合起来约 0.120～0.155mm。

据漆膜切片观察，漆耳杯内红外黑的素色漆膜层采用多层髹涂工艺。耳杯腹部，黑色漆膜有两层，漆灰层上髹涂一层底漆，平整后再髹涂一层面漆，面漆层有细小颗粒。红色漆膜有两层，漆灰层上髹涂一层底漆，平整后再髹涂一层色漆，红色漆膜色漆层大量颜料填充。耳杯耳部，黑褐色漆膜有三层，漆灰层上有两层底漆，两层底漆厚薄不均，近色漆层面较平整，耳杯耳部漆层厚度明显厚于腹部。

3. 漆膜的红外光谱分析

漆膜的红外光谱使用德国布鲁克生产的傅里叶转换红外光谱仪 Tensor27，样品红外图谱与文献中漆膜红外图谱非常类似，表明测试样品都是以大漆为成膜剂的漆膜。

观察几个样品的红外光谱图，如图十、图十一显示样品在 3400cm^{-1} 左右处有一个宽大的吸收峰。一般认为这个峰属于漆酚苯环上羟基的对称伸缩红外吸收峰 v_{OH}。样品的这一红外吸收峰的峰形和峰位都较为接近，表明漆膜中存在分子间氢键，是由于一部分漆酚在漆酶的催化作用下，形成漆酚醌，再与共存的漆酚反应，生成多种共聚体，共聚体再发生氧化聚合，形成体型结构高聚物。漆膜的固化过程中，漆酚由单体不断聚合、逐渐形成了高聚体，羟基间的氢键也从分子内氢键，变成分子间氢键。

样品在 2926cm^{-1} 和 2858cm^{-1} 附近的峰，分别属于亚甲基（CH^{2-}）的不对称伸缩振动峰 vas 和对称伸缩振动 vs 峰，这两个峰在相关研究的文献中都有报道。人们在研究生漆固化时，发现这两个吸收峰在固化过程基本上保持不变主要归属于漆酚侧链上的亚甲基，也可能与漆酶等物质有关系。[3]

4. 漆膜能谱元素分析

使用能谱仪对样品的漆膜进行元素分析（图十二），表二是样品黑褐色漆膜的元

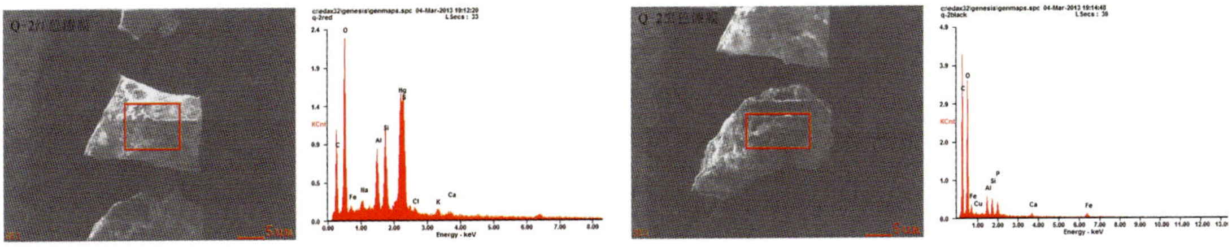

图十二　Q-2 号样品元素分析区域及能谱图

表二　黑褐色漆膜表面元素能谱检测数据（Wt%）

样品	C	O	Fe	Al	Si	K	Ca	Cu	Hg	S	Na	P
Q2	51.94	41.83	1.46	1.49	1.20		0.50	0.57				1.02
Q4	59.67	30.96	0.34	1.16	1.27	0.11	0.21		3.1	3.18		
Q6	59.52	31.24	0.31	1.05	1.25		0.28		3.15	3.2		
Q8	58.29	31.93	7.71	0.57	0.31		0.22				0.60	0.38
Q9	68.29	29.94		0.57				1.2				

表三　红色漆膜表面元素能谱检测数据（Wt%）

样品	C	O	Fe	Al	Si	K	Ca	Hg	S	Na	Cl
Q2	30.25	31.45	5.32	3.13	3.71	0.61	0.40	20.71	3.11	0.98	0.32
Q4	35.24	24.36	0.93	1.54	1.76	0.21	0.42	30.53	5.01		
Q6	35.04	24.49	0.85	1.39	1.72		0.56	30.92	5.03		
Q9	34.90	17.72		1.15	1.58			36.51	5.69		

素能谱数据，元素含量以碳、氧为主，含少量铝、硅、钙等其他元素，但 Q-8 号样品的铁元素含量有 7.71%，远高于其他样品铁含量。《与古斋琴谱》讲到黑料“欲其色黑，以铁锈水酌调入漆中，色转灰白。拌匀，刷器上，待干，其黑尤甚。有用墨烟入漆者，不若锈水之无渣滓也”[4]，这里讲到两种黑漆，一种是使用墨烟调漆，一种是在漆中加入适量铁锈水。沈福文先生在《漆工资料》中也讲到调制黑漆：“半透明漆为一百，氢氧化铁 5%，混合搅拌均匀，经过两周后则变成黑色漆。”[5] 前面漆膜切片的显微结构中显示黑色漆膜不能完全透过透射光，存在细小的颗粒，可能是在面漆中添加了炭黑类物质。Q-8 样品的铁元素较高，人为添加的可能性较高，是否为黑漆工艺需进一步的数据支持。表三中红色漆膜表面元素能谱数据可以看出 Q2（Hg 含 20.71%、S 含 3.11%）、Q4（Hg 含 30.53%、S 含 5.01%）、Q6（Hg 含 30.92%、S 含 5.03%）、Q9（Hg 含 36.51%、S 含 5.69%）四个样品中 Hg 的质量百分数和 S 的质量百分数的比分别为 Q2 样品 6.66、Q4 样品 6.09、Q6 样品 6.15、Q9 样品 6.42。银朱即硫化汞（HgS），理论上汞的质量百分数约为 86.20%，硫约为 13.80%，汞与硫的质量百分数比为 6.25。几个样品红色漆膜含有的 Hg 和 S 的质量比和银朱相差无几。故红色面漆层中添加的颜料即为 HgS，而 HgS 是朱砂的主要成分。

表四　　　　　　样品漆灰层的XRF测试数据（Wt%）

样品	SiO_2	CaO	Al_2O_3	P_2O_5	Fe_2O_3	K_2O	CuO	TiO_2	SO_3	MnO	ZnO
Q–8	10.61	50.24	2.43	25.56	5.96		2.49	0.73	0.39	1.38	0.20
Q–9	39.02	17.85	7.69	11.40	11.08	4.15	5.93	1.29		1.60	

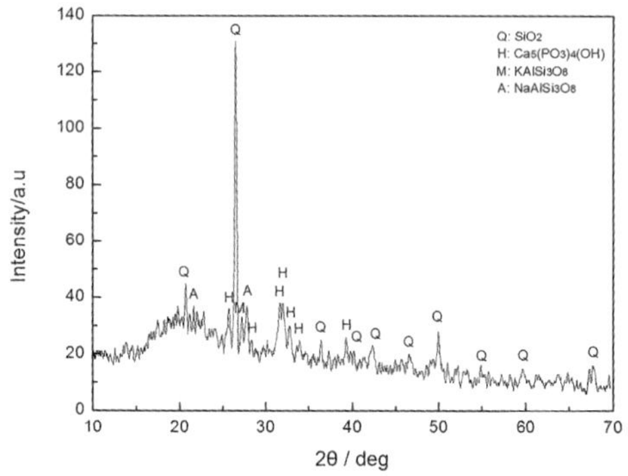

图十三　Q–4 漆灰层的 XRD 图谱

5. 漆灰层荧光光谱元素组成分析

采用岛津公司的 XRF–1800 扫描型 X 射线荧光光谱仪对样品漆灰层进行元素含量检测分析。X 射线荧光光谱仪可以广泛分析材料中 Be-U 无机元素的成分，具有非破坏性、快速、精度高、定性及定量准确等优点。

漆灰层主要是由生漆和各种填料组成，鉴于该分析方法对 H 测定的不足，测试元素含量实际上并不能代表这些元素在漆灰层中的实际含量，只是所检测出来元素的百分含量。依据氧化物分布状图，从表四可以看出 Q–9 号样品 SiO_2 是主要氧化物含量，Q–8 号样品中含有高含量的 P 和 Ca。

6. 漆灰层 X 射线衍射分析

X 射线衍射（XRD）又称 X 射线物相分析法，是确定样品的晶体结构、鉴定矿物成分最有效的方法之一，可用来辨别考古物质成分的物相及化合物形态。物相组成分析采用了全自动 X 射线衍射仪 D/Max–3cX 射线衍射仪，图十三是 Q–4 漆灰层的 X 射线衍射图，在 20.8°、26.6°、36.6°、39.4°、40.2°、42.4°、50.2°、60.0°、67.7°、68.0°、68.5°和 75.7°位置出现了一组衍射峰归属于 SiO_2，在 10.6°、25.8°、28.2°、28.7°、31.7°、32.0°、32.7°、39.6°、46.7°、47.9°、49.5°、51.9°、59.7°、63.9°、73.4°、77.1°出现了归属于羟基磷灰石［$Ca_5(PO_4)_3(OH)$］的衍射峰。22.1°和 22.9°位置出现了归属于钠长石［$Na(AlSi_3O_8)$］的衍射峰。27.4°和 26.9°出现的特征峰归属于钾长石［$K(AlSi_3O_8)$］的 X 射线衍射峰。结合其他样品实验结果显示漆灰层内部包含石英、钠长石和羟基磷灰石类物质。石英和钠长石是黏土中常见的物质构成。羟磷灰石又称氢氧基磷灰石，是一种天然的磷灰石矿物，其分子式为 $Ca_5(PO_4)_3(OH)$，是动物骨骼组织主要成分。[6]

《髹饰录》指出：“土厚，即灰。有角、骨、蛤、石、砖及坏屑、磁屑、炭末之等。”[7] 其中骨灰是由兽骨研碎而得，还有某种石质、砖头、瓷器、木炭等研磨而成的粉末调制漆灰。综合漆灰层荧光光谱元素组成分析（XRF）和 X 射线物相分析（XRD），XRF 数据 Q–8 号样品中 P_2O_5 含量高达 25.56%，SiO_2 含量 10.61%，其 XRD 图谱相应地也显示很强的羟基磷灰石衍射峰。而 Q–9 号样品 P_2O_5 含量 11.40%，而 SiO_2 含量高达 39.02%，数据差异明显是由于漆灰的种类不止一种，骨灰和砖石类黏土灰放入或多或少导致。

7. 漆器断面及其元素分布 Mapping 分析

使用 FEI 公司制作的 Quanta 200 型环境扫描电子显微镜，配有 EDAX Genesis 2000 X 射线能量分散谱仪（EDS）进行分

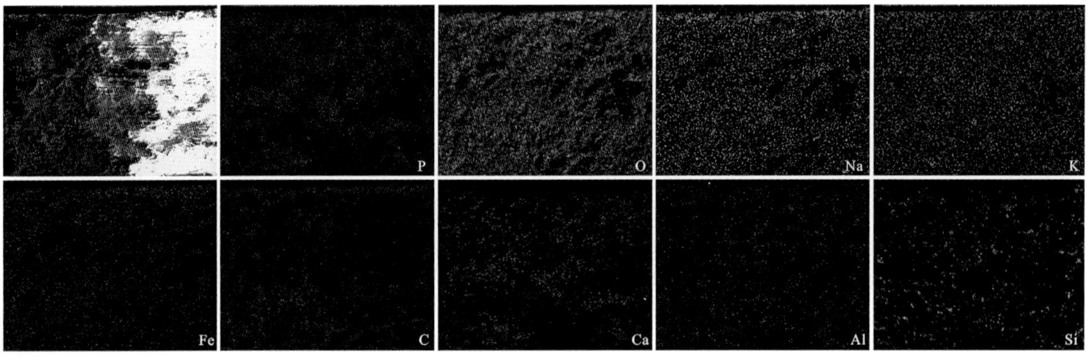

图十四　Q-8号样品断面Mapping元素分析

析检测。Q-8号样品元素分布图（图十四）显示漆灰层存在着大量不同粒径颗粒，P和Ca元素分布比较接近，源于羟基磷灰石颗粒。Si元素形成的细密小颗粒分布区域，表明了存在大量石英小颗粒。C在表层分布较多，反映出了表层漆膜。K和Na则反映出可能存在黏土类矿物。

四　结果与讨论

长沙望城风篷岭汉墓出土“长沙王后家杯”夹纻胎漆耳杯对研究汉代夹纻胎漆器提供了重要信息，根据实验结果总结以下几点：

1. 漆耳杯胎体是将三层类似纻麻结构裱糊而成，裱糊的纻层呈U形，在其底部、耳部位置使用漆灰进行塑形，耳、底漆灰层较厚，其他部位刮涂薄漆灰层做底，制作出耳杯胎体形状。

2. 根据对漆耳杯漆灰层的XRD分析结果显示漆灰层内部包含石英、钠长石和羟基磷灰石类物质，羟基磷灰石漆灰层是动物骨骼组织的主要成分，石英和钠长石是黏土中常见的物质构成。结合文献资料来看，该批漆耳杯的漆灰层，极可能是由大漆、骨灰和黏土类的灰等混合而成。

3. 漆耳杯的成膜材料为大漆。外壁和耳部髹黑褐色漆膜，黑色漆膜切片显微分析面漆层不能完全透过透射光，存在细小的颗粒，可能是炭黑类黑色颜料。Q-8号样品黑色漆膜含铁量明显高于其他样品，文献记载有添加铁锈水制黑漆工艺，汉代是否存在此工艺需进一步检测分析。外壁黑色漆膜有两层，耳部黑色漆膜有三层，且耳部漆膜明显厚于外壁漆膜。

4. 漆耳杯内腹为红色漆膜，有两层，一层底漆，上面直接髹涂红色色漆。红色色漆的颜料为HgS。

注释：

[1] 何旭红：《湖南望城风篷岭汉墓年代及墓主考》，《文物》2007年第12期。

[2] 长沙文物考古研究所、望城县文物管理局：《湖南望城风篷岭汉墓发掘简报》，《文物》2007年第12期。

[3] 金普军、王昌燧、郑一新、何爱平、张立明：《安徽巢湖放王岗出土西汉漆器漆膜测试分析》，《文物保护与考古科学》2007年第3期。

[4] 王世襄：《髹漆录解说：中国传统漆工艺研究》（修订版），文物出版社，1983年，第69页。

[5] 同[4]。

[6] 胡耀武、王昌燧、左键、张玉忠：《古人类骨中羟磷灰石的XRD和喇曼光谱分析》，《生物物理学报》2008年第4期。

[7] 同[4]，第44页。

对馆藏已脱水简牍“泛晶”现象成因的初步研究

Preliminary Research on the Cause of the “Shimmery” Phenomenon of Dehydrated Bamboo Slips in Changsha Jiandu Museum

长沙简牍博物馆　王　颖　金　平

Wang Ying, Jin Ping, Changsha Jiandu Museum

内容提要：针对部分古代饱水简牍在脱水保护完成后，表面各处出现细小反光颗粒物的“泛晶”现象，进行了初步的探索性研究。实验选用古代饱水简牍样品，采取与馆藏饱水简牍相同的保护工艺流程进行脱水，并将样品在不同的环境中静置，定期观察样品表面的变化。结果表明，乙醇在脱水工艺中的微量残留与较高的湿度环境（＞75%RH）可能是馆藏已脱水简牍“泛晶”现象的主要成因。

关键词：古代　饱水简牍　泛晶　脱水

Abstract: A preliminary exploratory study is carried out on the phenomenon of “Shimmery” of fine reflective particles on the surface of some ancient saturated bamboo slips after the completion of dehydration protection. In the experiment, ancient saturated bamboo slip samples are selected, and the same dehydration protection process is adopted for the samples as for other saturated bamboo slips in the museum’s collection, and the samples are placed in different environments to stand and observe the changes on the surface of the samples regularly. The results show that the trace residue of ethanol in the dehydration process and the high humidity environment (>75%RH) may be the main cause of the “Shimmery” phenomenon of dehydrated bamboo slips in the museum’s collection.

Keywords: ancient times; saturated bamboo slips; Shimmery; dehydration

一　引言

在我国出土古代饱水简牍的保护技术中，现在较为常用的一种脱水方法是“乙醇＋高级醇法”[1]，该脱水技术已在全国各地广泛应用[2]，具有操作工艺简单、使用成本低、保护效果良好等优势。

长沙简牍博物馆所收藏的数万枚走马楼吴简及西汉简均采用该技术方法进行脱水保护（图一）[3]，所使用的高级醇为十六醇，所有完成脱水处理的简牍均保存于地下库房中，外部包装采用定制的有机玻璃盒，再分别储藏于文物囊匣中。但我们在日常的保管、陈列等工作中发现，部分简牍表面肉眼观察有一层亮闪闪的细小散射型光斑，经过放大后仔细观察，其外部形态呈现为白色的晶体状颗粒，程度轻重不一，我们将其称之为“泛晶”（图二、图三）。简牍的“泛晶”现象虽然现阶段不会对文物本体造成明显的伤害，但其实已经影响到了简牍的外观，有部分简牍上的“泛晶”在一定程度上已影响到了对简文内容的肉眼释读。而且，简牍“泛晶”现象会有何长期影响，目前仍然是个未知数。依照文物保护的基本原则，我们也不能置之不理，任其自由发展。

有鉴于此，为了更好地对竹木类简牍进行保护，我们认为十分有必要对“泛晶”问题的成因展开研究，探明“泛晶”问题产生的机理，并以此为基础进一步探讨防止“泛晶”或消除“泛晶”现象的有效方法。

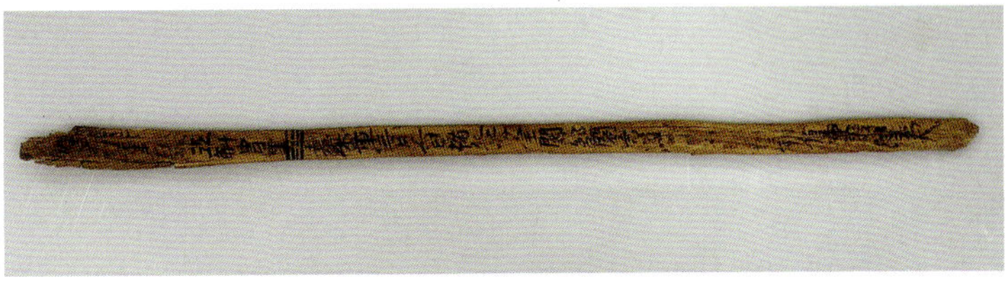

图一 正常简牍表面照片

图二 泛晶简牍表面照片

图三 泛晶简牍表面细节照片

二 简牍脱水工艺及其化学环境

为了有效解决馆藏出土简牍的“泛晶”问题，我们首先需要研究“泛晶”现象形成的原因，并了解“泛晶”物质的化学构成成分等基本情况。

在前述的出土古代饱水简牍脱水工艺中，化学环境相对简单，除了构成简牍的纤维素、木质素等物质，简牍孔隙中的自由水之外，引入参与其中的化学物质基本只有乙醇、十六醇，且各物质相互之间不会发生化学反应，仅有物理变化。因此，简牍的内部化学环境在脱水处理前后，其变化可以基本看作是一个由乙醇替换自由水，再由十六醇替换乙醇，最终由十六醇填充在纤维素、木质素间的孔隙的过程。十六醇常温下为固体，不溶于水，且化学性质十分稳定，均匀分布在简牍胎体内部，从而起到很好的支撑和加固作用。在这样一个理想的整体环境中，竹木简牍中的自由水最终将被十六醇全部替换。

由于液体分子的扩散作用，加上乙醇与水之间无限互溶的性质，在浸泡时间充分的情况下，水分子与乙醇分子将均匀分布于整个浸泡溶液中，并完全渗透竹木简牍的内部孔隙。脱水工艺中并不包括针对微量的水或乙醇的除杂步骤，因此，脱水处理工序完成后，简牍内部必然有微量的

微量的水或乙醇的除杂步骤，因此，脱水处理工序完成后，简牍内部必然有微量的自由水以及乙醇残留。乙醇作为极性溶剂，与十六醇分子间主要有氢键、静电力、范德华力等分子间作用力存在[4]，使得乙醇纯溶剂的饱和蒸汽压大于乙醇－十六醇溶液的饱和蒸汽压，对于同一物质，液态的饱和蒸汽压大于固态的饱和蒸汽压。因此，对于乙醇－十六醇溶液中的乙醇来说，无论其处于熔融液态还是冷却后的凝固态，相比较于纯溶剂状态下的乙醇，其挥发性与挥发速度都将大幅降低。残留的微量乙醇不会单独以流动液态存在，而是与十六醇结合为固态晶体。

竹木简牍表面与空气直接接触，如若周围环境发生变化，当空气中含有的水分子增加，则乙醇可能会倾向于与水分子间以氢键结合，破坏乙醇－十六醇间的氢键稳定性[5]，使乙醇得以从十六醇的束缚中逃逸出来，与空气接触的简牍表面因而析出十六醇晶体，由此造成了“泛晶”的视觉效果。

因此，我们推测简牍中的“泛晶”物质应当为十六醇，在外界因素及内部残留微量乙醇的综合影响之下，从而析出细小的结晶颗粒。由此，我们设计构建了以下几个实验来对这个推论进行验证。

三　实验方法和实验结果

由于从已脱水简牍上对“泛晶”物质进行直接采样，提取出纯净样品的难度很大，使用无损光谱分析也会受到脱水简牍表面的极大干扰，我们暂时还未能找到一个对其化学性质进行直接表征的合适方法。不过，根据泛晶物质的外在表象特征，结合简牍本身的理化性质和环境来仔细思考，我们设计了几个间接验证的模拟实验方案。

实验一：简牍脱水工艺的乙醇残留验证

本实验目的是验证在现有脱水工艺条件下，最终是否会在简牍中残留有微量乙醇。由于出土古代饱水简牍内部腐蚀糟朽严重，保存状况复杂，难以用称重等方法直接测试其脱水后的各物质存留与比重情况，我们只能采用间接法，简化模拟脱水简牍的化学环境进行测试。

实验具体操作过程：在烧杯容器中加入 200g 十六醇，在烘箱中加热保温至十六醇全部融化，然后加入 10g 乙醇充分混匀，在烘箱中继续保温 2 小时后，将烧杯取出称重，得总质量 202.9g（已扣除容器质量），由于十六醇沸点相对较高，在该工艺条件下不具有挥发性，即可计算得乙醇残留 2.9g，为初始乙醇质量的 29%；

本实验简化模拟了简牍脱水环境的最终操作步骤，模拟出简牍在填充加固时最后一步的工艺条件、设备参数与简牍内部环境等，通过该实验说明，在脱水完成的简牍内部仍然会有微量乙醇残留，在该工艺条件下乙醇应该不能完全蒸发掉。

实验二：乙醇在乙醇－十六醇混合物中的挥发性模拟实验

本实验考虑到乙醇－十六醇分子间作用力的性质，依然采取间接模拟法来验证，其目的就是测试乙醇－十六醇混合物中微量乙醇的挥发性与挥发速度。

实验具体操作过程：在容器中（790cm^2 开口面积）称取 1000g 十六醇，在烘箱中加热保温至十六醇全部融化后，再取出均匀加入乙醇，静置待其完全冷却固化后，称得固体总质量为 1053.7g（已扣除容器质量），即 1000g 十六醇中含有 53.7g 乙醇，所制得的试块为一个长方体，基本可以简单模拟为已脱水简牍样本的放大版。再将试块存放于与走马楼脱水简牍相同的室内环境静置，定期进行称重和记录（数据如表一所示）。

表一　　乙醇－十六醇混合固体中乙醇随时间失重（单位：g，天）

总质量	失重	天数
1053.7	0	0
1053.7	0	1
1053.6	0.1	2
1053.5	0.2	6
1053.3	0.4	10
1053.1	0.6	15
1053.0	0.7	22
1052.8	0.9	32
1052.1	1.6	67
1051.6	2.1	85
1051.3	2.4	108
1048.5	5.2	210
1045.1	8.6	357
1040.9	12.8	473

从表一中记录结果可知，乙醇在固态十六醇中的挥发速度相对比较平稳（图四），截至473天时，整个试块失重为12.8g。

由此可见，残留的微量乙醇，在固态的十六醇中挥发速度十分缓慢，其速度要远远小于通常为液态的纯乙醇，乙醇与十六醇之间的分子间作用力已经明显影响了乙醇分子的挥发速度，导致其经过数以年计的时间依然无法完全挥发，其挥发速度在目前的测试时间内呈现出基本稳定的趋势（图四）。

按照我们取得的数据，该样品中乙醇的平均挥发速度约为3.43×10^{-5}g/d*cm^2。如果按照此挥发速度测算，在今后的数十年时间内，该样品中的乙醇应该都会持续缓慢地挥发。

实验三：“泛晶”现象复现实验

根据前述理论，若我们采用同样的“乙醇＋高级醇法”脱水保护工艺，并将已脱水

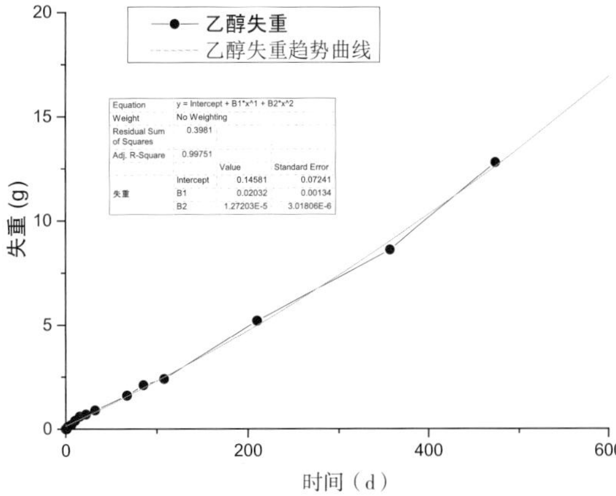

图四　乙醇在十六醇中的挥发失重速度

简牍样品分别置于环境湿度具有差异的条件中，则不同的简牍样品表面“泛晶”现象产生的速度与严重程度应会呈现出差异。

我们分别选取7枚古代饱水简牍残片标本，采用与馆藏走马楼吴简及西汉简相同的操作流程进行脱水加固，完成保护处理后，再将各枚样品分别截断，平均分作3～4小段，总计分为7组共24个子样品，在组间对比的同时，也进行组内对比，以进一步减少不同样品间糟朽程度等差异所造成的影响。例如编号为1-1、1-2、1-3、1-4的样品，为1号简牍样品在脱水完成后进行横断截取后平均分成的4份子样品，将其分别储存在不同的湿度、避光等环境中。其中包括3个不同的湿度环境：（1）无湿度控制设备的室内环境，我们此次实验观测时间为南方的1～5月，通常阴雨天气较多，湿度变化范围为40%～80%RH；（2）有湿度控制的荫房，湿度长期维持在75%RH以上；（3）有湿度控制的库房，湿度长期稳定在55%RH以下。此外，我们还使用与库房简牍同样的囊匣包装盒对部分样品进行避光处理。每一枚样品选定一个观测点，定期对该观测点进行观察与记录，重点观察其泛晶时间、泛晶程度等情况。分组情况及泛晶情况如表二所示。

表二 古代饱水简牍残片样品脱水后的保存条件

样品编号	避光	环境湿度	泛晶情况
1–1	×	40%～80%RH	无
1–2	√	40%～80%RH	无
1–3	×	稳定湿度 >75%RH	无
1–4	×	稳定湿度 <55%RH	无
2–1	×	40%～80%RH	泛晶
2–2	√	40%～80%RH	轻微泛晶
2–3	×	稳定湿度 >75%RH	泛晶
2–4	×	稳定湿度 <55%RH	无
3–1	×	40%～80%RH	泛晶
3–2	√	40%～80%RH	泛晶
3–3	×	稳定湿度 >75%RH	泛晶
3–4	×	稳定湿度 <55%RH	无
4–1	×	40%～80%RH	无
4–2	×	40%～80%RH	轻微泛晶
4–3	×	40%～80%RH	轻微泛晶
5–1	√	40%～80%RH	轻微泛晶
5–2	√	40%～80%RH	无
5–3	√	40%～80%RH	无
6–1	×	稳定湿度 >75%RH	无
6–2	×	稳定湿度 >75%RH	严重泛晶
6–3	×	稳定湿度 >75%RH	严重泛晶
7–1	×	稳定湿度 <55%RH	无
7–2	×	稳定湿度 <55%RH	无
7–3	×	稳定湿度 <55%RH	无

每一枚简牍样品以脱水工艺完成时作为初始状态，首次观测和记录其表面图像，定期观测约 5 个月后，发现有部分样品的表面情况已经产生了变化，根据观测到的现象，我们进行了如下分析。

2 号样品和 3 号样品对比组中（2–1、2–2、2–3、2–4 和 3–1、3–2、3–3、3–4），只有 2–4 和 3–4 两个位于稳定低湿度环境中的样品未发生变化，其余样品均不同程度出现泛晶或泛晶加重；这两组样品中的多数，其泛晶的程度都与时间成正比。同时，由于这两组样品都是采用同一枚简拆分成 4 小段进行比对，最大程度地减小了不同样品糟朽程度不一致等因素造成的偏差。因此我们可以得出结论，这两组样品的泛晶，主要应为高湿度因素所导致。以编

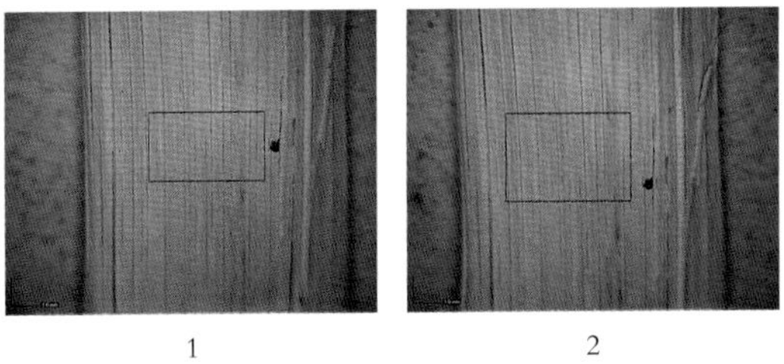

图五　样品 2-3
红外显微照片
1. 0 天，无泛晶
2. 90 天，轻微泛晶
3. 130 天，轻微泛晶

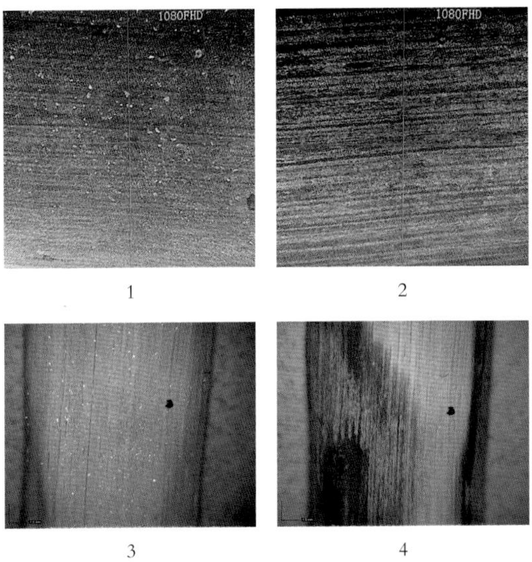

图七　泛晶样品 2-2 加热实验观测照片
1. 加热前彩色显微观测照
2. 47.2℃时，白色晶点消失后的彩色显微观测照
3. 加热前红外显微观测照
4. 加热完成后，红外显微观测照，出现黑斑

号 2-3 的样品分别在 0 天、90 天和 130 天时观测同一位置的红外显微照片为例（图五），我们所使用的设备为 dinolite AM3113 红外显微镜，该样品在 90 天时观测到开始出现轻微的泛晶，到了 130 天时，所观测到的泛晶范围相比 90 天时略微扩大。

通过对 4、5、6、7 号样品对比组泛晶情况的比较，我们可以观察得出，避光因

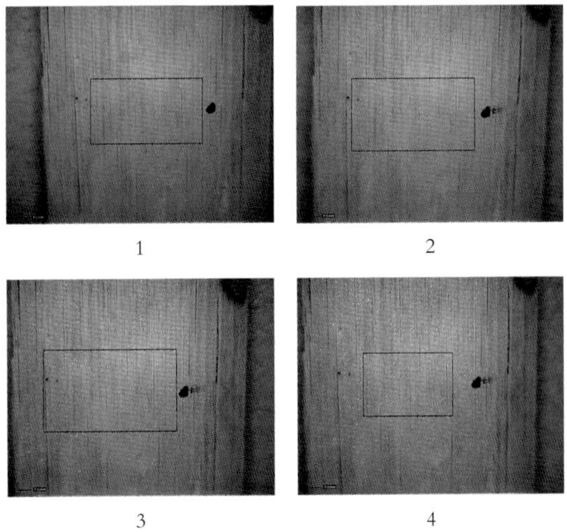

图六　样品 6-2 红外显微照片
1. 0 天，无泛晶　2. 30 天，轻微泛晶
3. 90 天，泛晶范围扩大　4. 130 天，严重泛晶

素对于泛晶的产生与影响并没有明显的规律性，而环境湿度因素对于泛晶的发展则呈现出正相关的规律。以样品 6-2 的观测照片为例（图六），可以看出其泛晶程度发展十分迅速，30 天时该样品观测点的泛晶尚轻微，90 天时样品表面的泛晶范围已经迅速扩大，130 天时的泛晶程度已十分严重，其范围已经基本扩大到整个样品表面。

由上述实验及观测结果，我们可以得出结论：已脱水简牍的泛晶成因与光照相关性较低，而与其所处的环境湿度大小正相关，较高的环境湿度应是导致简牍“泛晶”现象发生的主要原因。

实验四：简牍表面物质的成分验证

由于简牍表面出现的泛晶物质总质量极少，难以刮取进行分离提纯，进行化学验证的难度较大，所以我们采取了物理性质验证的方式。

实验具体操作过程：我们将可明显观测到泛晶的简牍样品（选取编号为 2-2 的样品），将样品加热至 43℃后，再逐渐缓慢地升温，同时对其表面进行显微观测（图七，1），此时该样品表面无任何明显变化。

当样品加热至约 47.2℃时，样品表面上的泛晶点（白色细小光斑）消失（图七，2），与此同时，样品表面部分区域颜色迅速加深并泛黑，这说明该“泛晶”物质已经发生了融化，其熔点应该在 47℃左右。

纯净的十六醇的熔点为 49℃[6]，样品在 47.2℃时即出现熔化现象，应当是含微量乙醇导致熔点下降，因为乙醇与十六醇之间存在相互作用力的影响，降低了十六醇分子间的作用力。此现象也验证了前述实验一的结果。

结合此次简牍样本的化学环境，本实验能够证明简牍表面的泛晶物质主要为十六醇，并且应是含有极少量乙醇的十六醇–乙醇结晶。

四 结论与意见

我们根据上述实验观测和初步研究，已经证明简牍上的泛晶物质应是含微量乙醇的十六醇晶体。简牍样品中出现“泛晶”现象，尤其是泛晶较为严重的情况，均为无湿度控制或较高的湿度（＞75%RH）环境中的样品，处于稳定湿度（＜55%RH）环境中的样品在观察期限内都尚未发生明显变化。因此，我们认为环境湿度（水）应是引发或加速泛晶现象发展的一个主要因素。

从理论上来说，环境温度也可能与“泛晶”现象的发展有一定的关系，此推论我们计划在今后的研究工作中再做进一步的验证。

综上所述，为了减少已脱水简牍“泛晶”现象的产生和发展，我们可以提出以下几点对策：

第一，将存放简牍的文物库房和陈列展厅的环境湿度尽量稳定控制在 55%RH 以下；

第二，在简牍保护的脱水加固工艺中应当尽量避免或减少乙醇的残留，具体的工艺流程和操作方法还需要进一步的优化和探索；

第三，对库房已脱水简牍有效隔绝空气环境，例如可以采取真空包装等保存方法。

以上单独一条措施有可能难以根绝竹木简牍“泛晶”现象的发生，更加适宜的对策应当多管齐下，尤其是对于其中乙醇残留的问题，我们也计划在后续优化脱水保护工艺的基础之上，继续通过实验来验证，在乙醇无残留或尽量减少残留的情况下，能否杜绝“泛晶”现象的产生。

［附记：本文写作得到“古文字与中华文明传承发展工程”支持。］

注释：

[1] 赵桂芳：《简牍保护概论》，《中国文物科学研究》2006 年第 2 期。

[2] a. 刘露、史少华：《荆州博物馆藏简牍保护修复》，《文物天地》2022 年第 6 期；b. 方北松：《饱水简牍糟朽成因研究及脱水事例》，《出土文献》2010 年第 1 期。

[3] 方北松、张扬、蔡桂兰、吴昊、陈子繁、荆州文物保护技术研究中心、金平、毛志平：《走马楼吴简十六醇法脱水研究》，西北大学文博学院、中国化学会应化委员会考古与文物保护化学委员会、中国科技考古学会编《文物保护与科技考古》，三秦出版社，2006 年，第 173～181 页。

[4] 华彤文、王颖霞、卞江、陈景祖编著：《普通化学原理》（第 4 版），北京大学出版社，2019 年，第 892～914 页。

[5] a. Fei Yin, Chao Tang, Xu Li, “Xiaobo Wang. Effect of Moisture on Mechanical Properties and Thermal Stability of Meta–Aramid Fiber Used in Insulating Paper”. *Polymers*, 2017, 9(10): 537; b. Donghui Kou, Lei Gao, Ruicheng Lin, Shufen Zhang, Wei Ma. “Hydrogen Bond–Mediated Self–Shielded Moisture–Responsive Structural Color for Time–Temperature Indicating”. *Advanced Science*, 2024, Volume11, Issue17.

[6] 程能林：《溶剂手册》（第五版），化学工业出版社，2015 年，第 415 页。

湖南博物院藏“流泉”琴髹漆工艺的科学研究

Research on the Lacquer-coating Technique of “Liuquan” *Guqin* Collected by Hunan Museum

湖南博物院　科技考古与文物保护利用湖南省重点实验室　蔺朝颖

Lin Chaoying, Hunan Museum, Hunan Provincial Key Laboratory of Scientific Archaeology and Cultural Heritage Conservation and Utility

内容提要：为揭示湖南博物院所藏“流泉”琴的髹漆工艺，本研究利用超景深视频显微镜、扫描电子显微镜联用能谱仪与显微激光拉曼光谱仪对古琴漆膜样品进行了检测分析，结果表明“流泉”琴漆膜分为漆层、漆灰层与裹布层。其中漆层为三层，中间漆层最厚；漆灰层为一层，为大漆、硬石膏、石英与绿帘石混合而成；裹布层采用大漆、石英和方解石的混合物作黏合剂以及苎麻纸做裹布材料。该研究结果将为了解传统古琴的髹漆工艺与古琴的保护修复和研究，提供科学的数据支撑。

关键词：流泉　古琴　漆膜　检测分析

Abstract: In order to reveal the lacquer-coating technique of the “Liuquan” *Guqin* in the Hunan Museum, this research adopts the ultra depth of field video microscope, scanning electron microscope combined with energy spectrometer, and micro-Raman spectroscopy to analyze the lacquer film samples of the “Liuquan” *Guqin*. The results show that the lacquer film of the “Liuquan” *Guqin* is divided into the lacquer layer, lacquer ash layer and wrapping layer. The lacquer layer includes three layers and the intermediate layer is the thickest. The lacquer ash layer contains one layer composed of a mixture of lacquer, anhydrite, quartz and epidote. The wrapping layer uses a mixture of lacquer, quartz and calcite as the adhesive, and ramie paper as the wrapping material. The research results will provide scientific data support for understanding the lacquer-coating process, and the protection, restoration and research of traditional *Guqin*.

Keywords: Liuquan; *Guqin*; lacquer film; detection and analysis

一　前言

“流泉”琴为湖南博物院所藏历代古琴中的一张仲尼式清琴，通长 125.5 厘米，隐间 116 厘米，琴额宽 16.4 厘米，琴肩宽 16.8 厘米，琴尾宽 14 厘米。琴面与琴底分别为杉木和梓木斫，无冠角、琴轸，岳山、承露和雁足皆为硬木所制，龙池与凤沼为

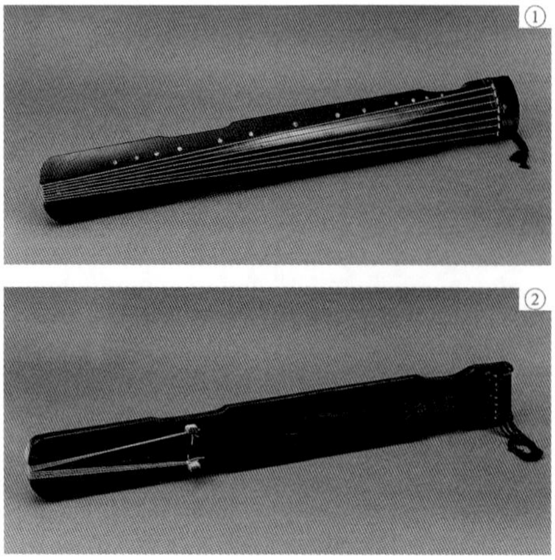

图一 “流泉”琴修复后照片

长方形，蚌徽，无断纹，琴面黑色漆灰，琴底栗壳色漆灰，长方形凸起纳音。[1]“流泉”琴于 1986 年后一直藏于湖南博物院，于 2019 年进行了保护修复（图一）。本研究将利用科学的检测手段对保护修复过程中掉落且不可回贴的漆膜样品进行检测与分析，揭示“流泉”琴的髹漆工艺，以期对“流泉”琴的斫制工艺研究以及传统古琴的保护、修复与研究，提供科学依据与数据支撑。

二 分析检测方法与参数

（一）样品处理

将收集的“流泉”琴漆膜样品分成两份（一份作为正面和底面样品，一份作为横截面样品），用于显微形貌观察和成分检测与分析。对于横截面样品，利用环氧树脂对样品进行镶样，之后采用自动研磨抛光机（美国标乐 EcoMet 300）对镶嵌好的样品进行打磨、抛光。在扫描电子显微镜下检测前，首先对样品进行喷金处理（喷金仪型号为北京中科科仪 SBC-12），增加样品导电性，以便于观察与检测。

（二）光学显微形貌观察

利用基恩士超景深视频显微镜（VHX-1000）对样品的正面、底面和横截面进行观察，获取样品表面显微形貌、保存状况和分层结构等信息，镜头放大倍数：低倍镜头 20～200 倍可调，高倍镜头 100～1000 倍可调。

（三）扫描电子显微镜联用能谱分析

利用日本电子台式扫描电子显微镜（JEOL JCM-6000PLUS）联用能谱仪（JEOL JED-2300）对喷金后的样品进行检测，获取样品表观形貌与成分信息。测试时采用高真空模式，加速电压选取 10～15kV，灯丝电流为标准，工作距离为 19～20mm，探针电流在进行形貌观察时为标准，在进行能谱分析时为高电流，能谱面扫时间为 10min，能谱打点时间为 30s。

（四）显微激光拉曼光谱分析

将打磨抛光后的横截面样品置于显微激光拉曼光谱仪样品舱中进行检测分析。检测所用仪器为德国布鲁克 SENTERRA II 型显微激光拉曼光谱仪，测试时选用 532 与 785nm 两种激发波长的激光光源，物镜倍数为 100 倍，激发功率与曝光时间根据信号强弱调整，扫描范围 50～4000cm^{-1}，分析时选取 50～2000cm^{-1} 或 100～2000cm^{-1} 波段的拉曼特征峰信息进行结构解析。

三 检测结果分析与讨论

（一）光学显微镜观察结果

图二至图四所示为超景深视频显微镜下观察到的“流泉”琴漆膜样品正面、底面与横截面的显微形貌信息。通过图二观察漆膜样品正面可以发现，样品表面附着有类似于泥垢的脏污，从正面已不能观察到面漆的显微形貌与保存状况。由图三观察结果可知，样品底面显微形貌为纸张纤维，由此可知“流泉”琴采用了裹布工艺，所采用的裹布材料为纸，由文献可知[2]，纸作为裹布材料是从宋代才开始，宋代之前

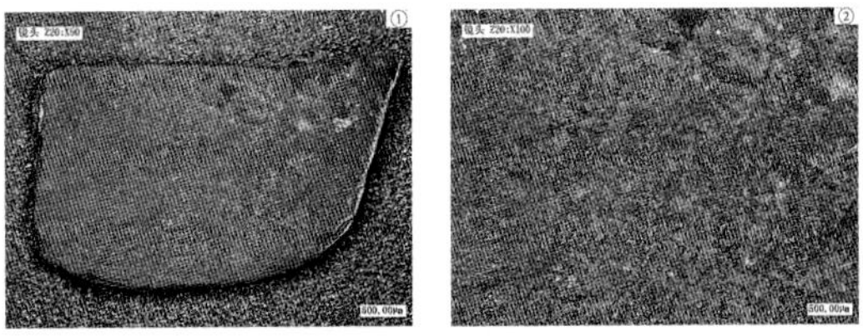

图二 “流泉”琴漆膜样品正面形貌照片

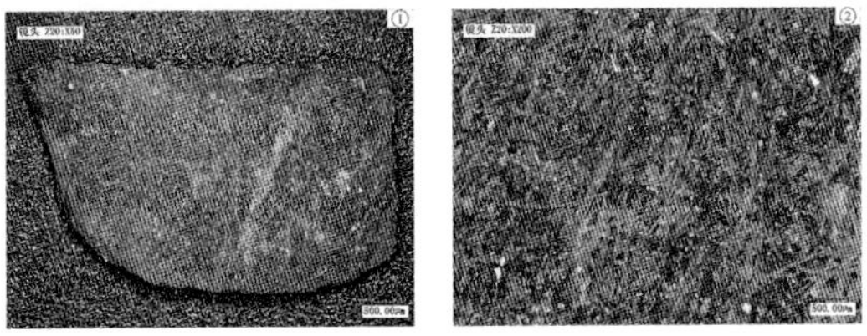

图三 “流泉”琴漆膜样品底面形貌照片

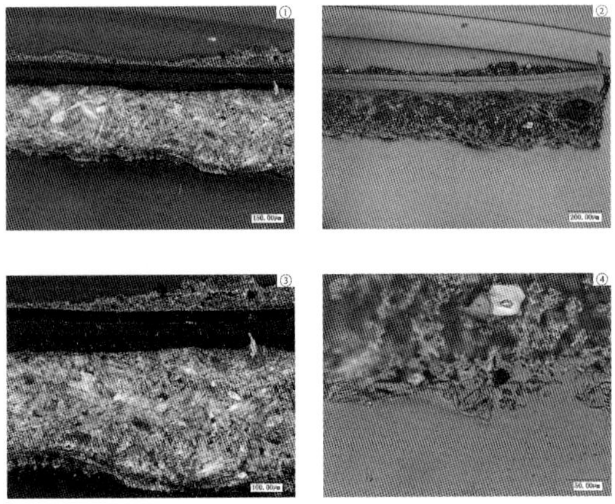

图四 “流泉”琴漆膜样品横截面形貌照片

多采用葛布与麻布作为裹布材料，宋代以后用纸做裹布的情况较为普遍，特别是明代制作的落霞式古琴多用纸做裹布。然而从图二观察可知有大漆和颗粒物附着在纸张纤维表面，因此无法从图三样品底面形貌判断纸张纤维的具体形态，即无法获取裹布层是由何种纸张材料制作而成，需结合样品横截面形貌信息进行判断。图四为样品横截面显微形貌照片，其中①~③可以清晰地观察到“流泉”琴的漆灰层与漆层，其中漆灰层为一层，漆层为三层，漆层中的中间漆层最厚，而靠近漆灰的底漆层厚度不均。此外，与图二的观察结果一致，在面漆层上方存在厚度不一的附着物。从图四④中观察到的样品横截面信息可以发现纸张纤维的横截面为腰圆形，有中腔，该形貌特征与现代苎麻纤维横截面显微形貌一致[3]，因此推断“流泉”琴所用裹布材料为苎麻制作而成的纸张，即苎麻纸。

（二）扫描电子显微镜及能谱分析结果

利用扫描电子显微镜联用能谱分析仪可以获得样品表面形貌与物相元素成分与分布信息，“流泉”琴漆膜样品的电子扫描与能谱分析结果如图五所示。图五①~④所示“流泉”琴分层结构与光学显微镜下观察到的结果一致：由三层漆层、一层漆灰层以及裹布层构成。此外，从图五②~④可以看出三层漆层结合情况：中间漆层与底漆的连接更为紧密，而面漆与中间漆层之间存在空隙。不仅如此，中间漆层与底漆孔隙大小也接近，均比面漆的孔隙大，推测可能面漆与中间漆层的制作时间间隔比下两层漆层的制作时间间隔大。利用仪器自带的测量软件对三层漆层的厚度进行测量后可知面漆、中间漆层与底漆的厚度分别约为28、27.1、41.5um，漆层总厚度约为96.6um。对三层漆层的成分进行能谱分析，结果如表一（漆层1#~3#）所示，三层漆层的成分相近，主要含有C、O两种元素。

漆层下方为漆灰层，经测量可知漆灰层厚度约为188um，漆膜总厚度（包含裹布层）约为329um，据文献可知[4]，“流泉”琴漆灰属于较薄一类。从图五③~④所示的横截面背散射成分像可知，在漆灰层中有较大且衬度为白色的颗粒物分布其中。经能谱分析可知，该颗粒的成分为19.59at.%C、59.70at.%O、10.21at.%S、10.49at.%Ca。根据该结果推断其可能为石膏或硬石膏。而包裹石膏或硬石膏颗粒物的物相成分为65.94at.%C、29.60at.%O、0.14 at.%Al、2.39at.%S、1.92at.%Ca，其中

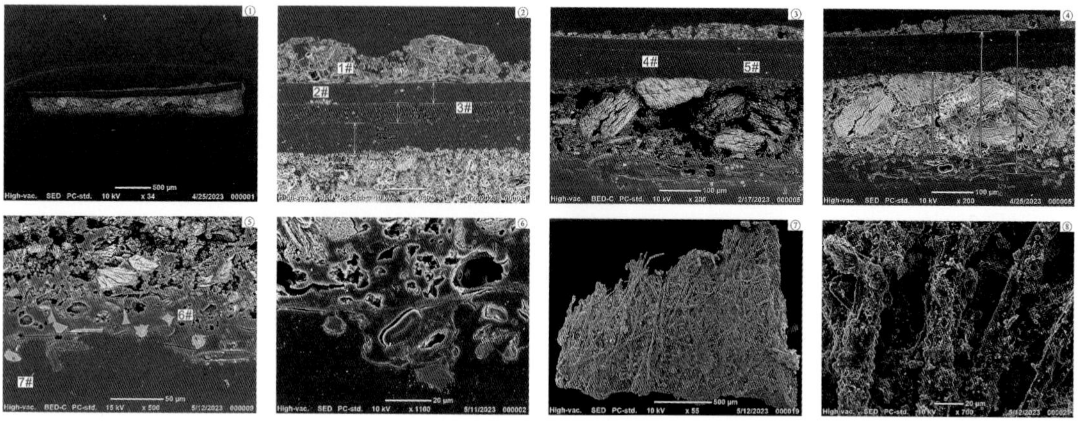

图五 “流泉”琴漆膜样品横截面电镜扫描照片

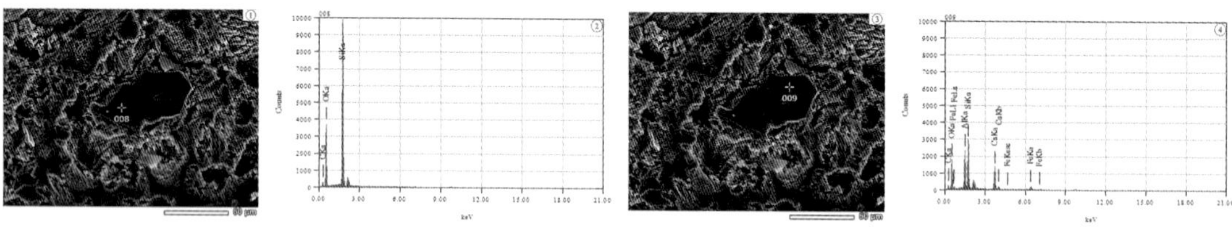

图六 “流泉”琴漆膜样品横截面能谱分析结果

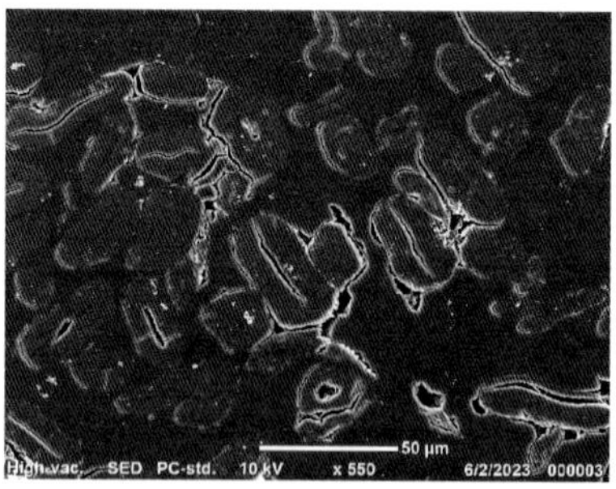

图七 现代苎麻样品横截面电镜扫描照片

检测出的 Ca 与 S 元素可能是受石膏或硬石膏影响所致。若排除 Ca 与 S 元素的影响可知，该物质的成分与漆层的成分接近，推测其为大漆。此外，在漆灰层中还发现分布非常少的两种物质，其显微形貌与成分如图四④、图六①、图六③与表一所示。其中一种物质（表一，漆层 8#）所含元素成分为 16.92at.%C、59.87at.%O、23.20at.%Si，推测该物质可能为石英。另一种物质（表一，漆灰层 9#）所含元素成分为 16.29at.%C、54.71at.%O、8.26at.%Al、11.18at.%Si、6.92at.%Ca、2.64at.%C，推测其可能为硅酸盐类矿物。

图五⑤为裹布层横截面形貌照片，观察可知裹布层所分布的颗粒物尺寸比漆灰层要细很多，利用能谱仪对裹布层中分布的颗粒物进行检测分析可知，裹布层中含有两种物质，其中一种物质中含有 19.33at.%C、66.20at.%O、0.16 at.%Al、14.31at.%Ca，推测该物质可能为钙的氧化物或钙盐；另一种物质中含有 16.11at.%C、59.18at.%O、24.71at.%Si，推测其可能为石英。图五⑥为裹布层纤维横截面形貌照片，该形貌特征与图六所示的现代苎麻纤维横截面显微形貌一致。因此与光学显微观察结论相符：“流泉”琴采用了苎麻纸做裹布材料。图五⑦～⑧为苎麻纸表面形貌照片，观察可知纤维表面有大漆与颗粒物覆盖，且大漆覆盖在纤维表面产生了大量的疏松孔。

表一　“流泉”琴漆膜样品横截面能谱分析结果

编号	元素含量（at.%）						
	C	O	Al	Si	S	Ca	Fe
漆层 1#	66.37	33.50	/	/	/	0.13	/
漆层 2#	65.29	34.71	/	/	/	/	/
漆层 3#	66.04	33.96	/	/	/	/	/
漆灰层 4#	19.59	59.70	/	/	10.21	10.49	/
漆灰层 5#	65.94	29.60	0.14	/	2.39	1.92	/
裹布层 6#	19.33	66.20	0.16	/	/	14.31	/
裹布层 7#	16.11	59.18	/	24.71	/	/	/
漆灰层 8#	16.92	59.87	/	23.20	/	/	/
漆灰层 9#	16.29	54.71	8.26	11.18	/	6.92	2.64

注：“/”表示未检测到该元素。

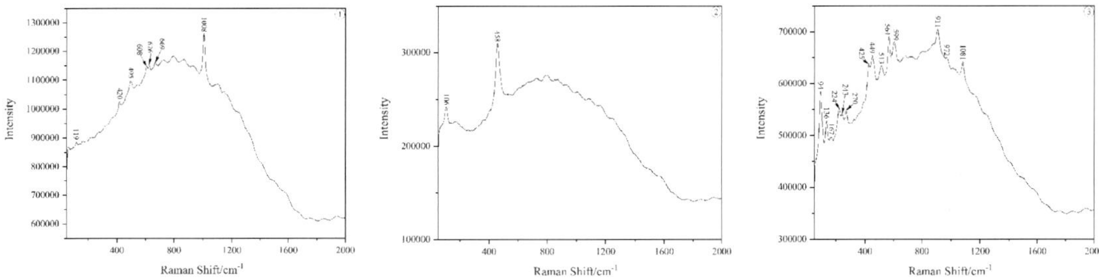

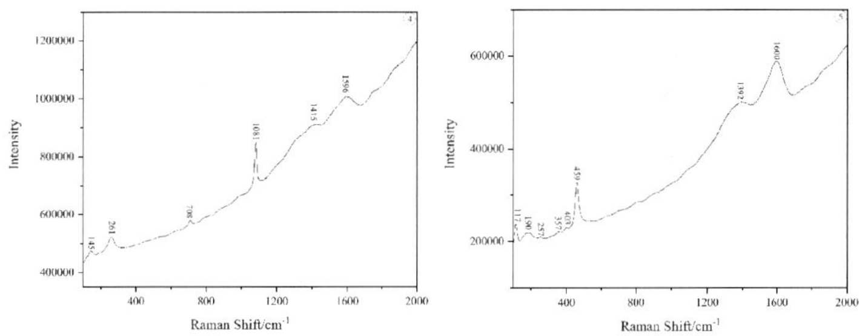

图八　拉曼光谱检测结果

（三）显微激光拉曼光谱分析结果

利用显微激光拉曼光谱仪对漆灰与裹布层中的物质进行检测，结果如图八所示，其中图八①～③为漆灰层中所含物质（表一，4#、8#、9#）的拉曼光谱检测结果，图八④～⑤为裹布层中所含物质（表一中的6#与7#）的拉曼光谱检测结果。

图八①所示为漆灰层中4#物质的拉曼光谱检测结果，该结果与文献中硬石膏的拉曼光谱结果一致[5]，119cm^{-1} 为 Ca^{2+}—SO_4^{2-} 的振动[6]，420cm^{-1} 和 495cm^{-1} 为 SO_4^{2-} 的对称弯曲振动，608cm^{-1}、626cm^{-1} 和 669cm^{-1} 为 SO_4^{2-} 的反对称弯曲振动，1008cm^{-1} 为 SO_4^{2-} 的对称伸缩振动[7]。图八②所示漆灰中8#物质的拉曼光谱检测结果与RRUFF数据库中石英的拉曼光谱结果相符[8]，其中458cm^{-1} 处的拉曼峰为Si—O—Si的振动峰[9]。图八③为漆灰中9#物质的拉曼光谱特征峰，此结果与绿帘石［$Ca_2(Al, Fe)_3(Si_2O_7)(SiO_4)O(OH)$］的拉曼光谱特征峰相符[10]。

图八④所示为裹布层中的 6# 物质的拉曼光谱结果，其中 145cm^{-1}、261cm^{-1}、708cm^{-1}、1081cm^{-1} 处拉曼峰与 $CaCO_3$ 即方解石的光谱结果一致，145cm^{-1} 和 261cm^{-1} 处的拉曼峰由 Ca^{2+} 与 CO_3^{2-} 之间的晶格振动产生，708cm^{-1} 拉曼峰表征 CO_3^{2-} 基团的面内弯曲振动，1081cm^{-1} 拉曼峰表征 CO_3^{2-} 基团中 C—O 对称伸缩振动。[11] 而图八④中 1596 与 1415cm^{-1} 处的拉曼峰为炭黑的特征峰 [12]，由于在图八⑤中也出现了 1600cm^{-1} 与 1392cm^{-1} 即炭黑的拉曼特征峰，推测图八④～⑤中的炭黑是由于裹布层中的有机物质被激光烧蚀所致。图八⑤所示的拉曼光谱图中的 117cm^{-1}、190cm^{-1}、257cm^{-1}、357cm^{-1}、403cm^{-1}、459cm^{-1} 处的拉曼峰与石英的拉曼光谱结果相符，其中 117cm^{-1}、190cm^{-1}、257cm^{-1}、357cm^{-1}、403cm^{-1} 处的拉曼峰为晶格振动引起，459cm^{-1} 处的拉曼峰为 Si—O—Si 振动峰所致。[13]

综合拉曼光谱与扫描电镜能谱结果可知：漆灰层中的 4#、8# 和 9# 物质分别为硬石膏、石英和绿帘石，裹布层中 5# 与 6# 物质分别为方解石与石英。

四　结论

本研究利用超景深视频显微镜、扫描电子显微镜联用能谱仪以及显微激光拉曼光谱仪对湖南博物院所藏“流泉”琴漆膜样品进行了检测与分析，结果表明：

（1）“流泉”琴在斫制时是先裹布再涂抹漆灰，最后髹涂大漆；

（2）“流泉”琴采用苎麻纸做裹布材料，裱布时采用大漆与细石英和方解石颗粒混合物作为黏合剂；

（3）“流泉”琴漆层厚度约为 96.6um，分三次髹涂，三次所用大漆成分相近，其中底漆层与中间漆层连接更为紧密且中间漆层厚度最厚；

（4）“流泉”琴漆灰层仅一层，厚度约为 188um，属于古琴中漆灰厚度较薄一类。漆灰层由大漆、硬石膏、石英和绿帘石混合调制而成，其中石英和绿帘石的含量非常少。

注释：

[1] 陈建明主编：《湖南省博物馆藏品研究大系・馆藏古琴整理与研究》，中华书局，2014 年，第 113 页。

[2] a. 郑珉中：《古琴辨伪琐谈》，《故宫博物院院刊》1994 年第 4 期；b. 顾永杰：《古琴的传统髹漆技艺研究》，《咸阳师范学院学报》2016 年第 4 期。

[3] 赵丰、周旸、刘剑：《中国纺织考古与科学研究》，上海科学技术出版社，2018 年，第 96 页。

[4] 同 [2]b。

[5] 袁明洋、陈科力、张义生等：《不同条件下石膏拉曼光谱变化研究》，《时珍国医国药》2020 年第 4 期。

[6] Zheng, Haifei, Mayanovic, et al. “Determination of pressure from measured Raman frequency shifts of anhydrite and its application in fluid inclusions and HDAC experiments”. *Geochimica et Cosmochimica Acta: Journal of the Geochemical Society and the Meteoritical Society*, Vol. 194, 2016, p254.

[7] 同 [5]。

[8] RRUFF 数据库，https://rruff.info/。

[9] 刘佳、杨明星、刘玲：《“外蒙”绿松石伴生矿物的拉曼光谱特征》，《宝石和宝石学杂志（中英文）》2022 年第 1 期。

[10] 罗彬、喻云峰、廖佳：《珠宝玉石无损检测光谱库及解析》，中国地质大学出版社，2019 年，第 57 页。

[11] 王世霞、郑海飞：《方解石高压相变的拉曼光谱研究》，《光谱学与光谱分析》2011 年第 8 期。

[12] 司艺、蒋洪恩、王博等：《新疆阿斯塔那墓地出土唐代木质彩绘的显微激光拉曼分析》，《光谱学与光谱分析》2013 年第 10 期。

[13] 同 [8]。

南京市博物总馆藏革命文物病害调查与保护研究

Investigation and Protection of Revolutionary Cultural Relics of the Nanjing Museum Administration

南京市博物总馆　傅　芸　巫　骁　陈　菲

Fu Yun, Wu Xiao, Chen Fei, Nanjing Museum Administration

内容提要：革命文物承载党和人民英勇奋斗的光荣历史，是红色文化的载体。为了更为科学地保护馆藏革命文物，南京市文化遗产保护研究所对南京市博物总馆下辖的四家博物馆进行了革命文物病害调查与评估工作。病害调查工作采用目视观察与仪器检测相结合的手段，使用便携式视频显微镜、手持式荧光分析仪、pH检测笔等科学仪器检测文物的酸碱度、色度、成分等，对文物病害进行定量化研究。最后结合革命文物病害检测结果，提出相应的文物保护建议。

关键词：革命文物　病害　检测　保护

Abstract: As carriers of Red Culture, revolutionary cultural relics embody the brilliant history of the brave struggle of the Communist Party of China and the people. Nanjing Municipal Institute for the Preservation of Cultural Heritage conducted an investigation and evaluation of the status quo of the protection of revolutionary cultural relics in the collections of four museums under the Nanjing Museum Administration. In addition to visual observation, the process of disease detection of revolutionary cultural relics also uses non-destructive detection methods, such as portable video microscope, hand-held fluorescence analyzer, spectrophotometer and other instruments to detect the acidity, alkalinity, chroma and composition of cultural relics, and to conduct quantitative research on cultural relics disease. Based on the results of disease detection, suggestions are put forward to improve the preservation environment of cultural relics.

Keywords: revolutionary cultural relics; disease; detection; protection

习近平总书记指出："革命文物承载党和人民英勇奋斗的光荣历史，记载中国革命的伟大历程和感人事迹，是党和国家的宝贵财富，是弘扬革命传统和革命文化、加强社会主义精神文明建设、激发爱国热情、振奋民族精神的生动教材。"革命文物承载党和人民英勇奋斗的光荣历史，记载中国革命的伟大历程和感人事迹，保护、利用好革命文物，弘扬革命文化是全社会的共同责任。

表一　南京市博物总馆下辖博物馆馆藏革命文物数量

单位	一级	二级	三级	合计
中共代表团梅园新村纪念馆	24	93	336	453
南京市博物馆	12	28	3195	3235
太平天国历史博物馆	3	7	19	29
渡江胜利纪念馆	15	51	50	116
合计	54	179	3600	3833

表二　南京市博物总馆下辖博物馆馆藏革命文物分类

序号	单位	纸质	皮革	金属	纺织品	陶瓷玻璃	竹木	玉石牙角	其他	合计（件／套）
1	中共代表团梅园新村纪念馆	371	20	10	35	4	11	1	1	453
2	南京市博物馆	2478	16	586	119	4	17	4	11	3235
3	太平天国历史博物馆	14	0	11	2	0	0	2	0	29
4	渡江胜利纪念馆	64	8	12	22	2	6	1	1	116
	合计（件／套）	2927	44	619	178	10	34	8	13	3833
	占比（%）	76.4	1.1	16.2	4.6	0.3	0.9	0.2	0.3	

南京市博物总馆是国家一级博物馆，下辖“七馆一所”，其中南京市博物馆、渡江胜利纪念馆、中国共产党代表团梅园新村纪念馆、太平天国历史博物馆收藏了一批极具纪念意义、教育意义和史料价值的革命文物。

一　南京市博物总馆馆藏革命文物概况

南京市博物总馆馆藏革命文物3833件（套），其中一级品54件（套），二级品179件（套），三级品3600件（套）（表一）。南京市博物总馆馆藏革命文物不仅数量丰富、类型齐全，还具有极高的内涵价值，是南京地区革命历史的重要见证，是发扬革命文化、传承革命精神的重要载体。

南京市博物总馆馆藏革命文物数量巨大，种类繁多，几乎涵盖了革命文物的所有类别，包括文件、宣传品、票据、文献书籍、音像制品、名人遗物、钱币、武器、文具等（表二）。

一件文物如果包含两个以上的文物特征，依其主要特征归类。比如：中共代表团梅园新村纪念馆收藏的国共南京谈判期间周恩来、董必武乘坐的别克汽车，金属、皮革、玻璃、木质等各种质地都有，但从其主要特征归类应属于金属类革命文物。

南京市博物总馆馆藏革命文物以纸质类文物为主，占总数的76.4%，金属类、纺织类、皮革类文物较多，分别占总数的16.2%、4.6%和1.1%，陶瓷玻璃类、竹木类、玉石牙角类文物数量较少。南京地区全年温差大，降水量丰富，纸质类、金属类、纺织类文物相比于其他类型的文物对周围环境的温湿度、有害气体等要求更高，这给博物馆的文物管理与保护提出了更高的要求。

二　馆藏革命文物病害检测情况

目前，南京市博物总馆革命文物数量已基本摸清，但革命文物保护管理现状需

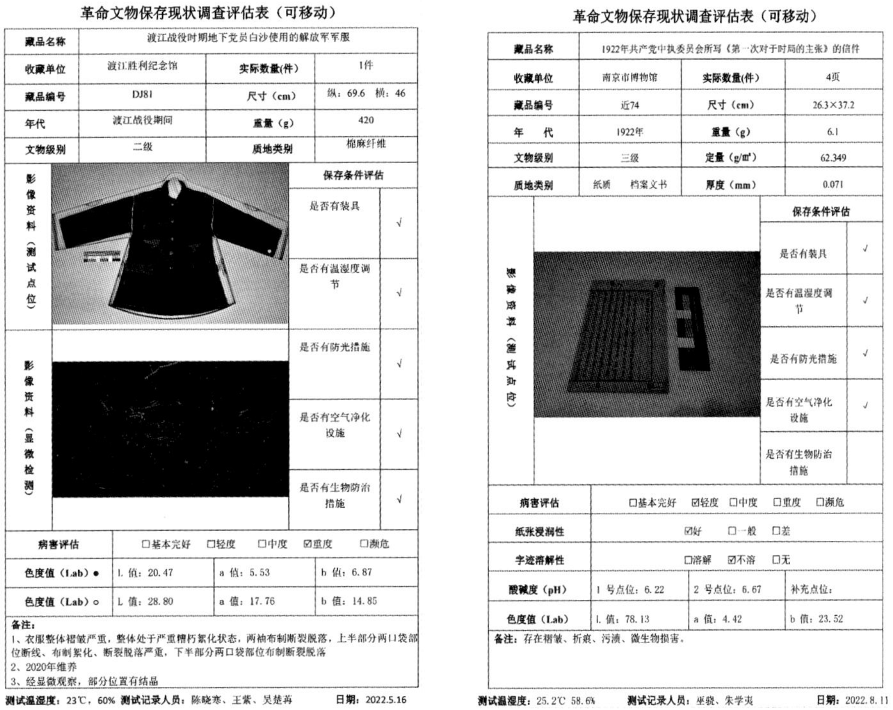

革命文物保存现状调查评估表（可移动）

藏品名称	渡江战役时期地下党员白沙使用的解放军军服			
收藏单位	渡江胜利纪念馆	实际数量(件)	1件	
藏品编号	DJ81	尺寸（cm）	纵：69.6 横：46	
年代	渡江战役期间	重量（g）	420	
文物级别	二级	质地类别	棉麻纤维	
影像资料（测试点位）		保存条件评估		
		是否有装具	√	
		是否有温湿度调节	√	
影像资料（显微检测）		是否有防光措施	√	
		是否有空气净化设施	√	
		是否有生物防治措施	√	
病害评估	□基本完好 □轻度 □中度 ☑重度 □濒危			
色度值（Lab）●	L 值：20.47	a 值：5.53	b 值：6.87	
色度值（Lab）○	L 值：28.80	a 值：17.76	b 值：14.85	

备注：
1、衣服整体褶皱严重，整体处于严重糟朽絮化状态，两袖布制断裂脱落，上半部分两口袋部位断线、布制絮化、断裂脱落严重，下半部分两口袋部位布制断裂脱落
2、2020年维养
3、经显微观察，部分位置有结晶

测试温湿度：23℃，60% 测试记录人员：陈晓寒、王紫、吴楚苒 日期：2022.5.16

革命文物保存现状调查评估表（可移动）

藏品名称	1922年共产党中执委员会所写《第一次对于时局的主张》的信件		
收藏单位	南京市博物馆	实际数量(件)	4页
藏品编号	近74	尺寸（cm）	26.3×37.2
年　代	1922年	重量（g）	6.1
文物级别	三级	定量（g/㎡）	62.349
质地类别	纸质　档案文书	厚度（mm）	0.071
影像资料（测试点位）		保存条件评估	
		是否有装具	√
		是否有温湿度调节	√
		是否有防光措施	√
		是否有空气净化设施	√
		是否有生物防治措施	
病害评估	□基本完好 ☑轻度 □中度 □重度 □濒危		
纸张浸润性	☑好 □一般 □差		
字迹溶解性	□溶解 ☑不溶 □无		
酸碱度（pH）	1 号点位：6.22	2 号点位：6.67	补充点位：
色度值（Lab）	L 值：78.13	a 值：4.42	b 值：23.52

备注：存在褶皱、折痕、污渍、微生物损害。

测试温湿度：25.2℃ 58.6% 测试记录人员：巫骁、朱学爽 日期：2022.8.11

图一　革命文物保存现状调查评估表示例

要改善。此次革命文物病害检测工作主要是为了摸清革命文物保存现状及革命文物本体病害情况，调查共抽取革命文物267件/套，抽样比例为7.0%。病害检测过程中除目视观察外，还采用无损检测手段，运用pH测试笔、便携式视频显微镜、手持式荧光仪、分光光度仪等仪器检测文物的酸碱度、色度、成分等，对文物病害进行定量化研究（图一）。

（一）纸质类文物

纸质革命文物是南京市博物总馆革命文物中最重要的收藏门类，数量大，种类多。纸质文物因其脆弱性和易损性的特点成为各类文物保护中的重点和难点。由于纸质文物在革命文物中占比最重，所以在此次检测文物病害的过程中，纸质文物占比91%。

根据《馆藏纸质文物保护修复方案编写规范》[1]的要求，对文物本体pH值、写印色料的溶解性等进行了检测。

1. 纸质文物酸情调查

革命文物的酸性检测主要采用pH值测试笔，在被测文物的无字边角滴上一滴蒸馏水，观察其纸张吸水性，然后将pH值测试笔探头放在水滴中，等待测试结果并记录。一般在文物上选择两个测试点，如果两点数据差异较大，则需要选取第三个测试点进行测试，测试结束之后用吸水纸将文物表面蒸馏水吸干，并压平处理，保证文物原貌不发生变化。

根据检测结果，243个样本中酸碱度高于5.0的有190件，酸碱度在4.0~5.0的有50件，酸碱度在3.0~4.0的有3件，酸碱度低于5.0的样本占比约21%，整体纸张酸化情况一般。

2. 纸质文物病害评估

此次列入调研计划的243件（套）文物参照《馆藏纸质文物病害分类与图示》[2]要求进行病害调查和整体评估（图二）。

表三　　纺织类革命文物病害评估表

编号	名称	备注
1	1946 年佩用给新四军华中军区直属队炊事员陈永和的臂章	有霉斑，有污染，边缘略微磨损变形，有线头，显微照片显示表面纤维略微磨损，有霉菌
2	解放战争时期布灰布米袋	有变色，有污染，表面有线头和磨损，显微照片显示表面纤维中有黄色和白色微型固形物
3	太平军红色风帽	基本完整
4	太平军黑色风帽	基本完整
5	渡江战役时期地下党员白沙使用的解放军军服	衣服整体褶皱严重，整体处于严重糟朽絮化状态，两袖布制断裂脱落，上半部分两口袋部位断线、布质絮化、断裂脱落严重，下半部分两口袋部位布质断裂脱落
6	解放战争时期第三野战军第八兵团 35 军 104 师 311 团 2 营 6 连班长鞠湘川用的慰问手帕	显微检测为暗红色斑点的显微照片，可以看出颜色已经渗入织物内部，且纤维表层断裂严重
7	1949 年初南京民革党员王鼎臣在上海狱中写上联系方式的上衣内口袋	有霉斑，有褶皱，背面边缘磨损，有线头，显微照片显示表面纤维断裂严重

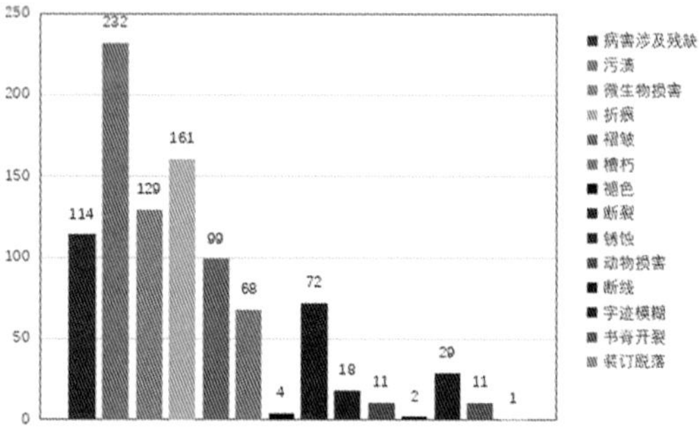

图二　纸质文物病害评估统计图

根据检测结果，病害涉及残缺 114 件、污渍 232 件、微生物损害 129 件、折痕 161 件、褶皱 99 件、糟朽 68 件、褪色 4 件、断裂 72 件、锈蚀 18 件、动物损害 11 件、断线 2 件、字迹模糊 29 件、书脊开裂 11 件、装订脱落 1 件。243 件样本中现状评估为基本完好的有 123 件，现状评估为轻度的有 75 件，现状评估为中度的有 37 件，现状评估为重度的有 6 件，现状评估为濒危的有 2 件，整体纸质类文物现状病害较轻。

（二）纺织类文物

此次列入调研计划的 7 件（套）文物参照《可移动文物病害评估技术规程丝织品类文物》[3] 要求进行病害调查和整体评估（表三）。

根据检测结果，病害涉及污染 4 件、水渍 2 件、破裂 3 件、糟朽 3 件、褶皱 4 件、微生物损害 5 件。7 个样本病害评估为现状重度的 1 件，现状中度的 2 件，现状轻度的 2 件，基本完整的 2 件。整体纺织类文物现状病害中度，现有病害可见为破裂、糟朽、褶皱、微生物损害（霉斑）。破裂、糟朽考虑织物自然老化造成；褶皱考虑保存展示时折叠造成；微生物损害（霉斑）考虑霉菌色素沉积造成（图三）。

（三）金属类文物

此次列入调研计划的 11 件（套）文物参照《可移动文物病害评估技术规程金属类文物》[4] 要求进行病害调查和整体评估。

根据检测结果，病害涉及腐蚀 11 件、残缺 3 件、层状堆积 2 件、变形 2 件、表面硬结物 7 件（其中 TB622、TB1755 编号的文物所存库区环境恶劣，文物表面灰尘堆积较厚，部分病害已无法甄别）。11 个

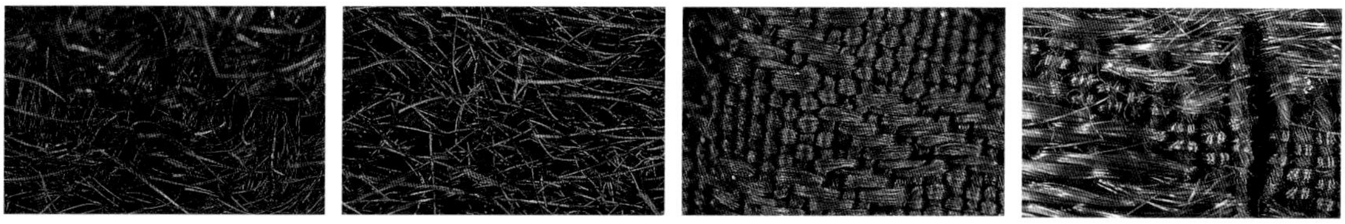

图三　纺织类文物织物结构显微图

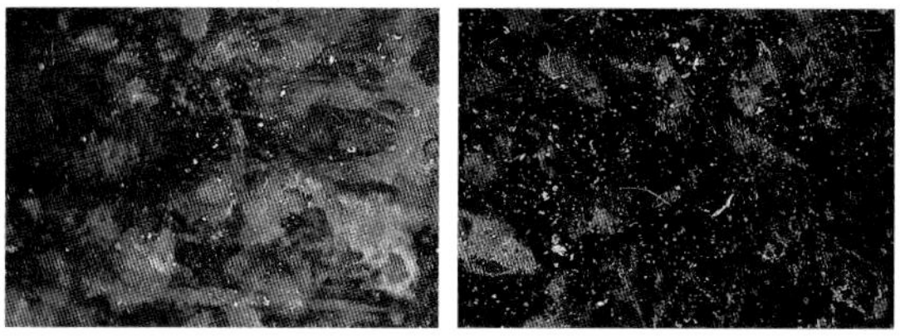

图四　金属类文物显微照片
（左：金属表面锈蚀　右：金属表面硬结物）

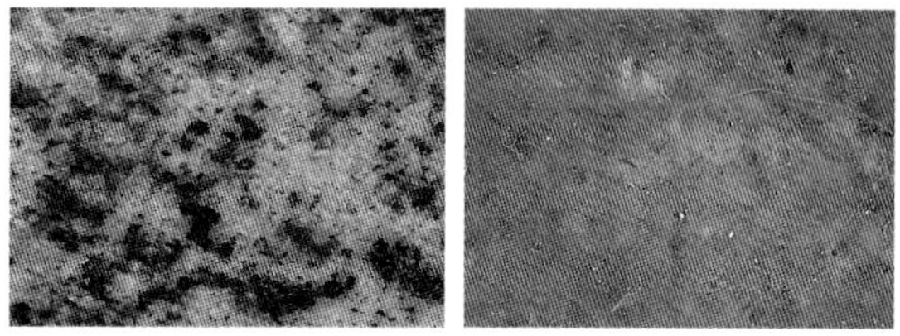

图五　石质类文物显微照片
（左：石质表面污染　右：石质表面粉化）

样本病害评估为现状基本完好的5件，现状轻度的1件，现状中度的4件，现状重度的1件。整体金属类文物现状基本完好，现有病害可见为残缺、表面硬结物。残缺考虑外力作用导致；腐蚀、表面硬结物考虑锈蚀产物造成；腐蚀、层状堆积考虑金属锈蚀产物造成；变形考虑金属机体较薄，锈蚀进一步加剧机体物理性能减弱造成（图四；表四）。

（四）皮革类文物

根据检测结果，病害涉及微生物损害3件、断裂2件、磨损3件。3件样本病害评估为现状重度的1件，现状中度的1件，现状轻度的1件。整体皮革类文物现状病害中度，现有病害可见为微生物损害（霉斑）、断裂、磨损。断裂、磨损考虑使用过程中造成；微生物损害（霉斑）考虑使用或保管过程中温湿度控制不当霉菌侵入造成（表五）。

（五）木质类文物

此次列入调研计划的1件（套）文物参照《可移动文物病害评估技术规程竹木漆器类文物》[5]要求进行病害调查和整体评估（表六）。

根据检测结果，病害可见为胎体微生物损害（霉斑）、胎体裂隙、胎体残缺，样本病害评估为现状中度。胎体残缺考虑使用磨损造成；胎体裂缝、胎体微生物损害（霉斑）考虑使用或保管过程中温湿度控制不当造成。

（六）石质类文物

此次列入调研计划的1件（套）文物参照《可移动文物病害评估技术规程石质文物》[6]要求进行病害调查和整体评估（表七）。

根据检测结果，病害涉及残损、表面溶蚀、裂隙、表面污染。石质文物现状病害程度为中度。残损考虑外力作用导致；表面溶蚀考虑文物受外界自然因素的破坏作用导致；表面污染考虑灰尘、污染物和风化产物的沉积导致（图五）。

三　馆藏革命文物病害分析

（一）纸质类文物

纸质类文物保存状况基本完好，具备温湿度调节、防光、空气净化、生物防治的专用存放柜，基本满足了纸质类文物的保存条件。针对现有检测情况，纸质文物病害以污渍为主，建议根据具体情况进行清洗作业；部分酸碱度值较低的文物建议开展脱酸作业，脱酸方式及脱酸剂选择应根据实际文物情况制定详细方案，经试验后

表四　　金属类革命文物病害评估表

编号	名称	备注
1	1943 年六合桂子山战斗中使用的红缨枪头	木柄处开裂，金属部分通体锈蚀严重，有层状堆积，有表面硬结物，有变形，整体较为脆弱
2	抗美援朝时期朝鲜人民赠给志愿军的铜茶杯	表面有锈蚀，杯耳连接处较为脆弱
3	太平天国乙荣五年铜炮	基本完整，稍有铜锈
4	太平天国癸开十三年小铜炮	基本完整，稍有铜锈
5	太平天国乙荣五年安省造铁炮	微残。一把断缺，炮身铭文大部模糊不清，仅能识见“安”“省”等几字。严重锈蚀
6	太平天国丙辰六年置造铜炮	微残。炮身前部残缺，稍有铜锈
7	太平天国辛酉十一年置造铁炮	基本完整。炮身铭文大部模糊不清，仅能识见“太平天国辛酉十一年”几字。严重锈蚀
8	清咸丰十一年置造信义团用铁炮	微残。炮身后部残缺、两把断掉。有铁锈多处
9	渡江战役使用船只“京电号”小火轮上的工具之开口扳手	通体锈蚀
10	新中国成立前夕南京地下党领导工人进行护厂斗争时使用的护厂工具平锉刀	木柄处开裂；金属部分通体锈蚀；显微照片可见斜纹凹陷处有疏松的锈蚀物及其他白色杂质
11	渡江战役时解放军 29 军 85 师后勤部政委荀毅抗所用的文件盒	木质处开裂；盒内锈蚀严重，盒子质地较软，盒盖及盒体部分变形；显微照片为盒盖处，放大后可以看到锈蚀物

表五　　皮革类革命文物病害评估表

编号	名称	备注
1	渡江战役时解放军指战员王希禄所用的日式望远镜（含包）	皮质磨损，包盖连接处断裂严重；2021 年库房潮湿导致发霉，进行消杀处理；发霉位置已无明显痕迹，但用显微镜观察，能看到明显的白色霉菌渗入皮质孔隙
2	渡江战役中 35 军副军长胡大荣所用的公文包	锁扣生锈，接线处有开裂；皮质背面磨损较为严重
3	20 世纪三四十年代新四军使用的军用皮带	有微生物损害，有表面裂隙，皮质整体硬化、脆化、粉化

表六　　木质类革命文物病害评估表

编号	名称	备注
1	抗美援朝时期朝鲜人民送给志愿军的木质烟嘴	有霉斑，有破裂，有磨损

表七　　石质类革命文物病害评估表

编号	名称	备注
1	太平天国甲寅四年太平军战士余成甬墓碑	基本完整。石刻表面风化较重，右下角部有小残损

确保安全方可实施。保管应注意湿度控制在50%～60%RH，温度控制在15℃～20℃，减少光照，注意防尘和有害气体。

（二）纺织类文物

纺织品病害主要来自织物自然老化，建议对脆弱纺织品可进行加固处理。霉菌色素沉积渗透在织物纤维中较难清洗，保管时应注意霉斑是否扩大，以确认霉菌存活情况，定期消杀、投放防虫药物。保管时应注意湿度控制在50%～60%RH，温度控制在14℃～18℃，减少光照，注意防尘和有害气体。

（三）金属类文物

金属腐蚀病害来自其本身特性，建议对锈蚀文物进行除锈，如因腐蚀变得脆弱的金属需进行加固处理，经过除锈去盐后可使用缓蚀剂进行表面封护处理。

（四）皮革类文物

皮革类文物需着重注意防霉防虫，可调配防护液、加固液定期涂刷或喷雾，以起到防霉加固的作用。保管时应注意减少光照，防尘和有害气体。

（五）木质类文物

木质类文物需着重注意温湿度调节和防霉防虫。保管时应注意湿度控制在50%～60%RH，温度控制在15℃～20℃，在此温湿度条件下，木材收缩性低、油漆耐久性高、整体不易变形。此外，应定期消杀、投放防虫药物，包装保存，防止碰撞。

四　小结

藏品使用寿命既取决于藏品质地，更取决于它所处的环境。创造良好的保存环境，有利于文物的保存，降低文物的自然损坏速度。为此，博物馆的环境应有益于藏品的保护，在库房收藏、陈列展览、鉴赏研究、养护修复等各个环节里，都要维持一个相对稳定的环境条件，将文物处于适宜的环境中，阻止或延缓其自然损坏过程。[7]

此次调研中，四家博物馆库房保存条件较好，库房配置有恒温恒湿空调系统，采用先进的物联网自动化控制技术，对文物库房的温湿度与空气质量进行调控。同时，在库房内部布置温度、湿度、光照、VOC、CO_2等环境监测终端，建立起比较完善的文物保存环境监控系统，有效监测库房环境，文物保存条件理想。此次革命文物病害检测结果显示，大部分革命文物保存较好，病害程度轻微，极少数病害程度严重的文物已记录在案，下一步将编写相应的文物维养方案。

注释：

[1] 中华人民共和国国家文物局：《中华人民共和国文物保护行业标准 WW/T0025-2010[S] 馆藏纸质文物保护修复方案编写规范》，文物出版社，2010年，第1～13页。

[2] 同[1]，第1～12页。

[3] 中华人民共和国国家文物局：《中华人民共和国文物保护行业标准 WW/T0059-2014[S] 可移动文物病害评估技术规程丝织品类文物》，文物出版社，2014年，第1～8页。

[4] 同[3]，第1～7页。

[5] 同[3]，第1～6页。

[6] 同[3]，第1～7页。

[7] 王宏钧：《中国博物馆学基础》（修订本），上海古籍出版社，2001年，第24页。

博物馆教育服务平台的研发与应用实践
——以湖南博物院为例

The Development and Application of Museum Education Service Platform
—A Case Study of Hunan Museum

湖南博物院（湖南省文物鉴定中心）
张晓娅　李茜子　胡伟矗　王　鑫　陈虹帆　欧阳慧莹
Zhang Xiaoya, Li Qianzi, Hu Weichu, Wang Xin, Chen Hongfan, Ouyang Huiying, Hunan Museum
(Hunan Provincial Cultural Relics Authentication Center)

内容提要：博物馆教育服务平台是博物馆教育事业发展的重要载体，其独特的魅力与价值正在逐渐显现。它能够将博物馆的实体资源转化为数字资源，通过数字化手段，让公众不受时间、空间限制，便捷、高效地获取学习体验。本文以湖南博物院为例，就博物馆教育服务平台的研发与应用实践提出思考与建议。

关键词：博物馆教育服务平台　博物馆教育资源　交互性　数字化

Abstract: Museum education service platform is an important carrier of the development of museum education cause, whose unique charm and value are becoming increasingly obvious. It can turn a museum's tangible resources into digital resources and, through the means of digitalization, allow the audience to obtain learning experience conveniently and effectively without the confine of time and space. This paper, with the Hunan Museum as an example, puts forward ideas and suggestions about the development and application of museum education service platform.

Keywords: museum education service platform; museum education resource; interactivity; digitalization

近年来，湖南博物院教育事业发展以“构建多元文化认知体系，创设终身教育服务模式”为教育理念，在展览导赏、教育资源转化、教育项目策划与实施、教育科学研究、观众评价等多方面取得了丰硕的成果。在数字化浪潮迭起的时代背景下，湖南博物院积极顺应教育数字化传播的趋势，通过研发与应用博物馆教育服务平台，极大地提升了教育资源利用率，推动了博物馆教育的现代化、信息化、普及化，使博物馆教育传播更贴合实际、贴近生活、贴近公众。

一 研发背景

随着移动互联网和智能手机的普及，博物馆正在经历一场数字化转型，以往博物馆与公众之间的联系多以线下沟通、远程电话、短信、电子邮件等传统方式进行，特别是教育资源的信息传播、活动开展受限于时间与空间，其更新效率较低、覆盖面较小。为适应新时代智慧博物馆建设的大背景以及博物馆数字化转型的大趋势，国内外博物馆开始探索教育资源平台的构建。

如美国史密森博物学院的“史密森尼教育”（Smithsonian Education.org），联通了机构内的各项教育资源和项目，是整个学院的中央教育网站；提供博物馆社区研究机会和资源；开展针对所有层级教育工作者的职业发展项目；与各州教育官员构建长期联系，并以此为基础发展合作型教师培训和资源发展项目，涉足多学科以及教育项目的数据收集和分析。[1] 此外，国外的博物馆教育平台具有示范性的还有“大英博物馆在线”（British Museum Online）、“卢浮宫在线”（Louvre Online）等。这些平台通常具有以下特点：内容丰富多样，涵盖各类展览、藏品、活动、课程、视频、游戏等；技术先进完善，运用VR/AR、AI、云计算等技术，提供高清晰度、高交互性、高智能性的在线体验；服务广泛深入，针对不同年龄段、学科领域、兴趣爱好等用户群体，提供定制化、差异化、专业化的在线服务。

国内博物馆教育服务平台的构建近年来取得了较大进展和成效，如陕西省文物局推出的“互联网＋文物教育平台”、中国大运河博物馆推出的“OMO教学平台”等。上述平台具有以下共通性：内容完整，涵盖各类文献资料、政策法规、专家名录等；技术创新实用，运用大数据、云计算、移动互联等技术，提供数据分析、信息检索、在线学习等功能；服务重点突出，针对不同地区、层级、类型的博物馆和文物工作者，提供专业化、实用化、本土化的在线服务。

2017年湖南博物院新馆对外开放后，结合数字化技术不断创新发展的时代趋势，以及观众对于获取博物馆资源的需求日益增长的大背景，不断探索资源展示与传播的新方式，在调研国内外教育服务平台发展现状后，选择依托移动端数字化平台逐步完善与观众需求相关的即时通讯、信息服务与线上社交等功能。在技术进步、社会需求不断提高以及自身发展需要的共同推动下，积极研发博物馆教育服务平台，利用平台提升博物馆教育资源的可及性、扩宽博物馆教育的普及面、优化博物馆教育的服务质量。

二 概念界定

（一）博物馆教育

博物馆集收藏、研究、保护、展示、阐释等功能于一体，是一个开放融合、多方交流的教育情景空间，能帮助社会公众了解文明的起源、文脉的悠久、文化的灿烂。博物馆教育是根据社会需求，运用博物馆丰富的展览、藏品和教育资源，灵活多样地传播中华优秀传统文化知识的一种教育形式，能够启发公众思考、培养兴趣、增进理解，促进文化的传承和社会发展。

（二）博物馆教育服务平台

博物馆教育服务平台是利用互联网、大数据、云平台等技术，以博物馆向社会公众提供教育服务为目的的平台。具有资源集成展示、资源动态更新、资源广泛共享等特点，且具有极强的交互性，能够让社会公众通过平台实现资源获取、信息组合、自主学习、互动交流等功能，进而提升自身智识。

三　研发理念设计与目标设定

（一）研发理念设计

1. 以人为本，服务多样化的学习需求

博物馆教育服务平台坚持的首要理念是以人为本，这意味着服务的设计与实施需充分考虑受众的多样性。从儿童到老年人，从专业人士到普通公众，平台需提供分层次、多维度的学习资源，满足不同群体的知识探索与审美需求。通过定制化课程、互动体验、在线讲座等形式，让每个人都能在博物馆的广阔世界中找到自己的兴趣点，实现个性化学习。

根据 2022 年、2023 年湖南博物院年度观众综合调查数据，前来博物院参观的人群，大专学历以上人群占比最高，女性占比略高于男性，年龄分布情况为 0～18 岁观众占比 12.36%，19～35 岁观众占比 54.54%，36～59 岁观众占比 25%，60 岁以上观众占比 8.1%，呈现出以年轻人群体为主的特点，这无疑证明当下博物馆的发展须迎合年轻人群体的精神文化需求，同时对于青少年与中老年人观众人群也应当兼顾其获取社会公益性资源的权益。也反映出在博物馆文化资源的开发利用过程中，关注人群已逐步拥有较高的知识文化背景，这为博物馆各类资源的广泛普及奠定了重要的基础，同时也有利于博物馆社会价值的产出。

调查数据另显示，观众对于博物馆的服务类型需求也日趋多样化，从最基本的人工讲解服务到参与性高的教育活动，从文字导览介绍到数字化导览服务，越来越多的观众期待博物馆资源可以摆脱时间、空间的限制，成为大数据发展社会背景中便于获得的有效社会资源之一。这些源自服务对象的反馈指明了博物馆资源的利用定会走向分众化发展的趋势，明确了在资源后续开发过程中，势必要从公众角度出发，考虑共性的同时尊重个性化发展的需求，搭建博物馆与公众沟通之间的多类型桥梁，实现精准的分众化服务目标。

2. 深度整合教育资源，促进跨界合作

博物馆教育服务平台应致力于成为资源整合的中心。博物馆作为文化遗产和自然历史的保护、研究、展示、教育机构，为公众提供了全面了解人类历史和文化多样性的平台。近些年，湖南博物院创新博物馆教育与社会资源合作的机制与手段，通过与学校、社区、教育管理机构等社会各界的合作以及馆际之间的交流与互动，共同开发高质量的教育项目。这种跨界合作不仅能够共享专业知识与资源，还能激发创新思维，推动教育内容与形式的持续优化，最终构建一个开放、协作的教育生态系统。

在馆园合作上，湖南博物院与长沙市芙蓉区教育局签订博物馆与幼儿园合作共建协议，并多次前往朝阳幼儿园、东岸锦城幼儿园等园区开展交流研讨活动，以馆藏特色文物为研究基础，研发五感主题院本系列课程，探讨博物馆与幼儿教育衔接的更多可能性；在馆校合作上，与中小学、大学等各学段学校建立长期合作关系，与中国人民解放军国防科技大学附属中学、湖南师范大学附属中学等共计 31 所中小学建立馆校合作共建基地，与湖南大学、湖南女子学院等高校共建大学生综合实践与研究基地，促进馆校资源互融互通、深度释放馆校师资和学生资源的潜能；在与教育管理机构的合作上，持续与长沙市教育科学研究院、长沙市芙蓉区教育局等教育职能部门开展合作共建活动，践行“双减”政策下学校教育与博物馆教育的互联互通；在与社区合作上，携手开福区清水塘街道开展“教育基地”共建工作，联合街道所辖芙蓉路社区、清水塘社区、四季花城社区、便河边社区开展多场“童心向党”志愿服务培训，为社区文化建设注入新时代文博动能。

湖南博物院在整合教育资源、实现跨界合作上进行了生动的实践，其研发、转化、聚合的海量文博资源以往只能通过开展线下活动、赠予书籍等形式传播，教育服务平台的投入使用，将促进教育资源实现广域、高效地传播，吸引更多合作方参与开发博物馆教育资源。

3. 积极弘扬优秀文化，促进社会共融

湖南博物院作为文化传承的载体，其教育服务平台应承担起弘扬优秀文化、促进文化认同与社会共融的使命。通过推出众多精品展览、研发多元文化主题的教育项目，不仅加深公众对本国及世界文化遗产的理解与尊重，也促进了不同文化背景人群之间的对话与理解，营造更加和谐包容的社会氛围。

近年来，湖南博物院在做好基本陈列开放的同时，打造涵盖古今、横贯中西的展览矩阵。既有聚焦民族、承续传统的“王者归来——中国古代青铜器巡礼”“与天无极　璀璨秦中——陕西周秦汉唐文物精华展”“世纪动脉　万里茶道——九省（区）茶文物联展”等展览，引领观众探寻文脉、领略中华文化的底蕴和魅力（其中，“王者归来——中国古代青铜器巡礼”获评全国博物馆十大陈列展览精品）；又有展现艺术风韵的“根基——艺术长沙”“听·见湖湘——湖南音乐文物与故事”“画魂鸟魄——邹传安艺术与文献展”等展览，使人们在视觉、精神、审美层面获得美的享受；此外，还通过与苏州博物馆、中国（海南）南海博物馆、甘肃简牍博物馆等单位联合推出对外巡展，以及举办系列国际交流展览，促进不同国家和地区之间的文化交流，有利于构建多元共存、和谐发展的文化生态；在保留传统展示方式的同时，湖南博物院致力于探索文化的创新表达和活化利用，“神游——历史时空中的数字艺术”“生命艺术——马王堆汉代文化沉浸式数字大展”全面利用数字技术的优势，让文物跨越时空与世界相连接，开辟了文化遗产传播的新路径。

湖南博物院秉持“终身教育”理念，深度研究陈列资源及馆藏资源，研发系列教育项目。聚焦汉代历史文化资源，联合河北博物院、南京博物院等七家博物馆研发“汉风文化进校园”示范项目，为馆校合作及传统文化传播提供了新范式；“阅读湖湘　红色之旅”研学教育项目聚焦党史学习、爱国主义教育，打造“红色基因 + 云端课程 + 线上游学”的新模式；“岁时记”项目围绕两大基本陈列及民俗、节日、节气等知识，开展民俗系列教育活动；“博物馆探索车”项目突破场地限制，定制运输工具与教具，提供导赏与互动体验相结合的学习体验；“我的假日在湘博”项目紧扣寒暑假、面向中小学生群体研发，从常设陈列、专题陈列的框架中，提炼出新的文物特色，分类打造各具特色的教育课程，让学生了解特定的文物和历史主题，获得“不止了解展览”的学习经历。

精品展览矩阵与多元主题的教育项目，为弘扬优秀文化提供了强大的内容支撑，教育服务平台则为文化的传播搭建了广阔的舞台，注入了大容量、超高速的传播性能。

（二）研发目标设定

湖南博物院教育服务平台的建设旨在构建一个符合湖南博物院特色、满足不同教育需求、具有交互性和创新性的教育服务平台。一方面，通过教育服务平台的建立，力求打破空间限制，促进教育资源的均衡分配，使广大学习者都有机会均等获取博物馆教育资源。另一方面，平台致力于为每一位学习者提供更便捷、更高效的学习手段，提升学习体验感，充分满足每一位学习者个性化的学习需求。同时，该平台也致力于探讨博物馆教育服务平台在博物馆教育实践中的应用效果和意义，为教育教学改革注入源源不断的动力。

四　湖南博物院教育服务平台

湖南博物院教育服务平台于2021年投入运营，是湖南博物院的教育资源对外共享及教育水平对外展示的重要支撑地。根据后台数据统计，使用平台获得湖南博物院教育服务的数量累计达317983人次，促进了教育服务更加公平、更高质量的共享。我们在功能上设置了活动管理、课程管理、活动花絮、宣传栏、成长日记等模块，使平台成为广大观众获取湖南博物院教育资源的重要媒介，平台可在线收集人员报名数据，实施管理、消息及时推送；提供线上问卷调查，第一时间收集参与者的反馈、建议，后台自动整理问卷结果、形成图表为教育活动复盘和后续教育活动筹划助力；提供教育课程、视频、文章、副文本多种形式的内容，对课程进行统一管理；提供活动花絮展示，教育活动精彩瞬间展示与整体回顾。平台服务有助于提升参与者的智识，促进个人发展。

（一）活动管理

此功能对湖南博物院的教育活动、讲座、直播进行分场次、分时段、分服务对象的设定，通过类型、标签对活动进行分类，让观众高效、快捷地了解活动的关键信息，为活动报名提供便捷性。

（二）课程管理

此功能将院内已有的教育服务资源迁移至H5端进行统一的展示，对教育资源进行类型、格式、展现形式的区分，实现集中展现、统一管理的目的。后续不断新增的教育资源亦可通过该功能模块进行收集、展示、管理。

（三）活动花絮

此功能可以实现对已结束的教育活动、讲座、直播课程的回顾。通过后台管理系统统一路径进行上传，审核通过后即可发布内容，一方面可作为院内教育活动的宣传阵地，另一方面可作为活动参与者的活动回顾。

（四）宣传栏

此功能可实现对平台中所有的宣传信息进行集中管理，可通过关键字、状态、类型、显示状态等类别属性对相关宣传信息进行筛选与利用，分时分主题地了解教育服务平台的宣传信息。

（五）成长日记

此功能可为每一位青少年、儿童建立专属的活动参与档案，将他们在每一场教育活动参与过程中的文字、照片等资料统一汇编，形成独特的时光档案，让活动的影响力更持久。

五　创新思路解析

（一）致力于提升用户体验感与服务便捷性

1.提升用户端使用感

用户依托便携式的移动终端进入平台，无需另行安装APP，在微信端即可获得交互式操作体验，“以人为中心”、以平台为媒介，在用户端界面设置了注重人性化、个性化和多功能化的不同模块，随时随地掌握与博物馆相关的最新信息与动态。未来还可运用AI等显示技术和语音识别、图像识别等多模态交互技术创建以人为核心的智能交互方式。

2.满足后台集成管理

使用PC端创建综合信息处理平台，支

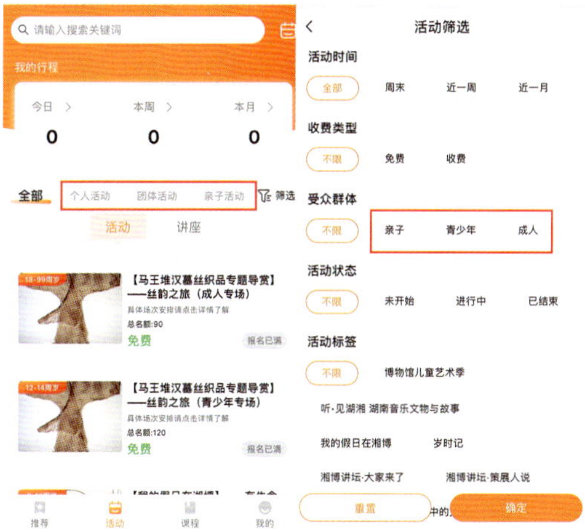

图一　分众化预约教育活动功能界面

图二　多维度交互功能界面

持桌面互联网主流应用的移动化迁移，实现平台的集成化管理，利用平台完成嵌入式计算、控制技术、人工智能技术等，同步可升级配套软件版本，降低信息与资源对外发布的错误率，减少平台运行过程中投入的人员成本，提高教育资源的普及度及整体利用率。

（二）着力实现分众化预约教育活动的功能

目前，国内对于博物馆分众化教育活动的实践已趋于成熟，南京博物院将“分众教育”理念运用到基本陈列中，以此开展对不同年龄段和特殊观众的社会教育与服务。[2]浙江自然博物馆面向成人的分众教育并非以年龄划分，而是根据参观条件和参观动机的不同来设定课程。[3]除了对儿童教育与成人教育作区分外，国内部分博物馆以及英美国家还会为残障人士专设活动，扩大分众化的受众范围。

在多年的教育资源应用实践过程中，湖南博物院通过问卷调查、用户访谈、数据分析等多种方式，分析出不同年龄、职业、教育背景、兴趣爱好的观众群体多样化的学习需求和偏好，并以此为基础，设计类别多样的教育活动，将其数字化应用于教育服务平台。例如，根据不同的参与对象，提供个人、团体、亲子等教育活动预约功能；以年龄为划分依据，提供面向青少年、成人等不同人群的教育活动（图一）。借助简单易用的预约界面和详细的预约指南，确保用户能够轻松完成预约操作。分众化预约模式，实现更为准确的信息定向传达，满足观众个性化的学习需求。

（三）注重打造多维度交互性空间

交互设计（Interaction Design）是一门关注交互体验的学科，1984 年由 IDEO 的创始人之一比尔·摩格理吉（Bill Moggridge）在一次设计会议上提出。从用户角度来说，交互设计是一项研究如何让产品易用、有效而让人愉悦的技术。通过对产品的界面和行为进行交互设计，让产品和它的使用者之间建立一种有机关系，从而可以有效达到使用者的目标。[4]湖南博物院教育服务平台作为一个多功能的开放式平台，期望吸引广大观众积极地参与平台互动。通过整合教育系统、参观预约系统等现有系统，集合文字、图片、音频、视频、动画等多媒体形式于一体，注重数字展项的界面和功能设计，使其容易使用与操作，提高用户在使用平台时的参与感和趣味感，打造

图三　数字化记录功能界面

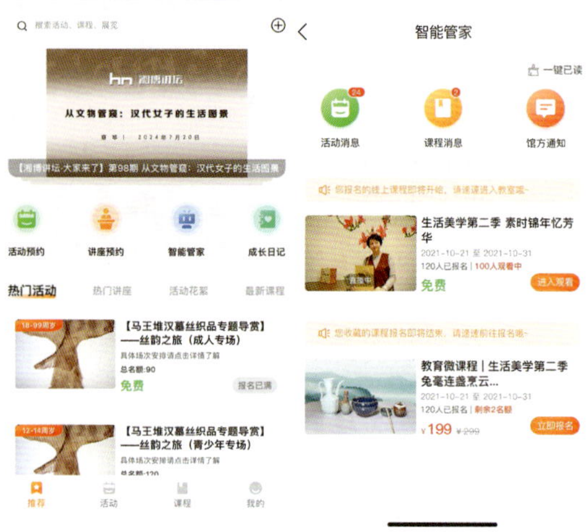

图四　智能服务功能界面

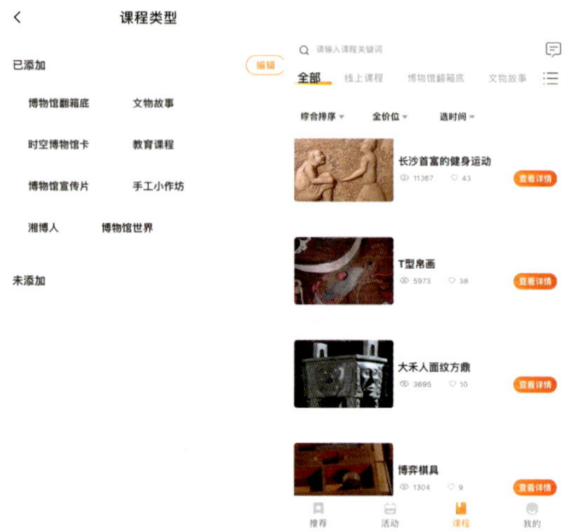

图五　教育资源集成展示功能界面

一个具有丰富生态和多层次互动的交互式平台（图二）。

（四）创建以受众为本体的数字化记录模式

博物馆提供的云模式教育服务，已逐渐成为文博爱好者习惯性选择的服务模式，受众拥有了更为全面、更为系统化的资源。本平台建立了完善的用户画像系统，通过收集和分析用户的预约记录、学习偏好、互动行为等数据，实现对用户更深层次的了解，根据用户的不同需求和兴趣，提供更具针对性的教育活动预约服务。同时，用户也可以通过平台自主上传有关教育活动的相关数据，建立专属的用户档案（图三）。平台的建立推动了博物馆传统教育资源实物化向数字化转型的趋势，摆脱了教育资源受制于时间、空间的局面。

（五）完善智能服务功能满足个性化的需求

湖南博物院教育服务平台在研发之初明确了为观众提供智能服务的方向，通过后台资源的积累、分类，构建需求结构目录。在考虑受众的习惯、喜好等显性需求外，还进一步挖掘了与时空、个人教育目标、个人学习模式等关联方面的隐性需求，主动给受众提供精准、高效的服务（图四）。平台在功能方面突出智能化特色，此种服务方式旨在引导受众提高对博物馆资源的利用率，满足其不同的个性化需求。

（六）呈现优质文博教育资源集成展示渠道

在以智慧博物馆作为创新引领的背景下，许多博物馆都认识到了业务信息化的重要性，往往都会选择业务创新驱动的路径。[5] 湖南博物院教育服务平台属于资源复合型数字化系统，可以对博物馆内各项业务及其相互之间的关联，以及物（藏品）、人（观众）、事（业务）等各类数据进行梳理与整合，其功能不仅面向博物馆的受众人群，也为业内工作人员提供了可操作性强、系统较为健全、合理精准的资源储备及展示平台。在资源量逐步积累的前提下，紧密结合馆藏资源、各类展览资源，实现资源特色综合提炼，面向公众展示出更专业、更符合社会发展趋势的博物馆优质教育资源（图五）。

六　研究性思考

博物馆资源的数字化，将有助于提升博物馆教育传播的质量与效率。以数字化形式服务于公众的博物馆教育资源，将基于知识、体验、情感等多层次的获得感对观众产生更为深远的影响。博物馆教育服务平台作为博物馆教育事业发展的重要方向和载体，其开发与利用具有重要意义。

（一）增强线上服务供给能力

湖南博物院在已有平台的基础之上，继续坚持创造性转化和创新性发展，聚焦现代信息技术发展前沿，逐步完善博物馆智慧讲解、智慧社教、智慧管理等方面模块功能，在智慧博物馆建设中，增强线上服务的供给能力。充分利用平台的数字资源，大力开展“云展览”“云教育”“云直播”等线上服务。结合人工智能、AR、VR等现代技术手段，协同探索创建优质应用场景，提供沉浸式体验、高清直播等新型博物馆教育服务，构建线上与线下相辅相成的新型知识生产与传播体系，打破时空限制。平台的后续运营中，将紧扣智慧博物馆行业发展趋势、先进技术发展方向、科技与博物馆融合应用情况等信息，做好高新科技在文博教育领域应用的参考与导向工作。在数字资源平台的建设中将应用具有视觉、听觉体验的新一代博物馆展示技术和人机交互体验技术，让观众从展厅获得更全面的学习和体验的机会。

在文博数字化的进程中，湖南博物院将加快推进文化和科技深度融合，努力打造“全世界最亮眼的数字博物馆”，助力湖南文化事业和文化产业高质量发展。

（二）顺应数字化发展趋势

近年来，湖南博物院迎来事业发展的新契机，湖南博物院教育资源实现了从传统型推广到数字化普及的转型。在博物馆教育服务平台的开发与利用实践中，湖南博物院展示了其创新性和前瞻性。

然而，博物馆教育服务平台的发展仍在资源更新速度、用户需求满足程度、交互体验优化等方面面临一些挑战。因此，在未来的实践中，湖南博物院将继续深入研究博物馆教育服务平台的运营规律，以数字互联为牵引，牢牢把握当前数字化建设重大机遇期，顺应新变化、开辟新路径、提升新能力，推动数字化建设与博物馆发展深度融合，积极探索新的服务模式，以更好地满足公众的需求，助力博物馆教育的现代化、信息化、普及化，为公众提供更加优质、便捷的教育服务，开创新时代文博事业发展新气象。

注释：

[1] 郑奕：《博物馆教育活动研究》，复旦大学出版社，2015年，第13页。

[2] 郑晶：《谈博物馆的“分众教育”——以南京博物院为例》，《东南文化》2015年第12期。

[3] 严建强、周婧景：《满足更广泛的需求——博物馆分众教育的实践》，《自然博物》第一卷，浙江科学技术出版社，2014年，第70～72页。

[4] 北京联合大学、北京数字科普协会：《博物馆的数字化之路》，电子工业出版社，2015年，第8页。

[5] 黄轻松：《基于共享式的业务架构设计——以广东省博物馆智慧博物馆平台为例》，《文博学刊》2019年第3期。

湖南博物院关于高功能孤独症儿童社交能力的探索
——以马王堆汉墓出土文物为载体的汉代礼仪教育为例

Hunan Museum's Exploration of the Social Skills of High-functioning Autistic Children
—Exemplified by the Han Dynasty Etiquette Education Based on the Cultural Relics Unearthed from the Mawangdui Han Tombs

湖南博物院　毕　然

Bi Ran, Hunan Museum

内容提要：本研究尝试以湖南博物院中的马王堆汉墓出土文物为依托，设计面向孤独症儿童开展的专题礼仪教育，以期通过礼仪教育中社交技能的习得，提升孤独症儿童的社交能力。本研究使用“0～6 岁自闭症儿童社交能力评估系统”检验以文物为载体的礼仪教育对孤独症儿童社交能力提升的具体成效。

关键词：孤独症　礼仪教育　湖南博物院

Abstract: This study attempts to design a special etiquette education for children with autism based on the unearthed cultural relics from the Mawangdui Han Tomb in the Hunan Museum, with the aim of improving their social skills through the acquisition of social skills in etiquette education. This study uses the "Social Skills Assessment System for Children with Autism Aged 0-6" to test the specific effectiveness of etiquette education based on cultural relics on improving the social skills of children with autism.

Keywords: autism; etiquette education; Hunan Museum

2022 年 5 月 18 日国际博物馆日，习近平总书记指出，博物馆要拉近与人民群众的距离，要让人民意识到日常生活中文物随处可见，要将中小学生进博物馆列入学校课外活动的核心部分。要加强文物保护利用和文化遗产保护传承，提高文物研究阐释和展示传播水平，加强社会主义精神文明建设，让文物成为扩大中华文化国际影响力的重要名片。

目前国内教育行业正大力推行“双减”政策，即减轻义务教育阶段学生作业负担和校外培训负担，引导义务教育阶段学生轻松且高效地学习，侧重于体验式、过程性学习。若将博物馆的文物资源引入中小学课堂，学生便能有机会在感知文物、体验文物的过程中感受中华传统文化的博大精深。

一　前言

（一）国内外博物馆曾开展的儿童教育活动

国内外各类博物馆都曾有过相关儿童教育实例，多个国外博物馆为学生群体设计相应的便利[1]。例如，法国的小学和初中每周三下午放假，大多数学生选择结伴前往博物馆进行文化滋养，即“星期三现象”，学生们愿意去科普类博物馆观看、触摸、体验各种活动，所有博物馆向老师和未成年人免费开放。学生在每年的巴黎卢浮宫参观者中占比超过二分之一；意大利绝大多数考古、艺术、民俗等博物馆全年对18周岁以下的学生免费开放；美国更是开设了博物馆学校，充分利用博物馆的资源，结合其正式教育和非正式教育的优势，灵活设置对应课程，鼓励教学方式创新，管理架构开放性强，交流渠道顺畅。

国内的博物馆也有面向学生群体开展的活动[2]，如河北博物院“璀璨国宝进校园 文化服务惠万民”项目以专题讲解、主题讲演、特展活动、手工品制作等活动引导儿童深入了解文物及其背后的故事；上海博物馆“欢欢喜喜过大年”项目以文化体验为主线引领儿童感受传统春节习俗，采用“剪、刻、写、扎、画”等技法开展刻印生肖、彩灯迎春手工项目，由学生自主设计、准备相应的互动式展览；国家自然博物馆“科普小课堂——人体漫游记”项目灵活利用馆内丰富的标本资源推出了一系列独具特色的科普系列教育活动。

综上，我们发现西方国家学生群体对于博物馆的参观体验兴趣高涨且次数多，博物馆体验已成为西方学生课余生活的重要组成部分，深度融合进了儿童的生活中；国内博物馆则侧重对文物的体验，以馆内个性化强的文物资源作为重要教育资源，针对不同维度、领域开展精彩纷呈的教育教学活动，提升儿童的兴趣的同时对其科学素养也有所助益，不仅仅推进儿童对文物及其历史的了解，更是对传统文化的感知体验与深度认可的过程。

我们不难发现，无论是国内还是国外博物馆，开展教育活动的思路都是提供某种“支架”帮助学生群体通过接触文物，了解其背后的故事或者传统文化背景，这就对儿童的认知理解能力有一定的要求，如果参与者缺乏对语言的基本理解能力或对历史基本知识匮乏，博物馆的相关教育活动则很难达成目标。博物馆的教育对象不限于正常儿童，也包括特殊儿童，那么对于有认知障碍的特殊儿童而言，博物馆的教育活动要如何进行？教学目标是否能达成？对他们而言能实现怎样的效果呢？

（二）博物馆的特殊教育职能

2007年以来，博物馆已被国际公认为能承担社会教育的重要场所，即博物馆能吸引不同阶层、不同地区、不同身份的群众，并能为普通团体或特殊群体根据其需求提供不同程度的教育内容。特殊儿童包括患有孤独症、孤独症谱系障碍、智力落后和认知障碍、脑瘫等其他特殊需要情况症状的儿童，其中孤独症儿童作为培智教育、融合教育的重要对象，常常是老师、家长眼中的难题。

美国的精神疾病分类诊断标准（DSM-Ⅳ）[3]认为孤独症儿童具有的特征是：社会交往有质的缺损，言语交流有质的缺损，重复刻板有限的行为、兴趣和活动，其中社交障碍是该障碍的核心特异性症状。具体来说，其主要症状表现在不与别人交往和建立正常的社会关系，沉浸在自己的世界里，无法用语言、表情、动作跟别人甚至自己的父母进行沟通、交流。

在我国，2016年底发布的《中国自闭

症儿童发展状况报告Ⅱ》[4]指出，中国孤独症人群超过1000万，其中0～14岁患儿超过200万，总体患病率在1%左右，并以每年十几万的速度递增。由于发生率的不断攀升，孤独症受到了社会各界的广泛关注。

孤独症儿童作为人数逐年攀升的特殊群体，格外需要博物馆等社会教育场所的帮助与支持。博物馆具有开放性、社会性、互动性等特点，是开展特殊教育、融合教育的绝佳场所。在博物馆内，工作人员可以联合普通学校、特殊学校促进孤独症儿童与普通儿童、社会的沟通与融合交流。同时，博物馆可以结合馆身建筑、馆内资源、社会支援，为以孤独症儿童为代表的普特儿童搭建融合教育优质平台。馆内凝聚了孤独症家庭、教育专家、特校教师、普校教师、医疗团队等多方力量，定期组织普特融合系列社会实践活动，促进孤独症儿童的社会交往能力。

有许多学者都发现博物馆对孤独症群体十分有益：美国学者蒂娜·弗莱彻等人指出[5]，博物馆与美术馆对孤独症儿童能发挥重要影响，馆内的动植物标本、艺术类展品能逐渐提升孤独症儿童的注意力和参与度，削弱其分散注意力的频次；此外，博物馆所开展的绘画活动可以给孤独症儿童抒发情感和宣泄情绪的良好平台，同时博物馆可以联系相关心理学者科学分析孤独症儿童的美术作品，了解孤独症儿童的成长和心理发展状况。那么，作为有语言社交双重障碍的受教育群体，博物馆方应如何面对这样的孩子开展教育活动呢?

国内外博物馆都对孤独症儿童开展过相关教育实例：2011年美国史密森尼研究院开启了“博物馆的清晨”计划[6]，馆方在休息区为参观者提供了可以大幅缓解压力的垫子与触觉玩具，用于帮助参观者缓解心理不适、保持冷静与专注；美国自然历史博物馆面向5～14岁的孤独症儿童及其家庭开发了名为“探索小队之旅”的免费教育活动[7]，进行40分钟的博物馆探索之旅，参与触摸展品、体验化石挖掘等活动；英国大英博物馆运用虚拟现实（VR）等技术为孤独症参观者提供了一些“特别感官体验”。美国学者蒂娜·弗莱彻（Tina Fletcher）、阿曼达·布莱克（Amanda B. Blake）和凯瑟琳·谢尔夫（Kathleen E. Shelffo）曾指出，博物馆与美术馆对孤独症儿童能发挥重要影响，儿童需要定期访问博物馆与美术馆[8]。我国博物馆特殊教育起步较晚，少数博物馆围绕孤独症群体开发了教育实例项目活动。如2016年以来，河北博物院开设“守望成长　静待花开”孤独症儿童专项课程，将孤独症儿童家庭引入博物馆教育环境中，在平等、包容的教育理念下，以院藏文物资源为依托，以融合教育为特色，与十几组孤独症家庭共同展开特殊人群与博物馆之间的对话与交流。[9]浙江省博物馆推出“我是你的眼——‘你我同行’博物馆体验”“感知文明，启迪智慧——博物馆启智课程”。陕西自然博物馆发起“有爱不孤独——关爱星宝走进自然”主题公益活动。除了参观贝林展厅和自然展厅外，博物馆还通过展示场馆内野生动物生态环境的3D模拟投影，让孤独症儿童在独立的空间自由地了解非洲角马的迁徙路径，向孤独症儿童展示了各种动植物标本、讲述了动物生存的故事和浩瀚宇宙的秘密，帮助他们了解大自然生命个体的独特与平等。[10] 2020年5月18日，中国港口博物馆举办了“让每一颗星都闪亮——中国港口博物馆孤独症儿童开放日活动”，活动结合孤独症儿童的生理特点和行为规律，利用馆藏资源，设置了“海上丝路寻宝记”“乘风逐浪我能行”“梦想启程爱护航”三个手工和教育环节，有利于提高他们的模仿、感知、观察、协调、动手和合作能力，增强选择意识，改善情绪和行为问题，同时也增进亲子间的感情。2015年，北京市东城区残联康复部与首都博物馆共同组建了“孤独症儿童家庭整体康复训练基地”。实践证明，通过12次全景模拟训练和融合性训练，部分患儿对陌生人和陌生环境的适应力显著提高，语言和目光交流水平有所提升。[11]

国内学者以博物馆开展的孤独症专题项目为落脚点，进行了一系列研究：绘画可以帮助孤独症儿童绕过语言抒发情感和宣泄情绪，同时博物馆也可以通过分析孤独症儿童的美术作品，了解孤独症儿童的成长和心理发展状况。[12]博物馆也可以利用其音乐资源（如昆曲等非物质文化遗产表演、古琴演奏、音乐文物复原展演等）开展音乐教育，借助于音乐表现的抽象性和不确定性，或许可以对孤独症儿童大脑思维的开发产生一定的影响，促进其语言的功能应用，建立与他人之间正常沟通的思维能力，促进他们在整个生命周期的良性发展。[13]首都博物馆原展览总设计师马怀伟在《营造陈列形式的新常态》中提到，部分残联和医疗机构已经把参观博物馆作为孤独症患者康复训练的有效方法之一，取得了良好效果。[14]

二　问题提出

综上，我们发现虽然国内外的博物馆都开始着力于帮助孤独症群体开展相关教育，国外博物馆侧重于探索，而国内博物馆侧重于体验，但我们发现目前博物馆所开展的孤独症群体教育基本只重过程体验，缺乏一定的目标及前后测的评量，未成体系。博物馆倾注了馆内丰富的文物资源，志愿者与家长始终陪伴在孤独症儿童身边，贡献了大量人力物力，但是该类活动除了留下活动记录剪影外，还能为孤独症儿童的认知发展与成长产生怎样的影响呢？诚然，孤独症儿童具有认知语言障碍与社交障碍，一次短短的公益活动很难对其某方面的能力发展有所助益，那是否能对其开展系列教育活动，并辅以相关量表进行前测后测的评估，从而真正对孤独症儿童的康复有所助益。

由于孤独症儿童的问题核心为社交障碍，他们无法进行常态的社交活动，倘若以博物馆的文物为中介，通过感知、接触文物，为参与者群体开展系列礼仪教育，模拟操练不同朝代的礼仪活动，引导儿童在感知传统文化魅力的同时，掌握一定的社交技能。同时，由于普通孤独症儿童具有一定的认知障碍，我们试图将参与者范围缩小为高功能孤独症患者，因为该群体的智商高于70，具备基本的认知能力，有利于我们检验教育活动的有效性。我们设想当高功能孤独症群体接受博物馆内的系列礼仪教育，社交技能的传递是否能真正提高其社交能力呢？这是我们亟待研究的问题。

三　研究过程

（一）目的与假设

1. 目的：探究以文物为载体的礼仪教育是否能提升高功能孤独症群体的社交技能。

2. 假设：高功能孤独症学生接受以文物为载体的礼仪教育后，其社交技能分数高于接受礼仪教育前的社交技能分数。

（二）研究方法

1. 被试

在H省某特殊教育学校招募3名高功能孤独症学生，这三名学生就读于同校、同班，其年龄与认知基础相近。

2. 研究材料

湖南博物院以马王堆汉墓出土文物、

商周青铜器、楚文物等最具特色，马王堆三座汉墓共出土了3000多件珍贵文物，是20世纪世界重大考古发现之一。马王堆汉墓出土了许多和当时礼制相关的文物，我们可以以这些文物为“支架”，为高功能孤独症儿童开展礼仪教育。

（1）博物馆中的文物资源

在汉代，人人都需要蓄长发，化妆没有性别差异，人人都可以涂脂、抹粉、画眉、点唇装点自己，贵族人人都有自己的梳妆盒以及各种材质的梳子和篦子。马王堆汉墓出土了一系列梳妆用品，如铜镜、粉扑、梳妆盒、梳子、篦子等。

汉代的贵族出门，需要注意一些礼节，主要有立容、坐容、行礼等几个方面。其中以行礼最为复杂。面对长辈行稽首礼或者顿首礼。稽首为屈膝跪地，左手按右手，拱手于地，头亦缓缓至于地，手在膝前，头在手前。顿首与稽首类似，只不过头触地后很快抬起。面对同辈或晚辈，一般行空首礼或者作揖礼。空首与稽首、顿首类似，但是头只垂于胸口位置即可。作揖即拱手礼，是古代社会交际中较为常见的礼节行为。

宴饮的第一个礼仪便是乐舞之礼，由主人家的歌舞乐团表演助兴，一个歌舞乐团一般由乐师、歌姬和舞女组成，演奏的乐器也多种多样，有钟、磬、筑、琴、竽、瑟、笛等。贵族在宴饮前要行沃盥之礼。行沃盥之礼后，就可以用餐了。汉代为分餐制，一人一案，称作“案盘分餐”。

我们根据以上三类汉代的礼仪案例，设计了三种类型的礼仪教育活动，以期让高功能孤独症学生通过以文物为载体的礼仪教育，提升其社交技能。

（2）课程资源

在2022年《中国教师融合教育专业能力提升行动倡议书》中，教育部联合国儿童基金会倡议：为每一位儿童，包括有特殊教育需要的儿童提供优质教育，是普通教育的基本责任，应提供足够灵活的课程和教学资源，保证他们充分参与学习过程，取得最佳学习成果。那么在特殊教育中我们也可以以文物资源为载体进行课程活动设计，给予受教育者更优质的课程体验，在文物的基础上为儿童设计个性化教学目标，开展教学活动，使其在感知文物的基础上，简单了解其背后的历史背景。

本文以三种不同类型的汉代礼仪为例，将文物资源纳入特殊教育的日常课程中，从而达成课程目标。

①梳妆之礼

《培智学校义务教育课程标准（2016版）》中生活实践领域对儿童的个人生活作出要求：要能独立处理自己的个人清洁事务，如洗脸、刷牙、梳头等。在特殊教育学校开展生活适应课程时将汉代的梳妆之礼融进课堂里，增添课程的丰富性与趣味性，从而促进目标的达成。

【课程设计案例：我会梳头】

导入：教师呈现汉代贵族晨起沐浴更衣梳妆的视频，向同学们介绍汉代贵族晨起梳妆之礼的流程，并出示马王堆汉墓出土的梳子、篦子等文物，引入本节课学用梳子梳头的课题。

新授：教师为每位学生发放梳子，引导学生自主观察梳子，与同学沟通梳子的外部特征，并两人一组自主探索使用梳子进行梳头，请学生逐一上台进行展示，最后教师总结。

巩固运用：为每位学生再发放一面镜子，请学生对照镜子为自己梳头，并与身边同学沟通梳头时的感受。

迁移泛化：教师再次播放汉代贵族晨起梳妆的视频，引导学生思考汉代贵族梳头与现代人梳头之间的差异，回家后与家人分享。

②坐立行礼

《培智学校义务教育课程标准（2016版）》中社会适应领域对儿童的日常交往礼仪作出要求，如能学会基本的日常交往礼仪，如能用双手作揖的动作向老师或同学表达感谢，能用手势动作向老师或同学表示抱歉，这与汉代的坐立行礼相关礼仪不谋而合，在课堂中可引导学生将汉代不同情境中的行礼动作姿势与现代简化后的行礼姿势进行比较，表达自己的感受和体验。

【课程设计案例：我会行礼】

导入：中华民族自古以来就是礼仪之邦，在汉代礼仪之风盛行，教师播放汉代贵族在不同情境场合下不同的行礼方式集锦视频，引导学生认真观看。

新授一：教师引导学生对照视频进行汉代行礼姿势的逐一模仿：立容、拱手礼、稽首礼、顿首礼等等，模仿结束后教师讲解每种行礼姿势出现的情境。

巩固运用一：教师说出情境，如看到爸爸妈妈、爷爷奶奶（行稽首礼 / 顿首礼），看到同学、好朋友（行空首礼或者作揖礼），引导学生做出对应的行礼姿势。

新授二：教师引导学生思考，在几千年后的现在，这些行礼姿势是否仍然存在？教师呈现微课视频，引导学生自主总结：在现代，礼仪姿势逐渐简化，不再针对不同身份的人群进行行礼姿势的区分，但在感谢或道歉时会行拱手礼进行道谢或道歉。

巩固运用二：引导学生完成汉代与现代行礼姿势汇总的表格，并对照表格中的特定情境进行不同行礼姿势的练习。

总结：古时的许多礼仪很大程度上可以拉近人与人之间的关系，在日常生活中我们也可以运用这些行礼姿势，通过这些小技巧也能展示出我们讲文明、懂礼貌的风范哟！

③宴饮之礼

民以食为天，就餐过程中的礼仪也十分重要，《培智学校义务教育课程标准（2016版）》中社会适应领域对儿童的日常交往礼仪、生活实践领域对儿童的独立就餐能力分别做出了相关要求。在前期调研中发现，许多儿童群体在就餐中呈现的问题较为集中，如：餐前准备工作（洗手等）不规范、进餐过程中缺乏独立性和专注性、容易撒饭剩饭、进餐速度不均衡、挑食偏食、就餐中大声说话等。因此在生活适应课程与生命与健康课程中儿童就餐礼仪的教育显得至关重要，在课程中若能引入古代（本文以汉代为例）宴饮之礼相关知识，能对改善目前就餐习惯有一定的助益。

【课程设计案例：我能文明就餐】

导入：教师呈现汉代宴饮之礼系列图片，引导学生观察。

新授：教师带领学生依次体验汉代宴饮之礼；菜品摆放——左殽右胾；东向为尊的座次顺序；分餐而食。

巩固运用：引导学生思考，自己平日的饮食习惯是否正确得当？出示学生平日不良饮食习惯图片，如吃饭时大声说话、挑食偏食、浪费等等。

（3）评估资源

孤独症治疗评估表（Autism Treatment Checklist）由 Stcphcn MEdclson 和 Bcmard Rimland 编制，以认知心理学、社会学、语言学、生理学、儿童发展心理学、孤独症儿童的心理发展理论为依据，并参照香港协康会编制的《儿童发展评估表》等，采用观察、访谈等方法，对孤独症儿童及其他广泛发育障碍儿童的发展现状及需要进行评估，该量表具有良好的信效度。本研究主要采用其中“社交”一项，该项总分为 40 分，分数越低说明社交能力提升越好。卢建平等人在使用该量表对 1 岁 10 个月～16 岁的孤独症儿童进行评量，得出该量表具有良好的信效度，能够用于评估孤独症儿童的前后变化。本量表由特殊教育学校教师使用，测量三位学生的社会交往能力。

3. 研究设计

本研究采用单因素被试内设计，自变量为是否接受以文物为载体的礼仪教育，因变量为受试者的社交技能分数。本研究通过观察被试者在接受礼仪教育的前后测分数是否存在显著差异来探索以文物为载体的礼仪教育的科学性。

4. 研究流程

（1）选取被试者。

（2）对三位被试者进行前测。

（3）对三位被试者开展为期 9 次的礼仪教育活动。

（4）对三位被试者进行后测。

5. 数据编码与分析

（1）数据编码：记录三位被试者在接受专题礼仪教育活动前后的社交技能分数。

（2）数据分析：本研究使用 SPSS21.0 配对样本 t 检验对前后测的数据进行分析，探索这三位被试者的前后测分数是否存在显著差异。

（三）研究结果

1. 学生表现

由于学生认知能力有限，三个专题的汉代礼仪教育活动共开展了 9 个课时，对于不同类型的礼仪教育活动，学生的表现各有差异。

（1）梳妆之礼

学生①：在课堂中表现出对梳子、篦子等梳妆工具较为强烈的兴趣，非常认真地学习如何用梳子梳头，课后甚至向老师提出想要把文物梳子带回家。

学生②：在课堂中很认真地观察、触摸感知梳子，在学习梳头的环节闭上眼睛慢慢感知，在课堂结束时，表示回家以后也要为妈妈梳头。

学生③：学生整体注意力较为分散，老师在出示文物梳子时，欲把梳子抢走，有离座行为，但在感知梳子环节，表现为极为强烈的好奇心和探索欲。

（2）坐立行礼

学生①：课堂中对于立容、稽首礼、拱手礼、顿首礼等动作感到很有兴趣，课中很认真地模仿教师的行礼姿势，但对于每种行礼方式对应的场景有些模糊，课后表示会回家向父母行礼。

学生②：学生愿意在老师的肢体辅助下进行立容、稽首礼、拱手礼、顿首礼等动作，但有些不理解背后的意义，在模仿的过程中经常哈哈大笑。

学生③：学生在老师行礼示范后会鼓掌，表明师生关系和谐。在进行行礼动作练习时，有跑跳、离座等行为。

（3）我会文明就餐

学生①：学生在聆听就餐礼仪（分餐而食、座次顺序、菜品摆放顺序等内容）时，很认真，并表现出兴趣，课后表示回家以后也要按照汉代就餐礼仪和家人进行用餐。

学生②：学生能根据教师发号的口令来调整菜品摆放顺序，并能做到在餐桌上让长辈先吃饭，表明其有一定的孝亲敬友意识。

学生③：有一次课程请假，因错过了就餐基本礼仪课时的学习，后面两次实践课显得有些心不在焉。

2. 量化资料分析

我们在三名被试者接受以文物为载体的礼仪教育前后，均使用孤独症评估治疗表的社交量表部分进行测试，每一项均有三级评分：0、1、2，分数越低代表学生社交能力水平越高。该量表由特殊学校教师使用，在每次干预后使用量表对三位学生

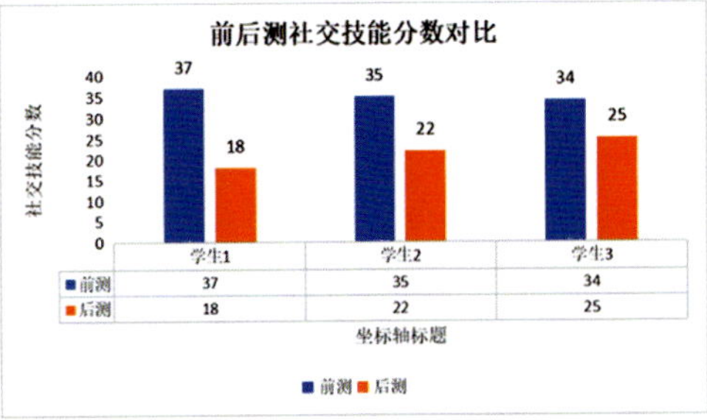

图一　前后测社交技能分数对比柱状图

表一　配对样本t检验前后测分数统计表

姓名	数据对比	t	Sig.（双尾）
学生①	干预前后	3.228	.004
学生②	干预前后	2.924	.03
学生③	干预前后	2.658	.045

的社交能力进行评估，对收集到的数据进行对比分析，从而了解三位学生目前的能力状况，通过对比量表数据（图一），了解学生能力进步状况，也为接下来的礼仪课程设计提供依据，以便及时改进礼仪教育课程实施，设计更符合学生能力发展的活动。经过目前已进行的干预活动，三位学生量表数据均有所变化，能力水平得到不同程度的提升。

同时我们将三位被试学生的前测分数进行了独立样本t检验，发现三位被试者的前测分数不存在显著差异（$p > 0.05$），说明三位被试者在研究进行前的社交能力相似；此外，我们针对三位被试者的前后测分数也进行了配对样本t检验，发现三位被试者的前后测分数均呈现了显著差异（$p < 0.05$），具体结果见下表（表一）。

四　结论

经过9次干预活动，我们发现这三位被试学生的社会交往能力均得到提升，且干预前后的社交技能分数有显著性变化，由此可以得出结论：以文物为依托的礼仪教育能一定程度上提升孤独症儿童的社交技能。

五　总结及展望

在本研究中我们找到了提升孤独症儿童社交功能新的突破口——礼仪教育，通过礼仪教育中社交技能的习得，提升孤独症儿童的社交能力，帮助其更好地融入家庭、融入学校、融入社会，同时引入《0～6岁孤独症儿童社交能力评估系统》，以科学的评量工具检验以文物为载体的礼仪教育是否能真正提升孤独症儿童的社交能力。

未来可以开展进一步量化研究，如哪些种类的礼仪教育对孤独症儿童的社交能力更有助益，对比前后评测的分数，进行相关检验分析，用数据说话，证明以文物为载体的礼仪教育的实际有效性，便于推广至一线特殊教育工作中，以期帮助更多的孤独症儿童利用社交属性发展，融入社会，实现自我价值。

注释：

[1] SLHistory: *American heritage*，Published for the American Association for State and Local History，1955.

[2] 周婧景：《博物馆儿童教育研究——儿童展览与教育项目的视角》，复旦大学博士学位论文，2013年。

[3] 黄伟合：《儿童自闭症及其他发展性障碍的行为干预》，华东师范大学出版社，2003年，第11～41页。

[4] 五彩鹿自闭症研究院：《中国自闭症教育康复行业发展状况报告Ⅱ》，华夏出版社，2017年，第18页。

[5] AntonettA.i.&FletcheT.r: "*Parent perceptions of museum participation:a comparison between paren*", *Inclusion*，2016（2）：109～119.

[6] "博物馆的清晨计划"，https://access.si.edu/program/morning-museum。

[7] "探索小队之旅"，https://www.amnh.org/plan-

your-visit/tours。

[8] 同 [6]。

[9] 吴丹丹:《河北博物院孤独症儿童专项课程探索》,《中国文物报》2021 年 3 月 16 日第 7 版。

[10]《爱，点亮孤独的星——30 位自闭症儿童走进陕西自然博物馆开启爱心旅程》，https://baijiahao.baidu.com/s?id=1695833340625599066 &wfr=spider&for=pc。

[11] 陈曦、寒暑:《他们的舞台融合的平台——自闭症康复与博物馆功能结合的探索尝试,《中国残疾人》2016 年第 6 期。

[12] 迪丽努尔 · 买买提、王耀萱:《论绘画实践对自闭症儿童交流能力的提升》,《戏剧之家》2020 年第 13 期。

[13] 袁媛:《儿童钢琴教学论》，湖南大学出版社，2015 年，第 28 页。

[14] 马怀伟:《营造陈列形式的新常态》,《首都博物馆论丛》(2017 年)，北京燕山出版社，2017 年，第 135 页。

博物馆戏剧的价值传递:《一念・辛追梦》创作谈

The Value Transmission of Museum Theater: on the Making of *One Thought-Moment: Xinzhui's Dream*

湖南博物院（湖南省文物鉴定中心） 黄志华

Huang Zhihua, Hunan Museum (Hunan Provincial Cultural Relics Authentication Center)

内容提要：本文以《一念・辛追梦》为例，探讨博物馆戏剧的价值传递。通过阐述该剧的创作过程、核心主旨、展演内容和展演形式，分析博物馆戏剧在历史文化传承、教育启迪和社会意义等方面的重要价值。文章结合实例，深入探讨了博物馆戏剧的创作理念、表现形式和传递方式，并提出了进一步发展和推广博物馆戏剧的几点建议。

关键词：博物馆　戏剧　价值传递　创作

Abstract: This paper takes the example of *One Thought-Moment: Xin Zhui's Dream* to explore the value transmission of museum theater. By explaining the creation process, core theme, performance content, and performance form of the play, it analyzes the important values of museum theater in historical and cultural heritage inheritance, education and enlightenment, and social significance. The paper combines examples to deeply explore the creative concepts, expression forms, and transmission methods of museum theater, and puts forward several suggestions for the further development and promotion of museum theater.

Keywords: museum; theater; value transmission; creation

随着社会的进步和人们审美需求的变化，博物馆和戏剧艺术都在不断地探索和创新，博物馆戏剧正是这种探索和创新的结果之一。近年来，一些博物馆将博物馆的展示需求和戏剧艺术的表达融合在一起，创作了不少优秀的博物馆戏剧，为观众带来了全新的体验。

国家文物局局长李群在《求是》杂志 2022 年第 4 期上发表的文章《新时代文物工作：更好展示中华文明风采》中指出：“加强中国文物价值的科学阐释与解读，打造中国文物国际表达的世界窗口，努力实现从‘听故事’到‘讲好中国故事’再到‘讲好中国与世界的故事’的国际话语权转变。”[1] 博物馆戏剧正是讲好中国故事、实现让文物活起来的有效途径之一，也是博物馆传播中华传统文化的重要方式之一。

一 戏剧、博物馆与博物馆戏剧

戏剧，指以语言、动作、舞蹈、音乐、木偶等形式达到叙事目的的舞台表演艺术的总称。[2] 它是一种艺术形式，通过演员的表演和舞台的呈现，通过故事情节和角色塑造，向观众传递情感、思想和价值观。我国的戏剧艺术历史悠久，种类繁多，表现形式丰富，不同民族、不同地区具有不同特色的戏剧。它可以通过舞台表演、剧本创作和舞台设计等方式，呈现出丰富多样的艺术形式和表达方式。

2022 年，国际博物馆协会发布了博物馆的最新定义："博物馆是为社会服务的非营利性常设机构，它研究、收藏、保护、阐释和展示物质与非物质遗产。它向公众开放，具有可及性和包容性，促进多样性和可持续性。博物馆以符合道德且专业的方式进行运营和交流，并在社会各界的参与下，为教育、欣赏、深思和知识共享提供多种体验。"[3] 新版定义中新增了"阐释"一词，并将其放在"展示"之前，实则是在强调博物馆要采用不同的阐释方式，帮助观众认识和理解博物馆。

博物馆戏剧作为一种独特的艺术形式，旨在依托博物馆的珍贵藏品与深厚历史底蕴，以博物馆为展示空间，针对广大观众群体，通过运用戏剧这一生动有力的艺术手段，有效促进博物馆文化传播与教育功能的实现。它可以通过剧情故事、舞台表演、多媒体融合和互动参与等方式展现，是博物馆可以利用的一种很好的阐释方式。戏剧相对动态，博物馆相对静态，博物馆和戏剧的结合，不仅可以增加博物馆的吸引力和影响力，还可以更好地实现历史文化资源的利用和传递，促进观众对历史、文化和艺术的理解和关注，丰富观众的观展体验。

博物馆戏剧的发展历程可以追溯到 20 世纪 70 年代，西方一些博物馆开始尝试将戏剧表演引入博物馆空间，以增加观众的参与度。特莎 · 布雷德（Tessa Bridal）在《探索博物馆戏剧》一书中，就介绍了包括明尼苏达科学博物馆、加拿大文明博物馆等 11 所西方博物馆开展的戏剧活动。[4] 20 世纪 90 年代，西方出现了两个致力于促进博物馆戏剧发展的组织，分别是波士顿科学博物馆的凯瑟琳 · 休斯（Catherine Hughes）于 1990 年成立的国际博物馆戏剧联盟（IMTAL）和明尼苏达科学博物馆于 1992 年发起成立的美国博物馆协会博物馆戏剧委员会（MTPIC）。[5] 在他们的推动下，西方很多博物馆相关的从业人员由此开展了一系列博物馆戏剧实践活动。

近年来，我国一些博物馆也在不断探索与戏剧的跨界融合。例如，湖南博物院在"2019 年国际博物馆日中国主会场"活动中精心策划的"博物馆之夜"活动，充分融合了博物馆独特的建筑风貌、丰富的展览空间及珍贵的藏品内容，巧妙地将千年中华文明的深厚底蕴与现代艺术创新理念相结合。通过一系列精心编排的舞蹈、音乐、互动表演等多种戏剧形式，深入挖掘并展现了中华传统文化中蕴含的深邃艺术价值及鲜明时代精神，让观众得以通过多感官的沉浸式体验，深刻感受历史与现代之间的紧密连接，从而进一步加深对中华优秀传统文化的认识与理解。再如，2021 年，河南博物院与郑州歌舞剧院携手合作，共同推出了具有深厚文化底蕴和高度艺术价值的《唐宫夜宴》，其创作灵感来自 1959 年河南安阳张盛墓出土的隋代乐舞俑，汲取了唐俑服饰造型特点，5 分钟的舞蹈，将大唐风华融于少女的嬉笑怒骂，将传统文化元素在舞蹈中运用得淋漓尽致，为观众带来了一场视觉与心灵的双重盛宴。当年在河南卫视春晚首播之后，瞬间引发了全社会关注，迅速登上微博热搜。

区别于传统戏剧，博物馆戏剧往往会受到遗迹保护、建筑空间、文物利用等因素的影响和限制。通过查阅相关资料发现，目前国内外的戏剧艺术与博物馆相结合的形式大致可以分为四种：一是沉浸式展演，即将戏剧元素融入空间环境中，与观众直接产生互动，让观众可以“身临其境”到剧情或剧场化的体验中；二是戏剧元素表现在展览空间设计中，即将戏剧叙事手段巧妙地运用到建筑空间的设计当中，从而增强空间的感染力，这些戏剧元素不仅可以运用在单个展览的内部设计中，也可以融入整座博物馆的建筑设计，构成博物馆的表达体系；[6] 三是戏剧式解说，指的是在导览讲解过程中，以情境营造、角色扮演、特色服饰等戏剧化的表现手段来体现所要介绍的讲解内容，相比传统的解说方式更能调动观众的兴趣，也更能设身处地地感受展览的意义；[7] 四是戏剧式互动教育活动，其包含了剧本、服装、动作、布景等戏剧元素，结合舞蹈、音乐、灯光、音效等戏剧手段，运用木偶、人偶、光影等戏剧形式，达到博物馆知识传播目的的特殊教育活动形式。[8]

无论是哪种形式，都是为了借助戏剧的表达方式，来带动博物馆文化的传播，博物馆戏剧作为一种独特的文化艺术形式，更多的是一种结合了戏剧艺术和博物馆展示方式的创新实践。这种实践旨在通过戏剧元素，如情节、角色、对话等，向观众传递历史、文化和艺术的信息，来丰富博物馆的展示内容，提升观众的参观体验，使观众能够更深入地理解和感受展品背后的历史、文化和艺术价值，为观众提供丰富多样的艺术体验和文化学习的机会。

二 博物馆戏剧《一念·辛追梦》的编创

2022 年 3 月 5 日，由湖南博物院和湖南省京剧保护传承中心联合打造的《一念·辛追梦》在湖南博物院首演成功。这是一部基于长沙马王堆汉墓出土文物而精心打造的博物馆戏剧，它以西汉轪侯家族深厚的历史文化为背景，巧妙地将文物复原展示与中国传统京剧艺术相结合，是“中华优秀传统文化的创造性转化与创新性发展”的实践成果。

（一）设定核心主旨

在策划阶段，博物馆和戏剧团队共同确定了剧目的主题和创作理念。马王堆汉墓闻名天下，其出土文物是湖南博物院最为核心的藏品；京剧是中国国粹之一，是中国影响最大的戏曲剧种，它们都有着深厚的文化积淀。如何将这些经典的传统文化元素无缝融合，打造出一台现代的博物馆戏剧作品？首先要确定其核心理念。中国人讲情感，也喜欢看情感的故事，而根据近年来的观众调查得知，湖南博物院的受众多为年轻人或以家庭为单位的观众居多。因此，创作团队将该剧设定为一部以“情感”为触动点而展开的剧作，以“亲情”为主题，以辛追夫人教子成才作为故事主线，与丈夫之间的爱情、与家人之间的亲情、心怀天下的家国情为隐藏的暗线。全剧力求人物情感的真实回溯，让观众看到的不只是一部剧，而是从中感受剧中每个人物的情怀；让观众不仅看到一段 2000 多年前的故事，同时让他们通过人性的表达来打破时间的壁垒，从情感层面更加贴近辛追夫人这个角色。

（二）策划展演内容

在剧本创作阶段，博物馆专业人员与编剧进行深入的研究和讨论，收集相关的历史资料和文献，以确保剧本的准确性和丰富性。通过故事情节的编排和人物角色的塑造，将历史与戏剧相结合，创造出一个富有张力和感染力的故事。

《一念·辛追梦》严格依据史实与珍贵的文物文献，深入挖掘故事灵感，精心呈现了一段西汉初年长沙国丞相轪侯夫人的传奇人生。辛追夫人秉持丈夫之志，致力于培养子女成才，并矢志保家卫国，其坚韧不拔的精神和卓越的品质在剧中得到了充分展现。全剧的四个主要角色利苍、辛追、利豨、冠人，被分别对应设置为生、旦、净、丑四个行当，突出了人物的性格特征。[9] 展演时长约 35 分钟，前后设置了大堂、二堂、梦境、二堂四个主要场景。大堂从雅乐吹奏、管家为利豨张罗生日宴开始，到边关吃紧，围绕利豨欲参军保家卫国，遭到辛追反对，母子发生争执等情节展开；二堂展现辛追心事重重，进入梦境，穿越时空隧道；梦境中设定天地人三界，利苍在辛追的梦境中出现，劝导辛追；最后再次进入二堂，辛追从梦中醒来，决心送子出征。

（三）丰富展演形式

在《一念·辛追梦》创作之初，主创团队秉承创作一台沉浸式文物复原动态展的理念，对展演形式进行了多方位的考量。

为了将京剧艺术、历史文物故事与科技前沿的多媒体技术进行完美融合，在视觉呈现方式上，主创团队下了很大功夫，并进行了多次论证。要在不到 150 平方米的表演空间内，通过数字多媒体的手段打破传统舞台形式，尽可能去展现国粹特有的气质和生命力，以及历史文化的厚重感，从折幕到纱幕，从 LED 到投影，从墙面光雕到全息成像，最终选定了最契合辛追故事的演绎形式——黑匣子纱幕全息投影。为增强演出效果，尤其是光影效果的呈现，演出场地全面封黑，为观众打造沉浸式体验。观众进入展厅后，仿佛进入了另一个时空之中。同时，为了打破传统剧场观众与演员“可望而不可即”的局限，本次戏剧破除了舞台和观众席的区隔，充分拉近了观众与演员的距离，让观众可以参与其中，全方位地感受展演的魅力。舞台装置设计以屏风样式的车台来回切换，进行舞台空间的推进和转换，实现无缝转场。

作为博物馆的展演，吃透文物及其背后的故事是视觉设计的重要一环。围绕辛追的故事，在马王堆汉墓出土的千余件文物中反复比对、筛选，最终挑选出了十余件代表文物，对它们进行高精度三维数字还原，制作出了最终呈现在舞台上的一件件道具；在全息投影中，还将文物相关的历史意蕴通过概念化美术绘画的方式，映衬在文物的背后，加以大量如历史尘埃般的粒子特效，让观众如同游历在一场由文物铺设展开的历史长河中；特别是《一念·辛追梦》展演的片头，当悬浮在纱幕上的冠人文物模型渐渐隐去，而扮演冠人的演员在纱幕后渐渐隐现时，观众仿佛看到“文物活了”。

与传统京剧表演不同，该剧采用了传统和现代相结合的多元化表演形式，包括光影秀、汉代舞蹈、京剧表演等。编排过程中，力求将不同表演形式和谐相融，达到相辅相成的效果，令观众眼前一亮。音乐保留并创作原汁原味的京剧唱腔，并有效使用现代音乐元素，与现代音乐做融合突破。

服装和造型基于马王堆汉墓出土的汉代服饰和木俑进行设计，妆容设计将戏曲妆与现代影视妆结合，并融入汉代的特色，部分道具例如漆案、漆几、耳杯等参考文物制作仿制品，从而对轪侯府的场景进行历史性还原，真正实现了让文物活起来，有助于观众对文物在西汉时的具体用途有更清晰的了解。同时，利用多媒体技术将文物素材或放大或幻化，不仅与视频制作的场景巧妙结合，而且让观众欣赏到更多的文物细节。

三　博物馆戏剧创作启示

《一念·辛追梦》既展示了传统戏曲之美，又展示了历史文物之美，引导人们关注传统戏曲、认识历史文物的价值，丰富人们的文化生活、坚定文化自信。它的推出，对于博物馆戏剧的创作具有一定的示范和借鉴意义。戏剧手段与博物馆传播的结合不仅是对博物馆表达语系的丰富，也促进了戏剧艺术的复兴。而如何结合具体的戏剧种类、戏剧内涵，则需要对戏剧艺术更多地深挖和对博物馆传播形式的大胆创新。[10]

（一）对藏品的活化展示

博物馆戏剧使博物馆的藏品不是仅仅呈现在静态的展览中，而是利用戏剧手段将藏品背后的历史、文化和艺术价值挖掘出来，将其活化，动态地展示在观众面前。这个过程中，观众看到的不光是陈列在展厅里冷冰冰的展品，而是通过视觉、听觉去感知的具体的故事情节。

《一念·辛追梦》的服装、造型、道具都是基于马王堆汉墓出土文物进行设计制作，例如主角“辛追夫人”的服饰造型参考了印花敷彩纱绵袍等汉代服饰，管家的服饰造型参考了冠人俑。从服装款式，到布料纹样，再到领口、袖口等细节处纹样，都一一经过湖南博物院专家组考证。演出道具参考文物的形制、材质、图案等按照 1∶1 的比例制作，对轪侯府的宴饮等生活场景以及汉代的战争场景进行历史性还原，让观众仿佛穿越时空重返西汉，获得强烈的临场感。同时，利用多媒体技术将 T 形帛画、乘云绣等文物的纹饰图案细节化，并与剧作场景巧妙结合，让观众获得更为丰富的体验和观感。

（二）对历史的现实书写

以史实作为博物馆戏剧的创作基础，以戏剧手段对历史事件进行还原，可以让历史更加生动地再现在观众眼前。

怀着对历史的敬畏之心，《一念·辛追梦》最大程度地还原马王堆汉墓文化，贴合西汉的历史背景，在湖南博物院的专家严格把关下进行剧本创作，确保忠于史实。从辛追具有文官夫人和武将母亲的双重身份中，看到矛盾、跌宕的戏剧性潜质，挖掘她秉承夫志、教子成才的故事，让古代人物和故事都“活”起来。

相较于传统京剧表演，《一念·辛追梦》将历史、艺术和科技深度融合，为观众提供沉浸式、梦幻般的视听感受，同时加深观众对马王堆汉墓文化内容与历史意义的了解和认知，实现文化和旅游、历史和戏剧、艺术和科技、传统和时尚的深度融合。

（三）实现展览与戏剧的关联

首先，作为在特定场地演出的戏剧，博物馆戏剧的创作必须对展示空间进行考量。博物馆戏剧的展示空间一般来说有两种：一是剧场被涵盖在展览中，作品直接在展览线路中展现；二是剧场没有涵盖在展览中，在其他展场中呈现。《一念·辛追梦》属于第二种类型，将展示地点设置在展厅以外单独的展演空间，将马王堆汉墓出土文物按照 1∶1 的比例进行还原，并融入展演中，使观众在参观完展览后可以马上欣赏到精美的展演，更深刻地感受文物背后的故事，进而了解汉代文化，巧妙地将展览与戏剧紧密关联起来。

其二，通过博物馆戏剧的形式，引导人们认识历史文物的价值的同时，去关注传统戏剧。《一念·辛追梦》既是对京剧创造性转化、创新性发展进行积极探索的成果，也是丰富人们精神文化生活的一种创新方式。它的表演形式与传统京剧不一样，但保留了京剧唱、念、做、打的表演程式以及原汁原味的京剧唱腔和京剧特色的整体妆容造型。同时，它所展演的内容承载了灿烂的中华古代文明，深入揭示了文物蕴含的文化精神和时代价值，是对历史文化的传承，很好地做到了让历史说话、让文物说话，让文物“活起来”“走出去”，让更多的人在触摸历史的过程中坚定文化自信。

综上所述，《一念·辛追梦》的创作过程和展演内容给我们带来了对博物馆戏剧创作的启示，包括挖掘历史文化资源、编排故事情节、多媒体融合的艺术表达和观众参与互动等方面。这些启示对于我们创作博物馆戏剧具有重要的指导意义。在新时代文化自信背景下，透过《一念·辛追梦》的创排，我们不难看出，传承、创新与发展中华传统文化，是一项需要社会各界广泛认同并积极参与的重点工程。博物馆作为收藏、研究、展示人类物质和非物质遗产的重要场所，一直致力于通过各种方式将藏品的信息和价值传递给公众；而戏剧作为一种深受人们喜爱的艺术形式，具有直观、生动、引人入胜的特点，将戏剧元素融入博物馆展示中，可以使得展示内容更加生动有趣，观众更容易产生共鸣和理解。因此，我们要充分认识到弘扬优秀传统文化对坚定文化自信的深刻意义，更要结合时代特征，运用多种手段和技术将优秀传统文化的内涵和价值充分阐释与表达，遵循当下公众的审美和喜爱的方式，赋予创新的传统文化作品更多“出圈”的可能，从而更好地弘扬中华优秀传统文化，更快地推动中华传统文化的创新与发展进程。

注释：

[1] 李群：《新时代文物工作：更好展示中华文明风采》，《求是》2022 年第 4 期。

[2] 胡盈：《博物馆传播与戏剧手段的运用》，《博物院》2020 年第 1 期。

[3] 中国博物馆协会：《国际博协特别全体大会通过新版博物馆定义》，中国博物馆官网 https://www.chinamuseum.org.cn/cma/detail.html?id=12&.contentld=12403，2022 年 8 月 25 日。

[4] Tessa Bridal. *Exploring Museum Theater*. Altamira Press. 2004.

[5] 顾欣桐：《文旅融合背景下博物馆的戏剧实践——以故宫博物院为例》，《故宫博物院院刊》2022 年第 12 期。

[6] 同 [2]。

[7] 同 [2]。

[8] 同 [2]。

[9] 张玲：《科技创新续写马王堆汉墓的新时代故事》，《中国文化报》2022 年 11 月 10 日第 8 版。

[10] 同 [2]。

博物馆公共安全应急预案的编制
——以湖南博物院为例

The Making of Emergency Response Plans for Public Safety in Museums
—A Case Study of the Hunan Museum

湖南博物院（湖南省文物鉴定中心） 刘赫子

Liu Hezi, Hunan Museum (Hunan Provincial Cultural Relics Authentication Center)

内容提要： 博物馆是人类文化遗产的传承者、守护者，承担着保存、研究、展示人类历史和文化的重要使命。然而，作为公共场所，博物馆面临着各种潜在的安全威胁，因此，制定和演练有效的公共安全应急预案至关重要。本文以湖南博物院公共安全应急预案的编制和演练为例，总结介绍了博物馆公共安全应急预案的编制过程，并在此基础上探讨公共安全应急管理应注意的问题。

关键词： 博物馆　公共安全　应急管理　湖南博物院

Abstract: Museums are the inheritors and guardians of human cultural heritage, and they play a crucial role in preserving, researching, and displaying human history and culture. However, as public places, museums face various potential safety threats, so it is vital to develop and practice effective public safety emergency response plans. This paper takes the public safety emergency response plan of the Hunan Museum as an example to summarize and introduce the process of compiling museum public safety emergency response plans, and then discusses the issues that should be paid attention to in public safety emergency management.

Keywords: museum; public safety; emergency management; Hunan Museum

公共安全应急预案是一系列详细的计划和程序，用于在紧急情况下保护人员和财产的安全。对文物博物馆单位来说，它是“为防控和处置各类文物突发安全事件，迅速、有序、有效开展应急与救援行动，消除或者减少突发安全事件及其造成的人员、文物和其他财产损害，而预先制定的工作方案”[1]。

如何科学、全面地编制预案，并加以实践，使其在保护人员与财产安全方面能够切实有效地发挥作用，达到良好的效果，是非常值得深思的问题。湖南博物院在本单位的公共安全应急预案的编制工作中，经过全面研究和充分论证，作出了有益的尝试。

一 博物馆公共安全应急预案的重要性

1. 博物馆作为公共场所的特殊性

博物馆是人类文化遗产的传承者、守护者，承担着保存、研究、展示人类历史和文化的重要使命。与其他娱乐场所、体育活动场所、购物场所、交际场所等相比，博物馆具有更强的文化性和高价值；即使与同为文化交流场所的图书馆、美术馆、展览馆等相比，博物馆也因其藏品的文化历史意义和不可复制性而更有其独特地位。尤其是“自 2008 年全国博物馆免费开放以来，博物馆在社会和城市文化建设中的地位越来越突出”[2]。

党的十九大报告指出：中国特色社会主义进入了新时代，我国社会主要矛盾已经转化为人民日益增长的美好生活需要和不平衡不充分的发展之间的矛盾。在这样的社会形势下，博物馆作为文化传承与传播单位，可谓是任重而道远。

2. 博物馆安全管理工作的重要性

博物馆面临着各种潜在的安全威胁，包括但不限于自然灾害、火灾、盗窃、恐怖袭击等等。类型多样，形势复杂，面临的情况千差万别，甚至可以说是无规律可循。

湖南博物院自新馆 2017 年 11 月开放以来，年均接待游客呈逐年上升的趋势。以 2023 年为例，年接待观众游客已达 400 余万人次。在蓬勃发展的同时，安保工作的压力也与日俱增。

我们在实际工作中发现，重点区域如游客人流量大的展厅、馆藏文物量大的文物库房等地，其安全性尤为重要，而其他区域也各有其安全管理需要。除日常的管理工作之外，如何应对公共安全突发事件是一个很严肃的课题。不同情境下的预案编制不仅保护游客和工作人员的生命安全，还保护馆藏文物的完整性和价值。因此，“需要建立一个内容齐全、组织有序、快速反应、应对高效的应急管理体系”[3]，编制公共安全应急预案，能够在紧急情况下为现场的工作人员提供清晰的指引，确保所有相关岗位和人员了解如何迅速而高效地处置突发状况，最大限度控制、消除和减轻事件对博物馆造成的危害。

二 博物馆公共安全应急预案的编制过程

1. 组织机构和职责

成立湖南博物院公共安全应急管理领导小组，由院长任组长，分管安全的副院长任副组长。设应急管理小组办公室，办公室主任由安全管理部主任兼任。各部门负责人任组员。建立应急救援处突队伍，包括文物保护组、信息联络组、现场处置组、防护救护组、后勤保障组、技术专家组等专项应急救援处突组织。

一旦发生突发事件，公共安全应急管理领导小组立即转为应急指挥部，统一指挥和组织博物馆应急管理工作，启动应急预案，按预案中的要求启动相应级别的应急响应，做好预警信息的调整和解除工作，在应急管理职能部门介入后移交指挥权。应急办公室负责履行应急管理领导小组交付的各项职责，协调事故现场有关工作，下达应急处置任务，接收上一级预案总指挥的指令和调动，应急终止后负责事故调查工作，总结应急救援经验教训。文物保护组由文物专技人员组成，负责文物的保护、隔离、转移、保管等工作。信息联络组负责确保应急工作通信畅通、收集信息、做好信息发布工作，及时向文旅部门等上级单位汇报情况。现场处置组负责现场调查、处置，组织物品抢救、人员疏散、现场安全警戒，根据实际需求细化为灭火小组、警戒小组、疏散小组等。后勤保障组负责应急救援处突行动中各类物资的保障，配置各类必要的应急救援处突用品（图一）。

2. 风险评估

湖南博物院风险评估领导小组由院长任组长，分管安全的副院长任副组长，安全管理部负责具体牵头组织，开放管理部、后勤管理部、办公室、藏品管理部门等各职能部门相关人员任组员，根据业务分工负责相关风险评估工作，建立风险评估制度，明确风险评估组织与职责、范围及方法。根据湖南博物院各重要区域特点和所处环境，开展风险识别工作，明确可能发生的安全风险类别、内容、可能发生的重点场所、区域或时间段等。如展览开展前后文物运输、点交、布撤展等需综合考量全过程、全方位的安全。另外，随着近年文化交流增多，越来越多的国内外博物馆、艺术馆等机构之间的交流合作也更加频繁，湖南博物院也需要到各地博物馆开展风险评估工作，根据《文物系统博物馆风险等级和安全防护级别的规定》（GA27-2002）的相关要求，评估工作会针对交流文物的品级开展安全评估工作，确定风险等级及风险部位，并对需要整改、升级的部位或设备设施进行指导和要求。

根据风险分析和评价，确定风险等级，形成风险评估报告及风险清单。根据风险评估的结果，针对不同风险等级采取相应的防控措施，包括技术措施、管理措施和应急措施。做到分级管控，落实各级、各部门的管控责任。制定湖南博物院安全检查、隐患排查及治理制度，每天分时段开展安全巡查，每周对重点区域进行专项安全检查，每月及重大会议活动或节假日由院领导带队，开展全院范围内的安全隐患排查，根据检查结果形成问题清单并督促相关部门进行整改，不断改进和完善现有风险控制措施。

3. 预案体系

湖南博物院公共安全应急预案包括综合应急预案、专项应急预案、现场处置方案。

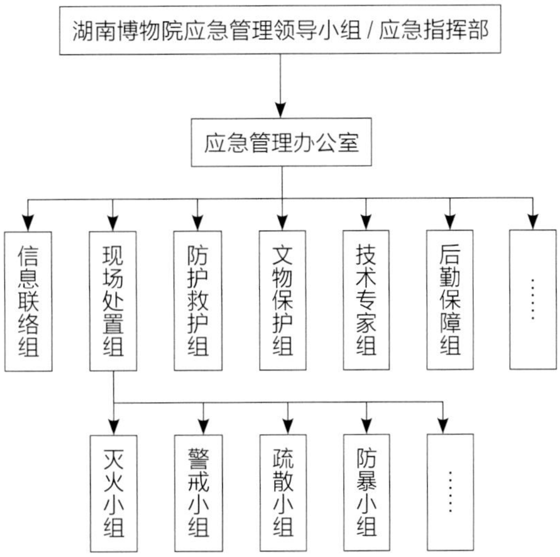

图一 湖南博物院应急管理组织机构图

综合应急预案简述应急预案编制的目的及作用，编制所依据的法律法规、规章、规范性文件及相关应急预案，明确预案适用的区域、范围、事件类型、级别等，表述应急预案和相关预案的内外部衔接关系，明确应急组织体系框架、各相关部门在突发事件情况下的职责。

专项应急预案是专门应对一类或几类突发事件，或者针对某重要目标物保护、重大活动等专项工作方案。涵盖社会安全事件、自然灾害、事故灾难、公共卫生事件四大类。社会安全类，包括反盗抢、反恐怖袭击、防暴、大型群体性活动等；自然灾害类，针对可能面临的气象灾害和地质灾害等，如防汛、地震等；事故灾难类，如火灾（灭火和应急疏散）、设备设施运行事故处置等；公共卫生类，包括突发传染病疫情、食物中毒事件等。明确该类事件相应启动程序、与其他预案的衔接、事件扩大时的处置程序。针对具体类别事件制定针对性的应急救援处置措施。

现场处置方案是针对具体场所、区域、设备设施制定的现场处置方案，须具备具体、简单、针对性强的特点，明确现场岗位具体职责、处置措施及步骤、注意事项（如文物保护、人员安全、舆情处置等），明确整个应急过程中可能涉及文物及人员的安全风险。

4. 队伍建设

建立以政府专业应急救援队伍为支撑，以专职保卫人员为辅助，以员工志愿队为补充的应急救援队伍体系。湖南博物院作为一级风险单位有一支专业的保卫队伍，其中专职安全管理人员 12 人、消控室值班人员 8 人、展厅外围保安 46 人、展厅内场保安 129 人，均具备相应的专业技术资质及从业资格证书；依托义务消防队和安全岗位工作人员，建立了一支职责涵盖日常巡查、定期培训演练、24 小时安全应急处置的专业队伍，不断提升全院相关岗位的应急救援能力。目前，各岗位工作人员已基本掌握所在岗位的预案内容和应急处置措施。同时，与属地公安、消防等应急管理部门建立健全安全突发事件联合响应机制，积极参与并了解驻地社情动态，研判辖区安全形势，积极组织并参加政府组织的培训及工作会议。

三　编制博物馆公共安全应急预案应注意的问题

公共安全应急预案的编制，“将提高博物馆预防和处置突发事件的能力，保证博物馆内的藏品展品、文物、观众及财产的安全”，“为有效防范化解博物馆重大安全风险，不断提升应急管理能力提供标准化技术支撑”。[4]

在编制预案的过程中，湖南博物院对工作进行了全面细致的思考，并认为，在未来的相关工作中，有以下两点可供参考借鉴。

1. 公共安全应急管理工作应遵循规范原则

由中国国家博物馆牵头制定的 WW/T 0111—2023《博物馆公共安全应急管理规范》经国家文物局批准正式发布，于 2024 年 7 月 1 日起在全国各类博物馆实施。其中，规定了公共安全应急管理工作应遵循的总体原则，包括：以人为本，生命至上；保护文物，安全第一；预防为主，防控结合；统一领导，分级负责；系统管理，依法应急；快速反应，协同联动；依靠科技，提高素质。

湖南博物院的公共安全应急预案的编制工作在该规范正式发布之前。规范发布后，该院也立即以规范原则为指导，进行了自查升级。

2. 公共安全应急预案应推广落实

危机应急预案，被称为危机管理的“地图”。[5] 但是，即使有地图在手，如果仅仅停留在纸面，就会变成一纸空文。只有在全院范围内进行大力推广和培训，进行各种演练实操，才能真正将预案落到实处。

湖南博物院根据年度培训计划开展应急综合演练及专项演练。模拟事故发展各个阶段及事故情景发展过程中的场所和设备设施，利用各类应急器材、装备、物资，通过预案决策行动，完成真实应急响应的过程。如，2023 年 11 月，湖南博物院组织开放接待区域及南院全体工作人员进行安全突发事件应急救援处置实操和疏散演练，目的在于全面提升全院的应急突发事件处置能力。针对在发生突发性事件的情况下开展的应急救援处置实操和疏散演练，让一线员工熟悉逃生路线，以达到迅速、高效、有序地引导观众、员工安全疏散，确保观众、员工生命安全的目的，从而做到有事不慌、积极应对、自我保护，提高抗击安全突发事件的应变能力。2024 年 6 月，该院针对新能源车辆可能遇到的各种安全问题进行应急演练。在演练中，模拟如火灾、电池故障等紧急情况，进行具有针对性的灭火、排烟、救援等处置，并联动相关防火分区的防火卷帘、防火门、消防楼梯开展应急疏散演练。此次培训，让参与者进一步熟练掌握灭火设施、急救设备的使用方法，提升了相关岗位的紧急救援及组织应急疏散的能力。湖南博物院每年开展全院安全突发事件应急处置及疏散综合演练 2 次，开展区域专项安全突发事件演练 12 次。另外，每周随机抽查一线安全岗位工作人员应急预案岗位职责、流程；每半月组织义务消防队开展业务知识培训和实操训练。定期邀请驻地消防、特巡警等应急管理职能部门，对人员进行培训和指导。

在未来的博物馆发展中，博物馆公共安全管理工作应持续加强，并随着社会的发展不断调整改进，以确保游客、工作人员、文物及其他公共财产的安全。

注释：

[1] 常铖：《谈文物博物馆单位突发安全事件应急预案与应急演练的基本要求》，《中国文物科学研究》2023 年第 2 期。

[2] 杨斌：《新时期博物馆开放安全服务理念探讨与实践——以南京博物院为例》，《中国博物馆》2020 年第 1 期。

[3] 中国国家博物馆、中国标准化研究院：《博物馆公共安全应急管理规范》（WW/T 0111—2023），国家文物局发布，2023 年 12 月 6 日。

[4] 李念红、张旭凤：《博物馆公共安全应急管理现状调研分析及策略探索》，《博物馆管理》2022 年第 1 期。

[5] a. 卢涛：《危机管理》，人民出版社，2008 年，第 67～68 页；b. 王秀伟、黄文川：《现代博物馆危机处理的流程与应急机制设计》，《东南文化》2012 年第 4 期。

本刊第十至十九辑目录

第十辑

马王堆汉墓研究

考古发现与研究

文物研究与鉴赏

历史文化研究

文物保护

博物馆学研究

第十一辑

马王堆汉墓研究

考古发现与研究

文物研究与鉴赏

历史文化研究

文物保护

博物馆学研究

第十二辑

商周青铜器研究

考古发现与研究

文物研究与鉴赏

历史文化研究

文物保护与科技研究

博物馆学研究

第十三辑

何绍基研究

考古发现与研究

文物研究与鉴赏

历史文化研究

文物保护与科技研究

博物馆学研究

第十四辑

春秋战国历史文化研究

考古发现与研究

文物研究与鉴赏

文物保护

博物馆学研究

第十五辑

13—16世纪欧亚大陆文明与交流研究

考古发现与研究

文物研究与鉴赏

文物保护

博物馆学研究

第十六辑

马王堆汉墓研究

考古发现与研究

文物鉴赏与研究

文物保护研究

博物馆学研究

第十七辑

马王堆汉墓研究

考古发现与研究

文物鉴赏与研究

历史文化研究

文物保护研究

博物馆学研究

第十八辑

马王堆汉墓研究

考古发现与研究

文物鉴赏与研究

文物保护研究

博物馆学研究

第十九辑

出土简牍研究

考古发现与研究

文物鉴赏与研究

历史文化研究

文物保护与研究

博物馆学研究

封面文物简介

狸猫纹漆盘

西汉初期（前206—前163）
口径27.8厘米，高6.2厘米
1972年长沙马王堆一号汉墓出土

整器敞口、折沿、弧腹、平底，旋木胎。通体髹赭色漆为地，以朱红、灰绿二色彩绘纹饰，内外均有朱书铭文。

漆盘唇面朱绘波折纹间隔菱形纹与圈点纹，口沿内彩绘六组二方连续勾云纹；腹内彩绘三组卷云纹，漫卷云气中三等分点缀两处狸猫纹和一处龟纹；内底于一圈几何纹饰中彩绘三组涡云纹，云气中心烘托出一只侧身、尖耳、长须、四足、翘尾的狸猫纹，并有朱书“君幸食”三字，为劝食敬语。

盘外口沿下方与平底处分别朱绘两圈细弦纹和一周粗弦纹，腹外两侧朱书“九升”与“轪侯家”字样，分别为漆盘容量和物主标记。

马王堆一、三号汉墓共出此类漆盘30件，是目前国内较为罕见的狸猫纹装饰母题漆器，并伴有龟、蛙、鼠等其他动物纹样，描绘工整，生动写实，为探究汉初的社会风貌、贵族生活、艺术审美和手工制造等提供了珍贵鲜活的实物资料。

征稿启事

为促进学术研究，加强学术交流，不断提高本书的质量，《湖南博物院院刊》热忱欢迎各位专家、学者、同仁赐稿。本刊定为一年一辑。集学术性、知识性和鉴赏性为一体，图文并茂，是一本面向文博专业工作者和业余爱好者的学术性读物。

一、常设专栏

1. 马王堆汉墓研究
2. 考古发现与研究
3. 文物鉴赏与研究
4. 历史文化研究
5. 文物保护研究
6. 博物馆学研究

二、稿件要求

1. 首发作品，有特色、有深度，文字精练，资料新颖，图文并茂，标题准确，层次清楚，观点鲜明。

2. 每篇文章以 8000 字左右为宜，最长不超过 12000 字。要求有 200 ~ 300 字的内容提要和 5 个词组以内的关键词。引文须核对准确，并写明详细出处，注释统一置于文末，体例统一如下：

[1][汉]司马迁:《史记·五帝本纪》，中华书局，1959 年，第 6 页。

[2] 孙机:《汉代物质文化资料图说》(增订本)，上海古籍出版社，2008 年，第 218 页。

[3][美]巫鸿著，施杰译:《黄泉下的美术：宏观中国古代墓葬》，生活·读书·新知三联书店，2010 年，第 230～234 页。

[4][德]马克思:《政治经济学批判》，载《马克思恩格斯全集》第 35 卷，人民出版社，2013 年，第 302 页。

[5] 湖南省博物馆:《长沙象鼻嘴一号西汉墓》,《考古学报》1981 年第 1 期。

[6] 柴焕波:《佛国的盛筵》,《中国文物报》2016 年 1 月 1 日第 6 版。

3. 来稿请附作者简介与联系方式，通过电子邮件发送至本刊 E-mail，谢绝一稿多投。

4. 稿件可配适量图片，以高清数码相片为宜（jpg 或 tiff 格式），质量精美的彩色照片或线图、拓片亦可（600dpi 以上）。

5. 每年 6 月底为截稿时间。稿件收到后将请专家匿名审读，并通知作者选用与否，若 3 个月内未收到通知，作者可将稿件自行处理。来稿恕不退还，请作者自留底稿。

6. 一经采用，即依国家标准从优付酬，并附赠当期院刊一本。

7. 本刊已采用中国知网期刊学术不端文献检测系统（SMLC），凡牵涉著作知识产权等问题，相关责任一律由作者自负。

三、联系我们

湖南博物院《湖南博物院院刊》编辑部　黄志华　杨慧婷

地址：湖南省长沙市东风路 50 号　　邮编：410005

电话 / 传真：0731-84511691　　E-mail:xiangbobianjizu@qq.com

《湖南博物院院刊》编辑部

图书在版编目（CIP）数据

湖南博物院院刊.第二十辑/湖南博物院编; --长沙: 岳麓书社,
2025.6.--ISBN978-7-5538-2335-5

I.G269.2-53

中国国家版本馆CIP资料核字第2025PK200号

HUNAN BOWUYUAN YUANKAN(DI-ERSHI JI)

湖南博物院院刊（第二十辑）

编　　者　湖南博物院
主　　编　段晓明
出 版 人　崔　灿
出版统筹　王文西
责任编辑　邱建明　鲁云云　包文放
助理编辑　庞若溪
责任校对　舒　舍
特邀编辑　黄志华　杨慧婷
特邀校对　刘慧林　黄家娴　代宇航　陶　琳
英文翻译　路旦俊
装帧设计　潘　勇
正文排版　李　娟
出版发行　岳麓书社
地　　址　湖南省长沙市爱民路47号
直销电话　0731-88804152　0731-88885616
邮　　编　410006
版　　次　2025年6月第1版
印　　次　2025年6月第1次印刷
开　　本　787mmx1092mm　1/16
印　　张　39.75
字　　数　110千字
书　　号　ISBN 978-7-5538-2335-5
定　　价　195.00元
承　　印　雅昌文化（集团）有限公司
地　　址　深圳市南山区深云路19号

如有印装质量问题，请与本社印务部联系
电　　话　0731-88884129